山东省
标准地名诠释

济宁市卷

《山东省标准地名诠释》编纂委员会 编

山东城市出版传媒集团·济南出版社

《山东省标准地名诠释》

编纂委员会

主　　编　　冯建国

副　主　编　　于建波　　张子龙

编　　委　（以姓氏笔画排序）

丁志强　　王为民　　王玉磊　　王晓迪　　付振民　　庄茂军

刘兴宝　　孙树光　　张西涛　　张屹卿　　张兴军　　张鲁宁

陈　芳　　陈效忠　　陈朝银　　陈德鸿　　徐希超　　徐帮杰

黄贤峰　　崔继泽

编辑部主任　　孙凤文

编辑部成员　（以姓氏笔画排序）

马　瑞　　王书清　　王成明　　王红艳　　巩铁军　　刘　玲

李成尧　　杨　军　　张义勇　　张亚萍　　张光耀　　林　锋

赵文琛　　倪　语　　倪春雷　　高洪祥

前　言

地名是重要的基础地理信息和社会公共信息，与经济社会发展、人们日常生产生活息息相关。编纂出版《山东省标准地名诠释》是地名管理服务工作的一项基础工程，对进一步推行山东省地名标准化，推广普及地名知识，适应改革开放和高质量发展的需要，以及国家和社会治理、经济发展、文化建设、国防外交等方面具有重要的意义和作用。

2014 年 7 月，国务院印发通知开展第二次全国地名普查。2015 年，国务院地名普查办印发《第二次全国地名普查成果转化规划（2015—2020 年）》（国地名普查办发〔2015〕6 号），山东省地名普查办依此制定了《山东省第二次全国地名普查成果转化规划（2016—2020 年）》（鲁地名普查办发〔2016〕4 号），部署开展成果转化相关工作，其中包括组织编制出版标准地名图、录、典、志等出版物。编纂出版《山东省标准地名诠释》是贯彻落实"边普查、边应用"指示要求，及时发布并推动第二次全国地名普查成果社会应用的重要举措，也是落实规划目标任务的重要内容。

《山东省标准地名诠释》编纂委员会按照公开出版的要求，在全省第二次全国地名普查成果数据基础上，进行成果的整理挖掘（包括资料收集、数据考证等），编辑出版《山东省标准地名诠释》，并将本书定位为第二次全国地名普查重要的省级成果，是一部以"地名"为主题的省级标准地名工具书。

本书在资料整理和编辑加工的过程中力求做到内容权威、文字精练、编写精心、编辑独到、设计新颖，以期达到当前编辑出版水平的先进行列。在词目释义编写上，本书着力突出"三个重点"（即地名基本要素、地名文化属性、地名所指代地理实体性质与特征），具备四个特点（即广、新、准、实）。其中，"广"即收词广泛，应录尽录，要涵盖重要地名类别及其主要地名；"新"即资料新、信息新，要充分利用地名普查最新成果，反映全省各地地名的新情况、发展建设取得的新成就；"准"即实事求是、表述准确、考证严谨，要求词目释文中的资料、数据翔实有据，表述准确、规范，做到地名拼写准确无误、词条诠释准确无误；"实"即具有实用性。在采词、释文内容和词目编排上都力求符合读者需要，便于读者使用，使之有较高的实用和收藏价值。

本次《山东省标准地名诠释》编纂得到多方面的支持，全省各级地名主管部门的领导和地名工作者，不辞辛苦，埋头于本书所需资料的搜集、整理，根据《山东省标准地名诠释》的编写要求，认真组织撰稿，力求做到精益求精。在此，我们对为本书的编纂、出版工作提供了帮助和支持的所有单位、领导和工作人员，表示诚挚的感谢。编纂出版《山东省标准地名诠释》工作任务重、涉及内容多、标准要求高，限于我们的人员专业水准和时间等因素，书中难免存在错误或不足，恳请广大读者批评指正。

凡　例

一、《山东省标准地名诠释》采收山东省 17 市 137 县（市、区）范围内，包括乡镇以上行政区划名称、主要的居民点和自然实体及主要社会、经济设施等重要地名词条，按照行政区域划分和地名类别特点分列 18 卷。

二、采收地名分为六个大类：

1. 政区类：包括山东省政区建制镇、乡、街道及以上全部行政区划单位；国家和省正式批准的各类经济功能区（含开发区、高新区、工业区、保税区、科技园区、新区等）；1949—2014 年间曾经设立而现已废置的地区行署、县级和乡级行政区，特指被撤销建制、被合并或拆分不继续使用原专名的情况。另，城乡社区是社会治理的基本单元，故也收录了部分建有综合服务中心且统一开展基本公共服务的社区名称。

2. 居民点类：具有地标意义或文化意义的住宅区；镇、乡人民政府驻地居民点；经省级以上人民政府或有关部门批准的"历史文化名村""传统村落"；具有明显特点的非镇、乡驻地的居民点（如：文化底蕴浓厚、存续历史悠久、人口数量多、占地面积广、重要历史事件发生地、名人故里、重要少数民族聚居地、交通要口、物资集散地、土特产品产地等）等。

3. 交通运输类：包括城市道路与城镇街巷、铁路、公路、航道、桥梁、车站、港口、机场等。城市道路收录市辖区城区内的快速路、主干道、次干道，县和县级市驻地城区主干道，及其他具有突出特色的一般街巷；铁路收录公开运营的国有铁路（含高铁、干线、支线和专用线）和地方铁路；公路收录省级以上普通公路、高速公路；桥梁和立交桥只收录规模大、历史久、有特色的；隧道只收录 500 米以上的及其他有特色的；港口只收年吞吐量在 10 万吨以上的；码头、船闸只收录大型的、特别重要的；渡口只收录正在使用的重要渡口。

4. 自然地理实体类：包括平原、盆地、山地、丘陵、沼泽、洞穴、河流、峡谷、三角洲、湖泊、陆地岛屿、瀑布、泉、海、海湾、海峡、海洋岛屿、半岛、岬角等。其中河流主要收录长度在 30 千米及以上的，以及具有航运价值的人工水道；湖泊主要收录面积在 3 平方千米及以上的。

5. 名胜古迹、纪念地和旅游地类：包括纪念地、重点文物保护单位、风景名胜区、重要景点和一般名胜古迹、自然保护区。其中纪念地收录市级及以上级别的；重点文物保护单位收录经过正式批准的市级（含）以上的；城市公园收录 AAA 级以上的；风景名胜区、自然保护区收录经过正式批准的国家和省级的词条。

6. 农业和水利类：包括农场、牧场、林场、渔场、水利枢纽、水库、灌区、渠道、堤防（海塘）等。其中水库收录库容 0.5 亿立方米以上的，灌区收录 3 平方千米以上的。

三、词目排列按分市与分类相结合的原则。即先将全部词目按市大类划分，大类下面分亚类，亚类下面再分小类。在同一亚类或小类词目中，先排全市性的大条目，再按区、县、街道、镇、乡的顺序排出市内条目。各市跨区县的条目在市本级单独排列。

四、本地名诠释资料截止日期为 2014 年 12 月 31 日，所选地名主要来源于第二次全国地名普查成果，主要兼顾反映普查成果和普查期间地名的存量情况，其中少量地名为非标准地名，此类地名需标准化处理，不作为判定标准名称的依据。

五、按照词条释文编写规则，本书相关词条中所列人口数做了技术处理，均为约数，不作为人口统计的依据。

六、本地名诠释中地名罗马字母拼写，遵从《中国地名汉语拼音字母拼写规则（汉语地名部分）》的规定。一般地名的专名与通名分写。专名和通名中的修饰、限定成分，单音节的与其相关部分连写，双音节和多音节的与其相关部分分写；通名已专名化的，按专名处理；居民点中的村名均不区分专名和通名，各音节连写。

地名用字的读音以普通话法定读音为主，同时适当考虑地方读音，如"崖"我省部分地区的地名中读"yái"，标准读音为"yá"；"垓"我省部分地区的地名中读"hǎi"，标准读音为"gāi"；"国"我省部分地区的地名中读"guī"，标准读音为"guó"；"郝"我省部分地区的地名中读"he"，标准读音为"hǎo"，等等。

七、在每卷卷首，均有本卷地名的词目表。为方便读者检索，在每卷卷末，设有本卷地名的汉语拼音音序索引。

济宁市卷　目录

邹城市

一 政区

济宁市

济宁市 370800
[Jǐníng Shì]

山东省辖地级市。北纬 34°27′—35°58′，东经 115°52′—117°36′。在省境西南部。面积 1 1194 平方千米。户籍人口 860.1 万，常住人口 824.0 万。以汉族为主，还有回、满、壮、蒙古等民族。辖任城、兖州 2 区，微山、鱼台、金乡、嘉祥、汶上、泗水、梁山 7 县，代管曲阜、邹城 2 县级市。市人民政府驻任城区。市境夏为有仍国（今济宁东南 20 千米仲家浅）地。商为任、薛、奄等国地。西周、春秋大部属鲁、局部属薛。秦置薛郡，治鲁县（今曲阜）。西汉为鲁国，又析原薛郡西部地入东平国与山阳郡，市境西部分属之。东汉析东平国置任城国，治任城（今济宁东南仲家浅）。三国魏、晋因之。北魏徙任城县治今任城区。北齐徙任城郡治鲁县，徙高平郡治任城县。隋二郡俱废，改置鲁郡，治瑕丘（今兖州）。唐武德五年（622）改郡为兖州。五代后周广顺二年（952）析兖州、郓州置济州，治巨野。金徙治任城。元置济宁路，治巨野，济州属之，济宁之名始见。至正八年（1348）路治徙任城。明洪武元年（1368）改路为府，十八年又降为济宁州，属兖州府。清雍正二年（1724）升为直隶州，八年降属兖州府。乾隆四十一年（1776）复为直隶州，领金乡、鱼台、嘉祥 3 县，滋阳（今兖州）、曲阜、泗水、汶上、邹县属兖州府，微山属徐州府沛县。1913 年济宁州废为济宁县，属岱南道（次年更名济宁道）。1925 年属兖济道，为道治所。1928 年废道属省。1936 年属第一行政督察区，专署驻此。1946 年析县城及近郊置济宁市，为冀鲁豫行政区直辖市（专区级）。1948 年划归山东省鲁中南行政区。1950 年降为县级市，属滕县专区。1953 年专署迁济宁市，改称济宁专区。1967 年更名济宁地区。1983 年升为省辖市，撤济宁县置市郊区，原济宁市改为市中区。1989 年梁山县划入成今境。1993 年市郊区更名任城区。2013 年 10 月撤销济宁市市中区、任城区，设立新的济宁市任城区。2013 年 10 月兖州市撤市设兖州区。（资料来源：《中华人民共和国地名大词典》）市境东部为低山丘陵，一般海拔 200~300 米；西部为鲁西南黄泛冲积平原，海拔 40~60 米；中部为湖区低地带。年均气温 15.1℃，1 月平均气温 −1.6℃，7 月平均气温 26.8℃。年均降水量 567.4 毫米。年均无霜期 205 天。有泗河、洸府河、大汶河、赵王河、洙赵新河、万福河、东鱼河等流经。有煤炭、铁矿、水泥用灰岩、稀土、建筑石材等矿产资源。有野生植物 656 种，其中国家重点保护野生植物有侧柏、刺槐等 32 种。有野生动物 372 种，其中国家重点保护野生动物有大鸨、白鹳、大天鹅、白枕鹤、灰鹤、鸳鸯、长耳鸮等 26 种。有省级自然保护区 1 个。森林覆盖率 29.62%。有院士工作站 51 个，国家级重点实验室 3 个，省级以上工程技术研究中心 69 个，省级科研院所 4 个。有曲阜师范大学、济宁医学院、济宁学院等高等院校 7 所，中小学 1370 所，图书馆 12 个，知名文艺团体 24 个，体育馆 4 个，三级以上医院 2 个。有曲阜孔庙、孔府和孔林、孟庙、孟府和孟林等国家级文物保护单位 36 个，省级文物保护单位 206 个，有国家级爱国主义教育基地 2 个、省级爱国主义教育基地 12 个，有祭孔大典、曲阜楷木雕刻、鲁班传说等国家级非物质文化遗产 17 个，省级非物质文化遗产 49 个，风景名胜区和重要古迹、景点 840 个。三次产业比例为 11.7∶50.3∶38.0。农业以种植、畜牧、林业、渔业为主，粮食作物主产小麦、玉米，经济作物主产棉花、圆葱、大蒜、马铃薯、药材、核桃、板栗等，特产"金乡大蒜"，盛产鱼台大米、泗水裘皮羊、泗水黑猪、泉林鸭蛋、微山麻鸭、鲁西黄牛、小尾寒羊、微山湖松花蛋等。微山湖系列渔业品牌远近闻名，盛产乌鳢、大闸蟹、四鼻鲤鱼、小龙虾等。工业以煤炭、化工、医药、制造业、工程机械、毛纺织为主，兖州矿区为全国十大煤炭基地之一。服务业以商业、旅游、物流、信息产业为主。有"鲁抗""山推""菱花""如意""金乡大蒜""小松""兖矿"等 28 个由国家工商行政管理总局认定的驰名商标。有国家级开发区 2 个、省级开发区 13 个。境内有铁路 337.6 千米，公路 18 797 千米，其中高速公路 254.3 千米，内河航线 1 100 多千米。有京沪高铁、京沪铁路、京九铁路、新兖铁路、兖石铁路、104 国道、105 国道、327 国道、220 国道、济广高速、济徐高速、京台高速、日兰高速过境，有京杭运河、洙水河、白马河等航道。有民用机场 1 个，民航航线 15 条，通往海口、成都等城市。

济宁 370800-Z01
[Jǐníng]

济宁市聚落。在市境中部。面积 120 平方千米。人口 110 万。北魏神龟元年（518）任城县治迁此，在今城南二里至小南门筑城。金天德二年（1150）在旧城廓北边建新济州城，后为济宁路、府、州、县、市、区治所至今。唐为鲁西南重镇。宋金时期，因战乱，经济萧条，城池破败。明洪武三年（1370）经济恢复，社会安定，由济宁左卫指挥使狄崇倡导"易土为砖"重建城池。城墙高 3 丈，顶阔 2 丈，基宽 4 丈，周长 930 步，外砖内土，城门上有门楼，南门左建太白楼，合计四面八方共建城楼 15 座。至清代乾隆年间经过 5 次重修，日臻完善。城外有护城河及城郭（围子），围子共建 18 门，门上建阁，有 15 楼 18 阁之说。明清是济宁城池建设的兴盛时期。1949 年后城市建设迅速发展。至 20 世纪 90 年代，工业主要分布在城市东西两侧，东以机械、纺织业为主，西以化工、印染、电力、建材业为主；仓储主要位于火车站东西铁路两侧和车站路两侧及京杭运河码头一带；整修开放太白楼、浣笔泉、铁塔寺、东大寺等名胜古迹。城市主干路为东西向 4 条、南北向 4 条。1994 年以来，城市建设快速发展。任城区政府北迁形成新的政治、文化、经济中心，南部太白湖新区成为济宁旅游新景点。形成了太白楼路老商业区、金宇路新兴商业区及以新兴产业为主的济宁高新技术开发区。城市道路形成以 10 条主干道为骨架、30 多条次干道为辅的棋盘式道路网络结构。"济宁"一名因"济水南会泗，北会汶，州居其中，故以济宁为名"。（资料来源：《中华人民共和国地名大词典》）有太白楼、铁塔寺、凯赛大桥、通信大厦等标志性建筑物。城市外环依托湿地、农田、河湖、水系构筑生态廊道，形成"一湖两城，双心三轴"的布局结构：一湖为北湖生态风景区；两城为西城区与东城区；双心为西部城市商贸中心、东部新区商务中心；三轴为历史文化轴（古槐路—王母阁路—北湖路）、现代文明轴（东部新区长白山路）、时代发展轴（太白楼路—长江路）。城市中心为商、贸、居住、文教区，太白楼两侧为现代传统商业区，红星路为金融商业区，北部任城新区为主要的行政办公区。城西主要是医药化学工业区，城东为纺织工业区，城东北部为机械工业区及新辟的济宁市高新技术开发区。国内多条主要铁路干道纵横境内，公路四通八达。市区内交通便捷，有多种交通运输方式，干支线交错，街巷密布。

济宁国家高新技术产业开发区 370800-E01
[Jǐníng Guójiā Gāoxīnjìshù Chǎnyè Kāifāqū]

在市区东北部。东起王因街道长庆村，西至洸河街道三郭社区，北起黄屯街道谢村，南至接庄街道岔河村。面积 25 500 公顷。因区内高新技术产业聚集得名。2010 年 9 月经国务院正式批准升级为国家级开发区，由市级政府管理。是国家科技创新服务体系、创新型产业集群、战略性新兴产业知识产权集群管理、科技创业孵化链条试点高新区及省级人才管理改革试验区、山东省科技金融试点高新区。园区内建有国家级创业中心、国家级留学生创业园、国家级博士后工作站以及国家光电信息产业基地、生物技术产业基地、工程机械产业基地、纺织新材料产业基地，是 ISO14001 环境管理体系认证园区。形成光电信息、装备制造、生物医药、软件及服务外包、纺织服装等特色主导产业，惠普、甲骨文、小松、巴斯夫、台湾联电、华为等世界 500 强企业落地投资，入园规模企业 800 多家，有"如意""山推"等产品获"中国名牌"称号。开发区内道路纵横交错，交通便利。

济宁经济开发区 370800-E02
[Jǐníng Jīngjì Kāifāqū]

在市区西部。东至 105 国道，西至嘉祥县嘉祥街道唐庄，南起嘉祥县金屯镇土山桥村，北起嘉祥县大张楼镇新杨屯村。面积 15 000 公顷。以所在政区和功能定位命名。2014 年 2 月经省政府正式批准为省级开发区，由市级政府管理。区内现有企业 203 家，大型企业主要有华能电厂、新河煤矿、神力锁具等。区内交通便利。

太白湖新区 370800-E04
[Tàibáihú Xīnqū]

在市区南部。南接微山湖，北靠老城区，东至曲阜，西至水泊梁山。面积 13 300 公顷。2003 年，为纪念唐代著名诗人李白（字太白）在济宁生活 23 年，故把当地的北湖改名为太白湖。2008 年 2 月经省政府正式批准建立省级旅游区，由市级政府管理。是济宁市行政商务中心、科教文化基地、休闲度假胜地、生态宜居新城，是未来济宁城市的主中心。共实施各类项目 159 个，先后完成了体育中心一场三馆、水上运动基地、飞碟靶场等省运会比赛场馆项目。山东理工职业学院、济宁医学院、济宁一中新校区和太白湖区内多所中小学和幼儿园已经建成并投入使用。有鲁泰控股集团等知名企业 140 余家。区内交通便利。

旧地名

尼山专区（旧） 370000-U01
[Níshān Zhuānqū]

在省境南部。1941 年 1 月设立，称鲁南行政区第二行署，后改为第四专署。1949 年 7 月更名为尼山专区。辖济宁市及滕县、济北、平邑、白彦、滋阳、凫山、泗水、曲阜、邹县 9 县。1950 年 5 月撤销，所辖区域分别划入滕县、临沂专区。

济宁专区（旧） 370000-U02

[Jǐníng Zhuānqū]

在省境南部。1953年7月设立，辖滕县、嘉祥、滋阳、峄县、曲阜、微山、邹县、鱼台等13县。1958年12月菏泽专区撤销，其所辖县划入。1959年7月恢复菏泽专区，将划入县复归原属。1967年2月改设为济宁地区。

济宁地区（旧） 370000-U03

[Jǐníng Dìqū]

在省境南部。1967年2月由济宁专区改设，辖济宁市及济宁、兖州、金乡、汶上、微山、鱼台、曲阜、嘉祥、泗水、邹县、滕县11县。1978年11月滕县划归枣庄市。1983年8月撤济宁地区，设济宁市。

济北县（旧） 370000-U04

[Jǐběi Xiàn]

在省境西南部。1946年9月析济宁县北部区域置，属滕县专区。1950年5月撤销，改置济宁县。

南旺县（旧） 370000-U05

[Nánwàng Xiàn]

在省境西南部。1945年由嘉祥、郓城、梁山3县析置，属湖西专区。1953年7月撤销，其辖区并入嘉祥、梁山2县。

白彦县（旧） 370000-U06

[Báiyàn Xiàn]

在省境南部。1947年由邹县、滕县两县析置，属鲁南行政区第二专区。1953年7月撤销，其辖区划入滕县、邹县、平邑3县。

滋阳县（旧） 370000-U07

[Zīyáng Xiàn]

属济宁地区。在省境西南部。1948年设立。1958年撤销，并入曲阜县。1962年由曲阜县析出后改置兖州县。

邹县（旧） 370000-U08

[Zōu Xiàn]

公元前281年，秦设驺县，属薛郡。唐改"驺"为"邹"，属河南道兖州。1072年曾改县为镇，属仙源县。1084年复设邹县。金元属滕州。明清先后属济宁府、兖州府。民国先后属岱南道、济宁道。1949年后属鲁南一行政公署、鲁中南尼山专区、滕县专员公署、济宁地区、济宁行政公署。1983年属济宁市。

济宁县（旧） 370800-U01

[Jǐníng Xiàn]

济宁市辖县。在市境南部。1946年设立。1949年撤销并入嘉祥县。1950年撤销济北县，改置济宁县。1956年将原并入嘉祥县的部分区域划入。1957年撤销，并入济宁市。1965年复置。1983年又撤销，改置济宁市市郊区。

市中区（旧） 370800-U02

[Shìzhōng Qū]

济宁市辖区。在市境中部。1983年设立。2013年撤销，与原任城区合并设立新的济宁市任城区。

任城区

任城区 370811

[Rénchéng Qū]

济宁市人民政府驻地。在市境中部。面积926平方千米。人口112.2万。以汉族为主，还有回、满、蒙、壮、朝鲜等民族。辖17街道、3镇。区人民政府驻李营街道。1948年划归山东省鲁中南行政区。1950年降为县级市，属滕县专区。1953 年济宁专署驻此。1983 年济宁市升为省辖市，原济宁市改置市中区（今建设路），济宁县改称济宁市郊区（今太白楼中路）。1993 年济宁市郊区改称济宁市任城区。2013 年撤销济宁市市中区、任城区，设立新的济宁市任城区。夏朝，太昊（伏羲氏）后裔有仍氏（亦称有任氏，任、仍古时同音）在这里建立仍国。周朝，仍国被封为任国。秦统一中国后，废任国而改为任城县。梁济运河、泗河、洸府河、洙水河、洙赵新河、蔡河、万福河、京杭大运河从区境内穿过。有国家级实验室 5 个，省级工程技术研究中心 6 个。有济宁医学院等高等院校 5 所，中小学 126 所，图书馆 1 个，体育场馆 4 个。有萧王庄墓群、崇觉寺铁塔等国家级文物保护单位 6 个，省级文物保护单位 25 个，有省级非物质文化遗产 6 个，重要古迹、景点 35 个。大型商场万达广场、贵和商厦、银座商城、百货大楼、运河财富广场、苏宁电器等分布在太白楼路两侧，为济宁现代传统商业聚集区；建设银行、农业银行、工商银行、招商银行、兴业银行等银行总部所在地红星路是金融商业区；金宇家居、亿丰时代广场等所在地金宇路是家居商业区；万通科技市场、亿维科技市场等所在地建设路是电子信息商业区；湖上渔邨、万福园等所在地火炬路是餐饮商业区；豪德商贸城、美恒汽博城、金宇汽配城、兴隆物流等位于 105 国道物流商业区。有人民公园、南池公园、世纪广场、文化中心、青少年宫等标志性建筑物。三次产业比例为 4.9：41.2：53.9。农业以环保、生态产业为主，主要种植小麦、玉米、水稻、蔬菜，名优特产有长沟葡萄、李营苗木、南张甜叶菊、玉堂酱菜、喻屯甜瓜。工业形成以钉类和建筑钢结构加工为主的五金制品业，以大豆浸出和冷冻食品为主的农副产品加工业，以机械配件和工程机械为主的机械

制造业，以造纸印刷、家居制品和服装纺织为主的轻纺工业，以精细化工、机械电子和医药食品加工为主的五大主导产业。服务业以旅游业等为主。有国家级开发区 1 个、省级开发区 1 个。有济宁站、济宁长途汽车总站、济宁汽车北站、济宁汽车西站，有多条公交线路。

任城经济开发区 370811-E02
[Rénchéng Jīngjì Kāifāqū]

在区境东南部。面积 8 500 公顷。因行政区域和工作职能得名。1992 年经省政府正式批准建立省级开发区，由区级政府管理。围绕建设现代工业新城的发展目标，有装备制造产业、医药健康产业、新材料新能源产业、现代服务产业四大产业集群。有国家级高新技术企业 3 家，国家名牌 1 个，国家驰名商标 1 个，省级名牌 2 个，著名商标 2 个。有铁路、公路、航运，交通便利。

李营街道 370811-A01
[Lǐyíng Jiēdào]

任城区人民政府驻地。在区境东北部。面积 77 平方千米。人口 6.0 万。2010 年设立。因街道办事处驻李营村，故名。洸府河从境内穿过。有国家级技术研究中心 1 个、省级研究中心 8 个。有中小学 10 所，医疗卫生机构 45 个。有省级文物保护单位萧王庄墓群、刘尚及配偶的墓葬群。农业以种植大棚蔬菜、小麦、玉米等为主，有济宁浩林苗木基地。工业以制造业为主。服务业以物流、旅游业等为主。通公交车。

阜桥街道 370811-A02
[Fùqiáo Jiēdào]

属任城区管辖。在区境中部。面积 11 平方千米。人口 15.0 万。1980 年设立。以境内安阜桥（简称阜桥）得名。有省级科研单位 2 个。有中小学 13 所，医疗卫生机

构 8 个。有省级文物保护单位浣笔泉遗址，市级文物保护单位牌坊街礼拜堂。有万达广场、贵和购物中心等标志性建筑物。经济以商业、金融保险、旅游业等为主。有济宁站，通公交车。

古槐街道 370811-A03
[Gǔhuái Jiēdào]

属任城区管辖。在区境中部。面积 2 平方千米。人口 7.6 万。 1980 年设立。因辖区内"山阳古槐"得名。有省级科研单位 2 个。有中小学 4 所，图书馆 5 个，医疗卫生机构 22 个。有省级文物保护单位铁塔寺、太白楼、吕家宅院、毛泽东思想胜利万岁纪念馆、济州城墙、大石桥、黄家街教堂、慈孝兼完坊。工业以建筑、烟草、医药制造等产业为主。服务业以金融保险、商贸、文化旅游等为主。通公交车。

金城街道 370811-A04
[Jīnchéng Jiēdào]

属任城区管辖。在区境中部。面积 6 平方千米。人口 8.8 万。2000 年设立。因有女墙，状如城垣，俗称"土城"。后以土里生金之意，更名为"金城"。有省级技术中心 1 个。有中小学 5 所，医疗卫生机构 3 个。有市级文物保护单位状元墓。农业主产小麦、玉米等。工业以医药、机械制造、食品加工、化工、房地产等为主，"广通"商标为山东省著名商标。服务业以金融保险、商贸物流、餐饮休闲等为主。通公交车。

仙营街道 370811-A05
[Xiānyíng Jiēdào]

属任城区管辖。在区境中部。面积 2.5 平方千米。人口 6.0 万。2000 年设立。因传赵姓有人"升仙"，故名。有中小学 3 所，图书馆 1 个，医疗卫生机构 2 个。工业以

医药、机械制造、食品加工、化工等为主。服务业以房地产销售、金融保险、商贸物流、餐饮业等为主，金宇路有大型城市综合体和特色商业街区，建设北路集中发展 3C 电子商圈、信息技术、金融证券、文化创意、商务服务和楼宇总部经济。通公交车。

观音阁街道 370811-A06
[Guānyīngé Jiēdào]

属任城区管辖。在区境中部。面积 9 平方千米。人口 6.1 万。2000 年设立。沿用原镇名。有中小学 6 所，医疗卫生机构 3 个。有市级文物保护单位琵琶山、济宁烈士陵园。工业以机械加工、纺织服装、建材装饰为主。通公交车。

济阳街道 370811-A07
[Jǐyáng Jiēdào]

属任城区管辖。在区境中部。面积 3 平方千米。人口 5.3 万。1958 年设立。因地处原"济宁州城"南，故名。有中小学 2 所，医疗卫生机构 9 个。农业以种植业为主，粮食作物主产小麦、水稻。工业以服装加工、建筑建材等业为主。通公交车。

越河街道 370811-A08
[Yuèhé Jiēdào]

属任城区管辖。在区境中部。面积 1 平方千米。人口 3.2 万。以回族为主。1980 年设立。因境内越河得名。有中小学 4 所，医疗卫生机构 6 个。有国家级文物保护单位顺河东大寺，市级文物保护单位古南池旧址。工业以机械加工、服装生产为主。服务业以旅游业为主。通公交车。

南苑街道 370811-A09
[Nányuàn Jiēdào]

属任城区管辖。在区境南部。面积 7 平方千米。人口 4.3 万。2000 年设立。沿

用原镇名。境内有王母阁湖。有中小学 4 所，医疗卫生机构 6 个。工业以机械加工、服装生产为主。通公交车。

唐口街道 370811-A10
[Tángkǒu Jiēdào]

属任城区管辖。在区境南部。面积 123 平方千米。人口 9.1 万。 2010 年设立。沿用原镇名。梁济运河、洙水河、赵王河、龙拱河从境内穿过。有中小学 17 所，医疗卫生机构 2 个。有名胜古迹寺堌堆遗址、刘林遗址。农业以种植小麦、水稻等为主。工业以高档瓦楞纸、彩印包装、机械制造、医药、兽药、农地膜、木地板、油品加工、食品加工、建筑材料加工为主。建有唐口工业园区。通公交车。

安居街道 370811-A11
[Ānjū Jiēdào]

属任城区管辖。在区境西部。面积 82 平方千米。人口 7.6 万。2010 年设立。沿用原镇名。京杭运河、元代古运河、龙拱河从境内穿过。有中小学 10 所，医疗卫生机构 37 个。有名胜古迹史海文化遗址。农业以种植小麦、玉米、水稻、蔬菜为主。工业以化工、机械加工、板材加工、建筑材料加工为主。通公交车。

南张街道 370811-A12
[Nánzhāng Jiēdào]

属任城区管辖。在区境西部。面积 55 平方千米。人口 5.7 万。 2010 年设立。沿用原镇名。梁济运河、南跃进沟从境内穿过。有国家级研究中心 1 个、省级研究中心 2 个。有中小学 8 所，医疗卫生机构 1 个。有省级文物保护单位凤凰台遗址。经济以环保、生态农业为主，主要种植蔬菜、小麦、玉米。工业以化工、铸造、医药、食品加工为主。通公交车。

廿里铺街道 370811-A13
[Niànlǐpù Jiēdào]

属任城区管辖。在区境北部。面积 68 平方千米。人口 5.7 万。 2010 年设立。沿用原镇名。北跃进沟、洸府河、南跃进沟、梁济运河从境内穿过。有国家级实验室 1 个。有中小学 8 所，医疗卫生机构 1 个。有市级文物保护单位义合遗址。经济以环保、生态农业为主，主要种植蔬菜、小麦、玉米、花生、西瓜。工业以精细化工、机械制造为主。通公交车。

洸河街道 370811-A14
[Guānghé Jiēdào]

属任城区管辖。在区境中部。面积 8 平方千米。人口 2.8 万。2007 年设立。因东临洸府河得名。有中小学 3 所，医疗卫生机构 29 个。有新世纪广场的华表等标志性建筑物。工业以机械加工、零部件制造、建筑材料加工为主。服务业以批零贸易业、餐饮业等为主。 通公交车。

柳行街道 370811-A15
[Liǔháng Jiēdào]

属任城区管辖。在区境东部。面积 51 平方千米。人口 3.6 万。2000 年设立。沿用原镇名。洸府河、杨家河、蓼沟河从境内穿过。有中小学 6 所，医疗卫生机构 1 个。有滨河公园、杨桥绿地公园、光河体育公园等景点。农业以种植小麦、玉米为主。工业有以山推国际、小松机械、中国重汽、伊顿液压等企业为代表的机械制造产业基地，以如意毛纺、欧化晶为代表的棉纺织工业基地，以辰欣药业、明治鲁抗、胜利生物为代表的国家级生物医药产业基地，有以菱花、利生为核心的农副产品加工基地。通公交车。

接庄街道 370811-A16
[Jiēzhuāng Jiēdào]

属任城区管辖。在区境东部。面积85平方千米。人口9.1万。2010年设立。沿用原镇名。蓼沟河从境内穿过。有省级技术研究中心3个。有中小学7所，医疗卫生机构49个。有市级文物保护单位汉丞相灌婴墓。农业主要种植蔬菜、小麦、玉米等，建有无公害蔬菜基地，无公害蔬菜、泗河西瓜、水产品、黑白花奶牛著名。工业以机械装备制造、医药食品、新材料新能源为主。通公交车。

许庄街道 370811-A17
[Xǔzhuāng Jiēdào]

属任城区管辖。在区境南部。面积57平方千米。人口5.6万。2000年设立。沿用原镇名。有济宁医学院、山东职业理工学院，中小学4所，医疗卫生机构2个。有北湖旅游度假区等景点。有奥体中心、水上运动中心等标志性建筑物。农业以种植小麦、玉米、蔬菜等为主，养殖鹅、猪、鸡等。工业以碳素、机械加工、化工、纺织等业为主。服务业以旅游、运输、房地产销售、餐饮、休闲渔业等为主。通公交车。

长沟镇 370811-B01
[Chánggōu Zhèn]

任城区辖镇。在区境西北部。面积69平方千米。人口6.3万。辖52村委会，有61自然村。镇人民政府驻长沟村。1951年为济宁县第八区。1957年分属长沟、张坊、崔庄3乡。1958年并入二十里铺公社。1959年10月析出建长沟公社。1984年撤社建乡。1985年改乡为镇。因镇政府驻地得名。有中小学11所，卫生院1个。有市级文物保护单位城子崖遗址、党家埔堆遗址。有葡萄采摘园等景点。农业主要种植

小麦、玉米、大棚蔬菜、葡萄。工业以水泥、建筑材料、造纸包装、机械制造、板材加工为主。服务业以商贸为主。有日菏高速公路、省道济梁公路过境。

喻屯镇 370811-B02
[Yùtún Zhèn]

任城区辖镇。在区境南部。面积144平方千米。人口8.3万。辖72村委会，有103自然村。镇人民政府驻喻屯村。1949—1956年属嘉祥县第十区。1956年复归济宁县，后设九子集、兴福集2乡。1958年设喻屯公社。1984年分设喻屯乡、东邵乡。2000年撤东邵乡、喻屯乡，合并成立喻屯镇。因镇政府驻地得名。洙赵渠、赵新河、南沿蔡河、小王河、赵王河、洙水河从境内穿过。有中小学14所，卫生院1个。有市级文物保护单位亢父遗址、张汉墓群（原名王粲墓）。农业以种植小麦、水稻、甜瓜等为主，养殖猪、鸡等，特色农产品有肉牛、甜瓜、西邵村草制品。工业以化肥、农药生产为主，有王楼煤矿、祥达灯饰、三联木业、华艺灯饰玻璃、山推固源、鲁冠机械等企业，祥达木业产品远销日本、韩国及欧洲市场。有省道济鱼公路过境。

石桥镇 370811-B03
[Shíqiáo Zhèn]

任城区辖镇。在区境东南部。面积62平方千米。人口5.0万。辖35村委会，有41自然村。镇人民政府驻前石桥村。1946年属济宁县第五区。1948年划归凫山县（今微山县）第五区。1949年复归济宁县，并入第四区设石桥乡。1956年撤区建乡。1958年属接庄公社。1960年析出设南阳湖公社。1965年改名石桥公社。1984年撤社建乡。1995年改置镇。以镇政府驻地村得名。泗河、幸福河、蓼沟河从境内穿过。有中小学5所，卫生院1个。有五彩万象城等

景点。农业有万亩速生林、早春西红柿、"石桥"牌西瓜和湖区养殖四大特色，种植小麦、玉米、蔬菜等。工业以采矿业、制造业、建材加工、皮毛加工业等为主。服务业以现代观光农业等为主。省道临荷公路过境。

旧地名

东邵乡（旧）370811-U01
[Dōngshào Xiāng]

任城区辖乡。在区境南部。1984年设立。2000年撤销东邵乡、喻屯乡，合并成立喻屯镇。

社区

粉莲街社区 370811-A02-J01
[Fěnliánjiē Shèqū]

属阜桥街道管辖。在任城区南部。面积1.1平方千米。人口7 000。因临粉莲街得名。1988年成立。有楼房110栋，中式建筑风格。有志愿者服务。通公交车。2013年被评为省文明社区。

后铺社区 370811-A02-J02
[Hòupù Shèqū]

属阜桥街道管辖。在任城区东部。面积2.1平方千米。人口14 000。以后铺村得名。2002年成立。有楼房127栋，现代中式建筑风格。驻有济宁市质检局、济宁日报社、济宁市总工会等单位。通公交车。2007年被评为省文明社区。

浣笔泉社区 370811-A02-J03
[Huànbǐquán Shèqū]

属阜桥街道管辖。在任城区南部。面积0.28平方千米。人口5 000。因浣笔泉坐落其中得名。1988年成立。有楼房53栋，中式建筑风格。驻有济宁学院附属中学等单位。通公交车。

小闸口社区 370811-A02-J04
[Xiǎozhákǒu Shèqū]

属阜桥街道管辖。在任城区南部。面积1.1平方千米。人口1 300。因古运河任城闸得名。1982年成立。有楼房25栋，中式建筑风格。通公交车。

枣店阁社区 370811-A02-J05
[Zǎodiàngé Shèqū]

属阜桥街道管辖。在任城区南部。面积0.56平方千米。人口8 700。因枣店阁得名。1982年成立。有楼房94栋，中式建筑风格。通公交车。

解放路社区 370811-A02-J06
[Jiěfànglù Shèqū]

属阜桥街道管辖。在任城区南部。面积0.46平方千米。人口8 600。以解放路得名。1995年成立。有楼房112栋，中式建筑风格。通公交车。

牌坊街社区 370811-A02-J07
[Páifāngjiē Shèqū]

属阜桥街道管辖。在任城区南部。面积0.46平方千米。人口5 000。因原有康熙四十五年（1706）所建节孝牌坊（1966年拆除）而得名。1982年成立。有楼房87栋，中式建筑风格。通公交车。

贤路街社区 370811-A02-J08
[Xiánlùjiē Shèqū]

属阜桥街道管辖。在任城区南部。面积0.5平方千米。人口2 500。因贤路街得名。1982年成立。有楼房35栋，中式建筑风格。通公交车。

津铺街社区 370811-A02-J09
[Jīnpùjiē Shèqū]

属阜桥街道管辖。在任城区南部。面积 0.56 平方千米。人口 4 300。因津浦街得名。1982 年成立。有楼房 60 栋，中式建筑风格。通公交车。

刘庄社区 370811-A02-J10
[Liúzhuāng Shèqū]

属阜桥街道管辖。在任城区南部。面积 1.5 平方千米。人口 13 500。因乾隆四十三年（1778）刘东溪居此建庄得名。1980 年成立。有楼房 125 栋，中式建筑风格。通公交车。

菜市社区 370811-A02-J11
[Càishì Shèqū]

属阜桥街道管辖。在任城区南部。面积 0.15 平方千米。人口 5 300。因此地农民制作"冬菜"原料得名。2001 年成立。有楼房 22 栋，中式建筑风格。通公交车。

蒋林社区 370811-A02-J12
[Jiǎnglín Shèqū]

属阜桥街道管辖。在任城区南部。面积 0.15 平方千米。人口 7 200。因清修职郎蒋渭清葬于此得名。1998 年成立。有楼房 67 栋，中式建筑风格。通公交车。

红星新村社区 370811-A02-J13
[Hóngxīngxīncūn Shèqū]

属阜桥街道管辖。在任城区南部。面积 0.24 平方千米。人口 5 100。因红星新村得名。2001 年成立。有楼房 82 栋，现代中式建筑风格。驻有任城区民政局、太平洋保险公司等单位。通公交车。

新刘庄社区 370811-A02-J14
[Xīnliúzhuāng Shèqū]

属阜桥街道管辖。在任城区南部。面积 1.5 平方千米。人口 9 400。因邻近刘庄得名。2002 年成立。有楼房 149 栋，现代中式建筑风格。通公交车。

县前街社区 370811-A03-J01
[Xiànqiánjiē Shèqū]

属古槐街道管辖。在任城区西南部。面积 0.17 平方千米。人口 7 500。清代"州衙门"在此地北首，称州前街，因民国时改州为县，故名。2001 年成立。有楼房 36 栋，中式建筑风格。驻有济宁医学院附属医院、运河实验中学、济宁一中等单位。通公交车。2014 年被评为省文明社区。

北门社区 370811-A03-J02
[Běimén Shèqū]

属古槐街道管辖。在任城区东部。面积 0.28 平方千米。人口 8 400。因地处老城区北门而得名。1982 年成立。有楼房 49 栋，中式建筑风格。有志愿者服务、老年人日间养老中心。通公交车。2013 年被评为省文明社区。

大石桥社区 370811-A03-J03
[Dàshíqiáo Shèqū]

属古槐街道管辖。在任城区东部。面积 0.2 平方千米。人口 6 100。因大石桥（一名"望仙石桥"）得名。1988 年成立。有楼房 44 栋，中式建筑风格。通公交车。

关帝庙社区 370811-A03-J04
[Guāndìmiào Shèqū]

属古槐街道管辖。在任城区西南部。面积 0.22 平方千米。人口 8 000。因临关帝庙街得名。1982 年成立。有楼房 73 栋，中式建筑风格。通公交车。

吉祥社区 370811-A03-J05

[Jíxiáng Shèqū]

属古槐街道管辖。在任城区西南部。面积 0.27 平方千米。人口 10 800。以吉言嘉语得名。2001 年成立。有楼房 106 栋，中式建筑风格。通公交车。

西门社区 370811-A03-J06

[Xīmén Shèqū]

属古槐街道管辖。在任城区西南部。面积 0.45 平方千米。人口 11 700。因临州城西门（一名"萃城门"）得名。1988 年成立。有楼房 95 栋，中式建筑风格。驻有济宁卫校、古槐房管所等单位。有养老服务。通公交车。

东门社区 370811-A03-J07

[Dōngmén Shèqū]

属古槐街道管辖。在任城区西南部。面积 0.21 平方千米。人口 6 800。因此处系老济宁城的东城门旧址，故名。1988 年成立。有楼房 48 栋，中式建筑风格。通公交车。

铁塔寺社区 370811-A03-J08

[Tiětǎsì Shèqū]

属古槐街道管辖。在任城区西南部。面积 0.23 平方千米。人口 7 500。宋崇宁四年（1105），济宁人常氏出资在崇觉寺内为其夫徐永安还愿建铁塔一座，塔成后寺即改名为铁塔寺，故名。2007 年成立。有楼房 60 栋，中式建筑风格。驻有济宁市博物馆、群众艺术馆等单位。通公交车。

翰林街社区 370811-A03-J09

[Hànlínjiē Shèqū]

属古槐街道管辖。在任城区西南部。面积 27 平方千米。人口 4 800。因明崇祯四年（1631）翰林杨士聪居住于此得名。

1990 年成立。有楼房 46 栋，中式建筑风格。通公交车。

兴东社区 370811-A04-J01

[Xīngdōng Shèqū]

属金城街道管辖。在任城区西部。面积 0.45 平方千米。人口 15 000。因兴东村得名。1994 年成立。有楼房 75 栋，现代建筑风格。有志愿者服务。通公交车。2013 年被评为省文明社区。

胜利社区 370811-A04-J02

[Shènglì Shèqū]

属金城街道管辖。在任城区西北部。面积 0.41 平方千米。人口 2 100。因最早在文胜街路西建设了一个胜利新村而得名。1994 年成立。有楼房 14 栋，中式建筑风格。通公交车。

新华社区 370811-A04-J03

[Xīnhuá Shèqū]

属金城街道管辖。在任城区西北部。面积 0.85 平方千米。人口 6 300。因新华路得名。2007 年成立。有楼房 18 栋，中式建筑风格。通公交车。

土城社区 370811-A04-J04

[Tǔchéng Shèqū]

属金城街道管辖。在任城区西北部。面积 27.2 平方千米。人口 2 100。沿用原土城村名。1994 年成立。有楼房 17 栋，中式建筑风格。通公交车。

西孟社区 370811-A04-J05

[Xīmèng Shèqū]

属金城街道管辖。在任城区西北部。面积 0.36 平方千米。人口 11 000。因地处大孟家庄以西得名。1991 年成立。有楼房

68 栋，中式建筑风格。驻有任城区人民法院、济宁兴东小学等单位。通公交车。

永鑫社区 370811-A04-J06
[Yǒngxīn Shèqū]

属金城街道管辖。在任城区西北部。面积 0.5 平方千米。人口 9 800。因为三村合并，以鑫字三个"金"垒成金字塔形状，寓意三个村合为一体团结一致、坚不可摧，故名。2007 年成立。有楼房 61 栋，中式建筑风格。通公交车。

牛市社区 370811-A04-J07
[Niúshì Shèqū]

属金城街道管辖。在任城区西北部。面积 0.02 平方千米。人口 7 200。因此处曾设牲畜市场，有耕牛交易，故名。1995 年成立。有楼房 51 栋，中式建筑风格。通公交车。

西红庙社区 370811-A04-J08
[Xīhóngmiào Shèqū]

属金城街道管辖。在任城区西北部。面积 0.39 平方千米。人口 10 100。因明代村东有一红庙，称东红庙，后称西红庙，社区沿用村名。1998 年成立。有楼房 37 栋，中式建筑风格。通公交车。

常青社区 370811-A04-J09
[Chángqīng Shèqū]

属金城街道管辖。在任城区西北部。面积 0.67 平方千米。人口 15 000。因常清观得名。2007 年成立。有楼房 90 栋，中式建筑风格。通公交车。

洸河花园社区 370811-A04-J10
[Guānghéhuāyuán Shèqū]

属金城街道管辖。在任城区西北部。面积 1.05 平方千米。人口 12 000。因毗邻

洸河得名。2001 年成立。有楼房 27 栋，中式建筑风格。通公交车。

开泰花园社区 370811-A04-J11
[Kāitàihuāyuán Shèqū]

属金城街道管辖。在任城区西北部。面积 0.32 平方千米。人口 12 300。取国泰民安之意，以开泰花园名称命名。2014 年成立。有楼房 81 栋，中式建筑风格。通公交车。

洸河社区 370811-A04-J12
[Guānghé Shèqū]

属金城街道管辖。在任城区西北部。面积 0.65 平方千米。人口 4 700。因毗邻洸河路得名。1995 年成立。有楼房 41 栋，中式建筑风格。通公交车。

后刘社区 370811-A04-J13
[Hòuliú Shèqū]

属金城街道管辖。在任城区西北部。面积 0.19 平方千米。人口 5 800。沿用后刘村名。2014 年成立。有楼房 48 栋，中式建筑风格。通公交车。

梦圆社区 370811-A04-J14
[Mèngyuán Shèqū]

属金城街道管辖。在任城区西北部。面积 0.21 平方千米。人口 4 900。原为东孟村，曾名孟园庄，村改居时定名为梦圆。2014 年成立。有楼房 46 栋，中式建筑风格。通公交车。

长安社区 370811-A04-J15
[Cháng'ān Shèqū]

属金城街道管辖。在任城区西北部。面积 0.2 平方千米。人口 9 400。因长治久安之意得名。2014 年成立。有楼房 43 栋，中式建筑风格。通公交车。

秦庄社区 370811-A05-J01
[Qínzhuāng Shèqū]

属仙营街道管辖。在任城区南部。面积 0.43 平方千米。人口 17 000。因秦庄得名。2000 年成立。有楼房 45 栋，现代建筑风格。有志愿者服务。通公交车。2013 年被评为省文明社区。

东红庙社区 370811-A05-J02
[Dōnghóngmiào Shèqū]

属仙营街道管辖。在任城区东部。面积 0.35 平方千米。人口 12 400。因东红庙村得名。1996 年成立。有楼房 55 栋，现代中式建筑风格。通公交车。2012 年被评为省文明社区。

仙营社区 370811-A05-J03
[Xiānyíng Shèqū]

属仙营街道管辖。在任城区北部。面积 0.35 平方千米。人口 11 000。因仙营村得名。2000 年成立。有楼房 66 栋，现代中式建筑风格。驻有济宁市建筑设计院、济宁市房产管理局等单位。有老年人日间照料中心。通公交车。2014 年被评为省文明社区。

谢营社区 370811-A05-J04
[Xièyíng Shèqū]

属仙营街道管辖。在任城区北部。面积 0.8 平方千米。人口 12 400。因谢营村得名。1998 年成立。有楼房 68 栋，中式建筑风格。通公交车。

观音阁社区 370811-A06-J01
[Guānyīngé Shèqū]

属观音阁街道管辖。在任城区东南部。面积 0.5 平方千米。人口 300。因古建筑观音阁坐落于此得名。2001 年成立。有楼房 2 栋，现代建筑风格。驻有济宁市交通医院等单位。有志愿者服务、日间照料服务。通公交车。2013 年被评为省文明社区。

中营社区 370811-A06-J02
[Zhōngyíng Shèqū]

属观音阁街道管辖。在任城区东南部。面积 0.12 平方千米。人口 4 100。以区内中三里营村得名。1994 年成立。有楼房 9 栋，现代中式建筑风格。有养老服务。2013 年被评为省文明社区。

前铺社区 370811-A06-J03
[Qiángpù Shèqū]

属观音阁街道管辖。在任城区东南部。面积 1.1 平方千米。人口 22 500。古代此处因是距城八华里的驿站，故称八里铺。1934 年分出，此地居南，称前铺。2001 年成立。有楼房 212 栋，现代中式建筑风格。驻有观音阁小学、济宁十五中学东校区、维多利亚幼儿园、育才英杰幼儿园等单位。通公交车。

琵琶山社区 370811-A06-J04
[Pípashān Shèqū]

属观音阁街道管辖。在任城区东南部。面积 0.7 平方千米。人口 10 400。因在琵琶山西侧，故名。2001 年成立。有楼房 118 栋，现代中式建筑风格。通公交车。

建设社区 370811-A06-J05
[Jiànshè Shèqū]

属观音阁街道管辖。在任城区东南部。面积 2 平方千米。人口 3 200。因临近建设路得名。2001 年成立。有楼房 1 栋，现代中式建筑风格。有志愿者服务。通公交车。

文昌阁社区 370811-A06-J06
[Wénchānggé Shèqū]

属观音阁街道管辖。在任城区东南部。

面积 0.1 平方千米。人口 800。因辖区建有文昌阁得名。1988 年成立。有楼房 10 栋，现代中式建筑风格。通公交车。

东赵庄社区 370811-A06-J07
[Dōngzhàozhuāng Shèqū]

属观音阁街道管辖。在任城区东南部。面积 1 平方千米。人口 300。因东赵庄得名。1998 年成立。有楼房 4 栋，现代中式建筑风格。有志愿者服务。通公交车。

前营社区 370811-A06-J08
[Qiányíng Shèqū]

属观音阁街道管辖。在任城区东南部。面积 0.56 平方千米。人口 900。因明初此处距城三华里，曾屯兵立营，故名三里营，又因在同一方位上有三个自然村，该村居前，故称前三里营。社区成立时改为前营。1992 年成立。有楼房 15 栋，现代中式建筑风格。通公交车。

后营社区 370811-A06-J09
[Hòuyíng Shèqū]

属观音阁街道管辖。在任城区东南部。面积 0.001 平方千米。人口 14 600。因明初此处距城三华里，曾屯兵立营，故名三里营，又因在同一方位上有三个自然村，该村居后，故称后三里营。社区成立时改为后营。1992 年成立。有楼房 186 栋，现代中式建筑风格。有老年人日间照料服务、志愿者服务。通公交车。

东发社区 370811-A06-J10
[Dōngfā Shèqū]

属观音阁街道管辖。在任城区东南部。面积 0.7 平方千米。人口 1 300。因距旧城东五华里，又因明初曾屯兵立营，故称东五里营。后分为四个村，本村为东五里营第一村，社区成立时改称东发。1992 年成立。

有楼房 59 栋，现代中式建筑风格。驻有金太阳幼儿园等单位。通公交车。

东兴社区 370811-A06-J11
[Dōngxīng Shèqū]

属观音阁街道管辖。在任城区东南部。面积 0.1 平方千米。人口 1 400。因距旧城东五华里，又因明初曾屯兵立营，故称东五里营。后分为四个村，本村为东五里营第二村，社区成立时改称东兴。2001 年成立。有楼房 28 栋，现代中式建筑风格。通公交车。

东达社区 370811-A06-J12
[Dōngdá Shèqū]

属观音阁街道管辖。在任城区东南部。面积 0.9 平方千米。人口 1 100。因距旧城东五华里，又因明初曾屯兵立营，故称东五里营。后分为四个村，本村为东五里营第四村，社区成立时改称东达。2001 年成立。有楼房 21 栋，现代中式建筑风格。通公交车。

济阳大街社区 370811-A07-J01
[Jǐyángdàjiē Shèqū]

属济阳街道管辖。在任城区西南部。面积 0.3 平方千米。人口 11 000。因济阳大街得名。2001 年成立。有楼房 28 栋，现代建筑风格。通公交车。2013 年被评为省文明社区。

南门社区 370811-A07-J02
[Nánmén Shèqū]

属济阳街道管辖。在任城区南部。面积 0.6 平方千米。人口 7 800。因古城南门得名。1996 年成立。有楼房 56 栋，中式建筑风格。通公交车。2013 年被评为省文明社区。

财工街社区 370811-A07-J03
[Cáigōngjiē Shèqū]

属济阳街道管辖。在任城区西南部。面积 0.1 平方千米。人口 8 400。取辖区财神庙街和工字巷两条街巷首字得名。2000 年成立。有楼房 22 栋，现代建筑风格。驻有永丰街小学、和欣幼儿园等单位。有志愿者服务。通公交车。2013 年被评为省文明社区。

龙行社区 370811-A07-J04
[Lóngxíng Shèqū]

属济阳街道管辖。在任城区西南部。面积 0.25 平方千米。人口 4 300。因临龙行胡同得名。1993 年成立。有楼房 39 栋，中式建筑风格。有志愿者服务。通公交车。2013 年被评为省文明社区。

柳行社区 370811-A07-J05
[Liǔháng Shèqū]

属济阳街道管辖。在任城区西南部。面积 0.7 平方千米。人口 5 600。因处越河南岸，河边绿树成行得名。2008 年成立。有楼房 21 栋，中式建筑风格。驻有济宁市第三中学等单位。通公交车。2011 年被评为省文明社区。

草桥口社区 370811-A07-J06
[Cǎoqiáokǒu Shèqū]

属济阳街道管辖。在任城区西南部。面积 0.11 平方千米。人口 9 900。因靠近草桥得名。2001 年成立。有楼房 31 栋，现代中式建筑风格。驻有哈佛摇篮龙城美墅幼儿园等单位。开展法律法规常识宣讲等活动。通公交车。

运河社区 370811-A07-J07
[Yùnhé Shèqū]

属济阳街道管辖。在任城区西南部。面积 0.16 平方千米。人口 4 300。因临古运河得名。2001 年成立。现代中式建筑风格。通公交车。

京杭社区 370811-A07-J08
[Jīngháng Shèqū]

属济阳街道管辖。在任城区西南部。面积 0.43 平方千米。人口 12 000。因临京杭大运河得名。2011 年成立。有楼房 89 栋，现代中式建筑风格。通公交车。

古路沟社区 370811-A08-J01
[Gǔlùgōu Shèqū]

属越河街道管辖。在任城区南部。面积 0.15 平方千米。人口 6 400。因古路沟街得名。1988 年成立。有楼房 28 栋，中式建筑风格。通公交车。2013 年被评为省文明社区。

兴隆社区 370811-A08-J02
[Xīnglóng Shèqū]

属越河街道管辖。在任城区南部。面积 1.31 平方千米。人口 6 000。因辖区内有兴隆桥，故名。2001 年成立。有楼房 31 栋，中式建筑风格。驻有济宁市再生资源回收总公司、济宁市科迪产业公司等单位。有关爱老年人"五卡"（心连心联系卡、互帮出行卡、爱心慰问卡、关怀祝寿卡、悼念卡）等活动。通公交车。2013 年被评为省文明社区。

王母阁社区 370811-A08-J03
[Wángmǔgé Shèqū]

属越河街道管辖。在任城区西南部。面积 0.18 平方千米。人口 6 200。因临王母阁湖而得名。2007 年成立。有楼房 33 栋，中式建筑风格。有养老服务。通公交车。2014 年被评为省文明社区。

竹竿巷社区 370811-A08-J04
[Zhúgānxiàng Shèqū]

属越河街道管辖。在任城区中部。面积 0.38 平方千米。人口 4 800。因辖区内竹竿巷得名。2000 年成立。有楼房 44 栋,现代中式建筑风格。通公交车。

武胜桥社区 370811-A08-J05
[Wǔshèngqiáo Shèqū]

属越河街道管辖。在任城区中部。面积 0.2 平方千米。人口 6 400。2001 年成立。有楼房 33 栋,现代中式建筑风格。驻有普育回民小学、普育幼儿园、济宁经济开发区税务局南苑分局等单位。有志愿者服务,开展走访慰问空巢老人等活动。通公交车。

西大寺社区 370811-A08-J06
[Xīdàsì Shèqū]

属越河街道管辖。在任城区中部。面积 0.3 平方千米。人口 6 300。因辖区内原有西大寺,故名。2001 年成立。有楼房 38 栋,现代中式建筑风格。驻有济宁十五中学、济宁骨伤医院等单位。有志愿者服务,开展走访慰问空巢老人等活动。通公交车。

和平街社区 370811-A08-J07
[Hépíngjiē Shèqū]

属越河街道管辖。在任城区中部。面积 0.12 平方千米。人口 3 200。因和平街得名。2001 年成立。有楼房 57 栋,现代中式建筑风格。有志愿者服务。通公交车。

南新街社区 370811-A09-J01
[Nánxīnjiē Shèqū]

属南苑街道管辖。在任城区西南部。面积 0.07 平方千米。人口 2 300。以区内南辛庄(“辛”改“新”)得名。1994 年成立。有楼房 15 栋,现代中式建筑风格。通公交车。2013 年被评为省文明社区。

南苑社区 370811-A09-J02
[Nányuàn Shèqū]

属南苑街道管辖。在任城区西南部。面积 0.09 平方千米。人口 6 100。因南苑街道得名。1995 年成立。有楼房 14 栋,现代中式建筑风格,还有平房。通公交车。

新园社区 370811-A09-J03
[Xīnyuán Shèqū]

属南苑街道管辖。在任城区西南部。面积 0.13 平方千米。人口 5 300。因由新苑房地产开发公司建设,故以公司名字谐音命名。2002 年成立。有楼房 60 栋,现代中式建筑风格。开展文化会演、健康教育、未成年人活动、学雷锋志愿活动。通公交车。

八铺社区 370811-A09-J04
[Bāpù Shèqū]

属南苑街道管辖。在任城区西南部。面积 1.07 平方千米。人口 8 700。因八铺后村得名。1993 年成立。有楼房 24 栋,现代中式建筑风格。有党员志愿服务。通公交车。

牛屯社区 370811-A09-J05
[Niútún Shèqū]

属南苑街道管辖。在任城区西南部。面积 0.15 平方千米。人口 1 700。因牛屯村得名。2001 年成立。有楼房 9 栋,现代中式建筑风格。通公交车。

狄林社区 370811-A09-J06
[Dílín Shèqū]

属南苑街道管辖。在任城区西南部。面积 2.6 平方千米。人口 2 300。因明洪武年间济宁左卫指挥史狄崇死后，奉敕葬于此得名。2001 年成立。有楼房 18 栋，现代中式建筑风格。通公交车。

忠心闸社区 370811-A09-J07
[Zhōngxīnzhá Shèqū]

属南苑街道管辖。在任城区西南部。面积 1 平方千米。人口 5 100。因辖区内中心闸得名。2011 年成立。有楼房 34 栋，现代建筑风格。有志愿者服务，开展健康知识讲座、惠民演出、电影放映等活动。通公交车。

博古庄社区 370811-A09-J08
[Bógǔzhuāng Shèqū]

属南苑街道管辖。在任城区西南部。面积 1.7 平方千米。人口 7 000。相传明末因位于西南圩门"忠信门"内，面积大，住户多，商业繁荣，故取博大、古老之义称博古庄。2000 年成立。有楼房 17 栋，现代建筑风格。有志愿者服务。通公交车。

三里屯社区 370811-A09-J09
[Sānlǐtún Shèqū]

属南苑街道管辖。在任城区西南部。面积 1.5 平方千米。人口 5 900。明代，济宁设有临清卫署，卫有屯田。因本村原为屯户，又距城三里，故称三里屯。社区沿用村名。2011 年成立。有楼房 37 栋，现代中式建筑风格。通公交车。

凤凰城社区 370811-A09-J10
[Fènghuángchéng Shèqū]

属南苑街道管辖。在任城区西南部。面积 3.3 平方千米。人口 21 000。因从空中俯视该社区，其形状恰似一只站立的凤凰，故名。2010 年成立。有楼房 27 栋，中式建筑风格。通公交车。

水景园社区 370811-A09-J11
[Shuǐjǐngyuán Shèqū]

属南苑街道管辖。在任城区西南部。面积 0.24 平方千米。人口 9 600。以吉言嘉语命名。2014 年成立。有楼房 17 栋，现代建筑风格。通公交车。

唐口社区 370811-A10-J01
[Tángkǒu Shèqū]

属唐口街道管辖。在任城区西南部。面积 3.3 平方千米。人口 2 200。沿用原唐口村名。2011 年成立。有楼房 70 栋，现代中式建筑风格。有志愿者服务。通公交车。

杜屯社区 370811-A10-J02
[Dùtún Shèqū]

属唐口街道管辖。在任城区西南部。面积 2.1 平方千米。人口 2 100。沿用原杜屯村名。2011 年成立。有楼房 33 栋，现代中式建筑风格。有志愿者服务。通公交车。

八里庙社区 370811-A11-J01
[Bālǐmiào Shèqū]

属安居街道管辖。在任城区西南部。面积 0.7 平方千米。人口 600。以辖区内八里庙村得名。2011 年成立。有楼房 13 栋，现代建筑风格。通公交车。2013 年被评为省文明社区。

李庄社区 370811-A11-J02
[Lǐzhuāng Shèqū]

属安居街道管辖。在任城区西部。面积 0.29 平方千米。人口 800。沿用原李庄村名。2008 年成立。有楼房 15 栋，现代中式建筑风格。通公交车。

西闸社区 370811-A14-J01
[Xīzhá Shèqū]

属洸河街道管辖。在任城区东南部。面积 1.5 平方千米。人口 1 800。原村因位于吴泰闸西边而得名，社区沿用原村名。2001 年成立。有楼房 19 栋，中式建筑风格。驻有济宁航运局、济宁市公安局、济宁市人民检察院等单位。有老年人免费健康服务。通公交车。2007 年被评为省文明社区。

东闸社区 370811-A14-J02
[Dōngzhá Shèqū]

属洸河街道管辖。在任城区东南部。面积 0.5 平方千米。人口 600。原村因位于吴泰闸东边得名，社区沿用原村名。2001 年成立。有楼房 15 栋，中式建筑风格。通公交车。2013 年被评为省文明社区。

南风花园社区 370811-A17-J01
[Nánfēnghuāyuán Shèqū]

属许庄街道管辖。在任城区南部。面积 3 平方千米。人口 9 200。以意气风发、风景宜人的美好寓意命名。2014 年成立。有楼房 27 栋，现代建筑风格。通公交车。

京杭佳苑社区 370811-A17-J02
[Jīnghángjiāyuàn Shèqū]

属许庄街道管辖。在任城区南部。面积 0.67 平方千米。人口 10 000。因紧邻京杭路得名。2012 年成立。有楼房 71 栋，现代建筑风格。通公交车。

御景花园社区 370811-A17-J03
[Yùjǐnghuāyuán Shèqū]

属许庄街道管辖。在任城区南部。面积 0.07 平方千米。人口 3 900。因美好寓意得名。2014 年成立。有楼房 11 栋，现代建筑风格。通公交车。

恒大名都社区 370811-A17-J04
[Héngdàmíngdū Shèqū]

属许庄街道管辖。在任城区南部。面积 0.21 平方千米。人口 14 100。以开发单位名称命名。2014 年成立。有楼房 22 栋，现代建筑风格。通公交车。

冠鲁明德花园社区 370811-A17-J05
[Guānlǔmíngdéhuāyuán Shèqū]

属许庄街道管辖。在任城区南部。面积 0.15 平方千米。人口 9 900。以开发单位名称命名。2013 年成立。有楼房 20 栋，现代建筑风格。通公交车。

兖州区

兖州区 370812
[Yǎnzhōu Qū]

济宁市辖区。在市境中部。面积 650 平方千米。人口 63.7 万。辖 6 街道、6 镇。区人民政府驻龙桥街道。1948 年 7 月曾将城区设兖州市，农村称滋阳县，11 月市县合并，称滋阳县，属鲁中南行署四专署。1949 年 7 月改称属尼山专署。1953 年秋属济宁专署。1958 年 3 月滋阳县与曲阜县合并称曲阜县，县机关驻兖州城。1962 年 1 月与曲阜县按原行政区域分治，滋阳县改为兖州县。1992 年 8 月撤县设兖州市。2013 年撤销兖州市，设立济宁市兖州区。(资料来源：《中华人民共和国地名大词典》)兖，古作"沇"，《史记·夏本纪》中"兖州"作"沇州"。古为九州之一。兖州得名于沇水，沇水原出河南济源县西王屋山，东流入海，沇水和济水实为一条河流，上游称沇水，下游称济水，有时全流亦称沇水或济水，济水与黄河之间为古兖州的区域范围，因此得名兖州。泗河、洸府河、白马河、南泉河从境内穿过。有省级科研单位 27 个。有中小学 83 所，图书馆 1 个，体育馆 2 个，三级以上医院 1 个。有国家级文物保护单位 4 个，省级文物保护单位 7 个，市级爱国主义教育基地 2 个，重要古迹、景点 3 个。1998 年 4 月息马地百货批发市场建成运营，1999 年 9 月市民九州广场竣工，其后建成了兖州百意商场、贵和商场、银座商场、大润发商场，形成了东部商业中心。2002 年 5 月九州路西延工程开工，7 月市民文化广场开工，9 月行政办公中心大楼奠基，2007 年 12 月启动兖州一中新校建设，2010 年 8 月竣工，其后，兖州区检察院、法院、党校、兖州区新体育馆建成，形成了西部行政文化中心。北部 1992 年 9 月建立经济开发区。济宁新机场选址兖州区，鲁南高铁在境内设立站点，打通了跨泗河、过铁路、贯通新老城区的主次干道。有兴隆塔、大禹治水像、兖州博物馆等标志性建筑物。三次产业比例为 8.7∶59.3∶32。农业以种植业、畜牧业为主，粮食作物种植小麦、玉米等，经济作物种植辣椒、棉花、西瓜等，盛产前海辣椒、王因西瓜。畜牧业以肉鸭、生猪、羊养殖为主，盛产颜店肉鸭，另有养蚕业。工业以煤炭产业为主导，形成以造纸、橡胶、机械、食品、煤炭、化工和医药七大产业集群为主，电子信息及新兴产业协调发展的格局。服务业以金融、物流、旅游业为主。有国家级开发区 1 个、省级开发区 2 个。有兖州站、兖州北站、白家店站、兖州汽车站，有多条公交线路。

山东济宁（兖州）国家农业科技园区 370812-E01

[Shāndōng Jǐníng（Yǎnzhōu）Guójiā Nóngyè Kējì Yuánqū]

在区境南部。东起银杏路，西至紫薇路，南起梧桐路，北至 327 国道。面积 2 020 公顷。依据所在政区和职能命名。2013 年 9 月经科技部正式批准建立国家级农业科技园区，由市级政府管理。引进、示范农业新品种、新技术，探索农业高科技栽培模式，为农业结构调整提供技术支持，提升现代农业科技水平；探索农业产业结构调整方向，推进农业高新技术产业，引领区域现代农业产业化发展；引进、培育农业高新技术企业，以企业为龙头建立生产示范基地，带动农业和农村经济发展。园区有生物技术、农业机械装备制造、农产品加工三大特色，主导产业围绕小麦、玉米高产创建形成完整产业链。入园企业 65 家，其中，爱科大丰、金大丰、国丰等农业机械装备制造企业，山东农科院、山东农业大学院士专家团队的科技支撑和百盛生物、益海嘉里、今麦郎、白象等农产品精深加工企业入驻，实现农机制造智能化、信息化、粮食精深加工水平国际领先。圆通农村电商全国孵化基地在园区建成运行，拉长园区产业链。园区内交通便利，高速公路穿境而过，通公交车。

兖州经济开发区 370812-E02

[Yǎnzhōu Jīngjì Kāifāqū]

在区境西南部。东起 327 国道，南至滋阳东路，西连月明路，北接华安东路。面积 600 公顷。依据职能命名。2006 年 8 月经省政府正式批准设立省级开发区，由区级政府管理。形成以机械电子、生物医药、绿色食品、新型材料、热电联产为主的高精新技术产业聚集区，有兖矿集团主力煤矿、邹县电厂等企业。形成"四纵四横"主干道路网。

兖州工业园区 370812-E03

[Yǎnzhōu Gōngyè Yuánqū]

在区境西南部。东至兖州济微路，南至倪村，西至 327 国道、金村，北至代家村、官庄村。面积 400 公顷。依据职能命名。2006 年 8 月经省政府正式批准设立省级开发区，由区级政府管理。初步形成造纸、橡胶、煤化工、生物医药、新型材料五大产业基地，入驻企业181家。区内交通便利。

龙桥街道 370812-A01
[Lóngqiáo Jiēdào]

兖州区人民政府驻地。在区境中部。面积16平方千米。人口8.6万。2008年设立。以境内龙桥得名。共拆迁改建牛旺、旧关等6个村，建成华勤紫金城、君临城市花园、锦绣家园等现代城市小区。府河、大安河从境内穿过。有中小学6所，医疗卫生机构52个。有市级文物保护单位贾凫西墓。有人民医院、兖州一中、舜耕酒店等标志性建筑物。农业以种植业、养殖业为主，主产小麦、玉米、蔬菜，养殖猪、家禽等。工业以机械加工为主。服务业以商贸零售、电商产业、现代物流业为主，建有兖州电商产业示范园、龙桥电商创业园、君临共享经济产业园3个电商产业园区，有鲁王路科研物流产业园等物流园区。通公交车。

鼓楼街道 370812-A02
[Gǔlóu Jiēdào]

属兖州区管辖。在区境中部。面积17平方千米。人口14.6万。2000年设立。以辖区内建于明洪武年间的钟鼓楼得名。2008年复建兴隆寺，建设集名寺、名塔、演绎、体验、禅修、休闲为一体的大型文化旅游景区兴隆文化园。泗河、府河从境内穿过。有中小学10所，医疗卫生机构4个。有国家级文物保护单位兖州天主教堂、兴隆塔。有九州广场、少陵公园、青少年宫、百货大楼、兴隆文化园等标志性建筑物。农业以种植小麦、玉米、蔬菜为主，养殖猪、羊、牛、家禽。工业以机械加工为主。服务业以文化旅游、商贸物流、电子商务等现代服务业为主。通公交车。

酒仙桥街道 370812-A03
[Jiǔxiānqiáo Jiēdào]

属兖州区管辖。在区境东部。面积15平方千米。人口4.2万。2008年设立。因辖区内酒仙桥得名。泗河、小沂河、府河从境内穿过。有中小学2所，医疗卫生机构3个。有国家级文物保护单位金口坝，省级文物保护单位南大桥、琉璃厂窑址、兖州机务段水塔，重要古迹观象台、青莲阁等。有兖州站、古城煤矿等标志性建筑物。农业以种植小麦、玉米、蔬菜、花卉为主，养殖猪、羊、家禽等，泗河沿岸规模化种植蔬菜、花卉等新型经济作物。工业以制造业为主，有铠沃机械、拓新机械、宏泰农业装备、通用医疗等企业。服务业有以兴隆文化园为中心的文化旅游产业，以农家乐、采摘园为主的观光旅游农业，以商贸物流、金融、服务外包、文化传媒、电子商务等为主的新型服务业。有兖州站、兖州汽车站，通公交车。

兴隆庄街道 370812-A04
[Xīnglóngzhuāng Jiēdào]

属兖州区管辖。在区境东南部。面积55平方千米。人口4.1万。2014年设立。因辖区内兴隆庄得名。泗河从境内穿过。有中小学6所，医疗卫生机构1个。有重要古迹龙山文化遗址、泗河南大桥等。有泗河南大桥等标志性建筑物。农业以种植小麦、玉米、林果、蔬菜为主，养殖肉鸡、肉鸭、生猪等，特产兴隆豆腐干、小南湖风鸡等。工业有造纸、化工、塑编、煤炭运销及深加工、新型建材和生物制药，有兖州兴隆矿、兴隆造纸厂等企业。服务业以乡村旅游业为主。通公交车。

黄屯街道 370812-A05
[Huángtún Jiēdào]

属兖州区管辖。在区境西南部。面积

42 平方千米。人口 2.7 万。2010 年设立。沿用原镇名。廖沟河从境内穿过。有中小学 3 所，医疗卫生机构 1 个。有黄屯街道乡史馆等标志性建筑物。沿廖沟河建有生态廊道。农业以种植特色珍果为主，发展生态、高效、绿色农业，集约化种植，有励耕农业种植合作社、华强专业种植合作社、锦绣种植合作社 3 个农业基地，与山东农业科学院、山东农业大学合作，实现小麦、大豆的优质良种繁育。工业以装备制造、纺织、服装、煤化工为主。服务业以汽车销售与服务为主。通公交车。

王因街道 370812-A06
[Wángyīn Jiēdào]

属兖州区管辖。在区境南部。面积 72 平方千米。人口 6.5 万。2010 年设立。沿用原镇名。泗河、蓼沟河从境内穿过。有中小学 6 所，医疗卫生机构 2 个。有省级文物保护单位王因遗址。有济宁市第一人民医院王因分院等标志性建筑物。建有泗河生态休闲观光带。农业以种植小麦、玉米等为主，经济作物有棉花、苗木、花卉等。工业形成煤炭、工程机械、机电加工、金属容器和轻钢网架等支柱产业，有济宁高新区高端制造园。服务业以物流业、旅游业为主。通公交车。

大安镇 370812-B01
[Dà'ān Zhèn]

兖州区辖镇。在区境北部。面积 76 平方千米。人口 6.8 万。辖 53 村委会，有 58 自然村。镇人民政府驻后谷村。1935 年大安村首立为大安镇。1949 年为滋阳县大安区。1956 年改设乡。1962 年改建大安公社。1966 年改大安区。1968 年复为公社。1986 年改置镇。2008 年谷村镇及新兖镇 5 个村并入。因镇政府原驻地大安村得名。洸府河、小泥河从境内穿过。有中小学 9 所，医院 2

个。有重要古迹安家庙遗址、檀乡故址遗迹。农业以种植小麦、玉米、蔬菜为主，经济作物有绿色大米、山药、牛蒡、花卉等。工业以装备制造、农业机械、化纤纺织、食品加工、精细化工、高新技术六大产业为主，有全国驰名商标 1 个、省优产品 10 个。服务业以物流业、乡村旅游业为主。京沪铁路、新石铁路、省道济微路过境。

新驿镇 370812-B02
[Xīnyì Zhèn]

兖州区辖镇。在区境西北部。面积 67 平方千米。人口 5.2 万。辖 57 村委会，有 56 自然村。镇人民政府驻新驿村。1949 年为新驿区。1958 年改公社。1984 年改置镇。因镇政府驻地村得名。黄狼沟、中源沟从境内穿过。有中小学 10 所，医院 1 个。有省级文物保护单位东顿村遗址、马楼遗址，重要古迹桑丘古城文化遗址、高吴桥遗址、郭村古楼等。农业以种植小麦、玉米、蔬菜为主，兆福果蔬合作社为省级示范合作社，翠宝甜瓜、绿宝石甜瓜、羊角脆甜瓜通过农业部绿色食品发展中心审核认证。工业以铸造、机械机电加工、制药、纺织、建筑材料为主，雅士佳联诚新驿铸造厂是境内最大的机械零部件加工生产及出口基地。服务业以滨阳生态园、二仙居农家乐等乡村旅游和商贸物流业为主。省道旧邹公路、济阳公路过境。

颜店镇 370812-B03
[Yándiàn Zhèn]

兖州区辖镇。在区境西部。面积 102 平方千米。人口 7.1 万。以汉族为主，还有回等民族。辖 66 村委会，有 61 自然村。镇人民政府驻颜店村。1948 年为嵫阳县第六区。1949 年称嵫山区。1950 年改称颜店区。1958 年成立公社。1984 年改为颜店区。1986 年改称颜店镇。2000 年前海乡并入。

因镇政府驻地得名。境内有嵫山，洸府河从境内穿过。有中小学 14 所，医院 1 个。有重要古迹郑氏庄园、玄帝庙大殿、滋阳山备战粮仓等。农业以种植小麦、玉米、苗木为主，有 10 万亩苗木种植基地。工业以肉鸭宰杀加工、胶带加工、机械加工为主。日兰高速过境。设颜店客运站。

新兖镇 370812-B04

[Xīnyǎn Zhèn]

兖州区辖镇。在区境西南部。面积 103 平方千米。人口 8.8 万。辖 2 居委会、84 村委会，有 97 自然村。镇人民政府驻小官庄。1947 年称鲁城镇。1956 年改称城关镇。1958 年为东风公社。1962 年更名城关公社。1984 年改城郊区。1986 年设城郊乡。1994 年改置新兖镇。1999 年泗庄乡并入。2008 年与兖州新兖工业园合为一体。2013 年大安镇 33 个行政村和山拖社区划入。以加快发展新兖州之意命名。大安河、府河、杨家河、洸府河从境内穿过。有中小学 10 所，医院 1 个。农业以种植小麦、玉米、蔬菜、花卉为主。工业有造纸包装、橡胶化工、装备制造、医药器械等优势产业。京台、京沪、日兰高速过境。

漕河镇 370812-B05

[Cáohé Zhèn]

兖州区辖镇。在区境北部。面积 47 平方千米。人口 3.3 万。辖 31 村委会，有 38 自然村。镇人民政府驻漕河村。1972 年由大安公社的河南、歇马亭、谈村三个管区和谷村公社的蔡桥、曹庄两个管区组成漕河公社。1984 年改为漕河区。1986 年撤区改设漕河乡。1999 年撤乡设镇。以镇政府驻地得名。汉马河、小泥河、罗河、洸府河从境内穿过。有中小学 5 所，医院 1 个。农业以种植小麦、玉米、大蒜、蚕桑及花生、棉花为主，畜牧养殖猪、鸭等。工业以建

材、化纤、木业、食品加工等为主。服务业以蟋蟀文化产业为主导发展乡村旅游业，有蟋蟀博物馆。省道济微路过境。

小孟镇 370812-B06

[Xiǎomèng Zhèn]

兖州区辖镇。在区境西北部。面积 55 平方千米。人口 4.2 万。辖 42 村委会，有 43 自然村。镇人民政府驻小孟村。1949 年称太平区。1962 年为小孟公社。1966 年改小孟区。1968 年复为公社。1984 年复设小孟区。1986 年撤区改小孟乡。2002 年撤乡设镇。因镇政府驻地得名。有中小学 6 所，医院 1 个。有国家级文物保护单位西吴寺遗址，重要古迹齐国贤相孟尝君旧迹、西吴寺遗址、桑园遗址、金代大明寺遗址等，有孟里老家景区等旅游资源。农业以种植小麦、玉米为主，经济作物主要有棉花、大蒜等。工业有加工制造业，以机械制造、精细化工为主。服务业以乡村旅游业为主，有梁村—苏户美丽乡村游览路线等精品线路。省道济阳公路、兖梁公路过境。

社区

牛旺社区 370812-A01-J01

[Niúwàng Shèqū]

属龙桥街道管辖。在兖州区中部。面积 9.8 平方千米。人口 20 000。因牛王村得名。2009 年成立。有楼房 138 栋，现代中式建筑风格。驻有鲁南地质勘探院、兖州区财政局等单位。通公交车。2012 年被评为省文明社区。

鼓楼社区 370812-A02-J01

[Gǔlóu Shèqū]

属鼓楼街道管辖。在兖州区东南部。面积 0.3 平方千米。人口 5 300。因辖区内

钟鼓楼得名。2001 年成立。有楼房 39 栋，现代建筑风格，还有平房。有志愿者服务、老年人日间照料服务。通公交车。2006 年被评为省文明社区。

息马地社区　370812-A02-J02
[Xīmǎdì Shèqū]

属鼓楼街道管辖。在兖州区中部。面积 0.25 平方千米。人口 2 400。因辖区内息马地街得名。2001 年成立。有楼房 30 栋，中式建筑风格。驻有鲁南地质勘察院等单位。通公交车。2008 年被评为省文明单位。

校场社区　370812-A02-J03
[Jiàochǎng Shèqū]

属鼓楼街道管辖。在兖州区东部。面积 0.28 平方千米。人口 6 300。明清时期城内驻有武官"总兵"，俗称镇台，是检阅军队的地方，名校场，以其得名。2010 年成立。有楼房 62 栋，中式建筑风格。驻有中国联通等单位。通公交车。2005 年被评为省文明社区。

文东社区　370812-A02-J04
[Wéndōng Shèqū]

属鼓楼街道管辖。在兖州区东部。面积 0.4 平方千米。人口 3 200。因位于文化东路得名。2010 年成立。有楼房 38 栋，中式建筑风格。驻有东方中学、兴隆幼儿园等单位。通公交车。2011 年被评为省文明社区。

中御桥社区　370812-A02-J05
[Zhōngyùqiáo Shèqū]

属鼓楼街道管辖。在兖州区中部。面积 0.48 平方千米。人口 5 300。因辖区内有中御桥得名。2001 年成立。有楼房 33 栋，现代中式建筑风格。驻有济宁市兖州区第

六中学、济宁市兖州区回族小学等单位。通公交车。2011 年被评为省文明社区。

红西社区　370812-A02-J06
[Hóngxī Shèqū]

属鼓楼街道管辖。在兖州区东部。面积 1.02 平方千米。人口 8 400。因社区内红花西街得名。2001 年成立。有楼房 75 栋，中式建筑风格。驻有济宁市兖州区实验高级中学等单位。通公交车。2013 年被评为省文明社区。

南顺城社区　370812-A02-J07
[Nánshùnchéng Shèqū]

属鼓楼街道管辖。在兖州区东部。面积 0.6 平方千米。人口 6 900。因位于南顺城街而得名。2001 年成立。有楼房 52 栋，中式建筑风格。通公交车。2013 年被评为省文明社区。

南环社区　370812-A02-J08
[Nánhuán Shèqū]

属鼓楼街道管辖。在兖州区南部。面积 0.5 平方千米。人口 400。因原南环城路得名。2001 年成立。以平房为主。通公交车。2014 年被评为省文明社区。

韦园社区　370812-A02-J09
[Wéiyuán Shèqū]

属鼓楼街道管辖。在兖州区中部。面积 0.45 平方千米。人口 4 100。因韦园街而得名。2001 年成立。有楼房 31 栋，中式建筑风格。驻有兖州区房管局等单位。通公交车。2011 年被评为省文明社区。

长安社区　370812-A02-J10
[Cháng'ān Shèqū]

属鼓楼街道管辖。在兖州区中部。面积 0.34 平方千米。人口 10 100。因辖区内

长安村得名。2001 年成立。有楼房 47 栋，中式建筑风格。驻有兖州妇幼保健院等单位。有志愿者服务。通公交车。2013 年被评为省文明社区。

东关社区 370812-A03-J01
[Dōngguān Shèqū]

属酒仙桥街道管辖。在兖州区东部。面积 0.25 平方千米。人口 10 600。以社区内东关大街得名。2001 年成立。有楼房 78 栋，中式建筑风格。驻有济宁水产公司、济宁传输局等单位。有志愿者服务。通公交车。2012 年被评为省文明单位。

神路社区 370812-A03-J02
[Shénlù Shèqū]

属酒仙桥街道管辖。在兖州区东部。面积 0.3 平方千米。人口 2 200。以社区内神路街得名。2001 年成立。有楼房 5 栋，现代中式建筑风格。通公交车。2007 年被评为省文明社区。

岗子街社区 370812-A03-J03
[Gǎngzijiē Shèqū]

属酒仙桥街道管辖。在兖州区东部。面积 0.2 平方千米。人口 2 200。因位于岗子街得名。2001 年成立。有楼房 8 栋，中式建筑风格。有志愿者服务。通公交车。2013 年被评为省文明社区。

军民社区 370812-A03-J04
[Jūnmín Shèqū]

属酒仙桥街道管辖。在兖州区东部。面积 0.5 平方千米。人口 14 600。因社区内驻有军队得名。2001 年成立。有楼房 110 栋，现代建筑风格。驻有九一医院、兖州区气象局等单位。有志愿者服务。通公交车。2012 年被评为省文明社区。

金色嘉苑社区 370812-A05-J01
[Jīnsèjiāyuàn Shèqū]

属黄屯街道管辖。在兖州区西南部。面积 8.53 平方千米。人口 27 000。因吉言嘉语得名。2010 年成立。有楼房 250 栋，现代建筑风格。有养老服务。通公交车。2014 年被评为省文明社区。

曲阜市

曲阜市 370881
[Qūfù Shì]

山东省直辖县级市，由济宁市代管。北纬 35°34′，东经 116°58′。在济宁市境东北部。面积 815 平方千米。人口 64.7 万。辖 4 街道、8 镇。市人民政府驻鲁城街道。商为奄国都，又曾为商都，商王南庚都此。西周、春秋为鲁都。秦置鲁县，为薛郡治。西汉、三国魏、晋、北魏为鲁国（郡）治。北齐、北周为任城郡治。隋开皇三年（583）废任城郡，四年改县为汶阳县，十六年改为曲阜县，属兖州，后属鲁郡。唐贞观元年（627）省入泗入县，八年复置，属兖州。北宋大中祥符五年（1012）改为仙源县，徙治大鲁城东北八里（今旧县），属兖州，后属袭庆府。金天会七年（1129）复名曲阜县，属兖州。明嘉靖三年（1524）还治古鲁城（今曲阜镇），属兖州府。清因之。1914 年属济宁道。1925 年属兖济道。1928 年属省。1936 年属第一行政督察区。1941 年属鲁南专区第一行政区。1944 年属鲁南行政区第一专区。1948 年属鲁中南行政区第四专区（翌年更名尼山专区）。1950 年属滕县专区。1953 年属济宁专区。1958 年滋阳县并入，县人民政府迁兖州。1961 年原滋阳县地析出置兖州县。1967 年属济宁地区。1983 年属济宁市。1986 年 6 月撤县设市。（资料来源：《中华人民共和国地名大词典》）"曲阜"最早见于《礼记·明堂位》："成王以周公为有勋劳于天下，是以封周公于曲阜。"东汉应劭《风俗通义》曰："曲阜在鲁城中，委曲长七八里。"故名。鲁故城建于西周初期，东西长 3.7 千米，南北长 2.7 千米，城内道路 10 条。北宋大中祥符五年（1012），县城迁址寿丘（今旧县）。明正德六年（1511），农民起义军"破曲阜、焚官寺民居数百，县治为墟"。正德八年（1513），皇帝下令迁移曲阜县城，"移城卫庙"，至嘉靖元年（1522）筑新城，即今明故城。城周 4.8 千米，面积 1.41 平方千米，城有五门，城门上建有城楼，城内街道多为"T"字形。形成以孔庙、孔府为中轴，周边为居住用地、军事用地、行政办公、商业设施等功能混合的历史城区，城区发展基本围绕明故城外围周边区域进行建设。1930 年阎锡山炮轰曲阜，东、西、北三城楼及东北角城墙均毁。1978 年 7 月城墙拆除，墙基上建起民房及部分单位。1985 年确定为历史文化旅游名城，城市发展以明故城为中心，东至少昊陵，西至曲阜师范大学，南至沂河，北至孔林。形成东鲁（鲁故城区）、西文（文化区）、南新（新城区）、北林（孔林）十字花瓣形布局。2003 年建成西、北两条外环路，2004 年建崇文大道，形成城区基本框架。城区横跨沂河、蓼河两岸，形成"人"字形水上景观带。2008 年 5 月建设曲阜国家级文化产业示范园区，恢复改造孔子文化会展中心、游客集散中心、石门山体育休闲区、尼山省级旅游度假区、明故城等工程，改造杏坛剧场、孔子文化园（原论语碑苑）等文化产业项目。2014 年体育馆、游泳馆、政德教育基地建成使用。东部为低山丘陵，西部为平原，平均海拔 100 米。年均气温 15.6℃，1 月平均气温 2.6℃，7 月平均气温 28.1℃。年均降水量 544.6 毫米。有泗河、沂河、蓼河、崄河流经。有煤炭、灰岩、花岗岩、建筑用砂、砖瓦用黏土等矿产资源。有维管植物 539 种，其中国家重点保护野生植物有 2 种。有野生动物 653 种，其中国家重点保护野生动物有 25 种。森林覆盖率 20.3%。有曲阜师范大学等高等院校 4 所，中小学 117 所，图书馆 1 个，博物馆 2 个，档案馆 2 个，知名文艺团体 2 个，体育场馆 2 个，二级以上医院 5 个。有国家级文物保护单位 11 个、省级文物保护单位 56 个，有国家级爱国主义教育基地 1 个，是国家级历史文化名城，有祭孔大典等国家级非物质文化遗产 4 个，孔子诞生传说、孟母教子传说等省级非物质文化遗产 11 个，风景名胜区和重要古迹、景点 86 个。三次产业比例为 9∶35∶56。农业以种植小麦、玉米、水稻为主，"曲阜香稻"久负盛名。工业以电子信息、汽车及零部件、生物医药为三大主导产业，有煤矿和新能源、汽配、机械、医药、纺织、化工、建材、食品加工等企业。名产有孔府家酒、熏豆腐，楷雕、碑帖、尼山砚为"曲阜三宝"。服务业以旅游业为主。有省级开发区 1 个。境内铁路里程 118.5 千米，公路里程 1 501.4 千米。京沪高铁、兖石铁路、京沪铁路、京台高速、日兰高速、104 国道、327 国道过境。

曲阜经济开发区 370881-E01
[Qūfù Jīngjì Kāifāqū]

在曲阜市境东部。包括东区、西区 2 个片区。东区在静轩路以南，西至火车站路，东邻京沪高铁，南至沂河控制线；静轩路以北，西至京福高速，东至京沪高速铁路西，北至白陶铁路南。西区东起伟业路，西至规划区西路，南起沂河，北至泗河。以所在政区和功能命名。面积 3 678 公顷。1992 年 12 月经省政府正式批准建立省级开发区，由县市级政府管理。有汽车及零部件制造、电子信息产业、专用设备制造、生物医药四大主导产业，入驻企业 376 家，其中，有天博汽配、圣阳电源等规模以上工业企业97家，国家级高新技术企业14家、国家级企业技术中心1个、国家级工程实验室3个、院士工作站3个、博士后工作站2个、省级工程技术研究中心8个、上市企业3家。拥有中国驰名商标1个、省著名商标8个。多条城市主干路连接城区，高速铁路过境，通公交车。

鲁城街道 370881-A01
[Lǔchéng Jiēdào]

曲阜市人民政府驻地。在市境中部。面积28平方千米。人口3.1万。2000年设立。因地处鲁国故城而得名。先后完成古泮池拆迁、大沂河综合治理和长春路、春秋路、校场路建设及改造，启动明故城保护复兴工程。沂河、洙水河从境内穿过。有中小学7所，医疗卫生机构2个。有国家级文物保护单位孔府、孔庙、颜庙、周公庙、鲁国故城遗址等，省级非物质文化遗产曲阜大庄绢花制作技艺、琉璃瓦制作技艺。农业以环保、生态农业为主，种植小麦、玉米、水稻、蔬菜，特产曲阜香稻。工业以包装彩印、新型建材、高档造纸、机械制造、生物医药、电子元件和房地产开发等为主。服务业有旅游、酒店、商贸等业。通公交车。

书院街道 370881-A02
[Shūyuàn Jiēdào]

属曲阜市管辖。在市境中部。面积39平方千米。人口3.6万。2000年设立。因洙泗书院得名。2000年建设政府办公楼和经贸区等建筑，建有以书院转盘为核心的十字花瓣形小城镇。泗河、洙水河从境内穿过。有中小学8所，医疗卫生机构1个。有省级文物保护单位洙泗书院、少昊陵遗址、东野林、仙源县故城、景灵宫遗址。有雕塑"齐鲁迎宾曲"等标志性建筑物。

经济以工业为主，有机械加工和新材料两大产业。通公交车。

小雪街道 370881-A03
[Xiǎoxuě Jiēdào]

属曲阜市管辖。在市境南部。面积57平方千米。人口4.8万。以汉族为主，还有回等民族。2010年设立。沿用原镇名。先后完成蓼河二十里（现代版）清明上河园、孔子国际文化交流中心、曲阜市体育馆、政德教育基地等文化城建设，建有鲁班文化产业园、孔子博物馆、文化产业示范园等。蓼河、白马河从境内穿过。有中小学10所，医疗卫生机构1个。有名胜古迹孟母林、九龙山崖墓群、姜家村古墓群、巨野王墓群、凫村古村落、凫村遗址等。农业主产小麦、玉米、地瓜、花生、蔬菜等。工业以管材制造、纺织、酿酒、化工等为主。通公交车。

时庄街道 370881-A04
[Shízhuāng Jiēdào]

属曲阜市管辖。在市境西部。面积75平方千米。人口4.5万。2010年设立。沿用原镇名。2014年完成农村道路维修并铺设燃气、热力、通讯、自来水等管道。泗河、沂河从境内穿过。有中小学7所，医疗卫生机构3个。有重要名胜古迹安吉庄石刻、孔继涑墓群、八里庙遗址、前坊岭明墓等。农业主要种植绿色环保蔬菜、葡萄等。工业以汽车零部件、电器及电气器材、生物医药为主。服务业以商业贸易为主，有集批发、旅游、餐饮、酒店、娱乐为一体的孔子商贸城。有曲阜市汽车站，通公交车。

吴村镇 370881-B01
[Wúcūn Zhèn]

曲阜市辖镇。在市境北部。面积78平方千米。人口3.6万。辖26村委会，有39自然村。镇人民政府驻吴村。1949年为吴村区。1958 年改公社。1986 年改设镇。以镇政府驻地村得名。纸坊河从境内穿过。有中小学 6 所，医院 1 个，广场 26 个。有省级文物保护单位安丘王墓群、九仙山建筑群，爱国主义教育基地曲阜革命烈士陵园、曲阜革命历史展览馆。经济以农业为主，主要种植小麦、玉米、蔬菜，名优特产有苹果、山楂、大枣、大樱桃、葡萄等。工业以建材、体育用品、食品加工为主。服务业以旅游业为主，有孔子石、九仙山等旅游资源。京沪铁路、104 国道过境。设吴村火车站。

姚村镇 370881-B02
[Yáocūn Zhèn]

曲阜市辖镇。在市境西北部。面积 72 平方千米。人口 4.4 万。辖 27 村委会，有 59 自然村。镇人民政府驻姚村。1948 年为姚村区。1949 年为第八区。1958 年改设公社。1986 年改设镇。以镇政府驻地得名。泗河、汉马河从境内穿过。有中小学 10 所，卫生院 1 个。有省级文物保护单位孔家村泗河桥、保安古桥、姚村火车站。农业主产小麦、玉米、棉花、蔬菜，盛产牛蒡、山药。工业以纺织、农产品加工为主，编织业历史悠久，有灯笼、花瓶、花篮和双喜、福、寿等产品，特产凉席，有颜氏产业园。京沪铁路、白陶铁路、省道曲宁公路过境。

陵城镇 370881-B03
[Língchéng Zhèn]

曲阜市辖镇。在市境西南部。面积 80 平方千米。人口 5.6 万。辖 50 村委会，有 41 自然村。镇人民政府驻陵城村。1948 年邹县设陵城区，同年 7 月划归曲阜县。1956 年撤区设乡。1958 年改设公社。1986 年改设镇。因镇政府驻地得名。蓼河、烟袋河从境内穿过，有崇文湖。有中小学 10 所，医院 1 所。有省级文物保护单位小南

庄遗址、章枣遗址、陵南遗址。经济以生物医药、医疗器械等主导产业为主。农业以种植玉米、小麦为主，名优特产有葡萄、草莓、土豆等。工业着力培育汽车零部件、新型材料、电子信息等产业。服务业以商业、餐饮、零售等为主。日兰高速、104 国道、省道南兴埠—兖州公路过境。

尼山镇 370881-B04
[Níshān Zhèn]

曲阜市辖镇。在市境东南部。面积 107 平方千米。人口 5.5 万。辖 42 村委会，有 40 自然村。镇人民政府驻南辛村。1949 年为南辛区。1956 年改乡。1958 年改公社。1984 年复改区。1985 年尼山乡从南辛区划出。1986 年改南辛镇。2000 年尼山乡并入。2011 年更名尼山镇。因境内尼山得名。南、东、北三面环山，沂河、蓼河从境内穿过。有中小学 14 所，医院 1 个。有国家级文物保护单位尼山孔庙及书院。有尼山国家级森林公园、尼山省级文化旅游度假区等旅游资源。农业主产玉米、小麦、花生、地瓜、蔬菜，工业以针织设计、绿色食品加工、新型建材为主导产业。服务业以文化旅游、餐饮业为主。名优特产有尼山砚，为曲阜三宝之一。有公路经此。

王庄镇 370881-B05
[Wángzhuāng Zhèn]

曲阜市辖镇。在市境东北部。面积 76 平方千米。人口 4.9 万。辖 23 村委会，有 53 自然村。镇人民政府驻李庄。1948 年为王庄区。1958 年成立王庄公社。1965 年称陈庄区。1968 年改陈庄公社。1986 年改设王庄乡。2010 年撤乡设镇。以原乡政府驻地前王庄得名。泗河、崄河、郭泗河、纸坊河从境内穿过。有中小学 7 所，医院 1 所。有省级非物质文化遗产桑皮纸制作技艺，重要名胜古迹横沟泉化石遗址、

陈家庄遗址、褚魏村遗址。经济以工业为主。农业主产果品、蔬菜等。工业以新型建材、机械加工为主。服务业以批发零售为主。京沪高铁、京台高速、104 国道过境。

息陬镇 370881-B06
[Xīzōu Zhèn]

曲阜市辖镇。在市境东南部。面积 55 平方千米。人口 5.1 万。辖 27 村委会，有 33 自然村。镇人民政府驻息陬村。1958 年析南辛、小雪 2 区设息陬公社。1984 年改息陬区。1986 年区改乡。2010 年撤乡设镇。以镇政府驻地得名。沂河、蓼河从境内穿过。有中小学 9 所，医院 1 个，广场 1 个。有国家级文物保护单位西夏侯遗址，省级文物保护单位息陬窑址、北阁山玉皇阁、南夏宋古井、杨辛庄遗址。经济以工业和服务业为主。农业以种植小麦、玉米、蔬菜为主。工业以化工、铸造、机械加工、塑料制品加工为主。服务业以餐饮业为主。有曲阜市高铁新区经济开发区、工业园区。京沪高铁、日东高速、京台高速过境。设曲阜东站。

石门山镇 370881-B07
[Shíménshān Zhèn]

曲阜市辖镇。在市境东北部。面积 84 平方千米。人口 4.7 万。辖 35 村委会，有 51 自然村。镇人民政府驻董家庄。1946 年属吴村区。1949 年划出设董庄区。1957 年划归王庄区。1958 年由王庄、吴村 2 区析设卫星公社。1968 年改董庄公社。1984 年改区。1986 年设董庄乡。2011 年改设石门山镇。以石门山得名。北部群山连绵，崄河、郭泗河、泗河、滕家洼河从境内穿过。有中小学 9 所，医院 1 个，广场 8 个。有省级文物保护单位韦家庄墓群、石门寺建筑群。有石门山休闲风景区等旅游资源。

经济以工业为主，乡村旅游、种植业为辅。农业以蔬菜、水果种植为主，名优特产有葡萄、草莓。工业以铸造、机械加工、地毯加工为主。旅游业有韦庄"汉风儒韵"、梨园"梨园春秋"、周庄"诗礼周庄"、偏午庄"流金岁月"和黄沟"红色黄沟"美丽乡村示范村等旅游景点。京沪铁路、104 国道过境。

防山镇 370881-B08
[Fángshān Zhèn]

曲阜市辖镇。在市境东部。面积 83 平方千米。人口 4.5 万。辖 33 村委会，有 36 自然村。镇人民政府驻宋家村。1949 年属第二区。1958 年设防山公社。1984 年改防山区。1986 年撤区建乡。2011 年撤乡设镇。以防山得名。泗河、沂河、蒋沟河从境内穿过。有中小学 11 所，图书馆 1 个，医院 1 个。有国家级文物保护单位防山墓群，省级文物保护单位梁公林墓群、梁公林提水站、宋家村窑址、万柳庄遗址、东颜林。经济以电子信息产业为主。农业以种植业为主，主产小麦、玉米、花生、蔬菜、棉花、果品。工业有台湾工业园区，有电子信息产业、新材料、新能源、新信息等高新技术产业。服务业以观光旅游业和商贸零售为主。京沪高铁、兖石铁路、京台高速、日兰高速、327 国道过境。

旧地名

尼山乡（旧） 370881-U01
[Níshān Xiāng]

曲阜市辖乡。在市境东南部。1984 年设立。2000 年撤销，与南辛镇合并组成新的南辛镇。

社区

南池社区 370881-A01-J01

[Nánchí Shèqū]

属鲁城街道管辖。在曲阜市中部。面积0.39平方千米。人口1 100。因在泮池东南而得名。2001年成立。有楼房160栋，现代中式建筑风格，还有平房。驻有圣城医院等单位。有志愿者服务。通公交车。2007年被评为省文明单位。

仓巷社区 370881-A01-J02

[Cāngxiàng Shèqū]

属鲁城街道管辖。在曲阜市中部。面积0.5平方千米。人口800。因仓巷街得名。2001年成立。以平房为主。驻有汉画艺术博物馆、曲阜市中医院等单位。有志愿者服务。通公交车。2007年被评为省文明社区。

南关社区 370881-A01-J03

[Nánguān Shèqū]

属鲁城街道管辖。在曲阜市中部。面积0.4平方千米。人口1 900。因位于明故城南，故名。2001年成立。以平房为主。驻有曲阜市公安局、曲阜市检察院、曲阜市人民法院、孔子研究院、曲阜市财政局等单位。通公交车。2007年被评为省文明社区。

汇泉社区 370881-A01-J04

[Huìquán Shèqū]

属鲁城街道管辖。在曲阜市中部。面积0.18平方千米。人口6 000。因临近群泉汇流于沂河之处，故名。2002年成立。有楼房47栋，现代建筑风格。有便民服务。通公交车。2006年被评为省文明社区。

南泉社区 370881-A01-J05

[Nánquán Shèqū]

属鲁城街道管辖。在曲阜市中部。面积3.5平方千米。人口2 500。因泉得名。2001年成立。以平房为主。驻有曲阜市工商局、曲阜市物价局、曲阜市公路局等单位。通公交车。2009年被评为省文明社区。

龙虎社区 370881-A01-J06

[Lónghǔ Shèqū]

属鲁城街道管辖。在曲阜市中部。面积0.4平方千米。人口2 200。因龙虎街得名。2001年成立。以平房为主。驻有曲阜市文物局、曲阜市邮政局等单位。有便民服务。通公交车。2009年被评为省文明社区。

阙里社区 370881-A01-J07

[Quēlǐ Shèqū]

属鲁城街道管辖。在曲阜市中部。面积0.5平方千米。人口500。因阙里街得名。2001年成立。以平房为主。驻有曲阜市国土局、曲阜市农机局、济宁学院（曲阜师范校区）等单位。有便民服务。通公交车。2011年被评为省文明社区。

于庄社区 370881-A01-J08

[Yúzhuāng Shèqū]

属鲁城街道管辖。在曲阜市中部。面积0.16平方千米。人口500。以区内于庄得名。2003年成立。以平房为主。通公交车。2012年被评为省文明社区。

西关民族社区 370881-A01-J09

[Xīguānmínzú Shèqū]

属鲁城街道管辖。在曲阜市中部。面积2.7平方千米。人口3 500。在明故城西门外，又是多民族村居，故名。2001年成立。有楼房47栋，现代建筑风格，还有平房。驻有曲阜市林业局、曲阜市质量监督局、曲阜师范大学等单位。通公交车。2012 年被评为省文明社区。

后宰门社区 370881-A01-J10
[Hòuzǎimén Shèqū]

属鲁城街道管辖。在曲阜市中部。面积 0.02 平方千米。人口 400。因临孔府后宰门而得名。2001 年成立。有楼房 4 栋,现代建筑风格,还有平房。驻有三孔工商所、状元文化博物馆等单位。有便民服务。通公交车。2013 年被评为省文明社区。

旧县二街社区 370881-A02-J01
[Jiùxiàn'èrjiē Shèqū]

属书院街道管辖。在曲阜市东部。面积 0.57 平方千米。人口 2 000。原为曲阜县城,嘉靖元年(1522)县移新城后,此地遂名旧县。2001 年成立。以平房为主。有便民服务。通公交车。2010 年被评为省文明社区。

北张阳社区 370881-A02-J02
[Běizhāngyáng Shèqū]

属书院街道管辖。在曲阜市中部。面积 0.84 平方千米。人口 1 300。因村内张姓居多,又居洙水之阳,故名。2001 年成立。以平房为主。通公交车。2012 年被评为省文明社区。

书院村社区 370881-A02-J03
[Shūyuàncūn Shèqū]

属书院街道管辖。在曲阜市中部。面积 0.89 平方千米。人口 1 500。沿用书院村名。2003 年成立。以平房为主。通公交车。

高家村社区 370881-A02-J04
[Gāojiācūn Shèqū]

属书院街道管辖。在曲阜市西部。面积 0.57 平方千米。人口 800。沿用高家村名。2003 年成立。以平房为主。通公交车。

荀家村社区 370881-A02-J05
[Xúnjiācūn Shèqū]

属书院街道管辖。在曲阜市中部。面积 0.87 平方千米。人口 2 100。沿用荀家村名。2001 年成立。以平房为主。通公交车。

宫家村社区 370881-A02-J06
[Gōngjiācūn Shèqū]

属书院街道管辖。在曲阜市中部。面积 0.96 平方千米。人口 1 300。沿用宫家村名。2003 年成立。以平房为主。有便民服务。通公交车。2012 年被评为省文明社区。

邹城市

邹城市 370883
[Zōuchéng Shì]

山东省直辖县级市,由济宁市代管。北纬 35°24′,东经 117°00′。在济宁市境东部。面积 1 616 平方千米。人口 115.0 万。以汉族为主,还有回、满、佤、拉祜等民族。辖 3 街道、13 镇。市人民政府驻千泉街道。邹,《史记》通作驺,本周国名,即邾。邾本作鼄,源于邾国先民对蜘蛛的图腾崇拜。《清一统志》:"按《六书》考故,邾、邹同声之转,故得名。春秋时邾、莒用彝,故邾谓之邾娄。娄有二音,合闾音为邾,合楼音为邹。"古时邾、邹并用,二字无别。故西周至春秋时为邾国,战国时称邹国。秦统一中国后,在邹国故地设邹县,设治所于峄山之阳的邾国故城。汉代为驺县,属豫州鲁国。北齐天保七年(556),撤销高平、平阳二县,将其近邹之域并入邹县,并将邹县治所由邾国故城迁至岗山之阳的原平阳县(西汉时称南平阳县)治,即今邹城市治。唐初改驺为邹，属河南道兖州鲁郡。北宋时属京东西路袭庆府。金元时属山东西路、益都路滕州。明清时属山东兖州府。民国时属岱南道、济宁道。1950年初属滕县专区。1953年以后属济宁专区、济宁地区、济宁市。1992年撤销邹县，设立邹城市。（资料来源：《邹城市志》）邹县治所原在峄山之阳，北齐天保七年（556）废平阳、高平两县，将近驺之地并入邹县，并将治所由峄山之阳迁至现址。明万历五年（1577）城墙改土筑为砖砌。1950年拆除旧城墙，修建环城公路。1965年兖州煤炭基地开发，使邹县城逐步向以能源开发为重点的新型工业城镇发展。到1990年，城区面积达到15平方千米，城区南北、东西走向的主干道分别增加到7条、6条，现代中等城市的框架基本形成。城市建设按照"儒学之都、园林城市、山清水秀、生态宜居"城市总体规划，城区道路形成"七纵七横、二环"的交通网络，形成以京沪铁路为界的铁东、铁西两大片区和政务文教区、商贸物流区、开放开发实验区、工业园区和孟子湖新区"两片、五区"格局。有国际会展中心、体育馆、博物馆、孟子大剧院等标志性建筑物。地处泰蒙山脉与鲁西平原过渡地带，地势东高西低。自东往西，分别为低山、丘陵和平原，各占三分之一，平均海拔77.8米。年均气温14.9℃，1月平均气温-1.6℃~0.7℃，7月平均气温27.4℃。年均降水量686.5毫米。有白马河、泗河、龙河、大沂河流经。有煤炭等矿产资源。有野生植物100余种。有野生动物10余种，其中国家重点保护野生动物有青头潜鸭、桃花水母2种。有省级自然保护区2个。森林覆盖率35.71%。有省级企业技术中心11个，省级工程技术研究中心8个。有中小学178所，图书馆1个，博物馆1个，体育馆2个，二级以上医院2个。有邾国故城等国家级文物保护单位7个、省级文物保护单位36个，国家级非物质文化遗产1个，孟母教子传说等省级非物质文化遗产5个，风景名胜区和重要古迹、景点16个。三次产业比例为6∶52∶42。农业以种植小麦、玉米、蔬菜、食用菌为主，邹城市食用菌产业园为国家级园区，是国家重要的粮食、油料生产基地。工业以煤炭和电力为主，是全国重要的煤炭和电力生产基地，拥有高端装备制造、新材料、新能源、新医药、纺织服装、食品加工、信息技术等产业集群。服务业以旅游业、金融业、物流业为主。有省级开发区2个。境内铁路里程65.5千米，公路里程225.14千米，水运里程10.5千米。京沪铁路、京沪高铁、京台高速、104国道、244省道、241省道、342省道、345省道、104省道、白马河航道过境。

邹城工业园区　370883-E01
[Zōuchén Gōngyè Yuánqū]

在邹城市境西部。东至兴港路，西至兴邹路，南至临菏路，北至富北路。面积13 060公顷。因所在政区和功能得名。2006年9月经省政府正式批准建立省级开发区，由县市级管理。是以高新技术为主，融煤化工、新材料、机械制造、食品加工、金属冶炼于一体的特色新型工业园区，有规模以上企业61家，有荣信煤化、鲁抗医药、泰山玻纤、太阳宏河纸业、圣琪生物、郎恒化学等知名企业。境内有多条公路、铁路干线，水路运输发达，交通便利。

邹城经济开发区　370883-E02
[Zōuchéng Jīngjì Kāifāqū]

在邹城市境西部。东至营西路，西至双大路，南至南外环，北至新济邹路。面积5 800公顷。因所在行政区域及工作职能而得名。1992年2月经省政府正式批准建立省级开发区，由县市级政府管理。为高新技术产业基地、先进制造业基地、现代物流基地，主要产业为煤化工、新能源、设备制造、新材料、生物医药的开发制造等，有兖矿集团、峄山化工、国宏化工、科澳铝业、邹县电厂、圣立堂制药、世纪矿山机电、东方机电、恒鑫玻纤、松本电源、呱呱鸭制品等知名企业。形成"六纵八横"城市道路框架，通公交车。

千泉街道 370883-A01
[Qiānquán Jiēdào]

邹城市人民政府驻地。在市境东南部。面积 36 平方千米。人口 12.0 万。2000 年设立。因境内曾有千泉湖得名。境内有护驾山、唐王山、接驾山。有中小学 13 所，医疗卫生机构 2 个。有国家级文物保护单位孟庙、孟府，唐王湖公园、护驾山植物园等旅游资源。有邹城博物馆等标志性建筑物。农业以水产养殖和种植红枣、蔬菜为主。工业有建筑、建材、机械、化工、纺织、包装、餐饮、食品加工等业。服务业以旅游、商贸、物流为主，有各类专业市场 25 个。通公交车。

钢山街道 370883-A02
[Gāngshān Jiēdào]

属邹城市管辖。在市境北部。面积 36 平方千米。人口 14.8 万。2000 年设立。因岗（钢）山而得名。境内有岗山、铁山、朱山等。有中小学 11 所，医疗卫生机构 3 个。有国家级文物保护单位铁山、岗山摩崖石刻和宋代重兴塔，省级文物保护单位孔孟诞生圣地碑，有重要古迹新石器时期大汶口、龙山文化晚照寺遗址。经济以服务业为主，有商业地产、商贸物流等业。农业以蔬菜林果种植为主。工业以矿用设备制造为主。有邹城火车站，通公交车。

凫山街道 370883-A03
[Fúshān Jiēdào]

属邹城市管辖。在市境西部。面积 9 平方千米。人口 8.1 万。2000 年设立。因凫山路得名。有中小学 3 所，医疗卫生机构 2 个。有省级文物保护单位孟母三迁祠、巷里清真寺。经济以工业、商贸物流为主，形成以化工、机械制造、食品加工、商贸物流为主的产业格局。农业以蔬菜、水果种植业为主。工业以机电矿产设备制造为主。服务业以商业贸易、物流为主。通公交车。

香城镇 370883-B01
[Xiāngchéng Zhèn]

邹城市辖镇。在市境东南部。面积 176 平方千米。人口 8.4 万。辖 100 村委会，有 98 自然村。镇人民政府驻香城村。明清时属香城社。民国时属连青区。1949 年为香城区。1958 年成立香城公社。1983 年复设区。1987 年改置镇。以镇政府驻地村得名。东大河、滑将河、大黄河等从境内穿过。有中小学 14 所，医院 2 个。有省级文物保护单位龙山玉皇殿，重要名胜古迹徐辟祠和马家山头、康家桃园、羊皮村等大汶口、龙山与周代文化遗址。农业以特色养殖为主，多养殖牛羊，种植小麦、玉米、地瓜、花生、棉花、大豆等作物，建有双孢菇、花生、长红枣、香瓜、樱桃、有机蔬菜大型生产基地。工业有花生加工、花岗石开采、水泥制品、建筑材料、木材加工及家具制作等业。服务业以商贸流通、餐饮服务和旅游业为主。京沪高铁、京台高速过境。

城前镇 370883-B02
[Chéngqián Zhèn]

邹城市辖镇。在市境东部。面积 192 平方千米。人口 8.8 万。辖 111 村委会，有

146 自然村。镇人民政府驻东刘庄。从隋至清隶属滕县。1949 年属白彦县第九区。1953 年划归邹县，为第十二区。1955 年改城前区。1958 年成立城前公社。1987 年改置镇。以原镇政府驻地城前村得名。戈河、刘庄河、小岔河等从境内穿过。有中小学 11 所，医院 2 个。有省级文物保护单位城前遗址、城子窝遗址，重要古迹下石河、大柳峪等大汶口、龙山和商周文化遗址。经济以农产品种植与加工为主。农业种植林果、花生、地瓜、蔬菜等，建有大樱桃、板栗、大枣、干鲜杂果 4 个万亩基地和苹果、葡萄等 12 个样板园。畜牧业重点发展土笨鸡、青山羊、猪、黄牛、兔等养殖和山鸡蛋生产。工业以风力发电、生物科技、食品加工等为主。服务业以商贸物流为主。省道济徐公路、平滕公路、岚济公路过境。

大束镇 370883-B03
[Dàishù Zhèn]

邹城市辖镇。在市境东部。面积 146 平方千米。人口 7.7 万。辖 77 村委会，有 83 自然村。镇人民政府驻匡庄。明清时属邹县大束、土旺社。民国时属昌平区。1949 年后为黄疃、大束区。1958 年成立大束公社。1987 年改置大束镇。以原镇政府驻地大束村得名。东蓼河从境内穿过。有中小学 15 所，医院 1 个、卫生院 1 个。有省级文物保护单位水河渡槽，省级非物质文化遗产山头花鼓。农业发展蔬菜、林果种植和畜牧养殖，建成以苹果、葡萄、大枣、早春双膜西瓜、黄花菜、药材、玉米制种等为主的生产基地。工业有水泥、钢窗、白灰、石料等厂。服务业以医疗、商贸、物流为主。京沪高速铁路、104 国道、省道岚济路过境。

北宿镇 370883-B04
[Běisù Zhèn]

邹城市辖镇。在市境西南部。面积 85 平方千米。人口 8.5 万。辖 2 居委会、50 村委会，有 52 自然村。镇人民政府驻大北宿村。明清时属落陵社。民国时属凫山县。1949 年为邹县第十一区。1958 年成立落陵公社，1982 年改称北宿公社。1987 年改置北宿镇。因镇政府驻地得名。有中小学 13 所，医院 3 个。有省级文物保护单位漆女城遗址、万章墓。农业以种植小麦、洋葱为主，盛产香椿芽。工业有化工、酿造、纺织、焦化、电子仪表等厂。省道岚济、济枣公路过境。

中心店镇 370883-B05
[Zhōngxīndiàn Zhèn]

邹城市辖镇。在市境北部。面积 90 平方千米。人口 8.0 万。辖 46 村委会，有 32 自然村。镇人民政府驻东傅庄。1949 年初为岗山区。1950 年称第十区。1955 年改名东滩区。1956 年改为南宫乡和中心乡。1958 年建中心公社。1983 年改区。1987 年改置中心店镇。以原镇政府驻地中心店村得名。白马河从境内穿过。有中小学 9 所，医院 2 个。有国家级文物保护单位明鲁王陵，省级非物质文化遗产尚寨竹马，有九龙山、玉皇山、鲁荒王陵、溪湖夜月、草莓采摘园等旅游资源。农业以种植草莓为主，有草莓种植基地。工业形成以机械制造、化工等为主的产业体系，建有机电产业园。服务业以旅游业为主。104 国道过境。

唐村镇 370883-B06
[Tángcūn Zhèn]

邹城市辖镇。在市境西南部。面积 37 平方千米。人口 3.6 万。辖 1 居委会、28 村委会，有 23 自然村。镇人民政府驻杨春庄。1949 年属第十一区、北宿区。1950 年建唐村乡。1958 年属落陵公社。1982 年属北宿公社。1983 年属北宿区。1987 年析出建唐村镇。以原镇政府驻地唐村得名。望云河、胜利河、兴利河等从境内穿过。有中小学 7

所，医院 1 个。有重要古迹唐村潘氏家祠。农业主产冬小麦、玉米、花生、棉花、早熟西瓜等，建有大型养牛场、波尔山羊综合养殖场。工业以超硬金属冶炼、纺织品加工、机械锻造、化肥制造为主，有邹县电厂、山东电力一公司、兖矿集团唐村公司、兖矿集团峄化公司等省、市属大中型企业。104 国道、省道济枣公路和临菏公路过境。

太平镇 370883-B07

[Tàipíng Zhèn]

邹城市辖镇。在市境西南部。面积 131 平方千米。人口 13.0 万。辖 92 村委会，有 87 自然村。镇人民政府驻庄里村。1949 年属凫山县太平区。1956 年划入邹县。1958 年设太平公社，1983 年改太平区，1987 年建太平镇。因原镇政府驻地太平桥村得名。泗河、白马河、石里沟支流从境内穿过。有中小学 20 所，医院 3 个。有省级文物保护单位尹沟古桥；省级非物质文化遗产平阳寺"火虎"；重要古迹大汶口、龙山文化太平遗址，周至汉代樊桥遗址，前鲍村汤氏家祠和北亢村周家宅院；有太平国家湿地公园等旅游资源。经济以工业为主。农业以种植小麦、玉米、大豆、蔬菜为主。工业有五金、农具、焦化、食品加工、砖瓦、面粉等厂，建有大型煤矿 4 座、邹城工业园区。省道岚济公路、临菏公路、新济邹公路过境。

石墙镇 370883-B08

[Shíqiáng Zhèn]

邹城市辖镇。在市境西南部。面积 140 平方千米。人口 7.8 万。辖 75 村委会，有 87 自然村。镇人民政府驻石墙村。明清时属石墙社。民国初期属邹县凫山区。1944 年 10 月划归凫山县。1956 年 3 月划归邹县为石墙区。1958 年成立石墙公社。1983 年

复改石墙区。1987 年建石墙镇。2000 年古路口乡并入。以镇政府驻地村得名。双庆河、望云河等从境内穿过。有中小学 16 所，医院 2 个。有省级文物保护单位东深井民居、双庆扬水站、朱庄扬水站、前楼曙光渠，有重要名胜古迹大汶口文化北凫山遗址。农业产小麦、玉米、地瓜等，种植薄皮核桃、无公害瓜菜等，有大白菜、香椿芽、烤烟等土特产。工业以机械制造、建筑建材、食品加工、饲料加工为主。服务业以商贸物流、旅游业为主，建有旅游度假村。省道济枣公路、临菏公路、邹两公路过境。

峄山镇 370883-B09

[Yìshān Zhèn]

邹城市辖镇。在市境南部。面积 106 平方千米。人口 5.3 万。辖 50 村委会，有 39 自然村。镇人民政府驻两下店村。明清时属颜庄社。民国时属峄山区。1949 年后为峄山区。1958 年成立峄山公社。1983 年设峄山区。1987 年改设峄山乡。1990 年置峄山镇。以境内历史文化名山峄山得名。有峄山等山峰，店子河从境内穿过。有中小学 9 所，医院 1 个。有国家级文物保护单位野店遗址、邾国故城遗址、峄山摩崖石刻，省级文物保护单位斗鸡台遗址、峄山建筑群，有峄山风景名胜区。农业以种植小麦、玉米、花生、地瓜、蔬菜为主。工业以机械制造、农副产品加工等为主。服务业以商贸物流、文化旅游为主。104 国道、省道临菏公路过境。

看庄镇 370883-B10

[Kànzhuāng Zhèn]

邹城市辖镇。在市境南部。面积 73 平方千米。人口 3.7 万。辖 39 村委会，有 34 自然村。镇人民政府驻夏看铺村。明清时属西曹社。民国时属峄山区。1949 年为看庄区。1958 年成立看庄公社。1983 年设看

庄区。1987年改看庄乡。1990年置看庄镇。以境内看庄得名。有虎山、金山、白石山等山峰，付楼河从境内穿过。有中小学6所，医院1个。有国家级非物质文化遗产平派鼓吹乐，有古迹周代西柳遗址。经济以果蔬加工、商贸物流为主。农业主要种植小麦、玉米、土豆等作物，盛产药材猪牙皂、土豆、樱桃等，建有万亩绿色蔬菜种植区，畜牧业以养殖牛、猪、羊为主。工业有建筑、建材、玻璃、工艺、有机化工、建筑安装等企业。京台高速、104国道过境。

张庄镇 370883-B11
[Zhāngzhuāng Zhèn]

邹城市辖镇。在市境东部。面积173平方千米。人口7.1万。辖74村委会，有81自然村。镇人民政府驻张庄。明清时属罗头社。民国时属连青区。1949年为张庄区。1953年改第六区。1958年成立张庄公社。1983年改张庄区。1987年改设张庄乡。1994年改置张庄镇。2000年大律乡并入。以镇政府驻地村得名。境内有凤凰山。有中小学14所，医院1个。有省级文物保护单位唐代凤凰山石窟佛造像。经济以农业、服务业为主。农业主产小麦、玉米、地瓜、棉花，盛产苹果、柿子、樱桃、红枣、板栗等各类干鲜果品，畜牧业以养殖肉牛、奶牛、青山羊、生猪、肉鸭为主。工业以石材开采加工、制衣、农副产品加工等为主。服务业以商贸物流、旅游业为主。省道岚济公路、泗滕公路过境。

田黄镇 370883-B12
[Tiánhuáng Zhèn]

邹城市辖镇。在市境东北部。面积105平方千米。人口4.5万。辖51村委会，有51自然村。镇人民政府驻田黄村。1949年为田黄区。1958年成立田黄公社。1983年建田黄乡。1994年改置田黄镇。以镇政府驻地村得名。小沂河从境内穿过。有中小学8所，医院1个。有省级文物保护单位清代白莲教起义旧址、后峪遗址、栖驾峪遗址、颜母祠。经济以农副产品加工、冷链物流、生态观光农业等为主。种植业主产花生、地瓜、小麦、玉米，花生为农业部认证绿色食品，盛产核桃、板栗、苹果、花椒等，畜牧业以獭兔、肉牛、七彩山鸡等养殖为主。工业有农具、石粉、火柴、水泥、砖瓦加工等厂。服务业以旅游业为主，有尼山、扳倒井、颜母祠、白莲教遗址、专项子遗址和乌龙山朱洪武登临处、十八盘森林公园等名胜游览地。有公路经此。

郭里镇 370883-B13
[Guōlǐ Zhèn]

邹城市辖镇。在市境西南部。面积88平方千米。人口4.7万。辖39村委会，有27自然村。镇人民政府驻郭里集村。明清时属郭东社。1949年属凫山县。1956年为邹县郭里区。1958年设郭里公社。1983年复为区。1994年改置镇。以镇政府驻地村得名。白马河从境内穿过。有中小学2所，医院2个。有省级文物保护单位凫山羲皇庙遗址、刘宝墓群、高李李氏民居、庙东石拱桥、清代茹岚石棚，名胜古迹独山、金代乌林答将军墓、庙东大汶口文化遗址及郭东村胡氏祠堂等。经济以工业、服务业为主。农产小麦、玉米、大豆等农作物，特产花生、地瓜、芝麻、谷米等杂粮，盛产各种干鲜果品，林业主要种植侧柏、花椒、苹果、桃、梨、果杏、香椿等，畜牧业主要以狐狸、水貂养殖及皮草深加工等为主。工业以电力、矿产资源开发为主，有石材、建筑、食品加工等业。服务业以商贸物流等为主。有公路经此。

旧地名

城关镇（旧）　370883-U01
[Chéngguān Zhèn]

邹城市辖镇。在市境南部。1987 年设立，1995 年改为邹城镇。2000 年撤销，设钢山、千泉、凫山 3 街道。

平阳寺镇（旧）　370883-U02
[Píngyángsì Zhèn]

邹城市辖镇。在市境西南部。1987 年设立。2008 年撤销，并入太平镇。

大律乡（旧）　370883-U03
[Dàlù Xiāng]

邹城市辖乡。在市境东部。1987 年设立。2000 年撤销，并入张庄镇。

古路口乡（旧）　370883-U04
[Gǔlùkǒu Xiāng]

邹城市辖乡。在市境西南部。1987 年设立。2000 年撤销，并入石墙镇。

匡庄乡（旧）　370883-U05
[Kuāngzhuāng Xiāng]

邹城市辖乡。在市境东部。1987 年设立。2000 年撤销，并入大束镇。

王村乡（旧）　370883-U06
[Wángcūn Xiāng]

邹城市辖乡。在市境东南部。1987 年设立。2000 年撤销，并入香城镇。

尚河乡（旧）　370883-U07
[Shànghé Xiāng]

邹城市辖乡。在市境东北部。1987 年设立。2000 年撤销，并入城前镇。

社区

大胡社区　370883-A01-J01
[Dàhú Shèqū]

属千泉街道管辖。在邹城市东部。面积 0.7 平方千米。人口 15 000。因原名大胡家庄而得名。2001 年成立。有楼房 75 栋，现代中式建筑风格。驻有匡衡小学大胡分校等单位。通公交车。2013 年被评为省文明社区。

东关社区　370883-A01-J02
[Dōngguān Shèqū]

属千泉街道管辖。在邹城市东部。面积 1.5 平方千米。人口 15 000。西汉置南平阳县分置四关时，即设有东关，故名。2001 年成立。有楼房 66 栋，现代中式建筑风格。驻有邹城市人民医院、邹城市水利局等单位。通公交车。2007 年被评为省文明社区。

孟庄社区　370883-A02-J01
[Mèngzhuāng Shèqū]

属钢山街道管辖。在邹城市西北部。面积 0.36 平方千米。人口 12 700。清朝初年，孟氏后裔由庙户营迁此居住，以姓氏命名。2000 年成立。有楼房 50 栋，现代建筑风格，还有平房。驻有孟庄小学、邹城市第八中学等单位。通公交车。2011 年被评为省文明社区。

铁山社区　370883-A02-J02
[Tiěshān Shèqū]

属钢山街道管辖。在邹城市西北部。面积 1.05 平方千米。人口 12 500。因邻铁山而得名。2001 年成立。有楼房 198 栋，现代建筑风格。驻有杏花村医院等单位。有志愿者服务、老年人照料服务。通公交车。2011 年被评为省文明社区。

建业社区 370883-A02-J03
[Jiànyè Shèqū]

　　属钢山街道管辖。在邹城市中部。面积1.21平方千米。人口18 100。因建业街而得名。2001年成立。有楼房276栋，现代建筑风格，还有平房。驻有邹城市城管执法局钢山分局、邹城市峄山路小学等单位。有志愿者服务。通公交车。2012年被评为省文明社区。

龙山社区 370883-A02-J04
[Lóngshān Shèqū]

　　属钢山街道管辖。在邹城市西北部。面积1.84平方千米。人口30 900。因龙山路而得名。2001年成立。有楼房312栋，现代建筑风格，还有平房。驻有邹城市自来水公司等单位。有便民服务。通公交车。2012年被评为省文明社区。

巷里社区 370883-A03-J01
[Xiànglǐ Shèqū]

　　属凫山街道管辖。在邹城市西部。面积0.26平方千米。人口700。以巷里村得名。2010年成立。有楼房11栋，现代中式建筑风格。有志愿者服务、老年人日间照料服务。通公交车。

三里营社区 370883-A03-J02
[Sānlǐyíng Shèqū]

　　属凫山街道管辖。在邹城市西南部。面积1平方千米。人口3 000。2001年成立。有楼房20栋，现代中式建筑风格。驻有邹城市造纸厂、山东宏河集团邹城热电公司等单位。有志愿者服务。通公交车。2009年被评为省文明社区。

田庄社区 370883-A03-J03
[Tiánzhuāng Shèqū]

　　属凫山街道管辖。在邹城市西南部。面积2平方千米。人口7 000。因田庄得名。2005年成立。有楼房60栋，现代中式建筑风格。驻有玉昕面粉厂等单位。有志愿者服务。通公交车。2005年被评为省文明社区。

凫山路社区 370883-A03-J04
[Fúshānlù Shèqū]

　　属凫山街道管辖。在邹城市西部。面积1.5平方千米。人口40 000。因凫山路得名。2011年成立。有楼房340栋，现代中式建筑风格。驻有兖矿机关幼儿园等单位。有志愿者服务。通公交车。2012年被评为省文明社区。

五里社区 370883-B04-J01
[Wǔlǐ Shèqū]

　　属北宿镇管辖。在邹城市西部。面积1.78平方千米。人口2 200。因由五里营村改建而得名。2010年成立。有楼房55栋，现代建筑风格。有便民服务。通公交车。

东沙社区 370883-B04-J02
[Dōngshā Shèqū]

　　属北宿镇管辖。在邹城市南部。面积1.53平方千米。人口1 500。因由东沙河头改建而得名。2010年成立。有楼房47栋，现代建筑风格。有便民服务。通公交车。

微山县

微山县 370826
[Wēishān Xiàn]

　　济宁市辖县。北纬34°48′，东经117°07′。在市境南部。面积1 780平方千米。人口72.3万。以汉族为主，还有回、满、朝鲜等民族。辖3街道、11镇、1乡。县人民政府驻夏镇街道。1953年以微山、昭阳、独山、南阳4湖区为基础，析江苏沛县和山东嘉祥、鱼台、凫山、薛城、峄县诸县沿湖地区各一部置微山县，以微山湖得名，属济宁专区。1956年凫山县撤销，沿湖六乡并入；薛城县撤销，西部并入。同年微山县黄山岛归江苏省徐州市。1957—1960年滕县、济宁县、枣庄市部分村庄先后划入。1984年8月，江苏省沛县14村划入，形成现状规模。（资料来源：《微山县志》1997年版）。境内由南向北有微山、昭阳、独山、南阳4湖，通称微山湖或南四湖。湖东为山前冲积平原，湖西为黄泛平原，唯两城及微山岛为低山丘陵。湖区地势低洼，平均海拔30~32米。除山丘、湖泊外，陆地海拔33.5~38.5米。年均气温14.4℃，1月平均气温1.5℃，7月平均气温33.5℃。年均降水量746.9毫米。有韩庄老运河、韩庄运河、泗河、白马河、北沙河、城漷河、新薛河、薛沙河、蒋集河、洙璨新河、西支河、大沙河、杨官屯河、鹿口河流经。有煤炭、稀土等矿产资源。有野生植物656种，其中国家重点保护野生植物有侧柏、刺槐等32种。有野生动物372种，其中有国家一级保护野生动物大鸨、白鹳2种，二级保护野生动物大天鹅、白枕鹤、灰鹤、鸳鸯、长耳鸮等24种。有省级自然保护区1个。森林覆盖率25%。有中小学169所，图书馆1个，知名文艺团体3个，体育馆1个，二级以上医院5个。有国家级文物保护单位2个，省级文物保护单位8个，省级爱国主义教育基地1个，国家级非物质文化遗产1个，重要古迹、景点8个。三次产业比例为10.7∶47.6∶41.7。农业以种植业、渔业为主，农作物主产小麦、玉米、水稻，渔业主要养殖鲫、鲤、乌鳢、黄鳝、大闸蟹、龙虾、南美白对虾等，以微山湖大闸蟹、龙虾、乌鳢著名。工业以采煤、机械制造、建筑、光伏发电为主，服务业以物流业、旅游业、水上运输业、通讯业为主。有省级开发区1个。境内铁路里程20千米，公路里程1 665千米，水运里程130千米。京沪铁路、104国道、104省道、348省道、京杭运河三级航道过境。

山东微山经济开发区 370826-E01
[Shāndōng Wēishān Jīngjì Kāifāqū]

在县境东部。东起新薛河，西至微山湖大道，南起昭阳老运河，北至微滕边界。面积300公顷。因行政区域名称和区位功能得名。2006年4月经省政府正式批准建立省级开发区，由县级政府管理。区内规划建设光电信息、精密机械制造、新型纺织材料等工业园区，将开发区建设成为济宁市经济发展的桥头堡、转方式调结构的示范区、生态宜居的新城区。主要入驻企业有山东润峰集团、山东霓虹王电子、山东南海不锈钢、微山钢研稀土材料等210家，主要产品有光伏组件、锂电池、稀土深加工产品、湖产品、不锈钢、木塑门窗、童车等。交通发达，通公交车。

夏镇街道 370826-A01
[Xiàzhèn Jiēdào]

微山县人民政府驻地。在县境中部。面积59平方千米。人口11.4万。2004年设立。沿用原镇名。至2014年，先后新建微山湖大道、泰康街、部城街、夏阳路、建设路、微矿路等城区干道。城区建设结合村居改造，新建苏园、夏阳等小区20余处。京杭大运河、新薛河从境内穿过。有中小学12所，文化馆1个，知名文艺团体1个，医疗卫生机构3个。有爱国主义教育基地、纪念地微山湖英烈纪念园、微山湖抗日游击大队纪念碑、郭继胜烈士墓等，名胜古迹老运河、部城遗址、昭庆寺遗址、泰山庙等。农业以种植业为主。工业以煤炭开采加工、酿酒业、建材业、医药制造业为主。服务业以商贸、金融、餐饮住宿和物流业为主。有微山汽车站，通公交车。

昭阳街道 370826-A02
[Zhāoyáng Jiēdào]

属微山县管辖。在县境南部。面积98平方千米，人口4.4万。2004年设立。因临昭阳湖得名。至2014年，新建红荷路、南阳湖路、独山湖路、昭阳湖路和泰康南街、商业南街、新河南街等城区干道。村居改造结合城市建设，新建滨湖花苑、星月城、寨子新村等居民小区。薛沙河、蒋集河、泥沟河等从境内穿过。有中小学7所，体育馆3个，医疗卫生机构1个。有国家级文物保护单位京杭大运河的遗产点通惠河闸，国家级非物质文化遗产微山湖端鼓腔，有微山湖国家湿地公园等旅游资源。特色经济以渔业为主，主要有滨湖养鱼、养鸭、养牛。工业以煤炭加工、造船、食品加工业为主。服务业以水上运输为主。通公交车。

傅村街道 370826-A03
[Fùcūn Jiēdào]

属微山县管辖。在县境西北部。面积58平方千米。人口5.1万。2012年设立。元至正二十三年（1363），傅氏由沛北水城港道之东避水患迁此定居建村，名傅村，故名。至2014年，村居改造结合城市建设，新建运河小区和傅村新苑。老运河、老薛河从境内穿过。有中小学9所，体育场1个，医疗卫生机构1个。有名胜古迹傅氏家祠、王氏明代圣谕碑、刘氏元代祖茔碑等。经济以种植业、渔业为主，主产小麦、蔬菜、乌鳢、青虾、河蟹、彭泽鲫等。工业有煤炭开采洗选、渔湖产品加工、建材加工制造等产业。服务业以港口运输、住宿餐饮为主。通公交车。

韩庄镇 370826-B01
[Hánzhuāng Zhèn]

微山县辖镇。在县境东南部。面积171平方千米，人口6.4万。辖4居委会、76村委会，有75自然村。镇人民政府驻韩庄。1949年为韩庄镇。1953年并入二区。1956年复置镇。1958年并入微山岛公社。1959年析设韩庄公社。1984年复置镇。2000年塘湖乡并入。因镇政府驻地得名。境内有郗山、马山等，赵庄河、张庄河、石庄沟、韩庄运河、老运河、伊家河从境内穿过。有中小学15所，卫生院2个。有名胜古迹乾隆御碑、郗山汉墓群、晋兖州刺史郗鉴墓和建于唐代的木兰祠等。农业利用电厂循环温水建成了"热水经济带"，形成独具特色的"热水大米"。有泥鳅、胡子鲇等水产。工业以稀土生产和船舶制造为主。服务业以餐饮、运输为主。津浦铁路、京福高速、104国道、京杭运河三级航道过境。

欢城镇 370826-B02
[Huānchéng Zhèn]

微山县辖镇。在县境中部。面积103平方千米。人口8.6万。辖77村委会，有81自然村。镇人民政府驻欢城村。1958年欢城等77村由滕县划归微山县，与宏光公社合并成立欢城公社。1984年建欢城镇。因镇政府驻地村得名。老运河、城漷河、虎庄河、房庄河、袁楼河从境内穿过。有中小学17所，医院2个。有重要名胜古迹尹洼新石器时期大汶口文化遗址、薛国故城遗址、冯驩亭、冯驩纪念馆、卜子祠、罗汉庙等。经济以采矿业为主。农业以种植小麦、玉米为主。工业以煤炭开采、机械制造、建材加工为主。服务业以餐饮业为主。省道济微公路、木曲公路、枣曹公路过境。

南阳镇 370826-B03
[Nányáng Zhèn]

微山县辖镇。在县境西北部。面积166

平方千米。人口 3.2 万。辖 34 村委会，有 74 自然村。镇人民政府驻南阳村。1949 年为南阳镇。1953 年改八区。1957 年改置镇。1958 年改公社。1984 年复置镇。因镇政府驻地得名。老运河、京杭运河三级航道从境内穿过，镇依岛而建，位于南阳湖中。有中小学 10 所，卫生院 1 个。有国家级文物保护单位南阳至利建闸段京杭大运河，名胜古迹清真寺、皇宫所、胡记钱庄、利建闸、南阳古镇等。经济以渔业、旅游业和水上运输业为主。种植业主产小麦、玉米，渔业主产河蟹、乌鳢、水蛭、青虾、彭泽鲫，养殖业主产鸭、鹅。工业以食品加工业为主。服务业以水上运输和湖内旅游业为主。京杭运河三级航道过境。

鲁桥镇 370826-B04
[Lǔqiáo Zhèn]

微山县辖镇。在县境西北部。面积 203 平方千米。人口 5.3 万。辖 34 村委会，有 46 自然村。镇人民政府驻郑埝村。1953 年置鲁桥镇。1959 年改公社。1984 年复置镇。因镇政府原驻地得名。泗河、白马河、老泗河、老运河从境内穿过。有中小学 15 所，体育场馆 3 个，卫生院 1 个。有名胜古迹仲子庙、仲子书院、古任国国都等。农业以渔业、种植业为主，有小麦、玉米、水稻等作物，特产乌鳢、青虾、芦笋。工业以采矿业、食品加工业为主。服务业以商贸业为主，兼有批发与零售、住宿与餐饮。省道济微公路、京杭运河三级航道过境。

留庄镇 370826-B05
[Liúzhuāng Zhèn]

微山县辖镇。在县境西北部。面积 133 平方千米。人口 5.7 万。辖 32 村委会，有 29 自然村。镇人民政府驻留庄。1957 年设留庄乡。1959 年改公社。1984 年复设乡。2000 年撤乡设留庄镇。因镇政府驻地村得

名。界河、龙河、徐楼河、北沙河、荆河、城漕河从境内穿过。有中小学 18 所，卫生院 1 个。经济以渔业为主，盛产青虾、河蟹、四鼻鲤鱼等水产，有微山麻鸭、双黄鸭蛋等特产。工业以采矿业、建筑建材业为主。服务业以运输业为主。京杭运河三级航道、省道济微公路过境。

两城镇 370826-B06
[Liǎngchéng Zhèn]

微山县辖镇。在县境西北部。面积 139 平方千米。人口 8.1 万。辖 48 村委会，有 25 自然村。镇人民政府驻两城村。1962 年由马坡、鲁桥 2 公社析设两城公社。1984 年改设乡。2010 年撤乡设两城镇。因镇政府驻地得名。境内有九峪山、凤凰山、老磨台、大顶子等，古房沟、黄山沟从境内穿过。有中小学 15 所，体育场 1 个，卫生院 1 个。有名胜古迹伏羲陵、伏羲庙、圣母池泉、汉画像石、大汶口文化堂台遗址等。农业主产小麦、玉米、大豆、甘薯、干杂果等，特产大蒜、野生山枣。工业以水泥制造、食品加工、机械制造为主。服务业以批发零售、住宿餐饮为主。济微公路、京杭大运河过境。

马坡镇 370826-B07
[Mǎpō Zhèn]

微山县辖镇。在县境北部。面积 73 平方千米。人口 6.1 万。辖 58 村委会，有 49 自然村。镇人民政府驻马坡村。1958 年设马坡公社。1966 年改区。1969 年复设公社。1984 年改设乡。2010 年改置马坡镇。因镇政府驻地得名。老泗河、西庄河、石里沟从境内穿过。有中小学 11 所，体育场 11 个，医院 1 个。有名胜古迹梁祝墓记碑、盛氏庄园等。农业主产小麦、玉米、大豆、蔬菜等，盛产白蜡条、白蜡杆。工业以建筑建材业、饮料制造业、家具制造业为主。

服务业以批发零售、住宿餐饮为主。省道济微公路过境。

赵庙镇 370826-B08
[Zhàomiào Zhèn]

微山县辖镇。在县境西部。面积33平方千米。人口1.5万。辖6村委会，有8自然村。镇人民政府驻赵庙村。1984年由江苏湖屯乡、大屯乡划归微山县设赵庙乡。2014年改置赵庙镇。因镇政府驻地村得名。顺堤河、挖工庄河从境内穿过。有中小学4所，体育场1个，卫生院1个。农业以种植业、渔业为主，粮食作物主产小麦、水稻，水产品以鱼、虾、莲藕、菱角为主，盛产芦苇。工业以铸造、新型装饰材料、轻纺、渔湖产品深加工、机械制造业为主。服务业以批发零售、住宿餐饮为主。湖西航道过境。有公路经此。

张楼镇 370826-B09
[Zhānglóu Zhèn]

微山县辖镇。在县境西北部。面积71平方千米。人口1.5万。辖9村委会，有9自然村。镇人民政府驻张楼村。1953年由江苏省沛县划归微山县。1971年由欢城公社析设张楼公社。1984年改设乡。2013年改置张楼镇。因镇政府驻地村得名。大沙河、杨官屯河、顺堤河从境内穿过。有中小学7所，卫生院1个。有名胜古迹湖陵寺等。农业以种植业、渔业为主。粮食作物主产小麦、水稻，水产品有草鱼、鲢鱼、鲫鱼、青虾。工业有机电、纺织、建材、包装材料等产业。服务业以批发零售、住宿餐饮为主。湖西航道过境。有公路经此。

微山岛镇 370826-B10
[Wēishāndǎo Zhèn]

微山县辖镇。在县境东南部。面积53平方千米。人口1.7万。辖17村委会，有17自然村。镇人民政府驻杨村。1958年设微山岛公社。1984年改设乡。2013年撤乡设镇。因辖区内微山岛得名。位于微山湖中，四面环水。有中小学6所，体育场8个，卫生院1个。有纪念地铁道游击队纪念碑，名胜古迹微子墓、张良墓、汉墓群、汉画像石、万亩荷塘、微山湖文化园、微子文化苑等。经济以渔业、旅游业为主。粮食作物以小麦为主，湖中盛产微山湖鲤鱼、甲鱼、微山湖大闸蟹、南美白对虾、莲藕、鳜鱼等。工业以建筑建材业为主。服务业以餐饮旅游、批发零售等为主。京杭运河三级航道过境。有公路经此。

西平镇 370826-B11
[Xīpíng Zhèn]

微山县辖镇。在县境西北部。面积20平方千米。人口0.9万。辖7村委会，有6自然村。镇人民政府驻庞庄。1984年由江苏大屯镇析设西平乡。2014年撤乡设镇。因镇政府原驻地西平得名。顺堤河、湖西航道、六营河从境内穿过。有中小学2所，体育场1个，卫生院1个。农业以种植小麦、水稻、白莲藕和养殖鱼、鸡、鸭、鹅为主。工业以电子、机械、纺织业为主，有电子产业园和机械产业园。服务业以餐饮旅游、批发零售等为主。京杭运河三级航道过境。

高楼乡 370826-C01
[Gāolóu Xiāng]

微山县辖乡。在县境西南部。面积399平方千米。人口2.1万。辖16村委会，有16自然村。乡人民政府驻高楼村。1971年由昭阳公社析设高楼公社。1984年改设乡。因乡政府驻地得名。境内有微山湖，沿河、鹿口河、四段河、代海河等从境内穿过。有中小学11所，体育场4个，医院1个。有微山湖水上一条街、万亩荷塘、微山湖湿地等旅游资源。经济以渔业为主。农业以种植业、渔业为主，著名水产品有微山湖大闸蟹、微山湖龙虾、南美白对虾等。工业以煤炭开采业为主。服务业以水上运输、旅游业、批发零售、住宿餐饮等为主。湖西航道、刘楼航道、京杭运河三级航道过境。有公路经此。

旧地名

塘湖乡（旧） 370826-U01
[Tánghú Xiāng]

微山县辖乡。在县境东南部。1984年设立。2000年撤销，并入韩庄镇。

彭口闸乡（旧） 370826-U02
[Péngkǒuzhá Xiāng]

微山县辖乡。在县境东南部。1984年设立。2000年撤销，并入夏镇，2004年并入昭阳街道。

侯楼乡（旧） 370826-U03
[Hóulóu Xiāng]

微山县辖乡。在县境西北部。1984年设立。2000年撤销，并入鲁桥镇。

社区

苏园社区 370826-A01-J01
[Sūyuán Shèqū]

属夏镇街道管辖。在微山县东部。面积1平方千米。人口12 000。因苏园新村得名。2005年成立。有楼房124栋，现代建筑风格。驻有微山县公安局、微山县财政局、微山县邮政局等单位。有老年人照料服务。通公交车。2012年被评为省文明社区。

奎文社区 370826-A01-J02
[Kuíwén Shèqū]

属夏镇街道管辖。在微山县中部。面积1.7平方千米。人口8 500。因社区内奎文村得名。2005年成立。有楼房74栋，现代建筑风格。驻有微山县环保局、奎文小学等单位。有老年人照料服务。通公交车。2013年被评为省文明社区。

黄桥社区 370826-A01-J03
[Huángqiáo Shèqū]

属夏镇街道管辖。在微山县西部。面积3.6平方千米。人口4 300。因社区内黄桥村得名。2005年成立。有楼房42栋，现代建筑风格。驻有微山县县乡公路管理处、微山县社会福利中心等单位。有志愿者服务、老年人照料服务，开展健康义诊、免费体检、健康讲座等活动。通公交车。

戚城社区 370826-A01-J04
[Qīchéng Shèqū]

属夏镇街道管辖。在微山县中部。面积1.6平方千米。人口4 900。因社区内戚城村得名。2005年成立。有楼房68栋，现代建筑风格。驻有微山县供电公司、微山县广播电视局、微山县公路局等单位。有志愿者服务、老年人照料服务，开展健康义诊、免费体检等活动。通公交车。

谢桥社区 370826-A01-J05
[Xièqiáo Shèqū]

属夏镇街道管辖。在微山县中部。面积0.6平方千米。人口8 000。因社区内谢桥村得名。2005年成立。有楼房120栋，现代建筑风格。驻有微山县人民医院、爱国小学、微山县妇幼保健院、微山县水利局、微山县司法局等单位。有志愿者服务、老年人照料服务，开展健康义诊、免费体检等活动。通公交车。

北苑社区 370826-A01-J06
[Běiyuàn Shèqū]

属夏镇街道管辖。在微山县中部。面积1.4平方千米。人口5 700。因社区内北苑小区得名。2005年成立。有楼房80栋，现代建筑风格。驻有微山县质量监督局、微山县畜牧局等单位。有志愿者服务、老年人照料服务，开展健康义诊、免费体检等活动。通公交车。

四季青社区 370826-A01-J07
[Sìjìqīng Shèqū]

属夏镇街道管辖。在微山县中部。面积0.6平方千米。人口3 000。因境内四季青农贸市场得名。2005年成立。有楼房16栋，现代建筑风格。驻有微山县人民检察院、微山县人民法院等单位。有志愿者服务、老年人照料服务，开展健康义诊等活动。通公交车。

部城社区 370826-A01-J08
[Bùchéng Shèqū]

属夏镇街道管辖。在微山县西南部。面积3.8平方千米。人口7 500。因社区内部城村得名。2005年成立。有楼房88栋，现代建筑风格。驻有金源煤矿、部城小学等单位。有志愿者服务、老年人照料服务，开展健康义诊等活动。通公交车。

泰山社区 370826-A01-J09
[Tàishān Shèqū]

属夏镇街道管辖。在微山县西南部。面积3.0平方千米。人口6 500。因社区内泰山村得名。2005年成立。有楼房78栋，现代建筑风格。驻有泰山小学等单位。有志愿者服务、老年人照料服务，开展健康义诊、免费体检、健康讲座等活动。通公交车。

文昌社区 370826-A01-J10
[Wénchāng Shèqū]

属夏镇街道管辖。在微山县中部。面积0.8平方千米。人口7 500。因社区内文昌村得名。2005年成立。有楼房70栋，现代建筑风格。驻有微山县文化局、微山县卫生局、夏镇医院、微山县地税局等单位。有志愿者服务、老年人照料服务，开展免费体检等活动。通公交车。

南苑社区 370826-A01-J11
[Nányuàn Shèqū]

属夏镇街道管辖。在微山县中部。面积1.2平方千米。人口5 000。因西邻南苑小区且在北苑社区之南而得名。2005年成立。有楼房76栋，现代建筑风格。驻有微山县民政局、城东医院、微山县工商局等单位。有志愿者服务、老年人照料服务，开展健康义诊、免费体检、健康讲座等活动。通公交车。

金源社区 370826-A01-J12
[Jīnyuán Shèqū]

属夏镇街道管辖。在微山县中部。面积1.5平方千米。人口7 000。因社区内金源小区得名。2005年成立。有楼房92栋，现代建筑风格。驻有微山县国土资源局、微山县国税局、微山县社会保障局、微山县实验中学等单位。有志愿者服务、老年人照料服务，开展健康义诊等活动。通公交车。

薛河社区 370826-A01-J13
[Xuēhé Shèqū]

属夏镇街道管辖。在微山县东南部。面积2.2平方千米。人口3 000。因社区内薛河村得名。2005年成立。有楼房45栋，现代建筑风格。驻有微山县城管局等单位。

有志愿者服务、老年人照料服务，开展健康义诊、免费体检、健康讲座等活动。通公交车。

三孔桥社区 370826-A02-J01

[Sānkǒngqiáo Shèqū]

属昭阳街道管辖。在微山县南部。面积 4 平方千米。人口 6 200。因社区内三孔桥村得名。2005 年成立。有楼房 201 栋，现代建筑风格。驻有微山一中、清华实验学校等单位。有志愿者服务。通公交车。2013 年被评为省文明社区。

南庄社区 370826-A02-J02

[Nánzhuāng Shèqū]

属昭阳街道管辖。在微山县南部。面积 5 平方千米。人口 4 500。因社区内南庄村得名。2005 年成立。有楼房 1 100 栋，现代建筑风格。有志愿者服务。通公交车。2013 年被评为省文明社区。

鱼台县

鱼台县 370827

[Yútái Xiàn]

济宁市辖县。北纬 35°00′，东经 116°39′。在市境南部。面积 654 平方千米。人口 47.1 万。以汉族为主，还有回族。辖 2 街道、9 镇。县人民政府驻谷亭街道。春秋属鲁国。战国为宋方与邑。秦置方与县，治所在今谷亭镇北古城集，属薛郡。汉、三国魏属山阳郡。晋属高平国。南朝宋、北魏属高平郡。北齐废。隋开皇十六年（596）复置方与县，属彭城郡。唐宝应元年（762）以境内有鲁隐公观鱼台，更名鱼台县。唐元和四年（809）移县治于黄台，即今谷亭镇西 10 千米之旧城，属兖州。宋、金属单州。元属济宁路。明属兖州府。清乾隆二十一年（1756）移治所于董家店（即今鱼城镇），属兖州府。四十一年后属济宁直隶州。1914 年属济宁道。1925 年属兖济道。1928 年属省。1936 年属山东省第一行政督察区。1940 年属湖西专区。1942—1949 年先后属冀鲁豫行政区第六、第十一、第三专区。1949 年属平原省湖西专区。1952 年划回山东省。1953 年属济宁专区。1956 年并入金乡县，1964 年析出复置，仍属济宁专区。1967 年属济宁地区。1983 年属济宁市。（资料来源：《中华人民共和国地名大词典》）地势低洼平坦，西南稍高，东北偏低，平均海拔 36.1 米。年均气温 14.2℃，1 月平均气温 −1.4℃，7 月平均气温 28.2℃。年均降水量 672.4 毫米。有京杭大运河、新万福河、老万福河、惠河、东鱼河、复兴河流经。有铁、煤、钾盐、石油、天然气、砖瓦黏土、石膏等矿产资源。有野生植物 200 余种，其中国家重点保护野生植物有红柳、芡实等 40 余种。有野生动物 53 种，其中国家重点保护野生动物有青蛙、狐狸、刺猬等 20 余种。有省级自然保护区 1 个。森林覆盖率 15.7%。有省级企业技术中心 2 个，省级工程研发中心 2 个。有中小学 88 所，体育场 2 个，二级以上医院 1 个。有孔庙大殿等省级文物保护单位 6 个，纪念地 2 个，省级非物质文化遗产 2 个，重要古迹、景点 16 个。三次产业比例为 21∶39∶40。农业以种植业、渔业为主。种植业主产水稻、小麦、大蒜，是小麦、水稻、大蒜、棉花高产技术推广示范县和以食用菌为主的蔬菜标准园建设示范县。渔业以淡水养殖为主，有草鱼、鲤鱼、鲫鱼、鲢鱼等 20 余种水产品。"鱼台大米""鱼台毛木耳"获农产品地理保护认证。"美晶"商标为中国驰名商标，"美晶"牌大米入选全省知名农产品品牌名录。工业形成以煤电化工、食品加工、纺织服装、机电为主的产业体系，主要产品有柳编工艺品、灯泡、碾米机、机械配件、化工原料等，建有高端装备制造、光电信息、新材料产业基地。服务业以交通运输、金融、房地产、电子商务、物流、租赁和商务服务业为主。有省级开发区1个。境内公路里程161.3千米、水运里程242千米。省道济鱼公路、丰东公路、枣曹公路、济徐公路和京杭运河过境。

鱼台经济开发区 370827-E01

[Yútái Jīngjì Kāifāqū]

在县境东北部。西至济徐高速，东临微山湖，南至枣曹公路，北至滨湖大道。面积1 130公顷。以所在行政区及功能命名。2006年3月经省政府正式批准建立省级开发区，由县级政府管理。形成机械制造、农副产品深加工、纺织服装和精细化工四大主导特色产业体系，主要企业包括济宁宁大重工、美晶米业、安泰矿山、中经建材、华润天然气、恒源服装厂等42家。京杭大运河穿境而过，紧靠铁路、高速公路，通公交车。

谷亭街道 370827-A01

[Gǔtíng Jiēdào]

鱼台县人民政府驻地。在县境东北部。面积35平方千米。人口2.9万。以汉族为主，还有回族。2010年设立。沿用原镇名。东鱼河从境内穿过。有中小学5所，医疗卫生机构36个。有飞跃时代购物广场、银都购物广场等标志性建筑物。有孝贤文化主题公园等旅游资源。农业以种植业和渔业为主，盛产优质大米和淡水鱼，主要经济作物为蔬菜、棉花。工业以机械加工制造业为主。服务业以金融、物流和贸易为主。通公交车。

滨湖街道 370827-A02

[Bīnhú Jiēdào]

属鱼台县管辖。在县境东北部。面积

21平方千米。人口3.3万。2010年设立。因濒临微山湖而得名。2013年滨湖大道鱼台段建成。京杭大运河、西支河从境内穿过。有中小学2所，医疗卫生机构9个。有孝贤广场、孝贤大厦等标志性建筑物。农业以种植小麦、水稻为主，特产无铅咸鸭蛋、小龙虾。工业以化工、铸造、机械加工、建筑材料加工为主。服务业以乡村旅游、批发零售业、租赁和商务服务业为主，有果蔬采摘、垂钓休闲等旅游休闲项目。通公交车。

清河镇 370827-B01

[Qīnghé Zhèn]

鱼台县辖镇。在县境西北部。面积78平方千米。人口4.4万。以汉族为主，还有回族。辖41村委会，有102自然村。镇人民政府驻清河涯村。1953年建乡。1956年金乡、鱼台并县为高河区，同年并入相里乡。1958年建立相里公社。1980年改名清河涯公社。1984年改置镇。2000年与石集乡合并。因镇政府驻地得名。白马河、老万福河、新万福河从境内穿过。有中小学9所，体育场2个，卫生院1个。农业以种植水稻、小麦、棉花为主，是优质小麦、水稻、棉花、大蒜、杞柳、木耳生产基地。工业以棉花加工、橡塑、医药为主，建有清河镇工业园。服务业以金融业和旅游业为主，旅游业以地方孝贤文化与草柳编等传统产业相结合，形成地方文化旅游产品。省道济鱼公路、济徐公路过境。

鱼城镇 370827-B02

[Yúchéng Zhèn]

鱼台县辖镇。在县境西南部。面积54平方千米。人口4.2万。以汉族为主，还有回族。辖40村委会，有87自然村。镇人民政府驻鱼城村。1949年为城关区。1956年金乡、鱼台2县合并为金乡县鱼城区。

1958 年成立鱼城公社。1966 年金、鱼分治，属鱼台县。1984 年改置镇。因镇政府驻地得名。东鱼河、老万福河、新万福河从境内穿过。有中小学 8 所，卫生院 1 个。境内有清真寺。农业产小麦、棉花、大蒜、圆葱、蔬菜等。建有东关大蒜、圆葱批发市场，卜桥辣椒市场，胡阁蔬菜市场和北关莲藕市场。农产品深加工体系成熟，有蒜制品、蔬菜脱水加工、棉花加工纺织、粮油加工等企业，出口蒜粉、蒜片。工业以纺织业、制造业为主，有化工、机械、电子、运输工业集群。旅游业结合当地桃林，打造桃花源品牌。省道丰东公路、枣曹公路过境。

王鲁镇 370827-B03
[Wánglǔ Zhèn]

鱼台县辖镇。在县境中部。面积 39 平方千米。人口 3.1 万。以汉族为主，还有回族。辖 17 村委会，有 59 自然村。镇人民政府驻王鲁村。1957 年设王鲁乡。1958 年改公社。1984 年复设乡。1996 年改设王鲁镇。因镇政府驻地得名。惠河、西支河从境内穿过。有中小学 7 所，卫生院 1 个。农业以种植小麦、水稻为主，盛产莲藕、苹果，养殖木耳、螃蟹、地龙，建有鱼塘及坑藕基地、3 万亩绿色优质水稻良种生产基地，打造"鱼台大米"品牌。工业以矿用机电制造、农产品加工、纺织为主，有全国驰名商标 1 个、省优产品 2 个。服务业建有集生产、生态、生活于一体，观光与休闲相融合的现代农业休闲园，借助立体稻田发展多项旅游体验项目。省道济鱼公路过境。设鱼台县长途汽车站。

张黄镇 370827-B04
[Zhānghuáng Zhèn]

鱼台县辖镇。在县境西北部。面积 106 平方千米。人口 6.2 万。以汉族为主，还有回族。辖 54 村委会，有 146 自然村。镇人民政府驻张黄村。1958—1966 年属金乡县相里公社。1967 年建东张公社。1980 年更名为张黄公社。1996 年撤乡设镇。2008 年原武台乡并入。因镇政府驻地得名。京杭大运河和新、老万福河从境内穿过。有中小学 12 所，卫生院 1 个。有省级文物保护单位鲁隐公观鱼处、樊迟墓。农产小麦、水稻等。工业以化工、塑料制品、建筑材料等业为主，建有张黄工业园。服务业以餐饮业为主。省道济鱼公路过境。

王庙镇 370827-B05
[Wángmiào Zhèn]

鱼台县辖镇。在县境南部。面积 96 平方千米。人口 6.0 万。以汉族为主，还有回族。辖 62 村委会，有 164 自然村。镇人民政府驻王庙村。1945 年为旧城区。1958 年改红星公社。1959 年改王庙公社。1984 年设乡。1998 年改设镇。2000 年周堂乡并入。因镇政府驻地得名。惠河、东鱼河从境内穿过。有中小学 11 所，卫生院 1 个。有旧城海子风景区等旅游资源。农业主产小麦、水稻、棉花、大蒜、食用菌、洋葱等，建有食用菌栽培基地。渔业盛产淡水鱼，是淡水养殖基地。畜牧业以养殖羊、猪、肉牛等为主，有畜牧养殖专业村。林业以经济林和纸浆林为主，有苗木生产基地。工业以农机加工、粮食加工、草编木材加工等为主。济徐高速、省道枣曹公路过境。

李阁镇 370827-B06
[Lǐgé Zhèn]

鱼台县辖镇。在县境西部。面积 74 平方千米。人口 4.1 万。以汉族为主，还有回族。辖 43 村委会，有 112 自然村。镇人民政府驻李阁村。1953 年属鱼台县第二区。1956 年属金乡县李阁区。1958 年属金乡县鱼城公社。1962 年从鱼城公社析出，建立李阁公社。1984 年改设李阁乡。2000 年与陈楼乡合并置李阁镇。镇以驻地村得名。小苏河、鱼清河从境内穿过。有中小学 9 所，体育场 8 个，卫生院 1 个。有省级文物保护单位栖霞堌堆遗址。农业主产小麦、水稻、棉花、大蒜、圆葱等，有绿色、无公害大蒜、圆葱基地、优质棉花基地。林业有经济林、纸浆林，建有大棚果生产基地。工业以机械制造、纺织服装、塑料制品、农副产品加工为主。服务业以金融和电子商务为主，农产品销往全国各地和多个国家，陈集牌圆葱出口国外。有公路经此。

唐马镇　370827-B07
[Tángmǎ Zhèn]

鱼台县辖镇。在县境南部。面积 41 平方千米。人口 3.1 万。以汉族为主，还有回族。辖 28 村委会，有 61 自然村。镇人民政府驻唐马村。1966 年析金乡县谷亭公社地设立唐马公社。1984 年改设唐马乡。2010 年撤乡设镇。因镇政府驻地得名。东鱼河从境内穿过。有中小学 6 所，卫生院 1 个。有古迹左堌堆遗址。农业产小麦、水稻、蔬菜等。工业以机械制造业为主。服务业以商业外贸为主。省道济徐公路、枣曹公路过境。

老砦镇　370827-B08
[Lǎozhài Zhèn]

鱼台县辖镇。在县境东南部。面积 52 平方千米。人口 3.0 万。辖 28 村委会，有 27 自然村。镇人民政府驻老砦村。1958 年设老砦乡，旋并入谷亭公社。1962 年析设老砦公社。1984 年改设乡。2010 年改设老砦镇。因镇政府驻地得名。复兴河从境内穿过。有中小学 6 所，卫生院 1 个。农业主产小麦、水稻等，渔业以养殖河蟹、龙虾、良种鱼类为主，有特色水产养殖园区，小麦、水稻良种特色培育基地等。工业依托煤矿

和煤井，建有以煤炭精洗、煤化工、煤电碱、热电、煤机服务等业为主的鱼台县湖西工业园区。服务业以物流运输等为主，煤炭运输业发达。省道枣曹公路、京杭大运河过境。

罗屯镇　370827-B09
[Luótún Zhèn]

鱼台县辖镇。在县境西北部。面积 54 平方千米。人口 3.1 万。辖 34 村委会，有 80 自然村。镇人民政府驻罗屯村。1958 年属金乡县相里公社。1962 年由相里公社析设罗屯公社。1984 年改乡。2013 年撤乡设罗屯镇。因镇政府驻地得名。老万福河、东沟河从境内穿过。有中小学 5 所，卫生院 1 个。农业以种植大蒜、棉花、辣椒、玉米、小麦为主，有大蒜、圆葱、棉花规模生产基地。养殖业主要以鸡、羊和鹧鸪、鹿等珍稀畜禽养殖为主，有养殖专业村。工业以纺织业、农副食品加工等为主。服务业以批发零售为主。省道金鱼公路过境。

金乡县

金乡县　370828
[Jīnxiāng Xiàn]

别名缗城。济宁市辖县。北纬 35°04′，东经 116°18′。在市境西南部。面积 885 平方千米。人口 65.1 万。辖 4 街道、9 镇。县人民政府驻金乡街道。战国为宋缗邑。秦置东缗县，治今金乡镇，属砀郡。西汉属山阳郡。东汉于县北别置金乡县，治所在今嘉祥县阿城铺，金乡县名始见，属山阳郡。西晋废东缗县。北魏徙金乡县治于原东缗县城，县名始此，属高平郡。隋属济阴郡。唐属兖州。宋、金属济州。元属济宁路。明属兖州府。清属济宁州。1914年属济宁道。1925 年属兖济道。1928 年属

省。1936 年属第一行政督察区。1940 年建立抗日民主政权，属湖西专区。1943 年属晋冀鲁豫边区第二十一专区。1949 年属平原省湖西专区。1952 年划入山东省。1953 年属济宁专区。1967 年属济宁地区。1983 年属济宁市。（资料来源：《金乡县志》）因汉代昌邑王刘髆山中修墓凿山得金属，故该山为"金山"，金乡得名此山。属黄泛平原和低山丘陵区，海拔 34.50~39.50 米。年均气温 13.8℃，1 月平均气温 −3℃，7 月平均气温 26℃。年均降水量 694.5 毫米。有东鱼河、老万福河、新万福河、蔡河流经。有煤、天然焦、灰岩等矿产资源。有野生植物 303 种，其中国家重点保护野生植物有银杏、水杉 2 种。有野生动物 162 种，其中国家重点保护野生动物有小天鹅、苍鹰等 13 种。有省级自然保护区 1 个。森林覆盖率 19%。有中小学 143 所，图书馆 2 个，博物馆 1 个，体育馆 1 个，二级以上医院 3 个。有国家级文物保护单位 3 个、省级文物保护单位 13 个，重要古迹、景点 7 个。三次产业比例为 28.6∶30.6∶40.8。农业以种植业、养殖业为主，粮食作物主产小麦、玉米，经济作物主产大蒜、辣椒，名优特产有白皮大蒜、贡米金谷等。畜牧业以饲养猪、羊、家禽为主，渔业以淡水养殖为主。工业形成以化工、轻工食品、机电制造、纺织服装等为主的产业体系，有凯赛生物、阳光化学、键邦化工、宝钢气体、克曼特等新型现代工业企业落户。服务业以商贸物流、电商交易、红色特色旅游、餐饮等为主。有省级开发区 1 个。境内公路里程 2 900 余千米、水运里程 54 千米。有济徐高速、菏枣环省高速、105 国道和省道东丰公路、枣曹公路及老万福河、北大溜河、新万福河 3 条航道过境。

金乡经济开发区 370828-E01
[Jīnxiāng Jīngjì Kāifāqū]

在县境北部。东至迎宾大道，西至汶金线，南至凯盛大道，北至滨河大道。面积 6 600 公顷。因所在政区得名。2006 年 4 月经省政府正式批准建立省级开发区，由县级政府管理。有机电产业园、纺织服装产业园、食品产业园、高新技术产业园、商贸物流园，入区企业 180 多家，规模以上企业 44 家，初步形成机械电器、纺织服装、食品医药、农副产品、包装印刷为主的工业结构。机电产业园是开发区重点打造的产业园区，爱德华机械、辉煌科技、鲁特电工、克曼特集团等重点项目正式投产运营。形成"九横五纵"道路网络。

金乡街道 370828-A01
[Jīnxiāng Jiēdào]

金乡县人民政府驻地。在县境中部。面积 44 平方千米。人口 4.4 万。2010 年设立。因金乡故城（今嘉祥县境内）得名。新万福河、老万福河从境内穿过。有中小学 3 所，医疗卫生机构 3 个。有国家级文物保护单位光善寺塔，省级文物保护单位节孝坊、春城堌堆遗址、奎星楼等，有金山景区、真武庙景区、奎星湖景区等旅游资源。有光善寺塔、星湖公园等标志性建筑物。粮食作物以玉米为主，经济作物以蔬菜、林果为主，有葡萄园、苗木基地等现代生态农业园区。工业以加工业为主，有新材料、包装、玻璃等厂，有金南工业园区。服务业以商贸物流业为主，出口大蒜等农产品，建有凯盛物流园区。有金乡县长途汽车站，通公交车。

高河街道 370828-A02
[Gāohé Jiēdào]

属金乡县管辖。在县境东部。面积 56

平方千米。人口 3.4 万。2012 年设立。沿用原高河镇名。老万福河、莱河、东沟河、新万福河从境内穿过。有中小学 6 所，医疗卫生机构 1 个。有重要古迹赵阁村四合院，金平湖风景区等旅游资源。农业以种植业为主，粮食作物主产小麦、玉米，经济作物有大蒜、棉花等，有青盖优质长茄、脱毒优质土豆、拱棚辣椒等 6 处生产基地。工业以机械加工、精细煤加工、大蒜加工为主，有电气、机械、果蔬制品等公司。建有薛庄、金桥、胡淳经济长廊 3 大工业园区。服务业以销售、餐饮等为主。通公交车。

王丕街道 370828-A03
[Wángpī Jiēdào]

属金乡县管辖。在县境南部。面积 34 平方千米。人口 2.1 万。2014 年设立。因王丕村得名。莱河、东沟河、金鱼河从境内穿过。有中小学 5 所，医疗卫生机构 2 个。农业以种植业、养殖业为主。粮食作物主产小麦、玉米，主要经济作物有棉花、大蒜、芹菜等，有以于庄芹菜、马楼辣椒为中心的蔬菜生产基地。畜牧业以饲养猪、羊、家禽为主。工业以木材加工、彩印包装、机械制造、建筑材料为主。服务业以批发零售等为主，建有 3 处大型蔬菜批发市场。通公交车。

鱼山街道 370828-A04
[Yúshān Jiēdào]

属金乡县管辖。在县境西部。面积 66 平方千米。人口 7.1 万。2014 年设立。得名源于鱼山堌堆文化遗址。鱼山原是一个大土堌堆，又名香葬堌堆，相传这里是秦代集中丧葬之地，当地人用鱼和土随葬祭祖，久积如山，故名鱼山堌堆，简称为鱼山。老万福河、新万福河、大沙河、金马河从境内穿过，境内有金水湖。有中小学 8 所，

医疗卫生机构 2 个。有省级文物保护单位鱼山堌堆遗址，省级重点烈士纪念建筑物保护单位、爱国主义教育基地王杰纪念馆原址，有张翟村鲁西南民俗博物馆。农业以种植业为主，粮食作物主产小麦、玉米，经济作物有大蒜、棉花等。工业以机械制造、输配电、食品医药、蔬菜加工、新能源为主，已形成大蒜冷藏、加工、出口为一体的产业集群。服务业以批发零售等为主，有蔬菜批发市场。通公交车。

羊山镇 370828-B01
[Yángshān Zhèn]

金乡县辖镇。在县境西北部。面积 76 平方千米。人口 5.2 万。辖 62 村委会，有 98 自然村。镇人民政府驻羊山集村。1940 年称八路军金西办事处。1949 年为五区。1957 年改置羊山镇。1958 年改羊山公社，同年 8 月改名赤峰公社，1962 年复称羊山公社。1984 年改置羊山镇。因羊山得名。因境内一座山处在鲁西南群山之阳而得名阳山，又因山势如羊，改为羊山。新万福河、小吴河、羊山运河、彭河从境内穿过。有中小学 8 所，卫生院 1 个。有省级文物保护单位羊山战斗纪念地、羊山墓群、满庄满氏民居、小屯李氏民居，有羊山古镇国际军事旅游度假区等旅游资源。农业以种植业为主，粮食作物主产小麦、玉米，主要经济作物有大蒜、棉花、大葱等，有绿农高效生态农业示范园。工业以通信管材、汽车配件、建筑建材、农产品加工、机械制造、棉纺加工为主，有电子、环保垃圾发电、机电、包装等企业。105 国道、252 省道过境。

胡集镇 370828-B02
[Hújí Zhèn]

金乡县辖镇。在县境北部。面积 112 平方千米。人口 6.1 万。辖 77 村委会，有

122 自然村。镇人民政府驻胡集村。1949 年称金乡第四区。1956 年金乡、鱼台 2 县合并，改称胡集区。1958 年撤区并乡，称胡集乡，同年 8 月成立胡集公社。1984 年改建胡集乡。1985 年撤乡建镇。2000 年大义乡、胡集镇合并，称胡集镇。以镇政府驻地得名。蔡河、北大溜河、新万福河从境内穿过。有中小学 16 所，医院 1 个。有省级文物保护单位郭东蕃墓，市级文物保护单位刘庄遗址、孙埌堆遗址，有名胜古迹回龙山汉墓群、石马群等。农业以种植业为主，粮食作物主产小麦、水稻、玉米，经济作物以大蒜、棉花、洋葱、梨瓜、蔬菜等为主。工业以化工、医用玻璃器皿、建筑材料加工为主，有化学、生物科技、石油科技、润滑油等大中型企业。105 国道和省道汶金公路、金丰公路过境。

霄云镇 370828-B03
[Xiāoyún Zhèn]

金乡县辖镇。在县境东南部。面积 73 平方千米。人口 5.2 万。辖 51 村委会，有 103 自然村。镇人民政府驻霄云村。1956 年金、鱼两县合并属鱼城区（今鱼台县鱼城镇）。1958 年撤区并乡设霄云乡。1962 年金乡、鱼台两县分置，划归金乡县，改称霄云公社。1984 年改设霄云乡。1985 年改置霄云镇。以镇政府驻地村得名。东鱼河、苏河、白马河从境内穿过。有中小学 13 所，卫生院 1 个。有名胜古迹刘少奇鲍楼村旧居、霄云古香寺景区等。农业以种植业为主，粮食作物主产小麦、玉米，经济作物主要有大蒜、棉花、甘蓝。工业以煤炭开采、蔬菜加工、机械制造、建筑材料加工为主，建有纺织、煤炭工业园区、农副产品加工园区，有煤矿、精密仪器制造、机械制造等企业。建有冷链物流园区。省道枣曹公路过境。

鸡黍镇 370828-B04
[Jīshǔ Zhèn]

金乡县辖镇。在县境西南部。面积 90 平方千米。人口 6.7 万。辖 70 村委会，有 121 自然村。镇人民政府驻鸡黍村。1946 年为金乡县第七区。1956 年设鸡黍乡。1958 年建星火公社。1961 年更名鸡黍公社。1984 年改镇。2000 年金马乡并入。因东汉庐江太守范式杀鸡煮黍米来款待其友张绍而得名。莱河、沙河从境内穿过。有国家农产品加工技术研发分中心 1 个。有中小学 18 所，卫生院 2 个。有名胜古迹李埌堆遗址、二贤祠遗址、孔庄埌堆遗址、徐庄汉代遗址。农业以种植业为主，粮食作物主产小麦、玉米，主要经济作物有大蒜、棉花、菠菜、西瓜、山药等，名优特产有红花斑山药。工业以大蒜冷藏、蔬菜加工、面粉加工、棉花纺织、木材加工为主。105 国道、省道枣曹公路过境。

司马镇 370828-B05
[Sīmǎ Zhèn]

金乡县辖镇。在县境南部。面积 52 平方千米。人口 3.5 万。辖 43 村委会，有 84 自然村。镇人民政府驻司马集村。1956 年设司马乡。1958 年并入鸡黍公社。1962 年析出设立司马公社。1984 年改设司马乡。2000 年撤乡建镇。因镇政府驻地村得名。司马集原名司马城，据传说三国时期司马懿在此屯兵，为防不测，四周筑城墙高数丈，成方形，遂取名为司马城。东鱼河、苏河、白马河从境内穿过。有中小学 7 所，医院 1 个。有国家级非物质文化遗产山东落子，有古迹周埌堆遗址。农业以种植业为主。粮食作物主产小麦、玉米，经济作物主要有大蒜、棉花等。工业以木材加工、彩印包装、机械制造、建筑材料加工为主。服务业有农家乐休闲观光区和快乐乡村游特色采摘园区。省道枣曹公路过境。

马庙镇 370828-B06
[Mǎmiào Zhèn]

金乡县辖镇。在县境西部。面积 97 平方千米。人口 5.6 万。辖 67 村委会，有 109 自然村。镇人民政府驻马庙村。1930 年称马庙区，属羊山镇管辖。1940 年属八路军金西办事处，1947 年为马庙区。1958 年为马庙人民公社，同年改名红旗公社，1959 年复称马庙公社。1984 年建乡，1999 年改镇。以镇政府驻地村得名。新万福河、金成河、小百河、金马河、新西沟河从境内穿过。有中小学 14 所，医院 1 个。有爱国主义教育基地翟庄党支部旧址，名胜古迹杨官庄遗址。农业以种植业为主，粮食作物主产小麦、玉米，主要经济作物有大蒜、金谷、花生、芝麻等，金谷被称为中国四大名米之一。工业以农产品加工为主，有大蒜加工冷藏产业群。服务业以外贸出口大蒜加工产品等为主。省道东丰公路过境。

化雨镇 370828-B07
[Huàyǔ Zhèn]

金乡县辖镇。在县境东南部。面积 77 平方千米。人口 4.6 万。辖 46 村委会，有 114 自然村。镇人民政府驻化雨集村。1949 年属金乡县第二区，1952 年划为第九区，1958 年改置乡。1958 年建化雨公社，1984 年复改乡，2010 年撤乡设镇。金鱼河、东沟河、苏河从境内穿过。有中小学 13 所，医院 1 个。农业以种植业为主，粮食作物主产小麦、玉米，主要经济作物有大蒜、棉花等，建有食用菌生产基地、无公害蔬菜生产基地和优质商品棉生产基地。工业形成以电器、新型建材、纺织、化工、农副产品加工为主的五大产业，有新材料、电气、管材等企业。省道东丰公路过境。

卜集镇 370828-B08
[Bǔjí Zhèn]

金乡县辖镇。在县境东北部。面积 79 平方千米。人口 4.6 万。辖 45 村委会，有 99 自然村。镇人民政府驻卜集村。1956 年属孙桁乡。1958 年属胡集人民公社，1962 年析出，成立卜集公社，1984 年建乡，2012 年撤乡设镇。因镇政府驻地村得名。北大溜河、新万福河从境内穿过。有中小学 7 所，医院 1 个。有省级文物保护单位缗城堌堆遗址、山阳故城遗址。农业以种植大蒜、棉花、辣椒、圆葱为主。畜牧业以饲养小尾寒羊、猪、牛、鸡为主，特色养殖鸵鸟、梅花鹿。工业以机械加工、建材加工为主。有公路经此。

兴隆镇 370828-B09
[Xīnglóng Zhèn]

金乡县辖镇。在县境南部。面积 56 平方千米。人口 4.1 万。辖 50 村委会，有 84 自然村。镇人民政府驻兴隆集村。1957 年为兴隆乡。1958 年并入鸡黍公社，1962 年析出，设兴隆公社。1984 年建乡。2012 年撤乡设镇。因镇政府驻地得名。东沟河、莱河、东鱼河从境内穿过。有中小学 10 所，医院 1 个。农业以种植业、养殖业为主。粮食作物主产小麦、玉米，经济作物主产大蒜、棉花、芹菜、西瓜等。畜牧业以饲养猪、羊、牛为主。工业以大蒜深加工、纺织、机械加工、建材加工为主。省道枣曹公路过境。

社区

金西社区 370828-A01-J01
[Jīnxī Shèqū]

属金乡街道管辖。在金乡县西部。面积 4 平方千米。人口 33 200。因处于金乡县城区西部而得名。2011 年成立。有楼房 29 栋，现代中式建筑风格。驻有金乡县供电局、金乡县国税局、金乡县公安局、金乡县城市综合执法局等单位。通公交车。2013 年被评为省文明社区。

春秋社区 370828–A01–J02
[Chūnqiū Shèqū]

属金乡街道管辖。在金乡县东部。面积 2.4 平方千米。人口 25 800。因新建社区在春秋庄原址，故名。2011 年成立。有楼房 270 栋，现代建筑风格。通公交车。2014 年被评为省文明社区。

高尚社区 370828–A01–J03
[Gāoshàng Shèqū]

属金乡街道管辖。在金乡县东部。面积 2.8 平方千米。人口 15 000。因为南楼村、尚楼村等拆迁合并为社区，故名。2011 年成立。有楼房 123 栋，现代建筑风格。未通公交车。

莎岭社区 370828–A01–J04
[Shālǐng Shèqū]

属金乡街道管辖。在金乡县东南部。面积 4 平方千米。人口 26 000。旧时此地为金乡八大景之一，名为"莎岭春晴"，故名。2011 年成立。有楼房 196 栋，现代建筑风格。通公交车。

真武社区 370828–A01–J05
[Zhēnwǔ Shèqū]

属金乡街道管辖。在金乡县北部。面积 2.18 平方千米。人口 37 800。辖区内有真武庙遗址，故名。2011 年成立。有楼房 228 栋，现代建筑风格。通公交车。

金府社区 370828–A01–J06
[Jīnfǔ Shèqū]

属金乡街道管辖。在金乡县中部。面积 3.21 平方千米。人口 35 000。因为县政府驻地社区而得名。2011 年成立。有楼房 108 栋，现代建筑风格。未通公交车。

嘉祥县

嘉祥县 370829
[Jiāxiáng Xiàn]

济宁市辖县。北纬 35°24′，东经 116°20′。在市境西部。面积 975 平方千米。人口 88.0 万。以汉族为主，还有藏、蒙古、回、壮、朝鲜、瑶等民族。辖 2 街道、12 镇、1 乡。县人民政府驻嘉祥街道。春秋为鲁咸丘、阚邑地。秦置爰戚县，属砀郡。西汉属山阳郡。东汉废爰戚，置金乡县，治今嘉祥镇南 17 千米阿城铺，属山阳郡。三国魏因之。晋属高平国。北魏徙金乡县离境，故地分属任城、巨野等县。金皇统七年（1147）析任城、巨野 2 县地置嘉祥县，属济州。因境内有鲁哀公西狩获麟处，麟为"祥瑞"，故名。大定十五年（1175）徙今治。元属济宁路平州。明属兖州府济宁州。清属济宁直隶州。1914 年属济宁道。1925 年属兖济道。1928 年属省。1936 年属第一行政督察区。1946 年属冀鲁豫行政区第七专区。1949 年属平原省湖西专区。1952 年划入山东省。1953 年属济宁专区。1958 年撤销，地入济宁市和郓城、巨野、金乡三县。1961 年复置，属济宁专区（1967 年改为济宁地区）。1983 年属济宁市。（资料来源：《中国政区大典·山东省卷》《嘉祥县历史文化丛书》）北部属平原黄泛冲积区，中部、南部属低山丘陵区，东部属滨洼地区。北邻黄河，地势自西北向东南微倾。年均气温 14.2℃，1 月平均气温 −0.6℃，7 月平均气温 27.2℃。年均降水量 679.6 毫米。有梁济运河、洙水河、洙赵新河、蔡河流经。有石灰岩、煤炭、油页岩、白云岩等矿产资源。有野生动物 155 种，其中国家重点保护野生动物有黄冠亚马逊鹦鹉等 14 种。森林覆盖率 30.7%。有省级工程技术研究中心 4 个。有中小学 260 所，知名文艺团体 7 个，体育场馆 2 个，二级以上医院 2 个。有国家级文物保护单位 3 个、省级文物保护单位 7 个，国家级非物质文化遗产 3 个、省级非物质文化遗产 7 个，重要古迹、景点 4 个。三次产业比例为 13.9：51.1：35。农业以种植业、养殖业为主，主产小麦、玉米等粮食作物及瓜果、蔬菜、棉花等经济作物。嘉祥红皮大蒜有 1900 年左右的栽培历史，"嘉祥细毛长山药"获国家地理标志证明商标。是畜禽养殖大县，主要养殖牛、马、猪、羊、鸡、兔等，其中鲁西黄牛、小尾寒羊被评为"万能型"优良畜产品种。水产养殖淡水鱼类、虾类、贝类、中华鳖等。工业以煤炭、电子为支柱产业，另有机械制造、钢铁、酒业、纺织品加工等业。服务业以旅游业、餐饮娱乐业、商贸物流业为主。境内有铁路里程 22 千米，公路里程 147.6 千米，水运里程 26 千米。新兖铁路、日兰高速、济广高速、济徐高速、105 国道、327 国道和省道济董公路、汶金公路，以及京杭运河航道、洙水河航道过境，济宁机场开通国内航线 15 条。

嘉祥街道 370829-A01
[Jiāxiáng Jiēdào]

嘉祥县人民政府驻地。在县城中部。面积 42 平方千米。人口 11.0 万。2010 年设立。因位于嘉祥县城区而得名。老赵王河、洙水河、前进河从境内穿过。有中小学 17 所，医疗卫生机构 3 个。有名胜古迹薛仁贵墓、萌山景区等。有曾子像等标志性建筑物。农业以种植业、养殖业为主，主要

粮食作物有小麦、玉米，种植反季节蔬菜、西瓜和优质大蒜。畜牧业主要养殖猪、牛。工业有机械制造、石材加工、手套纺织、石雕和石材加工等企业，境内石雕文化产业园为国家级文化产业示范基地。服务业主要有临港物流、金融业、餐饮娱乐业、房地产业。通公交车。

卧龙山街道 370829-A02
[Wòlóngshān Jiēdào]

属嘉祥县管辖。在县境西部。面积 76 平方千米。人口 7.2 万。2013 年设立。因驻地东邻卧龙山而得名。前进河、洙水河、牛官屯河从境内穿过。有中小学 21 所，医疗卫生机构 1 个。有名胜古迹长直集遗址。农业以种植业为主，粮食作物主产小麦、玉米，特色种植蔬菜、苗木花卉、灵芝，名优特产有紫皮大蒜、酒姚牌西瓜。工业以精细化工、机械加工、纺织服装为主。服务业以旅游业为主，建有卧龙湖风景区、双凤民俗生态旅游村。通公交车。

纸坊镇 370829-B01
[Zhǐfāng Zhèn]

嘉祥县辖镇。在县境南部。面积 92 平方千米。人口 8.3 万。辖 52 村委会，有 69 自然村。镇人民政府驻纸坊集村。1949 年为第三区，1958 年改高峰公社。1962 年改纸坊公社。1984 年改置镇。因镇政府驻地得名。洙水河、洙赵新河从境内穿过。有中小学 30 所，医院 2 个。有国家级文物保护单位武氏墓群石刻，省级文物保护单位焦国故城遗址、汤山玉皇庙、青山寺，有名胜古迹法云寺等。农业以种植业为主，粮食作物主产小麦、玉米，名优特产有嘉祥红皮大蒜。林业主要种植金太阳杏、凯特杏等经济林。畜牧养殖种鸭。工业主要有造纸业、石材生产、加工业等。服务业以旅游业为主。省道汶金公路过境。境内有济宁机场。

梁宝寺镇 370829-B02
[Liángbǎosì Zhèn]

嘉祥县辖镇。在县境西北部。面积 97 平方千米。人口 7.0 万。辖 79 村委会，有 80 自然村。镇人民政府驻曹庄。1949 年为十二区。1958 年改梁宝寺公社。1984 年改置镇。因近古汶邑坡南八大寺之一梁宝寺而得名。梁济运河、郓城新河、红旗河从境内穿过。有中小学 23 所，卫生院 1 个。有省级文物保护单位茅家垌堆古墓群、先贤高子祠、曹垓曹氏家祠、曹北曹氏家祠、韩垓韩氏家祠。农业主要种植小麦、玉米、大豆、蔬菜，盛产甜叶菊、中药材，畜牧养殖鸡、鸭、牛、羊，优良品种有小尾寒羊纯种、南非系波尔山羊、鲁西黄牛、利木赞牛、奶牛等。工业主要有煤炭开采、造纸、乙烯、建筑材料、柳编、食品加工、棉麻纺、机械制造等业。服务业以煤炭运输等为主。京九铁路、日兰高速、338 省道过境。

疃里镇 370829-B03
[Tuǎnlǐ Zhèn]

嘉祥县辖镇。在县境东部。面积 93 平方千米。人口 10.1 万。辖 89 村委会，有 95 自然村。镇人民政府驻疃里村。1949 年为第七区，1958 年改疃里公社。1984 年改设乡。1995 年撤乡设镇。因镇政府驻地得名。洙赵新河、老赵王河从境内穿过。有中小学 24 所，卫生院 1 个。农业以种植业、畜牧业为主，主要农作物有小麦、玉米，盛产优质山药、圆葱，疃里细毛长山药获得地理标志登记。畜牧养殖猪、小尾寒羊、奶牛、鸡、鹌鹑、鹿等。工业主要有机械加工、造纸、建材、玻璃幕墙、手套、包装、食品、烟花爆竹等业。日兰高速、济徐高速、327 国道、338 省道过境。

马村镇 370829-B04
[Mǎcūn Zhèn]

嘉祥县辖镇。在县境北部。面积 50 平方千米。人口 4.6 万。辖 38 村委会，有 45 自然村。镇人民政府驻马村。1962 年设马村公社。1984 年改设乡。1997 年撤乡设镇。因镇政府驻地得名。赵王河从境内穿过。有中小学 11 所，卫生院 1 个。有名胜古迹楚氏家祠、弥陀寺。农业以种植业、畜牧业为主，主要农作物有小麦、玉米，盛产大蒜、马铃薯、黑木耳，畜牧养殖蛋鸡、种鸭。工业以水泥制品、电器制造、铜铝型材、草编工艺、绳经加工等为主。日兰高速、338 省道过境。

金屯镇 370829-B05
[Jīntún Zhèn]

嘉祥县辖镇。在县境东南部。面积 93 平方千米。人口 6.7 万。辖 62 村委会，有 67 自然村。镇人民政府驻王垌堆村。1949 年属第二区。1958 年设先锋公社。1962 年改金屯公社。1984 年更名为王垌堆乡。1999 年更名为金屯镇。因镇政府原驻地金屯村得名。洙水河、洙赵新河从境内穿过。有中小学 14 所，卫生院 1 个。农业以水稻、小麦、玉米、棉花、蔬菜种植为主，畜牧养殖肉鸭、肉鸡、生猪、鹌鹑。工业以出口食品加工、高档包装纸箱、高科技彩印产业、橡胶加工、塑料回收利用产业、棉花加工、机械加工、铸造、建筑材料加工为主。济徐高速、105 国道过境。

大张楼镇 370829-B06
[Dàzhānglóu Zhèn]

嘉祥县辖镇。在县境北部。面积 73 平方千米。人口 4.0 万。辖 49 村委会，有 48 自然村。镇人民政府驻大张楼村。1962 年由马村公社析设张楼公社，后改大张楼公社。1984 年改设乡。2000 年撤销大张楼乡、红运乡，合并设立大张楼镇。因镇政府驻地得名。红旗河从境内穿过。有中小学 17 所，卫生院 1 个。有名胜古迹刘宽墓、张西张氏家祠、郝氏家祠。农业以种植小麦、玉米、瓜果、蔬菜为主，盛产葡萄。工业以木材加工、面粉加工、麻纺、服装、机械加工为主。日兰高速、338 省道、252 省道过境。设大张楼镇客运站。

马集镇 370829-B07
[Mǎjí Zhèn]

嘉祥县辖镇。在县境东南部。面积 43 平方千米。人口 3.9 万。辖 40 村委会，有 43 自然村。镇人民政府驻马集村。1958 年设卫星公社。1962 年改马集公社。1984 年改设乡。2011 年撤乡设镇。因镇政府驻地得名。洙水河从境内穿过。有中小学 8 所，卫生院 1 个。有省级文物保护单位郗鉴墓。农业以种植小麦、水稻、棉花为主，盛产红皮大蒜、杏、核桃，养殖鸡、鸭。工业以光伏电子、电器制造、石材加工、化工、服饰制作为主。有公路经此。

万张镇 370829-B08
[Wànzhāng Zhèn]

嘉祥县辖镇。在县境北部。面积 51 平方千米。人口 4.3 万。辖 38 村委会，有 43 自然村。镇人民政府驻万张村。1962 年设万张公社。1984 年改设乡。2012 年撤乡设镇。因镇政府驻地得名。新赵王河、老赵王河从境内穿过。有中小学 13 所，卫生院 1 个。有省级文物保护单位梁海梁氏家祠。农业以种植小麦、玉米、棉花、蔬菜、水果为主，特产西瓜、草莓。工业以农产品加工、棉籽油加工、碳素制品、水泥制品、机电设备、服装手套加工等为主。日兰高速、338 省道、252 省道过境。

孟姑集镇 370829-B09
[Mènggūjí Zhèn]

嘉祥县辖镇。在县境西北部。面积 45 平方千米。人口 4.0 万。辖 35 村委会，有 42 自然村。镇人民政府驻孟姑集村。1949 年属十四区。1956 年设孟姑集乡，后并入火箭公社。1962 年析设孟姑集公社。1984 年复设乡。2012 年撤乡设镇。因镇政府驻地得名。新赵王河从境内穿过。有中小学 14 所，卫生院 1 个。有省级文物保护单位岳氏家祠。农业以种植业、畜牧业为主，产小麦、玉米，盛产无公害大蒜、圆葱、莴苣，畜牧养殖蛋鸡、猪、狐狸、貂，有优良品种大蒲莲猪。工业主要有机械加工制造、石墨碳素、防寒手套加工、家具制造等。日兰高速、338 省道过境。

老僧堂镇 370829-B10
[Lǎosēngtáng Zhèn]

嘉祥县辖镇。在县境西北部。面积 60 平方千米。人口 4.3 万。辖 42 村委会，有 48 自然村。镇人民政府驻老僧堂村。1957 年设老僧堂乡，后并入东冈公社。1962 年析设老僧堂公社。1984 年复设乡。2013 年撤乡设镇。因镇政府驻地得名。新赵王河、友谊河从境内穿过。有中小学 12 所，卫生院 1 个。有名胜古迹靳氏家祠、贺氏家祠、梁街玉皇阁，地方文化嘉祥鼓吹乐。农业以种植小麦、玉米、棉花为主，名优特产有银堂牌无公害甜瓜。工业以棉纺织业、煤炭精深加工、手工艺品加工为主。日兰高速、济广高速、济菏高速过境。

仲山镇 370829-B11
[Zhòngshān Zhèn]

嘉祥县辖镇。在县境西南部。面积 80 平方千米。人口 6.4 万。辖 36 村委会，有 34 自然村。镇人民政府驻仲山村。1949 年为第四区。1958 年改跃进公社。1962 年改仲山公社。1984 年改设乡。2013 年撤乡改镇。因镇政府驻地得名。洙水河、薛公汊、洙赵新河从境内穿过。有中小学 31 所，卫生院 1 个。有省级文物保护单位尖山崖墓。农业以种植小麦、玉米、蔬菜、西瓜为主。工业以防水卷材、棉秆纤维制造、服装加工、建材、木材加工等为主。有公路经此。

满硐镇 370829-B12
[Mǎndòng Zhèn]

嘉祥县辖镇。在县境南部。面积 40 平方千米。人口 3.4 万。辖 26 村委会，有 20 自然村。镇人民政府驻满硐村。1956 年设满硐乡。1958 年并入高峰公社。1962 年析设满硐公社。1984 年复设乡。2014 年撤乡设镇。因镇政府驻地得名。蔡河从境内穿过。有中小学 27 所，卫生院 1 个。有名胜古迹曾庙。农业以种植小麦、玉米、棉花为主，盛产大蒜、圆葱。工业以建筑材料、服装加工、蔬菜加工为主。252 省道过境。设满硐客运站。

黄垓乡 370829-C01
[Huánghǎi Xiāng]

嘉祥县辖乡。在县境西北部。面积 38 平方千米。人口 3.5 万。辖 31 村委会，有 27 自然村。乡人民政府驻黄垓村。1949 年为十三区。1958 年属郓城县东冈公社。1962 年析设黄垓公社。1984 年改设乡。因乡政府驻地得名。郓城新河、红旗河过境。有中小学 21 所，卫生院 1 个。有省级文物保护单位冉子祠。农业以种植小麦、玉米、蔬菜为主，畜牧养殖鲁西黄牛、济宁青山羊、小尾寒羊等。工业以建材、纺织、酿造、塑料、家具、农畜产品加工为主。服务业以商贸为主，建有集贸交易市场 4 个、鲁西黄牛专业交易市场 1 个、小尾寒羊专业交易市场 10 个。济菏高速、338 省道过境。

社区

南关社区 370829-A01-J01
[Nánguān Shèqū]

属嘉祥街道管辖。在嘉祥县南部。面积 1 平方千米。人口 3 000。因原南关村得名。1997 年成立。有楼房 108 栋，现代中式建筑风格。有志愿者服务。通公交车。2013 年被评为省文明社区。

汶上县

汶上县 370830
[Wènshàng Xiàn]

济宁市辖县。北纬 35°42′，东经 116°29′。在市境西北部。面积 889 平方千米。人口 79.8 万。以汉族为主，还有回、满、蒙古、壮等民族。辖 2 街道、12 镇、1 乡。县人民政府驻中都街道。春秋为鲁中都（今县西 20 千米）邑地。战国齐置平陆邑。秦属薛郡。西汉置东平陆县，属东平国。南朝宋改名平陆县，又于其西置平原县（今县城西 15 千米），于故中都置乐平县，属阳平郡。北齐徙平原县离境，省平陆县入乐平县。隋开皇十六年（596）改乐平为平陆，属兖州，后属鲁郡。唐天宝元年（742）改名中都县，徙今治。金贞元元年（1153）改为汶阳县。泰和八年（1208）改汶阳县为汶上县，属东平府。元属东平路。明属兖州府东平州。清属兖州府。1914 年属济宁道。1925 年属兖济道。1928 年属省。1936 年属第一行政督察区。1939 年建立抗日民主政权，先后属鲁西行政区泰西专区（1940）、冀鲁豫行政区第二专区（1941）。1948 年属鲁中南行政区第七专区。1950 年属泰安专区。1953 年属济宁专区。1967 年属济宁地区。1983 年属泰安地区。1985 年属济宁市。（资料来源：《中华人民共和国地名大词典》）因汶水而得名。地处鲁中低山丘陵与鲁西平原交界地带，地势由东北向西南缓倾，东北部有少量山丘，西南部多湖洼，中部为黄河冲积平原，海拔 43.7 米。年均气温 13.9℃，1 月平均气温 0.4℃，7 月平均气温 26.6℃。年均降水量 525.8 毫米。有京杭运河、大汶河、小汶河、泉河流经。有煤、铁、花岗岩等矿产资源。有野生植物 259 种，其中国家重点保护野生植物有莲、野大豆 2 种。有陆生野生动物 125 种，其中有国家二级保护野生动物苍鹰、白尾鹞、红隼等 4 种。森林覆盖率 30.51%。有省级企业技术中心 1 个，纺织服装省级技术中心 1 个。有中小学 138 所，图书馆 1 个，知名文艺团体 1 个，体育场馆 1 个，二级以上医院 3 个。有国家级文物保护单位 3 个、省级文物保护单位 9 个，省级非物质文化遗产 3 个，重要古迹、景点 15 个。三次产业比例为 17.25∶50.09∶32.66。农业以种植业、养殖业为主，农作物主产小麦、大豆、玉米、花生、薯类、蔬菜，果品类有核桃、杏、梨、桃等。畜牧养殖鲁西黄牛、小尾寒羊、猪、鸡、鸭。是全国优质商品粮基地县、优质棉生产基地县、鲁西黄牛出口基地县、秸秆养畜基地县、小尾寒羊繁育基地县。地理标志证明产品有牛蒡、核桃、芦花鸡、白莲藕、大荸荠、战湾黄瓜。土特产品有汶上芦花鸡、汶上大荸荠、汶上白莲藕、汶香附等。汶上芦花鸡列入国家畜禽遗传资源重点保护名录，芦花鸡原种场被农业部授予国家级汶上芦花鸡保种场。有 17 类无公害、6 类绿色、6 类有机农产品认证。工业以纺织服装、工程机械、盐煤精细化工、发电机组和机电节能产品制造等为主，新兴产业项目有风光电子、三德电子、佛都 LED、华尚电器等企业，风光牌变频器、利生牌面粉是中国名牌产品，"山华""山东斯坦福"等品牌发电机为山东省名牌产品。服务业以文化旅游、商贸物流、房地产、科技信息、金融业等为主，中都国际服装电子商务中心被列为全省首批十大电子商务示范基地。有省级开发区 1 个。境内公路里程 1 817.7 千米、水运里程 22 千米。济广高速、日兰高速、济徐高速、105 国道、旧邹公路、蒙馆公路、汶金公路、济梁公路、京杭运河过境。

汶上经济开发区 370830-E01
[Wènshàng Jīngjì Kāifāqū]

在县境中部。东至中都大街，南至南二环，西至泉河，北至南一环。面积 400 公顷。因地理位置与功能得名。2006 年 3 月经省政府正式批准建立省级开发区，由县级政府管理。为现代制造业集聚区，入区企业 124 家，有如意科技、爱丝制衣、金岛服饰、华城百灵服饰等纺织服装企业，新风光电子、精良海纬、金成机械、华尚电气等机械制造企业。新兴产业包括生物医药、新能源、机器人等，驻有辰欣佛都药业、荣盛制药、中科瑞龙、华准机械等企业。区内道路为方格式结构，通公交车。

中都街道 370830-A01
[Zhōngdū Jiēdào]

汶上县人民政府驻地。在县境中部。面积 35 平方千米。人口 7.2 万。2008 年设立。以春秋时鲁国的中都邑得名。2008 年拆迁改造城区部分社区和村庄，改造或新建部分道路。泉河从境内穿过。有中小学 11 所，文化馆 1 个，图书馆 1 个，体育场馆 1 个，知名文艺团体 1 个，医疗卫生机构 2 个。有国家文物保护单位贾柏遗址，省级非物质文化遗产山东梆子，有宝相寺景区等旅游资源。有国防大厦等标志性建筑物。经济以工业、服务业为主。工业以汽车农机、五金建材、家居装饰、纺织服装等业为主，有省名牌产品 2 个，有京港汽车城、利源农机商城等汽车农机产业园。服务业以物流、商贸为主，有万隆国际商贸城等五金建材、家居装饰专业批发市场，中都国际服装城等纺织服装专业批发市场。通公交车。

汶上街道 370830-A02
[Wènshàng Jiēdào]

属汶上县管辖。在县境中部。面积23平方千米。人口5.0万。2008年设立。沿用原汶上镇名。2008年拆迁改造西门社区、北门社区，改造或新建城区道路。北泉河从境内穿过。有中小学6所，医疗卫生机构3个。有国家级文物保护单位太子灵踪塔，省级文物保护单位汶上文庙、汶上关帝庙，爱国主义教育基地汶上县烈士陵园，有省级非物质文化遗产山东梆子，莲花湖湿地公园、宝相寺等旅游资源。经济以工业、服务业为主。农产小麦、玉米、棉花、花生、大豆、韭菜、羊角葱、山药、大蒜、圆葱、白菜，种植毛白杨、柳树、泡桐、刺槐、香椿、石榴、枣等，养殖猪、牛、羊、鸡、鸭、鹅等。工业以机械加工、机电制造、纺织服装、建材加工为主。服务业以旅游业、商贸物流为主。有汶上汽车站，通公交车。

南站镇 370830-B01
[Nánzhàn Zhèn]

汶上县辖镇。在县境南部。面积103平方千米。人口8.9万。辖54村委会，有76自然村。镇人民政府驻南站村。1949年属二区。1956年设南站乡。1958年改为南站公社。1984年改置镇。2008年原汶上镇23个村并入。因镇政府驻地村得名。南泉河、北泉河从境内穿过。有国家级技术研究中心1个。有中小学13所，医院1个。有市级文物保护单位徐氏家祠、东尚庄遗址。农业以种植业、养殖业为主，种植葡萄、草莓、花卉、洋香瓜等，养殖桑蚕、猪、鸡、兔、

鲁西黄牛、波尔山羊、蓝狐、孔雀。工业以煤电化工、机械电子、纺织服装、食品加工为主，境内有唐阳煤矿。服务业以生态农业观光、商贸物流为主，建有南阁小商品批发市场、黄牛市场、汶南建材大市场。105国道过境。

南旺镇 370830-B02
[Nánwàng Zhèn]

汶上县辖镇。在县境西南部。面积59平方千米。人口6.5万。辖34村委会，有23自然村。镇人民政府驻南旺村。1949年属五区。1956年2月由济宁县第五区划归汶上县。1956年置南旺镇。1958年改称南旺公社。1984年改镇。因镇政府驻地村得名。京杭大运河、泉河、小新河从境内穿过。有中小学13所，医院1个。有国家级文物保护单位大运河南旺枢纽，省级文物保护单位蚩尤冢、茅家圾堆古墓群，有省级非物质文化遗产文圣拳，南旺大运河国家遗址公园等旅游资源。农业以种植小麦、玉米、蔬菜为主，有三里堡笋瓜、太平葡萄等特色产业基地。畜牧业以饲养猪、羊、家禽为主。工业有化工、机械加工、服装加工等业，有重质苯深加工、中都怡养院、智能微型挖掘机等项目。服务业以文化旅游产业为主，实施南旺古镇规划建设，有古运河、蚩尤冢等文化旅游资源。省道济梁公路、汶金公路过境。

次邱镇 370830-B03
[Cìqiū Zhèn]

汶上县辖镇。在县境西南部。面积86平方千米。人口8.2万。辖49村委会，有88自然村。镇人民政府驻次邱村。1949年属三区。1956年设次邱乡。1958年改公社。1984年改置区。1986年复设乡。1997年撤乡建镇。因镇政府驻地得名。小汶河从境内穿过。有中小学14所，卫生院1个。有

重要古迹孔子讲堂、中都故城等。农业种植粮食、绿色蔬菜、地瓜、苗木花卉、棉花、中药材，白莲藕、大芋荠、战湾黄瓜被评为"国家地理标志证明商标"，菜花、辣椒、黄瓜被农业部认定为无公害产品，为国家地标性产品汶上芦花鸡的集中饲养区域。工业以铸造、机械加工、纺织服装、生物制剂生产为主，有华尚电器、耐克品牌鞋、韩国三星电子、日本优衣库、金振机械等品牌。服务业以批发零售为主，有西温口等蔬菜批发市场。省道汶金公路过境。

寅寺镇 370830-B04
[Yínsì Zhèn]

汶上县辖镇。在县境西部。面积53平方千米。人口4.9万。辖32村委会，有60自然村。镇人民政府驻寅寺东村。1949年属四区。1956年设寅寺乡。1958年9月成立运东公社，12月改名寅寺公社。1960年3月划归梁山县。1961年3月复归汶上县。1984年改置区。1986年复设乡。1996年撤乡设镇。因镇政府驻地得名。小汶河从境内穿过。有中小学11所，卫生院1个。农业以种植业为主，种植粮食、瓜菜、棉花、林果，建有牛蒡特色种植基地、西红柿种植基地、特色苗木花卉基地等，养殖猪、羊、家禽。工业以板材加工、机械电子、纺织服装、煤电化工、造纸、机械制造等为主，有联想化工园区、中银电化、安迪新材料、鲁泉医药、星亚化工等项目。省道蒙馆公路过境。

郭楼镇 370830-B05
[Guōlóu Zhèn]

汶上县辖镇。在县境西北部。面积58平方千米。人口4.9万。辖40村委会，有47自然村。镇人民政府驻郭楼。1962年由寅寺公社析设郭楼公社。1984年改置区。1986年改设乡。1996年改置镇。因镇政府驻地得名。排渗河从境内穿过。有中小学7所，卫生院1个。农业以种植小麦、大豆、玉米、棉花等为主，建有粮食高产创建示范区，特色养殖鲁西黄牛、小尾寒羊、芦花公鸡。工业以木材加工、煤电化工、家具产销、机械加工等为主，有阳城煤矿、阳城煤矿发电厂。服务业以生态观光农业为主。济广高速、济徐高速、省道旧邹公路过境。

康驿镇 370830-B06
[Kāngyì Zhèn]

汶上县辖镇。在县境南部。面积89平方千米。人口7.9万。以汉族为主，还有回族。辖57村委会，有76自然村。镇人民政府驻康驿村。1949年属七区。1956年设康驿乡。1958年改公社。1984年改置区。1986年复设乡。1999年撤乡设镇。因镇政府驻地得名。有中小学19所，医院1个。农产小麦、玉米、蔬菜、苗木，养殖獭兔、肉牛、猪、羊、家禽，苗木种植以法桐、白蜡、栾树、国槐为主。工业以机械加工、板材、建材、纺织服装为主，有英东毛巾、三垒管业、三友机械、中都木业、泰中物流园等重点项目，建有纺织服装基地、机械加工制造业基地和新型建筑建材加工基地。济广高速、日兰高速、105国道过境。

苑庄镇 370830-B07
[Yuànzhuāng Zhèn]

汶上县辖镇。在县境东部。面积50平方千米。人口4.1万。辖23村委会，有43自然村。镇人民政府驻苑楼村。1949年属二区。1956年建苑庄乡。1958年改公社。1984年改置区。1986年改设乡。1996年撤乡设镇。因镇政府原驻地苑庄得名。有中小学8所，医院1个、卫生院1个。有省级非物质文化遗产山东渔鼓。农业以种植业、畜牧业为主，粮食作物主产小麦、玉米，经济作物产蔬菜、中药材，建有南瓜、牛蒡、山药、圆葱、疙瘩等种植基地。畜牧业以饲养猪、羊、家禽为主。工业以建筑建材、纺织服装、农副产品加工、精细化工为主，有芦花鸡精深加工、博润纺织、中联混凝土、天源药业等项目。服务业以零售、小型餐饮为主。省道蒙馆公路过境。

义桥镇 370830-B08
[Yìqiáo Zhèn]

汶上县辖镇。在县境东南部。面积68平方千米。人口5.1万。辖40村委会，有42自然村。镇人民政府驻驾圈村。1962年由南站公社析设义桥公社。1984年改置区。1986年改设乡。2010年撤乡设镇。因镇政府原驻地义桥西村得名。南泉河从境内穿过。有中小学10所，卫生院1个。有爱国主义教育基地沈营村。农业以种植业、养殖业为主，粮食作物主产小麦、玉米，经济作物以蔬菜、苗木为主，有名贵苗木花卉基地，养殖猪、羊、家禽、桑蚕等。工业以煤炭化工、农产品加工、机械制造、纺织服装等为主。服务业以运输物流为主。省道旧邹公路过境。

白石镇 370830-B09
[Báishí Zhèn]

汶上县辖镇。在县境东北部。面积78平方千米。人口4.1万。辖27村委会，有53自然村。镇人民政府驻白石村。1962年由苑庄公社析设白石公社。1984年改置区。1986年改设乡。2010年撤乡设镇。因镇政府驻地得名。有昙山，北泉河从境内穿过。有中小学9所，卫生院1个。有省级文物保护单位郭朝宾墓、水牛山摩崖石刻。农业主产小麦、玉米、花生、地瓜、棉花，有美国黑核桃、香玲核桃、油桃、凯特杏、日本金太阳杏等农产品，特产七彩地瓜、有机核桃、黑色花生、中药材。养殖波尔山羊、小尾寒羊、利木赞牛、西门塔尔牛、瘦肉型长白猪等。工业以石材开采加工、机械加工、铸造、建筑业为主。服务业以物流运输、特色旅游为主，有昙山生态观光园。有公路经此。

郭仓镇 370830-B10
[Guōcāng Zhèn]

汶上县辖镇。在县境北部。面积44平方千米。人口3.8万。辖30村委会，有60自然村。镇人民政府驻郭仓村。1962年由城关公社析设郭仓公社。1984年改置区。1986年改设乡。2010年撤乡设镇。因镇政府驻地得名。小汶河从境内穿过。有中小学7所，卫生院1个。有省级文物保护单位崔家堂楼。农产小麦、玉米、棉花、韭菜、黑木耳、山药、药材、林果，有万亩韭菜园，盛产中都圣桃。工业以机械、化工、手工加工、矿产开采、服装加工、建材加工为主。服务业以餐饮业为主。105国道过境。

杨店镇 370830-B11
[Yángdiàn Zhèn]

汶上县辖镇。在县境东北部。面积53平方千米。人口3.7万。辖25村委会，有33自然村。镇人民政府驻杨店村。1949年属五区。1956年撤区建乡。1958年9月属上游公社，12月改名沟头公社。1962年由沟头公社析设杨店公社。1984年改置区。1986年改设乡。2011年撤乡设镇。因镇政府驻地得名。境内有彩山、文山，泉河、小汶河从境内穿过。有中小学7所，卫生院1个。农产小麦、棉花、地瓜、蔬菜，土特产有泗汶西瓜、中药材汶香附、核桃、樱桃，建有现代核桃产业示范区、樱桃特色林果基地、标准化蔬菜基地。畜牧养殖猪、羊。工业以服装生产、机械加工、塑料制品加工、建材加工为主。服务业以生态观光旅游为主，建有高效农业园区。有公路经此。

刘楼镇 370830-B12
[Liúlóu Zhèn]

汶上县辖镇。在县境西南部。面积41平方千米。人口4.0万。辖29村委会，有42自然村。镇人民政府驻刘楼村。1949年属三区。1957年设刘楼乡。1958年并入次邱公社。1962年析设刘楼公社。1984年改置区。1986年复设乡。2013年撤乡设镇。因镇政府驻地得名。泉河、小汶河从境内穿过。有中小学6所，卫生院1个。有省级文物保护单位刘韵珂故居。农产小麦、玉米、桑蚕、大蒜、花生、棉花、大豆等，建有苗木花卉基地、金银花种植基地、牛蒡种植基地。工业以有机肥生产、机械制造、木材加工、建筑建材、服装加工、食品加工为主。服务业以商贸为主。济广高速、省道汶金公路过境。

军屯乡 370830-C01
[Jūntún Xiāng]

汶上县辖乡。在县境东北部。面积55平方千米。人口2.8万。以汉族为主，还有回族。辖20村委会，有32自然村。乡人民政府驻南陶村。1962年由沟头公社析设军屯公社。1984年改置区。1986年改设乡。因乡政府原驻地军屯村得名。大汶河从境内穿过。有中小学8所，卫生院1个，广场20个。农业种植粮、棉、花生、苹果、大枣、桃、梨、核桃、柿子、山药、牛蒡、辣椒等，有万亩核桃园、万亩绿色食品蔬菜基地、樱桃采摘园、海棠采摘园。工业以纺织服装、盐煤精细化工为重点特色产业。服务业以生态观光旅游为主，有戚姬高皇庙、任庄将军墓、琵琶山唐代石刻等景点。山西中南铁路过境。

旧地名

汶上镇（旧） 370830-U01
[Wènshàng Zhèn]

汶上县辖镇。在县境中部。1986年设立。2008年撤销，设立中都街道、汶上街道。

辛店乡（旧） 370830-U02
[Xīndiàn Xiāng]

汶上县辖乡。在县境中部。1986年设立。2000年撤销，并入汶上镇。

社区

路街社区 370830-A01-J01
[Lùjiē Shèqū]

属中都街道管辖。在汶上县东部。面积1.4平方千米。人口900。1958年路姓居住在东西街，故名路街。2002年成立。有楼房24栋，现代建筑风格。有志愿者服务，开展广场舞展演等活动。通公交车。

牛村社区 370830-A01-J02
[Niúcūn Shèqū]

属中都街道管辖。在汶上县东南部。面积1.1平方千米。人口1 900。原名由村，因"由"与"牛"音近，后演为牛村。2002年成立。有楼房648栋，现代建筑风格。驻有汶上县妇幼保健院、汶上县第二实验小学、汶上县第二实验中学等单位。有志愿者服务，开展广场舞展演等活动。通公交车。

闫村社区 370830-A01-J03
[Yáncūn Shèqū]

属中都街道管辖。在汶上县东部。面积1.2平方千米。人口1 100。明嘉靖年间以姓氏取名为颜程村，后颜、程两姓渐衰，遂演变为闫村，社区沿用村名。2002年成立。有楼房44栋，现代建筑风格。驻有汶上县残疾人联合会等单位。有志愿者服务，开展舞蹈展演等活动。通公交车。

姬沟社区 370830-A01-J04
[Jīgōu Shèqū]

属中都街道管辖。在汶上县东部。面积0.6平方千米。人口1 100。原名桃源里，鲁国始君伯禽后裔居此，后更名姬家沟，又演为姬沟。2002年成立。有楼房25栋，现代建筑风格。开展太极拳展演、广场舞比赛等活动。通公交车。

坝口社区 370830-A01-J05
[Bàkǒu Shèqū]

属中都街道管辖。在汶上县东部。面积0.9平方千米。人口1 200。清康熙年间，在村西泉河上建一滚水大坝，因行人过往其上而为路口，故取名坝口。2002年成立。以平房为主。驻有汶上县特殊教育学校等单位。开展广场舞展演等活动。通公交车。

辛王庄社区 370830-A01-J06
[Xīnwángzhuāng Shèqū]

属中都街道管辖。在汶上县东部。面积1.6平方千米。人口2 800。明朝时因姓氏得名王庄，因与邻村王庄重名，1981年更名辛王庄，社区沿用村名。2002年成立。有楼房22栋，现代建筑风格。驻有汶上县财政局、汶上县环保局等单位。有志愿者服务，开展旗袍秀、梆子剧演出等活动。通公交车。

泗水县

泗水县 370831
[Sìshuǐ Xiàn]

济宁市辖县。北纬35°39′，东经117°14′。在市境东北部。面积1 118平方千米。人口62.8万。以汉族为主，还有回、佤、拉祜、满等民族。辖2街道、10镇、1乡。县人民政府驻泗河街道。春秋为鲁杆，虚邑（今泗水镇）、卞邑（今泗水镇东21千米之泗桥村）及蔑邑（今卞桥南）地。西汉于卞邑置卞县，属鲁国。三国魏属鲁郡。西晋改鲁郡为鲁国。北魏废卞县。隋开皇十六年（596）于虚邑（今泗水镇）置泗水县。领原卞县地，属兖州，后属鲁郡。唐、宋、金属兖州。蒙古至元二年（1265）废入曲阜县，次年复置，属济宁府。明、清属兖州府。1914年属济宁道。1925年属兖济道。1928年属省。1936年属第一行政督察区。1941年属鲁南专区第一行政区。后属鲁南行政区第一专区（1944年）、鲁中南行政区第四专区（1948年）、尼山专区（1949年）。1950年属泰安专区。1956年属济宁专区。1983年属泰安地区。1985年属济宁市。（资料来源：《中华人民共和国地名大词典》）因泗河得名。泗河古称泗水，因发源于泉林镇东陪尾山麓，以趵突泉、洗钵泉、响水泉、红石泉四源并发汇流成河而称"泗水"。地势南北高、中部低，由东向西倾斜。北部最高海拔608米，南部最高海拔574米，东部最高海拔154米，西部最高海拔76米。中部是河谷平地。年均气温13.4℃，1月平均气温-2.1℃，7月平均气温26.7℃。年均降水量755毫米。有泗河、济河、黄沟河、石漏河、柘沟河、高峪河、鲍村河流经。有铁、铜、铅、沙金、煤炭、陶土、瓷土、矿泉水等矿产资源。有野生植物461种，其中国家二级保护野生植物有水蕨、粗梗水蕨、中华结缕草、野大豆、莲 5 种。有野生动物 227 种，其中国家一级保护野生动物有大鸨，国家二级保护野生动物有斑嘴鹈鹕、白额雁、大天鹅、小天鹅等 17 种。森林覆盖率47.8%。有高等院校 3 所，中小学 127 所，图书馆 1 个，二级以上医院 3 个。有国家级文物保护单位 1 个、省级文物保护单位 7 个，重要古迹、景点 9 个。三次产业比例为 24.2∶42.1∶33.7。农业以种植业、养殖业为主。农作物主产小麦、玉米、棉花、甘薯、花生、蔬菜、水果，建有万亩桃园、银杏园、板栗园、石榴园。养殖生猪、肉牛、肉羊，是全国生猪调出大县、全国畜牧业绿色发展示范县。土特产品有泗水地瓜、泗水豇豆、泗水板栗、泗水裘皮羊、泉林鸭、泗水小麦、泗水西红柿、黄沟池藕、泗水绿豆等。工业以造纸、建材、机械电子、食品饮料、医药化工、包装印刷为主，主要产品有初级形态塑料、砖、水泥混凝土排水管、饲料、化学药品原药、耐火材料制品、天然花岗石建筑板材、速冻食品、食品制造机械、矿山专用设备、涂料、液压元件、机制纸及纸板、玻璃包装容器、硅酸盐水泥熟料、石灰、水泥、精制食用植物油、电动自行车、纸制品、服装、饮料酒、金属切削工具、工业自动调节仪表与控制系统、电子元件、隔热、隔音人造矿物材料及其制品等。服务业以批发零售、住宿餐饮、房地产、交通运输、邮政仓储为主。有省级开发区 1 个。境内铁路里程 44.7 千米，公路里程 3 719.9 千米。有兖石铁路、日兰高速、327 国道、枣徐公路、石兖公路过境。

山东省泗水县经济开发区　370831-E01
[Shāndōng Shěng Sìshuǐ Xiàn Jīngjì Kāifāqū]

在县境西部。东至圣华路，南至泉源大道，北至泉通路，西至圣昭路。面积 300 公顷。因所在行政区域及职能得名。2006 年 3 月经省政府正式批准建立省级开发区，由县级政府管理。是全县对外开放的示范区、先进产业的集聚区、科技创新的核心区。有食品饮料、彩印包装、造纸、机械制造、建材、生物医药等企业 193 家。食品饮料产业有康师傅味珍食品、娃哈哈罐装饮料等中国 500 强企业入驻，形成从原料生产、粗加工到精加工完整的产业链条体系。区内建有"七横六纵"的交通网络，通公交车。

泗河街道　370831-A01
[Sìhé Jiēdào]

泗水县人民政府驻地。在县境北部。面积 29 平方千米。人口 5.3 万。以汉族为主，还有回族。2004 年设立。以境内泗河得名。2014 年建成圣安、圣哲、泉通、泉福等道路。泗河、济河从境内穿过。有中小学 7 所，医疗卫生机构 1 个。有名胜古迹老县衙门楼、仲庙遗址公园，有圣源湖公园、银杏林、海岱名川广场等景点。农业以种植业为主。工业以制药、铸造、机械加工、塑料制品加工、建材加工为主。服务业以信息、物流、科技、餐饮为主。通公交车。

济河街道　370831-A02
[Jìhé Jiēdào]

属泗水县管辖。在县境南部。面积 70 平方千米。人口 8.3 万。以汉族为主，还有回族。2004 年设立。2014 年修建泉丰、泉衍、泉庆等城区道路。济河从境内穿过。有中小学 12 所，医疗卫生机构 4 个。有济河植物园、伏羲公园等景点。经济以建材、商贸物流和仓储业为主。农业以种植业为主。工业以制药、铸造、机械加工、塑料制品加工、建材加工等业为主。服务业以物流、餐饮等业为主。有泗水火车站、泗水长途汽车站，通公交车。

泉林镇 370831-B01
[Quánlín Zhèn]

泗水县辖镇。在县境南部。面积 118 平方千米。人口 7.2 万。辖 65 村委会，有 72 自然村。镇人民政府驻卞桥村。1950 年为第五区。1956 年设泉林乡。后改公社。1984 年改置镇。2000 年原马家庄乡并入。因名泉荟萃、泉多如林而得名。境内有泉林、石缝泉、石漏三大泉群，泗河、洙河、石漏河从境内穿过。有中小学 13 所，医院 1 个。有国家级文物保护单位卞桥，重要古迹泗水泉林、卞城遗址。农业主产小麦、玉米、高粱、谷子、绿豆、花生、大豆、地瓜等。建有泗源大蒜、西瓜，石漏辛庄土豆、黄姜，临湖香乐大蒜等瓜菜种植基地。养殖鸭、鱼、羊。土特产有御膳香蛋、虹鳟鱼、鲟鱼。工业以制药、精密机械、环保建材加工为主。服务业以物流、批发为主，建有泉林建材批发市场、潘坡小商品市场、卞三批发市场、马家庄农贸市场。兖石铁路、327 国道过境。

星村镇 370831-B02
[Xīngcūn Zhèn]

泗水县辖镇。在县境东北部。面积 99 平方千米。人口 5.2 万。辖 52 村委会，有 52 自然村。镇人民政府驻星村。1956 年设星村乡。1958 年改公社。1984 年改置镇。1986 年南百顶乡和大李家庄并入。因镇政府驻地村得名。泗河从境内穿过。有中小学 14 所，卫生院 1 个。有重要古迹星村北遗址、南陈汉墓。农业种植蔬菜、黄金梨、大樱桃、花生、西瓜、韭菜、土豆、大枣、桃等，养殖鸡、牛、猪、羊。工业以彩印包装、医用敷料生产、木制品加工、机械制造、小五金加工等为主。服务业以物流、餐饮等为主。327 国道、省道枣徐公路过境。

柘沟镇 370831-B03
[Zhègōu Zhèn]

泗水县辖镇。在县境西北部。面积 64 平方千米。人口 3.6 万。辖 33 村委会，有 34 自然村。镇人民政府驻柘沟村。1956 年置柘沟镇。1958 年改公社，1984 年复置镇。因镇政府驻地村得名。滕家洼河、尚庄河、魏庄河、柘沟西河、柘沟东河、马庄河从境内穿过。有中小学 8 所，医院 4 个、卫生院 1 个。有凤仙山景区等旅游资源。农业种植小麦、玉米、水果、大蒜、葱、地瓜等。工业以石材加工、陶土加工、玻纤加工、生物农药生产为主。有公路经此。

金庄镇 370831-B04
[Jīnzhuāng Zhèn]

泗水县辖镇。在县境西部。面积 100 平方千米。人口 5.1 万。辖 52 村委会，有 61 自然村。镇人民政府驻金庄。1962 年由火箭公社析设金庄公社。1984 年改置区。1986 年改设乡。1995 年改置镇。因镇政府驻地村得名。芦城河、葫芦套河、三角湾河从境内穿过。有中小学 12 所，医院 1 个。有纪念地戈山人民抗日纪念塔，重要古迹尹家城遗址。农业主产小麦、玉米、地瓜、蔬菜。工业以造纸、合金铸造、建筑建材、农副产品加工、五金制造、塑料制品加工为主。服务业以物流、商贸、餐饮等为主，建有蔬菜、水产与鲜果批发市场。兖石铁路、日兰高速、327 国道过境。

苗馆镇 370831-B05
[Miáoguǎn Zhèn]

泗水县辖镇。在县境东部。面积 112 平方千米。人口 5.1 万。辖 63 村委会，有 64 自然村。镇人民政府驻苗馆村。1950 年设苗馆乡。1958 年改公社。1984 年改设乡。1995 年改置镇。因镇政府驻地村得名。黄阴河、苗馆河从境内穿过。有中小学 13 所，医院 1 个。农业产黄姜、核桃、苹果、石榴、花生、绿豆、黄瓤地瓜、豇豆，建有万亩石榴基地、万亩优质花生基地、3000 亩黄瓤地瓜基地。畜牧养殖肉鸡、肉鸭、肥羊。工业以板材、玻璃、玩具、白酒、水泥、板材、电子产品生产等为主。兖石铁路、327 国道、省道枣徐公路过境。

中册镇 370831-B06
[Zhōngcè Zhèn]

泗水县辖镇。在县境西北部。面积 69 平方千米。人口 3.5 万。以汉族为主，还有回族。辖 37 村委会，有 37 自然村。镇人民政府驻中册村。1949 年属第九区。1956 年设中册乡。后改公社。1984 年改区。1986 年改设乡。1995 年改置镇。因镇政府驻地村得名。中册河、故县沟、石桥河、狂家河、丁庄河从境内穿过。有中小学 8 所，卫生院 1 个。有重要名胜古迹故县旧城遗址、皇行宫遗址、李白故居、龙门灵雾、西侯幽谷等。农业种植玉米、地瓜、花生、蔬菜等，产西瓜、苹果、桃、葡萄、板栗等，建有千亩美国油桃基地。畜牧养殖猪、鸡、牛、羊等。工业以银杏保健品生产、水泥制品加工、印刷装潢、家具加工、石材开采、食品加工、塑料制品加工为主。有公路经此。

杨柳镇 370831-B07
[Yángliǔ Zhèn]

泗水县辖镇。在县境西部。面积 57 平方千米。人口 3.8 万。辖 44 村委会，有 47 自然村。镇人民政府驻杨柳村。1962 年由柘沟公社析设杨柳公社。1986 年复设乡。1995 年改置镇。以镇政府驻地村得名。柘沟河、泗河、金线河、楚下寺河从境内穿过。有中小学 8 所，医院 1 个。有省级文物保护单位中共曲泗工作委员会旧址暨钱杰东烈士故居。农业种植花生、瓜菜、棉花、药材，建有万亩西瓜、万亩蔬菜、5 000 亩

棉花、4 000 亩药材种植基地。工业以食品加工、建材加工、服装加工、机械加工、中药材加工为主，"水晶"牌保鲜粉皮远销韩国、荷兰等。服务业以物流、餐饮等为主。有公路经此。

泗张镇 370831-B08
[Sìzhāng Zhèn]

泗水县辖镇。在县境东南部。面积 140 平方千米。人口 4.8 万。辖 66 村委会，有 71 自然村。镇人民政府驻张庄。1950 年设张庄区。1958 年改公社。1984 年改置区。1986 年改设泗张乡。2000 年改置镇。以县名和镇政府驻地村得名。济河、邢家庄河、蒲玉河、青界河、三岔河等从境内穿过。有中小学 11 所，医院 2 个。经济以果品、蔬菜、粮油作物种植和畜牧生产为主导产业。种植黄姜、土豆、地瓜、花生、苹果、大樱桃、板栗等，建有万亩桃园、万亩板栗园、2000 亩黄金梨园。畜牧养殖牛、羊、猪、鸡等。服务业以生态旅游为主，有春季桃花旅游节、梨花旅游黄金周、夏季农家享果节、秋季登山等活动，有圣地桃源王家庄民俗村旅游景区、安山寺风景区、万紫千红生态养生旅游度假区等旅游资源。日兰高速、省道大家洼—沂山公路过境。

圣水峪镇 370831-B09
[Shèngshuǐyù Zhèn]

泗水县辖镇。在县境南部。面积 137 平方千米。人口 4.7 万。辖 60 村委会，有 60 自然村。镇人民政府驻圣水峪村。1956 年设圣水峪区。后改公社。1984 年复置区。1986 年改设乡。2010 年改置镇。因镇政府驻地村得名。沙河、小河、卸甲河从境内穿过。有中小学 10 所，卫生院 1 个。有省级文物保护单位明鲁惠王、端王、恭王墓。农业主产花生、地瓜、棉花，产蜜桃、山楂、苹果、金银花，种植杨树、桧柏、侧柏等。

畜牧养殖奶牛、梅花鹿。工业以生物科技、炉具生产、食品加工、采矿等为主。服务业以汽车贸易、生态观光旅游为主。日兰高速公路过境。

高峪镇 370831-B10
[Gāoyù Zhèn]

泗水县辖镇。在县境北部。面积 84 平方千米。人口 4.3 万。辖 31 村委会，有 32 自然村。镇人民政府驻高峪。1950 年设高峪乡。1958 年并入中册公社。1961 年析设高峪公社。1984 年改区。1986 年复设乡。2010 年改置镇。以镇政府驻地村得名。高峪河、丑村河、百顶河从境内穿过。有中小学 7 所。有重要古迹寺台遗址。农业种植花生、瓜菜、水果，有千亩金银花基地、千亩果园基地。工业以化工、机械加工、印刷包装、饲料加工、建材加工为主。服务业以农田休闲观光与中药材高端养生为主，有山东省农业旅游示范区望母山景区。省道枣徐公路过境。

大黄沟乡 370831-C01
[Dàhuánggōu Xiāng]

泗水县辖乡。在县境东北部。面积 52 平方千米。人口 2.6 万。辖 22 村委会，有 26 自然村。乡人民政府驻大黄沟村。1956 年设黄沟乡。1958 年并入泉林、星村 2 公社。1961 年析设黄沟公社。1984 年改设大黄沟乡。因镇政府驻地村得名。有黄山寨、小安山、伏羲山等山头，黄沟河、金线河、石猪河从境内穿过。有中小学 7 所，医院 1 个。有名胜古迹"愚公渡槽"、演马坡遗址等。农产小麦、玉米、地瓜、花生、大蒜、土豆、美国扁桃，有旱池藕、土特产大黄沟乡白莲藕。工业以化工、机械加工、食品、环保材料加工为主。服务业以生态观光旅游为主，有"华渚晓月"、华胥古迹、万亩荷塘等景点。327 国道过境。

社区

东关街社区 370831-A01-J01
[Dōngguānjiē Shèqū]

属泗河街道管辖。在泗水县东部。面积 1.6 平方千米。人口 700。以方位命名。2002 年成立。以平房为主。通公交车。

考棚街社区 370831-A01-J02
[Kǎopéngjiē Shèqū]

属泗河街道管辖。在泗水县中部。面积 0.73 平方千米。人口 2 000。因临古代考棚街而得名。2002 年成立。以平房为主。通公交车。

清真寺社区 370831-A01-J03
[Qīngzhēnsì Shèqū]

属泗河街道管辖。在泗水县南部。面积 0.08 平方千米。人口 1 700。系回族居民比较集中的街道，又靠近清真寺，故名。2002 年成立。以平房为主。通公交车。

石桥街社区 370831-A01-J04
[Shíqiáojiē Shèqū]

属泗河街道管辖。在泗水县中部。面积 0.2 平方千米。人口 200。以街中石板古桥得名。2000 年成立。以平房为主。通公交车。

仲子街社区 370831-A01-J05
[Zhòngzǐjiē Shèqū]

属泗河街道管辖。在泗水县中部。面积 0.61 平方千米。人口 1 000。因孔子弟子七十二贤之一仲由而得名。 2000 年成立。以平房为主。驻有中国共产党泗水县委员会党校等单位。通公交车。

新兴社区 370831-A02-J01

[Xīnxīng Shèqū]

属济河街道管辖。在泗水县南部。面积 1.2 平方千米。人口 4 600。以美好寓意得名。2003 年成立。有楼房 66 栋，现代建筑风格。驻有泗水县中医院、泗水县妇幼保健院、泗水县工商局等单位。有老年人日间照料服务。通公交车。2008 年被评为省文明社区。

龙城社区 370831-A02-J02

[Lóngchéng Shèqū]

属济河街道管辖。在泗水县南部。面积 0.7 平方千米。人口 17 000。因境内龙城知春小区得名。2011 年成立。有楼房 156 栋，现代建筑风格。驻有龙城中学、龙城小学、泗水县地税局等单位。有老年人日间照料服务。通公交车。2014 年被评为省文明社区。

华兴街社区 370831-A02-J03

[Huáxīngjiē Shèqū]

属济河街道管辖。在泗水县东南部。面积 0.07 平方千米。人口 500。初名翟家林子，因位于城里翟氏林地而得名。1999 年因村中有一条华兴街，故改名为华兴街，社区沿用村名。2002 年成立。以平房为主。通公交车。

孙家庄社区 370831-A02-J04

[Sūnjiāzhuāng Shèqū]

属济河街道管辖。在泗水县东南部。面积 0.2 平方千米。人口 1 300。以姓氏得名孙家庄。2000 年成立。以平房为主。通公交车。

梁山县

梁山县 370832

[Liángshān Xiàn]

济宁市辖县。北纬 35°36′，东经 115°51′。在市境西北部。面积 965 平方千米。人口 80.0 万。以汉族为主，还有回、满、壮、苗、佤、傣等民族。辖 2 街道、10 镇、2 乡。县人民政府驻水泊街道。西周，县境大部属须句国。秦属西郡须昌、东郡范县。西汉属东郡范、须昌、寿良等县。唐属郓州须昌、寿张、郓城等县。宋属郓州须昌、东阿、寿张等县。元属东平路的须城、寿张、汶上和济宁路的郓城。明属兖州府东平州寿张、汶上、东阿、郓城等县。清末属寿张、郓城、汶上、东平、东阿等县。1940 年，中共鲁西区委在郓城、寿张、阳谷、东平、东阿、汶上等县边区建立昆山试验区。1941 年昆山试验区改为昆山县。1949 年昆山县改为梁山县，隶属平原省菏泽专署。1952 年 11 月平原省撤销，梁山县随菏泽专区划归山东省。1958 年 10 月撤销菏泽专区，梁山县改属济宁专区。1959 年 6 月梁山县复属菏泽专区。其后，汶上县的东平、沙河站、须城、寅寺公社及平阴县的黄花园、东阿公社的一部分划归梁山县，梁山县的开河公社及孙庄公社的一部分曾划归汶上县，后又复归原县。1985 年 12 月，梁山县的银山镇、斑鸠店乡、豆山乡、昆山乡、司里乡、戴庙乡、大安山乡、商老庄乡划归东平县，成现境域。1990 年 1 月，梁山县划归济宁市。（资料来源：《梁山县志》）因境内梁山得名，亦称水泊梁山。地势西南高、东北低，除梁山等零星山丘外，皆为平原，平均海拔 37~44 米。年均气温 13.6℃，1 月平均气温 −1.2℃，7 月平均气温 26.6℃。年均降水量 605 毫米。有黄河、大运河、宋金河、金码河、流畅河流经。有煤、石膏、黏土、矿泉水等矿产资源。有野生植物 188 种。有野生动物 182 种。森林覆盖率 31.2%。有省级工程技术研究中心 3 个。有中小学 195 所，图书馆 1 个，博物馆 1 个，知名文艺团体 1 个，体育馆 1 个，二级以上医院 2 个。有国家级文物保护单位 2 个、省级文物保护单位 8 个，省级纪念地 1 个，省级历史文化名城（镇、村）、传统村落、千年古镇 5 个，省级非物质文化遗产 6 个，风景名胜区和重要古迹、景点 50 个。三次产业比例为 18：46：36。农业以种植业、养殖业为主，盛产优质小麦、专用玉米和高蛋白大豆及各类蔬菜，畜牧养殖鲁西黄牛、小尾寒羊、梁山黑猪等，为全国粮食生产大县和畜牧养殖基地。工业以专用汽车产业、出版印刷产业、食品加工产业、纺织服装产业为主导产业，是全国挂车（专用车）生产基地、山东省专用汽车产业集群、山东省优质专用汽车生产基地、中国出版物发行产业基地。服务业以旅游、商贸、物流及新兴服务业为主。有省级开发区 1 个。境内铁路里程 48.1 千米、公路里程 2 312 千米。有京九铁路、瓦日铁路、济菏高速、董梁高速、220 国道东深路、342 国道日凤路和省道蒙馆路、德商路、泰梁路、枣梁路过境。

梁山经济开发区 370832-E01

[Liángshān Jīngjì Kāifāqū]

在县境西部。东至西环路，西至宋金河，南连梁五路，北靠公明大道。面积 1 200 公顷。以行政区域和单位性质命名。1998 年 1 月经省政府正式批准建立省级开发区，由县级政府管理。经济开发区为 4 个功能性区域，即：以面粉、饲料、纺织为主的水浒工业园，以医药、机械制造为主的良福高科技园，以纳米材料、电子元件、热敏陶瓷为主的民营科技工业园，以农副产品加工、通信线杆制造及仓储为主的京九工

贸园。入园项目 150 个，规模以上企业 11 家，其中，良福制药公司研制的维 A 酸系列产品填补了国内空白，补列入国家"星火计划"，研发的"粉针剂"是国家保护的二类新药。区内形成铁路、漕运、空运、公路一体化的立体交通新格局、"三横四纵"的主干路网，通公交车。

水泊街道 370832-A01

[Shuǐpō Jiēdào]

梁山县人民政府驻地。在县城东南部。面积 32 平方千米。人口 4.2 万。2010 年设立。以水泊梁山风景名胜区命名。境内有梁山、聚义湖、梁山泊。有中小学 7 所，文化馆 1 个，图书馆 1 个，体育场馆 1 个，知名文艺团体 26 个，医疗卫生机构 4 个。有名胜古迹梁山风景区、独山抗日歼灭战遗址、马氏家祠、梁山寨、莲台石刻、东鲁西竺禅师塔、法兴寺、天齐庙等。有梁山县广播电视台、水浒文化广场、梁山泊广场等标志性建筑物。经济以服务业为主。农业以种植小麦、玉米、蔬菜为主，畜牧业养殖鲁西黄牛、杜泊绵羊、肉驴等。工业以棉纺服装、挂车制造、出版印刷、生物医药、机械制造为主。服务业有旅游、餐饮娱乐和房地产业，郝山头村为民俗特色旅游村。通公交车，有梁山汽车站。

梁山街道 370832-A02

[Liángshān Jiēdào]

属梁山县管辖。在县城西北部。面积 60 平方千米。人口 4.8 万。2010 年设立。因水泊梁山得名。境内有灵龟山、凤凰山。有中小学 16 所，医疗卫生机构 34 个。有名胜古迹大元新开会通河记碑等碑刻及闸址。地方特色民间艺术有舞狮、斗羊、山东梆子等。农业以种植小麦、玉米为主，畜牧养殖肉牛、猪、羊、鸭。工业以专用车制造、专用车配件、纺织、化工、机械

加工、卫生材料生产、食品加工等为主。服务业以商贸业为主。通公交车。

小路口镇 370832-B01
[Xiǎolùkǒu Zhèn]

梁山县辖镇。在县境西北部。面积 70 平方千米。人口 5.3 万。辖 56 村委会，有 71 自然村。镇人民政府驻岳那里村。1949 年为第三区。1959 年设小路口公社。1984 年改置镇。2000 年郓陈乡并入。因镇政府原驻小路口村而得名。黄河从境内穿过。有中小学 11 所，卫生院 1 个。农业以粮、棉及蔬菜种植为主，畜牧养殖猪、鸡、鲁西黄牛、小尾寒羊，水产养殖以黄河甲鱼、鲤鱼等为主。工业以自行车配件加工、食品加工、服装加工、饲料加工、木材深加工、食用菌种植加工、肉制品加工、球架制造为主。服务业以物流等为主。国道日凤路过境。

韩岗镇 370832-B02
[Hángǎng Zhèn]

梁山县辖镇。在县境东南部。面积 99 平方千米。人口 6.6 万。辖 62 村委会，有 83 自然村。镇人民政府驻韩岗村。1959 年设孙庄公社。1964 年改韩岗公社。1984 年改置镇。2000 年袁口乡并入。以镇政府驻地得名。京杭大运河从境内穿过。有中小学 17 所，卫生院 1 个。有名胜古迹丁家林、韩氏家祠。农业以种植小麦、玉米、棉花、蔬菜为主，盛产大蒜。畜牧养殖奶牛。工业以建筑建材、油料加工、白酒酿造、酱菜生产、挂车产业、纺织刺绣、面粉加工、火机制造为主。服务业以物流等为主。济菏高速、国道日凤路过境。

黑虎庙镇 370832-B03
[Hēihǔmiào Zhèn]

梁山县辖镇。在县境西北部。面积 42 平方千米。人口 3.2 万。辖 18 村委会，有 51 自然村。镇人民政府驻黑虎庙村。1959 年设黑虎庙公社。1984 年改设乡。2010 年撤乡设镇。以镇政府驻地得名。黄河从境内穿过。有中小学 6 所，卫生院 1 个。有名胜古迹高默林、高默墓。农业以种植小麦、玉米、棉花为主，盛产土豆、生姜、白莲藕。畜牧养殖肉牛、生猪、肉鸭、鸡、狐狸。工业以钢球制造、屠宰加工、淀粉加工、医药化工、纺织服装加工、摩擦材料加工、板材深加工为主，知名品牌有"龙跃"钢球、于涛粉条、"好汉"酱油等。服务业以电商物流、批发零售、餐饮业等为主。京九铁路、省道德商公路过境。

拳铺镇 370832-B04
[Quánpù Zhèn]

梁山县辖镇。在县境南部。面积 145 平方千米。人口 12.0 万。辖 124 村委会，有 121 自然村。镇人民政府驻拳铺村。1949 年为十二区。1958 年改拳铺公社。1984 年改设乡。2000 年撤乡设镇，方庙乡同时并入。2008 年徐集镇并入。以镇政府驻地得名。京杭运河、郓城新河、琉璃河、湖外流畅河从境内穿过。有中小学 7 所，卫生院 2 个。有名胜古迹岳家大院、玉皇庙、周氏家祠、潘氏家祠。农作物有小麦、玉米，盛产食用菌、西芹、辣椒、西红柿、芥蓝、上海青、娃娃菜等。畜牧养殖鲁西黄牛、西门塔尔牛、青山羊、猪、鹅等。工业有专用汽车及配件产业、机械制造、纺织、医药化工、农副产品加工等，"水泊焊割"是中国驰名商标，"梁山东岳""万事达集团"是山东省著名商标。服务业以商贸物流业为主。济菏高速、220 国道、337 省道过境。

杨营镇 370832-B05
[Yángyíng Zhèn]

梁山县辖镇。在县境西部。面积 61 平

方千米。人口 4.6 万。辖 50 村委会,有 58 自然村。镇人民政府驻张水坑村。1984 年由黑虎庙公社析设杨营乡。1999 年撤乡设镇。2000 年馆里乡并入。因镇政府原驻地得名。琉璃河、金码河从境内穿过。有中小学 8 所,医院 2 个。粮食作物主产小麦、玉米、谷子、地瓜等,经济作物主要有棉花、大豆、花生等,是中国棉花研究所指定的抗虫棉繁育基地。畜牧养殖牛、羊、猪、鸡。工业主要有农副产品加工、建材化工、轮胎制造、机械制造、医药化工、汽车配件加工、石棉制品、涤棉纺织等业,特色产业为粉条加工。服务业以商贸物流业为主。京九铁路、337 省道、254 省道过境。设梁山站。

韩垓镇 370832-B06
[Hánhǎi Zhèn]

梁山县辖镇。在县境东南部。面积 66 平方千米。人口 6.0 万。辖 48 村委会,有 63 自然村。镇人民政府驻韩垓村。1958 年设开河公社。1970 年改韩垓公社。1984 年改设乡。2000 年韩垓乡、开河乡合并设立韩垓镇。因镇政府驻地得名。京杭运河从境内穿过。有中小学 19 所,卫生院 1 个。有世界文化遗产京杭大运河南旺枢纽(梁山段),名胜古迹薛垓墓群、韩氏宗祠。农业以种植小麦、玉米、棉花等为主,无公害蔬菜、花木种植为特色产业。工业有红木家具、专用车、机械、建筑材料、玻璃加工等。服务业以商贸物流为主。济广高速、337 省道过境。

馆驿镇 370832-B07
[Guǎnyì Zhèn]

梁山县辖镇。在县境东部。面积 96 平方千米。人口 7.7 万。辖 47 村委会,有 74 自然村。镇人民政府驻馆驿村。1965 年成立馆驿公社。1984 年改设乡。2000 年与原

王府集乡合并为馆驿镇。以镇政府驻地得名。古运河从境内穿过。有中小学 19 所,卫生院 1 个。有重要古迹蒋氏墓地、明轩辕斌将军父子墓碑。地方文化有狮舞、高跷、花船等。农业以无公害大棚蔬菜生产为主,盛产黄瓜、苦瓜、金针菇、葡萄、冬枣。畜牧养殖牛、羊、猪,鲁西黄牛和小尾寒羊繁育为特色产业。工业以农副产品加工、食用菌工厂化生产为主。服务业以物流运输业等为主。333 省道过境。

小安山镇 370832-B08
[Xiǎo'ānshān Zhèn]

梁山县辖镇。在县境东北部。面积 97 平方千米。人口 5.5 万。辖 37 村委会,有 73 自然村。镇人民政府驻宋庄。1965 年成立小安山公社。1984 年改设乡。2000 年与李官屯乡合并为小安山镇。因境内小安山而得名。有中小学 18 所,医院 1 个、卫生院 1 个。有国家级文物保护单位青堌堆遗址。农业以种植小麦、玉米、抗虫棉为主,盛产大蒜。畜牧养殖奶牛、肉鸡,水产养殖为特色产业。工业以蔬菜加工、食品加工、粮食收储加工、建筑材料加工为主。220 国道、250 省道过境。

寿张集镇 370832-B09
[Shòuzhāngjí Zhèn]

梁山县辖镇。在县境西北部。面积 42 平方千米。人口 3.7 万。辖 26 村委会,有 47 自然村。镇人民政府驻寿张集村。1963 年析芦里、大路口公社部分地设寿张集公社。1984 年改设乡。2010 年撤乡设镇。因镇政府驻地得名。金马河从境内穿过。有中小学 6 所,卫生院 1 个。农业以种植小麦、玉米、蔬菜为主,畜牧养殖猪、牛、羊。工业以酒曲酿造、农机制造、纺织服装、出版印刷、木材加工为主,为山东省酒曲特色产业基地,"徐坊"酒为山东省著名商

标。服务业以商业为主。瓦日铁路、220 国道、337 省道、333 省道过境。

马营镇 370832-B10
[Mǎyíng Zhèn]

梁山县辖镇。在县境西部。面积 52 平方千米。人口 3.2 万。辖 24 村委会，有 30 自然村。镇人民政府驻马营村。1958 年设芦里公社，1960 年改称马营公社。1984 年改设乡。2013 年撤乡设镇。因镇政府驻地得名。有中小学 8 所，医院 1 个、卫生院 1 个。有名胜古迹梁山泊遗址。农业以特色种植抗虫棉、瓜果、蔬菜等为主，有特色桑蚕养殖业。工业以农副产品加工、棉纺织业等为主。服务业以旅游观光为主。220 国道、337 省道、254 省道过境。

赵堌堆乡 370832-C01
[Zhàogùduī Xiāng]

梁山县辖乡。在县境西北部。面积 42 平方千米。人口 3.1 万。辖 30 村委会，有 41 自然村。乡人民政府驻董花园村。1958 年并入小路口公社。1978 年设赵堌堆公社。1984 年复设乡。因乡政府原驻地得名。黄河从境内穿过。有中小学 6 所，卫生院 1 个。有古迹刘邓大军渡黄河遗址（将军渡）、王氏墓群。农业以种植小麦、玉米为主，盛产银耳等食用菌，黄河滩区西瓜等优质产品享有盛名。工业以林木加工为主。服务业以运输、餐饮为主。京九铁路、333 省道、254 省道过境。

大路口乡 370832-C02
[Dàlùkǒu Xiāng]

梁山县辖乡。在县境西北部。面积 44 平方千米。人口 3.5 万。辖 38 村委会，有 46 自然村。乡人民政府驻大路口村。1949 年为第二区。1958 年设大路口公社。1984 年改设大路口乡。因乡政府驻地得名。黄

河、京杭大运河从境内穿过。有中小学 8 所，卫生院 1 个。有省级文物保护单位贾堌堆遗址。农业以小麦、玉米、大豆、棉花种植为主，畜牧养殖鸡、猪、牛等。工业以化工、板材加工为主。服务业以餐饮、商业为主。瓦日铁路、333 省道过境。

旧地名

梁山镇（旧） 370832-U01
[Liángshān Zhèn]

梁山县辖镇。在县境中部。1982 年设立。2010 年撤销，设梁山街道。

徐集镇（旧） 370832-U02
[Xújí Zhèn]

梁山县辖镇。在县境东南部。1985 年设立。2008 年撤销，并入拳铺镇。

开河乡（旧） 370832-U03
[Kāihé Xiāng]

梁山县辖乡。在县境东南部。1982 年设立。2000 年撤销开河乡、韩垓乡，合并设立韩垓镇。

信楼乡（旧） 370832-U04
[Xìnlóu Xiāng]

梁山县辖乡。在县境东南部。1984 年设立。2000 年撤销，隶属于徐集镇，现属拳铺镇。

社区

青龙山社区 370832-A01-J01
[Qīnglóngshān Shèqū]

属水泊街道管辖。在梁山县南部。面积 0.03 平方千米。人口 11 000。因青龙山

得名。2014年成立。有楼房96栋，现代建筑风格。驻有梁山县人民检察院、梁山县邮政局等单位。有志愿者服务，开展失能老人、残疾人居家服务活动等。通公交车。

水浒街社区 370832-A01-J02
[ShuǐhǔJiē Shèqū]

属水泊街道管辖。在梁山县城区东部。面积0.04平方千米。人口17 000。因水浒街得名。2014年成立。有楼房126栋，现代建筑风格，还有平房。驻有梁山县民政局、梁山县综合执法管理局、梁山县公安局等单位。有志愿者服务；开展失能老人、残疾人居家服务活动，慰问老党员活动等。通公交车。

文昌阁社区 370832-A01-J03
[Wénchānggé Shèqū]

属水泊街道管辖。在梁山县城区西北部。面积2.38平方千米。人口20 000。因文昌阁塔而得名。2014年成立。有楼房145栋，现代建筑风格。有志愿者服务，开展防灾减灾、慰问辖区困难群众等活动。通公交车。

幸福街社区 370832-A02-J01
[Xìngfújiē Shèqū]

属梁山街道管辖。在梁山县北部。面积0.51平方千米。人口10 400。以幸福街命名。2014年成立。有楼房59栋，现代建筑风格。驻有绍华中学等单位。有志愿者服务，开展失能老人、残疾人居家服务，慰问老党员等活动。通公交车。

崇文社区 370832-A02-J02
[Chóngwén Shèqū]

属梁山街道管辖。在梁山县西部。面积0.74平方千米。人口17 400。为学校教育文化集中地，故名。2014年成立。有楼房84栋，现代建筑风格。驻有梁山县教育局、梁山县工商局、梁山县第一中学、梁山实验中学、梁山第一实验小学、梁山第二实验小学等单位。有志愿者服务，开展关爱青少年暑期安全行、慰问抗战老兵和困难党员等活动。通公交车。

金城社区 370832-A02-J03
[Jīnchéng Shèqū]

属梁山街道管辖。在梁山县西南部。面积0.58平方千米。人口13 900。因金城路得名。2014年成立。有楼房62栋，现代建筑风格。驻有梁山县审计局等单位。有志愿者服务，开展"和事佬——解决邻里之间矛盾纠纷""平安巡防"等活动。通公交车。

二　居民点

任城区

城市居民点

济东新村　370811-I01

[Jǐdōng Xīncūn]

在区境东南部。人口 45 000。总面积 206 公顷。1987 年始建。因济二煤矿、济三煤矿在此处筹建，故同时新建职工住宅区，建设时称济东新村筹建处，建设完毕后称济东新村。建筑总面积 600 000 平方米，多层住宅楼 224 栋，现代中式建筑特点。绿化率 51.1%。有幼儿园、小学、中学、公园、超市等配套设施。通公交车。

铁塔寺小区　370811-I02

[Tiětǎsì Xiǎoqū]

在区境中部。966 户。总面积 0.8 公顷。因临铁塔寺得名。1990 年始建，1994 年正式使用。建筑面积 53 600 平方米，多层住宅楼 26 栋，现代中式建筑特点。有学校、社区医疗卫生服务中心等配套设施。

吉祥小区　370811-I03

[Jíxiáng Xiǎoqū]

在区境中部。1 752 户。总面积 18.6 公顷。因临吉祥街得名。1990 年始建，1992 年正式使用。建筑面积 185 814 平方米，多层住宅楼 34 栋，现代中式建筑特点。有药店等配套设施。

郭家花园　370811-I04

[Guōjiā Huāyuán]

在区境中部。318 户。总面积 2.2 公顷。因本街原为明代陕西布政司右参政郭汝的灌息园旧址，故以姓氏得名。1989 年始建，2006 年正式使用。建筑总面积 13 350 平方米，住宅楼 5 栋，其中高层 3 栋、多层 2 栋，现代中式建筑特点。有学校等配套设施。

华信小区　370811-I05

[Huáxìn Xiǎoqū]

在区境中部。104 户。总面积 1.6 公顷。以华信建筑公司名称命名。1999 年始建，2002 年正式使用。建筑总面积 9 800 平方米，多层住宅楼 2 栋，现代中式建筑特点。有超市、卫生所等配套设施。

富华园　370811-I06

[Fùhuá Yuán]

在区境中部。151 户。总面积 2.5 公顷。以寓意富裕繁华之意得名。1999 年始建，2002 年正式使用。建筑总面积 16 920 平方米，高层住宅楼 1 栋，现代中式建筑特点。有酒店等配套设施。

长安花园　370811-I07

[Cháng'ān Huāyuán]

在区境西部。2 399 户。总面积 11 公顷。因位于常青路与济安桥路交会处，取"常"之音、"安"之字命名。1998 年始建，2010 年正式使用。建筑总面积 290 000 平方米,高层住宅楼 15 栋,现代中式建筑特点。有药房等配套设施。

九九花园 370811-I08

[Jiǔjiǔ Huāyuán]

在区境西部。1 341 户。总面积 16 公顷。因"久久"谐音,寓"长长久久"之意得名。2000 年始建,2005 年正式使用。建筑总面积 157 884 平方米,高层住宅楼 9 栋,现代中式建筑特点。有医院等配套设施。

古槐广厦 370811-I09

[Gǔhuái Guǎngshà]

在区境西部。440 户。总面积 2.8 公顷。因临古槐路得名。2009 年始建,2012 年正式使用。建筑总面积 72 716 平方米,高层住宅楼 3 栋,现代中式建筑特点。有医院、酒店等配套设施。

开泰花园 370811-I10

[Kāitài Huāyuán]

在区境西部。4 306 户。总面积 32 公顷。以"亨通安泰"之意得名。2003 年始建,2007 年正式使用。建筑总面积 315 000 平方米,多层住宅楼 65 栋,现代中式建筑特点。有医院等配套设施。

阳光花园 370811-I11

[Yángguāng Huāyuán]

在区境西部。1 715 户。总面积 5.3 公顷。取"阳光普照"之意命名。2005 年始建,2009 年正式使用。建筑总面积 220 000 平方米,高层住宅楼 10 栋,中式建筑特点。有卫生所等配套设施。

洸河花园 370811-I12

[Guānghé Huāyuán]

在区境西部。2 028 户。总面积 19 公顷。因洸河得名。1996 年始建,1999 年正式使用。建筑总面积 210 000 平方米,住宅楼 28 栋,其中高层 1 栋、多层 27 栋,现代中式建筑特点。有医院等配套设施。

开元小区 370811-I13

[Kāiyuán Xiǎoqū]

在区境西部。212 户。总面积 0.7 公顷。本小区是开元建安工程公司职工宿舍,故名。2007 年始建,2014 年正式使用。建筑总面积 21 620 平方米,住宅楼 3 栋,其中高层 1 栋、多层 2 栋,现代中式建筑特点。绿化率 42%。

古槐名邸 370811-I14

[Gǔhuái Míngdǐ]

在区境中部。428 户。总面积 4.1 公顷。本小区为高档住宅,且临古槐路,故名。2011 年始建,2013 年正式使用。建筑总面积 93 252 平方米,住宅楼 6 栋,其中高层 1 栋、多层 5 栋,现代中式建筑特点。绿化率 36%。有酒店、医院等配套设施。

富丽华佳苑 370811-I15

[Fùlìhuá Jiāyuàn]

在区境北部。694 户。总面积 6.0 公顷。以建设富裕美丽的美好家园之意命名。2011 年始建,2014 年正式使用。建筑总面积 98 355 平方米,住宅楼 16 栋,其中高层 10 栋、多层 6 栋,现代中式建筑特点。绿化率 39.74%。有酒店等配套设施。

汇翠园 370811-I16

[Huìcuì Yuán]

在区境北部。2 718 户。总面积 12.7 公顷。以"聚集、聚汇、聚合"之意命名。2009 年始建,2014 年正式使用。建筑总面积 193 727 平方米,高层住宅楼 35 栋,现代中式建筑特点。绿化率 40%。

都市豪庭 370811-I17
［Dūshì Háotíng］

在区境中部。1 162 户。总面积 7.9 公顷。因地处市区繁华之地且住所高档得名。2008 年始建，2009 年正式使用。建筑总面积 168 548 平方米，高层住宅楼 18 栋，现代中式建筑特点。有幼儿园等配套设施。

恒丰苑 370811-I18
［Héngfēng Yuàn］

在区境南部。129 户。总面积 0.6 公顷。以长久丰硕之意命名。2000 年始建，2004 年正式使用。建筑总面积 12 700 平方米，高层住宅楼 2 栋，现代中式建筑特点。有体育馆、小学、农贸市场等配套设施。

海能花园 370811-I19
［Hǎinéng Huāyuán］

在区境中部。200 户。总面积 4.5 公顷。因海能投资有限公司得名。2011 年始建，2014 年正式使用。建筑总面积 154 610 平方米，高层住宅楼 7 栋，现代中式建筑特点。绿化率 41%。有幼儿园、酒店等配套设施。

绿景园 370811-I20
［Lùjǐng yuán］

在区境中部。387 户。总面积 2.4 公顷。以小区环境优美、绿意盎然之意得名。2000 年始建，2002 年正式使用。建筑总面积 46 990 平方米，高层住宅楼 14 栋，现代中式建筑特点。有小学、超市等配套设施。

新世纪花园 370811-I21
［Xīnshìjì Huāyuán］

在区境中部。470 户。总面积 5.2 公顷。因临新世纪广场得名。2000 年始建，2004 年正式使用。建筑总面积 19 600 平方米，住宅楼 12 栋，其中高层 2 栋、多层 10 栋，现代中式建筑特点。有医院等配套设施。通公交车。

都市春天 370811-I22
［Dūshì Chūntiān］

在区境中部。448 户。总面积 6.1 公顷。因小区居民感受春天般的舒适温暖得名。2005 年始建，2007 年正式使用。建筑总面积 33 376.5 平方米，高层住宅楼 9 栋，现代中式建筑特点。有医院、学校等配套设施。

领秀庄园 370811-I23
［Lǐngxiù Zhuāngyuán］

在区境中部。346 户。总面积 6.6 公顷。因小区建设独具一格得名。2007 年始建，2008 年正式使用。建筑总面积 210 000 平方米，高层住宅楼 15 栋，现代中式建筑特点。有车站等配套设施。

都市花园 370811-I24
［Dūshì Huāyuán］

在区境中部。886 户。总面积 6.1 公顷。因坐落于都市中心得名。2003 年始建，2007 年正式使用。建筑总面积 121 800 平方米，住宅楼 21 栋，其中高层 9 栋、多层 12 栋，现代中式建筑特点。有医院等配套设施。

嘉禾苑 370811-I25
［Jiāhé Yuàn］

在区境中部。252 户。总面积 1.6 公顷。以期望丰裕富足、家和万事兴之意得名。2010 年始建，2012 年正式使用。建筑总面积 47 632 平方米，高层住宅楼 4 栋，现代中式建筑特点。绿化率 29%。有广场等配套设施。

东南华城 370811–I26
[Dōngnán Huáchéng]

在区境东南部。1 504 户。总面积 45.4 公顷。因地处城区东南部，由华瑞园开发公司建设，故名。2011 年始建，2014 年正式使用。建筑总面积 1 175 000 平方米，高层住宅楼 32 栋，现代中式建筑特点。有小学、超市、诊所、医院、社区服务中心、健身广场等配套设施。

凯亿花园 370811–I27
[Kǎiyì Huāyuán]

在区境东南部。403 户。总面积 3.4 公顷。以寓意舒适安逸之意命名。2005 年始建，2008 年正式使用。建筑总面积 45 000 平方米，多层住宅楼 11 栋，现代中式建筑特点。有卫生服务中心等配套设施。

银都花园 370811–I28
[Yíndū Huāyuán]

在区境东部。2 529 户。总面积 7.5 公顷。寓意这是任城区东南部一座耀眼的、花园式的居民住宅小区，故名。2002 年始建，2005 年正式使用。建筑总面积 63 500 平方米，住宅楼 60 栋，其中高层 1 栋、多层 59 栋，现代中式建筑特点。有学校等配套设施。

润景园 370811–I29
[Rùnjǐng Yuán]

在区境东部。1 012 户。总面积 4.7 公顷。小区以取上善若水滋润万物，寓意前景美好之意得名。2007 年始建，2009 年正式使用。建筑总面积 88 732 平方米，多层住宅楼 21 栋，现代中式建筑特点。有游泳馆等配套设施。

金梭小区 370811–I30
[Jīnsuō Xiǎoqū]

在区境东部。200 户。总面积 0.2 公顷。

因金梭纺织厂职工居住得名。1990 年正式使用。多层住宅楼 23 栋，现代中式建筑特点。有酒店等配套设施。

森泰御城 370811–I31
[Sēntài Yùchéng]

在区境东部。799 户。总面积 20.0 公顷。以森泰房地产公司名称命名。2007 年始建，2010 年正式使用。建筑总面积 137 500 平方米，高层住宅楼 9 栋，现代中式建筑特点。有购物中心等配套设施。

竹溪雅居 370811–I32
[Zhúxī Yǎjū]

在区境东南部。97 户。总面积 3.2 公顷。因小区内种有片竹且有人造溪水景观得名。2005 年始建，2009 年正式使用。建筑总面积 23 920 平方米，多层住宅楼 7 栋，现代中式建筑特点。有医院等配套设施。

金凤家园 370811–I33
[Jīnfèng Jiāyuán]

在区境东南部。362 户。总面积 2.6 公顷。以时逢太平盛世，金凤飞来之意命名。2008 年始建，2013 年正式使用。建筑总面积 87 679 平方米，高层住宅楼 4 栋，现代中式建筑特点。

丹桂苑小区 370811–I34
[Dānguìyuàn Xiǎoqū]

在区境东南部。496 户。总面积 3.5 公顷。取丹桂飘香之意命名。2010 年始建，2012 年正式使用。建筑总面积 64 990 平方米，高层住宅楼 5 栋，现代中式建筑特点。有中学等配套设施。

兴唐国翠城 370811–I35
[Xīngtáng Guócuì Chéng]

在区境中部。1 026 户。总面积 5.2 公顷。以兴唐房地产公司命名。2006 年始建，2008 年正式使用。建筑总面积 116 258 平方米，住宅楼 13 栋，其中高层 9 栋、多层 4 栋，现代中式建筑特点。有医院、儿童乐园、红星农贸市场等配套设施。

运河盛世小区 370811-I36
[Yùnhé Shèngshì Xiǎoqū]

在区境中部。1 998 户。总面积 4.3 公顷。因"临老运河，恰逢太平盛世"得名。2005 年始建，2007 年正式使用。建筑总面积 109 000 平方米，高层住宅楼 6 栋，中式建筑特点。有超市等配套设施。

越河家园 370811-I37
[Yuèhé Jiāyuán]

在区境中部。543 户。总面积 3.2 公顷。因地处越河而得名。2010 年始建，2013 年正式使用。建筑总面积 56 655 平方米，高层住宅楼 7 栋，现代中式建筑特点。有酒店、学校等配套设施。

望湖小区 370811-I38
[Wànghú Xiǎoqū]

在区境中部。2 196 户。总面积 20 公顷。因远眺小北湖得名。1998 年始建，2002 年正式使用。建筑总面积 198 000 平方米，多层住宅楼 37 栋，现代中式建筑特点。

碧水云天 370811-I39
[Bìshuǐyúntiān]

在区境中部。144 户。总面积 0.5 公顷。因临运河且楼宇高耸云天得名。2002 年始建，2006 年正式使用。建筑总面积 48 000 平方米，高层住宅楼 3 栋，现代中式建筑特点。有学校等配套设施。

南池御景园 370811-I40
[Nánchí Yùjǐng Yuán]

在区境西南部。371 户。总面积 2.2 公顷。因临古南池公园得名。2010 年始建，2012 年正式使用。建筑总面积 38 602 平方米，高层住宅楼 4 栋，现代中式建筑特点。有学校等配套设施。

南池怡景园 370811-I41
[Nánchí Yíjǐng Yuán]

在区境西南部。1 010 户。总面积 3.0 公顷。因小区环境风景怡人得名。2010 年始建，2012 年正式使用。建筑总面积 79 000 平方米，高层住宅楼 11 栋，现代中式建筑特点。有学校等配套设施。

龙城美墅 370811-I42
[Lóngchéng Měishù]

在区境西南部。900 户。总面积 6.1 公顷。以私家会所花园洋房之意得名。2006 年始建，2009 年正式使用。建筑总面积 92 260 平方米，住宅楼 14 栋，其中高层 10 栋、多层 4 栋，现代中式建筑特点。有购物广场等配套设施。

水景花苑 370811-I43
[Shuǐjǐng Huāyuàn]

在区境西南部。600 户。总面积 5.5 公顷。因小区内有一喷泉景观得名。2005 年始建，2007 年正式使用。建筑总面积 96 896 平方米，高层住宅楼 6 栋，现代中式建筑特点。有购物中心等配套设施。

和欣家园 370811-I44
[Héxīn Jiāyuán]

在区境西南部。1 828 户。总面积 10.0 公顷。取和睦欣荣之意命名。2006 年始建，2009 年正式使用。建筑总面积 380 000 平方米，高层住宅楼9栋，现代中式建筑特点。有幼儿园、诊所等配套设施。

御水豪庭 370811-I45
[Yùshuǐ Háotíng]

在区境西南部。334户。总面积3.5公顷。因临古运河，取"御水"之意得名。2003年始建，2005年正式使用。建筑总面积49 000平方米，住宅楼9栋，其中高层2栋、多层7栋，现代中式建筑特点。有医院等配套设施。

苏州苑 370811-I46
[Sūzhōu Yuàn]

在区境西南部。89户。总面积4.1公顷。因济宁号称"江北小苏州"，且紧临古运河得名。2000年始建，2003年正式使用。建筑总面积10 000平方米，多层住宅楼3栋，现代中式建筑特点。有药房等配套设施。

南池水景园 370811-I47
[Nánchí Shuǐjǐng Yuán]

在区境西南部。3 362户。总面积18.6公顷。因临近南池且内有多处人文景观得名。2009年始建，2011年正式使用。建筑总面积442 303平方米，高层住宅楼32栋，现代中式建筑特点。有学校等配套设施。

盛景园 370811-I48
[Shèngjǐng Yuán]

在区境西南部。526户。总面积3公顷。取繁盛、美景之意命名。1999年始建，2012正式使用。建筑总面积46 875平方米，高层住宅楼9栋，现代中式建筑特点。有学校等配套设施。

翠景园 370811-I49
[Cuìjǐng Yuán]

在区境西南部。720户。总面积3.2公顷。因本小区种有柳树，以"翠柳如画"之意得名。2009年始建，2012正式使用。建筑总面积63 083平方米，高层住宅楼9栋，现代中式建筑特点。有学校、酒店等配套设施。

丽景园 370811-I50
[Lìjǐng Yuán]

在区境西南部。446户。总面积3.3公顷。因靠近古南池公园得名。2009年始建，2011年正式使用。建筑总面积38 000平方米，高层住宅楼7栋，现代中式建筑特点。有学校等配套设施。

凤凰怡居佳苑 370811-I51
[Fènghuáng Yíjū Jiāyuàn]

在区境西南部。1 549户。总面积7.9公顷。因规划聚落图形似凤凰，取"凤凰怡然，寓吉祥如意"之意命名。2011年始建，2013年正式使用。建筑总面积118 680平方米，多层住宅楼18栋，现代中式建筑特点。有公园、学校等配套设施。

凤凰城 370811-I52
[Fènghuáng Chéng]

在区境西南部。5 250户。总面积33.2公顷。以"凤鸣朝阳，阴阳相济、展翅翱翔"之意命名。2007年始建，2010年正式使用。建筑总面积680 000平方米，住宅楼39栋，其中高层2栋、多层37栋，现代中式建筑特点。有公园、医院等配套设施。

南池汇景园 370811-I53
[Nánchí Huìjǐng Yuán]

在区境西南部。1 023户。总面积7.9公顷。因临古南池得名。2007年始建，2012年正式使用。建筑总面积138 722平方米，高层住宅楼12栋，现代中式建筑特点。有幼儿园等配套设施。

龙泽苑 370811-I54
[Lóngzé Yuàn]

在区境西南部。297 户。总面积 1.3 公顷。取祥瑞"龙"字，并惠泽后人之意命名。2006 年始建，2009 年正式使用。建筑总面积 24 258 平方米，高层住宅楼 2 栋，现代中式建筑特点。有医院等配套设施。

水岸愉园 370811-I55
[Shuǐ'àn Yúyuán]

在区境西南部。276 户。总面积 0.8 公顷。以心情愉悦、生活美满之意命名。2005 年始建，2008 年正式使用。建筑总面积 27 162 平方米，多层住宅楼 7 栋，现代建筑特点。

水韵城 370811-I56
[Shuǐyùn Chéng]

在区境西南部。4 481 户。总面积 29.8 公顷。因西邻大运河文化景观带，以"因水而兴、水蕴万物"之意命名。2013 年始建，2014 年正式使用。建筑总面积 699 400 平方米，高层住宅楼 39 栋，现代中式建筑特点。绿化率 33.4%。

南池文景园 370811-I57
[Nánchí Wénjǐng Yuán]

在区境西南部。1 392 户。总面积 9.0 公顷。因临公园、学校，故名。2011 年始建，2014 年正式使用。建筑总面积 213 600 平方米，住宅楼 23 栋，其中高层 6 栋、多层 17 栋，现代中式建筑特点。绿化率 30%。有学校等配套设施。

天圳佳苑 370811-I58
[Tiānzhèn Jiāyuàn]

在区境西部。444 户。总面积 0.6 公顷。以提供舒心满意的最佳居住环境得名。2013 年始建，2014 年正式使用。建筑总面积 9 600 平方米，多层住宅楼 3 栋，现代中式建筑特点。绿化率 36.2%。有医院等配套设施。

时星佳苑 370811-I59
[Shíxīng Jiāyuàn]

在区境西部。935 户。总面积 4.0 公顷。因本小区基建时挖出一块石头，石头上刻有"石星"得名。2012 年始建，2014 年正式使用。建筑总面积 86 954 平方米，住宅楼 9 栋，其中高层 2 栋、多层 7 栋，现代中式建筑特点。绿化率 39.56%。

丰泰园小区 370811-I60
[Fēngtàiyuán Xiǎoqū]

在区境西北部。人口 3 000。总面积 13 公顷。蕴含着居民对未来美好生活的憧憬，故名。2010 年正式使用。建筑总面积 160 000 平方米，多层住宅楼 31 栋，现代建筑特点。有超市等配套设施。通公交车。

光明小区 370811-I61
[Guāngmíng Xiǎoqū]

在区境西南部。人口 3 600。总面积 9 公顷。小区名称寓意生活走向小康，在党的领导下走向生活幸福美满的光明之路。2003 年正式使用。建筑总面积 130 000 平方米，多层住宅楼 26 栋，现代建筑特点。有超市等配套设施。通公交车。

舜泰园前郭小区 370811-I62
[Shùntàiyuán Qiánguō Xiǎoqū]

在区境西部。人口 1 000。总面积 2 公顷。取国泰民安之意命名。2003 年正式使用。建筑总面积 50 000 平方米，多层住宅楼 7 栋，现代建筑特点。有超市等配套设施。通公交车。

洸河新苑小区 370811-I63
[Guānghé Xīnyuàn Xiǎoqū]

在区境西北部。人口 8 000。总面积 1 200 公顷。因位于洸府河畔，故名。2013 年正式使用。建筑总面积 340 000 平方米，高层住宅楼 21 栋，现代建筑特点。通公交车。

冠亚星城小区 370811-I64
[Guànyà Xīngchéng Xiǎoqū]

在区境西部。人口 12 000。面积 30 公顷。小区由香港冠亚集团与山东如意集团建设，故名。2007 年一期正式使用，2008 年二期正式使用，2009 年三期正式使用，2011 年四期正式使用，2012 年五期正式使用，2013 年六期正式使用。建筑总面积 500 000 平方米，高层住宅楼 59 栋，现代建筑特点。通公交车。

长虹小区 370811-I65
[Chánghóng Xiǎoqū]

在区境西北部。人口 5 000。总面积 11 公顷。因靠近长虹路得名。2004 年正式使用。建筑总面积 150 000 平方米，多层住宅楼 35 栋，现代建筑特点。通公交车。

杨柳国际新城 370811-I66
[Yángliǔ Guójì Xīnchéng]

在区境东部。人口 30 000。总面积 176.7 公顷。取杨桥、柳行两村名首字得名。2007 年始建。建筑总面积 1 770 000 平方米，住宅楼 146 栋，其中高层 112 栋、多层 34 栋，现代中式建筑特点。绿化率 53.6%。有商业网点、教育医疗、饮食服务等配套设施。通公交车。

广安家园 370811-I67
[Guǎng'ān Jiāyuán]

在区境东部。人口 5 000。总面积 2.17 公顷。因小区临广安路，又因取广泛安置居民，以让老百姓安居乐业寓意而得名。建筑总面积 230 000 平方米，高层住宅楼 38 栋，现代建筑特点。有学校、超市、卫生室、文化健身广场等配套设施。通公交车。

农村居民点

李营 370811-A01-H01
[Lǐyíng]

在区驻地李营街道北方向 5.1 千米。李营街道辖自然村。人口 2 200。明永乐二年（1404），李氏始祖李资任水军右尉，由南京携眷北上，过济宁定居于此，因地属军屯，故以姓氏取村名李家屯。至清代中期，驻军营，改村名李家营，中华人民共和国成立后简称李营。聚落呈团块状分布。经济以种植苗木为主。有金宇物流等企业。有公路经此。

平店 370811-A01-H02
[Píngdiàn]

在区驻地李营街道北方向 1.3 千米。李营街道辖自然村。人口 2 000。唐代有平姓人家在官路旁开设客店，故取村名平头店。民国时期曾称兴文镇，中华人民共和国成立后简称平店。聚落呈团块状分布。经济以种植苗木为主。有公路经此。

新村 370811-A01-H03
[Xīncūn]

在区驻地李营街道西方向 2.1 千米。李营街道辖自然村。人口 200。在 1971 年，前郝营、西王营两村部分村民迁此建村，故取村名向阳新村，后简称向阳。1989 年恢复原村名向阳新村。2013 年简称新村。聚落呈团块状分布。经济以种植苗木为主。有公路经此。

孙营　370811-A01-H04

［Sūnyíng］

在区驻地李营街道东北方向 0.5 千米。李营街道辖自然村。人口 400。明永乐年间，孙姓从山西省洪洞县迁此，以姓氏取村名孙家营，中华人民共和国成立后简称孙营。聚落呈团块状分布。经济以种植苗木为主。有公路经此。

前郝营　370811-A01-H05

［Qiánhǎoyíng］

在区驻地李营街道西北方向 0.5 千米。李营街道辖自然村。人口 900。元代，郝姓从山西省太原府迁于耿村，因耿村其他户族繁衍，后又迁此，以姓氏取村名郝家营。后分为两村，本村为前郝营。聚落呈团块状分布。经济以种植苗木为主。有公路经此。

后郝营　370811-A01-H06

［Hòuhǎoyíng］

在区驻地李营街道西北方向 0.5 千米。李营街道辖自然村。人口 1 300。元代，郝姓从山西省太原府迁于耿村，因耿村其他户族繁衍，后又迁此，以姓氏取村名郝家营。后分为两村，本村为后郝营。聚落呈团块状分布。经济以种植苗木为主。有公路经此。

西王营　370811-A01-H07

［Xīwángyíng］

在区驻地李营街道西北方向 1.2 千米。李营街道辖自然村。人口 400。明洪武年间，王姓从郓城县大王庄迁此。当时曾驻有军营，故以姓氏取村名小王家营。后因村庄位于后王营村西，遂改称西王营。聚落呈团块状分布。经济以种植苗木为主。有公路经此。

后王营　370811-A01-H08

［Hòuwángyíng］

在区驻地李营街道西北方向 1.3 千米。李营街道辖自然村。人口 500。明初，王姓从山西省洪洞县迁此，村小人少，故取村名小王家营。后王氏户族繁衍，村庄扩大，改称大王营。又因村庄位于郝家营村北，故改称后王营。聚落呈团块状分布。经济以种植苗木为主。有公路经此。

五里屯　370811-A01-H09

［Wǔlǐtún］

在区驻地李营街道南方向 4.3 千米。李营街道辖自然村。人口 1 900。明永乐年间，李姓从山西省洪洞县迁此，因村庄距济宁城五里，且地属军屯，故取村名五里屯。聚落呈团块状分布。经济以种植苗木为主。有公路经此。

芦庙　370811-A01-H10

［Lúmiào］

在区驻地李营街道西南方向 5.2 千米。李营街道辖自然村。人口 1 700。明初，芦姓迁此，因此地有关帝庙，故以姓氏取村名芦家庙，中华人民共和国成立后简称芦庙。聚落呈团块状分布。经济以种植苗木为主。有公路经此。

时庄　370811-A01-H11

［Shízhuāng］

在区驻地李营街道西南方向 4.5 千米。李营街道辖自然村。人口 1 000。时姓原居济宁城北关，至清同治元年（1862）迁居于此，故以姓氏取村名时家庄，后以谐音演变为史家庄。1980 年地名普查时，为区别重名村庄，更名时庄。聚落呈团块状分布。经济以种植苗木为主。有公路经此。

肖汪庄 370811-A01-H12
［Xiāowāngzhuāng］

在区驻地李营街道西南方向 5.5 千米。李营街道辖自然村。人口 700。明初，肖姓从汶上县肖庄迁此，以姓氏取村名肖家庄。后汪姓迁于邻近建村，取村名汪家庄。至清末村庄发展，两村合并，称肖汪庄。聚落呈团块状分布。有省级重点文物保护单位东汉任城王诸王陵墓群。经济以种植苗木为主。有公路经此。

黎寨 370811-A01-H13
［Lízhài］

在区驻地李营街道西南方向 5.5 千米。李营街道辖自然村。人口 1 000。宋代，黎姓从任城城里迁此，为防盗匪乱军袭扰，护卫居民安全，在村外建有围墙，故以姓氏取村名黎家寨，中华人民共和国成立后简称黎寨。聚落呈团块状分布。经济以种植苗木为主。有公路经此。

曹营 370811-A01-H14
［Cáoyíng］

在区驻地李营街道西南方向 5.5 千米。李营街道辖自然村。人口 1 200。明初，曹姓从山西省洪洞县迁于汶上县曹村，后又转徙此地，因有驻防军营，故以姓氏取村名曹家营，中华人民共和国成立后简称曹营。聚落呈团块状分布。经济以种植苗木为主。有公路经此。

姜楼 370811-A01-H15
［Jiānglóu］

在区驻地李营街道西南方向 6.2 千米。李营街道辖自然村。人口 600。元代，姜姓在此建村，故以姓氏取村名姜家庄。至清代初期，姜姓家产富庶，建有楼房，故改村名姜家楼，中华人民共和国成立后简称姜楼。聚落呈团块状分布。经济以种植苗木为主。有公路经此。

中杨庄 370811-A01-H16
［Zhōngyángzhuāng］

在区驻地李营街道西南方向 6.3 千米。李营街道辖自然村。人口 400。明初，杨姓从济宁城里迁此，以姓氏取村名杨家庄。1980 年地名普查时，为区别重名村庄，故以方位更名中杨庄。聚落呈团块状分布。经济以种植苗木为主。有公路经此。

南张庄 370811-A01-H17
［Nánzhāngzhuāng］

在区驻地李营街道南方向 2.5 千米。李营街道辖自然村。人口 500。清康熙年间，张姓迁此，以姓氏取村名张家庄。1980 年地名普查时，为区别重名村庄，以方位更名南张庄。聚落呈团块状分布。经济以种植苗木为主。有公路经此。

李家庄 370811-A01-H18
［Lǐjiāzhuāng］

在区驻地李营街道东南方向 4.4 千米。李营街道辖自然村。人口 400。清道光十年（1830），李思恭从济宁城北关先迁于薛家口村，至光绪五年（1879），又迁此，当时村小人少，取村名小李庄，中华人民共和国成立后改称李家庄。聚落呈团块状分布。经济以种植苗木为主。有公路经此。

曹庙 370811-A01-H19
［Cáomiào］

在区驻地李营街道南方向 4.5 千米。李营街道辖自然村。人口 1 000。元代，曹姓从山西省洪洞县迁此，以姓氏取村名曹家庄。至清康熙年间，因在村西兴建关帝庙，改称曹家庙，中华人民共和国成立后简称曹庙。聚落呈团块状分布。经济以种植苗木为主。有公路经此。

南刘庄　370811-A01-H20

[Nánliúzhuāng]

在区驻地李营街道南方向 4.5 千米。李营街道辖自然村。人口 1 600。明代以前原名仙庄。明初，刘姓从山西省洪洞县迁此定居，后户族繁衍，改村名刘家庄。中华人民共和国成立后，为区别重名村庄，以方位改称南刘庄。经济以种植苗木为主。有公路经此。

北马庄　370811-A01-H21

[Běimǎzhuāng]

在区驻地李营街道南方向 2.5 千米。李营街道辖自然村。人口 1 100。明代末期，马姓从汶上县马坑迁此，以姓氏取村名马家庄。1980 年地名普查时，为区别重名村庄，以方位更名北马庄。聚落呈团块状分布。经济以种植苗木为主。有公路经此。

南杨庄　370811-A01-H22

[Nányángzhuāng]

在区驻地李营街道南方向 3.2 千米。李营街道辖自然村。人口 1 200。明初，杨姓从山西省洪洞县迁此，以姓氏取村名杨家庄。后为区别重名村庄，以方位改称南杨庄。聚落呈团块状分布。经济以种植苗木为主。有公路经此。

苗营　370811-A01-H23

[Miáoyíng]

在区驻地李营街道南方向 5.5 千米。李营街道辖自然村。人口 1 200。明初，苗姓从河南省迁此，因当时有驻防军营，故以姓氏取村名苗家营，中华人民共和国成立后简称苗营。聚落呈团块状分布。经济以种植苗木为主。有公路经此。

栗乡　370811-A01-H24

[Lìxiāng]

在区驻地李营街道西北方向 3.5 千米。李营街道辖自然村。人口 2 500。本村为西汉时期的栗乡县故址，故名。聚落呈团块状分布。经济以种植苗木为主。有公路经此。

庄头　370811-A01-H25

[Zhuāngtóu]

在区驻地李营街道北方向 3.5 千米。李营街道辖自然村。人口 1 300。明代前有郝姓定居于此，故取村名郝家庄。后因战乱迁徙，仅村东头数户留居。至明初，汪姓从山西省洪洞县迁入，取村名庄头。聚落呈团块状分布。经济以种植苗木为主。有公路经此。

双庙　370811-A01-H26

[Shuāngmiào]

在区驻地李营街道西北方向 4.3 千米。李营街道辖自然村。人口 1 700。唐代在此建成两所佛教庙院，东西对峙，故名村双庙。中华人民共和国成立后，村庄发展，分为南北两村，本村仍称双庙。聚落呈团块状分布。经济以种植苗木为主。有公路经此。

何岗　370811-A01-H27

[Hégǎng]

在区驻地李营街道东北方向 5.6 千米。李营街道辖自然村。人口 2 500。西汉时期为樊县故址。后因何氏在此定居，地势高，故取村名何家岗，后简称何岗。聚落呈团块状分布。有东汉著名儒学家谏议大夫何休墓址、清代户部尚书孙瑞珍家族墓，俗称尚书林。经济以种植苗木为主。有公路经此。

北郑庄 370811-A01-H28

[Běizhèngzhuāng]

在区驻地李营街道西北方向 5.5 千米。李营街道辖自然村。人口 1 400。明初,姬、王两姓来此定居,取村名姬王庄。清康熙年间,郑氏从汶上县康驿迁此,后户族繁衍,至乾隆年间,以姓氏改村名郑家庄。1980 年地名普查时,为区别重名村庄,以方位更名北郑庄。聚落呈团块状分布。经济以种植苗木为主。有公路经此。

耿村 370811-A01-H29

[Gěngcūn]

在区驻地李营街道北方向 5.1 千米。李营街道辖自然村。人口 2 300。元代名耿村。明初,张姓从山西省洪洞县迁此,后李姓从甘肃省鞏昌府陇西县迁入,原村名未变。聚落呈团块状分布。经济以种植苗木为主。有公路经此。

北孙庄 370811-A01-H30

[Běisūnzhuāng]

在区驻地李营街道北方向 6.5 千米。李营街道辖自然村。人口 800。明初,何、孙两姓从山西省洪洞县相继迁此。因村北为涝洼地,故取村名何子坡。后何姓迁出,孙氏户族繁衍,至清代初期改村名孙家庄。1980 年地名普查时,为区别重名村庄,以方位更名北孙庄。聚落呈团块状分布。经济以种植苗木为主。有公路经此。

北杨庄 370811-A01-H31

[Běiyángzhuāng]

在区驻地李营街道东北方向 6.5 千米。李营街道辖自然村。人口 800。明洪武年间,杨姓定居于此,以姓氏取村名杨家庄。后为区别附近重名村庄,以方位改称北杨庄。聚落呈团块状分布。经济以种植苗木为主。有公路经此。

北尧 370811-A01-H32

[Běiyáo]

在区驻地李营街道北方向 5.6 千米。李营街道辖自然村。人口 1 600。清乾隆年间,夏、张、徐、高等姓从济宁城里来此联合建窑烧砖,后规模扩大,渐成村庄,取村名窑上,后以谐音字演变为尧上。因南有三尧村,以方位改为北尧。聚落呈团块状分布。经济以种植苗木为主。有公路经此。

北刘庄 370811-A01-H33

[Běiliúzhuāng]

在区驻地李营街道东北方向 6.5 千米。李营街道辖自然村。人口 900。明初,刘姓从山西省洪洞县迁此,以姓氏取村名刘家庄。后为区别重名村庄,以方位改称北刘庄。聚落呈团块状分布。经济以种植苗木为主。有公路经此。

三尧 370811-A01-H34

[Sānyáo]

在区驻地李营街道南方向 2.5 千米。李营街道辖自然村。人口 1 100。明初,左、吕、曹三姓从山西省洪洞县迁此建村,各以姓氏取村名吕家寨、左家寨、曹家庄。后因创办手工业,建造土窑,以烧制陶器为业,村庄发展,三村房舍相连,合并为一村,称三窑,后渐以谐音演变为三尧。聚落呈团块状分布。经济以种植苗木为主。有公路经此。

戴庄 370811-A01-H35

[Dàizhuāng]

在区驻地李营街道西南方向 3.4 千米。李营街道辖自然村。人口 1 400。明代前名大务村,后改称八里寨。明代末期,方姓来此定居,改村名方庄。清代初期,方氏将大部分土地卖与著名画家戴鉴建设庭院,取村名戴庄。聚落呈团块状分布。有戴庄天主教堂。经济以种植苗木为主。有公路经此。

大务屯 370811-A01-H36
［Dàwùtún］

在区驻地李营街道西南方向 1.5 千米。李营街道辖自然村。人口 2 600。明初，王、宫两姓先后从山西省洪洞县迁此，当时因村西有石桥名大务桥，故取村名大务村。清代，因本村地属军屯，故改称大务屯。聚落呈团块状分布。经济以种植苗木为主。有公路经此。

宋庙 370811-A01-H37
［Sòngmiào］

在区驻地李营街道西南方向 1.5 千米。李营街道辖自然村。人口 500。明代前，宋姓在此定居，因靠关帝庙建村，故以姓氏取村名宋家庙，后称宋庙。聚落呈团块状分布。经济以种植苗木为主。有公路经此。

李堂 370811-A01-H38
［Lǐtáng］

在区驻地李营街道西南方向 4.2 千米。李营街道辖自然村。人口 1 500。明初，李姓从山西省洪洞县迁居济宁城里，至清光绪二十二年（1896），李氏迁此，以姓氏取村名李家庄。后因邻村戴家庄德国天主教在此分设教堂，改称李堂。聚落呈团块状分布。经济以种植苗木为主。有公路经此。

黄楼 370811-A01-H39
［Huánglóu］

在区驻地李营街道西南方向 3.4 千米。李营街道辖自然村。人口 1 200。明初，黄、娄两姓从山西省洪洞县迁此建村。黄姓在南，称大黄家庄；娄姓在北，称娄家庄。后两村合并，以谐音演变为黄楼庄，现称黄楼。聚落呈团块状分布。经济以种植苗木为主。有公路经此。

西辛庄 370811-A01-H40
［Xīxīnzhuāng］

在区驻地李营街道西南方向 3.3 千米。李营街道辖自然村。人口 500。明初，辛姓在此定居，以姓氏取村名辛庄。后因附近有东辛庄，故以方位改名西辛庄。聚落呈团块状分布。经济以种植苗木为主。

东黄 370811-A01-H41
［Dōnghuáng］

在区驻地李营街道西南方向 2.5 千米。李营街道辖自然村。人口 600。明代时期村名八里庙。清乾隆年间，黄姓从济宁城里黄家街迁此，以姓氏取村名小黄家庄。1958 年改称东黄。聚落呈团块状分布。经济以种植苗木为主。有公路经此。

林屯 370811-A01-H42
［Líntún］

在区驻地李营街道东南方向 2.5 千米。李营街道辖自然村。人口 1 500。明永乐年间，林姓从济宁城里在此置地建村，因此处地属军屯，故以姓氏取村名林家屯。清嘉庆年间，谷姓从五里屯迁入，仍沿用原村名。中华人民共和国成立后，将东邻喻胡庄并入，称林屯。聚落呈团块状分布。经济以种植苗木为主。有公路经此。

柏行 370811-A01-H43
［Bǎiháng］

在区驻地李营街道东南方向 3.4 千米。李营街道辖自然村。人口 1 200。明永乐年间，柏姓在此建村，以姓氏取村名柏家庄。后因村内成立行栈，改称柏家行，中华人民共和国成立后称柏行。聚落呈团块状分布。经济以种植苗木为主。有公路经此。

史行 370811-A01-H44

［Shǐháng］

在区驻地李营街道东南方向 3.5 千米。李营街道辖自然村。人口 600。明永乐年间，史姓从山西省洪洞县迁此，以姓氏取村名史家庄。因村内设行栈，改村名史家行，中华人民共和国成立后简称史行。聚落呈团块状分布。经济以种植苗木为主。有公路经此。

骆楼 370811-A01-H45

［Luòlóu］

在区驻地李营街道东南方向 4.3 千米。李营街道辖自然村。人口 900。明永乐年间，邵姓从山西省洪洞县迁此，以姓氏取村名邵家庄。后骆姓从济宁城里迁入，广置田产，并建有楼房，故改村名骆家楼，中华人民共和国成立后简称骆楼。聚落呈团块状分布。经济以种植苗木为主。有公路经此。

蒋街 370811-A01-H46

［Jiǎngjiē］

在区驻地李营街道东方向 2.3 千米。李营街道辖自然村。人口 300。明初，蒋姓迁此定居，因毗邻夏家营后街，称蒋家胡同。后村庄扩大，简称蒋街。聚落呈团块状分布。经济以种植苗木为主。有公路经此。

汪庄 370811-A01-H47

［Wāngzhuāng］

在区驻地李营街道东北方向 4.5 千米。李营街道辖自然村。人口 1 300。清乾隆年间，济宁城里于大家街汪姓在此置地建庄，以姓氏取村名汪家庄。后土地转属他人，村名未变，简称汪庄。聚落呈团块状分布。经济以种植苗木为主。有公路经此。

夏街 370811-A01-H48

［Xiàjiē］

在区驻地李营街道东方向 2.4 千米。李营街道辖自然村。人口 500。元初，夏姓从济宁县洸右乡平头店村迁此，此地曾驻有军营，故以姓氏取村名夏家营。后户族繁衍，村庄扩大，形成街道，村名简称夏街。聚落呈团块状分布。经济以种植苗木为主。有公路经此。

东刘街 370811-A01-H49

［Dōngliújiē］

在区驻地李营街道东方向 2.6 千米。李营街道辖自然村。人口 800。明初，刘姓从山西省洪洞县迁此，因毗邻蒋街、夏街，故以姓氏取村名刘家街。1980 年地名普查时，为区别重名村庄，以方位更名东刘街。聚落呈团块状分布。经济以种植苗木为主。有公路经此。

东辛庄 370811-A01-H50

［Dōngxīnzhuāng］

在区驻地李营街道东方向 2.4 千米。李营街道辖自然村。人口 600。元代，闫姓在此定居，因是新建村庄，故取村名新庄。清乾隆五十四年（1789），高子积从滋阳县高吴桥村迁入，仍用原村名，后渐以谐音演变为辛庄。中华人民共和国成立后，为区别重名村庄，以方位改称东辛庄。聚落呈团块状分布。经济以种植苗木为主。有公路经此。

郑营 370811-A01-H51

［Zhèngyíng］

在区驻地李营街道东方向 2.1 千米。李营街道辖自然村。人口 500。明代以前，郑氏从山东省汶上县石塘村迁此，因当时曾驻有军营，故以姓氏取村名郑家营，后简称郑营。聚落呈团块状分布。经济以种植苗木为主。有公路经此。

贾庄 370811-A01-H52
［Jiǎzhuāng］

在区驻地李营街道东北方向 3.5 千米。李营街道辖自然村。人口 2 800。唐贞观年间，贾氏在此定居，以姓氏取村名贾庄。聚落呈团块状分布。经济以种植苗木为主。有公路经此。

梁南 370811-A10-H01
［Liángnán］

在区驻地李营街道西南方向 19.4 千米。唐口街道辖自然村。人口 1 700。明永乐年间，梁姓从山西省洪洞县迁于老赵王河两岸居住，以姓氏取村名梁家庄。后在河上建石桥，改村名梁家桥。1962 年，以老赵王河为界分为南北两村，本村居南，故称梁南。聚落呈团块状分布。经济以种植业为主，种植小麦、水稻、玉米、大豆等。有公路经此。

梁北 370811-A10-H02
［Liángběi］

在区驻地李营街道西南方向 18.5 千米。唐口街道辖自然村。人口 1 000。明永乐年间，梁姓从山西省洪洞县迁于老赵王河两岸居住，以姓氏取村名梁家庄。后在河上建石桥，改称梁家桥。1962 年，以老赵王河为界分为南北两村，本村居北，故称梁北。聚落呈团块状分布。经济以种植业为主，种植小麦、水稻、玉米、大豆等。有公路经此。

刘屯 370811-A10-H03
［Liútún］

在区驻地李营街道西南方向 17.7 千米。唐口街道辖自然村。人口 2 400。明代以前称刘纪屯。明初，韦、李、赵三姓从山西省洪洞县迁入，村名未变。中华人民共和国成立后简称刘屯。聚落呈团块状分布。经济以种植业为主，种植小麦、水稻、玉米、大豆等。有公路经此。

薛屯 370811-A10-H04
［Xuētún］

在区驻地李营街道西南方向 16.2 千米。唐口街道辖自然村。人口 1 500。明永乐年间，薛姓从山西省洪洞县迁此，因地属明代济宁左卫，后改临清卫军屯之地，故以姓氏取村名薛家屯，后简称薛屯。聚落呈团块状分布。经济以种植业为主，种植小麦、水稻、玉米、大豆等。有公路经此。

坡里王 370811-A10-H05
［Pōlǐwáng］

在区驻地李营街道西南方向 17.5 千米。唐口街道辖自然村。人口 900。明初，王姓从山西省洪洞县迁此，以姓氏取村名王家庄。后因建村于南阳湖高坡之上，四周又无邻村，改称坡里王。聚落呈团块状分布。经济以种植业为主，种植小麦、水稻、玉米、大豆等。有公路经此。

范李庄 370811-A10-H06
［Fànlǐzhuāng］

在区驻地李营街道西南方向 19.2 千米。唐口街道辖自然村。人口 1 200。明洪武年间，李姓从山西省洪洞县迁此，以姓氏取村名李家庄。清光绪年间，范姓从小流店村迁此，后户族繁衍，人多地广，村庄扩大，改村名范李庄。聚落呈团块状分布。经济以种植业为主，种植小麦、水稻、玉米、大豆等。有公路经此。

孔庄 370811-A10-H07
［Kǒngzhuāng］

在区驻地李营街道西南方向 19.1 千米。

唐口街道辖自然村。人口 800。清顺治年间，本村是济宁城里孔氏的佃户村，有王、李、邢等姓在此租地耕种，建立村庄。因属孔家，故取村名孔家庄，后简称孔庄。聚落呈团块状分布。经济以种植业为主，种植小麦、水稻、玉米、大豆等。有公路经此。

廉屯 370811-A10-H08
[Liántún]

在区驻地李营街道西南方向 19.0 千米。唐口街道辖自然村。人口 2 700。廉姓于宋代迁此定居，垦荒种地。因此处地属军屯，故以姓氏取村名廉官屯。民国初期，简称廉屯。聚落呈团块状分布。经济以种植业为主，种植小麦、水稻、玉米、大豆等。有公路经此。

林庄 370811-A10-H09
[Línzhuāng]

在区驻地李营街道西南方向 19.8 千米。唐口街道辖自然村。人口 400。明永乐年间，林姓从福建省迁此，以姓氏取村名林家庄，后简称林庄。聚落呈团块状分布。经济以种植业为主，种植小麦、水稻、玉米、大豆等。有公路经此。

高孟庄 370811-A10-H10
[Gāomèngzhuāng]

在区驻地李营街道西南方向 20.1 千米。唐口街道辖自然村。人口 1 000。明永乐年间，高姓在此居住，取村名高家庄。清顺治年间，孟姓从嘉祥县梁宝寺迁此，改称高孟庄。清光绪年间，高姓户族繁衍，又改名高家庄。1980 年地名普查时，为区别重名村庄，恢复原村名高孟庄。聚落呈团块状分布。经济以种植业为主，种植小麦、水稻、玉米、大豆等。有公路经此。

谢刘庄 370811-A10-H11
[Xièliúzhuāng]

在区驻地李营街道西南方向 19.8 千米。唐口街道辖自然村。人口 700。清宣统年间，谢姓从嘉祥县沙土集、刘姓从嘉祥县大刘村先后迁此，以姓氏取村名谢刘庄。聚落呈团块状分布。经济以种植业为主，种植小麦、水稻、玉米、大豆等。有公路经此。

崔堂 370811-A10-H12
[Cuītáng]

在区驻地李营街道西南方向 20.6 千米。唐口街道辖自然村。人口 1 100。明永乐年间，崔姓从湖北黄州麻城县迁此，村名神府寺，后改为李义村。清代，崔姓户族繁衍，兴建崔家祠堂，更名崔家堂，后简称崔堂。聚落呈团块状分布。经济以种植业为主，种植小麦、水稻、玉米、大豆等。有公路经此。

闫寺 370811-A10-H13
[Yánsì]

在区驻地李营街道西南方向 20.2 千米。唐口街道辖自然村。人口 700。明永乐年间，闫姓迁此，至清初，闫氏户族繁衍，以姓氏取村名闫家寺。后村庄逐渐扩大，与刘集、中闫、后闫统称三闫。1980 年地名普查时分为中闫、后闫，1990 年地名补查时合称闫寺。聚落呈团块状分布。经济以种植业为主，种植小麦、水稻、玉米、大豆等。有公路经此。

孟庙 370811-A10-H14
[Mèngmiào]

在区驻地李营街道西南方向 20.0 千米。唐口街道辖自然村。人口 1 700。明代前名侯家阁。明初，孟姓从山西省洪洞县迁此，因重修林中的五谷祠庙宇，故改村名孟家庙，后简称孟庙。聚落呈团块状分布。经济以种植业为主，种植小麦、水稻、玉米、大豆等。有公路经此。

张寨 370811-A10-H15
[Zhāngzhài]

在区驻地李营街道西南方向 20.6 千米。唐口街道辖自然村。人口 900。五代十国时期，本村称石羊村，后有胡姓迁居于此，改称胡家寨。宋代，张延清从山西平阳府迁此，后胡姓迁出，改村名张家寨，中华人民共和国成立后简称张寨。聚落呈团块状分布。经济以种植业为主，种植小麦、水稻、玉米、大豆等。有公路经此。

蔡庄 370811-A10-H16
[Càizhuāng]

在区驻地李营街道西南方向 21.0 千米。唐口街道辖自然村。人口 1 000。清乾隆年间，蔡姓从济宁北乡蔡堂迁此，以姓氏取村名蔡家庄，后简称蔡庄。聚落呈团块状分布。经济以种植业为主，种植小麦、水稻、玉米、大豆等。有公路经此。

史庄 370811-A10-H17
[Shǐzhuāng]

在区驻地李营街道西南方向 21.4 千米。唐口街道辖自然村。人口 700。清顺治年间，史姓从本县安居镇史海村迁此，以姓氏取村名史家庄，后简称史庄。聚落呈团块状分布。经济以种植业为主，种植小麦、水稻、玉米、大豆等。有公路经此。

西韩庄 370811-A10-H18
[Xīhánzhuāng]

在区驻地李营街道西南方向 21.7 千米。唐口街道辖自然村。人口 500。明洪武十年（1377），韩姓从河南省许州迁居于此，当时村小人少，取村名小韩庄，后简称韩庄。1980 年地名普查，为区别重名村庄，以方位更名为西韩庄。聚落呈团块状分布。经济以种植业为主，种植小麦、水稻、玉米、大豆等。有公路经此。

田庄 370811-A10-H19
[Tiánzhuāng]

在区驻地李营街道西南方向 21.6 千米。唐口街道辖自然村。人口 900。清代中期，田姓从山东省成武县张蓬村迁此，当时村小人少，取村名小田庄，至民国户族繁衍，村庄扩大，改称田庄。聚落呈团块状分布。经济以种植业为主，种植小麦、水稻、玉米、大豆等。有公路经此。

姜庙 370811-A10-H20
[Jiāngmiào]

在区驻地李营街道西南方向 20.9 千米。唐口街道辖自然村。人口 500。明初，姜姓从山西省洪洞县迁居于此，取村名小姜庄。至清代末期，村中兴建观音菩萨庙，改村名姜家庙，中华人民共和国成立后简称姜庙。聚落呈团块状分布。经济以种植业为主，种植小麦、水稻、玉米、大豆等。有公路经此。

单庄 370811-A10-H21
[Shànzhuāng]

在区驻地李营街道西南方向 18.7 千米。唐口街道辖自然村。人口 200。清顺治年间，单姓从山东省单县迁此，以姓氏取村名单家庄，中华人民共和国成立后简称单庄。聚落呈团块状分布。经济以种植业为主，种植小麦、水稻、玉米、大豆等。有公路经此。

唐庄 370811-A10-H22
[Tángzhuāng]

在区驻地李营街道西南方向 20.6 千米。

唐口街道辖自然村。人口 300。明代，唐姓在此定居。当时因村小人少，取村名小唐家庄。至清代光绪年间改称唐庄。聚落呈团块状分布。经济以种植业为主，种植小麦、水稻、玉米、大豆等。有公路经此。

韭菜姜 370811-A10-H23
[Jiǔcàijiāng]

在区驻地李营街道西南方向 21.2 千米。唐口街道辖自然村。人口 8 200。明崇祯年间，姜姓从济宁城东姜庄迁居于此，仍取村名姜庄。后因所产韭菜闻名，传说乾隆皇帝下江南时路过此地，品尝了该村的韭菜，称赞不已，遂赐村名韭菜姜庄，中华人民共和国成立后简称韭菜姜。聚落呈团块状分布。经济以种植业为主，种植小麦、水稻、玉米、大豆等。有公路经此。

前王堂 370811-A10-H24
[Qiánwángtáng]

在区驻地李营街道西南方向 20.5 千米。唐口街道辖自然村。人口 1 000。元至顺元年（1330），王姓从济南章丘邵氏村迁此，因此地有观音堂，遂取村名王家堂。后发展成三个自然村，本村按方位称前王堂。聚落呈团块状分布。经济以种植业为主，种植小麦、水稻、玉米、大豆等。有公路经此。

马房屯 370811-A10-H25
[Mǎfángtún]

在区驻地李营街道西南方向 15.4 千米。唐口街道辖自然村。人口 8 300。明代前有戈姓居住，村名为招贤村。至明永乐年间，王、常两姓随军从河南省迁此定居，在此牧马屯田，并享有军屯地待遇。至嘉靖年间，改村名为马房屯。聚落呈团块状分布。经济以种植业为主，种植小麦、水稻、玉米、大豆等。有公路经此。

鲍屯 370811-A10-H26
[Bàotún]

在区驻地李营街道西南方向 17.2 千米。唐口街道辖自然村。人口 1 800。明初曾驻军营，鲍姓从山西省洪洞县迁此，后户族繁衍，改村名鲍家屯，中华人民共和国成立后简称鲍屯。聚落呈团块状分布。经济以种植业为主，种植小麦、水稻、玉米、大豆等。有公路经此。

朱庙 370811-A10-H27
[Zhūmiào]

在区驻地李营街道西南方向 16.1 千米。唐口街道辖自然村。人口 1 200。元代，于、王两姓在此居住，村名为于王庙。元至治二年（1322），朱姓从江西省婺源县迁于任城西北会通河西大喻屯定居。至明万历年间，朱氏户族繁衍，分支移居于此。后因于、王两姓迁出，遂改村名为朱家庙，中华人民共和国成立后简称朱庙。聚落呈团块状分布。经济以种植业为主，种植小麦、水稻、玉米、大豆等。有公路经此。

西王庄 370811-A10-H28
[Xīwángzhuāng]

在区驻地李营街道西南方向 16.4 千米。唐口街道辖自然村。人口 1 100。明代，王姓从山西省洪洞县迁至济宁西门外夏桥，后于清顺治年间转徙于此，以姓氏取村名王庄。至清康熙年间，黄姓从北京黄家胡同迁来，后户族繁衍，村名未变。1950 年为区别重名村庄，改称西王庄。聚落呈团块状分布。经济以种植业为主，种植小麦、水稻、玉米、大豆等。有公路经此。

孟楼 370811-A10-H29
[Mènglóu]

在区驻地李营街道西南方向 17.3 千米。

唐口街道辖自然村。人口 600。明崇祯年间，孟姓从黄河北迁此，以姓氏取村名孟家庄。后家族逐渐富裕，至清光绪年间建有楼房，改村名孟家楼，中华人民共和国成立后简称孟楼。聚落呈团块状分布。经济以种植业为主，种植小麦、水稻、玉米、大豆等。有公路经此。

河长口　370811-A10-H30
[Héchángkǒu]

在区驻地李营街道西南方向 17.9 千米。唐口街道辖自然村。人口 4 700。明嘉靖年间，史姓从安居镇史海迁此，后陈姓从郓城县、王姓从兖州相继迁居于赵王河两岸建村，因村庄靠河口处，而河道东西狭长，故取村名河长口。聚落呈团块状分布。有区级重点文物保护单位河长口大桥。经济以种植业为主，种植小麦、水稻、玉米、大豆等。有公路经此。

姬庄　370811-A10-H31
[Jīzhuāng]

在区驻地李营街道西南方向 18.5 千米。唐口街道辖自然村。人口 400。明嘉靖年间，姬姓从嘉祥县沙土集迁此，故以姓氏取村名姬家庄，后简称姬庄。聚落呈团块状分布。经济以种植业为主，种植小麦、水稻、玉米、大豆等。有公路经此。

马庄　370811-A10-H32
[Mǎzhuāng]

在区驻地李营街道西南方向 18.6 千米。唐口街道辖自然村。人口 700。明代前名顺河村。明初，马姓从山西省洪洞县迁此，后户族繁衍，以姓氏取村名马家庄，简称马庄。聚落呈团块状分布。经济以种植业为主，种植小麦、水稻、玉米、大豆等。有公路经此。

杨柳庄　370811-A10-H33
[Yángliǔzhuāng]

在区驻地李营街道西南方向 19.2 千米。唐口街道辖自然村。人口 700。明永乐年间，杨姓从嘉祥县二郎庙迁此，后柳姓相继迁入，取村名杨柳庄。至民国，杨氏户族繁衍，柳姓迁出，改村名杨庄。1980 年地名普查时，为区别重名村庄，恢复原村名杨柳庄。聚落呈团块状分布。经济以种植业为主，种植小麦、水稻、玉米、大豆等。有公路经此。

李口　370811-A10-H34
[Lǐkǒu]

在区驻地李营街道西南方向 18.2 千米。唐口街道辖自然村。人口 600。明洪武年间，李膺从山西省洪洞县迁居本村以西大河附近建村，取村名大河村。明末，赵王河堤决口，村庄被淹没，迁此地定居，取村名李家庄。后因村庄位于河口处，改称李家口，中华人民共和国成立后称李口。聚落呈团块状分布。经济以种植业为主，种植小麦、水稻、玉米、大豆等。有公路经此。

关南李　370811-A10-H35
[Guānnánlǐ]

在区驻地李营街道西南方向 19.5 千米。唐口街道辖自然村。人口 800。明洪武年间，李姓从山西省洪洞县迁居于此，以姓氏取村名李家庄。至顺治年间，户族繁衍，改称大李庄。因村庄邻去洛阳的官道之南，改村名官路南李庄，中华人民共和国成立后以谐音演称关南李。聚落呈团块状分布。经济以种植业为主，种植小麦、水稻、玉米、大豆等。有公路经此。

单庙　370811-A10-H36
[Shànmiào]

在区驻地李营街道西南方向 11.6 千米。

唐口街道辖自然村。人口 1 000。明永乐年间，单姓从山西省洪洞县迁居于此，建村时与附近毛行、茹行两村并列成行，故取村名单家行。清代中期，任姓来此定居，家产富庶，兴建楼房家院，曾改称任家楼。后单氏户族繁衍，在村东建立家庙，又改村名单家庙，中华人民共和国成立后简称单庙。聚落呈团块状分布。经济以种植业为主，种植小麦、水稻、玉米、大豆等。有公路经此。

茹行 370811-A10-H37
[Rúháng]

在区驻地李营街道西南方向 11.4 千米。唐口街道辖自然村。人口 1 200。明代以前，毛、单两姓在此居住，分别建村，并列成行，分别取村名毛家行、单家行。明洪武年间，茹姓从山西省迁此，户族繁衍，改村名茹家行，后简称茹行。聚落呈团块状分布。经济以种植业为主，种植小麦、水稻、玉米、大豆等。有公路经此。

程庄 370811-A10-H38
[Chéngzhuāng]

在区驻地李营街道西南方向 14.2 千米。唐口街道辖自然村。人口 1 400。明初，程姓从山西省洪洞县迁此，以姓氏取村名程家庄，后简称程庄。聚落呈团块状分布。经济以种植业为主，种植小麦、水稻、玉米、大豆等。有公路经此。

景村 370811-A10-H39
[Jǐngcūn]

在区驻地李营街道西南方向 13.5 千米。唐口街道辖自然村。人口 2 000。明代以前有景姓在此居住，以姓氏取村名景村。聚落呈团块状分布。经济以种植业为主，种植小麦、水稻、玉米、大豆等。有公路经此。

迦河 370811-A10-H40
[Jiāhé]

在区驻地李营街道西南方向 14.2 千米。唐口街道辖自然村。人口 800。明洪武年间，魏姓从河南开封府南八十里竹林寺迁于迦河（今龙拱河）北岸定居，取村名迦河魏，后简称迦河。聚落呈团块状分布。经济以种植业为主，种植小麦、水稻、玉米、大豆等。有公路经此。

大张庄 370811-A10-H41
[Dàzhāngzhuāng]

在区驻地李营街道西南方向 13.9 千米。唐口街道辖自然村。人口 1 000。明洪武年间，张姓从山西省洪洞县迁此，以姓氏取村名张家庄。至清末户族繁衍，村庄扩大，改称大张庄。聚落呈团块状分布。经济以种植业为主，种植小麦、水稻、玉米、大豆等。有公路经此。

半边店 370811-A10-H42
[Bànbiāndiàn]

在区驻地李营街道西南方向 14.0 千米。唐口街道辖自然村。人口 500。清雍正年间，嘉祥县卢楼村兄弟四人常在南阳湖西岸做湖产生意，有积蓄后便在龙拱河北堤下、济宁至鱼台的官道西侧旁置办田地定居，并相继沿官道西侧开设小茶馆、饭铺、车马店和水产货栈，生意越做越兴隆，路半边逐渐形成各种店铺，故取村名半边店。聚落呈团块状分布。经济以种植业为主，种植小麦、水稻、玉米、大豆等。有公路经此。

北张桥 370811-A10-H43
[Běizhāngqiáo]

在区驻地李营街道西南方向 14.5 千米。唐口街道辖自然村。人口 1 900。明洪武年间，张姓从山西省洪洞县迁此，取村名张端村。后村东建石桥，改村名张家桥，中华人民共和国成立后简称张桥。1980 年地名普查时，为区别重名村庄，以方位更名北张桥。聚落呈团块状分布。经济以种植业为主，种植小麦、水稻、玉米、大豆等。有公路经此。

魏楼 370811–A10–H44
[Wèilóu]

在区驻地李营街道西南方向 15.6 千米。唐口街道辖自然村。人口 2 200。元代为寺堌堆大觉禅寺庙的佃户村。明嘉靖年间，魏姓从河南省濮阳县迁居大魏庄后，不久又迁此，取村名前魏庄。至民国，魏氏家族富庶，兴建楼房，改村名魏家楼，后简称魏楼。聚落呈团块状分布。经济以种植业为主，种植小麦、水稻、玉米、大豆等。有公路经此。

周魏 370811–A10–H45
[Zhōuwèi]

在区驻地李营街道西南方向 15.2 千米。唐口街道辖自然村。人口 400。明永乐年间，周、魏两姓从河南开封迁此，各立村庄。周姓取村名周家庄，魏姓因来自河南省取村名河南魏。中华人民共和国成立后合为一村，统称周魏。聚落呈团块状分布。经济以种植业为主，种植小麦、水稻、玉米、大豆等。有公路经此。

刘街 370811–A10–H46
[Liújiē]

在区驻地李营街道西南方向 14.9 千米。唐口街道辖自然村。人口 700。明永乐年间，刘坤、刘杰二兄弟从山西省洪洞县金刘寨迁此，分前后两年建村，形成街道，并建有楼房，故取村名刘家街、后刘家楼。中华人民共和国成立后合并为一村，统称刘

街。聚落呈团块状分布。经济以种植业为主，种植小麦、水稻、玉米、大豆等。有公路经此。

洼子韩 370811–A10–H47
[Wāzihán]

在区驻地李营街道西南方向 15.0 千米。唐口街道辖自然村。人口 300。明永乐年间，韩姓从山西省洪洞县迁此，以姓氏取村名韩家庄。清光绪年间因村庄地势低洼，常患水灾，改村名洼子韩。聚落呈团块状分布。经济以种植业为主，种植小麦、水稻、玉米、大豆等。有公路经此。

河南魏 370811–A10–H48
[Hénánwèi]

在区驻地李营街道西南方向 14.6 千米。唐口街道辖自然村。人口 600。明永乐年间，魏姓从山西省洪洞县迁此，当时村小人少，取村名西小魏。至清代宣统年间，因村庄位于龙拱河南岸，改称河南魏庄，中华人民共和国成立后简称河南魏。聚落呈团块状分布。经济以种植业为主，种植小麦、水稻、玉米、大豆等。有公路经此。

门街 370811–A10–H49
[Ménjiē]

在区驻地李营街道西南方向 18.4 千米。唐口街道辖自然村。人口 600。明永乐年间，门姓从山西省洪洞县迁居于此，靠大流店建村，故以姓氏取村名门家街，中华人民共和国成立后简称门街。聚落呈团块状分布。有区级重点文物保护单位九孔桥。经济以种植业为主，种植小麦、水稻、玉米、大豆等。有公路经此。

棒李 370811–A10–H50
[Bànglǐ]

在区驻地李营街道西南方向 19.9 千米。唐口街道辖自然村。人口 700。明永乐年间，

李姓从山西省洪洞县迁此，故取村名李家堂。至清代康熙年间，因李氏族人多好武术，善用棍棒，故改称棒李庄，中华人民共和国成立后简称棒李。聚落呈团块状分布。经济以种植业为主，种植小麦、水稻、玉米、大豆等。有公路经此。

谷庄 370811-A10-H51
［Gǔzhuāng］

在区驻地李营街道西南方向 18.1 千米。唐口街道辖自然村。人口 500。明洪武年间，谷、赵两姓从山西省洪洞县迁此，因当时谷姓户族人多，故以姓氏取村名谷家庄，后简称谷庄。聚落呈团块状分布。经济以种植业为主，种植小麦、水稻、玉米、大豆等。有公路经此。

东张庄 370811-A10-H52
［Dōngzhāngzhuāng］

在区驻地李营街道西南方向 18.5 千米。唐口街道辖自然村。人口 300。明永乐年间，张姓从山西省洪洞县迁此，以姓氏取村名张家庄。1958 年，为区别附近同名村庄，以方位改称东张庄。聚落呈团块状分布。经济以种植业为主，种植小麦、水稻、玉米、大豆等。有公路经此。

东王庄 370811-A10-H53
［Dōngwángzhuāng］

在区驻地李营街道西南方向 17.9 千米。唐口街道辖自然村。人口 900。明永乐年间，王姓从山西省洪洞县迁居于此，以姓氏取村名王家庄，后称王庄。1958 年为区别重名村庄，以方位更名为东王庄。聚落呈团块状分布。经济以种植业为主，种植小麦、水稻、玉米、大豆等。有公路经此。

大流店 370811-A10-H54
［Dàliúdiàn］

在区驻地李营街道西南方向 18.3 千米。唐口街道辖自然村。人口 2 000。明永乐二年（1404），张氏从山西省洪洞县迁居于此，因该村处在古道的中心，开设了饭店、旅店，接纳过路客商，故取村名大流店。聚落呈团块状分布。经济以种植业为主，种植小麦、水稻、玉米、大豆、草莓等。有公路经此。

小流店 370811-A10-H55
［Xiǎoliúdiàn］

在区驻地李营街道西南方向 18.2 千米。唐口街道辖自然村。人口 800。明初，倪姓从山西省洪洞县迁此，村名双庙。清初，黄河决口，洪水流经此处，村内水势较缓，以此改村名小流村。后因济宁至鱼台大道从此经过，建有泰山行宫、三皇圣祖庙，并设有商贾旅店，拜礼祭祀者、远近贸易者众多，故改称小流店。聚落呈团块状分布。经济以种植业为主，种植小麦、水稻、玉米、大豆等。有公路经此。

寺下郝 370811-A10-H56
［Sìxiàhǎo］

在区驻地李营街道西南方向 16.7 千米。唐口街道辖自然村。人口 800。明永乐年间，郝姓从山西省洪洞县迁于寺堌堆西建村，以姓氏取村名郝家庄，中华人民共和国成立后改称寺下郝。聚落呈团块状分布。有省级文物保护单位寺堌堆遗址。经济以种植业为主，种植小麦、水稻、玉米、大豆等。有公路经此。

寺下许 370811-A10-H57
［Sìxiàxǔ］

在区驻地李营街道西南方向 17.0 千米。唐口街道辖自然村。人口 700。明洪武年间，许姓从山西省洪洞县迁此，以姓氏取村名许家庄。至民国，因村庄位于寺堌堆下，改称寺下许。聚落呈团块状分布。经济以种植业为主，种植小麦、水稻、玉米、大豆等。有公路经此。

姚刘王 370811-A10-H58
[Yáoliúwáng]

在区驻地李营街道西南方向 17.2 千米。唐口街道辖自然村。人口 800。清朝，刘姓从济宁城北红庙村、姚姓从巨野县姚楼、王姓从济宁县毛行村先后迁此，各立村庄，分取村名刘家庄、姚家庄、王家庄。后因户族繁衍，村庄扩大，房舍毗邻，1990 年地名补查时三村合并，统称姚刘王。聚落呈团块状分布。经济以种植业为主，种植小麦、水稻、玉米、大豆等。有公路经此。

傅村 370811-A10-H59
[Fùcūn]

在区驻地李营街道西南方向 19.0 千米。唐口街道辖自然村。人口 1 000。明永乐年间，傅姓从山西省洪洞县迁居于此，以姓氏取村名傅家村，后简称傅村。聚落呈团块状分布。经济以种植业为主，种植小麦、水稻、玉米、大豆等。有公路经此。

路口 370811-A10-H60
[Lùkǒu]

在区驻地李营街道西南方向 19.2 千米。唐口街道辖自然村。人口 2 800。明崇祯年间，孙姓从河南省确山县迁此定居，以姓氏取村名孙家庄。清代，因村庄位于济宁至鱼台古道路口，故改村名孙路口，中华人民共和国成立后简称路口。聚落呈团块状分布。经济以种植业为主，种植小麦、水稻、玉米、大豆等。有公路经此。

吴村 370811-A10-H61
[Wúcūn]

在区驻地李营街道西南方向 18.7 千米。唐口街道辖自然村。人口 1 800。明永乐年间，吴姓从山西省洪洞县迁至于南阳湖内高地定居，以姓氏取村名吴家村。后为避水患，1972 年，大部分村民从南阳湖内迁至京杭运河西堤外建村，取村名新吴村。1990 年原吴家村村民全部从湖内迁出，村名称吴村。聚落呈团块状分布。经济以种植业为主，种植小麦、水稻、玉米、大豆等。有公路经此。

前陈楼 370811-A10-H62
[Qiánchénlóu]

在区驻地李营街道西南方向 17.8 千米。唐口街道辖自然村。人口 700。明代前，街中立有牌坊，名牌坊街。清代初期，陈姓从山西省洪洞县迁此，改村名陈庄。清中期，因有后陈庄，改称前陈庄。后陈氏家族田产富庶，兴建楼房，又改称前陈楼，中华人民共和国成立后简称前陈。1980 年地名普查时，为区别重名村庄，恢复原名前陈楼。聚落呈团块状分布。经济以种植业为主，种植小麦、水稻、玉米、大豆等。有公路经此。

后陈楼 370811-A10-H63
[Hòuchénlóu]

在区驻地李营街道西南方向 17.1 千米。唐口街道辖自然村。人口 800。明初，陈姓从本镇杜屯村迁此，村南已有陈庄，故取村名后陈庄。清代中期，陈氏家族繁衍，家产富庶，在村中兴建楼房，改称后陈楼。中华人民共和国成立后称后陈。1980 年地名普查，为区别重名村庄，恢复原名后陈楼。聚落呈团块状分布。经济以种植业为主，种植小麦、水稻、玉米、大豆等。有公路经此。

醋刘庄 370811-A10-H64
[Cùliúzhuāng]

在区驻地李营街道西南方向 18.3 千米。唐口街道辖自然村。人口 1 100。明永乐年间，刘姓从山西省洪洞县迁此，故以姓氏取村名刘家庄。明末清初，因村民多以酿醋为副业，后习惯称醋刘庄。聚落呈团块状分布。经济以种植业为主。有公路经此。

王赵庄 370811-A10-H65
[Wángzhàozhuāng]

在区驻地李营街道西南方向 17.4 千米。唐口街道辖自然村。人口 500。明洪武年间，王、李两姓从山西省洪洞县迁此，以姓氏取村名王李庄。明崇祯年间，赵氏从本地赵庄迁此，后赵氏家族繁衍，改村名王赵庄。聚落呈团块状分布。经济以种植业为主，种植小麦、水稻、玉米、大豆等。有公路经此。

安居 370811-A11-H01
[Ānjū]

在区驻地李营街道西南方向 17.0 千米。安居街道辖自然村。人口 6 200。隋朝初，田、褚两姓在此居住，因村邻任城至洛阳的古道，交通方便，土地肥沃，在此安居乐业，故取村名安居。自元至元年间开挖济州河，这里逐渐街道整齐，市面繁荣，来往商旅络绎不绝，成为一座古镇，故称安居镇。中华人民共和国成立后简称安居。聚落呈团块状分布。经济以种植业为主，种植小麦、玉米、大豆。有公路经此。

史海 370811-A11-H02
[Shǐhǎi]

在区驻地李营街道西南方向 18.0 千米。安居街道辖自然村。人口 2 100。明代前名崔于井。明洪武年间，史姓从河北首冀州迁此，因地势低洼，建村时从四面取土筑村庄台基，形成大坑，每逢雨季，坑坑相连成一片汪洋，故以环境取村名史海。聚落呈团块状分布。经济以种植业为主，种植小麦、玉米、大豆。有公路经此。

张店 370811-A11-H03
[Zhāngdiàn]

在区驻地李营街道西南方向 18.0 千米。安居街道辖自然村。人口 500。明初，张姓从山西省洪洞县迁此，以姓氏取村名张家庄。清光绪年间，张氏户族因村邻官道，在本村开设客店、马车店，村名演变为张家店，后简称张店。聚落呈团块状分布。经济以种植业为主，种植小麦、玉米、大豆。有公路经此。

壶头刘 370811-A11-H04
[Hútóuliú]

在区驻地李营街道西南方向 17.0 千米。安居街道辖自然村。人口 500。明崇祯年间，刘姓从刘营迁此，以姓氏取村名刘家庄。因刘氏户族有制作陶水壶的传统技术，生意兴隆，远近闻名，1980 年地名普查时，为区别重名村庄，更名为壶头刘。聚落呈团块状分布。经济以种植业为主，种植小麦、玉米、大豆。有公路经此。

十里铺 370811-A11-H05
[Shílǐpù]

在区驻地李营街道西南方向 14.0 千米。安居街道辖自然村。人口 3 500。明万历年间，贾姓迁此定居，取村名贾氏铺。清顺治年间，因村庄距济宁城十里，改称十里铺。聚落呈团块状分布。经济以种植业为主，种植小麦、玉米、大豆。有公路经此。

宫王庄 370811-A11-H06
[Gōngwángzhuāng]

在区驻地李营街道西南方向 19.0 千米。安居街道辖自然村。人口 600。明初，王姓从山西省洪洞县迁往济宁城关草桥口居住，两代后转徙于此，以姓氏取村名王庄。1980 年地名普查时，为区别重名村庄，更名宫王庄。聚落呈团块状分布。经济以种植业为主，种植小麦、玉米、大豆。有公路经此。

西朱庄 370811-A11-H07
[Xīzhūzhuāng]

在区驻地李营街道西南方向 19.0 千米。安居街道辖自然村。人口 1 100。明洪武年间，朱姓从山西省洪洞县迁此，以姓氏取村名朱家庄。后因重名，本村位西，更名为西朱庄。聚落呈团块状分布。经济以种植业为主，种植小麦、玉米、大豆。有公路经此。

刘营 370811-A11-H08
[Liúyíng]

在区驻地李营街道西南方向 15.0 千米。安居街道辖自然村。人口 3 300。明洪武年间，刘斌从江苏南京菜市口迁居于此，因时值战乱，此地驻有军营，故以姓氏取村名刘家营，后简称刘营。聚落呈团块状分布。经济以种植业为主，种植小麦、玉米、大豆。有公路经此。

汪营 370811-A11-H09
[Wāngyíng]

在区驻地李营街道西南方向 14.0 千米。安居街道辖自然村。人口 2 200。明永乐年间，汪氏从安徽省歙县迁此，因驻有军营，故以姓氏取村名汪家营，后简称汪营。聚落呈团块状分布。经济以种植业为主。有公路经此。

漕井桥 370811-A11-H10
[Cáojǐngqiáo]

在区驻地李营街道西南方向 16.0 千米。安居街道辖自然村。人口 2 700。北宋宣和年间，胡姓迁此，村名曹井。明洪武年间，胡姓从山西省洪洞县迁此，因村内砌有砖井，又是运河漕运必经之地，后在运河上建桥，至清康熙年间，更村名为漕井桥。聚落呈团块状分布。经济以种植业为主，种植小麦、玉米、大豆。有公路经此。

后张宇 370811-A11-H11
[Hòuzhāngyǔ]

在区驻地李营街道西南方向 18.0 千米。安居街道辖自然村。人口 800。明初，张姓在此建村，当时有庙宇一座，故取村名张宇庄。至清光绪年间，村庄扩大，形成前后两村，本村按方位称后张宇。聚落呈团块状分布。经济以种植业为主，种植小麦、玉米、大豆。有公路经此。

屈刘庄 370811-A11-H12
[Qūliúzhuāng]

在区驻地李营街道西南方向 17.0 千米。安居街道辖自然村。人口 400。宋朝形成村落，屈姓从山东省鱼台县夏镇迁此，以姓氏取村名屈庄。后刘姓于元至元年间从金乡县城北刘沙窝迁居屈庄西侧建村，以姓氏取村名刘庄。至清末，两村发展，房舍毗连，合并一村，称屈刘庄。聚落呈团块状分布。经济以种植业为主，种植小麦、玉米、大豆。有公路经此。

胡庄 370811-A11-H13
[Húzhuāng]

在区驻地李营街道西南方向 19.0 千米。安居街道辖自然村。人口 1 500。清顺治年间，胡姓从本镇胡厂迁此，以姓氏取村名胡家庄，后简称胡庄。聚落呈团块状分布。经济以种植业为主。有公路经此。

孟庄 370811-A11-H14
[Mèngzhuāng]

在区驻地李营街道西南方向 17.0 千米。安居街道辖自然村。人口 1 700。明洪武年间，孟姓从山东省邹县迁此，以姓氏取村名孟家庄，后简称孟庄。聚落呈团块状分布。经济以种植业为主，种植小麦、玉米、大豆。有公路经此。

孙井 370811-A11-H15
[Sūnjǐng]

在区驻地李营街道西南方向 19.0 千米。安居街道辖自然村。人口 1 700。明代中期，孙姓从山西省洪洞县迁此，建村后在村内修建砖井，取村名孙家井。中华人民共和国成立后简称孙井。1989 年邻村史院并入，村名仍称孙井。聚落呈团块状分布。经济以种植业为主，种植小麦、玉米、大豆。有公路经此。

西正桥 370811-A11-H16
[Xīzhèngqiáo]

在区驻地李营街道西南方向 17.0 千米。安居街道辖自然村。人口 2 800。明洪武年间，李姓从山西省洪洞县迁此，因村西龙拱河上建有两座石桥，本村正对西边石桥，故取村名西正桥。聚落呈团块状分布。经济以种植业为主，种植小麦、玉米、大豆。有公路经此。

西张桥 370811-A11-H17
[Xīzhāngqiáo]

在区驻地李营街道西南方向 15.0 千米。安居街道辖自然村。人口 1 500。明洪武年间，张姓从山西省洪洞县迁此，以姓氏取村名张家庄。至清光绪年间，在村西龙拱河上修建石桥，改村名张桥。1980 年地名普查时，为区别重名村庄，以方位更名为西张桥。聚落呈团块状分布。经济以种植业为主，种植小麦、玉米、大豆。有公路经此。

兰庄 370811-A11-H18
[Lánzhuāng]

在区驻地李营街道西南方向 16.0 千米。安居街道辖自然村。人口 900。明洪武年间，兰天柱从江苏南京西郊迁此，以姓氏取村名兰家庄，后简称兰庄。聚落呈团块状分布。经济以种植业为主，种植小麦、玉米、大豆。有公路经此。

二里半 370811-A11-H19
[Èrlǐbàn]

在区驻地李营街道西南方向 14.0 千米。安居街道辖自然村。人口 1 000。明代以前，陈、李、张等姓在此居住，因村庄建于西五里营、十里铺两村之间，故取村名二里半庄，后简称二里半。聚落呈团块状分布。经济以种植业为主，种植小麦、玉米、大豆。有公路经此。

夏庄 370811-A11-H20
[Xiàzhuāng]

在区驻地李营街道西南方向 16.0 千米。安居街道辖自然村。人口 1 100。明洪武年间，周姓从山西省洪洞县迁此，因村庄坐落于运河堤下，故取村名下庄，渐以谐音字演变为夏家庄，后又简称夏庄。聚落呈团块状分布。经济以种植业为主，种植小麦、玉米、大豆。有公路经此。

西五里营 370811-A11-H21
[Xīwǔlǐyíng]

在区驻地李营街道西南方向 13.0 千米。安居街道辖自然村。人口 7 400。明洪武年间，谢六存从山东省巨野谢集迁此，因村临京杭运河，距济宁城西五华里，地处交通要冲，并驻有军营，故取村名西五里营。聚落呈团块状分布。经济以种植业为主，种植小麦、玉米、大豆。有公路经此。

靳庄 370811-A11-H22
[Jìnzhuāng]

在区驻地李营街道西南方向 15.0 千米。安居街道辖自然村。人口 1 800。清光绪年间是济宁富户靳家的别墅，建有园亭。后何、张、程、贾、尹、聂等姓迁此，形成村庄，故以园亭主人姓氏取村名靳家庄，中华人民共和国成立后简称靳庄。聚落呈团块状分布。经济以种植业为主，种植小麦、玉米、大豆。有公路经此。

唐营 370811-A11-H23
[Tángyíng]

在区驻地李营街道西南方向 15.0 千米。安居街道辖自然村。人口 1 800。明洪武年间，山西唐姓随燕王北征，战争结束后，随屯田军营来此定居，以姓氏取村名为唐家营，后称唐营。聚落呈团块状分布。经济以种植业为主，种植小麦、玉米、大豆。有公路经此。

阮家 370811-A11-H24
[Ruǎnjiā]

在区驻地李营街道西南方向 14.0 千米。安居街道辖自然村。人口 800。清光绪年间，阮姓从山东省嘉祥县新挑河迁此，以姓氏取村名阮家庄，后称阮家。聚落呈团块状分布。经济以种植业为主，种植小麦、玉米、大豆。有公路经此。

胡营 370811-A11-H25
[Húyíng]

在区驻地李营街道西南方向 12.0 千米。安居街道辖自然村。人口 4 200。明永乐年间，有胡姓将领随燕王北征，以功授武职于济宁，其家族在此安家，时有屯田军营，故以姓氏取村名胡家营，中华人民共和国成立后简称胡营。聚落呈团块状分布。经济以种植业为主，种植小麦、玉米、大豆。有公路经此。

蒋营 370811-A11-H26
[Jiǎngyíng]

在区驻地李营街道西南方向 14.0 千米。安居街道辖自然村。人口 1 400。明洪武年间，蒋姓从山西省洪洞县迁此，因驻有屯田军营，故以姓氏取村名蒋家营，中华人民共和国成立后简称蒋营。聚落呈团块状分布。经济以种植业为主，种植小麦、玉米、大豆。有公路经此。

宫白庄 370811-A11-H27
[Gōngbáizhuāng]

在区驻地李营街道西南方向 19.0 千米。安居街道辖自然村。人口 800。清初，济宁城里宫姓在此置地安家，取村名宫庄。清代中期，因与白家庄相连，合称宫白庄。聚落呈团块状分布。经济以种植业为主，种植小麦、玉米、大豆。有公路经此。

南刘 370811-A11-H28
[Nánliú]

在区驻地李营街道西南方向 18.0 千米。安居街道辖自然村。人口 600。明初，刘姓从江苏省南京市西门迁此，以姓氏取村名刘家庄，清代，因北有刘庄，以方位改村名南刘庄，中华人民共和国成立后简称南刘。聚落呈团块状分布。经济以种植业为主，种植小麦、玉米、大豆。有公路经此。

永通闸 370811-A11-H29
[Yǒngtōngzhá]

在区驻地李营街道西南方向 17.0 千米。

安居街道辖自然村。人口 3 100。明初，汪姓从安徽省歙县迁此，因建村在永通闸之地，故取村名永通闸。聚落呈团块状分布。经济以种植业为主，种植小麦、玉米、大豆。有公路经此。

西李 370811-A11-H30
[Xīlǐ]

在区驻地李营街道西南方向 18.0 千米。安居街道辖自然村。人口 500。明洪武年间，李姓从山西省洪洞县迁此，因村庄位于赵王河和运河之间，故取名夹河村。后建李氏家庙，改村名红庙李。后村庄扩大，又改名大李庄。清顺治年间，在赵王河上建木桥一座，同时又俗称板桥李。中华人民共和国成立后，因村东有东李庄，故改村名为西李。聚落呈团块状分布。经济以种植业为主，种植小麦、玉米、大豆。有公路经此。

西杨庄 370811-A11-H31
[Xīyángzhuāng]

在区驻地李营街道西南方向 18.0 千米。安居街道辖自然村。人口 1 500。明洪武年间，杨姓从山西省洪洞县迁此，以姓氏取村名杨家庄，中华人民共和国成立后简称杨庄。1980 年地名普查时，为区别重名村庄，以方位更名为西杨庄。聚落呈团块状分布。经济以种植业为主，种植小麦、玉米、大豆。有公路经此。

常马 370811-A11-H32
[Chángmǎ]

在区驻地李营街道西南方向 20.0 千米。安居街道辖自然村。人口 700。明洪武年间，马姓从山西省洪洞县迁居郓城，后转徙于此建村，故取村名马庄。后常姓从济宁南乡马房屯迁至马庄附近建村，故取村名常庄。至清光绪年间合并为一村，称常马庄，

中华人民共和国成立后简称常马。聚落呈团块状分布。经济以种植业为主。有公路经此。

东李 370811-A11-H33
[Dōnglǐ]

在区驻地李营街道西南方向 18.0 千米。安居街道辖自然村。人口 400。明洪武年间，李姓从江苏省南京市迁居此，因村小人少，故以姓氏取村名小李庄。后户族繁衍，村庄扩大，改村名为李庄。1980 年地名普查时，因本村西有西李庄，故以方位更名为东李庄，简称东李。聚落呈团块状分布。经济以种植业为主，种植小麦、玉米、大豆。有公路经此。

张天楼 370811-A11-H34
[Zhāngtiānlóu]

在区驻地李营街道西南方向 21.0 千米。安居街道辖自然村。人口 500。明洪武年间，张姓从山西省洪洞县迁此，以姓氏取村名张家庄。清乾隆十三年（1748），张淑渠中进士，官至山西潞安府知府，张氏官位显赫，在村内添建楼房瓦舍，遂称为张添楼，后经谐音演变为张天楼。聚落呈团块状分布。经济以种植业为主，种植小麦、玉米、大豆。有公路经此。

大辛庄 370811-A11-H35
[Dàxīnzhuāng]

在区驻地李营街道西南方向 21.0 千米。安居街道辖自然村。人口 600。清乾隆年间，张姓从济宁城南关迁此，取村名新庄，后村庄发展改称大新庄。中华人民共和国成立后以谐音演变为大辛庄。聚落呈团块状分布。经济以种植业为主，种植小麦、玉米、大豆。有公路经此。

北薛屯　370811-A11-H36

［Běixuētún］

在区驻地李营街道西南方向23.0千米。安居街道辖自然村。人口2 100。明代以前名四面村。明永乐年间，薛姓从山西省太原府汾州朴头村迁此，因地处军屯之地，故以姓氏取村名薛家屯。清代薛姓曾有人做官，改称薛官屯，中华人民共和国成立后简称薛屯。1980年地名普查时，为区别重名村庄，以方位更名北薛屯。聚落呈团块状分布。有区级重点文物保护单位葛氏民居。经济以种植业为主，种植小麦、玉米、大豆。有公路经此。

前埝口　370811-A11-H37

［Qiánniànkǒu］

在区驻地李营街道西南方向22.0千米。安居街道辖自然村。人口1 200。清代中期，王姓迁此，因有龙王庙，故取村名王庙。又因本村坐落在挡水堤堰口处，村小人少，遂改村名小堰口。中华人民共和国成立后因北有后埝口，故改称前埝口。聚落呈团块状分布。经济以种植业为主。有公路经此。

后埝口　370811-A11-H38

［Hòuniànkǒu］

在区驻地李营街道西南方向22.0千米。安居街道辖自然村。人口2 000。明初，张姓从山东省泰安县大汶口迁至本镇张宇村，后转徙薛屯村，至咸丰年间迁此，因靠赵王河堤堰建村，曾取名堰寨村。清代末期，改称大埝口，中华人民共和国成立后改称后埝口。聚落呈团块状分布。经济以种植业为主。有公路经此。

陈屯　370811-A11-H39

［Chéntún］

在区驻地李营街道西南方向21.0千米。安居街道辖自然村。人口1 200。明洪武年间，陈氏从山西省洪洞县迁此，因属军屯之地，故以姓氏取村名陈家屯，中华人民共和国成立后简称陈屯。聚落呈团块状分布。经济以种植业为主。有公路经此。

西陈庄　370811-A11-H40

［Xīchénzhuāng］

在区驻地李营街道西南方向17.0千米。安居街道辖自然村。人口800。明洪武年间，陈姓从山西省洪洞县迁此，以姓氏取村名陈庄。1980年地名普查时，为区别重名村庄，更名为西陈庄。聚落呈团块状分布。经济以种植业为主。有公路经此。

白咀　370811-A11-H41

［Báizuǐ］

在区驻地李营街道西方向17.0千米。安居街道辖自然村。人口800。明代中期王姓从江苏省邳州迁此地，因地处由矿山（属嘉祥县疃里镇）至济宁运输要道，运送石料、石灰的车辆必经此渡口，因而常年积放大堆石灰和石料，故取村名白堆，后以谐音演变为白咀（嘴）。聚落呈团块状分布。经济以种植业为主。有公路经此。

火头湾　370811-A11-H42

［Huǒtóuwān］

在区驻地李营街道西南方向16.0千米。安居街道辖自然村。人口2 400。明洪武年间，李姓从山西省洪洞县迁此，后丁姓从山东嘉祥县迁此，因此地处于运河拐弯处，故取村名裹头弯，后以谐音演变为火头湾。聚落呈团块状分布。有市级文物保护单位通济闸。经济以种植业为主。有公路经此。

满营　370811-A11-H43

［Mǎnyíng］

在区驻地李营街道西方向16.0千米。安居街道辖自然村。人口1 600。明代以前，赵姓在此建村，取村名兴隆庄。清顺治年间，曾有满洲八旗兵驻防屯田于此，遂改称满营。聚落呈团块状分布。经济以种植业为主。有公路经此。

唐庄 370811-A11-H44
[Tángzhuāng]

在区驻地李营街道西南方向 15.0 千米。安居街道辖自然村。人口 1 100。明洪武十三年（1380），唐姓从山东省巨野县古伦集迁此，以姓氏取村名唐家庄。清代中期，户族繁衍，村庄扩大，改称大唐庄，中华人民共和国成立后简称唐庄。聚落呈团块状分布。经济以种植业为主。有公路经此。

侯庄 370811-A11-H45
[Hóuzhuāng]

在区驻地李营街道西南方向 18.0 千米。安居街道辖自然村。人口 600。清顺治年间，侯姓从济宁侯楼村迁此，故以姓氏取村名侯家庄，中华人民共和国成立后简称侯庄。聚落呈团块状分布。经济以种植业为主。有公路经此。

胡厂 370811-A11-H46
[Húchǎng]

在区驻地李营街道西南方向 15.0 千米。安居街道辖自然村。人口 1 800。明洪武年间称北兴村，至明代中期，本镇胡营胡姓在此置田，为耕作方便，部分胡氏族人迁居此地，因建有收获农作物的场院，故取村名胡家场。至民国，以谐音字演变为胡家厂，中华人民共和国成立后简称胡厂。聚落呈团块状分布。经济以种植业为主。有公路经此。

南张 370811-A12-H01
[Nánzhāng]

在区驻地李营街道西北方向 10.8 千米。南张街道辖自然村。人口 1 200。明永乐年间，张姓从济宁城区北门里迁此，村东有椅圈形土垅，故以姓氏取村名椅圈张。后因村北有小张庄，改村名南张家庄，中华人民共和国成立后简称南张。聚落呈团块状分布。经济以种植业为主。有公路经此。

房家 370811-A12-H02
[Fángjiā]

在区驻地李营街道西北方向 9.9 千米。南张街道辖自然村。人口 500。明洪武年间，房姓从山西省洪洞县迁此，以姓氏取村名房家庄。至民国时期，因村中建有庙宇，改村名房家庙，中华人民共和国成立后简称房家。聚落呈团块状分布。经济以种植业为主，种植小麦、玉米、大豆、蔬菜。有公路经此。

凤凰台 370811-A12-H03
[Fènghuángtái]

在区驻地李营街道西北方向 10.7 千米。南张街道辖自然村。人口 1 500。南宋初年，徐、葛两姓建村于凤凰台前，取村名徐葛村，后改村名台前庄，至清代更名为凤凰台。聚落呈团块状分布。有省级文物保护单位商代凤凰台遗址。经济以种植业为主，种植小麦、玉米、大豆。有公路经此。

孙家 370811-A12-H04
[Sūnjiā]

在区驻地李营街道西北方向 11.4 千米。南张街道辖自然村。人口 1 200。清乾隆年间，孙姓从济宁城里孙家街迁此，以姓氏取村名孙家庄，中华人民共和国成立后简称孙家。聚落呈团块状分布。经济以种植业为主，种植小麦、玉米、大豆。有公路经此。

李庙 370811-A12-H05
[Lǐmiào]

在区驻地李营街道西北方向 12.2 千米。南张街道辖自然村。人口 2 300。清宣统年间，李姓、刘姓从济宁南乡李庙迁此，因驻有军营，故以姓氏取村名刘李营。民国时期，李氏户族繁衍，又因在村中修建关帝庙，故改村名李庙。聚落呈团块状分布。经济以种植业为主，种植小麦、玉米、大豆。有公路经此。

黄井 370811-A12-H06
[Huángjǐng]

在区驻地李营街道西北方向 10.5 千米。南张街道辖自然村。人口 500。清顺治年间，黄姓从山东省单县迁此，后同族从郓城县马楼村及嘉祥县黄垓村相继迁此，故以姓氏取村名黄家庄。民国初期，因村庄周围开凿几眼灌溉饮水用井，故改村名黄家井，中华人民共和国成立后简称黄井。聚落呈团块状分布。经济以种植业为主，种植小麦、玉米、大豆。有公路经此。

吴家 370811-A12-H07
[Wújiā]

在区驻地李营街道西北方向 10.3 千米。南张街道辖自然村。人口 700。明永乐十一年（1413），吴姓从山西省洪洞县迁于汶上县南旺村，至清嘉庆年间迁此，以姓氏取村名吴家庄，中华人民共和国成立后简称吴家。聚落呈团块状分布。经济以种植业为主，种植小麦、玉米、大豆。有公路经此。

姜郑 370811-A12-H08
[Jiāngzhèng]

在区驻地李营街道西北方向 10.8 千米。南张街道辖自然村。人口 1 400。清顺治年间，张、郑两姓先后从济宁城里迁此，并各自建村，以姓氏取村名张家庄、郑堂庄。至民国时期，两庄扩大，房舍毗连，合为一村，改村名张郑庄。后张姓迁出，姜、胡等姓迁入，因姜姓户族增加，故改村名姜郑庄，后简称姜郑。聚落呈团块状分布。经济以种植业为主，种植小麦、玉米、大豆。有公路经此。

苏家 370811-A12-H09
[Sūjiā]

在区驻地李营街道西北方向 10.5 千米。南张街道辖自然村。人口 1 000。明崇祯年间，苏姓从济宁城里迁此，以姓氏取村名苏家庄，中华人民共和国成立后简称苏家。聚落呈团块状分布。经济以种植业为主，种植小麦、玉米、大豆。有公路经此。

大王 370811-A12-H10
[Dàwáng]

在区驻地李营街道西北方向 10.5 千米。南张街道辖自然村。人口 1 200。明洪武年间，王姓从山西省洪洞县迁此，以姓氏取村名王家庄。至清代户族繁衍，村庄扩大，改村名大王家庄，中华人民共和国成立后简称大王。聚落呈团块状分布。经济以种植业为主，种植小麦、玉米、大豆。有公路经此。

乔家 370811-A12-H11
[Qiáojiā]

在区驻地李营街道西北方向 11.9 千米。南张街道辖自然村。人口 700。本村原名乔家庄，村西南原有古庙，鼓楼建有壁碑，上刻乔尚、乔雨等名字，至唐代称乔家。聚落呈团块状分布。经济以种植业为主，种植小麦、玉米、大豆。有公路经此。

前王 370811-A12-H12
[Qiánwáng]

在区驻地李营街道西北方向 12.0 千米。南张街道辖自然村。人口 600。明崇祯年间，王姓从山西省洪洞县迁此，因村庄北邻潘家庙，取村名潘王庙，后户族繁衍，村庄扩大，又因位于邻近各村之南，以姓氏取村名前王。聚落呈团块状分布。经济以种植业为主，种植小麦、玉米、大豆。有公路经此。

南陈 370811-A12-H13
[Nánchén]

在区驻地李营街道西北方向 12.3 千米。南张街道辖自然村。人口 3 500。元代陈姓从山西省迁此，以姓氏取村名陈庄。至明代中期，户族繁衍，改村名大陈庄。清顺治年间，陈氏部分户迁往村北另建村庄，本村即改名南陈庄，中华人民共和国成立后称南陈。聚落呈团块状分布。经济以种植业为主，种植小麦、玉米、大豆。有公路经此。

潘庙 370811-A12-H14
[Pānmiào]

在区驻地李营街道西北方向 13.0 千米。南张街道辖自然村。人口 600。明万历年间，潘姓从山西省洪洞县迁此，以姓氏取村名潘家庄。后因村西修建五圣庙，改村名潘家庙，中华人民共和国成立后简称潘庙。聚落呈团块状分布。经济以种植业为主，种植小麦、玉米、大豆。有公路经此。

吴庄 370811-A12-H15
[Wúzhuāng]

在区驻地李营街道西北方向 8.0 千米。南张街道辖自然村。人口 1 200。明初，吴姓从济宁城里迁出，在此置地建村，以姓氏取村名吴家庄，中华人民共和国成立后称吴庄。聚落呈团块状分布。经济以种植业为主，种植小麦、玉米、大豆。有公路经此。

宋路口 370811-A12-H16
[Sònglùkǒu]

在区驻地李营街道西北方向 10.1 千米。南张街道辖自然村。人口 3 200。明崇祯年间，宋氏从汶上县南旺镇迁此，因村庄坐落在济宁至嘉祥官道路口，故以姓氏取村名宋家路口，中华人民共和国成立后简称宋路口。聚落呈团块状分布。经济以种植业为主，种植小麦、玉米、大豆。有公路经此。

李楼 370811-A12-H17
[Lǐlóu]

在区驻地李营街道西北方向 8.7 千米。南张街道辖自然村。人口 2 200。明洪武年间，李姓从山西省洪洞县迁此，以姓氏取村名李家庄。至清代，户族繁衍，家产富庶，在村内兴建楼房，改村名为李家楼，中华人民共和国成立后称李楼。1989 年地名补查，邻村吕庄并入，村名未变。聚落呈团块状分布。经济以种植业为主，种植小麦、玉米、大豆。有公路经此。

西刘庄 370811-A12-H18
[Xīliúzhuāng]

在区驻地李营街道西北方向 9.4 千米。南张街道辖自然村。人口 600。明永乐年间，刘姓从山西省洪洞县迁此定居，因人少村小，故以姓氏取村名小刘家庄，中华人民共和国成立后简称刘庄。1980 年地名普查时，为区别重名村庄，以方位更名西刘庄。聚落呈团块状分布。经济以种植业为主，种植小麦、玉米、大豆。有公路经此。

宋庄 370811-A12-H19
[Sòngzhuāng]

在区驻地李营街道西北方向 10.0 千米。南张街道辖自然村。人口 400。明初，宋姓从山西省洪洞县迁此，以姓氏取村名宋家庄，中华人民共和国成立后简称宋庄。聚落呈团块状分布。经济以种植业为主，种植小麦、玉米、大豆。有公路经此。

满庄 370811-A12-H20
[Mǎnzhuāng]

在区驻地李营街道西北方向 4.7 千米。南张街道辖自然村。人口 1 700。明崇祯年间，满姓从济宁城里迁此，以姓氏取村名满家庄，中华人民共和国成立后简称满庄。聚落呈团块状分布。经济以种植业为主，种植小麦、玉米、大豆。有公路经此。

刘堤头 370811-A12-H21
[Liúdītóu]

在区驻地李营街道西北方向 6.9 千米。南张街道辖自然村。人口 2 800。明洪武年间，刘氏从山西省洪洞县迁此，至清代刘氏家族繁衍，村庄扩大，乾隆三年（1738）重修马场湖堤，此村在湖堤东首，以姓氏改村名刘堤头。民国初期曾称西八里营，后仍名刘堤头。聚落呈团块状分布。经济以种植业为主，种植小麦、玉米、大豆。有公路经此。

杜庙 370811-A12-H22
[Dùmiào]

在区驻地李营街道西北方向 8.9 千米。南张街道辖自然村。人口 1 300。明洪武年间，杜姓从山西省洪洞县迁此，因邻关帝庙建村，故以姓氏取村名杜家庙，中华人民共和国成立后简称杜庙。聚落呈团块状分布。经济以种植业为主，种植小麦、玉米、大豆。有公路经此。

白王 370811-A12-H23
[Báiwáng]

在区驻地李营街道西北方向 4.8 千米。南张街道辖自然村。人口 300。清代中期，白姓从济宁北乡白王庄迁此，王姓相继从北乡曹家营迁此，因在满庄后建村，村名亦称满家庄。至民国，以姓氏取村名白王庄，中华人民共和国成立后简称白王。聚落呈团块状分布。经济以种植业为主，种植小麦、玉米、大豆。有公路经此。

东陈 370811-A12-H24
[Dōngchén]

在区驻地李营街道西北方向 6.9 千米。南张街道辖自然村。人口 800。清顺治年间，济宁城里陈姓在此置地建庄，以姓氏取村名陈庄。后因本镇附近有北陈、南陈两村，此村在东，为区别重名村庄，以方位改称东陈庄，中华人民共和国成立后简称东陈。聚落呈团块状分布。经济以种植业为主，种植小麦、玉米、大豆。有公路经此。

张庙 370811-A12-H25
[Zhāngmiào]

在区驻地李营街道西北方向 5.3 千米。南张街道辖自然村。人口 1 000。明洪武年间，张姓从山西省洪洞县迁此，以姓氏取村名张家庄。清宣统年间，张姓修建家庙，改村名为张家庙，中华人民共和国成立后简称张庙。聚落呈团块状分布。经济以种植业为主，种植小麦、玉米、大豆。有公路经此。

八里屯 370811-A12-H26
[Bālǐtún]

在区驻地李营街道西北方向 5.6 千米。南张街道辖自然村。人口 1 100。明初，张、刘两姓随明朝燕王朱棣南征北战，后成为将领，因功被赐军屯之地，在此安家定居，村名修益屯。清代中期，因距济宁城八里，改村名八里屯。聚落呈团块状分布。经济以种植业为主，种植小麦、玉米、大豆。有公路经此。

杨甄庄 370811-A12-H27
[Yángzhēnzhuāng]

在区驻地李营街道西北方向 6.6 千米。南张街道辖自然村。人口 500。清顺治年间，杨、甄两姓从济宁城里迁此，分别置地建村，各以姓氏取村名杨庄、甄庄。后两庄逐渐发展，房舍毗邻，合为一村，改村名杨甄庄。聚落呈团块状分布。经济以种植业为主，种植小麦、玉米、大豆。有公路经此。

王堂 370811-A12-H28
[Wángtáng]

在区驻地李营街道西北方向 5.9 千米。南张街道辖自然村。人口 700。该村元代为修义村。明洪武年间，王姓从山西省洪洞县迁此，王氏家族集资在村西修建观音堂，并改村名观音堂庄。清光绪年间，又以姓氏改村名王堂。聚落呈团块状分布。经济以种植业为主，种植小麦、玉米、大豆。有公路经此。

仙庄 370811-A12-H29
[Xiānzhuāng]

在区驻地李营街道西北方向 8.3 千米。南张街道辖自然村。人口 1 900。明永乐年间，仙姓从山西省洪洞县迁此，以姓氏取村名仙家庄，中华人民共和国成立后简称仙庄。聚落呈团块状分布。经济以种植业为主，种植小麦、玉米、大豆。有公路经此。

北靳庄 370811-A12-H30
[Běijìnzhuāng]

在区驻地李营街道西北方向 6.6 千米。南张街道辖自然村。人口 800。明永乐年间，靳氏从山西省洪洞县迁此，以姓氏取村名靳家庄。1980 年地名普查，为区别重名村庄，以方位更名为北靳庄。聚落呈团块状分布。经济以种植业为主，种植小麦、玉米、大豆。有公路经此。

艾平 370811-A12-H31
[Àipíng]

在区驻地李营街道西北方向 9.5 千米。南张街道辖自然村。人口 1 000。明永乐年间，艾姓从本镇军王村艾家堌堆迁此，以姓氏取村名艾家庄，后简称艾家。明洪武年间，王姓迁此，以其始祖之姓名王平做村名，至民国初年曾称王家庄，后仍称王平。两村合并，名艾平。聚落呈团块状分布。经济以种植业为主，种植小麦、玉米、大豆。有公路经此。

郑庄 370811-A12-H32
[Zhèngzhuāng]

在区驻地李营街道西北方向 9.5 千米。南张街道辖自然村。人口 1 400。明初，郑姓从山西省洪洞县迁此，以姓氏取村名郑家庄，中华人民共和国成立后简称郑庄。聚落呈团块状分布。经济以种植业为主，种植小麦、玉米、大豆。有公路经此。

玄楼 370811-A12-H33
[Xuánlóu]

在区驻地李营街道西北方向 8.6 千米。南张街道辖自然村。人口 500。明代以前，张姓在此建村，称张家庄。明初，玄姓从山西省洪洞县迁此，村名未改。至清代，玄氏家族繁衍，家产富裕，在村内兴建楼房，以姓氏取村名玄楼。聚落呈团块状分布。经济以种植业为主，种植小麦、玉米、大豆。有公路经此。

祁庄 370811-A12-H34
[Qízhuāng]

在区驻地李营街道西北方向 9.0 千米。南张街道辖自然村。人口 800。明初，祁姓从山西省洪洞县迁此，以姓氏取村名祁家庄，中华人民共和国成立后简称祁庄。聚落呈团块状分布。经济以种植业为主，种植小麦、玉米、大豆。有公路经此。

孔家 370811-A12-H35
[Kǒngjiā]

在区驻地李营街道西北方向 9.9 千米。南张街道辖自然村。人口 500。唐天佑年间，孔姓从山东省曲阜县迁此定居，以姓氏取村名孔家庄，中华人民共和国成立后称孔家。聚落呈团块状分布。经济以种植业为主，种植小麦、玉米、大豆。有公路经此。

赵庙 370811-A12-H36
[Zhàomiào]

在区驻地李营街道西北方向 10.7 千米。南张街道辖自然村。人口 600。明崇祯年间，赵姓从山东省汶上县次邱村迁此，以姓氏取村名赵家庄。至清末村内修筑火神庙，改村名赵家庙，中华人民共和国成立后简称赵庙。聚落呈团块状分布。经济以种植业为主，种植小麦、玉米、大豆。有公路经此。

魏庄 370811-A12-H37
[Wèizhuāng]

在区驻地李营街道西北方向 9.9 千米。南张街道辖自然村。人口 600。清乾隆年间，魏姓从江苏省沛县迁此，以姓氏取村名魏家庄，中华人民共和国成立后简称魏庄。聚落呈团块状分布。经济以种植业为主，种植小麦、玉米、大豆。有公路经此。

北黄庄 370811-A12-H38
[Běihuángzhuāng]

在区驻地李营街道西北方向 11.0 千米。南张街道辖自然村。人口 5 300。清乾隆年间，黄姓从济宁城西南关草桥口迁此，以姓氏取村名黄家庄，中华人民共和国成立后称黄庄。1980 年地名普查时，为区别重名村庄，故以方位更名北黄庄。聚落呈团块状分布。经济以种植业为主，种植小麦、玉米、大豆。有公路经此。

文郑 370811-A12-H39
[Wénzhèng]

在区驻地李营街道西北方向 12.0 千米。南张街道辖自然村。人口 2 100。明洪武年间，文、郑两姓同时从山西省洪洞县迁此，以姓氏取村名文郑庄，中华人民共和国成立后简称文郑。聚落呈团块状分布。经济以种植业为主，种植小麦、玉米、大豆。有公路经此。

翟家 370811-A12-H40
[Zháijiā]

在区驻地李营街道西北方向 12.1 千米。南张街道辖自然村。人口 1 300。元代，翟姓从山西省迁此，以姓氏取村名翟家庄，中华人民共和国成立后简称翟家。聚落呈团块状分布。经济以种植业为主，种植小麦、玉米、大豆。有公路经此。

军王 370811-A12-H41
[Jūnwáng]

在区驻地李营街道西北方向 13.0 千米。南张街道辖自然村。人口 1 100。明洪武年间，王姓从山东省梁山县迁此，居住在本镇军王张屯。至清光绪年间，王姓户族从军王张屯迁出，另立新村，取村名军王。聚落呈团块状分布。经济以种植业为主，种植小麦、玉米、大豆。有公路经此。

军张 370811-A12-H42

[Jūnzhāng]

在区驻地李营街道西北方向11.5千米。南张街道辖自然村。人口700。明洪武年间，王姓从山东省梁山县迁此，后又有张姓从山东省嘉祥县大张庄相继迁此，因此处地属军屯，故以姓氏取村名军王张屯。清光绪年间王姓迁出，在村南另立新村，本村更名军张。聚落呈团块状分布。经济以种植业为主，种植小麦、玉米、大豆。有公路经此。

前店 370811-A12-H43

[Qiándiàn]

在区驻地李营街道西北方向11.0千米。南张街道辖自然村。人口1 100。明洪武年间，赵姓从山东省汶上县次邱迁此。当时村庄靠济宁至梁山大道，设有旅店，并以卖麦仁粥为业，故取村名麦仁店子。后成立集市，改村名店子集。至清代中期，形成前后两村，本村在南，称前店子，中华人民共和国成立后简称前店。聚落呈团块状分布。经济以种植业为主，种植小麦、玉米、大豆。有公路经此。

后店 370811-A12-H44

[Hòudiàn]

在区驻地李营街道西北方向12.0千米。南张街道辖自然村。人口1 400。明洪武年间，赵姓从山东省汶上县次邱迁此。当时村庄靠济宁至梁山大道，设有旅店，并以卖麦仁粥为业，故取村名麦仁店子。后成立集市，改村名店子集。至清代中期，形成前后两村，本村在北，称后店子，中华人民共和国成立后简称后店。聚落呈团块状分布。经济以种植业为主，种植小麦、玉米、大豆。有公路经此。

南白 370811-A12-H45

[Nánbái]

在区驻地李营街道西北方向1.8千米。南张街道辖自然村。人口1 100。清顺治年间，白姓从本镇军王村西白家岗迁此，以姓氏取村名白家庄，后以方位改村名南白。聚落呈团块状分布。经济以种植业为主，种植小麦、玉米、大豆。有公路经此。

于家 370811-A12-H46

[Yújiā]

在区驻地李营街道西北方向12.0千米。南张街道辖自然村。人口400。明代中期，于姓从东阿县迁居汶上县于家加河，后转徙于此，以姓氏取村名于家庄，中华人民共和国成立后简称于家。聚落呈团块状分布。经济以种植业为主，种植小麦、玉米、大豆。有公路经此。

柳家 370811-A12-H47

[Liǔjiā]

在区驻地李营街道西北方向12.2千米。南张街道辖自然村。人口500。明代中期，柳姓从山东省汶上县迁此，以姓氏取村名柳家庄，中华人民共和国成立后简称柳家。聚落呈团块状分布。经济以种植业为主，种植小麦、玉米、大豆。有公路经此。

北陈 370811-A12-H48

[Běichén]

在区驻地李营街道西北方向12.0千米。南张街道辖自然村。人口600。清代中期，陈姓从本镇南陈村迁此，因在南陈村北，故取村名北陈庄，中华人民共和国成立后简称北陈。聚落呈团块状分布。经济以种植业为主，种植小麦、玉米、大豆。有公路经此。

二十里铺 370811-A13-H01
[Èrshílǐpù]

在区驻地李营街道西北方向 8.0 千米。廿里铺街道辖自然村。人口 1 500。明代前原名徐龙铺，至清代，因村庄距济宁城二十华里，故改村名二十里铺。聚落呈团块状分布。经济以种植业为主，种植小麦、玉米、大豆。有公路经此。

陈李庄 370811-A13-H02
[Chénlǐzhuāng]

在区驻地李营街道西北方向 7.9 千米。廿里铺街道辖自然村。人口 700。明初，陈、李两姓从山西省洪洞县相继迁此建村，陈姓取村名陈家庄，李姓取村名李家庄。民国初期，因两村毗邻合并为一村，当时陈氏户族繁衍，定村名陈庄。1990年地名普查，为区别重名村庄，更村名为陈李庄。聚落呈团块状分布。经济以种植业为主，种植小麦、玉米、大豆。有公路经此。

朱袁庄 370811-A13-H03
[Zhūyuánzhuāng]

在区驻地李营街道西北方向 7.4 千米。廿里铺街道辖自然村。人口 1 100。清乾隆年间，朱姓从济宁城里迁此，以姓氏取村名朱家庄。后袁姓从济宁城里迁于邻近居住，取村名袁家庄。民国初期，两村相连合为一村，统称朱袁庄。聚落呈团块状分布。经济以种植业为主，种植小麦、玉米、大豆。有公路经此。

秦营 370811-A13-H04
[Qínyíng]

在区驻地李营街道西北方向 8.9 千米。廿里铺街道辖自然村。人口 1 000。明初，秦姓从山西省洪洞县迁此，以姓氏取村名秦家庄。因战乱驻有军营，故改村名为秦家营，中华人民共和国成立后称秦营。聚落呈团块状分布。经济以种植业为主，种植小麦、玉米、大豆。有公路经此。

梁营 370811-A13-H05
[Liángyíng]

在区驻地李营街道西北方向 9.1 千米。廿里铺街道辖自然村。人口 1 500。明初，梁姓从山西省洪洞县迁此，以姓氏取村名梁家庄，因战乱曾驻军营，故改村名为梁家营，中华人民共和国成立后简称梁营。聚落呈团块状分布。经济以种植业为主，种植小麦、玉米、大豆。有公路经此。

前寺 370811-A13-H06
[Qiánsì]

在区驻地李营街道西北方向 9.1 千米。廿里铺街道辖自然村。人口 700。明初，冯姓从山西省洪洞县迁此，以姓氏取村名冯家庄，又因村北有冯家寺，故名前冯家寺，中华人民共和国成立后称前寺。聚落呈团块状分布。经济以种植业为主，种植小麦、玉米、大豆。有公路经此。

后寺 370811-A13-H07
[Hòusì]

在区驻地李营街道西北方向 9.2 千米。廿里铺街道辖自然村。人口 600。本村原名徐龙庄。明初，冯姓从山西省洪洞县迁此，仍用原村名。至清代户族繁衍，村南建有观音寺，故改为后冯家寺，中华人民共和国成立后简称后寺。聚落呈团块状分布。经济以种植业为主，种植小麦、玉米、大豆。有公路经此。

吕庄 370811-A13-H08
[Lǚzhuāng]

在区驻地李营街道西北方向 9.7 千米。廿里铺街道辖自然村。人口 1 400。清代初期是济宁城里吕姓佃户村，取名吕家庄。至清代末年归属孔姓，民国初属程姓，后又转属刘姓，虽三易其主，村名未改，中华人民共和国成立后简称吕庄。聚落呈团块状分布。经济以种植业为主，种植小麦、玉米、大豆。有公路经此。

师王营 370811-A13-H09
［Shīwángyíng］

在区驻地李营街道西北方向 4.9 千米。廿里铺街道辖自然村。人口 1 000。明永乐年间，师、王两姓从山西省洪洞县迁此，因驻扎兖州鲁王兵营，故以姓氏取村名师王营。聚落呈团块状分布。经济以种植业为主，种植小麦、玉米、大豆。有公路经此。

孟营 370811-A13-H10
［Mèngyíng］

在区驻地李营街道西北方向 5.4 千米。廿里铺街道辖自然村。人口 1 300。明代以前形成村落，原村名相里铺，因周围多水，又名曲水村。明永乐年间，孟氏从山西省迁此，因驻有军营，故以姓氏取村名孟家营，中华人民共和国成立后称孟营。聚落呈团块状分布。经济以种植业为主，种植小麦、玉米、大豆。有公路经此。

扈营 370811-A13-H11
［Hùyíng］

在区驻地李营街道西北方向 6.6 千米。廿里铺街道辖自然村。人口 400。明代中期，扈氏从山东省嘉祥县迁此，因村东临古道官路，以姓氏取村名扈家路口。清咸丰年间村中驻扎军营，故改村名扈家营，中华人民共和国成立后称扈营。聚落呈团块状分布。经济以种植业为主，种植小麦、玉米、大豆。有公路经此。

李林 370811-A13-H12
［Lǐlín］

在区驻地李营街道西北方向 5.9 千米。廿里铺街道辖自然村。人口 600。明初，李姓从山西省洪洞县大李庄迁居济宁安居镇，后转迁徙于济宁城里塘子街，至清初在此置地建庄，以姓氏取村名李家庄。后建有茔地，植柏成林，至民国改村名为李家林，中华人民共和国成立后称李林。聚落呈团块状分布。经济以种植业为主，种植小麦、玉米、大豆。有公路经此。

十里铺 370811-A13-H13
［Shílǐpù］

在区驻地李营街道西北方向 5.5 千米。廿里铺街道辖自然村。人口 1 100。明初，刘姓从山西省洪洞县迁此，取村名小庄。至清代中期改名安卓村。因距济宁城十华里，并设有驿站，又改村名为十里铺。聚落呈团块状分布。经济以种植业为主，种植小麦、玉米、大豆。有公路经此。

姜庄 370811-A13-H14
［Jiāngzhuāng］

在区驻地李营街道西北方向 6.9 千米。廿里铺街道辖自然村。人口 400。清代初期姜姓来此定居，以姓氏取村名姜家庄，中华人民共和国成立后简称姜庄。聚落呈团块状分布。经济以种植业为主，种植小麦、玉米、大豆。有公路经此。

潘王营 370811-A13-H15
［Pānwángyíng］

在区驻地李营街道西北方向 4.7 千米。廿里铺街道辖自然村。人口 1 400。明代前形成村落，原村名为东营，明中期，潘氏从山西省迁此，以姓氏取村名潘营。清初，王姓从济宁州林家屯迁此，取村名东王营，后两村合并，改村名为潘王营。聚落呈团块状分布。有古文化遗址潘王营遗址。经济以种植业为主，种植小麦、玉米、大豆。有公路经此。

郗庄 370811-A13-H16
[Xīzhuāng]

在区驻地李营街道北方向 9.3 千米。廿里铺街道辖自然村。人口 700。明初，郗姓从山西省迁此，以姓氏取村名郗家庄。至清代成立集市，又称郗庄集，中华人民共和国成立后简称郗庄。聚落呈团块状分布。经济以种植业为主，种植小麦、玉米、大豆。有公路经此。

前杨 370811-A13-H17
[Qiányáng]

在区驻地李营街道北方向 9.9 千米。廿里铺街道辖自然村。人口 300。明代中期，杨姓从山西省迁此，以姓氏取村名杨家庄。至民国初期，因村北有后杨庄，故改村名称前杨庄，中华人民共和国成立后简称前杨。聚落呈团块状分布。经济以种植业为主，种植小麦、玉米、大豆。有公路经此。

后杨 370811-A13-H18
[Hòuyáng]

在区驻地李营街道北方向 10.0 千米。廿里铺街道辖自然村。人口 500。明初，熊、杨两姓从山西省洪洞县迁此，以姓氏取村名熊杨庄。至清末，熊姓迁出，因村南有前杨庄，故改村名为后杨庄，中华人民共和国成立后简称后杨。聚落呈团块状分布。经济以种植业为主，种植小麦、玉米、大豆。有公路经此。

谢庄 370811-A13-H19
[Xièzhuāng]

在区驻地李营街道北方向 10.7 千米。

廿里铺街道辖自然村。人口 500。明嘉靖年间，谢姓从山西省洪洞县迁此，以姓氏取村名谢家庄，中华人民共和国成立后简称谢庄。聚落呈团块状分布。经济以种植业为主，种植小麦、玉米、大豆。有公路经此。

东大屯 370811-A13-H20
[Dōngdàtún]

在区驻地李营街道北方向 11.6 千米。廿里铺街道辖自然村。人口 800。明初，金姓从山西省洪洞县迁此，因地属明代济宁左卫，后改临清卫军屯之地，故以姓氏取村名金旗屯。至清乾隆年间，郁姓迁入，改村名称金郁屯，后村庄扩大，改村名为大屯。1980 年地名普查，为区别重名村庄，更村名为东大屯。聚落呈团块状分布。经济以种植业为主，种植小麦、玉米、大豆。有公路经此。

姜辛庄 370811-A13-H21
[Jiāngxīnzhuāng]

在区驻地李营街道西北方向 10.3 千米。廿里铺街道辖自然村。人口 700。本村明末、清初为郗庄郑氏庄园，故取村名新庄。后姜姓从北姜庄迁此，户族繁衍，习惯称姜新庄。至中华人民共和国成立后，以谐音字演变为辛庄。1980 年地名普查时，为区别重名村庄，更名姜辛庄。聚落呈团块状分布。经济以种植业为主，种植小麦、玉米、大豆。有公路经此。

伊庄 370811-A13-H22
[Yīzhuāng]

在区驻地李营街道北方向 9.0 千米。廿里铺街道辖自然村。人口 800。明永乐年间，伊姓从河南省新野县迁此，以姓氏取村名伊家庄，中华人民共和国成立后简称伊庄。聚落呈团块状分布。经济以种植业为主，种植小麦、玉米、大豆。有公路经此。

胡坑 370811-A13-H23
[Húkēng]

在区驻地李营街道西北方向11.3千米。廿里铺街道辖自然村。人口1 600。明初，胡姓从山西省洪洞县迁此，后人丁兴旺，家产富庶，门前曾有积水坑，常年不涸，视为吉祥，故以姓氏取村名胡家坑。中华人民共和国成立后简称胡坑。聚落呈团块状分布。经济以种植业为主，种植小麦、玉米、大豆。有公路经此。

河东 370811-A13-H24
[Hédōng]

在区驻地李营街道西北方向7.5千米。廿里铺街道辖自然村。人口2 000。明初，胥、郭、崔、孙姓先后从山西省洪洞县迁于赵王河东岸建村，以地形方位取村名河东。聚落呈团块状分布。经济以种植业为主，种植小麦、玉米、大豆。有公路经此。

薛坡 370811-A13-H25
[Xuēpō]

在区驻地李营街道西北方向11.4千米。廿里铺街道辖自然村。人口1 000。明代中期，薛姓从汶上县薛庙迁此，因地处洼坡，近无邻村，故以姓氏取村名薛家坡，中华人民共和国成立后简称薛坡。聚落呈团块状分布。经济以种植业为主，种植小麦、玉米、大豆。特产高庄馍馍。有公路经此。

朱营 370811-A13-H26
[Zhūyíng]

在区驻地李营街道西北方向12.2千米。廿里铺街道辖自然村。人口1 000。明代即称朱营。清乾隆年间，李氏从济宁城里、杨氏从附近葛亭相继迁此，仍用原村名称朱营。聚落呈团块状分布。经济以种植业为主，种植小麦、玉米、大豆。有公路经此。

于白 370811-A13-H27
[Yúbái]

在区驻地李营街道西北方向7.5千米。廿里铺街道辖自然村。人口800。清光绪三十年（1904），刘尚清从济宁城里迁此，以垦荒捕鱼为业。后孙姓从历城、郭姓从肥城先后迁此。至民国初建成村庄，因位于鱼白洼，故取村名鱼白村，中华人民共和国成立后以谐音演变为于白。聚落呈团块状分布。经济以种植业为主，种植小麦、玉米、大豆。有公路经此。

李楼 370811-A13-H28
[Lǐlǒu]

在区驻地李营街道西北方向10.5千米。廿里铺街道辖自然村。人口700。元代，杨姓在此居住，因家产富余，建有楼房，故取村名杨家楼。清初楼房转属李氏，又改村名李家楼，中华人民共和国成立后简称李楼。聚落呈团块状分布。经济以种植业为主，种植小麦、玉米、大豆。有公路经此。

前屯 370811-A13-H29
[Qiántún]

在区驻地李营街道西北方向9.7千米。廿里铺街道辖自然村。人口1 000。明洪武年间，葛姓从郓城县葛家集迁此，以姓氏取村名葛家庄。因此地驻扎军营，故改村名为葛家屯，中华人民共和国成立后更名为前屯。聚落呈团块状分布。经济以种植业为主，种植小麦、玉米、大豆。有公路经此。

后屯 370811-A13-H30
[Hòutún]

在区驻地李营街道西北方向9.9千米。廿里铺街道辖自然村。人口1 300。明初，王德政随燕王朱棣北征，因王征战有功，以功被赐屯地，即在此建庄，取村名王德政屯。至清代中期，林姓从巨野迁此，户族繁衍，后王姓渐微，故改村名为林屯，中华人民共和国成立后因南有前屯，故改称后屯。聚落呈团块状分布。经济以种植业为主，种植小麦、玉米、大豆。有公路经此。

王府集 370811-A13-H31
[Wángfǔjí]

在区驻地李营街道西北方向 9.6 千米。廿里铺街道辖自然村。人口 1 700。本村北原有明代兖州鲁王府茔地，有住户护守林墓，后逐渐发展成为村庄，并形成集市，故取村名王府集。聚落呈团块状分布。经济以种植业为主，种植小麦、玉米、大豆。有公路经此。

梁马 370811-A13-H32
[Liángmǎ]

在区驻地李营街道西北方向 9.7 千米。廿里铺街道辖自然村。人口 500。明初，梁姓从山西省洪洞县迁此，故以姓取村名梁家庄，中华人民共和国成立后简称梁庄。明代天启四年（1624），戴、马两姓从山东省齐河县迁此，以姓氏取村名戴马庄；清乾隆五十四年（1789）戴姓迁出，村名未变，至民国初期，因村中建有楼房，改村名为马楼。后两村合并，名梁马。聚落呈团块状分布。经济以种植业为主，种植小麦、玉米、大豆。有公路经此。

北聂庄 370811-A13-H33
[Běinièzhuāng]

在区驻地李营街道西北方向 11.8 千米。廿里铺街道辖自然村。人口 700。明初，聂姓从河南祥符县迁居济宁城里关帝庙街，后在此置地建庄，以姓氏取村名聂家庄。1980 年地名普查时，为区别重名村庄，更名北聂庄。聚落呈团块状分布。经济以种植业为主，种植小麦、玉米、大豆。有公路经此。

徐家 370811-A13-H34
[Xújiā]

在区驻地李营街道西北方向 12.0 千米。廿里铺街道辖自然村。人口 900。明初，程姓从山西省迁此，以玉皇庙为村名。至明代中期，徐姓从长沟镇季庙迁此，以两姓取村名程徐庄。后程、徐两姓户族繁衍，村庄扩大，形成两村，本村称徐家。聚落呈团块状分布。经济以种植业为主，种植小麦、玉米、大豆。有公路经此。

崔傅 370811-A13-H35
[Cuīfù]

在区驻地李营街道西北方向 12.1 千米。廿里铺街道辖自然村。人口 500。以姓氏命名。聚落呈团块状分布。经济以种植业为主，种植小麦、玉米、大豆。有公路经此。

钟海 370811-A13-H36
[Zhōnghǎi]

在区驻地李营街道西北方向 12.5 千米。廿里铺街道辖自然村。人口 700。明代前有傅姓在此建村，因村四周地势低洼，每逢雨季似汪洋大海，故取村名傅家海。明初，钟、赵两姓从山西省迁此，仍用原村名。后傅姓迁出，以姓氏改村名钟赵海。至清末，钟姓户族繁衍，又改村名钟家海，中华人民共和国成立后简称钟海。聚落呈团块状分布。经济以种植业为主，种植小麦、玉米、大豆。有公路经此。

程街 370811-A13-H37
[Chéngjiē]

在区驻地李营街道西北方向 12.3 千米。廿里铺街道辖自然村。人口 1 000。明初，程姓从山西省迁此，以玉皇庙为村名。至明代中期，徐姓从长沟镇季庙迁此，以两姓取村名程徐庄。至中华人民共和国成立后，程姓在村西发展成街，与徐姓形成两村，故改村名为程街。聚落呈团块状分布。经济以种植业为主，种植小麦、玉米、大豆。有公路经此。

葛亭 370811-A13-H38
[Gětíng]

在区驻地李营街道西北方向11.0千米。廿里铺街道辖自然村。人口1 200。明永乐二年（1404），秦、李两姓从山西省洪洞县迁此，取村名葛亭。至清初成立集市，改村名葛亭集，中华人民共和国成立后集市转移，仍称葛亭。聚落呈团块状分布。经济以种植业为主，种植小麦、玉米、大豆。有公路经此。

江庙 370811-A13-H39
[Jiāngmiào]

在区驻地李营街道西北方向11.7千米。廿里铺街道辖自然村。人口1 000。明代中期，江姓从蜀山湖里江庄迁此，因邻古庙建村，故取村名江庙。后村庄发展与段家街毗邻，曾名江段庄。至民国又改称江庙。聚落呈团块状分布。经济以种植业为主，种植小麦、玉米、大豆。有公路经此。

段街 370811-A13-H40
[Duànjiē]

在区驻地李营街道西北方向11.8千米。廿里铺街道辖自然村。人口700。清初，段氏从汶上县城南谭庄迁此，故以姓氏取村名段家街。后村庄逐渐扩展，与江庙相连，遂称江段庄，中华人民共和国成立后简称段街。聚落呈团块状分布。经济以种植业为主，种植小麦、玉米、大豆。有公路经此。

张庄 370811-A13-H41
[Zhāngzhuāng]

在区驻地李营街道北方向7.8千米。廿里铺街道辖自然村。人口1 000。明初，张姓从山西省迁此，因经营红炉业，故取村名张家炉。至清代中期，改村名张家庄，中华人民共和国成立后简称张庄。聚落呈团块状分布。经济以种植业为主，种植小麦、玉米、大豆。有公路经此。

崔庄 370811-A13-H42
[Cuīzhuāng]

在区驻地李营街道北方向6.3千米。廿里铺街道辖自然村。人口1 100。崔廷颜于清康熙年间从西乡（今长沟镇）崔庄迁此，以姓氏取村名崔庄。聚落呈团块状分布。经济以种植业为主，种植小麦、玉米、大豆。有公路经此。

千户 370811-A13-H43
[Qiānhù]

在区驻地李营街道西北方向8.4千米。廿里铺街道辖自然村。人口500。明洪武年间村名刘李庄。至清末，本村李氏因其先人曾于明初以功封武略将军，授千户职，为追念祖宗功勋，故改村名为千户。聚落呈团块状分布。经济以种植业为主，种植小麦、玉米、大豆。有公路经此。

苏庄 370811-A13-H44
[Sūzhuāng]

在区驻地李营街道北方向6.6千米。廿里铺街道辖自然村。人口400。本村在明代为济宁城里苏姓佃户村，取名苏家庄。清初转属孔姓，村名仍用苏家庄，中华人民共和国成立后简称苏庄。聚落呈团块状分布。经济以种植业为主，种植小麦、玉米、大豆。有公路经此。

胡营 370811-A13-H45

[Húyíng]

在区驻地李营街道北方向 8.7 千米。廿里铺街道辖自然村。人口 700。明初，胡姓从山西省迁此，故以姓氏取村名胡家庄。至清末此地曾驻军营，故改村名为胡家营，中华人民共和国成立后称胡营。聚落呈团块状分布。经济以种植业为主，种植小麦、玉米、大豆。有公路经此。

夏庙 370811-A13-H46

[Xiàmiào]

在区驻地李营街道西北方向 7.4 千米。廿里铺街道辖自然村。人口 1 100。明初，夏姓从山西省洪洞县迁此，因靠关帝庙建村，故取村名夏家庙，中华人民共和国成立后简称夏庙。聚落呈团块状分布。经济以种植业为主，种植小麦、玉米、大豆。有公路经此。

刘门口 370811-A13-H47

[Liúménkǒu]

在区驻地李营街道西北方向 6.9 千米。廿里铺街道辖自然村。明初，田姓从山西省洪洞县迁此，以姓氏取村名田家庄。至清代中期，在村东建一庙宇，改村名为田家庙。清嘉庆年间，刘姓从山西省洪洞县迁此，后家产富庶，建一宽敞大门，改村名为刘家大门口，中华人民共和国成立后简称刘门口。聚落呈团块状分布。经济以种植业为主，种植小麦、玉米、大豆。有公路经此。

张马行 370811-A13-H48

[Zhāngmǎháng]

在区驻地李营街道西北方向 6.6 千米。廿里铺街道辖自然村。人口 800。明永乐年间，张姓从山西省洪洞县迁此，曾取村名张家葫芦头。后马姓于清康熙十八年（1679）从济宁城西门里迁此，以两姓改村名张马庄。至民国又设有行栈，改村名为张马行。聚落呈团块状分布。经济以种植业为主，种植小麦、玉米、大豆。有公路经此。

傅庙 370811-A13-H49

[Fùmiào]

在区驻地李营街道西北方向 6.9 千米。廿里铺街道辖自然村。人口 700。明初，傅姓从山西省洪洞县迁此，故以姓氏取村名傅家庄。后因重修村中关帝庙，改称傅家庙，中华人民共和国成立后称傅庙。聚落呈团块状分布。经济以种植业为主，种植小麦、玉米、大豆。有公路经此。

杨场 370811-A13-H50

[Yángchǎng]

在区驻地李营街道西北方向 6.4 千米。廿里铺街道辖自然村。人口 500。清初，本村原名邵氏村，杨瑞卿于清康熙二十五年（1686）从济宁城西杨庄迁此定居。后杨姓家产富庶，人丁繁衍，在村南置十余亩地的大麦场，故改村名为杨场。聚落呈团块状分布。经济以种植业为主，种植小麦、玉米、大豆。有公路经此。

义合 370811-A13-H51

[Yìhé]

在区驻地李营街道西北方向 6.2 千米。廿里铺街道辖自然村。人口 1 200。清乾隆三十年（1765），何岗村的张叔渠任山西省潞安府知府，在此置地建庄，赡养宗族孤寡贫困者，故取村名张氏义庄，至 1955 年与西邻村石门口合并，改村名为义合。聚落呈团块状分布。有市级文物保护单位龙山文化遗址。经济以种植业为主，种植小麦、玉米、大豆。有公路经此。

赵庙 370811-A13-H52

[Zhàomiào]

在区驻地李营街道西北方向 6.0 千米。廿里铺街道辖自然村。人口 900。明万历年间，赵姓从山西省迁此，因邻观音庙建村，故取村名赵家庙，中华人民共和国成立后简称赵庙。聚落呈团块状分布。经济以种植业为主，种植小麦、玉米、大豆。有公路经此。

小屯 370811-A15-H01

[Xiǎotún]

在区驻地李营街道东南方向 5.4 千米。柳行街道辖自然村。人口 3 900。明初，王、张、徐等姓从山西省洪洞县迁此。当时有统兵将领，名常裕者驻军于此，故取村名常裕屯。至清末，因南有大屯，改称小屯。聚落呈团块状分布。经济以商业为主。有公路经此。

南营 370811-A15-H02

[Nányíng]

在区驻地李营街道东方向 6.6 千米。柳行街道辖自然村。人口 2 100。明正德年间，林姓从巨野县城西林屯迁来，后以谐音改称南营。聚落呈团块状分布。有小学 1 所。经济以商业为主，有南营村工业园等。有公路经此。

卞厂 370811-A15-H03

[Biànchǎng]

在区驻地李营街道东方向 4.9 千米。柳行街道辖自然村。人口 1 500。明初，卞姓从山西省洪洞县迁此建村，因此处曾为兖州明宗室鲁王府牧马场，地临洸河，故名洸河场。后以姓氏取村名卞家场，又逐渐以谐音演变为卞家厂。中华人民共和国成立后称卞厂。聚落呈团块状分布。经济以种植业、商业为主。有公路经此。

皇桥 370811-A15-H04

[Huángqiáo]

在区驻地李营街道东北方向 7.1 千米。柳行街道辖自然村。人口 1 300。清初，张应春从汶上县城南桑园村迁此建村，临洸河石桥。清乾隆皇帝南巡途中到泗水私访经此地，地方官绅在此桥头迎驾，故取村名皇驾桥。中华人民共和国成立后简称皇桥。聚落呈团块状分布。经济以种植业为主，种植小麦、大豆，批发苗木。有公路经此。

接庄 370811-A16-H01

[Jiēzhuāng]

在区驻地李营街道东南方向 11.5 千米。接庄街道辖自然村。人口 1 700。元代，郑氏从河南荥阳迁居此地，以姓氏取名郑庄。1684 年，康熙首次南巡时，当地官民迎驾于此，故改村名为接驾庄。1949 年简称接庄。聚落呈团块状分布。有百姓大舞台、图书室、学校、幼儿园等。经济以种植业为主。有公路经此。

宋楼 370811-A16-H02

[Sònglóu]

在区驻地李营街道东南方向 11.5 千米。接庄街道辖自然村。人口 1 300。明永乐年间，宋姓从山西洪洞县迁此定居，以姓氏取村名宋家庄。清末改名宋家楼。1949 年简称宋楼。聚落呈团块状分布。有百姓大舞台、图书室、幼儿园等。经济以种植业为主，种植小麦、玉米、大豆。有公路经此。

接庄东村 370811-A16-H03

[Jiēzhuāngdōngcūn]

在区驻地李营街道东南方向 11.9 千米。接庄街道辖自然村。人口 1 600。因坐落在接庄村东，故取名接庄东村。聚落呈团块状分布。有百姓大舞台、图书室、幼儿园等。

经济以种植业为主，种植小麦、玉米、草莓、红心萝卜。有公路经此。

乔庄 370811-A16-H04
[Qiáozhuāng]

在区驻地李营街道东南方向 12.4 千米。接庄街道辖自然村。人口 1 700。明末，乔姓从宁阳县迁居此地，邻姜家庄建村，取村名姜乔庄。清代改村名为乔庄。聚落呈团块状分布。有百姓大舞台、图书室、幼儿园等。经济以种植业为主，种植小麦、玉米、大豆。有公路经此。

西楼 370811-A16-H05
[Xīlóu]

在区驻地李营街道东南方向 11.0 千米。接庄街道辖自然村。人口 500。唐代杜姓在此建村，以姓氏取村名杜家庄。据传村另名西炉，当地方言中"炉"和"楼"发音相近，故逐渐演变为西楼。经济以种植业为主，种植小麦、玉米、大豆。有公路经此。

申庄 370811-A16-H06
[Shēnzhuāng]

在区驻地李营街道东南方向 11.8 千米。接庄街道辖自然村。人口 500。明代前，申姓在此建村居住，村名申家庄，1949 年后简称申庄。聚落呈团块状分布。有百姓大舞台、图书室、幼儿园等。经济以种植业为主，种植小麦、玉米、大豆。有公路经此。

口头村 370811-A16-H07
[Kǒutóucūn]

在区驻地李营街道东南方向 12.3 千米。接庄街道辖自然村。人口 1 600。因泗河决口于附近而得名。聚落呈团块状分布。有百姓大舞台、图书室、幼儿园等。经济以种植业为主，种植小麦、玉米、大豆。有公路经此。

宗营 370811-A16-H08
[Zōngyíng]

在区驻地李营街道东南方向 11.5 千米。接庄街道辖自然村。人口 1 000。明初，宗、焦、巴三姓从山西洪洞县迁居此地，以姓氏取村名宗焦巴。清康熙帝南巡经此，曾驻护驾兵营，故改村名为宗家营。1949 年后简称宗营。聚落呈团块状分布。有百姓大舞台、图书室、幼儿园等。经济以种植业为主，种植小麦、玉米、大豆。有公路经此。

王回庄 370811-A16-H09
[Wánghuízhuāng]

在区驻地李营街道东南方向 10.0 千米。接庄街道辖自然村。人口 1 000。回族为 100%。清道光年间，王氏从济宁城关小南门迁此定居，以姓氏取村名王家庄。1980 年地名普查，为区别重名村庄，因王姓均为回族，故更名为王回庄。聚落呈团块状分布。有百姓大舞台、图书室、幼儿园等。经济以种植业为主，种植小麦、玉米、大豆。有公路经此。

东贯 370811-A16-H10
[Dōngguàn]

在区驻地李营街道东南方向 14.4 千米。接庄街道辖自然村。人口 2 400。西汉丞相灌婴卒后葬于此，因该村位于灌婴墓东，故取村名东灌塚，逐渐以谐音演变为东贯庄，后简称东贯。聚落呈团块状分布。经济以种植业为主，种植小麦、玉米、大豆、花生。有公路经此。

西贯 370811-A16-H11
[Xīguàn]

在区驻地李营街道东南方向 13.2 千米。接庄街道辖自然村。人口 2 300。西汉丞相灌婴卒后葬于此地。明初，王、程、焦等姓从山西省洪洞县迁此定居，建村于灌塚西北，取村名北灌。清末，因东有东灌庄，故改名西灌庄。至民国后以谐音演变为西贯庄，后简称西贯。聚落呈团块状分布。有百姓大舞台、图书室、幼儿园等。经济以种植业为主，种植小麦、玉米、大豆、花生。有公路经此。

南贯集二村 370811-A16-H12
[Nánguànjí'èrcūn]

在区驻地李营街道东南方向 14.8 千米。接庄街道辖自然村。人口 1 400。附近邻村名东、西灌塚，故该村以方位取村名南灌。后成立集市，称南灌集。至民国以谐音演变为南贯集，并分为五村，本村为南贯集二村。聚落呈团块状分布。经济以种植业为主，种植小麦、玉米。有公路经此。

南贯集六村 370811-A16-H13
[Nánguànjíliùcūn]

在区驻地李营街道东南方向 14.3 千米。接庄街道辖自然村。人口 600。清初，董姓从黄河北迁此定居，以姓氏取村名董家庄。1980 年地名普查，为区别重名村庄，因该村原属南贯集，故更名南贯集六村。聚落呈团块状分布。经济以种植业为主，种植小麦、玉米。有公路经此。

丁庄 370811-A16-H14
[Dīngzhuāng]

在区驻地李营街道东南方向 14.5 千米。接庄街道辖自然村。人口 900。明初，丁氏从山西省洪洞县迁居此地，以姓氏取村名丁家庄。1949 年后简称丁庄。聚落呈团块状分布。有百姓大舞台、图书室、学校等。经济以种植业为主，种植小麦、玉米、大豆。有公路经此。

前袁 370811-A16-H15
[Qiányuán]

在区驻地李营街道东南方向 16.4 千米。接庄街道辖自然村。人口 1 000。明初，张耀彩从河南省迁此定居，村名袁庄。后村庄扩大，至中华人民共和国成立后形成两村，此村在南，故称前袁。聚落呈团块状分布。有百姓大舞台、图书室。经济以种植业为主，种植小麦、玉米、大豆。有公路经此。

后袁 370811-A16-H16
[Hòuyuán]

在区驻地李营街道东南方向 15.4 千米。接庄街道辖自然村。人口 2 100。明初，张耀彩从河南省迁此定居，村名袁庄。后村庄扩大，至中华人民共和国成立后形成两村，此村在北，故称后袁。聚落呈团块状分布。有百姓大舞台、图书室、学校、幼儿园等。经济以种植业为主，种植小麦、玉米、大豆。特产小磨香油。有公路经此。

东郑庄 370811-A16-H17
[Dōngzhèngzhuāng]

在区驻地李营街道东南方向 16.4 千米。接庄街道辖自然村。人口 2 000。以汉族、回族为主，其中回族占 14%。郑子阙里人，设教任城东二十五里泗水之滨，名郑庄。后郑氏世居于此，村名未改。1980 年地名普查，为区别重名村庄，以方位更名为东郑庄。聚落呈团块状分布。经济以种植业为主，种植小麦、玉米、大豆。有公路经此。

垞河 370811-A16-H18
[Cháhé]

在区驻地李营街道东南方向 15.1 千米。接庄街道辖自然村。人口 1 400。明崇祯十六年（1643），村中祝氏家族出资修建奶奶庙。明代，泗河曾在此决口，经河水冲击，自然形成河道。至清代，济宁城里冯家大院冯氏在此安庄，以地形取村名垞河。至清末村庄扩大，形成前后两村，分别称为前垞河、后垞河。1980年总称为垞河。聚落呈团块状分布。有百姓大舞台、图书室、学校等。经济以种植业为主，种植小麦、玉米、大豆。有公路经此。

常营 370811-A16-H19
[Chángyíng]

在区驻地李营街道东南方向16.4千米。接庄街道辖自然村。人口1 900。明初，常氏从山西省洪洞县迁此，因当时驻有屯田军营，故以姓氏取村名常家营。中华人民共和国成立后简称常营。聚落呈团块状分布。有文化广场。经济以种植业为主，种植小麦、玉米、大豆。有公路经此。

中辛 370811-A16-H20
[Zhōngxīn]

在区驻地李营街道东南方向11.3千米。接庄街道辖自然村。人口900。清末，王、郭两姓从寿张迁此定居。随后赵、武、杨等姓亦相继迁来，因新建村庄，故取村名为新庄。至民国，村庄发展，前有舒新，后有北新，故更名为中新。1949年后改名为中新庄，后又以谐音演变为中辛。1989年村庄规划，邻村陈庄并入，村名未变。聚落呈团块状分布。经济以种植业为主，种植小麦、玉米、大豆。有公路经此。

前二十里铺 370811-A16-H21
[Qián'èrshílǐpù]

在区驻地李营街道东南方向10.5千米。接庄街道辖自然村。人口1 000。明初，刘姓从山西洪洞县迁此，因村临济宁至滕县公路，距济宁城二十华里，故取村名二十里铺。后形成两村，此村在南，称前二十里铺。聚落呈团块状分布。有百姓大舞台、图书室、幼儿园等。经济以种植业为主，种植小麦、玉米、大豆。有公路经此。

古柳 370811-A16-H22
[Gǔliǔ]

在区驻地李营街道东南方向12.3千米。接庄街道辖自然村。人口1 600。据传，明朝前村里一户刘姓人家在村东栽了一棵柳树，到明代已长成远近闻名的大柳树了。明初，遭蝗灾，村中柳树叶子被蝗虫食净，未损禾苗，从此柳树枯死。为纪念此事，故取村名古柳。聚落呈团块状分布。经济以种植业为主，种植小麦、玉米、大豆。有公路经此。

东黄楼 370811-A16-H23
[Dōnghuánglóu]

在区驻地李营街道东南方向12.5千米。接庄街道辖自然村。人口400。明初，原名黄家楼，靳姓从山西省洪洞县迁于济宁城里曾家水坑涯，明末转徙于此，后黄姓迁出，村名未变。1980年地名普查，为区别于重复村名，以方位更名为东黄楼。聚落呈团块状分布。有百姓大舞台、图书室。经济以种植业为主，种植小麦、玉米、大豆。有公路经此。

舒辛 370811-A16-H24
[Shūxīn]

在区驻地李营街道东南方向11.4千米。接庄街道辖自然村。人口800。清初，舒姓从黄河北迁此建村，取村名舒新庄。清代中期，曾更名为舒家庄。民国形成前后两村，南称前舒辛，北称后舒辛。1987年并为一村，称舒辛。聚落呈团块状分布。有百姓大舞台、图书室。经济以种植业为主，种植小麦、玉米、大豆。有公路经此。

大郝 370811-A16-H25

[Dàhǎo]

在区驻地李营街道东南方向 7.3 千米。接庄街道辖自然村。人口 1 900。该村原名大贺。明初，张、盛等姓从山西省洪洞县迁此定居，仍用原村名。至清中叶，渐以谐音演变为大郝。聚落呈团块状分布。有百姓大舞台、图书室、幼儿园等。经济以种植业为主，种植大棚蔬菜。有公路经此。

小郝 370811-A16-H26

[Xiǎohǎo]

在区驻地李营街道东南方向 8.2 千米。接庄街道辖自然村。人口 3 100。唐初，常、李两姓在此定居。东部有小泥沟河流过，便名村小河。明洪武年间，马、谢、冯、高等姓相继迁来，因西邻大郝，故取村名小郝。聚落呈团块状分布。有百姓大舞台、图书室。经济以种植业为主，种植大棚蔬菜。省道济邹路经此。

大屯 370811-A16-H27

[Dàtún]

在区驻地李营街道东南方向 7.7 千米。接庄街道辖自然村。人口 2 500。明初，李姓从山西省洪洞县迁此定居，因建村于蓼沟河边，且地属军屯，故取村名蓼沟屯。至清末，因北有小屯，改称大屯。聚落呈团块状分布。有百姓大舞台、图书室、幼儿园等。经济以种植业为主，种植小麦、玉米、蔬菜。有公路经此。

十里营 370811-A16-H28

[Shílǐyíng]

在区驻地李营街道东南方向 9.3 千米。接庄街道辖自然村。人口 4 800。明初，杨、陈两姓从山西省洪洞县迁此，分别称为杨街、陈街。至清代乾隆皇帝南巡时，曾在此驻护驾兵营，又因此处距济宁城十华里，故改村名为十里营。聚落呈团块状分布。有幼儿园、小学。经济以种植业为主。有公路经此。

蒋屯 370811-A16-H29

[Jiǎngtún]

在区驻地李营街道东南方向 7.0 千米。接庄街道辖自然村。人口 800。明永乐年间，汤、赵两姓从山西省洪洞县迁此定居。当时此处地属军屯，故取村名小屯。后由于战乱，朝廷委派了一名蒋姓将领在此带兵驻守，一次战役中，蒋姓将领在村北石桥英勇牺牲，为纪念其功，改村名为蒋桥屯。1949 年后简称蒋屯。聚落呈团块状分布。有百姓大舞台、图书室、幼儿园等。经济以种植业为主，种植小麦、玉米。有公路经此。

八里营 370811-A16-H30

[Bālǐyíng]

在区驻地李营街道东南方向 6.5 千米。接庄街道辖自然村。人口 2 600。明初，郑姓从山西洪洞县迁此定居，取村名八里营，沿用至今。聚落呈团块状分布。经济以种植业为主，种植小麦、玉米、蔬菜。省道济邹路经此。

常利 370811-A17-H01

[Chánglì]

在区驻地李营街道南方向 19.0 千米。许庄街道辖自然村。人口 2 300。以汉族、回族为主，其中回族占 6%。清末，常姓生意兴隆，名声远传四方，便改村名为常利村店铺。后来居住人口越来越多，已形成村落，定村名为常利。聚落呈团块状分布。经济以种植业为主。有公路经此。

大孟 370811-A17-H02
[Dàmèng]

在区驻地李营街道西南方向 18.5 千米。许庄街道辖自然村。人口 900。以汉族、回族为主，其中回族占 0.4%。因孟氏家族早先在此居住，故名。聚落呈带状分布。经济以种植业为主，种植小麦、玉米、豆芽。有公路经此。

张堌堆 370811-A17-H03
[Zhānggùduī]

在区驻地李营街道南方向 16.2 千米。许庄街道辖自然村。人口 2 200。以汉族、回族为主，其中回族占 0.3%。明永乐中期，张姓从山西省洪洞县迁居此地，因靠近大土堌堆建村，故以姓氏取村名张家堌堆，清代中期曾改村名为张庄。民国又改村为张堌堆。聚落呈团块状分布。经济以种植业为主，种植小麦、玉米。济菏铁路经此。

张营 370811-A17-H04
[Zhāngyíng]

在区驻地李营街道南方向 14.3 千米。许庄街道辖自然村。人口 1 500。村原名康庄，明天启年间，张姓户族繁衍，以姓氏改村名张家庄，后改名为张家营，中华人民共和国成立后简称张营。聚落呈团块状分布。经济以种植业为主，种植小麦、玉米、蔬菜、果树。有公路经此。

李集 370811-A17-H05
[Lǐjí]

在区驻地李营街道南方向 17.3 千米。许庄街道辖自然村。人口 3 200。李姓从山西省洪洞县迁居此地，以姓氏取村名李集。聚落呈团块状分布。经济以种植业为主，种植小麦、玉米。有公路经此。

工联新村 370811-A17-H06
[Gōngliánxīncūn]

在区驻地李营街道南方向 12.1 千米。许庄街道辖自然村。人口 200。因为是一个新建立的居民点，且安置几个工厂的职工家属，故名工联新村。聚落呈团块状分布。经济以种植业为主。有公路经此。

航运新村 370811-A17-H07
[Hángyùnxīncūn]

在区驻地李营街道南方向 13.1 千米。许庄街道辖自然村。人口 1 600。1974 年，济宁政府为让渔民陆居，拨款建造居民点，名渔民新村。1984 年成立任城第一航运公司，更名为航运新村。聚落呈团块状分布。经济以商业为主。有公路经此。

东赵 370811-A17-H08
[Dōngzhào]

在区驻地李营街道南方向 16.6 千米。许庄街道辖自然村。人口 2 700。隋朝年间，时设赵村闸方便往来船只通过，村由此得名。聚落呈团块状分布。有公路经此。

南李楼 370811-A17-H09
[Nánlǐlóu]

在区驻地李营街道南方向 15.3 千米。许庄街道辖自然村。人口 600。以汉族、回族为主，其中回族占 1%。清初，李氏自济宁东南关坝口迁此，以姓氏取名李家庄。后逐渐富裕，建楼房，至清末改村名为李家楼，后简称李楼。1980 年地名普查时，为区别地名，更名南李楼。聚落呈团块状分布。经济以种植业为主。有公路经此。

长沟 370811-B01-H01
[Chánggōu]

长沟镇人民政府驻地。在区驻地李营

街道西北方向 18.9 千米。人口 1 900。相传唐代在此开挖沟渠，南北长数十里，从村中通过，故取村名长沟。聚落呈团块状分布。有学校、幼儿园。经济以种植业为主，种植小麦、玉米、大豆、葡萄、苗木等。长沟牌葡萄为国家著名商标。有凌志包装厂、义河酒厂等。济徐高速公路、济梁公路经此。

回林 370811-B01-H02
［Huílín］

在区驻地李营街道西北方向 16.6 千米。长沟镇辖自然村。人口 1 500。相传，鲁哀公十四年（前 481），孔子在巨野遇一麒麟（已被猎人射死），命随从把麒麟抬回来，行至长沟过摆渡（坐船）住在小街子李，并把小街子李改名获麟街。清末僧格林沁率清军镇压捻军起义时大旱，僧格林沁率众官兵求雨，并在获麟街玩龙助兴，恰巧真的下了大雨，人们相传获麟街的龙很灵，因此获麟街又改称回龙街。中华人民共和国成立后因这两村名都带有封建色彩，借谐音改称回林。聚落呈团块状分布。经济以种植业为主，种植小麦、玉米、大豆、葡萄、苗木等。有公路经此。

张庄街 370811-B01-H03
［Zhāngzhuāngjiē］

在区驻地李营街道西北方向 17.7 千米。长沟镇辖自然村。人口 900。明弘治年间，张姓从山西省洪洞县迁居长沟镇，至民国初期，长沟镇划分街道，以姓氏取村名小张庄街，后简称张庄。1980 年更名为张庄街。聚落呈团块状分布。经济以种植业为主，种植小麦、玉米、大豆、葡萄、苗木等。有公路经此。

路庄 370811-B01-H04
［Lùzhuāng］

在区驻地李营街道西北方向 16.9 千米。

长沟镇辖自然村。人口 800。明永乐年间，路姓从山西省迁居汶上县路楼，清代光绪年间，明朝兵部尚书路明后裔迁长沟定居，至民国初期，长沟镇规划街道，故以姓氏取村名路庄。聚落呈团块状分布。经济以种植业为主，种植小麦、玉米、大豆、葡萄、苗木等。有公路经此。

西营 370811-B01-H05
［Xīyíng］

在区驻地李营街道西北方向 19.4 千米。长沟镇辖自然村。人口 700。明代以前有李、张、柏、高、路、田等姓居住于此，原属长沟村，至民国初期，长沟镇划分街道，以该村所居方位取名西营。聚落呈团块状分布。经济以种植业为主，种植小麦、玉米、大豆、葡萄、苗木等。有公路经此。

傅街 370811-B01-H06
［Fùjiē］

在区驻地李营街道西北方向 17.2 千米。长沟镇辖自然村。人口 1 400。本村有傅、朱、刘、宫等姓居住于此，原属长沟村，至民国初期，长沟镇划分街道，因傅姓户族繁衍，故取村名傅庄。1980 年地名普查，为区别重名村庄，更名傅街。聚落呈团块状分布。经济以种植业为主，种植小麦、玉米、大豆、葡萄、苗木等。有公路经此。

桥子 370811-B01-H07
［Qiáozi］

在区驻地李营街道西北方向 17.2 千米。长沟镇辖自然村。人口 700。明永乐年间，马、步、宫、孙等姓先后从山西省洪洞县迁居长沟。至民国初期，长沟镇划分街道时，因街临长沟石桥，故取村名桥子。聚落呈团块状分布。经济以种植业为主，种植小麦、玉米、大豆、葡萄、苗木等。有公路经此。

孙街 370811-B01-H08
［Sūnjiē］

在区驻地李营街道西北方向 17.1 千米。长沟镇辖自然村。人口 600。明永乐年间，孙姓从山西省洪洞县迁此。至民国初期，长沟镇划分街道，故以姓氏取村名孙街。聚落呈团块状分布。经济以种植业为主，种植小麦、玉米、大豆、葡萄、苗木等。有公路经此。

后陈 370811-B01-H09
［Hòuchén］

在区驻地李营街道西北方向 20.5 千米。长沟镇辖自然村。人口 2 600。明永乐二年（1404），陈广才率户族从山西省洪洞县迁居蜀山湖北岸苑村桑园定居，至四世时移此定居，取村名南阳。至万历十三年（1585），陈、赵、薛、李、胡、刘等姓共议改村名，当时公认陈氏为本村望族，且世代忠厚，故改村名为厚陈庄，中华人民共和国成立后改称后陈。聚落呈团块状分布。经济以种植业为主，种植小麦、玉米、大豆、葡萄、苗木等。有公路经此。

杨胡李 370811-B01-H10
［Yánghúlǐ］

在区驻地李营街道西北方向 18.5 千米。长沟镇辖自然村。人口 1 500。明永乐年间，有运粮船户杨姓率大帮船只漕运北上，流落于此，其部分船户在此安家，故取村名杨半帮。后胡姓从本县胡营迁来，靠蜀山湖建村，取村名堤根胡。李姓从山西省洪洞县迁此，后称李街。至清初，三村房舍相连，合为一体，故以姓氏取村名杨胡李庄，中华人民共和国成立后简称杨胡李。聚落呈团块状分布。经济以种植业为主，种植小麦、玉米、大豆、葡萄、苗木等。有公路经此。

蔡堂 370811-B01-H11
［Càitáng］

在区驻地李营街道西北方向 18.9 千米。长沟镇辖自然村。人口 1 800。明洪武年间，蔡姓从山西省洪洞县迁此，以姓氏取村名蔡家庄。后因村东建火神堂，至民国初期改村名为蔡家堂，中华人民共和国成立后简称蔡堂。聚落呈团块状分布。经济以种植业为主，种植小麦、玉米、大豆、葡萄、苗木等。有公路经此。

季庙 370811-B01-H12
［Jìmiào］

在区驻地李营街道西北方向 20.1 千米。长沟镇辖自然村。明永乐二年（1404），季姓从山西省洪洞县迁此，以姓氏取村名季家庄。至民国初期，因村中建有三官庙，改村名为季家庙，中华人民共和国成立后简称季庙。聚落呈团块状分布。经济以种植业为主，种植小麦、玉米、大豆、葡萄、苗木等。有公路经此。

李北 370811-B01-H13
［Lǐběi］

在区驻地李营街道西北方向 20.2 千米。长沟镇辖自然村。人口 700。明永乐二年（1404），李瑷迁居济宁州城西北石娄村地方建村，名李北庄。迁来后曾建草房为家庙，取村名草庙李。后恢复李北庄村名，中华人民共和国成立后简称李北。聚落呈团块状分布。经济以种植业为主，种植小麦、玉米、大豆、葡萄、苗木等。有公路经此。

张坊 370811-B01-H14
［Zhāngfáng］

在区驻地李营街道西北方向 17.5 千米。长沟镇辖自然村。人口 1 300。明洪武年间，张姓从山西省洪洞县迁此，后家产富庶，经营磨坊、碾坊等，故以姓氏取村名张家坊，中华人民共和国成立后简称张坊。聚落呈团块状分布。经济以种植业为主，种植小麦、玉米、大豆、葡萄、苗木等。有公路经此。

梁庄 370811-B01-H15
[Liángzhuāng]

在区驻地李营街道西北方向 17.9 千米。长沟镇辖自然村。人口 600。明洪武年间，梁姓从山西省洪洞县迁此，以姓氏取村名梁家庄。后梁姓迁出，村名未改，中华人民共和国成立后简称梁庄。聚落呈团块状分布。经济以种植业为主，种植小麦、玉米、大豆、葡萄、苗木等。有公路经此。

蜀湖 370811-B01-H16
[Shǔhú]

在区驻地李营街道西北方向 20.7 千米。长沟镇辖自然村。人口 300。本村原为三韩、大堤头两村土地，因开挖梁济运河阻于东岸，耕作不便，1979 年两村部分村民迁此建村。因位于蜀山湖里，故取村名蜀湖新村，后简称蜀湖。聚落呈团块状分布。经济以种植业为主，种植小麦、玉米、大豆、葡萄、苗木等。有公路经此。

刘庄 370811-B01-H17
[Liúzhuāng]

在区驻地李营街道西北方向 21.9 千米。长沟镇辖自然村。人口 1 800。明永乐年间，刘姓从山西省洪洞县迁至嘉祥县大刘庄，后又徙居于蜀山湖里高阜处建村，以养鸭为生，故取村名鸭刘庄。后因村东有东刘庄，改村名为西刘庄，中华人民共和国成立后简称刘庄。聚落呈团块状分布。经济以种植业为主，种植小麦、玉米、大豆、葡萄、苗木等。有公路经此。

翟庙 370811-B01-H18
[Zháimiào]

在区驻地李营街道西北方向 19.3 千米。长沟镇辖自然村。人口 800。明洪武年间，翟、赵、傅三姓相继从山西省洪洞县迁此，以姓氏取村名翟赵傅庄。至民国初期，赵、傅家族迁出，在附近各立村庄。翟姓户族繁衍，在村内修建家庙，改村名为翟庙。聚落呈团块状分布。经济以种植业为主，种植小麦、玉米、大豆、葡萄、苗木等。有公路经此。

党庄 370811-B01-H19
[Dǎngzhuāng]

在区驻地李营街道西北方向 18.4 千米。长沟镇辖自然村。人口 900。明永乐年间，党姓从山西省洪洞县迁此，以姓氏取村名党家庄，中华人民共和国成立后简称党庄。聚落呈团块状分布。经济以种植业为主，种植小麦、玉米、大豆、葡萄、苗木等。有公路经此。

崔庄 370811-B01-H20
[Cuīzhuāng]

在区驻地李营街道西北方向 18.7 千米。长沟镇辖自然村。人口 1 600。明永乐年间，崔姓从山西省洪洞县迁居店子村，后转徙于此，以姓氏取村名崔家庄。至明代中叶户族繁衍，分别移居于崔桥及东崔庄，曾改村名为大分崔。至民国初，恢复村名崔家庄，1990 年地名补查时定村名为崔庄。聚落呈团块状分布。经济以种植业为主，种植小麦、玉米、大豆、葡萄、苗木等。有公路经此。

钱海 370811-B01-H21
[Qiánhǎi]

在区驻地李营街道西北方向 17.1 千米。

长沟镇辖自然村。人口 2 900。明初，钱姓从山西省洪洞县迁此，以姓氏取村名钱庄。清代宣统年间，因村庄周围地势低洼，每逢雨季，村外积水，一片汪洋，故改村名为钱海。聚落呈团块状分布。经济以种植业为主，种植小麦、玉米、大豆、葡萄、苗木等。有公路经此。

曹林 370811-B01-H22
［Cáolín］

　　在区驻地李营街道西北方向 18.8 千米。长沟镇辖自然村。人口 400。元代称曹林。明初，刘姓从山西省洪洞县迁此，村名仍称曹林。聚落呈团块状分布。经济以种植业为主，种植小麦、玉米、大豆、葡萄、苗木等。有公路经此。

后刘 370811-B01-H23
［Hòuliú］

　　在区驻地李营街道西北方向 19.3 千米。长沟镇辖自然村。人口 1 300。明洪武年间，刘、李两姓从山西省洪洞县迁此，以姓氏取村名刘家庄。至明代中期，刘姓富庶，建起楼房，改村名为刘楼。后家族分支分别住于前街和后街，次支刘邦武居后街，村称后刘楼，中华人民共和国成立后称后刘。聚落呈团块状分布。经济以种植业为主，种植小麦、玉米、大豆、葡萄、苗木等。有公路经此。

范庄 370811-B01-H24
［Fànzhuāng］

　　在区驻地李营街道西北方向 18.2 千米。长沟镇辖自然村。人口 1 300。范氏于明永乐二年（1404）从山西省洪洞县迁此定居，后户族繁衍，以姓氏取村名范家庄，中华人民共和国成立后简称范庄。聚落呈团块状分布。经济以种植业为主，种植小麦、玉米、大豆、葡萄、苗木等。有公路经此。

天宝寺 370811-B01-H25
［Tiānbǎosì］

　　在区驻地李营街道西北方向 17.1 千米。长沟镇辖自然村。人口 4 000。唐代天宝初年，此地建有天宝寺，人们在此建村居住，耕作农田，村随寺名，称天宝寺。聚落呈团块状分布。经济以种植业为主，种植小麦、玉米、大豆、葡萄、苗木等。有公路经此。

北南田 370811-B01-H26
［Běinántián］

　　在区驻地李营街道西北方向 15.2 千米。长沟镇辖自然村。人口 1 800。明初，田姓从山西省洪洞县迁于济宁城北长沟居住，后转徙于此，因村庄位于元田村南，故取村名南田庄，中华人民共和国成立后简称南田。1980 年地名普查，为区别重名村庄，以方位更名北南田。聚落呈团块状分布。经济以种植业为主，种植小麦、玉米、大豆、葡萄、苗木等。有公路经此。

王庙 370811-B01-H27
［Wángmiào］

　　在区驻地李营街道西北方向 15.9 千米。长沟镇辖自然村。人口 1 300。元代名桑蒲庄。明洪武年间，王、田两姓先后从山西省洪洞县迁此，以姓氏改村名为王田庄。民国初期，王氏家族繁衍，捐资重修村内的观音、玄帝两庙，故改称王庙。聚落呈团块状分布。经济以种植业为主，种植小麦、玉米、大豆、葡萄、苗木等。有公路经此。

南薛 370811-B01-H28
［Nánxuē］

　　在区驻地李营街道西北方向 15.4 千米。长沟镇辖自然村。人口 1 300。明永乐年间，薛姓从山西省洪洞县迁此，以姓氏取村名薛庄。后因北有后薛庄，遂改村称南薛庄，中华人民共和国成立后简称南薛。聚落呈团块状分布。经济以种植业为主，种植小麦、玉米、大豆、葡萄、苗木等。有公路经此。

南杨李 370811-B01-H29
[Nányánglǐ]

在区驻地李营街道西北方向 16.2 千米。长沟镇辖自然村。人口 1 100。明洪武年间，李姓从山西省洪洞县迁此，因村中有石羊，与该村东北翟赵傅村西石羊南北遥遥相对，故以姓氏取村名南羊李家庄，中华人民共和国成立后以谐音简称南杨李。聚落呈团块状分布。经济以种植业为主，种植小麦、玉米、大豆、葡萄、苗木等。有公路经此。

元田 370811-B01-H30
[Yuántián]

在区驻地李营街道西北方向 17.6 千米。长沟镇辖自然村。人口 1 300。本村在元代名丁桥。明洪武年间，田姓从山西省洪洞县迁此，至明代中期，在本村种植桃园，故以姓氏改称园田庄。后渐以谐音字演变为元田庄，中华人民共和国成立后简称元田。聚落呈团块状分布。经济以种植业为主，种植小麦、玉米、大豆、葡萄、苗木等。有公路经此。

前陈 370811-B01-H31
[Qiánchén]

在区驻地李营街道西北方向 17.8 千米。长沟镇辖自然村。人口 700。明洪武年间，陈姓从山西省洪洞县迁此，以姓氏取村名陈家庄。因本村北有后陈庄，遂改称前陈庄，中华人民共和国成立后简称前陈。聚落呈团块状分布。经济以种植业为主，种植小麦、玉米、大豆、葡萄、苗木等。有公路经此。

白果树 370811-B01-H32
[Báiguǒshù]

在区驻地李营街道西北方向 17.9 千米。长沟镇辖自然村。人口 1 500。元代名闫卢庄。明洪武年间，崔、王两姓从山西省洪洞县迁此，后闫、卢两姓先后迁出，村名改称崔王庄。1931 年，因村内有棵老白果树（银杏树），相传植于唐代，枝干茂密，大可数围，故改村名为白果树。聚落呈团块状分布。经济以种植业为主，种植小麦、玉米、大豆、葡萄、苗木等。有公路经此。

后薛 370811-B01-H33
[Hòuxuē]

在区驻地李营街道西北方向 18.3 千米。长沟镇辖自然村。人口 500。明洪武年间，薛姓从山西省洪洞县迁此，因当时村中建有石桥，故取村名薛家桥。后薛姓移元田村北建房居住，以姓氏取村名薛家庄。中华人民共和国成立后改称后薛。聚落呈团块状分布。经济以种植业为主，种植小麦、玉米、大豆、葡萄、苗木等。有公路经此。

康庙 370811-B01-H34
[Kāngmiào]

在区驻地李营街道西北方向 18.5 千米。长沟镇辖自然村。人口 1 300。元代，康、夏两姓在此定居，因村西原有古庙，故以姓氏取村名康夏庙。清顺治年间，夏姓迁出，改村名康家庙庄，中华人民共和国成立后简称康庙。聚落呈团块状分布。经济以种植业为主，种植小麦、玉米、大豆、葡萄、苗木等。有公路经此。

护驾李 370811-B01-H35
[Hùjiàlǐ]

在区驻地李营街道西北方向 19.7 千米。长沟镇辖自然村。人口 1 600。明永乐年间，明代将领李青在此定居，因护燕王南征北战，护驾有功，曾荣膺重赏。永乐年间来此定居，故取村名护驾李。清代因靠山建村，改称李家山庄。至清末，李氏追念祖德宗功，恢复原村名护驾李。聚落呈团块状分布。经济以种植业为主，种植小麦、玉米、大豆、葡萄、苗木等。有公路经此。

赵王堂 370811-B01-H36
[Zhàowángtáng]

在区驻地李营街道西北方向18.8千米。长沟镇辖自然村。人口1 600。明洪武年间，赵姓从汶上县次邱迁此，刘、王两姓亦同时迁此。因村中有古庙名七圣堂，赵姓建村在西取村名赵家堂，王姓建村在东取村名王家堂，刘姓因靠山建村取村名刘家山。至清光绪年间，三村房舍相连，合为一村，改称赵王堂。聚落呈团块状分布。经济以种植业为主，种植小麦、玉米、大豆、葡萄、苗木等。有公路经此。

张山 370811-B01-H37
[Zhāngshān]

在区驻地李营街道西北方向17.9千米。长沟镇辖自然村。人口3 900。明代以前，本村以山取名彭祖山。明代中期，张姓从山西省洪洞县迁居泰安城东汶河崖郭庄居住，于万历年间转徙于此，因靠山建村，故以姓氏改村名张家山庄，中华人民共和国成立后简称张山。聚落呈团块状分布。经济以种植业为主，种植小麦、玉米、大豆、葡萄、苗木等。有公路经此。

王山 370811-B01-H38
[Wángshān]

在区驻地李营街道西北方向18.5千米。长沟镇辖自然村。人口300。明洪武年间，王姓从山西省洪洞县迁此，因靠彭祖山建村，故以姓氏取村名王家山庄，中华人民

共和国成立后简称王山。聚落呈团块状分布。经济以种植业为主，种植小麦、玉米、大豆、葡萄、苗木等。有公路经此。

城子崖 370811-B01-H39
[Chéngziyá]

在区驻地李营街道西北方向18.3千米。长沟镇辖自然村。人口500。以村西南部有土崖，高出地面三四公尺，四面高阜环绕，形如城堡，故取村名城子崖。聚落呈团块状分布。经济以种植业为主，种植小麦、玉米、大豆、葡萄、苗木等。有公路经此。

水牛陈 370811-B01-H40
[Shuǐniúchén]

在区驻地李营街道西北方向20.6千米。长沟镇辖自然村。人口1 300。元末明初，陈姓从山西省洪洞县迁此，以姓氏取村名陈庄。建村时因建房取土，在村内形成一个大坑塘，常年积水，后在村内修建庙堂一座，供有土地爷、马五爷、牛五爷神像。因神话传说牛王爷显灵，有九头水牛下坑洗澡，而坑内出现了十头水牛，故改村名为水牛陈。聚落呈团块状分布。经济以种植业为主，种植小麦、玉米、大豆、葡萄、苗木等。有公路经此。

王庄 370811-B01-H41
[Wángzhuāng]

在区驻地李营街道西北方向20.9千米。长沟镇辖自然村。人口700。明洪武年间，王姓从山西省洪洞县迁此，以姓氏取村名王家庄，中华人民共和国成立后简称王庄。聚落呈团块状分布。经济以种植业为主，种植小麦、玉米、大豆、葡萄、苗木等。有公路经此。

秦咀 370811-B01-H42

[Qínzuǐ]

在区驻地李营街道西北方向 20.4 千米。长沟镇辖自然村。人口 800。明洪武年间，秦姓从山西省洪洞县迁于汶上县西北蔡家林，后裔分支迁此。因村庄位于秦风闸口，故以姓氏取村名秦家嘴，中华人民共和国成立后简称秦咀。聚落呈团块状分布。经济以种植业为主，种植小麦、玉米、大豆、葡萄、苗木等。有公路经此。

大堤头 370811-B01-H43

[Dàdītóu]

在区驻地李营街道西北方向 20.4 千米。长沟镇辖自然村。人口 1 700。明洪武年间，李姓从汶上县城南李官屯迁于嘉祥县城东李楼居住，后户族繁衍，分居迁此，因当时建村于南旺湖大堤尽头下，故取村名大堤头。聚落呈团块状分布。经济以种植业为主，种植小麦、玉米、大豆、葡萄、苗木等。有公路经此。

三韩 370811-B01-H44

[Sānhán]

在区驻地李营街道西北方向 20.9 千米。长沟镇辖自然村。人口 3 200。明永乐年间，韩实从河北邯郸迁此，故以姓氏取村名韩庄。至清顺治年间，户族繁衍，改称大韩庄。光绪、宣统年间，该村发展成南、北、中三村，中华人民共和国成立后统称三韩。聚落呈团块状分布。经济以种植业为主，种植小麦、玉米、大豆、葡萄、苗木等。有公路经此。

喻屯 370811-B02-H01

[Yùtún]

喻屯镇人民政府驻地。在区驻地李营街道南方向 32.5 千米。人口 3 900。本村元代即成村落。明初，俞、项、丁、宁、葛、客、秦等姓从军在此定居。后俞姓户族繁衍，因有功被赐予军屯地，故以姓氏定村名为俞官屯。至清代中叶，演变为喻官屯，清末简称喻屯。聚落呈团块状分布。有学校、幼儿园、文化站等。境内有古亢父城遗址和王桀墓遗址。经济以种植业为主，种植甜瓜、小麦、水稻等。村北建有农贸市场，为区境南部农副产品集散地。237 国道经此。

韩庄 370811-B02-H02

[Hánzhuāng]

在区驻地李营街道南方向 30.5 千米。喻屯镇辖自然村。人口 1 800。明末，韩姓从山东省滋阳县韩寨迁此，仍以韩寨为村名。至清代初期，韩姓自称为唐代国子监博士韩愈后裔，改村名为韩博士庄，后称韩庄。聚落呈团块状分布。经济以种植业为主，种植小麦、水稻、玉米、大豆。有公路经此。

红庙屯 370811-B02-H03

[Hóngmiàotún]

在区驻地李营街道南方向 31.5 千米。喻屯镇辖自然村。人口 2 600。明代前，唐、周两姓在此居住，村名子略村。明初，辛姓从山西省洪洞县迁此定居，仍用原村名。至清顺治年间，村内兴建关帝庙，周围砖墙，门窗涂以红色，又因地属军屯，故改村名为红庙屯。聚落呈团块状分布。经济以种植业为主，种植小麦、水稻、玉米、大豆。有公路经此。

东邵 370811-B02-H04

[Dōngshào]

在区驻地李营街道南方向 38.5 千米。喻屯镇辖自然村。人口 800。清崇祯年间，邵姓从山西省洪洞县迁此。因村南有一土堆，故取村名邵塥堆。至民国时期，因西有邵庄，该村在东，遂改称东邵。聚落呈团块状分布。经济以种植业为主，种植小麦、水稻、玉米、大豆。有公路经此。

西邵 370811-B02-H05
[Xīshào]

在区驻地李营街道南方向 38.4 千米。喻屯镇辖自然村。人口 900。明崇祯年间，邵姓从仲家浅村南邵堌堆迁此，村内居有杨、邵两姓，故取村名杨邵庄。1938 年改称邵庄，中华人民共和国成立后因村东有东邵，改称西邵。聚落呈团块状分布。经济以种植业为主，种植小麦、水稻、玉米、大豆。有公路经此。

杜海 370811-B02-H06
[Dùhǎi]

在区驻地李营街道南方向 36.5 千米。喻屯镇辖自然村。人口 800。清顺治年间，杜姓从山西省洪洞县迁此，以姓氏取村名杜家庄。后村庄扩大，因地势低洼，围绕村庄挖护村沟渠以防水患，因沟中常年蓄水，故改村名杜家海，中华人民共和国成立后简称杜海。聚落呈团块状分布。经济以种植业为主，种植小麦、水稻、玉米、大豆。有公路经此。

彭庄 370811-B02-H07
[Péngzhuāng]

在区驻地李营街道南方向 39.5 千米。喻屯镇辖自然村。人口 500。明初，彭姓从山西省洪洞县迁此，以姓氏取村名彭家庄，中华人民共和国成立后简称彭庄。聚落呈团块状分布。经济以种植业为主，种植小麦、水稻、玉米、大豆。有公路经此。

邵庄寺 370811-B02-H08
[Shàozhuāngsì]

在区驻地李营街道南方向 44.5 千米。喻屯镇辖自然村。人口 3 600。明洪武年间，邵姓从山西省洪洞县迁此，以姓氏取村名邵家庄，后在村东兴建财神庙，四周建有围墙，改村名邵庄寺。聚落呈团块状分布。经济以种植业为主，种植小麦、水稻、玉米、大豆。有公路经此。

夏王楼 370811-B02-H09
[Xiàwánglóu]

在区驻地李营街道南方向 44.5 千米。喻屯镇辖自然村。人口 1 000。明初，夏、王两姓相继从山西省洪洞县迁此，同时兴建楼房，故以姓氏取村名夏王楼。聚落呈团块状分布。经济以种植业为主，种植小麦、水稻、玉米、大豆。有公路经此。

南李庄 370811-B02-H10
[Nánlǐzhuāng]

在区驻地李营街道南方向 41.5 千米。喻屯镇辖自然村。人口 1 600。明崇祯年间，李姓由山东省诸城县迁此，以姓氏取村名李家庄，1980 年地名普查时，称李庄。1990 年地名补查时，以方位更名为南李庄。聚落呈团块状分布。经济以种植业为主，种植小麦、水稻、玉米、大豆。有公路经此。

南田 370811-B02-H11
[Nántián]

在区驻地李营街道南方向 42.5 千米。喻屯镇辖自然村。人口 1 000。明初，田姓从山西省洪洞县迁此，以姓氏取村名田庄。民国初期因北有田庄，改村名为南田庄，中华人民共和国成立后简称南田。聚落呈团块状分布。经济以种植业为主，种植小麦、水稻、玉米、大豆。有公路经此。

马店 370811-B02-H12
[Mǎdiàn]

在区驻地李营街道南方向 36.5 千米。

喻屯镇辖自然村。人口 600。明洪武年间名马庄，清初马姓在此开设旅店，改村名为马家店，中华人民共和国成立后简称马店。聚落呈团块状分布。经济以种植业为主，种植小麦、水稻、玉米、大豆。有公路经此。

蔡桁 370811-B02-H13

[Càihéng]

在区驻地李营街道南方向 37.5 千米。喻屯镇辖自然村。人口 2 100。明永乐年间，蔡、董、王三姓从山西省洪洞县迁此，取村名三合村。后蔡姓户族繁衍，改村名为蔡家庄。清末又改名蔡家桁，中华人民共和国成立后简称蔡桁。聚落呈团块状分布。经济以种植业为主，种植小麦、水稻、玉米、大豆。有公路经此。

田庙 370811-B02-H14

[Tiánmiào]

在区驻地李营街道南方向 38.5 千米。喻屯镇辖自然村。人口 1 700。明初，田姓从山东诸城县迁至巨野县居住，明崇祯年间又迁徙到东湖区田庄，清顺治年间又迁此，取村名顺河村。后家族繁衍，兴建田氏家祠，改村名为田庙。聚落呈团块状分布。经济以种植业为主，种植小麦、水稻、玉米、大豆。有公路经此。

九子集 370811-B02-H15

[Jiǔzǐjí]

在区驻地李营街道南方向 42.5 千米。喻屯镇辖自然村。人口 1 400。明崇祯年间，侯氏率九子从山西省洪洞县迁此，取村名九子庄。清代中期，因此地为济宁至鱼台交通大道，逐渐形成农副集贸市场，改村名为九子集。聚落呈团块状分布。经济以种植业为主，种植小麦、水稻、玉米、大豆。有公路经此。

前王楼 370811-B02-H16

[Qiánwánglóu]

在区驻地李营街道南方向 44.5 千米。喻屯镇辖自然村。人口 1 000。明初，王姓从山西省迁居后王楼，王氏家族兴旺繁衍，在后王楼村南建新村，取名小王家楼。至民国，因北有后王楼，遂改为前王家楼，中华人民共和国成立后简称前王楼。聚落呈团块状分布。经济以种植业为主，种植小麦、水稻、玉米、大豆。有公路经此。

西王楼 370811-B02-H17

[Xīwánglóu]

在区驻地李营街道南方向 37.5 千米。喻屯镇辖自然村。人口 1 000。明洪武六年（1373），王姓迁至济宁长澹乡贺桥村居住。清同治九年（1870）转徙此地定居，以姓氏取村名王家楼。因重名，以方位改称西王楼。聚落呈团块状分布。经济以种植业为主，种植小麦、水稻、玉米、大豆。有公路经此。

大周 370811-B02-H18

[Dàzhōu]

在区驻地李营街道南方向 45.5 千米。喻屯镇辖自然村。人口 700。明崇祯年间，周天祥从本镇东邵村迁此，取村名大周。聚落呈团块状分布。经济以种植业为主，种植小麦、水稻、玉米、大豆。有公路经此。

董庄 370811-B02-H19

[Dǒngzhuāng]

在区驻地李营街道南方向 40.5 千米。喻屯镇辖自然村。人口 500。明初，董姓从山西省迁居金乡县董楼，清顺治年间从董楼迁此，以姓氏取村名董家庄，中华人民共和国成立后简称董庄。聚落呈团块状分布。经济以种植业为主，种植小麦、水稻、玉米、大豆。有公路经此。

鲍庄 370811-B02-H20
[Bàozhuāng]

在区驻地李营街道南方向 39.5 千米。喻屯镇辖自然村。人口 900。明永乐年间，包姓从山西省迁此，以姓氏取村名包家庄。清末，渐以谐音演变为鲍家庄，中华人民共和国成立后简称鲍庄。聚落呈团块状分布。经济以种植业为主，种植小麦、水稻、玉米、大豆。有公路经此。

艾庄 370811-B02-H21
[Àizhuāng]

在区驻地李营街道南方向 43.5 千米。喻屯镇辖自然村。人口 400。明初，艾姓从山西省洪洞县迁此，以姓氏取村名东艾庄，民国称艾庄。聚落呈团块状分布。经济以种植业为主，种植小麦、水稻、玉米、大豆。有公路经此。

南高庄 370811-B02-H22
[Nángāozhuāng]

在区驻地李营街道南方向 43.5 千米。喻屯镇辖自然村。人口 900。1964 年，高姓从微山县高庄迁此建立新村，以姓氏取村名高庄。1980 年地名普查时，为区别重名村庄，更名南高庄。聚落呈团块状分布。经济以种植业为主，种植小麦、水稻、玉米、大豆。有公路经此。

付庄 370811-B02-H23
[Fùzhuāng]

在区驻地李营街道南方向 43.7 千米。喻屯镇辖自然村。人口 700。明代以前名赵郭庄。明初，傅姓从山西省迁此，后户族繁衍，改称傅家庄，中华人民共和国成立后简称付庄。聚落呈团块状分布。经济以种植业为主，种植小麦、水稻、玉米、大豆。有公路经此。

河湾 370811-B02-H24
[Héwān]

在区驻地李营街道南方向 42.5 千米。喻屯镇辖自然村。人口 1 200。清顺治年间，张姓从蔡河北城南张村迁此，故以姓氏取村名张家庄，至清代末期疏浚蔡河后，因村庄正临河道拐弯处，故改村名为河湾。聚落呈团块状分布。经济以种植业为主，种植小麦、水稻、玉米、大豆。有公路经此。

西周 370811-B02-H25
[Xīzhōu]

在区驻地李营街道南方向 40.5 千米。喻屯镇辖自然村。人口 600。清顺治年间，周姓从本地中周庄迁此，取名东周庄，因东有大周，故以方位改村名为西周庄，中华人民共和国成立后简称西周。聚落呈团块状分布。经济以种植业为主，种植小麦、水稻、玉米、大豆。有公路经此。

后周 370811-B02-H26
[Hòuzhōu]

在区驻地李营街道南方向 45.5 千米。喻屯镇辖自然村。人口 300。明崇祯年间，周姓从东邵村迁此，因南有大周，故取村名小周庄，至 1966 年改村名后周。聚落呈团块状分布。经济以种植业为主，种植小麦、水稻、玉米、大豆。有公路经此。

张王庄 370811-B02-H27
[Zhāngwángzhuāng]

在区驻地李营街道南方向 44.5 千米。喻屯镇辖自然村。明初，张、王两姓从山西省迁此，故以姓氏取村名张王庄。至清宣统年间，因王姓迁出，改称张家庄，中华人民共和国成立后又称张王庄。聚落呈团块状分布。经济以种植业为主，种植小麦、水稻、玉米、大豆。有公路经此。

谭口集 370811-B02-H28
[Tánkǒují]

在区驻地李营街道南方向 39.5 千米。喻屯镇辖自然村。人口 3 000。明初，谭姓从山西省洪洞县迁此，因建村在济宁至金乡官道交通路口，故以姓氏取村名谭家口，后逐渐成为农副产品集散地，成为较大的集市，村改称谭口集。聚落呈团块状分布。经济以种植业为主，种植小麦、水稻、玉米、大豆。有公路经此。

司庄 370811-B02-H29
[Sīzhuāng]

在区驻地李营街道南方向 46.5 千米。喻屯镇辖自然村。人口 900。明洪武七年（1374），司马牛后裔迁此定居。至崇祯年间，姓氏简化为司，取村名司家庄，中华人民共和国成立后简称司庄。聚落呈团块状分布。经济以种植业为主，种植小麦、水稻、玉米、大豆。有公路经此。

南卢庙 370811-B02-H30
[Nánlúmiào]

在区驻地李营街道南方向 45.5 千米。喻屯镇辖自然村。人口 900。明嘉靖年间，卢姓从金乡县卢楼迁居，以姓氏取村名卢家庄。后卢姓户族繁衍，在村内兴建家庙，村改称卢家庙。1980 年地名普查时，为区别重名村庄，以方位更名南卢庙。聚落呈团块状分布。经济以种植业为主，种植小麦、水稻、玉米、大豆。有公路经此。

赵庄 370811-B02-H31
[Zhàozhuāng]

在区驻地李营街道南方向 44.5 千米。喻屯镇辖自然村。人口 700。明初名鲍庄。明永乐年间，赵姓从南京水西门迁此，村庄居民较少，至明代中期，赵氏家族繁衍，改村名为赵家庄，中华人民共和国成立后简称赵庄。聚落呈团块状分布。经济以种植业为主，种植小麦、水稻、玉米、大豆。有公路经此。

庄庄 370811-B02-H32
[Zhuāngzhuāng]

在区驻地李营街道南方向 43.5 千米。喻屯镇辖自然村。人口 300。清顺治年间，庄姓从山东省成武县庄家海迁朱庄居住，至清末改村名为庄家庄，中华人民共和国成立后简称庄庄。聚落呈团块状分布。经济以种植业为主，种植小麦、水稻、玉米、大豆。有公路经此。

虎头王 370811-B02-H33
[Hǔtóuwáng]

在区驻地李营街道南方向 47.5 千米。喻屯镇辖自然村。人口 300。明初，王姓从山西省洪洞县迁此，以姓氏取村名王家庄。清末，因本村烧制土陶器葫芦头，村俗称葫芦头王，后演变为虎头王。聚落呈团块状分布。经济以种植业为主，种植小麦、水稻、玉米、大豆。有公路经此。

南王庙 370811-B02-H34
[Nánwángmiào]

在区驻地李营街道南方向 39.5 千米。喻屯镇辖自然村。人口 400。明初，王姓从山西省洪洞县迁居济南，后转徙济宁南贺桥村。明代末期，迁此定居，后建家庙，以姓氏取村名王庙。1980 年地名普查时，以方位更村名为南王庙。聚落呈团块状分布。经济以种植业为主，种植小麦、水稻、玉米、大豆。有公路经此。

大朱庄 370811-B02-H35
[Dàzhūzhuāng]

在区驻地李营街道南方向 40.5 千米。

喻屯镇辖自然村。人口 400。明初，朱姓从山西省洪洞县迁此，以姓氏取村名朱家庄，后朱氏兄弟分居各立村庄，此村在北取名北朱庄，至民国改称大朱庄。1990 年邻村马厂司并入，村名未变。聚落呈团块状分布。经济以种植业为主，种植小麦、水稻、玉米、大豆。有公路经此。

前朱庄 370811-B02-H36
[Qiánzhūzhuāng]

在区驻地李营街道南方向 41.5 千米。喻屯镇辖自然村。人口 200。明初，朱姓从山西省洪洞县迁此，以姓氏取村名朱家庄，后朱氏兄弟分居，在大朱庄村南另建村庄，故取村名南朱庄。1964 年改称前朱庄。聚落呈团块状分布。经济以种植业为主，种植小麦、水稻、玉米、大豆。有公路经此。

周庄 370811-B02-H37
[Zhōuzhuāng]

在区驻地李营街道南方向 39.2 千米。喻屯镇辖自然村。人口 300。明洪武二年（1369），周姓从山西省洪洞县迁此，以姓氏取村名周家庄，中华人民共和国成立后简称周庄。聚落呈团块状分布。经济以种植业为主，种植小麦、水稻、玉米、大豆。有公路经此。

倪庄 370811-B02-H38
[Nízhuāng]

在区驻地李营街道南方向 39.3 千米。喻屯镇辖自然村。人口 500。明洪武年间，倪姓从山西省洪洞县迁至嘉祥县王家庄，经三世后，于清乾隆年间迁居于此，以姓氏取村名倪家庄，中华人民共和国成立后简称倪庄。聚落呈团块状分布。经济以种植业为主，种植小麦、水稻、玉米、大豆。有公路经此。

东孟庄 370811-B02-H39
[Dōngmèngzhuāng]

在区驻地李营街道南方向 34.5 千米。喻屯镇辖自然村。人口 700。明洪武年间，孟姓从山西省洪洞县迁此，以姓氏取村名孟家庄，中华人民共和国成立后简称孟庄。1980 年地名普查时，为区别重名村庄，以方位更名东孟庄。聚落呈团块状分布。经济以种植业为主，种植小麦、水稻、玉米、大豆。有公路经此。

陈郭庄 370811-B02-H40
[Chénguōzhuāng]

在区驻地李营街道南方向 30.5 千米。喻屯镇辖自然村。人口 800。明代中期，陈姓从本县陈河口迁此，以姓氏取村名陈家庄，中华人民共和国成立后简称陈庄。1980 年地名普查，为区别重名村庄，加之郭姓人口较多，故更名陈郭庄。聚落呈团块状分布。经济以种植业为主，种植小麦、水稻、玉米、大豆。有公路经此。

贺桥 370811-B02-H41
[Hèqiáo]

在区驻地李营街道南方向 36.5 千米。喻屯镇辖自然村。人口 1 100。明洪武六年（1373），贺、田两姓在此定居，当时村名称茶埠村。后贺氏家族在村东捐资建一石桥，改村名贺家桥，中华人民共和国成立后简称贺桥。聚落呈团块状分布。经济以种植业为主，种植小麦、水稻、玉米、大豆。有公路经此。

任庄 370811-B02-H42
[Rénzhuāng]

在区驻地李营街道南方向 37.5 千米。喻屯镇辖自然村。人口 400。宋代，任氏迁此地定居，以姓氏取村名任家庄，中华人民共和国成立后简称任庄。聚落呈团块状分布。经济以种植业为主，种植小麦、水稻、玉米、大豆。有公路经此。

瓦屋张 370811-B02-H43
[Wǎwūzhāng]

在区驻地李营街道南方向 36.4 千米。喻屯镇辖自然村。人口 1 100。明永乐二年（1404），张氏从山西龙门县台山里迁此，后家族繁衍，兴建瓦屋，至清乾隆年间，改村名瓦屋张庄，中华人民共和国成立后简称瓦屋张。聚落呈团块状分布。经济以种植业为主，种植小麦、水稻、玉米、大豆。有公路经此。

河北朱 370811-B02-H44
[Héběizhū]

在区驻地李营街道南方向 35.5 千米。喻屯镇辖自然村。人口 700。明洪武年间，朱姓从山西省洪洞县迁此，以姓氏取村名朱家庄，后东南邻村黄庄并入，村名未变。至民国，因村位于蔡河北岸，改称河北朱。聚落呈团块状分布。经济以种植业为主，种植小麦、水稻、玉米、大豆。有公路经此。

兴福集 370811-B02-H45
[Xīngfújí]

在区驻地李营街道南方向 34.5 千米。喻屯镇辖自然村。人口 2 100。明初，刘姓从山西省洪洞县迁此。清代中期，本村兴办集市，以吉言嘉语，改村名为兴福集。聚落呈团块状分布。经济以种植业为主，种植小麦、水稻、玉米、大豆。有公路经此。

胡海 370811-B02-H46
[Húhǎi]

在区驻地李营街道南方向 36.2 千米。喻屯镇辖自然村。人口 500。明洪武年间，陈姓、魏姓、胡姓分别迁此。此地有一大水坑，人们称此水坑为海子。陈姓在水坑东岸建家立庄，取村名陈海；魏姓在水坑东南角建家立庄，取村名魏庄；胡姓在水坑西岸建家立庄，取村名胡海。由于三庄户少庄小，人们就把三庄简称两海加一魏。后胡姓家族人口越来越多，原来的水坑被填平建房，三个小庄便连在了一起，合并为一村，统称胡海。聚落呈团块状分布。经济以种植业为主，种植小麦、水稻、玉米、大豆。有公路经此。

西丁庄 370811-B02-H47
[Xīdīngzhuāng]

在区驻地李营街道西南方向 35.5 千米。喻屯镇辖自然村。人口 1 100。明初，丁姓从山西省洪洞县迁此，以姓氏取村名丁家庄。后在村内建楼房，改称丁家楼。清末复称丁家庄。后高姓从巨野县迁于村西北建房居住，取村名高家庄。1958 年并入本村。1980 年地名普查时，为区别重名村庄，以方位更名西丁庄。聚落呈团块状分布。经济以种植业为主，种植小麦、水稻、玉米、大豆。有公路经此。

南崔庄 370811-B02-H48
[Náncuīzhuāng]

在区驻地李营街道南方向 36.5 千米。喻屯镇辖自然村。人口 700。明末，崔姓从济宁城南崔堂村迁此，以姓氏取村名崔家庄。1980 年地名普查时，为区别重名村庄，以方位更名南崔庄。聚落呈团块状分布。经济以种植业为主，种植小麦、水稻、玉米、大豆。有公路经此。

安兴集 370811-B02-H49
[Ānxīngjí]

在区驻地李营街道南方向 32.5 千米。喻屯镇辖自然村。人口 1 200。明初名张庄。明代中期，魏姓从山西省洪洞县迁此，仍用原村名。因该村临济宁至鱼台官道，村内兴办集市，开设店铺，生意兴隆，故改村名为安兴集。聚落呈团块状分布。经济以种植业为主，种植小麦、水稻、玉米、大豆。有公路经此。

吴迪屯 370811-B02-H50
[Wúdítún]

在区驻地李营街道南方向 33.5 千米。喻屯镇辖自然村。人口 500。明初，吴姓从山西省洪洞县迁此，因地属军屯，故取村名吴狄屯。清末以谐音字演变为吴迪屯。聚落呈团块状分布。经济以种植业为主，种植小麦、水稻、玉米、大豆。有公路经此。

邵楼 370811-B02-H51
[Shàolóu]

在区驻地李营街道南方向 31.5 千米。喻屯镇辖自然村。人口 1 000。明永乐年间，邵姓从山西省洪洞县迁至辛店村南居住，取村名邵堌堆。明代中期转徙于此，取村名邵家庄，后因家产富裕建设楼房，至清末改称邵家楼，中华人民共和国成立后简称邵楼。聚落呈团块状分布。经济以种植业为主，种植小麦、水稻、玉米、大豆。有公路经此。

王军庄 370811-B02-H52
[Wángjūnzhuāng]

在区驻地李营街道南方向 30.5 千米。喻屯镇辖自然村。人口 900。明洪武年间，王勇从山西省洪洞县迁居于王贵屯，后转徙于此，因属军屯地，故取村名军王庄。民国更名为王军庄。聚落呈团块状分布。经济以种植业为主，种植小麦、水稻、玉米、大豆。有公路经此。

南郑庄 370811-B02-H53
[Nánzhèngzhuāng]

在区驻地李营街道南方向 31.5 千米。喻屯镇辖自然村。人口 1 300。明洪武年间，郑姓从山西省迁居南阳湖里郑家堰，因地势低洼，常受水灾，村庄取土加围。后南四湖兴建二级坝，水位抬高，因此迁村于湖堤西侧，取村名郑家庄。1980 年地名普查时，为区别重名村庄，以方位更名南郑庄。聚落呈团块状分布。经济以种植业为主，种植小麦、水稻、玉米、大豆。有公路经此。

大李庄 370811-B02-H54
[Dàlǐzhuāng]

在区驻地李营街道南方向 29.5 千米。喻屯镇辖自然村。人口 800。明宣德年间，李姓从山西省洪洞县迁至南阳湖西定居，村庄较小，取村名小李庄。后李氏户族繁衍，又因村庄地势低洼，常年遭受水灾，遂往西移居至南阳湖堤西侧，更名为大李庄。聚落呈团块状分布。经济以种植业为主，种植小麦、水稻、玉米、大豆。有公路经此。

胡屯 370811-B02-H55
[Hútún]

在区驻地李营街道南方向 32.5 千米。喻屯镇辖自然村。人口 700。明初，胡姓官员因功被赐予军屯地，在此建村，故以姓氏取村名胡官屯，后称胡屯。聚落呈团块状分布。经济以种植业为主，种植小麦、水稻、玉米、大豆。有公路经此。

南孙庄 370811-B02-H56
[Nánsūnzhuāng]

在区驻地李营街道南方向 29.5 千米。喻屯镇辖自然村。人口 500。明永乐年间，孙姓从山西省洪洞县迁此，以姓氏取村名孙家庄，后简称孙庄。1980年地名普查时，为区别重名村庄，以方位更名南孙庄。聚落呈团块状分布。经济以种植业为主，种植小麦、水稻、玉米、大豆。有公路经此。

北五 370811-B02-H57
[Běiwǔ]

在区驻地李营街道南方向28.5千米。喻屯镇辖自然村。人口400。元代名五庄。明初，罗姓从山西省洪洞县迁此，仍用原村名。清末，罗氏家族繁衍，故更名为王罗庄，中华人民共和国成立后改称北五。聚落呈团块状分布。经济以种植业为主，种植小麦、水稻、玉米、大豆。有公路经此。

王贵屯 370811-B02-H58
[Wángguìtún]

在区驻地李营街道南方向29.1千米。喻屯镇辖自然村。人口6100。明代以前，曾有统军将领王贵率部队驻防于赵王河北岸，后在此定居，因战功被赐军屯地，并辖王军庄、马庄、王贵店等土地，故以人名取村名王贵屯。聚落呈团块状分布。经济以种植业为主，种植小麦、水稻、玉米、大豆。有公路经此。

北李庄 370811-B02-H59
[Běilǐzhuāng]

在区驻地李营街道南方向28.9千米。喻屯镇辖自然村。人口800。明永乐年间，李姓从山西省洪洞县迁居大流店，后又迁此。据传，该村李氏兄弟勇猛，曾与猛虎搏斗，故村名曾称打虎李。清末改称李家庄，中华人民共和国成立后因南有大李庄，故以方位更名为北李庄。聚落呈团块状分布。经济以种植业为主，种植小麦、水稻、玉米、大豆。有公路经此。

徐庄 370811-B02-H60
[Xúzhuāng]

在区驻地李营街道南方向35.5千米。喻屯镇辖自然村。人口300。明初，徐姓从山西省洪洞县迁此，以姓氏取村名徐家庄。后家产富庶建立楼房，曾改村名徐楼。清代中期，遭受水灾，楼房冲毁，后重建家园，因南有南徐庄，遂改称北徐庄，中华人民共和国成立后简称徐庄。聚落呈团块状分布。经济以种植业为主，种植小麦、水稻、玉米、大豆。有公路经此。

张官屯 370811-B02-H61
[Zhāngguāntún]

在区驻地李营街道南方向34.5千米。喻屯镇辖自然村。人口2800。明初，张姓官员侨居济宁城里，在此置地建村，后迁居于此，因此处地属军屯，故取村名张官屯。聚落呈团块状分布。经济以种植业为主，种植小麦、水稻、玉米、大豆。有公路经此。

城后 370811-B02-H62
[Chénghòu]

在区驻地李营街道南方向33.5千米。喻屯镇辖自然村。人口1300。明初，李姓从山西省洪洞县迁此，因村建在秦代亢父县故城遗址后面，故取村名城后。聚落呈团块状分布。经济以种植业为主，种植小麦、水稻、玉米、大豆。有公路经此。

南张桥 370811-B02-H63
[Nánzhāngqiáo]

在区驻地李营街道南方向33.8千米。喻屯镇辖自然村。人口1000。元代以前名徐家桥。明洪武年间，张姓从山西省洪洞县迁此，以姓氏取村名张家桥。1980年地名普查时，为区别重名村庄，以方位更名南张桥。聚落呈团块状分布。经济以种植业为主，种植小麦、水稻、玉米、大豆。有公路经此。

刘官屯 370811-B02-H64
［Liúguāntún］

在区驻地李营街道南方向 33.2 千米。喻屯镇辖自然村。人口 2 100。元代，任城县城刘进士为官清廉，颇著政绩，年老回籍，皇帝以功赐予军屯地，此处建村，故取村名刘官屯。聚落呈团块状分布。经济以种植业为主，种植小麦、水稻、玉米、大豆。有公路经此。

顺河 370811-B02-H65
［Shùnhé］

在区驻地李营街道南方向 33.5 千米。喻屯镇辖自然村。人口 1 300。清末，山东省金乡县马姓、巨野县刘姓在此置地，各建房舍，农忙时居住使用，取村名马刘庄。后马姓、刘姓来此定居。后两姓迁出，因黄河水泛滥逃荒的难民在此定居，取村名马庄。1931 年，因村临洙水河，故改村名为顺河。后因马氏家庭人口居多，又改称马家庄。1980 年地名普查，为区别重名村庄，仍恢复原名顺河。聚落呈团块状分布。经济以种植业为主，种植小麦、水稻、玉米、大豆。有公路经此。

大王楼 370811-B02-H66
［Dàwánglóu］

在区驻地李营街道南方向 35.2 千米。喻屯镇辖自然村。人口 1 200。明洪武年间，王姓从山西省洪洞县迁张官屯西南，后转徙于此，以姓氏取村名王庄。明代中期建造楼房，改村名为王家楼。清代初期，户族繁衍，家族分支，在村南另建新村，取村名小王家楼。后村庄发展扩大，改村名为大王家楼，中华人民共和国成立后简称

大王楼。聚落呈团块状分布。经济以种植业为主，种植小麦、水稻、玉米、大豆。有公路经此。

城南张 370811-B02-H67
［Chéngnánzhāng］

在区驻地李营街道南方向 34.5 千米。喻屯镇辖自然村。人口 1 700。明永乐年间，张元美从山西省洪洞县迁此，以姓氏取村名张家庄。因南有前张庄，遂改称后张庄。至民国，因村庄位于秦代亢父故城遗址以南，又改村名城南张。聚落呈团块状分布。经济以种植业为主，种植小麦、水稻、玉米、大豆。有公路经此。

前石桥 370811-B03-H01
［Qiánshíqiáo］

石桥镇人民政府驻地。在区驻地李营街道东南方向 22.1 千米。人口 1 600。明初，贾氏从济南附近五里村迁此，以村东唐代所建三孔石桥，取村名石桥。清代为区别村北后石桥更今名。聚落呈团块状分布。有学校、幼儿园、文化站等。经济以种植业为主，种植小麦、大豆、玉米等。有公路经此。

刘庄 370811-B03-H02
［Liúzhuāng］

在区驻地李营街道东南方向 22.5 千米。石桥镇辖自然村。人口 1 200。明嘉靖年间，仇姓从嘉祥县仇家海迁居此地，后皮、朱两姓相继前来。当时有地方官员在此寄居，因颇有政绩，任满回籍时村民诚意挽留，故改村名留庄，后以谐音演变为刘庄。聚落呈团块状分布。有文化广场 1 处、农家书屋 1 处。经济以种植业为主，种植小麦、玉米。省道临菏公路经此。

东靳庄 370811-B03-H03
[Dōngjìnzhuāng]

在区驻地李营街道东南方向 20.9 千米。石桥镇辖自然村。人口 800。清初，靳姓从栗河崖村迁居此地，以姓氏取村名靳庄。1980 年地名普查，为区别重名村庄，以方位更名为东靳庄。聚落呈团块状分布。有文化广场 1 处、农家书屋 1 处。经济以种植业为主，种植小麦、玉米。有公路经此。

东刘营 370811-B03-H04
[Dōngliúyíng]

在区驻地李营街道东南方向 19.8 千米。石桥镇辖自然村。人口 600。宋代，刘氏从东阿县迁此定居，因当时驻扎兵营，取村名刘家营。中华人民共和国成立后简称刘营。1980 年地名普查，为区别重名村庄，以方位更名为东刘营。聚落呈团块状分布。有文化广场 1 处、农家书屋 1 处。经济以种植小麦、玉米、西红柿、白菜为主，有刘营西红柿品牌。有公路经此。

栗河崖 370811-B03-H05
[Lìhéyá]

在区驻地李营街道东南方向 21.1 千米。石桥镇辖自然村。人口 2 100。明代，任姓从济宁城东北刘家庄迁于泗河崖定居，以姓氏取村名任家寨。至清末，因村中河崖上有大栗子树，树干繁茂，故改村名栗河崖。聚落呈团块状分布。有文化广场 1 处、农家书屋 1 处。经济以种植业为主，种植小麦、玉米。省道临菏公路经此。

张桥 370811-B03-H06
[Zhāngqiáo]

在区驻地李营街道东南方向 22.6 千米。石桥镇辖自然村。人口 1 900。明代前，此村名安和寨。明初，张姓从山西省迁此定居，以姓氏取村名张庄，后张氏在泗河上建一九孔石桥，故改村名为张家桥，中华人民共和国成立后简称张桥。聚落呈散状分布。有农家书屋 2 处。经济以种植业为主，种植小麦、玉米。有公路经此。

南仙庄 370811-B03-H07
[Nánxiānzhuāng]

在区驻地李营街道东南方向 21.7 千米。石桥镇辖自然村。人口 1 300。明代原名郭家堂，后改称仙家庄。至明末，史姓从城西史家海迁此定居，村名未变，中华人民共和国成立后简称仙庄。因与任城区南张街道仙庄重名，为区分，以方位称南仙庄。聚落呈团块状分布。有文化广场 1 处、农家书屋 1 处。经济以种植业为主，种植小麦、玉米。省道临菏公路经此。

聂庄 370811-B03-H08
[Nièzhuāng]

在区驻地李营街道东南方向 20.6 千米。石桥镇辖自然村。人口 600。明初，聂姓从附近栗河崖村迁居于此，以姓氏取村名聂家庄。中华人民共和国成立后简称聂庄。聚落呈团块状分布。有文化广场 1 处、农家书屋 1 处。经济以种植业为主，种植小麦、玉米。有公路经此。

兖州区

城市居民点

锦绣家园 370812-I01
[Jǐnxiù Jiāyuán]

在区境西部。1 142 户。总面积 20 公顷。因锦绣前程、前程似锦的美好寓意得名。2013 年始建，2014 年正式使用。建筑总面积 200 000 平方米，高层住宅楼 11 栋，现代建筑特点。绿地面积 30 000 平方米。有健身器材等配套设施。通公交车。

古城小区 370812-I02
[Gǔchéng Xiǎoqū]

在区境西北部。1 170 户。总面积 8 公顷。因小区是古城煤矿员工宿舍，故名。1995 年始建，1996 年正式使用。建筑总面积 120 000 平方米，住宅楼 28 栋，其中高层 3 栋、多层 25 栋，现代建筑特点。绿地面积 3 700 平方米。有健身器材等配套设施。通公交车。

丽都花园 370812-I03
[Lìdū Huāyuán]

在区境西北部。629 户。总面积 4 公顷。以"美丽的城市花园"之意命名。2007 年始建，2014 年正式使用。建筑总面积 66 000 平方米，住宅楼 10 栋，其中高层 2 栋、多层 8 栋，现代建筑特点。绿地面积 3 700 平方米。有学校、超市、医院等配套设施。通公交车。

莲花小区 370812-I04
[Liánhuā Xiǎoqū]

在区境东南部。538 户。总面积 4.5 公顷。因坐落在兖州老莲池坑周围而得名。1996 年始建，1997 年正式使用。建筑总面积 52 000 平方米，多层住宅楼 14 栋，现代建筑特点。有超市、广场等配套设施。通公交车。

滨河小区 370812-I05
[Bīnhé Xiǎoqū]

在区境东北部。508 户。总面积 2.7 公顷。因小区北面和西面临护城河，故名。2003 年始建，2004 年正式使用。建筑总面积 51 000 平方米，多层住宅楼 10 栋，现代建筑特点。绿地面积 200 平方米。有超市、学校、医院等配套设施。通公交车。

校场小区 370812-I06
[Jiàochǎng Xiǎoqū]

在区境东部。1 425 户。总面积 10.5 公顷。因小区位于校场街上而得名。1991 年始建，1995 年正式使用。建筑总面积 114 750 平方米，多层住宅楼 35 栋，现代建筑特点。绿地面积 300 平方米。有超市、医院、广场等配套设施。通公交车。

息马地小区 370812-I07
[Xīmǎdì Xiǎoqū]

在区境中部。604 户。总面积 15 公顷。相传关公曾在此地歇马休息，故名息马地。1996 年始建，1997 年正式使用。建筑总面积 48 000 平方米，多层住宅楼 18 栋，现代建筑特点。绿地面积 10 000 平方米。有大型超市、商场等配套设施。通公交车。

山拖小区 370812-I08
[Shāntuō Xiǎoqū]

在区境东部。492 户。总面积 3.3 公顷。是由山拖厂开发建造的供单位职工居住的宿舍，故名。1999 年始建，2003 年正式使用。建筑总面积 50 000 平方米，多层住宅楼 7 栋，现代建筑特点。绿地面积 300 平方米。有学校、超市等配套设施。通公交车。

少陵新区 370812-I09
[Shàolíng Xīnqū]

在区境东部。252 户。总面积 2.6 公顷。因为位于少陵台东北侧的新型小区，故名。2010 年始建，2011 年正式使用。建筑总面积 14 000 平方米，多层住宅楼 5 栋，现代建筑特点。绿地面积 5 000 平方米。有乒乓球室、健身器材等配套设施。通公交车。

西顺河一区 370812-I10
[Xīshùnhé Yīqū]

在区境东北部。784 户。总面积 5 公顷。因靠近西护城河而得名。2009 年始建，2014 年正式使用。建筑总面积 60 000 平方米，住宅楼 7 栋，其中高层 5 栋、多层 2 栋，中式建筑特点。绿地面积 5 000 平方米。有超市、学校、市场等配套设施。通公交车。

鼓楼花园 370812-I11
[Gǔlóu Huāyuán]

在区境东南部。516 户。总面积 3.2 公顷。因位于鼓楼街道办事处所在地而得名。2008 年始建，2010 年正式使用。建筑总面积 48 000 平方米，高层住宅楼 7 栋，中式现代建筑特点。绿地面积 300 平方米。有超市、学校等配套设施。通公交车。

诺亚小区 370812-I12
[Nuòyà Xiǎoqū]

在区境东部。270 户。总面积 0.8 公顷。该小区是浙江温州诺亚开发公司开发的，故名。2006 年始建，2007 年正式使用。建筑总面积 24 300 平方米，多层住宅楼 4 栋，中式现代建筑特点。绿地面积 1 000 平方米。有超市、学校、医院等配套设施。通公交车。

塔前小区 370812-I13
[Tǎqián Xiǎoqū]

在区境东北部。534 户。总面积 8 公顷。因坐落在兴隆塔南而得名塔前小区。1996 年始建，1997 年正式使用。建筑总面积 54 000 平方米，多层住宅楼 16 栋，中式现代建筑特点。绿地面积 1 000 平方米。通公交车。

十排房小区 370812-I14
[Shípáifáng Xiǎoqū]

在区境东北部。488 户。总面积 7.5 公顷。因此处原有十排平房，故名。1986 年始建，1989 年正式使用。建筑总面积 50 000 平方米，多层住宅楼 10 栋，中式现代建筑特点。绿地面积 1 000 平方米。通公交车。

黄金庄园 370812-I15
[Huángjīnzhuāngyuán]

在区境西南部。人口 600。总面积 2 公顷。由兖州市金地房产开发公司开发，故名。2004 年正式使用。建筑总面积 42 000 平方米，多层住宅楼 4 栋，现代建筑特点，别墅 61 栋。绿化率 20%。有休闲亭、健身器材等配套设施。通公交车。

杏坛嘉苑教师公寓 370812-I16
[Xìngtán Jiāyuàn Jiàoshī Gōngyù]

在区境西南部。人口 460。总面积 13.7 公顷。因吉言嘉语得名。2013 年正式使用。建筑总面积 124 000 平方米，住宅楼 20 栋，其中高层 9 栋、多层 11 栋，现代建筑特点。绿化率 35%。有广场、健身器材等配套设施。通公交车。

农村居民点

前李家 370812-A04-H01
[Qiánlǐjiā]

在区驻地龙桥街道西南方向 6.5 千米。兴隆庄街道辖自然村。人口 600。因姓氏得名李家村，1908 年修筑铁路时，将村分割为二，此村在南，称前李家。聚落呈团块状分布。有农家书屋等。经济以种植业为主，种植小麦、玉米、大豆。有公路经此。

堡子 370812-A04-H02
[Pùzǐ]

在区驻地龙桥街道南方向 7.2 千米。兴隆庄街道辖自然村。人口 600。相传古时候五里一墩、十里一堡，本村建有报警的烽火台，以此得名颜村铺。因铺、堡同音，后演为堡子。聚落呈团块状分布。有农家书屋等。经济以种植业为主，种植小麦、玉米、大豆。有公路经此。

大施 370812-A04-H03
[Dàshī]

在区驻地龙桥街道南方向 11.0 千米。兴隆庄街道辖自然村。人口 600。清康熙帝南巡经此，村人恭迎圣驾，仅奉茶就花了四十八亩地的银两。康熙帝临行赐给蓝衫，并书乐善好施匾额，村因称大施。聚落呈团块状分布。有农家书屋等。经济以种植业为主，种植小麦、玉米、大豆。有公路经此。

护驾营 370812-A04-H04
[Hùjiàyíng]

在区驻地龙桥街道南方向 6.5 千米。兴隆庄街道辖自然村。人口 900。此村西南有扈家的祖茔，原称扈家茔。后扈姓迁徙别处。村中他姓认为扈家茔的茔字不吉利，改村名为护驾营。聚落呈团块状分布。有图书室、文化大院等。经济以苗木种植业为主。有公路经此。

大庙 370812-A04-H05
[Dàmiào]

在区驻地龙桥街道南方向 11.0 千米。兴隆庄街道辖自然村。人口 1 000。村东北角有庙，规模宏大，历史悠久，因此，群众改村名为大庙。聚落呈团块状分布。有图书室、文化大院等。经济以苗木种植业为主。有公路经此。

雷家厂 370812-A04-H06
[Léijiāchǎng]

在区驻地龙桥街道南方向 11.9 千米。兴隆庄街道辖自然村。人口 800。此村雷姓居多，古称雷鲁厂，据传是明代皇帝封赐给曲阜衍圣公府的佃户村。后名雷家厂。聚落呈团块状分布。有图书室、文化大院等。经济以种植业为主，种植小麦、玉米、大豆、棉花、苗木。有公路经此。

南张 370812-A04-H07
[Nánzhāng]

在区驻地龙桥街道南方向 11.5 千米。兴隆庄街道辖自然村。人口 2 500。原名张家村。后因重名，更名为南张。聚落呈团块状分布。有图书室、文化大院等。经济以种植业为主，种植小麦、玉米、大豆。有公路经此。

澹台墓 370812-A04-H08
[Tántáimù]

在区驻地龙桥街道南方向 13.4 千米。兴隆庄街道辖自然村。人口 700。据《阙里志》记载，春秋末年，孔子弟子澹台灭明葬于此地，故名。聚落呈团块状分布。有农家书屋等。经济以种植业为主，种植小麦、玉米、地瓜、棉花、苗木。有公路经此。

前小疃 370812-A04-H09
[Qiánxiǎotuǎn]

在区驻地龙桥街道南方向 7.0 千米。兴隆庄街道辖自然村。人口 1 500。本村靠近泗河，过去经常决口，冲成沙滩，原称小滩。滩和疃音近，后演变为小疃。因居南部，和后小疃相对，称前小疃。聚落呈团块状分布。有农家书屋等。经济以种植业为主，种植小麦、玉米、大豆。有公路经此。

冠庄铺 370812-A04-H10
［Guānzhuāngpù］

在区驻地龙桥街道南方向 5.4 千米。兴隆庄街道辖自然村。人口 1 600。此处为南北两京的通行大道，明、清两朝都设有投送紧急公文的铺递，故名。后简称观庄铺，演变为冠庄铺。聚落呈团块状分布。有农家书屋等。经济以种植业为主，种植小麦、玉米、大豆。有公路经此。

前樊庄 370812-A04-H11
［Qiánfánzhuāng］

在区驻地龙桥街道南方向 13.5 千米。兴隆庄街道辖自然村。人口 600。据传唐朝时候，女将樊梨花在此打过仗，此村居南，故名前樊庄。聚落呈团块状分布。有图书室、文化大院等。经济以种植业为主，种植小麦、玉米、大豆、地瓜、苗木。有公路经此。

大南湖 370812-A04-H12
［Dànánhú］

在区驻地龙桥街道南方向 12.6 千米。兴隆庄街道辖自然村。人口 600。因这一带地势低洼，每遇大雨积水如湖，本村处大洼南部，故名大南湖。聚落呈团块状分布。有图书室、文化大院等。经济以苗木种植为主。有公路经此。

晾衣井 370812-A04-H13
［Liàngyījǐng］

在区驻地龙桥街道南方向 6.3 千米。兴隆庄街道辖自然村。人口 1 100。原名杨家村。传说，清康熙皇帝南巡，曾经过城南，遇雨淋湿衣服，来到这里在井台上晾干，故村名改称晾衣井。聚落呈团块状分布。有农家书屋等。经济以种植业为主，种植小麦、玉米、大豆。有公路经此。

兴隆庄 370812-A04-H14
［Xīnglóngzhuāng］

在区驻地龙桥街道南方向 6.9 千米。兴隆庄街道辖自然村。人口 700。因村边有一土岗隆起，形似龙头，取吉祥嘉言，改称兴龙庄，后演为兴隆庄。聚落呈团块状分布。有农家书屋等。经济以种植业为主，种植小麦、玉米、地瓜、棉花。有公路经此。

火神庙 370812-A04-H15
［Huǒshénmiào］

在区驻地龙桥街道南方向 8.1 千米。兴隆庄街道辖自然村。人口 1 000。相传村南有古墓一座，系王氏祖茔，俗称王坰堆。他姓认为南有古坟不吉利，在坟与村之间合资建了一座火神庙，意思是以火烧坟，村以此得名。聚落呈团块状分布。有农家书屋等。经济以种植业为主，种植小麦、玉米、大豆。有公路经此。

四竹亭 370812-A04-H16
［Sìzhútíng］

在区驻地龙桥街道南方向 7.6 千米。兴隆庄街道辖自然村。人口 1 500。刘廷振写风、雨、老、嫩四竹，并各题咏于村中关帝君庙阶前二碑上，村因此称四竹亭。聚落呈团块状分布。有农家书屋等。经济以种植业为主，种植小麦、玉米、大豆。有公路经此。

黄屯 370812-A05-H01
［Huángtún］

在区驻地龙桥街道西南方向 15.0 千米。黄屯街道辖自然村。人口 700。明、清两代皇帝先后赐给衍圣公府土地二千顷，分属于 108 个屯、厂，本村即其一，因姓氏得名黄屯。聚落呈团块状分布。有百姓大舞台。经济以种植业为主，种植小麦、玉米、大豆、地瓜。有公路经此。

祖营 370812-A05-H02
[Zǔyíng]

在区驻地龙桥街道西南方向 17.6 千米。黄屯街道辖自然村。人口 800。原是某姓的祖先坟茔，后形成村庄，习称祖茔，后改为祖营。聚落呈团块状分布。有百姓大舞台。经济以种植业为主，种植小麦、玉米、大豆、地瓜。有公路经此。

堌城 370812-A05-H03
[Gùchéng]

在区驻地龙桥街道西南方向 18.3 千米。黄屯街道辖自然村。人口 2 700。此处原名顾王城，后改为堌城。聚落呈团块状分布。有百姓大舞台。经济以种植业为主，种植小麦、玉米、棉花。有公路经此。

丁庄 370812-A05-H04
[Dīngzhuāng]

在区驻地龙桥街道西南方向 13.9 千米。黄屯街道辖自然村。人口 500。驻兖州的鲁王府派了三名兵丁，长期驻在这里管理治安，逐渐形成村庄，名为丁家庄，后更名丁庄。聚落呈团块状分布。有百姓大舞台。经济以种植业为主，种植小麦、玉米、棉花。有公路经此。

谢村 370812-A05-H05
[Xiècūn]

在区驻地龙桥街道西南方向 9.2 千米。黄屯街道辖自然村。人口 600。谢氏祖居兹邑城西北谢家楼，清圣祖时分支迁此建村。因谢姓来此最早，故名谢村。聚落呈团块状分布。有百姓大舞台。经济以种植业为主，种植小麦、玉米、大豆、棉花等。有公路经此。

于家厂 370812-A05-H06
[Yújiāchǎng]

在区驻地龙桥街道西南方向 14.4 千米。黄屯街道辖自然村。人口 200。明、清两代皇帝封赐给衍圣公府土地两千顷，分属于 108 个屯、厂，本村即其中之一，因姓氏得名于家厂。聚落呈团块状分布。有百姓大舞台。经济以种植业为主，种植小麦、玉米、棉花。有公路经此。

于屯 370812-A05-H07
[Yútún]

在区驻地龙桥街道西南方向 12.4 千米。黄屯街道辖自然村。人口 1 100。于姓居多，故得名于屯。聚落呈团块状分布。有百姓大舞台。经济以种植业为主，种植小麦、玉米、棉花。有公路经此。

卓村 370812-A05-H08
[Zhuócūn]

在区驻地龙桥街道西南方向 15.5 千米。黄屯街道辖自然村。人口 700。卓姓来居最早，故村得名卓村。聚落呈团块状分布。有百姓大舞台。经济以种植业为主，种植小麦、玉米、棉花。有公路经此。

刘屯 370812-A05-H09
[Liútún]

在区驻地龙桥街道西南方向 11.9 千米。黄屯街道辖自然村。人口 200。明、清两代皇帝先后赐给衍圣公府土地二千顷，分属于 108 个屯、厂，本村即其一，因刘姓居多，故称刘屯。聚落呈团块状分布。有百姓大舞台。经济以种植业为主，种植小麦、玉米、大豆、地瓜、棉花等。有公路经此。

吴营 370812-A05-H10
[Wúyíng]

在区驻地龙桥街道西南方向 14.5 千米。

黄屯街道辖自然村。人口 700。相传明朝曾有吴姓将军在此地驻兵屯垦，后逐渐形成村落，名吴家营，后简称吴营。聚落呈团块状分布。有百姓大舞台。经济以种植业为主，种植小麦、玉米、棉花。有公路经此。

庞村 370812-A05-H11

[Pángcūn]

在区驻地龙桥街道西南方向 10.3 千米。黄屯街道辖自然村。人口 700。元末明初，因庞姓为大户，故名庞家村，后简作庞村。聚落呈团块状分布。有百姓大舞台。经济以种植业为主，种植小麦、玉米、棉花。有公路经此。

小辛庄 370812-A05-H12

[Xiǎoxīnzhuāng]

在区驻地龙桥街道西南方向 17.1 千米。黄屯街道辖自然村。人口 400。据传，清末时逃荒农民最早来此居住建村，因新建小庄，故得名小辛庄。聚落呈团块状分布。有百姓大舞台。经济以种植业为主，种植小麦、玉米、棉花。有公路经此。

西张庄 370812-A05-H13

[Xīzhāngzhuāng]

在区驻地龙桥街道西南方向 9.2 千米。黄屯街道辖自然村。人口 200。清初时，名铺北村。后张姓人多，改称张庄。因重名，此村在西，习称西张庄。聚落呈团块状分布。有百姓大舞台。经济以种植业为主，种植小麦、玉米、棉花。有公路经此。

赵庄 370812-A05-H14

[Zhàozhuāng]

在区驻地龙桥街道西南方向 11.9 千米。黄屯街道辖自然村。人口 1 200。明朝初年，赵姓最先由山西省来此落户，得名赵庄。聚落呈团块状分布。有百姓大舞台。经济

以种植业为主，种植小麦、玉米、棉花。有公路经此。

张厂 370812-A05-H15

[Zhāngchǎng]

在区驻地龙桥街道西南方向 14.9 千米。黄屯街道辖自然村。人口 200。明、清两代皇帝先后封赐衍圣公府土地两千项，分属于 108 个屯、厂，本村即其中之一，村内张姓居多，故名张厂。聚落呈团块状分布。有百姓大舞台。经济以种植业为主，种植小麦、玉米、地瓜等。有公路经此。

王因 370812-A06-H01

[Wángyīn]

在区驻地龙桥街道西南方向 12.6 千米。王因街道辖自然村。人口 2 000。本村历史悠久，相传古时有个王子曾被囚禁于此，村得名王囚。后来觉得"囚"字不雅，加一横改作王因。聚落呈团块状分布。有小学、中学。有省级文物保护单位王因遗址。经济以种植业为主，种植小麦、玉米。济微公路经此。

西王因 370812-A06-H02

[Xīwángyīn]

在区驻地龙桥街道西南方向 13.1 千米。王因街道辖自然村。人口 400。该村为王因村民迁居新建的村庄，故名。聚落呈团块状分布。有百姓大舞台。经济以种植业为主，种植小麦、玉米、大豆、花生。有公路经此。

前岗 370812-A06-H03

[Qiángǎng]

在区驻地龙桥街道西南方向 13.0 千米。王因街道辖自然村。人口 800。此村明代称岗子村，习称岗上。后分为两村，本村居于土岗南，故名前岗。聚落呈团块状分布。

有百姓大舞台等。经济以种植业为主，种植小麦、玉米、棉花。有公路经此。

后岗 370812–A06–H04
[Hòugǎng]

在区驻地龙桥街道西南方向 12.7 千米。王因街道辖自然村。人口 700。此村明代称岗子村，习称岗上。后分为两村，本村居于土岗北，故名后岗。聚落呈团块状分布。有百姓大舞台等。经济以种植业、工副业为主。有公路经此。

刘家 370812–A06–H05
[Liújiā]

在区驻地龙桥街道西南方向 12.2 千米。王因街道辖自然村。人口 800。本村原名中郏庄，清顺治年间，刘姓成大户族，出了进士刘布春，村名改称刘家郏庄，后讹为刘家台庄。1964 年改为刘家。聚落呈团块状分布。经济以种植业为主，种植小麦、玉米。有轻钢、油罐、新型材料、家具、酒店和高新农业产业园等产业。有公路经此。

长庆 370812–A06–H06
[Chángqìng]

在区驻地龙桥街道西南方向 10.9 千米。王因街道辖自然村。人口 2 300。明代时称屯里，清代建四个寨门，寨门镌“长庆寨”三字，故名。聚落呈团块状分布。有百姓大舞台等。经济以种植业为主，种植小麦、玉米、大豆、花生。有公路经此。

寺上 370812–A06–H07
[Sìshàng]

在区驻地龙桥街道西南方向 10.3 千米。王因街道辖自然村。人口 2 500。明初村中建有一寺庙，此寺规模宏大，坐落村东北高阜上，村因此得名寺上。聚落呈团块状分布。有百姓大舞台等。经济以种植业为主，种植小麦、玉米、花生、棉花等。有公路经此。

钱家 370812–A06–H08
[Qiánjiā]

在区驻地龙桥街道西南方向 11.0 千米。王因街道辖自然村。人口 900。因姓氏得名。聚落呈团块状分布。有百姓大舞台。经济以种植业和运输业为主，种植小麦、玉米。有公路经此。

郭营 370812–A06–H09
[Guōyíng]

在区驻地龙桥街道西南方向 16.4 千米。王因街道辖自然村。人口 1 400。明清时驻有防汛的兵营，带兵的将领姓郭，故村得名郭营。聚落呈团块状分布。有百姓大舞台。经济以种植业为主，种植小麦、玉米，有油罐厂、轻钢厂。有公路经此。

史营 370812–A06–H10
[Shǐyíng]

在区驻地龙桥街道西南方向 14.9 千米。王因街道辖自然村。人口 900。史氏始祖宽于明中期由山西洪洞县迁来，因全是史姓，故名史营村。清朝时，常受泗河水患，驻扎过防汛的兵营，遂改名史营。聚落呈团块状分布。有百姓大舞台。经济以种植业为主，种植小麦、玉米。有公路经此。

沙河 370812–A06–H11
[Shāhé]

在区驻地龙桥街道西南方向 17.9 千米。王因街道辖自然村。人口 2 100。因处于泗河分洪区，村南横向一沟，淤沙存积较多，故名沙河。聚落呈团块状分布。有百姓大舞台。经济以种植业为主，种植小麦、玉米、花生、棉花、大豆，有田庄煤矿。有公路经此。

南许 370812-A06-H12
[Nánxǔ]

在区驻地龙桥街道西南方向 17.5 千米。王因街道辖自然村。人口 700。明成化年间，许姓最早来此定居，村名许家庄。清代中期，一部分人家迁至北边重新建村，称北许家庄，与之相对，本村称南许家庄，简称南许。聚落呈团块状分布。有百姓大舞台。经济以种植业为主，种植小麦、玉米、大豆、花生。有公路经此。

社仓 370812-A06-H13
[Shècāng]

在区驻地龙桥街道西南方向 17.9 千米。王因街道辖自然村。人口 600。明清时期社仓设在这里以备灾荒食用，故村得名社仓。聚落呈团块状分布。有百姓大舞台。经济以种植业为主，种植小麦、玉米、大豆、花生。有公路经此。

前韩 370812-A06-H14
[Qiánhán]

在区驻地龙桥街道西南方向 21.4 千米。王因街道辖自然村。人口 400。该村系由后韩家堂分支而来，因在南，称为前韩家堂，简称前韩。聚落呈团块状分布。有百姓大舞台。经济以种植业为主，种植小麦、玉米、大豆、花生。有公路经此。

后韩 370812-A06-H15
[Hòuhán]

在区驻地龙桥街道西南方向 21.6 千米。王因街道辖自然村。人口 1 300。因韩家祠堂得名。有百姓大舞台。经济以种植业为主，种植小麦、玉米、大豆、花生。有公路经此。

娘娘庙 370812-A06-H16
[Niángniángmiào]

在区驻地龙桥街道西南方向 18.4 千米。王因街道辖自然村。人口 1 000。据传此村始建于清初，村内原有天仙娘娘庙一座，故此村得名娘娘庙。聚落呈团块状分布。有百姓大舞台。经济以种植业为主，种植小麦、玉米。有公路经此。

仁祖庙 370812-A06-H17
[Rénzǔmiào]

在区驻地龙桥街道西南方向 19.1 千米。王因街道辖自然村。人口 600。原名孟家村，嘉庆年间建了人祖庙一座，村改称人祖庙，后又以同音字称仁祖庙。聚落呈团块状分布。有百姓大舞台。经济以种植业为主，种植小麦、玉米。有公路经此。

玉皇庙 370812-A06-H18
[Yùhuángmiào]

在区驻地龙桥街道西南方向 18.4 千米。王因街道辖自然村。人口 1 000。本村有玉皇庙一座。村以庙得名。聚落呈团块状分布。有百姓大舞台。经济以种植业为主，种植小麦、玉米。有公路经此。

辛集 370812-A06-H19
[Xīnjí]

在区驻地龙桥街道西南方向 19.7 千米。王因街道辖自然村。人口 600。因是新建村庄，形成小集市，故村得名新集，讹写为辛集。聚落呈团块状分布。有百姓大舞台。经济以种植业为主，种植小麦、玉米。有公路经此。

前竹亭 370812-A06-H20
[Qiánzhútíng]

在区驻地龙桥街道西南方向 11.3 千米。王因街道辖自然村。人口 1 800。明亡后，驻兖州的鲁王朱檀的后裔为了纪念其祖先，兴建园林，中建一亭，名为竹亭，村以此得名。聚落呈团块状分布。有百姓大舞台。

经济以种植业为主，种植小麦、玉米。有公路经此。

后竹亭 370812-A06-H21
[Hòuzhútíng]

在区驻地龙桥街道西南方向 10.3 千米。王因街道辖自然村。人口 1 400。明亡后，驻兖州的鲁王朱檀的后裔为了纪念其祖先，兴建园林，中建一亭，名为竹亭，村以此得名。聚落呈团块状分布。有百姓大舞台。经济以种植业为主，种植小麦、玉米。有公路经此。

店子 370812-A06-H22
[Diànzi]

在区驻地龙桥街道西南方向 12.6 千米。王因街道辖自然村。人口 600。因从前街道两旁商店多而得名。聚落呈团块状分布。有百姓大舞台。经济以种植业为主，种植小麦、玉米、地瓜、棉花等。有公路经此。

后谷 370812-B01-H01
[Hòugǔ]

大安镇人民政府驻地。在区驻地龙桥街道南方向 10.0 千米。人口 1 100。本村因谷姓来此最早而得名。聚落呈团块状分布。有幼儿园 1 处。经济以种植业为主，种植小麦、玉米、棉花等，有济宁市兖州区海林印铁制罐有限公司。有公路经此。

房家院 370812-B01-H02
[Fángjiāyuàn]

在区驻地龙桥街道北方向 9.5 千米。大安镇辖自然村。人口 1 400。后唐尚书左仆射房知温家居此地，故称房家院。聚落呈团块状分布。经济以种植业为主，种植小麦、玉米。有公路经此。

龙湾店 370812-B01-H03
[Lóngwāndiàn]

在区驻地龙桥街道北方向 7.6 千米。大安镇辖自然村。人口 1 400。因地处泗河由东向南转弯的地方，以弯曲卧龙，故名龙弯店，后写成龙湾店。聚落呈团块状分布。有农家书屋等。有龙山文化遗址。经济以种植业为主，种植小麦、玉米、大豆。有公路经此。

谭家 370812-B01-H04
[Tánjiā]

在区驻地龙桥街道北方向 7.2 千米。大安镇辖自然村。人口 1 900。该村原称谈村，后因"谈"与"谭"同音，讹写为谭家。聚落呈团块状分布。有农家书屋等。经济以种植业为主，种植小麦、玉米、大豆。有公路经此。

西垛庄 370812-B01-H05
[Xīduǒzhuāng]

在区驻地龙桥街道北方向 12.6 千米。大安镇辖自然村。人口 900。此村原称窦二庄，因"窦"与"垛"音相近，村名遂讹传为垛二庄。本村在西，又改称西垛庄。聚落呈团块状分布。有农家书屋等。经济以种植业为主，种植小麦、玉米、大豆。有公路经此。

西北店 370812-B01-H06
[Xīběidiàn]

在区驻地龙桥街道北方向 8.1 千米。大安镇辖自然村。人口 2 100。本村地处古兖州至汶上县的官路上，在城西北二十五里，设铺递，故名西北店。聚落呈团块状分布。有农家书屋等。经济以种植业为主，种植小麦、玉米、大豆。有公路经此。

石马 370812-B01-H07
[Shímǎ]

在区驻地龙桥街道北方向 5.4 千米。大安镇辖自然村。人口 1 200。村南原有大冢，墓前有石翁仲、石马、石羊等，相对峙立，故村名石马。聚落呈团块状分布。经济以种植业为主，种植小麦、玉米。有玻璃厂、青钢焦化厂等企业。有公路经此。

白家店 370812-B01-H08
[Báijiādiàn]

在区驻地龙桥街道北方向 11.5 千米。大安镇辖自然村。人口 1 800。白思阳于明初由白家楼迁来此地建村，始称白家店。聚落呈团块状分布。有农家书屋等。经济以种植业为主，种植小麦、玉米、大豆。有公路经此。

房家庄 370812-B01-H09
[Fángjiāzhuāng]

在区驻地龙桥街道北方向 10.6 千米。大安镇辖自然村。人口 600。本村过去是唐代名臣房玄龄后裔的庄田，故称房家庄。聚落呈团块状分布。有农家书屋等。经济以种植业为主，种植小麦、玉米、大豆。有公路经此。

安邱府 370812-B01-H10
[Ānqiūfǔ]

在区驻地龙桥街道南方向 6.3 千米。大安镇辖自然村。人口 800。明鲁王嫡孙安邱王分封于此，始称安邱王府庄，简称安邱府。聚落呈团块状分布。有农家书屋等。经济以种植业为主，种植小麦、玉米、大豆。有公路经此。

大安 370812-B01-H11
[Dà'ān]

在区驻地龙桥街道北方向 7.4 千米。大安镇辖自然村。人口 1 800。本村原有皇姑庵一座，村亦随称皇姑庵，简称庵上。后因庵住尼姑，名不雅，改写为安上。明末以大安沟为界分为两村，此称大安。聚落呈团块状分布。有农家书屋等。经济以种植业为主，种植小麦、玉米、棉花，有山东白象有限公司。有公路经此。

前白家楼 370812-B01-H12
[Qiánbáijiālóu]

在区驻地龙桥街道北方向 10.8 千米。大安镇辖自然村。人口 1 300。明洪武时，白姓在此建村，后人口繁衍，村庄扩大，并建楼房，故得村名白家楼。后以大路分为两村，此村在南，称前白家楼。聚落呈团块状分布。有农家书屋等。经济以种植业为主，种植小麦、玉米。有公路经此。

前官庄 370812-B01-H13
[Qiánguānzhuāng]

在区驻地龙桥街道北方向 14.0 千米。大安镇辖自然村。人口 2 200。清顺治年间将此地封与衍圣公府，因皇封庄子不纳粮，故名官庄。后分为两村，此村在南，称前官庄。聚落呈团块状分布。有农家书屋等。经济以种植业为主，种植小麦、玉米。有公路经此。

二十里铺 370812-B01-H14
[Èrshílǐpù]

在区驻地龙桥街道北方向 7.7 千米。大安镇辖自然村。人口 1 900。村原名南漕河铺，后因其距县城二十华里，设有兖州至宁阳的驿路铺递，遂改称二十里铺。聚落呈团块状分布。有农家书屋等。经济以种植业为主，种植小麦、玉米。有公路经此。

东葛店 370812-B01-H15
［Dōnggědiàn］

在区驻地龙桥街道北方向 9.5 千米。大安镇辖自然村。人口 1 600。以回族为主。葛姓最早在此开店，始建此村。因在公路东，和大安镇西葛店对称，故名东葛店。聚落呈团块状分布。有农家书屋等。经济以种植业为主，种植小麦、玉米。有公路经此。

七里铺 370812-B01-H16
［Qīlǐpù］

在区驻地龙桥街道北方向 5.4 千米。大安镇辖自然村。人口 1 000。因距城西关昌平驿七里，故称七里铺。聚落呈团块状分布。有农家书屋等。经济以种植业为主，种植小麦、玉米。有机械厂、彩印包装厂。有公路经此。

北庄 370812-B01-H17
［Běizhuāng］

在区驻地龙桥街道北方向 15.5 千米。大安镇辖自然村。人口 100。因地理方位得名。聚落呈团块状分布。有农家书屋等。经济以种植业为主，种植小麦、玉米。有公路经此。

新驿 370812-B02-H01
［Xīnyì］

新驿镇人民政府驻地。在区驻地龙桥街道西北方向 14.0 千米。人口 5 500。明代前称宾阳城。明初取吉祥嘉言名村新嘉驿。后简作新驿。聚落呈团块状分布。有幼儿园 1 处、小学 1 处、中学 1 处。有县级文物保护单位新驿遗址。经济以种植业为主，种植小麦、玉米、大豆、棉花、水果。省道旧邹公路、济阳公路经此。

高吴桥 370812-B02-H02
［Gāowúqiáo］

在区驻地龙桥街道西北方向 11.0 千米。新驿镇辖自然村。人口 3 400。春秋时称高鱼城，五代时名高梧城。明初，在洸水、溪水上建桥，改名高梧桥，后演为今名。聚落呈团块状分布。有幼儿园 1 处、小学 1 处、中学 1 处。有高吴桥遗址。经济以种植业为主，种植小麦、玉米、大豆、棉花。有一道医药有限公司。省道旧邹公路经此。

东顿 370812-B02-H03
［Dōngdùn］

在区驻地龙桥街道西北方向 11.0 千米。新驿镇辖自然村。人口 4 300。《中国古今地名大辞典》释"乘丘"：春秋鲁地，在今山东滋阳县西北。乘丘亦称顿丘，村因此而得名。又分东、西两村，此在东，称东顿。聚落呈团块状分布。有幼儿园 1 处、小学 1 处。有古乘丘城遗址及龙山文化、商周文化和汉代古城遗址。经济以种植业为主，种植小麦、玉米、苗木。有公路经此。

马家楼 370812-B02-H04
［Mǎjiālóu］

在区驻地龙桥街道西北方向 16.6 千米。新驿镇辖自然村。人口 1 100。因姓氏和楼阁而得名。聚落呈团块状分布。有农家书屋等。经济以种植业为主，种植小麦、玉米、苗木。有公路经此。

韩马 370812-B02-H05
［Hánmǎ］

在区驻地龙桥街道西北方向 20.2 千米。新驿镇辖自然村。人口 1 300。该村系古老村庄，韩、马两姓最早来此居住。原为韩家楼、马家庙两村，后合并称韩马。聚落呈团块状分布。有农家书屋等。经济以种植业为主，种植小麦、玉米、苗木。有公路经此。

范家窑 370812-B02-H06

[Fànjiāyáo]

在区驻地龙桥街道西北方向 16.7 千米。新驿镇辖自然村。人口 1 100。范氏于明朝迁此，此地土质甚好，过去建有烧制缸、盆、罐等陶器的土窑，故得名范家窑。聚落呈团块状分布。有农家书屋等。经济以种植业为主，种植小麦、玉米。255 省道经此。

王府庄 370812-B02-H07

[Wángfǔzhuāng]

在区驻地龙桥街道西北方向 17.1 千米。新驿镇辖自然村。人口 600。原是明代驻兖州鲁王朱檀第九代孙朱寿钜的佃户村，朱寿钜被封为永福王，建有王府，故村得名王府庄。聚落呈团块状分布。有农家书屋等。经济以种植业为主，种植小麦、玉米、苗木。有公路经此。

河湾 370812-B02-H08

[Héwān]

在区驻地龙桥街道西北方向 8.6 千米。新驿镇辖自然村。人口 300。因地处古洸河转弯的地方而得名。聚落呈团块状分布。有农家书屋等。经济以种植业为主，种植小麦、玉米、苗木。有公路经此。

文兴坡 370812-B02-H09

[Wénxīngpō]

在区驻地龙桥街道西北方向 13.5 千米。新驿镇辖自然村。人口 1 500。因村文风兴盛而得名。聚落呈团块状分布。有农家书屋等。经济以种植业为主，种植小麦、玉米。有公路经此。

店子街 370812-B02-H10

[Diànzijiē]

在区驻地龙桥街道西北方向 19.8 千米。新驿镇辖自然村。人口 1 200。旧名滕村。因村处于兖州至汶上的大道，设有店铺，习称滕村店。后形成街市，改称店子街。聚落呈团块状分布。有农家书屋等。经济以种植业为主，种植小麦、玉米、苗木。有公路经此。

后寺 370812-B02-H11

[Hòusì]

在区驻地龙桥街道西北方向 15.0 千米。新驿镇辖自然村。人口 1 100。村内正觉寺与南部邻村型堂的观音堂前后相对，此村居北，习称后寺。聚落呈团块状分布。有农家书屋等。经济以种植业为主，种植小麦、玉米。济阳公路经此。

义和庄 370812-B02-H12

[Yìhézhuāng]

在区驻地龙桥街道西北方向 22.0 千米。新驿镇辖自然村。人口 600。因民风淳朴，村民友好相处得名。聚落呈团块状分布。经济以种植业为主，种植小麦、玉米、苗木。有公路经此。

何家村东村 370812-B02-H13

[Héjiācūndōngcūn]

在区驻地龙桥街道西北方向 13.9 千米。新驿镇辖自然村。人口 700。因姓氏得名，此村居东，故名。聚落呈团块状分布。有农家书屋等。经济以种植业为主，种植小麦、玉米。有公路经此。

胡营 370812-B02-H14

[Húyíng]

在区驻地龙桥街道西北方向 16.0 千米。新驿镇辖自然村。人口 400。因姓氏得名。

聚落呈团块状分布。经济以种植业为主，种植小麦、玉米、苗木。济阳公路经此。

秦家 370812-B02-H15
[Qínjiā]

在区驻地龙桥街道西北方向 13.3 千米。新驿镇辖自然村。人口 600。因村内秦姓是大户，故名秦家。聚落呈团块状分布。经济以种植业为主，种植小麦、玉米。有公路经此。

皇林 370812-B02-H16
[Huánglín]

在区驻地龙桥街道西北方向 11.7 千米。新驿镇辖自然村。人口 1 300。明代鲁王九世孙永福王朱寿钜的林墓在此，村以此得名皇林。聚落呈团块状分布。经济以种植业为主，种植小麦、玉米、苗木。有公路经此。

毛辛庄 370812-B02-H17
[Máoxīnzhuāng]

在区驻地龙桥街道西北方向 10.3 千米。新驿镇辖自然村。人口 300。村民毛姓居多，因耕作田间，甚为辛苦，故名毛辛庄。聚落呈团块状分布。经济以种植业为主，种植小麦、玉米。255 省道经此。

前阎楼 370812-B02-H18
[Qiányánlóu]

在区驻地龙桥街道西北方向 10.8 千米。新驿镇辖自然村。人口 600。因姓氏得名阎楼，此村在南，称前阎楼。聚落呈团块状分布。经济以种植业为主，种植小麦、玉米、苗木。有公路经此。

西王堂 370812-B02-H19
[Xīwángtáng]

在区驻地龙桥街道西北方向 20.7 千米。新驿镇辖自然村。人口 1 300。因村中有一古佛堂而得名，此村稍偏西，称西王堂。聚落呈团块状分布。经济以种植业为主，种植小麦、玉米、花生。255 省道经此。

颜店 370812-B03-H01
[Yándiàn]

颜店镇人民政府驻地。在区驻地龙桥街道西方向 12.0 千米。人口 1 000。三国时称魏阳镇。唐代村镇东延，称延村店，后谐音讹为颜村店，简为颜店。聚落呈团块状分布。有图书室、文化大院、小学。有玄帝庙大殿、郑氏绣楼、颜店老公社礼堂等历史遗迹。经济以苗木种植为主。有公路经此。

故县 370812-B03-H02
[Gùxiàn]

在区驻地龙桥街道西方向 10.0 千米。颜店镇辖自然村。人口 4 500。故县在城西北二十五里，为春秋负瑕邑遗址。负瑕即瑕丘，是今兖州区的古称，此村地处古乘丘城南，故得名故县。聚落呈团块状分布。有小学 1 处。有故县遗址、郑氏庄园等历史遗迹。经济以种植业为主。有公路经此。

丁家郗 370812-B03-H03
[Dīngjiāxī]

在区驻地龙桥街道西方向 12.6 千米。颜店镇辖自然村。人口 2 300。原名大郗村，后丁氏迁入，改称丁家郗。聚落呈团块状分布。有图书室、文化大院等。经济以苗木种植为主。有公路经此。

前李宫 370812-B03-H04
[Qiánlǐgōng]

在区驻地龙桥街道西方向 15.8 千米。颜店镇辖自然村。人口 1 900。明朝村内建庙宇一座，中塑托塔天王李靖像，村因此得名李宫。后分为前、中、后三个村，由于本村处于南部，故称前李宫。聚落呈团块状分布。有图书室、文化大院。经济以种植业为主。有公路经此。

嵫山 370812-B03-H05

[Zīshān]

在区驻地龙桥街道西方向 10.0 千米。颜店镇辖自然村。人口 5 500。因靠近嵫山而得名。聚落呈团块状分布。有图书室、文化大院。经济以苗木种植为主。有公路经此。

毛家 370812-B03-H06

[Máojiā]

在区驻地龙桥街道西方向 16.4 千米。颜店镇辖自然村。人口 800。明朝时有一毛姓将领曾带兵在此扎营屯垦，原村名毛家营，后改称毛家。聚落呈团块状分布。有图书室、文化大院等。经济以种植业为主。有公路经此。

前北肖 370812-B03-H07

[Qiánběixiāo]

在区驻地龙桥街道西方向 15.3 千米。颜店镇辖自然村。人口 400。民间传说，宋朝时有肖红忠称王北国，此处是国界，南为宋境，北为肖境，故村名北肖。后分为两村，此村在南，称前北肖。聚落呈团块状分布。有图书室、文化大院等。经济以种植业、商业、养殖业等为主，种植玉米、小麦。有公路经此。

大嵫阳 370812-B03-H08

[Dàzīyáng]

在区驻地龙桥街道西方向 11.5 千米。颜店镇辖自然村。人口 1 400。因在嵫山南，故名嵫阳，后分出一村名小嵫阳，相对此村称大滋阳。聚落呈团块状分布。有图书室、文化大院。经济以种植业、养殖业为主，种植玉米、小麦、苗木。有公路经此。

前张海 370812-B03-H09

[Qiánzhānghǎi]

在区驻地龙桥街道西方向 14.9 千米。颜店镇辖自然村。人口 300。相传清初此村有一张姓盐官，在村内外遍挖坑塘，取海水制盐之意，故村名张海。后分为二村，此村居南，称前张海。聚落呈团块状分布。有图书室、文化大院。经济以种植业、商业、养殖业为主，种植玉米、小麦。有公路经此。

郭家楼 370812-B03-H10

[Guōjiālóu]

在区驻地龙桥街道西方向 6.0 千米。颜店镇辖自然村。人口 900。因郭姓迁此建有楼房而得名。聚落呈团块状分布。经济以种植业、商业、养殖业、食品加工业为主。有公路经此。

天齐庙 370812-B03-H11

[Tiānqímiào]

在区驻地龙桥街道西方向 6.3 千米。颜店镇辖自然村。人口 1 600。因清朝时村内原有东岳天齐庙，故名。聚落呈团块状分布。经济以种植业、商业、餐饮业、养殖业、建筑业、加工业为主。有公路经此。

北丁家庄 370812-B03-H12

[Běidīngjiāzhuāng]

在区驻地龙桥街道西方向 6.4 千米。颜店镇辖自然村。人口 300。明代曾驻有鲁王府的兵丁，管理北部的屯厂，故名北丁家庄。聚落呈团块状分布。经济以种植业、商业、养殖业为主。有公路经此。

孔家屯 370812-B03-H13

[Kǒngjiātún]

在区驻地龙桥街道西方向 7.9 千米。颜店镇辖自然村。人口 2 300。此村因曾是曲阜孔府的佃户村，故名。聚落呈团块状分布。有农家书屋等。经济以种植业、商业、餐饮业、养殖业、建筑业为主。有公路经此。

梁袁庄 370812-B03-H14

[Liángyuánzhuāng]

在区驻地龙桥街道西方向 9.5 千米。颜店镇辖自然村。人口 2 400。因姓氏而得名。聚落呈团块状分布。有图书室、文化大院。经济以种植业、商业、餐饮业、养殖业为主。有公路经此。

侯袁庄 370812-B03-H15

[Hóuyuánzhuāng]

在区驻地龙桥街道西方向 8.8 千米。颜店镇辖自然村。人口 1 100。因姓氏而得名。聚落呈团块状分布。有图书室、文化大院。经济以种植业、商业、养殖业为主。有公路经此。

洪庙 370812-B03-H16

[Hóngmiào]

在区驻地龙桥街道西方向 12.6 千米。颜店镇辖自然村。人口 1 400。因古建筑红色庙宇而得名。由于"红"与"洪"同音，后演为洪庙。聚落呈团块状分布。有图书室、文化大院。经济以苗木种植为主。有公路经此。

朱袁庄 370812-B03-H17

[Zhūyuánzhuāng]

在区驻地龙桥街道西方向 9.2 千米。颜店镇辖自然村。人口 700。因姓氏而得名。聚落呈团块状分布。有图书室、文化大院。经济以种植业为主，有钢结构制造厂。有公路经此。

翟村 370812-B03-H18

[Zháicūn]

在区驻地龙桥街道西方向 9.5 千米。颜店镇辖自然村。人口 7 100。最早翟姓为村中大户，故得名翟村。聚落呈团块状分布。有图书室、文化大院。经济以种植业、商业、餐饮业、养殖业为主，种植玉米、小麦、观赏苗木等。有公路经此。

屯头 370812-B03-H19

[Túntóu]

在区驻地龙桥街道西方向 10.4 千米。颜店镇辖自然村。人口 5 800。明代，因此村是当地众屯厂之首，故名屯头。聚落呈团块状分布。有图书室、文化大院。经济以种植业、商业、餐饮业、养殖业为主，种植玉米、小麦、观赏苗木等。有公路经此。

刘家街 370812-B03-H20

[Liújiājiē]

在区驻地龙桥街道西方向 9.0 千米。颜店镇辖自然村。人口 400。因刘姓居多，村中有一条主要街道，故称刘家街。聚落呈团块状分布。有图书室、文化大院。经济以种植业、商业、餐饮业、养殖业为主。有公路经此。

石家街 370812-B03-H21

[Shíjiājiē]

在区驻地龙桥街道西方向 8.8 千米。颜店镇辖自然村。人口 400。邢姓迁来最早，因村内建有庙宇五圣堂，原名邢家庙。后邢姓衰落，明末，石姓日益繁盛。1965 年，改称石家街。聚落呈团块状分布。有图书室、文化大院等。经济以种植业、商业、餐饮业、养殖业为主。有公路经此。

周家堌堆 370812-B03-H22

［Zhōujiāgùduī］

在区驻地龙桥街道西方向9.9千米。颜店镇辖自然村。人口400。因姓氏和村东土堆而得名。聚落呈团块状分布。有图书室、文化大院。经济以种植业、商业、养殖业为主。有公路经此。

玄帝庙 370812-B03-H23

［Xuándìmiào］

在区驻地龙桥街道西方向9.9千米。颜店镇辖自然村。人口900。因庙宇而得名。聚落呈团块状分布。有图书室、文化大院。经济以种植业、商业、餐饮业、养殖业为主。有公路经此。

马家海 370812-B03-H24

［Mǎjiāhǎi］

在区驻地龙桥街道西方向13.3千米。颜店镇辖自然村。人口1 800。因村内一大水塘，长年不干，俗传地下与东海相通，故以姓氏得名马家海。聚落呈团块状分布。有图书室、文化大院。经济以种植业、商业、餐饮业、养殖业为主，种植玉米、小麦、观赏苗木等。有公路经此。

北王家屯 370812-B03-H25

［Běiwángjiātún］

在区驻地龙桥街道西方向6.5千米。颜店镇辖自然村。人口1 300。此村因与新兖镇南王家屯相对，故称北王家屯。聚落呈团块状分布。有图书室、文化大院。经济以种植业、商业、养殖业、建筑业为主。有公路经此。

李宫 370812-B03-H26

［Lǐgōng］

在区驻地龙桥街道西方向15.5千米。颜店镇辖自然村。人口4 000。村内建庙一座，中塑托塔天王李靖像，村因此得名李宫。聚落呈团块状分布。有图书室、文化大院。经济以种植业、商业、餐饮业、养殖业为主，种植玉米、小麦、观赏苗木等。有公路经此。

小官庄 370812-B04-H01

［Xiǎoguānzhuāng］

新兖镇人民政府驻地。在区驻地龙桥街道南方向3.6千米。人口400。据传此村是旧时的佃户村，刘、王、徐三姓在清代中期来此，为邵姓种地并定居。有邵河者，在北京做官，家中大置田园，村因此名邵官庄，后简为官庄。1980年地名普查时，因重名，更名小官庄。聚落呈团块状分布。有图书室、文化大院等。经济以种植业为主，种植小麦、玉米。有宏运物流、金凤种鸡场等企业。有公路经此。

小马青 370812-B04-H02

［Xiǎomǎqīng］

在区驻地龙桥街道南方向4.0千米。新兖镇辖自然村。人口1 500。据传，明初此村东南曾设过皇营，驻有大批兵马。这里长满青草，为屯兵养马之地，故称马青。因与南边大马青区别，故名小马青。聚落呈团块状分布。有小学、幼儿园、图书室。经济以种植业、旅游业为主，种植花卉。有华勤集团、东方胶带等企业。日兰高速、省道济微公路经此。

辛北庄 370812-B04-H03

［Xīnběizhuāng］

在区驻地龙桥街道北方向6.0千米。新兖镇辖自然村。人口1 000。因地处兖州城北，得名新北村，后因村民终年辛苦，改称辛北庄。聚落呈团块状分布。有图书馆、文艺室、文化长廊、百姓大舞台、文体活动广场。经济以种植业为主，种植小麦、玉米。有葡萄架下养殖土鸡的特色立体养殖模式，有山东五征集团和环宇车轮有限公司等企业。省道济微公路、旧邹公路经此。

三教堂 370812-B04-H04
[Sānjiàotáng]

在区驻地龙桥街道西北方向 7.0 千米。新兖镇辖自然村。人口 200。本村原有庙宇一座，故名。聚落呈团块状分布。有图书馆等。经济以种植业为主，种植小麦、玉米、棉花。有公路经此。

东孟家 370812-B04-H05
[Dōngmèngjiā]

在区驻地龙桥街道西南方向 2.0 千米。新兖镇辖自然村。人口 1 400。因姓氏而得名。聚落呈团块状分布。有图书馆等。经济以种植业、养殖业为主，种植小麦、玉米、土豆，养殖生猪、鸡、鸭。有公路经此。

东张庄 370812-B04-H06
[Dōngzhāngzhuāng]

在区驻地龙桥街道西南方向 4.5 千米。新兖镇辖自然村。人口 800。以姓氏得名张庄，因与本乡西部张庄重名，更名为东张庄。聚落呈团块状分布。有图书馆等。经济以种植业、板房安装为主，种植小麦、玉米等。有公路经此。

乔家 370812-B04-H07
[Qiáojiā]

在区驻地龙桥街道北方向 7.2 千米。新兖镇辖自然村。人口 600。清末，该村乔姓在村东大路上修一座桥，又因原村名"史"与"死"音近，不吉祥，故改为乔家。聚落呈团块状分布。经济以种植业为主，种植蔬菜、小麦、玉米。有公路经此。

于家 370812-B04-H08
[Yújiā]

在区驻地龙桥街道南方向 4.1 千米。新兖镇辖自然村。人口 500。本村人多以渔为业，故名渔家村，后演为于家。聚落呈团块状分布。有图书馆等。经济以种植业、养殖业为主，种植小麦、玉米等。有公路经此。

五炉 370812-B04-H09
[Wǔlú]

在区驻地龙桥街道西北方向 5.6 千米。新兖镇辖自然村。人口 300。据传，白莲教起义时曾在此立红炉五座，打造刀枪，村故得名五炉。聚落呈团块状分布。有图书馆等。经济以种植业为主，种植小麦、玉米。有公路经此。

土楼闸 370812-B04-H10
[Tǔlóuzhá]

在区驻地龙桥街道南方向 3.4 千米。新兖镇辖自然村。人口 1 000。明永乐年间建，初设官闸，后裁，村以此得名。聚落呈团块状分布。有图书馆等。经济以种植业为主，种植小麦、玉米，养殖生猪。有公路经此。

前寨子 370812-B04-H11
[Qiánzhàizi]

在区驻地龙桥街道南方向 6.8 千米。新兖镇辖自然村。人口 1 200。原名梁家寨，后来简称寨子。后与北面的后寨子对称，名前寨子。聚落呈团块状分布。有图书馆等。经济以种植业为主，种植小麦、玉米、蔬菜等。有公路经此。

前杨庄 370812-B04-H12
[Qiányángzhuāng]

在区驻地龙桥街道南方向 6.7 千米。新兖镇辖自然村。人口 1 200。因姓氏得名，此村在南，故名前杨庄。聚落呈团块状分布。有图书馆等。经济以种植业为主，种植小麦、玉米。有公路经此。

前道义 370812-B04-H13

[Qiándàoyì]

在区驻地龙桥街道西北方向 2.7 千米。新兖镇辖自然村。人口 700。传说姜姓有兄弟二人，兄名守道住南边，弟名守义住北边，相处和睦友爱，于是以他俩的名字各取一字，改村名为道义。此村在南，称前道义。聚落呈团块状分布。有图书馆等。经济以种植业为主，种植小麦、玉米等。有公路经此。

吴村 370812-B04-H14

[Wúcūn]

在区驻地龙桥街道南方向 2.3 千米。新兖镇辖自然村。人口 1 200。起初只有五户人家，原称五家村，后讹为吴家村。因和漕河乡吴家村重名，遂更名为吴村。聚落呈团块状分布。有图书馆等。经济以种植业为主，种植小麦、玉米。有公路经此。

夏家庙 370812-B04-H15

[Xiàjiāmiào]

在区驻地龙桥街道北方向 4.7 千米。新兖镇辖自然村。人口 800。据传唐朝时候乡村行政机构称大社，其下属分为上甲、下甲，当时本村属下甲，村西首建有庙宇，村因得名下甲庙，后以同音字演称夏家庙。聚落呈团块状分布。有图书馆等。经济以种植业为主，种植小麦、玉米。有公路经此。

大南铺 370812-B04-H16

[Dànánpù]

在区驻地龙桥街道北方向 4.7 千米。新兖镇辖自然村。人口 1 900。因设有传递公文的铺递，故得名大南铺。聚落呈团块状分布。有图书馆等。经济以种植业为主，种植小麦、玉米。有公路经此。

大雨住 370812-B04-H17

[Dàyǔzhù]

在区驻地龙桥街道南方向 6.3 千米。新兖镇辖自然村。人口 1 700。相传康熙帝路过此村，忽逢大雨，在此暂时躲避，雨停后才走，村以此得名大雨住。聚落呈团块状分布。有图书馆等。经济以种植业为主，种植小麦、玉米。有公路经此。

姜高 370812-B04-H18

[Jiānggāo]

在区驻地龙桥街道西南方向 5.4 千米。新兖镇辖自然村。人口 1 100。明初，高姓兄弟二人从山西迁到这里，开荒种地，始建该村。明末，姜家由曲阜迁来。该村有两条街，前称高家街，后称姜家街，故村名姜高。聚落呈团块状分布。有图书馆等。村南有商周文化遗址。经济以种植业为主，种植小麦、玉米、蔬菜、苗木，养殖生猪、肉鸡等。有公路经此。

广家街 370812-B04-H19

[Guǎngjiājiē]

在区驻地龙桥街道西方向 4.3 千米。新兖镇辖自然村。人口 400。清朝时期，朱广德从于家村迁到这里，以广为姓，后成大户，故名广家街。聚落呈团块状分布。有图书馆等。经济以种植业为主，种植小麦、玉米等。有公路经此。

新义 370812-B04-H20

[Xīnyì]

在区驻地龙桥街道南方向 2.9 千米。新兖镇辖自然村。人口 2 100。村内井旁有义井石碑，西傍府河，河上有石桥一座，叫新桥，故各取其一字，名新义。聚落呈团块状分布。有图书馆等。经济以种植业为主，种植小麦、玉米。有公路经此。

曹阳 370812-B04-H21
[Cáoyáng]

在区驻地龙桥街道北方向 1.6 千米。新兖镇辖自然村。人口 1 100。原名杨家村，后曹姓迁来改名曹阳。聚落呈团块状分布。有图书馆等。经济以种植业为主，种植小麦、玉米、苗木等。有公路经此。

楚家洼 370812-B04-H22
[Chǔjiāwā]

在区驻地龙桥街道北方向 3.2 千米。新兖镇辖自然村。人口 1 500。因姓氏和地势得名。聚落呈团块状分布。有图书馆等。经济以种植业为主，种植小麦、玉米。有公路经此。

沈官屯 370812-B04-H23
[Shěnguāntún]

在区驻地龙桥街道西方向 3.4 千米。新兖镇辖自然村。人口 1 300。原名沈国清屯，沈国清是管理这个屯子的官吏，后来群众习称沈官屯。聚落呈团块状分布。有图书馆等。经济以种植业为主，种植小麦、玉米等。有公路经此。

泗庄 370812-B04-H24
[Sìzhuāng]

在区驻地龙桥街道西方向 4.1 千米。新兖镇辖自然村。人口 1 500。本村由前街、罗家行、刘场、沟北四片组成，又有武家沟从村中流过，故名泗庄。聚落呈团块状分布。有图书馆等。经济以种植业为主，种植小麦、玉米。有公路经此。

焦家街 370812-B04-H25
[Jiāojiājiē]

在区驻地龙桥街道北方向 6.8 千米。新兖镇辖自然村。人口 200。清朝，焦姓由邻村尹家村迁此定居成村，因只有一条街道，故名焦家街。聚落呈团块状分布。有图书馆等。经济以种植业、养殖业为主，种植小麦、玉米，养殖生猪。有公路经此。

牛家屯 370812-B04-H26
[Niújiātún]

在区驻地龙桥街道北方向 5.4 千米。新兖镇辖自然村。人口 900。该村过去是曲阜孔府佃户村，牛姓居多，故名牛家屯。聚落呈团块状分布。有图书馆等。经济以种植业为主，种植小麦、玉米等。有公路经此。

牛家楼 370812-B04-H27
[Niújiālóu]

在区驻地龙桥街道南方向 5.4 千米。新兖镇辖自然村。人口 1 400。牛姓在此盖有楼房，故得名牛家楼。聚落呈团块状分布。有图书馆等。经济以种植业为主，种植小麦、玉米。有公路经此。

王家 370812-B04-H28
[Wángjiā]

在区驻地龙桥街道西北方向 6.9 千米。新兖镇辖自然村。人口 1 300。从前，本村附近有一大土丘，人称皇姑冢，村名遂称为王姑冢。后改称为王家。聚落呈团块状分布。有图书馆等。经济以种植业为主，种植小麦、玉米。有公路经此。

王鲁 370812-B04-H29
[Wánglǔ]

在区驻地龙桥街道南方向 2.1 千米。新兖镇辖自然村。人口 1 100。明鲁王在此设炉炼铜，铸造钱币，故村得名王炉村。后因是鲁王造钱币的地方，又叫王鲁。聚落呈团块状分布。有图书馆等。经济以种植业为主，种植小麦、玉米。有公路经此。

石家 370812-B04-H30
[Shíjiā]

在区驻地龙桥街道西北方向 7.0 千米。新兖镇辖自然村。人口 200。石姓于清末最早来此定居，故得村名石家。聚落呈团块状分布。有图书馆等。经济以种植业为主，种植小麦、玉米。有公路经此。

老府庄 370812-B04-H31
[Lǎofǔzhuāng]

在区驻地龙桥街道南方向 4.5 千米。新兖镇辖自然村。人口 500。本村是清代武将仙鹤林的故居，此村原有他的府第，人称阁老府，故得名老府庄。聚落呈团块状分布。有图书馆等。经济以种植业为主，种植小麦、玉米。有公路经此。

金家 370812-B04-H32
[Jīnjiā]

在区驻地龙桥街道南方向 4.3 千米。新兖镇辖自然村。人口 1 100。相传，该村建于明末清初，当时金家是大户，故名金家。聚落呈团块状分布。有图书馆等。经济以种植业为主，种植小麦、玉米。有公路经此。

闫家 370812-B04-H33
[Yánjiā]

在区驻地龙桥街道西北方向 7.2 千米。新兖镇辖自然村。人口 400。清初，闫自清自宁阳迁此，故村得名闫家。聚落呈团块状分布。有图书馆等。经济以种植业为主，种植小麦、玉米等。有公路经此。

顺德楼 370812-B04-H34
[Shùndélóu]

在区驻地龙桥街道西南方向 5.6 千米。新兖镇辖自然村。人口 600。明朝鲁王在村东北角盖了一座楼房，上刻有"顺德"二字，故村名顺德楼。聚落呈团块状分布。有图书馆等。经济以种植业为主，种植小麦、玉米等。有公路经此。

马家桥 370812-B04-H35
[Mǎjiāqiáo]

在区驻地龙桥街道南方向 5.2 千米。新兖镇辖自然村。人口 1 200。因马氏在村中修了一座石桥，故得名马家桥。聚落呈团块状分布。有图书馆等。经济以种植业、养殖业为主，种植小麦、玉米，养殖生猪、肉鸡。有公路经此。

鲍家林 370812-B04-H36
[Bàojiālín]

在区驻地龙桥街道南方向 3.2 千米。新兖镇辖自然村。人口 1 000。村以鲍氏林地而得名。聚落呈团块状分布。有图书馆等。经济以种植业为主，种植小麦、玉米。有公路经此。

高庙 370812-B04-H37
[Gāomiào]

在区驻地龙桥街道北方向 1.8 千米。新兖镇辖自然村。人口 1 200。原名高卜村，村中建庙，故称高庙。聚落呈团块状分布。有图书馆等。经济以种植业为主，种植玉米、小麦。有公路经此。

齐王庙 370812-B04-H38
[Qíwángmiào]

在区驻地龙桥街道西方向 2.5 千米。新兖镇辖自然村。人口 500。因东岳庙碑记载而得名。聚落呈团块状分布。有图书馆等。经济以种植业为主，种植小麦、玉米等。有公路经此。

东稻营 370812-B04-H39
[Dōngdàoyíng]

在区驻地龙桥街道南方向 5.2 千米。新兖镇辖自然村。人口 400。因种植水稻得名，此村居东，故名。聚落呈团块状分布。有图书馆等。经济以种植业为主，种植小麦、玉米、蔬菜等。有公路经此。

漕河 370812-B05-H01
[Cáohé]

漕河镇人民政府驻地。在区驻地龙桥街道北方向 12.0 千米。人口 1 300。明清以前，漕河可以通航运，此村位古漕河东，是货物集散码头，称漕河埠，后简为漕河。聚落呈团块状分布。有小学 1 处、中学 1 处。经济以种植业为主，种植小麦、玉米、大蒜。是兖州、宁阳农贸产品集散地。省道济微公路经此。

西厂 370812-B05-H02
[Xīchǎng]

在区驻地龙桥街道北方向 13.5 千米。漕河镇辖自然村。人口 800。此处原为明朝鲁王府的牧马厂，又位于西部，故名西厂。聚落呈团块状分布。有图书馆等。经济以种植业为主，种植小麦、玉米。有公路经此。

西曹庄 370812-B05-H03
[Xīcáozhuāng]

在区驻地龙桥街道北方向 15.6 千米。漕河镇辖自然村。人口 1 300。宋朝时候从山西夜调寇准提审潘仁美，在此地假借过阴曹，村故名曹庄。后分为东、西、前三村，

本村位于西部，故名。聚落呈团块状分布。有图书馆等。经济以种植业为主，种植小麦、玉米。有公路经此。

薛朱刘 370812-B05-H04
[Xuēzhūliú]

在区驻地龙桥街道北方向 14.9 千米。漕河镇辖自然村。人口 1 200。因姓氏得名。聚落呈团块状分布。有图书馆等。经济以种植业为主，种植小麦、玉米。有公路经此。

蔡家桥 370812-B05-H05
[Càijiāqiáo]

在区驻地龙桥街道北方向 11.5 千米。漕河镇辖自然村。人口 1 000。清末，村南修建泥河桥，蔡姓捐款最多，该桥名蔡家桥，因此定村名为蔡家桥。聚落呈团块状分布。有图书馆等。经济以种植业为主，种植小麦、玉米。104 省道经此。

罗家店 370812-B05-H06
[Luójiādiàn]

在区驻地龙桥街道北方向 11.9 千米。漕河镇辖自然村。人口 1 100。相传，村内罗姓来此最早，故名。聚落呈团块状分布。有图书馆等。经济以种植业为主，种植小麦、玉米。有公路经此。

管家口 370812-B05-H07
[Guǎnjiākǒu]

在区驻地龙桥街道北方向 14.9 千米。漕河镇辖自然村。人口 1 500。村中管姓居多，西傍沈河，有过河的渡口，故称管家口。聚落呈团块状分布。有图书馆等。经济以种植业为主，种植小麦、玉米。有公路经此。

沈罗 370812-B05-H08

[Shěnluó]

在区驻地龙桥街道北方向 11.5 千米。漕河镇辖自然村。人口 200。相传，沈、罗两姓最早来此落户，故名。聚落呈团块状分布。有图书馆等。经济以种植业为主，种植小麦、玉米。有公路经此。

歇马亭 370812-B05-H09

[Xiēmǎtíng]

在区驻地龙桥街道北方向 14.4 千米。漕河镇辖自然村。人口 1 400。明初，该村修有驿亭以供行人歇马，故名歇马亭。聚落呈团块状分布。有图书馆等。经济以种植业为主，种植小麦、玉米、大蒜等。有公路经此。

梁家庄 370812-B05-H10

[Liángjiāzhuāng]

在区驻地龙桥街道北方向 13.1 千米。漕河镇辖自然村。人口 500。原村庄曾被洪水冲毁，明初，梁姓迁此定居，重建家园，故称梁家庄。聚落呈团块状分布。有图书馆等。经济以种植业为主，种植小麦、玉米、棉花。有公路经此。

北李家 370812-B05-H11

[Běilǐjiā]

在区驻地龙桥街道北方向 13.5 千米。漕河镇辖自然村。人口 400。该村原称李二村，后改为李家。1980 年地名普查，因重名，更名为北李家。聚落呈团块状分布。有图书馆等。经济以种植业为主，种植小麦、玉米。有公路经此。

张家庄 370812-B05-H12

[Zhāngjiāzhuāng]

在区驻地龙桥街道北方向 13.1 千米。漕河镇辖自然村。人口 900。清朝中期，张姓自今颜店镇红庙村迁此建村，故得村名张家庄。聚落呈团块状分布。有图书馆等。经济以种植业为主，种植小麦、玉米。有公路经此。

张华家厂 370812-B05-H13

[Zhānghuàjiāchǎng]

在区驻地龙桥街道北方向 16.9 千米。漕河镇辖自然村。人口 200。清初因华姓居多，称华家厂。清朝中期，张姓迁此，改称张华家厂。聚落呈团块状分布。有图书馆等。经济以种植业为主，种植小麦、玉米。有公路经此。

庙西 370812-B05-H14

[Miàoxī]

在区驻地龙桥街道北方向 12.6 千米。漕河镇辖自然村。人口 400。因在天齐庙西，故得名庙西。聚落呈团块状分布。有图书馆等。经济以种植业为主，种植小麦、大蒜、玉米。有公路经此。

大厂 370812-B05-H15

[Dàchǎng]

在区驻地龙桥街道北方向 13.7 千米。漕河镇辖自然村。人口 1 700。此地系明代鲁王府牧马厂，原称大马厂，后改称大厂。聚落呈团块状分布。有图书馆等。经济以种植业为主，种植小麦、玉米。有公路经此。

前谢家楼 370812-B05-H16

[Qiánxièjiālóu]

在区驻地龙桥街道北方向 12.2 千米。漕河镇辖自然村。人口 1 300。明末，鲁王府的姑娘嫁于谢家，在此盖楼房，故名谢家楼。1961 年分为两个村，本村为前谢家楼。聚落呈团块状分布。有图书馆等。经济以种植业为主，种植小麦、玉米。有公路经此。

前王庄 370812-B05-H17
[Qiánwángzhuāng]

在区驻地龙桥街道北方向 16.2 千米。漕河镇辖自然村。人口 700。附近原有李晋王坟墓及庙宇，村称晋王庄。后分为南、北二村，此村在南，故称前王庄。聚落呈团块状分布。有图书馆等。经济以种植业为主，种植小麦、玉米。有公路经此。

东厂 370812-B05-H18
[Dōngchǎng]

在区驻地龙桥街道北方向 13.5 千米。漕河镇辖自然村。人口 400。因明初属于鲁王府牧马小厂，故名。聚落呈团块状分布。有图书馆等。经济以种植业为主，种植小麦、玉米。有公路经此。

小孟 370812-B06-H01
[Xiǎomèng]

小孟镇人民政府驻地。在区驻地龙桥街道西北方向 19.0 千米。人口 3 200。村东首有大土丘，传说是战国时孟尝君的坟墓，并说孟尝君排行第二，故名小孟。聚落呈团块状分布。有中学、小学、幼儿园。经济以种植业为主，种植小麦、玉米。济阳公路经此。

梅家营 370812-B06-H02
[Méijiāyíng]

在区驻地龙桥街道西北方向 16.2 千米。小孟镇辖自然村。人口 2 200。附近梅氏祖林中多明代石碑，村原称梅家茔。后感"茔"是坟茔的意思，不吉祥，改为梅家营。聚落呈团块状分布。有图书馆等。经济以种植业为主，种植小麦、玉米。有公路经此。

河庄 370812-B06-H03
[Hézhuāng]

在区驻地龙桥街道西北方向 18.0 千米。小孟镇辖自然村。人口 2 400。此村紧靠赵王河，故名河庄。聚落呈团块状分布。有图书馆等。经济以种植业为主，种植小麦、玉米。有公路经此。

北门 370812-B06-H04
[Běimén]

在区驻地龙桥街道西北方向 18.9 千米。小孟镇辖自然村。人口 700。因此村是镇政府驻地以北较大的村庄，故名。聚落呈团块状分布。有图书馆等。经济以种植业为主，种植小麦、玉米。有公路经此。

北坡 370812-B06-H05
[Běipō]

在区驻地龙桥街道西北方向 21.2 千米。小孟镇辖自然村。人口 1 300。看坡的人于庄稼成熟时在此暂住，逐渐形成村落，称为坡里。因地处最北边，后改称北坡。聚落呈团块状分布。有图书馆等。经济以种植业为主，种植小麦、玉米。有公路经此。

苏家户 370812-B06-H06
[Sūjiāhù]

在区驻地龙桥街道西北方向 15.3 千米。小孟镇辖自然村。人口 1 600。因姓氏而得名。聚落呈团块状分布。经济以种植业为主，种植小麦、玉米。有公路经此。

侯家店 370812-B06-H07
[Hóujiādiàn]

在区驻地龙桥街道西北方向 14.9 千米。小孟镇辖自然村。人口 1 300。侯姓于明代在官路旁开设店铺，故称侯家店。聚落呈团块状分布。有图书馆等。经济以种植业为主，种植小麦、玉米。有公路经此。

西吴寺 370812-B06-H08

[Xīwúsì]

在区驻地龙桥街道西北方向 21.2 千米。小孟镇辖自然村。人口 1 600。村内旧有普济寺庙宇一座，因姓氏得名吴寺。后分为三村，此村居西，故称西吴寺。聚落呈团块状分布。有图书馆等。经济以种植业为主，种植小麦、玉米。有公路经此。

东桑园 370812-B06-H09

[Dōngsāngyuán]

在区驻地龙桥街道西北方向 20.0 千米。小孟镇辖自然村。人口 700。明代此村为鲁王府种桑养蚕的园子，本村居东，故称东桑园。聚落呈团块状分布。经济以种植业为主，种植小麦、玉米。有公路经此。

陈家王子 370812-B06-H10

[Chénjiāwángzi]

在区驻地龙桥街道西北方向 16.7 千米。小孟镇辖自然村。人口 900。明末清初，有农民暴动在村附近安营扎寨，称大王营。驻本村的首领姓陈，故村名叫作陈家王子。聚落呈团块状分布。经济以种植业为主，种植小麦、玉米。有公路经此。

北辛庄 370812-B06-H11

[Běixīnzhuāng]

在区驻地龙桥街道西北方向 18.7 千米。小孟镇辖自然村。人口 300。村民由南辛庄迁来定居成村，因地处南辛庄以北，故称北辛庄。聚落呈团块状分布。经济以种植业为主，种植小麦、玉米。有公路经此。

太平 370812-B06-H12

[Tàipíng]

在区驻地龙桥街道西北方向 15.8 千米。小孟镇辖自然村。人口 1 000。明末清初，兖州战乱，此处因距县城遥远，百姓得以安居乐业，故村得名太平。聚落呈团块状分布。经济以种植业为主，种植小麦、玉米。有公路经此。

北安 370812-B06-H13

[Běi'ān]

在区驻地龙桥街道西北方向 20.3 千米。小孟镇辖自然村。人口 1 200。据传明末此村有尼姑庵一座，尼姑外出化缘自称庵上的，故村得名庵上。后以同音字改为安上。因地处县境极北处，又改称北安。聚落呈团块状分布。经济以种植业为主，种植小麦、玉米。有公路经此。

沙庄 370812-B06-H14

[Shāzhuāng]

在区驻地龙桥街道西北方向 17.6 千米。小孟镇辖自然村。人口 300。因地处兖州与宁阳的边缘，不受战乱的骚扰，各地群众纷纷迁此居住。村里人不愿再有人来，把村名改为刹庄（意止住），后觉得"刹"字不雅，又改为沙庄。聚落呈团块状分布。经济以种植业为主，种植小麦、玉米。有公路经此。

东吴寺 370812-B06-H15

[Dōngwúsì]

在区驻地龙桥街道西北方向 20.7 千米。小孟镇辖自然村。人口 1 100。原村内吴姓居多，村名吴寺。后分为三村，此村居东，故称东吴寺。聚落呈团块状分布。经济以种植业为主，种植小麦、玉米。有公路经此。

李楼 370812-B06-H16

[Lǐlóu]

在区驻地龙桥街道西北方向 16.2 千米。小孟镇辖自然村。人口 800。该村始建于明朝初年，村内李姓盖有楼房，故得名李家楼。

1980 年地名普查时，因重名，更名为李楼。聚落呈团块状分布。经济以种植业为主，种植小麦、玉米。有公路经此。

南辛庄 370812-B06-H17
[Nánxīnzhuāng]

在区驻地龙桥街道西北方向 18.5 千米。小孟镇辖自然村。人口 400。外地人始建此村，初名新庄。后因地势低洼，经常歉收，群众生活艰辛，改称辛庄。因有北辛庄，又称南辛庄。聚落呈团块状分布。有图书馆等。经济以种植业为主，种植小麦、玉米。有公路经此。

体仁寨 370812-B06-H18
[Tǐrénzhài]

在区驻地龙桥街道西北方向 18.9 千米。小孟镇辖自然村。人口 1 000。明朝时，本村人黄体仁做过东平知州，故村得名体仁寨。聚落呈团块状分布。有图书馆等。经济以种植业为主，种植小麦、玉米。有公路经此。

胡家函丈 370812-B06-H19
[Hújiāhánzhàng]

在区驻地龙桥街道西北方向 18.5 千米。小孟镇辖自然村。人口 300。此村胡姓居多，传说过去有著名学者在此讲过学，故称胡家函丈。聚落呈团块状分布。经济以种植业为主，种植小麦、玉米。有公路经此。

张家王子 370812-B06-H20
[Zhāngjiāwángzi]

在区驻地龙桥街道西北方向 17.1 千米。小孟镇辖自然村。人口 700。明末清初有农民暴动在村附近安营扎寨，称大王营。驻本村的首领姓张，故村名叫作张家王子。聚落呈团块状分布。有图书馆等。经济以种植业为主，种植小麦、玉米。有公路经此。

李海子 370812-B06-H21
[Lǐhǎizi]

在区驻地龙桥街道西北方向 13.3 千米。小孟镇辖自然村。人口 1 100。因姓氏和村内多大坑塘，积水如海而得名。聚落呈团块状分布。有图书馆等。经济以种植业为主，种植小麦、玉米、花生、大豆等。有公路经此。

史家王子 370812-B06-H22
[Shǐjiāwángzi]

在区驻地龙桥街道西北方向 15.5 千米。小孟镇辖自然村。人口 1 300。明末清初，有农民暴动在村附近安营扎寨，称大王营。驻本村的首领姓史，故村名叫作史家王子。聚落呈团块状分布。有图书馆等。经济以种植业为主，种植小麦、玉米。有公路经此。

王海子 370812-B06-H23
[Wánghǎizi]

在区驻地龙桥街道西北方向 13.7 千米。小孟镇辖自然村。人口 1 200。因姓氏和村内多大坑塘，积水如海而得名。聚落呈团块状分布。有图书馆等。经济以种植业为主，种植小麦、玉米。有公路经此。

冯家楼 370812-B06-H24
[Féngjiālóu]

在区驻地龙桥街道西北方向 14.9 千米。小孟镇辖自然村。人口 300。明嘉靖年间，冯姓由汶上县迁此建村，盖有楼房，故得名冯家楼。聚落呈团块状分布。有图书馆等。经济以种植业为主，种植小麦、玉米。有公路经此。

曲阜市

农村居民点

汉下 370881-A02-H01
［Hànxià］

在市驻地鲁城街道东北方向 5.8 千米。书院街道辖自然村。人口 1 300。相传，刘邦破项羽后，独鲁不降。刘邦率兵来平鲁，兵扎于此，把项羽的头示鲁人，鲁人遂降。后项羽的头埋于此地，故名。聚落呈团块状分布。有县级文物保护单位汉下汉墓群。经济以种植业为主，种植大蒜、大棚樱桃。327 国道经此。

东野村 370881-A02-H02
［Dōngyěcūn］

在市驻地鲁城街道东北方向 5.0 千米。书院街道辖自然村。人口 400。因姓氏得名。聚落呈团块状分布。有文化广场、历史长廊。有县级文物保护单位东野村遗址、东野林。经济以种植大蒜为主。327 国道经此。

油坊 370881-A02-H03
［Yóufáng］

在市驻地鲁城街道东北方向 6.7 千米。书院街道辖自然村。人口 800。此村古名汉下里。明初，高氏由白石桥村迁此开设油坊，日渐兴旺，后定居渐成村落，故名。聚落呈团块状分布。有文化广场。经济以种植业为主，种植小麦、玉米。京台高速公路、327 国道经此。

西泗滨 370881-A02-H04
［Xīsìbīn］

在市驻地鲁城街道东北方向 8.2 千米。书院街道辖自然村。人口 1 300。此村原与东泗滨为一村，紧靠泗河，1938 年分为两个村，此村居西，故名。聚落呈团块状分布。有县级文物保护单位西泗滨遗址。经济以种植业为主，种植小麦、玉米、大蒜。327 国道经此。

西瓦窑头 370881-A02-H05
［Xīwǎyáotóu］

在市驻地鲁城街道东北方向 7.6 千米。书院街道辖自然村。人口 2 500。相传，北宋年间，陈、张、周、岳等人家在瓦窑头村西烧窑，后遂聚居成村，故名西瓦窑头。聚落呈团块状分布。有小学、文化广场。有瓦窑头遗址、防西户家祠遗址。经济以种植业为主，种植小麦、玉米、大蒜。327 国道经此。

小雪 370881-A03-H01
［Xiǎoxuě］

在市驻地鲁城街道南方向 7.9 千米。小雪街道辖自然村。人口 5 300。据传，此村最初由村西里许的大薛村居民迁此聚居而成，故名小薛。明初鲁王从尚寨行宫回兖州时途经此村，适逢天降小雪，后人将"薛"字演变为"雪"字。聚落呈团块状分布。有省级文物保护单位小雪影剧院、南雪遗址。经济以种植业、商业为主。104 国道经此。

凫村 370881-A03-H02
［Fúcūn］

在市驻地鲁城街道南方向 12.5 千米。小雪街道辖自然村。人口 1 600。春秋战国时期形成村落。因孟母洗衣于白马河畔，曾见凫鸟落于水中，视为吉祥之兆，故取村名为凫村。聚落呈团块状分布。有国家级文物保护单位孟母林墓群、省级文物保护单位凫村古村落。经济以种植业为主。104 国道经此。

姜家村 370881-A03-H03
[Jiāngjiācūn]

在市驻地鲁城街道东南方向 6.5 千米。小雪街道辖自然村。人口 1 500。相传，此村原名王楼。明永乐年间，村中有王、姜、傅三户人家，后姜姓一乡绅因本族人丁兴旺，改名为姜家村。聚落呈团块状分布。有省级文物保护单位姜村古墓。经济以种植业为主。有公路经此。

武家村 370881-A03-H04
[Wǔjiācūn]

在市驻地鲁城街道南方向 9.1 千米。小雪街道辖自然村。人口 2 300。此村原名小山庄。明洪武十三年（1380），始祖奉旨移居此，定名武家村。聚落呈团块状分布。有汉代崖墓群、唐代摩崖石刻、巨野王墓群、武文昌墓。经济以种植业为主。104 国道经此。

大雪 370881-A03-H05
[Dàxuě]

在市驻地鲁城街道南方向 9.5 千米。小雪街道辖自然村。人口 2 500。战国末期，薛氏后裔为避战乱，由滕县西南迁此定居立村，名薛村。宋时薛氏分居，长者居此，故名大薛。明初，鲁王从兖州去尚寨行宫，途经此村时，适逢天降大雪，故后人将"薛"字演变为"雪"字。聚落呈团块状分布。有文化广场 1 处。经济以种植业为主。104 国道经此。

南兴埠 370881-A03-H06
[Nánxīngbù]

在市驻地鲁城街道南方向 6.2 千米。小雪街道辖自然村。人口 1 400。村中原有南宫敬叔祠堂，所以此村名南宫府。村北有北兴埠，当时为重要商埠，故其名逐渐演变为南兴埠。聚落呈团块状分布。有新石器时代南兴埠遗址。经济以种植业为主。104 国道经此。

鲁贤 370881-A03-H07
[Lǔxián]

在市驻地鲁城街道东南方向 7.5 千米。小雪街道辖自然村。人口 2 400。因此地为古微生高、微生亩故居，又系三贤者家乡，实为古鲁国集贤之地，故名鲁贤。聚落呈团块状分布。有文化广场 1 处。经济以种植业为主。有公路经此。

白杨店 370881-A03-H08
[Báiyángdiàn]

在市驻地鲁城街道南方向 8.5 千米。小雪街道辖自然村。人口 2 000。明初，郭氏由山西迁此居住，繁衍成村。村东北隅有棵高大的白杨树，枝叶茂盛，来往行人多在此歇息，遂习称此村为白杨树。明末，有个财主姓柳，是明鲁王的郡马，家有万棵杨树，外号人称杨万柳，但并不如白杨树出名，遂倚仗权势，走动官府，将村名更换，故此村为白杨店。聚落呈团块状分布。有文化广场 1 处。经济以种植业为主。有公路经此。

前苗营 370881-A03-H09
[Qiánmiáoyíng]

在市驻地鲁城街道南方向 9.5 千米。小雪街道辖自然村。人口 1 000。明洪武年间，鲁王府设在兖州，行宫在邹县的尚寨。鲁王去行宫时，护卫军常在此驻扎，护卫军将军姓苗，其后代在此定居，故习称苗家营。1965 年分为两村，该村居南，故名前苗营。聚落呈团块状分布。有文化广场 1 处。经济以种植业为主。104 国道经此。

宣村 370881-A03-H10

[Xuāncūn]

在市驻地鲁城街道南方向 10.5 千米。小雪街道辖自然村。人口 5 000。相传，此村始建于春秋时代，为鲁国大夫叔孙侨如的封邑。叔孙侨如谥宣伯，其后裔在此定居，并以宣为氏，后取名宣村。聚落呈团块状分布。有省级文物保护单位宣村遗址。经济以种植业为主。104 国道经此。

时庄 370881-A04-H01

[Shízhuāng]

在市驻地鲁城街道西北方向 7.8 千米。时庄街道辖自然村。人口 3 100。此村南半部原有一道水沟，沟上有座二孔石桥。相传唐代时，人们始在桥北居住立村，名石桥庄，后演为时庄。聚落呈团块状分布。经济以种植业、工副业、服务业为主。有孔子商贸城。327 国道经此。

大柳村 370881-A04-H02

[Dàliǔcūn]

在市驻地鲁城街道西南方向 11.5 千米。时庄街道辖自然村。人口 1 100。朱氏祖居凤阳，明太祖朱元璋定天下后，将其第十子封于兖州为鲁王，其后裔住兖州城西楼庄。明万历七年（1579），祖颐倪（龚裕王子）迁此立村，名皇府庄。清初，因村东南隅有棵大柳树，故易名为大柳村。聚落呈团块状分布。有省级文物保护单位孔继涑墓群。经济以种植业为主，种植小麦、玉米、板栗。327 国道经此。

犁铧店 370881-A04-H03

[Líhuádiàn]

在市驻地鲁城街道西方向 4.2 千米。时庄街道辖自然村。人口 2 100。传说神农在这里用木头制造了犁子，教人们垦荒种地，故名犁铧店。聚落呈团块状分布。有文化广场 1 处。经济以租赁业为主。104 国道经此。

八里庙 370881-A04-H04

[Bālǐmiào]

在市驻地鲁城街道西北方向 9.1 千米。时庄街道辖自然村。人口 300。因距曲阜城县衙八里，故村名八里庙。聚落呈团块状分布。有市级文物保护单位八里庙遗址。经济以租赁业为主。有公路经此。

西高家村 370881-A04-H05

[Xīgāojiācūn]

在市驻地鲁城街道西北方向 11.5 千米。时庄街道辖自然村。人口 1 000。明洪武七年（1374），高善夫从山西洪洞县迁居此地居住，渐成村落。因村位于泗河转弯之处，为吉祥民安意取名龙湾。民国年间易名高家村。1980 年地名普查时，因重名，改为西高家村。聚落呈团块状分布。经济以种植业为主，种植小麦、玉米、葡萄。有公路经此。

双庙 370881-A04-H06

[Shuāngmiào]

在市驻地鲁城街道西北方向 12.5 千米。时庄街道辖自然村。人口 600。明洪武七年（1374），高氏人家从山西洪洞县野鹊窝迁此居住，后渐成村落。因村前原有两座大庙东西并列，故村习称双庙。聚落呈团块状分布。有民俗文化公园 1 处、文化广场 1 处。经济以种植业为主，种植葡萄、蓝莓、猕猴桃、小麦、玉米等。有公路经此。

土坡 370881-A04-H07

[Tǔpō]

在市驻地鲁城街道西北方向 9.5 千米。时庄街道辖自然村。人口 900。金末，群众在白兔沟东高坡上建房立村，习称兔坡。后来村人认为此村名不雅，易为土坡。聚落呈团块状分布。有文化广场1处。经济以种植业为主，种植小麦、玉米、大蒜。有公路经此。

戴庄 370881-A04-H08
[Dàizhuāng]

在市驻地鲁城街道西北方向9.3千米。时庄街道辖自然村。人口3 200。宋嘉泰年间，戴姓人家先来此落户，后常、张、赵等姓人家陆续迁入形成村落，因戴姓人家先来此，故名。聚落呈团块状分布。有文化广场2处。经济以种植业为主，种植小麦、玉米。有公路经此。

罗汉村 370881-A04-H09
[Luóhàncūn]

在市驻地鲁城街道西北方向9.3千米。时庄街道辖自然村。人口1 000。相传，此村原有一条小河（为洙河之故道），河上有一单孔石桥，名五龙桥，相传五龙在此轮流管水而得名。因五龙管水，此地年年风调雨顺，岁岁五谷丰登，故有宝地之美称，故村名为五龙桥。后来，河道下游淤塞，形成一片涝洼夜潮地，旱年易收。因此，邻村祈雨皆不如此村，故群众习称乐旱，乐旱、罗汉谐音，故讹传为罗汉村。聚落呈团块状分布。有文化广场2处、文化长廊1处。经济以租赁业为主。有公路经此。

东坊岭 370881-A04-H10
[Dōngfánglǐng]

在市驻地鲁城街道西北方向10.2千米。时庄街道辖自然村。人口600。因村址在泗河之坊堤上，故名。聚落呈团块状分布。有文化广场1处。经济以种植业为主，种植小麦、玉米。327国道经此。

古柳树 370881-A04-H11
[Gǔliǔshù]

在市驻地鲁城街道西方向12.4千米。时庄街道辖自然村。人口500。因村中玄帝庙前有棵古老的柳树而得名。聚落呈团块状分布。有文化广场2处。经济以种植业为主，种植小麦、玉米。327国道经此。

孟家林 370881-A04-H12
[Mèngjiālín]

在市驻地鲁城街道西方向11.5千米。时庄街道辖自然村。人口600。该村原名胡家庄，明代刑部尚书孟风于成化四年（1468）卒，葬于村东，其后裔为护林迁居于此。明万历年间，易名孟家林。聚落呈团块状分布。有文化广场1处。经济以种植业为主，种植小麦、玉米、葡萄。327国道经此。

颜家村 370881-A04-H13
[Yánjiācūn]

在市驻地鲁城街道西北方向6.9千米。时庄街道辖自然村。人口2 900。明初，魏、单、杨三姓人家在此居住，因村东北有一小泉，名泉村。明嘉靖年间，颜姓人家从今姚村镇颜家村迁来，渐成为村中大户，故易名为颜家村。聚落呈团块状分布。经济以种植业为主，种植小麦、玉米，有孔子商贸城。327国道经此。

吴村 370881-B01-H01
[Wúcūn]

吴村镇人民政府驻地。在市驻地鲁城街道北方向18.0千米。人口1 900。唐末，孙、吴二姓来此定居，原名吴孙村。1912年建津浦铁路设吴村车站，后改名吴村。聚落呈团块状分布。有学校、幼儿园、文化广场。经济以种植业为主，种植小麦、玉米、苹果、葡萄、樱桃。有生物制品厂、劲霸球业等企业。有公路经此。

葫芦套 370881-B01-H02
［Húlútào］

在市驻地鲁城街道西北方向 22.6 千米。吴村镇辖自然村。人口 200。清乾隆年间，一孔姓人家从附近峪口村迁此定居，因三面环山，地势低洼，从山上往下看，形象似葫芦，故名葫芦套。聚落呈团块状分布。经济以种植业、旅游业为主。有公路经此。

簸箕掌 370881-B01-H03
［Bòjīzhǎng］

在市驻地鲁城街道北方向 21.4 千米。吴村镇辖自然村。人口 800。清雍正年间，张、段、李、颜、孔等姓人家来此垦荒种地，居此立村。因三面环山状似簸箕，故名。聚落呈团块状分布。有省级文物保护单位九仙山建筑群，爱国主义教育基地曲阜革命烈士陵园。经济以种植业、旅游业为主。有公路经此。

柳庄 370881-B01-H04
［Liǔzhuāng］

在市驻地鲁城街道西北方向 15.5 千米。吴村镇辖自然村。人口 1 200。相传，此村为春秋时期柳下惠故里，故名。聚落呈团块状分布。有小学 1 处。有娃娃庙遗址。经济以种植业为主。津浦铁路经此。

泉头 370881-B01-H05
［Quántóu］

在市驻地鲁城街道西北方向 14.3 千米。吴村镇辖自然村。人口 1 200。明初，孙、陈、吴等姓迁此垦荒，定居成村。因村有映安泉，初名映安村。后泉水汇流入泗，此为小溪之源，故称泉头。聚落呈团块状分布。经济以种植业为主。有公路经此。

前黄堂 370881-B01-H06
［Qiánhuángtáng］

在市驻地鲁城街道西北方向 16.8 千米。吴村镇辖自然村。人口 500。明初，村名贾家楼，因贾氏先居并建有楼而得名。明万历八年（1580），村人黄子美考中进士，官至南京刑部主事，人称黄堂知府，遂易村名为黄堂。后村庄扩至河两岸，居岸南者为前黄堂。聚落呈团块状分布。有县级文物保护单位前黄堂遗址。经济以种植业为主。有公路经此。

白塔 370881-B01-H07
［Báitǎ］

在市驻地鲁城街道西北方向 17.4 千米。吴村镇辖自然村。人口 1 300。唐代中期，白氏迁此定居，并在村南建寺塔 1 座，故村名白塔。聚落呈团块状分布。经济以种植业为主。有公路经此。

峪口 370881-B01-H08
［Yùkǒu］

在市驻地鲁城街道西北方向 22.9 千米。吴村镇辖自然村。人口 6 500。因村北有大山口正对村庄，故名峪口。聚落呈团块状分布。有小学 1 处。有县级文物保护单位峪西孔氏家祠。经济以种植业为主。有公路经此。

东岭 370881-B01-H09
［Dōnglǐng］

在市驻地鲁城街道西北方向 20.6 千米。吴村镇辖自然村。人口 700。明万历年间，孔兴胞夫妇从峪口迁此垦荒定居立村，因村前有对松树，故名对松庄。后因村处峪口东岭之地，改称东岭。聚落呈团块状分布。经济以种植业为主，种植小麦、玉米。有公路经此。

林家寺 370881-B01-H10
[Línjiāsì]

在市驻地鲁城街道西北方向 20.2 千米。吴村镇辖自然村。人口 700。明末，世威、世虎、世豹三兄弟为避战乱，逃至此，居禅云寺旁，久而成村，初以寺命村。清初，林氏有一将军在村东修桥一座，名兴云桥，故村易名为兴云寺。清嘉庆十八年（1813）又易名为林家寺。聚落呈团块状分布。经济以种植业为主。有公路经此。

姚村 370881-B02-H01
[Yáocūn]

姚村镇人民政府驻地。在市驻地鲁城街道西北方向 10.7 千米。人口 1 700。春秋时期，孔子乘车至此，遇一玩童在路中间用泥土筑城拦住去路。玩童问孔子：是城躲车，还是车躲城？孔子认为所问有理，遂令弟子绕道而过，绕村由此而来，后讹传为姚村。一说因姚姓人家迁居此地，易名姚村。聚落呈团块状分布。有学校、幼儿园、文化广场。有省级文物保护单位姚村火车站。经济以商业、服务业、工副业为主，有民丰肥业、圣利食品等企业。京沪铁路、曲宁公路经此。

保安 370881-B02-H02
[Bǎo'ān]

在市驻地鲁城街道西北方向 10.1 千米。姚村镇辖自然村。人口 1 100。相传，唐天宝年间，牙将李自良因受奸官诬陷，避难于此，乐善好施，颇得群众拥护，其死后，人们为纪念他，修庙宇一座，门楹云：保持终日，子女平安。后人取"保安"二字名村。聚落呈团块状分布。有省级文物保护单位保安古桥。经济以种植业为主。有公路经此。

庙东 370881-B02-H03
[Miàodōng]

在市驻地鲁城街道西北方向 11.3 千米。姚村镇辖自然村。人口 1 200。清代晚期，姚村迁来几户人家定居于天齐庙之东，故名庙东。聚落呈团块状分布。经济以种植业为主，种植莲藕。有装卸、运输等工副业，有酒容器厂、油坊。有公路经此。

崔家庄 370881-B02-H04
[Cuījiāzhuāng]

在市驻地鲁城街道西北方向 12.9 千米。姚村镇辖自然村。人口 800。清初，崔氏人家自本镇化庄迁此立村，名崔家庄。聚落呈团块状分布。经济以种植业为主。有公路经此。

寨后 370881-B02-H05
[Zhàihòu]

在市驻地鲁城街道西北方向 13.4 千米。姚村镇辖自然村。人口 1 600。清代中期，广文店、孔家村、周家村、牛王庙、崔家庄和寨后六个村落，为防战乱和匪患骚扰，集资修筑土寨。修寨前，李氏人家居于寨北，无村名，寨成后人们习称寨后。1987 年孔家村、周家村、牛王庙与寨后连为一体，统称寨后。聚落呈团块状分布。经济以种植、工副业为主。有公路经此。

河口 370881-B02-H06
[Hékǒu]

在市驻地鲁城街道西北方向 16.5 千米。姚村镇辖自然村。人口 600。元代，颜氏在此居住形成村落，因泗河绕村东、西、南三面，如龙，故名龙湾村，后更名河口。聚落呈团块状分布。经济以种植业为主。有公路经此。

兴隆桥 370881-B02-H07

[Xīnglóngqiáo]

在市驻地鲁城街道西北方向 9.4 千米。姚村镇辖自然村。人口 800。明初，闫氏兄弟二人由山西洪洞县迁来，兄闫生居颜家村，弟闫旺居此村。明嘉靖年间，村东河上修建一座三孔桥，命名为兴隆桥，村即以桥为名。聚落呈团块状分布。经济以种植业为主。有公路经此。

保宁庄 370881-B02-H08

[Bǎoníngzhuāng]

在市驻地鲁城街道西北方向 8.7 千米。姚村镇辖自然村。人口 1 500。明代中期，李良在朝为指挥同知，受奸臣诬陷被贬，隐居于此，并建造一所规模较大的厅堂楼阁和花园，当地呼为楼上。后其又回朝复职，正德年间为保卫国家安宁，转战于齐鲁卫之间，屡建战功，最后不幸战死，后人为纪念他，遂命村名为保宁庄。聚落呈团块状分布。白陶铁路经此。

羊厂 370881-B02-H09

[Yángchǎng]

在市驻地鲁城街道西北方向 11.7 千米。姚村镇辖自然村。人口 1 000。明初，张、曹、王姓人家相继由山西洪洞县迁此定居，为孔府种菜、养羊，每年向孔府交纳租银和供应祭祀所用之羊等，故名羊厂。聚落呈团块状分布。残存汉代古墓。经济以种植业为主。有公路经此。

后戴 370881-B02-H10

[Hòudài]

在市驻地鲁城街道西北方向 13.2 千米。姚村镇辖自然村。人口 600。戴氏于明初自陕西延安逃荒至此落户定居，因地势低洼，故名戴家洼。村前有条东西向的泥河，村民初居于泥河之北，后逐渐扩展到泥河之南，遂分别称前戴、后戴。聚落呈团块状分布。经济以种植业为主。有公路经此。

马厂 370881-B02-H11

[Mǎchǎng]

在市驻地鲁城街道西北方向 12.7 千米。姚村镇辖自然村。人口 1 000。据考，鲁王分封兖州，在此设立牧马习射之地，为方便，人们居此，渐成村落。明初，名为马草坡。清顺治年间，马草坡因以养马供给孔府使用为主，村名遂演变为马厂。聚落呈团块状分布。有公路经此。

陵城 370881-B03-H01

[Língchéng]

陵城镇人民政府驻地。在市驻地鲁城街道西南方向 7.9 千米。人口 4 400。秦汉时即有村落，因村位土陵之南名南陵，后与玉兰村连成一片，名兰陵。村周筑围墙如城堡，称兰陵城。传鲁荒王朱檀在邹县炼制仙丹，招致饵金不药，毒发伤目返兖州，至村南而薨，死后停灵殓殡，改称灵城。明灭，更名陵城。聚落呈团块状分布。有中学、小学、幼儿园、文化广场。有省级文物保护单位陵南遗址。经济以种植业、商业为主，有药业、石油装备、医疗科技等企业。有公路经此。

苑庄 370881-B03-H02

[Yuànzhuāng]

在市驻地鲁城街道西南方向 13.0 千米。陵城镇辖自然村。人口 2 100。明初，鲁靖王在此建苑囿。《张氏族谱》载：迁居始祖讳生，本籍湖广，扶保靖王，官至校尉，其裔于泗河之滨，苑囿而居。后他姓逐渐迁来，散居苑囿之周，分称一行子、二行子、三行子、玉皇庙街，统称苑庄。聚落呈团块状分布。有县级文物保护单位苑庄遗址。

经济以种植业为主，种植法国梧桐、白蜡等绿化树木。有公路经此。

大果庄 370881-B03-H03
[Dàguǒzhuāng]

在市驻地鲁城街道西南方向 8.0 千米。陵城镇辖自然村。人口 4 000。唐初，据传该村有一淑女郭丁香，再嫁此村范三，由于丁香心灵手巧，勤俭持家，很快成为富户。她为人忠厚，经常资助贫苦人民。郭氏死后，村民为了纪念她，将村庄称为郭庄。到了宋代，村民多种果树，该村便逐渐改称果庄，俗称大果庄。聚落呈团块状分布。有百姓大舞台 1 处、小学 1 处。有市级文物保护单位大果庄遗址。经济以种植业为主，种植葡萄、苗圃、果树。有公路经此。

小厂 370881-B03-H04
[Xiǎochǎng]

在市驻地鲁城街道西南方向 11.6 千米。陵城镇辖自然村。人口 700。据传，古代驯养战马，曾设牧马场于此，称为小场，清代演变为小厂。聚落呈团块状分布。经济以种植业为主，种植苗圃、猴头菇。有公路经此。

章枣 370881-B03-H05
[Zhāngzǎo]

在市驻地鲁城街道西南方向 13.5 千米。陵城镇辖自然村。人口 2 300。元代，张氏最早来此居住成村，名张早村。清康熙年间，植枣树成林，枣大质甜，闻名乡里，有骚客赋诗赞之，村人以为荣，故名章枣。聚落呈团块状分布。有中学 1 处。有章枣遗址。有公路经此。

仓门 370881-B03-H06
[Cāngmén]

在市驻地鲁城街道西南方向 7.2 千米。陵城镇辖自然村。人口 700。明万历年间为周山庄的佃户村，庄主的仓库建在村中，库门前多居佃户，称为仓门村。又说清道光年间，皇家曾在此建筑粮仓，囤积皇粮，因村建在皇仓门口，故该村名仓门口，后简称仓门。聚落呈团块状分布。有小学 1 处。经济以种植业为主，种植葡萄。有公路经此。

南庄 370881-B03-H07
[Nánzhuāng]

在市驻地鲁城街道西南方向 13.5 千米。陵城镇辖自然村。人口 1 800。元代，董氏来此居住立村。明初，鲁王在村北休息时命侍卫去该村取水解渴，村民认为是恩赐皇封，故取名南庄。聚落呈团块状分布。经济以种植银杏为主。日兰高速公路经此。

中疃 370881-B03-H08
[Zhōngtuǎn]

在市驻地鲁城街道西南方向 15.2 千米。陵城镇辖自然村。人口 2 100。元朝初年，陈佑、陈山兄弟二人由驻跸迁此居住。此有跨兖州、曲阜、邹县三县市 25 华里长的土丘，村正居土丘中间，故村名中疃。丘东人家少，又名小中疃；丘西人家多，称为大中疃。1987 年村落合一，统称中疃。聚落呈团块状分布。经济以种植业为主。有公路经此。

北公村 370881-B03-H09
[Běigōngcūn]

在市驻地鲁城街道西南方向 13.1 千米。陵城镇辖自然村。人口 3 400。明初，村名靳家寨，后陈姓迁入，因村西南一里许有一座公孙丑墓，墓前有一碑为大明所立，公孙丑系孟子的名弟子，故易名公孙村。清末，因重名，以方位更名北宫。因群众有上东宫、下西宫的宫意之讳，故改名北公村。

聚落呈团块状分布。经济以种植银杏为主。有公路经此。

驻跸 370881-B03-H10

[Zhùbì]

在市驻地鲁城街道西南方向11.5千米。陵城镇辖自然村。人口2 700。宋大中祥符元年（1008），宋真宗来曲阜祭祀孔子时，曾在此处暂住，跸是皇帝出行的车驾，故村名驻跸。聚落呈团块状分布。经济以养殖业为主，有三让节能有限公司。有公路经此。

古路套 370881-B03-H11

[Gǔlùtào]

在市驻地鲁城街道西南方向3.4千米。陵城镇辖自然村。人口700。明万历年间，沈姓来此定居立村，因临沂河渡口，在三条古路交叉处，故名古路套。聚落呈团块状分布。有儒学堂。经济以养殖业为主。有公路经此。

杨家屯 370881-B03-H12

[Yángjiātún]

在市驻地鲁城街道西南方向7.1千米。陵城镇辖自然村。人口1 800。明初，杨氏来此定居成村，名杨家庄。清初，某知县来此，见土地瘠薄，百姓困苦，决定减少这村的租税，与当时屯地相同，村民感其功劳，将村名易为杨家屯。聚落呈团块状分布。有曲阜中联混凝土有限公司。有公路经此。

星家村 370881-B03-H13

[Xīngjiācūn]

在市驻地鲁城街道西南方向9.1千米。陵城镇辖自然村。人口1 700。宋代，星氏迁此定居，成村后取名星家村。聚落呈团块状分布。经济以种植业为主，种植葡萄、

苗圃。有天安矿业有限公司。日东高速公路、省道崇文大道经此。

杨庄 370881-B03-H14

[Yángzhuāng]

在市驻地鲁城街道西南方向11.0千米。陵城镇辖自然村。人口1 300。明洪武初年，乡民因避战乱来此生息，嘉靖六年（1527）村成立，乡民集资建关帝庙，植五柏二槐双杨树，唯杨树长得快，其高大闻名乡里，故此村称为双杨庄，后简称杨庄。聚落呈团块状分布。有百姓大舞台1处。经济以制造家具为主。有公路经此。

南辛 370881-B04-H01

[Nánxīn]

尼山镇人民政府驻地。在市驻地鲁城街道东南方向13.3千米。人口7 300。村立于南北朝，隋代名仁和庄。后因村北有湖，湖南是平原，物阜地灵，秋禾成熟，五谷飘香，遂易名为南辛。聚落呈团块状分布。有中学1处、小学1处。经济以种植业、商业、养殖业为主，种植小麦、玉米、棉花、蔬菜。有公路经此。

夫子洞 370881-B04-H02

[Fūzǐdòng]

在市驻地鲁城街道东南方向23.0千米。尼山镇辖自然村。人口300。明崇祯年间，赵姓人家从邹县律家庄迁来，定居于尼山坤灵洞北边，因坤灵洞为孔子诞生地，习称夫子洞，故名。聚落呈团块状分布。有夫子洞遗址、尼山国家风景区，有名胜古迹尼山孔庙及书院。经济以乡村旅游业为主。特产尼山砚，为曲阜三宝之一。有公路经此。

圣源村 370881-B04-H03
[Shèngyuáncūn]

在市驻地鲁城街道东南方向24.0千米。尼山镇辖自然村。人口600。清乾隆年间，周姓人家来此定居立村，名周家庄。地名普查过程中更名为圣源村。聚落呈团块状分布。经济以种植业、旅游业为主，种植花生、地瓜、人参薯。有公路经此。

鲁源 370881-B04-H04
[Lǔyuán]

在市驻地鲁城街道东南方向21.0千米。尼山镇辖自然村。人口2 900。因沂河、张马河和山洪下流之水汇流于村东西去，又因昌平山下多泉，旧有七七四十九泉之称，泉水汇入沂河西去，此乃鲁水之源，故村名鲁源。聚落呈团块状分布。经济以种植业、旅游业为主，种植山楂、中华蜜桃、核桃等。有公路经此。

颜母庄 370881-B04-H05
[Yánmǔzhuāng]

在市驻地鲁城街道东南方向26.6千米。尼山镇辖自然村。人口900。此村历史悠久，相传孔子的母亲颜徵在生长在此，故名颜母庄。聚落呈团块状分布。经济以种植业、旅游业为主，种植小麦、玉米。有公路经此。

东官庄 370881-B04-H06
[Dōngguānzhuāng]

在市驻地鲁城街道东南方向24.8千米。尼山镇辖自然村。人口900。明代中期，几户桂姓人家从曲阜城北纸坊迁此居住，给孔府种地，故名官庄。原村址在村西南尼山水库内，1959年建尼山水库，由库里迁往到现居地，分成两个村，此村居东，名东官庄。聚落呈团块状分布。经济以种植业、养殖业、旅游业为主，种植小麦、玉米、核桃林。有公路经此。

桑庄 370881-B04-H07
[Sāngzhuāng]

在市驻地鲁城街道东南方向18.2千米。尼山镇辖自然村。人口2 500。北宋时，桑姓人家在此居住成村，为旧桑家庄，简称桑庄。明清时，因村南有桑庄，曾名北桑庄，后复原名。聚落呈团块状分布。有省级文物保护单位迎坤桥。经济以种植业、旅游业为主，种植小麦、玉米。有公路经此。

新赵 370881-B04-H08
[Xīnzhào]

在市驻地鲁城街道东南方向20.5千米。尼山镇辖自然村。人口200。1958年修建尼山水库时，赵家村的部分居民迁此定居，故名新赵。聚落呈团块状分布。经济以种植业为主，种植小麦、玉米、核桃。有公路经此。

西长座 370881-B04-H09
[Xīchángzuò]

在市驻地鲁城街道东南方向26.2千米。尼山镇辖自然村。人口900。元代曾名长寿疃，清代名长莎，后演变为长座，又因方位得名西长座。聚落呈团块状分布。经济以种植业为主，种植小麦、玉米、花生、地瓜。有公路经此。

曼山村 370881-B04-H10
[Mànshāncūn]

在市驻地鲁城街道东南方向14.7千米。尼山镇辖自然村。人口4 200。唐代，此地建兴佛寺。明初，以寺名村。后因村依嵝山，称嵝曼山，第二次地名普查中，名称规范为曼山村。聚落呈团块状分布。有市级文物保护单位元代曼山经幢石刻。经济以种植业为主，种植小麦、玉米、蔬菜。有公路经此。

大湖 370881-B04-H11
［Dàhú］

在市驻地鲁城街道东南方向 13.1 千米。尼山镇辖自然村。人口 3 700。原名胡尚。清末，因村西南常年积水如湖，故而村名演变为大湖。聚落呈团块状分布。经济以种植业为主，种植小麦、玉米，有樱花苗木基地。有公路经此。

西魏庄 370881-B04-H12
［Xīwèizhuāng］

在市驻地鲁城街道东南方向 12.8 千米。尼山镇辖自然村。人口 2 400。元时村名魏庄。明代，蓼河洪水穿村而过形成一沟，此村居西，故名西魏庄，因近沟而常遭水患，故村落逐渐西移至今址。聚落呈团块状分布。有县级文物保护单位西魏庄古墓。经济以种植业为主，种植小麦、玉米、大蒜等。有公路经此。

李庄 370881-B05-H01
［Lǐzhuāng］

王庄镇人民政府驻地。在市驻地鲁城街道东北方向 9.0 千米。人口 1 600。最早庞姓人家在此居住成村，名庞家庄。至宋朝李姓迁来，渐成大户，庞姓绝后遂改村名为李庄。聚落呈团块状分布。有孔子文化学院、文化广场。经济以种植业、工副业为主，生产实木酒桶、不锈钢酒罐、条编酒篓、木质酒海，以及酿酒、储酒设备。熏豆腐为当地土特产品。104 国道经此。

横沟泉 370881-B05-H02
［Hénggōuquán］

在市驻地鲁城街道东北方向 12.7 千米。王庄镇辖自然村。人口 1 000。此村东原有横（鸿）沟泉，明初，刘氏兄弟从山西迁来，临泉而定居，村以泉名。聚落呈团块状分布。有文化大院 1 处、农家书屋 1 处。有横沟泉化石遗址。经济以种植业为主。有公路经此。

中王庄 370881-B05-H03
［Zhōngwángzhuāng］

在市驻地鲁城街道东北方向 10.5 千米。王庄镇辖自然村。人口 1 300。王氏善贵、善誉、善实兄弟三人系王旦之后，北宋末年迁此定居，名王庄。后相继迁入张、徐、朱等姓人家，形成大徐家行、张家场、朱家沟、小徐家行几个小自然村。因靠近王庄，又统称王庄。中华人民共和国成立后划为中王庄。聚落呈团块状分布。有中学 1 处、小学 1 处、文化大院 1 处、农家书屋 1 处。有县级文物保护单位王庄西岭遗址。经济以种植业、商业为主。有公路经此。

三门庙 370881-B05-H04
［Sānménmiào］

在市驻地鲁城街道东北方向 13.2 千米。王庄镇辖自然村。人口 700。原名高家村，明代立村，成化年间此村建庙宇一座，供奉观音、关公、碧霞元君。庙设南、北、西三个门，故称三门庙，村遂易名为三门庙。聚落呈团块状分布。有文化大院 1 处、农家书屋 1 处。经济以种植业为主。有公路经此。

东焦 370881-B05-H05
［Dōngjiāo］

在市驻地鲁城街道东北方向 14.8 千米。王庄镇辖自然村。人口 1 000。北宋末年，金军兀术以圣府岭为营，宋岳家军以岳家岭为寨，双方互下战表在此交战，故称此村为交手村。后因地处丘陵，沟多且干涸，庄稼常旱死，故又演称焦沟。由于郭泗河从村庄穿过，将村自然分东、西两部分，此村居沟东，故称东焦沟。1980 年，因重名，改名为东焦。聚落呈团块状分布。有文化大院1处、农家书屋1处。经济以种植业为主。有公路经此。

仙家店 370881-B05-H06
[Xiānjiādiàn]

在市驻地鲁城街道东北方向10.6千米。王庄镇辖自然村。人口1 100。明洪武年间，孔希风的子孙迁此定居，隶属蔡庄。明弘治年间，胡、陈、仙三家迁此开设店铺，村名三家店。后因仙家栽植果树，开设鲜果店，村名演变为仙果店。清乾隆年间，易名为仙家店。聚落呈团块状分布。有文化大院1处、农家书屋1处。经济以种植业为主。京台高速公路经此。

宋南庄 370881-B05-H07
[Sòngnánzhuāng]

在市驻地鲁城街道西北方向7.2千米。王庄镇辖自然村。人口700。明成化年间，蔡氏在泗河上修一木桥，毕家村毕仲广之子迁此看护木桥，定居成村，名蔡家河口。后毕姓出一王府娘娘，为避讳毕字，易姓为宋。宋氏为让后人知道老祖是从泗河南毕家村迁来，故名村宋南庄。聚落呈团块状分布。有文化大院1处、农家书屋1处。经济以种植业为主。白陶铁路经此。

西白石桥 370881-B05-H08
[Xībáishíqiáo]

在市驻地鲁城街道东北方向8.4千米。王庄镇辖自然村。人口2 000。唐代以前即有村落。因村东有一石桥，桥头上有一块像白玉色的长方石，过往行人均慕石而停息，时称白石桥，村以桥而名。1956年因村分东、西两部分，此村居西，故名。聚落呈团块状分布。有文化大院1处、农家书屋1处。经济以种植业为主。京台高速公路经此。

北陶洛 370881-B05-H09
[Běitáoluò]

在市驻地鲁城街道东北方向10.6千米。王庄镇辖自然村。人口1 800。北宋天圣年间，陶氏、乐氏迁此居住，烧制陶器，生意兴隆，安居乐业，故名陶乐，后演变为陶洛。此村居泗河北，与泗河之南陶洛隔水相望，故更名为北陶洛。聚落呈团块状分布。有文化大院1处、农家书屋1处。有省级文物保护单位红旗闸。经济以种植业为主。有公路经此。

息陬 370881-B06-H01
[Xīzōu]

息陬镇人民政府驻地。在市驻地鲁城街道东南方向11.0千米。人口6 500。传孔子作《息陬操》即此，故名。另据民国版《曲阜续修县志》载：孔子欲西见赵简子，至河而返，息于陬乡，故名。聚落呈团块状分布。有文化广场。有省级文物保护单位息陬窑址，曲阜非物质文化遗产息陬大集。经济以种植业为主，种植小麦、玉米、蔬菜。有家具制造、服装加工、养老服务等企业。有公路经此。

杜家庄 370881-B06-H02
[Dùjiāzhuāng]

在市驻地鲁城街道东南方向12.6千米。息陬镇辖自然村。人口1 200。元世祖忽必烈南征中原，鞑靼人随忽虎郡王灭金源氏于蔡，遂授邳州镇防军副千户，称以杜为氏，名杜澜，迁此立村，故名杜家庄。聚落呈团块状分布。有文化书屋1处、文化广场1处。有市级文物保护单位元代杜家林石兽。经济以种植小麦、玉米为主。有公路经此。

夏宋 370881-B06-H03
[Xiàsòng]

在市驻地鲁城街道东南方向14.4千米。

息陬镇辖自然村。人口 5 100。因夏、宋两姓人家先居于此而得名。聚落呈团块状分布。有文化书屋 3 处、文化广场 3 处。有省级文物保护单位南夏宋古井。经济以种植业为主，种植小麦、玉米、花生、豆子。京沪高速铁路、日兰高速公路经此。

一张曲 370881-B06-H04
[Yīzhāngqū]

在市驻地鲁城街道东南方向 7.1 千米。息陬镇辖自然村。人口 1 900。村原名张舒旷，北宋末年，张氏来此定居立村，传至第十代张舒旷，以人为村名。后村庄扩大委曲长数里，故易名张曲。后自东向西分为一、二、三、四张曲。聚落呈团块状分布。有文化书屋 1 处、文化广场 1 处。经济以种植业、养殖业为主，种植猕猴桃。有公路经此。

西终吉 370881-B06-H05
[Xīzhōngjí]

在市驻地鲁城街道东南方向 7.9 千米。息陬镇辖自然村。人口 4 100。相传，西汉末年，王莽篡位，其部将追赶刘秀至此，刘秀无处藏身，喜遇农夫在田间耕地，让刘秀躺在深沟内，用犁子翻土埋上。追兵至此，刘秀已无踪迹，故名。聚落呈团块状分布。有文化书屋 1 处、文化广场 1 处。经济以种植业为主。有公路经此。

东夏侯 370881-B06-H06
[Dōngxiàhóu]

在市驻地鲁城街道东南方向 13.6 千米。息陬镇辖自然村。人口 3 300。相传，三国时曹操的部将夏侯惇、夏侯渊在此屯兵，制造兵器，操练兵马，分东、西二屯。为纪念夏侯惇，名村东夏侯。聚落呈团块状分布。有文化书屋 1 处、文化广场 1 处。

经济以种植业、养殖业为主。京沪高速铁路经此。

大峪 370881-B06-H07
[Dàyù]

在市驻地鲁城街道东南方向 15.3 千米。息陬镇辖自然村。人口 1 600。明洪武年间，山西洪洞县几户人家迁此立村，因处山峪之中，故名。聚落呈团块状分布。有文化书屋 1 处、文化广场 1 处。有市级文物保护单位大峪西渡槽、北阁山玉皇阁。经济以种植业为主。有公路经此。

南元疃 370881-B06-H08
[Nányuántuǎn]

在市驻地鲁城街道东南方向 16.1 千米。息陬镇辖自然村。人口 2 300。原名颜疃，后讹传为元疃，此村为南元疃。聚落呈团块状分布。有文化书屋 1 处、文化广场 1 处。经济以种植业、养殖业为主。有公路经此。

董家庄 370881-B07-H01
[Dǒngjiāzhuāng]

石门山镇人民政府驻地。在市驻地鲁城街道东北方向 16.1 千米。人口 3 700。原为春秋鲁国邓邑故址，曾名邓家庄，后讹传为董家庄。宋元时曾名邱家店、义和庄。明以后定名董家庄。聚落呈团块状分布。有小学。经济以种植业为主，种植草莓、樱桃等。有养殖业、商业、餐饮服务业，有绿色果品加工、铸造材料等企业。京台高速经此。

董大城 370881-B07-H02
[Dǒngdàchéng]

在市驻地鲁城街道东北方向 17.0 千米。石门山镇辖自然村。人口 1 100。相传此地即春秋时的曲池。汉高祖六年（前 201）封董渫为侯，国于此。传唐末五代时，董氏在旧城的基础上整修城寨，故名董城寨。明代以来，附近百姓迁此居住，仍名董城寨。1949 年后改名董大城。聚落呈团块状分布。有小学、幼儿园。有省级文物保护单位董大城古城址。经济以种植业为主，种植小麦、玉米、花生。有助剂厂、岩棉厂等企业。有公路经此。

丁家庄 370881-B07-H03
[Dīngjiāzhuāng]

在市驻地鲁城街道北方向 23.1 千米。石门山镇辖自然村。人口 900。清初，丁维州一家从吴村镇丁官庄迁此定居立村，曾名九山后丁家洼，后改为丁家庄。聚落呈团块状分布。有县级文物保护单位凤阳慈母碑、丁家庄革命委员会旧址。经济以种植业为主。有公路经此。

大西庄 370881-B07-H04
[Dàxīzhuāng]

在市驻地鲁城街道东北方向 23.4 千米。石门山镇辖自然村。人口 2 400。相传唐代此地建一寺庙，因位于曲阜城北，故称北寺。人们围寺而居，渐成村落，遂称北寺。金、元时期几经战乱，盗匪四起，为了防盗，村周修筑了寨墙，村易名人和寨。明代村东建驿站，该村因居驿站以西，故又改称西庄。清末在村北又形成一小村，称小西庄，故称此村大西庄。聚落呈团块状分布。有县级文物保护单位西庄石佛像。经济以种植业为主。有公路经此。

歇马亭 370881-B07-H05
[Xiēmǎtíng]

在市驻地鲁城街道东北方向 23.7 千米。石门山镇辖自然村。人口 1 400。村北有一道沙埠岭，岭上原有天齐庙、真武庙等，人们于庙岭下定居立村，遂得村名沙埠岭。明永乐年间，在此设立驿站，建有接待亭、喂马房、住宅等，故名歇马亭。聚落呈团块状分布。有小学 1 处。经济以种植业为主。津浦铁路、京沪高铁、104 国道经此。

梨园 370881-B07-H06
[Líyuán]

在市驻地鲁城街道东北方向 24.1 千米。石门山镇辖自然村。人口 800。清初，李氏从邹县石墙迁此定居成村，因地处大牛山北岭地，属沙质土壤，宜植果树，遂建梨园 1 处，村习称梨园。聚落呈团块状分布。经济以种植业、旅游业为主，种植梨树、苹果、板栗。有公路经此。

周家庄 370881-B07-H07
[Zhōujiāzhuāng]

在市驻地鲁城街道东北方向 24.3 千米。石门山镇辖自然村。人口 400。清代中叶，周文仁一家从宋家林逃荒至此，给石门寺的和尚种地，定居成村，故名和尚庄。中华人民共和国成立后，为首作恶的和尚被镇压，余者还俗，故改名周家庄。1980 年地名普查时因有重名，更名为周庄。在第二次全国地名普查时，名称规范为周家庄。聚落呈团块状分布。经济以种植业、旅游业为主。有公路经此。

韦家庄 370881-B07-H08
[Wéijiāzhuāng]

在市驻地鲁城街道东北方向 21.4 千米。石门山镇辖自然村。人口 2 000。此村始建于西汉。韦玄成汉丞相，韦贤之子，元帝朝亦拜相称侯，葬城北四十里韦家庄东南。韦宣，玄成孙，汉之名医，亦葬于此。遂名韦家庄。聚落呈团块状分布。有小学。有省级文物保护单位韦家墓群。经济以种植业为主。津浦铁路、104 国道经此。

屈家村 370881-B07-H09

［Qūjiācūn］

在市驻地鲁城街道东北方向 17.8 千米。石门山镇辖自然村。人口 1 500。此村应建于宋代，以姓氏定村名。聚落呈团块状分布。有市级文物保护单位屈家村窑址、屈家林遗址。经济以种植业为主，种植草莓，有石门山草莓品牌商标。有凌云冷库。京台高速公路经此。

黄沟 370881-B07-H10

［Huánggōu］

在市驻地鲁城街道东北方向 21.5 千米。石门山镇辖自然村。人口 600。清道光年间，王、杨二氏从河夹店迁此定居立村，因村南、西、北各有一条黄土沟，故名黄沟。聚落呈团块状分布。有县级文物保护单位董家庄支部诞生地纪念碑。经济以种植业为主。京沪高铁经此。

宋家村 370881-B08-H01

［Sòngjiācūn］

防山镇人民政府驻地。在市驻地鲁城街道东方向 8.0 千米。人口 1 700。明初，宋、赵、伊姓人家自山西洪洞县迁此立村，因宋姓居多，故名。聚落呈团块状分布。有中学、农家书屋、文化广场。有国家级文物保护单位防山墓群和省级文物保护单位宋家窑址。经济以种植业为主，种植小麦、玉米、樱桃。有公路经此。

梁公林 370881-B08-H02

［Liánggōnglín］

在市驻地鲁城街道东北方向 2.1 千米。防山镇辖自然村。人口 1 100。原名斜沟村，因村中有一斜向自然沟得名。后郭氏兴旺，曾名郭家村。明末，因村临近孔子父母墓地梁公林，故名。聚落呈团块状分布。有文化广场 1 处、文化书屋 1 处。有省级文物保护单位梁公林墓群、梁公林提水站。经济以种植业、旅游业为主，种植小麦、玉米。兖石铁路、327 国道经此。

东河套 370881-B08-H03

［Dōnghétào］

在市驻地鲁城街道东北方向 5.4 千米。防山镇辖自然村。人口 1 100。原名河头。清光绪年间，山洪暴发，沂河在村东 300 米处决口，于村南形成一条新河道，村的南部分置于两河之间，故后人称为南河套，河北岸部分按方位又称东河套、西河套。聚落呈团块状分布。有文化广场 1 处、文化书屋 1 处。有市级文物保护单位宋代河套古窑址。经济以种植业、养殖业为主。京台高速公路经此。

齐王官庄 370881-B08-H04

［Qíwángguānzhuāng］

在市驻地鲁城街道东方向 6.1 千米。防山镇辖自然村。人口 1 200。北宋时期该村建于王家林与齐家林之间，故名齐王官庄。聚落呈团块状分布。有文化广场 1 处、文化书屋 1 处。经济以工副业为主。京台高速、兖石铁路经此。

钱家村 370881-B08-H05

［Qiánjiācūn］

在市驻地鲁城街道东方向 7.5 千米。防山镇辖自然村。人口 2 000。原名史家村。1369 年，史德、史策兄弟从山西省洪洞县迁来定居立村，后因钱姓人亦属老户，且户数不少，加之"史"音欠佳，故更名钱家村。聚落呈团块状分布。有文化广场 1 处、文化书屋 1 处。经济以种植业为主，种植火龙果、草莓。京沪高铁经此。

南陶洛东村 370881-B08-H06

[Nántáoluòdōngcūn]

在市驻地鲁城街道东北方向 9.3 千米。防山镇辖自然村。人口 1 800。因有充足的树木做柴烧，有质地很好的陶用土，此乃烧制陶器之宝地，实为陶家之乐也，且在东部，故名南陶洛东。聚落呈团块状分布。经济以种植业、运输业为主。兖石铁路、327 国道经此。

邹城市

城市居民点

古塔小区 370883-I01

[Gǔtǎ Xiǎoqū]

在县级市市区南部。总面积 45 公顷。人口 2 100。因小区内有宋代古塔重兴塔而得名。1996 年始建，2000 年正式使用。建筑总面积 450 000 平方米，多层住宅楼 23 栋，现代建筑特点。绿化率 30%。有老年活动室、便民服务站等配套设施。

两孟小区西区 370883-I02

[Liǎngmèng Xiǎoqū Xīqū]

在县级市市区南部。人口 1 000。总面积 2.8 公顷。因临近孟府孟庙，又分为东西两区，此区在西而得名。1996 年始建，2000 年正式使用。建筑总面积 28 000 平方米，多层住宅楼 22 栋，现代建筑特点。绿化率 30%。有老年活动室、便民服务站、药店等配套设施。

两孟小区东区 370883-I03

[Liǎngmèng Xiǎoqū Dōngqū]

在县级市市区南部。人口 742。总面积 2.8 公顷。因临近孟府孟庙，又分为东西两区，此区在东而得名。1996 年始建，2000 年正式使用。建筑总面积 28 000 平方米，多层住宅楼 22 栋，现代建筑特点。绿化率 30%。有老年活动室、便民服务站、药店等配套设施。

岗山前 370883-I04

[Gǎngshānqián]

在县级市市区北部。人口 1 200。总面积 78 公顷。因位于岗山之前而得名。1983 年始建。建筑总面积 113 4000 平方米，多层住宅楼 77 栋，现代建筑特点。绿化率 30%。有老年活动室、便民服务站、药店等配套设施。

农村居民点

宝泉庄 370883-A01-H01

[Bǎoquánzhuāng]

在市驻地千泉街道东南方向 4.2 千米。千泉街道辖自然村。人口 800。庄内原有一泉，长年流水不涸，被称为宝泉。村庄即得名为宝泉庄。聚落呈团块状分布。有文化大院、百姓大舞台、图书室等。经济以林果种植、畜牧养殖、餐饮服务为主。有公路经此。

大西苇 370883-A01-H02

[Dàxīwěi]

在市驻地千泉街道东北方向 3.5 千米。千泉街道辖自然村。人口 2 700。因西汉时丞相韦贤曾居住此地，其后人又分居东西两边，此村居西，故称西苇，后又分为大小两村，此为大西苇。聚落呈团块状分布。有百姓大舞台等。经济以商贸服务业为主。有公路经此。

九里涧 370883-A01-H03

[Jiǔlǐjiàn]

在市驻地千泉街道东南方向 4.2 千米。千泉街道辖自然村。人口 2 000。因地处两山之间的山涧里，且距离县城约九里，故村庄取名九里涧。聚落呈团块状分布。有百姓大舞台、文化大院等。经济以种植业为主，主要种植粮食作物和林果、蔬菜等。有公路经此。

尚兰谷 370883-A01-H04

[Shànglángǔ]

在市驻地千泉街道东南方向 4.9 千米。千泉街道辖自然村。人口 1 100。因地处一条常有野狼出没的山沟而得名狼沟。后因名称不雅，狼沟逐渐演变为兰谷。又附近多村皆名兰谷，该村位于几个兰谷之上，故称上兰谷，后又演变为尚兰谷。聚落呈团块状分布。有百姓大舞台等。经济以食用菌种植、商贸服务业为主。有公路经此。

十里铺 370883-A01-H05

[Shílǐpù]

在市驻地千泉街道南方向 4.2 千米。千泉街道辖自然村。人口 1 900。因村北有一座高石桥，又设有铺递而得名。聚落呈团块状分布。有文化大院、幼儿园、图书室等。经济以种植业为主，主要种植粮食作物和林果、蔬菜等。有公路经此。

朱家山 370883-A02-H01

[Zhūjiāshān]

在市驻地千泉街道东方向 4.2 千米。钢山街道辖自然村。人口 1 000。因朱姓在此定居，北邻朱山而得名。聚落呈团块状分布。有民乐广场、文化大院、图书室等。经济以种植业、养殖业、工副业为主。有公路经此。

曾家沟 370883-A02-H02

[Zēngjiāgōu]

在市驻地千泉街道西北方向 4.3 千米。钢山街道辖自然村。人口 900。因村内曾姓人口居多，又位于岗山脚下一条大沟旁，故以姓氏和地理特点取名曾家沟。聚落呈团块状分布。有文化大院、百姓大舞台。经济以种植业、商业为主，种植玉米、小麦和蔬菜等。有公路经此。

程兰谷 370883-A02-H03

[Chénglángǔ]

在市驻地千泉街道东北方向 3.3 千米。钢山街道辖自然村。人口 700。因程氏先祖迁居此地，地处一条东西走向、常有恶狼出没的山沟而得名程家狼沟，后以谐音变为程兰谷。聚落呈团块状分布。有文化大院、广场等。经济以工商业和林果种植业为主。有公路经此。

崇义 370883-A02-H04

[Chóngyì]

在市驻地千泉街道东方向 2.9 千米。钢山街道辖自然村。人口 1 400。因村址位于崇义岭上，故称崇义村。聚落呈团块状分布。有百姓大舞台等。经济以工商业和服务业为主。有公路经此。

岗山铺 370883-A02-H05

[Gǎngshānpù]

在市驻地千泉街道西北方向 4.8 千米。钢山街道辖自然村。人口 900。因地处岗山西脚下，曾设有铺递而得名。聚落呈团块状分布。有文化大院等。经济以种植业为主，种植小麦、玉米、地瓜、花生等。有公路经此。

后八里沟 370883-A02-H06
[Hòubālǐgōu]

在市驻地千泉街道东北方向 1.0 千米。钢山街道辖自然村。人口 1 600。唐代建村，因距县城 8 里，位于河沟北岸，故名。聚落呈团块状分布。有学校 1 处。有省级非物质文化遗产祈雨舞蹈阴阳板。经济以种植业、服务业为主，种植小麦、玉米、大豆，有超市、农贸大市场、汽车配件美容城等。有公路经此。

前八里沟 370883-A02-H07
[Qiánbālǐgōu]

在市驻地千泉街道东北方向 4.9 千米。钢山街道辖自然村。人口 2 400。因距旧时邹县城八里，临河沟而得名。聚落呈团块状分布。有文化大院等。经济以商贸服务业和种植业为主。有公路经此。

杨下 370883-A02-H08
[Yángxià]

在市驻地千泉街道东北方向 5.0 千米。钢山街道辖自然村。人口 2 400。汉时名臣匡衡曾迁居此地，凿壁借邻家杨妪的灯光以读书。皇上赞赏杨妪的义行，便御赐该村名叫杨下，取杨老太下世之意。聚落呈团块状分布。有百姓大舞台等。经济以工商业和种植业为主。有公路经此。

庙户营 370883-A03-H01
[Miàohùyíng]

在市驻地千泉街道西方向 6.5 千米。凫山街道辖自然村。人口 5 400。因村内原有孟庙扫帚户，故村名为庙户。明朝时期曾在此设置军营，称庙户营，该村遂改称庙户营。聚落呈团块状分布。有文化大院、小学、幼儿园等。有省级文物保护单位孟母三迁祠。经济以机械制造、商贸服务、餐饮业等为主。有公路经此。

香城 370883-B01-H01
[Xiāngchéng]

香城镇人民政府驻地。在市驻地千泉街道东南方向 20.5 千米。人口 2 300。因地处邾国故城附近，有大片桃园，桃花盛开时节，花香全城而得名。聚落呈团块状分布。有学校、幼儿园、文化广场。经济以农产品加工、商贸服务、种植业、养殖业为主。有公路经此。

石鼓墩 370883-B01-H02
[Shígǔdūn]

在市驻地千泉街道东南方向 16.2 千米。香城镇辖自然村。人口 300。因村西有一天然石墩像鼓状，且敲击可以发出响声而得名。聚落呈团块状分布。有文化大院、幼儿园、图书室等。经济以乡村旅游和种植业、养殖业为主。有公路经此。

莫亭 370883-B01-H03
[Mòtíng]

在市驻地千泉街道东南方向 16.5 千米。香城镇辖自然村。人口 1 900。村址为春秋时期颛孙子莫故里，子莫在村边滑将河两岸建有两个亭子，东大西小，村子因此得名莫亭。聚落呈团块状分布。有学校、幼儿园、文化广场、图书室等。经济以苗木培育、乡村旅游为主。有公路经此。

田石滩 370883-B01-H04
[Tiánshítān]

在市驻地千泉街道东南方向 25.0 千米。香城镇辖自然村。人口 800。因田姓从田王村迁此定居，村址两侧为河滩，又有许多石片而得名。聚落呈团块状分布。有文化大院、幼儿园、图书室等。经济以食用菌种植、加工和商贸服务业为主。有公路经此。

西徐桃园 370883-B01-H05

[Xīxútáoyuán]

在市驻地千泉街道东南方向 15.8 千米。香城镇辖自然村。人口 300。因此地历史上多种植桃树，故名徐桃园，后分为东、西两村，此村居西，称为西徐桃园。聚落呈团块状分布。有文化大院、幼儿园、图书室等。经济以乡村旅游和特色种植为主。有公路经此。

羊皮庄 370883-B01-H06

[Yángpízhuāng]

在市驻地千泉街道东南方向 25.9 千米。香城镇辖自然村。人口 2 900。因有杨、裴两姓在此定居而得名杨裴庄。后为书写方便，逐渐演变为羊皮庄。聚落呈团块状分布。有小学、幼儿园、文化大院、百姓大舞台等。经济以石材开采和种植业、养殖业为主。有公路经此。

银河寺 370883-B01-H07

[Yínhésì]

在市驻地千泉街道东南方向 24.9 千米。香城镇辖自然村。人口 400。因村中有一古寺名白银阁，村东又有一条河，故取名银河寺。聚落呈团块状分布。有文化大院、图书室等。经济以种植业、养殖业和农产品加工为主。有公路经此。

张马庄 370883-B01-H08

[Zhāngmǎzhuāng]

在市驻地千泉街道东南方向 21.0 千米。香城镇辖自然村。以村内张、马两姓氏而得名。聚落呈团块状分布。有文化大院、图书室、百姓大舞台等。经济以种植业、养殖业和农产品加工为主。有公路经此。

白石铺 370883-B01-H09

[Báishípù]

在市驻地千泉街道东南方向 17.2 千米。香城镇辖自然村。人口 1 500。以其村址东面山岭有一白石片而得名。聚落呈团块状分布。有文化大院、图书室、百姓大舞台等。经济以种植业、养殖业和农产品加工为主。有公路经此。

北齐庄 370883-B01-H10

[Běiqízhuāng]

在市驻地千泉街道东南方向 19.6 千米。香城镇辖自然村。人口 1 300。因村中齐姓居多，且在香城北部而得名。聚落呈团块状分布。有文化大院、幼儿园等。经济以乡村旅游和特色种植为主。有公路经此。

茶沟 370883-B01-H11

[Chágōu]

在市驻地千泉街道东南方向 27.0 千米。香城镇辖自然村。人口 1 000。因村址在一沟岔处而得名岔沟，后改"岔"字为"茶"字。聚落呈团块状分布。有小学、幼儿园、文化大院、图书室。经济以种植业、养殖业和农产品加工为主。有公路经此。

大北王 370883-B01-H12

[Dàběiwáng]

在市驻地千泉街道东南方向 28.8 千米。香城镇辖自然村。人口 3 000。因王姓迁此建村，距旧邹县城五十里而得名五十里王村。后改为大北王。聚落呈团块状分布。有幼儿园、文化大院、图书室。经济以种植业、养殖业和农产品加工为主。有公路经此。

大河滩 370883-B01-H13

[Dàhétān]

在市驻地千泉街道东南方向 22.0 千米。

香城镇辖自然村。人口 1 900。初名兴隆庄。因村处两山之间，受山水冲刷，河滩扩大，求兴隆而不兴隆，故改名为大河滩。聚落呈团块状分布。有幼儿园、文化大院、图书室。经济以种植业、养殖业和农产品加工为主。有公路经此。

大黄庄 370883-B01-H14
[Dàhuángzhuāng]

在市驻地千泉街道东南方向 22.4 千米。香城镇辖自然村。人口 500。因村内黄姓人家较多而得名。聚落呈团块状分布。有文化大院、图书室、百姓大舞台。经济以种植业、养殖业、农产品加工、农资生产和销售为主。有公路经此。

大山阴 370883-B01-H15
[Dàshānyīn]

在市驻地千泉街道东南方向 25.5 千米。香城镇辖自然村。人口 1 100。因村址处于龙山之阴，故名山阴。后由一村分为两个村，居民少的为小山阴，此地为大山阴。聚落呈团块状分布。有文化大院、图书室、百姓大舞台。经济以种植业、养殖业、农产品加工、商贸服务为主。有公路经此。

邓通庄 370883-B01-H16
[Dèngtōngzhuāng]

在市驻地千泉街道东南方向 22.6 千米。香城镇辖自然村。人口 600。为纪念历史人物邓通而得名。聚落呈团块状分布。有文化大院、图书室、幼儿园等。经济以种植业、养殖业和农产品加工、气体制造业为主。有公路经此。

东苗庄 370883-B01-H17
[Dōngmiáozhuāng]

在市驻地千泉街道东南方向 22.7 千米。香城镇辖自然村。人口 600。因苗姓居住此地而得名。1983 年 3 月，因重名更名为东苗庄。聚落呈团块状分布。有文化大院、图书室、幼儿园等。经济以种植业、养殖业和农产品加工为主。有公路经此。

东徐桃园 370883-B01-H18
[Dōngxútáoyuán]

在市驻地千泉街道东方向 15.9 千米。香城镇辖自然村。人口 300。因此地历史上多种植桃树得名徐桃园，后分为东、西两村，此村居东，称为东徐桃园。聚落呈团块状分布。有文化大院、图书室、百姓大舞台。经济以种植业、养殖业、农产品加工为主。有公路经此。

官庄 370883-B01-H19
[Guānzhuāng]

在市驻地千泉街道东方向 22.0 千米。香城镇辖自然村。人口 2 900。因村内曾有一人官拜四品，显赫一时，故取村名为官庄。聚落呈团块状分布。有文化广场、小学、幼儿园、图书室、百姓大舞台等。经济以种植业、养殖业、农产品加工为主。有公路经此。

郭桃园 370883-B01-H20
[Guōtáoyuán]

在市驻地千泉街道东南方向 14.0 千米。香城镇辖自然村。人口 800。因此地历史上多种植桃树，故名郭桃园。聚落呈团块状分布。有文化广场、幼儿园、百姓大舞台等。经济以种植业、养殖业、林果种植和乡村旅游为主。有公路经此。

洪山庄 370883-B01-H21
[Hóngshānzhuāng]

在市驻地千泉街道东南方向 9.5 千米。香城镇辖自然村。人口 1 300。因村址位于洪山脚下而得名。聚落呈团块状分布。有文化广场、幼儿园、图书室、百姓大舞台等。经济以种植业、养殖业、林果种植和乡村旅游为主。有公路经此。

李桃园 370883-B01-H22
[Lǐtáoyuán]

在市驻地千泉街道东南方向 13.3 千米。香城镇辖自然村。人口 1 700。因王姓最早迁居此地而得名小王庄。后李姓迁来定居，人财两旺，村址又坐落在十八桃园区域内，遂更名为李桃园。聚落呈团块状分布。有文化广场、幼儿园、图书室、百姓大舞台等。经济以种植业、养殖业、林果种植和乡村旅游为主。有公路经此。

龙水 370883-B01-H23
[Lóngshuǐ]

在市驻地千泉街道东南方向 26.9 千米。香城镇辖自然村。人口 1 000。初名辛庄。因重名，1983 年更名为龙水。聚落呈团块状分布。有文化广场、幼儿园、图书室、百姓大舞台等。经济以粮食种植、蔬菜种植、养殖业和乡村旅游为主。有公路经此。

马石片 370883-B01-H24
[Mǎshípiàn]

在市驻地千泉街道东方向 31.8 千米。香城镇辖自然村。人口 300。因马姓由滕州马家村迁此定居，村址又坐落在一块大石片上而得名。聚落呈团块状分布。有文化大院、图书室等。经济以林果种植和乡村旅游为主。有公路经此。

唐邱 370883-B01-H25
[Tángqiū]

在市驻地千泉街道南方向 16.9 千米。香城镇辖自然村。人口 1 000。初名邱村，后邱村扩大分成多个小村，有唐姓迁其中一处定居，故名。聚落呈团块状分布。有

文化大院、图书室等。经济以种植业、养殖业为主。有公路经此。

南齐庄 370883-B01-H26
[Nánqízhuāng]

在市驻地千泉街道东南方向 21.6 千米。香城镇辖自然村。人口 300。因齐姓在此建村，又居于南边而得名。聚落呈团块状分布。有文化大院、幼儿园、图书室、百姓大舞台等。经济以种植业、养殖业和农产品加工为主。有公路经此。

泉山沟 370883-B01-H27
[Quánshāngōu]

在市驻地千泉街道东南方向 13.0 千米。香城镇辖自然村。人口 800。因村址建于向泉山的大沟内而得名。聚落呈团块状分布。有文化大院、幼儿园、图书室、百姓大舞台等。经济以种植业、养殖业、农产品加工、乡村旅游为主。有公路经此。

小莫亭 370883-B01-H28
[Xiǎomòtíng]

在市驻地千泉街道东南方向 18.0 千米。香城镇辖自然村。人口 700。村址为春秋时期颛孙子莫故里，子莫在村边滑将河两岸建有两个亭子，东大西小，故名。聚落呈团块状分布。有小学等。经济以种植业为主，种植玉米、小麦，特产山楂，有桃苗培育基地。有公路经此。

东刘庄 370883-B02-H01
[Dōngliúzhuāng]

城前镇人民政府驻地。在市驻地千泉街道东方向 40.0 千米。人口 2 100。清朝初年，刘姓最早迁此定居，以姓氏取村名刘庄。因为重名，1982 年更为东刘庄。聚落呈团块状分布。有蓝陵省级湿地公园。经济以种植业为主，种植地瓜、花生、小麦、

玉米等，特产苹果、樱桃。省道岚济公路、平滕公路经此。

城前 370883-B02-H02
[Chéngqián]

在市驻地千泉街道东方向 40.0 千米。城前镇辖自然村。人口 3 000。因坐落在东汉蓝陵城之南而得名。聚落呈团块状分布。有学校 2 所。经济以种植业为主，种植小麦、玉米、地瓜、花生、桃、樱桃等。有农产品加工、食品加工等工副业。省道济徐公路、平滕公路、岚济公路经此。

越峰 370883-B02-H03
[Yuèfēng]

在市驻地千泉街道东方向 51.4 千米。城前镇辖自然村。人口 900。初因越峰山洞穴名老猫洞，1982 年更名为越峰。聚落呈带状分布。有省级文物保护单位越峰建筑群。经济以种植业为主，种植地瓜、花生，特产苹果、樱桃、板栗和金银花等。有公路经此。

石门 370883-B02-H04
[Shímén]

在市驻地千泉街道东方向 47.9 千米。城前镇辖自然村。人口 700。因村南路口两旁各有一巨石耸立，恰似一座大门而得名。聚落呈团块状分布。有文化大院、幼儿园、图书室、百姓大舞台等。经济以特色林果种植和乡村旅游为主。有公路经此。

土门 370883-B02-H05
[Tǔmén]

在市驻地千泉街道东方向 47.7 千米。城前镇辖自然村。人口 1 000。初名盛兴村，后因村北有两座土岗子，分列左右，酷似一座大门，故改名为土门口，后简称土门。聚落呈团块状分布。有小学、幼儿园、图书室、文化大院、百姓大舞台等。经济以特色林果种植和石材开发为主。有公路经此。

洼陡 370883-B02-H06
[Wādǒu]

在市驻地千泉街道东方向 49.2 千米。城前镇辖自然村。人口 1 600。因村址在洼地里，西面为高埠地，有一黄土陡崖，故以地势取村名洼陡。聚落呈团块状分布。有学校、幼儿园、文化大院、图书室、百姓大舞台等。经济以特色林果种植和乡村旅游为主。有公路经此。

瓦屋后 370883-B02-H07
[Wǎwūhòu]

在市驻地千泉街道东方向 38.9 千米。城前镇辖自然村。人口 1 200。因村址原有一座瓦屋，故取村名为瓦屋，后来村子前面又建立一个村庄，亦名瓦屋。为区分，以此村居后为后瓦屋。2000 年，更名为瓦屋后。聚落呈团块状分布。有文化大院、幼儿园、图书室、百姓大舞台等。经济以种植业、养殖业和农产品加工、贸易为主。有公路经此。

瓦屋前 370883-B02-H08
[Wǎwūqián]

在市驻地千泉街道东南方向 38.4 千米。城前镇辖自然村。人口 600。因村址原有一座瓦屋，故取村名为瓦屋，后来村子后面又建立一个村庄，亦名瓦屋。为区分，以此村居前为前瓦屋。后更名为瓦屋前。聚落呈团块状分布。有文化大院、幼儿园、图书室、百姓大舞台等。经济以种植业、养殖业和农产品加工、贸易为主。有公路经此。

西康王 370883-B02-H09

[Xīkāngwáng]

在市驻地千泉街道东方向47.4千米。城前镇辖自然村。人口800。因村南岭前有康王城（即蓝陵城），故取名康王。后村东又有村亦取名为康王，为区分两村，以此村居西，故称西康王。聚落呈团块状分布。有文化大院、幼儿园、图书室、百姓大舞台等。经济以种植业、养殖业和农产品加工、贸易为主。有公路经此。

小岔河 370883-B02-H10

[Xiǎochàhé]

在市驻地千泉街道东方向40.5千米。城前镇辖自然村。人口1 300。因村址坐落在郭河及西支流交汇处，而村东又有大岔河村，故以此取村名为小岔河。聚落呈团块状分布。有小学、幼儿园、文化科技大院、图书室、百姓大舞台等。经济以种植业、养殖业和农产品加工、贸易为主。有公路经此。

小代家安村 370883-B02-H11

[Xiǎodàijiā'āncūn]

在市驻地千泉街道东方向37.9千米。城前镇辖自然村。人口300。因村址处于两山拐弯处而得名小罗湾，后因山后有大代家安村，小罗湾遂更名为小代家安村。聚落呈团块状分布。有文化大院、图书室等。经济以种植业、养殖业和农产品加工、贸易为主。有公路经此。

许老 370883-B02-H12

[Xǔlǎo]

在市驻地千泉街道东方向42.9千米。城前镇辖自然村。人口1 300。据传，西汉时该村许姓有人在朝做官，后告老回乡，人们称之为许老，后称该村为许老。聚落

呈团块状分布。有幼儿园、文化科技大院、图书室、百姓大舞台等。经济以特色中草药种植和农产品加工、贸易为主。有公路经此。

渔汪岭 370883-B02-H13

[Yúwānglǐng]

在市驻地千泉街道东南方向50.4千米。城前镇辖自然村。人口300。因村西有条沟溪，溪下游有个大水坑，俗称鱼汪，且村庄又坐落在鱼汪之南高岭上，故取村名鱼汪岭，后演变为渔汪岭。聚落呈团块状分布。有文化大院、图书室等。经济以林果种植和农产品商贸流通为主。有公路经此。

雨山 370883-B02-H14

[Yǔshān]

在市驻地千泉街道东方向41.4千米。城前镇辖自然村。人口600。因村址紧靠雨山峰而得名。聚落呈团块状分布。有文化大院、百姓大舞台、图书室等。经济以种植业、农产品商贸流通、乡村旅游为主。有公路经此。

长老峪 370883-B02-H15

[Zhǎnglǎoyù]

在市驻地千泉街道东方向42.6千米。城前镇辖自然村。人口900。明崇祯年间，村北有一寺院，寺院主持人尊称长老，又因此村位于山峪中，故以此取村名长老峪。聚落呈团块状分布。有文化大院、百姓大舞台、图书室等。经济以特色种植业、养殖业为主。有公路经此。

朱家庄 370883-B02-H16

[Zhūjiāzhuāng]

在市驻地千泉街道东方向39.7千米。城前镇辖自然村。人口300。因朱姓族人定居于此而得名。聚落呈团块状分布。有文

化大院、图书室等。经济以种植业和乡村旅游为主。有公路经此。

标村 370883-B02-H17
[Biāocūn]

在市驻地千泉街道东方向 44.1 千米。城前镇辖自然村。人口 1 700。原名焦村，据传由焦姓居民始建于宋朝初期。后焦姓败落，村民觉焦字不祥，遂改村名为标村。聚落呈团块状分布。有文化大院、百姓大舞台、图书室、幼儿园等。经济以粮食种植、农产品加工和商贸为主。有公路经此。

卜通 370883-B02-H18
[Bǔtōng]

在市驻地千泉街道东南方向 44.2 千米。城前镇辖自然村。人口 500。因村址三面环山，无路可通，遂取名不通，后演变为卜通。聚落呈团块状分布。有文化广场、图书室等。经济以林果种植、养殖为主。有公路经此。

大崇 370883-B02-H19
[Dàchóng]

在市驻地千泉街道东南方向 42.5 千米。城前镇辖自然村。人口 1 300。初名冯村，因冯姓人家先迁此定居而得名。后冯氏断代，又迁来曾姓人家，把"冯"字演变为"崇"字，取名崇村，又村东有个小崇村，故更名为大崇。聚落呈团块状分布。有幼儿园、图书馆、文化广场等。经济以大樱桃种植、农产品加工流通、乡村旅游为主。有公路经此。

大代家安村 370883-B02-H20
[Dàdàijiā'āncūn]

在市驻地千泉街道东方向 37.5 千米。城前镇辖自然村。人口 600。因旧时此地原有尼姑庵一座，代姓居此给庵堂种地，尼姑庵废落后，以谐音取村名代家安村。山

脚下又建一村名小代家安村，此村大，故名大代家安村。聚落呈团块状分布。有图书馆、文化广场等。经济以林果种植、农产品流通为主。有公路经此。

单家庄 370883-B02-H21
[Shànjiāzhuāng]

在市驻地千泉街道东南方向 41.4 千米。城前镇辖自然村。人口 1 100。曾名万家庄。因村民善良，对过往路人十分热情，常留人喝茶吃饭，过往行人多称此村为善家庄。后有单姓人家迁居此村，单与善音相同，遂演变为单家庄。聚落呈团块状分布。有幼儿园、图书馆、文化广场等。经济以林果种植、农产品加工流通为主。有公路经此。

东康王 370883-B02-H22
[Dōngkāngwáng]

在市驻地千泉街道东南方向 44.8 千米。城前镇辖自然村。人口 1 400。因村南岭前有康王城，故取名康王。有村亦取名康王，为区分两村，以此村居东称东康王。聚落呈团块状分布。有幼儿园、图书馆、文化广场等。经济以乡村旅游、林果种植、农产品流通为主。有公路经此。

梨杭 370883-B02-H23
[Líháng]

在市驻地千泉街道东方向 43.0 千米。城前镇辖自然村。人口 800。因村南有一片梨树排列成行，故取村名为梨行，后演变成梨杭。聚落呈团块状分布。有图书馆、文化广场等。经济以乡村旅游、林果种植、农产品流通为主。有公路经此。

前祝沟 370883-B02-H24
[Qiánzhùgōu]

在市驻地千泉街道东南方向 41.5 千米。城前镇辖自然村。人口 700。因临祝其城与

一河沟,故名祝沟,后来又分为前、后两个村,该村居前,故取名前祝沟。聚落呈团块状分布。有图书馆、文化广场等。经济以林果蔬菜种植、农产品流通为主。有公路经此。

青邑 370883-B02-H25
[Qīngyì]

在市驻地千泉街道东方向 47.2 千米。城前镇辖自然村。人口 2 000。唐代时此地设有驿站,故取村名青驿,后演变为青邑。聚落呈团块状分布。有幼儿园、图书馆、文化广场等。经济以农产品加工、林果种植、乡村旅游为主。有公路经此。

渠家庄 370883-B02-H26
[Qújiāzhuāng]

在市驻地千泉街道东北方向 37.7 千米。城前镇辖自然村。人口 600。清末有渠姓人家迁此建村,故以姓氏命村名为渠家庄。聚落呈团块状分布。有图书馆、文化广场等。有市级文物保护单位尼山区抗日烈士纪念碑。经济以林果种植、农产品流通、乡村旅游为主。有公路经此。

上放粮 370883-B02-H27
[Shàngfàngliáng]

在市驻地千泉街道东方向 41.2 千米。城前镇辖自然村。人口 400。因此村与另一村都依放粮山而建,此村在上,故名上放粮。聚落呈团块状分布。有图书馆、文化广场等。经济以林果种植业、养殖业为主。有公路经此。

上石河 370883-B02-H28
[Shàngshíhé]

在市驻地千泉街道东方向 46.8 千米。城前镇辖自然村。人口 1 000。因村东有条河,河底由石块构成,水在石上流过而得名石

河。后分为两村,此村位于石河上游,故称为上石河。聚落呈团块状分布。有幼儿园、图书馆、文化广场等。经济以林果种植、农产品商贸流通为主。有公路经此。

尚河 370883-B02-H29
[Shànghé]

在市驻地千泉街道东方向 42.2 千米。城前镇辖自然村。人口 2 600。因村位于沂河源头,曾取名为上河。后因“尚”字含义丰富,改名为尚河。聚落呈团块状分布。有学校、幼儿园、文化广场、图书馆等。经济以农产品加工、商贸服务、林果种植为主。有公路经此。

大岔河 370883-B02-H30
[Dàchàhé]

在市驻地千泉街道东南方向 38.4 千米。城前镇辖自然村。人口 1 500。因村址处在漯河东西支流交汇处,而村西有小岔河村毗邻,故取名大岔河。聚落呈团块状分布。有小学、幼儿园、图书馆、文化广场等。经济以林果种植、农产品加工流通、乡村旅游为主。有公路经此。

匡庄 370883-B03-H01
[Kuāngzhuāng]

大束镇人民政府驻地。在市驻地千泉街道东方向 5.0 千米。人口 2 000。因是凿壁偷光名垂后世的西汉经学家匡衡故里而得名。聚落呈团块状分布。有学校 2 处。经济以种植业为主,种植小麦、玉米、蔬菜等,有食用菌生产基地。省道岚济公路经此。

灰城子 370883-B03-H02
[Huīchéngzi]

在市驻地千泉街道东北方向 12.2 千米。大束镇辖自然村。人口 700。传说春秋时期

辉王曾在此安营筑城，名为辉王城。后王城被毁，辉城演变为灰城子。聚落呈团块状分布。有文化大院、图书室。村东有灰城子遗址。经济以种植业、乡村旅游、手工制陶业为主。有公路经此。

南桑庄　370883-B03-H03
［Nánsāngzhuāng］

在市驻地千泉街道东北方向 19.6 千米。大束镇辖自然村。人口 800。因桑姓最早迁此定居，以姓氏取村名为桑庄。后因人烟兴旺，村庄扩大，分为南北两个桑庄，此村居南，称南桑庄。聚落呈团块状分布。有幼儿园、图书馆、文化大院等。经济以林果种植业、养殖业为主。有公路经此。

山头　370883-B03-H04
［Shāntóu］

在市驻地千泉街道北方向 12.0 千米。大束镇辖自然村。人口 3 600。因在四基山南端而得名山头。聚落呈团块状分布。有小学、幼儿园、图书馆、文化大院等。有国家级文物保护单位亚圣孟子墓，省级非物质文化遗产山头花鼓戏。经济以乡村旅游、种植业、养殖业为主。有公路经此。

土旺　370883-B03-H05
［Tǔwàng］

在市驻地千泉街道东北方向 14.5 千米。大束镇辖自然村。人口 3 600。因地势中间高，系黄土岗子，四面地洼多水汪，故取名土汪，后改村名为土旺。聚落呈团块状分布。有学校、幼儿园、文化大院、百姓大舞台等。经济以石材开采、种植业、养殖业为主。有公路经此。

西寨　370883-B03-H06
［Xīzhài］

在市驻地千泉街道东北方向 18.6 千米。大束镇辖自然村。人口 900。传说此地曾有义军安营扎寨，又因居民多为董姓，故名董家寨。中华人民共和国成立后分为东西两村，此村居西，为西寨。聚落呈团块状分布。有文化大院、百姓大舞台等。经济以种植业、养殖业为主。有公路经此。

白泉寺　370883-B03-H07
［Báiquánsì］

在市驻地千泉街道东北方向 17.9 千米。大束镇辖自然村。人口 500。元朝初期，此地建一寺院，因东南山脚有一泉，水泛白色，故名白泉寺，该村亦名白泉寺。聚落呈团块状分布。有图书室、文化大院等。经济以种植业、养殖业、建材制造为主。有公路经此。

大束　370883-B03-H08
［Dàishù］

在市驻地千泉街道东北方向 9.1 千米。大束镇辖自然村。人口 2 800。因有两条小河分别从村前、村后流过，至村西合二为一，似玉带把村庄束裹，故取村名为大束。聚落呈团块状分布。有学校、幼儿园、文化馆、图书馆。经济以食用菌种植、商贸流通、农畜产品加工等为主。有公路经此。

钓鱼台　370883-B03-H09
［Diàoyútái］

在市驻地千泉街道东方向 13.3 千米。大束镇辖自然村。人口 800。传说春秋时期辉王在村南河边钓鱼，故取名为钓鱼台。聚落呈团块状分布。有文化广场、图书室。经济以种植业、养殖业、林果生产和乡村旅游为主。有公路经此。

东韦　370883-B03-H10
［Dōngwéi］

在市驻地千泉街道东方向 7.0 千米。大束镇辖自然村。人口 2 500。因西汉名臣韦贤居此地，其后人繁衍，分居两村，此村居东，称东韦。聚落呈团块状分布。有文化广场、图书室、小学、幼儿园等。经济以种植业、养殖业、林果生产和乡村旅游为主。有公路经此。

东寨 370883-B03-H11
[Dōngzhài]

在市驻地千泉街道东北方向 18.7 千米。大束镇辖自然村。人口 700。据传曾有义军在此安营扎寨，又因居民多为董姓，故名董家寨。中华人民共和国成立后分为东西两个村，此村居东为东寨。聚落呈团块状分布。有文化大院、图书室、百姓大舞台等。经济以种植业、养殖业、林果生产和乡村旅游为主。有公路经此。

董家岭 370883-B03-H12
[Dǒngjiālǐng]

在市驻地千泉街道东南方向 6.3 千米。大束镇辖自然村。人口 2 300。因董姓先居此地，村址在岭上而得名。聚落呈团块状分布。有文化广场、图书室、小学、幼儿园等。经济以种植业、养殖业、林果生产为主。有公路经此。

杜东 370883-B03-H13
[Dùdōng]

在市驻地千泉街道东北方向 7.5 千米。大束镇辖自然村。人口 2 500。因西汉时韦贤居此，后世子孙分居两村，称东韦、西韦。其中民国时东韦村再分为杜东、张东、赵东三个村，本村为杜东。聚落呈团块状分布。有文化广场、图书室、幼儿园等。经济以种植业、养殖业和商贸流通为主。有公路经此。

岗上 370883-B03-H14
[Gǎngshàng]

在市驻地千泉街道东北方向 10.0 千米。大束镇辖自然村。人口 2 800。因村址地势较为高亢，四周较低，故取村名为岗上。聚落呈团块状分布。有文化广场、图书室、幼儿园等。经济以种植业、养殖业、农产品加工为主。有公路经此。

葛炉山 370883-B03-H15
[Gělúshān]

在市驻地千泉街道东方向 12.4 千米。大束镇辖自然村。人口 1 100。因村落靠近葛炉山而得名。聚落呈团块状分布。有文化广场、图书室、幼儿园等。有国家级文物保护单位葛山摩崖石刻。经济以乡村旅游、田园综合体开发建设为主。有公路经此。

官厅 370883-B03-H16
[Guāntīng]

在市驻地千泉街道北方向 11.4 千米。大束镇辖自然村。人口 700。因该村北有鲁靖王朱肇辉等明鲁王墓葬，鲁王府在此设官厅接待来往官员，有农户迁此定居后遂取村名为官厅。聚落呈团块状分布。有文化大院、图书室等。经济以种植业、养殖业和乡村旅游为主。有公路经此。

洪门 370883-B03-H17
[Hóngmén]

在市驻地千泉街道东北方向 14.4 千米。大束镇辖自然村。人口 600。唐代薛刚曾带兵扎寨于珠山前，寨门为红色，迁此居住的百姓称村名为红门，后演变为洪门。聚落呈团块状分布。有文化大院、图书室等。经济以种植业、养殖业和石材加工为主。有公路经此。

黄家庙 370883-B03-H18
[Huángjiāmiào]

在市驻地千泉街道东北方向 6.6 千米。大束镇辖自然村。人口 1 300。因此地原有一座庙,有黄姓迁此居住,遂取名为黄家庙。聚落呈团块状分布。有文化广场、幼儿园等。经济以商贸服务和房产经营为主。有公路经此。

黄疃 370883-B03-H19
[Huángtuǎn]

在市驻地千泉街道东北方向 4.8 千米。大束镇辖自然村。人口 2 500。因村址旁有一株黄连树,且村较大,得名十里黄疃。明初战乱,人烟稀少,村名省去十里,演变为黄疃。聚落呈团块状分布。有文化广场、幼儿园等。经济以商贸服务和房产经营为主。有公路经此。

凰翥 370883-B03-H20
[Huángzhù]

在市驻地千泉街道北方向 9.6 千米。大束镇辖自然村。人口 2 600。因村北有座凰山,如鸟展翅而得名。聚落呈团块状分布。有文化大院、图书室、小学、幼儿园、百姓大舞台等。有市级文物保护单位天齐庙。经济以种植业、养殖业、特色林果、农产品加工为主。有公路经此。

灰埠 370883-B03-H21
[Huībù]

在市驻地千泉街道东方向 15.2 千米。大束镇辖自然村。人口 2 700。传说春秋时期辉王驻灰城时,曾在此安埠收税,故取名为辉埠,后演变为灰埠。聚落呈团块状分布。有文化大院、图书室、小学、幼儿园、百姓大舞台等。经济以特色林果种植、农产品加工、乡村旅游为主。灰埠大枣是国家农产品地理标志。有公路经此。

大北宿 370883-B04-H01
[Dàběisù]

北宿镇人民政府驻地。在市驻地千泉街道西南方向 12.0 千米。人口 1 600。村在老赵北,凡过往客人皆到此地投宿,故取村名为北宿。明朝时期,西面又建起一村落名小北宿,遂改称大北宿。聚落呈团块状分布。有学校、幼儿园、电影院、文化馆、图书馆。经济以煤炭开采、商贸服务、机械加工、房产经营等为主。有公路经此。

前万 370883-B04-H02
[Qiánwàn]

在市驻地千泉街道西南方向 11.3 千米。北宿镇辖自然村。人口 2 200。因此地有孟子弟子万章墓,故名为万村。民国时期分为两村,因本村居前,称前万。聚落呈团块状分布。有幼儿园、文化大院、图书室、文化广场等。有市级文物保护单位万章墓。经济以特色养殖、粮食种植等为主。有公路经此。

西毛堂 370883-B04-H03
[Xīmáotáng]

在市驻地千泉街道西南方向 20.5 千米。北宿镇辖自然村。人口 1 200。初名小贾庄。后因靠近古村毛家堂,亦改称毛家堂。1950 年分村时,定村名为西毛堂。聚落呈团块状分布。有幼儿园、文化大院、图书室、文化广场等。经济以特色养殖业、种植业、农产品加工流通为主。有公路经此。

西沙河头 370883-B04-H04
[Xīshāhétóu]

在市驻地千泉街道西南方向 7.9 千米。北宿镇辖自然村。人口 1 400。因大沙河支流从东而来,在村址处拐弯流向西南,且村址位于古沙河转弯处西岸而得名。聚落呈团块状分布。有幼儿园、文化大院、图书室、文化广场等。经济以服装产销、机械制造、商贸服务、房产经营等为主。有公路经此。

羊厂 370883-B04-H05
[Yángchǎng]

在市驻地千泉街道西方向 11.6 千米。北宿镇辖自然村。人口 1 500。因村址有兖州明鲁藩王府所建北牧羊厂而得名。聚落呈团块状分布。有幼儿园、文化大院、图书室、文化广场等。经济以机械制造、建材生产、商贸服务、房产经营等为主。有公路经此。

中毛堂 370883-B04-H06
[Zhōngmáotáng]

在市驻地千泉街道西南方向 19.4 千米。北宿镇辖自然村。人口 1 400。因村址位于东、西毛堂之间，亦称为毛堂。1950 年分村时，定村名为中毛堂。聚落呈团块状分布。有学校、文化大院、图书室。经济以特色养殖、种植、农林服务为主。有公路经此。

东故下 370883-B04-H07
[Dōnggùxià]

在市驻地千泉街道西方向 13.5 千米。北宿镇辖自然村。人口 2 400。清康熙年间，当时此村地多人少，夏季多需雇外地穷人种地，称为雇夏，后村名即演变为故下，又写作故夏。后分为东、西两村，该村为东故下。聚落呈团块状分布。有小学、幼儿园、文化大院、图书室。经济以粮食种植、特色养殖、农林服务为主。有公路经此。

东毛堂 370883-B04-H08
[Dōngmáotáng]

在市驻地千泉街道西南方向 19.0 千米。北宿镇辖自然村。人口 1 300。因毛姓始居此地，村址建有一座观音堂而得名毛堂。1950 年土地改革分村时，因该村居东，故称东毛堂。聚落呈团块状分布。有文化大院、图书室等。经济以粮食种植、特色养殖、农林服务为主。有公路经此。

和睦村 370883-B04-H09
[Hémùcūn]

在市驻地千泉街道西方向 7.7 千米。北宿镇辖自然村。人口 2 100。以汉族、回族为主，其中回族占 8%。取村内汉族、回族群众和睦相处之意命名。聚落呈团块状分布。有小学、幼儿园、文化大院、图书室、文化广场等。经济以牛羊养殖、肉食加工、粮食生产等为主。有公路经此。

梁家岗 370883-B04-H10
[Liángjiāgǎng]

在市驻地千泉街道西南方向 7.4 千米。北宿镇辖自然村。人口 1 500。因张、梁两姓始居此地，村庄位于一道土岗之上，故取村名为两家岗。后因张姓后继无人，该村遂更名为梁家岗。聚落呈团块状分布。有文化大院、图书室、百姓大舞台等。经济以粮食种植、特色养殖、农林服务为主。有公路经此。

东落陵 370883-B04-H11
[Dōngluòlíng]

在市驻地千泉街道西南方向 15.4 千米。北宿镇辖自然村。人口 1 200。因村前有突兀而出的土陵，故取村名为落陵。后附近又建一村庄名小落陵，该村居东，称东落陵。聚落呈团块状分布。有小学、幼儿园、文化大院、图书室、文化广场等。经济以煤炭开采、新能源制造、精密仪器制造等为主。有公路经此。

南沙河头 370883-B04-H12

[Nánshāhétóu]

在市驻地千泉街道西南方向 6.4 千米。北宿镇辖自然村。人口 1 300。因古沙河从该村北折向西南而得名。聚落呈团块状分布。有小学、幼儿园、文化大院、图书室、文化广场等。经济以机械制造、商贸流通等为主。有公路经此。

南屯 370883-B04-H13

[Nántún]

在市驻地千泉街道西方向 12.4 千米。北宿镇辖自然村。人口 2 400。因明末村址为曲阜孔府的一个放鸭场而得名毛场，清乾隆年间改称毛官屯，中华人民共和国成立后改称南屯。聚落呈团块状分布。有学校、幼儿园、文化大院、图书室、文化广场等。经济以煤炭开采、机械制造、商贸流通等为主。有公路经此。

前瓦屋 370883-B04-H14

[Qiánwǎwū]

在市驻地千泉街道西南方向 11.2 千米。北宿镇辖自然村。人口 900。因明朝时村内比较富裕，建有瓦屋，遂取村名为瓦屋。清光绪年间分为前后两村，此村居前，为前瓦屋。聚落呈团块状分布。有幼儿园、文化大院、图书室、文化广场等。经济以香椿种植、大棚蔬菜、商贸流通等为主。瓦屋香椿芽是国家农产品地理标志产品。有公路经此。

东傅庄 370883-B05-H01

[Dōngfùzhuāng]

中心店镇人民政府驻地。在市驻地千泉街道北方向 4.0 千米。人口 2 500。因村庄像附着于岗山北坡，故名附庄，后改称傅庄。因西边还有一村，遂称东傅庄。聚落呈团块状分布。有小学等。经济以种植业为主，种植小麦、玉米。有汽车销售、维修等企业。有公路经此。

北渐兴 370883-B05-H02

[Běijiànxīng]

在市驻地千泉街道西方向 8.4 千米。中心店镇辖自然村。人口 3 900。原名北斩村，后演变为北渐兴。聚落呈团块状分布。有小学、幼儿园、文化大院、图书室、文化广场等。经济以花卉种植、餐饮服务、草莓种植等为主。有公路经此。

大东章 370883-B05-H03

[Dàdōngzhāng]

在市驻地千泉街道西北方向 10.3 千米。中心店镇辖自然村。人口 1 200。因米姓最早迁此定居而得名米家店，后小东章村部分居民迁此村居住，米姓迁出，遂更村名为大东章。聚落呈团块状分布。有幼儿园、文化大院、图书室、文化广场等。经济以养殖业、建材生产和商贸服务为主。有公路经此。

大元 370883-B05-H04

[Dàyuán]

在市驻地千泉街道北方向 10.8 千米。中心店镇辖自然村。人口 2 300。因村址为孔子弟子原宪故里而得名原塞。民国时分为大元、小元，此为大元。聚落呈团块状分布。有小学、幼儿园、文化大院、图书室、文化广场等。有省级文物保护单位大园戏楼。经济以养殖业、乡村旅游为主。有公路经此。

东安上 370883-B05-H05

[Dōng'ānshàng]

在市驻地千泉街道北方向 10.4 千米。中心店镇辖自然村。人口 2 800。原坐落于现村址以北，明朝时期，村庄南移到现址，改村名为安上。后因重名，写作庵上。1982年改称东安上。聚落呈团块状分布。有小学、幼儿园、文化大院、图书室、文化广场等。经济以机械制造、建材生产为主。有公路经此。

老营北 370883-B05-H06
[Lǎoyíngběi]

在市驻地千泉街道北方向8.9千米。中心店镇辖自然村。人口1 300。此地原为鲁王陵护陵军卒驻守营地，称为九龙山营，天长日久渐称老营。中华人民共和国成立后分为两个村，此村居北，称为老营北。聚落呈团块状分布。有幼儿园、文化大院、图书室、文化广场等。经济以林果种植和乡村旅游等为主。有公路经此。

老营南 370883-B05-H07
[Lǎoyíngnán]

在市驻地千泉街道南方向8.5千米。中心店镇辖自然村。人口1 400。此地原为鲁王陵护陵军卒驻守营地，称为九龙山营，天长日久渐称老营。中华人民共和国成立后分为两个村，此村居南，称为老营南。聚落呈团块状分布。有幼儿园、文化大院、图书室、文化广场等。经济以林果种植和乡村旅游等为主。有公路经此。

李官桥 370883-B05-H08
[Lǐguānqiáo]

在市驻地千泉街道西北方向15.1千米。中心店镇辖自然村。人口600。因明鲁藩王府委派李姓官员来村址不远处白马河上建桥，所建桥梁取名李官桥，村因之而得名。聚落呈团块状分布。有幼儿园、文化大院、图书室、文化广场等。经济以建筑、运输及商贸服务、餐饮业为主。有公路经此。

南宫 370883-B05-H09
[Nángōng]

在市驻地千泉街道西北方向9.5千米。中心店镇辖自然村。人口5 200。因此地有孔子的学生南宫适之墓而得名。聚落呈团块状分布。有小学、幼儿园、文化大院、图书室、文化广场等。经济以食用菌种植、农产品加工、商贸流通等为主。有公路经此。

尚寨 370883-B05-H10
[Shàngzhài]

在市驻地千泉街道北方向9.9千米。中心店镇辖自然村。人口800。因尚姓迁此居住看管鲁王陵园而得名。聚落呈团块状分布。有幼儿园、文化大院、图书室、文化广场等。有国家级文物保护单位明鲁王墓、省级非物质文化遗产项目尚寨竹马。经济以乡村旅游、林果种植等为主。有公路经此。

西章 370883-B05-H11
[Xīzhāng]

在市驻地千泉街道西北方向13.9千米。中心店镇辖自然村。人口2 800。因章姓迁居此地，且居于天齐庙之西而得名。聚落呈团块状分布。有幼儿园、文化大院、图书室、文化广场等。经济以种植业、商贸服务业等为主。有公路经此。

小元 370883-B05-H12
[Xiǎoyuán]

在市驻地千泉街道西北方向10.7千米。中心店镇辖自然村。人口1 000。因村址为孔子弟子原宪故里而得名原塞。民国时分为大元、小元，此为小元。聚落呈团块状分布。有文化大院、图书室、文化广场等。经济以养殖业、乡村旅游为主。有公路经此。

中傅 370883-B05-H13
［Zhōngfù］

在市驻地千泉街道西北方向 7.8 千米。中心店镇辖自然村。人口 1 700。初名傅家庄，因附着于岗山而得名。后分为三个村子，因此村介于东、西傅庄之间，故称中傅。聚落呈团块状分布。有小学、幼儿园、文化大院、图书室、文化广场等。经济以草莓种植、农产品加工、商贸流通等为主。有公路经此。

杨春庄 370883-B06-H01
［Yángchūnzhuāng］

唐村镇人民政府驻地。在市驻地千泉街道西南方向 8.0 千米。人口 400。原以居民姓氏名杨家庄，1950 年与马庄合并，称杨马庄。后两村分开，1982 年更名为杨春庄。聚落呈团块状分布。有学校、医院等。经济以种植业为主，种植小麦、玉米、花生，盛产蔬菜。有纺织企业等。有公路经此。

白庄 370883-B06-H02
［Báizhuāng］

在市驻地千泉街道西南方向 14.8 千米。唐村镇辖自然村。人口 3 400。原名北宫庄，明末清初，演变为北庄，后又讹转为白庄。聚落呈团块状分布。有小学、幼儿园、文化大院、图书室、百姓大舞台。经济以特色种植和农产品加工为主。有公路经此。

葛家 370883-B06-H03
［Gějiā］

在市驻地千泉街道西南方向 10.0 千米。唐村镇辖自然村。人口 1 200。原为庄朱村，清光绪年间名为葛家。聚落呈团块状分布。有幼儿园、文化大院、图书室、百姓大舞台。经济以特色种植和农产品加工为主。有公路经此。

唐村 370883-B06-H04
［Tángcūn］

在市驻地千泉街道西南方向 12.7 千米。唐村镇辖自然村。人口 1 700。因此地为魏晋时期的军事家唐彬的出生地，故名。聚落呈团块状分布。有学校、幼儿园、文化馆、图书馆、电影院、文化广场等。有潘家祠堂。经济以机械制造、建材生产、纺织、商贸服务等为主。有公路经此。

王炉 370883-B06-H05
［Wánglú］

在市驻地千泉街道西南方向 10.7 千米。唐村镇辖自然村。人口 500。传说在春秋战国时期，邾国在此设有 99 盘红炉锻造兵器，宋时魏、胡两姓迁此定居，取村名旺炉，后王姓较多，改名王炉。聚落呈团块状分布。有小学、文化大院、图书室、文化广场等。经济以制造业、商贸、服务业为主。有公路经此。

西颜庄 370883-B06-H06
［Xīyánzhuāng］

在市驻地千泉街道西南方向 16.5 千米。唐村镇辖自然村。人口 1 700。传说村址曾为邾国的大小盐场，因"盐""颜"同音，演变为颜庄。又因居大盐庄以西，故称西颜庄。聚落呈团块状分布。有幼儿园、文化大院、图书室等。经济以特色种植业和农产品商贸流通为主。有公路经此。

庄里 370883-B07-H01
［Zhuānglǐ］

太平镇人民政府驻地。在市驻地千泉街道西南方向 17.0 千米。人口 1 400。明初建村，初名李寨。后别姓在该村南北建村名前寨、后寨，苦于水患，迁往李寨村庄里定居，遂改名庄里。聚落呈团块状分布。有小学。经济以种植业为主，种植小麦、玉米。有煤炭、化工等企业。省道岚济公路经此。

庵上 370883-B07-H02
[Ānshàng]

在市驻地千泉街道西南方向 24.9 千米。太平镇辖自然村。人口 700。因村内原有一泰山行宫而得名。聚落呈团块状分布。有文化大院、图书室等。经济以特色种植、商贸物流为主。有公路经此。

鲍家店 370883-B07-H03
[Bàojiādiàn]

在市驻地千泉街道西方向 17.6 千米。太平镇辖自然村。人口 3 600。因据传此村为两汉名臣鲍宣、鲍信故里而得名。聚落呈团块状分布。有幼儿园、文化大院、图书室、百姓大舞台等。经济以物流商贸为主。有公路经此。

北亢阜 370883-B07-H04
[Běikàngfù]

在市驻地千泉街道西南方向 22.2 千米。太平镇辖自然村。人口 5 300。初名安侯。因村址坐落在一道高亢的土岭之上，明末清初改称亢阜。又因重名，该村居北，故称北亢阜。聚落呈团块状分布。有小学、幼儿园、文化大院、图书室、百姓大舞台。经济以建筑服务、商贸物流、餐饮服务等为主。有公路经此。

大马厂 370883-B07-H05
[Dàmǎchǎng]

在市驻地千泉街道西北方向 17.3 千米。太平镇辖自然村。人口 1 600。因村址曾为明代兖州鲁藩王府养马地而得名。聚落呈团块状分布。有文化大院、图书室、百姓大舞台。经济以食用菌种植、工业制造、商贸物流为主。有公路经此。

果庄 370883-B07-H06
[Guǒzhuāng]

在市驻地千泉街道西南方向 26.8 千米。太平镇辖自然村。人口 2 600。因郭姓先迁居此地而得名郭庄。后郭家被剿，借郭字谐音，更名为果庄。聚落呈团块状分布。有小学、幼儿园、文化大院、图书室、文化广场。经济以种植业、养殖业、农产品加工流通为主。有公路经此。

韩坑 370883-B07-H07
[Hánkēng]

在市驻地千泉街道西南方向 26.4 千米。太平镇辖自然村。人口 400。因其四周地势低洼，宛如大坑，故冠以姓氏而取村名为韩坑。聚落呈团块状分布。有文化大院、图书室、文化广场等。经济以商贸物流、特色种植等为主。有公路经此。

横河 370883-B07-H08
[Hénghé]

在市驻地千泉街道西方向 18.6 千米。太平镇辖自然村。人口 3 100。因村址临近泗河的一段，此段泗河由北向南流至此处折而向西，当地百姓称此段泗河为横河，故名。聚落呈团块状分布。有小学、幼儿园、文化大院、图书室。经济以商贸物流、建材生产等为主。有公路经此。

侯王庄 370883-B07-H09
[Hóuwángzhuāng]

在市驻地千泉街道西南方向 26.8 千米。太平镇辖自然村。人口 300。因侯、王两姓最先迁此定居，以姓氏取村名为侯王庄。聚落呈团块状分布。有文化大院、图书室等。经济以种植业、养殖业为主。有公路经此。

纪沟 370883-B07-H10
[Jìgōu]

在市驻地千泉街道西南方向 18.4 千米。太平镇辖自然村。人口 7 700。明朝末期，有一支农民起义军在此被官兵剿灭，死难者皆填埋在村西一条深沟里。为纪念牺牲的义军，遂改村名为纪沟。聚落呈团块状分布。有小学、幼儿园、文化大院、图书室。经济以机械制造、商贸物流、农产品加工为主。有公路经此。

夹道 370883-B07-H11
[Jiādào]

在市驻地千泉街道西南方向 25.2 千米。太平镇辖自然村。人口 2 300。因传说此地百姓曾夹道欢迎皇帝到此祭奠乳娘而得名。聚落呈团块状分布。有小学、幼儿园、文化大院、图书室。经济以种植业、养殖业为主。有公路经此。

南亢阜 370883-B07-H12
[Nánkàngfù]

在市驻地千泉街道西南方向 23.3 千米。太平镇辖自然村。人口 2 000。因村址坐落在一道东北—西南走向的高亢的土岭上而得名。土岭南北各有一村，该村居南，称南亢阜。聚落呈团块状分布。有小学、幼儿园、文化大院、图书室。经济以特色种植业、养殖业为主。有公路经此。

南陶城 370883-B07-H13
[Nántáochéng]

在市驻地千泉街道西南方向 20.2 千米。太平镇辖自然村。人口 1 100。因村址坐落在古陶城遗址之南，故取村名为南陶城。聚落呈团块状分布。有小学、幼儿园、文化大院、图书室等。经济以清洁能源生产、特色蔬菜种植为主。有公路经此。

平阳寺 370883-B07-H14
[Píngyángsì]

在市驻地千泉街道西方向 17.9 千米。太平镇辖自然村。人口 2 800。因旧时村中有一寺院平阳寺而得名。聚落呈团块状分布。有学校、幼儿园、文化大院、图书室等。有省级非物质文化遗产火虎。经济以商贸物流、特色种植为主。有公路经此。

秦河 370883-B07-H15
[Qínhé]

在市驻地千泉街道西南方向 24.5 千米。太平镇辖自然村。人口 1 400。明万历年间，因村内秦姓家族兴旺，村址临河而得名。聚落呈团块状分布。有幼儿园、文化大院、图书室等。经济以建材生产、商贸物流、特色种植为主。有公路经此。

太平桥 370883-B07-H16
[Tàipíngqiáo]

在市驻地千泉街道西南方向 19.3 千米。太平镇辖自然村。人口 5 600。村内有一座修筑于白马河上的石桥，清咸丰年间，捻军来此，乡勇拒守于桥上，故称此桥为太平桥，村也因此得名。聚落呈团块状分布。有学校、幼儿园、文化大院、图书室等。经济以建材生产、机械制造、商贸物流、特色种植为主。有公路经此。

王府寨 370883-B07-H17
[Wángfǔzhài]

在市驻地千泉街道西南方向 27.2 千米。太平镇辖自然村。人口 700。战国时期，有一鲁王被齐国打败后到此隐居，建起府第，故后取村名为王府寨。聚落呈团块状分布。有文化大院、图书室等。经济以特色种植业、养殖业和乡村旅游为主。有公路经此。

王石 370883-B07-H18
[Wángshí]

在市驻地千泉街道西南方向 18.5 千米。太平镇辖自然村。人口 1 000。明朝初年，王姓迁此定居，初名王寨，因近邻韩石村，明朝末年更名为王石。聚落呈团块状分布。有文化大院、图书室等。经济以商贸物流、餐饮服务为主。有公路经此。

邢村 370883-B07-H19
[Xíngcūn]

在市驻地千泉街道西方向 17.9 千米。太平镇辖自然村。人口 1 500。因明朝初年邢姓由山西迁此定居，取村名为邢家庄，中华人民共和国成立后简称邢村。聚落呈团块状分布。有小学、幼儿园、文化大院、图书室等。经济以建材生产、商贸物流为主。有公路经此。

石墙 370883-B08-H01
[Shíqiáng]

石墙镇人民政府驻地。在市驻地千泉街道西南方向 15.0 千米。人口 4 800。因明末在村周围修石头围墙而得名。聚落呈团块状分布。有小学等。经济以种植业为主，种植小麦、玉米、大豆，盛产大白菜。有面粉加工、水泥制造、采石等厂。有公路经此。

蔡东 370883-B08-H02
[Càidōng]

在市驻地千泉街道西南方向 22.7 千米。石墙镇辖自然村。人口 1 400。以蔡姓得名蔡村。1983 年分为两村，此村居东，故取村名为蔡东。聚落呈团块状分布。有文化大院、图书室。经济以石材加工和特色种植为主。有公路经此。

蔡西 370883-B08-H03
[Càixī]

在市驻地千泉街道西南方向 22.9 千米。石墙镇辖自然村。人口 1 600。以蔡姓得名蔡村。1983 年分为两村，此村居西，故取村名为蔡西。聚落呈团块状分布。有文化大院、图书室。经济以石材加工和特色种植为主。有公路经此。

草寺 370883-B08-H04
[Cǎosì]

在市驻地千泉街道南方向 28.8 千米。石墙镇辖自然村。人口 1 200。清乾隆元年（1736）重修村内龙王庙时，屋宇为茅草苫盖，乡民称之为草寺，遂改村名为草寺。聚落呈团块状分布。有文化大院、图书室。经济以核桃种植和加工为主。有公路经此。

车路口 370883-B08-H05
[Chēlùkǒu]

在市驻地千泉街道西南方向 30.8 千米。石墙镇辖自然村。人口 1 700。初名铁楼头，后因村址处在通往济宁的大路口，铁楼头逐渐演变为铁路口。中华人民共和国成立后改称车路口。聚落呈团块状分布。有幼儿园、文化大院、图书室等。经济以商贸流通和特色种植为主。有公路经此。

东深井 370883-B08-H06
[Dōngshēnjǐng]

在市驻地千泉街道西南方向 28.8 千米。石墙镇辖自然村。人口 1 000。因村内开掘一口水井深 7 丈有余，故名深井村。为与西、南两深井村相区分，遂称东深井。聚落呈团块状分布。有幼儿园、文化大院、图书室等。有省级文物保护单位明清时代民居。经济以特色种植和乡村旅游为主。有公路经此。

古路口 370883-B08-H07

[Gǔlùkǒu]

在市驻地千泉街道西南方向 27.7 千米。石墙镇辖自然村。人口 800。因村庄坐落在济宁州通往滕县的驿道旁，驿道古称官路，故取村名为官路口，后更名为古路口。聚落呈团块状分布。有学校、幼儿园、文化馆、图书馆。经济以商贸服务、农产品加工等为主。有公路经此。

后坞山 370883-B08-H08

[Hòuwūshān]

在市驻地千泉街道西南方向 25.4 千米。石墙镇辖自然村。人口 400。因村西有坞山头而得名坞山，后分为两村，本村为后坞山。聚落呈团块状分布。有文化大院、图书室等。有省级文物保护单位寿峰寺遗址。经济以石材开采、特色养殖和乡村旅游为主。有公路经此。

金斗山 370883-B08-H09

[Jīndǒushān]

在市驻地千泉街道西南方向 25.2 千米。石墙镇辖自然村。人口 1 100。因村址北有金斗山而得名。聚落呈团块状分布。有文化大院、图书室等。经济以石材开采、种植业、养殖业为主。有公路经此。

面坊 370883-B08-H10

[Miànfáng]

在市驻地千泉街道西南方向 21.3 千米。石墙镇辖自然村。人口 2 300。因邹县城孟府在该村设有磨面作坊而得名。聚落呈团块状分布。有小学、幼儿园、文化大院、图书室等。经济以特色种植业、养殖业、木器加工为主。有公路经此。

上九山 370883-B08-H11

[Shàngjiǔshān]

在市驻地千泉街道西南方向 31.5 千米。石墙镇辖自然村。人口 1 200。因周围有大小九个山头，故取名为九山庄。中华人民共和国成立后分为两村，本村为上九山。聚落呈团块状分布。有文化大院、图书室。有上九山建筑群。经济以乡村旅游和特色种植业、养殖业为主。有公路经此。

宋庄 370883-B08-H12

[Sòngzhuāng]

在市驻地千泉街道西南方向 21.2 千米。石墙镇辖自然村。人口 2 400。因村内宋姓较多而得名。聚落呈团块状分布。有文化大院、图书室等。经济以石材开采、建材生产和粮食种植为主。有公路经此。

望云 370883-B08-H13

[Wàngyún]

在市驻地千泉街道西南方向 17.9 千米。石墙镇辖自然村。人口 4 900。此地距峄山十里，村民习惯望峄山云以察天气，因之得名望云。聚落呈团块状分布。有小学、幼儿园、文化大院、图书室等。经济以特色种植业、养殖业为主。有公路经此。

羊绪 370883-B08-H14

[Yángxù]

在市驻地千泉街道西南方向 25.3 千米。石墙镇辖自然村。人口 1 800。明朝初年，杨、许二姓从山西迁此定居，以姓氏取村名杨许，后演变为羊绪。聚落呈团块状分布。有小学、幼儿园、文化大院、图书室等。经济以生态农业、乡村旅游为主。有公路经此。

两下店 370883-B09-H01
[Liǎngxiàdiàn]

峄山镇人民政府驻地。在市驻地千泉街道南方向 10.0 千米。人口 2 600。古时此为古驿道，村中南北大道酒肆旅店多回头客，遂取村名为二下店，民国年间改称两下店。聚落呈团块状分布。有小学、幼儿园等。经济以种植业为主，种植小麦、玉米，还有农产品加工、蔬菜批发等。104 国道经此。

郭参沟 370883-B09-H02
[Guōshēngōu]

在市驻地千泉街道东南方向 13.6 千米。峄山镇辖自然村。人口 1 100。因村内郭姓人家居多，且传村址为古代产人参处而得名。聚落呈团块状分布。有幼儿园、文化大院、图书室等。经济以经济林种植、生态农业、乡村旅游为主。有公路经此。

大故 370883-B09-H03
[Dàgù]

在市驻地千泉街道西南方向 18.3 千米。峄山镇辖自然村。人口 1 700。相传村址为邾国咸丘邑旧址而得名故县，民国时期，故县村分成了多个小村，此村较大，称为大故县，简称大故。聚落呈团块状分布。有幼儿园、文化大院、图书室等。经济以生态农业和农产品加工为主。有公路经此。

大庄 370883-B09-H04
[Dàzhuāng]

在市驻地千泉街道东南方向 7.8 千米。峄山镇辖自然村。人口 4 000。因是邹县城东南第一大庄而得名。聚落呈团块状分布。有小学、幼儿园、文化大院、图书室等。经济以生态农业和农产品加工为主。有公路经此。

稻洼 370883-B09-H05
[Dàowā]

在市驻地千泉街道南方向 8.3 千米。峄山镇辖自然村。人口 300。因村西侧地势低洼，常年积水，宜于种植稻谷而得名。聚落呈团块状分布。有文化大院、图书室等。有省级文物保护单位斗鸡台遗址。经济以林果种植和农产品加工为主。有公路经此。

丁岭 370883-B09-H06
[Dīnglǐng]

在市驻地千泉街道东南方向 13.5 千米。峄山镇辖自然村。人口 1 000。因丁姓迁此定居，且村址三面环岭，故取名丁家岭，简称丁岭。聚落呈团块状分布。有文化大院、图书室等。经济以生态农业、乡村旅游和石材加工为主。有公路经此。

东颜庄 370883-B09-H07
[Dōngyánzhuāng]

在市驻地千泉街道西南方向 16.3 千米。峄山镇辖自然村。人口 1 200。相传村址为春秋时期邾国盐场，因"盐""颜"同音，后演变为大颜庄。1956 年，改大颜庄为东颜庄。聚落呈团块状分布。有幼儿园、文化大院、图书室等。经济以特色种植、乡村旅游为主。有公路经此。

高皇铺 370883-B09-H08
[Gāohuángpù]

在市驻地千泉街道东南方向 5.9 千米。峄山镇辖自然村。人口 500。因传说汉高祖刘邦曾潜迹于此，故名高皇埠。后因有递铺，清末改为高皇铺。聚落呈团块状分布。有文化大院、图书室等。经济以特色种植、乡村旅游为主。有公路经此。

纪王城 370883-B09-H09
[Jìwángchéng]

在市驻地千泉街道南方向 10.0 千米。峄山镇辖自然村。人口 2 900。村址为邾国故城旧址，为纪念邾国王城而得名。聚落呈团块状分布。有小学、幼儿园、文化大院、图书室等。经济以林果种植、乡村旅游为主。有公路经此。

苗庄 370883-B09-H10
[Miáozhuāng]

在市驻地千泉街道西南方向 16.7 千米。峄山镇辖自然村。人口 2 800。因据传最早有苗姓人家迁此定居而得名。聚落呈团块状分布。有小学、幼儿园、文化大院、图书室、集贸市场等。经济以特色种植、建材生产、农产品加工为主。有公路经此。

沈家庄 370883-B09-H11
[Shěnjiāzhuāng]

在市驻地千泉街道东南方向 10.2 千米。峄山镇辖自然村。人口 2 500。因沈姓最早来此定居而得名。聚落呈团块状分布。有小学、幼儿园、文化大院、图书室等。经济以特色种植、生态农业、乡村旅游为主。有公路经此。

石马 370883-B09-H12
[Shímǎ]

在市驻地千泉街道西南方向 16.8 千米。峄山镇辖自然村。人口 700。因村址在一土坡上，遵照"为胜者立马"之言，在村头立一石马而得名石马坡，简称石马。聚落呈团块状分布。有文化大院、图书室等。经济以特色种植、农产品加工和流通为主。有公路经此。

野店 370883-B09-H13
[Yědiàn]

在市驻地千泉街道西南方向 8.7 千米。峄山镇辖自然村。人口 2 300。因位于邾国故城郊外，又地处南北交通要道，路旁设有客店而称为野店。聚落呈团块状分布。有小学、幼儿园、文化大院、图书室等。有国家级文物保护单位野店遗址。经济以特色种植、生态农业、乡村旅游为主。有公路经此。

峄山街 370883-B09-H14
[Yìshānjiē]

在市驻地千泉街道南方向 11.6 千米。峄山镇辖自然村。人口 1 800。因村址在峄山南坡而得名。聚落呈团块状分布。有学校、幼儿园、文化大院、图书室等。经济以特色种植、生态农业、乡村旅游、餐饮服务为主。有公路经此。

夏看铺 370883-B10-H01
[Xiàkànpù]

看庄镇人民政府驻地。在市驻地千泉街道南方向 17.5 千米。人口 1 700。元朝初年，徐姓在古路旁设铺建村，名徐友铺。后因地处几个看庄西边，改称今名。聚落呈团块状分布。有小学、幼儿园等。经济以种植业为主，种植小麦、玉米、地瓜，盛产土豆、黄姜等。104 国道经此。

白水 370883-B10-H02
[Báishuǐ]

在市驻地千泉街道东南方向 24.5 千米。看庄镇辖自然村。人口 700。因村东有沟，沟内有泉，泉水呈白色而得名。聚落呈团块状分布。有国家级非物质文化遗产邹城平派鼓吹乐。有文化大院、图书室。经济以土豆种植和文娱服务为主。有公路经此。

东八里河 370883-B10-H03
［Dōngbālǐhé］

在市驻地千泉街道东南方向 21.8 千米。看庄镇辖自然村。人口 400。因此村位于付楼河东，与西八里河村相对，故名东八里河。聚落呈团块状分布。有文化大院、图书室等。经济以土豆种植和农产品流通为主。有公路经此。

东后圪 370883-B10-H04
［Dōnghòugē］

在市驻地千泉街道南方向 20.2 千米。看庄镇辖自然村。人口 500。原名圪垯汪。因该村南有一村名前圪垯，该村即称后圪垯。后来后圪垯又分为两村，该村居东，为东后圪垯，简称东后圪。聚落呈团块状分布。有文化大院、图书室、百姓大舞台等。经济以土豆种植和农产品流通为主。有公路经此。

东柳下邑 370883-B10-H05
［Dōngliǔxiàyì］

在市驻地千泉街道东南方向 18.3 千米。看庄镇辖自然村。人口 1 900。据传为鲁大夫柳下惠的食邑而得名。又因村中一条河将村分为东西二村，此村居东，故名东柳下邑。聚落呈团块状分布。有小学、幼儿园、文化大院、图书室、百姓大舞台等。经济以土豆种植和乡村旅游为主。柳下邑猪牙皂是本地特产。有公路经此。

郭山 370883-B10-H06
［Guōshān］

在市驻地千泉街道南方向 16.4 千米。看庄镇辖自然村。人口 800。因村址在郭山之阳而得名。聚落呈团块状分布。有文化大院、图书室。经济以大樱桃种植和农产品流通为主。有公路经此。

金山庄 370883-B10-H07
［Jīnshānzhuāng］

在市驻地千泉街道东南方向 20.3 千米。看庄镇辖自然村。人口 1 200。因村址靠近金山而得名。聚落呈团块状分布。有文化大院、图书室。经济以大樱桃种植、农产品流通和乡村旅游为主。金山大樱桃获国家地理标志证明商标。有公路经此。

看庄 370883-B10-H08
［Kànzhuāng］

在市驻地千泉街道南方向 19.4 千米。看庄镇辖自然村。人口 5 200。因村内有一座玉皇庙，当地百姓俗称大庙。从唐代始至明朝中期，先后迁居于大庙周围定居的褚、周、王、孙、倪、高、苗、唐八姓人家轮流值守看护大庙，因之得名看庄。聚落呈团块状分布。有学校、幼儿园、文化馆、图书馆、电影院。经济以商贸流通、农产品加工、水泥生产等为主。有公路经此。

七贤庄 370883-B10-H09
［Qīxiánzhuāng］

在市驻地千泉街道南方向 23.8 千米。看庄镇辖自然村。人口 700。因传说竹林七贤曾在此避难而得名。聚落呈团块状分布。有文化大院、图书室等。经济以生态农业、农产品流通和乡村旅游为主。有公路经此。

西八里河 370883-B10-H10
［Xībālǐhé］

在市驻地千泉街道东南方向 21.9 千米。看庄镇辖自然村。人口 800。因村址在付楼河（又名八里河）西，离界河镇八里，与河东村庄相对，故取村名为西八里河。聚落呈团块状分布。有文化大院、图书室等。

经济以土豆种植和农产品流通为主。有公路经此。

西后圪 370883-B10-H11
[Xīhòugē]

在市驻地千泉街道东南方向 20.7 千米。看庄镇辖自然村。人口 500。村名原为圪垯汪。该村南有一村名前圪垯，该村即称为后圪垯。后来后圪垯又分为两村，该村居西，为西后圪垯，简称西后圪。聚落呈团块状分布。有文化大院、图书室、百姓大舞台等。经济以土豆种植和农产品流通为主。有公路经此。

西柳下邑 370883-B10-H12
[Xīliǔxiàyì]

在市驻地千泉街道东南方向 17.6 千米。看庄镇辖自然村。人口 2 000。据传为鲁大夫柳下惠的食邑而得名。又因村中一条河将村分为东西二村，此村居西，故称西柳下邑。聚落呈团块状分布。有小学、幼儿园、文化大院、图书室、百姓大舞台等。经济以土豆种植和乡村旅游为主。柳下邑猪牙皂是本地特产。有公路经此。

张庄 370883-B11-H01
[Zhāngzhuāng]

张庄镇人民政府驻地。在市驻地千泉街道东方向 25.0 千米。人口 2 300。明朝初期，张姓从石墙镇张楼村迁老崖村定居，后又迁此建村，以姓氏取名。聚落呈团块状分布。有学校、幼儿园、文化站等。经济以种植业为主，种植小麦、玉米、地瓜，盛产蜜枣、樱桃等。省道岚济公路、泗滕公路经此。

崔家庄 370883-B11-H02
[Cuījiāzhuāng]

在市驻地千泉街道东方向 31.8 千米。张庄镇辖自然村。人口 200。因村内崔姓人家居多而得名。聚落呈团块状分布。有文化大院、图书室等。经济以土豆种植和农产品流通为主。有公路经此。

矬草峪 370883-B11-H03
[Cuócǎoyù]

在市驻地千泉街道东南方向 27.8 千米。张庄镇辖自然村。人口 2 000。因村址坐落在山峪里，村边有片矬草墙而得名。聚落呈团块状分布。有小学、幼儿园、文化大院、图书室、百姓大舞台等。经济以葡萄、地瓜等经济作物种植和加工为主。有公路经此。

大律 370883-B11-H04
[Dàlù]

在市驻地千泉街道东南方向 32.1 千米。张庄镇辖自然村。人口 3 200。因村址坐落在大路旁而得名大路街，明代演变为大陆村。后因方言"陆""律"谐音，遂演变为大律。聚落呈团块状分布。有学校、幼儿园、文化馆、图书馆等。有市级文物保护单位凤凰山唐代石窟造像。经济以农产品加工、商贸流通、服务业为主。有公路经此。

东果庄 370883-B11-H05
[Dōngguǒzhuāng]

在市驻地千泉街道东方向 19.7 千米。张庄镇辖自然村。人口 3 300。因郭姓最早来此定居而得名十里郭家。明朝时演变为果庄。清初，又称东果庄。聚落呈团块状分布。有小学、幼儿园、文化大院、图书室等。经济以林果种植、农产品加工为主。有公路经此。

东王庄 370883-B11-H06
[Dōngwángzhuāng]

在市驻地千泉街道东南方向 21.2 千米。

张庄镇辖自然村。人口 1 300。初名王庄，因王姓先居此地而得名。1983 年，因重名，更名为东王庄。聚落呈团块状分布。有幼儿园、文化大院、图书室等。经济以林果种植、农产品加工为主。有公路经此。

将军堂 370883-B11-H07
[Jiāngjūntáng]

在市驻地千泉街道东南方向 23.1 千米。张庄镇辖自然村。人口 1 600。因村西建有一座纪念隋末农民起义军领袖窦建德将军的祠堂而得名。聚落呈团块状分布。有小学、幼儿园、文化大院、图书室等。经济以石材开采、林果种植、农产品加工为主。有公路经此。

老林店 370883-B11-H08
[Lǎolíndiàn]

在市驻地千泉街道东方向 22.3 千米。张庄镇辖自然村。人口 3 600。因村东南有一任氏老林，任姓人家为方便扫墓建起两间山屋，犹如客店，故得名老林店。聚落呈团块状分布。有幼儿园、文化大院、图书室。经济以商贸服务、农产品加工为主。有公路经此。

圣水池 370883-B11-H09
[Shèngshuǐchí]

在市驻地千泉街道东南方向 33.3 千米。张庄镇辖自然村。人口 100。因村址处有古迹圣水池而得名。聚落呈团块状分布。有文化大院、图书室等。经济以林果种植和乡村旅游为主。有公路经此。

松石 370883-B11-H10
[Sōngshí]

在市驻地千泉街道东南方向 25.9 千米。张庄镇辖自然村。人口 1 100。因该地所出石料截面呈松木花纹而得名。聚落呈团块状分布。有小学、幼儿园、文化大院、图书室。经济以石材开采、林果种植和农产品加工为主。有公路经此。

西卞庄 370883-B11-H11
[Xībiànzhuāng]

在市驻地千泉街道东南方向 34.2 千米。张庄镇辖自然村。人口 1 700。因卞姓由山西迁此定居而得名。后因有两个卞庄，此村居西，故称西卞庄。聚落呈团块状分布。有小学、幼儿园、文化大院、图书室。经济以石材开采、林果种植和农产品加工为主。有公路经此。

仙桥庄 370883-B11-H12
[Xiānqiáozhuāng]

在市驻地千泉街道东方向 17.0 千米。张庄镇辖自然村。人口 1 100。因建村之前此处即有座石桥而取名先桥庄。传说桥间出现过鬼神作祟，遂演变为仙桥庄。聚落呈团块状分布。有幼儿园、文化大院、图书室。经济以生态农业、乡村旅游和农产品加工为主。有公路经此。

辛寺 370883-B11-H13
[Xīnsì]

在市驻地千泉街道东方向 34.4 千米。张庄镇辖自然村。人口 400。因村址距一座名为辛寺的寺院较近而得名。聚落呈团块状分布。有文化大院、图书室等。经济以生态农业、乡村旅游为主。有公路经此。

田黄 370883-B12-H01
[Tiánhuáng]

田黄镇人民政府驻地。在市驻地千泉街道东北方向 27.0 千米。人口 2 600。一说初因田、王两姓迁此建村而名田王村，后演变为田黄。一说麦收时节，站在十八盘上往西眺望，田野里一片金黄，故名。聚落呈团块状分布。有小学。经济以种植业为主，种植小麦、花生、地瓜。有石材加工、食品加工等工副业。有公路经此。

杨峪 370883-B12-H02
[Yángyù]

在市驻地千泉街道东南方向48.8千米。田黄镇辖自然村。人口1 000。据传说，当时河里有两块石头，颇像羊角，又地处山谷之中，遂称该村为羊角峪，后演变为杨峪。聚落呈团块状分布。有幼儿园、文化大院、图书室。经济以生态农业、乡村旅游和农产品加工为主。有公路经此。

白龙池 370883-B12-H03
[Báilóngchí]

在市驻地千泉街道东方向32.1千米。田黄镇辖自然村。人口500。原名白莲池。清末，该村人宋继朋领导的文贤教（系白莲教的一支）起义失败后，改村名为白龙池。聚落呈团块状分布。有文化大院、图书室等。有市级文物保护单位文贤教起义遗址。经济以生态农业、乡村旅游为主。有公路经此。

大峪口 370883-B12-H04
[Dàyùkǒu]

在市驻地千泉街道东方向32.3千米。田黄镇辖自然村。人口200。因村址位于两山之间的山谷之出口处而得名。聚落呈团块状分布。有文化大院、图书室等。经济以生态农业、乡村旅游为主。有公路经此。

等驾庄 370883-B12-H05
[Děngjiàzhuāng]

在市驻地千泉街道东北方向33.7千米。田黄镇辖自然村。人口1 400。因传说唐朝时期薛礼征东时，官兵曾在此驻扎等候

王驾而得名。聚落呈团块状分布。有幼儿园、文化大院、图书室。经济以生态农业、乡村旅游和农产品加工为主。有公路经此。

栖驾峪 370883-B12-H06
[Qījiàyù]

在市驻地千泉街道东方向20.0千米。田黄镇辖自然村。人口2 200。传说，唐朝时薛刚占昌平山为王，唐王亲往征讨，曾在此地栖息而得名。聚落呈团块状分布。有小学、幼儿园、文化大院、图书室。经济以生态农业、乡村旅游和农产品加工为主。有公路经此。

圈里 370883-B12-H07
[Quānlǐ]

在市驻地千泉街道东北方向29.1千米。田黄镇辖自然村。人口1 400。因传说明朝鲁藩王府一王子在此跑马圈地，该村被圈在内而得名。聚落呈团块状分布。有文化大院、图书室等。经济以生态农业、农产品加工为主。有公路经此。

宋家山头 370883-B12-H08
[Sòngjiāshāntóu]

在市驻地千泉街道东北方向29.9千米。田黄镇辖自然村。人口600。因宋姓最早迁此定居，且位于尼山东麓而得名。聚落呈团块状分布。有文化大院、图书室等。有县级文物保护单位颜母祠。经济以林果种植、农产品加工为主。有公路经此。

瓦曲 370883-B12-H09
[Wǎqū]

在市驻地千泉街道东方向28.5千米。田黄镇辖自然村。人口2 000。因元朝时有村民烧制砖瓦建造自家庄园而得名。聚落呈团块状分布。有小学、幼儿园、文化大院、

图书室。经济以生态农业、乡村旅游和农产品加工为主。有公路经此。

郭里集 370883-B13-H01
[Guōlǐjí]

郭里镇人民政府驻地。在市驻地千泉街道西南方向 30.0 千米。人口 6 500。隋代以前为古高平县治所在地，郭里即高平城郭以里，设有集市，故名。聚落呈团块状分布。有学校、文化站等。有金代建筑安济桥，元代玉皇庙、石拱桥，清代建筑盛家楼民居等。经济以种植业为主，种植小麦、地瓜等。有食品加工、石材加工、生物科技等工副业。有公路经此。

爷娘庙 370883-B13-H02
[Yéniángmiào]

在市驻地千泉街道西南方向 32.0 千米。郭里镇辖自然村。人口 2 300。因村庄邻羲皇庙，百姓俗称其为爷娘庙，故名。有大汶口文化庙东遗址、汉代庙东古墓、明代庙东石拱桥和老磨台等古迹，有王氏祠堂等清代建筑。经济以种植业为主，种植小麦、地瓜、核桃、棉花等。有公路经此。

镇头 370883-B13-H03
[Zhèntóu]

在市驻地千泉街道西南方向 35.3 千米。郭里镇辖自然村。人口 4 500。传说此地曾是宋朝杨门女将穆桂英大破辽军天门阵故址，因村庄位于天门阵南首，故取村名为阵头，后演变为镇头。聚落呈团块状分布。有学校、幼儿园、文化大院、图书室。经济以商贸流通服务业和农产品加工为主。有公路经此。

朝阳 370883-B13-H04
[Cháoyáng]

在市驻地千泉街道西南方向 40.6 千米。

郭里镇辖自然村。人口 3 300。因村址处马头山、凫山前朝阳处，故称朝阳。聚落呈团块状分布。有小学、幼儿园、文化大院、图书室。经济以种植业、养殖业和农产品加工为主。有公路经此。

东郭东村 370883-B13-H05
[Dōngguōdōngcūn]

在市驻地千泉街道南方向 28.0 千米。郭里镇辖自然村。人口 2 900。因村址在旧古高平城城郭以东而得名。聚落呈团块状分布。有小学、幼儿园、文化大院、图书室。经济以生态农业、农产品加工、商贸服务为主。有公路经此。

独山庄 370883-B13-H06
[Dúshānzhuāng]

在市驻地千泉街道东南方向 33.7 千米。郭里镇辖自然村。人口 1 900。因村址在独山脚下而得名。聚落呈团块状分布。有小学、幼儿园、文化大院、图书室等。有省级文物保护单位西晋刘宝墓群。经济以石材开采、种植业、农产品加工为主。有公路经此。

高李 370883-B13-H07
[Gāolǐ]

在市驻地千泉街道西南方向 34.2 千米。郭里镇辖自然村。人口 3 000。因村内居民以高、李两姓为主而得名。聚落呈团块状分布。有小学、幼儿园、文化大院、图书室等。有鲁西南古代民居建筑的典型代表清代民居。经济以特色种植、乡村旅游为主。有公路经此。

黄路屯 370883-B13-H08
[Huánglùtún]

在市驻地千泉街道西南方向 31.2 千米。郭里镇辖自然村。人口 3 000。因纪念历史上有功于村民的黄、路两人而得名。聚落呈团块状分布。有小学、幼儿园、文化大院、图书室等。经济以特色种植、农产品加工为主。有公路经此。

侍玉 370883-B13-H09
[Shìyù]

在市驻地千泉街道西南方向 28.7 千米。郭里镇辖自然村。人口 2 200。据传，清康熙皇帝下江南路过此处，当地农民迎接侍奉御驾，故取村名侍御庄，后演变为侍玉庄，简称侍玉。聚落呈团块状分布。有幼儿园、文化大院、图书室等。经济以特色种植、农产品加工为主。有公路经此。

王屈 370883-B13-H10
[Wángqū]

在市驻地千泉街道西南方向 38.6 千米。郭里镇辖自然村。人口 3 700。因村内居民以王、屈二姓居多而得名。聚落呈团块状分布。有小学、幼儿园、文化大院、图书室等。经济以核桃种植、农产品加工、乡村旅游为主。有公路经此。

旺山 370883-B13-H11
[Wàngshān]

在市驻地千泉街道西南方向 31.2 千米。郭里镇辖自然村。人口 1 500。因此地可以望到峄山，故称为望山口，形成村落后取名望山庄，后因"望"与"旺"音同，旺又有兴旺之意，故改村名为旺山。聚落呈团块状分布。有幼儿园、文化大院、图书室等。经济以商贸服务、农产品加工为主。有公路经此。

卧牛 370883-B13-H12
[Wòniú]

在市驻地千泉街道西南方向 29.3 千米。郭里镇辖自然村。人口 2 700。因村东山南面有一大石块盘卧如牛形而得名。聚落呈团块状分布。有幼儿园、文化大院、图书室等。经济以服装生产、农产品加工、特色种植为主。有公路经此。

西郭东 370883-B13-H13
[Xīguōdōng]

在市驻地千泉街道西南方向 29.0 千米。郭里镇辖自然村。人口 1 700。因村址在旧古高平城城郭以东而得名，后分为东西两村，本村居西，故名西郭。因重名，更名为西郭东。聚落呈团块状分布。有小学、幼儿园、文化大院、图书室等。经济以商贸服务、工艺品加工为主。有公路经此。

羊石山 370883-B13-H14
[Yángshíshān]

在市驻地千泉街道西南方向 33.0 千米。郭里镇辖自然村。人口 1 200。因村西有一山，形状如羊而得名羊山。因与原古路口乡羊山重名，故更名为羊石山。聚落呈团块状分布。有市级文物保护单位金代乌林答将军墓。有文化大院、图书室等。经济以特色种植和农产品加工流通为主。有公路经此。

微山县

城市居民点

鹿鸣新城 370826-I01
[Lùmíng Xīnchéng]

在县城北部。人口 5 400。总面积 9.5 公顷。"鹿鸣"源自《诗经》，原指贵族宴会诗，今取"高雅"之意。2007 年始建，2009 年正式使用。建筑总面积 170 000 平方米，高层住宅楼 23 栋，现代建筑特点。绿地面积 45 000 平方米。有幼儿园、健身广场、停车场等配套设施。通公交车。

夏阳小区 370826-I02
[Xiàyáng Xiǎoqū]

在县城北部。人口 3 100。总面积 3.3 公顷。取夏镇古名"夏阳"命名。2010 年始建，2012 年正式使用。建筑总面积 130 000 平方米，住宅楼 20 栋，其中高层 4 栋、多层 16 栋，现代建筑特点。绿地面积 13 000 平方米。有幼儿园、停车场等配套设施。通公交车。

容商豪庭 370826-I03
[Róngshāng Háotíng]

在县城中部。人口 2 100。总面积 4.7 公顷。因开发商容商集团得名。2010 年始建，2012 年正式使用。建筑总面积 120 000 平方米，住宅楼 9 栋，其中高层 5 栋、多层 4 栋，现代建筑特点。绿地面积 18 000 平方米。有健身小广场、停车场等配套设施。通公交车。

御景花园 370826-I04
[Yùjǐng Huāyuán]

在县城西部。人口 2 200。总面积 10.8 公顷。取"皇家花园"之意命名。2005 年始建，2007 年正式使用。建筑总面积 150 000 平方米，多层住宅楼 31 栋，现代建筑特点。绿地面积 40 000 平方米。有幼儿园、健身小广场、停车场等配套设施。通公交车。

龙顺御园 370826-I05
[Lóngshùn Yùyuán]

在县城东南部。人口 2 500。总面积 16.9 公顷。取"顺帝王意"之嘉言命名。2012 年始建，2014 年正式使用。建筑总面积 500 000 平方米，住宅楼 44 栋，其中高

层 36 栋、多层 8 栋，现代建筑特点。绿地面积 60 000 平方米。有健身小广场、小公园、地下停车场等配套设施。通公交车。

明湖豪庭 370826-I06
[Mínghú Háotíng]

在县城东北部。人口 2 000。总面积 8 公顷。取"明媚湖畔、豪华小区"之意命名。2012 年始建，2014 年正式使用。建筑总面积 201 000 平方米，高层住宅楼 8 栋，现代建筑特点。绿地面积 30 000 平方米。有幼儿园、健身小广场、地下停车场等配套设施。通公交车。

碧水明珠小区 370826-I07
[Bìshuǐmíngzhū Xiǎoqū]

在县城东南部。人口 6 000。总面积 16.3 公顷。取"微山湖畔明珠"之意命名。2011 年始建，2013 年正式使用。建筑总面积 353 000 平方米，住宅楼 61 栋，其中高层 22 栋、多层 39 栋，现代建筑特点。绿地面积 49 000 平方米。有幼儿园、健身广场、停车场等配套设施。通公交车。

滨湖花苑 370826-I08
[Bīnhú Huāyuàn]

在县城西南部。人口 6 200。总面积 40 公顷。住宅区名称取"湖畔花园"之意。2012 年始建，2014 年正式使用。建筑总面积 800 000 平方米，住宅楼 201 栋，其中高层 13 栋、多层 188 栋，现代建筑特点。绿地面积 130 000 平方米。有小学、幼儿园、健身广场等配套设施。通公交车。

星月城小区 370826-I09
[Xīngyuèchéng Xiǎoqū]

在县城东南部。人口 3 200。总面积 11.9 公顷。因小区南临星月河得名。2010 年始建，2012 年正式使用。建筑总面积

207 000 平方米，住宅楼 44 栋，其中高层 7 栋、多层 37 栋，现代建筑特点。绿地面积 36 000 平方米。有幼儿园、健身广场、休闲花园等配套设施。通公交车。

傅村新苑 370826-I10
[Fùcūn Xīnyuàn]

在县城西北部。人口 5 600。总面积 19.8 公顷。因区内原傅村得名。2013 年始建，2014 年正式使用。建筑总面积 300 000 平方米，住宅楼 68 栋，其中高层 11 栋、多层 57 栋，现代建筑特点。绿地面积 70 000 平方米。有学校、幼儿园、健身广场等配套设施。有公路经此。

运河小区 370826-I11
[Yùnhé Xiǎoqū]

在县城北部。人口 1 800。总面积 3.3 公顷。因东临老运河得名。2011 年始建，2013 年正式使用。建筑总面积 60 000 平方米，住宅楼 7 栋，其中高层 3 栋、多层 4 栋，现代建筑特点。绿地面积 12 000 平方米。有幼儿园等配套设施。有公路经此。

农村居民点

殷庄 370826-A01-H01
[Yīnzhuāng]

在县驻地夏镇街道东北方向 3.0 千米。夏镇街道辖自然村。人口 1 400。因姓氏得名。聚落呈团块状分布。有图书室 1 处、百姓大舞台 1 处。经济以种植业为主，种植小麦、玉米。有公路经此。

西寨 370826-A01-H02
[Xīzhài]

在县驻地夏镇街道北方向 5.8 千米。夏镇街道辖自然村。人口 1 200。薛氏迁此建村，并筑土寨，得名寨里。1946 年与邻村东寨对称，名西寨。聚落呈团块状分布。有小学 1 处、幼儿园 1 处、图书室 1 处、百姓大舞台 1 处。经济以种植业为主，种植小麦、玉米。有公路经此。

朱道沟 370826-A01-H03
[Zhūdàogōu]

在县驻地夏镇街道北方向 6.2 千米。夏镇街道辖自然村。人口 1 000。1949 年更村名为朱道沟。聚落呈团块状分布。有图书室 1 处、百姓大舞台 1 处。经济以种植业为主，种植小麦、玉米。有装饰公司、钢厂、洗煤厂等企业。有公路经此。

大薛庄 370826-A01-H04
[Dàxuēzhuāng]

在县驻地夏镇街道北方向 3.2 千米。夏镇街道辖自然村。人口 1 200。以姓氏得名，因重名，后更名为东薛庄。2004 年又更名为大薛庄。聚落呈团块状分布。有图书室 1 处、百姓大舞台 1 处。经济以种植业为主，种植小麦、玉米、西瓜、萝卜、大棚蔬菜等。有洗煤厂、空心砖厂等企业。348 省道经此。

陆庄 370826-A01-H05
[Lùzhuāng]

在县驻地夏镇街道北方向 2.6 千米。夏镇街道辖自然村。人口 600。清乾隆三十七年（1772），陆氏自苏州阊门大街迁此建村，名陆庄。聚落呈团块状分布。经济以种植业为主。有公路经此。

亓楼 370826-A01-H06
[Qílóu]

在县驻地夏镇街道北方向 2.2 千米。夏镇街道辖自然村。人口 500。元末避战乱，亓氏由江苏淮安迁山东莱芜。明初，分支迁夏镇北五里建村，名亓楼。聚落呈团块状分布。有小学 1 处、幼儿园 1 处、图书室 1 处、百姓大舞台 1 处。经济以种植业为主。有公路经此。

李谷堆 370826-A01-H07
[Lǐgǔduī]

在县驻地夏镇街道北方向 2.2 千米。夏镇街道辖自然村。人口 1 100。原名黄丘，后李姓人多，更名李堌堆，后演变为李谷堆。聚落呈团块状分布。有幼儿园 1 处。有康源堂制药、荷叶加工等企业。有公路经此。

后洛房 370826-A01-H08
[Hòuluòfáng]

在县驻地夏镇街道东方向 3.5 千米。夏镇街道辖自然村。人口 2 200。元初，洛、房二姓居此建村，名洛房。明初，分支在村东南一里另建新村，名前洛房，此村更名为后洛房。聚落呈团块状分布。有小学 1 处、幼儿园 1 处、图书室 1 处、百姓大舞台 1 处。经济以种植业、养殖业为主，种植小麦、玉米和大棚蔬菜，养殖猪、鸡、鸭等家禽。有公路经此。

王庄 370826-A01-H09
[Wángzhuāng]

在县驻地夏镇街道东方向 3.5 千米。夏镇街道辖自然村。人口 1 000。明洪武年间，王氏由山西洪洞县迁滕县杨庄（别名杨家岗），传二世，分支迁夏镇东后洛房村北建村，名王庄。聚落呈团块状分布。经济以种植业为主，种植小麦、玉米。有米康食品、康旺食品有限公司等企业。有公路经此。

前八里屯 370826-A01-H10
[Qiánbālǐtún]

在县驻地夏镇街道东北方向 4.2 千米。

夏镇街道辖自然村。人口 2 000。此村始建于明代，为夏镇叶家的屯粮地，距夏镇八里，故名八里屯，后更名为前八里屯。聚落呈团块状分布。有小学 1 处、幼儿园 1 处、图书室 1 处、百姓大舞台 1 处。经济以种植业为主，种植小麦、西瓜、大棚蔬菜。有公路经此。

后八里屯 370826-A01-H11
[Hòubālǐtún]

在县驻地夏镇街道东北方向 4.4 千米。夏镇街道辖自然村。人口 1 100。明朝建村，称大刘庄。清初改称后八里屯。聚落呈团块状分布。有图书室 1 处、百姓大舞台 1 处。经济以种植业为主，种植西瓜、大棚蔬菜。有公路经此。

西八里屯 370826-A01-H12
[Xībālǐtún]

在县驻地夏镇街道东北方向 4.4 千米。夏镇街道辖自然村。人口 700。该村原名孙家楼。1912 年改称西八里屯。聚落呈团块状分布。经济以种植业为主，种植西瓜。有公路经此。

新建村 370826-A02-H01
[Xīnjiàncūn]

在县驻地夏镇街道南方向 6.0 千米。昭阳街道辖自然村。人口 2 400。因为 1976 年新建村，故名。聚落呈带状分布。有百姓大舞台 1 处、农家书屋 1 处。有新建船运公司等企业。有公路经此。

爱湖 370826-A02-H02
[Àihú]

在县驻地夏镇街道南方向 7.0 千米。昭阳街道辖自然村。人口 2 500。取热爱微山湖之意命名。聚落呈带状分布。经济以运输业为主。有公路经此。

大捐 370826-A02-H03
［Dàjuān］

在县驻地夏镇街道西南方向 5.3 千米。昭阳街道辖自然村。人口 1 300。民国初期在此设卡收税，得村名大捐。聚落呈带状分布。有百姓大舞台 1 处、小学 1 处。经济以种植业为主。有公路经此。

西万 370826-A02-H04
［Xīwàn］

在县驻地夏镇街道东南方向 7.5 千米。昭阳街道辖自然村。人口 7 700。此地为战国时期孟子的学生万章的故里，故名。聚落呈带状分布。经济以种植业为主，种植小麦、玉米、大豆。有混凝土厂、建材厂、食品加工厂等企业。104 国道经此。

种口 370826-A02-H05
［Chóngkǒu］

在县驻地夏镇街道东南方向 8.2 千米。昭阳街道辖自然村。人口 3 400。种氏迁此居住，村原名橘子园，京杭大运河（泇河）经村旁而过，为方便生产生活此处建渡口，而改村名为种口。聚落呈带状分布。经济以种植业、养殖业、运输业为主，种植小麦、玉米、大豆，养殖牛、猪、鸡等。104 国道经此。

渐口 370826-A02-H06
［Jiànkǒu］

在县驻地夏镇街道东南方向 9.0 千米。昭阳街道辖自然村。人口 1 500。渐氏迁京杭运河堤引水口旁居住建村，村名渐口。聚落呈带状分布。有小学 1 处、图书室 1 处、百姓大舞台 1 处。经济以种植业为主，种植小麦、玉米等。104 国道经此。

蒋集 370826-A02-H07
［Jiǎngjí］

在县驻地夏镇街道东南方向 9.2 千米。昭阳街道辖自然村。人口 3 900。宋代，蒋、王二姓居此，名蒋王庄，后简称蒋集。聚落呈带状分布。有图书室 1 处、百姓大舞台 1 处。经济以种植业、渔业为主，种植小麦、玉米。104 国道经此。

后学 370826-A02-H08
［Hòuxué］

在县驻地夏镇街道东南方向 9.3 千米。昭阳街道辖自然村。人口 2 200。明中期，种氏自种口分支迁此建村，村后建学堂，故得村名后学。聚落呈团块状分布。有百姓大舞台 1 处、图书室 1 处。经济以种植业为主，种植小麦、玉米。有公路经此。

黄埠庄 370826-A02-H09
［Huángbùzhuāng］

在县驻地夏镇街道东南方向 11.0 千米。昭阳街道辖自然村。人口 2 400。元代黄姓居此，因处高埠之地，故名黄埠庄。聚落呈团块状分布。有百姓大舞台 1 处、图书室 1 处。经济以种植业为主，种植小麦、玉米、大豆，产鱼类。104 国道经此。

刘昌庄 370826-A02-H10
［Liúchāngzhuāng］

在县驻地夏镇街道东南方向 3.8 千米。昭阳街道辖自然村。人口 1 400。京杭大运河经此，为方便生产生活，此处建一渡口，摆渡者刘昌居此，发展成村，名刘昌庄。聚落呈团块状分布。有百姓大舞台 1 处、图书室 1 处。经济以种植业为主，种植小麦、玉米、大豆等。104 国道经此。

后寨 370826-A03-H01
[Hòuzhài]

在县驻地夏镇街道西北方向 5.5 千米。傅村街道辖自然村。人口 800。原因姓氏得名杜家寨，后马姓人多，与河南岸前马寨对称为后马寨，后更称后寨。聚落呈团块状分布。有百姓大舞台 1 处、农家书屋 1 处。经济以种植业、运输业为主，种植小麦、玉米、大豆。有公路经此。

前寨 370826-A03-H02
[Qiánzhài]

在县驻地夏镇街道西北方向 5.2 千米。傅村街道辖自然村。人口 1 600。原因姓氏得名马寨，清朝与河北后马寨对称，更为前寨。聚落呈带状分布。有百姓大舞台 1 处、农家书屋 1 处。经济以种植业、运输业为主，种植小麦、玉米、大豆。有公路经此。

大三河口 370826-A03-H03
[Dàsānhékǒu]

在县驻地夏镇街道西北方向 5.2 千米。傅村街道辖自然村。人口 2 200。位于三河交汇处，故名。聚落呈团块状分布。有小学 1 处、幼儿园 1 处。经济以种植业为主，种植小麦、玉米。有公路经此。

高庄 370826-A03-H04
[Gāozhuāng]

在县驻地夏镇街道西北方向 9.0 千米。傅村街道辖自然村。人口 1 000。明洪武年间，高氏由山西洪洞县迁广戚乡苗堌堆。明正德十四年（1519），因避水患向东南迁七里，在薛河北岸建村，名高庄。1977 年向西北迁四里在闸下引河弃土堆上建新村。聚落呈带状分布。有百姓大舞台 1 处、农家书屋 1 处。经济以种植业为主，种植小麦、玉米。有公路经此。

邵集 370826-A03-H05
[Shàojí]

在县驻地夏镇街道西北方向 9.2 千米。傅村街道辖自然村。人口 2 000。元至元年间，御史邵雍府第在此。后有集市，得村名邵御史集，简称邵集。聚落呈团块状分布。有小学 1 处、幼儿园 1 处、百姓大舞台 1 处、农家书屋 1 处。经济以渔业为主，主产青鱼、草鱼、鲢鱼、鳙鱼、鲤鱼、鲫鱼、泥鳅、鲶鱼、黄颡鱼、黄鳝等。有公路经此。

肖口 370826-A03-H06
[Xiāokǒu]

在县驻地夏镇街道西北方向 9.4 千米。傅村街道辖自然村。人口 2 200。明洪武三年（1370），肖氏由山西洪洞县迁薛河北方向岸渡口建村，名肖口。聚落呈团块状分布。有小学 1 处、幼儿园 1 处、百姓大舞台 1 处、农家书屋 1 处。经济以种植业、渔业为主，种植小麦、玉米。有公路经此。

新张庄 370826-A03-H07
[Xīnzhāngzhuāng]

在县驻地夏镇街道西北方向 7.2 千米。傅村街道辖自然村。人口 1 100。因姓氏得名张庄，又因重名更名新张庄。聚落呈团块状分布。有小学 1 处、幼儿园 1 处、百姓大舞台 1 处。经济以种植业、渔业为主，种植小麦、玉米。104 省道经此。

大卜湾 370826-A03-H08
[Dàbǔwān]

在县驻地夏镇街道西北方向 8.1 千米。傅村街道辖自然村。人口 1 800。卜氏在薛河向西南拐弯处建村，名卜家善庄，后改称大卜湾。有幼儿园 1 处。经济以种植业、渔业为主，以杞柳闻名。有公路经此。

班村 370826-A03-H09

[Bāncūn]

在县驻地夏镇街道西北方向 7.5 千米。傅村街道辖自然村。人口 1 000。明朝班氏建村，故名班村。聚落呈团块状分布。有百姓大舞台 1 处、农家书屋 1 处。经济以种植业、渔业为主，种植小麦、玉米。有墙材厂、食品厂、港务、建材厂等企业。有公路经此。

卓庙 370826-A03-H10

[Zhuómiào]

在县驻地夏镇街道西北方向 7.2 千米。傅村街道辖自然村。人口 1 100。明初卓氏迁此定居，并建家庙，村名卓庙。聚落呈团块状分布。有百姓大舞台 1 处、农家书屋 1 处。经济以种植业、商业为主，种植小麦、玉米。104 省道经此。

宋寺 370826-A03-H11

[Sòngsì]

在县驻地夏镇街道西北方向 6.5 千米。傅村街道辖自然村。人口 1 100。明宋氏迁薛河南岸观音寺旁建村，村名宋寺。聚落呈团块状分布。有百姓大舞台 1 处、图书阅览室 1 处。经济以种植业、商贸业为主，种植小麦、玉米等。有公路经此。

樊村 370826-A03-H12

[Fáncūn]

在县驻地夏镇街道西北方向 7.2 千米。傅村街道辖自然村。人口 1 200。清顺治三年（1646），樊氏迁卓庙村北定居建村，名樊村。聚落呈团块状分布。有小学 1 处、幼儿园 1 处、百姓大舞台 1 处。经济以种植业为主，种植小麦、玉米和大棚蔬菜。有公路经此。

汇子 370826-A03-H13

[Huìzi]

在县驻地夏镇街道西北方向 7.3 千米。傅村街道辖自然村。人口 1 700。因地势低洼，汛期常有雨水汇此，故得名汇子。聚落呈团块状分布。有百姓大舞台 1 处、图书室 1 处。经济以种植业、渔业为主，种植小麦、玉米。有港口、贸易公司。104 省道经此。

杨路口 370826-A03-H14

[Yánglùkǒu]

在县驻地夏镇街道西北方向 6.4 千米。傅村街道辖自然村。人口 2 500。杨氏为避水患，分支迁老薛河南岸路口旁建村，名杨路口。聚落呈团块状分布。有百姓大舞台 1 处、图书阅览室 1 处。经济以种植业为主，种植小麦、玉米。有贸易公司。有公路经此。

李庄 370826-A03-H15

[Lǐzhuāng]

在县驻地夏镇街道西北方向 3.5 千米。傅村街道辖自然村。人口 1 600。明洪武二年（1369），李氏由青州府沂水县义原社白马迁滕邑，后分支迁沛广戚乡入赘汇子村王姓。万历初年，由汇子西北迁里许建村，名李庄。聚落呈团块状分布。有百姓大舞台 1 处、图书阅览室 1 处。经济以种植业为主，种植小麦、玉米等。104 省道经此。

韩庄 370826-B01-H01

[Hánzhuāng]

韩庄镇人民政府驻地。在县驻地夏镇街道东南方向 33.4 千米。人口 10 000。韩氏于明洪武年间迁此定居建村，故名韩庄。聚落呈带状分布。有中学、小学、幼儿园。经济以种植业、渔业、商贸业为主。有山东航宇船舶制造、二街建筑公司等企业。津浦铁路、104 国道经此。

性义 370826-B01-H02

[Xìngyì]

在县驻地夏镇街道东南方向 30.4 千米。韩庄镇辖自然村。人口 500。以刘氏祖训言性言义之意命名。聚落呈团块状分布。有百姓大舞台 1 处、图书阅览室 1 处。经济以种植业、渔业为主，种植小麦、玉米、大豆。104 国道经此。

后性义 370826-B01-H03

[Hòuxìngyì]

在县驻地夏镇街道东南方向 33.1 千米。韩庄镇辖自然村。人口 500。因南邻性义村得名后性义。聚落呈团块状分布。有百姓大舞台 1 处、图书室 1 处。经济以种植业、渔业为主，种植小麦、玉米、大豆。京沪铁路、104 国道经此。

葛墟店 370826-B01-H04

[Gěxūdiàn]

在县驻地夏镇街道东南方向 28.2 千米。韩庄镇辖自然村。人口 1 000。辽将盖苏文曾建府第于此，后被剿而成废墟。唐、宋时，成村落，名葛墟店。聚落呈团块状分布。有小学 1 处、幼儿园 1 处、百姓大舞台 1 处。经济以种植业为主，种植小麦、玉米。104 国道经此。

前寨 370826-B01-H05

[Qiánzhài]

在县驻地夏镇街道东南方向 28.1 千米。韩庄镇辖自然村。人口 600。此地为辽将盖苏文府第的前寨门，故名。聚落呈团块状分布。有小学 1 处、幼儿园 1 处、百姓大舞台 1 处。经济以种植业、渔业为主，种

植小麦、玉米、大豆。有造船厂等企业。104 国道经此。

石庄 370826-B01-H06

[Shízhuāng]

在县驻地夏镇街道东南方向 28.0 千米。韩庄镇辖自然村。人口 1 600。明初，张氏由山西省洪洞县迁留城之左张家宅，避水患，继迁龙脱岗，复迁张家渡口，分支又迁石家庄，更名石庄。聚落呈团块状分布。有小学 1 处、幼儿园 1 处、百姓大舞台 1 处、图书室 1 处。经济以种植业、渔业为主，种植小麦、玉米、大豆。104 国道经此。

马山 370826-B01-H07

[Mǎshān]

在县驻地夏镇街道东南方向 27.5 千米。韩庄镇辖自然村。人口 1 400。因北方向靠马山，以山得村名。聚落呈团块状分布。有小学 1 处、幼儿园 1 处、百姓大舞台 1 处、图书室 1 处。经济以种植业为主，种植小麦、玉米、大豆，以山地核桃、蔬菜闻名。有公路经此。

朱姬庄 370826-B01-H08

[Zhūjīzhuāng]

在县驻地夏镇街道东南方向 26.5 千米。韩庄镇辖自然村。人口 1 900。因西近朱（诸）姬山，而名朱姬庄。聚落呈团块状分布。有小学 1 处、幼儿园 1 处、百姓大舞台 1 处、图书室 1 处。有明妃墓遗址。经济以种植业、渔业为主，种植小麦、玉米。104 国道经此。

后阁 370826-B01-H09

[Hòugé]

在县驻地夏镇街道东南方向 25.3 千米。韩庄镇辖自然村。人口 700。张氏由滕迁朱姬山北方向、白衣阁后居住建村，村名后

阁。聚落呈团块状分布。有百姓大舞台 1 处、图书室 1 处。经济以种植业、渔业为主，种植小麦、玉米。104 国道经此。

多义 370826-B01-H10
[Duōyì]

在县驻地夏镇街道东南方向 24.7 千米。韩庄镇辖自然村。人口 2 600。因村内多孝男义女，时人称为多义。聚落呈团块状分布。有小学 1 处、幼儿园 1 处、百姓大舞台 1 处、图书室 1 处。有基督教堂。经济以种植业为主，种植小麦、玉米。104 国道经此。

赵庄 370826-B01-H11
[Zhàozhuāng]

在县驻地夏镇街道东南方向 24.1 千米。韩庄镇辖自然村。人口 700。清康熙初，赵氏由峄县西阳官湖迁郭家庄，继分支迁坊头南居住建村，名赵庄。聚落呈团块状分布。有小学 1 处、幼儿园 1 处。经济以种植业、渔业为主，种植小麦、玉米、大豆。104 国道经此。

房头 370826-B01-H12
[Fángtóu]

在县驻地夏镇街道东南方向 23.5 千米。韩庄镇辖自然村。人口 1 700。因靠近坊头遗址，得村名坊头，后演变为房头。聚落呈团块状分布。有小学 1 处、幼儿园 1 处、百姓大舞台 1 处。经济以种植业、渔业为主，种植小麦、玉米、大豆。津浦铁路、104 国道经此。

朱庙 370826-B01-H13
[Zhūmiào]

在县驻地夏镇街道东南方向 22.1 千米。韩庄镇辖自然村。人口 1 000。明初，朱氏居此，建庙一座，得村名朱庙。聚落呈团块状分布。有百姓大舞台 1 处、图书室 1 处。

经济以种植业为主，种植小麦、玉米。京台高速公路、104 国道经此。

蒋官庄 370826-B01-H14
[Jiǎngguānzhuāng]

在县驻地夏镇街道东南方向 22.2 千米。韩庄镇辖自然村。人口 1 000。传唐代蒋阁老居此，得村名蒋官庄。聚落呈团块状分布。有百姓大舞台 1 处、图书室 1 处。经济以种植业为主，种植小麦、玉米、大豆、蔬菜。104 国道经此。

大柳庄 370826-B01-H15
[Dàliǔzhuāng]

在县驻地夏镇街道东南方向 21.2 千米。韩庄镇辖自然村。人口 900。明初，柳氏居此，分东、西两个村，本村为大柳庄。聚落呈团块状分布。有小学 1 处、幼儿园 1 处、百姓大舞台 1 处、图书室 1 处。经济以种植业为主，种植小麦、玉米。有公路经此。

东张阿 370826-B01-H16
[Dōngzhāng'ē]

在县驻地夏镇街道东南方向 20.2 千米。韩庄镇辖自然村。人口 900。因地势呈张翅之鹅状，得名张鹅。后加方位演变为张阿。聚落呈团块状分布。有百姓大舞台 1 处。经济以种植业、渔业为主，种植小麦、玉米。有公路经此。

微湖 370826-B01-H17
[Wēihú]

在县驻地夏镇街道东南方向 19.3 千米。韩庄镇辖自然村。人口 4 600。村内多微山湖内以船为家、捕鱼为生的渔民，故名。聚落呈带状分布。有小学 1 处、幼儿园 1 处、百姓大舞台 1 处、图书室 1 处。经济以渔业、船舶运输业、船舶制造业为主，有造船厂、航运公司等企业。有公路经此。

大黄庄 370826-B01-H18
[Dàhuángzhuāng]

在县驻地夏镇街道东南方向 17.2 千米。韩庄镇辖自然村。人口 1 100。相传，元初黄氏居此，名黄庄，后更名大黄庄。聚落呈团块状分布。有小学 1 处、幼儿园 1 处、百姓大舞台 1 处、图书室 1 处。经济以种植业为主，种植小麦、玉米、大豆，兼大棚蔬菜和花卉，以玫瑰花闻名。有公路经此。

郗山 370826-B01-H19
[Xīshān]

在县驻地夏镇街道东南方向 16.5 千米。韩庄镇辖自然村。人口 6 800。因晋兖州刺史郗公鉴葬此，得名郗山。聚落呈团块状分布。有小学 1 处、幼儿园 1 处、百姓大舞台 1 处、图书室 1 处。有汉代石墓、晋兖州刺史郗鉴墓、唐代木兰祠等名胜古迹。经济以种植业、渔业为主，种植小麦、玉米、大豆，兼大棚蔬菜。有郗山港、同泰港及面粉厂、焦化厂、童车厂、水产品加工厂等企业。104 国道经此。

欢城 370826-B02-H01
[Huānchéng]

欢城镇人民政府驻地。在县驻地夏镇街道西北方向 10.0 千米。人口 6 000。夏代为邳邑，周代称仲虺城，欢城为虺城之转音；一说，战国时为孟尝君的门客冯驩的食邑，故名驩城，后简写为欢城。聚落呈团块状分布。有中学、小学、电影院等。有欢城遗址、冯驩亭、冯驩纪念馆等名胜古迹。经济以种植业为主，种植小麦、玉米、大豆等。有贸易公司、洗煤厂等企业。木欢公路、枣曹公路经此。

李集 370826-B02-H02
[Lǐjí]

在县驻地夏镇街道北方向 10.3 千米。欢城镇辖自然村。人口 1 800。明洪武初年，李氏由山西平阳府洪洞县迁欢城东南定居建村，名李集。永乐年间，又有李氏由山西平阳府洪洞县迁村南定居建村，名前李集。李集遂对称为后李集。清宣统二年（1910），前李集改称卜寨后，后李集复名李集。聚落呈团块状分布。有百姓大舞台 1 处、图书阅览室 1 处、文化大院 1 处。经济以种植业、商贸业为主，种植小麦、玉米、大豆。344 省道、348 省道经此。

卜寨 370826-B02-H03
[Bǔzhài]

在县驻地夏镇街道北方向 10.2 千米。欢城镇辖自然村。人口 1 600。明永乐年间，李氏由山西洪洞县迁欢城东李集村南居住建村，名前李集。清雍正元年（1723），卜氏由卜湾迁入，沿原村名。宣统二年（1910），卜氏出资环村筑寨墙后，更村名为卜寨。聚落呈团块状分布。有小学 1 处、幼儿园 1 处、百姓大舞台 1 处、图书室 1 处、文化大院 1 处。经济以种植业、商贸业为主，种植小麦、玉米、蔬菜，有玻璃厂、被服厂、铸造厂等企业。348 省道经此。

蔡楼 370826-B02-H04
[Càilóu]

在县驻地夏镇街道北方向 10.3 千米。欢城镇辖自然村。人口 1 500。明初，蔡氏由山西洪洞县迁沛邑南蔡大庄。三世祖分支迁广戚城东八里前洛房，七世从前洛房分支迁此定居建村，名蔡楼。聚落呈团块状分布。有百姓大舞台 1 处、图书阅览室 1 处、文化大院 1 处。经济以种植业为主，种植小麦、玉米、蔬菜。有矿山配件、帆布加工等企业。348 省道经此。

东新庄 370826-B02-H05
［Dōngxīnzhuāng］

在县驻地夏镇街道北方向 7.5 千米。欢城镇辖自然村。人口 1 600。清道光年间，附近村民迁此垦荒，发展成村，名新庄。后村庄扩大，分为东、西新庄。聚落呈团块状分布。有小学 1 处、幼儿园 1 处、百姓大舞台 1 处、图书室 1 处、文化大院 1 处。经济以种植业为主，种植小麦、玉米。有公路经此。

於村 370826-B02-H06
［Yúcūn］

在县驻地夏镇街道北方向 11.2 千米。欢城镇辖自然村。人口 2 100。明洪武初年，於氏由山西平阳府洪洞县迁沛邑东北居住建村，名於家宅。万历年间，避水患，分支迁广戚乡撂庄，沿原村名。明末，於氏人丁兴旺，改村名为於村。聚落呈团块状分布。有小学 1 处、幼儿园 1 处、百姓大舞台 1 处、图书阅览室 1 处、文化大院 1 处。经济以种植业、运输业为主，种植小麦、玉米。有煤炭洗选厂、烫印材料厂等企业。有公路经此。

界牌口 370826-B02-H07
［Jièpáikǒu］

在县驻地夏镇街道北方向 12.1 千米。欢城镇辖自然村。人口 1 700。因村旁有鲁苏两省沛、滕边界碑，且东临漯河渡口，得名界牌口。聚落呈团块状分布。有百姓大舞台 1 处、图书阅览室 1 处、文化大院 1 处。经济以种植业为主，种植小麦、玉米、葡萄等。有公路经此。

田陈 370826-B02-H08
［Tiánchén］

在县驻地夏镇街道北方向 12.3 千米。欢城镇辖自然村。人口 4 600。战国时孟尝君田文的粮官陈景仲居此看管粮仓，发展成村，名田陈。聚落呈带状分布。有小学 1 处、幼儿园 1 处、百姓大舞台 1 处、图书阅览室 1 处、文化大院 1 处。经济以种植业、运输业为主，种植小麦、玉米、土豆、蘑菇。有食用菌厂、腐竹厂、面粉厂、印刷厂、矿山配件厂等企业。344 省道经此。

尹洼 370826-B02-H09
［Yǐnwā］

在县驻地夏镇街道北方向 13.7 千米。欢城镇辖自然村。人口 2 300。尹氏迁此居住建村，因地势低洼，得村名尹洼。聚落呈团块状分布。有小学 1 处、幼儿园 1 处、百姓大舞台 1 处、图书阅览室 1 处、文化大院 1 处。有省级文物保护单位尹洼遗址。经济以种植业、运输业为主，种植小麦、玉米。有公路经此。

于桥 370826-B02-H10
［Yúqiáo］

在县驻地夏镇街道北方向 12.1 千米。欢城镇辖自然村。人口 1 200。于氏建村，因村东有兴隆桥，故名于桥。聚落呈团块状分布。有百姓大舞台 1 处、图书阅览室 1 处、文化大院 1 处。经济以种植业为主，种植小麦、玉米。344 省道经此。

赵庄 370826-B02-H11
［Zhàozhuāng］

在县驻地夏镇街道北方向 13.2 千米。欢城镇辖自然村。人口 1 300。明初，赵氏由山西洪洞县迁曹寺前定居建村，名赵庄。聚落呈团块状分布。有百姓大舞台 1 处、图书阅览室 1 处。经济以种植业为主，种植小麦、玉米。344 省道经此。

房庄 370826-B02-H12
[Fángzhuāng]

在县驻地夏镇街道北方向 11.2 千米。欢城镇辖自然村。人口 1 700。明初，常、刘二姓居此，名常刘庄。明中期房姓迁入，人丁兴旺，逐渐成为大姓。明末为防匪患，联合周、於、曹诸姓在村庙东高地共建新村，名房庄。聚落呈团块状分布。有百姓大舞台 1 处、图书阅览室 1 处、文化大院 1 处。有革命烈士纪念碑、战国至秦汉文化遗址。经济以种植业为主，种植小麦、玉米。有公路经此。

高谷堆 370826-B02-H13
[Gāogǔduī]

在县驻地夏镇街道北方向 12.3 千米。欢城镇辖自然村。人口 1 500。因黄河泛滥，为避水患，高氏迁一高地建新村，村名高垌堆，后演变为高谷堆。聚落呈团块状分布。有小学 1 处、幼儿园 1 处、百姓大舞台 1 处、图书阅览室 1 处、文化大院 1 处。经济以种植业为主，种植小麦、玉米。344 省道经此。

大宋楼 370826-B02-H14
[Dàsònglóu]

在县驻地夏镇街道北方向 15.1 千米。欢城镇辖自然村。人口 1 200。北宋宣和二年（1120），宋氏先祖滨州府尹退职后，卜居欢城西北，因爱鹅、养鹅，村得名鹅庄。元至正年间，十一世祖分支东迁十里盖楼建村，名宋楼。明万历年间，分支东迁四里建小宋楼，该村改称大宋楼。聚落呈团块状分布。有百姓大舞台 1 处、图书阅览室 1 处、文化大院 1 处。经济以种植业、运输业为主，种植小麦、玉米。344 省道、104 省道经此。

双王楼 370826-B02-H15
[Shuāngwánglóu]

在县驻地夏镇街道北方向 13.4 千米。欢城镇辖自然村。人口 1 700。因王氏建楼两座，故名双王楼。聚落呈团块状分布。有百姓大舞台 1 处、图书阅览室 1 处。经济以种植业、运输业为主，种植小麦、玉米。有农业专业合作社 1 家。104 省道经此。

小屯 370826-B02-H16
[Xiǎotún]

在县驻地夏镇街道北方向 13.2 千米。欢城镇辖自然村。人口 2 000。张氏由登州迁滕县西岗东南大屯村，传七世，分支向西南迁十里居住建村，名小屯。2014 年向东南迁 6.5 千米，在卜寨村西另建新居。聚落呈团块状分布。有百姓大舞台 1 处、图书阅览室 1 处、文化大院 1 处。经济以种植业为主，种植小麦、玉米、蔬菜。348 省道经此。

崔庄 370826-B02-H17
[Cuīzhuāng]

在县驻地夏镇街道北方向 12.1 千米。欢城镇辖自然村。人口 1 200。明洪武初年，崔氏由山西洪洞县迁此居住建村，名崔庄。清乾隆年间，丁氏由滕南辛集迁入，沿用原村名。聚落呈团块状分布。有小学 1 处、幼儿园 1 处、百姓大舞台 1 处、图书阅览室 1 处、文化大院 1 处。经济以种植业、运输业为主，种植小麦、玉米。有煤炭营销公司等企业。104 省道经此。

二龙岗 370826-B02-H18
[Èrlónggǎng]

在县驻地夏镇街道西北方向 16.2 千米。欢城镇辖自然村。人口 2 200。西岗、东岗两村连为一体，起伏弯曲，状如龙，统称二龙岗。聚落呈团块状分布。有小学 1 处、幼儿园 1 处、百姓大舞台 1 处、图书阅览室 1 处、文化大院 1 处。经济以种植业、养殖业为主，种植小麦、玉米、土豆。有龙宇透明板材等企业。104 省道经此。

袁堂 370826-B02-H19
[Yuántáng]

在县驻地夏镇街道西北方向 14.1 千米。欢城镇辖自然村。人口 2 300。元至正十七年（1357），袁氏由河南汝南县驻马店东袁堂迁此居住建村，沿原籍村名。聚落呈团块状分布。有百姓大舞台 1 处、图书阅览室 1 处、文化大院 1 处。经济以种植业、运输业为主，种植小麦、玉米。344 省道、104 省道经此。

蔡园 370826-B02-H20
[Càiyuán]

在县驻地夏镇街道西北方向 18.0 千米。欢城镇辖自然村。人口 1 300。明初，蔡氏三兄弟由沛县蔡大庄分支迁此，以种菜为生，得村名蔡园。明建文年间，宋氏十一世从宋老庄分支迁入，沿用原村名。聚落呈团块状分布。有百姓大舞台 1 处、图书阅览室 1 处、文化大院 1 处。经济以种植业、运输业、商贸业为主，种植小麦、玉米。有洗煤厂等企业。104 省道经此。

时王口 370826-B02-H21
[Shíwángkǒu]

在县驻地夏镇街道西北方向 10.2 千米。欢城镇辖自然村。人口 1 100。该村由时口和王口两村合并而成，名时王口。聚落呈带状分布。有百姓大舞台 1 处、图书阅览室 1 处、文化大院 1 处。经济以种植业、渔业、水产养殖业为主，种植小麦、玉米，有种植专业合作社 1 家。104 省道经此。

常口 370826-B02-H22
[Chángkǒu]

在县驻地夏镇街道西北方向 10.2 千米。欢城镇辖自然村。人口 1 200。村建在运河岸摆渡口旁，且传村北方向有明初大将常遇春祖茔，故名常口。聚落呈团块状分布。有小学 1 处、幼儿园 1 处、百姓大舞台 1 处、图书阅览室 1 处。经济以种植业、商贸业为主，种植小麦、玉米。348 省道、104 省道经此。

张白庄 370826-B02-H23
[Zhāngbáizhuāng]

在县驻地夏镇街道西北方向 12.1 千米。欢城镇辖自然村。人口 1 200。明初，张氏、白氏由山西平阳府迁沛邑东北欢城西，相邻居住建村，名张家庄、白庄，后合为一村，名张白庄。聚落呈团块状分布。有小学 1 处、幼儿园 1 处、百姓大舞台 1 处、图书阅览室 1 处、文化大院 1 处。经济以种植业、运输业为主，种植小麦、玉米。有多个煤炭装运港口。348 省道经此。

陶阳寺 370826-B02-H24
[Táoyángsì]

在县驻地夏镇街道西北方向 9.1 千米。欢城镇辖自然村。人口 2 100。明末，陶杨寺、小葛庄、于庄三村村民为避水患，均迁运河堤上居住，统称陶阳寺。聚落呈带状分布。有幼儿园 1 处、百姓大舞台 1 处、图书阅览室 1 处、文化大院 1 处。有古罗汉庙。经济以种植业、工商业、养殖业为主，种植小麦、玉米。有纺纱厂。104 省道经此。

王楼 370826-B02-H25
[Wánglóu]

在县驻地夏镇街道西北方向 9.5 千米。

欢城镇辖自然村。人口 1 200。元朝末年，为避战乱，王氏由莘县迁滕邑，继迁此定居建村，名王庄。明嘉靖年间人丁兴旺，兄弟八人各建楼房，遂得村名王楼。聚落呈团块状分布。有百姓大舞台 1 处、图书阅览室 1 处、文化大院 1 处。经济以种植业为主，种植小麦、玉米。348 省道经此。

闫村 370826-B02-H26

[Yáncūn]

在县驻地夏镇街道西北方向 9.5 千米。欢城镇辖自然村。人口 1 600。明初，闫氏由滕南闫村迁此定居建村，沿原籍村名。聚落呈团块状分布。有小学 1 处、幼儿园 1 处、百姓大舞台 1 处、图书阅览室 1 处、文化大院 1 处。经济以种植业为主，种植小麦、玉米、蔬菜、草莓等。有置业公司、能源公司、运输公司等企业。有公路经此。

南阳 370826-B03-H01

[Nányáng]

南阳镇人民政府驻地。在县驻地夏镇街道西北方向 52.1 千米。人口 13 600。宋代称南阳乡，因位于两城群山之南得名。聚落呈带状分布。有中学、小学、幼儿园等。有南阳古镇、清真寺、皇宫所、钱庄等名胜古迹。南阳古镇为中国文化名镇。境内大运河为国家级文物保护单位。经济以渔业、水上运输和旅游业为主，水产品以鲫鱼、鲤鱼、草鱼、青虾为主，有造船、食品等厂。有公路经此。

管闸 370826-B03-H02

[Guǎnzhá]

在县驻地夏镇街道西北方向 58.2 千米。南阳镇辖自然村。人口 600。明朝在永通河上建广运上闸，闸官、闸夫胡、赵二人举家迁闸旁居住，成村名管闸。聚落呈团块状分布。有百姓大舞台 1 处、图书阅览室 1

处。经济以种植业为主，种植小麦、水稻。有公路经此。

西渡口 370826-B03-H03

[Xīdùkǒu]

在县驻地夏镇街道西北方向 50.2 千米。南阳镇辖自然村。人口 900。因位于古泗河西岸，与河对岸东渡口对称，名西渡口。聚落呈团块状分布。有百姓大舞台 1 处、图书阅览室 1 处。经济以种植业、渔业为主，种植小麦、水稻。有公路经此。

东渡口 370826-B03-H04

[Dōngdùkǒu]

在县驻地夏镇街道西北方向 50.3 千米。南阳镇辖自然村。人口 1 000。地处东西大道，南北方向水路之要冲，后随着湖面扩大，鱼台至南阳陆路受阻，此地设船渡客，得名摆渡口。1949 年，与对岸西渡口对称，名东渡口。聚落呈带状分布。有小学 1 处、幼儿园 1 处、百姓大舞台 1 处、图书阅览室 1 处、文化大院 1 处。经济以种植业为主，种植小麦、水稻。有公路经此。

关王庙 370826-B03-H05

[Guānwángmiào]

在县驻地夏镇街道西北方向 46.2 千米。南阳镇辖自然村。人口 1 300。村内建关帝庙，因庙得村名。聚落呈带状分布。有小学 1 处、幼儿园 1 处、百姓大舞台 1 处、图书阅览室 1 处。经济以种植业为主，种植小麦、水稻。有公路经此。

王楼 370826-B03-H06

[Wánglóu]

在县驻地夏镇街道西北方向 44.1 千米。南阳镇辖自然村。人口 1 500。明洪武年间，王氏由山西洪洞县大王庄迁南阳东南十八里小黄河西畔垦荒建村，名王楼。聚落呈带状分布。有小学 1 处、幼儿园 1 处、百姓大舞台 1 处、图书阅览室 1 处。经济以种植业为主，种植小麦、水稻、大豆。水产品以南美白对虾闻名。有公路经此。

李埝 370826-B03-H07

[Lǐniàn]

在县驻地夏镇街道西北方向 43.1 千米。南阳镇辖自然村。人口 1 800。明洪武三年（1370），李氏由山西洪洞县喜鹊窝大槐树下迁两城房头东李庄，继分支往西南迁二十里在蒋店村西小黄河畔居住建村，名李埝。聚落呈带状分布。有幼儿园 1 处、百姓大舞台 1 处、图书阅览室 1 处。经济以种植业、渔业为主，主产青鱼、草鱼、鲢鱼、鳙鱼、鲤鱼、鲫鱼、泥鳅、鲶鱼、黄颡鱼、黄鳝、乌鳢等。有公路经此。

薛桥 370826-B03-H08

[Xuēqiáo]

在县驻地夏镇街道西北方向 43.1 千米。南阳镇辖自然村。人口 1 100。相传，唐代建村，因薛姓得名。聚落呈团块状分布。有百姓大舞台 1 处、图书阅览室 1 处。经济以种植业、渔业为主，种植小麦、水稻，主产青鱼、草鱼、鲢鱼、鳙鱼、鲤鱼、鲫鱼、泥鳅、鲶鱼、黄颡鱼、黄鳝、乌鳢等。有公路经此。

王占一 370826-B03-H09

[Wángzhànyī]

在县驻地夏镇街道西北方向 50.2 千米。南阳镇辖自然村。人口 900。以迁此祖王占一之名为村名。聚落呈带状分布。有百姓大舞台 1 处、图书阅览室 1 处。经济以种植业、渔业为主，种植小麦、水稻，主产青鱼、草鱼、鲢鱼、鳙鱼、鲤鱼、鲫鱼、泥鳅、鲶鱼、黄颡鱼、黄鳝、乌鳢等。有公路经此。

仇海 370826-B03-H10

[Qiúhǎi]

在县驻地夏镇街道西北方向 36.3 千米。南阳镇辖自然村。人口 900。因北方向临大水坑（俗称海子）得名仇海。聚落呈团块状分布。有百姓大舞台 1 处、图书阅览室 1 处。经济以渔业为主。有公路经此。

东姚 370826-B03-H11

[Dōngyáo]

在县驻地夏镇街道西北方向 40.1 千米。南阳镇辖自然村。人口 700。明初，姚氏帮表弟斗殴，误伤人命，由巨野逃南阳东南二十六里小黄河畔垦荒建村，名姚庄。后分支往西南迁五里建西姚村后，姚庄更名东姚。聚落呈团块状分布。有小学 1 处、幼儿园 1 处、百姓大舞台 1 处、图书阅览室 1 处。经济以种植业、渔业为主，种植小麦、水稻，主产青鱼、草鱼、鲢鱼、鳙鱼、鲤鱼、鲫鱼、泥鳅、鲶鱼、黄颡鱼、黄鳝、乌鳢等。有公路经此。

郑埝 370826-B04-H01

[Zhèngniàn]

鲁桥镇人民政府驻地。在县驻地夏镇街道西北方向 57.0 千米。人口 400。郑氏于明洪武年间由南京迁居南阳北牛头河堤埝建村，名郑埝。1962 年由湖内迁此建村，沿用原村名。聚落呈团块状分布。经济以水产养殖为主，水产品有草鱼、乌鳢、青虾。有公路经此。

鲁桥 370826-B04-H02

[Lǔqiáo]

在县驻地夏镇街道西北方向 55.2 千米。鲁桥镇辖自然村。人口 13 300。相传，春秋时期成村，古老泗河经此，河上石桥为鲁班造，名鲁桥，村因桥得名。聚落呈团块状分布。有小学 1 处、幼儿园 1 处、百姓大舞台 1 处、图书阅览室 1 处、文化大院 1 处。有明清时期的鲁桥老街、周家大院等古建筑。经济以种植业、渔业为主，种植小麦、玉米，主产青鱼、草鱼、鲢鱼、鳙鱼、鲤鱼、鲫鱼、泥鳅、鲶鱼、黄颡鱼、黄鳝、乌鳢等。有鲁顺港、食品厂、混凝土厂、花木厂等企业。104 省道经此。

口门 370826-B04-H03
[Kǒumén]

在县驻地夏镇街道西北方向 69.1 千米。鲁桥镇辖自然村。人口 1 400。1935 年黄河决口，灌南阳湖，洪水冲决运河西堤，故人称口门。聚落呈团块状分布。有小学 1 处、幼儿园 1 处、百姓大舞台 1 处、图书阅览室 1 处。经济以种植业、渔业为主，种植小麦、玉米，主产青鱼、草鱼、鲢鱼、鳙鱼、鲤鱼、鲫鱼、泥鳅、鲶鱼、黄颡鱼、黄鳝、乌鳢等。有公路经此。

南王 370826-B04-H04
[Nánwáng]

在县驻地夏镇街道西北方向 63.5 千米。鲁桥镇辖自然村。人口 2 700。陈氏兄弟二人由山西洪洞县迁横坊寺北方向垦荒建村，名南望，后演变为南王。聚落呈团块状分布。有小学 1 处、幼儿园 1 处、百姓大舞台 1 处、图书阅览室 1 处、文化大院 1 处。经济以种植业为主，种植小麦、玉米。有公路经此。

仲浅 370826-B04-H05
[Zhòngqiǎn]

在县驻地夏镇街道西北方向 62.2 千米。鲁桥镇辖自然村。人口 4 500。为古任城，殷、周时期为封国，秦、汉置县，治所在此。西汉初改名为延就亭。后仲子路后裔来此定居，更名横坊村。宋高宗时改名仲家浅，

后简为今名。聚落呈团块状分布。有百姓舞台、图书室、小学、幼儿园、文化大院等。有仲子庙、仲子书院、仲府等名胜古迹。经济以种植业、运输业为主，种植小麦、玉米、大豆。有杞柳编织厂。有公路经此。

泗河涯 370826-B04-H06
[Sìhéyá]

在县驻地夏镇街道西北方向 62.4 千米。鲁桥镇辖自然村。人口 1 400。此村为盛楼在泗河东岸另建新村，名泗河涯。聚落呈团块状分布。有百姓大舞台 1 处、图书阅览室 1 处、文化大院 1 处。经济以种植业为主，种植小麦、玉米。有公路经此。

师庄 370826-B04-H07
[Shīzhuāng]

在县驻地夏镇街道西北方向 58.0 千米。鲁桥镇辖自然村。人口 2 900。金章宗明昌五年（1194），师氏避水患迁此，地处大道旁，建有店铺，得名师家店。明初，更名师庄。聚落呈团块状分布。有小学 1 处、幼儿园 1 处、百姓大舞台 1 处、图书阅览室 1 处、文化大院 1 处。经济以种植业、渔业为主，种植小麦、玉米。有公路经此。

圈里 370826-B04-H08
[Quānlǐ]

在县驻地夏镇街道西北方向 58.1 千米。鲁桥镇辖自然村。人口 2 200。因地势低洼，属不纳皇粮范围，故名圈里。聚落呈团块状分布。有幼儿园 1 处、百姓大舞台 1 处、图书阅览室 1 处、文化大院 1 处。经济以种植业为主，种植小麦、玉米。104 国道经此。

枣林 370826-B04-H09
[Zǎolín]

在县驻地夏镇街道西北方向 55.2 千米。

鲁桥镇辖自然村。人口 5 000。宋代枣姓居此，村旁泗河畔植枣树成林，故名枣林。聚落呈团块状分布。有小学 1 处、幼儿园 1 处、百姓大舞台 1 处、图书阅览室 1 处。经济以种植业、渔业、养殖业为主。有公路经此。

新挑河 370826-B04-H10

[Xīntiāohé]

在县驻地夏镇街道西北方向 54.2 千米。鲁桥镇辖自然村。人口 2 300。明末，自青山北方向新挑（挖）一河入泗河济运，河成后在堤旁建村，名新挑河。聚落呈带状分布。有小学 1 处、幼儿园 1 处、百姓大舞台 1 处、图书阅览室 1 处。有清代皇恩浩荡碑等名胜古迹。经济以种植业、渔业为主，种植小麦、玉米，有葡萄种植专业户，水产品以白鲢、草鱼、鲤鱼为主。有公路经此。

侯楼 370826-B04-H11

[Hóulóu]

在县驻地夏镇街道西北方向 66.1 千米。鲁桥镇辖自然村。人口 1 500。明洪武二十五年（1392），侯氏由山西洪洞县迁南阳西北二十三里小黄河东岸垦荒建村，名侯楼。聚落呈团块状分布。有小学 1 处、幼儿园 1 处、百姓大舞台 1 处、图书阅览室 1 处。经济以种植业、渔业、养殖业为主。有公路经此。

吴庄 370826-B04-H12

[Wúzhuāng]

在县驻地夏镇街道西北方向 67.2 千米。鲁桥镇辖自然村。人口 1 500。明末，吴氏由济宁吴泰闸分支南迁至赵王河（小黄河）畔垦荒建村，名吴庄。聚落呈团块状分布。有百姓大舞台 1 处、图书阅览室 1 处。经济以种植业为主，种植小麦、水稻、大棚蔬菜，有英姿纺织、龙祥纸管、裕园养殖等企业。有公路经此。

湾子 370826-B04-H13

[Wānzi]

在县驻地夏镇街道西北方向 67.1 千米。鲁桥镇辖自然村。人口 1 300。因位于河湾处得名。聚落呈团块状分布。有百姓大舞台 1 处、图书阅览室 1 处。经济以种植业为主，种植小麦、水稻、大棚蔬菜。有公路经此。

卞集 370826-B04-H14

[Biànjí]

在县驻地夏镇街道西北方向 66.3 千米。鲁桥镇辖自然村。人口 1 100。明永乐二年（1404），卞、王二姓由山西洪洞县迁鲁桥西北二十里小黄河畔垦荒建村，因卞姓先到，得名卞集。聚落呈团块状分布。有小学 1 处、幼儿园 1 处、百姓大舞台 1 处、图书阅览室 1 处。经济以种植业为主，种植小麦、水稻、大豆。有公路经此。

刘桥 370826-B04-H15

[Liúqiáo]

在县驻地夏镇街道西北方向 57.2 千米。鲁桥镇辖自然村。人口 1 100。北宋中期，刘氏由滕县庄里村迁济宁城南七十里赵王河西岸桥旁居住建村，村名刘桥。聚落呈团块状分布。有小学 1 处、幼儿园 1 处、百姓大舞台 1 处、图书阅览室 1 处。有刘氏家祠、祖碑、清秀才刘英儒为民请命碑等名胜古迹。经济以种植业为主，种植小麦、水稻。有公路经此。

黄河 370826-B04-H16

[Huánghé]

在县驻地夏镇街道西北方向 61.2 千米。鲁桥镇辖自然村。人口 1 700。因村民主要在南阳湖小黄河一带活动而得名。聚落呈散状分布。经济以船舶运输、捕鱼为主。有公路经此。

留庄 370826-B05-H01
［Liúzhuāng］

留庄镇人民政府驻地。在县驻地夏镇街道西北方向28.0千米。人口9 700。传原名彭庄。元末战乱，此地仅剩此村，故改留庄。聚落呈团块状分布。有中学、小学、幼儿园、文化大院。经济以种植业、商贸业为主，种植小麦、玉米、大豆。有新安煤矿、留庄港。济微公路经此。

后留庄 370826-B05-H02
［Hòuliúzhuāng］

在县驻地夏镇街道西北方向28.2千米。留庄镇辖自然村。人口2 900。在留庄北方向，故名后留庄。聚落呈团块状分布。有小学1处、幼儿园1处、百姓大舞台1处、图书阅览室1处。有明代刘家墓地大石鼓。经济以种植业为主，种植小麦、玉米、水稻。有玩具厂、造船厂、洗煤厂、服装厂、电子元件加工等企业。104省道经此。

留庄八村 370826-B05-H03
［Liúzhuāngbācūn］

在县驻地夏镇街道西北方向28.5千米。留庄镇辖自然村。人口1 300。1956年湖内马口村民迁此居住建村，名八一村。1990年改称留庄八村。聚落呈团块状分布。有百姓大舞台1处。经济以种植业为主，种植小麦、玉米。有服饰厂。104省道经此。

土山 370826-B05-H04
［Tǔshān］

在县驻地夏镇街道西北方向25.2千米。留庄镇辖自然村。人口3 500。原名满家大楼。隆庆二年（1568）为避水患，村民往东北方向迁4里，在一高岗上建村，名土山。聚落呈带状分布。有小学1处、幼儿园1处、百姓大舞台1处、图书阅览室1处。经济以种植业、渔业为主，兼水上运输，种植小麦、玉米。有金山港、造船厂、轧钢厂、木材厂等企业。104省道经此。

满口 370826-B05-H05
［Mǎnkǒu］

在县驻地夏镇街道西北方向26.1千米。留庄镇辖自然村。人口5 600。原名满家大楼。隆庆二年（1568）为避水患，村民向东北方向迁至京杭运河堤引水口旁建村，名满口。聚落呈带状分布。有小学1处、幼儿园1处、百姓大舞台1处、图书阅览室1处。经济以种植业、渔业为主，种植小麦、玉米，主产青鱼、草鱼、鲢鱼、鳙鱼、鲤鱼、鲫鱼、泥鳅、鲶鱼、黄颡鱼、黄鳝、乌鳢等。有公路经此。

徐营 370826-B05-H06
［Xúyíng］

在县驻地夏镇街道西北方向23.2千米。留庄镇辖自然村。人口1 500。明隆庆元年（1567），漕运新渠竣工通船后，此地设护漕营房。明洪武二年（1369），徐氏由山西洪洞县迁谷亭徐家楼，隆庆年间分支迁此定居建村，名徐营房，继之赵氏由沛县迁入，沿用原村名。1985年改称徐营。聚落呈带状分布。有小学1处、幼儿园1处、百姓大舞台1处、图书阅览室1处。经济以种植业、渔业为主，种植小麦、大豆。有公路经此。

徐家堂 370826-B05-H07
［Xújiātáng］

在县驻地夏镇街道西北方向23.3千米。留庄镇辖自然村。人口2 200。明洪武二年（1369），徐氏由山西洪洞县迁鱼台谷亭徐家楼，隆庆二年（1568），分支迁此居住建村，名徐家堂。聚落呈团块状分布。有小学1处、幼儿园1处、百姓大舞台1处、图书阅览室1处。经济以种植业为主，种植小麦、大豆。104省道经此。

蒋坑 370826-B05-H08
[Jiǎngkēng]

在县驻地夏镇街道西北方向20.2千米。留庄镇辖自然村。人口1 100。原名蒋坡。传村前有一大坑，明隆庆元年（1567）之后，成为运粮船的避风港停泊区，并有货物装卸，故更为蒋坑。聚落呈团块状分布。有百姓大舞台1处、图书阅览室1处。经济以种植业为主，种植小麦、玉米。104省道经此。

桥上 370826-B05-H09
[Qiáoshàng]

在县驻地夏镇街道西北方向20.1千米。留庄镇辖自然村。人口1 700。因北方向临十孔桥而得名。聚落呈带状分布。有小学1处、幼儿园1处、百姓大舞台1处、图书阅览室1处。经济以种植业、渔业为主，种植小麦、水稻，有荷叶加工厂等企业。104省道经此。

马口 370826-B05-H10
[Mǎkǒu]

在县驻地夏镇街道西北方向20.3千米。留庄镇辖自然村。人口9 100。明隆庆二年（1568），马氏避水患迁京杭运河堤引水口旁居住建村，名马口。继之徐、王、满诸姓相继迁入，沿用原村名。聚落呈带状分布。有百姓大舞台1处、图书室1处、小学1处、幼儿园1处。经济以渔业、水上运输为主。有造船厂等企业。有公路经此。

航运 370826-B05-H11
[Hángyùn]

在县驻地夏镇街道西北方向28.1千米。留庄镇辖自然村。人口1 700。村民多数以船为家，部分在湖内马口、孟口附近运河堤上建有住房，曾有运输队，故村名航运。聚落呈带状分布。有百姓大舞台1处、图书室1处。经济以水上运输为主。有公路经此。

峦谷堆 370826-B05-H12
[Luángǔduī]

在县驻地夏镇街道西北方向32.1千米。留庄镇辖自然村。人口2 200。因村西有七个堌堆，类似山峦，故名峦堌堆，后演变为峦谷堆。聚落呈团块状分布。有百姓大舞台1处、图书室1处、小学1处、幼儿园1处。村西有西周时期文化遗址。经济以种植业、渔业为主，兼养殖业，种植小麦、玉米。有公路经此。

南羊庄 370826-B05-H13
[Nányángzhuāng]

在县驻地夏镇街道西北方向34.2千米。留庄镇辖自然村。人口3 100。明隆庆二年（1568），孟氏由邹县迁滕西杨庄，沿用原村名。万历年间，二世祖分支南迁二里建新村，名南杨庄。民国年间同音转化为南羊庄。聚落呈带状分布。有百姓大舞台1处、图书室1处、小学1处、幼儿园1处。经济以种植业为主，种植小麦、玉米、莲藕。村内多养鸭。有大兴贸易、荷叶茶制作等企业。有公路经此。

耿庄 370826-B05-H14
[Gěngzhuāng]

在县驻地夏镇街道西北方向34.3千米。留庄镇辖自然村。人口1 300。明洪武二年（1369），耿氏由单县迁此居住建村，名耿庄。

明洪武二年（1369），刘氏由山西洪洞县迁滕县大坞西大刘庄，继分支西迁 18 里至耿庄垦荒居住，沿用原村名。聚落呈团块状分布。有百姓大舞台 1 处、图书室 1 处、小学 1 处、幼儿园 1 处。经济以种植业、渔业为主，兼航运，种植小麦、玉米。有公路经此。

两城 370826-B06-H01
［Liǎngchéng］

两城镇人民政府驻地。在县驻地夏镇街道西北方向 52.1 千米。人口 16 400。南朝宋为高平郡、高平县治所，北齐天保元年（550）五月，高平县废，此地称两城寨，简称两城。聚落呈团块状分布。有百姓大舞台、图书室，中学 1 处、小学 1 处、幼儿园 1 处。有伏羲庙、伏羲陵、圣母池泉、汉墓群、汉画像石等名胜古迹。经济以种植业、渔业为主，特产有大蒜、毛蟹。有山水水泥厂。济微公路经此。

寨里 370826-B06-H02
［Zhàilǐ］

在县驻地夏镇街道西北方向 44.2 千米。两城镇辖自然村。人口 1 700。汉代此地建山寨，故称寨里。聚落呈团块状分布。有百姓大舞台 1 处、图书室 1 处。经济以种植业为主，种植小麦、大蒜、玉米。104 省道经此。

大辛庄 370826-B06-H03
［Dàxīnzhuāng］

在县驻地夏镇街道西北方向 48.1 千米。两城镇辖自然村。人口 3 300。因遭水灾生活艰辛，故名。聚落呈团块状分布。有百姓大舞台 1 处、图书室 1 处、小学 1 处、幼儿园 1 处。有唐代长寿寺庙遗址，宋、明代庙碑。经济以渔业、种植业、商业为主，种植小麦、玉米。104 省道经此。

陈庄 370826-B06-H04
［Chénzhuāng］

在县驻地夏镇街道西北方向 45.2 千米。两城镇辖自然村。人口 3 600。明洪武二年（1369），陈氏由山西迁此，初沿原名辛兴里，后陈氏人丁兴旺，更名陈庄。聚落呈团块状分布。有百姓大舞台 1 处、图书室 1 处、小学 1 处、幼儿园 1 处。有伏羲庙、伏羲陵、皇井等名胜古迹。经济以种植业为主，种植小麦、玉米、花生、大蒜、大豆、核桃等。有矿泉水、服装厂、织布厂等企业。有公路经此。

古沟 370826-B06-H05
［Gǔgōu］

在县驻地夏镇街道西北方向 47.2 千米。两城镇辖自然村。人口 1 800。因村临山沟得名。聚落呈团块状分布。有百姓大舞台 1 处、图书室 1 处、小学 1 处、幼儿园 1 处。有清代莲花庵等名胜古迹。经济以种植业为主，种植小麦、玉米、花生、大豆。有农业种植合作社、光伏发电合作社等企业。有公路经此。

房头 370826-B06-H06
［Fángtóu］

在县驻地夏镇街道西北方向 46.3 千米。两城镇辖自然村。人口 2 400。原名坊头，后演变为房头。聚落呈带状分布。有百姓大舞台 1 处、图书室 1 处、小学 1 处、幼儿园 1 处。有建于明代的阁门（寨门）及汉墓群等名胜古迹。经济以种植业、渔业、运输业为主，种植小麦、玉米。有食品加工厂等企业。104 省道经此。

东单 370826-B06-H07
［Dōngshàn］

在县驻地夏镇街道西北方向 46.1 千米。

两城镇辖自然村。人口 4 300。相传，汉代单氏两兄弟名武芝、文强，分居两处，巡守黑风口（今东风口），保护行人、客商安全，因武艺高强，聚众成村，分别称东单、西单。聚落呈团块状分布。有百姓大舞台 1 处、图书室 1 处、小学 1 处、幼儿园 1 处。有广禅侯庙残碑和关帝庙明代庙碑。经济以种植业、运输业为主，种植小麦、玉米、大蒜，有织布厂、玩具厂等企业。104 省道经此。

黄山 370826-B06-H08
[Huángshān]

在县驻地夏镇街道西北方向 48.2 千米。两城镇辖自然村。人口 5 000。因山得名。古名凰山，后演变为黄山。聚落呈团块状分布。有百姓大舞台 1 处、图书室 1 处和小学、幼儿园。经济以种植业、运输业为主，种植小麦、玉米、大蒜。有恒温库、织布厂、玩具厂、玻璃纤维厂、环保设备厂等企业。有公路经此。

白沙 370826-B06-H09
[Báishā]

在县驻地夏镇街道西北方向 49.5 千米。两城镇辖自然村。人口 5 600。因西临一宽约 50 米的白沙带，得村名白沙。聚落呈团块状分布。有百姓大舞台 1 处、图书室 1 处、小学 1 处、幼儿园 1 处。有关帝庙、供衣寺、匡王墓等名胜古迹。经济以种植业、运输业为主，种植小麦、玉米、大蒜。有纺织厂、煤球厂等企业。有公路经此。

独山 370826-B06-H10
[Dúshān]

在县驻地夏镇街道西北方向 47.2 千米。两城镇辖自然村。人口 3 000。两城山脉之南有一独立存在的小山，名独山，因山得村名。聚落呈团块状分布。有百姓大舞台 1

处、图书室 1 处、小学 1 处、幼儿园 1 处。有汉墓群、朝阳洞、群仙殿等名胜古迹。经济以种植业、运输业为主，种植小麦、玉米、核桃，有纺织厂等企业。有公路经此。

鲁村 370826-B06-H11
[Lǔcūn]

在县驻地夏镇街道西北方向 55.1 千米。两城镇辖自然村。人口 8 400。因鲁男子曾居此，故名鲁村。聚落呈团块状分布。有百姓大舞台 1 处、图书室 1 处、小学 1 处、幼儿园 1 处。经济以种植业为主，种植小麦、玉米、大蒜、核桃等。有码头、采石场、加工厂等企业。104 省道经此。

北薄 370826-B06-H12
[Běibó]

在县驻地夏镇街道西北方向 55.2 千米。两城镇辖自然村。人口 6 200。因地处山梁之下，土壤瘠薄而得名，后演变为北薄。聚落呈团块状分布。有百姓大舞台 1 处、图书室 1 处。有元代董氏墓碑、石翁仲等文化古迹。经济以种植、运输为主，种植小麦、玉米、大蒜。有公路经此。

南薄 370826-B06-H13
[Nánbó]

在县驻地夏镇街道西北方向 55.1 千米。两城镇辖自然村。人口 7 200。村东天齐庙唐开元三年（715）碑载有南薄梁村名，后简称南薄。聚落呈团块状分布。有百姓大舞台 1 处、图书室 1 处、小学 1 处、幼儿园 1 处。有商代文化堂台遗址，清代玄天阁、白衣阁等名胜古迹。经济以种植业为主，种植小麦、玉米、大蒜、桃子。有公路经此。

马坡 370826-B07-H01
[Mǎpō]

马坡镇人民政府驻地。在县驻地夏镇

街道西北方向 58.8 千米。人口 7 700。传国、李两姓建村，名国李庄。后因处泗河两岸，地势低洼，杂草茂密，乡民多在此牧马，更名马坡。聚落呈团块状分布。有中学 1 处、小学 1 处、幼儿园 1 处。有梁祝文化园、梁祝墓记碑等名胜古迹。经济以种植业为主，种植小麦、玉米、大豆，盛产大白菜、土豆等。有玻璃纤维厂等企业。有公路经此。

韩寨 370826-B07-H02
[Hánzhài]

在县驻地夏镇街道西北方向 65.1 千米。马坡镇辖自然村。人口 1 600。明洪武初年，韩氏由山西洪洞县喜鹊窝迁邹县峄山，继分支迁泗河之东、荆家集村北居住建村。后环村筑寨墙，得村名韩寨。聚落呈团块状分布。有百姓大舞台 1 处、图书室 1 处。经济以种植业为主，种植小麦、玉米。有煤球厂、木材加工厂等企业。104 省道经此。

荆集 370826-B07-H03
[Jīngjí]

在县驻地夏镇街道西北方向 64.7 千米。马坡镇辖自然村。人口 2 700。因荆轲衣冠冢得名荆家村，后改名荆集。有百姓大舞台 1 处、图书室 1 处、小学 1 处、幼儿园 1 处。经济以种植业为主，种植小麦、玉米。104 省道经此。

西九 370826-B07-H04
[Xījiǔ]

在县驻地夏镇街道西北方向 64.6 千米。马坡镇辖自然村。人口 900。唐代名九曲，因古老的泗河在此多弯曲得名。清初村庄扩大，分为东九曲和西九曲，后演变为东九和西九。聚落呈团块状分布。有百姓大舞台 1 处、图书室 1 处、小学 1 处、幼儿

园 1 处。经济以种植业为主，种植小麦、玉米。有公路经此。

潘庄 370826-B07-H05
[Pānzhuāng]

在县驻地夏镇街道西北方向 64.3 千米。马坡镇辖自然村。人口 900。潘氏祖居浙江，元末明初，历经五迁，万历年间，定居此地建村，名潘庄。聚落呈团块状分布。有百姓大舞台 1 处、图书室 1 处、小学 1 处、幼儿园 1 处。经济以种植业为主，种植小麦、玉米、西红柿等。104 省道经此。

姬堂 370826-B07-H06
[Jītáng]

在县驻地夏镇街道西北方向 64.4 千米。马坡镇辖自然村。人口 1 300。姬姓在村前建姬家祠堂，村名姬堂。聚落呈团块状分布。有百姓大舞台 1 处、图书室 1 处、小学 1 处、幼儿园 1 处。经济以种植业为主，种植小麦、玉米、西瓜。104 省道经此。

范庄 370826-B07-H07
[Fànzhuāng]

在县驻地夏镇街道西北方向 63.8 千米。马坡镇辖自然村。人口 1 400。明弘治年间范氏由兖州迁入，沿用原村名。明末，孙姓迁出，范姓为主，遂更名范庄。聚落呈团块状分布。有百姓大舞台 1 处、图书室 1 处。有明代建筑关帝庙等古迹。经济以种植业为主，种植小麦、玉米。有公路经此。

徐楼 370826-B07-H08
[Xúlóu]

在县驻地夏镇街道西北方向 63.7 千米。马坡镇辖自然村。人口 1 300。原名大兴庄。明末徐姓迁入，名徐黑者出资增建关帝庙阁楼，更村名为徐楼。聚落呈团块状分布。有百姓大舞台 1 处、图书室 1 处、小学 1 处、

幼儿园 1 处。经济以种植业为主，种植小麦、玉米。有公路经此。

程楼 370826-B07-H09
[Chénglóu]

在县驻地夏镇街道西北方向 63.6 千米。马坡镇辖自然村。人口 2 100。明初，程氏由山西洪洞县迁此居住，建有楼房，得村名程楼。聚落呈团块状分布。有百姓大舞台 1 处、图书室 1 处、小学 1 处、幼儿园 1 处。经济以种植业为主，种植小麦、玉米。有公路经此。

程堂 370826-B07-H10
[Chéngtáng]

在县驻地夏镇街道西北方向 62.5 千米。马坡镇辖自然村。人口 1 300。因原为程楼程氏的墓地祠堂而得名。聚落呈团块状分布。有百姓大舞台 1 处、图书室 1 处。经济以种植业为主，种植小麦、玉米。有公路经此。

石里 370826-B07-H11
[Shílǐ]

在县驻地夏镇街道西北方向 6.4 千米。马坡镇辖自然村。人口 6 400。相传，战国时小邾国王室操戈，二太子迁此建石城，欲与兄长抗衡。城未就，兄引兵至，二太子出逃，四周空留乱石，遂得村名石里。聚落呈团块状分布。有百姓大舞台 1 处、图书室 1 处、小学 1 处、幼儿园 1 处、文化大院 1 处。经济以种植业为主，种植小麦、玉米。有装饰公司等企业。有公路经此。

夹坊 370826-B07-H12
[Jiāfāng]

在县驻地夏镇街道西北方向 60.9 千米。马坡镇辖自然村。人口 1 200。村建在坊岭之间高地，得村名夹坊。聚落呈团块状分布。有百姓大舞台 1 处、图书室 1 处、小学 1 处、幼儿园 1 处。经济以种植业为主，种植小麦、玉米。有公路经此。

寨子 370826-B07-H13
[Zhàizi]

在县驻地夏镇街道西北方向 59.6 千米。马坡镇辖自然村。人口 1 600。唐代便有寨子村，村旁有王爷坟。金氏祖居山西泽州，明永乐六年（1408）迁丰县，继分支迁济宁东南四十五里寨子村，沿用原村名。聚落呈团块状分布。有百姓大舞台、图书室等。经济以种植业、养殖业为主，种植小麦、玉米、大蒜、白菜，养殖猪、鹅等。有公路经此。

西庄 370826-B07-H14
[Xīzhuāng]

在县驻地夏镇街道西北方向 60.3 千米。马坡镇辖自然村。人口 3 700。为避战乱，岳氏迁邹城之西定居建村，名西弯庄，后改称西庄。聚落呈团块状分布。有百姓大舞台 1 处、图书室 1 处、小学 1 处、幼儿园 1 处、文化大院 1 处。有清代建筑岳家祠堂。经济以种植业为主，种植小麦、玉米。有公路经此。

址坊 370826-B07-H15
[Zhǐfāng]

在县驻地夏镇街道西北方向 58.7 千米。马坡镇辖自然村。人口 2 800。地处邹城市羊石山山脉末端，当地人称坊岭头，得名址坊头，后更称址坊。聚落呈团块状分布。有百姓大舞台 1 处、图书室 1 处、小学 1 处、幼儿园 1 处、文化大院 1 处。经济以种植业为主，种植小麦、玉米、大蒜。有木板加工等企业。104 省道经此。

盛楼 370826-B07-H16
[Shènglóu]

在县驻地夏镇街道西北方向 59.5 千米。马坡镇辖自然村。人口 1 600。先祖盛庸，明洪武年间都指挥，建文二年（1400）任历城侯。永乐元年（1403）为避迫害，其子醇、良、善三兄弟随母由山东历城迁此居住建村，盖有楼房，得村名盛楼。聚落呈团块状分布。有百姓大舞台 1 处、图书室 1 处。有清代建筑盛氏庄园、仿古建筑盛氏祠堂。经济以种植业为主，种植小麦、玉米、大蒜。有公路经此。

泉上 370826-B07-H17
[Quánshàng]

在县驻地夏镇街道西北方向 57.6 千米。马坡镇辖自然村。人口 1 900。村东南有泉，出于平地，村得名渊源泉，后更名为泉上。聚落呈团块状分布。有百姓大舞台 1 处、图书室 1 处、中学 1 处、小学 1 处、幼儿园 1 处。有明代古庙。经济以种植业为主，种植小麦、玉米。有木材加工、拖把加工等企业。有公路经此。

赵庙 370826-B08-H01
[Zhàomiào]

赵庙镇人民政府驻地。在县驻地夏镇街道西方向 14.1 千米。人口 3 600。清咸丰年间，郓城赵庙村民来此定居，沿用旧名。聚落呈团块状分布。有中学 1 处、小学 1 处和文化广场、百姓大舞台、图书室。经济以种植业为主，种植小麦、水稻，水产品有草鱼、鲤鱼、鲫鱼。有纺织、建材、机械制造等企业。有公路经此。

曹庄 370826-B08-H02
[Cáozhuāng]

在县驻地夏镇街道西方向 15.8 千米。赵庙镇辖自然村。人口 2 500。清咸丰五年（1855），黄河于河南铜瓦厢决口北徙，微山湖、昭阳湖西部涸出大批黄泛湖滩地，江苏沛县当局榜示招垦。山东嘉祥、巨野、郓城县村民来此应召开荒建村，因曹姓人多，故名曹庄。聚落呈团块状分布。有百姓大舞台 1 处、图书室 1 处、小学 1 处、幼儿园 1 处、农家书屋 1 处。经济以种植业为主，种植小麦、水稻。有皮裘工艺厂、纺织厂等企业。有公路经此。

赵楼 370826-B08-H03
[Zhàolóu]

在县驻地夏镇街道西方向 12.8 千米。赵庙镇辖自然村。人口 2 400。清咸丰五年（1855），黄河于河南铜瓦厢决口北徙，郓城县赵楼村村民迁此应招开荒建村，沿原籍村名。聚落呈团块状分布。有百姓大舞台 1 处、图书室 1 处。经济以种植业为主，种植小麦、水稻。有机械制造厂、复合材料厂等企业。有公路经此。

侣楼 370826-B08-H04
[Sìlóu]

在县驻地夏镇街道西方向 13.4 千米。赵庙镇辖自然村。人口 2 300。郓城县侣楼村民迁此应招开荒建村，沿用原籍村名。聚落呈团块状分布。有百姓大舞台 1 处、图书室 1 处、文化馆 1 处、民俗馆 1 处。经济以种植业为主，种植小麦、水稻，有多家机械制造厂。有公路经此。

张楼 370826-B09-H01
[Zhānglóu]

张楼镇人民政府驻地。在县驻地夏镇街道西北方向 20.2 千米。人口 3 000。清咸丰六年（1856），张姓由巨野县迁此，沿用旧名。聚落呈团块状分布。有中学 1 处、小学 1 处和百姓大舞台、图书室、幼儿园等。经济以种植业为主，种植水稻、蔬菜，水产品有鲤鱼、鲫鱼、乌鳢等。有汉风纺织、明强塑包、邵氏纸业等企业。有公路经此。

湖陵　370826-B09-H02

[Húlíng]

在县驻地夏镇街道西北方向30.4千米。张楼镇辖自然村。人口1 000。此地原称湖陵邑，后建村，名湖陵。聚落呈团块状分布。有百姓大舞台1处、图书室1处、小学1处、幼儿园1处。有湖陵城遗址、湖陵寺等名胜古迹。经济以种植业为主，兼运输业，种植小麦、水稻、浅水藕。有集装箱运输、铸造、纺织等企业。有公路经此。

东丁官屯　370826-B09-H03

[Dōngdīngguāntún]

在县驻地夏镇街道西北方向17.1千米。张楼镇辖自然村。人口3 200。巨野县丁官屯村分两处应招垦荒建村，两村相距11里，均沿原籍村名，位于东南者称东丁官屯。聚落呈团块状分布。有百姓大舞台1处、图书室1处、小学1处、幼儿园1处。经济以种植业为主，种植小麦、水稻。有纺纱厂等企业。348省道经此。

陶官屯　370826-B09-H04

[Táoguāntún]

在县驻地夏镇街道西北方向17.2千米。张楼镇辖自然村。人口1 600。嘉祥县仲山乡陶官屯应招垦荒建村，沿用原籍村名。聚落呈团块状分布。有中学1处、幼儿园1处、百姓大舞台1处、图书室1处、文化大院1处。经济以种植业为主，种植小麦、水稻。有纺织、铸造等企业。有公路经此。

湖兴渔　370826-B09-H05

[Húxīngyú]

在县驻地夏镇街道东南方向11.6千米。张楼镇辖自然村。人口1 900。取湖区兴旺之意命名。有百姓大舞台1处、图书室1处、小学1处、幼儿园1处。经济以渔业养殖、船舶运输为主。有公路经此。

杨村　370826-B10-H01

[Yángcūn]

微山岛镇人民政府驻地。在县驻地夏镇街道东南方向21.2千米。人口1 300。明初，杨氏迁微山之东建村，名杨村。景泰三年（1452）为避水患，西迁至山坡，沿用原名。聚落呈团块状分布。有中学1处、小学1处。有铁道游击队纪念碑。经济以渔业、旅游业为主，特产莲子、芡实、菱米、银鱼等。有公路经此。

上庄　370826-B10-H02

[Shàngzhuāng]

在县驻地夏镇街道东南方向20.6千米。微山岛镇辖自然村。人口1 700。因地势比杨村高，故名上庄。聚落呈团块状分布。有百姓大舞台1处、图书室1处、小学1处、幼儿园1处。有抗日英雄褚雅青烈士殉难纪念地。经济以旅游业、种植业为主，种植小麦、玉米，水产品以鲤鱼、草鱼、鲫鱼为主。有食品加工厂等企业。有公路经此。

沟北　370826-B10-H03

[Gōuběi]

在县驻地夏镇街道东南方向18.2千米。微山岛镇辖自然村。人口800。因位于山沟之北方向拐弯处，得名陈家湾、陈家嘴。后与沟南村对称，称为沟北。聚落呈团块状分布。有百姓大舞台1处、图书室1处。经济以种植业为主，种植小麦、玉米、大豆，水产品以微山湖大闸蟹和龙虾闻名。有公路经此。

沟南 370826-B10-H04

[Gōunán]

在县驻地夏镇街道东南方向18.4千米。微山岛镇辖自然村。人口1 300。因北方向临山沟，故名沟南。聚落呈团块状分布。有百姓大舞台1处、图书室1处、小学1处、幼儿园1处。经济以渔业为主，主产武昌鱼、鲢鱼。有公路经此。

墓前 370826-B10-H05

[Mùqián]

在县驻地夏镇街道东南方向19.1千米。微山岛镇辖自然村。人口1 500。因位于张良墓南而得名。聚落呈团块状分布。有小学1处。有微子文化苑、张良祠、张良墓等名胜古迹。经济以种植业、渔业、旅游业为主，种植苹果、桃、山楂等，土特产有莲子、菱米、银鱼等。有公路经此。

姚村 370826-B10-H06

[Yáocūn]

在县驻地夏镇街道东南方向19.5千米。微山岛镇辖自然村。人口1 200。姚氏祖居山西洪洞县，明洪武八年（1375），迁居留城附近恩树庄。嘉靖八年（1529）为避水患，分支迁微山定居建村，名姚村。聚落呈团块状分布。有百姓大舞台1处、图书室1处、文化大院1处。经济以种植业、渔业、旅游业为主，种植小麦、玉米，水产品以螃蟹和龙虾为主。有公路经此。

吕蒙 370826-B10-H07

[Lǚméng]

在县驻地夏镇街道东南方向20.5千米。微山岛镇辖自然村。人口1 900。殷氏由吕蒙集迁微山岛居住建村，因怀念老村，故名吕蒙。聚落呈团块状分布。有小学、幼儿园、百姓大舞台、图书室等。经济以种植业为主，种植小麦、玉米。水产品以鲤鱼、草鱼为主。有公路经此。

西张阿 370826-B10-H08

[Xīzhāng'é]

在县驻地夏镇街道东南方向20.7千米。微山岛镇辖自然村。人口1 400。因地势如张翅之鹅，得村名张鹅，后演变为张阿。清乾隆三年（1738），褚氏由南常迁村东，取后东张阿后，张阿更名为西张阿。聚落呈团块状分布。有百姓大舞台1处、图书室1处。经济以渔业、种植业、旅游业为主，种植小麦、玉米、大豆，水产品以鲤鱼、草鱼为主。有旅游专业合作社、客渡航运分公司等企业。104国道经此。

庞庄 370826-B11-H01

[Pángzhuāng]

西平镇人民政府驻地。在县驻地夏镇街道西北方向18.2千米。人口1 900。清咸丰七年（1857），巨野县庞氏、嘉祥县孟氏迁此垦荒建村，名庞孟庄。1955年改称庞庄。聚落呈团块状分布。有中学1处、小学1处、幼儿园1处。经济以种植业为主，种植小麦、水稻。有纺织厂、矿山机械厂等企业。有庞庄港、四海港。枣曹公路经此。

西平 370826-B11-H02

[Xīpíng]

在县驻地夏镇街道西北方向18.5千米。西平镇辖自然村。人口1 800。建村时位于西门，村名西门，后演变为西平。聚落呈团块状分布。有百姓大舞台1处、图书室1处、文化中心1处。经济以种植业为主，种植小麦、水稻。有建材厂、纺织厂等企业。有公路经此。

杨堂 370826-B11-H03
[Yángtáng]

在县驻地夏镇街道西北方向18.3千米。西平镇辖自然村。人口1 700。巨野县杨堂村民迁此垦荒建村，沿用原籍村名。聚落呈团块状分布。有百姓大舞台1处、图书室1处。经济以种植业为主，兼商贸业，种植小麦、水稻，有贸易公司、纺织厂、电子厂等企业。有公路经此。

高楼 370826-C01-H01
[Gāolóu]

高楼乡人民政府驻地。在县驻地夏镇街道西南方向14.2千米。人口2 000。明初，高氏迁此建村，名高楼。聚落呈团块状分布。有中学1处、小学1处、幼儿园1处。经济以种植业、渔业为主，产大米、龙虾、微山湖大闸蟹。有公路经此。

沿河北村 370826-C01-H02
[Yánhéběicūn]

在县驻地夏镇街道西方向6.1千米。高楼乡辖自然村。人口1 000。因渔民在二级坝南湖内四道堤南端建房陆居，故名。有百姓大舞台1处、图书室1处。经济以种植业、运输业为主，种植小麦、大豆，养殖鳜鱼、南美白对虾。有公路经此。

利民 370826-C01-H03
[Lìmín]

在县驻地夏镇街道西南方向11.3千米。高楼乡辖自然村。人口1 000。1976年遵照中央关于加速连家船社会主义改造的精神，安排该村村民在刘楼河南岸陆居建村，名利民。有百姓大舞台1处、图书室1处、小学1处、幼儿园1处。经济以种植业为主，兼水上运输业，种植小麦、大豆，水产品主要有螃蟹、对虾。有公路经此。

小闸 370826-C01-H04
[Xiǎozhá]

在县驻地夏镇街道西南方向16.6千米。高楼乡辖自然村。人口1 900。元朝建沽头下闸（俗称小闸），在闸旁建村居住，村得名小闸。聚落呈团块状分布。有百姓大舞台1处、图书室1处、小学1处、幼儿园1处。经济以种植业为主，兼船舶运输业，种植小麦、水稻、大豆。有物流公司、服装厂等企业。有公路经此。

四段 370826-C01-H05
[Sìduàn]

在县驻地夏镇街道西南方向16.5千米。高楼乡辖自然村。人口2 300。划段招垦时，因该村为第四段而得名。聚落呈团块状分布。有百姓大舞台1处、图书室1处、小学1处、幼儿园1处。经济以种植业为主，兼船舶运输业，种植小麦、水稻、大豆。有公路经此。

渭河 370826-C01-H06
[Wèihé]

在县驻地夏镇街道西南方向26.3千米。高楼乡辖自然村。人口1 400。村内以活动在湖内小卫河一带的渔民为主，渔民爱水，同音转化村名为渭河。有百姓大舞台1处、图书室1处、小学1处、幼儿园1处。经济以渔业、船舶运输业、旅游业为主。有公路经此。

微西 370826-C01-H07
[Wēixī]

在县驻地夏镇街道南方向34.5千米。高楼乡辖自然村。人口1 700。1972年，遵照中央关于加速连家船社会主义改造的精神，安排村民在微山湖西南部代海河湖内段南岸陆居建村，名微西。有百姓大舞台1处、图书室1处、小学1处、幼儿园1处。

经济以渔业、水上运输业为主，水产品以微山湖大闸蟹、南美白对虾闻名。有公路经此。

永胜 370826-C01-H08
[Yǒngshèng]

在县驻地夏镇街道南方向 35.4 千米。高楼乡辖自然村。人口 3 100。1972 年，遵照中央关于加速连家船社会主义改造的精神，安排村民在代海河湖内段两岸和郑集河湖内段北方向岸陆居建村，名永胜。有百姓大舞台 1 处、图书室 1 处、小学 1 处、幼儿园 1 处。经济以渔业、水上运输业为主，水产品以微山湖大闸蟹、南美白对虾、龙虾闻名。有公路经此。

鱼台县

城市居民点

教师新村 370827-I01
[Jiàoshī Xīncūn]

在县城西部。人口 900。总面积 2.28 公顷。以居住人员及吉祥寓意而得名。2001 年始建，2004 年正式使用。建筑总面积 13 200 平方米，多层住宅楼 12 栋，绿地面积 7 600 平方米。有健身器材、超市、学校等配套设施。通公交车。

观鱼小区 370827-I02
[Guānyú Xiǎoqū]

在县城中部。人口 1 800。总面积 3.31 公顷。以吉祥之语得名。1999 年始建，2003 年正式使用。建筑总面积 16 200 平方米，多层住宅楼 18 栋，绿地面积 12 600 平方米。有健身器材、小学、超市等配套设施。通公交车。

金贤源小区 370827-I03
[Jīnxiányuán Xiǎoqū]

在县城北部。人口 1 200。总面积 0.81 公顷。取弘扬孝贤文化之意，故名。2010 年始建，2012 年正式使用。建筑总面积 5 100 平方米，高层住宅楼 6 栋，绿地面积 2 500 平方米。通公交车。

金泰华城 370827-I04
[Jīntài Huáchéng]

在县城西部。人口 1 500。总面积 2.64 公顷。以开发公司名称命名。2011 年始建，2014 年正式使用。建筑总面积 14 700 平方米，高层住宅楼 6 栋，绿地面积 8 700 平方米。有长途汽车站、小学、大型超市等配套设施。通公交车。

阳光花城 370827-I05
[Yángguāng Huāchéng]

在县城西部。人口 4 600。总面积 12.74 公顷。取环境优美、住宅明亮之意，故名。2010 年始建，2012 年正式使用。建筑总面积 75 400 平方米，多层住宅楼 34 栋，绿地面积 45 500 平方米。有幼儿园、超市等配套设施。通公交车。

双新小区 370827-I06
[Shuāngxīn Xiǎoqū]

在县城北部。人口 1 500。总面积 5.40 公顷。因该小区是新民、新华回迁小区，故名双新小区。2009 年始建，2012 年正式使用。建筑总面积 36 900 平方米，多层住宅楼 17 栋，绿地面积 16 600 平方米。有车站、农贸市场等配套设施。通公交车。

盛乡小区 370827-I07
[Shèngxiāng Xiǎoqū]

在县城西部。人口 1 700。总面积 4.61 公顷。取繁荣昌盛之意命名。2010 年始建，

2012 年正式使用。建筑总面积 27 600 平方米，多层住宅楼 16 栋，绿地面积 14 300 公顷。通公交车。

飞跃佳苑 370827–I08
[Fēiyuè Jiāyuàn]

在县城中部。人口 500。总面积 1.05 公顷。因是飞跃集团投资，故名。2004 年始建，2006 年正式使用。建筑总面积 6 900 平方米，多层住宅楼 5 栋，绿地面积 3 300 平方米。有医院、农贸市场等配套设施。通公交车。

新天地家园 370827–I09
[Xīntiāndì Jiāyuán]

在县城北部。人口 300。总面积 1.05 公顷。取开始新生活之意，故名。2010 年始建，2012 年正式使用。建筑总面积 5 900 平方米，多层住宅楼 4 栋，绿地面积 3 200 平方米。有医院、农贸市场等配套设施。通公交车。

微湖警苑 370827–I10
[Wēihú Jǐngyuàn]

在县城北部。人口 2 600。总面积 8.35 公顷。因是湖西煤矿监狱的家属院，故名。2006 年始建，2010 年正式使用。建筑总面积 56 000 平方米，高层住宅楼 11 栋，绿地面积 30 700 平方米。有大型超市、文化广场、幼儿园等配套设施。通公交车。

天润小区 370827–I11
[Tiānrùn Xiǎoqū]

在县城中部。人口 1 700。总面积 6.75 公顷。因该小区是天润面粉厂旧址，故名。2007 年始建，2010 年正式使用。建筑总面积 37 600 平方米，多层住宅楼 15 栋，绿地面积 19 000 平方米。有学校、超市、公园、广场等配套设施。通公交车。

金水湾小区 370827–I12
[Jīnshuǐwān Xiǎoqū]

在县城北部。人口 1 600。总面积 5.05 公顷。取财源广进、河水环绕之意，故名。2010 年始建，2013 年正式使用。建筑总面积 38 700 平方米，高层住宅楼 8 栋，绿地面积 10 000 平方米。有广场、超市等配套设施。通公交车。

馨贵园 370827–I13
[Xīnguì Yuán]

在县城北部。人口 1 600。总面积 6.91 公顷。取温馨、富贵之意，故名。2006 年始建，2010 年正式使用。建筑总面积 42 000 平方米，多层住宅楼 18 栋，绿地面积 22 900 平方米。有幼儿园、广场、大型超市等配套设施。通公交车。

金冠锦绣园 370827–I14
[Jīnguān Jǐnxiùyuán]

在县城西部。人口 500。总面积 1.46 公顷。取财源广进、繁花似锦之意，故名。2009 年始建，2012 年正式使用。建筑总面积 8 900 平方米，多层住宅楼 9 栋，绿地面积 4 700 平方米。有学校、幼儿园、农贸市场等配套设施。通公交车。

文化小区 370827–I15
[Wénhuà Xiǎoqū]

在县城中部。人口 300。总面积 1.20 公顷。因该小区是文化局的家属院，故名。2008 年始建，2010 年正式使用。建筑总面积 5 800 平方米，多层住宅楼 4 栋，绿地面积 3 600 平方米。有银行、超市、医院等配套设施。通公交车。

新天地花园 370827–I16
[Xīntiāndì Huāyuán]

在县城东南部。人口 1 200。总面积 4.5

公顷。取开始新生活之意,故名。2010年始建,2012年正式使用。建筑总面积25 200平方米,多层住宅楼13栋,绿地面积15 200平方米。有老年大学、农贸市场等配套设施。通公交车。

水韵豪庭 370827-I17
[Shuǐyùn Háotíng]

在县城东南部。人口2 200。总面积10.0公顷。因靠近西支河、环境幽雅,故名水韵豪庭。2011年始建,2014年正式使用。建筑总面积58 000平方米,多层住宅楼18栋,绿地面积30 100平方米。有图书室、健身房、儿童活动中心等配套设施。通公交车。

和谐家园 370827-I18
[Héxié Jiāyuán]

在县城中部。人口300。总面积0.5公顷。取邻里和谐的美好期待之意命名。2011年始建,2014年正式使用。建筑总面积6 800平方米,多层住宅楼2栋,现代建筑风格,绿地面积1 000平方米。有学校、超市、幼儿园等配套设施。通公交车。

八一小区 370827-I19
[Bāyī Xiǎoqū]

在县城中部。人口300。总面积1.30公顷。取八一建军节之意命名。2010年始建,2012年正式使用。建筑总面积5 900平方米,多层住宅楼3栋,现代建筑风格,绿地面积4 100平方米。有学校、大型超市等配套设施。通公交车。

吉祥家园 370827-I20
[Jíxiáng Jiāyuán]

在县城南部。人口400。总面积1.40公顷。取吉祥如意之意命名。2010年始建,2013年正式使用。建筑总面积8 900平方米,

多层住宅楼7栋,绿地面积3 600平方米。通公交车。

农村居民点

西段 370827-A01-H01
[Xīduàn]

在县驻地谷亭街道东北方向3.6千米。谷亭街道辖自然村。人口1 800。相传此地曾是唐王李世民东征歇兵之处,并在此地操练兵马,因而得名演武坡。1961年把该村分为东西两段,因该村位于西边,故名西段。聚落呈团块状分布。有文化广场1处。经济以种植业为主,主要农作物有小麦、水稻等。有公路经此。

东周堂 370827-A01-H02
[Dōngzhōutáng]

在县驻地谷亭街道东北方向3.8千米。谷亭街道辖自然村。人口1 200。明嘉靖年间,周氏由河南省古城迁此立村,取名周堂。为与本县王庙镇另一个周堂村区别,以位置更名东周堂。聚落呈团块状分布。有文化广场1处。经济以种植业为主,主要农作物有小麦、水稻等。有公路经此。

缪集 370827-A01-H03
[Miàojí]

在县驻地谷亭街道东北方向4.6千米。谷亭街道辖自然村。人口1 600。缪集原名毛集,明万历年间,缪氏由安徽凤阳迁入,改为缪集。聚落呈团块状分布。有文化广场1处。经济以种植业为主,主要农作物有小麦、水稻等。有公路经此。

李更卜 370827-A01-H04
[Lǐgēngbǔ]

在县驻地谷亭街道东南方向1.3千米。

谷亭街道辖自然村。人口 600。明万历年间，李更卜率族从本县龙泉寺迁此立村，故名。聚落呈团块状分布。有文化广场 1 处。经济以种植业为主，主要农作物有小麦、水稻。有六和饲料厂等企业。有公路经此。

双韩 370827-A01-H05
[Shuānghán]

在县驻地谷亭街道东北方向 1.4 千米。谷亭街道辖自然村。人口 1 300。明正德年间，韩氏由本县韩庄迁此立村，因村东西各建楼房一座，取名韩双楼，后改为双韩。聚落呈团块状分布。有文化广场 1 处。经济以种植业为主，主要农作物有小麦、水稻。251 国道经此。

王子亮 370827-A01-H06
[Wángzǐliàng]

在县驻地谷亭街道东北方向 4.0 千米。谷亭街道辖自然村。人口 1 100。此村原名李口，清康熙年间，王子亮率族由本县王庄迁入此村。为纪念先人，故以王子亮为村名并沿用至今。聚落呈团块状分布。有文化广场 1 处。经济以种植业为主，主要农作物有小麦、水稻。有公路经此。

西姚 370827-A01-H07
[Xīyáo]

在县驻地谷亭街道东北方向 6.5 千米。谷亭街道辖自然村。人口 1 300。明万历年间，姚氏由巨野县大姚楼迁此立村，因村东有东姚村，故取名西姚。聚落呈团块状分布。有文化广场 1 处。经济以种植业为主，主要农作物有小麦、水稻，兼有水产养殖。有公路经此。

土楼 370827-A01-H08
[Tǔlóu]

在县驻地谷亭街道东南方向 1.5 千米。

谷亭街道辖自然村。人口 900。据《阎氏族谱》记载，明万历年间，阎氏由本县阎海迁此立村，因村中盖有土楼一座，故取村名为土楼。聚落呈团块状分布。有文化广场 1 处。经济以种植业为主，主要农作物有小麦、水稻，兼有水产养殖。有公路经此。

蒋庄 370827-A01-H09
[Jiǎngzhuāng]

在县驻地谷亭街道东北方向 2.5 千米。谷亭街道辖自然村。人口 1 000。以姓氏名村。聚落呈团块状分布。有文化广场 1 处。经济以种植业为主，主要农作物有小麦、水稻，兼有水产养殖。251 国道经此。

前八里湾 370827-A01-H10
[Qiánbālǐwān]

在县驻地谷亭街道东北方向 3.7 千米。谷亭街道辖自然村。人口 2 100。明嘉靖年间，阎氏在距谷亭八里老运河湾处立村，取名前八里湾。聚落呈团块状分布。有文化广场 1 处。经济以种植业为主，主要农作物有小麦、水稻等。有公路经此。

胡集 370827-A01-H11
[Hújí]

在县驻地谷亭街道东北方向 4.7 千米。谷亭街道辖自然村。人口 1 600。胡氏于明洪武年间迁此立村，因此村成过集，故名胡集，沿用至今。聚落呈团块状分布。有文化广场 1 处。经济以种植业为主，主要农作物有小麦、水稻等。251 国道经此。

建设村 370827-A01-H12
[Jiànshècūn]

在县驻地谷亭街道东南方向 0.3 千米。谷亭街道辖自然村。人口 1 300。因吉祥嘉言而得名。聚落呈团块状分布。有文化广场 1 处。经济以种植业为主。有鱼台县孔府宴酒厂等企业。有公路经此。

爱国村 370827-A01-H13
[Àiguócūn]

在县驻地谷亭街道东南方向 0.7 千米。谷亭街道辖自然村。人口 500。因吉祥嘉言而得名。聚落呈团块状分布。有文化广场 1 处。经济以种植业为主。有公路经此。

彭庄 370827-A02-H01
[Péngzhuāng]

在县驻地谷亭街道东北方向 6.2 千米。滨湖街道辖自然村。人口 1 000。明嘉靖年间，彭氏从微山县迁此立村，取名彭庄。聚落呈团块状分布。有文化广场 1 处。经济以种植业为主，主要农作物有小麦、水稻。有公路经此。

高庄 370827-A02-H02
[Gāozhuāng]

在县驻地谷亭街道东北方向 6.5 千米。滨湖街道辖自然村。人口 1 400。高氏于明宣德年间从本县旧城迁此立村，取名高庄。聚落呈团块状分布。有文化广场 1 处。经济以种植业为主，主要农作物有小麦、水稻。有公路经此。

玉皇庙 370827-A02-H03
[Yùhuángmiào]

在县驻地谷亭街道东北方向 6.5 千米。滨湖街道辖自然村。人口 1 000。元大德九年（1305），当地建玉皇庙并立碑，明洪武三年（1370），宋氏从山西省洪洞县迁此，依庙而住，故取名玉皇庙。聚落呈团块状分布。有文化广场 1 处。经济以种植业为主，主要农作物有小麦、水稻。有公路经此。

七所楼 370827-A02-H04
[Qīsuǒlóu]

在县驻地谷亭街道西北方向 2.6 千米。滨湖街道辖自然村。人口 2 100。明成化年间，李姓从谷亭镇麻布街迁此立村，因村中建有七所楼，故名。聚落呈团块状分布。有文化广场 1 处。经济以种植业为主，主要农作物有小麦、水稻。有公路经此。

大聂 370827-A02-H05
[Dàniè]

在县驻地谷亭街道西北方向 3.4 千米。滨湖街道辖自然村。人口 1 700。明永乐年间，聂姓从菏泽县城南堤口聂庄迁此立村，取名大聂。聚落呈团块状分布。有文化广场 1 处。经济以种植业为主，主要农作物有小麦、水稻。有公路经此。

于屯 370827-A02-H06
[Yútún]

在县驻地谷亭街道西南方向 4.6 千米。滨湖街道辖自然村。人口 3 000。明洪武二年（1369），于姓从山西洪洞县迁此立村，取名于屯。聚落呈团块状分布。有文化广场 1 处。经济以种植业为主，主要农作物有小麦、水稻。有公路经此。

佃户李村 370827-A02-H07
[Diànhùlǐcūn]

在县驻地谷亭街道西北方向 2.7 千米。滨湖街道辖自然村。人口 300。明万历年间，李姓从金乡县李楼迁此立村，因以租庙地为业，故名佃户李村。聚落呈团块状分布。有文化广场 1 处。经济以种植业为主，主要农作物有小麦、水稻。有公路经此。

陈年村 370827-A02-H08

[Chénniáncūn]

在县驻地谷亭街道西南方向 1.8 千米。滨湖街道辖自然村。人口 2 200。清嘉庆年间，此村名罗庄，罗氏失传后，此间陈大年率族人从王庙迁此定居，为了纪念先祖，把村名改为陈年村。聚落呈团块状分布。有文化广场 1 处。经济以种植业为主，主要农作物有小麦、水稻。有公路经此。

清河涯 370827-B01-H01

[Qīnghéyá]

清河镇人民政府驻地。在县驻地谷亭街道西北方向 18.7 千米。人口 2 200。明永乐二年（1404），张氏从山西洪洞县迁居清河涯，依水清见底的万福河畔而居，起村名清河涯。聚落呈团块状分布。有文化广场 1 处、小学 1 处、幼儿园 3 个。经济以种植业为主，主要农作物有小麦、水稻、杞柳。有鱼台县三贤酒业、润柳工艺品有限公司等企业。有公路经此。

鉴洼 370827-B01-H02

[Jiànwā]

在县驻地谷亭街道西北方向 28.3 千米。清河镇辖自然村。人口 600。明洪武年间，鉴氏从山西洪洞县古路沟迁此立村，因地势低洼，故名鉴洼。聚落呈团块状分布。有文化广场 1 处。经济以种植业为主，主要农作物有小麦、水稻、棉花、大蒜等。有公路经此。

孙桥 370827-B01-H03

[Sūnqiáo]

在县驻地谷亭街道西北方向 27.1 千米。清河镇辖自然村。人口 700。据孙氏族碑记载，明洪武二年（1369），孙氏从山西洪洞县迁此立村，因靠近老万福河桥，故名孙桥。聚落呈团块状分布。有文化广场 1 处。经济以种植业为主，主要农作物有小麦、大蒜、棉花等。有公路经此。

张油坊 370827-B01-H04

[Zhāngyóufáng]

在县驻地谷亭街道西北方向 22.4 千米。清河镇辖自然村。人口 1 100。明永乐二年（1404），张氏从山西洪洞县二十里铺迁此立村，因开设油坊，取名张油坊。聚落呈团块状分布。有文化广场 1 处。经济以种植业为主，主要农作物有小麦、棉花等。251 国道经此。

王台 370827-B01-H05

[Wángtái]

在县驻地谷亭街道西北方向 30.7 千米。清河镇辖自然村。人口 1 300。明宣德年间，王氏三兄弟从本县大王庄迁此立村。因兄弟三人排行"台"字辈，故取村名王台。聚落呈团块状分布。有文化广场 1 处。经济以种植业为主，主要农作物有小麦、水稻、杞柳等。有公路经此。

蔡王 370827-B01-H06

[Càiwáng]

在县驻地谷亭街道西北方向 31.2 千米。清河镇辖自然村。人口 1 700。明万历年间，王氏从大王庄迁来，蔡氏从济宁蔡行迁来，两姓共建此村，故名。聚落呈团块状分布。有文化广场 1 处。经济以种植业为主，主要农作物有小麦、水稻、杞柳等。有公路经此。

大程 370827-B01-H07

[Dàchéng]

在县驻地谷亭街道西北方向 26.5 千米。清河镇辖自然村。人口 1 200。明永乐七年（1409），程氏从山西洪洞县迁此立村，取名大程。聚落呈团块状分布。有文化广场 1 处。经济以种植业为主，主要农作物有小麦、水稻、杞柳等。有公路经此。

勺头刘 370827-B01-H08
[Sháotóuliú]

在县驻地谷亭街道西北方向 21.2 千米。清河镇辖自然村。人口 800。原名刘庄。该村民风强悍，习武风盛，素有"武术之村"称号。清初，盗匪入村抢掠，村人以锣为令集结男女老少持长柄木勺攻敌，贼寇败逃，此举大振村威，村名被人们叫成"勺头刘"。聚落呈团块状分布。有文化广场 1 处。经济以种植业为主，产小麦、水稻、杞柳等。有公路经此。

大薛 370827-B01-H09
[Dàxuē]

在县驻地谷亭街道西北方向 23.1 千米。清河镇辖自然村。人口 1 400。据薛氏 1922 年所立族碑记载，薛氏于明洪武二年（1369）从山西迁此立村，取名大薛。聚落呈团块状分布。有文化广场 1 处。经济以种植业为主，主要农作物有小麦、水稻等。有公路经此。

魏庄 370827-B01-H10
[Wèizhuāng]

在县驻地谷亭街道西北方向 19.6 千米。清河镇辖自然村。人口 700。因魏姓在此立村，故名。聚落呈团块状分布。有文化广场 1 处。经济以种植业为主，主要农作物有小麦、水稻等。有公路经此。

袁家 370827-B01-H11
[Yuánjiā]

在县驻地谷亭街道西北方向 31.2 千米。清河镇辖自然村。人口 1 200。因姓氏得名。聚落呈团块状分布。有文化广场 1 处。经济以种植业为主，产小麦、水稻、杞柳等。有公路经此。

鹿洼 370827-B01-H12
[Lùwā]

在县驻地谷亭街道西北方向 18.4 千米。清河镇辖自然村。人口 1 900。据《鹿氏族谱》记载，鹿姓于明永乐二年（1404）从山西省洪洞县迁此立村，因地势低洼，故名鹿洼。聚落呈团块状分布。有文化广场 1 处。经济以种植业为主，主要农作物有小麦、水稻等。有公路经此。

韩庙 370827-B01-H13
[Hánmiào]

在县驻地谷亭街道西北方向 22.3 千米。清河镇辖自然村。人口 1 200。明成化年间，韩姓从本县韩庄迁此立村，后因建了一座庙，取村名韩庙。聚落呈团块状分布。有文化广场 1 处。经济以种植业为主，主要农作物有小麦、水稻等。有公路经此。

于屯 370827-B01-H14
[Yútún]

在县驻地谷亭街道西北方向 23.2 千米。清河镇辖自然村。人口 400。明永乐年间，于氏从文登县大水坡迁此立村，取名于屯。聚落呈团块状分布。有文化广场 1 处。经济以种植业为主，主要农作物有小麦、水稻、杞柳等。有公路经此。

相里 370827-B01-H15
[Xiànglǐ]

在县驻地谷亭街道西北方向 25.1 千米。清河镇辖自然村。人口 1 900。据传，古时候，因附近村的韩丞相为方便群众，在此成立个小集，故名相府里集，简称相里。聚落呈团块状分布。有文化广场 1 处。经济以种植业为主，主要农作物有小麦、水稻等。有公路经此。

石集 370827-B01-H16
[Shíjí]

在县驻地谷亭街道西北方向 15.8 千米。清河镇辖自然村。人口 800。古时，这里有一泉，常年流水不断，近旁建有龙泉寺。这里因有泉有寺闻名遐迩，人多乐于在此聚集、贸易、居住，遂成集市，称为石窦集，后称今名。聚落呈团块状分布。有文化广场 1 处。经济以种植业为主，主要农作物有小麦、水稻等。有公路经此。

西田 370827-B01-H17
[Xītián]

在县驻地谷亭街道西北方向 18.1 千米。清河镇辖自然村。人口 1 700。据金承安四年（1199）田氏墓碑记载，此村原名田家堂，后迁出一部分人另立新庄，遂改名为西田。聚落呈团块状分布。有文化广场 1 处。经济以种植业为主，主要农作物有小麦、水稻等。有公路经此。

刘楼 370827-B01-H18
[Liúlóu]

在县驻地谷亭街道西北方向 18.0 千米。清河镇辖自然村。人口 800。明永乐二年（1404），刘氏从山西洪洞县迁此立村，因盖有望乡楼，故名刘楼。聚落呈团块状分布。有文化广场 1 处。经济以种植业为主，主要农作物有小麦、水稻、毛木耳等。有公路经此。

吕屯 370827-B01-H19
[Lǔtún]

在县驻地谷亭街道西北方向 23.5 千米。清河镇辖自然村。人口 1 500。明洪武元年（1368），吕姓从山西省洪洞县迁此立村，取名吕屯。聚落呈团块状分布。有文化广场 1 处。经济以种植业为主，主要农作物有小麦、水稻等。有公路经此。

赵店 370827-B01-H20
[Zhàodiàn]

在县驻地谷亭街道西北方向 18.2 千米。清河镇辖自然村。人口 1 000。赵氏于明洪武二年（1369）从山西洪洞县迁此立村，取名赵店。聚落呈团块状分布。有文化广场 1 处。经济以种植业为主，主要农作物有小麦、水稻、毛木耳等。有公路经此。

盛洼 370827-B01-H21
[Shèngwā]

在县驻地谷亭街道西北方向 28.1 千米。清河镇辖自然村。人口 1 200。明嘉靖十年（1531），盛姓从微山县盛家坞迁入此村，改名为盛家洼，简称盛洼。聚落呈团块状分布。有文化广场 1 处。经济以种植业为主，主要农作物有小麦、水稻、毛木耳等。有公路经此。

杨口 370827-B01-H22
[Yángkǒu]

在县驻地谷亭街道西北方向 20.7 千米。清河镇辖自然村。人口 1 400。明洪武二年（1369），杨姓从山西省洪洞县杨口迁此立村，为纪念旧居，故名杨口。聚落呈团块状分布。有文化广场 1 处。经济以种植业为主，主要农作物有小麦、水稻等。有公路经此。

鱼城 370827-B02-H01
[Yúchéng]

鱼城镇人民政府驻地。在县驻地谷亭街道西南方向 18.4 千米。人口 6 600，其中回族 1 075 人。原名董家店。清乾隆二十一年（1756），鱼台县人从旧城迁址于此，改名鱼城。聚落呈带状分布。有高中1处、小学2处、幼儿园5处。古迹有文庙大殿遗址。经济以种植业为主，主要农作物有小麦、水稻、大蒜、棉花等。有鱼台县润鑫纺织品有限公司等企业。有公路经此。

菜园 370827-B02-H02
[Càiyuán]

在县驻地谷亭街道西南方向18.3千米。清河镇辖自然村。人口900。蔡氏于明永乐年间从单县迁此立村，取名蔡庄，后因大部分人以种植蔬菜为主，故改名为菜园。聚落呈团块状分布。有文化广场1处。经济以种植业为主，主要农作物有小麦、水稻、大蒜、棉花等。有公路经此。

卜桥 370827-B02-H03
[Bǔqiáo]

在县驻地谷亭街道西南方向19.2千米。鱼城镇辖自然村。人口1 000。卜氏于明天启年间自巨野迁此立村，村头有座小桥，故名卜桥。聚落呈团块状分布。有文化广场1处。经济以种植业为主，主要农作物有小麦、水稻、大蒜、棉花等。有公路经此。

洪寺 370827-B02-H04
[Hóngsì]

在县驻地谷亭街道西南方向18.4千米。鱼城镇辖自然村。人口1 000。因村旁有一洪福寺，故名洪寺。聚落呈团块状分布。有文化广场1处。经济以种植业为主，主要农作物有小麦、水稻、大蒜、棉花等。有公路经此。

杨楼 370827-B02-H05
[Yánglóu]

在县驻地谷亭街道西南方向22.5千米。

鱼城镇辖自然村。人口1 200。杨氏于清康熙年间从本县杨邵庄迁此立村，并盖有楼房，故名杨楼。聚落呈团块状分布。有文化广场1处。经济以种植业为主，主要农作物有小麦、水稻、大蒜、棉花等。有公路经此。

王庄 370827-B02-H06
[Wángzhuāng]

在县驻地谷亭街道西南方向19.9千米。鱼城镇辖自然村。人口1 100。明万历年间，王氏从本县栖霞村迁此立村，因以刻染布用的竹牌子为副业，故名牌子王，1984年建队时简称王庄。聚落呈团块状分布。有文化广场1处。经济以种植业为主，主要农作物有小麦、水稻、大蒜、棉花等。有公路经此。

高庄 370827-B02-H07
[Gāozhuāng]

在县驻地谷亭街道西南方向20.1千米。鱼城镇辖自然村。人口700。高氏于清乾隆年间从本县西高庄迁此居住，村名高庄。聚落呈团块状分布。有文化广场1处。经济以种植业为主，主要农作物有小麦、水稻、大蒜、棉花等。有公路经此。

胡阁 370827-B02-H08
[Húgé]

在县驻地谷亭街道西南方向19.0千米。鱼城镇辖自然村。人口1 400。据1962年修《胡氏族谱》记载，胡氏于明洪武年间从山西省洪洞县迁此居住，村名胡家。后因盖了楼，遂更名为胡阁。聚落呈团块状分布。有文化广场1处。经济以种植业为主，主要农作物有小麦、水稻、大蒜、棉花等。有公路经此。

李管庄 370827-B02-H09
［Lǐguǎnzhuāng］

在县驻地谷亭街道西南方向 21.2 千米。鱼城镇辖自然村。人口 800。明万历年间，李管从本县佃户李村迁此立村，后人为纪念他，故取村名李管庄。聚落呈团块状分布。有文化广场 1 处。经济以种植业为主，主要农作物有小麦、水稻、大蒜、棉花等。有公路经此。

李党 370827-B02-H10
［Lǐdǎng］

在县驻地谷亭街道西南方向 19.5 千米。鱼城镇辖自然村。人口 1 200。明崇祯年间，李党从丰县李管庄迁此立村，为纪念他，故取村名李党。聚落呈团块状分布。有文化广场 1 处。经济以种植业为主，主要农作物有小麦、水稻、大蒜、棉花等。有公路经此。

夏庄 370827-B02-H11
［Xiàzhuāng］

在县驻地谷亭街道西南方向 17.3 千米。鱼城镇辖自然村。人口 1 400。夏氏于南宋绍兴年间从嘉祥县迁此立村，故名。聚落呈团块状分布。有文化广场 1 处。经济以种植业为主，主要农作物有小麦、水稻、大蒜、棉花等。有公路经此。

桥口 370827-B02-H12
［Qiáokǒu］

在县驻地谷亭街道西南方向 20.3 千米。鱼城镇辖自然村。人口 1 000。明洪武年间，李氏从山西洪洞县迁此立村，因村庄扩大，分为两村，此村称桥口。聚落呈团块状分布。有文化广场 1 处。经济以种植业为主，主要农作物有小麦、水稻、大蒜、棉花等。有公路经此。

杜桥 370827-B02-H13
［Dùqiáo］

在县驻地谷亭街道西南方向 22.0 千米。鱼城镇辖自然村。人口 600。杜家有位官员随燕王朱棣北征保驾有功，朝廷便封这片土地让其居住，因近小河旁，杜家又出款修了一座小桥，故取村名杜桥。聚落呈团块状分布。有文化广场 1 处。经济以种植业为主，主要农作物有小麦、水稻、大蒜、棉花等。有公路经此。

尹楼 370827-B02-H14
［Yǐnlóu］

在县驻地谷亭街道西南方向 21.2 千米。鱼城镇辖自然村。人口 700。据《尹氏族谱》记载，清康熙年间，尹氏从本县尹河村迁此立村，因盖有楼房，故名尹楼。聚落呈团块状分布。有文化广场 1 处。经济以种植业为主，主要农作物有小麦、水稻、大蒜、棉花等。有公路经此。

前蒋 370827-B02-H15
［Qiánjiǎng］

在县驻地谷亭街道西南方向 20.5 千米。鱼城镇辖自然村。人口 1 200。明洪武二十二年（1389），蒋氏从山西省洪洞县迁此立村，取名蒋庄。后因人口增多，分前后两村居住，该村称前蒋。聚落呈团块状分布。有文化广场 1 处。经济以种植业为主，主要农作物有小麦、水稻、大蒜、棉花等。有公路经此。

马峨 370827-B02-H16
［Mǎé］

在县驻地谷亭街道西南方向 21.1 千米。鱼城镇辖自然村。人口 600。清乾隆年间，马峨从微山县马闸迁此立村，为纪念他，故村名马峨。聚落呈团块状分布。有文化广场 1 处。经济以种植业为主，主要农作物有小麦、水稻、大蒜、棉花等。有公路经此。

巩堂 370827-B02-H17
［Gǒngtáng］

在县驻地谷亭街道西南方向 20.2 千米。鱼城镇辖自然村。人口 700。巩氏于清康熙年间从丰县巩桥迁此立村于观音堂旁，故名巩堂。聚落呈团块状分布。有文化广场 1 处。经济以种植业为主，主要农作物有小麦、水稻、大蒜、棉花等。有公路经此。

杨邵 370827-B02-H18
［Yángshào］

在县驻地谷亭街道西南方向 18.1 千米。鱼城镇辖自然村。人口 1 000。杨氏于明洪武三年（1370）从山西省洪洞县乡奚村迁此立村，故名。聚落呈团块状分布。有文化广场 1 处。经济以种植业为主，主要农作物有小麦、水稻、棉花等。有公路经此。

双庙 370827-B02-H19
［Shuāngmiào］

在县驻地谷亭街道西南方向 18.2 千米。鱼城镇辖自然村。人口 300。张氏于明洪武七年（1374）从山西省迁此立村，取名张庄。因村东西两头各建一座庙宇，故村名改为双庙。聚落呈团块状分布。有文化广场 1 处。经济以种植业为主，主要农作物有小麦、水稻、大蒜、棉花等。有公路经此。

王刘庄 370827-B02-H20
［Wángliúzhuāng］

在县驻地谷亭街道西南方向 20.1 千米。鱼城镇辖自然村。人口 600。明洪武年间，王氏从山西省洪洞县迁此立村，取名王庄，后与邻近村刘庄合称王刘庄。聚落呈团块

状分布。有文化广场 1 处。经济以种植业为主，主要农作物有小麦、水稻、大蒜、棉花等。有公路经此。

陈马庄 370827-B02-H21
［Chénmǎzhuāng］

在县驻地谷亭街道西南方向 19.6 千米。鱼城镇辖自然村。人口 300。该村原名陈庄，明洪武二年（1369），马氏迁入此村，更名陈马庄。聚落呈团块状分布。有文化广场 1 处。经济以种植业为主，主要农作物有小麦、水稻、大蒜、棉花等。有公路经此。

王鲁 370827-B03-H01
［Wánglǔ］

王鲁镇人民政府驻地。在县驻地谷亭街道西北方向 6.3 千米。人口 1 000。明洪武二年（1369），王鲁、王哲、王丕兄弟三人从山西洪洞县迁来居住，为纪念祖先，后人以王鲁命村名。聚落呈团块状分布。有文化广场 1 处、小学 1 处。经济以种植业为主，主要农作物有小麦、水稻等。有鲁王面粉厂、鲁洋丝网厂等企业。有公路经此。

陈堂 370827-B03-H02
［Chéntáng］

在县驻地谷亭街道西北方向 7.5 千米。王鲁镇辖自然村。人口 31 400。明天启年间，陈姓从陈河口迁此立村，因修有观音堂，故取村名陈堂。聚落呈团块状分布。有文化广场 1 处。经济以种植业为主，主要农作物有小麦、水稻。有山东鲁王集团等企业。有公路经此。

闫庙 370827-B03-H03
［Yánmiào］

在县驻地谷亭街道西北方向 8.5 千米。

王鲁镇辖自然村。人口2 100。据闫氏墓碑记载，此村原名赵兴桥，明崇祯十五年（1642）闫姓迁此后，改称闫庙。聚落呈团块状分布。有文化广场1处。经济以种植业为主，主要农作物有小麦、水稻。有公路经此。

小周家　370827-B03-H04
［Xiǎozhōujiā］

在县驻地谷亭街道西北方向6.5千米。王鲁镇辖自然村。人口900。清康熙年间，周氏兄弟二人从金乡县城北关迁此，各立一村，此村取名小周家。聚落呈团块状分布。有文化广场1处。经济以种植业为主，主要农作物有小麦、水稻。有公路经此。

碌碡屯　370827-B03-H05
［Liùzhoutún］

在县驻地谷亭街道西方向7.0千米。王鲁镇辖自然村。人口2 500。明洪武年间，张姓从山西省洪洞县迁此立村，建庙立碑，院内种竹，取村名为绿竹屯，为与石碑联系起来，而以"碌"代绿，以"碡"代竹，故定村名为碌碡屯。聚落呈团块状分布。有文化广场1处。经济以种植业为主，主要农作物有小麦、水稻等。有公路经此。

窦阎李村　370827-B03-H06
［Dòuyánlǐcūn］

在县驻地谷亭街道北方向4.1千米。王鲁镇辖自然村。人口900。明洪武二年（1369），窦、阎、李三姓从山西省洪洞县迁此立村，故取名窦阎李村。聚落呈团块状分布。有文化广场1处。经济以种植业为主，主要农作物有小麦、水稻。有公路经此。

田庙　370827-B03-H07
［Tiánmiào］

在县驻地谷亭街道西方向7.7千米。王鲁镇辖自然村。人口1 000。明万历年间，田姓从济宁县南田迁此立村，因建庙宇，故得名田庙。聚落呈团块状分布。有文化广场1处。经济以种植业为主，主要农作物有小麦、水稻。有公路经此。

王响　370827-B03-H08
［Wángxiǎng］

在县驻地谷亭街道西北方向8.6千米。王鲁镇辖自然村。人口1 800。清康熙年间，王姓从本县大碾王迁此立村，以人名王公响为村名，简称王响。聚落呈团块状分布。有文化广场1处。经济以种植业为主，主要农作物有小麦、水稻等。有公路经此。

史楼　370827-B03-H09
［Shǐlóu］

在县驻地谷亭街道东北方向6.6千米。王鲁镇辖自然村。人口1 700。明洪武二年（1369），史姓迁此立村，取名史楼。明万历年间，王姓从滕县东辛安迁此居住，后史姓失传，但仍用史楼为村名。聚落呈团块状分布。有文化广场1处。经济以种植业为主，主要农作物有小麦、水稻等。有公路经此。

张庙　370827-B03-H10
［Zhāngmiào］

在县驻地谷亭街道北方向5.6千米。王鲁镇辖自然村。人口2 000。明正统年间，张姓从微山县张庄迁此立村，因修庙一座，故名。聚落呈团块状分布。有文化广场1处。经济以种植业为主，主要农作物有小麦、水稻等。有公路经此。

孟楼 370827-B03-H11

[Mènglóu]

在县驻地谷亭街道北方向 7.8 千米。王鲁镇辖自然村。人口 200。明万历年间，孟氏迁此立村，因建有楼房，故名孟楼。聚落呈团块状分布。有文化广场 1 处。经济以种植业为主，主要农作物有小麦、水稻等。有公路经此。

后魏堂 370827-B03-H12

[Hòuwèitáng]

在县驻地谷亭街道西北方向 10.7 千米。王鲁镇辖自然村。人口 1 300。明嘉靖年间，魏姓从诸城县迁此立村，兄弟二人分前后居住，并修堂庙一座，此村居后，故取名后魏堂。聚落呈团块状分布。有文化广场 1 处。经济以种植业为主，主要农作物有小麦、水稻等。有公路经此。

张黄 370827-B04-H01

[Zhānghuáng]

张黄镇人民政府驻地。在县驻地谷亭街道西北方向 14.6 千米。人口 500。明成化年间，张氏从本县清河涯迁此立村，取名张黄。聚落呈带状分布。有文化广场 1 处、小学 2 所。经济以种植业为主，主要农作物有小麦、水稻等。有公路经此。

大闵 370827-B04-H02

[Dàmǐn]

在县驻地谷亭街道西方向 9.0 千米。张黄镇辖自然村。人口 700。因有从事染布职业者，故取村名闵染坊，后改为大闵。聚落呈团块状分布。有文化广场 1 处。有市级文物保护单位闵子祠。经济以种植业为主，主要农作物有小麦、玉米、大豆、棉花等。有公路经此。

樊庄 370827-B04-H03

[Fánzhuāng]

在县驻地谷亭街道西方向 10.3 千米。张黄镇辖自然村。人口 600。清乾隆五十年（1785），樊氏从本县武台村迁此立村，以姓氏取名樊庄。聚落呈团块状分布。有文化广场 1 处。古迹有樊子祠、樊迟墓等。经济以种植业为主，主要农作物有小麦、玉米、大豆、棉花等。有公路经此。

车楼 370827-B04-H04

[Chēlóu]

在县驻地谷亭街道西北方向 18.0 千米。王鲁镇辖自然村。人口 1 100。明崇祯年间，车氏从南田车家庙迁此立村，因盖有楼房，故名车楼。聚落呈团块状分布。有文化广场 1 处。经济以种植业为主，主要农作物有小麦、水稻等。有公路经此。

袁洼 370827-B04-H05

[Yuánwā]

在县驻地谷亭街道西方向 10.3 千米。张黄镇辖自然村。人口 1 700。明永乐年间，袁氏从本县的袁庄迁此立村，因住处地势低洼，故称袁洼。聚落呈团块状分布。有文化广场 1 处。经济以种植业为主，主要农作物有小麦、水稻等。有公路经此。

殷王 370827-B04-H06

[Yīnwáng]

在县驻地谷亭街道西北方向 17.1 千米。张黄镇辖自然村。人口 1 500。王姓于明万历五年（1577）从清河涯附近的大王迁此立村，殷、王两姓有姻亲关系，故取村名殷王。聚落呈团块状分布。有文化广场 1 处。经济以种植业为主，主要农作物有小麦、水稻等。有公路经此。

东张 370827-B04-H07
[Dōngzhāng]

在县驻地谷亭街道西北方向15.1千米。张黄镇辖自然村。人口900。明永乐二年（1404），张氏从山西洪洞县迁此立村，因村分东西两段，此村为东段，故称东张。聚落呈团块状分布。有文化广场1处。经济以种植业为主，主要农作物有小麦、水稻等。有公路经此。

杨楼 370827-B04-H08
[Yánglóu]

在县驻地谷亭街道西北方向13.8千米。张黄镇辖自然村。人口900。明嘉靖年间，杨氏从本县的杨邵庄迁此立村，因盖有楼房，故名杨楼。聚落呈团块状分布。有文化广场1处。经济以种植业为主，主要农作物有小麦、水稻等。有公路经此。

迟家 370827-B04-H09
[Chíjiā]

在县驻地谷亭街道西北方向13.6千米。张黄镇辖自然村。人口2 300。清康熙年间，迟氏从东阿县迁此立村，取名迟家。聚落呈团块状分布。有文化广场1处。经济以种植业为主，主要农作物有小麦、水稻等。有公路经此。

大安 370827-B04-H10
[Dà'ān]

在县驻地谷亭街道西北方向12.3千米。张黄镇辖自然村。人口1 000。明万历年间，安氏从本县小郭庄迁此立村，取名大安。聚落呈团块状分布。有文化广场1处。经济以种植业为主，主要农作物有小麦、水稻等。有公路经此。

鉴家 370827-B04-H11
[Jiànjiā]

在县驻地谷亭街道西北方向13.1千米。张黄镇辖自然村。人口800。明建文年间，鉴氏从山西洪洞县迁此立村，取名鉴家。聚落呈团块状分布。有文化广场1处。经济以种植业为主，主要农作物有小麦、水稻等。有公路经此。

南林 370827-B04-H12
[Nánlín]

在县驻地谷亭街道西北方向16.5千米。张黄镇辖自然村。人口600。据明嘉靖五年（1526）林氏族谱记载，明洪武十三年（1380），林氏从泰安集迁此立村，取名南林。聚落呈团块状分布。有文化广场1处。经济以种植业为主，主要农作物有小麦、水稻等。有公路经此。

大翟 370827-B04-H13
[Dàzhái]

在县驻地谷亭街道西北方向8.4千米。张黄镇辖自然村。人口1 300。明洪武二年（1369），翟姓从山西洪洞县迁此立村，故称大翟。聚落呈团块状分布。有文化广场1处。经济以种植业为主，主要农作物有小麦、水稻等。有公路经此。

杨庙 370827-B04-H14
[Yángmiào]

在县驻地谷亭街道西北方向12.3千米。张黄镇辖自然村。人口1 600。据1924年杨氏谱碑记载，明万历年间，杨氏从鱼城迁此立村，因村旁有庙，故名杨庙。聚落呈团块状分布。有文化广场1处。经济以种植业为主，主要农作物有小麦、水稻等。有公路经此。

武台 370827-B04-H15

[Wǔtái]

在县驻地谷亭街道西方向 10.2 千米。张黄镇辖自然村。人口 600。因该地建有武棠亭，原名武棠村。公元前 718 年，鲁隐公在武棠亭观鱼，并筑有观鱼台。为纪念两处名胜，取武棠亭、观鱼台首尾二字，改武棠为武台。聚落呈团块状分布。有文化广场 1 处。有樊迟墓、樊子祠。经济以种植业为主，主要农作物有小麦、水稻等。有公路经此。

刘楼 370827-B04-H16

[Liúlóu]

在县驻地谷亭街道西北方向 16.2 千米。张黄镇辖自然村。人口 1 100。明永乐二年（1404），刘氏从山西洪洞县迁此立村，因盖有望镇楼，故名刘楼。聚落呈团块状分布。有文化广场 1 处。经济以种植业为主，主要农作物有小麦、水稻等。有公路经此。

常柳行 370827-B04-H17

[Chángliǔháng]

在县驻地谷亭街道西北方向 13.5 千米。张黄镇辖自然村。人口 1 900。明洪武年间，常氏由泰安迁此立村，因村前有一行柳树，故取名常柳行。聚落呈团块状分布。有文化广场 1 处。经济以种植业为主，主要农作物有小麦、水稻等。有公路经此。

高庙 370827-B04-H18

[Gāomiào]

在县驻地谷亭街道西北方向 13.3 千米。张黄镇辖自然村。人口 900。清嘉庆年间，高氏从本县东高迁此立村，因村旁有一座玄帝庙，故取村名高庙。聚落呈团块状分布。有文化广场 1 处。经济以种植业为主，主要农作物有小麦、水稻等。有公路经此。

夏家 370827-B04-H19

[Xiàjiā]

在县驻地谷亭街道西北方向 11.2 千米。张黄镇辖自然村。人口 1 100。据《夏氏族谱》记载，元至正年间，夏氏从本县鱼城镇夏庄迁此立村，取名夏家。聚落呈团块状分布。有文化广场 1 处。经济以种植业为主，主要农作物有小麦、水稻等。有公路经此。

吴马 370827-B04-H20

[Wúmǎ]

在县驻地谷亭街道北方向 9.3 千米。张黄镇辖自然村。人口 1 500。明永乐年间，吴姓从山西省洪洞县迁此立村，取名吴庄。清乾隆年间，马姓从微山县焦村迁入后，改村名为吴马。聚落呈团块状分布。有文化广场 1 处。经济以种植业为主，主要农作物有小麦、水稻等。有公路经此。

崔武 370827-B04-H21

[Cuīwǔ]

在县驻地谷亭街道西方向 10.5 千米。张黄镇辖自然村。人口 800。明万历年间，崔氏从本县崔屯迁此立村，取名崔庄。清光绪年间，武氏从本县下李迁此居住，遂改村名为崔武。聚落呈团块状分布。有文化广场 1 处。经济以种植业为主，主要农作物有小麦、水稻等。有公路经此。

大田 370827-B04-H22

[Dàtián]

在县驻地谷亭街道西北方向 14.1 千米。张黄镇辖自然村。人口 900。明嘉靖年间，田氏从本县西田迁此立村，取名大田。聚落呈团块状分布。有文化广场 1 处。经济以种植业为主，主要农作物有小麦、水稻等。有公路经此。

卞李 370827-B04-H23

［Biànlǐ］

在县驻地谷亭街道西方向 11.4 千米。张黄镇辖自然村。人口 1 000。明洪武二年（1369），卞、李两姓从曹州迁此立村，取名卞李。聚落呈团块状分布。有文化广场 1 处。经济以种植业为主，主要农作物有小麦、水稻等。有公路经此。

仁祖庙 370827-B04-H24

［Rénzǔmiào］

在县驻地谷亭街道西方向 8.8 千米。张黄镇辖自然村。人口 1 100。清嘉庆年间，郝氏从微山县郝桥迁此立村，因依仁祖庙而居，故取村名仁祖庙。聚落呈团块状分布。有文化广场 1 处。经济以种植业为主，主要农作物有小麦、水稻等。有公路经此。

三里屯 370827-B04-H25

［Sānlǐtún］

在县驻地谷亭街道西方向 12.5 千米。张黄镇辖自然村。人口 1 700。明万历年间，李氏立村，因距旧城三里而得名。聚落呈团块状分布。有文化广场 1 处。经济以种植业为主，主要农作物有小麦、水稻等。有公路经此。

崔屯 370827-B04-H26

［Cuītún］

在县驻地谷亭街道西方向 8.9 千米。张黄镇辖自然村。人口 900。明永乐年间，崔氏随军北征，后定居此地，取村名为崔屯。聚落呈团块状分布。有文化广场 1 处。经济以种植业为主，主要农作物有小麦、水稻等。有公路经此。

杈王 370827-B04-H27

［Chàwáng］

在县驻地谷亭街道西方向 10.1 千米。张黄镇辖自然村。人口 1 000。清乾隆年间，王氏从长清县迁此立村，因该村生产杈子，故取村名为杈王。聚落呈团块状分布。有文化广场 1 处。经济以种植业为主，主要农作物有小麦、水稻等。有公路经此。

宋湾 370827-B04-H28

［Sòngwān］

在县驻地谷亭街道北方向 11.3 千米。张黄镇辖自然村。人口 700。清康熙年间，宋氏从本县宋寨迁此立村，因位于老万福河的拐弯处，故名。聚落呈团块状分布。有文化广场 1 处。经济以种植业为主，主要农作物有小麦、水稻等。有公路经此。

陈店 370827-B04-H29

［Chéndiàn］

在县驻地谷亭街道西北方向 14.1 千米。张黄镇辖自然村。人口 1 700。明洪武年间，陈氏从山西洪洞县迁此立村，因开旅店，故取名陈店。聚落呈团块状分布。有文化广场 1 处。经济以种植业为主，主要农作物有小麦、水稻等。有公路经此。

赵庙 370827-B04-H30

［Zhàomiào］

在县驻地谷亭街道西北方向 8.9 千米。张黄镇辖自然村。人口 900。清顺治年间，赵氏从微山县赵庙迁此立村，取名赵庙。聚落呈团块状分布。有文化广场 1 处。经济以种植业为主，主要农作物有小麦、水稻等。有公路经此。

侯堂 370827-B04-H31

［Hóutáng］

在县驻地谷亭街道西方向 10.0 千米。

张黄镇辖自然村。人口 1 000。清道光年间，侯氏从本县李阁迁此立村，取名侯堂。聚落呈团块状分布。有文化广场 1 处。经济以种植业为主，主要农作物有小麦、水稻等。有公路经此。

后杜 370827-B04-H32
[Hòudù]

在县驻地谷亭街道西方向 12.1 千米。张黄镇辖自然村。人口 1 400。据杜氏族碑记载，杜氏于元大德二年（1298）从陕西省咸宁县迁此立村，同时立了两个村庄，此村在北为后杜。聚落呈团块状分布。有文化广场 1 处。经济以种植业为主，主要农作物有小麦、水稻等。有公路经此。

丁阎 370827-B04-H33
[Dīngyán]

在县驻地谷亭街道西北方向 11.3 千米。张黄镇辖自然村。人口 1 000。丁、阎两姓共建此村，故名。聚落呈团块状分布。有文化广场 1 处。经济以种植业为主，主要农作物有小麦、水稻等。有公路经此。

梁岗 370827-B04-H34
[Liánggǎng]

在县驻地谷亭街道西北方向 8.2 千米。张黄镇辖自然村。人口 1 400。据《梁氏族谱》记载，明嘉靖年间，梁氏从微山县南阳镇迁此立村，因居住在高坡上，故名梁岗。聚落呈团块状分布。有文化广场 1 处。经济以种植业为主，主要农作物有小麦、水稻等。有公路经此。

龙潭 370827-B04-H35
[Lóngtán]

在县驻地谷亭街道西北方向 17.2 千米。张黄镇辖自然村。人口 900。据传，刘氏建此村，后有王继龙迁此居住，因村中有口大深井，传称深潭。群众离不开水，认为龙也离不开水，故取村名龙潭。聚落呈团块状分布。有文化广场 1 处。经济以种植业为主，主要农作物有小麦、水稻等。有公路经此。

阚家 370827-B04-H36
[Kànjiā]

在县驻地谷亭街道西北方向 17.2 千米。张黄镇辖自然村。人口 1 200。明崇祯年间，阚姓从本县相里集迁此立村，取名阚家。聚落呈团块状分布。有文化广场 1 处。经济以种植业为主，主要农作物有小麦、水稻等。有公路经此。

李早 370827-B04-H37
[Lǐzǎo]

在县驻地谷亭街道西北方向 17.6 千米。张黄镇辖自然村。人口 1 600。村原名西路林，清乾隆十三年（1748），李姓从冠家庄迁至西路林，后村名改为李早。聚落呈团块状分布。有文化广场 1 处。经济以种植业为主，主要农作物有小麦、水稻等。有公路经此。

南陈 370827-B04-H38
[Nánchén]

在县驻地谷亭街道西北方向 17.9 千米。张黄镇辖自然村。人口 600。清道光三年（1823），先民从本县陈河口迁此立村，因位于九子集南，故名南陈。聚落呈团块状分布。有文化广场 1 处。经济以种植业为主，主要农作物有小麦、水稻等。有公路经此。

吴家 370827-B04-H39
[Wújiā]

在县驻地谷亭街道西北方向 12.2 千米。张黄镇辖自然村。人口 1 000。清乾隆年间，吴氏从东单迁此立村，取名吴家。聚落呈团块状分布。有文化广场 1 处。经济以种植业为主，主要农作物有小麦、水稻等。有公路经此。

强家 370827-B04-H40

[Qiángjiā]

在县驻地谷亭街道西北方向 13.2 千米。张黄镇辖自然村。人口 900。明嘉靖年间，张氏从本县强家迁此立村，故名强家。聚落呈团块状分布。有文化广场 1 处。经济以种植业为主，主要农作物有小麦、水稻等。有公路经此。

大王 370827-B04-H41

[Dàwáng]

在县驻地谷亭街道北方向 9.6 千米。张黄镇辖自然村。人口 900。王氏于明万历年间从滕县东辛安迁此立村，取名大王。聚落呈团块状分布。有文化广场 1 处。经济以种植业为主，主要农作物有小麦、水稻等。有公路经此。

王庙 370827-B05-H01

[Wángmiào]

王庙镇人民政府驻地。在县驻地谷亭街道西南方向 9.2 千米。人口 600。明洪武年间，王姓从山西洪洞县迁此立村，因村旁有关王庙，故名王庙。聚落呈团块状分布。有文化广场 1 处、中学 1 处、小学 1 处。经济以种植业为主，主要农作物有小麦、水稻、大蒜等。有公路经此。

大奚 370827-B05-H02

[Dàxī]

在县驻地谷亭街道西北方向 11.0 千米。王庙镇辖自然村。人口 1 300。奚氏于明崇祯年间从诸城迁此立村，取名大奚。聚落呈团块状分布。有文化广场 1 处。经济以

种植业为主，主要农作物有小麦、水稻、木耳等。有公路经此。

西高 370827-B05-H03

[Xīgāo]

在县驻地谷亭街道西北方向 14.5 千米。王庙镇辖自然村。人口 1 200。村原名白腊村。清乾隆二十一年（1756），因河决城，村民从城内迁此。后白姓人失传，遂以村中高姓改村名为西高。聚落呈团块状分布。有文化广场 1 处。经济以种植业为主，主要农作物有小麦、水稻等。有公路经此。

杨店 370827-B05-H04

[Yángdiàn]

在县驻地谷亭街道西北方向 15.0 千米。王庙镇辖自然村。人口 700。明成化年间，先民从微山县杨庄迁此立村，因地处交通要道，杨姓建有店房一处，故名杨店。聚落呈团块状分布。有文化广场 1 处。经济以种植业为主，主要农作物有小麦、水稻等。有公路经此。

东高 370827-B05-H05

[Dōnggāo]

在县驻地谷亭街道西北方向 13.5 千米。王庙镇辖自然村。人口 800。清乾隆二十一年（1756），县城被水淹没，高姓从城内迁居此地。此村原名青杨寺，高姓迁入后，因居于原庄之东，故称东高。聚落呈团块状分布。有文化广场 1 处。经济以种植业为主，主要农作物有小麦、水稻等。有公路经此。

旧城 370827-B05-H06

[Jiùchéng]

在县驻地谷亭街道西北方向 13.0 千米。王庙镇辖自然村。人口 1 600。清乾隆二十一年（1756），县城被黄水淹没，县

衙迁走后该村称旧城。聚落呈团块状分布。有文化广场1处。经济以种植业为主，主要农作物有小麦、水稻等。有公路经此。

朱庙 370827-B05-H07

[Zhūmiào]

在县驻地谷亭街道西北方向15.0千米。王庙镇辖自然村。人口1 000。朱氏于清顺治年间从萧县白毛村迁此，因是白玉堂庙址，故村名朱庙。聚落呈团块状分布。有文化广场1处。经济以种植业为主，主要农作物有小麦、水稻等。有公路经此。

郭庙 370827-B05-H08

[Guōmiào]

在县驻地谷亭街道西北方向14.0千米。王庙镇辖自然村。人口1 000。清道光年间，郭氏从本县郭庄迁此立村，并集资建庙一座，故取村名郭庙。聚落呈团块状分布。有文化广场1处。经济以种植业为主，主要农作物有小麦、大蒜、棉花等。有公路经此。

小乡 370827-B05-H09

[Xiǎoxiāng]

在县驻地谷亭街道西北方向10.5千米。王庙镇辖自然村。人口900。元代始立此村，因位于县城南门外里许，曾称乡里，又因村小，故称小乡。聚落呈团块状分布。有文化广场1处。经济以种植业为主，主要农作物有小麦、大蒜、棉花等。有公路经此。

东堤 370827-B05-H10

[Dōngdī]

在县驻地谷亭街道西北方向11.5千米。王庙镇辖自然村。人口900。清乾隆二十一年（1756），县城被淹，城内部分群众搬至城东护城堤上居住，故名东堤。聚落呈团块状分布。有文化广场1处。经济以种植业为主，主要农作物有小麦、大蒜等。有公路经此。

后皮店 370827-B05-H11

[Hòupídiàn]

在县驻地谷亭街道西北方向10.6千米。王庙镇辖自然村。人口700。皮氏于元至元年间迁此建村，因村南有一皮店，故取名后皮店。聚落呈团块状分布。有文化广场1处。经济以种植业为主，主要农作物有小麦、水稻等。有公路经此。

田吴家 370827-B05-H12

[Tiánwújiā]

在县驻地谷亭街道西北方向13.5千米。王庙镇辖自然村。人口1 100。田姓于清雍正年间从北田迁此立村，因来祖名田吾，为纪念先人，便取村名田吾家，后演变为田吴家。聚落呈团块状分布。有文化广场1处。经济以种植业为主，主要农作物有小麦、大蒜、棉花、洋葱等。有公路经此。

南房庄 370827-B05-H13

[Nánfángzhuāng]

在县驻地谷亭街道西南方向7.5千米。王庙镇辖自然村。人口1 300。房姓于明永乐十年（1412）从山西省洪洞县迁此立村，取名南房庄。聚落呈团块状分布。有文化广场1处。经济以种植业为主，主要农作物有小麦、水稻等。有公路经此。

程庄 370827-B05-H14

[Chéngzhuāng]

在县驻地谷亭街道西南方向6.0千米。王庙镇辖自然村。人口1 500。程姓于清康熙年间从邹县迁此立村，取名程庄。聚落呈团块状分布。有文化广场1处。经济以种植业为主，主要农作物有小麦、水稻等。有公路经此。

常店　370827-B05-H15
[Chángdiàn]

在县驻地谷亭街道西南方向 7.5 千米。王庙镇辖自然村。人口 1 200。常姓于明洪武年间从泰安迁此居住，此村原名小吴庄，后常姓人口渐多，又开有店铺，遂改名常店。聚落呈团块状分布。有文化广场 1 处。经济以种植业为主，主要农作物有小麦、水稻等。有公路经此。

周楼　370827-B05-H16
[Zhōulóu]

在县驻地谷亭街道西南方向 12.0 千米。王庙镇辖自然村。人口 1 600。明洪武年间，周氏从金乡县迁此立村，取名周曹楼。清雍正年间更名周楼。聚落呈团块状分布。有文化广场 1 处。经济以种植业为主，主要农作物有小麦、棉花、水稻、大蒜等。有公路经此。

大李庄　370827-B05-H17
[Dàlǐzhuāng]

在县驻地谷亭街道西南方向 12.0 千米。王庙镇辖自然村。人口 1 100。清光绪二十七年（1901），李氏从本镇崔庄迁此立村，取名大李庄。聚落呈团块状分布。有文化广场 1 处。经济以种植业为主，主要农作物有小麦、棉花、大蒜等。有公路经此。

树李庄　370827-B05-H18
[Shùlǐzhuāng]

在县驻地谷亭街道西南方向 11.0 千米。王庙镇辖自然村。人口 900。明洪武年间，李氏从山西洪洞县迁此立村，因有大柳树，故称树李庄。聚落呈团块状分布。有文化广场 1 处。经济以种植业为主，主要农作物有小麦、棉花、大蒜等。有公路经此。

大场　370827-B05-H19
[Dàchǎng]

在县驻地谷亭街道西南方向 9.5 千米。王庙镇辖自然村。人口 1 000。明嘉靖年间，杨氏从微山县南阳迁此立村，因杨姓有片场地特别大，故名大场。聚落呈团块状分布。有文化广场 1 处。经济以种植业为主，主要农作物有小麦、水稻、棉花、大蒜等。有公路经此。

炳灵　370827-B05-H20
[Bǐnglíng]

在县驻地谷亭街道西南方向 13.0 千米。王庙镇辖自然村。人口 1 600。明嘉靖年间，黄氏从本县大黄迁此建村，为纪念先祖，在村内盖了座炳灵宫，故取村名炳灵。聚落呈团块状分布。有文化广场 1 处。经济以种植业为主，主要农作物有小麦、棉花、大蒜等。有公路经此。

前赵　370827-B05-H21
[Qiánzhào]

在县驻地谷亭街道西南方向 9.8 千米。王庙镇辖自然村。人口 900。明嘉靖年间，赵氏从微山县大赵庄迁此立村，因村北有一赵庄，故取名前赵。聚落呈团块状分布。有文化广场 1 处。经济以种植业为主，主要农作物有小麦、棉花、大蒜等。有公路经此。

周堂　370827-B05-H22
[Zhōutáng]

在县驻地谷亭街道西南方向 11.0 千米。王庙镇辖自然村。人口 1 000。明嘉靖年间，周氏从金乡县北关迁此，且修庙堂，故名周堂。聚落呈团块状分布。有文化广场 1 处。经济以种植业为主，主要农作物有小麦、大蒜、棉花等。有公路经此。

毛王 370827-B05-H23
［Máowáng］

在县驻地谷亭街道西南方向 9.0 千米。王庙镇辖自然村。人口 900。明万历年间，王氏在此立村，取名王家沟。明崇祯年间，因村内蒸馍卖的较多，人称馍馍王，1958年改为毛王。聚落呈团块状分布。有文化广场 1 处。经济以种植业为主，主要农作物有小麦、棉花、大蒜等。有公路经此。

小王庄 370827-B05-H24
［Xiǎowángzhuāng］

在县驻地谷亭街道西南方向 12.5 千米。王庙镇辖自然村。人口 1 100。明洪武二年（1369），王氏从山西省洪洞县迁此立村，兄弟二人各建一村，此村为弟所建，故取村名为小王庄。聚落呈团块状分布。有文化广场 1 处。经济以种植业为主，主要农作物有小麦、棉花、大蒜等。有公路经此。

张庄 370827-B05-H25
［Zhāngzhuāng］

在县驻地谷亭街道西南方向 9.0 千米。王庙镇辖自然村。人口 1 700。明洪武年间，张氏从山西省洪洞县迁此立村，取名张庄。聚落呈团块状分布。有文化广场 1 处。经济以种植业为主，主要农作物有小麦、棉花、大蒜等。有公路经此。

冀庙 370827-B05-H26
［Jìmiào］

在县驻地谷亭街道西南方向 12.0 千米。王庙镇辖自然村。人口 1 700。冀氏于明洪武二年（1369）从山西省洪洞县迁此立村，取名冀庄，清顺治十五年（1658），村内又建一座庙宇，又改为冀庙。聚落呈团块状分布。有文化广场 1 处。经济以种植业为主，主要农作物有小麦、棉花、大蒜等。有公路经此。

冀马庄 370827-B05-H27
［Jìmǎzhuāng］

在县驻地谷亭街道西南方向 12.0 千米。王庙镇辖自然村。人口 500。明万历年间，冀氏从本县冀庄迁此立村，又因马氏迁入，故名冀马庄。聚落呈团块状分布。有文化广场 1 处。经济以种植业为主，主要农作物有小麦、棉花、大蒜等。有公路经此。

梁海 370827-B05-H28
［Liánghǎi］

在县驻地谷亭街道西南方向 14.0 千米。王庙镇辖自然村。人口 900。唐代始有此村，名皇沙店。明隆庆年间，梁姓迁此，改为梁海。聚落呈团块状分布。有文化广场 1 处。经济以种植业为主，主要农作物有小麦、棉花、大蒜等。有公路经此。

宋集 370827-B05-H29
［Sòngjí］

在县驻地谷亭街道西南方向 14.0 千米。王庙镇辖自然村。人口 1 000。明洪武年间，宋氏从山西省洪洞县迁此立村，取名宋庄。清嘉庆年间因成过集，故更名宋集。聚落呈团块状分布。有文化广场 1 处。经济以种植业为主，主要农作物有小麦、棉花、大蒜等。有公路经此。

苏店 370827-B05-H30
［Sūdiàn］

在县驻地谷亭街道西南方向 11.0 千米。王庙镇辖自然村。人口 1 000。明洪武二年（1369），苏氏从山西省洪洞县迁此立村，因有开店铺者，故名苏店。聚落呈团块状分布。有文化广场 1 处。经济以种植业为主，主要农作物有小麦、水稻、大蒜等。有公路经此。

东陈堂 370827-B05-H31

［Dōngchéntáng］

在县驻地谷亭街道西南方向 10.0 千米。王庙镇辖自然村。人口 700。据清康熙四十年（1701）七圣堂庙碑记载，陈氏于明嘉靖年间从丰县大陈楼迁此立村，因盖有七圣堂庙，故名陈堂。因村西有一陈堂，1980 年地名普查时，以位置改为东陈堂。聚落呈团块状分布。有文化广场 1 处。经济以种植业为主，主要农作物有小麦、水稻、大蒜等。有公路经此。

南徐庄 370827-B05-H32

［Nánxúzhuāng］

在县驻地谷亭街道西南方向 18.0 千米。王庙镇辖自然村。人口 800。唐代始有此村，以姓氏命名为徐庄，因与北面的徐庄重名，1953 年改为南徐庄。聚落呈团块状分布。有文化广场 1 处。经济以种植业为主，主要农作物有小麦、水稻、大蒜等。有公路经此。

郝集 370827-B05-H33

［Hǎojí］

在县驻地谷亭街道西南方向 16.0 千米。王庙镇辖自然村。人口 1300。因姓氏得名。聚落呈团块状分布。有文化广场 1 处。经济以种植业为主，主要农作物有小麦、水稻、大蒜等。有公路经此。

李阁 370827-B06-H01

［Lǐgé］

李阁镇人民政府驻地。在县驻地谷亭街道西方向 17.0 千米。人口 1 400。明成化年间，此地民众聚资修建观音阁，因李姓人多，取名李家阁，后演变为李阁。聚落呈团块状分布。有文化广场 1 处、中学 1 处、小学 1 处。经济以种植业为主，主要农作物有大蒜、棉花、辣椒、小麦等。有公路经此。

太公庙 370827-B06-H02

［Tàigōngmiào］

在县驻地谷亭街道西方向 12.1 千米。李阁镇辖自然村。人口 1 100。因当地有纪念姜太公的姜太公庙得名。聚落呈团块状分布。有文化广场 1 处。有市级文物保护单位姜太公庙。经济以种植业为主。有公路经此。

田胡同 370827-B06-H03

［Tiánhútòng］

在县驻地谷亭街道西方向 17.7 千米。李阁镇辖自然村。人口 600。明正德年间，田氏从本县田新庄迁此后，更名为田胡同。聚落呈团块状分布。有文化广场 1 处。经济以种植业为主，主要农作物有小麦、大蒜、棉花等。有公路经此。

齐庄 370827-B06-H04

［Qízhuāng］

在县驻地谷亭街道西方向 17.6 千米。李阁镇辖自然村。人口 700。明洪武六年（1373），齐氏从山西洪洞县大齐庄村迁此立村，取名齐庄。聚落呈团块状分布。有文化广场 1 处。经济以种植业为主，主要农作物有小麦、大蒜、棉花等。有公路经此。

三双楼 370827-B06-H05

［Sānshuānglóu］

在县驻地谷亭街道西方向 18.3 千米。李阁镇辖自然村。人口 500。村内先后建六座楼，遂更名三双楼。聚落呈团块状分布。有文化广场 1 处。经济以种植业为主，主要农作物有小麦、大蒜、棉花等。有公路经此。

郭庄 370827-B06-H06
[Guōzhuāng]

在县驻地谷亭街道西方向 16.8 千米。李阁镇辖自然村。人口 800。明洪武年间，郭桢从山西汾州迁此立村，取名郭庄。聚落呈团块状分布。有文化广场 1 处。经济以种植业为主，主要农作物有小麦、大蒜、棉花等。有公路经此。

张寨 370827-B06-H07
[Zhāngzhài]

在县驻地谷亭街道西方向 20.7 千米。李阁镇辖自然村。人口 600。清咸丰十年（1860），张氏从本县张家迁此居住，为防战乱，围村筑寨，遂改名张寨。聚落呈团块状分布。有文化广场 1 处。经济以种植业为主，主要农作物有小麦、大蒜、棉花等。有公路经此。

骆庄 370827-B06-H08
[Luòzhuāng]

在县驻地谷亭街道西方向 19.1 千米。李阁镇辖自然村。人口 700。明嘉靖年间，骆姓人在此定居，故称骆庄。聚落呈团块状分布。有文化广场 1 处。经济以种植业为主，主要农作物有小麦、大蒜、棉花等。有公路经此。

柳店铺 370827-B06-H09
[Liǔdiànpù]

在县驻地谷亭街道西方向 17.5 千米。李阁镇辖自然村。人口 1 000。此村是鱼台通往金乡县的交通要道，且柳姓开店铺为业，故称柳店铺。聚落呈团块状分布。有文化广场 1 处。经济以种植业为主，主要农作物有小麦、大蒜、棉花等。有公路经此。

路屯 370827-B06-H10
[Lùtún]

在县驻地谷亭街道西方向 14.7 千米。李阁镇辖自然村。人口 1 200。明洪武年间，路氏从曹县迁此立村，故名路屯。聚落呈团块状分布。有文化广场 1 处。经济以种植业为主，主要农作物有小麦、玉米、棉花等。有公路经此。

文集 370827-B06-H11
[Wénjí]

在县驻地谷亭街道西方向 18.3 千米。李阁镇辖自然村。人口 1 600。清光绪年间，文香社为全县二十四集市之一，故村名文香集，后简称文集至今。聚落呈团块状分布。有文化广场 1 处。经济以种植业为主，主要农作物有小麦、大蒜、棉花等。有公路经此。

任寺 370827-B06-H12
[Rénsì]

在县驻地谷亭街道西方向 18.3 千米。李阁镇辖自然村。人口 900。明万历年间，任姓重修寺庙，故更村名为任寺。聚落呈团块状分布。有文化广场 1 处。经济以种植业为主，主要农作物有小麦、大蒜、棉花等。有公路经此。

中王 370827-B06-H13
[Zhōngwáng]

在县驻地谷亭街道西方向 15.7 千米。李阁镇辖自然村。人口 1 300。明成化年间，王氏从本县前王分支迁此立村，因居前、后王庄之中，故名中王。聚落呈团块状分布。有文化广场 1 处。经济以种植业为主，主要农作物有小麦、大蒜、棉花等。有公路经此。

朱庄 370827-B06-H14
[Zhūzhuāng]

在县驻地谷亭街道西方向 14.4 千米。李阁镇辖自然村。人口 600。明洪武年间，朱氏从微山县南阳镇迁此立村，取名朱庄。聚落呈团块状分布。有文化广场 1 处。经济以种植业为主，主要农作物有小麦、大蒜、棉花等。有公路经此。

姜楼 370827-B06-H15
[Jiānglóu]

在县驻地谷亭街道西方向 14.0 千米。李阁镇辖自然村。人口 1 400，其中回族 120 人。明洪武年间，姜氏从本县旧城迁此立村，因村中建有楼房，故名姜楼。聚落呈团块状分布。有文化广场 1 处。古迹有栖霞堌堆遗址。经济以种植业为主，主要农作物有小麦、大蒜、甜瓜、棉花等。有公路经此。

林庄 370827-B06-H16
[Línzhuāng]

在县驻地谷亭街道西方向 11.6 千米。李阁镇辖自然村。人口 1 000。林氏从本县南林庄迁此立村，取名林庄。聚落呈团块状分布。有文化广场 1 处。经济以种植业为主，主要农作物有小麦、大蒜、棉花等。有公路经此。

史庙 370827-B06-H17
[Shǐmiào]

在县驻地谷亭街道西方向 12.3 千米。李阁镇辖自然村。人口 1 500。明万历年间，史氏在此立村，因村中建有观音庙，故名史庙。聚落呈团块状分布。有文化广场 1 处。经济以种植业为主，主要农作物有小麦、大蒜、棉花等。有公路经此。

李庄 370827-B06-H18
[Lǐzhuāng]

在县驻地谷亭街道西方向 17.6 千米。李阁镇辖自然村。人口 1 000。明洪武六年（1373），李氏从金镇西李楼村迁此定居，取名李庄。聚落呈团块状分布。有文化广场 1 处。经济以种植业为主，主要农作物有小麦、大蒜、棉花等。有公路经此。

董庄 370827-B06-H19
[Dǒngzhuāng]

在县驻地谷亭街道西方向 15.6 千米。李阁镇辖自然村。人口 700。清顺治年间，董氏从本县董家店迁此立村，取名董庄。聚落呈团块状分布。有文化广场 1 处。经济以种植业为主，主要农作物有小麦、大蒜、棉花、甜瓜等。有公路经此。

陈楼 370827-B06-H20
[Chénlóu]

在县驻地谷亭街道西方向 17.4 千米。李阁镇辖自然村。人口 1 500。明崇祯年间，陈姓从本县陈河口迁此立村，因陈廷琛建钢岔楼一座，故取村名陈岔楼，1966 年改为陈楼。聚落呈团块状分布。有文化广场 1 处。经济以种植业为主，主要农作物有小麦、辣椒、冬瓜、棉花、大蒜等。有公路经此。

李集 370827-B06-H21
[Lǐjí]

在县驻地谷亭街道西方向 20.0 千米。李阁镇辖自然村。人口 800。明洪武二年（1369），李姓从山西洪洞县迁此立村，因多家经营草帽，故取名草帽李。清咸丰年间，该村成集市，遂改为李集。聚落呈团块状分布。有文化广场 1 处。经济以种植业为主，主要农作物有小麦、辣椒、冬瓜、棉花、大蒜。有公路经此。

焦堂 370827-B06-H22

[Jiāotáng]

在县驻地谷亭街道西方向 19.3 千米。李阁镇辖自然村。人口 700。明万历年间，焦氏从金乡县南焦庄迁此立村，取名焦堂。聚落呈团块状分布。有文化广场 1 处。经济以种植业为主，主要农作物有小麦、棉花、大蒜等。有公路经此。

任海 370827-B06-H23

[Rénhǎi]

在县驻地谷亭街道西方向 17.2 千米。李阁镇辖自然村。人口 600。明天启年间，任氏从本县的任庄迁此立村，取名任海。聚落呈团块状分布。有文化广场 1 处。经济以种植业为主，主要农作物有小麦、棉花、大蒜等。有公路经此。

胡楼 370827-B06-H24

[Húlóu]

在县驻地谷亭街道西方向 16.7 千米。李阁镇辖自然村。人口 1 000。胡氏于明洪武年间从山西迁此立村，因村中有一座土楼，故名胡楼。聚落呈团块状分布。有文化广场 1 处。经济以种植业为主，主要农作物有小麦、棉花、大蒜等。有公路经此。

曹集 370827-B06-H25

[Cáojí]

在县驻地谷亭街道西方向 20.3 千米。李阁镇辖自然村。人口 1 100。清雍正年间，曹姓从曹海迁此立村，取名曹集。聚落呈团块状分布。有文化广场 1 处。经济以种植业为主，主要农作物有小麦、棉花、大蒜等。有公路经此。

陈峨 370827-B06-H26

[Chén'é]

在县驻地谷亭街道西方向 19.9 千米。李阁镇辖自然村。人口 900。明嘉靖年间，陈玉峨立村，取村名陈峨。聚落呈团块状分布。有文化广场 1 处。经济以种植业为主，主要农作物有小麦、棉花、大蒜等。有公路经此。

张庄 370827-B06-H27

[Zhāngzhuāng]

在县驻地谷亭街道西方向 15.5 千米。李阁镇辖自然村。人口 1 000。明正统年间，张姓从金乡县张集村迁此立村，取名张庄。聚落呈团块状分布。有文化广场 1 处。经济以种植业为主，主要农作物有小麦、甜瓜、棉花、大蒜等。有公路经此。

曹庙 370827-B06-H28

[Cáomiào]

在县驻地谷亭街道西方向 17.8 千米。李阁镇辖自然村。人口 600。清乾隆五十四年（1789），曹姓从本县曹集迁此立村，因村边有关帝庙，故名曹庙。聚落呈团块状分布。有文化广场 1 处。经济以种植业为主，主要农作物有小麦、辣椒、大蒜等。有公路经此。

李楼 370827-B06-H29

[Lǐlóu]

在县驻地谷亭街道西方向 15.0 千米。李阁镇辖自然村。人口 1 400。明洪武二年（1369），李姓从山西洪洞县迁此立村，取名李楼。聚落呈团块状分布。有文化广场 1 处。经济以种植业为主，主要农作物有小麦、甜瓜、棉花、大蒜等。有公路经此。

陈集 370827-B06-H30

[Chénjí]

在县驻地谷亭街道西方向 20.5 千米。李阁镇辖自然村。人口 500。明崇祯年间，陈姓从本县陈河口迁此立村,取名陈集。聚落呈带状分布。有文化广场1处。经济以种植业为主,主要农作物有小麦、洋葱、棉花、大蒜等。有公路经此。

高庄 370827-B06-H31
［Gāozhuāng］

在县驻地谷亭街道西方向19.5千米。李阁镇辖自然村。人口1 000。清光绪年间,高姓从本县西李集迁此立村,取名高庄。聚落呈散状分布。有文化广场1处。经济以种植业为主,主要农作物有小麦、洋葱、棉花、大蒜等。有公路经此。

宋洼 370827-B06-H32
［Sòngwā］

在县驻地谷亭街道西方向19.5千米。李阁镇辖自然村。人口1 100。明永乐年间,宋氏从山西迁此立村,取名宋洼。聚落呈团块状分布。有文化广场1处。经济以种植业为主,主要农作物有小麦、辣椒、棉花、洋葱、大蒜等。有公路经此。

双集 370827-B06-H33
［Shuāngjí］

在县驻地谷亭街道西方向19.5千米。李阁镇辖自然村。人口400。杨姓于明嘉靖年间迁此立村,取名双桥集,后简化为双集。聚落呈团块状分布。有文化广场1处。经济以种植业为主,主要农作物有小麦、棉花、大蒜等。有公路经此。

唐马 370827-B07-H01
［Tángmǎ］

唐马镇人民政府驻地。在县驻地谷亭街道南方向4.2千米。人口800。清康熙年间,丰县唐寨村唐马郎在此立村,取名唐马。聚落呈团块状分布。有文化广场1处、小学1处。经济以种植业为主,主要农作

物有小麦、水稻等。有方与食品有限公司和康华机电有限公司等企业。有公路经此。

左堌堆 370827-B07-H02
［Zuǒgùduī］

在县驻地谷亭街道东南方向6.8千米。唐马镇辖自然村。人口1 100。因村旁有堌堆一处,故取名左堌堆。聚落呈团块状分布。有文化广场1处。古迹有左崮堆遗址。经济以种植业为主,主要农作物有小麦、玉米、大豆、棉花等。有公路经此。

陈丙 370827-B07-H03
［Chénbǐng］

在县驻地谷亭街道东南方向1.5千米。唐马镇辖自然村。人口1 500。明永乐二年(1404),陈丙从山西省洪洞县迁此立村,为纪念他,后人以人名命村名。聚落呈团块状分布。有文化广场1处。经济以种植业为主,主要农作物有小麦、水稻。有公路经此。

古洼 370827-B07-H04
［Gǔwā］

在县驻地谷亭街道西南方向3.1千米。唐马镇辖自然村。人口700。明洪武年间,古姓从山西省洪洞县迁此建村,因地势较低,故名古洼。聚落呈团块状分布。有文化广场1处。经济以种植业为主,主要农作物有小麦、水稻等。有公路经此。

大朱庄 370827-B07-H05
［Dàzhūzhuāng］

在县驻地谷亭街道西南方向3.4千米。唐马镇辖自然村。人口800。清顺治七年(1650),先民从小吴村迁此立村,取名大朱庄。聚落呈团块状分布。有文化广场1处。经济以种植业为主,主要农作物有小麦、水稻。有公路经此。

宗庄 370827-B07-H06

［Zōngzhuāng］

在县驻地谷亭街道东南方向 4.4 千米。唐马镇辖自然村。人口 1 200。明万历年间，王姓迁入时即有此村，取名宗庄。聚落呈团块状分布。有文化广场 1 处。经济以种植业为主，主要农作物有小麦、水稻等。有公路经此。

卷棚楼 370827-B07-H07

［Juǎnpénglóu］

在县驻地谷亭街道东南方向 3.2 千米。唐马镇辖自然村。人口 1 900。明洪武年间，郑姓从山西省洪洞县迁此立村，取名郑庄。后因建楼房一座，楼顶是卷棚式的，故称村为卷棚楼。聚落呈团块状分布。有文化广场 1 处。经济以种植业为主，主要农作物有小麦、水稻。有公路经此。

杨辛庄 370827-B07-H08

［Yángxīnzhuāng］

在县驻地谷亭街道东南方向 5.2 千米。唐马镇辖自然村。人口 1 900。明天启年间，杨氏从本县大觉寺迁此立村，取名辛庄，后改称杨辛庄。聚落呈团块状分布。有文化广场 1 处。经济以种植业为主，主要农作物有小麦、水稻等。有公路经此。

王堂 370827-B07-H09

［Wángtáng］

在县驻地谷亭街道西南方向 5.4 千米。唐马镇辖自然村。人口 1 200。明洪武二年（1369），王氏从山西迁此立村，取名王庄。后因村内修了祠堂，遂改称王堂。有文化广场 1 处。经济以种植业为主，主要农作物有小麦、水稻等。有公路经此。

大隋庄 370827-B07-H10

［Dàsuízhuāng］

在县驻地谷亭街道西南方向 4.1 千米。唐马镇辖自然村。人口 1 200。明永乐年间，隋氏从河南商丘迁此立村，取名隋庄。1980 年地名普查时，更名为大隋庄。聚落呈团块状分布。有文化广场 1 处。经济以种植业为主，主要农作物有小麦、水稻。有公路经此。

孙阁 370827-B07-H11

［Sūngé］

在县驻地谷亭街道西南方向 5.3 千米。唐马镇辖自然村。人口 1 700。据孙氏所立石碑记载，明成化年间，孙氏从沛县程子庙（现属微山县）迁此立村，取名西梅子。清雍正年间在村边修观音阁一座，遂改为孙阁。聚落呈团块状分布。有文化广场 1 处。经济以种植业为主，主要农作物有小麦、水稻等。有公路经此。

杨宅子 370827-B07-H12

［Yángzháizi］

在县驻地谷亭街道东南方向 6.4 千米。唐马镇辖自然村。人口 1 000，其中回族 500 人。清道光年间，杨氏从微山县南阳迁此立村，取名杨宅子。聚落呈团块状分布。有文化广场 1 处。经济以种植业为主，主要农作物有小麦、水稻等。有公路经此。

宋寨 370827-B07-H13

［Sòngzhài］

在县驻地谷亭街道东南方向 4.8 千米。唐马镇辖自然村。人口 1 000。宋姓于北宋政和元年（1111）来此立村，取名大宋家。民国初，因防战乱，围村筑寨，遂改村名为宋寨。聚落呈团块状分布。有文化广场 1 处。经济以种植业为主，主要农作物有小麦、水稻等。有公路经此。

付小楼 370827-B07-H14
[Fùxiǎolóu]

在县驻地谷亭街道东南方向 7.6 千米。唐马镇辖自然村。人口 1 100。明洪武三年（1370），傅氏从山西洪洞县迁此立村，取名付小楼。聚落呈团块状分布。有文化广场 1 处。经济以种植业为主，主要农作物有小麦、水稻。有公路经此。

甄庄 370827-B07-H15
[Zhēnzhuāng]

在县驻地谷亭街道东南方向 6.7 千米。唐马镇辖自然村。人口 1 800。清乾隆年间，甄氏从本县甄洼迁此立村，取名甄庄。聚落呈团块状分布。有文化广场 1 处。经济以种植业为主，主要农作物有小麦、水稻等。有公路经此。

老砦 370827-B08-H01
[Lǎozhài]

老砦镇人民政府驻地。在县驻地谷亭街道东南方向 12.5 千米。人口 3 600。清咸丰年间，洪水退去，曾为一片荒野，时有一古老高台，几户人家从巨野邢海迁来，在此居住，为安全筑一土砦，故取名老砦。聚落呈团块状分布。有中学 1 处、小学 1 处、幼儿园 2 所。经济以种植业为主，主要农作物有小麦、水稻等。有公路经此。

独山集 370827-B08-H02
[Dúshānjí]

在县驻地谷亭街道东北方向 17.5 千米。老砦镇辖自然村。人口 1 400。清咸丰年间，一部分人从巨野县独山集迁来立村，因怀念故居，取村名独山集。聚落呈团块状分布。有文化广场 1 处。经济以种植业为主，主要农作物有小麦、水稻等。有公路经此。

张埝 370827-B08-H03
[Zhāngniàn]

在县驻地谷亭街道东南方向 10.0 千米。老砦镇辖自然村。人口 500。明洪武二年（1369），张姓从山西洪洞县迁此立村，因村建在河堤旁，故取名张埝。聚落呈团块状分布。有文化广场 1 处。经济以种植业为主，主要农作物有小麦、水稻。251 省道经此。

魏家庄 370827-B08-H04
[Wèijiāzhuāng]

在县驻地谷亭街道东北方向 10.4 千米。老砦镇辖自然村。人口 600。清咸丰年间此地大水退后，魏姓从巨野迁来立村，取名魏庄。1980 年更名为魏家庄。聚落呈团块状分布。有文化广场 1 处。经济以种植业为主，主要农作物有小麦、水稻。有公路经此。

晁庄 370827-B08-H05
[Cháozhuāng]

在县驻地谷亭街道东北方向 10.5 千米。老砦镇辖自然村。人口 700。清咸丰年间，晁姓从巨野县迁此立村，取名晁庄。聚落呈团块状分布。有文化广场 1 处。经济以种植业为主，主要农作物有小麦、水稻。有公路经此。

许楼 370827-B08-H06
[Xǔlóu]

在县驻地谷亭街道东北方向 10.2 千米。老砦镇辖自然村。人口 1 400。清咸丰年间，一部分居民从郓城、巨野县迁来，在此立村，取村名王营。后因许氏人口增多，更名为许楼。聚落呈团块状分布。有文化广场 1 处。经济以种植业为主，主要农作物有小麦、水稻。有公路经此。

边庄 370827-B08-H07

[Biānzhuāng]

在县驻地谷亭街道东北方向 10.9 千米。老砦镇辖自然村。人口 500。据《边氏族谱》记载，清光绪六年（1880），边氏从郓城县边庄迁此立村，因怀念故居，取名边庄。聚落呈团块状分布。有文化广场 1 处。经济以种植业为主，主要农作物有小麦、水稻。有公路经此。

刘寨 370827-B08-H08

[Liúzhài]

在县驻地谷亭街道东南方向 10.9 千米。老砦镇辖自然村。人口 1 800。明洪武三年（1370），刘氏从山西省洪洞县迁此立村，始取名刘庄。后为防盗，围村筑寨，更名为刘寨。聚落呈团块状分布。有文化广场 1 处。经济以种植业为主，主要农作物有小麦、水稻。有公路经此。

义和 370827-B08-H09

[Yìhé]

在县驻地谷亭街道东南方向 11.2 千米。老砦镇辖自然村。人口 1 300。清咸丰年间，鱼台县常闹水灾，水退后，从巨野迁来十几户人家在此垦荒种地，后又有人家陆续迁入，虽姓氏不同，但和睦相处，故取村名义和。聚落呈团块状分布。有文化广场 1 处。经济以种植业为主，主要农作物有小麦、水稻等。有公路经此。

仁和 370827-B08-H10

[Rénhé]

在县驻地谷亭街道东南方向 11.8 千米。老砦镇辖自然村。人口 3 100。清咸丰年间，从巨野县迁来几户人家在此立村，因姓氏各不相同，为团结起见，遂取仁和为村名。聚落呈团块状分布。有文化广场 1 处。经济以种植业为主，主要农作物有小麦、水稻等。有公路经此。

闫集 370827-B08-H11

[Yánjí]

在县驻地谷亭街道东南方向 12.0 千米。老砦镇辖自然村。人口 900。清咸丰年间，一部分人从巨野迁此立村，其中有一王姓以卖盐为生，后又在此成集，故称盐集，后演变为闫集。聚落呈团块状分布。有文化广场 1 处。经济以种植业为主，主要农作物有小麦、水稻等。有公路经此。

双合 370827-B08-H12

[Shuānghé]

在县驻地谷亭街道东南方向 12.0 千米。老砦镇辖自然村。人口 1 600。清同治年间，一部分人从巨野县邢海迁此立村，原为两个村，后渐扩大，两村相连，合二为一，故取名双合。聚落呈团块状分布。有文化广场 1 处。经济以种植业为主，主要农作物有小麦、水稻等。有湖西煤矿等企业。有公路经此。

后姚楼 370827-B08-H13

[Hòuyáolóu]

在县驻地谷亭街道东北方向 15.2 千米。老砦镇辖自然村。人口 700。清嘉庆六年（1801），姚氏从巨野县姚楼迁此立村，为纪念故居，取名姚楼。又因此村前还有个姚楼村，此村故称后姚楼。聚落呈团块状分布。有文化广场 1 处。经济以种植业为主，主要农作物有小麦、小稻等。有公路经此。

后六屯 370827-B08-H14

[Hòuliùtún]

在县驻地谷亭街道东北方向 15.2 千米。老砦镇辖自然村。人口 700。清同治三年

（1864），从本县前陆屯迁出一部分人在此立村，因位于前陆六之北，故取名后六屯。聚落呈团块状分布。有文化广场1处。经济以种植业为主，主要农作物有小麦、水稻等。有公路经此。

西城　370827-B08-H15
［Xīchéng］

在县驻地谷亭街道东南方向12.9千米。老砦镇辖自然村。人口2 200。清咸丰年间，从巨野、郓城迁来一部分人在此立村，相传此地曾为古湖陵城西，故名西城。聚落呈团块状分布。有文化广场1处。经济以种植业为主，主要农作物有小麦、水稻等。有公路经此。

东里　370827-B08-H16
［Dōnglǐ］

在县驻地谷亭街道东南方向16.8千米。老砦镇辖自然村。人口1 800。清咸丰年间，从嘉祥、巨野迁来一部分人在此立村，因地处鱼台县的最东边，故名东里。聚落呈团块状分布。有文化广场1处。经济以种植业为主，主要农作物有小麦、水稻等。有公路经此。

四合　370827-B08-H17
［Sìhé］

在县驻地谷亭街道东北方向16.0千米。老砦镇辖自然村。人口300。1978年，西城西、西城东、老东、老北四个村原微山籍的群众在此立村，故名四合。聚落呈团块状分布。有文化广场1处。经济以种植业为主，主要农作物有小麦、水稻等。有公路经此。

罗屯　370827-B09-H01
［Luótún］

罗屯镇人民政府驻地。在县驻地谷亭街道西北方向23.7千米。人口1 700。原名永安寨，明朝时改名为罗家屯，后简称罗屯。聚落呈团块状分布。有中学1处、小学1处、幼儿园2所。经济以种植业为主，主要农作物有小麦、大蒜、辣椒等。有公路经此。

隋海　370827-B09-H02
［Suíhǎi］

在县驻地谷亭街道西北方向19.8千米。罗屯镇辖自然村。人口1 100。明嘉靖年间，隋氏从隋海分出建村，取名隋海。聚落呈团块状分布。有文化广场1处。经济以种植业为主，主要农作物有大蒜、小麦、水稻等。有公路经此。

芦阁　370827-B09-H03
［Lúgé］

在县驻地谷亭街道西北方向23.1千米。罗屯镇辖自然村。人口600。闫姓于明永乐年间从大闫迁此立村，据村西华祖阁唐碑记载，唐开元八年（720），此处为芦氏村庄，名为芦阁。后芦姓失传，仍沿用芦阁村名。聚落呈团块状分布。有文化广场1处。经济以种植业为主，主要农作物有大蒜、小麦、水稻等。有公路经此。

大沈庄　370827-B09-H04
［Dàshěnzhuāng］

在县驻地谷亭街道西北方向21.8千米。罗屯镇辖自然村。人口1 700。沈氏于明洪武二年（1369）从山西省洪洞县迁此立村，取名沈庄。小沈庄建村后，改名为大沈庄。聚落呈团块状分布。有文化广场1处。经济以种植业为主，主要农作物有大蒜、小麦、水稻等。有公路经此。

冯楼　370827-B09-H05
［Fénglóu］

在县驻地谷亭街道西北方向19.3千米。罗屯镇辖自然村。人口1 800。冯氏于明正统十二年（1447）从金乡县冯家庄迁此立村，因村中有楼，故名冯楼。聚落呈团块状分布。有文化广场1处。经济以种植业为主，主要农作物有大蒜、小麦、水稻等。有公路经此。

后军城 370827-B09-H06

[Hòujūnchéng]

在县驻地谷亭街道北方向20.6千米。罗屯镇辖自然村。人口1 000。李氏于明宣德年间从前军李城分出在村后建村，取名后军李城，后简化为后军城。聚落呈团块状分布。有文化广场1处。经济以种植业为主，主要农作物有玉米、小麦、棉花等。有公路经此。

大阎家 370827-B09-H07

[Dàyánjiā]

在县驻地谷亭街道西北方向22.7千米。罗屯镇辖自然村。人口2 200。阎氏于明洪武年间从山西省洪洞县迁此建村，取名阎家。清初阎氏发展成为望族，遂改称大阎家。聚落呈团块状分布。有文化广场1处。经济以种植业为主，主要农作物有大蒜、小麦、水稻等。有公路经此。

安集 370827-B09-H08

[Ānjí]

在县驻地谷亭街道西北方向21.1千米。罗屯镇辖自然村。人口800。此村原名庵集，后演变为安集。聚落呈团块状分布。有文化广场1处。经济以种植业为主，主要农作物有大蒜、小麦、水稻等。有公路经此。

沈集 370827-B09-H09

[Shěnjí]

在县驻地谷亭街道西北方向20.0千米。罗屯镇辖自然村。人口1 700。此村原名崔村，清康熙年间，沈氏迁此后，因成集市，遂改名沈集。聚落呈团块状分布。有文化广场1处。经济以种植业为主，主要农作物有大蒜、小麦、水稻等。有公路经此。

矫洼 370827-B09-H10

[Jiǎowā]

在县驻地谷亭街道北方向21.4千米。罗屯镇辖自然村。人口700。刘氏于明初从金乡县迁此立村，因地势低洼，取名矫洼。聚落呈团块状分布。有文化广场1处。经济以种植业为主，主要农作物有大蒜、小麦、水稻等。有公路经此。

金乡县

城市居民点

翠湖龙庭小区 370828-I01

[Cuìhúlóngtíng Xiǎoqū]

在县境中部。人口3 900。总面积5.56公顷。以风景优美、吉祥之意命名。2008年始建，2010年正式使用。建筑总面积135 000平方米，小高层住宅楼24栋，中式建筑风格。绿化率20.3%，有超市、学校、医院等配套设施。通公交车。

滨江豪庭小区 370828-I02

[Bīnjiānghǎotíng Xiǎoqū]

在县境中部。人口2 000。总面积3.1公顷。因坐落金济河旁，以地理位置和吉祥嘉言得名。2011年始建，2014年正式使用。建筑总面积107 727平方米，高层住宅楼9栋，西式建筑风格。绿化率31%，有商店等配套设施。通公交车。

翰林名苑 370828-I03

[Hànlín Míngyuàn]

在县境中部。人口1 150。总面积3.2

公顷。因小区靠近学区、文化气息浓郁，故名翰林名苑。2011年始建，2014年正式使用。建筑总面积117 532平方米，高层住宅楼8栋，西式建筑风格。绿化率30.3%，有商店等配套设施。通公交车。

学府名门小区 370828-I04
[Xuéfǔmíngmén Xiǎoqū]

在县境中部。人口2 200。总面积3.6公顷。因小区靠近学区、文化气息浓郁，故名学府名门。2009年始建，2012年正式使用。建筑总面积110 000平方米，住宅楼16栋，其中高层3栋、多层13栋，现代建筑风格。绿化率30.3%，有幼儿园、商店、卫生所等配套设施。通公交车。

金旗花园 370828-I05
[Jīnqí Huāyuán]

在县境中部。人口740。总面积3.4公顷。济宁市金桥煤矿塌陷区搬迁，旗杆张村搬迁改造建设成农村社区，金乡县政府将旗杆张命名为金旗花园。2008年始建，2010年正式使用。建筑总面积66 180平方米，住宅楼12栋，其中高层1栋、多层11栋，中式建筑风格。绿化率30.3%，有卫生室等配套设施。通公交车。

千寿湖小区 370828-I06
[Qiānshòuhú Xiǎoqū]

在县境中部。人口1 000。总面积5.1公顷。因开发建设项目靠近千寿湖而得名。2012年始建，2013年正式使用。建筑总面积122 000平方米，住宅楼17栋，其中高层8栋、多层9栋，西式建筑风格。绿化率30%，有幼儿园、商店、卫生所等配套设施。通公交车。

圣都金茂豪庭小区 370828-I07
[Shèngdūjīnmàoháotíng Xiǎoqū]

在县境中部。人口2 200。总面积1.9公顷。以生意兴隆、财气旺盛的寓意取名。2009年始建，2011年正式使用。建筑总面积100 000平方米，住宅楼17栋，其中高层3栋、多层14栋，现代建筑风格。绿化率30%。通公交车。

望湖绿苑 370828-I08
[Wànghú Lǜyuàn]

在县境中部。人口1 100。总面积39公顷。以小区自然环境得名。2002年始建，2012年正式使用。建筑总面积790 000平方米，住宅楼16栋，其中高层4栋、多层12栋，现代建筑风格。绿化率20%。通公交车。

地税佳苑 370828-I09
[Dìshuì Jiāyuàn]

在县境中部。人口300。总面积2.0公顷。该小区为地税局家属院，故名。1995年始建，1997年正式使用。建筑总面积13 600平方米，住宅楼15栋，中式建筑风格。绿化率5%。通公交车。

东苑小区 370828-I10
[Dōngyuàn Xiǎoqū]

在县境中部。163户。总面积1.1公顷。因地理位置得名。2000年始建，2002年正式使用。建筑总面积18 000平方米，多层住宅楼7栋，现代建筑风格。绿化率10%，有超市、学校、医院等配套设施。通公交车。

农村居民点

王架 370828-A01-H01
[Wángjià]

在县驻地金乡街道北方向 5.0 千米。金乡街道辖自然村。人口 500。清初，先民从山西洪洞县迁此建村，因王姓人口占多数而取名王架。聚落呈团块状分布。有文化广场 1 处、农家书屋 1 处。经济以种植业为主，主要农作物有大蒜、辣椒、玉米、小麦。有公路经此。

桃园 370828-A01-H02
[Táoyuán]

在县驻地金乡街道南方向 1.5 千米。金乡街道辖自然村。人口 1 000。明初，李姓建村。明末清初，李姓和袁姓从山西洪洞县迁入本址，后有周姓从现在的羊山杨楼迁入，三姓人在一起生活和谐，亲如一家，三家族人商议村名时联想到三国时期刘、关、张桃园三结义典故，故取村名桃园。聚落呈团块状分布。有文化广场 1 处、农家书屋 1 处。经济以种植业为主，主要农作物有葡萄。有公路经此。

吴庄 370828-A01-H03
[Wúzhuāng]

在县驻地金乡街道北方向 3.1 千米。金乡街道辖自然村。人口 1 100。明朝初期，吴姓从山西洪洞县迁此建村，以姓氏取名吴庄。聚落呈团块状分布。经济以种植业为主，主要农作物有小麦、棉花、玉米、大蒜等。有公路经此。

毕暗楼 370828-A01-H04
[Bì'ànlóu]

在县驻地金乡街道南方向 2.0 千米。金乡街道辖自然村。人口 500。明万历年间，毕姓从巨野县毕家海迁此建村，因盖有一座暗楼而得名毕暗楼。聚落呈团块状分布。有文化广场 1 处、农家书屋 1 处。经济以种植业为主，主要农作物有葡萄。有公路经此。

牛王庙 370828-A01-H05
[Niúwángmiào]

在县驻地金乡街道南方向 5.1 千米。金乡街道辖自然村。人口 300。清乾隆年间，王姓迁此居住，东侧有一座庙，故取名牛王庙。聚落呈团块状分布。有文化广场 1 处、农家书屋 1 处。经济以种植业为主，主要农作物有葡萄、大蒜等。有公路经此。

仓坊 370828-A01-H06
[Cāngfáng]

在县驻地金乡街道东南方向 0.5 千米。金乡街道辖自然村。人口 600。因古代建有粮仓而得名。聚落呈团块状分布。经济以种植业为主，主要农作物有小麦、棉花、玉米、大蒜等。有公路经此。

李庄 370828-A01-H07
[Lǐzhuāng]

在县驻地金乡街道南方向 3.0 千米。金乡街道辖自然村。人口 200。1962 年，李姓家族自南堤口搬迁至此，以姓氏取名李庄。聚落呈团块状分布。经济以种植业为主，主要农作物有小麦、大蒜、辣椒、玉米。有公路经此。

高河 370828-A02-H01
[Gāohé]

在县驻地金乡街道东北方向 4.9 千米。高河街道辖自然村。人口 2 000。传说清乾隆末年，一游方道士夜居村中客店，梦见村上空一池荷花凌空绽放，村人认为此是吉祥之兆，遂命村名为高华店。因古文字

"花""华"同字，村民认为村名不雅，又据五行相生推算，从水为吉，故更村名为高河店，现又演变为高河。聚落呈团块状分布。有文化广场1处、农家书屋1处、小学1处、幼儿园2处。经济以种植业为主，主要农作物有大蒜、小麦。有公路经此。

东夹河滩 370828-A02-H02

[Dōngjiāhétān]

在县驻地金乡街道东北方向13.0千米。高河街道辖自然村。人口1 100。清康熙年间，李姓迁此建村，因村处在东沟与老万福河夹角之间，故得名夹河滩，后又因村西有一西夹河滩，遂以方位更名为东夹河滩。聚落呈团块状分布。有文化广场1处、农家书屋1处。经济以种植业为主，主要农作物有大蒜、小麦。有公路经此。

谢园 370828-A02-H03

[Xièyuán]

在县驻地金乡街道东南方向4.2千米。高河街道辖自然村。人口500。明洪武年间，谢姓从巨野县大谢集镇迁此建村，以种菜为生，故以姓氏取名谢家菜园，简称谢园。聚落呈团块状分布。有文化广场1处、农家书屋1处。经济以种植业为主，主要农作物有大蒜、小麦。有公路经此。

郭七楼 370828-A02-H04

[Guōqīlóu]

在县驻地金乡街道东南方向8.7千米。高河街道辖自然村。人口1 200。明洪武年间，郭姓排行老七的人从山西洪洞县迁此建村，并盖有一楼，故以姓氏取村名为郭七楼。聚落呈团块状分布。有文化广场1处、农家书屋1处。经济以种植业为主，主要农作物有大蒜、棉花、辣椒。有公路经此。

毕周楼 370828-A02-H05

[Bìzhōulóu]

在县驻地金乡街道东北方向12.0千米。高河街道辖自然村。人口1 400。据《周氏家谱》记载，明朝周姓来此建村，因盖有一楼，故名周楼。清乾隆年间，毕姓迁入定居，故更名为毕周楼。聚落呈团块状分布。有文化广场1处、农家书屋1处。经济以种植业为主，主要农作物有大蒜、玉米、棉花。有公路经此。

小门楼 370828-A02-H06

[Xiǎoménlóu]

在县驻地金乡街道东北方向11.0千米。高河街道辖自然村。人口400。明崇祯年间，李姓建村，因盖有门楼，故名小门楼。聚落呈团块状分布。有文化活动中心。经济以种植业为主，主要农作物有大蒜、辣椒、棉花。有公路经此。

周庄 370828-A02-H07

[Zhōuzhuāng]

在县驻地金乡街道东北方向6.8千米。高河街道辖自然村。人口1 300。明末清初，周姓从山西省洪洞县迁此建村，因村南有一倒钩形小河沟，并有一桥，故以姓氏取名倒沟桥周庄，后简称周庄。聚落呈团块状分布。有文化广场。经济以种植业为主，主要农作物有大蒜、棉花、玉米、小麦、瓜果。有公路经此。

东马店 370828-A02-H08

[Dōngmǎdiàn]

在县驻地金乡街道东北方向9.9千米。高河街道辖自然村。人口700。据传明洪武年间，马姓从山西洪洞县迁此建村，因此地为集市，村民在此开店，故以姓氏取名马店，后又以方位更名为东马店。聚落呈团块状分布。有文化广场1处、农家书屋1处。经济以种植业为主，主要农作物有大蒜、棉花、辣椒。有公路经此。

牛桥 370828-A02-H09
[Niúqiáo]

在县驻地金乡街道东南方向7.4千米。高河街道辖自然村。人口900。据传明朝末年刘姓建村，因有一盘井，故名刘盘井。清朝中期，牛姓迁入定居，人口逐渐增多，刘姓渐少，又因村东有一小桥，遂将村名更为牛桥。聚落呈团块状分布。有文化广场、农家书屋。经济以种植业为主，主要农作物有大蒜、小麦。有公路经此。

高河屯 370828-A02-H10
[Gāohétún]

在县驻地金乡街道东北方向13.0千米。高河街道辖自然村。人口1 000。明崇祯年间，高姓来此建村，因官府在此屯粮，故取名高河屯。聚落呈团块状分布。经济以种植业为主，主要农作物有大蒜、辣椒、玉米、棉花。有公路经此。

马河崖 370828-A02-H11
[Mǎhéyá]

在县驻地金乡街道东北方向13.0千米。高河街道辖自然村。人口600。明朝末年，马姓从山西洪洞县迁此建村，因靠河居住，故取村名马河崖。聚落呈团块状分布。经济以种植业为主，主要农作物有大蒜、棉花、小麦。有公路经此。

李池庄 370828-A02-H12
[Lǐchízhuāng]

在县驻地金乡街道东北方向11.0千米。高河街道辖自然村。人口400。在明朝年间，李池来此建村，故取名李池庄。聚落呈团块状分布。经济以种植业为主，主要农作物有大蒜、玉米、棉花。有公路经此。

王丕庄 370828-A03-H01
[Wángpīzhuāng]

在县驻地金乡街道东南方向5.4千米。王丕街道辖自然村。人口1 400。明洪武年间，王姓从山西洪洞县迁居鱼台县王鲁。明朝末期王姓兄弟分支，长子王鲁住鱼台县王鲁，次子王楼住金乡县霄云镇西南王楼，三子王丕迁此建村定居，故名。聚落呈散状分布。有文化书屋、文化广场。古迹有周冠五故居。经济以种植业为主，主要农作物有大蒜、棉花、葡萄、芹菜。有公路经此。

孙店 370828-A03-H02
[Sūndiàn]

在县驻地金乡街道南方向6.9千米。王丕街道辖自然村。人口400。明朝末年，孙姓从山西洪洞县迁此建村，以姓氏取名孙庄，后改为孙店。聚落呈散状分布。经济以种植业为主，主要农作物有大蒜、小麦、棉花、葡萄。有公路经此。

张暗楼 370828-A03-H03
[Zhāng'ànlóu]

在县驻地金乡街道南方向6.0千米。王丕街道辖自然村。人口1 000。明朝末年，张姓从山西洪洞县迁此建村，以姓氏取村名张暗楼。聚落呈散状分布。有文化广场1处。经济以种植业为主，主要农作物有大蒜、葡萄、芹菜、辣椒。有公路经此。

胡井 370828-A03-H04
[Hújǐng]

在县驻地金乡街道东南方向6.7千米。王丕街道辖自然村。人口300。据传说，古时候挖护村沟的时候，挖出一眼不知什么年代的老砖水井，从此就以古井命村名，后时间一长，按谐音命名为胡井。聚落呈散状分布。有文化广场 1 处、小学 1 处。经济以种植业为主，主要农作物有辣椒、棉花、大蒜。有公路经此。

牌坊林 370828-A03-H05
[Páifānglín]

在县驻地金乡街道东南方向 6.1 千米。王丕街道辖自然村。人口 3 300。自明洪武年间定乱初，先民从山西洪洞县迁居金乡，后来此建村，周围有一大片林地即坟地，并在此处建立一牌坊，故取名牌坊林。聚落呈散状分布。有文化广场 1 处。经济以种植业为主，主要农作物有大蒜、辣椒、小麦。有公路经此。

康桥 370828-A03-H06
[Kāngqiáo]

在县驻地金乡街道东南方向 9.0 千米。王丕街道辖自然村。人口 800。有康、程两家，因赌博程输钱于康，康大义，用此钱在村西修建一座桥，方便两家种地，程感激，故取村名康家桥，后简称康桥。聚落呈散状分布。有文化广场 1 处、小学 1 处。经济以种植业为主，主要农作物有大蒜、棉花、小麦。有公路经此。

胡店子 370828-A03-H07
[Húdiànzi]

在县驻地金乡街道东南方向 9.8 千米。王丕街道辖自然村。人口 200。据传，明初胡姓从山西洪洞县迁此建村，因地势低洼，故称水店子，后以姓氏改为胡店子。聚落呈散状分布。经济以种植业为主，主要农作物有棉花、玉米、小麦、大蒜。有公路经此。

祭田 370828-A03-H08
[Jìtián]

在县驻地金乡街道东南方向 10.1 千米。王丕街道辖自然村。人口 300。原是东关苏姓的一个庄园，李家用其粗粮祭祖，1809 年，李氏族人买下后定名为李氏祭田新庄，归李氏族公有。20 世纪 40 年代，定名祭田。聚落呈散状分布。经济以种植业为主，主要农作物有小麦、玉米、大蒜。有公路经此。

三关 370828-A03-H09
[Sānguān]

在县驻地金乡街道东南方向 10.1 千米。王丕街道辖自然村。人口 300。明朝时期，先民从山西省洪洞县迁至此，当时全村只有三个姓氏，他们合资建一庙宇，里面塑有三官老爷，庙宇建成后，简称三官庙。后庙宇被破坏，村名简化为三关。聚落呈散状分布。经济以种植业为主，主要农作物有蔬菜、水果。有公路经此。

苇子园 370828-A03-H10
[Wěiziyuán]

在县驻地金乡街道南方向 7.1 千米。王丕街道辖自然村。人口 1 000。明初，刘、李、罗三姓从山西洪洞县迁此地，因当时有一苇子坑，故取名苇子园。聚落呈散状分布。经济以种植业为主，主要农作物有大蒜、棉花、小麦。有公路经此。

李故楼 370828-A03-H11
[Lǐgùlóu]

在县驻地金乡街道南方向 7.9 千米。王丕街道辖自然村。人口 500。明洪武年间，李姓从山西洪洞县迁居金乡城，后分支迁此建村，因村中有一古楼，故以姓氏取村名为李故楼。聚落呈散状分布。经济以种植业为主，主要农作物有大蒜、蔬菜、粮食。有公路经此。

吴岗 370828-A03-H12
［Wúgǎng］

在县驻地金乡街道西南方向 9.3 千米。王丕街道辖自然村。人口 900。明初此地为一片海滩，吴姓从山西洪洞县迁此建村，因地势较高，并有一黄土岗子，故以姓氏取村名为吴岗。聚落呈散状分布。经济以种植业为主，主要农作物有大蒜、棉花、芹菜、玉米、小麦。有公路经此。

彭井 370828-A03-H13
［Péngjǐng］

在县驻地金乡街道东南方向 9.4 千米。王丕街道辖自然村。人口 1 000。因姓氏和建筑物而得名彭井。聚落呈散状分布。经济以种植业为主，主要农作物有大蒜、玉米、大豆、辣椒、大蒜、芹菜。有公路经此。

李林 370828-A03-H14
［Lǐlín］

在县驻地金乡街道东南方向 8.2 千米。王丕街道辖自然村。人口 900。明朝时期，只有几户人家，因周围环林，故称林庄，后来由于李氏家族最大，林地最大，故又改称李林。聚落呈散状分布。经济以种植业为主，主要农作物有棉花、大蒜、辣椒、小麦。有公路经此。

迎河 370828-A03-H15
［Yínghé］

在县驻地金乡街道东南方向 9.7 千米。王丕街道辖自然村。人口 100。清朝年间，有几户张姓百姓从大棠树迁出，在东沟河北岸定居，因位于东沟河旁，迎河而建，故名。聚落呈散状分布。经济以种植业为主，主要农作物有大蒜、棉花、葡萄、芹菜。有公路经此。

李集 370828-A03-H16
［Lǐjí］

在县驻地金乡街道东南方向 8.2 千米。王丕街道辖自然村。人口 900。清朝初期，李姓从山西省洪洞县迁此建村，当时前村为前迭沟，因村后有几条沟，曾取名为后迭沟。后来该村成为集市，故以姓氏更名为李集。聚落呈散状分布。经济以种植业为主，主要农作物有棉花、大蒜、玉米。有公路经此。

李阁 370828-A03-H17
［Lǐgé］

在县驻地金乡街道西南方向 10.1 千米。王丕街道辖自然村。人口 500。明洪武年间，李姓从山西洪洞县迁此居住，因建有一处阁楼，故取村名李阁楼，后演变为李阁。聚落呈散状分布。经济以种植业为主，主要农作物有大蒜、棉花、小麦。有公路经此。

袁洼 370828-A03-H18
［Yuánwā］

在县驻地金乡街道东南方向 8.5 千米。王丕街道辖自然村。人口 400。明末，袁姓从山西洪洞县迁此建村，因该村地势低洼，常年积水，故取名袁洼。聚落呈散状分布。有文化广场。经济以种植业为主，主要农作物有大蒜、玉米、小麦、甘蓝、辣椒。有公路经此。

闫桥 370828-A03-H19
［Yánqiáo］

在县驻地金乡街道南方向 5.0 千米。王丕街道辖自然村。人口 400。明洪武年间，闫姓迁此建村，因靠莱河，建有一桥，来往运盐的船在桥头卸货，故取名闫桥。聚落呈散状分布。经济以种植业为主，主要农作物有大蒜、棉花、葡萄。有公路经此。

李楼寨 370828-A03-H20

[Lǐlóuzhài]

在县驻地金乡街道东南方向 9.0 千米。王丕街道辖自然村。人口 700。李楼寨原名叶家湾子，叶姓居现村东南隅，端木姓居西北隅，李氏迁入后在嘉庆年间建寨，故名李寨村，后改名李楼寨。聚落呈散状分布。经济以种植业为主，主要农作物有大蒜、棉花、玉米。有公路经此。

张店子 370828-A03-H21

[Zhāngdiànzi]

在县驻地金乡街道东南方向 8.7 千米。王丕街道辖自然村。人口 200。明末清初，张姓从山西洪洞县迁此建村，因地势低洼，草木丛生，搭起草棚，故起名流水店，张氏家族迁入后改名张店子。聚落呈散状分布。经济以种植业为主，主要农作物有大蒜、玉米、小麦、甘蓝、辣椒。有公路经此。

寻坊 370828-A04-H01

[Xúnfáng]

在县驻地金乡街道西方向 6.5 千米。鱼山街道辖自然村。人口 700。明洪武年间，寻姓从山西洪洞县迁居金乡，宣德年间分支迁此建村，以姓氏取村名为寻坊。聚落呈散状分布。有农家书屋 1 处、文化广场 1 处。经济以种植业为主，主要农作物有大蒜、棉花。有公路经此。

赵台子 370828-A04-H02

[Zhàotáizi]

在县驻地金乡街道西方向 6.5 千米。鱼山街道辖自然村。人口 400。明洪武年间，赵姓从山西洪洞县迁至金乡，宣德年间迁此建村，因房屋屡次被水淹没，故村周围用石头垒上，取名赵台子。聚落呈散状分布。有农家书屋 1 处、文化广场 1 处。经济以种植业为主，主要农作物有大蒜、棉花。有公路经此。

高堂 370828-A04-H03

[Gāotáng]

在县驻地金乡街道西南方向 13.0 千米。鱼山街道辖自然村。人口 500。明末清初，高氏从原北京富庶县尚西庄迁此定居，因村中建有一楼堂，故称高堂。聚落呈散状分布。有农家书屋 1 处、文化广场 1 处。经济以种植业为主，主要农作物有大蒜、棉花。有公路经此。

桑园 370828-A04-H04

[Sāngyuán]

在县驻地金乡街道西北方向 8.5 千米。鱼山街道辖自然村。人口 400。元末明初，张姓在此以种桑为生，有一女许配王永做童养媳，后王永辅佐朱元璋，多年与张家不通音信，朱元璋登基后，王永因功封为侯王，并准假探亲完婚。王永骑马到了村头，见其妻正采桑，为试其妻之心，假意上前调戏，其妻没有认出是其丈夫，羞愧难言，跑回家中悬梁身亡。待王永到家发觉后救之晚矣，后悔莫及，为纪念其妻，将庄名命名为桑园。聚落呈散状分布。有农家书屋 1 处、文化广场 1 处。经济以种植业为主，主要农作物有大蒜、棉花。有公路经此。

眼光庙 370828-A04-H05

[Yǎnguāngmiào]

在县驻地金乡街道西北方向 3.5 千米。鱼山街道辖自然村。人口 500。清乾隆年间，李姓来此建村，因村东北角有一眼姑庙，故得村名眼姑庙，后改为眼光庙。聚落呈散状分布。有农家书屋 1 处、文化广场 1 处。经济以种植业为主，主要农作物有大蒜、棉花。有公路经此。

莲池 370828-A04-H06
［Liánchí］

在县驻地金乡街道西北方向 3.5 千米。鱼山街道辖自然村。人口 200。明朝末期，白姓从山西洪洞县迁此建村，以种藕为业，取名白莲池。因村西建了一座家庙，又更名为白庙。后白姓渐无，赵、李、江、毕姓相继来此居住，仍以种藕为生，故将白姓去掉，改名莲池。聚落呈团块状分布。有农家书屋 1 处、文化广场 1 处。经济以种植业为主，主要农作物有大蒜、棉花。有公路经此。

炳公庙 370828-A04-H07
［Bǐnggōngmiào］

在县驻地金乡街道西北方向 3.0 千米。鱼山街道辖自然村。人口 800。建村初期赵姓始居，后韩氏迁来，赵、韩两姓相处十分和谐，经两姓共商后，决定在村东、西两侧建造两座祠庙，祠庙内塑有炳灵太子神像泥体和其他罗汉神像，故村名定为炳灵公庙。明朝末年，此地命名为炳公庙。聚落呈散状分布。有农家书屋 1 处、文化广场 1 处。经济以种植业为主，主要农作物有大蒜、棉花。有公路经此。

李井 370828-A04-H08
［Lǐjǐng］

在县驻地金乡街道西方向 6.3 千米。鱼山街道辖自然村。人口 200。明永乐年间，李姓从山西洪洞县迁此建村，因村南挖了一眼井，水质较好，故取名李井。聚落呈散状分布。有文化广场。经济以种植业为主，主要农作物有大蒜、棉花。有公路经此。

李双楼 370828-A04-H09
［Lǐshuānglóu］

在县驻地金乡街道西北方向 3.5 千米。鱼山街道辖自然村。人口 600。明朝末期，刘姓迁此建村，以姓氏取名刘双楼。清朝中期刘家无人，李姓迁入，更村名为李双楼。聚落呈散状分布。有农家书屋 1 处、文化广场 1 处。经济以种植业为主，主要农作物有大蒜、棉花。有公路经此。

崔口 370828-A04-H10
［Cuīkǒu］

在县驻地金乡街道西方向 3.0 千米。鱼山街道辖自然村。人口 400。明朝中期，崔姓来此建村，因村东设一渡口，故以姓氏取村名为崔口。聚落呈散状分布。有农家书屋 1 处、文化广场 1 处、小学 1 处。经济以种植业为主，主要农作物有大蒜、棉花。有公路经此。

周路口 370828-A04-H11
［Zhōulùkǒu］

在县驻地金乡街道西方向 3.0 千米。鱼山街道辖自然村。人口 400。明朝中期，周姓由山西洪洞县迁此建村，因村东有一片洼坡常年积水，来往行人不方便，周家在此修一渡口，故以姓氏取村名为周路口。聚落呈散状分布。有农家书屋 1 处、文化广场 1 处。经济以种植业为主，主要农作物有大蒜、棉花。有公路经此。

赵东 370828-A04-H12
［Zhàodōng］

在县驻地金乡街道西北方向 9.5 千米。鱼山街道辖自然村。人口 1 500。元朝末期，赵世祖来此建村，以姓氏取名赵楼。后因人口太多又分为赵西、赵东两村。聚落呈散状分布。有农家书屋 1 处、文化广场 1 处、学校 1 处。经济以种植业为主，主要农作物有大蒜、棉花。有公路经此。

土地庙 370828-A04-H13
[Tǔdìmiào]

在县驻地金乡街道西南方向 13.5 千米。鱼山街道辖自然村。人口 500。明末清初，周姓从山西洪洞县迁此建村，因村东北角建有一土地庙，故取名土地庙。聚落呈散状分布。有农家书屋 1 处、文化广场 1 处。经济以种植业为主，主要农作物有大蒜、棉花。有公路经此。

寻楼 370828-A04-H14
[Xúnlóu]

在县驻地金乡街道西方向 6.2 千米。鱼山街道辖自然村。人口 500。明朝时期，寻姓从山西洪洞县迁此建村，因建有一楼，故以姓氏取名寻楼。聚落呈散状分布。有农家书屋 1 处、文化广场 1 处、学校 1 处。有省级文物保护单位鱼山堌堆遗址。经济以种植业为主，主要农作物有棉花、大蒜、玉米、辣椒。有公路经此。

杨洼 370828-A04-H15
[Yángwā]

在县驻地金乡街道西方向 6.5 千米。鱼山街道辖自然村。人口 500。明天顺年间，杨姓从江西来此任主簿署知县事，后清朝初期，由金乡城迁此建村，因地势较洼，以姓氏得名杨洼。聚落呈散状分布。有农家书屋 1 处、文化广场 1 处。经济以种植业为主，主要农作物有大蒜、棉花。有公路经此。

王堂 370828-A04-H16
[Wángtáng]

在县驻地金乡街道西方向 7.0 千米。鱼山街道辖自然村。人口 600。元朝末期霍姓建村，因庄西有一片坑，故得名霍坑。明末王姓从山西洪洞县迁此建村，本村以王氏为主，取名王家堂，由于村西侧有一坑塘，改称王堂。聚落呈散状分布。有农家书屋 1 处、文化广场 1 处。经济以种植业为主，主要农作物有大蒜、棉花。有公路经此。

王杰村 370828-A04-H17
[Wángjiécūn]

在县驻地金乡街道北方向 3.0 千米。鱼山街道辖自然村。人口 300。明洪武年间，王姓建村，以姓氏取村名王庄。后因该村是共产主义英雄战士王杰烈士的故乡，遂改称王杰村。聚落呈散状分布。有农家书屋 1 处、文化广场 1 处、小学 1 处。有王杰烈士纪念馆。经济以种植业为主，主要农作物有大蒜、棉花。有公路经此。

石屋张庄 370828-A04-H18
[Shíwūzhāngzhuāng]

在县驻地金乡街道西方向 3.0 千米。鱼山街道辖自然村。人口 400。清雍正年间，张姓从郓城县华海子村迁此建村，以姓氏取名张庄。因附近有一石屋，相传是汉朝汉扶沟侯朱鲔墓屋。1980 年地名普查时因重名，经县政府批准更名为石屋张庄。聚落呈散状分布。经济以种植业为主，主要农作物有大蒜、棉花。有公路经此。

李桥 370828-A04-H19
[Lǐqiáo]

在县驻地金乡街道北方向 6.5 千米。鱼山街道辖自然村。人口 800。明朝初期，张姓迁此建村，因盖有瓦房，以姓氏取名张瓦房。明末，李姓迁来定居，人口增多并建一楼，故将村名更为李楼。清朝中期村南挖了一条河，因种地不便，同姓捐款建一座桥，取名李桥。聚落呈散状分布。有农家书屋 1 处、文化广场 1 处。经济以种植业为主，主要农作物有大蒜、棉花。有公路经此。

小楼 370828-A04-H20

[Xiǎolóu]

在县驻地金乡街道西方向 1.5 千米。鱼山街道辖自然村。人口 500。清朝此地是南关大户李京变的佃户庄，因李家在此盖一楼，故名京变楼，后改为小楼。聚落呈散状分布。有农家书屋 1 处、文化广场 1 处。经济以种植业为主，主要农作物有大蒜、棉花。有公路经此。

花园 370828-A04-H21

[Huāyuán]

在县驻地金乡街道西方向 1.5 千米。鱼山街道辖自然村。人口 2 000。明朝初期郝姓建村，因村东有一花园而得名。聚落呈散状分布。有农家书屋 1 处、文化广场 1 处。经济以种植业为主，主要农作物有大蒜、棉花。有公路经此。

肖庄 370828-A04-H22

[Xiāozhuāng]

在县驻地金乡街道西方向 3.0 千米。鱼山街道辖自然村。人口 400。清雍正年间肖姓建村，以姓氏取村名为肖庄。聚落呈散状分布。有农家书屋 1 处、文化广场 1 处。经济以种植业为主，主要农作物有棉花、蔬菜、辣椒、玉米。有公路经此。

孔楼 370828-A04-H23

[Kǒnglóu]

在县驻地金乡街道西方向 5.5 千米。鱼山街道辖自然村。人口 1 100。相传是为尊孔而取名。聚落呈散状分布。有农家书屋 1 处、文化广场 1 处。经济以种植业为主，主要农作物有大蒜、棉花。有公路经此。

窦湾 370828-A04-H24

[Dòuwān]

在县驻地金乡街道西南方向 2.0 千米。鱼山街道辖自然村。人口 1 100。窦氏之始祖窦兴於明朝初从陕西扶风迁居金乡，居于金乡西南五里远遥，因土厚水环，故名其村曰窦家湾，后简称窦湾。聚落呈散状分布。有农家书屋 1 处、文化广场 1 处。经济以种植业为主，主要农作物有大蒜、棉花。有公路经此。

张岔楼 370828-A04-H25

[Zhāngchàlóu]

在县驻地金乡街道西南方向 6.5 千米。鱼山街道辖自然村。人口 300。明隆庆年间，张姓从山西洪洞县迁此建村，因盖一楼，四角翘起带尖，远看像叉字形，故得名张岔楼。聚落呈散状分布。经济以种植业为主，主要农作物有大蒜、棉花。有公路经此。

鸡坊刘庄 370828-A04-H26

[Jīfángliúzhuāng]

在县驻地金乡街道西南方向 6.5 千米。鱼山街道辖自然村。人口 300。因姓氏和开有鸡坊而得名。聚落呈散状分布。有文化广场。经济以种植业为主，主要农作物有大蒜、棉花。有公路经此。

张草庙 370828-A04-H27

[Zhāngcǎomiào]

在县驻地金乡街道西南方向 6.5 千米。鱼山街道辖自然村。人口 300。据本村《碑文》记载，明洪武年间，张姓从山西洪洞县迁此建村，因修一关公庙是草房，而得名张草庙。聚落呈散状分布。有文化广场。经济以种植业为主，主要农作物有大蒜、棉花。有公路经此。

羊山集 370828-B01-H01

[Yángshānjí]

羊山镇人民政府驻地。在县驻地金乡街道西北方向 12.8 千米。人口 4 900。以境内阳山得名，又因山势如羊，改为今名。聚落呈团块状分布。有文化广场4处、学校1处。有省级文物保护单位羊山墓群、羊山战斗纪念地等。经济以种植业为主，主要农作物有小麦、玉米、大蒜、棉花。有公路经此。

葛山 370828-B01-H02
[Gěshān]

在县驻地金乡街道西北方向21.2千米。羊山镇辖自然村。人口200。三国时期称葛坡，相传有葛素文占据此山为王，而得名葛山。聚落呈散状分布。有文化广场1处、农家书屋1处、学校1处。有市级文物保护单位葛山汉墓群。经济以种植业为主，主要农作物有大蒜、棉花、小麦、玉米。有公路经此。

西阁 370828-B01-H03
[Xīgé]

在县驻地金乡街道西北方向18.4千米。羊山镇辖自然村。人口1 300。据传羊山村建于西汉，曾辖东街村和西街村，1981年西街村分为西街和西阁。聚落呈散状分布。有文化广场1处、农家书屋1处、学校1处。有省级文物保护单位羊山墓群。经济以种植业为主，主要农作物有大蒜、棉花、小麦、玉米。有公路经此。

孟营前 370828-B01-H04
[Mèngyíngqián]

在县驻地金乡街道西北方向21.4千米。羊山镇辖自然村。人口1 100。清道光年间在此村安过兵营，后简称孟营。1984年分为两个村，此地定为孟营前。聚落呈散状分布。有文化广场1处、农家书屋1处。经济以种植业为主，主要农作物有棉花、大蒜、西瓜。有公路经此。

崮子 370828-B01-H05
[Gùzi]

在县驻地金乡街道西北方向19.0千米。羊山镇辖自然村。人口800。因村前有堌堆，得名羊山后堌子，后演变为崮子。聚落呈散状分布。经济以种植业为主，主要农作物有棉花、大蒜、小麦、洋葱、玉米。有公路经此。

五所楼 370828-B01-H06
[Wǔsuǒlóu]

在县驻地金乡街道西北方向22.2千米。羊山镇辖自然村。人口1 300。李氏兄弟从山西洪洞县迁至金乡城西，后又迁至羊山南1千米处建村，决定为后代建五所楼房，地基打好，楼并未建成，后人因此事取村名为五所楼。聚落呈散状分布。有文化广场1处、农家书屋1处。经济以种植业为主，主要农作物有大蒜、棉花、小麦、玉米，有果树。有公路经此。

葛针庙 370828-B01-H07
[Gězhēnmiào]

在县驻地金乡街道西北方向20.1千米。羊山镇辖自然村。人口600。明洪武年间，李氏从山西洪洞县迁居此地建村，因附近有庙，周围有许多葛针树，故取名葛针庙。聚落呈散状分布。有文化广场1处、农家书屋1处。古迹有葛针庙。经济以种植业为主，主要农作物有大蒜、棉花、小麦、玉米。有公路经此。

柳园 370828-B01-H08
[Liǔyuán]

在县驻地金乡街道西北方向15.0千米。羊山镇辖自然村。人口600。因洪水成灾，全村人逃往外地数年后返回时，村周围长了许多柳树，故名柳园。聚落呈散状分布。

有市级文物保护单位贞姑庙。经济以种植业为主，主要农作物有小麦、玉米、棉花、大蒜、洋葱、辣椒。有公路经此。

苇子坑 370828-B01-H09
[Wěizikēng]

在县驻地金乡街道西北方向 19.3 千米。羊山镇辖自然村。人口 300。明朝中期，张姓从巨野县店子迁此建村，因庄前有一坑苇子，故而得名苇子坑。聚落呈散状分布。有文化广场 1 处、农家书屋 1 处。经济以种植业为主，主要农作物有小麦、玉米、棉花、大蒜、洋葱、瓜菜。有公路经此。

沙沃张 370828-B01-H10
[Shāwòzhāng]

在县驻地金乡街道西北方向 13.6 千米。羊山镇辖自然村。人口 400。明朝时期，张姓从济宁五里营迁此建村，因有一片沙子，取名沙沃张。聚落呈散状分布。有文化广场 1 处、农家书屋 1 处。经济以种植业为主，主要农作物有棉花、大蒜、玉米、辣椒。有公路经此。

王井 370828-B01-H11
[Wángjǐng]

在县驻地金乡街道西北方向 12.7 千米。羊山镇辖自然村。人口 300。明洪武年间，王姓从山西洪洞县迁至定陶一枪王，王姓二世迁至巨野县王楼，以姓氏取名王庄。后分支迁此建村，取村名为王庄，后更名为王井。聚落呈散状分布。有文化广场 1 处、农家书屋 1 处。经济以种植业为主，主要农作物有棉花、大蒜、玉米、辣椒。有公路经此。

胡集 370828-B02-H01
[Hújí]

胡集镇人民政府驻地。在县驻地金乡街道北方向 15.1 千米。人口 1 800。胡达吉从河北枣强县迁来立村，名胡家。后因相继迁入多姓，并立有集市，遂改村名为胡集。聚落呈团块状分布。有学校 3 所。经济以种植业为主，主要农作物有小麦、玉米、大蒜、棉花、洋葱、梨瓜。105 国道经此。

后仇寺 370828-B02-H02
[Hòuqiúsì]

在县驻地金乡街道东北方向 15.8 千米。胡集镇辖自然村。人口 500。清宣统年间，仇姓从山西洪洞县迁此建村，因村前有一寺院，故以方位、姓氏取名后仇寺。聚落呈散状分布。有文化广场 1 处、农家书屋 1 处。经济以种植业为主，主要农作物有大蒜、小麦、辣椒。有公路经此。

孟店 370828-B02-H03
[Mèngdiàn]

在县驻地金乡街道东北方向 15.1 千米。胡集镇辖自然村。人口 600。明洪武年间，孟姓从山西洪洞县迁此建村，据传该村有一条南北大路通金乡，因孟姓在路边开店而得名孟店。聚落呈散状分布。有文化广场 1 处、农家书屋 1 处。经济以种植业为主，主要农作物有大蒜、棉花、小麦、辣椒。有公路经此。

湾里 370828-B02-H04
[Wānlǐ]

在县驻地金乡街道东北方向 15.9 千米。胡集镇辖自然村。人口 600。明万历年间，王姓从山西洪洞县迁此建村，因街道弯曲，故名湾里。聚落呈散状分布。有文化广场 1 处、农家书屋 1 处。经济以种植业为主，主要农作物有大蒜、棉花、小麦、辣椒。有公路经此。

邱井 370828-B02-H05

[Qiūjǐng]

在县驻地金乡街道东北方向 7.9 千米。胡集镇辖自然村。人口 400。元末，邱姓从山西洪洞县迁此建村，盖楼房数间，以此取名邱楼，后因遭火灾，楼房被毁，便在村南打井一眼，故得名邱井。聚落呈散状分布。有文化广场 1 处、农家书屋 1 处。经济以种植业为主，主要农作物有大蒜、棉花、辣椒。有公路经此。

靳楼 370828-B02-H06

[Jìnlóu]

在县驻地金乡街道北方向 16.7 千米。胡集镇辖自然村。人口 1 400。据传，明洪武年间，李姓从山西洪洞县迁此建村，以姓氏取村名为李村。清朝初年靳姓从江苏沛县迁至此，并建有靳家高楼，遂改村名为靳楼。聚落呈散状分布。有文化广场 1 处、农家书屋 1 处。经济以种植业为主，主要农作物有大蒜、棉花、小麦、辣椒。有公路经此。

方庙 370828-B02-H07

[Fāngmiào]

在县驻地金乡街道东北方向 10.6 千米。胡集镇辖自然村。人口 400。相传，明万历年间，村民从山西洪洞县迁此建村，因有一庙，庙前有木杆，用于悬幡，故取名幡杆庙。后又建奶奶庙、玄帝庙，故将村名改为双庙，后演变为方庙。聚落呈散状分布。有文化广场 1 处、农家书屋 1 处。经济以种植业为主，主要农作物有大蒜、棉花、辣椒。有公路经此。

鱼山集 370828-B02-H08

[Yúshānjí]

在县驻地金乡街道北方向 16.3 千米。胡集镇辖自然村。人口 1 000。明洪武年间，于姓从山西洪洞县迁此建村，因村西有山形状像鱼，且又成集市，而得名鱼山集。聚落呈散状分布。有文化广场 1 处、农家书屋 1 处。经济以种植业为主，主要农作物有大蒜、棉花、小麦、辣椒。有公路经此。

张棚 370828-B02-H09

[Zhāngpéng]

在县驻地金乡街道东北方向 17.7 千米。胡集镇辖自然村。人口 400。明初，张姓从巨野县金山店子迁此建村，当时井台刻有石莲花一座，故以姓氏取村名为张花棚，后简称张棚。聚落呈散状分布。有文化广场 1 处、农家书屋 1 处。经济以种植业为主，主要农作物有大蒜、棉花、小麦、辣椒、白梨。有公路经此。

安五王 370828-B02-H10

[Ānwǔwáng]

在县驻地金乡街道北方向 12.3 千米。胡集镇辖自然村。人口 1 800。明永乐年间，王姓五家来此建村，因盖不起房子，搭了些小草屋居住，得名庵子王，后演变为安五王。聚落呈散状分布。有文化广场 1 处、农家书屋 1 处。经济以种植业为主，主要农作物有大蒜、棉花、小麦、辣椒。有公路经此。

灵显庙 370828-B02-H11

[Língxiǎnmiào]

在县驻地金乡街道东北方向 18.1 千米。胡集镇辖自然村。人口 700。此村建于明洪武年间，取名狄城村。据传说，村西有条河，河里有妖怪，凡是过往船只都在此沉没，皇帝下令捉拿此妖，结果捉妖人被淹死。人们为了纪念他，在岸上修有一庙，后庙内屡次显灵，村名故改为灵显庙。聚落呈散状分布。有文化广场 1 处、农家书屋 1 处。

经济以种植业为主，主要农作物有白梨瓜。有公路经此。

三角刘 370828-B02-H12
[Sānjiǎoliú]

在县驻地金乡街道东北方向18.7千米。胡集镇辖自然村。人口100。据传，明成化年间，刘、留、柳三家呈三角形居住。明万历年间，刘姓在山西任司官，他把三姓统一为刘姓，故以姓氏取名三角刘。聚落呈散状分布。有文化广场1处、农家书屋1处。经济以种植业为主，主要农作物有大蒜、小麦、白梨瓜。有公路经此。

金店 370828-B02-H13
[Jīndiàn]

在县驻地金乡街道东北方向16.1千米。胡集镇辖自然村。人口600。明万历年间，王姓从巨野县金店子迁此建村，因村前有两只石蛤蟆，遂取名蛤蟆店，后简称店子。1980年地名普查时因重名，经县政府批准更名为金店。聚落呈散状分布。有文化广场1处、农家书屋1处。经济以种植业为主，主要农作物有大蒜、棉花、小麦、辣椒。有公路经此。

前三皇庙 370828-B02-H14
[Qiánsānhuángmiào]

在县驻地金乡街道东北方向15.8千米。胡集镇辖自然村。人口200。相传明天启年间建村，因村东有一庙，内供天皇、地皇、人皇神像，故以地理方位取村名前三皇庙。聚落呈散状分布。有文化广场1处。经济以种植业为主，主要农作物有大蒜、小麦、辣椒。有公路经此。

张饭棚 370828-B02-H15
[Zhāngfànpéng]

在县驻地金乡街道东北方向15.8千米。

胡集镇辖自然村。人口300。清初，张姓从金乡城北杨早庄迁此建村，因靠路搭棚卖饭，故以姓氏取名张饭棚。聚落呈散状分布。有文化广场1处、文化书屋1处。经济以种植业为主，主要农作物有大蒜、棉花、小麦、辣椒。有公路经此。

界碑口 370828-B02-H16
[Jièbēikǒu]

在县驻地金乡街道北方向16.8千米。胡集镇辖自然村。人口400。明洪武年间，李姓从山西洪洞县迁此建村，因地处金乡和嘉祥两县交界处，立有石碑界牌，又是两县交通路口，故取村名界碑口。聚落呈散状分布。有文化广场1处、文化书屋1处。经济以种植业为主，主要农作物有大蒜、棉花、小麦、辣椒。有公路经此。

万柳 370828-B02-H17
[Wànliǔ]

在县驻地金乡街道北方向6.8千米。胡集镇辖自然村。人口800。明洪武年间，周姓从山西洪洞县迁此建村，以姓氏取村名为周庄。明万历年间周姓迁出，苏姓迁此居住，因村东有一座小桥改名苏桥，后因村旁栽了许多柳树，又将村名更为万柳。聚落呈散状分布。有文化广场1处、文化书屋1处。经济以种植业为主，主要农作物有大蒜、棉花、辣椒。有公路经此。

关帝 370828-B02-H18
[Guāndì]

在县驻地金乡街道北方向8.9千米。胡集镇辖自然村。人口700。据传明洪武年间，李姓从山西洪洞县迁此建村，因祖上有做官之人，遂取村名官地，后讹传为关帝。聚落呈散状分布。有文化广场1处、文化书屋1处。经济以种植业为主，主要农作物有大蒜、棉花、辣椒。有公路经此。

郭山口　370828-B02-H19
［Guōshānkǒu］

在县驻地金乡街道北方向 16.3 千米。胡集镇辖自然村。人口 700。明朝中期，郭姓从湖北兴山迁此居住，因居两山之间，遂取村名郭山口。聚落呈散状分布。经济以种植业为主，主要农作物有大蒜、棉花、辣椒。有公路经此。

前史屯　370828-B02-H20
［Qiánshǐtún］

在县驻地金乡街道东北方向 18.1 千米。胡集镇辖自然村。人口 100。清乾隆年间，史氏兄弟二人从济宁安居史家海子迁此建村，因兄弟二人分居河两岸，故以姓氏、方位取村名为前史屯。聚落呈散状分布。有文化广场 1 处。经济以种植业为主，主要农作物有大蒜、棉花、小麦、辣椒、白梨瓜。有公路经此。

刘庄寨　370828-B02-H21
［Liúzhuāngzhài］

在县驻地金乡街道北方向 11.9 千米。胡集镇辖自然村。人口 900。明洪武年间，孟姓来此建村，取名孟庄。明天顺年间刘家迁入居住，因刘家有一医术高明、名扬四方的先生，因此村名改为刘庄，后因围筑寨墙，故更名为刘庄寨。聚落呈散状分布。有文化广场 1 处、文化书屋 1 处。经济以种植业为主，主要农作物有大蒜、棉花、小麦、辣椒。有公路经此。

河东王　370828-B02-H22
［Hédōngwáng］

在县驻地金乡街道北方向 12.6 千米。胡集镇辖自然村。人口 700。明永乐年间，王姓兄弟二人从山西洪洞县迁此建村，因村西有一条河，后兄弟分居，以河为界，以方位取名河东王。聚落呈散状分布。有文化广场 1 处、文化书屋 1 处。经济以种植业为主，主要农作物有大蒜、棉花、瓜菜、辣椒。有公路经此。

霄云　370828-B03-H01
［Xiāoyún］

霄云镇人民政府驻地。在县驻地金乡街道东南方向 22.1 千米。人口 1 600。相传唐代建村，村内修有寺庙，因烧香磕头的多而得名香市。后因寺院中又修建白云阁，取高耸入云之意，改今名。聚落呈带状分布。有文化广场 1 处、学校 3 处。经济以种植业为主，主要农作物有水稻、柑橘等。有公路经此。

杨早楼　370828-B03-H02
［Yángzǎolóu］

在县驻地金乡街道东南方向 19.7 千米。霄云镇辖自然村。人口 800。明朝末年，杨姓由山西迁此建村，因村内盖一楼，而得名杨早楼。聚落呈散状分布。经济以种植业为主，主要农作物有大蒜、棉花、玉米、辣椒。有公路经此。

鲍楼　370828-B03-H03
［Bàolóu］

在县驻地金乡街道南方向 22.2 千米。霄云镇辖自然村。人口 1 800。相传明朝年间村名为柳林村，后鲍姓从山西洪洞县迁入定居，因盖有一楼，故改名鲍家楼，后简称鲍楼。聚落呈散状分布。有文化广场 1 处。经济以种植业为主，主要农作物有大蒜、棉花、玉米、辣椒。有公路经此。

李白　370828-B03-H04
［Lǐbái］

在县驻地金乡街道东南方向 18.8 千米。霄云镇辖自然村。人口 700。明朝初期，杨姓从山西洪洞县迁此建村，因村附近有一座李白庙，故取村名李白庙村，后称李白。聚落呈散状分布。有文化广场 1 处、学校 1 处。经济以种植业为主，主要农作物有大蒜、棉花、玉米、辣椒。有公路经此。

冯土 370828-B03-H05
[Féngtǔ]

在县驻地金乡街道东南方向 19.1 千米。霄云镇辖自然村。人口 1 000。据《冯氏家谱》记载，明朝初期，冯姓从山西洪洞县迁此建村，因原籍庄名叫冯土囤，故仍沿用老家庄名冯土囤，后称冯土。聚落呈散状分布。有文化广场 1 处、学校 1 处。经济以种植业为主，主要农作物有大蒜、棉花、玉米、辣椒。有公路经此。

碱场坡 370828-B03-H06
[Jiǎnchǎngpō]

在县驻地金乡街道东南方向 17.2 千米。霄云镇辖自然村。人口 300。清朝初期，周姓建村，因周边多属盐碱地，每到春天，地上都是白色盐碱，故命名为碱场坡。聚落呈散状分布。经济以种植业为主，主要农作物有大蒜、棉花、玉米、辣椒。有公路经此。

李尧 370828-B03-H07
[Lǐyáo]

在县驻地金乡街道东南方向 18.1 千米。霄云镇辖自然村。人口 1 600。明朝李姓从山西洪洞县迁往司马镇李寨，崇祯年间李姓六世祖迁此建村，因建有一砖窑而得名李窑，后演变为李尧。聚落呈散状分布。有文化广场 1 处、学校 1 处。经济以种植业为主，主要农作物有大蒜、棉花、玉米、辣椒。有公路经此。

孙油坊 370828-B03-H08
[Sūnyóufáng]

在县驻地金乡街道东南方向 16.2 千米。霄云镇辖自然村。人口 500。明朝末期孙姓建村，因开设油坊而得名孙油坊。聚落呈散状分布。有文化广场 1 处。经济以种植业为主，主要农作物有大蒜、棉花、玉米、辣椒。有公路经此。

大瓦屋 370828-B03-H09
[Dàwǎwū]

在县驻地金乡街道东南方向 16.1 千米。霄云镇辖自然村。人口 300。明洪武二年（1369），孙姓从山西洪洞县迁至金乡城西大孙庄。清朝初期，孙姓分支从大孙庄迁此建村，因盖有大瓦房，而得名大瓦屋。聚落呈散状分布。经济以种植业为主，主要农作物有大蒜、棉花、玉米、辣椒。有公路经此。

万柳 370828-B03-H10
[Wànliǔ]

在县驻地金乡街道东南方向 15.2 千米。霄云镇辖自然村。人口 800。据传此地原是明朝郭尚书花园，园内柳树较多，称为万柳园。清乾隆年间，李姓从本镇李楼迁此定居，光绪年间，张姓从临清县逃荒来此居住，将万柳园改称万柳。聚落呈散状分布。经济以种植业为主，主要农作物有大蒜、棉花、玉米、辣椒。有公路经此。

周花园 370828-B03-H11
[Zhōuhuāyuán]

在县驻地金乡街道东南方向 15.8 千米。霄云镇辖自然村。人口 1 300。周氏把此地买下，因村南有一凉亭，亭北建花园一座，故取村名为周花园。聚落呈散状分布。有文化广场 1 处。经济以种植业为主，主要农作物有大蒜、棉花、玉米、辣椒。有公路经此。

界牌堂 370828-B03-H12

[Jièpáitáng]

在县驻地金乡街道东南方向 19.9 千米。霄云镇辖自然村。人口 800。清朝末期，先民从山西迁此建村，附近有一界牌堂，故名。聚落呈散状分布。有文化广场 1 处。经济以种植业为主，主要农作物有大蒜、棉花、玉米、辣椒。有公路经此。

周圈门 370828-B03-H13

[Zhōuquānmén]

在县驻地金乡街道东南方向 19.2 千米。霄云镇辖自然村。人口 1 300。明洪武年间，周姓从山西洪洞县迁居金乡，后分支迁化雨镇周花楼定居。清咸丰年间，周姓又从化雨镇周花楼迁此建村，因全村都走一个大门，故名周圈门。聚落呈散状分布。经济以种植业为主，主要农作物有大蒜、棉花、玉米、辣椒。有公路经此。

朱园子 370828-B03-H14

[Zhūyuánzi]

在县驻地金乡街道东南方向 18.6 千米。霄云镇辖自然村。人口 100。明朝初期，朱姓从山西洪洞县迁往江苏省沛县朱王庄定居，1940 年其分支迁此建村，因村周围栽有葛针树而得名朱园子。聚落呈散状分布。经济以种植业为主，主要农作物有大蒜、棉花、玉米、辣椒。有公路经此。

大李楼 370828-B03-H15

[Dàlǐlóu]

在县驻地金乡街道东南方向 17.3 千米。霄云镇辖自然村。人口 1 600。明洪武年间，李姓从山西洪洞县迁入定居，因盖一楼而改名薛庙李楼。清末，薛姓减少，李姓增多，故更名为大李楼。聚落呈散状分布。有文化广场 1 处、学校 1 处。经济以种植业为主，主要农作物有大蒜、棉花、玉米、辣椒。有公路经此。

店子 370828-B03-H16

[Diànzi]

在县驻地金乡街道东南方向 18.2 千米。霄云镇辖自然村。人口 1 800。清初，因此处为交通要道，各地商贾云集、店铺林立，故更名为店子。聚落呈散状分布。有文化广场 1 处、小学 1 处。经济以种植业为主，主要农作物有大蒜、棉花、玉米、辣椒。有公路经此。

吕常寺 370828-B03-H17

[Lǚchángsì]

在县驻地金乡街道东南方向 22.8 千米。霄云镇辖自然村。人口 600。清初，吕姓迁此建村，因有庙院龙泉寺，故名龙泉寺，后演变为吕常寺。聚落呈散状分布。有小学 1 处、文化广场 1 处。经济以种植业为主，主要农作物有大蒜、棉花、玉米、辣椒。有公路经此。

张华楼 370828-B03-H18

[Zhānghuálóu]

在县驻地金乡街道东南方向 23.1 千米。霄云镇辖自然村。人口 1 200。清嘉庆年间，张姓由金乡城南张庄迁此定居，后盖一楼房，美观华丽，由此改村名为张华楼。聚落呈散状分布。有文化广场 1 处。经济以种植业为主，主要农作物有大蒜、棉花、玉米、辣椒。有公路经此。

核桃园 370828-B03-H19

[Hétáoyuán]

在县驻地金乡街道东南方向 21.5 千米。霄云镇辖自然村。人口 800。据传此地原是周家的外户庄，以种植核桃而得名核桃园。聚落呈散状分布。有文化广场 1 处、小学 1 处。经济以种植业为主，主要农作物有大蒜、棉花、玉米、辣椒。有公路经此。

李八楼 370828-B03-H20
[Lǐbālóu]

在县驻地金乡街道东南方向 22.8 千米。霄云镇辖自然村。人口 200。清光绪年间，李姓从金乡城东郭七楼迁此建村，因有叫李八的村民在此建一座楼，而得村名李八楼。聚落呈散状分布。经济以种植业为主，主要农作物有大蒜、棉花、玉米、辣椒。有公路经此。

韩堂 370828-B03-H21
[Hántáng]

在县驻地金乡街道东南方向 22.1 千米。霄云镇辖自然村。人口 400。韩姓在井旁建一座庙堂，遂命村名为韩堂。聚落呈散状分布。有文化广场 1 处。经济以种植业为主，主要农作物有大蒜、棉花、玉米、辣椒。有公路经此。

前赵口 370828-B03-H22
[Qiánzhàokǒu]

在县驻地金乡街道东南方向 25.2 千米。霄云镇辖自然村。人口 700。明洪武二年（1369），赵姓从山西洪洞县迁此建村，因庄前有一河口，故得名赵口，后因村庄扩大分为前后两村，该村居南，故名前赵口。聚落呈散状分布。有文化广场 1 处。经济以种植业为主，主要农作物有大蒜、棉花、玉米、辣椒。有公路经此。

孔集 370828-B03-H23
[Kǒngjí]

在县驻地金乡街道东南方向 22.9 千米。霄云镇辖自然村。人口 600。据传圣人柳下惠曾在此居住，得名柳里村。后孔姓分支来此建村，因成过集市，而得名孔集。聚落呈散状分布。有文化广场 1 处、学校 1 处。经济以种植业为主，主要农作物有大蒜、棉花、玉米、辣椒。有公路经此。

杨庙 370828-B03-H24
[Yángmiào]

在县驻地金乡街道南方向 22.9 千米。霄云镇辖自然村。人口 1 100。明朝中期，杨姓从柏树园迁入金乡城东高河杨庄定居，清朝初朝又迁此建村，因庄西修有关帝庙，而得名杨关庙，后改为杨庙。聚落呈散状分布。有文化广场 1 处、学校 1 处。经济以种植业为主，主要农作物有大蒜、棉花、玉米、辣椒。有公路经此。

周三官庙 370828-B03-H25
[Zhōusānguānmiào]

在县驻地金乡街道东南方向 23.4 千米。霄云镇辖自然村。人口 500。明洪武年间，周姓从山西洪洞县迁此建村，因村内修有一庙，庙内塑有三像为"天官、地官、水官"，故名周三官庙。聚落呈散状分布。有文化广场 1 处。经济以种植业为主，主要农作物有大蒜、棉花、玉米、辣椒。有公路经此。

三皇庙 370828-B03-H26
[Sānhuángmiào]

在县驻地金乡街道南方向 20.5 千米。霄云镇辖自然村。人口 400。明朝末年，周姓从山西洪洞县迁居金乡城，后分支来此居住，因此地原来盖有三庙，即天皇庙、地皇庙、人皇庙，故得名三皇庙。聚落呈散状分布。经济以种植业为主，主要农作物有大蒜、棉花、玉米、辣椒。有公路经此。

老官头李 370828-B03-H27
[Lǎoguāntóulǐ]

在县驻地金乡街道东南方向 16.8 千米。霄云镇辖自然村。人口 700。明朝初期，李姓从金乡城迁此建村，取名李洼。清朝中期，李家在朝中有一运粮官，年老归乡，故改称老官头李。聚落呈散状分布。经济以种植业为主，主要农作物有大蒜、棉花、玉米、辣椒。有公路经此。

新核桃园 370828-B03-H28
[Xīnhétáoyuán]

在县驻地金乡街道东南方向 20.1 千米。霄云镇辖自然村。人口 500。因村中新建核桃园得名。聚落呈散状分布。经济以种植业为主，主要农作物有大蒜、棉花、小麦、辣椒。有公路经此。

鸡黍 370828-B04-H01
[Jīshǔ]

鸡黍镇人民政府驻地。在县驻地金乡街道西南方向 18.1 千米。人口 4 100。相传，东汉汉明帝办大学，山阳人范式与河南汝南人张勋是同窗好友，后各自归乡，相约两年后张勋来探望，范式杀鸡煮黍善待其好友张劭的"鸡黍之约"，亦称"范张鸡黍"，故名。聚落呈团块状分布。有文化广场 1 处、学校 3 处。古迹有二贤祠遗址。经济以种植业为主，主要农作物有小麦、玉米、大蒜、棉花、辣椒等。105 国道、省道枣曹公路经此。

张胡同 370828-B04-H02
[Zhānghútòng]

在县驻地金乡街道西南方向 20.3 千米。鸡黍镇辖自然村。人口 1 300。明景泰年间，张姓从山西洪洞县迁此建村，为了防避兵祸，村内建很多胡同，周围有寨墙，取名张家胡同寨，后简称张胡同。聚落呈散状分布。有文化广场 1 处、农家书屋 1 处。经济以种植业为主，主要农作物有大蒜。有公路经此。

周莲池 370828-B04-H03
[Zhōuliánchí]

在县驻地金乡街道西南方向 18.3 千米。鸡黍镇辖自然村。人口 700。周姓从山西省洪洞县迁此建村，在村内挖一藕池，故以姓氏取村名为周莲池。聚落呈散状分布。有文化广场 1 处、农家书屋 1 处。经济以种植业为主，主要农作物有大蒜、棉花。有公路经此。

周草庙 370828-B04-H04
[Zhōucǎomiào]

在县驻地金乡街道西南方向 17.4 千米。鸡黍镇辖自然村。人口 700。清朝初期，周姓从金乡城迁此建村，盖一草房，作为家庙，故以姓氏取村名为周草庙。聚落呈散状分布。有文化广场 1 处、农家书屋 1 处。经济以种植业为主，主要农作物有大蒜、棉花。有公路经此。

周官庄 370828-B04-H05
[Zhōuguānzhuāng]

在县驻地金乡街道西南方向 21.2 千米。鸡黍镇辖自然村。人口 400。明洪武年间，周姓从山西洪洞县迁此，以姓氏取名周庄。后周氏族人在朝为官，故改村名为周官庄。聚落呈散状分布。有文化广场 1 处、农家书屋 1 处。经济以种植业为主，主要农作物有大蒜。有公路经此。

二荣楼 370828-B04-H06
[Èrróngló]

在县驻地金乡街道西南方向 19.3 千米。鸡黍镇辖自然村。人口 600。相传，明朝初期，李姓从山西洪洞县迁来几户人家建村，村民李二荣在村中建一座楼，故取名为二荣楼。聚落呈散状分布。有文化广场1处、农家书屋1处。经济以种植业为主，主要农作物有大蒜、棉花。有公路经此。

太山庙 370828-B04-H07

[Tàishānmiào]

在县驻地金乡街道西南方向15.4千米。鸡黍镇辖自然村。人口700。相传，明末李姓从山西洪洞县迁此建村，在村内修一庙宇，内塑碧霞元君（即太山奶奶像），故得村名太山庙。聚落呈散状分布。有文化广场1处、农家书屋1处。经济以种植业为主，主要农作物有山药、大蒜、小麦。有公路经此。

柳园 370828-B04-H08

[Liǔyuán]

在县驻地金乡街道西南方向16.8千米。鸡黍镇辖自然村。人口600。明初李姓从山西洪洞县迁此建村，因村中柳树较多，故取村名柳园。聚落呈散状分布。有文化广场1处、农家书屋1处。经济以种植业为主，主要农作物有大蒜、小麦。有公路经此。

马集 370828-B04-H09

[Mǎjí]

在县驻地金乡街道西南方向11.9千米。鸡黍镇辖自然村。人口1 400。相传马世主于明万历年间从河南省移民至此建村，以姓取名马庄，后在此地形成马匹交易市场，后成集市，故得村名马集。聚落呈散状分布。有文化广场1处、农家书屋1处、小学1处、幼儿园1处。经济以种植业为主，主要农作物有大蒜、小麦。有公路经此。

王门楼 370828-B04-H10

[Wángménlóu]

在县驻地金乡街道西南方向10.4千米。

鸡黍镇辖自然村。人口800。相传，明成化年间，王世主从山西洪洞县迁此，在村庄的西边盖一雄伟的门楼，根据姓氏取村名王门楼。聚落呈散状分布。有文化广场1处、农家书屋1处。经济以种植业为主，主要农作物有大蒜、小麦。有公路经此。

西宗营 370828-B04-H11

[Xīzōngyíng]

在县驻地金乡街道西南方向12.2千米。鸡黍镇辖自然村。人口500。明天顺年间，宗姓从山西迁此建村，以东、西两个破旧兵营为据，因该村在兵营西边，故以姓氏、方位取名西宗营。聚落呈散状分布。有文化广场1处、农家书屋1处。经济以种植业为主，主要农作物有大蒜、小麦。有公路经此。

介庙 370828-B04-H12

[Jièmiào]

在县驻地金乡街道西南方向13.4千米。鸡黍镇辖自然村。人口900。明景泰年间，介姓迁此，在一个关帝庙东西方位寄居，后人口增多形成村落，后取村名为介庙。聚落呈散状分布。有文化广场1处、农家书屋1处。经济以种植业为主，主要农作物有大蒜、小麦。有公路经此。

丁庙 370828-B04-H13

[Dīngmiào]

在县驻地金乡街道西南方向17.3千米。鸡黍镇辖自然村。人口1 000。丁姓于明万历年间从四川迁此建村，因有一座庙，故以姓氏取村名为丁庙。聚落呈散状分布。有文化广场1处、农家书屋1处。经济以种植业为主，主要农作物有大蒜、棉花、小麦。有公路经此。

单海 370828-B04-H14

［Shànhǎi］

在县驻地金乡街道西南方向 21.8 千米。鸡黍镇辖自然村。人口 1 400。相传，东汉时期单姓从单县迁居此地建村，宋朝改村名为白云阁，元朝时更村名为楼底村，明朝初期千户侯单畴公将村名改为单海。聚落呈散状分布。有文化广场 1 处、农家书屋 1 处。经济以种植业为主，主要农作物有大蒜。有公路经此。

南楼 370828-B04-H15

［Nánlóu］

在县驻地金乡街道西南方向 20.0 千米。鸡黍镇辖自然村。人口 900。清康熙四十五年（1706），李姓人家来此建村，率先在村里建有楼房，因村庄位居金乡城南，故取名为南楼。聚落呈散状分布。经济以种植业为主，主要农作物有大蒜、棉花、瓜菜、辣椒。有公路经此。

前盐场 370828-B04-H16

［Qiányánchǎng］

在县驻地金乡街道西南方向 19.8 千米。鸡黍镇辖自然村。人口 600。相传，明天顺年间，朱姓迁此建村，因土质多系盐碱，以淋硝盐为生，故名朱盐场。后来人口增多，分成两个村，该村居南而得名前盐场。聚落呈散状分布。经济以种植业为主，主要农作物有大蒜、小麦。有公路经此。

杨瓦屋 370828-B04-H17

［Yángwǎwū］

在县驻地金乡街道西南方向 21.5 千米。鸡黍镇辖自然村。人口 500。据传，明万历年间，杨姓从山西洪洞县迁此建村，盖有一瓦屋，故名杨瓦屋。聚落呈散状分布。经济以种植业为主，主要农作物有大蒜、小麦。有公路经此。

石佛集 370828-B04-H18

［Shífójí］

在县驻地金乡街道西南方向 21.6 千米。鸡黍镇辖自然村。人口 1 200。相传后汉时期建村，清初在村周围修筑寨墙，挖出石佛，故取名为石佛寨。清咸丰年间，敌兵攻寨未成，村民认为石佛显灵，遂重修石佛庙，又因设有集市，故取名石佛集。聚落呈散状分布。经济以种植业为主，主要农作物有大蒜。有公路经此。

降林店 370828-B04-H19

［Jiànglíndiàn］

在县驻地金乡街道西南方向 15.4 千米。鸡黍镇辖自然村。人口 300。相传明万历年间建村，有一大将路过该村时，天气突变，他刚进入店中，天就下起大雨。雨后，他写了一块匾，上书"降林店"三个字，后以此为村名。聚落呈散状分布。经济以种植业为主，主要农作物有山药、大蒜、小麦。有公路经此。

李堌堆 370828-B04-H20

［Lǐgùduī］

在县驻地金乡街道西南方向 17.4 千米。鸡黍镇辖自然村。人口 300。明朝初年建村，因有一座香葬堌堆（西汉墓群），李姓族人较多，故得村名李堌堆。聚落呈散状分布。有李堌堆遗址。经济以种植业为主，主要农作物有大蒜、小麦。有公路经此。

焦杭 370828-B04-H21

［Jiāoháng］

在县驻地金乡街道西南方向 11.3 千米。鸡黍镇辖自然村。人口 1 500。明弘治年间，焦姓从山西洪洞县迁此建村，以姓氏取村名为焦杭。聚落呈散状分布。经济以种植业为主，主要农作物有大蒜、小麦。有公路经此。

孙菜园 370828-B04-H22
[Sūncàiyuán]

在县驻地金乡街道西南方向 12.5 千米。鸡黍镇辖自然村。人口 1 400。明永乐年间，孙姓从河南禹城迁此建村，以经营菜园为生，故得村名孙菜园。聚落呈散状分布。有古建筑孙氏民居。经济以种植业为主，主要农作物有大蒜、小麦。有公路经此。

杜河口 370828-B04-H23
[Dùhékǒu]

在县驻地金乡街道西南方向 10.8 千米。鸡黍镇辖自然村。人口 400。元中统年间，杜姓从山西洪洞县迁此建村，因位于大沙河渡口，故得村名杜河口。聚落呈散状分布。经济以种植业为主，主要农作物有大蒜、小麦。有公路经此。

河崖李庄 370828-B04-H24
[Héyálǐzhuāng]

在县驻地金乡街道西南方向 12.3 千米。鸡黍镇辖自然村。人口 100。相传，李世主于明隆庆年间从山西迁此地，因靠菜河，以姓取名为河崖李庄。聚落呈散状分布。经济以种植业为主，主要农作物有大蒜、小麦。有公路经此。

褚李庄 370828-B04-H25
[Chǔlǐzhuāng]

在县驻地金乡街道西南方向 11.0 千米。鸡黍镇辖自然村。人口 100。元中统年间，褚姓从山西洪洞县迁此建村，后李姓迁入，以褚、李两姓取村名褚李庄。聚落呈散状分布。经济以种植业为主，主要农作物有大蒜、小麦。有公路经此。

司马集 370828-B05-H01
[Sīmǎjí]

司马镇人民政府驻地。在县驻地金乡街道南方向 18.2 千米。人口 1 300。据传说三国时期，司马懿在此屯兵，为防不测，村四周筑城寨，封邑城，故名司马城。明清时设集市，遂改称司马集。聚落呈带状分布。有小学 1 处。经济以种植业为主，主要农作物有大蒜、棉花、小麦、玉米、辣椒。有公路经此。

万庄 370828-B05-H02
[Wànzhuāng]

在县驻地金乡街道东南方向 16.5 千米。司马镇辖自然村。人口 300。清朝万姓在此建村，以姓氏取村名为万庄。聚落呈散状分布。经济以种植业为主，主要农作物有大蒜、棉花、小麦、玉米、辣椒。有公路经此。

古李沟 370828-B05-H03
[Gǔlǐgōu]

在县驻地金乡街道东南方向 23.8 千米。司马镇辖自然村。人口 600。明朝中期，李姓从山西洪洞县迁此建村，以姓氏取名李庄，后因路洼，故称古路沟李庄，后演变为古李沟。聚落呈散状分布。有文化广场 1 处。经济以种植业为主，主要农作物有大蒜、棉花、小麦、玉米。有公路经此。

玄帝庙 370828-B05-H04
[Xuándìmiào]

在县驻地金乡街道东南方向 25.2 千米。司马镇辖自然村。人口 200。明洪武年间，村民从山西洪洞县迁此建村，因修有玄帝庙而得名。聚落呈散状分布。有农家书屋 1 处、文化广场 1 处。经济以种植业为主，主要农作物有大蒜、棉花、小麦、玉米、辣椒。有公路经此。

侯高庄 370828-B05-H05
[Hóugāozhuāng]

在县驻地金乡街道西南方向 22.7 千米。司马镇辖自然村。人口 600。明朝初期，侯、高两姓从山西洪洞县迁此建村，以姓氏取村名为侯高庄。聚落呈散状分布。经济以种植业为主，主要农作物有大蒜、棉花、小麦、玉米。有公路经此。

周堌堆 370828-B05-H06
[Zhōugùduī]

在县驻地金乡街道西南方向 17.6 千米。司马镇辖自然村。人口 800。明洪武年间，周姓从山西洪洞县迁此建村，因村附近有一土堆而得名。聚落呈散状分布。有小学 1 处。有市级文物保护单位周古堌遗址。经济以种植业为主，主要农作物有大蒜、棉花、小麦、玉米。有公路经此。

韩文店 370828-B05-H07
[Hánwéndiàn]

在县驻地金乡街道西南方向 18.2 千米。司马镇辖自然村。人口 200。明洪武年间，韩姓从山西洪洞县迁此建村，因此地为济宁到砀山的交通要道，其在路边开一旅店，故村得名韩文店。聚落呈散状分布。经济以种植业为主，主要农作物有大蒜、棉花、小麦、玉米。有公路经此。

李堌堆 370828-B05-H08
[Lǐgùduī]

在县驻地金乡街道东南方向 19.7 千米。司马镇辖自然村。人口 300。明末清初，李姓从山西洪洞县迁此建村，因村北有一土堆，故取名李堌堆。聚落呈散状分布。经济以种植业为主，主要农作物有大蒜、棉花、小麦、玉米、辣椒。有公路经此。

葛针园 370828-B05-H09
[Gézhēnyuán]

在县驻地金乡街道东南方向 21.3 千米。司马镇辖自然村。人口 200。明朝中期，先民从山西洪洞县迁居此地建村，因村周围多植葛针树，故取村名为葛针园。聚落呈散状分布。经济以种植业为主，主要农作物有大蒜、棉花、小麦、玉米。有公路经此。

坡李庄 370828-B05-H10
[Pōlǐzhuāng]

在县驻地金乡街道东南方向 22.1 千米。司马镇辖自然村。人口 300。明朝中期，李姓在此建村，因村后有一片坡地，故名坡李庄。聚落呈散状分布。经济以种植业为主，主要农作物有大蒜、棉花、小麦、玉米、辣椒。有公路经此。

李官庄 370828-B05-H11
[Lǐguānzhuāng]

在县驻地金乡街道东南方向 21.5 千米。司马镇辖自然村。人口 900。明初王姓建村，以姓氏取名大王庄，后李姓有一举人来此定居，更名为李官庄。聚落呈散状分布。经济以种植业为主，主要农作物有大蒜、棉花、小麦。有公路经此。

魏门楼 370828-B05-H12
[Wèiménlóu]

在县驻地金乡街道东南方向 20.1 千米。司马镇辖自然村。人口 700。明朝中期，魏姓从山西洪洞县迁此建村，因盖一门楼，得名魏门楼。聚落呈散状分布。经济以种植业为主，主要农作物有大蒜、棉花、小麦、玉米、辣椒。有公路经此。

茶棚 370828-B05-H13
[Chápéng]

在县驻地金乡街道西南方向 23.4 千米。

司马镇辖自然村。人口 800。明初张姓从山西洪洞县迁此建村，因村边关道盖有茶棚，故得名茶棚。聚落呈散状分布。经济以种植业为主，主要农作物有大蒜、棉花、小麦、玉米、辣椒。有公路经此。

薛洼 370828-B05-H14
[Xuēwā]

在县驻地金乡街道西南方向 22.7 千米。司马镇辖自然村。人口 900。明洪武年间，薛姓从山西洪洞县迁此建村，因地势较洼而得名薛洼。聚落呈散状分布。经济以种植业为主，主要农作物有大蒜、棉花、小麦、玉米。有公路经此。

夏楼 370828-B05-H15
[Xiàlóu]

在县驻地金乡街道西南方向 18.4 千米。司马镇辖自然村。人口 500。明朝末年夏姓建村，因盖一土楼，而得名夏楼。聚落呈散状分布。经济以种植业为主，主要农作物有大蒜、棉花、小麦、玉米、辣椒。有公路经此。

马庙 370828-B06-H01
[Mǎmiào]

马庙镇人民政府驻地。在县驻地金乡街道西方向 11.1 千米。人口 2 600。明朝末期，马姓从山西洪洞县迁此建村，名马家村。后其他姓氏陆续迁入，并捐款修庙，故取名马家庙，后演变为今名。聚落呈团块状分布。有文化广场、学校。经济以种植业为主，主要农作物有大蒜、谷子。省道东丰公路经此。

西孟庄 370828-B06-H02
[Xīmèngzhuāng]

在县驻地金乡街道西方向 14.2 千米。马庙镇辖自然村。人口 800。明朝末年，袁姓在此建村，以姓氏取名袁楼。清道光年间，孟姓从曲阜迁来定居，将村名改为孟庄。1980 年地名普查时因重名，更名为西孟庄。聚落呈团块状分布。有文化广场 1 处。经济以种植业为主，主要农作物有大蒜、谷子。有公路经此。

大程楼 370828-B06-H03
[Dàchénglóu]

在县驻地金乡街道西方向 17.2 千米。马庙镇辖自然村。人口 1 700。明朝末期，程姓从河南嵩县田湖乡程村迁此建村，取村名为程大楼，后更名为大程楼。聚落呈团块状分布。经济以种植业为主，主要农作物有大蒜、棉花、花生。有公路经此。

周沙窝 370828-B06-H04
[Zhōushāwō]

在县驻地金乡街道西方向 15.0 千米。马庙镇辖自然村。人口 300。唐朝吴姓在此建村，以姓氏取名大吴庄。清朝末期周姓由金乡城迁此定居，因土质多属流沙俗称沙土窝，故改名周沙窝。聚落呈团块状分布。有文化广场。经济以种植业为主，主要农作物有大蒜、棉花。有公路经此。

曹坊 370828-B06-H05
[Cáofāng]

在县驻地金乡街道西方向 14.9 千米。马庙镇辖自然村。人口 700。相传，从前此地是官府存粮食的地方，叫粮食坊子。明万历年间，曹姓从嘉祥县梁宝寺迁此落户居住，以姓氏取村名为曹坊。聚落呈团块状分布。有文化广场 1 处。经济以种植业为主，主要农作物有大蒜、棉花。有公路经此。

石门集 370828-B06-H06

[Shíménjí]

在县驻地金乡街道西北方向 16.4 千米。马庙镇辖自然村。人口 800。有子路夜宿石门的传说，村庄西门用石头筑，后因成集市，以石门取名石门集。聚落呈团块状分布。有文化广场、幼儿园。经济以种植业为主，主要农作物有大蒜、棉花。有公路经此。

老岗子 370828-B06-H07

[Lǎogǎngzi]

在县驻地金乡街道西北方向 16.3 千米。马庙镇辖自然村。人口 500。清咸丰年间，张姓从本镇石门集迁来，以姓氏取名张新庄。后因村周围地势洼、积水，村庄坐落在地势较高的土岗上，以此改名老岗子。聚落呈团块状分布。有文化广场 1 处。经济以种植业为主，主要农作物有大蒜、棉花。有公路经此。

张各 370828-B06-H08

[Zhānggè]

在县驻地金乡街道西北方向 16.0 千米。马庙镇辖自然村。人口 800。明洪武年间，张姓从山西洪洞县迁入定居，因建庙院一座，庙门上挂一匾牌，上刻"张各"二字，由此得名。聚落呈团块状分布。有文化广场 1 处。经济以种植业为主，主要农作物有大蒜、棉花。有公路经此。

刘沙沃 370828-B06-H09

[Liúshāwò]

在县驻地金乡街道西方向 18.0 千米。马庙镇辖自然村。人口 1 400。金朝时期，刘姓从湖南省齐县迁至本乡杈子刘庄定居，后刘姓兄弟分支从刘庄迁此建村，因此地是沙碱地，故以姓氏取名刘沙沃。聚落呈团块状分布。有文化广场 1 处。经济以种植业为主，主要农作物有大蒜、棉花。有公路经此。

西高庙 370828-B06-H10

[Xīgāomiào]

在县驻地金乡街道西方向 18.4 千米。马庙镇辖自然村。人口 500。明永乐年间，高姓从山西洪洞县迁此建村，取村名为高庄。康熙年间，高氏人丁兴旺，族人自发在村内修一小庙。乾隆年间，有大户高汉山出资修大庙。后高庄更名为高庙。1980 年地名普查时因重名，以方位更名为西高庙。聚落呈团块状分布。有文化广场 1 处。经济以种植业为主，主要农作物有大蒜、棉花。有公路经此。

孟铺 370828-B06-H11

[Mèngpù]

在县驻地金乡街道西南方向 18.9 千米。马庙镇辖自然村。人口 1 000。明朝孟姓从邹县迁此定居，因开铺做生意取村名为孟铺。聚落呈团块状分布。有文化广场 1 处。经济以种植业为主，主要农作物有大蒜、棉花。有公路经此。

蒲堂 370828-B06-H12

[Pútáng]

在县驻地金乡街道西南方向 19.5 千米。马庙镇辖自然村。人口 300。明朝末年，蒲姓从山西洪洞县迁此建村，取名蒲堂。聚落呈团块状分布。有文化广场 1 处。经济以种植业为主，主要农作物有大蒜、棉花。有公路经此。

彭阁 370828-B06-H13

[Pénggé]

在县驻地金乡街道西南方向 18.3 千米。马庙镇辖自然村。人口 600。相传唐朝蒋姓建村，以姓氏取名蒋庙。明朝初期彭姓迁入定居，盖一楼阁，后蒋姓衰败，遂改村名为彭阁。聚落呈团块状分布。有文化广场。经济以种植业为主，主要农作物有大蒜、棉花。有公路经此。

赵官庄 370828-B06-H14

[Zhàoguānzhuāng]

在县驻地金乡街道西南方向 20.4 千米。马庙镇辖自然村。人口 200。清康熙年间，赵姓从鱼山乡赵楼迁此建村，因赵姓有人在北京做官，故以姓氏取村名赵官庄。聚落呈团块状分布。有文化广场。经济以种植业为主，主要农作物有大蒜、棉花。有公路经此。

王成寺 370828-B06-H15

[Wángchéngsì]

在县驻地金乡街道西南方向 23.5 千米。马庙镇辖自然村。人口 600。唐朝时期，王姓建村，因建有崇峰寺院，故以姓氏取名王成寺。聚落呈团块状分布。有文化广场 1 处。经济以种植业为主，主要农作物有大蒜、棉花。有公路经此。

杨官庄 370828-B06-H16

[Yángguānzhuāng]

在县驻地金乡街道西南方向 21.3 千米。马庙镇辖自然村。人口 1 000。清乾隆年间，杨姓迁居此地，因种官地，以姓氏取名杨官庄。聚落呈团块状分布。有县级文物保护单位东大观古庙。经济以种植业为主，主要农作物有大蒜、棉花。有公路经此。

海子庄 370828-B06-H17

[Hǎizizhuāng]

在县驻地金乡街道西南方向 18.0 千米。马庙镇辖自然村。人口 400。清嘉庆年间，李姓从山西洪洞县迁此建村，因庄周围挖一圈海子，故名海子庄。聚落呈团块状分布。有文化广场 1 处。经济以种植业为主，主要农作物有大蒜、棉花。有公路经此。

咸古店 370828-B06-H18

[Xiángǔdiàn]

在县驻地金乡街道西南方向 14.5 千米。马庙镇辖自然村。人口 1 000。明朝初年，杨姓从山西迁此，定居咸堌之北，因水质较差，迁至此地，与其他姓氏杂居，据传村名原为咸堌方，后因此地有车马旅店，遂改方为店，以此得名咸古店。聚落呈团块状分布。有文化广场 1 处。经济以种植业为主，主要农作物有小麦、玉米。有公路经此。

付菜园 370828-B06-H19

[Fùcàiyuán]

在县驻地金乡街道西方向 13.2 千米。马庙镇辖自然村。人口 200。明永乐年间，付姓从成武县付潭庄迁此建村，因村民多以种菜为生，故以姓氏取名付菜园。聚落呈散状分布。经济以种植业为主，主要农作物有大蒜、棉花。有公路经此。

翟庄 370828-B06-H20

[Zháizhuāng]

在县驻地金乡街道西方向 14.8 千米。马庙镇辖自然村。人口 900。明永乐年间，翟姓从山西洪洞县迁此建村，以姓氏取村名翟庄。聚落呈团块状分布。有小学 1 处。经济以种植业为主，主要农作物有小麦、辣椒、玉米、大蒜。有公路经此。

徐寨门 370828-B06-H21

[Xúzhàimén]

在县驻地金乡街道西方向 17.5 千米。马庙镇辖自然村。人口 800。明洪武年间，徐姓从山西洪洞县迁此建村，在村四周修建土寨，故以姓氏取村名为徐寨门。聚落呈团块状分布。有文化广场。经济以种植业为主，主要农作物有大蒜、棉花。有公路经此。

碱场 370828-B06-H22
[Jiǎnchǎng]

在县驻地金乡街道西北方向 13.3 千米。马庙镇辖自然村。人口 900。明永乐年间，贾姓从山西洪洞县迁到河南省汝宁府上蔡县，永乐四年（1406）从河南迁居此地，因此地是盐碱滩，多数人家以熬碱度日，故得村名碱场。聚落呈团块状分布。有文化广场 1 处。经济以种植业为主，主要农作物有大蒜、棉花。有公路经此。

湘子庙 370828-B06-H23
[Xiāngzǐmiào]

在县驻地金乡街道西北方向 14.3 千米。马庙镇辖自然村。人口 700。明万历年间，李姓从海滨迁此建村，因村内修一韩湘子庙，故以此取村名湘子庙。聚落呈团块状分布。有文化广场 1 处。经济以种植业为主，主要农作物有大蒜、棉花。有公路经此。

康坊 370828-B06-H24
[Kāngfāng]

在县驻地金乡街道西北方向 12.3 千米。马庙镇辖自然村。人口 1 000。明洪武年间，康姓从山西洪洞县迁此建村，因此地有一粮食坊子，故名康坊。清朝寻姓、史姓、王姓相继迁入，史、王二姓又相继在康坊东建村，得名史庄、王庄。1980 年地名普查时因三村连成一片，合并为康坊。聚落呈团块状分布。有文化广场 1 处。经济以种植业为主，主要农作物有大蒜、棉花。有公路经此。

权子刘庄 370828-B06-H25
[Chàziliúzhuāng]

在县驻地金乡街道西方向 9.3 千米。马庙镇辖自然村。人口 200。清乾隆年间，刘姓从安徽迁此建村，以方位、姓氏取名前刘庄，后因种植桑权子树多而得名权子刘庄。聚落呈团块状分布。经济以种植业为主，主要农作物有大蒜、棉花。有公路经此。

小王庄 370828-B06-H26
[Xiǎowángzhuāng]

在县驻地金乡街道西南方向 20.3 千米。马庙镇辖自然村。人口 100。明永乐年间，王姓从山西洪洞县迁此建村，以姓氏取村名小王庄。聚落呈团块状分布。经济以种植业为主，主要农作物有大蒜、棉花。有公路经此。

洪庙 370828-B06-H27
[Hóngmiào]

在县驻地金乡街道西南方向 19.7 千米。马庙镇辖自然村。人口 700。明末，张姓从鸡黍镇张胡同迁此建村，因修有一关公庙被洪水冲坏，后又重修庙，故名洪庙。聚落呈团块状分布。有文化广场 1 处。经济以种植业为主，主要农作物有大蒜、棉花。有公路经此。

小李庄 370828-B06-H28
[Xiǎolǐzhuāng]

在县驻地金乡街道西南方向 13.6 千米。马庙镇辖自然村。人口 200。明朝末年，应朝廷号召，李姓从山西洪洞县迁此建村，以姓氏取名李庄。1980 年地名普查时因重名，更名为小李庄。聚落呈团块状分布。经济以种植业为主，主要农作物有大蒜、棉花。有公路经此。

土屯 370828-B06-H29

[Tǔtún]

在县驻地金乡街道西方向 18.1 千米。马庙镇辖自然村。人口 100。明洪武年间，李氏族人从山西洪洞县迁入金乡县城蝇子坑一带，后因族内人员分支，迁到金乡县城西 15 千米处定居，明初建村，因用泥在屋里筑起土囤存放粮食而得名土屯。聚落呈团块状分布。有文化广场 1 处。经济以种植业为主，主要农作物有大蒜、棉花。有公路经此。

丁坊 370828-B06-H30

[Dīngfāng]

在县驻地金乡街道西方向 13.7 千米。马庙镇辖自然村。人口 100。据传，宋代此地是官府存放粮食的地方，叫粮食坊子。明代初期丁姓来此建村，以姓氏取名丁坊。聚落呈团块状分布。有文化广场 1 处。经济以种植业为主，主要农作物有大蒜、谷子。有公路经此。

宋阁 370828-B06-H31

[Sònggé]

在县驻地金乡街道西北方向 12.8 千米。马庙镇辖自然村。人口 600。明初宋姓从山西洪洞县迁此建村，以姓氏取名宋庄。后因修白音阁一所，更村名为宋阁。聚落呈团块状分布。有文化广场。经济以种植业为主，主要农作物有大蒜、棉花。有公路经此。

赵庄 370828-B06-H32

[Zhàozhuāng]

在县驻地金乡街道西南方向 15.8 千米。马庙镇辖自然村。人口 700。赵家在山西洪洞县名声在外，后遭坏人暗算，逃到此地，以姓氏取村名赵庄。聚落呈团块状分布。

经济以种植业为主，主要农作物有小麦、玉米。有公路经此。

小程楼 370828-B06-H33

[Xiǎochénglóu]

在县驻地金乡街道西方向 15.9 千米。马庙镇辖自然村。人口 400。明朝初年，程姓从河南省嵩山迁至山东巨野黎庙，后分支来此建村，因村西有大程楼，该村取名小程楼。聚落呈团块状分布。经济以种植业为主，主要农作物有大蒜、棉花。有公路经此。

贾楼 370828-B06-H34

[Jiǎlóu]

在县驻地金乡街道西方向 9.6 千米。马庙镇辖自然村。人口 1 000。清康熙年间，贾姓从本镇碱场迁此建村，因有一牌坊，取名贾牌坊，后因牌坊歪倒，村内盖有楼房，更名为贾楼。聚落呈团块状分布。有小学、文化广场。经济以种植业为主，主要农作物有大蒜、棉花。有公路经此。

展庙 370828-B06-H35

[Zhǎnmiào]

在县驻地金乡街道西南方向 17.1 千米。马庙镇辖自然村。人口 100。明洪武年间，天下大旱，展姓从山西洪洞县迁此建村，因村中修一庙，故以姓氏取村名为展庙。聚落呈团块状分布。经济以种植业为主，主要农作物有大蒜、棉花。有公路经此。

化雨集 370828-B07-H01

[Huàyǔjí]

化雨镇人民政府驻地。在县驻地金乡街道东南方向 10.4 千米。人口 2 000。在唐朝时期名小业镇，后因挖土筑寨时挖出一大干鱼头骨，改名干鱼头。清朝捻军攻占干头寨，时逢天降大雨，因捻军忌讳"干头"（犯杀头之意），将村名改为化雨寨，后因成集市，故改称化雨集。聚落呈带状分布。有文化广场 2 处、学校 2 处。经济以种植业为主，主要农作物有大蒜、棉花、辣椒等。省道东丰公路经此。

刘堂 370828-B07-H02
[Liútáng]

在县驻地金乡街道东南方向 8.0 千米。化雨镇辖自然村。人口 500。明初，刘姓从山西洪洞县迁此建村，取名黄花村，后来盖有一庙堂，又取名刘堂。聚落呈团块状分布。有学校 1 处。经济以种植业为主，主要农作物有大蒜、棉花、小麦、玉米、辣椒。有公路经此。

周花楼 370828-B07-H03
[Zhōuhuālóu]

在县驻地金乡街道东南方向 9.5 千米。化雨镇辖自然村。人口 400。明朝时，黄姓在此安庄，取名黄卫村，而后，黄氏又迁出，清初周姓迁入，种养很多花木，为方便赏花，盖有一座观花楼，故取名周花楼。聚落呈团块状分布。有文化广场 1 处、农家书屋 1 处。经济以种植业为主，主要农作物有大蒜、棉花、小麦、玉米、辣椒。有公路经此。

李堂 370828-B07-H04
[Lǐtáng]

在县驻地金乡街道东南方向 10.6 千米。化雨镇辖自然村。人口 2 200。明洪武年间，李姓从山西洪洞县迁居金乡城东十八里果子园，因栽有果树而得名果子园，后李姓重新安庄建祠堂，以姓氏取名李家堂，后简称李堂。聚落呈团块状分布。有学校 1 处。经济以种植业为主，主要农作物有大蒜、棉花、小麦、玉米、辣椒。有公路经此。

后白岗 370828-B07-H05
[Hòubáigǎng]

在县驻地金乡街道东南方向 12.0 千米。化雨镇辖自然村。人口 600。元末明初，白姓从山西洪洞县迁此居住，因地势较高，取名白岗，后白姓分居建村，此村居后，故名后白岗。另一说，此村系中白岗，白氏于明朝年间从山西洪洞县迁入中白岗，后世有兄弟二人因分家，得此处土地，为耕种方便，就地建了房屋，村因方位得名后白岗。聚落呈团块状分布。有文化广场 1 处、农家书屋 1 处。经济以种植业为主，主要农作物有大蒜、棉花、小麦、玉米、辣椒。有公路经此。

牌坊庄 370828-B07-H06
[Páifāngzhuāng]

在县驻地金乡街道南方向 10.0 千米。化雨镇辖自然村。人口 400。清康熙年间，李姓从金乡城迁此建村，以姓氏取名小李庄，后因村内立有牌坊，改称牌坊庄。聚落呈团块状分布。有文化广场 1 处、农家书屋 1 处。经济以种植业为主，主要农作物有大蒜、棉花、小麦、玉米、辣椒。有公路经此。

杨店 370828-B07-H07
[Yángdiàn]

在县驻地金乡街道东南方向 11.2 千米。化雨镇辖自然村。人口 200。明万历年间，杨姓在此建村，因杨家开有商店，故取名杨店。聚落呈团块状分布。有文化广场 1 处、农家书屋 1 处。经济以种植业为主，主要农作物有大蒜、棉花、小麦、玉米等。有公路经此。

张庄寨 370828-B07-H08
[Zhāngzhuāngzhài]

在县驻地金乡街道东南方向 13.0 千

米。化雨镇辖自然村。人口 400。明初胡姓从山西洪洞县迁此建村，因庄周围多坑有水，取名胡海子。后张姓从本乡洪庙迁来，1918 为防混乱修筑了寨墙，以姓氏取村名为张庄寨。聚落呈团块状分布。有文化广场 1 处、农家书屋 1 处、文化站 1 处。经济以种植业为主，主要农作物有大蒜、棉花、小麦、玉米、辣椒。有公路经此。

寻大楼 370828-B07-H09
[Xúndàlóu]

在县驻地金乡街道东南方向 10.2 千米。化雨镇辖自然村。人口 600。元末寻姓从东北辽阳迁金乡县仓房街，明末寻姓又迁此建村，因盖有一楼，故以姓氏取村名寻楼，后改为寻大楼。聚落呈团块状分布。有文化广场 1 处。经济以种植业为主，主要农作物有大蒜、棉花、小麦、玉米、辣椒。有公路经此。

李院 370828-B07-H10
[Lǐyuàn]

在县驻地金乡街道东南方向 12.0 千米。化雨镇辖自然村。人口 200。清乾隆年间李姓建村，因盖有一大院，故名李院。聚落呈团块状分布。有文化大院 1 处、文化广场 1 处、文化站 1 处、农家书屋 1 处。经济以种植业为主，主要农作物有大蒜、棉花、小麦、玉米、辣椒。有公路经此。

寺前刘庄 370828-B07-H11
[Sìqiánliúzhuāng]

在县驻地金乡街道东南方向 13.0 千米。化雨镇辖自然村。人口 100。明洪武年间，刘姓从山西洪洞县迁此建村，因庄后有一寺庙，故取名寺前刘庄。另一说，清道光年间，刘姓从河西刘庄分支迁入此地安庄，因庄前有一寺庙，故取名寺前刘庄。聚落呈团块状分布。有文化广场 1 处、文化站 1

处、农家书屋 1 处。经济以种植业为主，主要农作物有大蒜、棉花、小麦、玉米。有公路经此。

李九庄 370828-B07-H12
[Lǐjiǔzhuāng]

在县驻地金乡街道东南方向 12.1 千米。化雨镇辖自然村。人口 300。相传明初孙姓建村，以姓氏取名孙庄。清朝末期因庄上有传染病，有一名姓李的老医人路过此村，治好了传染病，人们为了纪念他，将村名改为李救庄，后演变为李九庄。聚落呈团块状分布。有文化广场 1 处、文化站 1 处、农家书屋 1 处。经济以种植业为主，主要农作物有大蒜、棉花、玉米、辣椒。有公路经此。

胡老家 370828-B07-H13
[Húlǎojiā]

在县驻地金乡街道东南方向 7.8 千米。化雨镇辖自然村。人口 500。明洪武年间，胡姓从山西洪洞县迁此建村，取名草上坡，后因胡姓人口兴旺外迁，此庄就是胡家的老家，故名胡老家。聚落呈团块状分布。经济以种植业为主，主要农作物有大蒜、棉花、小麦、玉米、辣椒。有公路经此。

前半庙 370828-B07-H14
[Qiánbànmiào]

在县驻地金乡街道东南方向 10.2 千米。化雨镇辖自然村。人口 200。据传明初任姓建村，取名黄沙村，后代、李、王三姓相继来此居住，因盖一庙，盖了半截时，发大水淹了庙，湖里人来此打鱼，将船停在庙院内，被湖里人说成"半截庙"，故得名半截庙，简称半庙。后村庄分成前后两村，该村居前，故名前半庙。聚落呈团块状分布。经济以种植业为主，主要农作物有大蒜、棉花、小麦、玉米、辣椒。有公路经此。

早立村 370828-B07-H15
[Zǎolìcūn]

在县驻地金乡街道东南方向 9.3 千米。化雨镇辖自然村。人口 600。明朝末期，章姓从山西洪洞县迁此建村，以姓氏"章"字分划取名早立村。聚落呈团块状分布。有文化广场 1 处、图书室 1 处。经济以种植业为主，主要农作物有大蒜、棉花、小麦、玉米、辣椒。有公路经此。

郭口 370828-B07-H16
[Guōkǒu]

在县驻地金乡街道东南方向 9.0 千米。化雨镇辖自然村。人口 400。明洪武年间，郭姓建村，以姓氏取村名郭庄。相传清朝时期，该村西北有一运粮河口，故改名郭口。聚落呈团块状分布。经济以种植业为主，主要农作物有大蒜、棉花、小麦、玉米、葡萄、金针菇。有公路经此。

李官 370828-B07-H17
[Lǐguān]

在县驻地金乡街道东南方向 10.5 千米。化雨镇辖自然村。人口 1 500。明洪武年间，李姓从山西洪洞县迁此建村，因李姓有一人在朝里做大官，主管教育，村得名李教官，后简称李官。聚落呈团块状分布。经济以种植业为主，主要农作物有大蒜、棉花、小麦、玉米。有公路经此。

唐楼 370828-B07-H18
[Tánglóu]

在县驻地金乡街道东南方向 10.2 千米。化雨镇辖自然村。人口 1 200。明朝末期，朝中混乱，京里太监王成恩将皇子抱出到此地避难安居，改姓为唐，后盖有楼房，故得名唐楼。聚落呈团块状分布。经济以种植业为主，主要农作物有大蒜、棉花、小麦、玉米、辣椒。有公路经此。

赵寨 370828-B07-H19
[Zhàozhài]

在县驻地金乡街道东南方向 10.1 千米。化雨镇辖自然村。人口 1 400。据传，明朝中期马姓安庄，因筑有寨，取名为马家寨，后上大水淹没，太平天国时，赵姓从东乡赵庄迁入此地，又改名赵寨。聚落呈团块状分布。经济以种植业为主，主要农作物有大蒜、棉花、小麦、玉米、辣椒。有公路经此。

东李申庙 370828-B07-H20
[Dōnglǐshēnmiào]

在县驻地金乡街道东南方向 12.0 千米。化雨镇辖自然村。人口 200。明洪武年间，李姓从山西洪洞县迁居金乡城东南十八里果子园，十一世迁居此地，有一大户主，名叫李申，并盖有庙宇，故村得名李申庙，后分东西两村，该村居东，取名东李申庙。聚落呈团块状分布。经济以种植业为主，主要农作物有大蒜、棉花、小麦、玉米。有公路经此。

双庙院 370828-B07-H21
[Shuāngmiàoyuàn]

在县驻地金乡街道东南方向 12.8 千米。化雨镇辖自然村。人口 200。明朝初期，袁姓从山西洪洞县迁此建村，因村东西均盖有庙院，故取村名双庙院。聚落呈团块状分布。经济以种植业为主，主要农作物有大蒜、棉花、小麦、玉米、辣椒。有公路经此。

前孟堂 370828-B07-H22
[Qiánmèngtáng]

在县驻地金乡街道东南方向 14.9 千米。化雨镇辖自然村。人口 400。明嘉靖年间，孟姓从邹城迁入，因盖有一庙堂，名为陛坐观音堂，故得名孟家堂，后因村庄扩大，该村居南，故名前孟堂。聚落呈团块状分布。经济以种植业为主，主要农作物有大蒜、棉花、小麦、玉米。有公路经此。

耿楼 370828-B07-H23
[Gěnglóu]

在县驻地金乡街道东南方向 13.0 千米。化雨镇辖自然村。人口 700。明朝初期，耿姓从山西洪洞县迁此建村，因盖有一楼，故以姓氏取村名为耿楼。聚落呈团块状分布。经济以种植业为主，主要农作物有大蒜、棉花、小麦、玉米、甘蓝。有公路经此。

大周集 370828-B07-H24
[Dàzhōují]

在县驻地金乡街道东南方向 14.7 千米。化雨镇辖自然村。人口 700。元朝周姓迁此建村，因成集市，故得名周集。1980 年地名普查时因重名，更名为大周集。聚落呈团块状分布。经济以种植业为主，主要农作物有大蒜、棉花、小麦、玉米。有公路经此。

东马庙 370828-B07-H25
[Dōngmǎmiào]

在县驻地金乡街道东南方向 15.3 千米。化雨镇辖自然村。人口 600。明朝初年，马姓建村，因盖有庙宇，故名马庙。1980 年地名普查时因重名，以居化雨镇驻地东南而更名为东马庙。聚落呈团块状分布。有文化广场 1 处、农家书屋 1 处。经济以种植业为主，主要农作物有大蒜、棉花、小麦、玉米。有公路经此。

李辛庄 370828-B07-H26
[Lǐxīnzhuāng]

在县驻地金乡街道东南方向 8.1 千米。化雨镇辖自然村。人口 200。明初李姓从山西洪洞县迁此建村，以姓氏取名为李辛庄。聚落呈团块状分布。经济以种植业为主，主要农作物有大蒜、棉花、小麦、玉米、辣椒。有公路经此。

赵口 370828-B07-H27
[Zhàokǒu]

在县驻地金乡街道东南方向 14.0 千米。人口 400。明朝末年，赵姓从山西洪洞县迁此建村，因庄前有一河口，故得名赵口。一说，明洪武年间，赵姓从山西洪洞县迁此建村，因用罩捕鱼，罩有口而得名赵口。聚落呈团块状分布。经济以种植业为主，主要农作物有大蒜、棉花、小麦、玉米。有公路经此。

淳集 370828-B07-H28
[Chúnjí]

在县驻地金乡街道东南方向 7.8 千米。化雨镇辖自然村。人口 900。明朝初年，淳于氏从山西洪洞县迁此建村，取名淳于村，后成集市，故名淳于集，简称淳集。聚落呈团块状分布。有文化广场 1 处。经济以种植业为主，主要农作物有大蒜、棉花、小麦、玉米、辣椒。有公路经此。

冯海 370828-B07-H29
[Fénghǎi]

在县驻地金乡街道东南方向 13.3 千米。化雨镇辖自然村。人口 1 100。明洪武年间，冯姓从山西洪洞县迁此建村，因地势低洼，每逢雨季村周围积水似海，故得名冯海。聚落呈团块状分布。经济以种植业为主，主要农作物有大蒜、棉花、小麦、玉米、辣椒。有公路经此。

胡庄 370828-B07-H30
[Húzhuāng]

在县驻地金乡街道东南方向 10.7 千米。

化雨镇辖自然村。人口 200。明嘉靖年间，张姓从本乡张大楼迁来，因盖有一青瓦楼，取名青楼，后又以王、胡两姓居住，取名王胡庄，后简称胡庄。一说，据传述，隆庆年间，张姓从张大楼迁来，因盖有一青瓦楼，取名张青楼，后因张豹为匪抢财，得罪官府，济南督军围困，张豹逃到这里，村民怕督军炮轰村庄，故村改名为王胡庄，后简称胡庄。聚落呈团块状分布。经济以种植业为主，主要农作物有大蒜、棉花、小麦、玉米。有公路经此。

卜集 370828-B08-H01
[Bǔjí]

卜集镇人民政府驻地。在县驻地金乡街道东北方向 10.0 千米。人口 600。清同治元年（1862）修《金乡县志》载有"卜居集"。明洪武年间有卜姓（现已绝户）从山西洪洞县迁此建村，并形成集市，故名卜居集，后演变成今名。聚落呈带状分布。有文化广场、学校。经济以种植业为主，主要农作物有小麦、玉米、大蒜、洋葱、辣椒。有公路经此。

白垞集 370828-B08-H02
[Báichájí]

在县驻地金乡街道东北方向 21.0 千米。卜集镇辖自然村。人口 2 100。以前本村有三白垞庵，白姓建村，成为集市，故取名白垞集。聚落呈团块状分布。有文化广场 1 处、农家书屋 1 处、小学 1 处。经济以种植业为主，主要农作物有大蒜、棉花、小麦、玉米、洋葱。有公路经此。

城角王 370828-B08-H03
[Chéngjiǎowáng]

在县驻地金乡街道东北方向 23.0 千米。卜集镇辖自然村。人口 400。相传，明洪武年间，王氏从湾里迁来此地定居，明朝末年，王氏从山西洪洞县迁此建村，因村址在古山阳城东北角，故取名城角王。聚落呈团块状分布。有文化广场 1 处、农家书屋 1 处。有汉代古遗址山阳故城遗址。经济以种植业为主，主要农作物有大蒜、棉花。有公路经此。

东门屯 370828-B08-H04
[Dōngméntún]

在县驻地金乡街道东北方向 17.0 千米。卜集镇辖自然村。人口 900。该村始建于明朝末年，因位于古缗城东门，而得名东门屯。聚落呈团块状分布。有文化广场 1 处、农家书屋 1 处。有清代古建筑白云奶奶庙。经济以种植业为主，主要农作物有大蒜、棉花、玉米、小麦、洋葱。有公路经此。

黄堰 370828-B08-H05
[Huángyàn]

在县驻地金乡街道东北方向 22.0 千米。卜集镇辖自然村。人口 600。在明朝年间，有黄姓人家从山西洪洞县迁居此地安家落户，在村的西北角有一河道，此村在河埝的下缘，故名黄堰。聚落呈团块状分布。有文化广场 1 处、农家书屋 1 处、学校 1 处。有清代石刻朱氏宗祠碑记。经济以种植业为主，主要农作物有大蒜、棉花、小麦、洋葱、玉米、瓜菜、水稻。有公路经此。

金鱼店 370828-B08-H06
[Jīnyúdiàn]

在县驻地金乡街道东北方向 21.0 千米。卜集镇辖自然村。人口 700。明洪武年间，殷氏从山西省洪洞县迁居此地，因此村位于金乡、鱼台交界处，故得名金鱼店。聚落呈团块状分布。有文化广场 1 处、农家书屋 1 处、学校 1 处。经济以种植业为主，主要农作物有大蒜、棉花、小麦、玉米、洋葱、瓜菜。有公路经此。

李连安 370828-B08-H07

[Lǐliánʼān]

在县驻地金乡街道东北方向 25.0 千米。卜集镇辖自然村。人口 500。明朝末年，李、张两姓从山西洪洞县迁此建村，为祈求平安，让生活幸福安宁，故取村名为李连安。聚落呈团块状分布。有文化广场 1 处、农家书屋 1 处。经济以种植业为主，主要农作物有大蒜、棉花、小麦、洋葱、玉米、瓜菜。有公路经此。

刘心田 370828-B08-H08

[Liúxīntián]

在县驻地金乡街道东北方向 20.0 千米。卜集镇辖自然村。人口 800。相传明朝末年，刘姓从山西洪洞县迁此建村。建村后，刘氏族人乐善好施，接济穷人，其他村人评价刘氏心胸如田地般宽广，故取村名为刘心田。聚落呈团块状分布。有文化广场 1 处、农家书屋 1 处、学校 1 处。有清代古建筑张氏民居。经济以种植业为主，主要农作物有大蒜、棉花、小麦、玉米、洋葱。有公路经此。

张八缸 370828-B08-H09

[Zhāngbāgāng]

在县驻地金乡街道东北方向 24.0 千米。卜集镇辖自然村。人口 500。明朝末年，张姓从山西洪洞县迁此建村，在建房时挖出八缸银元，事隔一夜，银元竟不知去向，张氏顿感有失上苍，为记住这一故事，取村名张八缸。聚落呈团块状分布。有文化广场 1 处、农家书屋 1 处。经济以种植业为主，主要农作物有大蒜、棉花、小麦、玉米、洋葱。有公路经此。

张烧饼庄 370828-B08-H10

[Zhāngshāobingzhuāng]

在县驻地金乡街道东北方向 23.0 千米。卜集镇辖自然村。人口 500。明天启年间，张姓从山西洪洞县迁此建村，因张氏有一手做烧饼的绝活，生意火爆，后人便称该村为张烧饼庄。聚落呈团块状分布。经济以种植业为主，主要农作物有大蒜、棉花、小麦、洋葱、玉米、瓜菜、水稻。有公路经此。

张瓦房 370828-B08-H11

[Zhāngwǎfáng]

在县驻地金乡街道东北方向 14.0 千米。卜集镇辖自然村。人口 400。明朝初期，张姓从山西省洪洞县迁至河北省桥北张定居，崇祯年间兄弟分支迁至金乡县城东关定居，清嘉庆年间又迁此建村，因盖有瓦房，故取名张瓦房。聚落呈团块状分布。有文化广场 1 处、农家书屋 1 处。有清代古建筑张氏家祠、清代石刻贞节碑。经济以种植业为主，主要农作物有大蒜、棉花、小麦、玉米、洋葱。有公路经此。

周庵 370828-B08-H12

[Zhōuʼān]

在县驻地金乡街道东北方向 24.0 千米。卜集镇辖自然村。人口 400。明末，周姓从山西洪洞县迁此建村，以农为生，擅长种植瓜果，因贫穷盖不起房子，在瓜园内搭一庵居住，虽不看守，但瓜无缺失，后人便把村名更为周庵。聚落呈团块状分布。有文化广场 1 处、农家书屋 1 处。经济以种植业为主，主要农作物有大蒜、棉花、小麦、玉米、洋葱。有公路经此。

张池楼 370828-B08-H13

[Zhāngchílóu]

在县驻地金乡街道东北方向 18.0 千米。卜集镇辖自然村。人口 100。明洪武年间，张、池两姓从山东登州迁此建村，并建有一楼，故以姓氏取村名为张池楼。聚落呈团块状分布。经济以种植业为主，主要农作物有大蒜、棉花、洋葱。有公路经此。

二郎庙 370828-B08-H14
[Èrlángmiào]

在县驻地金乡街道东北方向 23.0 千米。卜集镇辖自然村。人口 300。明天启年间，李、赵两姓从山西洪洞县迁此建村，并在村东修有一庙，庙内供奉二郎神像一尊，以此得名二郎庙。聚落呈团块状分布。经济以种植业为主，主要农作物有大蒜、棉花、小麦、洋葱、玉米、水稻。有公路经此。

孙桁 370828-B08-H15
[Sūnhéng]

在县驻地金乡街道东北方向 22.0 千米。卜集镇辖自然村。人口 900。明朝末年，孙姓从山西汾西县孙桁迁此，据碑文记载，清天聪年间，孙姓建村，因桁同檩，取孙家的房屋之意，故村名为孙桁。聚落呈团块状分布。有文化广场 1 处、农家书屋 1 处、学校 1 处。经济以种植业为主，主要农作物有大蒜、棉花、小麦、玉米、水稻、洋葱、瓜菜。有公路经此。

寺后王 370828-B08-H16
[Sìhòuwáng]

在县驻地金乡街道东北方向 22.0 千米。卜集镇辖自然村。人口 400。明正德年间，王姓从山西省太原市迁此建村，因村南有一古寺得名。聚落呈团块状分布。有文化广场 1 处、农家书屋 1 处。经济以种植业为主，主要农作物有大蒜、棉花。有公路经此。

张窑 370828-B08-H17
[Zhāngyáo]

在县驻地金乡街道东北方向 14.0 千米。卜集镇辖自然村。人口 300。明洪武年间，张姓从山西洪洞县迁此建村，并在村外建一窑，后来胡集朱姓大户到此地招种地户，从很多地方来人到这里租种田地，定居后以砖窑命村名为张窑。聚落呈团块状分布。有文化广场 1 处、农家书屋 1 处。经济以种植业为主，主要农作物有大蒜、棉花、小麦、玉米、洋葱。有公路经此。

大姜 370828-B08-H18
[Dàjiāng]

在县驻地金乡街道东北方向 20.0 千米。卜集镇辖自然村。人口 1 600。明朝末期，姜姓从山西洪洞县迁至鱼台旧城定居。清朝初期，姜氏分支迁此建村，以姓氏取名姜庄。1980 年地名普查时更名为大姜。聚落呈团块状分布。有文化广场 1 处、农家书屋 1 处、幼儿园 1 处。经济以种植业为主，主要农作物有大蒜、棉花、小麦、洋葱、水稻。有公路经此。

姜井 370828-B08-H19
[Jiāngjǐng]

在县驻地金乡街道东北方向 21.0 千米。卜集镇辖自然村。人口 500。姜姓从山西洪洞县迁至现大姜村定居，后因家族原因，相传明万历年间，部分姜姓迁此建村，建村时，此地有水井一眼，故以姓氏取村名为姜井。聚落呈团块状分布。有文化广场 1 处、农家书屋 1 处。经济以种植业为主，主要农作物有大蒜、棉花、小麦、玉米、洋葱、瓜菜。有公路经此。

后许桥 370828-B08-H20
[Hòuxǔqiáo]

在县驻地金乡街道东北方向 25.0 千米。卜集镇辖自然村。人口 500。明朝末年，许姓从山西洪洞县迁此建村，因村附近有一条河，河上有一小桥，故以姓氏取村名许桥。因该村在北，又改称后许桥。聚落呈团块状分布。有文化广场 1 处、农家书屋 1 处。经济以种植业为主，主要农作物有大蒜、棉花、小麦、洋葱、玉米、水稻、瓜菜。有公路经此。

东张桥 370828-B08-H21
[Dōngzhāngqiáo]

在县驻地金乡街道东北方向 25.0 千米。卜集镇辖自然村。人口 400。明朝末期，张姓从山西省洪洞县迁此建村，张氏兄弟在此安庄，后来三兄弟分居立庄，村附近有一条小河，河上有一座石桥，因该村位于石桥东侧，故以方位、姓氏取名东张桥。聚落呈团块状分布。有文化广场 1 处、农家书屋 1 处。经济以种植业为主，主要农作物有大蒜、棉花、小麦、洋葱、水稻、瓜菜。有公路经此。

李情庄 370828-B08-H22
[Lǐqíngzhuāng]

在县驻地金乡街道东北方向 14.0 千米。卜集镇辖自然村。人口 300。明朝中期，李姓从江苏省丰县姑子庙张庄迁此建村，以姓氏取村名为李楼。后有一李姓行医，善治麻疹、牛痘，对穷苦人不收药费，人们叫他李情，李情去世后，为纪念他，将此村改为李情庄。聚落呈团块状分布。有文化广场 1 处、农家书屋 1 处。经济以种植业为主，主要农作物有大蒜、棉花、小麦、玉米、洋葱、瓜菜。有公路经此。

石庙 370828-B08-H23
[Shímiào]

在县驻地金乡街道东北方向 18.0 千米。卜集镇辖自然村。人口 1 100。此地原有一庙，王姓从山西洪洞县迁此定居，以姓氏取名为王庙，后来因庙复修，修庙者为十家，以此命名为十家庙。十家之中有一姓石者，户大，扬名在外，后改村名为石庙。聚落

呈团块状分布。有文化广场 1 处、农家书屋 1 处。经济以种植业为主，主要农作物有大蒜、洋葱。有公路经此。

刘油坊 370828-B08-H24
[Liúyóufáng]

在县驻地金乡街道东北方向 19.0 千米。卜集镇辖自然村。人口 600。刘姓在孙桁村受人之气，故从孙桁迁往此处建村，并在此村开了油坊一处，故以姓氏取村名为刘油坊。聚落呈团块状分布。经济以种植业为主，主要农作物有大蒜、棉花、小麦、玉米、洋葱。有公路经此。

高墙孙 370828-B08-H25
[Gāoqiángsūn]

在县驻地金乡街道东北方向 21.0 千米。卜集镇辖自然村。人口 400。明朝初期，孙氏从山西洪洞县迁到此地定居，村名为孙庙，其他姓氏相继而来，后来孙家逐渐强盛，渐渐建立起了高墙大院，村名又改为高墙孙家庄，后又称之为高墙孙。聚落呈团块状分布。有文化广场 1 处、农家书屋 1 处、学校 1 处。经济以种植业为主，主要农作物有大蒜、棉花、小麦、洋葱、玉米。有公路经此。

王慎庄 370828-B08-H26
[Wángshènzhuāng]

在县驻地金乡街道东北方向 23.0 千米。卜集镇辖自然村。人口 100。明朝末年，王姓从山西省洪洞县迁此建村，因建村人叫王慎，故以其名字名村王慎庄。聚落呈团块状分布。有文化广场 1 处、农家书屋 1 处。经济以种植业为主，主要农作物有大蒜、棉花、小麦、洋葱、玉米、水稻。有公路经此。

兴隆集 370828-B09-H01

[Xīnglóngjí]

兴隆镇人民政府驻地。在县驻地金乡街道南方向 11.5 千米。人口 1 100。元朝时建村，原名兴龙，明清时期形成规模较大的集市，因南北盐商聚集生意兴隆，遂改称兴隆集。聚落呈团块状分布。有文化广场 1 处、农家书屋 1 处、学校 3 处。经济以种植业为主，主要农作物有小麦、玉米、大蒜、辣椒等。有公路经此。

张湾 370828-B09-H02

[Zhāngwān]

在县驻地金乡街道西南方向 17.0 千米。兴隆镇辖自然村。人口 1 000。明洪武年间，张姓从山西洪洞县迁此建村，村名为黄堌村，清朝改为张家湾，1940 年更名为张湾。聚落呈团块状分布。有小学 1 处。经济以种植业为主，主要农作物有大蒜、棉花、玉米、小麦。有公路经此。

孔店 370828-B09-H03

[Kǒngdiàn]

在县驻地金乡街道南方向 16.0 千米。兴隆镇辖自然村。人口 200。明万历年间，孔姓从曲阜迁此建村，以开店来维持生活，故取庄名孔家店，后简称孔店。聚落呈团块状分布。有文化书屋。经济以种植业为主，主要农作物有大蒜、棉花、玉米、小麦。有公路经此。

皮前楼 370828-B09-H04

[Píqiánlóu]

在县驻地金乡街道东南方向 14.0 千米。兴隆镇辖自然村。人口 600。明洪武年间，李姓从山西洪洞县迁至金乡城居住。明成化年间，李姓分支来此建村，因盖有皮子墙楼，墙内装有铜钱，故名皮钱楼，后演变为皮前楼。聚落呈团块状分布。经济以种植业为主，主要农作物有大蒜、棉花、玉米、小麦。有公路经此。

西桑园 370828-B09-H05

[Xīsāngyuán]

在县驻地金乡街道东南方向 16.0 千米。兴隆镇辖自然村。人口 300。元朝末期，李姓从甘肃省陇西县五里桑堆迁居羊山李堂，后分支迁此建村，沿用甘肃老家村名，以方位取名西桑园。聚落呈团块状分布。经济以种植业为主，主要农作物有大蒜、棉花、玉米、小麦。有公路经此。

李草庙 370828-B09-H06

[Lǐcǎomiào]

在县驻地金乡街道南方向 19.0 千米。兴隆镇辖自然村。人口 300。明末清初，李姓从山西省洪洞县迁居金乡城里。清乾隆年间，李姓分支来此建村，因盖一草屋作庙堂，故得名李草庙。聚落呈团块状分布。经济以种植业为主，主要农作物有大蒜、棉花、玉米、小麦。有公路经此。

二郎庙 370828-B09-H07

[Èrlángmiào]

在县驻地金乡街道西南方向 24.0 千米。兴隆镇辖自然村。人口 800。明万历年间，周姓来此建村，以姓氏取名周家庄。清康熙年间周姓迁出，李姓来此居住，因有二郎神庙，故将此村名更为二郎庙。聚落呈团块状分布。有小学 1 处。有清末董姓祠堂。经济以种植业为主，主要农作物有大蒜、棉花、玉米、小麦。有公路经此。

大任庄 370828-B09-H08

[Dàrénzhuāng]

在县驻地金乡街道南方向 24.0 千米。兴隆镇辖自然村。人口 1 000。明天启年间，肖、贾、任三姓来此建村，以三姓氏取名三氏村，清康熙年间肖、贾两姓渐无，任姓更村名为大任庄。聚落呈团块状分布。有小学 1 处。经济以种植业为主，主要农作物有大蒜、棉花、玉米、小麦。有公路经此。

南野 370828-B09-H09
［Nányě］

在县驻地金乡街道南方向 25.0 千米。兴隆镇辖自然村。人口 200。明朝末期建村，因多居农民，故而得名农民楼。抗日战争时，八路军在村内办一小学，名南野小学，村名由此改为南野。聚落呈团块状分布。有文化书屋、文化广场。经济以种植业为主，主要农作物有大蒜、棉花、玉米、小麦。有公路经此。

郝胡同 370828-B09-H10
［Hǎohútòng］

在县驻地金乡街道南方向 23.0 千米。兴隆镇辖自然村。人口 600。明万历年间，郝姓从山西洪洞县迁此建村，因有六条胡同，故以姓氏取名郝胡同。聚落呈团块状分布。有文化书屋、文化广场。经济以种植业为主，主要农作物有大蒜、棉花、玉米、小麦。有公路经此。

席楼 370828-B09-H11
［Xílóu］

在县驻地金乡街道南方向 11.0 千米。兴隆镇辖自然村。人口 600。据《高氏家谱》记载，明洪武年间，高姓从山西洪洞县迁此建村，因用苇席搭起一座简易楼房，得名席楼。聚落呈团块状分布。有文化书屋、文化广场。经济以种植业为主，主要农作物有大蒜、棉花、玉米、小麦。有公路经此。

张楼 370828-B09-H12
［Zhānglóu］

在县驻地金乡街道南方向 16.0 千米。兴隆镇辖自然村。人口 1 200。公元 1700 年，张姓从陕西迁至金乡县城东关，后迁居城南 20 里杨楼村，因杨姓迁走，更村名为张楼。聚落呈团块状分布。经济以种植业为主，主要农作物有大蒜、棉花、玉米、小麦。有公路经此。

魏店 370828-B09-H13
［Wèidiàn］

在县驻地金乡街道南方向 13.0 千米。兴隆镇辖自然村。人口 700。明洪武年间，魏姓从山西洪洞县迁此建村，因开有一店，故名魏店。聚落呈团块状分布。有学校 1 处。经济以种植业为主，主要农作物有大蒜、棉花、玉米、小麦。有公路经此。

李土囤 370828-B09-H14
［Lǐtǔtún］

在县驻地金乡街道南方向 17.0 千米。兴隆镇辖自然村。人口 300。明崇祯年间，李姓从济宁水古街迁此建村，因庄周围较洼、中间高，像个粮食囤，而得名李土囤。聚落呈团块状分布。有文化广场 1 处。经济以种植业为主，主要农作物有大蒜、玉米、棉花。有公路经此。

寨里集 370828-B09-H15
［Zhàilǐjí］

在县驻地金乡街道南方向 12.0 千米。兴隆镇辖自然村。人口 300。明成化年间，闫姓在此建村，为防御外来侵犯，村周围修筑寨墙，后成为集市，故取名寨里集。聚落呈团块状分布。经济以种植业为主，主要农作物有大蒜、玉米、棉花。有公路经此。

大棠树 370828-B09-H16

[Dàtángshù]

在县驻地金乡街道南方向 10.0 千米。兴隆镇辖自然村。人口 1 400。明初张姓从山西洪洞县迁此建村，因村中有一棵大棠梨树，故取村名大棠树。聚落呈团块状分布。有清末张氏古宅。有学校 1 处。经济以种植业为主，主要农作物有大蒜、玉米、棉花。有公路经此。

郭店 370828-B09-H17

[Guōdiàn]

在县驻地金乡街道南方向 12.0 千米。兴隆镇辖自然村。人口 800。明洪武年间，曾姓从山西洪洞县迁此建村，取名佃子庄。明嘉靖年间，郭姓从湖北迁居金乡城北郭山口，后由郭山口分支迁居此村，以姓氏改庄名为郭店。聚落呈团块状分布。经济以种植业为主，主要农作物有大蒜、玉米、棉花。有公路经此。

落城集 370828-B09-H18

[Luòchéngjí]

在县驻地金乡街道东南方向 14.0 千米。兴隆镇辖自然村。人口 300。明末清初计划在此修城一座，取名落城。相传有一风水先生说"此地没有筑建监狱的地方，此城修后必定凶多吉少"，修城计划就此告吹，城池虽没修成，只留下了 1 个集市，故称为落城集。聚落呈团块状分布。有文化书屋、文化广场。经济以种植业为主，主要农作物有大蒜、玉米、棉花。有公路经此。

杨门楼 370828-B09-H19

[Yángménlóu]

在县驻地金乡街道东南方向 15.0 千米。兴隆镇辖自然村。人口 700。明朝末期杨姓建村，在本县居官后，修筑寨墙，设有四门，盖有一座楼，故以姓氏取名杨门楼。聚落呈团块状分布。有明清古墓群。经济以种植业为主，主要农作物有大蒜、玉米、棉花。有公路经此。

李菜园 370828-B09-H20

[Lǐcàiyuán]

在县驻地金乡街道南方向 18.0 千米。兴隆镇辖自然村。人口 1 300。明万历年间，李姓来此定居，取村名义和庄。清嘉庆年间，民间瘟疫流行，后发现大蒜能治瘟疫，人们都来李家菜园买大蒜，渐渐把村名更为李菜园。聚落呈团块状分布。有文化书屋、文化广场。经济以种植业为主，主要农作物有油豆。有公路经此。

半边峭楼 370828-B09-H21

[Bànbiānqiàolóu]

在县驻地金乡街道西南方向 23.0 千米。兴隆镇辖自然村。人口 600。元朝末期建村，因村中有周家祠堂，堂前有一盘石，得村名盘石村。后村中建一土楼，明朝中期发生战争，将土楼炸毁一半，后人为纪念战争，更村名为半边峭楼。聚落呈团块状分布。有文化书屋、文化广场。经济以种植业为主，主要农作物有大蒜、玉米、棉花。有公路经此。

周黑楼 370828-B09-H22

[Zhōuhēilóu]

在县驻地金乡街道西南方向 26.0 千米。兴隆镇辖自然村。人口 300。清朝末年，周姓建村，因连夜盖楼一座，故取名周黑楼。聚落呈团块状分布。有文化书屋、文化广场。经济以种植业为主，主要农作物有大蒜、玉米、棉花。有公路经此。

嘉祥县

城市居民点

孔庄北区 370829-I01
[Kǒngzhuāng Běiqū]

在县城东部。人口 1 300。总面积 3.6 公顷。因孔氏居多得名。2005 年始建，2007 年正式使用。建筑总面积 44 000 平方米，多层住宅楼 8 栋，现代建筑风格。绿化率 39%。有商业网点、幼儿园等配套设施，通公交车。

孔庄南区 370829-I02
[Kǒngzhuāng Nánqū]

在县城东部。人口 3 100。总面积 5.9 公顷。因孔氏居多得名。2005 年始建，2008 年正式使用。建筑总面积 86 000 平方米，多层住宅楼 24 栋，现代建筑风格。绿化率 39%。有商业网点等配套设施。通公交车。

漫山香墅 370829-I03
[Mànshān Xiāngshù]

在县城东部。人口 350。总面积 2.7 公顷。由于小区背靠柏山，故名。2012 年始建，2013 年正式使用。建筑总面积 18 000 平方米，别墅 19 栋。绿化率 39%。有商业网点等配套设施。通公交车。

山水嘉园 370829-I04
[Shānshuǐ Jiāyuán]

在县城东部。人口 3 500。总面积 13.2 公顷。以地域特点命名。2008 年始建，2010 年正式使用。建筑总面积 120 000 平方米，多层住宅楼 28 栋。现代建筑风格。绿化率 39%。有商业网点等配套设施。通公交车。

县委家属院 370829-I05
[Xiànwěi Jiāshǔyuàn]

在县城南部。人口 1 320。总面积 11.2 公顷。因是县委单位的家属院而得名。1997 年始建，1999 年正式使用。建筑总面积 95 000 平方米，多层住宅楼 11 栋，现代建筑风格。绿化率 39%。有商业网点等配套设施。通公交车。

迎宾花园 370829-I06
[Yíngbīn Huāyuán]

在县城东部。人口 5 000。总面积 13.8 公顷。名称寓意欢迎八方来宾。2007 年始建，2009 年正式使用。建筑总面积 120 000 平方米，多层住宅楼 21 栋，现代建筑风格。绿化率 39%。有商业网点等配套设施。通公交车。

温馨佳苑 370829-I07
[Wēnxīn Jiāyuàn]

在县城西北部。人口 1 100。总面积 2.3 公顷。以居民生活温馨之意命名。2008 年始建，2009 年正式使用。建筑总面积 30 400 平方米，多层住宅楼 8 栋，现代建筑风格。绿化率 39%。有商业网点等配套设施。通公交车。

民乐小区 370829-I08
[Mínyuè Xiǎoqū]

在县城南部。人口 1 600。总面积 1.92 公顷。以居民生活快乐之意命名。1998 年始建，1999 年正式使用。建筑总面积 28 300 平方米，多层住宅楼 11 栋，现代建筑风格。绿化率 39%。有商业网点等配套设施。通公交车。

顺河东区 370829-I09

[Shùnhé Dōngqū]

在县城西部。人口 2 400。总面积 4.6 公顷。因近顺河路而得名。2010 年始建，2012 年正式使用。建筑总面积 60 000 平方米，住宅楼 16 栋，其中小高层 2 栋、多层 14 栋，现代建筑风格。绿化率 39%。有学校、市场、商店等配套设施。通公交车。

五洲祥城 370829-I10

[Wǔzhōu Xiángchéng]

在县城东北部。人口 5 600。总面积 38.9 公顷。取吉意嘉言命名。2013 年始建。建筑总面积 234 000 平方米，住宅楼 43 栋，其中小高层 16 栋、多层 27 栋，地中海式风格。绿化率 39%。有商业网点等配套设施。通公交车。

获麟花园 370829-I11

[Huòlín Huāyuán]

在县城南部。人口 700。总面积 1.76 公顷。因位于获麟花园北而得名。2004 年始建，2006 年正式使用。建筑总面积 24 000 平方米，多层住宅楼 7 栋，现代建筑风格。绿化率 39%。有学校、商铺、广场、菜市场、医院等配套设施。通公交车。

园丁园 370829-I12

[Yuándīng Yuán]

在县城北部。人口 1 300。总面积 4 公顷。因小区居民多为教育局职工和一中、四中教师而得名。1997 年始建，同年正式使用。建筑总面积 18 800 平方米，多层住宅楼 14 栋，现代建筑风格。绿化率 39%。有商业网点等配套设施。通公交车。

冠亚上城 370829-I13

[Guànyà Shàngchéng]

在县城中部。人口 7 500。总面积 41 公顷。由冠亚集团公司开发建设，故名。2009 年始建，2013 年正式使用。建筑总面积 562 800 平方米，住宅楼 75 栋，其中小高层 45 栋、多层 30 栋，现代建筑风格。绿化率 39%。有学校、医院、商场等配套设施。通公交车。

农村居民点

嘉祥 370829-A01-H01

[Jiāxiáng]

在县驻地嘉祥街道南方向 2.6 千米。嘉祥街道辖自然村。人口 5 300。此村原为嘉祥县城旧址，故名。聚落呈团块状分布。有小学 1 处。经济以种植业为主，主要农作物有小麦、玉米。有公路经此。

董庄 370829-A01-H02

[Dǒngzhuāng]

在县驻地嘉祥街道东方向 1.0 千米。嘉祥街道辖自然村。人口 700。民族构成主要为回族、汉族。董兰亭于明洪武二年（1369）从山西洪洞县护驾，东迁于此立村，以姓氏取村名董庄。聚落呈团块状分布。有小学 1 处。经济以种植业为主，主要农作物有小麦、玉米、大豆。有公路经此。

李庄 370829-A01-H03

[Lǐzhuāng]

在县驻地嘉祥街道西北方向 4.5 千米。嘉祥街道辖自然村。人口 400。李氏于明朝初年从山西洪洞县迁至大庙李居住。清顺治年间，三世李敬先又迁此立村，以姓氏取村名李庄。聚落呈团块状分布。经济以种植业为主，主要农作物有小麦、玉米、大豆、棉花。有公路经此。

刘山 370829-A01-H04
[Liúshān]

在县驻地嘉祥街道东北方向 4.1 千米。嘉祥街道辖自然村。人口 1 100。据文献记载，明崇祯时期，村民从山西洪洞县迁入嘉祥县北关，此后由北关迁入此地，名为上王庄，至清朝中叶刘家人兴旺，因村靠山根，故改名为刘山。聚落呈团块状分布。经济以种植业为主，主要农作物有小麦、玉米、棉花。有公路经此。

北石庄 370829-A01-H05
[Běishízhuāng]

在县驻地嘉祥街道北方向 4.5 千米。嘉祥街道辖自然村。人口 900。石富全于明洪武二年（1369）从山西蒲州迁现嘉祥镇北凤凰山居住，七世鲁瞻迁此立村，以姓氏取村名石庄。1981 年更名为北石庄。聚落呈团块状分布。有县级文物保护单位明朝时期古住宅建筑。经济以种植业为主，主要农作物有小麦、玉米、棉花。有公路经此。

南石庄 370829-A01-H06
[Nánshízhuāng]

在县驻地嘉祥街道北方向 0.5 千米。嘉祥街道辖自然村。人口 600。前石庄村始建于明洪武年间，清嘉庆年间第 14 代先人蕴德公，经族人议将莱庄更改为石庄。因位于南边，1958 年成立人民公社时更名为南石庄。聚落呈团块状分布。经济以种植业为主，主要农作物有小麦、玉米、棉花。有公路经此。

何庙 370829-A01-H07
[Hémiào]

在县驻地嘉祥街道北方向 3.7 千米。嘉祥街道辖自然村。人口 1 100。何纪于明永乐二年（1404）从山西洪洞县野凤村迁居汶上何湾，数年后又迁此立村，并建关帝庙，故取名为何庙。聚落呈团块状分布。有小学 1 处。经济以种植业为主，主要农作物有小麦、玉米、棉花。有公路经此。

郑庄 370829-A01-H08
[Zhèngzhuāng]

在县驻地嘉祥街道北方向 4.0 千米。嘉祥街道辖自然村。人口 1 400。郑鲁宾于明景泰年间从汶上县义桥卢庄迁此立村，以姓氏取村名郑庄。聚落呈团块状分布。经济以种植业为主，主要农作物有小麦、玉米、大豆、棉花。有公路经此。

章山 370829-A01-H09
[Zhāngshān]

在县驻地嘉祥街道西北方向 3.8 千米。嘉祥街道辖自然村。人口 1 500。此村始建于元朝中叶，章氏从江西迁此立村，因村庄在无名山之阳，故取村名章山。聚落呈团块状分布。经济以种植业为主，主要农作物有小麦、玉米、棉花。有公路经此。

凤凰山 370829-A01-H10
[Fènghuángshān]

在县驻地嘉祥街道北方向 4.7 千米。嘉祥街道辖自然村。人口 1 600。以附近自然地理实体得名。聚落呈团块状分布。经济以种植业为主，主要农作物有小麦、玉米、棉花。有公路经此。

庞庄 370829-A01-H11
[Pángzhuāng]

在县驻地嘉祥街道北方向 2.8 千米。嘉祥街道辖自然村。人口 1 400。据传庞姓于明朝初年从山西洪洞县迁居此地，安家落户，故取名庞庄。聚落呈团块状分布。经济以种植业和商贸业为主。有公路经此。

王楼 370829-A01-H12
[Wánglóu]

在县驻地嘉祥街道东北方向 2.4 千米。嘉祥街道辖自然村。人口 400。王氏于清朝中叶从柏山村迁此立村，后建戏楼，故名王楼。聚落呈团块状分布。经济以种植业为主，主要农作物有小麦、玉米、棉花。有公路经此。

北徐庄 370829-A01-H13
[Běixúzhuāng]

在县驻地嘉祥街道东北方向 4.5 千米。嘉祥街道辖自然村。人口 600。相传，该村由徐氏始建，以姓氏取名徐庄，后改为北徐庄。聚落呈团块状分布。经济以种植业为主，主要农作物有小麦、玉米、棉花。有公路经此。

上王庄 370829-A01-H14
[Shàngwángzhuāng]

在县驻地嘉祥街道北方向 3.0 千米。嘉祥街道辖自然村。人口 500。王氏于明永乐年间从山西洪洞县迁居凤凰山脚下，取村名上王庄。聚落呈团块状分布。经济以种植业为主，主要农作物有小麦、玉米、大豆、棉花。有公路经此。

十里铺 370829-A02-H01
[Shílǐpù]

在县驻地嘉祥街道西方向 4.5 千米。卧龙山街道辖自然村。人口 2 000。张珠于明永乐年间从今本街道黄岗迁此开设店铺，字号为兴隆铺，后发展为村，亦称兴隆铺。至清朝嘉庆年间，因村距县城十里，故易村名为十里铺。聚落呈团块状分布。有文化广场 1 处。经济以种植业为主，主要农作物有小麦、玉米、棉花。有公路经此。

东郭庄 370829-A02-H02
[Dōngguōzhuāng]

在县驻地嘉祥街道西方向 1.8 千米。卧龙山街道辖自然村。人口 900。郭氏于明朝初迁此立村，以姓氏取村名郭家庄，后改为东郭庄。聚落呈团块状分布。有文化广场 1 处。经济以种植业为主，主要农作物有小麦、玉米、棉花。有公路经此。

西郭庄 370829-A02-H03
[Xīguōzhuāng]

在县驻地嘉祥街道西方向 4.0 千米。卧龙山街道辖自然村。人口 300。相传，郭氏于明朝初年从山西洪洞县迁此立村，以姓氏取名郭庄。1958 年成立人民公社时，因社内有两个郭庄，此村居西，故称西郭庄。聚落呈团块状分布。有文化广场 1 处。经济以种植业为主，主要农作物有小麦、玉米、棉花。有公路经此。

兑粮店 370829-A02-H04
[Duìliángdiàn]

在县驻地嘉祥街道西方向 4.8 千米。卧龙山街道辖自然村。人口 900。隋大业年间，给皇家运粮的船只因河水干涸困于舟船山下，粮食囤积于此，并用于兑换物品，故名。聚落呈团块状分布。有文化广场 1 处。经济以种植业为主，主要农作物有小麦、玉米、棉花。有公路经此。

酒庄 370829-A02-H05
[Jiǔzhuāng]

在县驻地嘉祥街道西方向 10.9 千米。卧龙山街道辖自然村。人口 1 100。地名来历不可考。聚落呈团块状分布。有小学 1 处。有段氏墓地。经济以种植业为主，主要农作物有小麦、玉米、棉花。有公路经此。

曹庄 370829-A02-H06
［Cáozhuāng］

在县驻地嘉祥街道西方向 3.8 千米。卧龙山街道辖自然村。人口 300。相传，曹氏于明朝从嘉祥西关迁此立村，故名。聚落呈团块状分布。有文化广场 1 处。经济以种植业为主，主要农作物有小麦、玉米、棉花。有公路经此。

东张庄 370829-A02-H07
［Dōngzhāngzhuāng］

在县驻地嘉祥街道西方向 3.6 千米。卧龙山街道辖自然村。人口 1 200。张氏大公于明洪武年间从山西洪洞县迁居此地，村名为遂南村。延至明成化年间，张氏成为该村大户，将村名改为张家庄。后以方位称东张庄。聚落呈团块状分布。有文化广场 1 处。经济以种植业为主，主要农作物有小麦、玉米、棉花。有公路经此。

贾海 370829-A02-H08
［Jiǎhǎi］

在县驻地嘉祥街道西方向 6.1 千米。卧龙山街道辖自然村。人口 2 000。贾公平于明永乐十四年（1416）从山西洪洞县迁居汶上南旺湖贾家岗，明嘉靖年间因围湖筑堤，又迁到湖西南小刘庄，后贾氏成为望族，便改村名为贾海。聚落呈团块状分布。有文化广场 1 处。经济以种植业为主，主要农作物有小麦、玉米、棉花。有公路经此。

魏坊 370829-A02-H09
［Wèifáng］

在县驻地嘉祥街道西方向 7.1 千米。卧龙山街道辖自然村。人口 2 400。魏昂于明嘉靖年间从巨野县魏集迁此定居，因村靠嘉祥至郓城的大路，便开设店铺，并建有坊子门，人称为魏家坊子门，清末简称为魏坊。聚落呈团块状分布。有文化广场 1 处。经济以种植业为主，主要农作物有小麦、玉米、棉花。有公路经此。

北马官屯 370829-A02-H10
［Běimǎguāntún］

在县驻地嘉祥街道西方向 7.3 千米。卧龙山街道辖自然村。人口 3 200。杨德世居山西洪洞县，元朝末年迁入南京水西门，明初随驾往北京，官至五城司马，干戈停息后不愿为官，择居嘉祥西北十五里处，以司马之职取村名马官屯。1958 年在本公社境内有两个马官屯，此村居北，故更名为北马官屯。聚落呈团块状分布。有文化广场 1 处。经济以种植业为主，主要农作物有小麦、玉米、棉花。有公路经此。

南马官屯 370829-A02-H11
［Nánmǎguāntún］

在县驻地嘉祥街道西方向 5.2 千米。卧龙山街道辖自然村。人口 2 500。杨德世居山西洪洞县，元朝末年迁入南京水西门，明初随驾往北京，官至五城司马，干戈停息，不愿为官，择居嘉祥西北十五里处，以司马之职取村名马官屯。1958 年在本公社境内有两个马官屯，此村居南，故更名为南马官屯。聚落呈团块状分布。有文化广场 1 处。经济以种植业为主，主要农作物有小麦、玉米、棉花。有公路经此。

何坊 370829-A02-H12
［Héfáng］

在县驻地嘉祥街道西方向 9.8 千米。卧龙山街道辖自然村。人口 2 400。何氏于明朝初年从汶上何家湾迁此居住，以制革为业，有熟皮作坊，故村改称何坊。聚落呈团块状分布。有文化广场 1 处。经济以种植业为主，主要农作物有小麦、玉米、棉花。有公路经此。

黄岗 370829-A02-H13

[Huánggǎng]

在县驻地嘉祥街道西方向 3.3 千米。卧龙山街道辖自然村。人口 1 000。黄士能于明洪武年间从嘉祥城北黄河沟迁居小青山之阴，以姓氏取村名黄岗。聚落呈团块状分布。有文化广场 1 处。经济以粮棉种植为主。有公路经此。

油坊张庄 370829-A02-H14

[Yóufángzhāngzhuāng]

在县驻地嘉祥街道西方向 4.1 千米。卧龙山街道辖自然村。人口 500。该村原名许楼，为明初许氏立村。明成化年间，张显从现东张庄分居迁此，取名西张庄。因设有油坊，又有油坊张庄之称。1981 年正式更名为油坊张庄。聚落呈团块状分布。有文化广场 1 处。经济以种植业为主，主要农作物有小麦、玉米、棉花。有公路经此。

刘山口 370829-A02-H15

[Liúshānkǒu]

在县驻地嘉祥街道西方向 2.5 千米。卧龙山街道辖自然村。人口 1 000。刘氏于明崇祯年间从嘉祥城南纸坊迁此立村，因位于丹凤山和辘轳山之间山口处，故取名刘山口。聚落呈团块状分布。有文化广场 1 处。经济以种植业为主，主要农作物有小麦、玉米、棉花。有公路经此。

牟海 370829-A02-H16

[Móuhǎi]

在县驻地嘉祥街道西方向 5.2 千米。卧龙山街道辖自然村。人口 1 400。牟姓于明嘉靖年间从栖霞县铁口村迁此立村，并在村周围挖海壕以防水患，故以姓氏取村名牟海。聚落呈团块状分布。有文化广场 1 处。经济以种植业为主，主要农作物有小麦、玉米、棉花。有公路经此。

前牛官屯 370829-A02-H17

[Qiánniúguāntún]

在县驻地嘉祥街道西方向 7.1 千米。卧龙山街道辖自然村。人口 1 400。据传，牛姓于明朝初年开荒屯垦定居于此，以姓氏取名牛官屯，至清朝中叶，以村中东西大街为界分为两村，此村居南，称前牛官屯。聚落呈团块状分布。有文化广场 1 处。经济以种植业为主，主要农作物有小麦、玉米、棉花。有公路经此。

长直集 370829-A02-H18

[Chángzhíjí]

在县驻地嘉祥街道西方向 4.1 千米。卧龙山街道辖自然村。人口 3 200。以街道长而直得名，至明嘉靖年间，该村成立集市，故名长直集。聚落呈团块状分布。有文化广场 1 处。经济以种植业为主，主要农作物有小麦、玉米、棉花。有公路经此。

中李楼 370829-A02-H19

[Zhōnglǐlóu]

在县驻地嘉祥街道西方向 5.2 千米。卧龙山街道辖自然村。人口 1 700。明洪武二年（1369），先民随名将李文忠征北伐元，胜利后退役，择居此村。明崇祯六年（1633），李氏为该村旺族，并建有楼房，改村名为李楼。1949 年后更名，按方位此村改为中李楼。聚落呈团块状分布。有文化广场 1 处。经济以种植业为主，主要农作物有小麦、玉米、棉花。有公路经此。

双凤 370829-A02-H20

[Shuāngfèng]

在县驻地嘉祥街道西方向 3.2 千米。卧龙山街道辖自然村。人口 1 000。据传，吴姓于明朝初年从山西洪洞县迁居丹凤山之阳，山与村相互衬托，犹如一双凤凰，故取村名双凤。聚落呈团块状分布。有文化广场 1 处。经济以种植业为主，主要农作物有小麦、玉米、棉花。有公路经此。

娄庄 370829-A02-H21
[Lóuzhuāng]

在县驻地嘉祥街道西方向 4.6 千米。卧龙山街道辖自然村。人口 900。据传，明朝末年，洪水成灾，淹没附近所有村庄，而依山而建的此村却巍然屹立，像座楼房，故名楼庄，后又有娄氏迁入，故村名演变为娄庄。聚落呈团块状分布。有文化广场 1 处。经济以种植业为主，主要农作物有小麦、玉米、棉花。有公路经此。

卧佛寺 370829-A02-H22
[Wòfósì]

在县驻地嘉祥街道西方向 3.3 千米。卧龙山街道辖自然村。人口 2 000。张景武于元朝从诸城迁嘉祥城西小青山，七世张友信于明正德年间迁居此地，后在村东北山坡上建寺院，塑卧佛像，故取村名卧佛寺。聚落呈团块状分布。有文化广场 1 处。经济以种植业为主，主要农作物有小麦、玉米、棉花。有公路经此。

东石人 370829-A02-H23
[Dōngshírén]

在县驻地嘉祥街道西方向 2.8 千米。卧龙山街道辖自然村。人口 400。此村原由陈氏始建，名陈家庄，相传，明嘉靖年间，陈氏迁出，多姓氏迁入，村西有石雕人像，故易名为东石人。聚落呈团块状分布。有文化广场 1 处。经济以种植业为主，主要农作物有小麦、玉米、棉花。有公路经此。

董山后 370829-A02-H24
[Dǒngshānhòu]

在县驻地嘉祥街道西方向 4.5 千米。卧龙山街道辖自然村。人口 500。该村坐落在舟船山之阴，古称殷庄。明朝末年，董进友从东昌府观城迁此居住，后数年易村名为董山后。聚落呈团块状分布。有文化广场 1 处。经济以种植业为主，主要农作物有小麦、玉米、棉花。有公路经此。

汪楼 370829-A02-H25
[Wānglóu]

在县驻地嘉祥街道西方向 5.8 千米。卧龙山街道辖自然村。人口 800。汪姓于明朝初年从徽州歙县随驾北征，因功封官武烈将军，择此定居，建有楼房，村名汪家楼，1949 年后简称汪楼。聚落呈团块状分布。有文化广场 1 处。经济以种植业为主，主要农作物有小麦、玉米、棉花。有公路经此。

苏营 370829-A02-H26
[Sūyíng]

在县驻地嘉祥街道西方向 5.6 千米。卧龙山街道辖自然村。人口 1 500。苏兴世居直隶广平县，二世苏荣于明永乐年间任临清百户侯，三世兄弟五人苏政、苏真、苏昌、苏旺、苏敏世袭军功，于明景泰年间调任嘉祥，择城西十二里定居，因身为军人，取安营扎寨之意，故以姓氏取村名苏营。聚落呈团块状分布。有文化广场 1 处。经济以种植业为主，主要农作物有小麦、玉米、棉花。有公路经此。

狄村 370829-A02-H27
[Dícūn]

在县驻地嘉祥街道西方向 11.2 千米。卧龙山街道辖自然村。人口 300。狄兴业于清雍正二年（1724）从今万张镇狄楼迁此立村，仍用故居村名狄楼，为区别原村名，于 1981 年更名为狄村。聚落呈团块状分布。有文化广场 1 处。经济以种植业为主，主要农作物有小麦、玉米、棉花。有公路经此。

窦坊 370829-A02-H28

[Dòufáng]

在县驻地嘉祥街道西方向5.7千米。卧龙山街道辖自然村。人口800。窦姓于明洪武年间从直隶鱼阳迁至郓城窦家楼，后又迁此立村，因经营造纸作坊，故名。聚落呈团块状分布。有文化广场1处。经济以种植业为主，主要农作物有小麦、玉米、棉花。有公路经此。

西王营 370829-A02-H29

[Xīwángyíng]

在县驻地嘉祥街道西方向11.3千米。卧龙山街道辖自然村。人口300。王成于明正统年间从滕县西盖村迁此立村，传说，曾有宋兵在此扎营，故取名王营，后改为西王营。聚落呈团块状分布。有文化广场1处。经济以种植业为主，主要农作物有小麦、玉米、棉花。有公路经此。

后黄庄 370829-A02-H30

[Hòuhuángzhuāng]

在县驻地嘉祥街道西方向4.1千米。卧龙山街道辖自然村。人口600。黄氏于明朝初年从济南历城县迁本镇黄岗村，五世崇仁、崇义于明朝中叶迁此居住，后形成两个村庄，按方位称后黄庄。聚落呈团块状分布。有文化广场1处。经济以种植业为主，主要农作物有小麦、玉米、棉花。有公路经此。

前马庄 370829-A02-H31

[Qiánmǎzhuāng]

在县驻地嘉祥街道西方向10.7千米。卧龙山街道辖自然村。人口400。相传，1940年前后，由马庄迁出一部分村民在此立村，因位于马庄南，故取前马庄之名。聚落呈团块状分布。有文化广场1处。经济以种植业为主，主要农作物有小麦、玉米、棉花。有公路经此。

纸坊集 370829-B01-H01

[Zhǐfāngjí]

纸坊镇人民政府驻地。在县驻地嘉祥街道南方向12.2千米。人口5 900。昔建有造纸作坊，逐渐成集市，故名。聚落呈团块状分布。有幼儿园1处、小学1处。经济以种植业为主，主要农作物有小麦、玉米等。有公路经此。

土山集 370829-B01-H02

[Tǔshānjí]

在县驻地嘉祥街道南方向10.5千米。纸坊镇辖自然村。人口2 600。至明崇祯年间，河流改造，以村东山名为村名，取名土山集。聚落呈团块状分布。有小学1处。经济以种植业为主，主要农作物有小麦、玉米等。有公路经此。

后吕 370829-B01-H03

[Hòulǚ]

在县驻地嘉祥街道南方向4.6千米。纸坊镇辖自然村。人口3 300。吕氏祖碑载：吕氏祖于隋开皇年间，定居此地，取名吕村。后多姓氏迁居于此，仍沿用村名。明朝中叶，人口大增，吕氏人丁兴旺，族人移居村南另立新村，故有前吕、后吕之分。聚落呈带状分布。有小学1处。经济以种植业为主，主要农作物有小麦、玉米等。有公路经此。

东坦佛山 370829-B01-H04

[Dōngtǎnfóshān]

在县驻地嘉祥街道西南方向4.7千米。纸坊镇辖自然村。人口2 100。郝氏于明洪武二十四年（1391）十月奉旨从山东登州府栖霞县迁此立村，因昔日山洞供有檀雕神佛一尊，因而得名檀佛山，后演为坦佛山。因位于坦佛山东，故村名东坦佛山。聚落呈带状分布。有文化广场 1 处、幼儿园 1 处、小学 1 处。经济以种植业为主，主要农作物有小麦、玉米等。有公路经此。

前马市 370829-B01-H05
[Qiánmǎshì]

在县驻地嘉祥街道西南方向 10.3 千米。纸坊镇辖自然村。人口 1 400。据传，马氏立村，故名马氏。又一传说，因姜子牙前妻马氏葬于山顶名曰马氏山，山下有村起名马氏村，后演写作马寺或马市。后因重名，此村居南，故名前马市。聚落呈带状分布。有文化广场 1 处、幼儿园 1 处。经济以种植业为主，主要农作物有小麦、玉米、大豆。有公路经此。

后马市 370829-B01-H06
[Hòumǎshì]

在县驻地嘉祥街道西南方向 10.0 千米。纸坊镇辖自然村。人口 2 400。据传，马氏立村，故名马氏。又一传说，因姜子牙前妻马氏葬于山顶名曰马氏山，山下有村起名马氏村，后演写作马寺或马市。后因重名，此村居北，故名后马市。聚落呈带状分布。有小学 1 处、幼儿园 1 处。经济以种植业为主，主要农作物有小麦、玉米等。有公路经此。

青山 370829-B01-H07
[Qīngshān]

在县驻地嘉祥街道西南方向 8.5 千米。纸坊镇辖自然村。人口 300。因村内山上有寺庙名青山寺，所以村名改为青山。聚落呈带状分布。有文化大院 1 处、小学 1 处、幼儿园 2 处。有市级文物保护单位惠济公庙。经济以种植业为主，主要农作物有小麦、玉米等。有公路经此。

刘村 370829-B01-H08
[Liúcūn]

在县驻地嘉祥街道南方向 9.3 千米。纸坊镇辖自然村。人口 1 600。据元至顺元年张氏祖茔碑文载：此村原为庐江太守范氏故里，东汉灵帝时范氏和张劭结为生死之交，由现金乡鸡黍迁此立村，名为来范村，后范氏后裔迁出，刘氏族迁入，故更为刘村。聚落呈带状分布。有幼儿园 1 处。经济以种植业为主，主要农作物有小麦、玉米等。有公路经此。

朱街 370829-B01-H09
[Zhūjiē]

在县驻地嘉祥街道南方向 7.7 千米。纸坊镇辖自然村。人口 2 200。明万历年间，朱氏从现马村镇吕楼迁来，在古焦城遗址建村，因村中朱姓居多，以姓氏取名朱街。聚落呈带状分布。有文化广场、文化书屋、小学。经济以种植业为主，主要农作物有小麦、玉米等。有公路经此。

夏庵 370829-B01-H10
[Xià'ān]

在县驻地嘉祥街道南方向 14.2 千米。纸坊镇辖自然村。人口 1 300。夏氏于明永乐二年（1404）奉诏从山西洪洞县迁此立村，因村南山上有清凉庵，故以姓氏取村名夏庵。聚落呈带状分布。有文化广场、幼儿园。经济以种植业为主，主要农作物有小麦、玉米等。有公路经此。

县坡 370829-B01-H11
[Xiànpō]

在县驻地嘉祥街道西南方向 4.0 千米。纸坊镇辖自然村。人口 600。陈氏于明永乐年间随军北上，由江宁府上元县西关隅陈家巷（现为南京水西门陈家胡同）迁此立村，因建村于距县城较近的坡下，故名县坡。聚落呈带状分布。有文化站、图书屋、文化广场。经济以种植业为主，主要农作物有小麦、玉米等。有公路经此。

西焦城　370829-B01-H12
[Xījiāochéng]

在县驻地嘉祥街道南方向8.0千米。纸坊镇辖自然村。人口3 200。明朝初年，众多姓氏迁居至此，因村位于焦城遗址以西，故称西焦城。聚落呈带状分布。有文化广场1处、图书室1处、小学1处、幼儿园1处。经济以种植业为主，主要农作物有小麦、玉米等。有公路经此。

王庄　370829-B01-H13
[Wángzhuāng]

在县驻地嘉祥街道南方向14.5千米。纸坊镇辖自然村。人口700。王氏于明永乐年间从河南登丰县大王庄迁此立村，以姓氏取名王庄。聚落呈带状分布。经济以种植业为主，主要农作物有小麦、玉米等。有公路经此。

虎头山　370829-B01-H14
[Hǔtóushān]

在县驻地嘉祥街道南方向10.7千米。纸坊镇辖自然村。人口700，其中回族447人。明万历十年（1582）陵氏祖碑文载：陵氏族于明洪武初年建村，名曰陵家庄，后因村依固山，其形如虎，村居虎首，故改村名为虎头山。聚落呈带状分布。经济以种植业为主，主要农作物有小麦、玉米等。有公路经此。

铁坡　370829-B01-H15
[Tiěpō]

在县驻地嘉祥街道西南方向12.1千米。纸坊镇辖自然村。人口600。明永乐年间，庞氏迁此立村，因此处山崖陡峭，有一河由此东流，急势如跌下，故名跌坡，后人谓之不雅，遂改名为铁坡。聚落呈带状分布。有文化广场、文化站、图书屋。经济以种植业为主，主要农作物有小麦、玉米等。有公路经此。

石腊屯　370829-B01-H16
[Shílàtún]

在县驻地嘉祥街道西南方向12.6千米。纸坊镇辖自然村。人口2 700。此村建于明洪武年间，当时有一当过兵部侍郎者为首的在此屯垦立村，名曰侍郎屯，后演为石腊屯。聚落呈带状分布。有小学1处、幼儿园1处。经济以种植业为主，主要农作物有小麦、玉米等。有公路经此。

史庄　370829-B01-H17
[Shǐzhuāng]

在县驻地嘉祥街道南方向14.2千米。纸坊镇辖自然村。人口600。史永奇于明洪武三十年（1397）从济宁史家海子迁此立村，以姓氏取村名史庄。聚落呈带状分布。经济以种植业为主，主要农作物有小麦、玉米等。有公路经此。

梁山　370829-B01-H18
[Liángshān]

在县驻地嘉祥街道南方向13.0千米。纸坊镇辖自然村。人口2 000。梁氏于明洪武十八年（1385）从徐州东佛山迁紫云山麓立村，故名梁山。聚落呈带状分布。有文化广场1处、小学1处。经济以种植业为主，主要农作物有小麦、玉米等。有公路经此。

吴店　370829-B01-H19
[Wúdiàn]

在县驻地嘉祥街道南方向11.8千米。

纸坊镇辖自然村。人口 800，其中回族 98 人、壮族 2 人。范氏于明永乐年间从山西洪洞县施村迁此立村，因本村吴姓沿河开一客店，故名吴店。聚落呈带状分布。有文化广场、文化站、图书屋。经济以种植业为主，主要农作物有小麦、玉米等。有公路经此。

郑山 370829-B01-H20
[Zhèngshān]

在县驻地嘉祥街道南方向 14.3 千米。纸坊镇辖自然村。人口 1 600。原名顺河村。郑庄祖彦文于明正德年间从南京市西南连水寨迁此。至清康熙年间，因位于秃尾山后，遂更名为郑山。聚落呈带状分布。有文化广场 1 处、文化大院 1 处、小学 1 处。经济以种植业为主，主要农作物有小麦、玉米等。有公路经此。

阎村 370829-B01-H21
[Yáncūn]

在县驻地嘉祥街道南方向 9.5 千米。纸坊镇辖自然村。人口 2 100。据元泰定四年（1327）杨氏祖碑及 1934 年阎氏宗祠碑文载：北宋元丰年间，杨氏从太原府迁此立村，名为杨氏村，后明洪武年间，阎氏八十二世从濮州阎什口迁此居住，至明朝中叶，易名为阎村。聚落呈带状分布。有学校 1 处。经济以种植业为主，主要农作物有小麦、玉米等。有公路经此。

前商 370829-B01-H22
[Qiánshāng]

在县驻地嘉祥街道西南方向 6.6 千米。纸坊镇辖自然村。人口 1 500。因位于商村山南，故称为前商。聚落呈带状分布。有文化广场 1 处、幼儿园 1 处。经济以种植业为主，主要农作物有小麦、玉米等。有公路经此。

申村 370829-B01-H23
[Shēncūn]

在县驻地嘉祥街道南方向 14.0 千米。纸坊镇辖自然村。人口 2 700。申枨为孔门弟子，于周敬王年间从楚国迁居于鲁，择居此地立村，以姓氏命名。聚落呈带状分布。有文化广场 1 处、小学 1 处。有古典建筑王氏家祠。经济以种植业为主，主要农作物有小麦、玉米等。有公路经此。

李山头 370829-B01-H24
[Lǐshāntóu]

在县驻地嘉祥街道南方向 13.5 千米。纸坊镇辖自然村。人口 1 100。李氏于明洪武年间从青州迁此立村，因村坐落在柏井山头，故取村名李山头。聚落呈带状分布。有文化广场 1 处、幼儿园 1 处。有清代古建筑李家大院。经济以种植业为主，主要农作物有小麦、玉米等，特产有嘉祥菊花。有公路经此。

李花园 370829-B01-H25
[Lǐhuāyuán]

在县驻地嘉祥街道南方向 15.2 千米。纸坊镇辖自然村。人口 500。李登为万历四十一年（1613）武举人，李登其中一子名国祯来到此处，见山清水秀，胜似花园，就在此定居，繁衍生息，故起名李花园。聚落呈带状分布。有文化广场。经济以种植业为主，主要农作物有小麦、蔬菜、棉花。有公路经此。

汤山 370829-B01-H26
[Tāngshān]

在县驻地嘉祥街道南方向 14.0 千米。纸坊镇辖自然村。人口 2 500。汤氏于明洪熙元年（1425）从山东兖州府迁崮山之阴立村，故名汤山。聚落呈带状分布。有小学 1 处、幼儿园 1 处。古迹有玉皇庙。经济以种植业为主，主要农作物有小麦、玉米等。有公路经此。

东纸坊 370829-B01-H27
［Dōngzhǐfáng］

在县驻地嘉祥街道南方向 11.3 千米。纸坊镇辖自然村。人口 2 700。此处原名团城村，建于西汉，后毁于水患。明永乐年间，马氏从现满硐镇阿城铺迁此立村，因有造纸作坊，故名纸坊，为区别于纸坊集，按方位称为东纸坊。聚落呈带状分布。有幼儿园 1 处。经济以种植业为主，主要农作物有小麦、玉米等。有公路经此。

代店 370829-B01-H28
［Dàidiàn］

在县驻地嘉祥街道南方向 13.8 千米。纸坊镇辖自然村。人口 2 400。代氏于明永乐年间从山西洪洞县迁此立村，因位于嘉祥至金乡的大道旁没有店铺，俗称代家店，后简称代店。聚落呈带状分布。有文化广场、小学等。经济以种植业为主，主要农作物有小麦、玉米等。有公路经此。

武翟山 370829-B01-H29
［Wǔzháishān］

在县驻地嘉祥街道南方向 12.8 千米。纸坊镇辖自然村。人口 1 700。因武氏家族居此，临近有山，故取名武宅山，后演变为武翟山。聚落呈带状分布。有文化广场 1 处、小学 1 处。有国家级文物保护单位武氏墓群石刻。经济以商贸业、种植业为主。有公路经此。

曹庄 370829-B02-H01
［Cáozhuāng］

梁宝寺镇人民政府驻地。在县驻地嘉祥街道西北方向 23.5 千米。人口 3 800。曹原为周朝分封诸侯国，以国名为姓氏，世居定陶。六十四世为避金元之乱迁此地，以姓氏取村名曹家庄，后简化为曹庄。聚落呈团块状分布。有中学 1 处、小学 1 处。有市级文物保护单位曹氏家祠。经济以种植业为主，主要农作物有小麦、玉米、大豆、棉花。有公路经此。

郓王 370829-B02-H02
［Yùnwáng］

在县驻地嘉祥街道西北方向 24.3 千米。梁宝寺镇辖自然村。人口 800。王氏于明嘉靖年间从鱼王庄迁此立村，因村民条编筛子著名，俗称筛子王庄。又因曾属郓城县地，以此得村名郓王。聚落呈带状分布。有农家书屋 1 处。经济以种植业为主，主要农作物有小麦、大豆、玉米、棉花等。有公路经此。

南孔 370829-B02-H03
［Nánkǒng］

在县驻地嘉祥街道西北方向 23.6 千米。梁宝寺镇辖自然村。人口 1 500。以姓氏命名孔庄，后为区别重名村，于 1949 年后按方位改为南孔。聚落呈带状分布。有小学 1 处。经济以种植业为主，主要农作物有小麦、大豆、玉米、棉花等。有公路经此。

大土井 370829-B02-H04
［Dàtǔjǐng］

在县驻地嘉祥街道北方向 23.0 千米。梁宝寺镇辖自然村。人口 400。因该村地里有一口大井，故名大土井。聚落呈带状分布。经济以种植业为主，主要农作物有小麦、大豆、玉米、棉花等。有公路经此。

赵河沟 370829-B02-H05
［Zhàohégōu］

在县驻地嘉祥街道西北方向 19.9 千米。

梁宝寺镇辖自然村。人口 300。赵氏于明永乐年间从山西洪洞县迁此立村，因村四周有河沟数条，故以姓氏取村名赵河沟。聚落呈带状分布。经济以种植业为主，主要农作物有小麦、大豆、玉米、棉花等。有公路经此。

王集 370829-B02-H06
[Wángjí]

在县驻地嘉祥街道西北方向 23.2 千米。梁宝寺镇辖自然村。人口 2 000。王氏于明万历年间从巨野大英村迁此立村，当时叫夅王庄，后因村兴起集市，故更名王集。聚落呈带状分布。有文化广场 1 处。经济以种植业为主，主要农作物有小麦、大豆、玉米、棉花等。有公路经此。

梁宝寺 370829-B02-H07
[Liángbǎosì]

在县驻地嘉祥街道西北方向 23.2 千米。梁宝寺镇辖自然村。人口 300。明正统年间，村西修建一寺院名元明寺，延至康熙三十五年（1696），梁氏为社主，重修元明寺院，后村名演为梁宝寺。聚落呈带状分布。有文化广场 1 处。古迹有元明寺。经济以种植业为主，主要农作物有小麦、大豆、玉米、棉花等。有公路经此。

武寨 370829-B02-H08
[Wǔzhài]

在县驻地嘉祥街道西北方向 22.6 千米。梁宝寺镇辖自然村。人口 1 100。据传，武氏于宋朝迁此立村，为防盗防水，村四周建有围墙，叫围村寨，故取村名武寨。聚落呈带状分布。有文化广场 1 处、小学 1 处、幼儿园 1 处。经济以种植业为主，主要农作物有小麦、大豆、玉米、棉花等。有公路经此。

大庙 370829-B02-H09
[Dàmiào]

在县驻地嘉祥街道西北方向 19.8 千米。梁宝寺镇辖自然村。人口 800。村中建有庙宇，故取村名为大庙。聚落呈带状分布。有文化广场 1 处。经济以种植业为主，主要农作物有小麦、大豆、玉米、棉花等。有公路经此。

草庙 370829-B02-H10
[Cǎomiào]

在县驻地嘉祥街道西北方向 19.0 千米。梁宝寺镇辖自然村。人口 400。据传，明朝时期，此村盖有一小草房小庙，故取村名草庙。聚落呈带状分布。有文化广场 1 处、幼儿园 1 处。经济以种植业为主，主要农作物有小麦、大豆、玉米、棉花等。有公路经此。

北王 370829-B02-H11
[Běiwáng]

在县驻地嘉祥街道西北方向 23.8 千米。梁宝寺镇辖自然村。人口 700。王氏于明嘉靖年间从巨野城南大英村迁此立村，当时属汶上县辖，取村名汶王。1953 年划归嘉祥县，改为大王庄。1958 更名为北王庄，后改为北王。聚落呈带状分布。有文化广场 1 处。经济以种植业为主，主要农作物有小麦、大豆、玉米、棉花等。有公路经此。

北宋庄 370829-B02-H12
[Běisòngzhuāng]

在县驻地嘉祥街道西北方向 20.2 千米。梁宝寺镇辖自然村。人口 800。宋氏系唐代的老户，取名宋家庄。1949 年后，为区别于附近其他宋庄，更名为北宋庄。聚落呈带状分布。有文化广场 1 处。经济以种植业为主，主要农作物有小麦、大豆、玉米、棉花等。有公路经此。

南宋庄　370829-B02-H13
［Nánsòngzhuāng］

在县驻地嘉祥街道西北方向 18.3 千米。梁宝寺镇辖自然村。人口 900。宋全于明永乐八年（1410）从山西洪洞县迁现在本镇北宋庄，明成化年间，再南迁此地立村，故取名南宋庄。聚落呈带状分布。有小学及幼儿园各 1 处、文化广场 1 处。经济以种植业为主，主要农作物有小麦、大豆、玉米、棉花等。有公路经此。

双庙　370829-B02-H14
［Shuāngmiào］

在县驻地嘉祥街道西北方向 23.7 千米。梁宝寺镇辖自然村。人口 700。据传，此村于清朝始建，位于郓城、汶上两县交界处，村东头有两座小庙，一属郓城，一归汶上，两庙毗邻，故取村名双庙。聚落呈带状分布。古迹有观音庙。经济以种植业为主，主要农作物有小麦、大豆、玉米、棉花等。有公路经此。

歇马亭　370829-B02-H15
［Xiēmǎtíng］

在县驻地嘉祥街道西北方向 20.5 千米。梁宝寺镇辖自然村。人口 400。郑氏于明代立村。传说，此处系穆桂英领兵路过安营歇马的地方，故取村名为歇马亭。聚落呈带状分布。经济以种植业为主，主要农作物有小麦、大豆、玉米、棉花等。有公路经此。

王场　370829-B02-H16
［Wángchǎng］

在县驻地嘉祥街道北方向 23.8 千米。梁宝寺镇辖自然村。人口 800。据传，过去运河东大户王家种湖地，在这里设有打麦场，故群众称村为王场。聚落呈带状分布。

有文化广场 1 处。经济以种植业为主，主要农作物有小麦、大豆、玉米、棉花等。有公路经此。

燕尾河　370829-B02-H17
［Yànwěihé］

在县驻地嘉祥街道北方向 24.3 千米。梁宝寺镇辖自然村。人口 200。为 1986 年新建村，因位于三叉燕尾河河头，故取名为燕尾河。聚落呈带状分布。有文化广场 1 处。经济以种植业为主，主要农作物有小麦、大豆、玉米、棉花等。有公路经此。

高家庄　370829-B02-H18
［Gāojiāzhuāng］

在县驻地嘉祥街道西北方向 19.3 千米。梁宝寺镇辖自然村。人口 2 600。清顺治年间，高氏人丁兴旺，村名渐成高家庄，后简称高庄。因与今金屯镇高庄重名，1981 年改为高家庄。聚落呈带状分布。有小学 1 处。有省级文物保护单位先贤高子祠。经济以种植业为主，主要农作物有小麦、大豆、玉米、棉花等。有公路经此。

湖连井　370829-B02-H19
［Húliánjǐng］

在县驻地嘉祥街道西北方向 19.7 千米。梁宝寺镇辖自然村。人口 400。据传，明永乐年间，韩氏在此立村，因位于南旺湖边，每当莲花盛开之际，风景十分优美，故将村名取为湖莲景，后演变为湖连井。聚落呈带状分布。经济以种植业为主，主要农作物有小麦、大豆、玉米、棉花等。有公路经此。

韩垓　370829-B02-H20
［Hánhǎi］

在县驻地嘉祥街道西北方向 19.1 千米。梁宝寺镇辖自然村。人口 1 300。韩氏于明永乐二年（1404）从河北邯郸迁此立村，后在四周挖沟筑寨，故名韩垓。聚落呈带状分布。有市级文物保护单位韩氏家祠。经济以种植业为主，主要农作物有小麦、大豆、玉米、棉花等。有公路经此。

曹垓 370829-B02-H21
[Cáohǎi]

在县驻地嘉祥街道西北方向 20.1 千米。梁宝寺镇辖自然村。人口 1 800。曹昭于金朝中叶从定陶迁来范里（今纸坊镇李村），至元朝初年曹义再迁此立村，后挖沟筑寨，取村名曹垓。聚落呈带状分布。有文化广场 1 处、文化大院 1 处、幼儿园 1 处、小学 1 处。有省级文物保护单位曹垓曹氏家祠。经济以种植业为主，主要农作物有小麦、大豆、玉米、棉花等。有公路经此。

兴环海 370829-B02-H22
[Xīnghuánhǎi]

在县驻地嘉祥街道西北方向 19.9 千米。梁宝寺镇辖自然村。人口 400。明末该村有一大户姓韩，所生一子名韩兴海，不务正业，被父赶出家门。后改邪归正，回乡重建家园，且环村挖了海子，后以此人此事取村名兴环海。聚落呈带状分布。有小学 1 处。经济以种植业为主，主要农作物有小麦、大豆、玉米、棉花等。有公路经此。

郭井 370829-B02-H23
[Guōjǐng]

在县驻地嘉祥街道北方向 23.3 千米。梁宝寺镇辖自然村。人口 500。1978 年今梁宝寺镇郭楼的部分农户迁此立村，昔日郭氏在此打井一眼，群众称为郭井，故取村名郭井。聚落呈带状分布。有幼儿园 1 处。经济以种植业为主，主要农作物有小麦、大豆、玉米、棉花等。有公路经此。

运河 370829-B02-H24
[Yùnhé]

在县驻地嘉祥街道北方向 23.2 千米。梁宝寺镇辖自然村。人口 1 400。1973 年，现大张楼镇任店、杨庄部分农户搬迁此处立村，因定居在运河东岸，故取村名运河。聚落呈带状分布。有小学 1 处。有省级文物保护单位茅家堌堆墓群。经济以种植业为主，主要农作物有小麦、大豆、玉米、棉花等。有公路经此。

引河北 370829-B02-H25
[Yǐnhéběi]

在县驻地嘉祥街道北方向 23.3 千米。梁宝寺镇辖自然村。人口 400。1978 年，现梁宝寺镇北张庄部分农户搬迁来此立村，因此村紧靠引河北岸，故取村名引河北。聚落呈带状分布。有文化广场 1 处。经济以种植业为主，主要农作物有小麦、大豆、玉米、棉花等。有公路经此。

白集 370829-B02-H26
[Báijí]

在县驻地嘉祥街道北方向 23.7 千米。梁宝寺镇辖自然村。人口 500。1978 年，今梁宝寺镇的尚庄、樊庄、东郭庄等村部分农户搬到古老地名称为白集的地方立村，故名。聚落呈带状分布。有文化广场 1 处。经济以种植业为主，主要农作物有小麦、大豆、玉米、棉花等。有公路经此。

刘长营 370829-B02-H27
[Liúchángyíng]

在县驻地嘉祥街道西北方向 22.4 千米。梁宝寺镇辖自然村。人口 600。据传，此地为宋朝梁山将营寨，村东有刘姓场院，故得村名刘场营，后演变为刘长营。聚落呈带状分布。有文化广场 1 处。经济以种植業为主，主要农作物有小麦、大豆、玉米、棉花等。有公路经此。

向阳 370829-B02-H28

[Xiàngyáng]

在县驻地嘉祥街道北方向 24.3 千米。梁宝寺镇辖自然村。人口 800。以"朝向阳光"的吉祥之意得名。聚落呈带状分布。有文化广场 1 处。经济以种植业为主，主要农作物有小麦、大豆、玉米、棉花等。有公路经此。

南郭楼 370829-B02-H29

[Nánguōlóu]

在县驻地嘉祥街道西北方向 21.7 千米。梁宝寺镇辖自然村。人口 600。郭至诚于明永乐二年（1404）从山西洪洞县迁东郭楼。明嘉靖九年（1530），再迁此立村，因位于东郭楼南，故以姓氏取名南郭楼。聚落呈带状分布。有文化广场 1 处。经济以种植业为主，主要农作物有小麦、大豆、玉米、棉花等。有公路经此。

板桥 370829-B02-H30

[Bǎnqiáo]

在县驻地嘉祥街道北方向 25.7 千米。梁宝寺镇辖自然村。人口 400。1978 年，今梁宝寺镇的侯庄部分农户搬迁来此立村，因扭头河上原有由木板铺成的桥叫板桥，此村靠近板桥，故取村名为板桥。聚落呈带状分布。有文化广场 1 处。经济以种植业为主，主要农作物有小麦、大豆、玉米、棉花等。有公路经此。

屈店 370829-B02-H31

[Qūdiàn]

在县驻地嘉祥街道西北方向 23.4 千米。梁宝寺镇辖自然村。人口 1 600。屈氏于北宋末年从江西迁此立村，以打鱼为生，取名小河村。因位于济宁至郓城的大道北侧，明中叶开设客店，名曰屈家店，1949 年后简称屈店。聚落呈带状分布。有文化广场 1 处。经济以种植业为主，主要农作物有小麦、大豆、玉米、棉花等。有公路经此。

朱楼 370829-B02-H32

[Zhūlóu]

在县驻地嘉祥街道西北方向 23.4 千米。梁宝寺镇辖自然村。人口 800。朱氏于明永乐四年（1406）从徽州婺源迁汶上县钓鱼台，六世于隆庆三年（1569）再迁此立村，并建有楼房，故名朱楼。聚落呈带状分布。有图书室 1 处、学校 1 处。经济以种植业为主，主要农作物有小麦、大豆、玉米、棉花等。有公路经此。

疃里 370829-B03-H01

[Tuǎnlǐ]

疃里镇人民政府驻地。在县驻地嘉祥街道东北方向 7.2 千米。人口 3 600。明初建村，因疃里山得名。聚落呈团块状分布。有文化活动中心、小学、幼儿园。经济以种植业为主，主要农作物有小麦、玉米、大豆。有公路经此。

东王 370829-B03-H02

[Dōngwáng]

在县驻地嘉祥街道东北方向 12.4 千米。疃里镇辖自然村。人口 700。王氏族于明永乐二年（1404）年从山西洪洞县迁此立村，取名王庄。1958 年成立人民公社时，因社内有两个王庄，按方位更名东王。聚落呈团块状分布。有综合文化服务中心。经济以种植业为主，主要农作物有小麦、玉米等。

北朱 370829-B03-H03

[Běizhū]

在县驻地嘉祥街道东北方向 13.8 千米。

瞳里镇辖自然村。人口 1 300。朱氏于明永乐年间随驾从安徽凤阳府迁至济宁州碳沟居住，后又迁此定居，取村名朱家庄，简称朱庄。1985 年成立人民公社时，因社内有两个朱庄，故根据位置将此村改为北朱。聚落呈团块状分布。有综合文化服务中心。经济以种植业为主，主要农作物有小麦、玉米等。有公路经此。

铁李 370829-B03-H04

[Tiělǐ]

在县驻地嘉祥街道东北方向 9.1 千米。瞳里镇辖自然村。人口 400。李氏于明永乐年间从山西洪洞县迁此立村，以打铁为主，故以姓氏、手艺取村名铁炉李，后简称铁李。聚落呈团块状分布。有综合文化服务中心。经济以种植业为主，主要农作物有山药、蔬菜、小麦、玉米等。有公路经此。

空山西 370829-B03-H05

[Kōngshānxī]

在县驻地嘉祥街道东北方向 5.8 千米。瞳里镇辖自然村。人口 500。传说中一金牛拉金砘子，夜间出，被凶神惊吓而失踪。宝去山空改为空山。因此村位于山西，故取村名空山西。聚落呈团块状分布。有综合文化服务中心。经济以种植业为主，主要农作物有小麦、玉米等。有公路经此。

崔桥 370829-B03-H06

[Cuīqiáo]

在县驻地嘉祥街道东北方向 8.1 千米。瞳里镇辖自然村。人口 2 300。崔氏于明永乐二年（1404）从山西洪洞县迁济宁城西北大分崔定居，三世又分居凤凰山东、老赵王河东岸立村，取名崔家庄，清乾隆年间河上建桥，光绪年间重修此桥，此后又改村名为崔家桥，简称崔桥。聚落呈团块状分布。有综合文化服务中心、小学。经

济以种植业为主，主要农作物有小麦、玉米、大豆等。有公路经此。

进士张 370829-B03-H07

[Jìnshìzhāng]

在县驻地嘉祥街道东北方向 9.6 千米。瞳里镇辖自然村。人口 3 300。张爱民于明初从山西洪洞县迁居古化城西北白塔村，因水患于明永乐二年（1404）再迁此立村，以姓氏取村名张庄村。清乾隆四十三年（1778），八世张斑考中进士，后任湖北通山县令，便改村名为进士张。聚落呈团块状分布。有综合文化服务中心、小学。经济以种植业为主，主要农作物有小麦、玉米、大豆等。有公路经此。

陈家 370829-B03-H08

[Chénjiā]

在县驻地嘉祥街道东北方向 11.1 千米。瞳里镇辖自然村。人口 600。陈氏于明永乐二年（1404）从山西汾河迁此居住。清顺治年间陈姓发展为大户，遂改村名为陈庄。因与今嘉祥镇陈庄重名，1981 年更名为陈张庄，1999 年改为陈家。聚落呈团块状分布。有综合文化服务中心。有公路经此。

楼张 370829-B03-H09

[Lóuzhāng]

在县驻地嘉祥街道东北方向 11.1 千米。瞳里镇辖自然村。人口 2 000。张氏于明洪武二年（1369）从山西洪洞县迁居于济宁城西空山与瞳里之间立村，因原籍老家有楼房，为纪念故土，特在村东北角建楼庙 1 处，并取村名楼子张，后简称楼张。聚落呈团块状分布。有综合文化服务中心、小学。经济以种植业为主，主要农作物有小麦、玉米、棉花等。有公路经此。

前张 370829-B03-H10
[Qiánzhāng]

在县驻地嘉祥街道东北方向 13.6 千米。瞳里镇辖自然村。人口 500。张氏于明建文三年（1401）从山西平阳府随军征战，永乐六年（1408）被封于此。后因人丁兴旺，分居前后两村，此村居南，故名前张。聚落呈团块状分布。有综合文化服务中心。有公路经此。

竹匠李 370829-B03-H11
[Zhújiànglǐ]

在县驻地嘉祥街道东北方向 8.9 千米。瞳里镇辖自然村。人口 1 200。李氏于明永乐年间从燕京迁济宁竹竿巷街，后再迁此地，定村名李家庄，后以技艺和姓氏更名为竹匠李。聚落呈团块状分布。有综合文化服务中心。经济以种植业、手工业为主，主要农作物有小麦、玉米、山药等。有公路经此。

大刘 370829-B03-H12
[Dàliú]

在县驻地嘉祥街道东北方向 8.2 千米。瞳里镇辖自然村。人口 2 200。刘氏于明洪武二年（1369）从山西洪洞县迁居纸坊集后，又于明朝末年徙居济宁西三十五里立村。因迁此村者在兄弟三人中排行第一，故取名大刘，以作村名。聚落呈团块状分布。有综合文化服务中心、小学。经济以种植业为主，主要农作物有小麦、玉米、细毛长山药等。有公路经此。

大张 370829-B03-H13
[Dàzhāng]

在县驻地嘉祥街道东北方向 7.6 千米。瞳里镇辖自然村。人口 2 600。张浚乃系南魏公，后裔六世于宋末元初为躲避元人对宋朝遗臣家属的迫害，从湖南宁乡迁至济宁城西张庄不久，又迁此地建村，垦荒四十余顷，故取村名作地村，后因人口繁衍旺盛，又无其他姓氏，所以于清朝初年改名为大张家村，后简称大张。聚落呈团块状分布。有综合文化服务中心、小学。经济以种植业为主，主要农作物有小麦、玉米、大豆等。319 省道经此。

高庙 370829-B03-H14
[Gāomiào]

在县驻地嘉祥街道东方向 7.1 千米。瞳里镇辖自然村。人口 2 400。张氏于明永乐年间从山西洪洞县迁此立村，因此地有座高大的古庙，故取村名高庙。聚落呈团块状分布。有综合文化服务中心、中学、小学。经济以种植业为主，主要农作物有小麦、玉米、大豆等。319 省道经此。

张吴庄 370829-B03-H15
[Zhāngwúzhuāng]

在县驻地嘉祥街道东方向 7.2 千米。瞳里镇辖自然村。人口 1 000。此村建于明永乐年间，吴氏立村取名吴庄。后因张氏人丁兴旺，遂改村名为张吴庄。聚落呈团块状分布。有综合文化服务中心。经济以种植业为主，主要农作物有小麦、玉米、大豆、棉花等。有公路经此。

傅庄 370829-B03-H16
[Fùzhuāng]

在县驻地嘉祥街道东方向 13.2 千米。瞳里镇辖自然村。人口 1 800。傅氏于元末明初从山西洪洞县迁此立村，取名傅家庄。至明弘治年间，本村建佛爷庙、土地庙，后易名双庙村。1949 年后更名为傅庄。聚落呈团块状分布。有综合文化服务中心。经济以种植业为主，主要农作物有小麦、玉米、大豆、棉花、大蒜等。327 国道经此。

盛庄 370829-B03-H17

[Shèngzhuāng]

在县驻地嘉祥街道东方向 11.9 千米。瞳里镇辖自然村。人口 1 500。盛氏于明朝初年从山西洪洞县迁邹县马坡，不久又迁今址，取名盛家庄。1959 年后，简称盛庄。聚落呈团块状分布。有综合文化服务中心、小学。经济以种植业为主，主要农作物有小麦、玉米、大豆、棉花等。327 国道经此。

后张 370829-B03-H18

[Hòuzhāng]

在县驻地嘉祥街道东北方向 14.6 千米。瞳里镇辖自然村。人口 1 200。张禄自山西洪洞县于建文三年（1401）随军征战，永乐六年（1408）干戈止息后，被封于此。后人丁兴旺，分居南北两村，此村居北，称后张。聚落呈团块状分布。有综合文化服务中心、小学。经济以种植业为主，主要农作物有小麦、玉米、大豆等。有公路经此。

前贾 370829-B03-H19

[Qiánjiǎ]

在县驻地嘉祥街道东北方向 10.6 千米。瞳里镇辖自然村。人口 1 500。贾氏于明洪武年间从山西洪洞县定屯于此，原名张翟村，后因与村北贾姓村庄名称相同，且贾姓人丁旺，遂以姓氏、方位改名为前贾。聚落呈团块状分布。有综合文化服务中心、小学。经济以种植业为主，主要农作物有小麦、玉米、山药、芦笋、大蒜等。319 省道经此。

三刘 370829-B03-H20

[Sānliú]

在县驻地嘉祥街道东北方向 12.1 千米。瞳里镇辖自然村。人口 700。刘氏兄弟三人于明朝末年从本县纸坊集迁来，分居三处，大刘、腰刘是老大、老二立村，在此立村者排行为三，故取村名三刘。聚落呈团块状分布。有综合文化服务中心。经济以种植业为主，主要农作物有小麦、玉米、山药等。319 省道经此。

王集 370829-B03-H21

[Wángjí]

在县驻地嘉祥街道东北方向 12.6 千米。瞳里镇辖自然村。人口 2 400。文献记载，明永乐八年（1410），黄、王二姓氏分别从山西洪洞县、南京铁板桥迁此立村，取名两家村。至清初，黄姓人口锐减，王姓人口增多，又兴起集市，故改名为王集。聚落呈团块状分布。有综合文化服务中心、小学。经济以种植业为主，主要农作物有小麦、玉米、大豆。319 省道经此。

周村铺 370829-B03-H22

[Zhōucūnpù]

在县驻地嘉祥街道东方向 5.3 千米。瞳里镇辖自然村。人口 600。相传，此村建于嘉祥县始置之初，金大定年间即为村铺，原隶属济州，故名济州铺，后演为周村铺。聚落呈团块状分布。有综合文化服务中心。经济以种植业为主，主要农作物有小麦、玉米、山药等。327 国道经此。

腰刘 370829-B03-H23

[Yāoliú]

在县驻地嘉祥街道东北方向 7.5 千米。瞳里镇辖自然村。人口 400。刘氏于洪武二年（1369）从山西洪洞县迁居纸坊集，三世又迁此立村，因竖双节牌坊，取名双坊刘。后追宗三世兄弟三人，据此立村者，排行老二，改村名为腰刘。聚落呈团块状分布。有综合文化服务中心。经济以种植业为主，主要农作物有小麦、玉米、大豆。319 省道经此。

董家 370829-B03-H24

[Dǒngjiā]

在县驻地嘉祥街道东北方向 7.2 千米。瞳里镇辖自然村。人口 1 600。董氏原籍山西，后迁徙辽东，至明洪武年间迁嘉祥城南布山董家庄，后再迁此立村，以姓氏取名董家村，简称董家。聚落呈团块状分布。有综合文化服务中心、小学。经济以种植业为主，主要农作物有小麦、玉米等。319 省道经此。

马村 370829-B04-H01

[Mǎcūn]

马村镇人民政府驻地。在县驻地嘉祥街道西北方向 12.0 千米。人口 5 300。明初为赵王河上一码头，渐成集市，名码头集，后演变为马村集，后又简为马村。聚落呈带状分布。有中学 1 处、小学 1 处。经济以种植业为主，主要农作物有小麦、玉米。有公路经此。

张家垓 370829-B04-H02

[Zhāngjiāhǎi]

在县驻地嘉祥街道西北方向 16.2 千米。马村镇辖自然村。人口 3 500。据元至正二十二年（1362）张氏碑文载，始祖张甫，世居中都南桎村，于元至正六年（1346）迁居此村。后胡、王二姓迁出，张姓发展成为村中大户，更名为张垓。1981 年更名为张家垓。聚落呈团块状分布。有文化广场 1 处、小学 1 处、幼儿园 1 处。有省级文物保护单位张氏家祠。经济以种植业、商贸业为主，主要农作物有小麦、大豆、玉米、棉花等。有公路经此。

胡楼 370829-B04-H03

[Húlóu]

在县驻地嘉祥街道西北方向 13.7 千米。马村镇辖自然村。人口 2 200。胡氏世居凤阳府虹县五都，明洪武十年（1377），大将胡大海第七子胡德林随军北伐，退役后居此立村，建楼房数座，以姓氏取村名胡家楼。1949 年后，称胡楼。聚落呈带状分布。有文化广场 1 处、小学 1 处。古迹有胡氏家祠。经济以种植业、商贸业为主，主要农作物有小麦、大豆、玉米、棉花等。有公路经此。

南陆庄 370829-B04-H04

[Nánlùzhuāng]

在县驻地嘉祥街道西北方向 11.7 千米。马村镇辖自然村。人口 1 400。陆氏于明万历年间从本镇西陆迁此立村，因位于西陆之南，故称南陆庄。聚落呈带状分布。有图书阅览室 1 处、幼儿园 1 所、小学 1 所。经济以种植业、商贸业为主，主要农作物有小麦、大豆、玉米、棉花等。有公路经此。

吕楼 370829-B04-H05

[Lǚlóu]

在县驻地嘉祥街道西北方向 13.0 千米。马村镇辖自然村。人口 1 500。明洪武年间，吕氏从山西洪洞县先迁王桥十字洼，因水患，于永乐年间迁于此。至天启年间，吕氏人丁兴旺，并建有楼房，故取名吕家楼，后简称吕楼。聚落呈带状分布。有小学 1 处。经济以种植业、商贸业为主，主要农作物有小麦、大豆、玉米、棉花等。有公路经此。

霍庙 370829-B04-H06

[Huòmiào]

在县驻地嘉祥街道西北方向 16.5 千米。马村镇辖自然村。人口 700。霍氏于元至正年间来此立村，并建庙 1 处，故以姓氏和庙取村名霍庙。聚落呈带状分布。有文化广场 1 处。经济以种植业、商贸业为主，主要农作物有小麦、大豆、玉米、棉花等。
有公路经此。

后刘 370829-B04-H07
[Hòuliú]

在县驻地嘉祥街道西北方向11.2千米。马村镇辖自然村。人口300。刘氏于明嘉靖年间来此立村，以姓氏取村名刘庄。1949年后，近处刘庄较多，容易混淆，又因位于楚营后，故改为后刘。聚落呈带状分布。有文化广场1处。经济以种植业、商贸业为主，主要农作物有小麦、大豆、玉米、棉花等。有公路经此。

梨行 370829-B04-H08
[Líháng]

在县驻地嘉祥街道西北方向11.0千米。马村镇辖自然村。人口1 100。赵氏于明嘉靖年间从孟姑集赵垓迁此立村，后植梨树成园，乡邻俗称梨园为梨行，故取名梨行。聚落呈带状分布。有文化广场1处。古迹有五圣堂。经济以种植业、商贸业为主，主要农作物有小麦、大豆、玉米、棉花等。有公路经此。

刘桐梧 370829-B04-H09
[Liútóngwú]

在县驻地嘉祥街道西北方向12.8千米。马村镇辖自然村。人口800。刘淮于明永乐年间从山西洪洞县迁马村东北高鲁营。明嘉靖年间，五世刘凯迁此立村，后以豪富名人刘桐梧作为村名，至今沿用。聚落呈带状分布。有文化广场1处。经济以种植业、商贸业为主，主要农作物有小麦、大豆、玉米、棉花等。有公路经此。

李庄 370829-B04-H10
[Lǐzhuāng]

在县驻地嘉祥街道西北方向12.0千米。

马村镇辖自然村。人口1 600。李氏于明正德年间从本县孟姑集镇迁此立村，以姓氏取村名李庄。聚落呈团块状分布。有文化广场1处、幼儿园2处。有省级非物质文化遗产项目彩印花布包袱。经济以种植业为主，主要农作物有小麦、玉米、大豆、棉花。有公路经此。

苗家堂 370829-B04-H11
[Miáojiātáng]

在县驻地嘉祥街道西北方向12.3千米。马村镇辖自然村。人口900。苗氏于明隆庆元年（1567）从山西洪洞县迁至孟姑集居住，五世后又迁汶邑西南苗庄，居数代后再次迁至山营村东居住，名苗家堂。聚落呈带状分布。有文化广场1处。经济以种植业、商贸业为主，主要农作物有小麦、大豆、玉米、棉花等。有公路经此。

铁庄 370829-B04-H12
[Tiězhuāng]

在县驻地嘉祥街道西北方向11.2千米。马村镇辖自然村。人口600。张氏于明嘉靖年间从郓城引马庄迁此立村，因以打铁为生，故取名张铁庄。1949年后简称铁庄。聚落呈带状分布。有文化广场1处。经济以种植业、商贸业为主，主要农作物有小麦、大豆、玉米、棉花等。有公路经此。

楚营 370829-B04-H13
[Chǔyíng]

在县驻地嘉祥街道西北方向10.5千米。马村镇辖自然村。人口3 400。楚氏于明代初自山西洪洞县迁居，卜宅安住寺（今楚营小学地面）北15千米处，村名楚家洼。明永乐二年（1404），三世又创宅于安住寺南邻，因村坐落在昔日明军北征宿营地，易名为楚家营，后简称楚营。聚落呈团块状分布。有文化广场1处、幼儿园1处、小学

1 处。有县级文物保护单位楚营村楚氏家祠。经济以种植业为主,主要农作物有小麦、玉米、大豆等。有公路经此。

河南刘 370829-B04-H14
[Hénánliú]

在县驻地嘉祥街道西北方向 11.1 千米。马村镇辖自然村。人口 1 000。刘朝于明万历年间从本镇刘桐梧迁此立村,取名刘家庄。因坐落在赵王河南岸,镇里均称河南刘。因村东有东刘庄,故又有西刘之称,今东西两刘并为一村,定名为河南刘。聚落呈带状分布。有文化娱乐广场、农家书屋。经济以种植业、商贸业为主,主要农作物有小麦、大豆、玉米、棉花等。有公路经此。

大碾王 370829-B04-H15
[Dàniǎnwáng]

在县驻地嘉祥街道西北方向 11.5 千米。马村镇辖自然村。人口 1 200。王本立于明永乐二年(1404)从山西洪洞县迁此居住。至清朝中叶,吕、孟二姓相继绝迹,王氏发展成为该村大户,村中又有大碾一盘,故更名为大碾王。聚落呈带状分布。有文化广场 1 处、幼儿园 1 处。古迹有王氏家祠。经济以种植业、商贸业为主,主要农作物有小麦、大豆、玉米、棉花等。有公路经此。

王堌堆 370829-B05-H01
[Wánggùduī]

金屯镇人民政府驻地。在县驻地嘉祥街道东南方向 18.0 千米。人口 1 000。王姓建村,因村中有一大土堌堆,故名。聚落呈团块状分布。有文化广场、中学、小学、幼儿园。经济以种植业为主,主要农作物有小麦、水稻。村民多从事货物运输,有水泥厂。105 国道经此。

李屯 370829-B05-H02
[Lǐtún]

在县驻地嘉祥街道东南方向 14.9 千米。金屯镇辖自然村。人口 1 500。相传,明朝初年,以李姓为首的部分退役官兵在此屯垦立村,故取村名李屯。聚落呈带状分布。有文化广场 1 处。经济以种植业、商贸业为主,主要农作物有小麦、水稻等。有公路经此。

西郭庄 370829-B05-H03
[Xīguōzhuāng]

在县驻地嘉祥街道东南方向 15.2 千米。金屯镇辖自然村。人口 800。郭氏于清乾隆年间从河清口迁此立村,以姓氏取名郭庄。因与今万张镇郭庄重名,1981 年更名为西郭庄。聚落呈带状分布。有文化广场 1 处。经济以种植业、商贸业为主,主要农作物有小麦、水稻等。有公路经此。

土山桥 370829-B05-H04
[Tǔshānqiáo]

在县驻地嘉祥街道东南方向 10.2 千米。金屯镇辖自然村。人口 3 100。晁姓于元朝中叶从郓城县晁庄迁此立村,取名晁家庄。1457 年,晁福海率众在村东的澹台河上修桥 1 处,因位于土山脚下,名土山桥,后以桥代村名。聚落呈团块状分布。有文化广场 1 处、小学 1 处。有公路经此。

黄高庄 370829-B05-H05
[Huánggāozhuāng]

在县驻地嘉祥街道东南方向 13.3 千米。金屯镇辖自然村。人口 800。据传,此村唐朝始建,因高姓是大户,故取村名高家庄。后黄氏成为大户,遂改村名为黄高庄。聚落呈带状分布。有文化广场 1 处。经济以种植业、商贸业为主,主要农作物有小麦、水稻等。有公路经此。

谢城 370829-B05-H06

[Xièchéng]

在县驻地嘉祥街道东南方向 18.9 千米。金屯镇辖自然村。人口 1 500。此村原名九女城，来历无考。谢氏于明万历年间从巨野谢集迁来定居。至清康熙年间，谢氏成为该村大户，遂更名为谢城。聚落呈带状分布。有文化广场 1 处、小学 1 处。经济以种植业、商贸业为主，主要农作物有小麦、水稻等。有公路经此。

河清口 370829-B05-H07

[Héqīngkǒu]

在县驻地嘉祥街道东南方向 17.7 千米。金屯镇辖自然村。人口 1 600。张氏于明永乐十三年（1415）从山西洪洞县城南大黄庄迁此，居住在小清河河口，故取村名河清口。聚落呈带状分布。有文化广场 1 处、文化大院 1 处、小学 1 处。经济以种植业、商贸业为主，主要农作物有小麦、大豆、玉米、棉花等。有公路经此。

汤刘 370829-B05-H08

[Tāngliú]

在县驻地嘉祥街道东南方向 11.5 千米。金屯镇辖自然村。人口 500。汤氏于清道光年间从现纸坊镇汤山迁此立村，与刘氏合建一村，故取村名汤刘。聚落呈带状分布。有文化广场 1 处。经济以种植业、商贸业为主，主要农作物有小麦、水稻等。有公路经此。

前老屯 370829-B05-H09

[Qiánlǎotún]

在县驻地嘉祥街道东南方向 16.1 千米。金屯镇辖自然村。人口 1 400。据传，明朝初年，部分退役老兵在此屯垦立村，取名老军屯，后简称老屯，因老屯有两个自然村，此村居南，故称前老屯。聚落呈团块状分布。有文化广场 1 处。经济以种植业、商贸业为主，主要农作物有小麦、玉米、棉花。有公路经此。

后老屯 370829-B05-H10

[Hòulǎotún]

在县驻地嘉祥街道东南方向 15.9 千米。金屯镇辖自然村。人口 1 500。明朝初年，部分退役老兵在此屯垦立村，取名老军屯，后简称老屯。因老屯有两个自然村，此村居北，故称后老屯。聚落呈带状分布。有文化广场 1 处、小学 1 处。经济以种植业、商贸业为主，主要农作物有小麦、水稻等。有公路经此。

茹庄 370829-B05-H11

[Rúzhuāng]

在县驻地嘉祥街道东南方向 16.2 千米。金屯镇辖自然村。人口 600。茹氏养正字希东，于明天启元年（1621）从山西洪洞县迁此立村，以姓氏取村名茹庄。聚落呈带状分布。有文化广场 1 处、文化大院 1 处。经济以种植业、商贸业为主，主要农作物有小麦、水稻等。有公路经此。

钱屯 370829-B05-H12

[Qiántún]

在县驻地嘉祥街道东南方向 18.3 千米。金屯镇辖自然村。人口 1 100。据传，钱氏于明朝初年从南京水西门随军北征，因战功被赐封土地在此屯垦立村，以姓氏取村名钱屯。聚落呈带状分布。有文化广场 1 处。经济以种植业、商贸业为主，主要农作物有小麦、水稻等。有公路经此。

赵屯 370829-B05-H13

[Zhàotún]

在县驻地嘉祥街道东南方向 18.1 千米。

金屯镇辖自然村。人口 1 200。赵氏于明朝初年从亳州随驾北征，干戈止息，退役后在此屯垦立村，以姓氏取名赵屯。聚落呈带状分布。有文化广场 1 处。经济以种植业、商贸业为主，主要农作物有小麦、水稻等。有公路经此。

房庄 370829-B05-H14
[Fángzhuāng]

在县驻地嘉祥街道东南方向 10.7 千米。金屯镇辖自然村。人口 600。房氏于明永乐二年（1404）从山西洪洞县迁此立村，以姓氏取村名房庄。聚落呈带状分布。有文化广场。经济以种植业、商贸业为主，主要农作物有小麦、水稻等。有公路经此。

王刘 370829-B05-H15
[Wángliú]

在县驻地嘉祥街道东南方向 12.1 千米。金屯镇辖自然村。人口 1 000。1949 年因金屯区内有三个王庄，李氏族人一为纪念老户，二为便于区别，遂将村名改为王刘。聚落呈团块状分布。有文化广场 1 处、图书室 1 处。经济以种植业为主，主要农作物有小麦、水稻等。有公路经此。

赵新庄 370829-B05-H16
[Zhàoxīnzhuāng]

在县驻地嘉祥街道东南方向 14.7 千米。金屯镇辖自然村。人口 700。相传，赵氏于明永乐年间从山西洪洞县迁此立村，以姓氏取名赵庄。因与今马集镇赵庄重名，1981 年洙赵新河南岸的该村更名为赵新庄。聚落呈团块状分布。有文化广场 1 处。经济以种植业为主，主要农作物有小麦、玉米、大豆、棉花。有公路经此。

孙店 370829-B05-H17
[Sūndiàn]

在县驻地嘉祥街道东南方向 14.1 千米。金屯镇辖自然村。人口 100。相传，元朝初年，孙氏在济宁至羊山的大道旁开设店铺，并起集市，故取村名孙店。聚落呈团块状分布。有文化广场 1 处。经济以种植业、商贸业为主，主要农作物有小麦、水稻等。有公路经此。

金屯 370829-B05-H18
[Jīntún]

在县驻地嘉祥街道东南方向 13.9 千米。金屯镇辖自然村。人口 900。金榜于明洪武年间从福建随驾北征，干戈平息后，退役在此屯垦，以姓氏取村名金屯。聚落呈团块状分布。有文化广场 1 处、小学 1 处。经济以种植业为主，主要农作物有小麦、水稻等。有公路经此。

纪屯 370829-B05-H19
[Jìtún]

在县驻地嘉祥街道东南方向 17.3 千米。金屯镇辖自然村。人口 1 400。据传，纪氏于明朝初年从南京水西门随军北征，干戈止息，被赐封土地在此屯垦立村，以姓氏取名纪屯。聚落呈团块状分布。有文化广场 1 处。经济以种植业为主，主要农作物有小麦、水稻。有公路经此。

姜庄 370829-B05-H20
[Jiāngzhuāng]

在县驻地嘉祥街道东南方向 15.8 千米。金屯镇辖自然村。人口 1 900。据清光绪三十年（1904）石碑载：姜海侯于元朝至元年间迁居济宁州西南乡，距城三十余里安家落户，取名姜家庙。延至清朝中叶，庙宇倒塌，改村名为姜庄。聚落呈带状分布。

有小学 1 处、文化广场 1 处。经济以种植业、商贸业为主，主要农作物有小麦、水稻等。有公路经此。

傅家 370829-B05-H21
[Fùjiā]

在县驻地嘉祥街道东南方向 17.1 千米。金屯镇辖自然村。人口 400。据传，此村以吉祥嘉言取村名富村，至明末改名傅庄。因与今疃里镇傅庄重名，1981 年更名为傅家。聚落呈带状分布。有文化广场 1 处。经济以种植业、商贸业为主，主要农作物有小麦、玉米、大豆、棉花等。有公路经此。

东韩 370829-B05-H22
[Dōnghán]

在县驻地嘉祥街道东南方向 14.1 千米。金屯镇辖自然村。人口 300。韩景于明正统年间从现梁宝寺镇韩寺迁此立村，取村名韩庄。1958 年，因重名，该村居东，更名东韩。聚落呈带状分布。有文化广场 1 处。经济以种植业、商贸业为主，主要农作物有小麦、水稻等。有公路经此。

苦水张 370829-B05-H23
[Kǔshuǐzhāng]

在县驻地嘉祥街道东南方向 18.7 千米。金屯镇辖自然村。人口 1 400。张氏于明洪武年间从山西洪洞县迁此立村，取名新庄。至清咸丰年间，文宗帝叔南巡路经此村饮水，因味苦而直呼苦水庄，后更名为苦水张。聚落呈团块状分布。有文化广场 1 处、幼儿园 1 处。经济以种植业、商贸业为主，主要农作物有小麦、水稻等。有公路经此。

前卢楼 370829-B05-H24
[Qiánlúlóu]

在县驻地嘉祥街道东南方向 19.8 千米。金屯镇辖自然村。人口 1 500。清初，因同时迁此立村的梁姓较多，故易名为梁乡村。至清末，卢氏成为旺族，并建楼房数座，遂改村名为卢楼。1958 年成立人民公社时，因社内有两个卢楼，此村居南，又易名为前卢楼。聚落呈带状分布。有文化广场 1 处、文化大院 1 处、小学 1 所。经济以种植业、商贸业为主，主要农作物有小麦、水稻等。有公路经此。

后卢楼 370829-B05-H25
[Hòulúlóu]

在县驻地嘉祥街道东南方向 19.5 千米。金屯镇辖自然村。人口 800。清初，因同时迁此立村的梁姓较多，故易名为梁乡村。至清末，卢氏成为旺族，并建楼房数座，遂改村名为卢楼。1958 年成立人民公社时，因社内有两个卢楼，为区别，此村居北，故更名为后卢楼。聚落呈团块状分布。有小学 1 处、文化广场 1 处、文化大院 1 处。经济以种植业、商贸业为主，主要农作物有小麦、水稻等。有公路经此。

沙土集 370829-B05-H26
[Shātǔjí]

在县驻地嘉祥街道东南方向 16.5 千米。金屯镇辖自然村。人口 1 000。据考，此村建于元初，因村外是沙土地，又有集市，间有沙姓，故取村名沙土集。聚落呈带状分布。有文化广场、文化大院。经济以种植业、商贸业为主，主要农作物有小麦、水稻、棉花等。有公路经此。

司庄 370829-B05-H27
[Sīzhuāng]

在县驻地嘉祥街道东南方向 15.8 千米。金屯镇辖自然村。人口 700。司马牛，世居河南归德府，明朝初年奉诏迁此立村，以姓氏取名司庄，沿用至今。聚落呈带状分布。有文化广场。经济以种植业、商贸业为主，主要农作物有小麦、玉米、棉花等。有公路经此。

顺河李 370829-B05-H28
[Shùnhélǐ]

在县驻地嘉祥街道东南方向20.2千米。金屯镇辖自然村。人口300。相传，田氏于明永乐年间从山西洪洞县迁此立村，因村后有坑，取村名田家坑，后李氏成为大户，改名李庄。因与现马村镇李庄重名，1981年靠洙赵新河南岸的此村更名为顺河李。聚落呈团块状分布。有文化广场、文化大院。经济以种植业、商贸业为主，主要农作物有小麦、水稻等。有公路经此。

陈屯 370829-B05-H29
[Chéntún]

在县驻地嘉祥街道东南方向15.4千米。金屯镇辖自然村。人口1 200。陈氏世居颖州府，明朝初年随驾北征，干戈止息，退役屯垦立村于此，以姓氏取村名陈屯。聚落呈团块状分布。有文化广场1处。经济以种植业、商贸业为主，主要农作物有小麦、水稻等。有公路经此。

大张楼 370829-B06-H01
[Dàzhānglóu]

大张楼镇人民政府驻地。在县驻地嘉祥街道西北方向16.9千米。人口2 700。原名彦氏林。明永乐年间，张姓建村并盖楼，取名张楼，后更今名。聚落呈团块状分布。有文化广场、中学、小学。经济以种植业为主，主要农作物有小麦、大豆、玉米。有公路经此。

迎春 370829-B06-H02
[Yíngchūn]

在县驻地嘉祥街道北方向22.0千米。

大张楼镇辖自然村。人口300。因村民向往美好的生活，迎接春天的到来，故以吉祥嘉言取村名迎春。聚落呈带状分布。有文化站1处、图书室1处、文化广场1处。经济以种植业、商贸业为主，主要农作物有小麦、玉米、红麻等。有公路经此。

陶庄 370829-B06-H03
[Táozhuāng]

在县驻地嘉祥街道北方向14.7千米。大张楼镇辖自然村。人口300。据清同治五年（1866）石碑载，陶玉之于明崇祯年间从现孟姑集镇公寺迁此立村，以姓氏取村名陶庄。聚落呈带状分布。有文化站1处、图书室1处、文化广场1处。经济以种植业、商贸业为主，主要农作物有小麦、大豆、玉米、棉花等。有公路经此。

聂庄 370829-B06-H04
[Nièzhuāng]

在县驻地嘉祥街道北方向15.5千米。大张楼镇辖自然村。人口500。刘氏于元至元年间从现纸坊镇东纸坊迁此立村，取村名刘庄。至清朝，聂姓人丁兴旺，发展成为村中大户，故改村名为聂庄。聚落呈团块状分布。有文化站1处、图书室1处、文化广场1处。经济以种植业、商贸业为主，主要农作物有小麦、大豆、玉米、棉花等。有公路经此。

杨门口 370829-B06-H05
[Yángménkǒu]

在县驻地嘉祥街道西北方向16.7千米。大张楼镇辖自然村。人口200。杨氏于明嘉靖年间从汶上县二郎庙迁此立村，因位于大张楼南门外，俗称杨家门口。1949后简称杨门口。聚落呈带状分布。经济以种植业、商贸业为主，主要农作物有小麦、大豆、玉米、棉花等。有公路经此。

郝垓 370829-B06-H06
[Hǎohǎi]

在县驻地嘉祥街道西北方向 17.5 千米。大张楼镇辖自然村。人口 700。郝氏于明永乐年间从山西洪洞县迁此立村，为避乱在村外挖沟筑寨，人称垓子，故取村名郝垓。聚落呈团块状分布。有文化站 1 处、图书室 1 处、文化广场 1 处。经济以种植业、商贸业为主，主要农作物有小麦、大豆、玉米、棉花等。有公路经此。

新运 370829-B06-H07
[Xīnyùn]

在县驻地嘉祥街道北方向 21.2 千米。大张楼镇辖自然村。人口 300。以嘉言命名。聚落呈带状分布。经济以种植业、商贸业为主，主要农作物有小麦、大豆、红麻等。有公路经此。

方道沟 370829-B06-H08
[Fāngdàogōu]

在县驻地嘉祥街道西北方向 17.4 千米。大张楼镇辖自然村。人口 1 700。此村原名颊右寨，因村庄坐落在赵王河与小清河支流交汇处，有方家河口之称。至清朝末年，因地势低洼，每逢客水过后，留下许多冲击的道道沟痕，故改村名为方道沟。聚落呈团块状分布。有文化广场 1 处、文化站 1 处、幼儿园 1 所、小学 1 所。经济以种植业、商贸业为主，主要农作物有小麦、大豆、玉米、棉花等。有公路经此。

尚庄 370829-B06-H09
[Shàngzhuāng]

在县驻地嘉祥街道西北方向 15.7 千米。大张楼镇辖自然村。人口 400。尚氏来此定居后，名尚庄。聚落呈带状分布。有文化广场 1 处、学校 1 处。经济以种植业、商贸业为主，主要农作物有小麦、大豆、玉米、棉花等。有公路经此。

新营 370829-B06-H10
[Xīnyíng]

在县驻地嘉祥街道北方向 17.6 千米。大张楼镇辖自然村。人口 2 000。1976 年，今大张楼镇的彭营、马龙岗两村部分农户搬迁来此立村，取重新安营扎寨之意，故名新营。聚落呈带状分布。经济以种植业、商贸业为主，主要农作物有小麦、大豆、玉米、棉花等。有公路经此。

尹庄 370829-B06-H11
[Yǐnzhuāng]

在县驻地嘉祥街道北方向 16.1 千米。大张楼镇辖自然村。人口 300。尹氏于明永乐二年（1404）从汶上县次邱尹村迁此立村，并盖奶奶庙，取村名尹家庙。后拆掉庙宇，改村名为尹庄。聚落呈带状分布。有文化站 1 处、图书室 1 处、文化广场 1 处。经济以种植业、商贸业为主，主要农作物有小麦、大豆、玉米、棉花等。有公路经此。

新桥 370829-B06-H12
[Xīnqiáo]

在县驻地嘉祥街道北方向 12.6 千米。大张楼镇辖自然村。人口 500。1977 年部分农户从万张乡王桥搬此立村，为区别故乡原名，取村名新桥。聚落呈团块状分布。有文化站 1 处、图书室 1 处、文化广场 1 处。经济以种植业为主，主要农作物有小麦、玉米、大豆。有公路经此。

张庙 370829-B06-H13
[Zhāngmiào]

在县驻地嘉祥街道西北方向 15.5 千米。大张楼镇辖自然村。人口 600。张氏于明永乐年间奉诏从山西洪洞县迁此立村，后建

1 处关帝庙，故取村名张庙。聚落呈带状分布。有文化站 1 处、图书室 1 处、文化广场 1 处、小学 1 处。经济以种植业、商贸业为主，主要农作物有小麦、大豆、玉米、棉花等。有公路经此。

红运 370829-B06-H14
[Hóngyùn]

在县驻地嘉祥街道北方向 16.0 千米。大张楼镇辖自然村。人口 300。1977 年，马村镇楚营、西李楼、大碾王部分农户迁来立村，因位于大运河与红旗河之间，故取名红运。聚落呈带状分布。有文化站 1 处、图书室 1 处、文化广场 1 处。经济以种植业、商贸业为主，主要农作物有小麦、大豆、玉米、棉花等。有公路经此。

曙光 370829-B06-H15
[Shǔguāng]

在县驻地嘉祥街道北方向 18.5 千米。大张楼镇辖自然村。人口 1 200。以吉祥嘉言取村名曙光。聚落呈团块状分布。有小学 1 处、幼儿园 1 处、文化站 1 处、图书室 1 处、文化广场 1 处。经济以种植业为主，主要农作物有小麦、玉米、红麻。有公路经此。

许村 370829-B06-H16
[Xǔcūn]

在县驻地嘉祥街道北方向 22.2 千米。大张楼镇辖自然村。人口 100。1976 年，大张楼镇许楼、徐庙、杨门口部分农户搬迁来此立村，因许姓人多，故取村名许村。聚落呈带状分布。有文化站 1 处、图书室 1 处、文化广场 1 处。经济以种植业、商贸业为主，主要农作物有小麦、红麻、棉花等。有公路经此。

倪堂 370829-B06-H17
[Nítáng]

在县驻地嘉祥街道西北方向 14.3 千米。大张楼镇辖自然村。人口 300。倪氏于明嘉靖年间从郓城梁友口迁此立村，后建 1 处关帝庙堂，故取名倪堂。聚落呈团块状分布。有文化站 1 处、图书室 1 处、文化广场 1 处。经济以种植业、商贸业为主，主要农作物有小麦、大豆、玉米、棉花等。有公路经此。

张庄 370829-B06-H18
[Zhāngzhuāng]

在县驻地嘉祥街道西北方向 17.2 千米。大张楼镇辖自然村。人口 600。张氏于明永乐年间从山西洪洞县迁汶上南响水口，明末又迁此立村，以姓氏取村名张庄。聚落呈带状分布。有文化站 1 处、图书室 1 处、文化广场 1 处。经济以种植业、商贸业为主，主要农作物有小麦、大豆、玉米、棉花等。有公路经此。

周楼 370829-B06-H19
[Zhōulóu]

在县驻地嘉祥街道西北方向 16.1 千米。大张楼镇辖自然村。人口 300。周氏于明嘉靖年间从梁山县周庄迁此立村，后建楼房，故取村名周楼。聚落呈带状分布。有文化广场 1 处。经济以种植业、商贸业为主，主要农作物有小麦、大豆、玉米、棉花等。有公路经此。

运东 370829-B06-H20
[Yùndōng]

在县驻地嘉祥街道东北方向 17.2 千米。大张楼镇辖自然村。人口 200。1971 年，马村镇刘梧桐部分农户搬迁，于运河东岸立村，以地理位置取名运东。聚落呈带状分布。有文化站 1 处、图书室 1 处、文化广场 1 处。经济以种植业为主，主要农作物有小麦、玉米、棉花。有公路经此。

运中 370829-B06-H21
[Yùnzhōng]

在县驻地嘉祥街道北方向 15.7 千米。大张楼镇辖自然村。人口 900。1979 年，马村镇李楼部分农户迁来立村，因位于红运乡中部，故取村名运中。聚落呈团块状分布。有文化站 1 处、图书室 1 处、文化广场 1 处、小学 1 处、幼儿园 1 处。经济以种植业为主，主要农作物有小麦、玉米、大豆、棉花。有公路经此。

运山 370829-B06-H22
[Yùnshān]

在县驻地嘉祥街道北方向 15.0 千米。大张楼镇辖自然村。人口 500。1977 年，马村镇山营、梨行部分农户搬迁此地立村，因位于运河西，山姓人多，故取村名运山。聚落呈带状分布。有文化站 1 处、图书室 1 处、文化广场 1 处。经济以种植业、商贸业为主，主要农作物有小麦、大豆、棉花等。有公路经此。

马集 370829-B07-H01
[Mǎjí]

马集镇人民政府驻地。在县驻地嘉祥街道东南方向 6.0 千米。人口 2 000。马、杜、权、吴、朱、魏等姓氏先人于明朝初年先后来此落户，马姓为旺族，并起集，故名马集。聚落呈带状分布。有小学 1 处、中学 1 处。经济以种植业为主，主要农作物有小麦、玉米。有公路经此。

于桥 370829-B07-H02
[Yúqiáo]

在县驻地嘉祥街道东南方向 6.2 千米。

马集镇辖自然村。人口 2 000。明朝初年，于氏从山西洪洞县迁居，明朝末年，于得水又东迁至马河沟东、长澹河西立村，以应"鱼得水"之意，取村名夹河。清朝初年，在村东长澹河上建石桥 1 处，后更名为于桥。聚落呈团块状分布。有综合文化服务中心、小学 1 处。古迹有于家大院。经济以种植业为主，主产玉米、小麦、大豆。

鸭子李 370829-B07-H03
[Yāzilǐ]

在县驻地嘉祥街道东南方向 7.5 千米。马集镇辖自然村。人口 1 000。据记载，该村原是湖洼地带，明朝初年，李氏祖先从山西洪洞县迁居至此，以牧鸭为生计，族人在此繁衍生息形成村落，以姓氏、生计命村名为鸭子李。聚落呈团块状分布。有综合文化服务中心。经济以种植业为主，主要农作物有玉米、小麦、大豆等。有公路经此。

杏花 370829-B07-H04
[Xìnghuā]

在县驻地嘉祥街道东南方向 5.2 千米。马集镇辖自然村。人口 1 400。明朝中期，李氏祖先从山西杏花村迁此居住，沿用祖籍山西杏花村原名至今。聚落呈团块状分布。有综合文化服务中心。经济以种植业、运输业为主，主要农作物有玉米、小麦、大豆、大蒜等。有公路经此。

武街 370829-B07-H05
[Wǔjiē]

在县驻地嘉祥街道南方向 6.7 千米。马集镇辖自然村。人口 1 100。武氏于明永乐年间从山西洪洞县迁居上花林后，形成武姓集居的一条街，以姓氏取村名武街。聚落呈团块状分布。有综合文化服务中心。古迹有高斗光墓。经济以种植业为主，主要农作物有小麦、玉米、大豆、地瓜等。有公路经此。

刘街 370829-B07-H06
[Liújiē]

在县驻地嘉祥街道南方向 6.5 千米。马集镇辖自然村。人口 1 900。刘氏等于明永乐二年（1404）从山西洪洞县迁居嘉祥城东南花林，至清朝初年，刘氏居住地形成一条街，以姓氏取村名刘街。聚落呈团块状分布。有综合文化服务中心和小学 1 处、文化广场 1 处。经济以种植业为主，主要农作物有小麦、玉米、地瓜等。有公路经此。

戏楼街 370829-B07-H07
[Xìlóujiē]

在县驻地嘉祥街道南方向 7.2 千米。马集镇辖自然村。人口 1 500。王西桥于明永乐二年（1404）从山西洪洞县迁居至此。明朝末叶，王氏居民区逐渐形成一条街道，并在此街修建戏楼 1 处，故以戏楼取村名戏楼街。聚落呈团块状分布。有文化广场、综合文化服务中心。古迹有戏楼。经济以种植为主，主要农作物有小麦、玉米、大豆、地瓜等。有公路经此。

下花林 370829-B07-H08
[Xiàhuālín]

在县驻地嘉祥街道东南方向 7.9 千米。马集镇辖自然村。人口 1 400。据传，唐朝一花姓在此置村，以造林为主，取村名花林。为保护林木筑砌石墙，称花林墙。此村位于花林墙之东，故取名下花林。聚落呈团块状分布。有综合文化服务中心、小学。古迹有张子仁墓、沈纯诚墓。经济以种植业为主，主要农作物有小麦、玉米等粮食作物。有公路经此。

李庄 370829-B07-H09
[Lǐzhuāng]

在县驻地嘉祥街道东南方向 9.1 千米。马集镇辖自然村。人口 800。据传，清朝中期，李氏兄弟二人从巨野李楼迁此立村，以姓氏取村名李庄。因与今马村镇李庄重名，1981 年更名为李家庄。1990 年复名李庄。聚落呈团块状分布。有综合文化服务中心。经济以种植业为主，主要农作物有小麦、玉米。有公路经此。

万张 370829-B08-H01
[Wànzhāng]

万张镇人民政府驻地。在县驻地嘉祥街道北方向 6.5 千米。人口 1 900。清代荒年时村民张福喜放粮赈民，号称万石，得村名万粮张，后演称万张。聚落呈团块状分布。有幼儿园 2 处、小学 1 处。经济以种植业为主，主要农作物有小麦、玉米、棉花。有公路经此。

山东于 370829-B08-H02
[Shāndōngyú]

在县驻地嘉祥街道北方向 10.2 千米。万张镇辖自然村。人口 500。相传山氏于明朝中期在此定居，村名无考，至清初年，绅士山忠于在本地名声甚高，后村名亦称为山忠于，清朝末年，村名演为山东于。聚落呈团块状分布。经济以种植业为主，主要农作物有小麦、玉米。有公路经此。

忙铺 370829-B08-H03
[Mángpù]

在县驻地嘉祥街道北方向 6.0 千米。万张镇辖自然村。人口 1 100。原名忙生铺，即芒硝生地之演变，明朝中叶建村，地处济宁去郓城的官道旁，店铺甚多，故名芒生铺，后演变为忙铺。聚落呈团块状分布。

经济以种植业为主，主要农作物有小麦、玉米。有公路经此。

宋王庄 370829-B08-H04
[Sòngwángzhuāng]

在县驻地嘉祥街道北方向 10.7 千米。万张镇辖自然村。人口 1 700。明洪武年间，宋仁卿官拜工部尚书，洪武二十八年（1395），疏通大运河时定居汶上南旺镇。明宣德年间，由汶上县南旺镇迁此和王氏同时合建此村，以姓氏取名宋王庄。聚落呈团块状分布。经济以种植业为主，主要农作物有小麦、玉米。有公路经此。

陈楼 370829-B08-H05
[Chénlóu]

在县驻地嘉祥街道北方向 10.2 千米。万张镇辖自然村。人口 2 500。陈忠世居山西洪洞县铁楼棚，明永乐二年（1404）奉诏迁居汶上县接河集，永乐十年（1412）又迁居此村，至万历年间，陈氏族成为村中大户，盖起楼房，故改村名为陈楼。聚落呈团块状分布。有小学 1 处、幼儿园 1 处。经济以种植业为主，主要农作物有小麦、玉米。有公路经此。

姜河 370829-B08-H06
[Jiānghé]

在县驻地嘉祥街道北方向 6.1 千米。万张镇辖自然村。人口 400。姜氏于明永乐年间从山西洪洞县迁居薛庄，五世再赴赵王河北扭头河入口处立村，取名姜家河口，简称姜河。聚落呈团块状分布。经济以种植业为主，主要农作物有小麦、玉米。有公路经此。

北曹庄 370829-B08-H07
[Běicáozhuāng]

在县驻地嘉祥街道北方向 9.0 千米。万张镇辖自然村。人口 900。相传曹氏于明永乐四年（1406）始建此村，以姓氏取村名曹庄。因与今仲山镇曹庄重名，1981 年更名为北曹庄。聚落呈团块状分布。有文化广场 1 处、小学 1 处。经济以种植业为主，主要农作物有小麦、玉米。有公路经此。

王桥 370829-B08-H08
[Wángqiáo]

在县驻地嘉祥街道北方向 8.5 千米。万张镇辖自然村。人口 2 300。相传陈关大于元末随朱元璋起义，因战功被封为英毅将军，后被赐土地于此屯垦立村，因村顺赵王河而建，取村名长里屯。至明末，王姓发展成为本村大户，并以王氏为首在村西河上修桥，乡里称为王桥，以桥名代庄名。聚落呈团块状分布。有学校 1 处、幼儿园 1 处。经济以种植业为主，主要农作物有小麦。有公路经此。

中李庄 370829-B08-H09
[Zhōnglǐzhuāng]

在县驻地嘉祥街道北方向 9.2 千米。万张镇辖自然村。人口 700。李氏于明洪武年间从山西洪洞县迁居汶上县拳家铺，五世再迁此和刘氏共居一村，因村外有许多酸枣树，人称村为酸枣刘。至清朝初期，李氏发展成为大户，遂改村名为李庄，因附近李庄较多，1949 年后易名为中李庄。聚落呈团块状分布。有文化广场 1 处、小学 1 处。经济以种植业为主，主要农作物有小麦、玉米。有公路经此。

薛隆庄 370829-B08-H10
[Xuēlóngzhuāng]

在县驻地嘉祥街道北方向 7.0 千米。万张镇辖自然村。人口 300。因是集市，此村原名兴隆集，后改为今名。聚落呈团块状分布。经济以种植业为主，主要农作物有小麦、玉米。有公路经此。

梁海 370829-B08-H11
[Liánghǎi]

在县驻地嘉祥街道北方向 7.6 千米。万张镇辖自然村。人口 3 000。相传肖氏于明建文四年（1402）从江苏高邮州城西肖庄应征入伍，退役后与梁、朱、郭等姓屯垦立村于此，因肖氏为军官，故取名肖官屯。至清嘉庆十八年（1813），梁氏发展成为村中大户，并倡导在村周围挖壕沟，人称海子，后遂更村名为梁海。聚落呈团块状分布。有小学 1 处。经济以种植业为主，主要农作物有小麦、玉米。有公路经此。

南田 370829-B08-H12
[Nántián]

在县驻地嘉祥街道北方向 6.3 千米。万张镇辖自然村。人口 900。田氏于明洪武六年（1373）从山西洪洞县迁居此地，村名原叫小留庄，改为田家庄。1962 年成立人民公社时，因社内有两个田庄，按方位将此村改为南田。聚落呈团块状分布。有文化广场 1 处。经济以种植业为主，主要农作物有小麦、玉米。有公路经此。

骆堂 370829-B08-H13
[Luòtáng]

在县驻地嘉祥街道北方向 8.9 千米。万张镇辖自然村。人口 1 900。骆氏于明嘉靖年间从鱼台县骆村迁此，至明朝末期，骆氏人丁兴旺，办起学堂，人称骆家堂，后简称骆堂。聚落呈团块状分布。有小学 1 处、幼儿园 1 处。经济以种植业为主，主要农作物有小麦、玉米。有公路经此。

杨屯 370829-B08-H14
[Yángtún]

在县驻地嘉祥街道北方向 8.6 千米。万张镇辖自然村。人口 2 400。杨氏于明永乐四年（1406）从南京水西门杨家胡同迁来，因功受封土地于此屯垦立村，以姓氏取村名杨家屯，后简称杨屯。聚落呈团块状分布。有学校 1 处。经济以种植业为主，主要农作物有小麦、玉米。有公路经此。

张家庄 370829-B08-H15
[Zhāngjiāzhuāng]

在县驻地嘉祥街道北方向 11.5 千米。万张镇辖自然村。人口 500。张氏于明正德五年（1510）从万张迁此立村，以姓氏取村名张家庄。1949 年后改称西张庄。因与今孟姑集乡西张庄重名，1981 年仍改为张家庄。聚落呈团块状分布。有文化广场 1 处。经济以种植业为主，主要农作物有小麦、玉米。有公路经此。

忙店 370829-B08-H16
[Mángdiàn]

在县驻地嘉祥街道北方向 6.5 千米。万张镇辖自然村。人口 1 800。原名忙生店，即芒硝生地之简称演变，此村又紧靠济宁通往郓城的大官道，店铺甚多，故简称忙店。聚落呈团块状分布。有文化广场 1 处、小学 1 处。经济以种植业为主，主要农作物有小麦、玉米。有公路经此。

狄楼 370829-B08-H17
[Dílóu]

在县驻地嘉祥街道北方向 9.5 千米。万张镇辖自然村。人口 2 700。狄氏祖讳崇，明洪武帝封为骠骑将军，出任广东指挥使，于洪武十四年（1381）春居任城，清顺治四年（1647）迁此立村，并盖了楼房，故取村名狄楼。聚落呈团块状分布。有学校 1 处、幼儿园 1 处。经济以种植业为主，主要农作物有小麦、玉米。有公路经此。

袁王庄 370829-B08-H18
[Yuánwángzhuāng]

在县驻地嘉祥街道北方向 7.0 千米。万张镇辖自然村。人口 900。王氏于明崇祯年间从忙生店迁此与袁姓共建该村，故取名袁王庄。聚落呈团块状分布。经济以种植业为主，主要农作物有小麦、玉米。有公路经此。

马海 370829-B08-H19
[Mǎhǎi]

在县驻地嘉祥街道北方向 6.5 千米。万张镇辖自然村。人口 1 100。马氏于明永乐三年（1405）从山西洪洞县东南三十五里马家村迁嘉祥城西马庄安居，永乐十年（1412）又迁此立村，因村南地势低洼而积水，故取村名马海。聚落呈团块状分布。经济以种植业为主，主要农作物有小麦、玉米。有公路经此。

后海 370829-B08-H20
[Hòuhǎi]

在县驻地嘉祥街道北方向 7.0 千米。万张镇辖自然村。人口 200。相传，张氏于明正德年间从万张迁此立村，当时村东有一个大水塘，俗称海子，而又位于万张村北，故称后海。聚落呈团块状分布。经济以种植业为主，主要农作物有小麦、玉米。有公路经此。

张前 370829-B08-H21
[Zhāngqián]

在县驻地嘉祥街道北方向 5.8 千米。万张镇辖自然村。人口 500。相传此地原系万张张氏场院，张禄于明正德年间迁此立村，取名张庄。1958 年后，改为前张庄。因与现孟姑集乡前张庄重名，1981 年更名为张前。聚落呈团块状分布。有文化广场 1 处。

经济以种植业为主，主要农作物有小麦、玉米。有公路经此。

孟姑集 370829-B09-H01
[Mènggūjí]

孟姑集镇人民政府驻地。在县驻地嘉祥街道西北方向 15.5 千米。人口 2 500。古有瑞云寺，系一孟姓尼姑主持，后成集市，故名。聚落呈团块状分布。有中学 1 处、小学 1 处。古迹有李家家祠。经济以种植业为主，主要农作物有小麦、玉米。有公路经此。

申楼 370829-B09-H02
[Shēnlóu]

在县驻地嘉祥街道西北方向 20.5 千米。孟姑集镇辖自然村。人口 3 000。申、孙二姓在明永乐年间分别从河北安乐镇、现梁宝寺孙垓迁此，二姓氏共建该村，申氏为大姓，并建有楼房，故取村名申楼。聚落呈带状分布。有小学 1 处、幼儿园 1 处。经济以种植业、商贸业为主，主要农作物有小麦、大豆、玉米、棉花等。有公路经此。

张庙 370829-B09-H03
[Zhāngmiào]

在县驻地嘉祥街道西北方向 16.5 千米。孟姑集镇辖自然村。人口 200。张氏于明永乐二年（1404）从山西平阳府洪洞县迁此立村，后在村西建关公庙 1 处，以姓氏取名为张庙。聚落呈带状分布。有文化广场 1 处。经济以种植业、商贸业为主，主要农作物有小麦、大豆、玉米、棉花等。有公路经此。

吕垓 370829-B09-H04
[Lǚhǎi]

在县驻地嘉祥街道西北方向 15.8 千米。

孟姑集镇辖自然村。人口 1 000。翟氏于元朝中期始建此村，取名翟村。吕氏于明弘治年间从诸城迁此居住，后翟姓衰，吕氏在村周围挖沟筑寨，更村名为吕垓。聚落呈带状分布。有文化广场 1 处。经济以种植业、商贸业为主，主要农作物有小麦、大豆、玉米、棉花等。有公路经此。

曹楼 370829-B09-H05

[Cáolóu]

在县驻地嘉祥街道西北方向 17.7 千米。孟姑集镇辖自然村。人口 700。曹氏于明朝末年从现梁宝寺镇曹垓迁此立村，并盖有楼房，乡里均称曹楼。至清嘉庆年间改为曹庄。因与今仲山镇曹庄重名，1981 年 2 月更名为曹楼。聚落呈带状分布。有文化广场 1 处。经济以种植业为主，主要农作物有小麦、玉米、棉花。该村有木业加工的传统。有公路经此。

西黄庄 370829-B09-H06

[Xīhuángzhuāng]

在县驻地嘉祥街道西北方向 17.6 千米。孟姑集镇辖自然村。人口 200。黄氏于清顺治年间从现本县卧龙山街道黄岗迁汶上县顺河集西南立村，以姓氏取名黄庄，众称小黄庄，村民谓其不雅，1990 年更名为西黄庄。聚落呈带状分布。有文化广场 1 处。经济以种植业、商贸业为主，主要农作物有小麦、大豆、玉米、棉花等。有公路经此。

邢庄 370829-B09-H07

[Xíngzhuāng]

在县驻地嘉祥街道西北方向 20.3 千米。孟姑集镇辖自然村。人口 300。邢氏于明崇祯年间从郓城邢桥迁居此村，至明朝中期，邢姓成为村中大户，遂改村名为邢庄。聚落呈带状分布。有文化广场 1 处。经济以种植业、商贸业为主，主要农作物有小麦、大豆、玉米、棉花等。有公路经此。

大庄 370829-B09-H08

[Dàzhuāng]

在县驻地嘉祥街道西北方向 17.2 千米。孟姑集镇辖自然村。人口 500。此村始建于永乐年间，有个韩姓大夫从山西平阳府迁此立村，四邻乡里习称为大庄。聚落呈带状分布。有文化广场 1 处、图书屋 1 处。经济以种植业、商贸业为主，主要农作物有小麦、大豆、玉米、棉花等。有公路经此。

前杜庄 370829-B09-H09

[Qiándùzhuāng]

在县驻地嘉祥街道西北方向 12.8 千米。孟姑集镇辖自然村。人口 700。杜氏于明成化年间从山西洪洞县迁来定居，取名乐善村。至清康熙年间，改名杜庄。1958 年成立人民公社时，因社内有两个杜庄，此村居南，更名为前杜庄。聚落呈带状分布。有图书屋、文化广场。经济以种植业、手工业为主，主要农作物有小麦、大豆、玉米、棉花等。有公路经此。

响水口 370829-B09-H10

[Xiǎngshuǐkǒu]

在县驻地嘉祥街道西北方向 14.2 千米。孟姑集镇辖自然村。人口 2 100。李氏于明成化年间从梁山县拳铺迁此立村，村东小清河上有一闸口，开闸放水声音响亮，以水声取村名响水口。聚落呈团块状分布。有图书屋 1 处、小学 1 处、幼儿园 1 处。古迹有古遗址凤凰台。经济以种植业、商贸业为主，主要农作物有小麦、大豆、玉米、棉花等。有公路经此。

国庙 370829-B09-H11

［Guómiào］

在县驻地嘉祥街道西北方向 17.0 千米。孟姑集镇辖自然村。人口 1 400。国氏于洪武二年（1369）从山西洪洞县迁汶上城西十二里周村居住 7 年，又迁嘉祥西南三十五里孟姑集西三里定居，取名为国家庄。洪武十三年（1380）冬，建祖祠庙，改村名为国家庙，后简称国庙。聚落呈团块状分布。有图书屋 1 处、文化广场 1 处。经济以种植业、商贸业为主，主要农作物有小麦、大豆、玉米、棉花等。有公路经此。

后杜庄 370829-B09-H12

［Hòudùzhuāng］

在县驻地嘉祥街道西北方向 13.0 千米。孟姑集镇辖自然村。人口 1 800。杜氏于明成化年间从山西洪洞县迁此立村，以姓氏取村名杜庄。1958 年成立人民公社时，因社内有两个杜庄，此村居北，故改名为后杜庄。聚落呈团块状分布。有图书屋 1 处。经济以种植业、商贸业为主，主要农作物有小麦、大豆、玉米、棉花等。有公路经此。

岳楼 370829-B09-H13

［Yuèlóu］

在县驻地嘉祥街道西北方向 13.8 千米。孟姑集镇辖自然村。人口 2 900。岳氏于明洪武年间从山西洪洞县迁居汶邑南旺湖内，因红炉铁匠出名，取村名岳炉。明永乐年间，南旺湖造堤，又迁大靳庄。至正统年间，再迁此地立村，并建楼房，取村名岳楼。聚落呈团块状分布。有小学 1 处。古迹有岳王庙。经济以种植业、商贸业为主，主要农作物有小麦、大豆、玉米、棉花等。有公路经此。

袁家庄 370829-B09-H14

［Yuánjiāzhuāng］

在县驻地嘉祥街道西北方向 15.2 千米。孟姑集镇辖自然村。人口 800。袁氏于明嘉靖年间从鱼台县袁洼迁此立村，以姓氏取村名袁家庄至今。聚落呈团块状分布。有图书屋 1 处、文化广场 1 处。经济以种植业、商贸业为主，主要农作物有小麦、大豆、玉米、棉花等。有公路经此。

西张庄 370829-B09-H15

［Xīzhāngzhuāng］

在县驻地嘉祥街道西北方向 19.4 千米。孟姑集镇辖自然村。人口 1 100。张氏于明洪武二年（1369）从山西洪洞县迁南旺湖张井后，二世于明建文二年（1400）迁此立村，以姓氏取村名张庄。因孟姑集镇有两个张庄，此庄居西，故 1962 年将此村更名为西张庄。聚落呈带状分布。有小学 1 处。经济以种植业、商贸业为主，主要农作物有小麦、大豆、玉米、棉花、桃等。有公路经此。

前赵垓 370829-B09-H16

［Qiánzhàohǎi］

在县驻地嘉祥街道西北方向 15.5 千米。孟姑集镇辖自然村。人口 1 600。赵氏于明洪武年间从山西洪洞县迁此立村，以姓氏取村名赵垓。至崇祯年间，此村改名为前赵垓。聚落呈团块状分布。有图书屋 1 处、幼儿园 1 处。经济以种植业、商贸业为主，主要农作物有小麦、大豆、玉米、棉花等。有公路经此。

后赵垓 370829-B09-H17

［Hòuzhàohǎi］

在县驻地嘉祥街道西北方向 15.9 千米。孟姑集镇辖自然村。人口 1 000。赵氏于清顺治年间从前赵垓迁此立村。为纪念故土，而又区别之，故取村名后赵垓。聚落呈带状分布。经济以种植业、商贸业为主，主要农作物有小麦、大豆、玉米、棉花等。有公路经此。

南李庄 370829-B09-H18

[Nánlǐzhuāng]

在县驻地嘉祥街道西北方向 13.0 千米。孟姑集镇辖自然村。人口 700。李氏于明永乐年间从山西洪洞县迁此立村，取村名李庄。1949 年划归巨野县田庄区，称东李庄。1962 年划归本县孟姑集公社，改村名为南李庄。聚落呈团块状分布。有文化广场 1 处、学校 1 处。经济以种植业、商贸业为主，主要农作物有小麦、大豆、玉米、棉花等。有公路经此。

闫楼 370829-B09-H19

[Yánlóu]

在县驻地嘉祥街道西北方向 12.4 千米。孟姑集镇辖自然村。人口 1 900。闫氏于明洪武三年（1370）从山西洪洞县迁至濮州闫什口定居。弘治年间，闫氏族的一个分支从闫什口迁至此地。后王氏族衰，闫氏成为旺族，且盖有楼房，故易名为闫楼。聚落呈团块状分布。有文化广场 1 处、小学 1 处、幼儿园 1 处。经济以种植业、商贸业为主，主要农作物有小麦、大豆、玉米、棉花等。有公路经此。

公寺 370829-B09-H20

[Gōngsì]

在县驻地嘉祥街道西北方向 15.1 千米。孟姑集镇辖自然村。人口 800。公氏于明朝中叶从诸城迁居此地，此处有汶上县坡南有名的八大寺院之一的佛爷庙寺院，故以姓氏及寺院取村名公寺。聚落呈团块状分布。有文化广场 1 处。经济以种植业、商贸业为主，主要农作物有小麦、大豆、玉米、棉花、大蒜等。有公路经此。

逯堂 370829-B09-H21

[Lùtáng]

在县驻地嘉祥街道西北方向 15.8 千米。孟姑集镇辖自然村。人口 300。逯氏于明成化年间从嘉祥北关迁此居住，至清朝中叶于姓衰，改村名为逯堂。聚落呈团块状分布。经济以种植业、商贸业为主，主要农作物有小麦、大豆、玉米、棉花等。有公路经此。

仇垓 370829-B09-H22

[Qiúhǎi]

在县驻地嘉祥街道西北方向 17.5 千米。孟姑集镇辖自然村。人口 1 000。仇氏于明成化年间从兖州小孟迁此立村，后在村周围挖沟筑寨，人称垓子，故取名仇垓。聚落呈带状分布。有文化广场 1 处、小学 1 处。经济以种植业、商贸业为主，主要农作物有小麦、大豆、玉米、棉花、花椒等。有公路经此。

袁刘庄 370829-B09-H23

[Yuánliúzhuāng]

在县驻地嘉祥街道西北方向 14.4 千米。孟姑集镇辖自然村。人口 300。刘氏于明万历年间从现大张楼镇迁此立村，以姓氏取村名刘庄。至清乾隆年间，袁氏从南旺袁洼迁此立村，以姓氏更名为袁刘庄。聚落呈带状分布。有文化广场 1 处、文化大院 1 处、幼儿园 1 处、小学 1 处。经济以种植业、商贸业为主，主要农作物有小麦、大豆、玉米、棉花等。有公路经此。

西吴庄 370829-B09-H24

[Xīwúzhuāng]

在县驻地嘉祥街道西北方向 17.5 千米。孟姑集镇辖自然村。人口 300。吴氏于明嘉靖年间从汶上县南旺迁此立村，取村名为吴庄。因与今马集镇吴庄重名，1981年2月更名为西吴庄。聚落呈带状分布。有文化广场1处。经济以种植业、商贸业为主，主要农作物有小麦、大豆、玉米、棉花等。有公路经此。

老僧堂 370829-B10-H01
[Lǎosēngtáng]

老僧堂镇人民政府驻地。在县驻地嘉祥街道西北方向22.5千米。人口1 800。自唐高祖三年（620）汶邑就有八大寺，此为东大寺，寺内有僧二人，长僧静真，寿180岁；次僧静明，寿170岁。唐太宗六年（632），甘、曾二姓来此立村，为纪念高寿二僧，在此院西又建有老僧堂庙，故取村名老僧堂。聚落呈团块状分布。有中学1处、小学1处。有县级文物保护单位碧霞元君祠。经济以种植业、商贸业为主，主要农作物有小麦、大豆、玉米、棉花等。有公路经此。

打虎张庄 370829-B10-H02
[Dǎhǔzhāngzhuāng]

在县驻地嘉祥街道西北方向25.7千米。老僧堂镇辖自然村。人口300。张诗脱兄弟三人于明洪武年间从山西洪洞县迁郓城县城东三十五里济河南岸立村，取村名顺河村。后因兄弟三人深入虎穴，勇毙数虎，为民除害之故，人称打虎张庄。聚落呈带状分布。有小学1处。经济以种植业、商贸业为主，主要农作物有小麦、大豆、玉米、棉花等。有公路经此。

白庄 370829-B10-H03
[Báizhuāng]

在县驻地嘉祥街道西北方向22.8千米。老僧堂镇辖自然村。人口700。白氏于明嘉靖年间从汶上县南旺迁此立村，故名。聚落呈带状分布。有小学1处。经济以种植

业、商贸业为主，主要农作物有小麦、大豆、玉米、棉花等。有公路经此。

国庄 370829-B10-H04
[Guózhuāng]

在县驻地嘉祥街道西北方向22.1千米。老僧堂镇辖自然村。人口600。国氏于明景泰三年（1452）从现孟姑集镇国庙迁此立村，故名。聚落呈带状分布。有小学1处。经济以种植业、商贸业为主，主要农作物有小麦、大豆、玉米、棉花等。有公路经此。

孙堂 370829-B10-H05
[Sūntáng]

在县驻地嘉祥街道西北方向23.5千米。老僧堂镇辖自然村。人口200。孙氏于清乾隆年间从现孟姑集镇公寺迁此立村，后建有奶奶庙堂，故取村名孙堂。聚落呈带状分布。经济以种植业、商贸业为主，主要农作物有小麦、大豆、玉米、棉花等。有公路经此。

董庄 370829-B10-H06
[Dǒngzhuāng]

在县驻地嘉祥街道西北方向22.6千米。老僧堂镇辖自然村。人口400。董氏于明嘉靖年间从巨野县沙土集迁此立村，故名。聚落呈带状分布。有文化广场1处。经济以种植业、商贸业为主，主要农作物有小麦、大豆、玉米、棉花等。有公路经此。

西李楼 370829-B10-H07
[Xīlǐlóu]

在县驻地嘉祥街道西北方向22.7千米。老僧堂镇辖自然村。人口1 300。李氏于明朝中叶从兖州府李家胡同迁此立村，取村名李庄，后盖起楼房，改名为李楼。1981年改为西李楼。聚落呈带状分布。有幼儿园1处。经济以种植业、纺织业、运输业为主，

主要农作物有小麦、大豆、玉米、棉花等。有公路经此。

北蒋庄 370829-B10-H08
[Běijiǎngzhuāng]

在县驻地嘉祥街道西北方向 27.5 千米。老僧堂镇辖自然村。人口 900。蒋氏于明永乐二年（1404）从郓城二十里铺迁此，取村名蒋庄。因位于赵王河南岸，有河涯蒋庄之称。1958 年成立人民公社时，因社内有两个蒋庄，此村居北，称为北蒋庄。聚落呈带状分布。有文化广场 1 处。经济以种植业、商贸业为主，主要农作物有小麦、大豆、玉米、棉花等。有公路经此。

南蒋 370829-B10-H09
[Nánjiǎng]

在县驻地嘉祥街道西北方向 26.2 千米。老僧堂镇辖自然村。人口 1 500。蒋发鲁于明永乐二年（1404）从山西洪洞县迁居蒋庄，清康熙年间九世迁此居住，沿用原村名。1949 年划归黄垓区后更为南蒋。聚落呈团块状分布。有学校 1 处。经济以种植业、商贸业为主，主要农作物有小麦、大豆、玉米、棉花等。有公路经此。

汤垓 370829-B10-H10
[Tānghǎi]

在县驻地嘉祥街道西北方向 26.0 千米。老僧堂镇辖自然村。人口 1 800。汤氏于明成化年间从济宁蒋家屯迁此立村，并在村外挖沟筑寨，故名。聚落呈团块状分布。有中学 1 处、小学 1 处。经济以种植业、商贸业为主，主要农作物有小麦、大豆、玉米、棉花等。有公路经此。

秦庄 370829-B10-H11
[Qínzhuāng]

在县驻地嘉祥街道西北方向 27.2 千米。老僧堂镇辖自然村。人口 1 500。秦氏于明洪武二年（1369）从山西洪洞县迁梁山县蔡林村，正统年间再迁此立村，故名。聚落呈团块状分布。有小学 1 处、幼儿园 1 处。经济以种植业、商贸业为主，主要农作物有小麦、大豆、玉米、棉花等。有公路经此。

西杜 370829-B10-H12
[Xīdù]

在县驻地嘉祥街道西北方向 25.6 千米。老僧堂镇辖自然村。人口 1 300。杜氏于明永乐年间从山西洪洞县迁居汶上县苑庄，又于清顺治年间迁此立村，以姓氏名村，1958 年成立公社时，更名为西杜。聚落呈团块状分布。有文化大院 1 处、小学 1 处、幼儿园 1 处。经济以种植业、商贸业为主，主要农作物有小麦、大豆、玉米、棉花等。有公路经此。

西范庄 370829-B10-H13
[Xīfànzhuāng]

在县驻地嘉祥街道西北方向 23.5 千米。老僧堂镇辖自然村。人口 500。范氏于明永乐年间从山西太原迁此立村，以姓氏取村名范庄。因与现孟姑集镇范庄重名，1981 年更名为西范庄。聚落呈带状分布。经济以种植业、商贸业为主，主要农作物有小麦、大豆、玉米、棉花等。有公路经此。

中曹 370829-B10-H14
[Zhōngcáo]

在县驻地嘉祥街道西北方向 21.8 千米。老僧堂镇辖自然村。人口 800。曹氏于明嘉靖年间从现梁宝寺镇曹庄迁居此处，后建有奶奶庙堂 1 处，村名曹家堂。至清朝中叶，曹氏人丁兴旺，发展成为南北排列的三个曹庄，通称曹家庄。1958 年成立人民公社时，因此村居中，称为中曹。聚落呈带状分布。有文化大院 1 处。经济以种植业、商贸业为主，主要农作物有小麦、大豆、玉米、棉花等。有公路经此。

杜家 370829-B10-H15

[Dùjiā]

在县驻地嘉祥街道西北方向21.7千米。老僧堂镇辖自然村。人口1 200。杜氏于明洪武年间从高唐县三十里堡迁此立村，并在村周围挖沟筑寨，人称垓子，以姓氏取村名杜垓。因与今卧龙山街道杜垓重名，1981年改为杜家。聚落呈带状分布。有小学1处。经济以种植业、商贸业为主，主要农作物有小麦、大豆、玉米、棉花等。有公路经此。

汪孟屯 370829-B10-H16

[Wāngmèngtún]

在县驻地嘉祥街道西北方向22.5千米。老僧堂镇辖自然村。人口1 200。汪氏于明弘治十年（1497）从新安歙州迁此居住。至万历年间，汪姓发展为大户，故改村名为汪孟屯。聚落呈团块状分布。有文化大院。古迹有汪氏家祠和真武庙。聚落呈团块状分布。经济以种植业、商贸业为主，主要农作物有小麦、大豆、玉米、棉花等。有公路经此。

高彦屯 370829-B10-H17

[Gāoyàntún]

在县驻地嘉祥街道西北方向24.4千米。老僧堂镇辖自然村。人口3 500。梁、王、吴、周、冼等姓氏于明永乐年间随高彦由南京北征，因战功分封地来玉皇村屯垦，故更名为高彦屯。聚落呈团块状分布。有文化大院、小学各1处。有市级文物保护单位玉皇阁。经济以种植业、商贸业为主，主要农作物有小麦、大豆、玉米、棉花等。有公路经此。

魏庄 370829-B10-H18

[Wèizhuāng]

在县驻地嘉祥街道西北方向22.4千米。老僧堂镇辖自然村。人口1 300。魏氏于明永乐二年（1404）从山西洪洞县迁此立村，故名。聚落呈带状分布。有文化广场1处、小学1处。经济以种植业、商贸业为主，主要农作物有小麦、大豆、玉米、棉花等。有公路经此。

张村 370829-B10-H19

[Zhāngcūn]

在县驻地嘉祥街道西北方向22.4千米。老僧堂镇辖自然村。人口300。张氏于明永乐二年（1404）从汶上县迁居孟姑集镇张庄，三世迁此立村，沿用故乡原名张庄。1981年更名为张村。聚落呈带状分布。有文化广场1处。经济以种植业、商贸业为主，主要农作物有小麦、大豆、玉米、棉花等。有公路经此。

程庄 370829-B10-H20

[Chéngzhuāng]

在县驻地嘉祥街道西北方向20.2千米。老僧堂镇辖自然村。人口2 000。程氏于明永乐二年（1404）从汶上县鹅河村迁此居住，至嘉靖年间，张氏迁出，程氏发展成为村中大户，故改称程庄。聚落呈团块状分布。有小学1处、幼儿园1处。经济以种植业、商贸业为主，主要农作物有小麦、大豆、玉米、棉花等。有公路经此。

北孙庄 370829-B10-H21

[Běisūnzhuāng]

在县驻地嘉祥街道西北方向26.2千米。老僧堂镇辖自然村。人口500。孙氏于明末从现郓城县黄堆集小厂村迁此立村，因与今马集镇孙庄重名，1981年更名为北孙庄。

聚落呈带状分布。有文化广场 1 处。经济以种植业、商贸业为主，主要农作物有小麦、大豆、玉米、棉花等。有公路经此。

何庄 370829-B10-H22
[Hézhuāng]

在县驻地嘉祥街道西北方向 23.5 千米。老僧堂镇辖自然村。人口 1 100。何氏于明天顺年间从汶上县何湾迁此立村，因地处汶上县边界，取村名界牌何庄，后简称何庄。聚落呈带状分布。有文化广场 1 处、学校 1 处。经济以种植业、商贸业为主，主要农作物有小麦、大豆、玉米、棉花等。有公路经此。

半边店 370829-B10-H23
[Bànbiāndiàn]

在县驻地嘉祥街道西北方向 22.2 千米。老僧堂镇辖自然村。人口 100。明朝末叶，村中有一店铺，为少纳税金，上报只有半个店，后演变为半边店。聚落呈带状分布。经济以种植业、商贸业为主，主要农作物有小麦、大豆、玉米、棉花等。有公路经此。

大靳 370829-B10-H24
[Dàjìn]

在县驻地嘉祥街道西北方向 17.2 千米。老僧堂镇辖自然村。人口 2 600。靳氏于明洪武三年（1370）从山西洪洞县靳家堡迁居汶邑南董村，于正统年间迁此立村，并建有寨墙称寨里，后以姓氏取名靳庄。至清朝中叶，靳姓人丁兴旺，分支迁出，故称为大靳。聚落呈团块状分布。有小学 1 处、幼儿园 1 处。经济以种植业、商贸业为主，主要农作物有小麦、大豆、玉米、棉花等。有公路经此。

前靳 370829-B10-H25
[Qiánjìn]

在县驻地嘉祥街道西北方向 16.8 千米。老僧堂镇辖自然村。人口 1 200。靳氏于明洪武三年（1370）从山西靳家堡迁居汶邑南董村，又于正统年间投表弟孙村居住。后靳氏人丁兴旺，又因位于大靳南，故易村名为前靳。聚落呈带状分布。有学校 1 处。经济以种植业、商贸业为主，主要农作物有小麦、大豆、玉米、棉花等。有公路经此。

方官屯 370829-B10-H26
[Fāngguāntún]

在县驻地嘉祥街道西北方向 19.0 千米。老僧堂镇辖自然村。人口 1 800。方氏洪琢系徽州灵东县人，明初，随驾北征，为运粮官，战火平息，因功被赐村，在此屯垦，称方洪琢官屯，后简称方官屯。聚落呈团块状分布。古迹有靳氏家祠。经济以种植业、商贸业为主，主要农作物有小麦、大豆、玉米、棉花等。有公路经此。

大曹 370829-B10-H27
[Dàcáo]

在县驻地嘉祥街道西北方向 21.6 千米。老僧堂镇辖自然村。人口 1 800。曹氏于明嘉靖年间从梁宝寺曹庄迁居于此，后建有奶奶庙，取村名曹家堂。至清朝中叶，发展成为南北排列的三个村，通称曹家庄。1958 年成立公社时，此村因最大，称大曹。聚落呈团块状分布。有学校 1 处。古迹有七神堂。经济以种植业、商贸业为主，主要农作物有小麦、大豆、玉米、棉花等。有公路经此。

仲山 370829-B11-H01
[Zhòngshān]

仲山镇人民政府驻地。在县驻地嘉祥

街道西南方向 10.2 千米。人口 8 400。因此地山出火石，原名煓山，1979 年更今名。聚落围山呈环形分布。有学校。经济以种植业为主，主要农作物有小麦、玉米、大豆、莲藕。有公路经此。

杨家楼 370829-B11-H02

[Yángjiālóu]

在县驻地嘉祥街道西南方向 9.0 千米。仲山镇辖自然村。人口 1 000。杨氏于明崇祯年间从山西省洪洞县迁此立村，后盖楼房，取村名杨楼。1981 年更名为杨家楼。聚落呈团块状分布。有幼儿园 1 处。经济以种植业为主，主要农作物有小麦、玉米、棉花。327 国道经此。

黄庄 370829-B11-H03

[Huángzhuāng]

在县驻地嘉祥街道西南方向 9.3 千米。仲山镇辖自然村。人口 1 100。此处原为明嘉靖年间太仆卿黄嘉宾的耕地，因离村较远，便在此盖了房屋，以备农忙季节佃户们居住，后逐渐形成村落，故以黄姓取村名黄庄。聚落呈团块状分布。经济以种植业为主，主要农作物有小麦、玉米、棉花。有公路经此。

顾庄 370829-B11-H04

[Gùzhuāng]

在县驻地嘉祥街道西南方向 9.6 千米。仲山镇辖自然村。人口 1 400。顾、袁二姓在明永乐年间从山西迁此，共建新村，以姓氏取名顾袁庄，沿至清朝中叶，顾姓人丁兴旺，村名简呼为顾庄。聚落呈团块状分布。经济以种植业为主，主要农作物有小麦、玉米、棉花。有公路经此。

南高庄 370829-B11-H05

[Nángāozhuāng]

在县驻地嘉祥街道西南方向 13.4 千米。仲山镇辖自然村。人口 1 600。高氏于明成化十年（1474）从山东栖霞县迁此立村，以姓氏取村高庄。因与今金屯镇高庄重名，1981 年更名为南高庄。聚落呈团块状分布。有小学 1 处、幼儿园 2 处。经济以种植业为主，主要农作物有小麦、玉米、棉花。有公路经此。

孟楼 370829-B11-H06

[Mènglóu]

在县驻地嘉祥街道西南方向 9.4 千米。仲山镇辖自然村。人口 1 000。孟氏于明正德四年（1509）从今卧龙山镇中李楼迁此立村，为纪念故地，以姓氏取名为孟楼。聚落呈团块状分布。经济以种植业、养殖业以为主，主要农作物有小麦、玉米、棉花。有公路经此。

董楼 370829-B11-H07

[Dǒnglóu]

在县驻地嘉祥街道西南方向 16.6 千米。仲山镇辖自然村。人口 2 300。董氏于明永乐三年（1405）从登州栖霞县迁居此地，至明嘉靖年间，董姓连为官宦，族人兴旺，建楼房数座，故改村名为董楼。聚落呈团块状分布。有学校 1 处、幼儿园 1 处。经济以种植业为主，主要农作物有小麦、玉米、棉花。有公路经此。

东辛庄 370829-B11-H08

[Dōngxīnzhuāng]

在县驻地嘉祥街道西南方向 10.4 千米。仲山镇辖自然村。人口 200。此村建于清乾隆年间，李志远从东于堂迁居此地，名曰新庄，清末演变为辛庄。1958 年成立人民公社时，因社内有两个辛庄，将此村更名为东辛庄。聚落呈团块状分布。经济以种植业为主，主要农作物有小麦、玉米。有公路经此。

彭官屯 370829-B11-H09

[Péngguāntún]

在县驻地嘉祥街道西南方向 15.4 千米。仲山镇辖自然村。人口 2 500。萧忠于明万历年间从登州府莱阳迁此立村，因萧氏为军官彭氏之部下，为纪念彭氏长官，故取名彭官屯。聚落呈团块状分布。经济以种植业为主，主要农作物有玉米、棉花。有公路经此。

南李楼 370829-B11-H10

[Nánlǐlóu]

在县驻地嘉祥街道西南方向 16.3 千米。仲山镇辖自然村。人口 1 100。李氏于清顺治元年（1644）从今卧龙山镇中李楼迁此立村，为纪念故土，取名李家楼，1949 年后改为南李楼。聚落呈团块状分布。有幼儿园 2 所。经济以种植业为主，主要农作物有小麦、玉米、棉花。有公路经此。

程家庄 370829-B11-H11

[Chéngjiāzhuāng]

在县驻地嘉祥街道西南方向 10.7 千米。仲山镇辖自然村。人口 2 200。程氏于明洪武十四年（1381）从河南嵩县迁此立村，以姓氏取名程庄，1981 年更名为程家庄。聚落呈团块状分布。有学校 1 处。经济以种植业为主，主要农作物有小麦、玉米、棉花。有公路经此。

陶官屯 370829-B11-H12

[Táoguāntún]

在县驻地嘉祥街道西南方向 11.9 千米。仲山镇辖自然村。人口 2 600。陶氏于明朝初年随朱元璋征北伐元，官居百户，于洪武九年（1376）从庐州合肥迁此屯垦，故名陶官屯。聚落呈团块状分布。有学校 1 处。经济以种植业为主，主要农作物有小麦、玉米、棉花。有公路经此。

胡契山村 370829-B11-H13

[Húqìshāncūn]

在县驻地嘉祥街道西南方向 12.3 千米。仲山镇辖自然村。人口 3 100。明洪武年间，一胡姓人从山西省洪洞县迁居该地居住，后又在山脚下发现一块刻有胡氏地契的碑文，故取名胡契山村。聚落呈团块状分布。有幼儿园 1 处、小学 1 处。有刘氏家祠。经济以种植业为主，主要农作物有小麦、玉米、棉花。有公路经此。

辛庄 370829-B11-H14

[Xīnzhuāng]

在县驻地嘉祥街道西南方向 16.8 千米。仲山镇辖自然村。人口 1 400。此村建于清朝末年，初名仁义村，因建村年代较邻村为晚，乡里呼为新庄，后演变为辛庄。聚落呈团块状分布。经济以种植业为主，主要农作物有小麦、玉米、棉花。有公路经此。

王庄 370829-B11-H15

[Wángzhuāng]

在县驻地嘉祥街道西南方向 13.7 千米。仲山镇辖自然村。人口 3 100。因姓氏得名。聚落呈团块状分布。有学校 1 处、文化广场 1 处。有市级文物保护单位文昌阁。经济以种植小麦、玉米、棉花为主。有公路经此。

西于堂 370829-B11-H16

[Xīyútáng]

在县驻地嘉祥街道西南方向 16.1 千米。仲山镇辖自然村。人口 500。此村建于明朝，于氏主持修观音堂，故取村名于家堂，1949 年后，以观音堂为界分为两村，该村居西，称为西于堂。聚落呈团块状分布。古迹有五神庙及观音堂。经济以种植业为主，主要农作物有小麦、玉米、棉花。有公路经此。

郏营 370829-B11-H17

[Jiáyíng]

在县驻地嘉祥街道西南方向 13.8 千米。仲山镇辖自然村。人口 1 600。据《郏氏族谱》原序，郏姓始于周成王定鼎，后徙居登州西霞县，至明洪武年间，奉旨迁居兖州府嘉祥县，后以打铁为生，故取村名百钻集，久住安营，至明末，取名为郏营。聚落呈团块状分布。有幼儿园 1 处。经济以种植业为主，主要农作物有玉米、棉花。有公路经此。

清凉寺 370829-B11-H18

[Qīngliángsì]

在县驻地嘉祥街道西南方向 16.6 千米。仲山镇辖自然村。人口 1 200。村民从山西省洪洞县迁入，始于唐朝，唐代一大型寺院建于村南山脚下，名曰清凉寺，故以此名村。聚落呈团块状分布。古迹有尖山崖墓和清凉寺。经济以种植业为主，主要农作物有小麦、玉米、棉花。有公路经此。

庞庄 370829-B11-H19

[Pángzhuāng]

在县驻地嘉祥街道西南方向 10.5 千米。仲山镇辖自然村。人口 1 600。明嘉靖年间五神堂碑文记载，庞氏于明洪武年间迁居嘉祥西去城二十五里酒庄坡南，以姓氏取名庞庄。聚落呈团块状分布。经济以种植业为主，主要农作物有小麦、玉米、棉花。有公路经此。

赵山岭 370829-B11-H20

[Zhàoshānlǐng]

在县驻地嘉祥街道西南方向 14.9 千米。仲山镇辖自然村。人口 3 200。赵氏于明洪武二十年（1387）从山西洪洞县迁居嘉祥西南三十里秀阳山立村，取名赵家山岭，1958 年后简称赵山岭。聚落呈团块状分布。有幼儿园 1 处、小学 1 处。经济以种植业为主，主要农作物有玉米、棉花。该村特色产业是粉条加工。有公路经此。

曹庄 370829-B11-H21

[Cáozhuāng]

在县驻地嘉祥街道西南方向 15.1 千米。仲山镇辖自然村。人口 800。因村南朱山南北走向，当地人普遍认为，山体北部为头，山体南部为尾，村庄又位于头部，称之为猪食槽子村，后改名曹庄。聚落呈团块状分布。经济以种植业为主，主要农作物有小麦、玉米、棉花。有公路经此。

布山 370829-B11-H22

[Bùshān]

在县驻地嘉祥街道西南方向 12.4 千米。仲山镇辖自然村。人口 2 600。张氏于明洪武九年（1376）从彭城迁武城南赔山西侧安家立村，以吉义嘉言取村名兴平村，后以赔山代村名，因赔字生僻，演为布山。聚落呈团块状分布。有小学 1 处、幼儿园 1 处。经济以种植业为主，主要农作物有玉米、棉花。有公路经此。

满硐 370829-B12-H01

[Mǎndòng]

满硐镇人民政府驻地。在县驻地嘉祥街道南方向 20.7 千米。人口 4 600。隋朝依山建村，取名遂山村，清顺治元年（1644），以姓氏和山名改村名为满家硐，后简称满硐。聚落呈团块状分布。有文化广场、小学、中学。经济以种植业为主，主要农作物有大蒜、洋葱、棉花、辣椒。有公路经此。

南武山 370829-B12-H02
[Nánwǔshān]

在县驻地嘉祥街道南方向 15.8 千米。满硐镇辖自然村。人口 4 700。明嘉靖年间，曾子六十代孙曾才英随族叔曾质粹从江西来山东嘉祥守曾子祠墓，因村北靠山，南近武城故址，故将莱芜村更名为南武山。有文化站 3 处、图书屋 3 处、文化广场 3 处、小学 1 处、幼儿园 1 处。古迹有曾庙、曾子墓和曾子书院。经济以种植业、商贸业为主，主要农作物有小麦、大豆、玉米、棉花等。有公路经此。

鹰嘴刘 370829-B12-H03
[Yīngzuǐliú]

在县驻地嘉祥街道西南方向 22.8 千米。满硐镇辖自然村。人口 500。据清康熙十年（1671）碑文载，刘氏于明朝中叶从济宁城古刘村迁此立村，因村北山形如鹰，村在鹰头处，人称鹰嘴刘。聚落呈带状分布。有文化站 1 处、图书屋 1 处、文化广场 1 处。经济以种植业、商贸业为主，主要农作物有小麦、大豆、玉米、棉花等。有公路经此。

上吴 370829-B12-H04
[Shàngwú]

在县驻地嘉祥街道南方向 19.8 千米。满硐镇辖自然村。人口 1 900。据传，原为吴氏所建，因村南有座天齐庙，故取村名天齐庙，后庙宇倒塌，村中有南北大街，街东街西有上、下吴之称，1949 年后，称为上吴。聚落呈带状分布。有幼儿园 1 处。经济以种植业、商贸业为主，主要农作物有大蒜、洋葱、辣椒、小麦、大豆、玉米、棉花等。有公路经此。

阿城铺 370829-B12-H05
[Ēchéngpù]

在县驻地嘉祥街道南方向 17.1 千米。满硐镇辖自然村。人口 2 300。明代，嘉祥至金乡县城有南北交通大道从阿城村头通过，在此设有官府的铺舍，故村名改为阿城铺。聚落呈团块状分布。有幼儿园 1 处、小学 1 处。古迹有南武城遗址、耘瓜台和言子祠。经济以种植业、商贸业为主，主要农作物有小麦、大豆、玉米、棉花等。有公路经此。

徐村 370829-B12-H06
[Xúcūn]

在县驻地嘉祥街道西南方向 20.6 千米。满硐镇辖自然村。人口 5 000。徐成世居汴梁东关，明洪武二年（1369）迁居此村。明宣德年间，七世徐彬官升顺德府同知，又因村庄以徐姓人口居多，村名遂改为徐村。聚落呈带状分布。有小学 1 处、幼儿园 1 处。古迹有奶奶庙、财神庙、白衣堂、天齐庙。经济以种植业、商贸业为主，主要农作物有小麦、玉米、大蒜、洋葱、辣椒等。有公路经此。

公庄 370829-B12-H07
[Gōngzhuāng]

在县驻地嘉祥街道南方向 21.4 千米。满硐镇辖自然村。人口 700。孙希贤于清朝初年随清军来此，官居千总，后择此立村，后相继数姓迁入，形成村落，多姓共处，义气和睦，故以嘉言取村名为公义庄，简称公庄。聚落呈带状分布。有文化站 1 处、图书屋 1 处、文化广场 1 处。经济以种植业、商贸业为主，主要农作物有小麦、大蒜、洋葱、棉花等。有公路经此。

陈坡 370829-B12-H08

[Chénpō]

在县驻地嘉祥街道东南方向 19.3 千米。满硐镇辖自然村。人口 700。陈氏族依龙于明永乐年间从山西洪洞县迁此立村，因该地人烟稀少，一坡荒草，故以姓氏取村名陈坡。聚落呈带状分布。有文化站 1 处、图书屋 1 处、文化广场 1 处。经济以种植业、商贸业为主，主要农作物有洋葱、大蒜。有公路经此。

郗庄 370829-B12-H09

[Chīzhuāng]

在县驻地嘉祥街道南方向 21.5 千米。满硐镇辖自然村。人口 1 600。东汉时期，郗姓成为官宦世家，便以姓氏更村名为郗庄。聚落呈团块状分布。有文化站 1 处、图书屋 1 处、文化广场 1 处。经济以种植业、商贸业为主，主要农作物有小麦、大豆、玉米、棉花等。有公路经此。

翟坊 370829-B12-H10

[Zháifáng]

在县驻地嘉祥街道东南方向 18.1 千米。满硐镇辖自然村。人口 1 900。翟氏于清乾隆五十九年（1794）从金乡县翟漩涡迁此立村，因开设豆腐作坊，故以姓氏取村名翟坊。聚落呈带状分布。有文化站 2 处、图书屋 2 处、文化广场 2 处、小学 1 处、幼儿园 1 处。经济以种植业、商贸业为主，主要农作物有小麦、玉米、棉花、大豆、西瓜等。有公路经此。

黄垓 370829-C01-H01

[Huánghǎi]

黄垓乡人民政府驻地。在县驻地嘉祥街道西北方向 28.0 千米。人口 5 700。明洪武年间黄姓来此，挖沟筑寨，俗称垓子，冠以姓氏，故名。聚落呈团块状分布。有小学。有省级文物保护单位冉子祠。经济以种植业为主，主要农作物有小麦、玉米、棉花。有公路经此。

三官庙 370829-C01-H02

[Sānguānmiào]

在县驻地嘉祥街道西北方向 29.8 千米。黄垓乡辖自然村。人口 1 600。此村始建于明永乐年间，由伊氏所建，取名伊家。因村中有白秋寺院，故村名又有白秋寺之称。至明万历年间，村人修建三官庙，村名遂改为三官庙。聚落呈带状分布。有文化广场 1 处、幼儿园 1 处。经济以种植业为主，主要农作物有小麦、玉米、大豆、棉花等。有公路经此。

西朱庄 370829-C01-H03

[Xīzhūzhuāng]

在县驻地嘉祥街道西北方向 30.7 千米。黄垓乡辖自然村。人口 600。朱氏于明永乐二年（1404）从徽州婺源迁居汶上钓鱼台，明隆庆二年（1568）再迁此立村，以姓氏取村名朱庄。因与今金屯镇朱庄重名，1981 年更名为西朱庄。聚落呈带状分布。有文化广场 1 处。经济以种植业、商贸业为主，主要农作物有小麦、大豆等。有公路经此。

西井庄 370829-C01-H04

[Xījǐngzhuāng]

在县驻地嘉祥街道西北方向 31.6 千米。黄垓乡辖自然村。人口 200。至清顺治年间，井氏族迁居此地，黄姓相继外迁，村名改为井庄。因与今疃里镇井庄重名，1981 年更名为西井庄。聚落呈带状分布。有文化广场 1 处。经济以种植业、商贸业为主，主要农作物有小麦、大豆等。有公路经此。

西丁垓 370829-C01-H05
[Xīdīnghǎi]

在县驻地嘉祥街道西北方向 30.0 千米。黄垓乡辖自然村。人口 2 500。丁氏族祖居湖广海州，元末明初跟随朱元璋征讨元，定鼎后据山东诸城，弘治年间迁此立村，并在村周围挖沟筑寨，名曰丁垓，其村东又形成一个聚落，对应称为西丁垓。聚落呈团块状分布。有小学 1 处、幼儿园 1 处。有公路经此。

张垓 370829-C01-H06
[Zhānghǎi]

在县驻地嘉祥街道西北方向 30.7 千米。黄垓乡辖自然村。人口 2 600。张源于明永乐二年（1404）从曲阜春亭庄迁此立村，以姓氏取村名张家村，后王、郑二姓相继迁入。至崇祯末年，在村外挖沟筑寨，后更村名为张垓。聚落呈带状分布。有文化广场 1 处、小学 1 处、幼儿园 1 处。经济以种植业为主，主要农作物有小麦、大豆、棉花。有公路经此。

郝庄 370829-C01-H07
[Hǎozhuāng]

在县驻地嘉祥街道西北方向 26.7 千米。黄垓乡辖自然村。人口 500。郝氏于明洪武年间从山西洪洞县迁此立村，以姓氏取村名郝庄。聚落呈带状分布。有文化广场 1 处。经济以种植业、商贸业为主，主要农作物有小麦、大豆、玉米、棉花等。有公路经此。

铁庙 370829-C01-H08
[Tiěmiào]

在县驻地嘉祥街道西北方向 25.6 千米。黄垓乡辖自然村。人口 1 100。明嘉靖年间建村，因村中庙宇神像用铁铸成，故庙名和村名同叫铁菩萨庙，后简称铁庙。“文革”期间改为东风，1980 年恢复原名铁庙。聚落呈团块状分布。有文化广场 1 处、小学 1 处。经济以种植业为主，主要农作物有小麦、大豆、玉米、棉花等。有牛羊繁育场、被服加工厂。有公路经此。

老庵 370829-C01-H09
[Lǎo'ān]

在县驻地嘉祥街道西北方向 30.7 千米。黄垓乡辖自然村。人口 300。相传，明永乐年间，赵氏从山西平阳府迁此立村，因有宋末修建的老君庵，故取村名老君庵，后简称老庵。聚落呈带状分布。有文化广场 1 处。有崇恩寺。经济以种植业为主，主要农作物有小麦、大豆、玉米、棉花等。有公路经此。

袁庄 370829-C01-H10
[Yuánzhuāng]

在县驻地嘉祥街道西北方向 29.3 千米。黄垓乡辖自然村。人口 600。袁甲贵于明洪武四年（1371）适逢移民，奉诏迁此立村，后修建寺院 1 处，故取村名袁家寺。明弘治年间，村庄毁于水患，而后村民重建家园，以姓氏取村名袁庄。聚落呈带状分布。有文化广场 1 处。经济以种植业、商贸业为主，主要农作物有小麦、大豆等。有公路经此。

鲁店 370829-C01-H11
[Lǔdiàn]

在县驻地嘉祥街道西北方向 27.5 千米。黄垓乡辖自然村。人口 3 000。鲁氏于明洪武年间从山西省洪洞县迁居古冉村东立村，故取名冉东村。清中期，通往梁山的官路从村中穿过，鲁氏临路开设店铺，生意兴隆，人称鲁家店，后简称鲁店。聚落呈团块状分布。有文化广场 1 处、中学 1 处、幼儿园 1 处。经济以种植业为主，主要农作物有小麦、大豆、玉米、棉花等。有公路经此。

北黄庄 370829-C01-H12
[Běihuángzhuāng]

在县驻地嘉祥街道西北方向 30.8 千米。黄垓乡辖自然村。人口 1 100。黄忠于明弘治八年（1495）从山西平阳府洪洞县城南黄家庄迁此立村，因怀念故土，仍用故乡原村名黄家庄。1958 年成立人民公社时，因社内有两个黄家庄，因此村居北，故将本村更名为北黄庄。聚落呈带状分布。有文化广场 1 处。经济以种植业、商贸业为主，主要农作物有小麦、大豆等。有公路经此。

西孔庄 370829-C01-H13
[Xīkǒngzhuāng]

在县驻地嘉祥街道西北方向 25.5 千米。黄垓乡辖自然村。人口 1 600。孔子五十五代孙克刚，为避元季兵燹迁至王官铺（今梁宝寺镇王铺村）。清康熙二十三年（1684），孔彦旺又从王官铺迁尚贤村定居。至清朝中叶，孔氏成为村中大户，故改村名为孔庄。1958 年成立人民公社时，因社内有两个孔庄，故此村根据位置更名为西孔庄。聚落呈团块状分布。有文化广场、小学、幼儿园。经济以种植业为主，主要农作物有小麦、玉米、大豆等。有公路经此。

李楼 370829-C01-H14
[Lǐlóu]

在县驻地嘉祥街道西北方向 30.5 千米。黄垓乡辖自然村。人口 500。据清道光八年（1828）李氏慎终追远碑文记载：始祖李禄世居山西平阳府李家楼，于明崇祯十六年（1643）从山西平阳府李家楼迁此立村，因怀念故土，仍用故乡原村名李家楼，1958 年后简称李楼。聚落呈带状分布。有文化广场 1 处、幼儿园 1 处。经济以种植业、商贸业为主，主要农作物有小麦、大豆、玉米、棉花等。有公路经此。

汶上县

城市居民点

长乐湖小区 370830-I01
[Chánglèhú Xiǎoqū]

在县城中部。人口 8 000。总面积 28 公顷。东靠礼佛大道、长乐湖，寓意小区居民安居长乐而得名。2008 年正式使用。建筑总面积 200 000 平方米，多层住宅楼 53 栋，现代建筑风格。绿地面积 18 000 平方米，有幼儿园、诊所等配套设施。通公交车。

吉市口佳苑 370830-I02
[Jíshìkǒu Jiāyuàn]

在县城西北部。人口 3 600。总面积 15.1 公顷。明清曾为行刑场所，为趋吉避凶，故称吉市口，因建于吉市口旧址而得名。2013 年正式使用。建筑总面积 400 000 平方米，住宅楼 75 栋，现代建筑风格。绿地面积 68 000 平方米，有幼儿园、社区服区中心等配套设施。通公交车。

阳光盈城 370830-I03
[Yángguāng Yíngchéng]

在县城中部。360 户。总面积 6.2 公顷。寓意小区采光环境好，居住环境优美。2011 年始建，2013 年正式使用。建筑总面积 260 000 平方米，高层住宅楼 12 栋，现代建筑风格。绿地面积 25 400 平方米，有幼儿园、诊所等配套设施。通公交车。

中都苑小区 370830-I04
[Zhōngdūyuàn Xiǎoqū]

在县城南部。1 900 户。总面积 16.5 公顷。以汶上古称中都得名。2007 年始建，

2009 年正式使用。建筑总面积 240 000 平方米，住宅楼 42 栋，其中高层 19 栋、多层 23 栋，现代建筑风格。绿地面积 60 000 平方米，有幼儿园、诊所、商业网点等配套设施。通公交车。

西红园小区 370830–I05
[Xīhóngyuán Xiǎoqū]

在县城西部。191 户。总面积 1.8 公顷。因吉祥嘉言得名。1990 年始建，1993 年正式使用。建筑总面积 20 000 平方米，多层住宅楼 8 栋，现代建筑风格。绿地面积 7 000 平方米，有幼儿园、商业网点等配套设施。通公交车。

农村居民点

东榉柏 370830–A01–H01
[Dōngjiǎbǎi]

在县驻地中都街道东方向 2.8 千米。中都街道辖自然村。人口 2 300。明永乐元年（1403），郭氏从山西迁此定居，村初称为墟，后因宅居植榉，墓地植柏，世人呼之曰榉柏而得名，再以方位而称东榉柏。聚落沿古汶兖路呈团块状分布。有文化广场 1 处、中学 1 处。有国家级文物保护单位榉柏遗址。经济以种植业为主。有公路经此。

小秦 370830–A01–H02
[Xiǎoqín]

在县驻地中都街道东方向 5.2 千米。中都街道辖自然村。人口 1 900。据传唐太宗李世民为秦王时，东征驻跸于此，因名小秦。聚落呈带状分布。有文化广场 1 处、小学 1 处、幼儿园 1 处。经济以种植业为主，主要农作物有小麦、玉米。有公路经此。

疃里 370830–A01–H03
[Tuǎnlǐ]

在县驻地中都街道西北方向 4.2 千米。中都街道辖自然村。人口 2 600。据传，五代前，该村坐落在东南—西北方向的一条大沟滩内，村名沟家滩，五代后，为通讯之便，设有站和疃，该村被设为疃，筑有烟墩，故称疃里。聚落呈团块状分布。有文化广场 1 处、小学 1 处。经济以种植业为主。255 省道经此。

柳杭 370830–A01–H04
[Liǔháng]

在县驻地中都街道西北方向 4.5 千米。中都街道辖自然村。人口 2 900。相传，清朝年间此地有一大片柳树行，村子即建于柳行之内，取名柳树行，后演为柳杭。聚落呈团块状分布。有小学 1 处、幼儿园 1 处。经济以种植业为主，主要农作物有小麦、玉米、土豆等。有百禾纺织有限公司、汶上杭华标志服装厂等企业。有公路经此。

史庄 370830–A01–H05
[Shǐzhuāng]

在县驻地中都街道西北方向 4.8 千米。中都街道辖自然村。人口 900。五代时，后晋高祖石敬瑭曾居住于此，取名石庄。清宣统年间称石家庄，后演为史庄。聚落呈团块状分布。经济以种植业为主，主要农作物有小麦、玉米。255 省道经此。

阙庄 370830–A01–H06
[Quèzhuāng]

在县驻地中都街道西方向 4.4 千米。中都街道辖自然村。人口 2 000。原有曲姓居此名曲庄，因距县城较近，取曲阜阙里之意，后改称阙庄。聚落呈团块状分布。经济以种植业为主，主要农作物有小麦、玉米。333 省道、255 省道经此。

大高村 370830-A01-H07

［Dàgāocūn］

在县驻地中都街道东方向 3.9 千米。中都街道辖自然村。人口 1 900。因高氏人丁兴旺名高村。因与郭仓镇高村重名，1981 年更名为大高村。聚落呈团块状分布。有小学 1 处、幼儿园 1 处。经济以种植业为主，主要农作物有小麦、玉米。有公路经此。

周村 370830-A02-H01

［Zhōucūn］

在县驻地中都街道东北方向 3.3 千米。汶上街道辖自然村。人口 2 100。以姓氏名村。聚落呈团块状分布。有幼儿园 1 处。经济以种植业为主，主要农作物有土豆、地瓜、葡萄等。有大禹预制厂、广信水泥制管厂等企业。333 省道经此。

陈闸 370830-A02-H02

［Chénzhá］

在县驻地中都街道北方向 3.5 千米。汶上街道辖自然村。人口 700。嘉靖年间，陈氏于桥上建闸，故取村名陈闸。聚落呈散状分布。经济以种植业为主，主要农作物有小麦、玉米。有公路经此。

马堂 370830-A02-H03

［Mǎtáng］

在县驻地中都街道东北方向 4.8 千米。汶上街道辖自然村。人口 2 700。马氏在此建村修祠堂一座，故取名马家堂，后演为马堂。聚落呈团块状分布。有文化广场 1 处、幼儿园 1 处、小学 1 处。经济以种植业为主，主要农作物有小麦、玉米、大豆。有济宁凯睿服饰有限公司、济宁创宏服装有限公司、中都预制厂等企业。有公路经此。

路桥 370830-A02-H04

［Lùqiáo］

在县驻地中都街道西北方向 5.7 千米。汶上街道辖自然村。人口 900。明代白英引汶济运时，于村南挖一泉河，路氏出资修桥，故以物冠姓命村名为路家桥，后演为路桥。聚落呈团块状分布。有阅览室 1 处。经济以种植业为主，主要农作物有小麦、玉米。105 国道经此。

大刘庄 370830-A02-H05

［Dàliúzhuāng］

在县驻地中都街道北方向 5.5 千米。汶上街道辖自然村。人口 2 100。北宋末刘氏居此，取名刘庄。1981 年更名为大刘庄。聚落呈团块状分布。有图书室 1 处。经济以种植业为主，主要农作物有小麦、玉米。有公路经此。

八里桥 370830-A02-H06

［Bālǐqiáo］

在县驻地中都街道北方向 7.0 千米。汶上街道辖自然村。人口 700。清乾隆年间，此地建砖桥一座，因距县城八华里，取名八里桥，村以桥名。聚落呈团块状分布。有阅览室 1 处。经济以种植业为主，主要农作物有小麦、玉米。有公路经此。

水坡涯 370830-A02-H07

［Shuǐpōyá］

在县驻地中都街道东北方向 4.9 千米。汶上街道辖自然村。人口 1 500。据传宋朝时期，村后是一望无际的大水，该村是个坡涯，梅氏在此居住，取名为水坡涯。聚落呈团块状分布。经济以种植业为主，主要农作物有小麦、玉米、核桃。有海军汽修厂、万通汽修厂、盛达汽修厂等企业。有公路经此。

后周 370830-A02-H08
[Hòuzhōu]

在县驻地中都街道东北方向4.4千米。汶上街道辖自然村。人口1 200。以姓氏取名周庄，1958年本村按方位称后周。聚落呈团块状分布。有广场1处。经济以种植业为主，主要农作物有大蒜、牛蒡、小麦、玉米。有济宁市同城建材有限公司、雅园新材料科技有限公司、济宁市成凯工贸有限公司等企业。105国道经此。

北坡 370830-A02-H09
[Běipō]

在县驻地中都街道东北方向7.3千米。汶上街道辖自然村。人口1 500。建村时南靠水坡涯，北部是高岗，该村居中，取名坡里，后演为北坡。聚落呈团块状分布。有文化广场1处。经济以种植业为主，主要农作物有小麦、玉米。有公路经此。

南站 370830-B01-H01
[Nánzhàn]

南站镇人民政府驻地。在县驻地中都街道南方向8.3千米。人口5 000。清初在程村设站，清末移至程村西南，与旧程村站相对，故称南站。聚落呈带状分布。有综合文化服务中心、文化广场、中小学。经济以种植业为主，主要农作物有小麦、玉米、大豆、棉花、蔬菜。105国道经此。

赵庙 370830-B01-H02
[Zhàomiào]

在县驻地中都街道西南方向11.8千米。南站镇辖自然村。人口2 200。据传，明洪武年间建村称三官庙，燕王扫北后，仅存庙主赵姓一户，故以姓和庙更名为赵家庙，后演为赵庙。聚落呈团块状分布。古迹有赵庙徐氏家祠。经济以种植业为主，主要农作物有小麦、玉米。有公路经此。

东尚庄 370830-B01-H03
[Dōngshàngzhuāng]

在县驻地中都街道东南方向14.0千米。南站镇辖自然村。人口700。因姓氏得名尚家庄，后按方位居东称东尚庄。聚落呈团块状分布。有市级文物保护单位东尚庄遗址。经济以种植业为主，主要农作物有小麦、玉米。有公路经此。

南辛庄 370830-B01-H04
[Nánxīnzhuāng]

在县驻地中都街道东南方向8.1千米。南站镇辖自然村。人口1 500。明朝初年周姓迁此，取名新庄，后演为辛庄。1981年更名为南辛庄。聚落呈团块状分布。有农家书屋1处、幼儿园1处、小学1处。经济以种植业为主。105国道经此。

野庄 370830-B01-H05
[Yězhuāng]

在县驻地中都街道南方向8.6千米。南站镇辖自然村。人口2 200。明洪武年间建村，原名太平庄，后因连续出两次人命案，县令怒曰："什么太平庄，简直是野庄。"后远近村居皆呼其野庄，故名。聚落呈团块状分布。有农家书屋1处。经济以种植业为主。有公路经此。

龙集 370830-B01-H06
[Lóngjí]

在县驻地中都街道西南方向11.4千米。南站镇辖自然村。人口1 500。村中设有集市，后龙氏人丁兴旺，以姓与集命名龙集。聚落呈团块状分布。有综合文化服务中心1处、文化广场1处、小学1处。经济以种植业为主，主要农作物有小麦、玉米。有公路经此。

齐高 370830-B01-H07
[Qígāo]

在县驻地中都街道东南方向 7.4 千米。南站镇辖自然村。人口 900。明万历年间择高地建村，谓之齐高。聚落呈团块状分布。有儒家讲堂 1 处、农家书屋 1 处、文化广场 1 处。经济以种植业为主，主要农作物有小麦、玉米。有公路经此。

鹅河 370830-B01-H08
[Éhé]

在县驻地中都街道西南方向 10.4 千米。南站镇辖自然村。人口 1 100。北宋时此地为朝贡鹅鸭故道，故名鹅河。聚落呈团块状分布。有农家书屋 1 处。经济以种植业为主，主要农作物有小麦、玉米。有公路经此。

李海 370830-B01-H09
[Lǐhǎi]

在县驻地中都街道西南方向 5.8 千米。南站镇辖自然村。人口 2 300。李氏迁此，村四周坑多积水似海，取名李家垓子，后演为李海。聚落呈团块状分布。有综合文化服务中心 1 处、文化广场 1 处、小学 1 处。经济以种植业为主，主要农作物有小麦、玉米。有公路经此。

大街 370830-B01-H10
[Dàjiē]

在县驻地中都街道东南方向 7.1 千米。南站镇辖自然村。人口 1 100。张氏于明永乐二年（1404）从山西洪洞县迁此，因街道相通取名张家大街，后演称大街。聚落呈团块状分布。有综合文化服务中心 1 处、

文化广场 1 处。经济以种植业为主，主要农作物有小麦、玉米。有公路经此。

程寺 370830-B01-H11
[Chéngsì]

在县驻地中都街道南方向 8.7 千米。南站镇辖自然村。人口 2 300。村有唐朝建兴国寺遗址和土地祠一座，村与寺合称为城村寺，后因"城"与"程"音同演变为程寺。聚落呈团块状分布。有小学 1 处。经济以种植业为主，主要农作物有小麦、玉米。有公路经此。

黄店 370830-B01-H12
[Huángdiàn]

在县驻地中都街道东南方向 12.2 千米。南站镇辖自然村。人口 3 100。一说明朝初期村中成集市，一黄翁名洗，开一客店，遂村名黄洗店，后演为黄店。一说本村居于古赵王河西岸，因黄氏女在此洗衣，故得村名黄洗店，中华人民共和国成立后更名为黄店。聚落呈带状分布。有文化广场 1 处、农家书屋 1 处。经济以种植业为主，主要农作物有小麦、玉米。有公路经此。

东李尹 370830-B01-H13
[Dōnglǐyǐn]

在县驻地中都街道东南方向 12.9 千米。南站镇辖自然村。人口 1 000。原名李寅，后有尹、王等姓在此定居，改称李尹，后因人丁兴旺分支而居，按方位居东，故名东李尹。聚落呈团块状分布。有农家书屋 1 处。经济以种植业为主，主要农作物有小麦、玉米、大豆。有公路经此。

潘村 370830-B01-H14
[Pāncūn]

在县驻地中都街道南方向 8.4 千米。南站镇辖自然村。人口 1 900。以姓氏名村。

聚落呈团块状分布。有文化广场 1 处、农家书屋 1 处。经济以种植业为主，主要农作物有小麦、玉米、大豆。有公路经此。

蔚庄 370830-B01-H15
[Yùzhuāng]

在县驻地中都街道东南方向 7.7 千米。南站镇辖自然村。人口 200。以姓氏名村。聚落呈团块状分布。有文化广场 1 处、农家书屋 1 处。经济以种植业为主，主要农作物有小麦、玉米。有公路经此。

曹村 370830-B01-H16
[Cáocūn]

在县驻地中都街道西南方向 13.2 千米。南站镇辖自然村。人口 800。以姓氏名村。聚落呈团块状分布。经济以种植业为主，主要农作物有小麦、玉米、大豆。有公路经此。

漕流 370830-B01-H17
[Cáoliú]

在县驻地中都街道西南方向 10.4 千米。南站镇辖自然村。人口 2 700。该村南邻蜀山湖，西接运河汶河，北连泉河，地势低洼，常年有流水，注入运河，故名漕流。聚落呈团块状分布。有综合性文体广场 1 处、小学 1 处。经济以种植业为主。有公路经此。

李岗 370830-B01-H18
[Lǐgǎng]

在县驻地中都街道西南方向 3.0 千米。南站镇辖自然村。人口 2 200。以姓和地势高取名李家岗，后演为李岗。聚落呈团块状分布。有文化广场 1 处、农家书屋 1 处。经济以种植业为主，主要农作物有小麦、玉米。252 省道经此。

刘许铺 370830-B01-H19
[Liúxǔpù]

在县驻地中都街道南方向 6.2 千米。南站镇辖自然村。人口 2 300。村北有刘许桥，设铺，以桥和铺冠村名刘许铺。聚落呈团块状分布。有文化广场 1 处、农家书屋 1 处。经济以种植业为主，主要农作物有小麦、玉米。105 国道经此。

三官庙 370830-B01-H20
[Sānguānmiào]

在县驻地中都街道南方向 2.4 千米。南站镇辖自然村。人口 1 400。唐初建有天、地、水三官庙，以庙命村名。聚落呈团块状分布。有文化广场 1 处、农家书屋 1 处。经济以种植业为主，有汶上大荸荠、汶上白莲藕等土特产品。有公路经此。

曹堂 370830-B01-H21
[Cáotáng]

在县驻地中都街道西南方向 3.1 千米。南站镇辖自然村。人口 800。明永乐年间，梁宝寺曹氏居官在此修七神堂庙，村名曹家庙。清康熙十六年（1677）重修，村名曹家堂，后简称曹堂。聚落呈团块状分布。有幼儿园 1 处。经济以种植业为主，有汶上大荸荠、汶上白莲藕等土特产品。有公路经此。

李街 370830-B01-H22
[Lǐjiē]

在县驻地中都街道东南方向 1.5 千米。南站镇辖自然村。人口 2 100。李氏于明永乐年间从汶上城内迁此，因盖有瓦房，村称李家瓦房。李氏兄弟分居于前、后李街，后两街连成一片，故名李街。聚落呈团块状分布。经济以种植业为主。有公路经此。

路林 370830-B01-H23
[Lùlín]

在县驻地中都街道南方向 1.8 千米。南站镇辖自然村。人口 2 100。明嘉靖年间，兵部尚书路迎的林茔地在此，其子孙守林留居渐成村庄，故名。聚落呈团块状分布。有幼儿园 1 处、小学 1 处。经济以种植业为主。有公路经此。

鹿庄 370830-B01-H24
[Lùzhuāng]

在县驻地中都街道西南方向 4.6 千米。南站镇辖自然村。人口 1 700。因村内街道多叉形似鹿角取名鹿角庄，简称鹿庄。聚落呈团块状分布。有小学 1 处。经济以种植业为主，主要农作物有小麦、玉米等。有公路经此。

骆庄 370830-B01-H25
[Luòzhuāng]

在县驻地中都街道西南方向 4.1 千米。南站镇辖自然村。人口 800。以姓氏名村。聚落呈团块状分布。有文化广场 1 处、农家书屋 1 处。经济以种植业为主，主要农作物有小麦、玉米。有公路经此。

岗子 370830-B01-H26
[Gǎngzi]

在县驻地中都街道东南方向 1.5 千米。南站镇辖自然村。人口 1 600。因居势高，崔姓人口较多，取名崔家岗子，后称崔家岗，演为岗子。聚落呈团块状分布。经济以种植业为主。有公路经此。

关帝庙 370830-B01-H27
[Guāndìmiào]

在县驻地中都街道西南方向 3.5 千米。南站镇辖自然村。人口 1 300。原名西皋。郑氏于明正德年间兴建关帝庙，明万历年间重修庙时改村名为关帝庙。聚落呈团块状分布。经济以种植业为主。有公路经此。

廉街 370830-B01-H28
[Liánjiē]

在县驻地中都街道东南方向 1.3 千米。南站镇辖自然村。人口 700。以姓氏名村。聚落呈团块状分布。经济以种植业为主。有公路经此。

辛店 370830-B01-H29
[Xīndiàn]

在县驻地中都街道南方向 3.6 千米。南站镇辖自然村。人口 1 500。明洪武年间，辛姓在此开设小店，故名辛家店，后演为辛店。聚落呈团块状分布。有中学 1 处。经济以种植业为主，主要农作物有小麦、玉米。105 国道经此。

梁桥 370830-B01-H30
[Liángqiáo]

在县驻地中都街道东南方向 4.3 千米。南站镇辖自然村。人口 2 000。梁氏迁此，并在村西泉河上建三孔桥，取村名梁家桥，后演为梁桥。聚落呈团块状分布。有文化广场 1 处、农家书屋 1 处。经济以种植业为主，主要农作物有小麦、玉米。有公路经此。

南旺 370830-B02-H01
[Nánwàng]

南旺镇人民政府驻地。在县驻地中都街道西南方向 18.3 千米。人口 8 900。因鲁恒公游于阚"面南望气卜吉"历史传说得名。聚落呈团块状分布。有小学 1 处、幼儿园 1 处。有省级文物保护单位蚩尤冢，古迹分水龙王庙建筑群。经济以种植业为主，主要农作物有小麦、玉米、大豆。有汶上县鑫兴白铁机械有限公司、汶上县宝星机械加工有限公司等企业。有公路经此。

十里闸 370830-B02-H02
[Shílǐzhá]

在县驻地中都街道西南方向 17.3 千米。南旺镇辖自然村。人口 7 200。明成化六年（1470）在京杭运河上建闸，因距柳林闸、开河闸皆十里，故取名十里闸。聚落呈团块状分布。有省级文物保护单位茅家埠堆墓群。经济以种植业为主，主要农作物有小麦、玉米等。有公路经此。

柳林闸 370830-B02-H03
[Liǔlínzhá]

在县驻地中都街道西南方向 17.9 千米。南旺镇辖自然村。人口 8 500。明永乐年间，柳姓从山西迁此定居，取村名柳家林，又演为柳林庄。后因在村内老运河上修建水闸，遂取村名柳林闸。聚落呈团块状分布。有文化广场 1 处、小学 1 处。经济以种植业为主，主要农作物有小麦、玉米、大豆等，有无公害大棚基地。337 省道经此。

太平庄 370830-B02-H04
[Tàipíngzhuāng]

在县驻地中都街道西南方向 21.0 千米。南旺镇辖自然村。人口 1 600。因村四周坟墓较多，原称鬼庄。清康熙皇帝南巡经此，被湖内捕猎枪声惊动，询其由，随从者奏，湖神接驾，帝欣然，遂将鬼庄更名为太平庄。聚落呈团块状分布。有文化广场 1 处、幼儿园 1 处。经济以种植业为主，主要农作物有小麦、玉米、大豆、葡萄等。337 省道经此。

寺前铺 370830-B02-H05
[Sìqiánpù]

在县驻地中都街道西南方向 21.9 千米。南旺镇辖自然村。人口 8 600。傅氏于明永乐年间从蜀山湖内宁安村迁此，于关帝庙前设一饭铺，取名寺前铺。聚落呈团块状分布。有小学 1 处、幼儿园 1 处。经济以种植业为主，主要农作物有小麦、玉米、大豆等。337 省道经此。

杏林 370830-B02-H06
[Xìnglín]

在县驻地中都街道西南方向 17.4 千米。南旺镇辖自然村。人口 3 300。明朝邢姓定居于此，植大片杏林，遂取名邢家林。清光绪二十六年（1900），邢姓渐衰，取"虎守杏林"之意，更名杏林。聚落呈团块状分布。有村民文化活动中心 1 处、文化广场 1 处。经济以种植业为主，主要农作物有小麦、玉米、大豆。有济宁市敬川服饰有限公司等企业。252 省道经此。

田楼 370830-B02-H07
[Tiánlóu]

在县驻地中都街道西南方向 15.9 千米。南旺镇辖自然村。人口 1 200。强氏十一世春先公于清康熙年间从南旺强家胡同迁此定居，当时已在此居住的田氏观"望湖楼"金碧辉煌，故名村田楼。聚落呈团块状分布。有图书室 1 处、文化广场 1 处。经济以种植业为主，主要农作物有小麦、玉米、大豆。252 省道经此。

白庄 370830-B02-H08
[Báizhuāng]

在县驻地中都街道西南方向 19.3 千米。南旺镇辖自然村。人口 1 100。以姓氏名村。聚落呈团块状分布。有文化广场 1 处、农家书屋 1 处。经济以种植业为主，主要农作物有小麦、玉米、大豆。337 省道经此。

三里堡 370830-B02-H09
[Sānlǐpù]

在县驻地中都街道西南方向 18.1 千米。南旺镇辖自然村。人口 2 300。北宋政和年间在此建堡，因距南旺营三里，故取名三里堡。聚落呈团块状分布。有小学 1 处、幼儿园 1 处。经济以种植业为主，主要农作物有小麦、玉米等。337 省道经此。

宋庄 370830-B02-H10
[Sòngzhuāng]

在县驻地中都街道西南方向 16.5 千米。南旺镇辖自然村。人口 3 200。以姓氏名村。聚落呈团块状分布。有文化广场 1 处、幼儿园 1 处。是文圣拳重要传承地。经济以种植业为主，主要农作物有小麦、玉米、大豆。有公路经此。

次邱 370830-B03-H01
[Cìqiū]

次邱镇人民政府驻地。在县驻地中都街道西南方向 9.8 千米。人口 4 600。为纪念孔子在此设教讲学，故名。聚落呈团块状分布。有文化广场、中学 1 处、小学 1 处。古迹有东周文化遗址。有公路经此。

朱庄 370830-B03-H02
[Zhūzhuāng]

在县驻地中都街道西南方向 13.7 千米。次邱镇辖自然村。人口 1 400。以姓氏名村。聚落呈团块状分布。古迹有孔子讲堂、钓鱼台遗址。经济以种植业为主，产小麦、玉米、大豆、莲藕等。有公路经此。

向村 370830-B03-H03
[Xiàngcūn]

在县驻地中都街道西南方向 9.2 千米。次邱镇辖自然村。人口 800。以姓氏名村。聚落呈团块状分布。有向氏祠堂。经济以种植业为主，主要农作物有小麦、玉米、大豆等。有公路经此。

杨村 370830-B03-H04
[Yángcūn]

在县驻地中都街道西南方向 9.4 千米。次邱镇辖自然村。人口 1 400。以姓氏名村。聚落呈团块状分布。有小学 1 处、幼儿园 1 处。经济以种植业为主，主要农作物有小麦、玉米、大豆等。有公路经此。

中店 370830-B03-H05
[Zhōngdiàn]

在县驻地中都街道西南方向 7.3 千米。次邱镇辖自然村。人口 700。明清称平原村，明成化年间，郭氏迁平原南庄村后，于村内开设店房，按方位有前店、中店、后店之称，因该村在中间，故取名中店。聚落呈团块状分布。经济以种植业为主，主要农作物有小麦、玉米、大豆等。有公路经此。

战湾 370830-B03-H06
[Zhànwān]

在县驻地中都街道西南方向 6.8 千米。次邱镇辖自然村。人口 1 200。据传，五代时，梁将王彦章曾在此打过仗，故名战湾。聚落呈团块状分布。经济以种植业为主，主要农作物有小麦、玉米、大豆、黄瓜等。有公路经此。

牛马庄 370830-B03-H07
[Niúmǎzhuāng]

在县驻地中都街道西南方向 9.4 千米。次邱镇辖自然村。人口 400。古时该村是次邱通往曲阜必经之路，孔子在次邱讲学临走时，群众留恋不舍，牵着孔子的马缰绳一再挽留，送至此村，故取名留马庄。后因"留""牛"音近，被讹传为牛马庄。聚落呈团块状分布。经济以种植业为主，主要农作物有小麦、玉米、大豆等。有公路经此。

贾村 370830-B03-H08
[Jiǎcūn]

在县驻地中都街道西南方向 9.3 千米。次邱镇辖自然村。人口 1 400。以姓氏名村。聚落呈团块状分布。经济以种植业为主，主要农作物有小麦、玉米、大豆等。有汶上县金秋食品有限公司等企业。有公路经此。

台上 370830-B03-H09
[Táishàng]

在县驻地中都街道西南方向 8.7 千米。次邱镇辖自然村。人口 500。明末，武进士郭全普在此立过擂台，更名郭家台，后演为台上。聚落呈团块状分布。经济以种植业为主，主要农作物有小麦、玉米、大豆等。有公路经此。

马庄 370830-B03-H10
[Mǎzhuāng]

在县驻地中都街道西南方向 10.6 千米。次邱镇辖自然村。人口 400。以姓氏名村。聚落呈团块状分布。有农家书屋 1 处、文化广场 1 处。经济以种植业为主，主要农作物有玉米，种植杏树、桃树等树木。有公路经此。

鹿角湾 370830-B03-H11
[Lùjiǎowān]

在县驻地中都街道西南方向 12.0 千米。次邱镇辖自然村。人口 4 200。据传明初因一小河由东向西从该村穿过，其形七股八叉像鹿角，故取村名鹿角湾。聚落呈团块状分布。有小学 1 处、幼儿园 1 处。经济以种植业为主，主要农作物有小麦、玉米。有公路经此。

伊海 370830-B03-H12
[Yīhǎi]

在县驻地中都街道西北方向 6.1 千米。次邱镇辖自然村。人口 2 000。伊氏于明永乐年间迁此定居，明朝末年，又西移八里许汶水之阳，取名伊家海，后演为伊海。聚落呈团块状分布。经济以种植业为主，主要农作物有小麦、玉米。有汶上县晨光纺织有限公司等企业。333 省道经此。

枣杭 370830-B03-H13
[Zǎoháng]

在县驻地中都街道西方向 5.6 千米。次邱镇辖自然村。人口 2 700。王氏于明永乐年间从山西洪洞县迁此，以洪洞县旧有枣杭村而得名。聚落呈团块状分布。有小学 1 处、幼儿园 1 处。经济以种植业为主，主要农作物有小麦、玉米。有公路经此。

农场 370830-B03-H14
[Nóngchǎng]

在县驻地中都街道西南方向 9.7 千米。次邱镇辖自然村。人口 500。1959 年名为次邱公社农场大队，后演为农场。聚落呈团块状分布。有文化广场 1 处。经济以种植业为主，主要农作物有小麦、玉米。有公路经此。

高里 370830-B03-H15
[Gāolǐ]

在县驻地中都街道西方向 5.0 千米。次邱镇辖自然村。人口 900。元朝末年，高、李两姓居此，取村名高李，后演为高里。聚落呈团块状分布。有文化广场 1 处。经济以种植业为主，主要农作物有小麦、玉米。有公路经此。

白马河 370830-B03-H16

[Báimǎhé]

在县驻地中都街道西南方向 6.2 千米。次邱镇辖自然村。人口 2 800。此村因白马河而得名。聚落呈团块状分布。有小学 1 处、幼儿园 1 处。经济以种植业为主，主要农作物有小麦、玉米、花生、西瓜。有公路经此。

前马口 370830-B03-H17

[Qiánmǎkǒu]

在县驻地中都街道西南方向 7.5 千米。次邱镇辖自然村。人口 1 300。因村中设有渡口，原名马家口，1981 年更名为前马口。聚落呈团块状分布。有文化广场 1 处。经济以种植业为主，主要农作物有小麦、玉米、毛豆、牛蒡。有公路经此。

王口 370830-B03-H18

[Wángkǒu]

在县驻地中都街道西南方向 8.6 千米。次邱镇辖自然村。人口 1 200。明永乐年间村东设一渡口，摆渡者名王岩，故取村名王岩口，后演为王口。聚落呈团块状分布。有文化广场 1 处。经济以种植业为主，主要农作物有小麦、玉米。有汶上县红利板材制板厂等企业。有公路经此。

西徐村 370830-B03-H19

[Xīxúcūn]

在县驻地中都街道西南方向 6.2 千米。次邱镇辖自然村。人口 3 600。因姓氏得名徐家村，1981 年更名为西徐村。聚落呈团块状分布。有小学 1 处、幼儿园 1 处。经济以种植业为主，主要农作物有小麦、玉米。有公路经此。

黑马沟 370830-B03-H20

[Hēimǎgōu]

在县驻地中都街道西南方向 10.5 千米。次邱镇辖自然村。人口 1 400。村因河而得名。聚落呈散状分布。有文化广场 1 处。经济以种植业为主，主要农作物有小麦、玉米等。有公路经此。

西张 370830-B03-H21

[Xīzhāng]

在县驻地中都街道西南方向 7.7 千米。次邱镇辖自然村。人口 1 000。以姓氏和方位名村。聚落呈团块状分布。有文化广场 1 处。蔬菜种植为特色产业，建有无公害蔬菜种植基地，种植菜花、卷心菜等。有公路经此。

赵村 370830-B03-H22

[Zhàocūn]

在县驻地中都街道西南方向 5.1 千米。次邱镇辖自然村。人口 1 400。以姓氏名村。聚落呈团块状分布。有文化广场 1 处。经济以种植业为主，主要农作物有小麦、玉米。252 省道经此。

湖口 370830-B03-H23

[Húkǒu]

在县驻地中都街道西南方向 14.6 千米。次邱镇辖自然村。人口 1 300。因村临马踏湖进水口，取村名湖口。聚落呈团块状分布。有中都故城遗址。经济以种植业为主，主要农作物有小麦、玉米。有公路经此。

寅寺东 370830-B04-H01

[Yínsìdōng]

寅寺镇人民政府驻地。在县驻地中都街道西北方向 9.2 千米。人口 2 500。有寺庙门朝东，取寅时迎朝阳之意，遂名寅阳寺，后演为寅寺，又因方位名寅寺东。聚落呈团块状分布。有中学 1 处、小学 1 处。经济以种植业为主，主要农作物有小麦、玉米。有公路经此。

侯之门 370830-B04-H02

[Hóuzhīmén]

在县驻地中都街道西北方向 9.3 千米。寅寺镇辖自然村。人口 900。侯氏于明洪武初年迁此,侯昱事亲至孝,死后钦赐建坊旌表"侯昱之门",后称侯之门。聚落呈团块状分布。经济以种植业为主,主要农作物有小麦、玉米、大豆等。有公路经此。

草桥 370830-B04-H03

[Cǎoqiáo]

在县驻地中都街道西北方向 6.2 千米。寅寺镇辖自然村。人口 3 200。明万历年间《汶上县志》载:"汶之草曰草,城西八里。为南北渡口,每岁潦定结草之,至夏而浮……"故两岸近桥之村名曰草桥。聚落呈团块状分布。有小学 1 处。经济以种植业为主,主要农作物有小麦、玉米。255省道经此。

林堂 370830-B04-H04

[Líntáng]

在县驻地中都街道西北方向 10.2 千米。寅寺镇辖自然村。人口 400。林氏于明永乐年间从福建莆田县迁此,并建修林家祠堂,更名林家堂,后演为林堂。聚落呈团块状分布。有文化广场 1 处。经济以种植业为主,主要农作物有小麦、玉米。有公路经此。

林楼 370830-B04-H05

[Línlóu]

在县驻地中都街道西北方向 10.5 千米。寅寺镇辖自然村。人口 1 200。元朝末年,马姓居此,名曰马楼。明永乐年间,林氏由林庄迁此,更名林楼。聚落呈团块状分布。有小学 1 处。经济以种植业为主,主要农作物有小麦、玉米、大豆等。有公路经此。

信庄 370830-B04-H06

[Xìnzhuāng]

在县驻地中都街道西北方向 6.4 千米。寅寺镇辖自然村。人口 1 000。以姓氏名村。聚落呈团块状分布。经济以种植业为主,主要农作物有小麦、玉米、大豆等。有公路经此。

西小楼 370830-B04-H07

[Xīxiǎolóu]

在县驻地中都街道西北方向 7.0 千米。寅寺镇辖自然村。人口 600。何氏于明永乐年间从河湾迁此并建一小楼,村名小楼。1981 年更名为西小楼。聚落呈团块状分布。有文化广场 1 处。经济以种植业为主,主要农作物有小麦、玉米、大豆等。333 省道经此。

郭楼 370830-B05-H01

[Guōlóu]

郭楼镇人民政府驻地。在县驻地中都街道西北方向 11.9 千米。人口 1 000。最早系孟氏建村,名孟家庄。明末郭氏一支由楦柏迁此,人丁兴旺,建楼一座。清初孟氏势衰,清末民初时更名郭楼。聚落呈团块状分布。有中学 1 处、小学 1 处。经济以种植业为主,主要农作物有小麦、玉米、葱、土豆、洋葱、白菜、牛蒡等。有公路经此。

毛庙 370830-B05-H02

[Máomiào]

在县驻地中都街道西北方向 9.5 千米。郭楼镇辖自然村。人口 800。明末有黄姓居此,建七神堂庙,取名黄堂村。清朝中期,黄姓渐衰,同村毛姓兴旺,改村名为毛庙。聚落呈团块状分布。有郭楼镇党史纪念馆。经济以种植业为主,主要农作物有小麦、玉米、大豆等。有公路经此。

古城 370830-B05-H03

[Gǔchéng]

在县驻地中都街道西北方向 10.7 千米。郭楼镇辖自然村。人口 1 100。据传为郕国故都，村以城命名。聚落呈团块状分布。有文化广场 1 处。经济以种植业为主，主要农作物有小麦、玉米。有公路经此。

阳城坝 370830-B05-H04

[Yángchéngbà]

在县驻地中都街道西北方向 16.2 千米。郭楼镇辖自然村。人口 1 600。据传在列国时代，有个叫阳货的人住在这里，修了一座城，名叫阳城，后为抵御洪水修筑堤坝，遂演为阳城坝。聚落呈团块状分布。有幼儿园 1 处。经济以运输业和种植业为主，主要农作物有小麦、玉米。济广高速经此。

东海寺 370830-B05-H05

[Dōnghǎisì]

在县驻地中都街道西北方向 13.2 千米。郭楼镇辖自然村。人口 500。据传唐朝有一座神庙名梨花堂，后来了一个和尚，法名东海，住持此庙，后人以和尚法名而改为东海寺。聚落呈团块状分布。经济以种植业为主，主要农作物有小麦、玉米。有公路经此。

胡庙 370830-B05-H06

[Húmiào]

在县驻地中都街道西北方向 10.9 千米。郭楼镇辖自然村。人口 700。清光绪年间，胡姓修五神堂庙一座，后称胡庙。聚落呈团块状分布。经济以种植业为主，主要农作物有小麦、玉米、花生等。有公路经此。

万庄 370830-B05-H07

[Wànzhuāng]

在县驻地中都街道西北方向 12.1 千米。郭楼镇辖自然村。人口 1 200。以姓氏名村。聚落呈团块状分布。经济以种植业为主，主要农作物有小麦、玉米、大豆等。有公路经此。

关庄 370830-B05-H08

[Guānzhuāng]

在县驻地中都街道西北方向 15.0 千米。郭楼镇辖自然村。人口 1 000。元朝，有一关姓船户在此定居，以姓取名关庄。聚落呈团块状分布。有文化广场 1 处。经济以种植业为主，主要农作物有小麦、玉米、大豆等。有公路经此。

李村 370830-B05-H09

[Lǐcūn]

在县驻地中都街道西北方向 11.5 千米。郭楼镇辖自然村。人口 1 200。以姓氏名村。聚落呈团块状分布。有小学 1 处。经济以种植业为主，主要农作物有小麦、玉米。有公路经此。

康驿 370830-B06-H01

[Kāngyì]

康驿镇人民政府驻地。在县驻地中都街道东南方向 15.6 千米。人口 3 600。本名康庄，明代济宁设卫，康庄设驿站，故称康庄驿，后演为康驿。聚落呈团块状分布。有中学 1 处、小学 1 处、幼儿园 1 处。经济以种植业为主，主要农作物有小麦、玉米、大豆、包菜、萝卜、韭菜等。105 国道经此。

徐海 370830-B06-H02

[Xúhǎi]

在县驻地中都街道东南方向 16.4 千米。康驿镇辖自然村。人口 1 000。以姓取名徐海。聚落呈团块状分布。有文化广场 1 处。有市级文物保护单位徐海遗址、县级文物保护单位徐氏墓群。经济以种植业、畜牧业为主。有胜利养鸭厂等企业。有公路经此。

大徐后 370830-B06-H03
[Dàxúhòu]

在县驻地中都街道东南方向 17.2 千米。康驿镇辖自然村。人口 3 600。村西临赵王河大码头，建有宿舍，以便往来客商住宿，名大宿村，演为大徐村，后按方位称大徐后。聚落呈团块状分布。有学校 1 处、幼儿园 1 处。有市级文物保护单位轱轮地遗址。经济以种植业为主，主要农作物有小麦、玉米等。有公路经此。

寨子 370830-B06-H04
[Zhàizi]

在县驻地中都街道南方向 15.9 千米。康驿镇辖自然村。人口 1 500。因后广湖村前一里许驻有军营维持湖区治安，并在此处设有寨哨，故取名寨子。聚落呈团块状分布。有中学 1 处、幼儿园 1 处。经济以种植业为主，主要农作物有小麦、玉米等。有公路经此。

李集 370830-B06-H05
[Lǐjí]

在县驻地中都街道南方向 14.0 千米。康驿镇辖自然村。人口 1 600。孔子宰中都时，命弟子颜回到此地宣传儒教，以五常为纲。后人在此而居，而名村礼教集，后演为李集。聚落呈团块状分布。有文化广场 1 处、幼儿园 1 处。经济以种植业为主，主要农作物有小麦、玉米、大豆。105 国道经此。

金街 370830-B06-H06
[Jīnjiē]

在县驻地中都街道东南方向 17.4 千米。康驿镇辖自然村。人口 1 100。为回族聚集村。因南唐阳金街得名。聚落呈团块状分布。有县级文物保护单位金街清真寺。经济以种植业为主，主要农作物有小麦、玉米等。有公路经此。

薛庙 370830-B06-H07
[Xuēmiào]

在县驻地中都街道东南方向 14.7 千米。康驿镇辖自然村。人口 800。因薛氏在村中修天齐庙一座，故名薛庙。聚落呈团块状分布。经济以种植业为主，主要农作物有小麦、玉米等。有公路经此。

颜珠 370830-B06-H08
[Yánzhū]

在县驻地中都街道南方向 13.0 千米。康驿镇辖自然村。人口 600。据传孔子宰中都时，颜回相随，曾在此地讲学，又因此地朱姓人众多，所以取名颜朱，后演变成颜珠。聚落呈团块状分布。有文化广场 1 处。经济以种植业为主，主要农作物有小麦、玉米等。有公路经此。

玉皇庙 370830-B06-H09
[Yùhuángmiào]

在县驻地中都街道西南方向 13.6 千米。康驿镇辖自然村。人口 400。明末此处建一座玉皇庙，遂取村名玉皇庙。聚落呈团块状分布。有文化广场 1 处。经济以种植业为主，主要农作物有小麦、玉米等。有公路经此。

大唐阳 370830-B06-H10
[Dàtángyáng]

在县驻地中都街道东南方向 14.7 千米。康驿镇辖自然村。人口 3 200。因城内有大堂坐北向阳，后逐渐演变称为唐阳。因数村毗邻，唯该村户众人多，故命名为大唐阳。聚落呈团块状分布。有小学 1 处、幼儿园 1

处。经济以种植业为主，主要农作物有小麦、玉米、大豆。有公路经此。

刘王庄 370830-B06-H11
[Liúwángzhuāng]

在县驻地中都街道西南方向 14.2 千米。康驿镇辖自然村。人口 600。因村中大姓而得。聚落呈团块状分布。有文化广场 1 处。经济以种植业为主，主要农作物有小麦、玉米、大豆。有公路经此。

前赵 370830-B06-H12
[Qiánzhào]

在县驻地中都街道南方向 13.2 千米。康驿镇辖自然村。人口 1 100。因赵姓居住在颜珠前方，故命村名前赵家庄，后演为前赵。聚落呈团块状分布。有文化广场 1 处、小学 1 处。经济以种植业为主，主要农作物有小麦、玉米、地瓜。有公路经此。

苑楼 370830-B07-H01
[Yuànlóu]

苑庄镇人民政府驻地。在县驻地中都街道东北方向 9.7 千米。人口 4 200。据传宋初袁姓居此，名袁庄，南宋初苑姓从白塔迁此，繁衍兴旺，后改名苑楼。聚落呈团块状分布。有小学 1 处、幼儿园 1 处。经济以种植业为主，主要农作物有平菇、包菜、豌豆、芋头、青椒。有公路经此。

苑庄 370830-B07-H02
[Yuànzhuāng]

在县驻地中都街道东北方向 10.3 千米。苑庄镇辖自然村。人口 1 600。据传，宋初有袁姓居此，名袁庄。南宋末，苑姓从白塔迁来定居，后袁姓渐衰，苑姓人丁兴旺，改名为苑庄。聚落呈团块状分布。有百姓大舞台 1 处。经济以种植业为主，主要农作物有小麦、玉米、花生、蔬菜等。有公路经此。

演马庄 370830-B07-H03
[Yǎnmǎzhuāng]

在县驻地中都街道东北方向 7.8 千米。苑庄镇辖自然村。人口 2 200。据传前唐五代时，王彦章大战吉宝山，兵马屯居于此，村北作为牧地，此地作为演马场，故命名为演马庄。聚落呈散状分布。有小学 1 处、幼儿园 1 处。有市级文物保护单位荣氏祠堂、县级古树名木龙柏。经济以种植业为主，主要农作物有小麦、玉米、大豆。有公路经此。

大秦 370830-B07-H04
[Dàqín]

在县驻地中都街道东北方向 6.2 千米。苑庄镇辖自然村。人口 2 500。唐王李世民于武德五年（622）率大军东征驻跸于此安营扎寨，现村南仍有大营黄宫院地名叫法，秦王东征鲁王的故事在此相传，故取名大秦。又传，唐朝李世民兄弟二人，其兄封大秦王，李世民被封小秦王，东征时在此驻跸，小秦王驻地为小秦，大秦王驻地为大秦。聚落呈团块状分布。有文化广场 1 处。经济以种植业为主，主要农作物有小麦、玉米。333 省道经此。

作里 370830-B07-H05
[Zuōlǐ]

在县驻地中都街道东北方向 10.7 千米。苑庄镇辖自然村。人口 1 600。据传，该村北宋时期位于赵王河北岸，是一个水陆码头，当时，临河兴建了造船和造鞭炮的作坊，故名作里。聚落呈团块状分布。经济以种植业为主，主要农作物有玉米、小麦等。有公路经此。

大王庄 370830-B07-H06

[Dàwángzhuāng]

在县驻地中都街道东方向 9.0 千米。苑庄镇辖自然村。人口 2 800。因姓氏得名。聚落呈团块状分布。有小学 1 处、幼儿园 1 处。经济以种植业为主，主要农作物有小麦、玉米。有公路经此。

界牌 370830-B07-H07

[Jièpái]

在县驻地中都街道东北方向 10.6 千米。苑庄镇辖自然村。人口 1 100。因有界牌得名。聚落呈团块状分布。有文化广场 1 处。经济以种植业为主，主要农作物有小麦、玉米。333 省道经此。

白塔 370830-B07-H08

[Báitǎ]

在县驻地中都街道东北方向 7.9 千米。苑庄镇辖自然村。人口 3 700。唐朝时期在此建白塔一座，后有多姓氏来此定居，故名。聚落呈团块状分布。有文化广场 1 处、小学 1 处、幼儿园 1 处。经济以种植业为主，主要农作物有小麦、玉米。333 省道经此。

东官庄 370830-B07-H09

[Dōngguānzhuāng]

在县驻地中都街道东北方向 5.2 千米。苑庄镇辖自然村。人口 2 200。相传明初孔武大人在周村居住时，于此地建官屋一座，因此村居东，故名东官庄。聚落呈团块状分布。有文体大院 1 处、文体广场 1 处、小学 1 处、中学 1 处。经济以种植业为主，主要农作物有小麦、玉米。333 省道经此。

马家庄 370830-B07-H10

[Mǎjiāzhuāng]

在县驻地中都街道东北方向 8.5 千米。

苑庄镇辖自然村。人口 900。因姓氏得名。聚落呈团块状分布。有小学 1 处、幼儿园 1 处。经济以种植业为主，主要农作物有小麦、玉米。有公路经此。

北郑楼 370830-B07-H11

[Běizhènglóu]

在县驻地中都街道东北方向 8.4 千米。苑庄镇辖自然村。人口 900。因姓氏得名郑家楼，后演变为郑楼，1981 年更名为北郑楼。聚落呈团块状分布。经济以种植业为主，主要农作物有小麦、玉米。有公路经此。

张楼 370830-B07-H12

[Zhānglóu]

在县驻地中都街道东北方向 7.8 千米。苑庄镇辖自然村。人口 500。因姓氏和村中建筑而得名。聚落呈团块状分布。经济以种植业为主，主要农作物有小麦、玉米。有公路经此。

东牧地 370830-B07-H13

[Dōngmùdì]

在县驻地中都街道东北方向 8.7 千米。苑庄镇辖自然村。人口 500。据传明朝有丁、傅两姓迁此建村，丁姓居住的西庄叫丁家牧地，傅家居住的东庄叫傅家牧地。1981 年更名为东牧地。聚落呈团块状分布。经济以种植业为主，主要农作物有小麦、玉米。有公路经此。

驻驾圈 370830-B08-H01

[Zhùjiàquān]

义桥镇人民政府驻地。在县驻地中都街道东南方向 8.5 千米。人口 1 100。据传，清康熙皇帝下江南，曾驻跸此地，设有保驾范围圈，古称驻驾圈。亦说本名鄑圈，春秋鲁庄公十一年（前 683）"公败宋师于鄑"即指此，后演变为驻驾圈。聚落呈团块状分布。经济以种植业为主，主要农作物有小麦、玉米、毛豆、西兰花。有公路经此。

唐庄 370830-B08-H02
[Tángzhuāng]

在县驻地中都街道东南方向 7.0 千米。义桥镇辖自然村。人口 1 100。原名鲁王屯。后来屯中建一鸭塘，故名塘庄。因"塘"与"唐"同音，后又演变为唐庄。又传，唐王李世民东征时从唐庄经过，得一隐士指点，后来他战无不胜、攻无不克，奠定了大唐基业，该村因此得名大唐王村，后演为唐庄。聚落呈团块状分布。经济以养猪、三黄鸡为主。有公路经此。

冯庄 370830-B08-H03
[Féngzhuāng]

在县驻地中都街道东南方向 7.2 千米。义桥镇辖自然村。人口 1 500。明崇祯十年（1637），冯氏从兖州李宫村迁此，以姓取名冯庄。聚落呈团块状分布。有文体广场 1 处、农家书屋 1 处、文化长廊 1 处。经济以种植业为主，主要农作物有小麦、玉米、地瓜，苗木主要种植红枫、海棠。有公路经此。

马庄南 370830-B08-H04
[Mǎzhuāngnán]

在县驻地中都街道东南方向 7.9 千米。义桥镇辖自然村。人口 700。以姓氏命名。聚落呈团块状分布。有文体广场 1 处。经济以苗木种植业为主，主要苗木有法桐、黄玉兰。有公路经此。

兴隆庄 370830-B08-H05
[Xīnglóngzhuāng]

在县驻地中都街道东南方向 14.2 千米。义桥镇辖自然村。人口 600。清光绪四年（1878），王氏祖讳兴隆者，由本县枣杭村分居于此，故名兴隆庄。聚落呈团块状分布。有文体广场 1 处。经济以苗木种植业为主，主要苗木有法国梧桐、白蜡。有公路经此。

前张吾 370830-B08-H06
[Qiánzhāngwú]

在县驻地中都街道东南方向 12.5 千米。义桥镇辖自然村。人口 2 200。明朝时村中有张、吴两姓，名张吴村，至清朝演为张吾。后因村前有集市，村后有楼房，又分别名为前集与后楼。1949 年后，前集更名前张吾。聚落呈团块状分布。有文体广场 1 处、小学 1 处、幼儿园 2 处。经济以种植业为主，主要农作物有小麦、玉米。有公路经此。

义桥西 370830-B08-H07
[Yìqiáoxī]

在县驻地中都街道东南方向 7.2 千米。义桥镇辖自然村。人口 700。明初该村北有赵王河阻碍交通，乡间公议架桥，取名义和桥。该村以桥取名，后演为义桥，又以方位改为义桥西。聚落呈团块状分布。有文体广场 1 处。经济以种植业为主，主要农作物有小麦、玉米、地瓜，苗木种植主要有白蜡、法桐。有公路经此。

完村 370830-B08-H08
[Wáncūn]

在县驻地中都街道东南方向 5.7 千米。义桥镇辖自然村。人口 700。据传，宋朝末年，完颜丞相曾在此居住，以姓取名完颜村，后简称完村。聚落呈团块状分布。经济以种植业为主，主要农作物有小麦、玉米等。有公路经此。

窦村 370830-B08-H09
[Dòucūn]

在县驻地中都街道东南方向 8.1 千米。

义桥镇辖自然村。人口 1 100。窦建德墓在县东南 30 里，以姓冠村名为窦家村，后演为窦村。聚落呈团块状分布。经济以种植业为主，主要农作物有小麦、玉米。有公路经此。

柳杭头 370830-B08-H10
[Liǔhángtóu]

在县驻地中都街道东南方向 4.7 千米。义桥镇辖自然村。人口 1 600。明永乐年间，当时该地是柳树行子的一头，取地名为柳行头。因"行""杭"二字音同，演变为柳杭头至今。聚落呈团块状分布。有文体广场 1 处、农家书屋 1 处。经济以种植业为主，主要农作物有小麦、玉米、姜。有公路经此。

白家店 370830-B08-H11
[Báijiādiàn]

在县驻地中都街道东南方向 14.5 千米。义桥镇辖自然村。人口 1 100。宁阳至济宁长沟有一条大道，白姓临路开一客庄，故村名为白家店。聚落呈团块状分布。有文体广场 2 处。有市级文物保护单位白店遗址。经济以种植业为主，主要农作物有小麦、玉米。有公路经此。

南李村 370830-B08-H12
[Nánlǐcūn]

在县驻地中都街道东南方向 7.7 千米。义桥镇辖自然村。人口 500。据传，李姓于明永乐年间从山西洪洞县迁此定居，以姓取名为李家村，又演为李村，后按方位更名为南李村。聚落呈团块状分布。有文体广场 1 处。经济以种植业为主，主要农作物有小麦、玉米。有公路经此。

北辛庄 370830-B08-H13
[Běixīnzhuāng]

在县驻地中都街道东南方向 8.4 千米。义桥镇辖自然村。人口 1 300。因辛姓人丁兴旺，取名辛庄，后按方位称北辛庄。聚落呈团块状分布。有文体广场 1 处。经济以种植业为主，主要农作物有小麦、玉米、黄瓜、大蒜。有公路经此。

东王村 370830-B08-H14
[Dōngwángcūn]

在县驻地中都街道东南方向 11.7 千米。义桥镇辖自然村。人口 700。因姓氏得名王家村，后演为王村。1981 年按方位更名为东王村。聚落呈团块状分布。有文体广场 2 处。有县级文物保护单位王玉瑶民居。经济以种植业为主，主要农作物有小麦、玉米、黄瓜。有公路经此。

沈营 370830-B08-H15
[Shěnyíng]

在县驻地中都街道东南方向 8.3 千米。义桥镇辖自然村。人口 1 200。据传，清康熙皇帝下江南时，曾在驻驾圈外设有兵营，后沈氏由外地迁居至此，以姓冠村名沈营。聚落呈团块状分布。有文体广场 1 处、红色教育基地 1 处。经济以种植业为主，主要农作物有小麦、玉米、地瓜、大豆。有公路经此。

沙庄 370830-B08-H16
[Shāzhuāng]

在县驻地中都街道东南方向 5.8 千米。义桥镇辖自然村。人口 400。因该村黄沙较多得名。聚落呈团块状分布。经济以种植业为主，主要农作物有小麦、玉米等，苗木有国槐、法桐、白蜡。有公路经此。

西孙吾 370830-B08-H17

[Xīsūnwú]

在县驻地中都街道东南方向11.2千米。义桥镇辖自然村。人口1 800。村内住有孙、吴两姓，取村名为孙吴。因该村位于赵王河西，又名西孙吴。吴、吾同音，后演为西孙吾。经济以种植业为主，主要农作物有小麦、玉米等，苗木有白蜡、红枫、国槐。有公路经此。

西芦庄 370830-B08-H18

[Xīlúzhuāng]

在县驻地中都街道东南方向10.1千米。义桥镇辖自然村。人口1 600。清初以姓取名为罗庄。该村东有芦庄，因两村相对，远近村人称西罗庄，后演为西芦庄。聚落呈团块状分布。有文体广场1处。经济以种植业为主，主要农作物有小麦、玉米等，苗木有国槐、柳树、家槐。有公路经此。

东芦庄 370830-B08-H19

[Dōnglúzhuāng]

在县驻地中都街道东南方向10.7千米。义桥镇辖自然村。人口1 700。据传，清初芦姓居此，以姓取名芦庄，因位于西芦庄东，后改为东芦庄。聚落呈团块状分布。有文化广场1处。经济以种植业为主，主要农作物有小麦、玉米。有公路经此。

白石 370830-B09-H01

[Báishí]

白石镇人民政府驻地。在县驻地中都街道东北方向16.9千米。人口2 200。因村南白石山得名。聚落呈团块状分布。有小学1处。经济以种植业为主，主要农作物有小麦、玉米、核桃。有公路经此。

郑城 370830-B09-H02

[Zhèngchéng]

在县驻地中都街道东北方向17.5千米。白石镇辖自然村。人口2 000。郑城为古城遗址，村名郑王城，后演为郑城。聚落呈团块状分布。有县级文物保护单位前郑城古墓群。有文化广场1处。经济以种植业为主，主要农作物有小麦、玉米、地瓜等。有公路经此。

夏村 370830-B09-H03

[Xiàcūn]

在县驻地中都街道东北方向12.4千米。白石镇辖自然村。人口1 500。夏氏于明朝时期从城西夏家庄迁至昙山前居住，以姓取名夏村。聚落呈团块状分布。有文体广场1处、小学1处、幼儿园1处。经济以种植业为主，主要农作物有核桃、茶叶。有公路经此。

郭林 370830-B09-H04

[Guōlín]

在县驻地中都街道东北方向15.3千米。白石镇辖自然村。人口700。工部尚书郭朝宾之墓在城东北三十余里金山上，郭氏后裔为守护尚书林，搬迁林旁居住，村取名郭家林，后演为郭林。聚落呈团块状分布。有省级文物保护单位郭朝宾墓。经济以种植业为主，主要农作物有小麦、玉米、核桃。有公路经此。

小楼 370830-B09-H05

[Xiǎolóu]

在县驻地中都街道东北方向16.5千米。白石镇辖自然村。人口1 600。明朝，商氏在此建一座小楼，故名。聚落呈团块状分布。有小学1处、幼儿园1处。有省级文物保护单位水牛山摩崖石刻。经济以种植业为主，主要农作物有小麦、玉米、地瓜等。有公路经此。

大孟庄 370830-B09-H06
［Dàmèngzhuāng］

在县驻地中都街道东北方向15.4千米。白石镇辖自然村。人口1 200。以姓氏名村。聚落呈团块状分布。有市级文物保护单位孟林石刻群。经济以石材加工业、种植业为主，主要农作物有小麦、玉米。有公路经此。

满营 370830-B09-H07
［Mǎnyíng］

在县驻地中都街道东北方向15.6千米。白石镇辖自然村。人口1 600。清康熙皇帝由江南回京时，带来南方部队在此垦荒，因口音不同，当地人称驻地为蛮子营，后演为满营。聚落呈团块状分布。经济以石材加工业、种植业为主，主要农作物有小麦、玉米。有公路经此。

兴化寺 370830-B09-H08
［Xìnghuàsì］

在县驻地中都街道东北方向14.4千米。白石镇辖自然村。人口1 000。唐朝贞观年间，昙山北面有一寺院，名曰兴化寺，故后人以寺庙命名。聚落呈团块状分布。经济以种植业为主，主要农作物有小麦、玉米、地瓜、核桃。有公路经此。

纸坊 370830-B09-H09
［Zhǐfāng］

在县驻地中都街道东北方向12.2千米。白石镇辖自然村。人口500。唐代，昙山脚下为昙河大集的造纸坊，故名纸坊。聚落呈团块状分布。经济以种植业为主，主要农作物有小麦、玉米。有公路经此。

贾村 370830-B09-H10
［Jiǎcūn］

在县驻地中都街道东北方向12.1千米。白石镇辖自然村。人口1 600。明永乐二年（1404），贾氏从山西洪洞县迁至汶上城内，后移居于此，以姓取名贾村。聚落呈团块状分布。有小学1处。经济以种植业为主，主要农作物有小麦、玉米。有公路经此。

武村 370830-B09-H11
［Wǔcūn］

在县驻地中都街道东北方向14.0千米。白石镇辖自然村。人口1 000。拓跋氏在今汶上东部建广武城，广武城名称逐步演变为武村。聚落呈团块状分布。经济以种植业为主，主要农作物有小麦、玉米。有公路经此。

郭仓 370830-B10-H01
［Guōcāng］

郭仓镇人民政府驻地。在县驻地中都街道北方向8.9千米。人口1 900。明朝名朱家粮仓。清乾隆年间，郭姓迁此，也建粮仓，村改名郭家仓，后简为今名。聚落呈带状分布。有文化广场1处、幼儿园2处。经济以种植业为主，主要农作物有小麦、玉米、大豆、地瓜、棉花。105国道经此。

美化庄 370830-B10-H02
［Měihuàzhuāng］

在县驻地中都街道北方向6.6千米。郭仓镇辖自然村。人口1 400。明宣德年间，崔氏迁入，因崔瓘功德显赫，村内风俗良、教化美，故名美化庄。聚落呈团块状分布。有文化广场1处、幼儿园1处。有省级文物保护单位崔家堂楼。经济以种植业为主，主要农作物有小麦、玉米、土豆。有公路经此。

高村 370830-B10-H03

［Gāocūn］

在县驻地中都街道西北方向 12.3 千米。郭仓镇辖自然村。人口 1 500。明永乐年间，高氏从山西洪洞县迁此，因居汶河南岸临渡口处，取村名高家口。1949 年后，改为高村。聚落呈团块状分布。有文化广场 1 处。经济以种植业为主，主要农作物有小麦、玉米。有公路经此。

王楼 370830-B10-H04

［Wánglóu］

在县驻地中都街道北方向 6.4 千米。郭仓镇辖自然村。人口 400。郭氏迁此建楼一座，以此取村名望家楼。后王氏迁来，改为王楼。聚落呈团块状分布。有文化广场 1 处。经济以种植业为主，主要农作物有小麦、玉米、牛蒡。有公路经此。

孙场 370830-B10-H05

［Sūnchǎng］

在县驻地中都街道西北方向 9.6 千米。郭仓镇辖自然村。人口 600。孙家雇工种地，在此安了场园，故取村名孙场。聚落呈团块状分布。有文化广场 1 处。经济以种植业为主，主要农作物有小麦、玉米、牛蒡。有公路经此。

孔家茅滩 370830-B10-H06

［Kǒngjiāmáotān］

在县驻地中都街道北方向 12.4 千米。郭仓镇辖自然村。人口 2 100。孔姓于明永乐年间来此定居，依据地貌结合姓氏取名孔家茅滩。聚落呈团块状分布。有文化广场 1 处。经济以种植业为主，主要农作物有小麦、玉米、牛蒡。有公路经此。

杨寺 370830-B10-H07

［Yángsì］

在县驻地中都街道北方向 12.0 千米。郭仓镇辖自然村。人口 300。杨氏迁此定居，取名杨家村，后在村东南建西兴化寺，又以寺冠姓名杨家寺，后演为杨寺。聚落呈团块状分布。有文化广场 1 处。经济以种植业为主，主产玉米、小麦、大豆等。有公路经此。

西杨庄 370830-B10-H08

［Xīyángzhuāng］

在县驻地中都街道北方向 13.8 千米。郭仓镇辖自然村。人口 3 100。以姓氏取村名杨庄，后按方位称西杨庄。聚落呈团块状分布。有小学 1 处。经济以种植业为主，主要农作物有小麦、玉米。有公路经此。

大庄 370830-B10-H09

［Dàzhuāng］

在县驻地中都街道西北方向 8.7 千米。郭仓镇辖自然村。人口 1 200。原名旋风村（或玄凤村），后孔姓将该村卖给曹姓，改名曹家大庄，后演为大庄。聚落呈团块状分布。有文化广场 1 处。经济以种植业为主，主要农作物有小麦、玉米。有公路经此。

杨店 370830-B11-H01

［Yángdiàn］

杨店镇人民政府驻地。在县驻地中都街道东北方向 13.5 千米。人口 1 000。据传，明之前，此地为南北交通要道。明初有杨、柳两姓合伙开设店铺，名气颇盛，世人皆呼杨柳店。清末柳姓渐衰，1948 年改名杨店。聚落呈团块状分布。有中学 1 处、小学 1 处、幼儿园 1 处。经济以种植业为主，主要农作物有小麦、玉米、地瓜、西瓜。有公路经此。

鲁王 370830-B11-H02

[Lǔwáng]

在县驻地中都街道东北方向 12.1 千米。杨店镇辖自然村。人口 800。明永乐年间，村中有鲁王庙，故以庙取名鲁王。聚落呈团块状分布。有农家书屋 1 处、文化大院 1 处、民俗展馆 1 处。经济以种植业、养殖业为主。有公路经此。

大王楼 370830-B11-H03

[Dàwánglóu]

在县驻地中都街道东北方向 12.0 千米。杨店镇辖自然村。人口 1 000。清嘉庆年间，王氏建楼筑寨，遂名王家寨、王楼。1981 年更名大王楼。聚落呈团块状分布。有文体广场 1 处。有市级文物保护单位王氏家庙。经济以种植业、服装加工业为主。有公路经此。

彩山 370830-B11-H04

[Cǎishān]

在县驻地中都街道东北方向 15.9 千米。杨店镇辖自然村。人口 1 300。因在彩山两侧而得名。聚落呈团块状分布。有文化广场 1 处。经济以种植业为主，主要农作物有小麦、玉米。有公路经此。

王村 370830-B11-H05

[Wángcūn]

在县驻地中都街道东北方向 13.7 千米。杨店镇辖自然村。人口 1 000。以姓氏名村。聚落呈团块状分布。有农家书屋 1 处、文体广场 1 处。经济以种植业为主，主要农作物有小麦、玉米、花生等。有公路经此。

王海 370830-B11-H06

[Wánghǎi]

在县驻地中都街道东北方向 19.5 千米。杨店镇辖自然村。人口 2 200。为王姓居住地，坑塘、沟壕密布，积水成片，人惯称王海。聚落呈团块状分布。有中学 1 处、小学 1 处。经济以种植业为主，主要农作物有花生、西瓜。有公路经此。

于村 370830-B11-H07

[Yúcūn]

在县驻地中都街道东北方向 15.0 千米。杨店镇辖自然村。人口 1 100。以姓氏名村。聚落呈团块状分布。有文化广场 1 处。经济以种植业为主，主要农作物有生姜、圆葱、毛芋头等。有公路经此。

张海 370830-B11-H08

[Zhānghǎi]

在县驻地中都街道东北方向 19.6 千米。杨店镇自然村。人口 1 300。因张姓多，加之居住地段坑壕较多，故称张海。聚落呈团块状分布。有文化广场 1 处、幼儿园 1 处。经济以种植业、养殖业为主，主要农作物有小麦、玉米、大豆，有养鸭场、养鸡场。有公路经此。

张家楼 370830-B11-H09

[Zhāngjiālóu]

在县驻地中都街道东北方向 13.5 千米。杨店镇辖自然村。人口 1 000。清康熙年间，张氏得官建楼，故名张家楼。聚落呈团块状分布。有文化广场 1 处。有市级文物保护单位张氏庄园。经济以种植业为主，主要农作物有小麦、玉米。有公路经此。

东陈堂 370830-B11-H10

[Dōngchéntáng]

在县驻地中都街道东北方向 15.0 千米。杨店镇辖自然村。人口 1 700。以姓取名陈村。清初，陈氏修建祠堂，改村名为陈堂。1981 年更名东陈堂。聚落呈团块状分布。

有学校1处、文体广场1处。经济以种植业为主，主要农作物有小麦、玉米。有公路经此。

刘楼 370830-B12-H01
[Liúlóu]

刘楼镇人民政府驻地。在县驻地中都街道西南方向13.6千米。人口1 000。据传，明朝有名叫刘小台的在此居住，因盖有楼房，取村名刘楼。聚落呈团块状分布。有中学1处、广场1处。有省级文物保护单位刘韵珂故居。经济以种植业为主，产小麦、大豆、玉米、棉花等。有汶上县百瑞特箱包厂等企业。汶金公路经此。

小坝口 370830-B12-H02
[Xiǎobàkǒu]

在县驻地中都街道西南方向14.6千米。刘楼镇辖自然村。人口1 600。明初，在小汶水内筑一迎水坝，以减缓流速，群众均称小坝，村以坝冠名小坝口。聚落呈团块状分布。经济以种植业为主，主要农作物有小麦、玉米、大豆。有公路经此。

孔庄 370830-B12-H03
[Kǒngzhuāng]

在县驻地中都街道西南方向13.0千米。刘楼镇辖自然村。人口1 500。以姓氏名村。聚落呈团块状分布。有文化广场1处、幼儿园1处。经济以种植业为主，主要农作物有核桃、小麦、玉米、大豆等。有汶上县籼河坛服装加工厂等企业。252省道经此。

陈庄 370830-B12-H04
[Chénzhuāng]

在县驻地中都街道西南方向12.1千米。刘楼镇辖自然村。人口2 200。以姓氏名村。聚落呈团块状分布。有幼儿园1处。古迹有孙氏祠堂。经济以种植业为主，主要种

植小麦、玉米、大豆等。有山东元禾食品有限公司、山东泰景服饰有限公司、汶上县农旺农机销售有限公司、济宁博玩工贸有限公司等企业。252省道经此。

徐老庄 370830-B12-H05
[Xúlǎozhuāng]

在县驻地中都街道西南方向15.5千米。刘楼镇辖自然村。人口3 000。因徐氏在此建村最早，故名徐老庄。聚落呈团块状分布。有幼儿园1处。经济以种植业为主，主要农作物有葡萄、金银花、蔬菜。有汶上县中和名居实木家具厂等企业。有公路经此。

大坝口 370830-B12-H06
[Dàbàkǒu]

在县驻地中都街道西南方向14.8千米。刘楼镇辖自然村。人口1 600。因地处汶河的大拦水坝边，故名大坝口。聚落呈团块状分布。有文化广场1处。经济以种植业为主，农产品主要有小麦、玉米、大豆。有汶上县金耀服装厂、汶上县继先挖掘机配件厂等企业。有公路经此。

李大庄 370830-B12-H07
[Lǐdàzhuāng]

在县驻地中都街道西南方向13.8千米。刘楼镇辖自然村。人口1 300。明嘉靖年间，原系王全李合丁的佃户村，后多姓人迁居于此，取名李大庄。聚落呈团块状分布。有九女仙阁历史遗迹。经济以种植业为主，主要农作物有小麦、玉米、大豆。有公路经此。

后岗 370830-B12-H08
[Hòugǎng]

在县驻地中都街道西南方向13.0千米。刘楼镇辖自然村。人口900。因位于一自然岗子后，故名后岗。聚落呈团块状分布。

有小学 1 处。经济以种植业为主，主要农作物有小麦、玉米、大豆。有公路经此。

西杨集 370830-B12-H09
[Xīyángjí]

在县驻地中都街道西南方向 13.8 千米。刘楼镇辖自然村。人口 1 600。杨氏于明正德年间迁此，因成立集市名顺河集，后改称杨集。1949 年后称西杨集。聚落呈团块状分布。有幼儿园 1 处、小学 1 处。经济以种植业为主，主要农作物有小麦、玉米、棉花、大豆等。有公路经此。

辛海 370830-B12-H10
[Xīnhǎi]

在县驻地中都街道西南方向 14.8 千米。刘楼镇辖自然村。人口 3 000。明成化年间，广扩湖面，当时南、东、西三面由湖堤围绕，湖水浩荡似海，故冠姓取名辛海。聚落呈团块状分布。有小学 1 处、幼儿园 1 处。有二郎庙遗迹。经济以种植业为主，主要农作物有小麦、玉米。有公路经此。

苑村 370830-B12-H11
[Yuàncūn]

在县驻地中都街道西南方向 13.3 千米。刘楼镇辖自然村。人口 800。明朝，天庙苑姓于村西大道旁开一客店，村名苑村店子，后演为苑村。聚落呈团块状分布。经济以种植业为主，主要农作物有小麦、玉米、大豆等。有公路经此。

南陶 370830-C01-H01
[Nántáo]

军屯乡人民政府驻地。在县驻地中都街道东北方向 22.3 千米。人口 2 600。村北有桃城遗址，春秋侯国曰桃，村由此得名。聚落呈团块状分布。有幼儿园 1 处、小学 1 处。经济以种植业为主，主要农作物有玉米、小麦、花生、瓜菜等。有公路经此。

军屯 370830-C01-H02
[Jūntún]

在县驻地中都街道东北方向 21.8 千米。军屯乡辖自然村。人口 2 900。鲁明王曾在此屯兵操练，牛氏于清顺治年间迁此，取名军屯。聚落呈团块状分布。有幼儿园 1 处、小学 1 处、中学 1 处。经济以种植业为主，主要农作物有小麦、玉米、棉花、花生、苹果、梨、山楂、西瓜。有公路经此。

戚姬村 370830-C01-H03
[Qījīcūn]

在县驻地中都街道东北方向 27.5 千米。军屯乡辖自然村。人口 2 100。据传，汉高祖刘邦走咸阳，遭楚军追杀，被戚姓老人所救，且将女儿许配之。汉高祖得帝后，戚女被封为戚娘娘。为避吕后迫害，戚氏于西汉由定陶迁此。后村东修有高皇庙，并塑戚姬娘娘神像，村由此得名。聚落呈团块状分布。经济以种植业为主，主要农作物有牛蒡、山药、紫薯、核桃。有公路经此。

北杨庄 370830-C01-H04
[Běiyángzhuāng]

在县驻地中都街道东北方向 28.3 千米。军屯乡辖自然村。人口 600。以姓取名杨家庄，后演称杨庄，1981 年按方位更名为北杨庄。聚落呈团块状分布。有文化广场 1 处。经济以旅游业为主。有公路经此。

梅山庄 370830-C01-H05
[Méishānzhuāng]

在县驻地中都街道东北方向 25.3 千米。军屯乡辖自然村。人口 400。以姓氏名村。

聚落呈带状分布。经济以种植业为主,主
要农作物有花椒、柿子、苹果。有公路经此。

马山庄 370830-C01-H06
[Mǎshānzhuāng]

在县驻地中都街道东北方向 22.8 千米。
军屯乡辖自然村。人口 1 200,其中回族
130 人。马山岑纵长二里,岑似马形,明鲁
王屯军时,军士来此牧马,故名。聚落呈
团块状分布。有文化长廊 1 处。经济以种
植业为主,主要农作物有大蒜、辣椒、洋葱、
地瓜。有公路经此。

李家集 370830-C01-H07
[Lǐjiājí]

在县驻地中都街道东北方向 27.0 千米。
军屯乡辖自然村。人口 1 700。李氏于明洪
武年间从山西洪洞县迁此,后又成立集市,
遂取村名为李家集。聚落呈团块状分布。
有文化广场 1 处。经济以种植业为主,主
要农作物有小麦、玉米、蔬菜。有公路经此。

北陶 370830-C01-H08
[Běitáo]

在县驻地中都街道东北方向 23.8 千米。
军屯乡辖自然村。人口 1 600。桃乡县故城
位于故城北,名北桃城,后演为北陶村,
今简称北陶。聚落呈团块状分布。有文化
广场 1 处、幼儿园 1 处。经济以种植业为主。
有公路经此。

解家庄 370830-C01-H09
[Xièjiāzhuāng]

在县驻地中都街道东北方向 26.6 千米。
军屯乡辖自然村。人口 1 400。以姓氏名村。
聚落呈团块状分布。经济以种植业为主,
主要农作物有小麦、玉米、花生、地瓜等。
有公路经此。

南留 370830-C01-H10
[Nánliú]

在县驻地中都街道东北方向 24.2 千米。
军屯乡辖自然村。人口 1 900。据传,明燕
王扫北,曾在此休息逗留,故取名留驾庄。
因与北留相距较近,居南者为南留驾庄,
后演为南留。聚落呈团块状分布。有文化
广场 1 处、幼儿园 1 处、小学 1 处。经济
以种植业为主,主要农作物有小麦、玉米、
杂粮等。有公路经此。

王家庄 370830-C01-H11
[Wángjiāzhuāng]

在县驻地中都街道东北方向 27.8 千米。
军屯乡辖自然村。人口 800。以姓氏名村。
聚落呈团块状分布。有文化广场 1 处。经
济以种植业为主,主要农作物有小麦、玉米、
花生等。有公路经此。

商议集 370830-C01-H12
[Shāngyìjí]

在县驻地中都街道东北方向 21.3 千米。
军屯乡辖自然村。人口 900。 明末清初,
有几家大商人在此定居,商议在该地成立
集市,取村名为商议集。聚落呈团块状分布。
经济以种植业为主,主要农作物有小麦、
玉米、花生等。有公路经此。

北留 370830-C01-H13
[Běiliú]

在县驻地中都街道东北方向 25.2 千米。
军屯乡辖自然村。人口 1 400。明燕王扫北,
曾路过此地休息、逗留,故取村名为留驾庄。
因南、北留两村相距较近,按方位居北者,
为北留驾村,后演称北留。聚落呈团块状
分布。有大圣庙。经济以种植业为主,主
要农作物有小麦、玉米、地瓜、杂粮。有
公路经此。

王大庄 370830-C01-H14
［Wángdàzhuāng］

在县驻地中都街道东北方向 19.0 千米。军屯乡辖自然村。人口 700。据传，该村原名忘靰子庄，后演为王大庄。聚落呈团块状分布。有文化广场 1 处。经济以种植业为主，主要农作物有小麦、玉米、地瓜、杂粮等。有公路经此。

孙庄户 370830-C01-H15
［Sūnzhuānghù］

在县驻地中都街道东北方向 18.6 千米。军屯乡辖自然村。人口 300。明朝时该村为孙氏佃户村，故取名为孙庄户。聚落呈团块状分布。经济以种植业为主，主要农作物有小麦、玉米。有公路经此。

泗水县

农村居民点

大鲍 370831-A01-H01
［Dàbào］

在县驻地泗河街道西方向 5.3 千米。泗河街道辖自然村。人口 2 900。有鲍王坟两座，故名。聚落呈团块状分布。经济以种植业、商贸业为主，主要农作物有小麦、玉米、瓜果等。有公路经此。

东曲泗村 370831-A01-H02
［Dōngqūsìcūn］

在县驻地泗河街道西方向 3.8 千米。泗河街道辖自然村。人口 1 000。因位于泗河弯曲之处，得名曲泗，因方位在东，故名。聚落呈团块状分布。经济以种植业为主，主要农作物有小麦、玉米等。有公路经此。

东洼 370831-A01-H03
［Dōngwā］

在县驻地泗河街道西方向 2.9 千米。泗河街道辖自然村。人口 500。因位于北洼村东，故名东洼。聚落呈团块状分布。经济以种植业为主，主要农作物有小麦、玉米等。有圣鲁制药有限公司等企业。有公路经此。

穆家庄 370831-A01-H04
［Mùjiāzhuāng］

在县驻地泗河街道东北方向 2.5 千米。泗河街道辖自然村。人口 800。以姓氏名村。聚落呈团块状分布。经济以种植业为主，主要农作物有小麦、玉米等。有公路经此。

西立石 370831-A01-H05
［Xīlìshí］

在县驻地泗河街道东方向 2.5 千米。泗河街道辖自然村。人口 800。以村东黑龙潭镇兽石碑而得名。聚落呈团块状分布。经济以种植业、商贸业为主，主要农作物有小麦、花生、玉米、西瓜、土豆等。有公路经此。

北彭家庄 370831-A02-H01
［Běipéngjiāzhuāng］

在县驻地泗河街道东南方向 7.0 千米。济河街道辖自然村。人口 1 400。因姓氏得名彭家庄，此村在北，故名。聚落呈团块状分布。经济以种植业、商贸业为主，主要农作物有小麦、花生、地瓜、玉米。有公路经此。

北尚舒 370831-A02-H02
［Běishàngshū］

在县驻地泗河街道东南方向 6.9 千米。济河街道辖自然村。人口 2 100。宋元符年间，兵部尚书曾率兵在此驻扎，村名为尚书，后演变为尚舒，又因方位得今名。聚落呈团块状分布。经济以种植业、商贸业为主，主要农作物有小麦、花生、地瓜、玉米等。有公路经此。

北孙徐 370831-A02-H03
[Běisūnxú]

在县驻地泗河街道东南方向 10.5 千米。济河街道辖自然村。人口 1 300。以当地大姓得名。聚落呈团块状分布。有幼儿园、小学等。经济以种植业、商贸业为主，主要农作物有小麦、花生、地瓜、玉米。有公路经此。

大沟崖 370831-A02-H04
[Dàgōuyá]

在县驻地泗河街道东南方向 6.8 千米。济河街道辖自然村。人口 1 000。以村临大沟而得名。聚落呈团块状分布。经济以种植业、商贸业为主，主要农作物有小麦、花生、地瓜、玉米。有公路经此。

党家庙 370831-A02-H05
[Dǎngjiāmiào]

在县驻地泗河街道东南方向 6.9 千米。济河街道辖自然村。人口 1 200。党氏迁此居住并建家庙，故名。聚落呈团块状分布。有幼儿园等。经济以种植业、商贸业为主，主要农作物有小麦、花生、地瓜、玉米。有公路经此。

东王家庄 370831-A02-H06
[Dōngwángjiāzhuāng]

在县驻地泗河街道东南方向 1.6 千米。济河街道辖自然村。人口 1 300。以姓氏和方位得名。聚落呈团块状分布。经济以种植业、商贸业为主，主要农作物有小麦、花生。有公路经此。

凤凰岭 370831-A02-H07
[Fènghuánglǐng]

在县驻地泗河街道东南方向 10.5 千米。济河街道辖自然村。人口 1 100。以自然地理实体得名。聚落呈团块状分布。经济以种植业、商贸业为主，主要农作物有小麦、花生、地瓜、玉米等。有公路经此。

尖山 370831-A02-H08
[Jiānshān]

在县驻地泗河街道南方向 4.7 千米。济河街道辖自然村。人口 2 700。以自然地理实体得名。聚落呈团块状分布。有幼儿园、小学等。经济以种植业为主，主要农作物有小麦、花生、地瓜、玉米。有公路经此。

鲁舒 370831-A02-H09
[Lǔshū]

在县驻地泗河街道东南方向 6.0 千米。济河街道辖自然村。人口 2 100。因地处鲁阜岭坡得名鲁阜村，后因方言发音演变为鲁舒。有幼儿园等。聚落呈团块状分布。经济以种植业、商贸业为主，主要农作物有小麦、花生、地瓜、玉米等。有公路经此。

任家庄 370831-A02-H10
[Rénjiāzhuāng]

在县驻地泗河街道东南方向 6.2 千米。济河街道辖自然村。人口 600。以姓氏名村。聚落呈团块状分布。经济以种植业、商贸业为主，主要农作物有小麦、花生、地瓜、玉米等。有公路经此。

石佛庄 370831-A02-H11
[Shífózhuāng]

在县驻地泗河街道东南方向 8.0 千米。济河街道辖自然村。人口 800。村西夹山石崖上有一天然人形像，如同一尊坐卧大佛，故得名。聚落呈团块状分布。经济以种植业、商贸业为主，主要农作物有小麦、花生、地瓜、玉米等。有公路经此。

五里庙 370831-A02-H12
[Wǔlǐmiào]

在县驻地泗河街道东南方向 5.0 千米。济河街道辖自然村。人口 1 700。清初村北建有奶奶庙，距县城五里，俗称五里庙，故得名。聚落呈团块状分布。经济以种植业、商贸业为主，主要农作物有小麦、花生、地瓜、玉米。有公路经此。

西高 370831-A02-H13
[Xīgāo]

在县驻地泗河街道东南方向 8.4 千米。济河街道辖自然村。人口 2 000。原为皋陶之故里，名皋里，后演变为高里。以方位取名西高里，后省称西高。聚落呈团块状分布。经济以种植业、商贸业为主，主要农作物有小麦、花生、地瓜、玉米等。有公路经此。

小山前 370831-A02-H14
[Xiǎoshānqián]

在县驻地泗河街道南方向 5.4 千米。济河街道辖自然村。人口 600。地处尖山南坡，取名尖山庄，后更名小山前。聚落呈团块状分布。经济以种植业、商贸业为主，主要农作物有小麦、花生、地瓜、玉米等。有公路经此。

于庄 370831-A02-H15
[Yúzhuāng]

在县驻地泗河街道东南方向 8.8 千米。济河街道辖自然村。人口 500。以姓氏名村。聚落呈团块状分布。经济以种植业、商贸业为主，主要农作物有小麦、花生、地瓜、玉米等。有公路经此。

张家寨 370831-A02-H16
[Zhāngjiāzhài]

在县驻地泗河街道东南方向 1.4 千米。济河街道辖自然村。人口 500。因张氏迁此定居，并筑寨墙而得名。聚落呈团块状分布。经济以种植业、商贸业为主，主要农作物有小麦、花生等。有公路经此。

卞桥 370831-B01-H01
[Biànqiáo]

泉林镇人民政府驻地。在县驻地泗河街道东方向 22.1 千米。人口 4 100。因村东古卞桥得名。聚落呈团块状分布。有中学、小学、幼儿园。有国家级文物保护单位卞桥。经济以种植业为主，主要农作物有香菇、无花果、胡萝卜、豌豆、草莓、小青南瓜。327 国道经此。

安久庄 370831-B01-H02
[Ānjiǔzhuāng]

在县驻地泗河街道东方向 27.5 千米。泉林镇辖自然村。人口 2 100。以原居民安家于久山下而取名安久庄。聚落呈团块状分布。经济以种植业、商贸业为主，主要农作物有玉米、花生、小麦、地瓜等。有公路经此。

白庙 370831-B01-H03
[Báimiào]

在县驻地泗河街道东方向 26.8 千米。泉林镇辖自然村。人口 700。清康熙年间，陈氏迁此居住，地处岭坡，村东北角有"白玉奶奶庙"，故名白庙坡，后省称白庙。聚落呈团块状分布。经济以种植业、商贸业为主，主要农作物有小麦、花生、大豆、地瓜、棉花等。有公路经此。

北贺庄 370831-B01-H04

[Běihèzhuāng]

在县驻地泗河街道东方向 27.1 千米。泉林镇辖自然村。人口 1 400。因位于洙河与泽沟河交汇处取名河庄，为避水患易名贺庄，后因方位更名北贺庄。聚落呈团块状分布。经济以种植业、商贸业为主，主要农作物有花生、地瓜、玉米等。有公路经此。

北泽沟 370831-B01-H05

[Běizégōu]

在县驻地泗河街道东方向 30.5 千米。泉林镇辖自然村。人口 1 100。地处柘沟河畔，村以河名泽沟。后随人繁衍迁徙，形成四个自然村，以方位得名。聚落呈团块状分布。有文化广场 1 处、农家书屋 1 处。在经济以种植业、商贸业为主，主要农作物有花生、地瓜、杂粮等。有公路经此。

东城 370831-B01-H06

[Dōngchéng]

在县驻地泗河街道东方向 29.6 千米。泉林镇辖自然村。人口 700。因位于古卞城以东而得名。聚落呈团块状分布。经济以种植业为主，主要农作物有小麦、玉米、花生、地瓜等。有公路经此。

东贺庄 370831-B01-H07

[Dōnghèzhuāng]

在县驻地泗河街道东方向 29.9 千米。泉林镇辖自然村。人口 400。因位于洙河与泽沟河交汇处取名河庄，为避水患易名贺庄，后因方位更名东贺庄。聚落呈团块状分布。经济以种植业为主，主要农作物有小麦、玉米、花生。有公路经此。

东泽沟 370831-B01-H08

[Dōngzégōu]

在县驻地泗河街道东方向 30.0 千米。泉林镇辖自然村。人口 800。地处柘沟河畔，村以河名泽沟。后随人繁衍迁徙，形成四个自然村，以方位得名。聚落呈团块状分布。经济以种植业为主，主要农作物有小麦、玉米、花生、地瓜。有公路经此。

东泽沟铺 370831-B01-H09

[Dōngzégōupù]

在县驻地泗河街道东方向 28.5 千米。泉林镇辖自然村。人口 400。明万历年间，村旁有官府所置店铺，因位于泽沟河畔而得名，名曰泽沟铺，村以铺名，后加方位。聚落呈团块状分布。经济以种植业为主，主要农作物有大蒜、小麦、玉米、花生、地瓜。有公路经此。

东张庄 370831-B01-H10

[Dōngzhāngzhuāng]

在县驻地泗河街道东方向 24.2 千米。泉林镇辖自然村。人口 600。以姓氏和方位得名。聚落呈团块状分布。经济以种植业为主，主要作物有大蒜、小麦、玉米、花生、地瓜。有公路经此。

驸马井 370831-B01-H11

[Fùmǎjǐng]

在县驻地泗河街道东方向 27.9 千米。泉林镇辖自然村。人口 700。村旁有一古井曰驸马井，以古井得名。聚落呈团块状分布。经济以种植业为主，主要农作物有小麦、玉米、花生、地瓜。有公路经此。

韩家 370831-B01-H12

[Hánjiā]

在县驻地泗河街道东方向 26.4 千米。泉林镇辖自然村。人口 1 800。以姓氏名村。

聚落呈团块状分布。有小学、幼儿园等。经济以种植业、商贸业为主，主要农作物有小麦、玉米、花生、地瓜等。

后尤家庄 370831-B01-H13
[Hòuyóujiāzhuāng]

在县驻地泗河街道东方向 25.5 千米。泉林镇辖自然村。人口 200。以姓氏和方位得名。聚落呈团块状分布。经济以种植业为主，主要农作物有小麦、玉米、花生、地瓜。有公路经此。

花园 370831-B01-H14
[Huāyuán]

在县驻地泗河街道东方向 26.0 千米。泉林镇辖自然村。人口 1 300。清康熙年间，官府在此开辟花园一处，故而得名。聚落呈团块状分布。经济以种植业为主，主要农作物有小麦、玉米、花生、地瓜。有公路经此。

历山东村 370831-B01-H15
[Lìshāndōngcūn]

在县驻地泗河街道东方向 32.0 千米。泉林镇辖自然村。人口 1 600。村西有山，名历山。村以山得名，此村偏东，故名。聚落呈团块状分布。经济以种植业为主，主要农作物有小麦、玉米、花生、地瓜。有公路经此。

南贺庄 370831-B01-H16
[Nánhèzhuāng]

在县驻地泗河街道东方向 26.9 千米。泉林镇辖自然村。人口 1 800。因位于洙河与泽沟河交汇处取名河庄，为避水患易名贺庄，后因方位更名南贺庄。聚落呈团块状分布。经济以种植业、商贸业为主，主要农作物有小麦、玉米、花生、地瓜等。有公路经此。

南泽沟 370831-B01-H17
[Nánzégōu]

在县驻地泗河街道东南方向 28.7 千米。泉林镇辖自然村。人口 1 100。地处柘沟河畔，村以河名泽沟。后随人繁衍迁徙，形成四个自然村，以方位得名。聚落呈团块状分布。有幼儿园。经济以种植业为主，主要农作物有小麦、玉米、花生、地瓜。有公路经此。

青龙庄 370831-B01-H18
[Qīnglóngzhuāng]

在县驻地泗河街道东方向 25.3 千米。泉林镇辖自然村。人口 900。因临青龙山得名。聚落呈团块状分布。有幼儿园等。经济以种植业、商贸业为主，主要农作物有小麦、玉米、地瓜、花生。有公路经此。

三合庄 370831-B01-H19
[Sānhézhuāng]

在县驻地泗河街道东方向 29.6 千米。泉林镇辖自然村。人口 400。以村前、后、中各有一条河沟而名三河庄，后演变为三合庄。聚落呈团块状分布。经济以种植业为主，主要农作物有小麦、玉米、花生、地瓜。有公路经此。

石缝泉 370831-B01-H20
[Shífèngquán]

在县驻地泗河街道东方向 24.7 千米。泉林镇辖自然村。人口 1 200。村西有一大泉，名石缝泉，以泉得名。聚落呈团块状分布。经济以种植业为主，主要农作物有小麦、玉米、花生、大蒜、黄姜。有公路经此。

石漏 370831-B01-H21
[Shílòu]

在县驻地泗河街道东方向 24.7 千米。

泉林镇辖自然村。人口 3 800。以村东石漏河得名。聚落呈团块状分布。有小学等。经济以种植业为主，主要农作物有小麦、玉米、花生、大蒜、黄姜。有公路经此。

西贺庄 370831-B01-H22
[Xīhèzhuāng]

在县驻地泗河街道东方向 26.0 千米。泉林镇辖自然村。人口 800。因位于洙河与泽沟河交汇处取名河庄，为避水患易名贺庄，后因方位更名西贺庄。聚落呈团块状分布。有小学等。经济以种植业、商贸业为主，主要农作物有花生、地瓜、玉米。有公路经此。

西泽沟 370831-B01-H23
[Xīzégōu]

在县驻地泗河街道东方向 31.0 千米。泉林镇辖自然村。人口 700。地处柘沟河畔，村以河名泽沟。后随人繁衍迁徙，形成四个自然村，以方位得名。聚落呈团块状分布。经济以种植业为主，主要农作物有小麦、玉米、花生、地瓜。有公路经此。

西泽沟铺 370831-B01-H24
[Xīzégōupù]

在县驻地泗河街道东方向 30.0 千米。泉林镇辖自然村。人口 500。明万历年间，村旁有官府所置店铺，因位于泽沟河畔而得名，名曰泽沟铺，村以铺名，后加方位命名。聚落呈团块状分布。经济以种植业为主，主要农作物有小麦、玉米、花生、地瓜。有公路经此。

星村 370831-B02-H01
[Xīngcūn]

星村镇人民政府驻地。在县驻地泗河街道东北方向 14.9 千米。人口 1 400。因此处有一块从天空坠落的巨大陨石，故名星

村。聚落呈团块状分布。有小学、中学等。经济以种植业、商贸业为主，主要农作物有小麦、玉米、花生等。有公路经此。

北百顶北村 370831-B02-H02
[Běibǎidǐngběicūn]

在县驻地泗河街道东北方向 12.3 千米。星村镇辖自然村。人口 2 100。因隋朝挖大运河时从村内抓壮丁 100 人，得名北百顶，又因此村在北，北顶河穿村而过，故名。聚落呈团块状分布。有幼儿园、小学等。经济以种植业为主，主要农作物有小麦、玉米、花生、地瓜等。有公路经此。

北百顶南村 370831-B02-H03
[Běibǎidǐngnáncūn]

在县驻地泗河街道东北方向 12.3 千米。星村镇辖自然村。人口 1 600。因隋朝挖大运河时从村内抓壮丁 100 人，得名北百顶，又因此村在南，北顶河从村西流过，故名。聚落呈团块状分布。经济以种植业为主，主要农作物有小麦、玉米、花生、地瓜等。有公路经此。

北陈家庄 370831-B02-H04
[Běichénjiāzhuāng]

在县驻地泗河街道东北方向 15.1 千米。星村镇辖自然村。人口 1 800。以姓氏和方位命名。聚落呈团块状分布。有幼儿园等。经济以种植业、商贸业为主，主要农作物有小麦、玉米、花生、地瓜等。有公路经此。

大李家庄 370831-B02-H05
[Dàlǐjiāzhuāng]

在县驻地泗河街道东北方向 15.6 千米。星村镇辖自然村。人口 1 800。以姓氏名村。聚落呈团块状分布。有幼儿园、小学等。经济以种植业、商贸业为主，主要农作物有小麦、玉米、花生等。有公路经此。

富官庄 370831-B02-H06

［Fùguānzhuāng］

在县驻地泗河街道东北方向 15.1 千米。星村镇辖自然村。人口 500。此地清末为官地，故取名官庄，后因重名更名为富官庄。聚落呈团块状分布。经济以种植业、商贸业为主，主要农作物有小麦、玉米、花生等。有公路经此。

后河西 370831-B02-H07

［Hòuhéxī］

在县驻地泗河街道东北方向 14.8 千米。星村镇辖自然村。人口 400。因村东临河得名河西庄，后分三个村，依前、中、后为序，北顶河从村东流过，故名。聚落呈团块状分布。经济以种植业、商贸业为主，主要农作物有小麦、玉米、花生、水果等。有公路经此。

后六安庄 370831-B02-H08

［Hòuliù'ānzhuāng］

在县驻地泗河街道东北方向 16.2 千米。星村镇辖自然村。人口 800。由于迁来此地时三世六人兄弟六人，素称六郎村，后改为六安庄，因居民分迁居住，此村称后六安庄。聚落呈团块状分布。经济以种植业、商贸业为主，主要农作物有小麦、玉米、花生、水果等。有公路经此。

林泉东村 370831-B02-H09

［Línquándōngcūn］

在县驻地泗河街道东北方向 11.0 千米。星村镇辖自然村。人口 1 400。因村东北林中有一大泉而得名林泉，此村在东，故名。聚落呈团块状分布。经济以种植业、商贸业为主，主要农作物有小麦、玉米、花生、水果等。有公路经此。

林泉西村 370831-B02-H10

［Línquánxīcūn］

在县驻地泗河街道东北方向 10.2 千米。星村镇辖自然村。人口 1 800。因村东北林中有一大泉而得名林泉，此村在西，故名。聚落呈团块状分布。有幼儿园等。经济以种植业、商贸业为主，主要农作物有小麦、玉米、花生、蔬菜等。有公路经此。

南百顶北村 370831-B02-H11

［Nánbǎidǐngběicūn］

在县驻地泗河街道东北方向 11.8 千米。星村镇辖自然村。人口 1 000。据传因为赋税、徭役过多，该村曾以一百壮丁抵挡旧官府的赋税，由此得名"百顶"，至清朝分化为两个村庄，该村居南，故得名南百顶，后又按方位分村，此村在北，故名。聚落呈团块状分布。经济以种植业、商贸业为主，主要农作物有小麦、玉米、花生等。有公路经此。

南百顶东村 370831-B02-H12

［Nánbǎidǐngdōngcūn］

在县驻地泗河街道东北方向 12.3 千米。星村镇辖自然村。人口 600。据传因为赋税、徭役过多，该村曾以一百壮丁抵挡旧官府的赋税，由此得名"百顶"，至清朝分化为两个村庄，该村居南，故得名南百顶，后又按方位分村，此村在东，故名。聚落呈团块状分布。经济以种植业、商贸业为主，主要农作物有小麦、玉米、花生等。有公路经此。

南百顶西村 370831-B02-H13

［Nánbǎidǐngxīcūn］

在县驻地泗河街道东北方向 12.1 千米。星村镇辖自然村。人口 900。据传因为赋税、徭役过多，该村曾以一百壮丁抵挡旧官府的赋税，由此得名"百顶"，至清朝分化为两个村庄，该村居南，故得名南百顶，后又按方位分村，此村在西，故名。聚落呈团块状分布。经济以种植业、商贸业为主，主要农作物有小麦、玉米、花生、水果等。有公路经此。

南陈家庄 370831-B02-H14
[Nánchénjiāzhuāng]

在县驻地泗河街道东北方向 12.7 千米。星村镇辖自然村。人口 1 700。以姓氏和方位命名。聚落呈团块状分布。有幼儿园等。有秉灵宫、汉墓遗址。经济以种植业、商贸业为主，主要农作物有小麦、玉米、花生、水果等。有公路经此。

前河西 370831-B02-H15
[Qiánhéxī]

在县驻地泗河街道东北方向 14.3 千米。星村镇辖自然村。人口 700。因村东临河得名河西庄，后分三个村，依前、中、后为序。聚落呈团块状分布。经济以种植业、商贸业为主，主要农作物有小麦、玉米、花生等。有公路经此。

前六安庄 370831-B02-H16
[Qiánliù'ānzhuāng]

在县驻地泗河街道东北方向 16.3 千米。星村镇辖自然村。人口 400。由于迁来此地时三世六人兄弟六人，素称六郎村，后改为六安庄，因居民分迁居住，此村称前六安庄。聚落呈团块状分布。经济以种植业、商贸业为主，主要农作物有小麦、玉米、花生、水果等。有公路经此。

双凤庄 370831-B02-H17
[Shuāngfèngzhuāng]

在县驻地泗河街道东北方向 18.4 千米。星村镇辖自然村。人口 1 200。因整村地形似两只凤凰在饮水而得名。聚落呈团块状分布。经济以种植业、商贸业为主，主要农作物有小麦、玉米、花生等。有公路经此。

张家庙 370831-B02-H18
[Zhāngjiāmiào]

在县驻地泗河街道东北方向 16.4 千米。星村镇辖自然村。人口 900。因张氏迁此居住并修一座关帝庙而得名。聚落呈团块状分布。经济以种植业、商贸业为主，主要农作物有小麦、玉米、花生等。有公路经此。

赵家岭 370831-B02-H19
[Zhàojiālǐng]

在县驻地泗河街道东北方向 9.7 千米。星村镇辖自然村。人口 600。因姓氏得名赵家庄，后改为赵家岭。聚落呈团块状分布。经济以种植业、商贸业为主，主要农作物有小麦、玉米、花生、水果等。有公路经此。

中河西 370831-B02-H20
[Zhōnghéxī]

在县驻地泗河街道东北方向 14.5 千米。星村镇辖自然村。人口 500。因村东临河得名河西庄，后分三个村，依前、中、后为序。聚落呈团块状分布。经济以种植业、商贸业为主，主要农作物有小麦、玉米、花生等。有公路经此。

柘沟 370831-B03-H01
[Zhègōu]

柘沟镇人民政府驻地。在县驻地泗河街道西北方向 15.1 千米。人口 9 900。因古时此地沟壑纵横，柘树成林得名。聚落呈团块状分布。有中学、小学、幼儿园。有大汶口文化遗址。经济以种植业为主，主要农作物有小麦、玉米、地瓜、花生。有公路经此。

道士庄 370831-B03-H02
[Dàoshìzhuāng]

在县驻地泗河街道西北方向17.0千米。柘沟镇辖自然村。人口200。清代初，行宫庙第一代道士朱允贵及弟子在此修炼，种庙地百余亩，故名。聚落呈团块状分布。经济以商贸业、种植业为主，主要农作物有小麦、花生、棉花、土豆、西瓜等。有公路经此。

东马庄 370831-B03-H03
[Dōngmǎzhuāng]

在县驻地泗河街道西北方向15.0千米。柘沟镇辖自然村。人口100。明洪武年间，廖氏迁此居住，以"马有料则可兴旺发达"之意取名马庄，另一说法为明初，马氏最早前来定居，以姓氏得名马庄，后以方位称东马庄。聚落呈团块状分布。经济以商贸业、种植业为主，主要农作物有小麦、花生、棉花、土豆、西瓜等。有公路经此。

郭家岭 370831-B03-H04
[Guōjiālǐng]

在县驻地泗河街道西北方向20.5千米。柘沟镇辖自然村。人口400。以姓氏名村。聚落呈团块状分布。经济以商贸业、种植业为主，主要农作物有小麦、花生、棉花、土豆、西瓜等。有公路经此。

洛里庄 370831-B03-H05
[Luòlǐzhuāng]

在县驻地泗河街道西北方向14.9千米。柘沟镇辖自然村。人口1 800。因早时遭战事所致，村里只剩下一户洛姓人与外迁居民和睦相处，洛姓老妇人更是忠厚仁义，遂以其姓命名。聚落呈团块状分布。经济

以商贸业、种植业为主，主要农作物有小麦、花生、棉花、土豆、西瓜等。有公路经此。

尚庄 370831-B03-H06
[Shàngzhuāng]

在县驻地泗河街道西北方向20.0千米。柘沟镇辖自然村。人口2 100。明洪武三年（1370），宋德山奉诏从山西洪洞县迁此定居，因村址临河而名河滨村，明朝中叶，村西对岸新立一村取名下庄（今名夏庄），该村更名上庄，中华人民共和国成立后演变为尚庄。聚落呈团块状分布。有幼儿园、小学等。经济以商贸业、种植业为主，主要农作物有小麦、花生、棉花、土豆、西瓜等。有公路经此。

邵家庄 370831-B03-H07
[Shàojiāzhuāng]

在县驻地泗河街道西北方向16.8千米。柘沟镇辖自然村。人口400。以姓氏名村。聚落呈团块状分布。有幼儿园、小学等。经济以商贸业、种植业为主，主要农作物有小麦、花生、棉花、土豆、西瓜等。有公路经此。

滕家洼 370831-B03-H08
[Téngjiāwā]

在县驻地泗河街道西北方向23.0千米。柘沟镇辖自然村。人口600。滕氏迁此居住，因地势低洼，故得名滕家洼。聚落呈团块状分布。经济以商贸业、种植业为主，主要农作物有小麦、花生、棉花、土豆、西瓜等。有公路经此。

西马庄 370831-B03-H09
[Xīmǎzhuāng]

在县驻地泗河街道西北方向15.1千米。柘沟镇辖自然村。人口1 300。明洪武年间，廖氏迁此居住，以"马有料则可兴旺发达"

之意取名马庄，另一说法为明初，马氏始祖最早前来定居，以姓氏得名马庄，后以方位称西马庄。聚落呈团块状分布。经济以商贸业、种植业为主，主要农作物有小麦、花生、棉花、土豆、玉米等。有公路经此。

西徐庄 370831-B03-H10
[Xīxúzhuāng]

在县驻地泗河街道西北方向 20.2 千米。柘沟镇辖自然村。人口 600。以姓氏和方位命名。聚落呈团块状分布。经济以商贸业、种植业为主，主要农作物有小麦、花生、棉花、土豆、玉米等。有公路经此。

西赵庄 370831-B03-H11
[Xīzhàozhuāng]

在县驻地泗河街道西北方向 16.8 千米。柘沟镇辖自然村。人口 500。以姓氏和方位命名。聚落呈团块状分布。经济以商贸业、种植业为主，主要农作物有小麦、花生、棉花、土豆、玉米等。有公路经此。

朱家 370831-B03-H12
[Zhūjiā]

在县驻地泗河街道西北方向 15.3 千米。柘沟镇辖自然村。人口 1 100。以姓氏名村。聚落呈团块状分布。经济以商贸业、种植业为主，主要农作物有小麦、花生、棉花、土豆等。有公路经此。

金庄 370831-B04-H01
[Jīnzhuāng]

金庄镇人民政府驻地。在县驻地泗河街道西方向 9.0 千米。人口 1 400。以姓氏得名。聚落呈团块状分布。有中学、小学、幼儿园。经济以种植业为主，主要农作物有菠菜、韭菜、青椒、苹果、桃子。有华金集团等企业。327 国道经此。

北曹家庄 370831-B04-H02
[Běicáojiāzhuāng]

在县驻地泗河街道西方向 2.0 千米。金庄镇辖自然村。人口 500。以姓氏和方位命名。聚落呈团块状分布。经济以种植业、商贸业为主，主要农作物有小麦、花生、棉花、土豆、西瓜等。327 国道经此。

北芦城 370831-B04-H03
[Běilúchéng]

在县驻地泗河街道西方向 10.0 千米。金庄镇辖自然村。人口 100。1971 年修建水库时，西芦城部分村民迁此居住，初名西芦城新村，又名小新村。1984 年以方位更名北芦城。聚落呈团块状分布。经济以种植业为主，主要农作物有小麦、玉米、花生。有公路经此。

北玉沟前村 370831-B04-H04
[Běiyùgōuqiáncūn]

在县驻地泗河街道西方向 1.6 千米。金庄镇辖自然村。人口 1 400。因濒临玉沟河得名玉沟村，元朝以村中东西大路为界，划分为前后两个村，该村称北玉沟前村。聚落呈团块状分布。经济以种植业为主，主要农作物有小麦、玉米、花生。有公路经此。

卞家庄 370831-B04-H05
[Biànjiāzhuāng]

在县驻地泗河街道西方向 10.0 千米。金庄镇辖自然村。人口 1 600。以姓氏名村。聚落呈团块状分布。经济以种植业为主，主要农作物有小麦、玉米、花生。有公路经此。

大葫芦套 370831-B04-H06
[Dàhúlutào]

在县驻地泗河街道西方向 11.0 千米。

金庄镇辖自然村。人口 600。因村东河套形似葫芦,故名。聚落呈团块状分布。经济以种植业为主,主要农作物有小麦、玉米等。有公路经此。

娄家桥 370831-B04-H07
[Lóujiāqiáo]

在县驻地泗河街道西方向 16.0 千米。金庄镇辖自然村。人口 700。明末因姓氏得名娄家庄,有河由村南绕向村北,交通不便,为此村民捐资在村前后各建石桥一座,清光绪年间更名为娄家桥。聚落呈团块状分布。经济以种植小麦、玉米、花生为主。有公路经此。

孟家 370831-B04-H08
[Mèngjiā]

在县驻地泗河街道西方向 2.5 千米。金庄镇辖自然村。人口 1 000。以姓氏名村。聚落呈团块状分布。经济以种植业为主,主要农作物有小麦、玉米、花生。327 国道经此。

南曹家庄 370831-B04-H09
[Náncáojiāzhuāng]

在县驻地泗河街道西方向 2.5 千米。金庄镇辖自然村。人口 400。因姓氏得名曹家庄,此村在路南,故名。聚落呈团块状分布。经济以种植业为主,主要农作物有小麦、玉米、花生等。327 国道经此。

南临泗 370831-B04-H10
[Nánlínsì]

在县驻地泗河街道西方向 2.5 千米。金庄镇辖自然村。人口 1 300。因临泗河得名。聚落呈团块状分布。经济以种植业为主,主要农作物有小麦、玉米、花生。有公路经此。

南玉沟 370831-B04-H11
[Nányùgōu]

在县驻地泗河街道西方向 2.0 千米。金庄镇辖自然村。人口 1 500。因位于芜沟村南,故名南芜沟,后演变为南玉沟。聚落呈团块状分布。经济以种植业为主,主要农作物有小麦、玉米、花生。有公路经此。

东乔家 370831-B04-H12
[Dōngqiáojiā]

在县驻地泗河街道西方向 2.5 千米。金庄镇辖自然村。人口 1 400。以姓氏和方位命名。聚落呈团块状分布。经济以种植业为主,主要农作物有小麦、玉米、花生等。327 国道经此。

三角湾 370831-B04-H13
[Sānjiǎowān]

在县驻地泗河街道西方向 2.5 千米。金庄镇辖自然村。人口 2 100。因地处河湾三角地带而得名。聚落呈团块状分布。经济以种植业为主,主要农作物有小麦、玉米、花生。有公路经此。

上芦城 370831-B04-H14
[Shànglúchéng]

在县驻地泗河街道西方向 15.0 千米。金庄镇辖自然村。人口 800。民国初期,卢城(今名下芦城)部分村民迁此居住,因地势高而取名上芦城。聚落呈团块状分布。经济以种植业为主,主要农作物有小麦、玉米、花生。有公路经此。

盛梁峪 370831-B04-H15
[Shèngliángyù]

在县驻地泗河街道西方向 15.0 千米。金庄镇辖自然村。人口 300。清康熙年间,盛、梁二姓迁此居住,故名。聚落呈团块状分布。

经济以种植业为主,主要农作物有小麦、玉米、花生。有公路经此。

西芦城 370831-B04-H16
[Xīlúchéng]

在县驻地泗河街道西方向 10.0 千米。金庄镇辖自然村。人口 1 200。清光绪年间,卢城(今名下芦城)部分村民迁此居住,以方位得名西卢城,后演变为西芦城。聚落呈团块状分布。经济以种植业为主,主要农作物有小麦、玉米、花生。有公路经此。

西岩店 370831-B04-H17
[Xīyándiàn]

在县驻地泗河街道西方向 8.0 千米。金庄镇辖自然村。人口 1 500。明朝中期官府在此设置店铺且村位于城西,故名西岩铺,后更名西岩店。聚落呈团块状分布。经济以种植业为主,主要农作物有小麦、玉米、花生。有公路经此。

西峪 370831-B04-H18
[Xīyù]

在县驻地泗河街道西方向 12.0 千米。金庄镇辖自然村。人口 1 000。位于立山东南下峪,以姓氏得名贾家峪,因方位称西贾家峪,后改成西峪。聚落呈团块状分布。经济以种植业为主,主要农作物有小麦、玉米、花生。有公路经此。

下芦城 370831-B04-H19
[Xiàlúchéng]

在县驻地泗河街道西方向 10.0 千米。金庄镇辖自然村。人口 1 800。据《炎黄氏族文化考》载,古为莱城,后转音为卢城。明朝中叶,贾、乔二氏相继迁此居住,沿用卢城之名。民初,部分村民迁至村西南岗上定居,取名上卢城,该村始称下卢城,后演变为下芦城。聚落呈团块状分布。经济以种植业为主,主要农作物有小麦、玉米、花生。有公路经此。

西辛庄 370831-B04-H20
[Xīxīnzhuāng]

在县驻地泗河街道西方向 11.0 千米。金庄镇辖自然村。人口 400。据《李氏家谱》记载:清初,李玉民由柘沟社魏庄迁此居住,因系新建村庄,故得名新庄,后演变为辛庄。随着人口的增加,居民沿河沟两岸建房,逐渐形成两个自然村,该村位于西侧,故名西辛庄。聚落呈团块状分布。经济以种植业为主,主要农作物有小麦、玉米。有公路经此。

押山庄 370831-B04-H21
[Yāshānzhuāng]

在县驻地泗河街道西方向 8.0 千米。金庄镇辖自然村。人口 1 000。因村南鸭山而得名,后演变为押山庄。聚落呈团块状分布。经济以种植业为主,主要农作物有小麦、玉米、花生。有公路经此。

永兴庄 370831-B04-H22
[Yǒngxīngzhuāng]

在县驻地泗河街道西方向 15.0 千米。金庄镇辖自然村。人口 1 300。因人们为求兴旺发达而得名。聚落呈团块状分布。经济以种植业为主,主要农作物有小麦、玉米、花生等。有公路经此。

苗馆 370831-B05-H01
[Miáoguǎn]

苗馆镇人民政府驻地。在县驻地泗河街道东方向 9.0 千米。人口 2 800。北宋年间,苗氏迁此居住,在古大道旁开设客栈饭馆,故得名苗馆。聚落呈团块状分布。有中学、小学、幼儿园。经济以种植业为主，主要农作物有小麦、玉米、地瓜、黄烟。327 国道经此。

山合寨 370831-B05-H02
[Shānhézhài]

在县驻地泗河街道东南方向 21.0 千米。苗馆镇辖自然村。人口 300。因位于东老寨北侧，地处三山交会点而得名三合寨，后演变为山合寨。聚落呈团块状分布。经济以商贸业、种植业为主，主要农作物有小麦、玉米、花生等。有公路经此。

东独角 370831-B05-H03
[Dōngdújiǎo]

在县驻地泗河街道东南方向 22.0 千米。苗馆镇辖自然村。人口 600。因村址位于独山东南角而得名。聚落呈团块状分布。经济以商贸业、种植业为主，主要农作物有小麦、玉米、花生等。有公路经此。

东黄土崖 370831-B05-H04
[Dōnghuángtǔyá]

在县驻地泗河街道东方向 27.0 千米。苗馆镇辖自然村。人口 400。村东临河，年久河床被洪水冲刷形成土崖，得名黄土崖，又因此村在东，故名。聚落呈团块状分布。经济以商贸业、种植业为主，主要农作物有小麦、玉米、花生等。有公路经此。

刘庄 370831-B05-H05
[Liúzhuāng]

在县驻地泗河街道东方向 20.0 千米。苗馆镇辖自然村。人口 700。以姓氏名村。聚落呈团块状分布。经济以商贸业、种植业为主，主要农作物有小麦、玉米、花生等。有公路经此。

东岩店 370831-B05-H06
[Dōngyándiàn]

在县驻地泗河街道东方向 12.0 千米。苗馆镇辖自然村。人口 1 300。明朝中期，官府在此设置店铺且村位于城东，故名东岩铺，后更名东岩店。聚落呈团块状分布。经济以商贸业、种植业为主，主要农作物有小麦、玉米、花生等。有公路经此。

冯福庄 370831-B05-H07
[Féngfúzhuāng]

在县驻地泗河街道东南方向 22.0 千米。苗馆镇辖自然村。人口 200。初名鼠山庄，因恶其名，后将鼠字雅化为福字并冠以姓氏，更名冯福庄。聚落呈团块状分布。经济以商贸业、种植业为主，主要农作物有小麦、玉米、花生等。有公路经此。

后李家庄 370831-B05-H08
[Hòulǐjiāzhuāng]

在县驻地泗河街道东方向 21.0 千米。苗馆镇辖自然村。人口 400。以姓氏和方位命名。聚落呈团块状分布。经济以商贸业、种植业为主，主要农作物有小麦、玉米、花生等。有公路经此。

后王庄 370831-B05-H09
[Hòuwángzhuāng]

在县驻地泗河街道东方向 19.0 千米。苗馆镇辖自然村。人口 600。以姓氏和方位命名。聚落呈团块状分布。经济以商贸业、种植业为主，主要农作物有小麦、玉米、花生等。有公路经此。

后寨 370831-B05-H10
[Hòuzhài]

在县驻地泗河街道东方向 13.0 千米。苗馆镇辖自然村。人口 900。原属东岩店辖，位于东岩店村北，后以方位更名后寨。聚落呈团块状分布。经济以商贸业、种植业为主，主要农作物有小麦、玉米、花生等。有公路经此。

黄阴集 370831-B05-H11
[Huángyīnjí]

在县驻地泗河街道东方向 28.0 千米。苗馆镇辖自然村。人口 2 400。以姓氏得名黄家河，后更名黄阴河，清朝村北设集市，又更名黄阴集。聚落呈团块状分布。经济以商贸业、种植业为主，主要农作物有小麦、玉米、花生等。有公路经此。

夹平 370831-B05-H12
[Jiāpíng]

在县驻地泗河街道东方向 29.0 千米。苗馆镇辖自然村。人口 300。因地处两山之间平地上而得名。聚落呈团块状分布。经济以商贸业、种植业为主，主要农作物有小麦、玉米、花生等。有公路经此。

简家庄 370831-B05-H13
[Jiǎnjiāzhuāng]

在县驻地泗河街道东南方向 20.0 千米。苗馆镇辖自然村。人口 400。以姓氏名村。聚落呈团块状分布。经济以商贸业、种植业为主，主要农作物有小麦、玉米、花生等。有公路经此。

孔家铺 370831-B05-H14
[Kǒngjiāpù]

在县驻地泗河街道东方向 19.0 千米。苗馆镇辖自然村。人口 1 000。以姓氏名村。聚落呈团块状分布。经济以商贸业、种植业为主，主要农作物有小麦、玉米、花生等。有公路经此。

龙虎庄 370831-B05-H15
[Lónghǔzhuāng]

在县驻地泗河街道东方向 24.0 千米。苗馆镇辖自然村。人口 500。地处石岭坡地，条条石塝如龙腾跃之势，村南石崖有大小石门，相传为藏龙卧虎之地，故得名龙虎庄。聚落呈团块状分布。经济以商贸业、种植业为主，主要农作物有小麦、玉米、花生等。有公路经此。

龙云岗 370831-B05-H16
[Lóngyúngǎng]

在县驻地泗河街道东南方向 16.0 千米。苗馆镇辖自然村。人口 1 100。村西南踞龙山下一石岗因被雷击而开裂，民间相传为龙所扒，而得名龙扒岗，后更名龙云岗。聚落呈团块状分布。经济以商贸业、种植业为主，主要农作物有小麦、玉米、花生等。有公路经此。

米山庄 370831-B05-H17
[Mǐshānzhuāng]

在县驻地泗河街道东方向 27.0 千米。苗馆镇辖自然村。人口 900。以山得名。聚落呈团块状分布。经济以商贸业、种植业为主，主要农作物有小麦、玉米、花生等。有公路经此。

前李家庄 370831-B05-H18
[Qiánlǐjiāzhuāng]

在县驻地泗河街道东方向 21.0 千米。苗馆镇辖自然村。人口 800。以姓氏和方位得名。聚落呈团块状分布。经济以商贸业、种植业为主，主要农作物有小麦、玉米、花生等。有公路经此。

三山口 370831-B05-H19
[Sānshānkǒu]

在县驻地泗河街道东南方向 18.0 千米。

苗馆镇辖自然村。人口 200。因地处卧龙山、馍馍山、水平山 3 个山口之处而得名。聚落呈团块状分布。经济以商贸业、种植业为主，主要农作物有小麦、玉米、花生等。有公路经此。

邵家 370831-B05-H20
[Shàojiā]

在县驻地泗河街道东方向 12.0 千米。苗馆镇辖自然村。人口 1 100。以姓氏名村。聚落呈团块状分布。经济以商贸业、种植业为主，主要农作物有小麦、玉米、花生等。有公路经此。

石龙岗 370831-B05-H21
[Shílónggǎng]

在县驻地泗河街道东方向 18.5 千米。苗馆镇辖自然村。人口 900。因地处岩石岭坡，岩石呈黑色，得名黑石晃，后更名石龙岗。聚落呈团块状分布。经济以商贸业、种植业为主，主要农作物有小麦、玉米、花生等。有公路经此。

西故安 370831-B05-H22
[Xīgù'ān]

在县驻地泗河街道东方向 21.0 千米。苗馆镇辖自然村。人口 2 500。孔子弟子闵子骞在此居住，称故骞庄，后演变为故安庄，此村在西，故名。聚落呈团块状分布。经济以商贸业、种植业为主，主要农作物有小麦、玉米、花生等。有公路经此。

西黄土崖 370831-B05-H23
[Xīhuángtǔyá]

在县驻地泗河街道东方向 27.0 千米。苗馆镇辖自然村。人口 300。村东临河，年久河床被洪水冲刷形成土崖，得名黄土崖，又因此村在西，故名。聚落呈团块状分布。

经济以商贸业、种植业为主，主要农作物有小麦、玉米、花生等。有公路经此。

响泉 370831-B05-H24
[Xiǎngquán]

在县驻地泗河街道东方向 24.0 千米。苗馆镇辖自然村。人口 1 000。原名显泉，以泉得名，后演变为响泉。聚落呈团块状分布。经济以商贸业、种植业为主，主要农作物有小麦、玉米、花生等。有公路经此。

莛庄 370831-B05-H25
[Xuézhuāng]

在县驻地泗河街道东南方向 18.0 千米。苗馆镇辖自然村。人口 1 900。地处鲍村河上游莛弯处，故取名莛庄。聚落呈团块状分布。经济以商贸业、种植业为主，主要农作物有小麦、玉米、花生等。有公路经此。

中册 370831-B06-H01
[Zhōngcè]

中册镇人民政府驻地。在县驻地泗河街道西北方向 6.0 千米。人口 5 300。隋朝建村，原名中水，后以中册河更今名。聚落呈团块状分布。有中学、小学、幼儿园。经济以种植业为主，主要农作物有小麦、玉米等。有公路经此。

李家峪 370831-B06-H02
[Lǐjiāyù]

在县驻地泗河街道北方向 6.3 千米。中册镇辖自然村。人口 700。以姓氏名村。聚落呈团块状分布。经济以商贸业、种植业为主，主要农作物有小麦、花生、棉花等。有公路经此。

西侯家庄 370831-B06-H03
[Xīhóujiāzhuāng]

在县驻地泗河街道北方向 7.5 千米。中册镇辖自然村。人口900。以姓氏和方位命名。聚落呈团块状分布。有幼儿园等。经济以商贸业、种植业为主，主要农作物有小麦、花生、棉花、土豆等。有公路经此。

小李白庄 370831-B06-H04
[Xiǎolǐbáizhuāng]

在县驻地泗河街道北方向6.2千米。中册镇辖自然村。人口1 000。据《李氏家谱》记载，明洪武年间，李氏首迁李白庄，永乐年间由李白庄二迁此定居，以方位得名东李白庄。清初改称小李白庄。聚落呈团块状分布。经济以商贸业、种植业为主，主要农作物有小麦、花生、棉花、土豆等。有家具厂。有公路经此。

小张家庄 370831-B06-H05
[Xiǎozhāngjiāzhuāng]

在县驻地泗河街道北方向6.3千米。中册镇辖自然村。人口600。先民迁此居住时西北邻张家庄，故以方位取名东张家庄，后改称小张家庄。聚落呈团块状分布。经济以商贸业、种植业为主，主要农作物有小麦、花生、棉花等。有公路经此。

徐家庄 370831-B06-H06
[Xújiāzhuāng]

在县驻地泗河街道北方向6.4千米。中册镇辖自然村。人口1 000。以姓氏名村。聚落呈团块状分布。有幼儿园、小学。经济以商贸业、种植业为主，主要农作物有小麦、花生、棉花、土豆等。有公路经此。

北临泗二村 370831-B06-H07
[Běilínsì'èrcūn]

在县驻地泗河街道北方向4.0千米。中册镇辖自然村。人口600。乔氏迁此居住，因位于泗河北岸，故得名北临泗，后按序

数划分为北临泗二村。聚落呈团块状分布。经济以商贸业、种植业为主，主要农作物有小麦、花生、棉花、土豆、西瓜等。有公路经此。

丰后庄 370831-B06-H08
[Fēnghòuzhuāng]

在县驻地泗河街道北方向6.2千米。中册镇辖自然村。人口700。位于鄨家庄北，取名鄨后庄，后演为丰后庄。聚落呈团块状分布。经济以商贸业、种植业为主，主要农作物有小麦、花生、棉花、土豆、西瓜等。有公路经此。

大李白东 370831-B06-H09
[Dàlǐbáidōng]

在县驻地泗河街道北方向7.2千米。中册镇辖自然村。人口700。以姓氏名村。聚落呈团块状分布。经济以商贸业、种植业为主，主要农作物有小麦、花生、棉花、土豆等。有公路经此。

大李白西 370831-B06-H10
[Dàlǐbáixī]

在县驻地泗河街道北方向7.4千米。中册镇辖自然村。人口1 100，其中回族占97%。明洪武年间，李、白二氏迁此居住，以双姓得名李白庄。永乐年间，李氏迁至村东2千米处另立新村，以方位称东李白庄，该村改称大李白西。聚落呈团块状分布。有幼儿园、小学等。经济以商贸业、种植业为主，主要农作物有小麦、花生、棉花、土豆等。有公路经此。

大泉庄 370831-B06-H11
[Dàquánzhuāng]

在县驻地泗河街道北方向6.0千米。中册镇辖自然村。人口700。村东有一大泉，久旱不涸，以泉得名大泉庄。聚落呈团块

状分布。有幼儿园、小学等。经济以商贸业、种植业为主，主要农作物有小麦、花生、棉花、土豆、西瓜等。有公路经此。

石桥 370831-B06-H12
[Shíqiáo]

在县驻地泗河街道西北方向 6.0 千米。中册镇辖自然村。人口 700。因地处古大道石桥旁而得名。聚落呈团块状分布。有幼儿园、小学等。经济以商贸业、种植业为主，主要农作物有小麦、花生、棉花、土豆等。有公路经此。

东杨庄 370831-B06-H13
[Dōngyángzhuāng]

在县驻地泗河街道北方向 3.0 千米。中册镇辖自然村。人口 900。因姓氏与方位得名。聚落呈团块状分布。经济以商贸业、种植业为主，主要农作物有小麦、花生、棉花、土豆、西瓜、大蒜等。有公路经此。

西杨庄 370831-B06-H14
[Xīyángzhuāng]

在县驻地泗河街道西北方向 5.0 千米。中册镇辖自然村。人口 1 700。因姓氏与方位得名。聚落呈团块状分布。有幼儿园、小学等。经济以商贸业、种植业为主，主要农作物有小麦、花生、棉花、土豆、西瓜、大蒜等。有花生加工厂。有公路经此。

杨柳 370831-B07-H01
[Yángliǔ]

杨柳镇人民政府驻地。在县驻地泗河街道西方向 13.0 千米。人口 1 000。清康熙年间，官府在此立庄招民开荒种地，名官庄。乾隆年间，以村中有五棵大杨树、两棵大柳树更今名。聚落呈团块状分布。有小学、幼儿园。经济以种植业为主，主要农作物

有小麦、玉米、谷子、青椒、马铃薯、山药、平菇、红苹果等。张丰公路经此。

大白沟 370831-B07-H02
[Dàbáigōu]

在县驻地泗河街道西方向 16.0 千米。杨柳镇辖自然村。人口 600。村东、村北临沟，沟内泥土呈白色，故得名白沟村。清末民初，部分村民迁至沟北居住，取名小白沟，该村始称大白沟。聚落呈团块状分布。经济以商贸业、种植业为主，主要农作物有小麦、玉米、花生、棉花等。有公路经此。

大岭 370831-B07-H03
[Dàlǐng]

在县驻地泗河街道西方向 16.0 千米。杨柳镇辖自然村。人口 500。为求兴旺发达，名兴岭庄。清末，部分村民迁至村东南居住，取名小岭，该村始称大岭。聚落呈团块状分布。经济以商贸业、种植业为主，主要农作物有小麦、玉米、花生、棉花等。有公路经此。

东朱家 370831-B07-H04
[Dōngzhūjiā]

在县驻地泗河街道西北方向 20.0 千米。杨柳镇辖自然村。人口 1 400。以姓氏和方位命名。聚落呈团块状分布。经济以商贸业、种植业为主，主要农作物有小麦、玉米、花生、棉花等。有公路经此。

郭家铺 370831-B07-H05
[Guōjiāpù]

在县驻地泗河街道西北方向 15.0 千米。杨柳镇辖自然村。人口 600。明朝国氏迁此居住，开设店铺为生，得名国家铺。清乾隆年间，为避国太之嫌，以谐音字更名郭

家铺。聚落呈团块状分布。有小学。经济以商贸业、种植业为主，主要农作物有小麦、花生、棉花等。有公路经此。

郭家庄 370831-B07-H06
[Guōjiāzhuāng]

在县驻地泗河街道西北方向 16.0 千米。杨柳镇辖自然村。人口 800。以姓氏命名。聚落呈团块状分布。经济以商贸业、种植业为主，主要农作物有小麦、玉米、花生、棉花等。有公路经此。

河套园 370831-B07-H07
[Hétàoyuán]

在县驻地泗河街道西方向 18.0 千米。杨柳镇辖自然村。人口 800。因位于两河汇流处的河套内而得名。聚落呈团块状分布。有小学等。经济以商贸业、种植业为主，主要农作物有小麦、玉米、花生、棉花等。有公路经此。

孔家 370831-B07-H08
[Kǒngjiā]

在县驻地泗河街道西北方向 18.0 千米。杨柳镇辖自然村。人口 2 100。以姓氏名村。聚落呈团块状分布。有小学。经济以商贸业、种植业为主，主要农作物有小麦、玉米、花生、棉花等。有公路经此。

老官庄 370831-B07-H09
[Lǎoguānzhuāng]

在县驻地泗河街道西北方向 16.0 千米。杨柳镇辖自然村。人口 1 000。明末清初时，村旁有一明代官墓俗称老官坟，故名老官庄。聚落呈团块状分布。有幼儿园等。经济以商贸业、种植业为主，主要农作物有小麦、玉米、花生、土豆等。有公路经此。

老泉庄 370831-B07-H10
[Lǎoquánzhuāng]

在县驻地泗河街道西北方向 16.0 千米。杨柳镇辖自然村。人口 2 700。以村西岭下大泉得名老泉庄。聚落呈团块状分布。有小学等。经济以商贸业、种植业为主，主要农作物有小麦、玉米、花生、棉花等。有公路经此。

潘家庄 370831-B07-H11
[Pānjiāzhuāng]

在县驻地泗河街道西北方向 15.0 千米。杨柳镇辖自然村。以姓氏名村。聚落呈团块状分布。经济以商贸业、种植业为主，主要农作物有小麦、玉米、花生、棉花等。有公路经此。

前琴柏 370831-B07-H12
[Qiánqínbǎi]

在县驻地泗河街道西北方向 14.0 千米。杨柳镇辖自然村。人口 1 800。该村系孔子的弟子子禽的故里，原名禽埠。村中有一株古柏，相传为子禽亲手所植，世代称为"禽柏"，明朝末村以树更名为禽柏村，清代演变为琴柏，后以方位改为今名。聚落呈团块状分布。经济以商贸业、种植业为主，主要农作物有小麦、玉米、花生、棉花、西瓜等。有公路经此。

乔家 370831-B07-H13
[Qiáojiā]

在县驻地泗河街道西北方向 14.0 千米。杨柳镇辖自然村。人口 1 300。以姓氏名村。聚落呈团块状分布。经济以商贸业、种植业为主，主要农作物有小麦、玉米、花生、棉花等。有公路经此。

山河西 370831-B07-H14
[Shānhéxī]

在县驻地泗河街道西方向 16.0 千米。杨柳镇辖自然村。人口 700。以自然地理实体和所在方位得名。聚落呈团块状分布。经济以商贸业、种植业为主，主要农作物有小麦、玉米、花生、棉花等。有公路经此。

田家庄 370831-B07-H15
[Tiánjiāzhuāng]

在县驻地泗河街道西方向 15.0 千米。杨柳镇辖自然村。人口 400。以姓氏名村。聚落呈团块状分布。经济以商贸业、种植业为主，主要农作物有小麦、玉米、花生、棉花等。有公路经此。

西里仁 370831-B07-H16
[Xīlǐrén]

在县驻地泗河街道西方向 15.0 千米。杨柳镇辖自然村。人口 1 300。南宋理宗年间，刘、范、邦三氏相继从外乡迁来此处居住，相距一里许，三家和睦相处，大仁大义，取名里仁村，后以方位更今名。聚落呈团块状分布。有小学等。经济以商贸业、种植业为主，主要农作物有小麦、玉米、花生、西瓜等。有公路经此。

西张庄 370831-B07-H17
[Xīzhāngzhuāng]

在县驻地泗河街道西北方向 18.0 千米。杨柳镇辖自然村。人口 700。因姓氏得名，民末以方位改称西张庄。聚落呈团块状分布。经济以商贸业、种植业为主，主要农作物有小麦、玉米、花生、土豆等。有公路经此。

西朱家 370831-B07-H18
[Xīzhūjiā]

在县驻地泗河街道西北方向 18.0 千米。杨柳镇辖自然村。人口 700。明洪武年间，朱氏从山西洪洞县迁此居住，以姓氏得名朱家村，因居民分迁，以河沟为界，该村位于河西侧，故名。聚落呈团块状分布。经济以商贸业、种植业为主，主要农作物有小麦、玉米、花生、棉花等。有公路经此。

夏李庄 370831-B07-H19
[Xiàlǐzhuāng]

在县驻地泗河街道西方向 19.0 千米。杨柳镇辖自然村。人口 1 400。清顺治年间，夏氏、李氏迁此居住，以二姓氏取名夏李庄。聚落呈团块状分布。经济以商贸业、种植业为主，主要农作物有小麦、玉米、花生、棉花等。有公路经此。

小颜庙 370831-B07-H20
[Xiǎoyánmiào]

在县驻地泗河街道西方向 18.0 千米。杨柳镇辖自然村。人口 300。明朝末叶，钱氏迁此居住，以租种曲阜颜家庙地为生，归颜家庄管辖，故取名小颜庙。聚落呈团块状分布。有小学。经济以商贸业、种植业为主，主要农作物有小麦、玉米、花生、棉花等。有公路经此。

张庄 370831-B08-H01
[Zhāngzhuāng]

泗张镇人民政府驻地。在县驻地泗河街道东南方向 25.1 千米。人口 2 100。明初建村，以姓氏得名。聚落呈团块状分布。有中学 1 处、小学 1 处、幼儿园 2 处。经济以种植业为主，主要农作物有地瓜、花生，种植秋葵、四季豆、韭菜花、葡萄等。有公路经此。

王家庄 370831-B08-H02
[Wángjiāzhuāng]

在县驻地泗河街道东南方向 18.0 千米。

泗张镇辖自然村。人口 500。因姓氏得名。聚落呈团块状分布。经济以旅游业为主。有公路经此。

八抬轿 370831-B08-H03
[Bātáijiào]

在县驻地泗河街道东南方向 30.0 千米。泗张镇辖自然村。人口 500。村北有一巨石，其形似轿，周围有八块小石相拱，如同八人抬轿，故名。聚落呈团块状分布。经济以商贸业、种植业为主，主要农作物有小麦、玉米、花生、棉花等。有公路经此。

查山前 370831-B08-H04
[Cháshānqián]

在县驻地泗河街道东南方向 30.0 千米。泗张镇辖自然村。人口 400。以地处查山之阳而得名。聚落呈团块状分布。经济以商贸业、种植业为主，主要农作物有小麦、玉米、花生、棉花、土豆、黄姜、大葱等。有公路经此。

大宋家沟 370831-B08-H05
[Dàsòngjiāgōu]

在县驻地泗河街道东南方向 39.0 千米。泗张镇辖自然村。人口 700。因姓氏得名宋家沟，清代末，部分村民迁至村东北居住，取名小宋家沟，该村始称大宋家沟。聚落呈团块状分布。经济以商贸业、种植业为主，主要农作物有小麦、玉米、花生、棉花、土豆、黄姜、大葱等。有公路经此。

大周家峪 370831-B08-H06
[Dàzhōujiāyù]

在县驻地泗河街道东南方向 29.0 千米。泗张镇辖自然村。人口 300。以姓氏得名周家峪。清末民初，周氏一支迁至村东南定居，取名小周家峪，该村始称大周家峪。聚落呈团块状分布。经济以商贸业、种植业为主，

主要农作物有小麦、玉米、花生、棉花、土豆、黄姜、大葱等。有公路经此。

东丰岭 370831-B08-H07
[Dōngfēnglǐng]

在县驻地泗河街道东南方向 36.0 千米。泗张镇辖自然村。人口 500。村南有条河沟，由于地势较平，水势再大也听不到流水声，人称哑巴沟，村以沟得名哑巴沟。后因恶其名，改称东丰岭。聚落呈团块状分布。经济以商贸业、种植业为主，主要农作物有小麦、玉米、地瓜等。有公路经此。

付山庄 370831-B08-H08
[Fùshānzhuāng]

在县驻地泗河街道东南方向 30.0 千米。泗张镇辖自然村。人口 900。初名黍山庄，以山得名，后演变为付山庄。聚落呈团块状分布。经济以商贸业、种植业为主，主要农作物有小麦、玉米、花生、棉花、土豆、黄姜、大葱等。有公路经此。

汉舒 370831-B08-H09
[Hànshū]

在县驻地泗河街道东南方向 28.0 千米。泗张镇辖自然村。人口 1 300。唐朝时期称汉，清光绪十八年（1892）修《泗水县志》称汉舒。聚落呈团块状分布。经济以商贸业、种植业为主，主要农作物有小麦、玉米、花生、地瓜等。有公路经此。

后袁庄 370831-B08-H10
[Hòuyuánzhuāng]

在县驻地泗河街道东南方向 25.0 千米。泗张镇辖自然村。人口 300。因姓氏得名。聚落呈团块状分布。经济以商贸业、种植业为主，主要农作物有小麦、玉米、花生、地瓜等。有公路经此。

黄家峪 370831-B08-H11
[Huángjiāyù]

在县驻地泗河街道东南方向 32.0 千米。泗张镇辖自然村。人口 300。因姓氏得名。聚落呈团块状分布。经济以商贸业、种植业为主，主要农作物有小麦、玉米、花生、地瓜、苹果、板栗等。有公路经此。

李家桥 370831-B08-H12
[Lǐjiāqiáo]

在县驻地泗河街道东南方向 30.0 千米。泗张镇辖自然村。人口 1 200。因姓氏得名。聚落呈团块状分布。经济以商贸业、种植业为主，主要农作物有小麦、玉米、花生、地瓜等。有公路经此。

刘家岭 370831-B08-H13
[Liújiālǐng]

在县驻地泗河街道东南方向 32.0 千米。泗张镇辖自然村。人口 400。以姓氏得名。聚落呈团块状分布。经济以商贸业、种植业为主，主要农作物有小麦、玉米、花生、地瓜等。有公路经此。

罗汉沟 370831-B08-H14
[Luóhàngōu]

在县驻地泗河街道东南方向 32.0 千米。泗张镇辖自然村。人口 700。村址临沟，在沟西侧有一黄土岗，其形酷似一尊罗汉像，以此得名罗汉沟。聚落呈团块状分布。经济以商贸业、种植业为主，主要农作物有小麦、玉米、花生、棉花、土豆、黄姜、大葱等。有公路经此。

罗家庄 370831-B08-H15
[Luójiāzhuāng]

在县驻地泗河街道东南方向 23.0 千米。泗张镇辖自然村。人口 700。以姓氏名村。聚落呈团块状分布。经济以商贸业、种植业为主，主要农作物有小麦、玉米、花生、地瓜等。有公路经此。

茂石沟 370831-B08-H16
[Màoshígōu]

在县驻地泗河街道东南方向 35.0 千米。泗张镇辖自然村。人口 700。地处帽石山下，村址临沟，故得名帽石沟，后演为茂石沟。聚落呈团块状分布。经济以商贸业、种植业为主，主要农作物有小麦、玉米、花生、地瓜等。有公路经此。

牛庄 370831-B08-H17
[Niúzhuāng]

在县驻地泗河街道东南方向 30.0 千米。泗张镇辖自然村。人口 700。以姓氏名村。聚落呈团块状分布。经济以商贸业、种植业为主，主要农作物有小麦、玉米、花生、地瓜、土豆等。有公路经此。

前袁庄 370831-B08-H18
[Qiányuánzhuāng]

在县驻地泗河街道东南方向 24.0 千米。泗张镇辖自然村。人口 500。以姓氏和方位命名。聚落呈团块状分布。经济以商贸业、种植业为主，主要农作物有小麦、玉米、花生、地瓜等。有公路经此。

青界村 370831-B08-H19
[Qīngjiècūn]

在县驻地泗河街道东南方向 32.0 千米。泗张镇辖自然村。人口 1 200。清道光年间，官府在村南岭上树立界碑，村以此得名清界岭，后演为青界村。聚落呈团块状分布。经济以商贸业、种植业为主，主要农作物有花生、地瓜、玉米、板栗等。有公路经此。

入云山 370831-B08-H20
[Rùyúnshān]

在县驻地泗河街道东南方向 32.0 千米。泗张镇辖自然村。人口 200。以山命名入云山。聚落呈团块状分布。经济以商贸业、种植业为主，主要农作物有玉米、花生、地瓜等。有公路经此。

宋家沟 370831-B08-H21
[Sòngjiāgōu]

在县驻地泗河街道东南方向 25.0 千米。泗张镇辖自然村。人口 800。唐初程咬金等曾经过此地，当地官民在此送别，得名送驾沟，后演为宋家沟。聚落呈团块状分布。经济以商贸业、种植业为主，主要农作物有玉米、花生、地瓜等。有公路经此。

太平庄 370831-B08-H22
[Tàipíngzhuāng]

在县驻地泗河街道东南方向 30.0 千米。泗张镇辖自然村。人口 1 900。为求康泰平安，故名太平庄。聚落呈团块状分布。经济以商贸业、种植业为主，主要农作物有花生、地瓜、玉米、黄姜、土豆等。有公路经此。

桃花岗 370831-B08-H23
[Táohuāgǎng]

在县驻地泗河街道东南方向 37.0 千米。泗张镇辖自然村。人口 700。清村民栽植桃树甚多，每逢春季桃花遍岗，故名桃花岗。聚落呈团块状分布。经济以商贸业、种植业为主，主要农作物有玉米、花生、地瓜等。有公路经此。

王法峪 370831-B08-H24
[Wángfǎyù]

在县驻地泗河街道东南方向 36.0 千米。泗张镇辖自然村。人口 500。因该村嘉庆年间以王氏发家而得名王发峪，光绪年间演为王法峪。聚落呈团块状分布。经济以商贸业、种植业为主，主要农作物有花生、地瓜、大葱、土豆等。有公路经此。

王府岭 370831-B08-H25
[Wángfǔlǐng]

在县驻地泗河街道东南方向 35.0 千米。泗张镇辖自然村。人口 700。王氏迁此居住，为求生活富裕，取名王富庄，后更名为王府岭。聚落呈团块状分布。经济以商贸业、种植业为主，主要农作物有小麦、玉米、花生、地瓜等。有公路经此。

西蒲玉河 370831-B08-H26
[Xīpúyùhé]

在县驻地泗河街道东南方向 33.0 千米。泗张镇辖自然村。人口 600。地处蒲玉河畔，村以河和方位得名。聚落呈团块状分布。经济以商贸业、种植业为主，主要农作物有花生、黄姜、地瓜、玉米等。有公路经此。

圣水峪 370831-B09-H01
[Shèngshuǐyù]

圣水峪镇人民政府驻地。在县驻地泗河街道南方向 13.0 千米。人口 2 000。以河得名。聚落呈团块状分布。有中学 1 处、小学 1 处、幼儿园 2 处。经济以种植业为主，主要农作物有小麦、玉米、地瓜。有公路经此。

八士庄 370831-B09-H02
[Bāshìzhuāng]

在县驻地泗河街道东南方向 13.0 千米。圣水峪镇辖自然村。人口 1 200。清朝中叶，村中有位绅士善于处理民事纠纷，名望高，势力大，当地人称其为"大把势"。绅士死后，为怀念他，将村名更名为把势庄，后演变为八士庄。聚落呈团块状分布。经济以商贸业、种植业为主，主要农作物有花生、地瓜等。有公路经此。

北东野 370831-B09-H03
[Běidōngyě]

在县驻地泗河街道东南方向 18.0 千米。圣水峪镇辖自然村。人口 1 100。据《山东考古录》记载：春秋时期，鲁季氏食邑于此，因位于鲁国东部山野之乡，故名东野邑。该村住有孔府祭祀户，以地名为其姓氏。中华人民共和国成立以后，随着人口的增加，居民分迁建房，以河为界，形成两个自然村，该村位于河北岸，故名北东野。聚落呈团块状分布。经济以商贸业、种植业为主，主要农作物有花生、地瓜等。有公路经此。

北尧湾 370831-B09-H04
[Běiyáowān]

在县驻地泗河街道东南方向 10.0 千米。圣水峪镇辖自然村。人口 300。地处古代窑群遗址，取名窑窝。因嫌"窝"字不雅，清代更名窑湾。1956 年演变为尧湾，后以方位称今名。聚落呈团块状分布。经济以商贸业、种植业为主，主要农作物有花生、地瓜等。有公路经此。

椿树沟 370831-B09-H05
[Chūnshùgōu]

在县驻地泗河街道东南方向 12.0 千米。圣水峪镇辖自然村。人口 800。地处芦山东峪，山沟两侧椿树成林，故得名椿树沟。聚落呈团块状分布。经济以商贸业、种植业、养殖业为主。有公路经此。

大城子 370831-B09-H06
[Dàchéngzi]

在县驻地泗河街道东南方向 12.0 千米。

圣水峪镇辖自然村。人口 400。因地处古代城堡遗址而得名。聚落呈团块状分布。经济以商贸业、种植业为主，主要农作物有花生、地瓜等。有公路经此。

钓鱼台 370831-B09-H07
[Diàoyútái]

在县驻地泗河街道东南方向 16.0 千米。圣水峪镇辖自然村。人口 300。村址有条东西流向的小河沟，河北岸有一高台，相传为古人钓鱼处，以此得名钓鱼台。聚落呈团块状分布。经济以商贸业、种植业为主，主要农作物有花生、地瓜等。有公路经此。

东卸甲 370831-B09-H08
[Dōngxièjiǎ]

在县驻地泗河街道东南方向 15.0 千米。圣水峪镇辖自然村。人口 800。地处卸甲河畔，村以河名。聚落呈团块状分布。经济以商贸业、种植业为主，主要农作物有花生、地瓜等。有公路经此。

东仲都 370831-B09-H09
[Dōngzhòngdū]

在县驻地泗河街道东南方向 9.0 千米。圣水峪镇辖自然村。人口 1 100。明崇祯九年（1636）立《创建观音堂记》碑载："泗邑城南二十里许村民仲都者，乃善人王仲都之名讳也。"清朝末叶，部分村民迁至村西居住，取名西临泉，民初改称西仲都，该村始称东仲都。聚落呈团块状分布。经济以商贸业、种植业为主，主要农作物有花生、地瓜等。有公路经此。

过驾峪 370831-B09-H10
[Guòjiàyù]

在县驻地泗河街道东南方向 13.0 千米。圣水峪镇辖自然村。人口 800。有正德乙巳年立"武宗皇帝勒马观槐处"石碑，得名过驾峪。聚落呈团块状分布。经济以商贸业、种植业为主，主要农作物有花生、地瓜等。有公路经此。

皇城 370831-B09-H11

[Huángchéng]

在县驻地泗河街道南方向 12.0 千米。圣水峪镇辖自然村。人口 800。明朝年间，鲁惠王、鲁端王、鲁恭王先后安葬于村北二旗山上，建有陵园，并在此修建陵城，俗称皇城。聚落呈团块状分布。经济以商贸业、种植业为主，主要农作物有花生、地瓜等。有公路经此。

吉沃 370831-B09-H12

[Jíwò]

在县驻地泗河街道东南方向 11.0 千米。圣水峪镇辖自然村。人口 700。以山鸡栖息地得名鸡窝，因嫌不雅，后更名吉沃。聚落呈团块状分布。经济以商贸业、种植业为主，主要农作物有花生、地瓜等。有公路经此。

救驾庄 370831-B09-H13

[Jiùjiàzhuāng]

在县驻地泗河街道东南方向 13.0 千米。圣水峪镇辖自然村。人口 400。以民间传说"唐王李世民东征经过此地，马陷泥潭，被薛里救驾"的故事得名救驾庄。聚落呈团块状分布。经济以商贸业、种植业为主，主要农作物有花生、地瓜等。有公路经此。

兰沃 370831-B09-H14

[Lánwò]

在县驻地泗河街道东南方向 13.0 千米。圣水峪镇辖自然村。人口 1 000。地处山夹沟，遍地琅窝石，村以此得名琅窝。因恶其名，后以沟内生长兰草而更名兰窝，后演为兰沃。聚落呈团块状分布。经济以商

贸业、种植业为主，主要农作物有花生、地瓜等。有公路经此。

毛沃 370831-B09-H15

[Máowò]

在县驻地泗河街道东南方向 13.0 千米。圣水峪镇辖自然村。人口 1 300。明崇祯六年（1633），蔡氏从山西迁此居住，因村周围茅草丛生，故得名矛窝，后演为毛沃。聚落呈团块状分布。经济以商贸业、种植业为主，主要农作物有花生、地瓜等。有公路经此。

南东野 370831-B09-H16

[Nándōngyě]

在县驻地泗河街道东南方向 18.0 千米。圣水峪镇辖自然村。人口 400。春秋时期，鲁季氏食邑于此，因位于鲁国东部山野之乡，故名东野邑，后以方位称今名。聚落呈团块状分布。经济以商贸业、种植业为主，主要农作物有花生、地瓜等。有公路经此。

南三教湾 370831-B09-H17

[Nánsānjiàowān]

在县驻地泗河街道东南方向 14.0 千米。圣水峪镇辖自然村。人口 600。明洪武年间，钱、李、陈三氏相继迁此居住，地处河湾，取名三家湾。明朝中叶，以村中三教堂更名三教湾。清初，刘氏由曲阜迁来村北河对岸居住，取名北三教湾，该村始称南三教湾。聚落呈团块状分布。经济以商贸业、种植业为主，主要农作物有花生、地瓜等。有公路经此。

南孙徐 370831-B09-H18

[Nánsūnxú]

在县驻地泗河街道东南方向 10.0 千米。圣水峪镇辖自然村。人口 1 200。原以姓氏

得名薛家山。1959 年修建水库时，南孙徐村民全部迁此居住，故更名南孙徐。聚落呈团块状分布。经济以商贸业、种植业为主，主要农作物有花生、地瓜等。有公路经此。

南尧湾 370831-B09-H19
[Nányáowān]

在县驻地泗河街道东南方向 8.0 千米。圣水峪镇辖自然村。人口 300。明朝末叶，张氏迁此居住，因地处古代窑群遗址，取名窑窝。因嫌“窝”字不雅，清代更名窑湾。1956 年演变为尧湾。1959 年修建水库时，原尧湾大队社员分别迁至河两岸居住，该村位于河南岸，故名南尧湾。聚落呈团块状分布。经济以商贸业、种植业为主，主要农作物有花生、地瓜等。有公路经此。

石砬 370831-B09-H20
[Shílá]

在县驻地泗河街道东南方向 17.0 千米。圣水峪镇辖自然村。人口 300。清雍正年间，汤氏迁此居住，村址裸石遍地，故得名石垃。因“垃”字属生僻字，1984 年更为石砬。聚落呈团块状分布。经济以商贸业、种植业为主，主要农作物有花生、地瓜等。有公路经此。

石汪崖 370831-B09-H21
[Shíwāngyá]

在县驻地泗河街道东南方向 11.0 千米。圣水峪镇辖自然村。人口 600。村址位于河湾一大水塘边，汪塘内岩石袒露，得名石汪。因重名，后更名石汪崖。聚落呈团块状分布。经济以商贸业、种植业为主，主要农作物有花生、地瓜等。有公路经此。

土洞 370831-B09-H22
[Tǔdòng]

在县驻地泗河街道东南方向 12.0 千米。圣水峪镇辖自然村。人口 900。清朝中叶，有位教书先生住在村九奇山坳一土洞内教学，远近闻名，民谣曰：“想识字，到土洞，那里有位好先生。”清代末叶以此更村名为土洞。聚落呈团块状分布。经济以商贸业、种植业为主，主要农作物有花生、地瓜等。有公路经此。

土门 370831-B09-H23
[Tǔmén]

在县驻地泗河街道东南方向 16.0 千米。圣水峪镇辖自然村。人口 500。村西南有一土岗，村址位于土岗一天然豁口处，形如门，故得名土门。聚落呈团块状分布。经济以商贸业、种植业为主，主要农作物有花生、地瓜等。有公路经此。

高峪 370831-B10-H01
[Gāoyù]

高峪镇人民政府驻地。在县驻地泗河街道北方向 9.0 千米。人口 2 800。明代初建村，因位于尧山之下、两河中间的高地上，故名。聚落呈团块状分布。有幼儿园、小学、中学。经济以种植业为主，主要农作物有小麦、玉米、蔬菜。有公路经此。

北白石 370831-B10-H02
[Běibáishí]

在县驻地泗河街道东北方向 11.0 千米。高峪镇辖自然村。人口 1 000。因地处白石岭下而得名。聚落呈团块状分布。经济以商贸业、种植业为主，主要农作物有花生、地瓜等。有公路经此。

北丑 370831-B10-H03
[Běichǒu]

在县驻地泗河街道东北方向 14.0 千米。高峪镇辖自然村。人口 1 200。因位于县城东北，按地支属第二位，故取名丑村。后因此村居北改今名。聚落呈团块状分布。经济以商贸业、种植业为主，主要农作物有小麦、玉米、花生等。244 省道经此。

官庄 370831-B10-H04
[Guānzhuāng]

在县驻地泗河街道东方向 21.0 千米。高峪镇辖自然村。人口 800。清代末，因姓氏宗族矛盾突出，时常经官动府打官司，故得绰号"官庄"，后相沿成习为村名。聚落呈团块状分布。经济以商贸业、种植业为主，主要农作物有小麦、花生、玉米等。有公路经此。

亮庄 370831-B10-H05
[Liàngzhuāng]

在县驻地泗河街道东北方向 13.0 千米。高峪镇辖自然村。人口 1 500。原以姓氏得名梁庄，后他姓为避梁姓牵连，改名亮庄。聚落呈团块状分布。经济以商贸业、种植业为主，主要农作物有小麦、花生、玉米等。有公路经此。

刘家洼 370831-B10-H06
[Liújiāwā]

在县驻地泗河街道东北方向 15.0 千米。高峪镇辖自然村。人口 600。以姓氏名村。聚落呈团块状分布。经济以商贸业、种植业为主，主要农作物有小麦、花生、地瓜等。有公路经此。

流虹庄 370831-B10-H07
[Liúhóngzhuāng]

在县驻地泗河街道东方向 12.0 千米。高峪镇辖自然村。人口 900。村西有一小岭，系红黏土，每逢雨季沟内流水呈红色，从村旁流入丑村河，村因此得名流红庄，后雅化为流虹庄。聚落呈团块状分布。经济

以商贸业、种植业为主，主要农作物有小麦、花生、玉米等。有公路经此。

南丑 370831-B10-H08
[Nánchǒu]

在县驻地泗河街道东北方向 1.0 千米。高峪镇辖自然村。人口 1 200。因位于县城东北，按地支属第二位，故取名丑村。此村居南，故名。聚落呈团块状分布。经济以商贸业、种植业为主，主要农作物有小麦、花生、玉米等。244 省道经此。

前侯家庄 370831-B10-H09
[Qiánhóujiāzhuāng]

在县驻地泗河街道东北方向 17.0 千米。高峪镇辖自然村。人口 800。以姓氏得名侯家庄，后因地理位置，改名前侯家庄。聚落呈团块状分布。经济以商贸业、种植业为主，主要农作物有小麦、花生、玉米等。有公路经此。

却庄 370831-B10-H10
[Quèzhuāng]

在县驻地泗河街道东北方向 13.0 千米。高峪镇辖自然村。人口 1 200。原以姓氏得名邱庄，后演变为丘庄，孔姓迁来后，因怕犯"圣人名讳"，遂以孔子故里更名为阙庄，民国时期演为却庄。聚落呈团块状分布。经济以商贸业、种植业为主，主要农作物有小麦、花生、玉米等。有公路经此。

上下峪 370831-B10-H11
[Shàngxiàyù]

在县驻地泗河街道东北方向 19.0 千米。高峪镇辖自然村。人口 1 200。明朝中叶，张氏从泗北社大崇义迁此居住，地处放马峪上方，故得名上峪。高氏从泰安城东武家庄迁此居住，地处放马峪下方，故得名下峪。2005 年高峪镇上峪村和下峪村合并

为上下峪。聚落呈团块状分布。经济以商贸业、种植业为主，主要农作物有小麦、花生、玉米等。有公路经此。

土门 370831-B10-H12
［Tǔmén］

在县驻地泗河街道东北方向 14.0 千米。高峪镇辖自然村。人口 1 400。村前土崖有一大豁口，进村道路由此通过，形如两扇大门，以地形得名土门。聚落呈团块状分布。经济以商贸业、种植业为主，主要农作物有小麦、花生、玉米等。有公路经此。

西余粮 370831-B10-H13
［Xīyúliáng］

在县驻地泗河街道东北方向 8.5 千米。高峪镇辖自然村。人口 800。清代初，梁庄的梁家遭难，本村梁姓怕受牵连，遂将村名更名为余粮庄。因重名，1984 年以方位改称西余粮。聚落呈团块状分布。经济以商贸业、种植业为主，主要农作物有小麦、花生、玉米、西瓜等。有公路经此。

大黄沟 370831-C01-H01
［Dàhuánggōu］

大黄沟乡人民政府驻地。在县驻地泗河街道东北方向 17.2 千米。人口 2 800。宋代建村，原名黄沟，以河得名。明朝中叶，部分村民迁至村南居住，取名小黄沟，该村始称大黄沟。聚落呈团块状分布。有中学、小学、幼儿园。经济以种植业为主，主要农作物有小麦、玉米、蔬菜。有公路经此。

百家旺 370831-C01-H02
［Bǎijiāwàng］

在县驻地泗河街道东方向 30.0 千米。大黄沟乡辖自然村。人口 400。柏氏迁此居住，地处河湾汪塘边，得名柏家汪，后演变为百家旺。聚落呈团块状分布。经济以商贸业、种植业为主，主要农作物有小麦、玉米等。有公路经此。

北庄 370831-C01-H03
［Běizhuāng］

在县驻地泗河街道东方向 29.0 千米。大黄沟乡辖自然村。人口 1 800。原名上涧，因位于石猪河上游而得名。明代末，部分村民迁至村南居住，取名南庄，该村始称北庄。聚落呈团块状分布。有小学、幼儿园。经济以商贸业、种植业为主，主要农作物有小麦、玉米等。有公路经此。

城子顶 370831-C01-H04
［Chéngzidǐng］

在县驻地泗河街道东方向 24.5 千米。大黄沟乡辖自然村。人口 500。地处古崇国垞城遗址之上，故得名城子顶。聚落呈团块状分布。经济以商贸业、种植业为主，主要农作物有小麦、玉米等。有公路经此。

东陈家庄 370831-C01-H05
［Dōngchénjiāzhuāng］

在县驻地泗河街道东方向 30.0 千米。大黄沟乡辖自然村。人口 700。以姓氏和方位命名。聚落呈团块状分布。有幼儿园。经济以商贸业、种植业为主，主要农作物有小麦、玉米等。有公路经此。

东崇义 370831-C01-H06
［Dōngchóngyì］

在县驻地泗河街道东方向 24.0 千米。大黄沟乡辖自然村。人口 1 800。相传该村是尧封白马子鲧为崇伯，鲧在此立崇国。鲧死后崇国废，改称崇邑，后演为崇义。后因方位称今名。聚落呈团块状分布。经济以商贸业、种植业为主，主要农作物有小麦、花生等。有公路经此。

东北华村 370831-C01-H07

[Dōngběihuácūn]

在县驻地泗河街道东方向 32.0 千米。大黄沟乡辖自然村。人口 1 500。1959 年修建水库时，华村部分村民迁此居住，以方位取名东华、北华，后称东北华村。聚落呈团块状分布。经济以商贸业、种植业为主，主要农作物有小麦、玉米等。有公路经此。

利新庄 370831-C01-H08

[Lìxīnzhuāng]

在县驻地泗河街道东方向 22.0 千米。大黄沟乡辖自然村。人口 1 800。原以姓氏得名辛庄，后辛氏迁出他姓迁入，更名新庄。因重名，1984 年更名利新庄。聚落呈团块状分布。经济以商贸业、种植业为主，主要农作物有小麦、玉米等。有公路经此。

石堎 370831-C01-H09

[Shílǔn]

在县驻地泗河街道东北方向 33.5 千米。大黄沟乡辖自然村。人口 1 000。村北有道岩石堎子，故得名石堎。聚落呈团块状分布。经济以商贸业、种植业为主，主要农作物有小麦、花生等。有公路经此。

西崇义 370831-C01-H10

[Xīchóngyì]

在县驻地泗河街道东方向 24.0 千米。大黄沟乡辖自然村。人口 1 200。相传该村是尧封白马子鲧为崇伯，鲧在此立崇国。鲧死后崇国废，改称崇邑，后演为崇义。后因方位称今名。聚落呈团块状分布。有幼儿园、小学等。经济以商贸业、种植业为主，主要农作物有小麦、花生等。有公路经此。

西枣山峪 370831-C01-H11

[Xīzǎoshānyù]

在县驻地泗河街道东方向 34.0 千米。大黄沟乡辖自然村。人口 600。地处山下大峪，山上枣树成林，故得名枣山峪，又以方位称今名。聚落呈团块状分布。经济以种植业为主，主要农作物有小麦、花生等。有公路经此。

梁山县

城市居民点

崇文新区 370832-I01

[Chóngwén Xīnqū]

在县城西部。人口 400。总面积 4.55 公顷。因为山东崇文有限公司建设而得名。2010 年始建，2012 年正式使用。建筑总面积 132 080 平方米，多层住宅楼 18 栋，新中式建筑风格。绿地面积 10 000 平方米。通公交车。

金冠壹号公馆 370832-I02

[Jīnguànyīhào Gōngguǎn]

在县城北部。人口 2 100。总面积 9 公顷。因为山东华城金冠置业公司开发建设而得名。2012 年始建，2014 年正式使用。建筑总面积 108 090 平方米，高层住宅楼 10 栋。绿地面积 9 000 平方米，有幼儿园等配套设施。通公交车。

山景花苑 370832-I03

[Shānjǐng Huāyuàn]

在县城北部。人口 1 700。总面积 7 公顷。因临龟山河、遥望灵龟山景色而得名。2006 年始建，2008 年正式使用。建筑总面积 68 582.9 平方米，多层住宅楼 15 栋，中式建筑风格。绿地面积 5 635.8 平方米，有健身器材等配套设施。通公交车。

梁元小区 370832–I04
[Liángyuán Xiǎoqū]

在县城西北部。人口 1 530。总面积 3.1 公顷。因吉言嘉言"金玉良缘"的谐音而得名。2012 年始建，2013 年正式使用。建筑总面积 57 300 平方米，多层住宅楼 14 栋，中式建筑风格。绿地面积 3 402 平方米，有便民超市等配套设施。通公交车。

慧馨苑 370832–I05
[Huìxīn Yuàn]

在县城西南部。人口 1 200。总面积 0.48 公顷。因以教育小区名义筹建，以其智慧、德馨之意得名。2008 年始建，2009 年正式使用。建筑总面积 23 500 平方米，多层住宅楼 10 栋，中式建筑风格。

金桂花园 370832–I06
[Jīnguì Huāyuán]

在县城西南部。人口 200。总面积 1.24 公顷。因由金桂建筑公司兴建而得名。2010 年始建，2012 年正式使用。建筑总面积 28 720 平方米，多层住宅楼 5 栋，中式建筑风格。

金鑫小区 370832–I07
[Jīnxīn Xiǎoqū]

在县城西南部。人口 200。总面积 1.47 公顷。因靠原金城路而得名。2011 年始建，2013 年正式使用。建筑总面积 32 130 平方米，多层住宅楼 4 栋，中式建筑风格。通公交车。

农村居民点

前集 370832–A01–H01
[Qiánjí]

在县驻地水泊街道北方向 2.5 千米。水泊街道辖自然村。人口 2 200。明永乐年间，刘氏、王氏等从山西洪洞县迁此建村，因位于梁山前面，开有店铺，并有集市，故名前店子集，1955 年改为前集。聚落呈团块状分布。有小学 1 处。有明末清初四合院刘家大院、护村河老寨门遗址、千年唐槐及古坑古井等。经济以种植业为主，主要农作物有小麦、玉米等。有公路经此。

郑垓 370832–A01–H02
[Zhènghǎi]

在县驻地水泊街道北方向 4.3 千米。水泊街道辖自然村。人口 4 500。明洪武年间，郑桓从山西洪洞县老鸹窝迁此建村，以姓氏命名为郑垓。聚落呈团块状分布。有文化广场 1 处、小学 1 处、幼儿园 1 处。有县委旧址、天主教堂。经济以种植业和养殖业为主，主要农作物有小麦、玉米等。220 国道经此。

刘集 370832–A01–H03
[Liújí]

在县驻地水泊街道东北方向 3.4 千米。水泊街道辖自然村。人口 1 500。明洪武年间，以姓氏命名为刘家庄，后因有集市改为刘集。聚落呈团块状分布。有三元行宫、九天玄女庙、燕青台、刘氏宗祠、刘氏私塾和刘家大院等古迹。经济以种植业为主，主要农作物有小麦、玉米。220 国道经此。

郝山头 370832–A01–H04
[Hǎoshāntóu]

在县驻地水泊街道西北方向 1.3 千米。

水泊街道辖自然村。人口 3 300。明永乐年间，郝氏从南京随驾来此建村，因居梁山支峰郝山峰西，故名郝山头。聚落呈带状分布。经济以旅游业、商贸业为主。有公路经此。

马振扬 370832-A01-H05
[Mǎzhènyáng]

在县驻地水泊街道西北方向 0.6 千米。水泊街道辖自然村。人口 2 400。明洪武年间，马氏到此建村，以村内名人马振扬命村名。聚落呈团块状分布。有小学 1 处、幼儿园 1 处。有观音庙、王氏家祠、义学、王家大院等古迹。经济以种植业为主，主要农作物有小麦、玉米。220 国道经此。

张坊 370832-A01-H06
[Zhāngfáng]

在县驻地水泊街道西北方向 1.5 千米。水泊街道辖自然村。人口 5 800。明永乐年间，冯氏、张氏先后分别从山西洪洞县和南京金陵水其门迁来建村，命名为冯庄和张庄。后因两村相距较近，经协商合为一村，又因张氏开了一家远近闻名的蒸酒大作坊，故更名为张坊。聚落呈团块状分布。有文化广场 1 处、小学 1 处、幼儿园 1 处。有市级文物保护单位张家宗祠。经济以种植业为主，主要农作物有小麦、玉米、大豆。有公路经此。

后集 370832-A01-H07
[Hòují]

在县驻地水泊街道北方向 4.3 千米。水泊街道辖自然村。人口 5 600。明永乐年间，马氏、史氏从山西洪洞县迁此村，成立集市，故命名为后集。聚落呈团块状分布。有小学、幼儿园、文化广场等。有市级文物保护单位马氏家祠。经济以商贸业、种植业为主，主要农作物有小麦、玉米、大豆。220 国道经此。

付庙 370832-A01-H08
[Fùmiào]

在县驻地水泊街道北方向 4.5 千米。水泊街道辖自然村。人口 1 400。清顺治年间，付氏来此建村，并建庙宇，故命名为付庙。聚落呈团块状分布。有幼儿园 1 处、文化广场 1 处。有明代三官庙、关帝庙和大槐树等古迹。付庙武术大洪拳较有名气。经济以种植业为主，主要农作物有小麦、玉米、大豆。有公路经此。

馍台 370832-A01-H09
[Mótái]

在县驻地水泊街道北方向 5.1 千米。水泊街道辖自然村。人口 2 100。明洪武十二年（1379），张名信从山西洪洞县老鸹窝迁此建村，因村中有一圆馍馍形的石头台，故命名为馍馍台，简称馍台。聚落呈团块状分布。有幼儿园 2 处、文化广场 1 处。经济以种植业为主，主要农作物有小麦、玉米、大豆。有公路经此。

茶庄 370832-A01-H10
[Cházhuāng]

在县驻地水泊街道北方向 5.1 千米。水泊街道辖自然村。人口 3 200。北宋初年，朝廷宗室赵匡明路经此村，在村旁庙内歇息饮茶，称道："茶水好甜。"由此得名茶庄。聚落呈带状分布。有文化广场 1 处、幼儿园 1 处、小学 1 处。有古庙群、基督教堂等古迹。经济以种植业和养殖业为主，主要农作物有小麦、玉米等。有公路经此。

杏花村 370832-A01-H11
[Xìnghuācūn]

在县驻地水泊街道东北方向 4.2 千米。水泊街道辖自然村。人口 1 500。因村西山坳间为一片开阔地，植有梨杏千株，每至阳春，梨杏争妍、十里飘香，故人称"十里杏花村"，1997 年更名为杏花村。聚落呈团块状分布。有文化广场 1 处。有莲台寺、法兴寺、问礼堂等古迹。经济以种植业为主，主要农作物有小麦、玉米和杏。220 国道经此。

独山 370832-A01-H12
[Dúshān]

在县驻地水泊街道西北方向 0.5 千米。水泊街道辖自然村。人口 200。明永乐年间，王氏从山西洪洞县迁此建村，因居独山脚下，故名。聚落呈团块状分布。有文化广场 1 处、幼儿园 1 处。有市级文物保护单位独山抗日歼灭战遗址。经济以种植业和养殖业为主，主要农作物有小麦和玉米。220 国道经此。

吕屹口 370832-A02-H01
[Lǔyàkǒu]

在县驻地水泊街道北方向 1.2 千米。梁山街道辖自然村。人口 1 700。明洪武四年（1371），吕伯达从河南莒州县迁此建村，因居于山口处，故名吕屹口。聚落呈团块状分布。有文化广场 1 处、小学 1 处、幼儿园 1 处。有公路经此。

冯屹口 370832-A02-H02
[Féngyàkǒu]

在县驻地水泊街道北方向 3.7 千米。梁山街道辖自然村。人口 2 300。明正统九年（1444），三世迁现址建村，因位于凤凰山和三盘山口处，故命名为冯屹口。聚落呈团块状分布。有文化广场 1 处、幼儿园 1 处。经济以种植业为主，主要农作物有小麦、玉米等。有公路经此。

程垓 370832-A02-H03
[Chénghǎi]

在县驻地水泊街道西方向 3.4 千米。梁山街道辖自然村。人口 1 800。明洪武年间，程氏从山西洪洞县老鸹窝迁此建村，周围筑有垓子墙，故命名程垓。聚落呈团块状分布。有文化广场 1 处、小学 1 处、幼儿园 1 处。经济以种植业为主，主要农作物有小麦、玉米。有公路经此。

任庄 370832-A02-H04
[Rénzhuāng]

在县驻地水泊街道东北方向 2.3 千米。梁山街道辖自然村。人口 2 400。明洪武十二年（1379），任笃顶从山西省洪洞县老鸹窝迁今馈台村东建村，命名任垓子，后任氏分支迁此建村，命名为任庄。聚落呈团块状分布。有小学 1 处、幼儿园 1 处、文化广场 1 处。220 国道经此。

前码头 370832-A02-H05
[Qiánmǎtóu]

在县驻地水泊街道北方向 3.5 千米。梁山街道辖自然村。人口 1 700。明永乐年间，随驾军户王勋建村，因位于河南岸，又系古渡口码头，故名前码头。聚落呈团块状分布。有文化广场 1 处、幼儿园 1 处、小学 1 处。有天主堂、《大元新开会通河记》碑等古迹。经济以种植业为主，主要农作物有小麦、玉米。220 国道经此。

后码头 370832-A02-H06
[Hòumǎtóu]

在县驻地水泊街道北方向 4.0 千米。梁山街道辖自然村。人口 1 200。清康熙年间，庞大振等兄弟 5 人在此建村，因位于河北岸，又系渡口码头，故命名为后码头。聚落呈带状分布。有文化广场 1 处、小学 1 处、幼儿园 1 处。经济以种植业为主，主要农作物有小麦、玉米。220 国道经此。

许河头 370832-A02-H07
［Xǔhétóu］

在县驻地水泊街道南方向 7.0 千米。梁山街道辖自然村。人口 800。明洪武年间，许氏从山西洪洞县老鸹窝迁来，在一古河的源头建村，故命名为许河头。聚落呈带状分布。有文化广场 1 处、幼儿园 1 处。经济以种植业为主，主要农作物有小麦、玉米。有公路经此。

后孙庄 370832-A02-H08
［Hòusūnzhuāng］

在县驻地水泊街道东南方向 1.6 千米。梁山街道辖自然村。人口 1 500。明成化年间，孙氏在此建村，因村前有一孙庄，故命名为后孙庄。聚落呈团块状分布。有小学 1 处。经济以种植业为主，主要农作物有小麦、玉米。333 省道经此。

前孙庄 370832-A02-H09
［Qiánsūnzhuāng］

在县驻地水泊街道南方向 1.0 千米。梁山街道辖自然村。人口 1 300。明洪武年间，孙氏从山西洪洞县迁此建村，以方位和姓氏命名为前孙庄。聚落呈团块状分布。有文化广场 1 处。经济以种植业为主，主要农作物有小麦、玉米、大豆等。333 省道经此。

前窑 370832-A02-H10
［Qiányáo］

在县驻地水泊街道西方向 6.2 千米。梁山街道辖自然村。人口 800。明万历年间，吕氏从邻村吕屹口村迁此建村，因村前面有一窑，故命名为前窑。聚落呈团块状分布。有文化广场 1 处、小学 1 处、幼儿园 1 处。经济以种植业为主，主要农作物有小麦、玉米。有公路经此。

洼王 370832-A02-H11
［Wāwáng］

在县驻地水泊街道南方向 2.0 千米。梁山街道辖自然村。人口 700。明洪武年间，王氏从山西洪洞县迁此建村，因地势低洼，故命名为洼王。聚落呈团块状分布。有文化广场 1 处、幼儿园 1 处。经济以种植业为主，主要农作物有小麦、玉米等。有奥德燃气、博通铝业、梁轴轴承等企业。有公路经此。

凤山 370832-A02-H12
［Fèngshān］

在县驻地水泊街道西方向 1.1 千米。梁山街道辖自然村。人口 5 800。明万历年间，陈氏、刘氏从山西洪洞县迁此建村，因坐落在凤凰山附近，又成为集市，故命名为凤凰集，1956 年后演变为凤山。聚落呈团块状分布。有文化广场 1 处、幼儿园 1 处。有县级文物保护单位陈氏家祠。经济以种植业为主，主要农作物有小麦、玉米等。有公路经此。

马庄 370832-A02-H13
［Mǎzhuāng］

在县驻地水泊街道北方向 2.2 千米。梁山街道辖自然村。人口 1 700。明永乐年间，马氏从山西洪洞县老鸹窝迁此建村，以姓氏命名为马庄。聚落呈团块状分布。有文化广场 1 处、幼儿园 1 处、小学 1 处。经济以种植业为主，主要农作物有小麦、玉米。有公路经此。

岳那里 370832-B01-H01
［Yuènàlǐ］

小路口镇人民政府驻地。在县驻地水泊街道西北方向 18.0 千米。人口 900。明嘉靖年间，岳飞后裔从寿张县北台村迁此，以姓氏和方位命名。聚落呈团块状分布。有幼儿园、小学、文化广场。有岳飞塑像、精忠祠等古迹。经济以种植业为主，主要农作物有小麦、玉米、大豆、棉花等。有公路经此。

小路口 370832-B01-H02
[Xiǎolùkǒu]

在县驻地水泊街道西北方向 21.0 千米。小路口镇辖自然村。人口 500。清康熙年间，李氏从李楼迁此建村，因村南有一条小路通往黄河渡口，故名小路口。聚落呈团块状分布。有文化广场 1 处。经济以种植业为主，主要农作物有小麦、玉米、大豆、棉花等。有公路经此。

东西李 370832-B01-H03
[Dōngxīlǐ]

在县驻地水泊街道西北方向 25.5 千米。小路口镇辖自然村。人口 800。明朝末年，李氏从现台前县姜岗村来此建村，因黄河改道，附近许多村庄相继迁走，唯有该村未动，故命名老庄上。1950 年因李氏人口较多，村名遂改为东李、西李二村，合称东西李。聚落呈团块状分布。有文化广场 1 处。经济以种植业为主，主要农作物有小麦、玉米、大豆、棉花等。有公路经此。

邹桥 370832-B01-H04
[Zōuqiáo]

在县驻地水泊街道北方向 24.0 千米。小路口镇辖自然村。人口 600。明嘉靖年间，邹氏从南京迁此建村，于村东修桥一座，故命名为邹桥。聚落呈团块状分布。有小学 1 处、文化广场 1 处。经济以种植业为主，主要农作物有小麦、玉米、大豆、棉花等。有公路经此。

大王 370832-B01-H05
[Dàwáng]

在县驻地水泊街道北方向 20.0 千米。小路口镇辖自然村。人口 1 000。明万历年间，王氏从阳谷县三里王迁此建村。因来时带来特大碾砣一个，故命名为大碾王，后简称大王。聚落呈团块状分布。有文化广场 1 处。经济以种植业为主，主要农作物有小麦、玉米、大豆、棉花等。有公路经此。

沙窝刘 370832-B01-H06
[Shāwōliú]

在县驻地水泊街道北方向 20.0 千米。小路口镇辖自然村。人口 900。明万历年间，刘氏从山西洪洞县迁此建村，因此处系沙地，故命名为沙窝刘。聚落呈团块状分布。有文化广场 1 处。经济以种植业为主，主要农作物有小麦、玉米、大豆、棉花等。有公路经此。

张三槐 370832-B01-H07
[Zhāngsānhuái]

在县驻地水泊街道西北方向 15.0 千米。小路口镇辖自然村。人口 900。清康熙年间，张三槐迁此建村，以其姓名命名村名。聚落呈团块状分布。有文化广场 1 处。经济以种植业为主，主要农作物有小麦、玉米、大豆、棉花等。有公路经此。

丁井 370832-B01-H08
[Dīngjǐng]

在县驻地水泊街道西北方向 23.0 千米。小路口镇辖自然村。人口 600。明朝中期，丁氏从寿张东关迁此建村，因村中有一眼大井，故命名为丁井。聚落呈团块状分布。有文化广场 1 处。经济以种植业为主，主要农作物有小麦、玉米、大豆、棉花等。有公路经此。

国那里 370832-B01-H09
[Guónàlǐ]

在县驻地水泊街道北方向 22.0 千米。小路口镇辖自然村。人口 700。明嘉靖年间，国氏从阳谷县国庄迁此建村，以姓氏命名为国那里。聚落呈团块状分布。有文化广场 1 处。经济以种植业为主，主要农作物有小麦、玉米、大豆、棉花等。有公路经此。

前董集 370832-B01-H10
[Qiándǒngjí]

在县驻地水泊街道西北方向 21.0 千米。小路口镇辖自然村。人口 600。明洪武年间，董氏从今杨营镇董楼迁此建村，并设有集市，故命名为董家集，后以东西大街为界分为前董集、后董集。聚落呈团块状分布。有文化广场 1 处。经济以种植业为主，主要农作物有小麦、玉米、大豆、棉花等。333 省道经此。

后董集 370832-B01-H11
[Hòudǒngjí]

在县驻地水泊街道西北方向 21.0 千米。小路口镇辖自然村。人口 600。明洪武年间，董氏从今杨营镇董楼迁此建村，并设有集市，故命名为董家集，后以东西大街为界分为前董集、后董集。聚落呈团块状分布。有文化广场 1 处。经济以种植业为主，主要农作物有小麦、玉米、大豆、棉花等。333 省道经此。

前于口 370832-B01-H12
[Qiányúkǒu]

在县驻地水泊街道西北方向 25.0 千米。小路口镇辖自然村。人口 500。清顺治年间，杨氏祖在此建村，因居民以捕鱼为生，故命名为鱼户口，后演变为于口。又因附近有一后于口，故又更名为前于口。聚落呈

团块状分布。有小学 1 处、文化广场 1 处。经济以种植业为主，主要农作物有小麦、玉米、大豆、棉花等。有公路经此。

马岔河 370832-B01-H13
[Mǎchàhé]

在县驻地水泊街道西北方向 26.0 千米。小路口镇辖自然村。人口 1 700。清乾隆年间，马氏在此建村，因此处为黄河河岔，故命名为马岔河。聚落呈团块状分布。有文化广场 1 处。经济以种植业为主，主要农作物有小麦、玉米、花生、西瓜等。有公路经此。

徐岔河 370832-B01-H14
[Xúchàhé]

在县驻地水泊街道西北方向 25.0 千米。小路口镇辖自然村。人口 800。明朝末年，徐氏从山西洪洞县迁此建村，因该处被洪水冲成一条条河岔，故命名为徐岔河。聚落呈带状分布。有文化广场 1 处。经济以种植业为主，主要农作物有小麦、玉米、大豆、棉花等。有公路经此。

刘灿东 370832-B01-H15
[Liúcàndōng]

在县驻地水泊街道西北方向 26.0 千米。小路口镇辖自然村。人口 1 100。明朝，刘灿东从山西洪洞县迁此建村，以其姓名命为村名。聚落呈团块状分布。有文化广场 1 处、幼儿园 1 处、小学 1 处。经济以种植业为主，主要农作物有小麦、玉米、花生、西瓜等。有公路经此。

朱丁庄 370832-B01-H16
[Zhūdīngzhuāng]

在县驻地水泊街道西北方向 25.0 千米。小路口镇辖自然村。人口 800。明朝，朱氏、丁氏从山西洪洞县老鸹窝迁此建村，分别

命名为朱庄、丁楼，后两村合并更名为朱丁庄。聚落呈团块状分布。有文化广场1处。经济以种植业为主，主要农作物有小麦、玉米、大豆、棉花等。有公路经此。

荣岔河 370832-B01-H17
［Róngchàhé］

在县驻地水泊街道西北方向26.0千米。小路口镇辖自然村。人口700。清乾隆年间，荣氏在此建村，因此处为河岔，故命名为荣岔河。聚落呈带状分布。有文化广场1处。经济以种植业为主，主要农作物有小麦、玉米、花生、西瓜等。有公路经此。

后于口 370832-B01-H18
［Hòuyúkǒu］

在县驻地水泊街道西北方向25.0千米。小路口镇辖自然村。人口1 200。明成化年间，李氏在此建村，因距黄河较近，居民均以捕鱼为生，故命名为鱼户口，后演变为于口，又以方位改为后于口。聚落呈团块状分布。有文化广场1处。经济以种植业为主，主要农作物有小麦、玉米等。有公路经此。

梁庙 370832-B01-H19
［Liángmiào］

在县驻地水泊街道西北方向21.0千米。小路口镇辖自然村。人口900。明朝，张、曹两姓迁此建村，合建庙宇一座，故名两庙，后梁氏迁入，张、曹绝后，遂改名为梁庙。聚落呈团块状分布。有文化广场1处。经济以种植业为主，主要农作物有小麦、玉米等。有公路经此。

花李 370832-B01-H20
［Huālǐ］

在县驻地水泊街道西北方向20.0千米。小路口镇辖自然村。人口300。明朝末年，李上选从汶上草桥迁此建村，因此人喜爱种花，故命名为花李。聚落呈团块状分布。有文化广场1处。经济以种植业为主，主要农作物有小麦、玉米等。有公路经此。

韩岗 370832-B02-H01
［Hángǎng］

韩岗镇人民政府驻地。在县驻地水泊街道东南方向14.8千米。人口1 100。韩姓建村，因地处沙岗，故名韩岗。聚落呈团块状分布。有小学、幼儿园、文化广场。经济以种植业为主，主要农作物有小麦、玉米、苹果。济菏高速经此。

齐岗 370832-B02-H02
［Qígǎng］

在县驻地水泊街道东方向19.0千米。韩岗镇辖自然村。人口3 300。明永乐年间，齐乐尧从山西洪洞县迁此建村，命名为齐家寨，后因此处地势较高，故于清乾隆年间改为齐岗。聚落呈团块状分布。有小学1处、农家书屋1处、文化广场1处、儒家讲堂1处。经济以种植业为主，主要农作物有小麦、玉米等。济菏高速经此。

齐庄 370832-B02-H03
［Qízhuāng］

在县驻地水泊街道东方向22.0千米。韩岗镇辖自然村。人口1 100。明洪武年间，齐氏从今拳铺镇齐楼迁此建村，命名为齐庄。聚落呈团块状分布。有农家书屋1处、文化广场1处、儒家讲堂1处。经济以种植业为主，主要农作物有小麦、玉米等。有公路经此。

北袁口 370832-B02-H04
［Běiyuánkǒu］

在县驻地水泊街道东方向30.0千米。韩岗镇辖自然村。人口1 700。明朝开挖疏浚大运河后，袁氏在此建村，并设有渡口，故命名为袁口。1958 年分为东、西袁口，1961 年又将西袁口分为南袁口和北袁口。聚落呈团块状分布。有小学 1 处、幼儿园 1 处、农家书屋 1 处、文化广场 1 处、儒家讲堂 1 处。有袁口闸遗址。经济以种植业为主，主要农作物有小麦、玉米等。有公路经此。

南袁口 370832-B02-H05

[Nányuánkǒu]

在县驻地水泊街道东方向 30.0 千米。韩岗镇辖自然村。人口 1 700。明朝开挖疏浚大运河后，袁氏在此建村，并设有渡口，故命名为袁口。1958 年分为东、西袁口，1961 年又将西袁口分为南袁口和北袁口。聚落呈团块状分布。有农家书屋 1 处、文化广场 1 处、儒家讲堂 1 处。经济以种植业为主，主要农作物有小麦、玉米等。有公路经此。

东袁口 370832-B02-H06

[Dōngyuánkǒu]

在县驻地水泊街道东方向 32.0 千米。韩岗镇辖自然村。人口 3 700。明朝开挖疏浚大运河后，袁氏在此建村，并设有渡口，故命名为袁口，后分为东袁口、西袁口。聚落呈团块状分布。有小学 1 处、幼儿园 1 处、农家书屋 1 处、文化广场 1 处、儒家讲堂 1 处。有于氏宗祠等古迹。经济以种植业为主，主要农作物有小麦、玉米等。有公路经此。

王堂 370832-B02-H07

[Wángtáng]

在县驻地水泊街道东南方向 26.0 千米。韩岗镇辖自然村。人口 300。明万历年间，王氏在此建村，建有大堂房，故命名为王堂。聚落呈团块状分布。有农家书屋 1 处、文化广场 1 处、儒家讲堂 1 处。经济以种

植业为主，主要农作物有小麦、玉米等。有公路经此。

管庄 370832-B02-H08

[Guǎnzhuāng]

在县驻地水泊街道东方向 26.0 千米。韩岗镇辖自然村。人口 1 600。明洪武年间，管氏从汶上西南徐村迁此建村，命名为管庄。聚落呈团块状分布。有农家书屋 1 处、文化广场 1 处、儒家讲堂 1 处。经济以种植业为主，主要农作物有小麦、玉米、韭菜。有公路经此。

任李庄 370832-B02-H09

[Rénlǐzhuāng]

在县驻地水泊街道东方向 23.0 千米。韩岗镇辖自然村。人口 1 600。明永乐年间，李氏从山西洪洞县老鸹窝迁此建村，命名为李家村，后任氏迁入繁衍众多，李氏族多数迁出，遂更名为任李庄。聚落呈团块状分布。有农家书屋 1 处、文化广场 1 处、儒家讲堂 1 处。经济以种植业为主，主要农作物有小麦、玉米等。有公路经此。

辛庄 370832-B02-H10

[Xīnzhuāng]

在县驻地水泊街道东方向 22.0 千米。韩岗镇辖自然村。人口 300。明洪武年间，崔氏在此建村，命名为新庄，后演变为辛庄。聚落呈团块状分布。有农家书屋 1 处、文化广场 1 处、儒家讲堂 1 处。经济以种植业为主，主要农作物有小麦、玉米、韭菜等。有公路经此。

杨窑 370832-B02-H11

[Yángyáo]

在县驻地水泊街道东方向 25.0 千米。韩岗镇辖自然村。人口 1 000。明洪武年间，杨氏在此建村，并建窑，故命名为杨窑。

聚落呈团块状分布。有幼儿园 1 处、农家书屋 1 处、文化广场 1 处、儒家讲堂 1 处。经济以种植业为主，主要农作物有小麦、玉米。有公路经此。

蔺庄 370832-B02-H12
[Lìnzhuāng]

在县驻地水泊街道东方向 20.0 千米。韩岗镇辖自然村。人口 200。明永乐年间，蔺氏从山西洪洞县迁此建庄，命名为蔺庄。聚落呈团块状分布。有幼儿园 1 处、农家书屋 1 处、文化广场 1 处、儒家讲堂 1 处。经济以种植业为主，主要农作物有小麦、玉米。有公路经此。

鹿吊 370832-B02-H13
[Lùdiào]

在县驻地水泊街道东方向 24.0 千米。韩岗镇辖自然村。人口 800。明洪武年间，先民从山西洪洞迁此建村，因村内多数人种菜，菜园内水井上悬吊着辘轳，过往行人如遇口渴，可以随意打水饮用，久而久之皆称此地为辘轳吊，经后人演变为鹿吊。聚落呈团块状分布。有农家书屋 1 处、文化广场 1 处、儒家讲堂 1 处。经济以种植业为主，主要农作物有小麦、玉米。有公路经此。

中孙庄 370832-B02-H14
[Zhōngsūnzhuāng]

在县驻地水泊街道东方向 24.0 千米。韩岗镇辖自然村。人口 1 000。明洪武年间，孙氏从山西洪洞县迁此建村，命名为孙庄。1961 年以所处方位改为中孙庄。聚落呈团块状分布。有农家书屋 1 处、文化广场 1 处、儒家讲堂 1 处。经济以种植业为主，主要农作物有小麦、玉米。有公路经此。

任庄 370832-B02-H15
[Rénzhuāng]

在县驻地水泊街道东南方向 20.0 千米。韩岗镇辖自然村。人口 600。明万历年间，任氏从现嘉祥县梁宝寺来此建村，命名为任庄。聚落呈团块状分布。有农家书屋 1 处、文化广场 1 处、儒家讲堂 1 处。经济以种植业为主，主要农作物有小麦、玉米。有公路经此。

许寺 370832-B02-H16
[Xǔsì]

在县驻地水泊街道东方向 19.0 千米。韩岗镇辖自然村。人口 400。明永乐年间，许氏从山西洪洞县迁此建村，建有寺院，故命名为许寺。聚落呈团块状分布。有农家书屋 1 处、文化广场 1 处、儒家讲堂 1 处。经济以种植业为主，主要农作物有小麦、玉米。有公路经此。

司垓 370832-B02-H17
[Sīhǎi]

在县驻地水泊街道东南方向 20.0 千米。韩岗镇辖自然村。人口 1 700。明永乐年间，司氏从山西洪洞县迁此建村，命名为司垓。聚落呈团块状分布。有小学 1 处、幼儿园 1 处、农家书屋 1 处、文化广场 1 处、儒家讲堂 1 处。经济以种植业为主，主要农作物有小麦、玉米。有公路经此。

季庙 370832-B02-H18
[Jìmiào]

在县驻地水泊街道东方向 20.0 千米。韩岗镇辖自然村。人口 600。明永乐年间，季子德迁此建村，并建庙宇，故名季庙。聚落呈团块状分布。有农家书屋 1 处、文化广场 1 处、儒家讲堂 1 处。经济以种植业为主，主要农作物有小麦、玉米。有公路经此。

房村 370832-B02-H19

[Fángcūn]

在县驻地水泊街道东方向 30.0 千米。韩岗镇辖自然村。人口 1 700。明万历年间，房氏从山西洪洞县迁此建村，故名。聚落呈团块状分布。有幼儿园 1 处、农家书屋 1 处、文化广场 1 处、儒家讲堂 1 处。经济以种植业为主，主要农作物有小麦、玉米。有公路经此。

崔庄 370832-B02-H20

[Cuīzhuāng]

在县驻地水泊街道东方向 30.0 千米。韩岗镇辖自然村。人口 1 200。明天顺年间，崔氏和仲氏从山西洪洞县老鸹窝迁此建村，因崔氏为表兄，故命名为崔庄。聚落呈团块状分布。有农家书屋 1 处、文化广场 1 处、儒家讲堂 1 处。经济以种植业为主，主要农作物有小麦、玉米。有公路经此。

韩堂 370832-B02-H21

[Hántáng]

在县驻地水泊街道东方向 25.0 千米。韩岗镇辖自然村。人口 2 600。明永乐二年（1404），韩氏从山西洪洞县老鸹窝迁此建村，因建观音堂一座，故取名观音堂，后于清朝改为韩家堂，简称韩堂。聚落呈团块状分布。有小学 1 处、幼儿园 1 处、农家书屋 1 处、文化广场 1 处、儒家讲堂 1 处。有市级文物保护单位韩氏家祠。经济以种植业为主，主要农作物有小麦、玉米。有公路经此。

刁集 370832-B02-H22

[Diāojí]

在县驻地水泊街道东南方向 26.0 千米。韩岗镇辖自然村。人口 1 300。明洪武年间，刁、贾二表兄弟从山西洪洞县迁此建村，因设有集市，命名刁贾集。清宣统年间，贾氏绝后，故更名为刁集。聚落呈团块状分布。有小学 1 处、幼儿园 1 处、农家书屋 1 处、文化广场 1 处、儒家讲堂 1 处。经济以种植业为主，主要农作物有小麦、玉米。有公路经此。

薛楼 370832-B02-H23

[Xuēlóu]

在县驻地水泊街道东南方向 26.0 千米。韩岗镇辖自然村。人口 1 000。明万历年间，薛氏迁居来此建村，并建有楼房，故名薛楼。聚落呈团块状分布。有农家书屋 1 处、文化广场 1 处、儒家讲堂 1 处。经济以种植业为主，主要农作物有小麦、玉米。有公路经此。

荣店 370832-B02-H24

[Róngdiàn]

在县驻地水泊街道东方向 20.0 千米。韩岗镇辖自然村。人口 1 200。明嘉靖十五年（1536），荣氏从汶上南周村迁此建村，并在村旁经营客店，故命名为荣店。聚落呈团块状分布。有农家书屋 1 处、文化广场 1 处、儒家讲堂 1 处。经济以种植业为主，主要农作物有小麦、玉米。有公路经此。

黑虎庙 370832-B03-H01

[Hēihǔmiào]

黑虎庙镇人民政府驻地。在县驻地水泊街道西北方向 17.3 千米。人口 1 200。明洪武年间高姓建村，以庙名村。聚落呈团块状分布。有小学、幼儿园、文化广场。有高默墓等古迹。经济以种植业为主，主要农作物有小麦、玉米、棉花、西瓜。京九铁路经此。

西小吴 370832-B03-H02

[Xīxiǎowú]

在县驻地水泊街道西方向 15.0 千米。黑虎庙镇辖自然村。人口 2 900。明洪武年间，吴氏从山西洪洞县迁此建村，命名为西小吴。聚落呈团块状分布。有传统民居、清代环村寨墙及寨门遗址、庆衍曾元记事碑等古迹。经济以种植业为主，主要农作物有小麦、玉米。京九铁路经此。

河西 370832-B03-H03

[Héxī]

在县驻地水泊街道西方向 16.0 千米。黑虎庙镇辖自然村。人口 1 300。明洪武年间，王氏、陈氏等从山西洪洞县迁此建村，因位于一小河西岸，故命名为河西。聚落呈团块状分布。有王室家祠及明代盘龙柱、记事碑等古迹。经济以种植业为主，主要农作物有小麦、玉米、棉花。有公路经此。

师庄 370832-B03-H04

[Shīzhuāng]

在县驻地水泊街道西方向 15.0 千米。黑虎庙镇辖自然村。人口 1 300。明洪武年间，师氏从山西洪洞县迁此建村，以姓氏命名为师庄。聚落呈团块状分布。有小学 1 处、文化广场 1 处。经济以种植业为主，主要农作物有小麦、玉米、棉花。有公路经此。

祝庄 370832-B03-H05

[Zhùzhuāng]

在县驻地水泊街道西方向 16.5 千米。黑虎庙镇辖自然村。人口 600。明嘉靖年间，祝氏从河南永城迁此建村，以姓氏命名为祝庄。聚落呈团块状分布。有文化广场 1 处。经济以种植业为主，主要农作物有小麦、花生、玉米等。有公路经此。

黑北 370832-B03-H06

[Hēiběi]

在县驻地水泊街道西方向 15.0 千米。黑虎庙镇辖自然村。人口 1 600。民国时期，高氏部分村民从黑虎庙迁此建村，因位于黑虎庙村北，故名黑北。聚落呈团块状分布。有文化广场 1 处。有高氏林茔等古迹。经济以种植业为主，主要农作物有小麦、花生、玉米等。有公路经此。

义和庄 370832-B03-H07

[Yìhézhuāng]

在县驻地水泊街道西方向 20.0 千米。黑虎庙镇辖自然村。人口 1 200。明万历年间，赵氏从山西洪洞县迁此建村，命名为赵庄。相传清同治年间，寿张县令到此视察水情，船只搁浅，唤人相助，该村出动 30 余人，将船推动，县令甚为感动，称赞村民义和，遂改名为义和庄。聚落呈团块状分布。有文化广场 1 处。经济以种植业为主，主要农作物有小麦、花生、玉米等。有公路经此。

程那里 370832-B03-H08

[Chéngnàlǐ]

在县驻地水泊街道西方向 22.0 千米。黑虎庙镇辖自然村。人口 1 200。明洪武二年（1369），程氏从兖州府汶上县迁此建村，命名为程家庄，后改为程那里。聚落呈团块状分布。有文化广场 1 处。经济以种植业为主，主要农作物有小麦、花生、玉米等。有公路经此。

于楼 370832-B03-H09

[Yúlóu]

在县驻地水泊街道西方向 20.0 千米。黑虎庙镇辖自然村。人口 1 700。明正德年间，于氏迁此建村，建有南门、北门，并建有楼房，故命名为于楼。聚落呈团块状分布。有文化广场 1 处。经济以种植业、加工业为主，主要农作物有小麦、花生、玉米、粉条等。有公路经此。

吴楼 370832-B03-H10
[Wúlóu]

在县驻地水泊街道西北方向 20.0 千米。黑虎庙镇辖自然村。人口 1 000。明洪武年间，吴氏在此建村，命名为吴楼。聚落呈团块状分布。有文化广场 1 处。经济以种植业、加工业为主，主要农作物有小麦、花生、玉米、粉条等。有公路经此。

吕那里 370832-B03-H11
[Lǚnàlǐ]

在县驻地水泊街道西方向 20.0 千米。黑虎庙镇辖自然村。人口 1 100。明洪武年间，吕氏在此建村，故命名为吕那里。聚落呈团块状分布。有文化广场 1 处。经济以种植业为主，主要农作物有小麦、花生、玉米等。有公路经此。

姚垓 370832-B03-H12
[Yáohǎi]

在县驻地水泊街道西方向 20.0 千米。黑虎庙镇辖自然村。人口 400。明洪武年间，姚氏在此建村，命名为姚垓。聚落呈团块状分布。有文化广场 1 处。经济以种植业为主，主要农作物有小麦、花生、玉米等。有公路经此。

包那里 370832-B03-H13
[Bāonàlǐ]

在县驻地水泊街道西方向 15.0 千米。黑虎庙镇辖自然村。人口 700。明洪武二年（1369），包汉臣从山西洪洞县迁此建村，以姓氏和方言命村名为包那里。聚落呈团块状分布。有文化广场 1 处。经济以种植业为主，主要农作物有小麦、花生、玉米等。有公路经此。

杨桥 370832-B03-H14
[Yángqiáo]

在县驻地水泊街道西方向 17.5 千米。黑虎庙镇辖自然村。人口 1 200。明朝杨氏在此建村，修建了石桥，故命名为杨桥。聚落呈团块状分布。有文化广场 1 处。经济以种植业为主，主要农作物有小麦、花生、玉米等。有公路经此。

西张庄 370832-B03-H15
[Xīzhāngzhuāng]

在县驻地水泊街道西方向 15.0 千米。黑虎庙镇辖自然村。人口 1 100。明朝，张氏从现寿张集张楼村迁此建村，因很多人会唱琵琶词，故命名为琵琶张庄，后分为东、西张庄。聚落呈团块状分布。有文化广场 1 处。经济以种植业为主，主要农作物有小麦、花生、玉米等。有公路经此。

拳铺 370832-B04-H01
[Quánpù]

拳铺镇人民政府驻地。在县驻地水泊街道南方向 10.3 千米。人口 4 100。传为《水浒》中所写朱贵卖酒处，因过往船只泊此，故称船驻堡，简称船堡，后演变为拳铺。另一说权姓建村，名权家铺，清末因权氏乏嗣且拳房成风改今名。聚落呈团块状分布。有小学、幼儿园、文化广场。有灵都寺、岳家大院等古迹。经济以种植业为主，主要农作物有小麦、玉米、大豆、棉花。有中集东岳挂车有限公司等企业。通公交车。

蔡林 370832-B04-H02
[Càilín]

在县驻地水泊街道东南方向 15.0 千米。拳铺镇辖自然村。人口 3 800。相传北宋末年，此处为一高地，梁山农民起义军常在此晾晒盔甲，故称晒甲林，后渐演变为蔡家林，简称蔡林。聚落呈团块状分布。有文化广场 1 处、文化大院 1 处、幼儿园 1 处、小学 1 处。经济以种植业为主，主要农作物有小麦、玉米、棉花等。有公路经此。

万花张庄　370832-B04-H03
[Wànhuāzhāngzhuāng]

在县驻地水泊街道南方向 16.0 千米。拳铺镇辖自然村。人口 900。明洪武初年，张氏从山西洪洞县迁此建村，命名为张庄。后因张氏四世祖张彦龙酷爱花草，于村内种有各种花卉，故改为万花张庄。聚落呈团块状分布。有文化大院 1 处、文化广场 1 处、小学 1 处。经济以种植业和养殖业为主，主要农作物有小麦、玉米等。有公路经此。

刘集　370832-B04-H04
[Liújí]

在县驻地水泊街道东南方向 19.5 千米。拳铺镇辖自然村。人口 900。明成化十五年（1479），刘氏从山西洪洞县迁此建村，因设集市，故命名为刘集。聚落呈团块状分布。有文化大院 1 处、文化广场 1 处。经济以种植业和养殖业为主，主要农作物有小麦、玉米、棉花等。337 省道经此。

琉璃井　370832-B04-H05
[Liúlíjǐng]

在县驻地水泊街道南方向 17.5 千米。拳铺镇辖自然村。人口 3 800。明洪武年间，任氏从山西洪洞县迁此建村，命名为任庄。后村内打一眼井，用琉璃砌成，故村名为琉璃井。聚落呈团块状分布。有小学 1 处、文化大院 1 处、文化广场 1 处。经济以种植业为主，主要农作物有小麦、玉米等。有公路经此。

李保营　370832-B04-H06
[Lǐbǎoyíng]

在县驻地水泊街道东南方向 19.0 千米。拳铺镇辖自然村。人口 1 200。元至元元年（1264），李保从汶上城西周村迁此建村，以其姓名命村名为李保营。聚落呈团块状分布。有文化大院 1 处、文化广场 1 处。经济以商贸业、种植业为主，主要农作物有小麦、玉米、棉花等。337 省道经此。

前杨楼　370832-B04-H07
[Qiányánglóu]

在县驻地水泊街道东南方向 23.0 千米。拳铺镇辖自然村。人口 2 400。明景泰年间，杨氏从山西洪洞县迁此建村，并建楼房，故命名为杨楼，后以方位改为前杨楼。聚落呈团块状分布。有文化大院 1 处、文化广场 1 处。经济以建筑业、种植业为主，主要农作物有小麦、大豆、玉米等。有公路经此。

信楼　370832-B04-H08
[Xìnlóu]

在县驻地水泊街道东南方向 21.0 千米。拳铺镇辖自然村。人口 1 600。明永乐年间，信氏从山西洪洞县迁此建村，并建楼房，故命名为信楼。聚落呈团块状分布。有文化大院 1 处、文化广场 1 处。经济以建筑业、种植业为主，主要农作物有小麦、大豆、玉米等。有公路经此。

东官路　370832-B04-H09
[Dōngguānlù]

在县驻地水泊街道东南方向 19.5 千米。拳铺镇辖自然村。人口 1 200。明洪武年间，信氏从山西洪洞县老鸹窝迁此建村，因地处官方修筑的汶上至郓城的一条大路旁，故命名为官路，后以村中水坑为界，分为东官路、西官路。聚落呈团块状分布。有文化大院1处、文化广场1处。经济以种植业、建筑业和养殖业为主，主要农作物有小麦、大豆、玉米等。有公路经此。

西官路 370832-B04-H10
[Xīguānlù]

在县驻地水泊街道东南方向20.0千米。拳铺镇辖自然村。人口700。明洪武年间，信氏从山西洪洞县老鸹窝迁此建村，因地处官方修筑的汶上至郓城的一条大路旁，故命名为官路，后以村中水坑为界，分为东官路、西官路。聚落呈团块状分布。有文化大院1处、文化广场1处。经济以种植业和养殖业为主，主要农作物有小麦、大豆、玉米等。有公路经此。

耿乡 370832-B04-H11
[Gěngxiāng]

在县驻地水泊街道东南方向14.5千米。拳铺镇辖自然村。人口500。明朝，耿氏从山西洪洞县迁此建村，命名为耿乡。聚落呈团块状分布。有文化大院1处、文化广场1处。经济以种植业和养殖业为主，主要农作物有小麦、玉米等。有公路经此。

东徐集 370832-B04-H12
[Dōngxújí]

在县驻地水泊街道东南方向18.0千米。拳铺镇辖自然村。人口1 900。明朝，徐氏在此建村，并设集市，故命名为徐集。后按地理方位更名为东徐集。聚落呈团块状分布。有文化广场1处、文化大院1处、幼儿园1处、小学1处。经济以种植业和养殖业为主，主要农作物有小麦、玉米、棉花等。有公路经此。

西徐集 370832-B04-H13
[Xīxújí]

在县驻地水泊街道东南方向18.0千米。拳铺镇辖自然村。人口500。明永乐年间，刘氏从山西洪洞县迁此建村，因位于徐集西面，故命名为西徐集。聚落呈团块状分布。有文化大院1处、文化广场1处。经济以商贸业、种植业为主，主要农作物有小麦、玉米等。有公路经此。

古路沟 370832-B04-H14
[Gǔlùgōu]

在县驻地水泊街道南方向12.5千米。拳铺镇辖自然村。人口800。明洪武年间，张氏从嘉祥县迁此建村，因此处有一条古路，路旁系一深沟，故命名为古路沟。聚落呈团块状分布。有小学1处、文化大院1处、文化广场1处。经济以种植业、加工制造和养殖业为主，主要农作物有小麦、玉米等。220国道经此。

玉皇庙 370832-B04-H15
[Yùhuángmiào]

在县驻地水泊街道南方向11.0千米。拳铺镇辖自然村。人口2 300。明万历年间，李氏在此建村，并建玉皇庙一座，故命村名为玉皇庙。聚落呈团块状分布。有幼儿园1处、文化大院1处、文化广场1处。经济以种植业和加工制造业为主，主要农作物有小麦、玉米等。220国道经此。

郭堂 370832-B04-H16
[Guōtáng]

在县驻地水泊街道南方向8.5千米。拳铺镇辖自然村。人口2 400。郭善人于明朝在此建村，并建有七圣堂庙，故命名为郭堂。聚落呈团块状分布。有小学1处、幼儿园2处、文化大院1处、文化广场1处。经济以种植业、养殖业和加工制造业为主，主要农作物有小麦、玉米等，制造生产挂车等。220 国道经此。

李阁 370832-B04-H17
[Lǐgé]

在县驻地水泊街道东南方向 17.0 千米。拳铺镇辖自然村。人口 1 000。明朝末年，李氏从山西洪洞县迁此建村，因建有楼阁，故命名为李阁。聚落呈团块状分布。有文化大院 1 处、文化广场 1 处。经济以种植业和养殖业为主，主要农作物有小麦、玉米等。有公路经此。

刘官屯 370832-B04-H18
[Liúguāntún]

在县驻地水泊街道南方向 17.0 千米。拳铺镇辖自然村。人口 1 600。明朝，刘氏在此建村，因有一人为官，故命名为刘官屯。聚落呈团块状分布。有小学 1 处、文化大院 1 处、文化广场 1 处。经济以种植业和养殖业为主，主要农作物有小麦、玉米等。有公路经此。

西水坑 370832-B04-H19
[Xīshuǐkēng]

在县驻地水泊街道东南方向 19.5 千米。拳铺镇辖自然村。人口 900。明建文年间，陶氏从申垓迁此建村，因位于一水坑涯上，故命名为水坑涯，后按居住方位分别命名为东水坑和西水坑。聚落呈团块状分布。有文化大院 1 处、文化广场 1 处。经济以种植业和养殖业为主，主要农作物有小麦、玉米等。有公路经此。

东水坑 370832-B04-H20
[Dōngshuǐkēng]

在县驻地水泊街道东南方向 19.5 千米。拳铺镇辖自然村。人口 500。明建文年间，陶氏从申垓迁此建村，因位于一水坑涯上，故命名为水坑涯，后按居住方位分别命名为东水坑和西水坑。聚落呈团块状分布。有文化大院 1 处、文化广场 1 处。经济以种植业和养殖业为主，主要农作物有小麦、玉米等。有公路经此。

鲁庙 370832-B04-H21
[Lǔmiào]

在县驻地水泊街道东南方向 17.0 千米。拳铺镇辖自然村。人口 400。明朝鲁氏在此建村，因建有庙宇，故命名为鲁庙。聚落呈团块状分布。有文化大院 1 处、文化广场 1 处。经济以种植业和养殖业为主，主要农作物有小麦、玉米等。有公路经此。

南杨楼 370832-B04-H22
[Nányánglóu]

在县驻地水泊街道南方向 12.0 千米。拳铺镇辖自然村。人口 1 200。明洪武年间，杨氏从安徽合肥迁此建村，并建楼房，故命名为杨楼，后分为前杨楼、后杨楼。2008 年因区划村庄重名，更名为南杨楼。聚落呈团块状分布。有文化大院 1 处、文化广场 1 处。经济以种植业、加工制造业为主，主要农作物有小麦、玉米等。220 国道经此。

后杨楼 370832-B04-H23
[Hòuyánglóu]

在县驻地水泊街道南方向 9.0 千米。拳铺镇辖自然村。人口 2 000。明洪武年间，杨氏从安徽合肥迁此建村，并建楼房，故命名为杨楼，后分为前杨楼、后杨楼。聚落呈团块状分布。有小学 1 处、文化大院 1 处、文化广场 1 处。220 国道经此。

西崔庄 370832-B04-H24

[Xīcuīzhuāng]

在县驻地水泊街道南方向 8.0 千米。拳铺镇辖自然村。人口 500。明洪武年间，崔氏在此建村，命名为崔庄。2008 年因区划村庄重名，更名为西崔庄。聚落呈团块状分布。有文化大院 1 处、文化广场 1 处。经济以种植业、建筑业和加工制造业为主，主要农作物有小麦、玉米等。220 国道经此。

李官楼 370832-B04-H25

[Lǐguānlóu]

在县驻地水泊街道南方向 6.5 千米。拳铺镇辖自然村。人口 1 000。明洪武年间，李氏在此建村，因有一人为官，并盖有楼房，故命名为李官楼。聚落呈团块状分布。有文化大院 1 处、文化广场 1 处。经济以种植业、加工和养殖业为主，主要农作物有小麦、玉米等。有公路经此。

方庄 370832-B04-H26

[Fāngzhuāng]

在县驻地水泊街道南方向 9.5 千米。拳铺镇辖自然村。人口 1 400。明洪武年间，方金玉、方金才从山西洪洞县迁此建村，故以姓氏命名为方庄。聚落呈团块状分布。有文化广场 1 处、文化大院 1 处、幼儿园 1 处、小学 1 处。经济以种植业和加工制造业为主，主要农作物有小麦、玉米等。220 国道经此。

西高庙 370832-B04-H27

[Xīgāomiào]

在县驻地水泊街道南方向 9.5 千米。拳铺镇辖自然村。人口 900。明成化年间，高氏在此建村，并建庙宇，故命名为高庙。2008 年因区划村庄重名，更名为西高庙。聚落呈团块状分布。有文化大院 1 处、文化广场 1 处。经济以种植业和养殖业为主，

主要农作物有小麦、大豆、玉米等。220 国道经此。

褚庄 370832-B04-H28

[Chǔzhuāng]

在县驻地水泊街道南方向 15.0 千米。拳铺镇辖自然村。人口 1 200。明洪武年间，褚氏从山西洪洞县迁此建村，命名为褚庄。聚落呈团块状分布。有文化大院 1 处、文化广场 1 处。经济以种植业为主，主要农作物有小麦、玉米等。有公路经此。

盛垓 370832-B04-H29

[Shènghǎi]

在县驻地水泊街道东南方向 16.5 千米。拳铺镇辖自然村。人口 800。明朝末年，盛氏从山西省洪洞县迁此建村，命名为盛垓。聚落呈团块状分布。有文化大院 1 处、文化广场 1 处。经济以种植业和养殖业为主，主要农作物有小麦、玉米等。有公路经此。

阚庄 370832-B04-H30

[Kànzhuāng]

在县驻地水泊街道东南方向 15.0 千米。拳铺镇辖自然村。人口 800。明朝中后期，阚氏从济宁南阚庄迁此建村，命名为阚庄。聚落呈团块状分布。有文化大院 1 处、文化广场 1 处。经济以种植业和养殖业为主，主要农作物有小麦、玉米等。有公路经此。

堂子 370832-B04-H31

[Tángzi]

在县驻地水泊街道东南方向 17.0 千米。拳铺镇辖自然村。人口 1 800。明洪武十五年（1382），宋氏在此建村，宋姓为该村最早姓氏，故以姓氏命名为宋道人堂，后改为堂子。聚落呈团块状分布。有文化大院 1 处、文化广场 1 处。有古庙遗址。经

济以种植业为主，主要农作物有小麦、玉米、棉花等。有公路经此。

吴楼 370832-B04-H32
［Wúlóu］

在县驻地水泊街道东南方向 18.5 千米。拳铺镇辖自然村。人口 1 300。始名李楼，由李氏建村。明嘉靖年间，吴氏迁入，李氏绝后，故改为吴楼。聚落呈团块状分布。有文化大院 1 处、文化广场 1 处。经济以种植业和餐饮服务业为主，主要农作物有小麦、玉米等。济菏高速经此。

袁庄 370832-B04-H33
［Yuánzhuāng］

在县驻地水泊街道东南方向 18.0 千米。拳铺镇辖自然村。人口 800。明朝，袁氏在此建村，命名为袁庄。聚落呈团块状分布。有文化大院 1 处、文化广场 1 处。经济以种植业和养殖业为主，主要农作物有小麦、玉米等。有公路经此。

黄庄 370832-B04-H34
［Huángzhuāng］

在县驻地水泊街道东南方向 13.5 千米。拳铺镇辖自然村。人口 1 600。明永乐年间，黄天爱从山西洪洞县迁此建村，命名为黄家庄，简称黄庄。聚落呈团块状分布。有小学 1 处、文化大院 1 处、文化广场 1 处。经济以种植业和养殖业为主，主要农作物有小麦、玉米等。有公路经此。

潘庄 370832-B04-H35
［Pānzhuāng］

在县驻地水泊街道东南方向 19.5 千米。拳铺镇辖自然村。人口 3 200。明永乐三年（1405），潘氏从山西洪洞县迁此建村，命名为潘庄。聚落呈团块状分布。有文化广场 1 处、文化大院 1 处、幼儿园 1 处、

小学 1 处。经济以种植业和养殖业为主，主要农作物有小麦、玉米、大豆等。有公路经此。

陆庄 370832-B04-H36
［Lùzhuāng］

在县驻地水泊街道东南方向 25.0 千米。拳铺镇辖自然村。人口 2 100。清道光年间，陆传举迁此建村，命名为陆庄。聚落呈团块状分布。有文化大院 1 处、文化广场 1 处。经济以种植业和养殖业为主，主要农作物有小麦、玉米、大豆、棉花等。有公路经此。

李庄 370832-B04-H37
［Lǐzhuāng］

在县驻地水泊街道东南方向 20.0 千米。拳铺镇辖自然村。人口 800。明洪武年间，李氏从汶上县李村迁此建村，命名为李庄。聚落呈团块状分布。有文化大院 1 处、文化广场 1 处。经济以种植业和养殖业为主，主要农作物有小麦、玉米、大豆等。有公路经此。

张水坑 370832-B05-H01
［Zhāngshuǐkēng］

杨营镇人民政府驻地。在县驻地水泊街道西方向 15.2 千米。人口 800。明洪武年间，张氏在此建村，因村东有大水坑，故命村名为张水坑。聚落呈团块状分布。有图书室、文化广场、小学、幼儿园。经济以种植业为主，主要农作物有小麦、玉米、大豆、棉花等。有公路经此。

杨营 370832-B05-H02
［Yángyíng］

在县驻地水泊街道西方向 17.0 千米。杨营镇辖自然村。人口 1 500。明正德年间，杨氏在此建村，故称杨营。聚落呈团块状分布。有小学 1 处、幼儿园 1 处、文化广

场 1 处。经济以种植业和养殖业为主，主要农作物有小麦、玉米、大豆等。有公路经此。

柏庄 370832-B05-H03
[Bǎizhuāng]

在县驻地水泊街道西方向 13.0 千米。杨营镇辖自然村。人口 1 800。明洪武年间，柏氏从山西洪洞县迁此建村，以姓氏命名为柏庄。聚落呈团块状分布。有文化广场 1 处。有青砖小楼等传统民居和北寨壕、南寨门遗址。经济以种植业为主，主要农作物有小麦、玉米等。有公路经此。

碌碡庙 370832-B05-H04
[Lùzhūmiào]

在县驻地水泊街道西方向 14.0 千米。杨营镇辖自然村。人口 1 800。明洪武五年（1372），李氏从南京来此建村，因用碌碡建庙宇，故命名为碌碡庙。聚落呈团块状分布。有文化广场 1 处、小学 1 处。经济以种植业为主，主要农作物有小麦、玉米等。有公路经此。

侯寺 370832-B05-H05
[Hóusì]

在县驻地水泊街道西方向 13.5 千米。杨营镇辖自然村。人口 2 600。明洪武年间，侯氏从山西洪洞县迁此建村，因村东有一寺院，故命名为侯寺。聚落呈团块状分布。有文化广场 1 处。有唐朝尉迟敬德在此监工建造大寺遗址、明清时期所建侯寺始迁祖三叠碑林、朱三太子私塾遗址、侯寺古井、龟驼碑等。经济以种植业和养殖业为主，主要农作物有小麦、玉米、大豆等。有公路经此。

耿楼 370832-B05-H06
[Gěnglóu]

在县驻地水泊街道西北方向 10.0 千米。杨营镇辖自然村。人口 2 100。明朝末年，耿氏从山西洪洞县迁此建村，命名耿庄。清道光年间，耿氏在村庄内建造高楼，故改名耿楼。聚落呈团块状分布。有文化广场 1 处、幼儿园 1 处。有李青山起义纪念碑和青山书院。经济以种植业和养殖业为主，主要农作物有小麦、玉米、大豆等。有公路经此。

刘普桥 370832-B05-H07
[Liúpǔqiáo]

在县驻地水泊街道西北方向 7.0 千米。杨营镇辖自然村。人口 700。元末明初，该村由荣沟、代庄、孟庄三村组成，荣沟村富户刘浦为与邻村交通方便，在村旁小河上架桥一座，故以此得村名刘浦桥，后演变为刘普桥。聚落呈团块状分布。有文化广场 1 处。经济以种植业和养殖业为主，主要农作物有小麦、玉米等。有公路经此。

董相白 370832-B05-H08
[Dǒngxiāngbái]

在县驻地水泊街道西北方向 12.0 千米。杨营镇辖自然村。人口 900。明万历年间，董允从董楼迁此建村，以村内知名人士董相白命村名。聚落呈团块状分布。有文化广场 1 处、幼儿园 1 处。经济以种植业和养殖业为主，主要农作物有小麦、玉米等。有公路经此。

馆里 370832-B05-H09
[Guǎnlǐ]

在县驻地水泊街道西方向 7.0 千米。杨营镇辖自然村。人口 1 800。明建文年间，王德玉从寿张城西油坊迁此建村，并于村内设立书馆，故命名为馆里。聚落呈带状分布。有文化广场 1 处、小学 1 处、幼儿园 1 处。有明朝时期驸马陵。经济以种植业和养殖业为主，主要农作物有小麦、玉米等。有公路经此。

胡台庙 370832-B05-H10
[Hútáimiào]

在县驻地水泊街道西方向 7.0 千米。杨营镇辖自然村。人口 1 800。明洪武年间，胡氏在此建村，因庙宇建在土台上，故命名为胡台庙。聚落呈团块状分布。有文化广场 1 处、幼儿园 1 处。经济以种植业为主，主要农作物有小麦、玉米等。有公路经此。

侯道沟 370832-B05-H11
[Hóudàogōu]

在县驻地水泊街道西方向 20.0 千米。杨营镇辖自然村。人口 500。明成化年间，侯氏从山西洪洞县迁至汶上县石楼村居住，不久，便迁此建村，因村西有一道沟，故命名为侯道沟。聚落呈团块状分布。有文化广场 1 处、幼儿园 1 处。经济以种植业为主，主要农作物有小麦、玉米等。京九铁路经此。

高大庙 370832-B05-H12
[Gāodàmiào]

在县驻地水泊街道西方向 13.0 千米。杨营镇辖自然村。人口 1 000。明洪武年间，高氏从山西洪洞县迁此建村，建有高大庙宇，故命名为高大庙。聚落呈团块状分布。有文化广场 1 处。经济以种植业和养殖业为主，主要农作物有小麦、玉米等。京九铁路经此。

王连坡 370832-B05-H13
[Wángliánpō]

在县驻地水泊街道西方向 15.0 千米。杨营镇辖自然村。人口 1 000。明嘉靖年间，王氏从山西洪洞县迁此建村，因村民王连坡勤劳智慧，颇有名气，故以其姓名命村名为王连坡。聚落呈团块状分布。有文化广场 1 处。经济以种植业和养殖业为主，主要农作物有小麦、玉米等。有公路经此。

郭金台 370832-B05-H14
[Guōjīntái]

在县驻地水泊街道西方向 15.0 千米。杨营镇辖自然村。人口 400。明万历年间，郭金台在此建村，以其姓名命村名。聚落呈带状分布。有文化广场 1 处。经济以种植业和养殖业为主，主要农作物有小麦、玉米等，养殖牛、羊等。京九铁路经此。

野猪淖 370832-B05-H15
[Yězhūnào]

在县驻地水泊街道西方向 15.0 千米。杨营镇辖自然村。人口 1 200。明洪武年间，郑氏在此建村，因此处地形复杂，遍地烂泥杂草，常有野猪出没，故称野猪淖。聚落呈团块状分布。有文化广场 1 处。有曹氏家祠、史氏家祠、吕氏家祠等古迹。经济以种植业为主，主要农作物有小麦、玉米等。京九铁路经此。

洼李 370832-B05-H16
[Wālǐ]

在县驻地水泊街道西方向 4.0 千米。杨营镇辖自然村。人口 1 800。明嘉靖年间，李氏从今梁山街道后集村迁此，因在大片洼地里，故命名为洼里李庄，后简称洼李。聚落呈团块状分布。有文化广场 1 处、幼儿园 1 处。经济以种植业为主，主要农作物有小麦、玉米、大豆、棉花。220 国道经此。

孙庄 370832-B05-H17
［Sūnzhuāng］

在县驻地水泊街道西方向 4.0 千米。杨营镇辖自然村。人口 800。明洪武年间，孙飞凤从山西洪洞县迁此建村，因土质盐碱，故命名为孙碱场。清光绪八年（1882），以姓氏更名为孙庄。聚落呈团块状分布。有文化广场 1 处、小学 1 处、幼儿园 1 处。经济以种植业为主，主要农作物有小麦、玉米、大豆、棉花。有公路经此。

大侯 370832-B05-H18
［Dàhóu］

在县驻地水泊街道西方向 8.0 千米。杨营镇辖自然村。人口 1 600。明洪武年间，侯思忠从寿张城西五里村迁此建村，因喜大，故命名为大侯家，后简称大侯。聚落呈团块状分布。有文化广场 1 处、小学 1 处、幼儿园 1 处。经济以种植业为主，主要农作物有小麦、玉米、大豆、棉花。有公路经此。

李阁 370832-B05-H19
［Lǐgé］

在县驻地水泊街道西方向 9.0 千米。杨营镇辖自然村。人口 1 200。明崇祯年间，李高如从大运河西李家坑迁此建村，并建楼阁，故命名为李阁。聚落呈团块状分布。有中学 1 处、文化广场 1 处。经济以种植业为主，主要农作物有小麦、玉米、大豆、棉花。有公路经此。

韩垓 370832-B06-H01
［Hánhǎi］

韩垓镇人民政府驻地。在县驻地水泊街道东南方向 22.5 千米。人口 1 500。韩姓建村，因地势低洼，雨季多水，名韩家海，后以方言音演变为韩垓。聚落呈团块状分布。有图书室、文化广场、中学、小学、幼儿园。有市级文物保护单位韩氏宗祠。经济以种植业为主，主要农作物有小麦、玉米、大蒜、绿苹果。省道济梁路经此。

开河 370832-B06-H02
［Kāihé］

在县驻地水泊街道东南方向 26.0 千米。韩垓镇辖自然村。人口 9 700。明永乐九年（1411）建村，因适逢大运河疏浚开挖而得名开河。聚落呈团块状分布。有小学 1 处、幼儿园 4 处、文化广场 5 处。有孝子碑坊、李氏祠堂、南大寺等古迹。经济以种植业和养殖业为主，主要农作物有小麦、玉米、大豆、花生等，养殖生猪、肉鸡等。有公路经此。

董庄 370832-B06-H03
［Dǒngzhuāng］

在县驻地水泊街道东南方向 23.5 千米。韩垓镇辖自然村。人口 900。明永乐年间，董氏从直隶真德府高城县寿南庄迁此建村，命名为董庄。聚落呈团块状分布。有文化广场 1 处。经济以种植业和养殖业为主，主要农作物有小麦、花生、玉米等，生猪、肉鸡养殖初具规模。有公路经此。

碱场 370832-B06-H04
［Jiǎnchǎng］

在县驻地水泊街道东南方向 24.0 千米。韩垓镇辖自然村。人口 800。明洪武年间，吴氏从山西洪洞县迁此建村，命名为吴家庄，后因老运河水渍土地盐碱，故改称碱场。聚落呈团块状分布。有文化广场 1 处。经济以种植业和养殖业为主，主要农作物有小麦、花生、玉米等，养殖生猪、肉鸡等。有公路经此。

石钟楼 370832-B06-H05
[Shízhōnglóu]

在县驻地水泊街道东南方向 23.0 千米。韩垓镇辖自然村。人口 1 700。始名辛兴屯，后于村东修建一座全石结构的钟楼，钟响能听十余里，故于明崇祯年间更名为石钟楼。聚落呈团块状分布。有文化广场 1 处、小学 1 处、幼儿园 1 处。经济以种植业和养殖业为主，主要农作物有小麦、花生、玉米等，养殖生猪、肉鸡等。有公路经此。

小屯 370832-B06-H06
[Xiǎotún]

在县驻地水泊街道东南方向 24.0 千米。韩垓镇辖自然村。人口 1 400。明永乐初年（1403），赵氏从山西洪洞县迁此建村，命名为小屯。聚落呈团块状分布。有文化广场 1 处、幼儿园 1 处。经济以种植业和养殖业为主，主要农作物有小麦、花生、玉米等，养殖生猪、肉鸡等。有公路经此。

前王楼 370832-B06-H07
[Qiánwánglóu]

在县驻地水泊街道东南方向 24.0 千米。韩垓镇辖自然村。人口 1 200。明永乐年间，王氏从山西洪洞县迁此建村，因建有楼房，又因村后有一王楼，故名前王楼。聚落呈团块状分布。有文化广场 1 处。经济以种植业和养殖业为主，主要农作物有小麦、花生、玉米等，养殖生猪、肉鸡等。有公路经此。

后王楼 370832-B06-H08
[Hòuwánglóu]

在县驻地水泊街道东南方向 24.0 千米。韩垓镇辖自然村。人口 1 200。明永乐年间，王氏从山西洪洞县迁此建村，因建有楼房，又因近处有两个王楼，此村在后面，故名后王楼。聚落呈团块状分布。有文化广场 1 处、幼儿园 1 处。经济以种植业和养殖业为主，主要农作物有小麦、花生、玉米等，养殖生猪、肉鸡等。有公路经此。

郑庄 370832-B06-H09
[Zhèngzhuāng]

在县驻地水泊街道东南方向 23.0 千米。韩垓镇辖自然村。人口 500。明永乐二年（1404），郑氏从山西洪洞县迁此建村，命名为郑家庄，简称郑庄。聚落呈团块状分布。有文化广场 1 处。有一七神庙遗址。经济以种植业和养殖业为主，主要农作物有小麦、花生、玉米等，养殖生猪、肉鸡等。有公路经此。

桑庄 370832-B06-H10
[Sāngzhuāng]

在县驻地水泊街道东南方向 21.5 千米。韩垓镇辖自然村。人口 900。明洪武年间，桑氏从山西洪洞县迁此建村，名桑庄。聚落呈团块状分布。有文化广场 1 处。经济以种植业和养殖业为主，主要农作物有小麦、花生、玉米等，养殖生猪、肉鸡等。有公路经此。

乔李庄 370832-B06-H11
[Qiáolǐzhuāng]

在县驻地水泊街道东南方向 21.5 千米。韩垓镇辖自然村。人口 600。明永乐年间，乔氏、李氏来此建村，命名为乔李庄。聚落呈团块状分布。有文化广场 1 处。经济以种植业和养殖业为主，主要农作物有小麦、花生、玉米等，养殖生猪、肉鸡等。有公路经此。

高店 370832-B06-H12
[Gāodiàn]

在县驻地水泊街道东南方向 22.0 千

米。韩垓镇辖自然村。人口 2 000。明洪武年间，高氏从山西洪洞县迁此建村，经营店铺，故命名为高店。聚落呈团块状分布。有文化广场 1 处、幼儿园 1 处、小学 1 处。有县级文物保护单位郝氏碑群、郝氏武略举人碑、郝氏古建筑。经济以种植业为主，主要农作物有小麦、玉米、大豆等。有公路经此。

郭楼 370832-B06-H13
[Guōlóu]

在县驻地水泊街道东南方向 20.5 千米。韩垓镇辖自然村。人口 2 000。明嘉靖末年（1566），郭氏分支从路集村迁此建村，命名为郭楼。聚落呈团块状分布。有文化广场 1 处、小学 1 处、幼儿园 2 处。经济以种植业和养殖业为主，主要农作物有小麦、花生、玉米等，养殖生猪、肉鸡等。有公路经此。

铁炉庄 370832-B06-H14
[Tiělúzhuāng]

在县驻地水泊街道东南方向 24.0 千米。韩垓镇辖自然村。人口 700。清康熙年间，冯氏在此建村，因家家生炉打造铁器，故命名为铁炉庄。聚落呈团块状分布。有文化广场 1 处、小学 1 处、幼儿园 1 处。经济以种植业和养殖业为主，主要农作物有小麦、花生、玉米等，养殖生猪、肉鸡等。337 省道经此。

油坊 370832-B06-H15
[Yóufáng]

在县驻地水泊街道东南方向 22.0 千米。韩垓镇辖自然村。人口 3 200。明永乐年间，赵氏、黄氏等从山西洪洞县迁此建村，因该村经营油坊，故以油坊命名。聚落呈团块状分布。有文化广场 3 处、小学 1 处、幼儿园 2 处。经济以种植业和养殖业为主，

主要农作物有小麦、玉米、大豆等，养殖生猪、肉鸡等。有公路经此。

仲庄 370832-B06-H16
[Zhòngzhuāng]

在县驻地水泊街道东南方向 20.5 千米。韩垓镇辖自然村。人口 1 000。明万历年间，仲昂从济宁仲浅村迁此建村，命名为仲庄。聚落呈团块状分布。有幼儿园 1 处、文化广场 1 处。有明代先贤仲子庙古迹。经济以种植业和养殖业为主，主要农作物有小麦、玉米、大豆等，养殖生猪、肉鸡等。有公路经此。

五里堡 370832-B06-H17
[Wǔlǐpù]

在县驻地水泊街道东南方向 30.0 千米。韩垓镇辖自然村。人口 1 800。明朝，大运河开挖疏浚后，十里设一闸，五里设一堡，当时开河设闸，此处距开河五里设堡，故名五里堡。聚落呈团块状分布。有文化广场 2 处、小学 1 处、幼儿园 1 处。有运河古道遗址。经济以种植业和养殖业为主，主要农作物有小麦、玉米、大豆等，养殖生猪、肉鸡等。337 省道经此。

馆驿 370832-B07-H01
[Guǎnyì]

馆驿镇人民政府驻地。在县驻地水泊街道东方向 10.9 千米。人口 2 300。明洪武八年（1375），李氏从山西洪洞县迁此建村，因设驿站供传递文书的人中途休息，故名馆驿。聚落呈团块状分布。有中学、小学、农家书屋。有清顺治年间建关帝庙。经济以种植业和养殖业为主。有公路经此。

东靳口 370832-B07-H02
[Dōngjìnkǒu]

在县驻地水泊街道东方向 17.5 千米。

馆驿镇辖自然村。人口 1 600。明朝，靳氏在老运河一渡口处建村，命名为靳口，后称河东岸为东靳口，西岸为西靳口。聚落呈团块状分布。有文化广场 1 处。经济以种植业和建筑业为主，主要农作物有小麦、玉米等。有公路经此。

西靳口 370832-B07-H03
[Xījìnkǒu]

在县驻地水泊街道东方向 17.5 千米。馆驿镇辖自然村。人口 2 200。明朝，靳氏在老运河一渡口处建村，命名为靳口，后称河东岸为东靳口，西岸为西靳口。聚落呈团块状分布。有小学 1 处。经济以种植业和建筑业为主，主要农作物有小麦、玉米等。有公路经此。

后林庄 370832-B07-H04
[Hòulínzhuāng]

在县驻地水泊街道东方向 16.5 千米。馆驿镇辖自然村。人口 1 900。明万历年间，林彷来此建村，百年后，该村部分村民移居村南三里处立村，命名为前林村，原村改为后林庄。聚落呈团块状分布。有小学 1 处、文化广场 1 处。经济以种植业、建筑业为主，主要农作物有小麦、玉米等。有公路经此。

王思口 370832-B07-H05
[Wángsīkǒu]

在县驻地水泊街道东方向 15.0 千米。馆驿镇辖自然村。人口 900。明洪武年间，王氏在运河一渡口处建村。王氏系大地主，为使雇用农民不忘王家，故命名为王思口。聚落呈团块状分布。有文化广场 1 处。经济以种植业和建筑业为主，主要农作物有小麦、玉米等。有公路经此。

王仲口 370832-B07-H06
[Wángzhòngkǒu]

在县驻地水泊街道东方向 13.5 千米。馆驿镇辖自然村。人口 1 500。明永乐年间，耿氏兄弟三人从山西洪洞县迁此建村，因有一叫王仲的艄公在此设渡口摆渡，故命名为王仲口。聚落呈团块状分布。有文化广场 1 处。经济以种植业和建筑业为主，主要农作物有小麦、玉米等。有公路经此。

徐楼 370832-B07-H07
[Xúlóu]

在县驻地水泊街道东方向 12.5 千米。馆驿镇辖自然村。人口 800。明永乐年间，徐氏在此建村，并建楼房，故命名为徐楼。聚落呈团块状分布。有文化广场 1 处、小学 1 处。经济以种植业和建筑业为主，主要农作物有小麦、玉米等。有公路经此。

大营 370832-B07-H08
[Dàyíng]

在县驻地水泊街道东方向 11.0 千米。馆驿镇辖自然村。人口 1 800。明洪武年间，蒋氏从山西洪洞县迁此建村，因以打鱼为生，故命名为大鱼营，简称大营。聚落呈团块状分布。有文化广场 1 处、小学 1 处。经济以种植业和建筑业为主，主要农作物有小麦、玉米等。有公路经此。

小营 370832-B07-H09
[Xiǎoyíng]

在县驻地水泊街道东方向 11.0 千米。馆驿镇辖自然村。人口 1 800。明崇祯年间，张氏二支从张家水坡迁此建村，以打鱼为生，因近处有一大鱼营，故名小鱼营，简称小营。聚落呈团块状分布。有文化广场 1 处。经济以种植业和建筑业为主，主要农作物有小麦、玉米等。有公路经此。

潘庄 370832-B07-H10

[Pānzhuāng]

在县驻地水泊街道东方向 12.0 千米。馆驿镇辖自然村。人口 1 100。明洪武年间，潘氏从山西洪洞县迁此建村，以姓氏命名为潘庄。聚落呈团块状分布。有文化广场 1 处。经济以种植业和建筑业为主，主要农作物有小麦、玉米等。有公路经此。

王府集 370832-B07-H11

[Wángfǔjí]

在县驻地水泊街道东方向 11.0 千米。馆驿镇辖自然村。人口 1 400。明崇祯年间，此地曾建王府，并设立集市，故名王府集。聚落呈团块状分布。有文化广场 1 处、中学 1 处、小学 1 处。经济以种植业和建筑业为主，主要农作物有小麦、玉米等。有公路经此。

袁河 370832-B07-H12

[Yuánhé]

在县驻地水泊街道东方向 8.0 千米。馆驿镇辖自然村。人口 500。明永乐年间，袁氏在此建村，因村西有一小河，故命名为袁河。聚落呈团块状分布。有文化广场 1 处。经济以种植业和建筑业为主，主要农作物有小麦、玉米等。有公路经此。

大刘庄 370832-B07-H13

[Dàliúzhuāng]

在县驻地水泊街道东方向 7.0 千米。馆驿镇辖自然村。人口 1 600。明永乐年间，刘氏从山西洪洞县迁此建村，因村庄较大，故命名为大刘庄。聚落呈团块状分布。有文化广场 1 处、小学 1 处。经济以种植业和养殖业为主，主要农作物有小麦、花生、玉米等，养殖生猪、肉鸡等。有公路经此。

亓庄 370832-B07-H14

[Qízhuāng]

在县驻地水泊街道东方向 7.0 千米。馆驿镇辖自然村。人口 500。明永乐二年（1404），亓德用兄弟二人在此建村，命名为亓庄。聚落呈团块状分布。有文化广场 1 处。经济以种植业和建筑业为主，主要农作物有小麦、玉米等。有公路经此。

张桥 370832-B07-H15

[Zhāngqiáo]

在县驻地水泊街道东方向 7.0 千米。馆驿镇辖自然村。人口 2 200。明永乐年间，张氏从山西洪洞县迁此建村，命名为富粮屯。清朝因村西河上修一座石桥，故改为张桥。聚落呈团块状分布。有文化广场 1 处、小学 1 处、幼儿园 1 处。经济以种植业和建筑业为主，主要农作物有小麦、玉米等。有公路经此。

任楼 370832-B07-H16

[Rénlóu]

在县驻地水泊街道东方向 11.5 千米。馆驿镇辖自然村。人口 700。明嘉靖年间，任氏在此建村，并建有楼房，故名任楼。聚落呈团块状分布。经济以种植业和建筑业为主，主要农作物有小麦、玉米等。有公路经此。

菜园 370832-B07-H17

[Càiyuán]

在县驻地水泊街道东方向 15.5 千米。馆驿镇辖自然村。人口 1 200。明洪武年间，苏圣雨从山西洪洞县迁此建村，因习惯种菜，故命名为苏菜园，简称菜园。聚落呈团块状分布。有文化广场 1 处。经济以种植业和建筑业为主，主要农作物有小麦、玉米等。有公路经此。

宋庄 370832-B08-H01
[Sòngzhuāng]

小安山镇人民政府驻地。在县驻地水泊街道东北方向 6.5 千米。人口 4 100。明洪武年间，宋氏从山西洪洞迁此建村，以姓名村。聚落呈团块状分布。有图书室、文化广场、中学、小学、幼儿园。经济以种植业为主，主要农作物有小麦、玉米、苹果。有公路经此。

刘堂 370832-B08-H02
[Liútáng]

在县驻地水泊街道北方向 14.0 千米。小安山镇辖自然村。人口 1 300。明朝末年，刘氏从南京菜市口迁此建村，因建有大堂房，故命名为刘堂。聚落呈团块状分布。有文化大院 1 处。经济以种植业和养殖业为主，主要农作物有小麦、玉米等。有公路经此。

解庄 370832-B08-H03
[Xièzhuāng]

在县驻地水泊街道东北方向 12.5 千米。小安山镇辖自然村。人口 1 100。清康熙年间，解氏从东平解楼迁此建村，以姓氏命名为解庄。聚落呈团块状分布。有文化广场 1 处、小学 1 处。经济以种植业和养殖业为主，主要农作物有小麦、玉米等。有公路经此。

范庄 370832-B08-H04
[Fànzhuāng]

在县驻地水泊街道东北方向 11.0 千米。小安山镇辖自然村。人口 900。明嘉靖年间，东平州一范姓官员视察路过此地，即下令在此建村垦荒，遂命名为范庄。聚落呈团块状分布。有文化广场 1 处、文化大院 1 处、幼儿园 1 处、小学 1 处。经济以种植业和养殖业为主，主要农作物有小麦、玉米、大豆等。有公路经此。

西唐 370832-B08-H05
[Xītáng]

在县驻地水泊街道东北方向 12.5 千米。小安山镇辖自然村。人口 1 700。明永乐年间，唐氏从南京随驾来此建村，以姓氏命名为唐庄，后以方位称西唐。聚落呈团块状分布。有文化大院 1 处、文化广场 1 处。经济以种植业和养殖业为主，主要农作物有小麦、玉米、大豆等。有公路经此。

石佛寺 370832-B08-H06
[Shífósì]

在县驻地水泊街道东北方向 12.5 千米。小安山镇辖自然村。人口 1 700。明朝，史氏从山西洪洞县迁此建村，因此地建有佛院且寺内有石头大佛一尊而得名石佛寺。聚落呈团块状分布。有文化广场 1 处。经济以种植业和养殖业为主，主要农作物有小麦、玉米、大豆等。有公路经此。

祝庄 370832-B08-H07
[Zhùzhuāng]

在县驻地水泊街道东北方向 6.5 千米。小安山镇辖自然村。人口 900。明朝，祝氏从山西洪洞县老鸹窝迁此建村，以姓氏命名为祝庄。聚落呈团块状分布。有文化广场 1 处。经济以种植业和养殖业为主，主要农作物有小麦、玉米、大豆等。220 国道、243 省道经此。

杨堤口 370832-B08-H08
[Yángdīkǒu]

在县驻地水泊街道东北方向 8.5 千米。小安山镇辖自然村。人口 1 700。明朝，杨氏从山西洪洞县迁此建村，故名杨堤口。聚落呈团块状分布。有中学 1 处、文化广场 1 处。经济以种植业和养殖业为主，主要农作物有小麦、玉米、大豆等。有公路经此。

百忍庄 370832-B08-H09

[Bǎirěnzhuāng]

在县驻地水泊街道东北方向11.0千米。小安山镇辖自然村。人口1 700。清乾隆年间，张氏、高氏来此建村，以名人张百忍的名字命为百忍庄。聚落呈团块状分布。有文化广场1处、幼儿园1处。经济以种植业和养殖业为主，主要农作物有小麦、玉米、大豆等。有公路经此。

鹅鸭厂 370832-B08-H10

[Éyāchǎng]

在县驻地水泊街道东北方向12.0千米。小安山镇辖自然村。人口1 700。明洪武年间，么、白、周三姓氏从山西洪洞县迁此建村，因周围水多，家家放养鹅鸭，故命名为鹅鸭厂。聚落呈团块状分布。经济以种植业和养殖业为主，主要农作物有小麦、玉米、大豆等。有公路经此。

李官屯 370832-B08-H11

[Lǐguāntún]

在县驻地水泊街道东北方向13.0千米。小安山镇辖自然村。人口1 400。明永乐年间，李氏来此建村，因系管一百户人家的小官吏，故名李官屯。聚落呈团块状分布。有小学1处、幼儿园1处、文化广场1处。经济以种植业和养殖业为主，主要农作物有小麦、玉米、大豆等。日瓦铁路、243省道经此。

青堌堆 370832-B08-H12

[Qīnggùduī]

在县驻地水泊街道东北方向11.1千米。小安山镇辖自然村。人口1 000。元朝，邵氏在此建村，因距青堌堆较近，故名。聚落呈团块状分布。有文化广场1处、小学1处、幼儿园1处。有国家级文物保护单位青堌堆遗址。经济以种植业为主，主要农作物有小麦、玉米、棉花、大豆、苹果。有公路经此。

张官屯 370832-B08-H13

[Zhāngguāntún]

在县驻地水泊街道东北方向15.0千米。小安山镇辖自然村。人口1 400。明永乐年间，张氏随驾来此留驻垦荒，并系管一百户人家的小官，后发展成村庄，故命名为张官屯。聚落呈团块状分布。有文化广场1处。经济以种植业和养殖业为主，主要农作物有小麦、玉米、大豆等。有公路经此。

彭村 370832-B08-H14

[Péngcūn]

在县驻地水泊街道东北方向12.0千米。小安山镇辖自然村。人口1 800。清朝，彭氏从山西洪洞县迁此建村，以姓命名为彭村。聚落呈团块状分布。有文化广场2处。经济以种植业和养殖业为主，主要农作物有小麦、玉米、大豆等。有公路经此。

冯庄 370832-B08-H15

[Féngzhuāng]

在县驻地水泊街道东北方向19.0千米。小安山镇辖自然村。人口900。明朝，冯氏、闫氏迁此建村，命名为冯庄。聚落呈团块状分布。有文化大院1处、幼儿园1处。经济以种植业和养殖业为主，主要农作物有小麦、玉米、大豆等。有公路经此。

黄河涯 370832-B08-H16

[Huánghéyá]

在县驻地水泊街道北方向12.0千米。小安山镇辖自然村。人口1 200。明洪武二年（1369），王氏从青州府迁此建村，因东靠古黄河，故名黄河涯。聚落呈团块状分布。有文化大院1处、小学1处、幼儿园 1 处。经济以种植业和养殖业为主，主要农作物有小麦、玉米、大豆等。有公路经此。

干鱼头 370832-B08-H17
[Gānyútóu]

在县驻地水泊街道北方向 9.0 千米。小安山镇辖自然村。人口 1 900。明隆庆年间，卢氏、殷氏、周氏等从山西洪洞县老鸹窝迁此建村，因于村中地下挖出一个较完整的干枯大鱼头骨，故以此命名为干鱼头。聚落呈团块状分布。有文化大院 1 处、小学 1 处、幼儿园 1 处。经济以种植业和养殖业为主，主要农作物有小麦、玉米、大豆等。220 国道经此。

寿张集 370832-B09-H01
[Shòuzhāngjí]

寿张集镇人民政府驻地。在县驻地水泊街道西北方向 11.1 千米。人口 2 500。北魏时为寿张县治，县治迁徙之后曾设集市，故名。聚落呈团块状分布。有中学、小学、幼儿园、文化广场等。经济以种植业和养殖业为主，主要农作物有小麦、玉米、大豆。有公路经此。

程垓 370832-B09-H02
[Chénghǎi]

在县驻地水泊街道西北方向 14.0 千米。寿张集镇辖自然村。人口 1 900。明朝末年，张氏在此建村，命名为张庄。后程氏迁入，张氏渐少，故改为程垓。聚落呈团块状分布。有文化广场 1 处、幼儿园 1 处。经济以种植业和养殖业为主，主要农作物有小麦、玉米等。日瓦铁路经此。

蒋集 370832-B09-H03
[Jiǎngjí]

在县驻地水泊街道西北方向 13.0 千米。

寿张集镇辖自然村。人口 800。明洪武年间，蒋伯成、蒋伯占兄弟二人从山西洪洞县迁此建村，并设集市，故命名为蒋集。聚落呈团块状分布。有文化广场 1 处、幼儿园 1 处。经济以种植业和养殖业为主，主要农作物有小麦、玉米等。日瓦铁路经此。

穆桥 370832-B09-H04
[Mùqiáo]

在县驻地水泊街道西北方向 9.0 千米。寿张集镇辖自然村。人口 1 000。明正德年间，穆义山从青州府益都县迁此建村，并建石桥一座，故名穆桥。聚落呈团块状分布。有文化广场 1 处、幼儿园 1 处。经济以种植业和养殖业为主，主要农作物有小麦、玉米等。有公路经此。

周堤口 370832-B09-H05
[Zhōudīkǒu]

在县驻地水泊街道西北方向 8.0 千米。寿张集镇辖自然村。人口 1 000。明万历年间，周氏兄弟二人从山西洪洞县迁此建村，因处堤口附近，故命名为周堤口。聚落呈团块状分布。有文化广场 1 处、幼儿园 1 处。经济以种植业和养殖业为主，主要农作物有小麦、玉米等。有公路经此。

张东溪 370832-B09-H06
[Zhāngdōngxī]

在县驻地水泊街道西北方向 10.0 千米。寿张集镇辖自然村。人口 200。明嘉靖年间，张琰从寿张集迁此建村，命名为张家庄，后又以名人张东溪命名。聚落呈团块状分布。有文化广场 1 处。经济以种植业和养殖业为主，主要农作物有小麦、玉米等。有公路经此。

戚楼 370832-B09-H07

[Qīlóu]

在县驻地水泊街道西北方向 9.0 千米。寿张集镇辖自然村。人口 2 400。明朝末年，戚振业从东平城百里戚庄迁此建村，并建楼房，故命名为戚楼。聚落呈团块状分布。有文化广场 1 处、小学 1 处、幼儿园 1 处。经济以种植业和养殖业为主，主要农作物有小麦、玉米等。有公路经此。

徐坊 370832-B09-H08

[Xúfáng]

在县驻地水泊街道西北方向 14.0 千米。寿张集镇辖自然村。人口 1 300。清朝，徐九思从东平州章州镇迁此建村，命名为徐坊。聚落呈团块状分布。有文化广场 1 处、幼儿园 1 处。经济以种植业为主，主要农作物有小麦、玉米等。有公路经此。

孙佃言 370832-B09-H09

[Sūndiànyán]

在县驻地水泊街道西北方向 14.0 千米。寿张集镇辖自然村。人口 500。明万历年间，孙光先从寿张集迁此建村，命名为孙庄。后有匪声言血洗附近义和庄，该村有人通过关系说服匪，使义和庄免遭洗劫，为纪念孙姓人士垫好言、成好事，故将孙庄更名为垫言，后演变为孙佃言。聚落呈团块状分布。有文化广场 1 处、幼儿园 1 处。经济以种植业和养殖业为主，主要农作物有小麦、玉米等。有公路经此。

徐楼 370832-B09-H10

[Xúlóu]

在县驻地水泊街道西北方向 12.0 千米。寿张集镇辖自然村。人口 2 300。明永乐十一年间（1413），徐龙从现大路口徐桥迁此建村，并建楼房五座，故名徐楼。聚

落呈团块状分布。有文化广场 1 处、小学 1 处、幼儿园 1 处。经济以种植业和养殖业为主，主要农作物有小麦、玉米等。有公路经此。

道沟 370832-B09-H11

[Dàogōu]

在县驻地水泊街道西北方向 9.0 千米。寿张集镇辖自然村。人口 1 900。明洪武年间，任氏从山西洪洞县迁此建村，因此处有道口沟汊，故命名为道沟。聚落呈团块状分布。有文化广场 1 处、小学 1 处、幼儿园 1 处。经济以种植业和养殖业为主，主要农作物有小麦。

李集 370832-B09-H12

[Lǐjí]

在县驻地水泊街道西北方向 8.0 千米。寿张集镇辖自然村。人口 1 500。明成化年间，李纬从寿张县城东姜家岗迁此建村，并设集市，故命名为李集。聚落呈团块状分布。有文化广场 1 处。经济以种植业和养殖业为主，主要农作物有小麦、玉米等。有公路经此。

肖庄 370832-B09-H13

[Xiāozhuāng]

在县驻地水泊街道西北方向 13.0 千米。寿张集镇辖自然村。人口 1 700。清光绪年间，肖氏从邵楼来此建村，以姓氏命名为肖庄。聚落呈团块状分布。有文化广场 1 处、小学 1 处、幼儿园 1 处。经济以种植业和养殖业为主，主要农作物有小麦、玉米等。有公路经此。

马营 370832-B10-H01

[Mǎyíng]

马营镇人民政府驻地。在县驻地水泊街道西方向 8.9 千米。人口 1 400。明万历

年间，马氏从河南省台前县马楼迁此建村，故名。聚落呈团块状分布。有文化广场、中学、小学、幼儿园。经济以种植业为主，主要农作物有小麦、玉米、大豆、葡萄、梨。有公路经此。

芦里 370832-B10-H02
[Lúlǐ]

在县驻地水泊街道西方向 6.5 千米。马营镇辖自然村。人口 1 500。明洪武年间，邢氏、白氏、李氏从山西洪洞县迁此建村，命名鲁里，后改为芦里。聚落呈团块状分布。有文化广场 1 处、小学 1 处。古迹有南海庙。经济以种植业为主，主要农作物有小麦、玉米、棉花、大豆、花生等。220 国道经此。

赵坝 370832-B10-H03
[Zhàobà]

在县驻地水泊街道西方向 8.0 千米。马营镇辖自然村。人口 3 800。因村东有沙河大坝，又因赵氏人口多，故名赵家坝，后简称赵坝。聚落呈团块状分布。有文化广场 1 处、小学 1 处。经济以种植业为主，主要农作物有小麦、玉米等。有公路经此。

杜庄 370832-B10-H04
[Dùzhuāng]

在县驻地水泊街道西方向 7.0 千米。马营镇辖自然村。人口 800。明正德年间，杜氏从山西洪洞县迁此建村，以姓氏命名为杜庄。聚落呈团块状分布。有文化广场 1 处、幼儿园 1 处。经济以种植业为主，主要农作物有小麦、玉米、大蒜、西瓜等。有公路经此。

杨屯 370832-B10-H05
[Yángtún]

在县驻地水泊街道西方向 9.0 千米。马营镇辖自然村。人口 2 200。明洪武年间，

杨氏从河南省汝宁府迁此建村，以姓氏命名为杨屯。聚落呈团块状分布。有文化广场 1 处、小学 1 处、幼儿园 1 处。经济以种植业为主，主要农作物有小麦、玉米、西瓜等。有公路经此。

辛兴屯 370832-B10-H06
[Xīnxīngtún]

在县驻地水泊街道西方向 8.0 千米。马营镇辖自然村。人口 4 700。明洪武年间，辛氏从山西洪洞县迁此建村，命名为辛兴屯。聚落呈团块状分布。有文化广场 1 处、小学 1 处、幼儿园 1 处。有节孝坊遗址。经济以种植业为主，主要农作物有小麦、玉米、西瓜等。有公路经此。

张飞垓 370832-B10-H07
[Zhāngfēihǎi]

在县驻地水泊街道西南方向 3.0 千米。马营镇辖自然村。人口 1 600。明洪武年间，张氏从今湖北省黄冈县迁此建村，因村民常在村周围墙上演武，威武勇猛似三国时期蜀国战将张飞，故以张飞的名字命名为张飞垓。聚落呈团块状分布。有文化广场 1 处、幼儿园 1 处。经济以种植业为主，主要农作物有小麦、玉米、梨等。220 国道经此。

倪楼 370832-B10-H08
[Nílóu]

在县驻地水泊街道西南方向 9.0 千米。马营镇辖自然村。人口 2 700。明洪武二年（1369），倪中宽从邳州倪家楼迁此建村，仍名倪楼。聚落呈团块状分布。有文化广场 1 处、小学 1 处、幼儿园 1 处。经济以种植业为主，主要农作物有小麦、玉米等。有公路经此。

薛屯 370832-B10-H09

[Xuētún]

在县驻地水泊街道西南方向 1.0 千米。马营镇辖自然村。人口 1 800。明洪武年间，薛氏从山西洪洞县迁此建村，以姓氏命名为薛屯。聚落呈团块状分布。有文化广场 1 处、幼儿园 1 处。经济以种植业为主，主要农作物有小麦、玉米、葡萄、韩国梨等。220 国道经此。

董花园 370832-C01-H01

[Dǒnghuāyuán]

赵堌堆乡人民政府驻地。在县驻地水泊街道西北方向 21.4 千米。人口 1 600。明洪武年间，董氏从寿张县董楼迁此，并建有花园，故名。聚落呈团块状分布。有中学、小学、幼儿园、图书室、文化广场。经济以种植业为主，主要农作物有小麦、玉米、棉花、西瓜、地瓜。有公路经此。

赵堌堆 370832-C01-H02

[Zhàogùduī]

在县驻地水泊街道西北方向 25.0 千米。赵堌堆乡辖自然村。人口 1 300。唐朝末年，原名杨道沟，后因黄河决口，村东北角冲击成一个大堌堆，赵氏迁入后，命名为赵堌堆。聚落呈团块状分布。有文化广场 1 处。经济以种植业为主，主要农作物有小麦、玉米、大豆、花生、西瓜等。有公路经此。

蔡楼 370832-C01-H03

[Càilóu]

在县驻地水泊街道西北方向 25.0 千米。赵堌堆乡辖自然村。人口 2 200。清顺治年间，蔡氏从现大路口乡双庙来此建村，并建楼房，故命名为蔡楼。聚落呈团块状分布。有文化广场 1 处。经济以种植业为主，主要农作物有小麦、玉米、大豆、花生、西瓜等。有公路经此。

王老君 370832-C01-H04

[Wánglǎojūn]

在县驻地水泊街道西北方向 26.0 千米。赵堌堆乡辖自然村。人口 800。明正德年间，王氏从山西洪洞县迁此建村，村中有一人为朝廷运粮有功，皇帝赐名王老君，该村便以王老君命名。聚落呈团块状分布。有文化广场 1 处、小学 1 处。经济以种植业为主，主要农作物有小麦、玉米、大豆、花生、西瓜等。有公路经此。

钟那里 370832-C01-H05

[Zhōngnàlǐ]

在县驻地水泊街道西北方向 26.0 千米。赵堌堆乡辖自然村。人口 1 100。明弘治年间，钟氏从阳谷县钟楼迁此建村，以姓氏命名为钟那里。聚落呈团块状分布。有文化广场 1 处。经济以种植业为主，主要农作物有小麦、玉米、大豆、花生、西瓜等。有公路经此。

八分庄 370832-C01-H06

[Bāfēnzhuāng]

在县驻地水泊街道西北方向 27.0 千米。赵堌堆乡辖自然村。人口 1 200。明弘治年间，王氏从今黑虎庙镇河西村迁此建村，因王氏兄弟八人，故命名为八份庄，后演变为八分庄。聚落呈团块状分布。有文化广场 1 处。经济以种植业、板皮加工业为主，主要农作物有小麦、玉米、大豆等。有公路经此。

房那里 370832-C01-H07

[Fángnàlǐ]

在县驻地水泊街道西北方向 23.5 千米。赵堌堆乡辖自然村。人口 2 000。明洪武年间，房氏从山西洪洞县迁此建村，以姓氏命名为房那里。聚落呈团块状分布。有文化广场 1 处。经济以种植业、板皮加工业为主，主要农作物有小麦、玉米、大豆等。有公路经此。

宁阳郭 370832-C01-H08
[Níngyángguō]

在县驻地水泊街道西北方向25.0千米。赵堌堆乡辖自然村。人口1 100。明正德年间，郭氏从宁阳迁此建村，以迁出地和姓氏命名为宁阳郭。聚落呈团块状分布。有文化广场1处。经济以种植业、板皮加工业为主，主要农作物有小麦、玉米、大豆等。有公路经此。

崔温 370832-C01-H09
[Cuīwēn]

在县驻地水泊街道西北方向27.0千米。赵堌堆乡辖自然村。人口1 300。明朝末年，崔氏、温氏来此建村，以两姓氏命名为崔温。聚落呈团块状分布。有文化广场1处、小学1处。经济以种植业、建筑业为主，主要农作物有小麦、玉米、大豆等。有公路经此。

井雷 370832-C01-H10
[Jǐngléi]

在县驻地水泊街道西北方向26.0千米。赵堌堆乡辖自然村。人口1 400。明永乐年间，井氏、雷氏来此建村，以两姓氏命名为井雷。聚落呈团块状分布。有文化广场1处。经济以种植业、建筑业为主，主要农作物有小麦、玉米、大豆等。有公路经此。

赵落图 370832-C01-H11
[Zhàoluòtú]

在县驻地水泊街道西北方向26.3千米。赵堌堆乡辖自然村。人口600。明洪武年间，赵落图从寿张县赵孟俭迁此建村，以其名字命名。聚落呈团块状分布。有文化广场1处。经济以种植业、建筑业为主，主要农作物有小麦、玉米、大豆等。有公路经此。

大路口 370832-C02-H01
[Dàlùkǒu]

大路口乡人民政府驻地。在县驻地水泊街道西北方向12.9千米。人口1 500。明代建村，原名方家路口，后因村西北有八岔路口得名，清光绪年间更今名。聚落呈团块状分布。有文化广场、中学、小学、幼儿园。经济以种植业为主，主要农作物有小麦、玉米、大豆、地瓜。有公路经此。

袁那里 370832-C02-H02
[Yuánnàlǐ]

在县驻地水泊街道西北方向12.0千米。大路口乡辖自然村。人口1 000。明洪武二年（1369），袁氏从山西洪洞县迁此建村，以姓氏命名为袁那里。聚落呈团块状分布。有文化广场1处、中学1处、小学1处、幼儿园1处。经济以种植业为主，主要农作物有小麦、玉米等。瓦日铁路经此。

刘举楼 370832-C02-H03
[Liújǔlóu]

在县驻地水泊街道西北方向11.0千米。大路口乡辖自然村。人口900。明洪武年间，刘氏来此建村，因村建有楼房，科举时又有人考取举人，故命名为刘举楼。聚落呈团块状分布。有文化广场1处、幼儿园1处、小学1处。有清代刘氏祠堂。经济以种植业为主，主要农作物有小麦、玉米等。瓦日铁路经此。

油坊 370832-C02-H04
[Yóufáng]

在县驻地水泊街道西北方向13.0千米。大路口乡辖自然村。人口1 400。明洪武年间，王氏从山西洪洞县迁此建村，因经营油坊，故名。聚落呈团块状分布。有文化广场1处。经济以种植业为主，主要农作物有小麦、玉米等。瓦日铁路经此。

大张 370832-C02-H05
[Dàzhāng]

在县驻地水泊街道西北方向 12.0 米。大路口乡辖自然村。人口 1 300。明朝，张旺从山西洪洞县迁此建村，命名为大张。聚落呈团块状分布。有文化广场 1 处。经济以种植业为主，主要农作物有小麦、玉米等。有公路经此。

贾堌堆 370832-C02-H06
[Jiǎgùduī]

在县驻地水泊街道西北方向 12.0 千米。大路口乡辖自然村。人口 1 000。明洪武年间，贾凤先从山西洪洞县迁此建村，因村西有一大土堌堆，故命名为贾堌堆。聚落呈团块状分布。有文化广场 1 处。有省级文物保护单位贾堌堆遗址。经济以种植业、旅游业为主，主要农作物有小麦、玉米等。有公路经此。

孙老包 370832-C02-H07
[Sūnlǎobāo]

在县驻地水泊街道西北方向 12.5 千米。大路口乡辖自然村。人口 900。孙老包在此建村，以其姓名命村名。聚落呈团块状分布。有文化广场 1 处、小学 1 处。经济以种植业为主，主要农作物有小麦、玉米等。有公路经此。

双庙 370832-C02-H08
[Shuāngmiào]

在县驻地水泊街道西北方向 15.0 千米。大路口乡辖自然村。人口 1 000。明洪武年间，张氏、左氏从山西洪洞迁此建村，因村东建有两座庙宇，故命村名为双庙。聚落呈团块状分布。有文化广场 1 处。经济以种植业为主，主要农作物有小麦、玉米、大豆等。有公路经此。

孔那里 370832-C02-H09
[Kǒngnàlǐ]

在县驻地水泊街道西北方向 17.0 千米。大路口乡辖自然村。人口 1 200。明崇祯年间，孔宏科从曲阜迁此建村，以姓氏命名为孔那里。聚落呈团块状分布。有文化广场 1 处、小学 1 处、幼儿园 1 处。经济以种植业为主，主要农作物有小麦、玉米、大豆等。有公路经此。

陶那里 370832-C02-H10
[Táonàlǐ]

在县驻地水泊街道西北方向 15.0 千米。大路口乡辖自然村。人口 900。明崇祯年间，陶五明从汶上县新驿迁此建村，命名为陶楼。清朝末年，改为陶那里。聚落呈团块状分布。有文化广场 1 处。经济以种植业为主，主要农作物有小麦、玉米等。有公路经此。

翟楼 370832-C02-H11
[Zháilóu]

在县驻地水泊街道西北方向 16.0 千米。大路口乡辖自然村。人口 1 000。清乾隆年间，翟氏从山西洪洞县迁此建村，建楼数座，故称翟楼。聚落呈团块状分布。有小学 1 处、幼儿园 1 处、文化广场 1 处。经济以种植业为主，主要农作物有小麦、玉米等。有公路经此。

张博士集 370832-C02-H12
[Zhāngbóshìjí]

在县驻地水泊街道西北方向 14.5 千米。大路口乡辖自然村。人口 3 200。明万历二十年（1592），因出名士张博士，故名。聚落呈团块状分布。有文化广场 1 处、幼儿园 1 处、小学 1 处。有文物保护单位刘氏祠堂。经济以种植业为主，主要农作物有小麦、玉米等。有公路经此。

三　交通运输

济宁市

城市道路

崇文大道　370800-K01
[Chóngwén Dàdào]

在区境东部。西起洸河路，东至104
国道。沿线与凌云路、菱花南路、济安大道、
同济路、康泰路、瑞园路、海川路、德源路、
西浦路、黄王路相交。长35.5千米，宽52
米，沥青路面。2003年开工，2004年建成。
取崇尚文明、崇尚文化之意。沿途以企事
业单位为主。两侧有济宁高新区公安分局、
圣都国际酒店、高新区产学研基地、高新
区图书馆。是城市主干道之一，通公交车。

铁路

京沪高速铁路　370800-30-A-a01
[Jīnghù Gāosù Tiělù]

高速铁路。起点为北京市，终点为上
海市。全长1318千米。2008年4月开工，
2011年6月建成。铁路类型是复线、专线。
京沪高速铁路沿线以平原为主，局部为低
山丘陵区，经过海河、黄河、淮河、长江
四大水系，所经区域面积是中国社会经济
发展活跃的地区之一，也是中国客货运输
较繁忙、增长潜力较大的客运专线。为纵
贯华北、华东地区的运输干线，全国综合
运输网的骨架之一，是连接东部经济发达
地区的大动脉。

兖石铁路　370800-30-A-b01
[Yǎnshí Tiělù]

国有铁路。起点为日照市东港区石臼
所，终点为济宁兖州市。全长307.9千米。
1981年4月开始施工，1984年11月全线铺
通，1986年1月正式通车。单线铁路。沿
线煤炭及其他矿产藏量丰富，它的建成对
兖煤外运、振兴鲁南经济和巩固国防都具
有重要意义。

新兖铁路　370800-30-A-b02
[Xīnyǎn Tiělù]

国有铁路。起点为河南新乡，终点为
济宁兖州市。全长305.3千米，本省里程
190.7千米。与津浦铁路衔接。兖州至济宁
段1912年建成，1949年拆除，1958年修
复。济宁至菏泽段1980年开工，1980年建
成。新乡至菏泽段1985年建成，1986年通
车。复线铁路，全部实行电气化。新兖铁
路是横贯豫、鲁两省的交通干道，为晋、冀、
鲁3省煤炭运输干线。

京九铁路　370800-30-A-b03
[JīngJiǔ Tiělù]

国有铁路。起点为北京市，终点为香
港特别行政区。全长1463千米。与陇海铁
路相交。1992年10月全线开工，1996年9
月建成，是双线铁路。2012年12月，京九
铁路全段电气化改造全部完工。京九铁路
串联了中国华北、华中、华东和华南地区，

对促进沿线地区经济社会可持续发展产生了十分积极的影响。

白陶铁路 370800-30-A-b04
[Báitáo Tiělù]

国有铁路。起点为白家店站，终点为南陶洛站。全长 18.76 千米。与兖石铁路、京沪铁路相接。1986 年 1 月开始施工，1987 年 4 月全线铺通。铁路类型是复线、普通线路。为运煤专线，对促进经济发展产生了积极影响。

瓦日铁路 370800-30-A-b05
[Wǎrì Tiělù]

国有铁路。西起山西吕梁市兴县瓦塘镇，东至山东省日照港。山东省内长 426 千米。2010 年 9 月瓦日铁路通道梁山段开工建设，2014 年 12 月正式通车。双线电气化铁路。跨越黄河、京杭大运河、南水北调工程、东平湖滞洪区等大型水系。对沿线经济社会发展发挥重要作用。

公路

日兰高速公路 370800-30-B-a01
[Rìlán Gāosù Gōnglù]

高速公路。起点为山东省日照市，终点为河南省兰考县。全长 473 千米，市内长度 194.63 千米。2001 年 4 月开工，2003 年 8 月建成。一级高速公路，沥青路面，宽 28 米。与京台高速互通。是山东省东南部连接日照、临沂、济宁、菏泽并与河南连接的重要通道。

京台高速公路 370800-30-B-a02
[Jīngtái Gāosù Gōnglù]

高速公路。起点为北京市，终点为福州市。全长 2 030 千米，山东省内 369.3 千米。1998 年 10 月开工，2001 年 6 月建成。沥青路面，路面宽 40 米。沿线有大桥 16 座。与 104 国道、327 国道、342 省道相交，与日兰高速相接。京台高速公路是联系我国华北、华东乃至东南地区的重要交通通道。京台高速济宁段是连接"一山一水一圣人"的重要旅游线路，也是济宁地区经济发展的交通动脉。

济徐高速公路 370800-30-B-a03
[Jǐxú Gāosù Gōnglù]

高速公路。起于济南市，止于徐州市。长 345.6 千米，山东省内 266.2 千米。2009 年 11 月开工，2012 年 12 月建成。沥青路面，路面宽 30 米。沿线有济徐高速公路泉河大桥。与济广高速相接。是山东省高速公路网"五纵、四横、一环、八连"高速公路网中的重要组成部分，是山东"十二五"规划建设的重大交通基础设施。

104 国道 370800-30-B-b01
[104 Guódào]

国道。起于北京市，止于福州市。全长 2 420 千米，山东省内长 121.07 千米。2014 年完成曲阜张阳至曲阜李家店段、微山前寨至微山江苏界段大修。一、二级公路，沥青混凝土路面，路面宽 32 米。沿线有薛河大桥、伊家河桥。与日兰高速相交。对缓解京台高速公路拥堵现象起到明显作用，同时互为补充，促进华东地区物流南北流动，为境内交通要道。

105 国道 370800-30-B-b02
[105 Guódào]

国道。起于北京市，止于珠海市。全长 2 717 千米，山东省内长 347 千米。1953 年路基加宽加高，裁弯取直，增建桥涵；1959 年八里庙至金乡段铺施碎石路面；1978 年建成战备路；1982 年建柏油路；

1994 年展宽修建沥青混凝土路面；2001—
2006 年改建。一级公路，沥青路面，路面
宽 21 米。沿线有老赵王河桥、京杭运河桥。
与日兰高速相交。是济宁市南北方向的主
要道路，是济宁市放射状公路系统的核心。

220 国道 370800-30-B-b03
[220 Guódào]

国道。起于山东省东营市，止于河南
省郑州市。济宁境内全长 25.7 千米。1996
年开工，2006 年建成。二级公路。沥青混
凝土路面，路面宽 21 米。沿线与 333 省道、
250 省道相交。为境内交通要道之一。

327 国道 370800-30-B-b04
[327 Guódào]

国道。起于连云港市，止于菏泽市。
全长 1 520 千米，济宁境内长 146.8 千米。
1948 年至 1950 年两次改建整修，1956 年
铺筑碎石路面，1967 年铺筑渣油路面，
1995 年改为水泥砼路面，2006 年改为沥青
砼路面。一、二级公路，路面宽 15 米。沿
线有洸府河大桥、老运河桥、京杭运河大桥。
与京福公路相接。是济宁市东西方向重要
的交通联络线，是济宁市"过境交通外环线"
之一，承担了大量的过境交通压力。

104 省道 370800-30-B-c01
[104 Shěngdào]

省道。起于济南市，止于微山县。长
260.15 千米。2014 年完成兖州市高庙村北
至黄屯东岗村段改建，2014 年完成黄屯东
岗村至卓家村中修。一级公路。沥青路面，
路面宽 30 米。途经汶河、泗河、白马河等
河流。沿线与 342 省道相交。是连接山东
南北交通的主要干线公路之一。

251 省道 370800-30-B-c06
[251 Shěngdào]

省道。起于济宁市，止于鱼台县。

241 省道 370800-30-B-c02
[241 Shěngdào]

省道。起于平邑市，止于滕州市。济
宁市内全长 10.292 千米。1954 年 2 月开
工，1954 年 10 月建成。2005 年、2006 年、
2010 年多次改建。二级公路。沥青路面，
路面宽 12 米。沿线有岔河桥。与 342 省道、
244 省道相接。是连接平邑、邹城、滕州的
重要通道。

243 省道 370800-30-B-c03
[243 Shěngdào]

省道。起于山东省肥城市，止于山东
省梁山县。长 45.0 千米。2000 年开工，
2000 年建成，2010 年改建。二级公路。沥
青混凝土路面，路面宽 12 米。沿途有后码
头桥、小安山桥等。与 337 省道、333 省道
相交。为县境内主要交通要道。

244 省道 370800-30-B-c04
[244 Shěngdào]

省道。起于章丘枣园，止于徐州。全
长 360 千米。1970 年开工，同年建成。二、
三级公路。沥青路面，路面宽 7 米。沿线
有南北顶桥、泗河林泉桥。与 241 省道、
342 省道相连。是连接泗水、邹城、枣庄的
重要通道。

245 省道 370800-30-B-c05
[245 Shěngdào]

省道。起于枣庄市，止于微山县韩庄镇。
全长 83 千米。2005 年 11 月建成。二级公路。
混凝土路面，路面宽 9 米。与 104 国道相接。
是微山县南部的关键道路，分担京台高速
及 104 国道的交通压力。

全长 47.68 千米。1971 年铺施沥青路面，1975 年路面展宽到 8 米，1998 年至 1999 年 10 月再次拓宽路面。沥青路面，宽 26 米。途经韩庄，跨越洸赵新河、蔡河、北大溜河。为区内重要交通要道。

254 省道 370800-30-B-c07
[254 Shěngdào]

省道。起于山东省德州市，止于河南省商丘市。长 18.0 千米。2008 年开工，2009 建成。二级公路。沥青混凝土路面，路面宽 12 米。沿途有蔡楼渡口、侯寺桥等。沿线与 333 省道、337 省道相交。为境内主要交通要道之一。

255 省道 370800-30-B-c08
[255 Shěngdào]

省道。起于旧县，止于邹城市。全长 132 千米。2011 年建成。一级公路。沥青混凝土路面，路面宽 24.5~49 米。沿线有泗河南大桥。与日兰高速、104 省道、319 省道、335 省道相交。是连接兖州区与邹城市的交通要道，是沿途工业园区前往日兰高速的必经之路。

333 省道 370800-30-B-c09
[333 Shěngdào]

省道。起于蒙阴县，止于陶县。长 71.87 千米。1997 年 3 月梁山东段改建，9 月底竣工通车；2003 年 4 月梁山西段改建，年底竣工通车；2010 年 3 月梁山东段再次进行改建，2011 年 11 月建成。二级公路。沥青混凝土路面，路面宽 18 米。沿线有京杭运河巨源大桥、孙庄大桥。与 246 省道、220 国道、254 省道相接。为境内交通要道。

337 省道 370800-30-B-c10
[337 Shěngdào]

省道。起于济宁市，止于梁山县。长

73.05 千米。1995 年延伸段开工建设，同年通车；2007 年改建。二级公路。沥青砼路面，路面宽 10.5 米。途经森达美港、小新河。与 333 省道相交。是从济宁市通往梁山县的汽车专用线。

338 省道 370800-30-B-c11
[338 Shěngdào]

省道。起于济宁市，止于嘉祥县。全长 52.4 千米。1970 年修筑，1991 年拓宽改建，2003 年对其路面进行翻修改建。一级公路。沥青混凝土路面，路面宽 7 米。沿线有火头湾运河大桥。与 105 国道相交。承担济宁市主城区过境交通压力。

342 省道 370800-30-B-c12
[342 Shěngdào]

省道。起于日照市，止于济宁市。全长 315 千米。1975 年 2 月开工，1975 年建成。一、二级公路。沥青路面，路面宽 12~30 米。沿途经过凤凰山、白马河、泗河等。与 244 省道、241 省道、345 省道、104 省道、104 国道、京台高速、京沪高铁相交。是连接日照、临沂、邹城、济宁的重要通道。

344 省道 370800-30-B-c13
[344 Shěngdào]

省道。起于滕州木石，止于微山县欢城镇西曲坊。全长 27.2 千米。1958 年 5 月开工建设袁楼桥以东段，1959 年接修袁楼桥西段，1978 年 8 月铺沥青路面，2005 年升级改造。路面宽 12 米。沿线有丁庄南桥、田陈沙河桥。与 348 省道相交。

345 省道 370800-30-B-c14
[345 Shěngdào]

省道。起于枣庄市，止于济宁市。全长 120 千米。2011 年建成。二级公路。沥青路面，路面宽 9 米。沿线有东毛唐桥。

与 342 省道相交。是连接木石、滕州、邹城的重要通道。

346 省道 370800-30-B-c15
[346 Shěngdào]

省道。起于东明县，止于江苏省丰县县城。山东境内长 130.1 千米。1935 年修筑，1946 年、1950 年、1968 年、1978 年、1987 年多次重修。二级公路。沥青路面，路面宽 9 米。沿途多为村庄和田地，地势平坦。此路的贯通加速了两地的经济发展。

348 省道 370800-30-B-c16
[348 Shěngdào]

省道。起于枣庄市，止于曹县。长 218.5 千米。1980 年 10 月开工。二级公路。沥青路面，路面宽 12 米。沿线有船闸大桥、树李桥。与 104 国道、104 省道相交。是连接枣庄、微山县、曹县主要干线公路之一。

614 省道 370800-30-B-c17
[614 Shěngdào]

省道。起于北刘庄，止于柳行立交桥。全长 10.2 千米。2004 年建成。一级公路。沥青混凝土路面，路面宽 30 米。沿线与日东高速相接。为济宁市任城区东外环，连接 237 国道与 327 国道，为市区东部的关键道路。

尼山连接线 370800-30-B-c18
[Níshān Liánjiēxiàn]

省道。起于泗水曲阜界，止于曲阜尼山水库。长 3 千米。2005 年 3 月开工，2005 年 10 月建成。二级道路。水泥路面，宽 12 米。沿途有夫子洞景点。与曲阜尼山公路相连。对曲阜连接尼山圣境、尼山孔庙，连通曲阜东南乡村起到枢纽作用。

泗水连接线 370800-30-B-c19
[Sìshuǐ Liánjiēxiàn]

省道。起于泗水线水泉村，止于泗水曲阜界（尼山）。全长 16.3 千米。2003 年开工，2007 年延长。二级公路。沥青混凝土、水泥混凝土路面，宽 12~15 米。与 327 国道、日兰高速衔接。该道路连接泗水城区、日兰高速和鲁南高铁，充分发挥高铁、高速公路对县域经济的带动作用，是泗水县对外连接的重要交通枢纽。

任城区

城市道路

任城大道 370811-K01
[Rénchéng Dàdào]

在区境北部。东起东外环路，西至西外环路。沿线与济安桥北路、古槐北路、共青团北路、建设北路、琵琶山北路、科苑路、火炬北路相交。长 8.4 千米，宽 80 米，沥青路面。2007 年在原北外环基础上改建。因济宁市古代被称为任城，此道路为任城区主干道，故名。两侧有区政区服务中心、中德广场、鲁西监狱等。是城区北部贯穿东西的主干道，通公交车。

金宇路 370811-K02
[Jīnyǔ Lù]

在区境中部。西起西外环，东至大禹西路。沿线与济安桥北路、古槐北路、共青团北路、建设北路、琵琶山北路、科苑路、火炬北路、长虹路相交。长 8.2 千米，宽 50 米，沥青路面。1985 年开工。因途经金宇批发市场，故名。两侧有亿丰时代广场、济宁职业技术学院、金宇批发装饰城、区电视台、红星美凯龙等。是市区贯穿东西的主要道路，通公交车。

常青路 370811-K03
[Chángqīng Lù]

在区境西部。西起济安桥北路，东至共青团路。沿线与济安桥北路、环城西路、古槐北路、共青团北路相交。长2.1千米，宽40米，沥青路面。1964年开工，1987年拓宽。因路经常清观前，更名常清路，后演变为今名。两侧有济宁教育学院、市电视台、市公安局市中分局等。是市区贯穿东西的主要道路，通公交车。

吴泰闸路 370811-K04
[Wútàizhá Lù]

在区境东部。西起共青团路，东至洸府河桥。沿线与共青团北路、建设北路、供销路、琵琶山北路、科苑路、火炬北路相交。长4.3千米，宽40米，沥青路面。1969年开工。因路经明代府河上的吴泰闸得名。两侧有市交警支队、区委党校、济宁第九中学、山东推土机二分厂、市行政审批大厅、市财政局、市人民法院、中国人民银行济宁分行、香港大厦、圣地酒店等。是市区贯穿东西的主要道路，通公交车。

洸河路 370811-K05
[Guānghé Lù]

在区境中部。西起西外环，东至崇文大道。沿线与金塔路、济安桥北路、环城西路、古槐路、共青团路、建设路、供销路、琵琶山路、科苑路、火炬北路相交。长6.8千米，宽80米，沥青路面。1979年建成。因路段跨洸河，故名。沿路有济宁第十三中学、市城乡住建局、市邮政局、市人民检察院、市公安局、济宁育才中学、市地税局、市行政服务中心。是城市中心贯穿东西的主干道，通公交车。

红星西路 370811-K06
[Hóngxīng Xīlù]

在区境西部。西起西外环，东至环城西路。沿线与金塔路、电化路、新华路、济安桥北路、环城西路相交。长2.9千米，宽50米，沥青路面。1965年建成。因军分区驻此路，以红星为象征，命名为红星路。1976年至1979年红星路向东、西两侧延伸分为两段，本段居西，称红星西路。1982年又分为三段，仍称红星西路。两侧有红星西路派出所、同济医院等。是市区贯穿东西的主要道路，通公交车。

红星中路 370811-K07
[Hóngxīng Zhōnglù]

在区境中部。西起环城西路，东至建设路。沿线与环城西路、古槐路、共青团路、建设路相交。长2千米，宽50米，沥青路面。1965年开工。因军分区驻此路，命名为红星路。1976年至1979年向东、西两侧延伸，此段名红星东路。1982年又分为三段，因此路居中，改称红星中路。为济宁市行政中心和金融中心，济宁市委、市人民政府驻此路。两侧有市人民警察培训基地、市委党校、市水利局、中共济宁市委、市人民政府、青少年宫等。是市区贯穿东西的主要道路，通公交车。

红星东路 370811-K08
[Hóngxīng Dōnglù]

在区境东部。西起琵琶山路，东至洸府河西岸。沿线与建设路、琵琶山路、科苑路、火炬路相交。长3.3千米，宽50米，沥青路面。1965年开工。因军分区驻此路，命名为红星路。1976年至1979年向东、西两侧扩建，本段居东，名红星东路。两侧有市第二人民医院、山推医院、居然之家等。是市区贯穿东西的主要道路，通公交车。

太白楼西路 370811-K09

[Tàibáilóu Xīlù]

在区境西部。西起滨湖路，东至环城西路。沿线与金塔路、新华路、济安桥南路、玄帝庙街相交。长 4.6 千米，宽 50 米，沥青路面。1965 年开工。以古迹太白楼及方位命名。两侧有鲁抗集团、鲁抗医院、区工商行政管理局等。是市区贯穿东西的主要道路，通公交车。

太白楼中路 370811-K10

[Tàibáilóu Zhōnglù]

在区境南部。西起环城西路，东至建设路。沿线与玄帝庙街、任城路、浣笔泉路、兴隆桥北路、建设南路相交。长 2.2 千米，宽 50 米，沥青路面。1951 年开工。以古迹太白楼及方位命名。是市区传统的商业繁盛区。两侧有市供销社、市电业局、百货大厦、太白楼、市新华书店、运河财富广场、银座商场、秀水城、通信大厦、山东寄生虫病防治所、济宁学院附属中学等。是市区贯穿东西的主要道路，通公交车。

太白楼东路 370811-K11

[Tàibáilóu Dōnglù]

在区境东部。西起建设路，东至洸府河西岸。沿线与建设南路、万泰路、供销路、车站东路、琵琶山路、英华路、齐鑫路、火炬南路相交。长 3.2 千米，宽 50 米，沥青路面。1954 年开工。以古迹太白楼及方位命名。两侧有济宁饭店、清华宾馆、济宁市第一职业中学、济宁万达广场、济宁协和医院、济宁烈士陵园、山东推土机总厂、市地税局市中分局等。是市区贯穿东西的主要道路，通公交车。

济安桥北路 370811-K12

[Jǐ'ānqiáo Běilù]

在区境西北部。北起任和路，南至济安桥。沿线与任和路、任城大道、金宇西路、洸河路、红星西路、太白楼西路相交。长 5.6 千米，宽 40 米，沥青路面。1978 年建成。因在济安桥北部得名。两侧有济宁第十四中学、济宁兴东小学、济宁丽人医院、区人民法院矿山机械厂、鸿顺集团、济宁中心血站、济宁心酒厂等。是贯穿市区南北的主要道路，通公交车。

济安桥南路 370811-K13

[Jǐ'ānqiáo Nánlù]

在区境西南部。北起济安桥，南至车站西路。沿线与太白楼西路、文体南路、龙行路、南池路相交。长 2.7 千米，宽 50 米，沥青路面。1978 年建成。因在济安桥南部得名。两侧有济宁电厂、任城文体中心、鲁商运河公馆等。是市区贯穿南北的主要道路，通公交车。

济宁大道 370811-K14

[Jǐníng Dàdào]

在区境南部。西起西外环，东至东外环。沿线与 105 国道、滨河路、济安桥南路、荷花路、公主路、运河路、车站南路、火炬南路相交。长 5.3 千米，宽 100 米，沥青路面。2010 年开工，2012 年建成。原名北湖大道，后因所处太白湖新区被规划建设定位为济宁主城区，改名济宁大道。两侧有济宁市第一中学北湖校区、山东理工职业学院、济宁体育中心、济宁市城市规划展示馆等。是市区南部贯穿东西的主干道，通公交车。

古槐北路 370811-K15

[Gǔhuái Běilù]

在区境中部。北起任兴路，南至金宇路。沿线与任兴路、任和路、任城大道、机电一路相交。长 3.2 千米，宽 50 米，沥青路面。原为旧城内北门大街（南段）、红牌坊街、

山东省标准地名诠释·济宁市卷

南门大街，1980年拓宽扩建成路。1982年因路南段有市级文物保护单位山阳古槐，命名古槐路。2012年因城区扩建向北延伸，改名古槐北路。两侧有济宁碳素集团、济宁同弘汽修厂等。是市区中部贯穿南北的主要道路，通公交车。

古槐路 370811-K16
［Gǔhuái Lù］

在区境中部。北起金宇路，南至太白楼中路。沿线与常青路、洸河路、红星中路相交。长1.8千米，宽45米，沥青路面。此路原为旧城内北门大街（南段）、红牌坊街、南门大街，1980年拓宽扩建成路。1982年因路南段市级文物保护单位山阳古槐，更名古槐路。为市区传统的商业街。两侧有崇觉寺钟鼓楼、山阳古槐、运河河道总督衙门遗址、潘家大楼、汇泉曙光酒店、济宁市博物馆、济宁运河实验中学、济宁医学院附属医院等。是市区中部贯穿南北的主要道路，通公交车。

共青团北路 370811-K17
［Gòngqīngtuán Běilù］

在区境中部。北起任兴路，南至金宇路。沿线与任兴路、任城大道、任慧路相交。长4.5千米，宽50米，沥青路面。1954年由济宁市团市委组织青年团员及青年义务劳动建成，名共青团路。2012年因城区扩建向北延伸，此段改称共青团北路。两侧有太白酒楼、华都集团、济宁矿山机械设备有限公司等。是市区中部贯穿南北的主要道路，通公交车。

共青团路 370811-K18
［Gòngqīngtuán Lù］

在区境中部。北起金宇路，南至太白楼中路。沿线与马驿桥街、东门大街、红星中路、秦庄路、洸河路、仙营路、常青路、金宇路相交。长3.6千米，宽45米，沥青路面。1954年由济宁团市委组织青年团员及青年义务劳动建成，名共青团路。两侧有济宁体育馆、亿维大厦、济宁经纬大厦、济宁口腔医院、济宁人民公园、济宁运河文化广场等。是市区中部贯穿南北的主要道路，通公交车。

建设北路 370811-K19
［Jiànshè Běilù］

在区境中部。北起北二环，南至金宇路。沿线与张拾线、任和路、任兴路、任通路、任城大道、金宇路相交。长4.5千米，宽50米，沥青路面。1978年开工。因在建设路以北，得名建设北路。1982年更名建设路。1985年复称建设北路。两侧有金宇大厦、鑫宇商贸城、任城实验小学、济宁实验中学、东方艺术学校等。是市区中部贯穿南北的主干道，通公交车。

建设路 370811-K20
［Jiànshè Lù］

在区境中部。北起金宇路，南至太白楼中路。沿线与吴泰闸路、洸河路、海关路、刘庄路、半截阁街、红星中路相交。长3.4千米，宽50米，沥青路面。1964年开工，2005年改扩建。以建设社会主义之意取名建设路。两侧有济宁汽车北站、市公安局交通警察支队、兴唐大厦、市建筑设计院、市房管局、区妇幼保健医院、市政府采购中心、运河剧院、金宝迪大厦、区群众服务中心等。是市区中部贯穿南北的主干道，通公交车。

建设南路 370811-K21
［Jiànshè Nánlù］

在区境中部。北起太白楼中路，南至车站西路。沿线与解放路、健康路、车站西路相交。长1.5千米，宽50米，沥青路面。

1964年开工，名建设路。1979年分段命名建设南路。两侧有济宁宁建集团、济宁市第七中学、济宁市公路局、山东圣鲁大厦、济宁汽车总站等。是市区中部贯穿南北的主要道路，通公交车。

琵琶山北路 370811-K22
[Pípashān Běilù]

在区境东北部。南起金宇路，北至任和路。沿线与任和路、任兴路、任通路、任城大道、金宇路相交。长4.1千米，宽50米，沥青路面。1981年建成。因临新石器时代遗址琵琶山，故名琵琶山路。2012年向北延伸扩建，此段居北，称琵琶山北路。两侧有红星美凯龙全球家居生活广场、永旺购物中心、区科技中心、任兴商务中心、济宁市实验初中等。是市区中部贯穿南北的主要道路，通公交车。

琵琶山路 370811-K23
[Pípashān Lù]

在区境东部。南起太白楼东路，北至金宇路。沿线与金宇路、吴泰闸路、东红庙路、洸河路、海关路、红星东路、琵琶山路、刘庄路、太白楼东路相交。长4.1千米，宽50米，沥青路面。1981年建成。以临新石器时代遗址琵琶山，故名琵琶山路。两侧有太白路万达广场、银座商场、百花公园、济宁第二人民医院、府河商务中心写字楼、市环境保护局、济宁新世纪广场、贵和花园酒店、区地税局等。是市区中部贯穿南北的主要道路，通公交车。

火炬北路 370811-K24
[Huǒjù Běilù]

在区境东北部。北起北二环，南至金宇路。沿线与金宇路、机电一路、机电二路、任城大道、任通路、任兴路、任和路、北二环相交。长3.5千米，宽80米，沥青路面。

1994年开工，因临近火炬工业园得名火炬路。2012年向北延伸扩建，此段居北，故名。两侧有市公安局交通警支队交通违法处理中心、市公安局交通警支队高新区勤务大队车辆管理所、济宁薛口建材大市场等。是市区东部贯穿南北的主干道，通公交车。

火炬路 370811-K25
[Huǒjù Lù]

在区境东部。北起金宇路，南至五里营路。沿线与吴泰闸路、洸河路、红星东路、太白楼东路相交。长2.1千米，宽80米，沥青路面。1994年开工，2012年改扩建。因临近火炬工业园得名火炬路。两侧有国网济宁供电公司、济宁人才大厦、香港大厦、市审计局、市航运局、新闻大厦、济宁育才中学、盛泰广场等。是市区东部贯穿南北的主干道，通公交车。

火炬南路 370811-K26
[Huǒjù Nánlù]

在区境东南部。北起五里营路，南至南二环。沿线与五里营路、济洲路、京杭路、济宁大道、圣贤路、常兴路、石佛路相交。长3.8千米，宽80米，沥青路面。1994年开工。因临近火炬工业园得名火炬路。2012年向南延伸扩建，此段居南，故名火炬南路。两侧有区人民检察院、清华驾校、北湖湾、区生态湿地公园、济宁水上运动中心等。是市区东部贯穿南北的主干道，通公交车。

荷花路 370811-K27
[Héhuā Lù]

在区境南部。南起太白湖，北至车站西路。沿线与车站西路、京杭路、济宁大道、圣贤路、太白湖路相交。长6.3千米，宽35米，沥青路面。1982年开工，1985年建成，2011年改扩建。因通向盛产荷花的太白湖得名。两侧有北湖新区国税局、济宁体育中心、济宁市第一中学北湖校区、山东京投集团总部大厦、济宁医学院北湖校区、太白湖景区游客服务中心等。是市区南部主要交通要道，通公交车。

海川路 370811-K28
[Hǎichuān Lù]

在区境东部。北起和顺路，南至济邹路。沿线与广安路、群英路、山河路、崇文大道、嘉达路、诗仙路、开源路、342省道相交。长7.1千米，宽100米，沥青路面。2006年开工，2009年改扩建。取海纳百川之意命名。两侧有山推研发中心、国家高新区大学园图书馆、济宁国际孔子学校、圣都国际会议中心、东方文博城东区、山东省防爆电气质检中心、天博工业园等。是市区东部主要交通要道，通公交车。

供销路 370811-K29
[Gōngxiāo Lù]

在区境中部。南起太白楼东路，北至任城大道。沿线与红星东路、海关路、洸河路、吴泰闸路、金宇路、机电一路相交。长3.8千米，宽12米，沥青路面。1992年开工。因临区供销社得名。两侧有万达广场、儿童乐园、市自然资源局、如意大厦、市邮电局、仙营绿地广场等。为市区中部重要道路，通公交车。

任通路 370811-K30
[Réntōng Lù]

在区境东南部。西起建设北路，东至火炬北路。沿线与汇翠路、琵琶山路、育贤路相交。长2.3千米，宽40米，沥青路面。1998年开工，2011年建成。寓意通畅、通达之意得名。两侧有任城区政府、济宁市实验初中、薛口建材大市场等。为市区内重要道路，通公交车。

任兴路 370811-K31
[Rénxīng Lù]

在区境南部。西起济安桥北路，东至火炬路。沿线与古槐路、岱庄路、共青团路、建设路、琵琶山路相交。长5.3千米，宽45米，沥青路面。1998年开工，2011年建成。寓意兴旺、兴盛之意得名。两侧有传染病医院、济宁市高级职业学校、实验初中、瑞马名门等。为城区贯穿东西的重要道路，通公交车。

环城北路 370811-K32
[Huánchéng Běilù]

在区境西北部。西起济安桥北路，东至共青团路。沿线与梦圆路、环城西路、古槐路相交。长1.8千米，宽10米，沥青路面。1970年开工。因在旧城址北部，故名环城北路。两侧有兴东小学、市文广新局、市梆子剧团、济州城墙、贵和购物中心环西店、济宁市中医院、经纬大厦等。为市区内重要道路，通公交车。

秦庄路 370811-K33
[Qínzhuāng Lù]

在区境西南部。西起共青团路，东至建设路。沿线与浣笔泉路相交。长0.7千米，宽10米，沥青路面。1984年开工。因路经秦庄，故名。两侧有任城区妇幼保健医院、济宁学院附属中学红星校区、任城区畜牧中心、任城区人民防空办公室、济宁市口腔医院、秦庄农贸市场、瑞仕商务主题酒店等。是城区主要道路，通公交车。

刘庄路 370811-K34
[Liúzhuāng Lù]

在区境北部。西起建设路，东至琵琶山路。沿线与供销路相交。长0.8千米，宽20米，沥青路面。此路西段原为小道，

1982 年扩建。因在刘庄村南面，故名。两侧有万达广场、儿童乐园、国家电网市中供电部刘庄营业厅、任城区医疗保障中心等。是城区重要道路，通公交车。

越河南路 370811-K35
[Yuèhé Nánlù]

在区境北部。西起任城路，东至七里铺后街。沿线与任城路、七里铺后街相交。长 0.9 千米，宽 8 米，沥青路面。1982 年开工。因在越河南岸得名。两侧有鑫康物业管理有限公司等。是城区重要道路，不通公交车。

越河北路 370811-K36
[Yuèhé Běilù]

在区境北部。西起任城路，东至运河路。沿线与任城路、运河路相交。长 0.8 千米，宽 10 米，沥青路面。1982 年开工。因在越河北岸得名。两侧有区普育幼儿园、越河房管所、蓝天服饰等。是城区重要道路，通公交车。

解放路 370811-K37
[Jiěfàng Lù]

在区境西南部。西起运河路，东至车站东路。沿线与建设南路相交。长 1.1 千米，宽 10 米，沥青路面。1966 年开工。为纪念济宁解放，名为解放路。两侧有济宁电力医院、建材批发市场、市公路局、济宁市第一人民医院等。是城区重要道路，通公交车。

龙行路 370811-K38
[Lóngxíng Lù]

在区境西南部。东起运河路，西至济安桥南路。沿线与任城路相交。长 2.3 千米，宽 40 米，沥青路面。1982 年扩建。相传乾隆皇帝南巡时，曾走过此街，因街道窄曲，如龙行，1940 年改称龙行街，后改称龙行路。

两侧有九巨龙大市场、华润苏果购物广场、南池公园、济宁一中分校等。是城区重要道路，通公交车。

车站西路 370811-K39
[Chēzhàn Xīlù]

在区境南部。西起运河之都特大桥，东至建设路。长 4.2 千米，宽 40 米，沥青路面。此路原系 1923 年开工的济曹汽车路市内部分，1948 年后数次掘宽加固。因在火车站的西部，故名车站西路。两侧有济宁第十八中学、车站批发市场、济宁军供宾馆、交运汽车城、济宁第一救助站等。通公交车。

环城西路 370811-K40
[Huánchéng Xīlù]

在区境东部。北起任城大道，南至太白楼中路。沿线与机电一路、金宇路、常青路、洸河路、环城北路、红星西路相交。长 4 千米，宽 10 米，沥青路面。1969 年开工。因在旧城西部，故名环城西路。两侧有区供电公司、山东省济宁卫生技工学校、贵和购物中心环西店、汇源集团等。为市区西部贯通南北的主要道路，通公交车。

王母阁路 370811-K41
[Wángmǔgé Lù]

在区境西南部。北起太白楼中路，南至车站西路。沿线与越河北路、中心闸南路、龙兴路相交。长 3.6 千米，宽 15 米，沥青路面。1981 年扩建。因在王母阁湖的东侧而得名。两侧有济宁友谊医院、济宁市第十五中学等。为市区中部贯通南北的主要道路，通公交车。

运河路 370811-K42
[Yùnhé Lù]

在区境南部。北起太白楼中路，南至

车站西路。沿线与解放路、健康路相交。长3.5千米，宽45米，沥青路面。1973年扩建。因邻古运河得名。两侧有银座购物广场、济宁东大寺、广巨大厦、运河文化大厦等。为市区中部贯通南北的主要道路，通公交车。

浣笔泉路 370811-K43
[Huànbǐquán Lù]

在区境东南部。北起吴泰闸路，南至太白楼中路。沿线与仙营路、洸河路、秦庄路、红星中路、核桃园路、马驿桥路相交。长2千米，宽7米，沥青路面。1979年开工。因经市级文物保护单位浣笔泉得名。两侧多为商铺，是济宁有名的商业步行街。是城区重要道路，通公交车。

英华路 370811-K44
[Yīnghuá Lù]

在区境东北部。北起红星东路，南至太白楼东路。沿线与太白楼东路、水产路相交。长0.7千米，宽7米，沥青路面。1984年开工。因济宁烈士陵园得名。两侧有济宁烈士陵园、琵琶山批发市场等。是城区重要道路。不通公交车。

健康路 370811-K45
[Jiànkāng Lù]

在区境东部。西起运河路，东至建设路。沿线与建设南路相交。长0.7千米，宽30米，沥青路面。1988年开工，1989年建成。因在市第一人民医院南部得名健康路。两侧有中国人民银行车站分行、豪泰精品酒店、四方宾馆、迎宾宾馆、市第一人民医院、济宁第八中学、欣桥宾馆等。是城区重要道路，通公交车。

南戴庄路 370811-K46
[Nándàizhuāng Lù]

在区境北部。西起济安桥北路，东至共青团路。沿线与古槐北路、环城西路相交。长2.1千米，宽10米，沥青路面。1968年开工。因路经南戴庄得名。两侧有济宁商校。通公交车。

滨湖路 370811-K47
[Bīnhú Lù]

在区境西部。南起临河路，北至长沟镇济梁公路接口。长0.3千米，宽15米，沥青路面。原为运河河堤，2014年建成。因此路沿运河而得名。通公交车。

皇营路 370811-K48
[Huángyíng Lù]

在区境东部。北起洸河路，南至太白楼东路。沿线与红星东路相交。长1.4千米，宽25米，沥青路面。1980年开工。1989年称皇营中心街，2008年为留存历史记忆改称皇营路。两侧有市质量技术监督局、鲁南煤化工研究院、济宁壹世界酒店公寓、济宁鲁安商贸有限公司、山东康册律师事务所、康桥酒店等。是城区重要道路，通公交车。

五里营路 370811-K49
[Wǔlǐyíng Lù]

在区境东南部。西起三里营路，东至洸府河桥。沿线与五里营南路、火炬南路相交。长1.8千米，宽26.4米，沥青路面。1948年前为济邹公路的一段。因此路经五里营村而命名为五里营路。两侧有济宁农业机械公司、济宁民生医院、观音阁公园等。此路为济宁连接邹城的主要交通干道，通公交车。

三里营路 370811-K50
[Sānlǐyíng Lù]

在区境东南部。西起车站东路，东至五里营路。沿线与车站东路、五里营路等相交。长 0.7 千米，宽 40 米，沥青路面。1948 年前为济邹公路的一段，1983 年展宽并铺设沥青，1987 年扩建。因此路经三里营村而命名为三里营路。两侧有济宁物资贸易中心、济宁运输公司材料供应站、副食品公司三里营仓库等。此路为济宁连接邹城的主要交通干道，通公交车。

车站东路 370811-K51

[Chēzhàn Dōnglù]

在区境中部。北起太白楼东路，南至建设南路。沿线与水产路相交。长 1.5 千米，宽 16 米，沥青路面。1948 年为兖济公路市内部分。1966 年 8 月改名为东风路，因在火车站、汽车站东部，1982 年更名为车站东路。两侧有济宁汽车总站、农机公司、大运兴五金机电商城、济宁交运集团汽车租赁公司、济宁交通医院、济宁鲁塑医院、家具市场等。为市区中部贯通南北的主要道路，通公交车。

新华路 370811-K52

[Xīnhuá Lù]

在区境西南部。北起赵庄路，南至鲁抗家园。沿线与洸河路、红星西路、太白楼西路相交。长 2.6 千米，宽 14 米，沥青路面。1969 年开工，2006 年、2010 年升级改造。取吉祥嘉言命名为新华路。两侧有同济医院、鲁抗医院、济宁市运河实验小学等。为市区重要道路，通公交车。

金塔路 370811-K53

[Jīntǎ Lù]

在区境西部。北起金宇路，南至太白楼西路。沿线与洸河路、红星西路相交。长 1.9 千米，宽 14 米，沥青路面。1996 年开工。因此路能看到汶上的黄金塔得名金塔路。两侧有山东济宁鲁源化工厂等。为城区重要道路，通公交车。

海关路 370811-K54

[Hǎiguān Lù]

在区境东部。东起琵琶山路，西至建设路。沿线与供销路相交。长 1.5 千米，宽 25 米，沥青路面。1980 年开工，1982 年建成。因路经济宁海关办公基地而命名海关路。两侧有济宁海关、阜桥工商所、市公安局刑警大队、市国土资源局、锦都商务楼等。为市区中部贯通东西的重要道路，通公交车。

东红庙路 370811-K55

[Dōnghóngmiào Lù]

在区境东部。东起琵琶山路，西至供销路。长 0.5 千米，宽 15 米，沥青路面。1998 年开工，2000 年建成。2000 年东红庙社区旧村改造，以区位、留存记忆得名东红庙路。两侧有市妇幼儿童医院等。通公交车。

仙营路 370811-K56

[Xiānyíng Lù]

在区境北部。西起共青团路，东至供销路。长 1.2 千米，宽 7 米，沥青路面。1985 年开工。因路经仙营，故名仙营路。两侧有市房管局、市商务局等。通公交车。

南池路 370811-K57

[Nánchí Lù]

在区境西南部。西起济安桥南路，东至王母阁路。长 2.1 千米，宽 15 米，沥青路面。1998 年开工，2000 年建成。因路经古南池而得名。两侧有南池公馆、南池公园等。通公交车。

利民桥南路 370811-K58

[Lìmínqiáo Nánlù]

在区境西北部。西起济阳桥，东至

利民桥。长 1 千米，宽 5 米，沥青路面。1985 年开工。因在利民桥南，故名利民桥南路。沿路两侧多为居民住宅。通公交车。

利民桥北路 370811-K59
[Lìmínqiáo Běilù]

在区境西北部。西起济阳桥，东至利民桥。长 0.5 千米，宽 10 米，沥青路面。1985 年开工。因在利民桥北，故名利民桥北路。沿路两侧多为居民住宅。不通公交车。

大禹西路 370811-K60
[Dàyǔ Xīlù]

在区境东部。西起洸府河，东至泗河大道。沿线与菱花南路、杨柳街、东外环、同济路、黄王路、德源路、西浦路相交。长 14 千米，宽 40 米，沥青路面。2014 年开工，同年建成。为纪念大禹治水定九州、突出九州文化，故名。两侧有山推股份、如意集团、济宁市交警支队车管所等。是城区主要交通道路，通公交车。

同济路 370811-K61
[Tóngjì Lù]

在区境东部。北起迎宾大道，南至济邹路。沿线与迎宾大道、大禹西路、嘉达路、孟子大道、鸿广路、开源路、山南路、礼贤路、济邹路相交。长 7 千米，宽 44 米，沥青路面。1999 年开工，同年建成。因道路临近同济工业园而命名为同济路。沿途以农田、企业为主。两侧有辰欣药业、市政园林处等。是城区主要交通道路，通公交车。

孟子大道 370811-K62
[Mèngzǐ Dàdào]

在区境东部。西起洸府河，东至邹城市西外环。沿线与宁安大道、和济北路、蓼河路、祥济路、弘济路、兴济路、泗河大道相交。长 27.7 千米，宽 70 米，沥青路面。因通往孟子故乡邹城，故名。沿途以企业、农田为主。两侧有第一人民医院东院区等。是城区主要交通道路，通公交车。

宁安大道 370811-K63
[Níng'ān Dàdào]

在区境东部。北起日兰高速，南至临荷路。沿线与北二环、任城大道、327 国道、崇文大道、孟子大道、济邹路相交。长 2.7 千米，宽 60 米，沥青路面。2014 年开工，同年建成。以寓意济宁安宁而得名。沿途以农田、企业为主。两侧有安海物流、鲁抗医药、山推机械工业园区等。是城区主要交通道路，通公交车。

公主路 370811-K64
[Gōngzhǔ Lù]

在区境中部。北起济州路，南至石佛路。沿线与京杭路、北湖西路相交。长 5.2 千米，宽 45 米，沥青路面。2013 年开工，2014 年建成。济宁北湖为文成公主出生、成长的故乡，故名。两侧有奥体中心。是城市主干道，通公交车。

京杭路 370811-K65
[Jīngháng Lù]

在区境中部。东起洸府河路，西至滨河大道。沿线与荷花路、公主路、济安桥南路相交。长 5.5 千米，宽 45 米，沥青路面。2013 年开工，2014 年建成。该路西接新运河，东跨老运河，为突显运河文化特色，故名。两侧有新城发展大楼、济宁社保局。是城市主干道，通公交车。

圣贤路 370811-K66
[Shèngxián Lù]

在区境中部。东起火炬南路，西至运河堤东路。沿线与荷花路、公主路相交。长 4.6

千米，宽 60 米，沥青路面。2012 年开工，2014 年建成。济宁是孔孟之乡，太白湖新区尊重知识、尊重人才、广纳贤才，该路由此得名。两侧有第 23 届省运会指挥中心等。是城市次干道，通公交车。

常利路 370811-K67
［Chánglì Lù］

在区境中部。东起车站南路，西至运河堤东路。沿线与荷花路、济安桥南路相交。长 3.6 千米，宽 45 米，沥青路面。2012 年开工，2014 年建成。该路从原常利村穿过，故名。两侧有运隆广场、学苑变电站。是城市次干道，通公交车。

济兴路 370811-K68
［Jǐxīng Lù］

在区境中部。东起火炬南路，西至滨河大道。沿线与火炬路、滨河南路相交。长 4.8 千米，宽 40 米，沥青路面。2011 年开工，2014 年建成。西跨梁济运河，东过洸府河，把北湖新区与济宁周边县市区紧密相连，寓意济宁北湖新区兴旺发达，故名。是城市次干道，通公交车。

滨河南路 370811-K69
［Bīnhé Nánlù］

在区境中部。北起太白湖西路，南至济兴路。沿线与京杭路、济宁大道相交。长 9.9 千米，宽 24 米，沥青路面。2013 年开工，2014 年建成。因紧邻梁济运河，故名。是城市次干道，通公交车。

渔皇路 370811-K70
［Yúhuáng Lù］

在区境中部。东起洸府河路，西至运河堤东路。沿线与荷花路、公主路相交。长 5.7 千米，宽 30 千米，沥青路面。2013 年开工，2014 年建成。为纪念伏羲作为济宁渔民的始祖而得名。是城市次干道，通公交车。

进士路 370811-K71
［Jìnshì Lù］

在区境中部。北起日菏铁路，南至太白湖路。沿线与京杭路、学苑路相交。长 4.6 千米，宽 24 米，沥青路面。2013 年开工。紧邻历史上的荣姓进士遗迹，为反映济宁悠久的历史文化而得名。是城市次干道，通公交车。

特色街巷

半截阁街 370811-A02-L01
［Bànjiégé Jiē］

在阜桥街道中部。长 0.3 千米，宽 8 米，沥青路面。明天启二年（1622）复修土圩时，街东首原计划建阁楼一座，名春秋阁，后因经费不足，只完成原工程的一半，故名半截阁，街以此得名。沿路有康明市场、济宁实验小学、田野酒店等。通公交车。

牌坊街 370811-A02-L02
［Páifāng Jiē］

在阜桥街道南部。长 0.4 千米，宽 5 米，沥青路面。因北首有清康熙四十五年（1706）为吴缵祖之妻孔氏所建节孝石坊而得名。沿路有市第一人民医院、耶稣教长老会礼拜堂等。不通公交车。

粉莲街 370811-A02-L03
［Fěnlián Jiē］

在阜桥街道南部。长 0.3 千米，宽 5.9 米，沥青路面。此地因设粉坊多户，故名粉坊街。因临近莲花坑，1950 年改称粉莲街。通公交车。

河晏门街 370811-A02-L04

[Héyànmén Jiē]

在阜桥街道中部。长 0.2 千米，宽 3.6 米，混凝土路面。清光绪二年（1876），因本街邻东护城河，取"河清海晏"之义，改称河晏门街。1950 年后因城市建设西段消失，南首北段仍称河晏门街。通公交车。

马驿桥街 370811-A02-L05

[Mǎyìqiáo Jiē]

在阜桥街道中部。长 0.3 千米，宽 5 米，沥青路面。本街东首府河上建有一桥名马驿桥，以桥得名，称马驿桥街。清代东段为马驿桥街，西段为火焰门街，1950 年合称马驿桥街。通公交车。

杨家坝西街 370811-A02-L06

[Yángjiābà Xījiē]

在阜桥街道东南部。长 0.5 千米，宽 5 米，沥青路面。本街靠近府河，河上有明崇祯十七年（1644）修建的杨家坝一座，本街在坝的西侧，故称杨家坝西街。1950 年合入粉莲街，1982 年恢复原名。通公交车。

小河东街 370811-A02-L07

[Xiǎohé Dōngjiē]

在阜桥街道西南部。长 0.3 千米，宽 4 米，沥青路面。因在府河（俗称"小河"）东岸，1982 年命名为小河东街。此路西侧为府河，东侧有苏宁生活广场。通公交车。

枣店阁街 370811-A02-L08

[Zǎodiàngé Jiē]

在阜桥街道东南部。长 0.2 米，宽 6.2 米，沥青路面。本街北首有宋代太和宫阁楼一座，名真武阁。旧时因阁门外设枣店较多，俗称枣店阁，以阁得名。沿路两侧多为商铺和居民区，有枣店阁中心小学、济宁剑桥英语学校等。通公交车。

小炭沟街 370811-A02-L09

[Xiǎotàngōu Jiē]

在阜桥街道东南部。长 0.2 千米，宽 4.8 米，沥青路面。清代，本街曾设炭栈数家，又因低洼雨后如水沟，故称小炭沟街。路两侧多为商铺和居民区。通公交车。

太和桥街 370811-A02-L10

[Tàihéqiáo Jiē]

在阜桥街道东南部。长 0.3 千米，宽 5 米，沥青路面。本街在宋代太和宫的西面，又因西首府河上建有一桥名太和桥，以桥得名。通公交车。

土门子北街 370811-A02-L11

[Tǔménzi Běijiē]

在阜桥街道东南部。长 0.2 千米，宽 7 米，沥青路面。以此处的土圩豁口得名，称土门子街。因本街在土门桥北，故名。沿路多为商铺、宿舍。两侧有济宁博爱医院、济宁恒悦宾馆等。通公交车。

土门子南街 370811-A02-L12

[Tǔménzi Nánjiē]

在阜桥街道东南部。长 0.6 千米，宽 7 米，沥青路面。以此处的土圩豁口得名，称土门子街。因本街在土门桥南，故名。沿路多为商铺。两侧有济医研究生会、中国邮政车站西路支局等。通公交车。

新塘子街 370811-A02-L13

[Xīntángzi Jiē]

在阜桥街道南部。长 0.2 千米，宽 8~10 米，沥青路面。因本街在塘子巷南部，故名。两侧有济宁博爱医院等。通公交车。

顺河街 370811–A02–L14
[Shùnhé Jiē]

在阜桥街道南部。长 0.3 千米,宽 2 米,沥青路面。此街原为府河故道,1984 年对府河整理时沿岸形成街巷,故名顺河街。东侧临府河,两侧有济宁市牙病防治中心等。通公交车。

津浦南街 370811–A02–L15
[Jīnpǔ Nánjiē]

在阜桥街道南部。长 0.4 千米,宽 12 米,沥青路面。1912 年兖济铁路通车后,称津浦街。1934 年将本街分为两段,本段因在南段,改称津浦南街。沿路西侧为运河,两侧有运河派出所等。通公交车。

篦子市街 370811–A02–L16
[Bìzishì Jiē]

在阜桥街道东北部。长 0.3 千米,宽 5 米,沥青路面。本街北段原为浣笔泉街,南段原系出售梳子、篦子的市场,1950 年合称篦子市场,街因此得名。道路西侧为府河,两侧有浣笔泉遗址、济宁九龙家电商场等。通公交车。

肖家园东街 370811–A02–L17
[Xiāojiāyuán Dōngjiē]

在阜桥街道南部。长 0.3 千米,宽 8 米,沥青路面。明代员外肖百万在此建有花园一处,称肖家园,本街在园的东部,故名。两侧有河畔快捷酒店等。通公交车。

工行东街 370811–A02–L18
[Gōngháng Dōngjiē]

在阜桥街道东部。长 0.3 千米,宽 10 米,沥青路面。因此路在工商银行东部,故名工行东街。两侧有工商银行济宁分行、济宁市司法局等。通公交车。

文昌阁街 370811–A03–L01
[Wénchānggé Jiē]

在古槐街道东南部。长 0.1 千米,宽 6 米,沥青路面。早年,街东首建有阁楼,内祀文昌帝君,名文昌阁,此街故称文昌阁街。为传统老街区,沿路有雅和居老菜馆、传统民居四合院吕家宅院、区招待所、怡佳酒店等。通公交车。

活巷 370811–A03–L02
[Huó Xiàng]

在古槐街道南部。长 0.1 千米,宽 8 米,沥青路面。因本巷可通往西部农田,故名活巷。通公交车。

大石桥路 370811–A03–L03
[Dàshíqiáo Lù]

在古槐街道东北部。长 0.3 千米,宽 4 米,沥青路面。因大石桥得名。两侧有济宁市环境卫生管理处等。通公交车。

水口子街 370811–A03–L04
[Shuǐkǒuzi Jiē]

在古槐街道东部。长 0.1 千米,宽 11 米,沥青路面。早年本街地势低洼,附近各街雨水经此处流入东南城海,并通城外护城河,故改称水口子街。通公交车。

学门口南街 370811–A03–L05
[Xuéménkǒu Nánjiē]

在古槐街道中部。长 0.2 千米,宽 5.5 米,混凝土路面。本街因在旧文庙以南,故称文庙街,1950 年称学门口南街。两侧有古槐房管所等。通公交车。

玉米仓街 370811–A03–L06
[Yùmǐcāng Jiē]

在古槐街道西部。长 0.2 千米,宽 3 米,沥青路面。清代州衙门曾在本街设有粮仓一座，名永丰仓，俗称御米仓，街以此得名，1950年后演变为玉米仓街。通公交车。

县前街 370811-A03-L07
[Xiànqián Jiē]

在古槐街道南部。长0.7千米，宽7米，沥青路面。明济宁卫指挥周邦基居此，清代州衙门在本街北首，称州前街。因民国改州为县，1934年改称县前街。两侧有济宁市任城区实验幼儿园、基督教黄家街教堂等。通公交车。

院前街 370811-A03-L08
[Yuànqián Jiē]

在古槐街道南部。长0.1千米，宽4米，沥青路面。本街清代驻有总督河院署，由此得名，称院前街。两侧有济宁运河实验中学等。通公交车。

孙家街 370811-A03-L09
[Sūnjiā Jiē]

在古槐街道南部。长0.3千米，宽5米，沥青路面。因明天启进士工部郎中孙景耀曾居住本街，俗称孙家园，故名孙家街。两侧有济宁市任城区职工服务中心、济宁百货大厦等。通公交车。

申家口街 370811-A03-L10
[Shēnjiākǒu Jiē]

在古槐街道南部。长0.1千米，宽9.6米，沥青路面。因明隆庆贡生申拱极居此，故称申家口街。两侧有济宁医学院附属医院、任城区海贝幼儿园、微山湖旅社等。通公交车。

鼓手营街 370811-A03-L11
[Gǔshǒuyíng Jiē]

在古槐街道南部。长0.2千米，宽4米，沥青路面。本街在清代河院、河道两署之间，衙门前各设鼓手楼，内备有吹鼓手，即官用乐队，故称鼓手营街。两侧有济宁运河实验中学等。通公交车。

道门口街 370811-A03-L12
[Dàoménkǒu Jiē]

在古槐街道南部。长0.1千米，宽5.6米，沥青路面。清运河道署驻此，故名。两侧有济宁运河实验中学、济宁医学院附属医院等。通公交车。

白衣堂街 370811-A03-L13
[Báiyītáng Jiē]

在古槐街道南部。长0.2千米，宽6米，沥青路面。本街路南有清代建的白衣观音庵，俗称白衣堂，故称白衣堂街。两侧有济宁市供销合作社等。通公交车。

州后街 370811-A03-L14
[Zhōuhòu Jiē]

在古槐街道中部。长0.3千米，宽8米，沥青路面。本街因在清代济宁州署的后面，故称州后街。两侧有渔山幼儿园、渔山农贸市场等。通公交车。

云路街 370811-A03-L15
[Yúnlù Jiē]

在古槐街道中部。长0.2千米，宽9米，沥青路面。本街北首明代建云路坊一座，故称云路街。两侧有区鸿博印刷厂、渔山农贸市场等。通公交车。

光明街 370811-A03-L16
[Guāngmíng Jiē]

在古槐街道西部。长0.4千米，宽6米，沥青路面。因本街北首有北魏景明三年（502）创建号称齐梁古刹普照寺一座，原名普照寺街。1928年由"普照"一词引申为"光明"，改称光明街。通公交车。

文大街 370811-A03-L17

[Wén Dàjiē]

在古槐街道东南部。长 0.2 千米，宽 5~7 米，沥青路面。因明广东都司文成居此，故名。两侧有山东电讯七厂有限责任公司等。通公交车。

院后街 370811-A03-L18

[Yuànhòu Jiē]

在古槐街道中部。长 0.2 千米，宽 5 米，沥青路面。本街因在清代总督河院署（俗称"院衙门"）的后面，故名。两侧有济宁传染病医院等。通公交车。

东门大街 370811-A03-L19

[Dōngmén Dàjiē]

在古槐街道东南部。长 1 千米，宽 20 米，沥青路面。此街为街州城东门通往城内的主要街道，1950 年称东门大街。两侧有东门小学、东门派出所、市直机关幼儿园等。通公交车。

柴禾市街 370811-A03-L20

[Cháihéshì Jiē]

在古槐街道东南部。长 0.1 千米，宽 6 米，沥青路面。此处原为出售柴禾的市场，故称柴禾市街。通公交车。

财神阁街 370811-A03-L21

[Cáishéngé Jiē]

在古槐街道东南部。长 0.2 千米，宽 9.5 米，沥青路面。早年，本街西首建有阁楼一座，内祀财神，名财神阁，故名。两侧有市博物馆等。通公交车。

西门大街 370811-A03-L22

[Xīmén Dàjiē]

在古槐街道南部。长 0.6 千米，宽 8 米，沥青路面。此街为州城西门通往城内的主要街道，1950 年将院门口街、裴家胡同、塘子胡同合称为西门大街。两侧有任城实验幼儿园、运河实验中学等。通公交车。

厅西街 370811-A03-L23

[Tīngxī Jiē]

在古槐街道西南部。长 0.3 千米，宽 6~7 米，沥青路面。因在清代运河同知署（俗称运河厅）的西面，故名。两侧有吉祥农贸市场、贵和购物中心等。通公交车。

黄家街 370811-A03-L24

[Huángjiā Jiē]

在古槐街道南部。长 0.3 千米，宽 4~6 米，混凝土路面。明万历进士辽海东宁监军黄子美其后裔从曲阜迁此居住，故称黄家街。两侧有基督教礼拜堂、任城实验幼儿园等。通公交车。

扈家街 370811-A03-L25

[Hùjiā Jiē]

在古槐街道西南部。长 0.3 千米，宽 2.9~4.4 米，沥青混凝土路面。因明、郏县令扈魁居此，故称扈家街。通公交车。

沟子涯街 370811-A03-L26

[Gōuziyá Jiē]

在古槐街道西南部。长 0.2 千米，宽 3 米，混凝土路面。本街在旧城西南城海附近，地势低洼，城区西南部雨水都经此注入城海，形成水沟，故名。通公交车。

东西晁家街 370811-A03-L27

[Dōngxī Cháojiā Jiē]

在古槐街道东南部。长 0.2 千米，宽 6 米，沥青混凝土路面。清初生员晁时亮居此，以姓氏得名，因东西走向，1934 年称东西晁家街。两侧有济宁中央百货大楼等。通公交车。

南北晁家街 370811-A03-L28
[Nánběi Cháojiā Jiē]

在古槐街道东南部。长 0.2 千米，宽 5~7 米，沥青路面。清初生员晁时亮居此，以姓氏得名，因南北走向，1934 年改称南北晁家街。两侧有太白楼遗址、济宁中央百货、济宁一中、慈孝兼完坊等。通公交车。

小教场街 370811-A03-L29
[Xiǎojiàochǎng Jiē]

在古槐街道东部。长 0.1 千米，宽 14 米，沥青路面。清代本街南段路西为济宁卫守备署驻地，兵丁在此操练、校阅，故名小教场街。两侧有济宁市福彩大厦、济宁市粮食和物资储备局等。通公交车。

石门口街 370811-A03-L30
[Shíménkǒu Jiē]

在古槐街道东南部。长 0.3 千米，宽 7 米，沥青路面。本街南首有明崇祯三年（1630）王杨庭为之妻张氏所建之旌节石坊，坊上有石门浮雕，故称石门口街。两侧有济宁市任城区食品药品监督管理所、济宁市任城区质量技术监督局、济宁市任城区工商局古槐工商所等。通公交车。

总府后街 370811-A03-L31
[Zǒngfǔ Hòujiē]

在古槐街道东南部。长 0.2 千米，宽 6 米，沥青混凝土路面。清河标中营副将署（俗称副总府衙门）驻本街前，故名营府后街，1940 年改称总府后街。通公交车。

曲坊街 370811-A03-L32
[Qūfáng Jiē]

在古槐街道东南部。长 0.1 千米，宽 5 米，沥青路面。早年本街曾开设曲坊数处，故称曲坊街。通公交车。

临清卫街 370811-A03-L33
[Línqīngwèi Jiē]

在古槐街道东南部。长 0.2 千米，宽 4.5 米，沥青混凝土路面。因临清卫守备署驻本街路北，故名。两侧有鲁兴综合楼等。通公交车。

天津府街 370811-A03-L34
[Tiānjīnfǔ Jiē]

在古槐街道南部。长 0.1 千米，宽 8 米，沥青路面。清代天津府知府李钟淳辞职归里后，值济宁灾荒，李出资将所住之处遇所重新翻修，以工代赈，故名天津府街。通公交车。

铁塔寺街 370811-A03-L35
[Tiětǎsì Jiē]

在古槐街道东南部。长 0.3 千米，宽 4 米，沥青路面。本街路北有北齐皇建元年（560）所建的崇觉寺一处，宋崇宁四年（1105）济宁人常氏出资在寺内为其夫徐永安还愿建铁塔一座，塔成后崇觉寺即改名为铁塔寺，故称铁塔寺街。1928 年改称公安街，1939 年仍称铁塔寺街。两侧有市博物馆、铁塔、汉碑群、声远楼等。通公交车。

戴家口街 370811-A03-L36
[Dàijiākǒu Jiē]

在古槐街道中部。长 0.1 千米，宽 3 米，沥青路面。明嘉靖十一年（1532）济宁河道总督戴时宗在本街居住，故称戴家口街。通公交车。

察院街 370811-A03-L37
[Cháyuàn Jiē]

在古槐街道东南部。长 0.2 千米，宽 5 米，沥青路面。明洪武七年（1374），抚按察院驻本街路北，故名察院街。两侧有东门大街小学、市直机关幼儿园、市盲人按摩医院等。通公交车。

南北文小街 370811-A03-L38
[NánběiWén Xiǎojiē]

在古槐街道东南部。长 0.2 千米，宽 5 米，沥青路面。因明广东都司文成之后居此，又因南北走向，1950 年分称南北文小街。通公交车。

翰林街 370811-A03-L39
[Hànlín Jiē]

在古槐街道东南部。长 0.3 千米，宽 5.8 米，沥青路面。明代崇祯进士、清初翰林杨士聪居此，故称杨翰林街，1928 年简称翰林街。两侧有区音乐之声艺术培训中心、广联医药等。通公交车。

一天门街 370811-A03-L40
[Yītiānmén Jiē]

在古槐街道东南部。长 1.9 千米，宽 7~10 米，沥青路面。本街明万历元年（1573）建有木质牌坊一座，名一天门，本街由此坊得名，称一天门街。1950 年分称一天门坑南、一天门坑北。1982 年恢复原名。两侧有通信大厦、一天门、市霍家街小学等。通公交车。

行署西巷 370811-A03-L41
[Xíngshǔ Xīxiàng]

在古槐街道东部。长 0.4 千米，宽 3~5 米，沥青路面。因本巷在济宁地区行政署的西侧，故名。通公交车。

东西更道街 370811-A03-L42
[Dōngxīgēngdào Jiē]

在古槐街道南部。长 0.1 千米，宽 5 米，混凝土路面。本街因在清代运河同知署的

后面，是该署更夫巡逻打更的走道，又因是东西走向，故名。通公交车。

翰林坑涯街 370811-A03-L43
[Hànlínkēngyái Jiē]

在古槐街道东南部。长 0.1 千米，宽 5 米，沥青混凝土路面。在明代崇祯进士、清初翰林杨士聪住宅的后面，有水坑一处，故称杨翰林坑涯街，1934 年简称翰林坑涯。两侧有霍家街小学等。通公交车。

卫门口街 370811-A03-L44
[Wèiménkǒu Jiē]

在古槐街道东部。长 0.1 千米，宽 6 米，沥青路面。因清代济宁卫守备署（俗称卫衙门）驻本街路北，1934 年改称卫门口街。通公交车。

甄家街 370811-A03-L45
[Zhēnjiā Jiē]

在古槐街道东部。长 0.2 千米，宽 5 米，沥青路面。因明嘉进士甄沛居此，故名。通公交车。

卫监街 370811-A03-L46
[Wèijiān Jiē]

在古槐街道东部。长 0.1 千米，宽 4.8 米，沥青路面。清济宁卫守备署的监狱曾设在此街，故名卫监街。通公交车。

双井街 370811-A03-L47
[Shuāngjǐng Jiē]

在古槐街道东部。长 0.2 千米，宽 5 米，沥青路面。因本街有水井二眼，故称双井街。两侧有市运河美术馆、市博物馆等。通公交车。

北门大街 370811-A03-L48

[Běimén Dàjiē]

在古槐街道东北部。长 0.4 千米，宽 7 米，沥青路面。本街为州城北门（一名宗翰门）通往城内的大街，故名。两侧有水务大厦等。通公交车。

天香阁街 370811-A03-L49

[Tiānxiānggé Jiē]

在古槐街道中部。长 0.2 千米，宽 3.7 米，沥青路面。清代本街南首建有过街阁楼一座，名为天香阁，取炷香敬天之义，内祀刘备，因阁得名，称天香阁街。通公交车。

关帝庙街 370811-A03-L50

[Guāndìmiào Jiē]

在古槐街道中部。长 0.3 千米，宽 4~7 米，沥青路面。本街北首建有关帝庙一座，故名。两侧有北门里小学、市委党校等。通公交车。

熊家街 370811-A03-L51

[Xióngjiā Jiē]

在古槐街道西南部。长 0.3 千米，宽 6 米，沥青路面。因进士熊士伟居此，故称熊家街。两侧有济宁宏祥家电维修中心等。通公交车。

前土城街 370811-A03-L52

[Qiántǔchéng Jiē]

在古槐街道西南部。长 0.1 千米，宽 8 米，沥青路面。清咸丰九年（1859）在旧城外重建土圩，俗称土城。因本街居前，1950 年称前土城街。通公交车。

北菜市街 370811-A03-L53

[Běicàishì Jiē]

在古槐街道东南部。长 0.1 千米，宽 3 米，沥青路面。民国初年，城乡多在此贸易，日久逐渐形成市场，故名。通公交车。

眼药胡同 370811-A03-L54

[Yǎnyào Hútòng]

在古槐街道西北部。长 0.1 千米，宽 2.5 米，沥青路面。清代，此街有王敬吾出售眼药，疗效较好，远近闻名，故称眼药胡同。通公交车。

文胜街 370811-A04-L01

[Wénshèng Jiē]

在金城街道南部。长 1 千米，宽 10 米，沥青路面。清代本街南首旧时建有关公庙一座，庙门上有"文武圣人"匾额，以庙得名，称文圣街。后"圣"演变为"胜"，称文胜街。道路两侧多为商业店铺。通公交车。

西关复兴街 370811-A04-L02

[Xīguān Fùxīng Jiē]

在金城街道西部。长 0.6 千米，宽 8 米，沥青路面。清康熙十二年（1673）《济宁直隶州》记载为社稷坛街，1927 年《济宁县志》为福寿街、西关外大街、夏桥街，1934 年统称复兴街，因重名，1982 年 5 月更名为西关复兴街。道路两侧多为商业店铺。通公交车。

三官庙前街 370811-A04-L03

[Sānguānmiào Qiánjiē]

在金城街道东部。长 0.7 千米，宽 6 米，沥青路面。清道光二十年（1840）《济宁直隶州志》记载为三官庙街，因街在原有三官庙前，1996 年改为三官庙前街。通公交车。

税务街 370811-A07-L01

[Shuìwù Jiē]

在济阳街道北部。长1千米,宽10米,沥青路面。明代税课局驻本街中段,由此得名。沿路有亿维数码商城、济宁泰山散热器有限公司等。通公交车。

皇经阁街 370811-A07-L02

[Huángjīnggé Jiē]

在济阳街道南部。长0.3千米,宽7米,沥青路面。本街有明代建阁楼两座,内藏《玉皇经》,故名皇经阁街。民国初年分为皇经阁东街、皇经阁西街,1998年统称皇经阁街。街西首为花鸟鱼虫市场。不通公交车。

济阳大街 370811-A07-L03

[Jǐyáng Dàjiē]

在济阳街道西部。长0.5千米,宽7.5米,沥青路面。因在济宁城南,故名济阳大街。两侧有新华鲁抗大药房、济宁市任城区人民医院、济宁市机关幼儿园吉安分园等。通公交车。

永丰街 370811-A07-L04

[Yǒngfēng Jiē]

在济阳街道西部。长0.3千米,宽7米,沥青路面。清末,本街商业繁荣,取嘉言"永远丰盛"之义,故称永丰街。两侧有永丰街小学等。通公交车。

局门口街 370811-A07-L05

[Júménkǒu Jiē]

在济阳街道东部。长0.1千米,宽2米,沥青路面。因明代税课局驻地与本街北口相对,故称局门口街。通公交车。

保全前街 370811-A07-L06

[Bǎoquán Qiánjiē]

在济阳街道西南部。长0.3千米,宽5米,沥青路面。取"保卫安全"之义命名。通公交车。

皇天大道 370811-A07-L07

[Huángtiān Dàdào]

在济阳街道东南部。长0.2千米,宽6米,沥青路面。本街北首有明代建三元宫一座,正南为庙的"神道",故称皇天大道。通公交车。

外塘子街 370811-A07-L08

[Wàitángzi Jiē]

在济阳街道西南部。长0.4千米,宽4米,沥青路面。本街有明代吏部左侍郎靳学颜的池塘一处,故名靳塘子街。因在旧城外,1934年改称外塘子街。两侧有济宁市济阳房产管理所、中鲁第四店、市中区教育教学研究中心、济宁市任城实验幼儿园分园等。通公交车。

济圣街 370811-A07-L09

[Jǐshèng Jiē]

在济阳街道西部。长0.2千米,宽5米,沥青路面。因街南首有清代建二神庙一座,故名。又因邻街为济阳大街,取济阳大街的"济"与"关圣帝君"的"圣"字,改称济圣街。通公交车。

五曲巷 370811-A07-L10

[Wǔqū Xiàng]

在济阳街道北部。长0.1千米,宽3米,沥青路面。本巷南口与剪子股街、复兴街、考院街、税务街相汇通,形成五口通衢,以地形得名,后演为五曲巷。通公交车。

玄帝庙街 370811-A07-L11

[Xuándìmiào Jiē]

在济阳街道西部。长 2 千米，宽 25 米，沥青路面。因本街西首路南建有一玄帝庙，故名。两侧有济宁市永丰街中心小学等。通公交车。

打铜街 370811-A07-L12

[Dǎtóng Jiē]

在济阳街道西南部。长 0.2 千米，宽 6 米，沥青路面。因本街有较多的打铜作坊，故名。两侧有太白商业广场等。通公交车。

皇棚湾街 370811-A07-L13

[Huángpéngwān Jiē]

在济阳街道西部。长 0.4 千米，宽 3 米，沥青路面。清康熙帝四十四年（1705）南巡时，曾在此河湾处天仙庙驻跸搭棚休息，故名。通公交车。

吕公堂街 370811-A07-L14

[Lǚgōngtáng Jiē]

在济阳街道西部。长 0.7 千米，宽 5 米，沥青路面。本街南首有明天启元年（1621）建吕公堂一座，故名。两侧有济宁市任城区人民医院、济宁市永丰街小学。通公交车。

宣阜巷 370811-A07-L15

[Xuānfù Xiàng]

在济阳街道北部。长 0.7 千米，宽 10 米，块石路面。因路在济宁明代古城宣阜门，故名。为省级首批文化历史街区，是非物质文化遗产集聚地。通公交车。

任城路 370811-A08-L01

[Rènchéng Lù]

在越河街道北部。长 0.7 千米，宽 24 米，沥青路面。因北魏任城故址而得名。此路

为传统商业区，沿路有济宁玉堂酱园、顺风肥牛、济宁骨伤医院、济宁第十五中学等。通公交车。

竹竿巷 370811-A08-L02

[Zhúgān Xiàng]

在越河街道北部。长 0.2 千米，宽 6 米，石板路面。地临元代开凿的济州河（运河）西岸、任城闸码头上，明清间船来舫往，商旅繁盛，多于此靠船登岸，江南运来的竹竿在此卸货，为竹业店铺作坊集中之地，故名竹竿巷。两侧多为手工竹货店铺作坊，北首路东建有明代伊斯兰教顺河东大寺。该巷入选山东省第一批历史文化街区。不通公交车。

武胜桥街 370811-A08-L03

[Wǔshèngqiáo Jiē]

在越河街道西南部。长 0.2 千米，宽 5 米，沥青路面。因系回族聚居之地，称回回巷。后因本街东首地下有一南北水沟，流入越河，沟上建一桥，因本街住有文武官员，取"武胜"之义称武胜桥，以桥得名。两侧有第十五中学等。通公交车。

大闸口上河南街 370811-A08-L04

[Dàzhákǒu Shànghé Nánjiē]

在越河街道西北部。长 0.2 千米，宽 6~14.8 米，石板路面。因在老运河南岸上游，故称大闸口上河南街。沿路多为商业店铺。通公交车。

大闸口下河南街 370811-A08-L05

[Dàzhákǒu Xiàhé Nánjiē]

在越河街道西北部。长 0.3 千米，宽 6.3~15.2 米，石板路面。因在老运河南岸下游，故称大闸口下河南街。两侧多为商业店铺。通公交车。

大油篓巷 370811-A08-L06

[Dàyóulǒu Xiàng]

在越河街道西南部。长 0.1 千米，宽 10 米，沥青路面。因设有许多手工编织油篓的作坊，故名。两侧有济宁老年人保健医院、市中烟草专卖局等。通公交车。

小闸口上河西街 370811-A08-L07

[Xiǎozhákǒu Shànghé Xijiē]

在越河街道西南部。长 0.2 千米，宽 4.5 米，沥青路面。本街因在运河西岸小闸下游，故称小闸口上河西街。通公交车。

小闸口下河西街 370811-A08-L08

[Xiǎozhákǒu Xiàhé Xijiē]

在越河街道西南部。长 0.2 千米，宽 3.2~5.2 米，沥青路面。本街因在运河西岸小闸下游，故称小闸口下河西街。通公交车。

西大寺街 370811-A08-L09

[Xīdàsì Jiē]

在越河街道西南部。长 0.6 千米，宽 5 米，沥青路面。因有清初建的伊斯兰教清真西大寺，1950 年称西大寺街。通公交车。

糖坊街 370811-A08-L10

[Tángfāng Jiē]

在越河街道西南部。长 0.3 千米，宽 4.5 米，沥青路面。因本街道原有制作糖作坊，后设糖厂多处，故称糖坊街。通公交车。

太平街 370811-A08-L11

[Tàipíng Jiē]

在越河街道西南部。长 0.2 千米，宽 4.5 米，沥青路面。取吉祥语天下太平之义，称太平街。通公交车。

清平巷 370811-A08-L12

[Qīngpíng Xiàng]

在越河街道西南部。长 0.3 千米，宽 10 米，沥青路面。因在伊斯兰教顺河东大寺附近，以吉祥语"清直平安"意得名，称清平巷。通公交车。

打绳巷 370811-A08-L13

[Dǎshéng Xiàng]

在越河街道西南部。长 0.1 千米，宽 5 米，沥青路面。本巷有较多手工制绳作坊，由此得名，称打绳巷。通公交车。

汉石桥街 370811-A08-L14

[Hànshíqiáo Jiē]

在越河街道西南部。长 0.2 千米，宽 9 米，沥青路面。以桥得名汉石桥街。通公交车。

鼓楼街 370811-A08-L15

[Gǔlóu Jiē]

在越河街道西南部。长 0.3 千米，宽 5 米，沥青路面。因明代东首建有鼓楼一座，故称鼓楼街。通公交车。

里仁巷 370811-A08-L16

[Lǐrén Xiàng]

在越河街道西南部。长 0.1 千米，宽 3.5 米，沥青路面。取"里仁为美"之义，名为里仁巷。通公交车。

聚永巷 370811-A08-L17

[Jùyǒng Xiàng]

在越河街道北部。长 0.3 千米，宽 7.3 米，沥青路面。清康熙年间，江苏句容人罗元海等人来济宁谋生，居住此巷，后建有句容会馆一处。1926 年始称句容巷，取"永远相聚"之义，1940 年改称聚永巷。两侧有南池书画展览馆等。通公交车。

芙蓉街 370811-A08-L18

[Fúróng jiē]

在越河街道西南部。长 0.1 千米，宽 4~5 米，沥青路面。明代本街北首有莲花池一处，莲花又名芙蓉，故称芙蓉街。通公交车。

金鱼坑街 370811-A08-L19

[Jīnyúkēng Jiē]

在越河街道西南部。长 0.4 千米，宽 3.8 米，沥青路面。清代，此街居民在附近空地挖掘水坑多处，养殖金鱼出售，故名。两侧有和平街小学、三八粮店等。通公交车。

二坝口街 370811-A08-L20

[Èrbàkǒu Jiē]

在越河街道西南部。长 0.1 千米，宽 7 米，沥青路面。因北首越河上有明代建的下新闸一座，俗称二坝口桥，故名。通公交车。

来鹤巷 370811-A08-L21

[Láihè Xiàng]

在越河街道西南部。长 0.1 千米，宽 6 米，沥青路面。因中段路南旧有一道教古庙名来鹤观，以观得名。两侧有古路沟便民疏导点、市特殊教育学校、市特警大队等。通公交车。

袼褙巷 370811-A08-L22

[Gēbei Xiàng]

在越河街道西南部。长 0.1 千米，宽 6 米，沥青路面。因本巷居民多以制作袼褙为家庭副业，由此得名。通公交车。

七铺白家大院 370811-A08-L23

[Qīpù Báijiā Dàyuàn]

在越河街道西南部。长 0.2 千米，宽 4.5 米，沥青路面。因是清末"承粮地方""七铺"的中部，居民白兆义在此种菜，1950 年称七铺白家大院。通公交车。

米场街 370811-A08-L24

[Mǐchǎng Jiē]

在越河街道西南部。长 0.3 千米，宽 6 米，沥青路面。本街北面有清代进士米协麟上代所设打粮场一处，民国初年改称米场街。通公交车。

纸店街 370811-A08-L25

[Zhǐdiàn Jiē]

在越河街道西南部。长 0.1 千米，宽 9.3 米，沥青路面。因李姓设一纸店闻名，故称纸店街。两侧有手工竹货店铺作坊等。通公交车。

纸坊街 370811-A08-L26

[Zhǐfāng Jiē]

在越河街道西南部。长 0.1 千米，宽 9.3 米，沥青路面。因设有造纸作坊，故称纸坊街。沿路手工作坊居多，有铁匠坊、宣纸商店、日杂百货等。通公交车。

寺前街 370811-A09-L01

[Sìqián jiē]

在南苑街道东部。长 0.3 千米，宽 10 米，沥青路面。因此路在清真寺前，故命名为寺前街。两侧有南池公馆、南池公园、清真寺。通公交车。

狄园街 370811-A09-L02

[Díyuán Jiē]

在南苑街道东部。长 0.8 千米，宽 14 米，沥青路面。因此地有一历史人物狄冲而得名。两侧均为商业店铺。通公交车。

柳行南街 370811-A09-L03
[Liǔháng Nánjiē]

　　在南苑街道南部。长 0.8 千米，宽 14 米，沥青路面。此处原为荒地，后居住者增多，有人种柳树而成行，明初就形成南北走向的较长的街道。因本街在柳行南部，1934 年分称柳行南街。后随旧城改造，此街消失，为留存历史记忆，2014 年，将东西走向街道命名为柳行南街。通公交车。

博远街 370811-A09-L04
[Bóyuǎn Jiē]

　　在南苑街道北部。长 0.2 千米，宽 12 米，沥青路面。取博古庄中的"博"字，以其地理方位命名博远街。通公交车。

桥梁

运河之都特大桥 370811-N01
[Yùnhézhīdū Tèdàqiáo]

　　在任城区西南部。桥长 530 米，桥面宽 37.5 米，最大跨度 396 米，桥下净高 7 米。1959 年动工，2009 年拆除重建，2012 年建成。以济宁市美誉"运河之都"得名。为大型河道桥梁，结构型式为五跨连续双塔双索面自锚式悬索桥。是连通运河两侧地区的重要枢纽，最大载重量 1 700 吨。通公交车。

凯赛大桥 370811-N02
[Kǎisài Dàqiáo]

　　在任城区东部。桥长 706 米，桥面宽 35 米，最大跨度 355 米，桥下净高 7.2 米。2007 年动工，2010 年建成。原名世纪大桥，后由凯赛里能公司冠名。中型河道桥梁，结构型式为斜拉桥。是连接主城区与高新区的主要桥梁，最大载重量 1 500 吨。通公交车。

如意洸府河大桥 370811-N03
[Rúyìguāngfǔhé Dàqiáo]

　　在任城区东部。桥长 1 831 米，桥面宽 40 米，最大跨度 320 米，桥下净高 7.5 米。2010 年建成。原名济宁洸府河大桥，2011 年如意集团冠名。大型河道桥梁，结构型式为双塔双索面混合式叠合梁斜拉桥。是连接城区与邹城的主要交通枢纽，最大载重量 30 吨。通公交车。

兴唐运河大桥 370811-N04
[Xīngtáng Yùnhé Dàqiáo]

　　在任城区西部。桥长 1 371 米，桥面宽 18 米，桥下净高 8 米。2011 年建成。原名梁济运河大桥，后由兴唐房地产开发公司冠名。大型河道桥梁，结构型式为独柱斜塔空间扭面背索斜拉桥。是连接城区与西部的主要交通枢纽，最大载重量 1 700 吨。通公交车。

车站

济宁站 370811-S01
[Jǐníng Zhàn]

　　一级汽车站。在济宁市建设南路 31 号。1981 年建成并投入使用。总站占地面积 17 667 平方米，每天始发班车近 2 000 个班次，过路班车 100 个，营运路线 133 条，营运范围辐射 10 省 121 个市县。是鲁西南交通枢纽，客货运输可直达和中转全国各地，是一个集客、货运输服务于一体的综合型汽车站。

济宁汽车北站 370811-S02
[Jǐníng Qìchē Běizhàn]

　　长途汽车站。位于城区北部，建设北路 4 号。2001 年开发建设，2001 年 10 月投入使用。占地面积 53 000 平方米，主楼高 9.9 米。设有售票厅、候车厅、豪华候车厅、停发车场四大区域，车场设有 26 个发车位，营运班车 260 余部，班次 500 余个。方便居民出行。

港口

济宁森达美港 370811-30-F-b01
[Jǐníng Sēndáměi Gǎng]

河港。在任城区长沟镇，位于京杭大运河。2008 年建设。目前拥有跃进、郭庄、龙拱和太平四个作业区，拥有千吨级泊位 26 个，其中有煤炭专用泊位 13 个，件杂货泊位 10 个，集装箱泊位 2 个，液化品泊位 1 个，设计年通过能力 2000 万吨。是山东省内河大的散货、件杂货、集装箱和液化品港口，也是全国内河 28 个主枢纽港之一。是陕、晋、鲁、冀等地煤炭的集散地及北煤南运的内河主枢纽港。

兖州区

城市道路

北护城河路 370812-K01
[Běihùchénghé Lù]

在区境北部。东起酒仙桥北路，西至旧关立交桥。沿线与东御桥路、西御桥路、中御桥路相交。长 3.6 千米，宽 36 米，沥青路面。1969 年开工，1996 年、2001 年、2008 年三次改扩建。因临北护城河得名。沿途多企事业单位、商铺。两侧有兖州兴隆文化园、兖州第十五中学、兖州供电局、兖州市政工程处、兖州园林局等。是出入北护城河的主干道，通公交车。

西护城河路 370812-K02
[Xīhùchénghé Lù]

在区境中部。南起南护城河路，北至北护城河路。沿线与九州东路、西关大街、中山西路、三义庙街、义井街、新义街、西城隍庙街、富阳路、建设东路、文化东路、北护城河路等相交。长 2.7 千米，宽 15 米，沥青路面。原为土路，1987 年建成，2005 年、2014 年分别改建。因紧靠护城河，只有路西有居民，故称半边街，后更名为西护城河路。沿途多居民区。通公交车。

九州路 370812-K03
[Jiǔzhōu Lù]

在区境中部。东起青莲阁路，西至西环城路。沿线与酒仙桥路、东御桥路、中御桥路、西御桥路、龙桥路、青州路、扬州路、大禹路、冀州路、荆州路、西环城路等相交。长 9.4 千米，宽 50 米，沥青路面。1997 年开工，2000 年、2008 年、2010 年 4 次改扩建。兖州为古九州之一，故取名九州路。沿途多行政单位、学校等单位。两侧有鼓楼医院、东御桥小学、九州广场、东方中学、体育中心等。为城区主干道，通公交车。

荆州路 370812-K04
[Jīngzhōu Lù]

在区境西部。南起南环城路，北至旧邹公路。沿线与创新路、胜利路、丰兖西路、九州路、建设路、鲁王路、滋阳路、北环城路相交。长 12.7 千米，宽 60 米，沥青路面。2008 年开工，同年建成，2014 年南段改扩建。以古九州之一名称命名。沿途多村落、工厂等。两侧有天齐庙、医药产业公司、兖州体育中心等。为城市主干道，通公交车。

大禹路 370812-K05

[Dàyǔ Lù]

在区境西部。南起南环城路，北至旧邹公路。沿线与富阳路、九州中路、建设中路、文化西路、鲁王东路、滋阳东路、泰安东路、北环城路、广安路、华安东路相交。长 10.2 千米，宽 80 米，沥青路面。1979 年开工，1981 年、1994 年、2007 年多次改扩建。为纪念古代大禹曾在兖州治水，命名大禹路。沿途多社区、村落。两侧有兖州一中、百卉公园、经济开发区等。为城市南北主干道，通公交车。

龙桥路 370812-K06

[Lóngqiáo Lù]

在区境中部。南起南环城路，北至北环城路。沿线与金石路、富阳路、丰兖东路、友谊路、九州路、建设路、文化路相交。长 6.2 千米，宽 40 米，沥青路面。为旧南阁里街、奎文阁街、北阁里街贯通而成，1969 年、1986 年、2005 年改扩建。原称西环城路，后因城区扩大成为市区道路，且路经飞龙桥更今名。沿途多社区、商场、学校。两侧有天外村酒店、新兖镇小学、太阳纸业、贵和商厦、银座商厦、富翔酒店、富平酒店等。为城市中部南北主干道，通公交车。

西御桥路 370812-K07

[Xīyùqiáo Lù]

在区境东部。南起南环城路，北至北护城河路。沿线与南护城河路、中山西路、九州东路、建设东路、文化东路等相交。长 4.8 千米，宽 35 米，沥青路面。1999 年由原吕公堂街、财神庙街、关帝庙街、准提阁街、考棚街、西御桥南街、礼拜寺街、文基庙街、棋盘街 9 条街扩建贯通，2008 年改建。以西御桥得名。沿途多学校、村落、社区。两侧有耀辉太阳能、教堂、息马地市场、曲阜师范学院兖州校区、兖州十四中等。为城市主干道，通公交车。

中御桥路 370812-K08

[Zhōngyùqiáo Lù]

在区境东部。南起南环城路，北至北环城路。沿线与中山路、九州路、建设路、文化路、北护城河路等相交。长 4.0 千米，宽 50 米，沥青路面。1966 年开工，1983 年、2001 年、2008 年改扩建。因中御桥得名。沿途多文体单位。两侧有九州广场、广场商厦、兖州豫剧团、大地影院、东方中学、百货大楼、少陵公园、兖州六中等。为城市主干道，通公交车。

酒仙桥路 370812-K09

[Jiǔxiānqiáo Lù]

在区境东部。南起南护城河路，北至北护城河路。沿线与南护城河路、八一路、九州路、建设东路、文化东路、天仙庙街、北护城河路等相交。长 2.5 千米，宽 30 米，沥青路面。1966 年开工，后多次改扩建。城东门古称"九仙"，有石桥一座地处东门外称九仙桥，路以桥得名。两侧有鼓楼医院、人民商场、火车站广场、汽车站、小商品市场、汽车十一公司、兖州博物馆、兴隆文化园等。为进出兖州站的南北主干道，通公交车。

建设路 370812-K10

[Jiànshè Lù]

在区境中部。东起酒仙桥北路，西至西环城路。沿线与东御桥北路、中御桥北路、西御桥北路、龙桥北路、扬州北路、青州北路、大禹北路、徐州北路、冀州北路、荆州北路、西环城路相交。长 8.7 千米，宽 50 米，沥青路面。1936 年开工，1965 年扩建重修，后多次改扩建。为迎接社会主义建设新高潮，命名为建设路。沿途多政府与文化单位、酒店、商场、居住区。两侧有兖州站、文化馆、青少年宫、东方中学、九州商厦、银座商厦、贵和商厦等。是进出兖州站与城区中部的主干道，通公交车。

黄王路 370812-K11
[Huángwáng Lù]

在区境东部。西起荣昌北路，东至长庆社区。沿线与德源路、泗河大道、崇文大道、嵩山路、王因路相交。长4.2米，宽16米，沥青路面。2003年开工，同年建成。因连通王因和黄屯两个街道而得名。两侧有黄屯街道办事处、王因街道办事处、王因派出所等。是城区主要交通道路，通公交车。

泗河大道 370812-K12
[Sìhé Dàdào]

在区境东部。北起济宁新机场，南至临荷路。沿线与宁安大道、和济南路、同济路、康泰路、蓼河路、海川路、济祥路、弘济路、德源路、兴济路相交。长3.6千米，宽62米，沥青路面。2014年开工，同年建成。原名为西浦路，因大部分路段在泗河西侧而得名。两侧有高新区职业中专、雪花集团等。是城区主要交通道路，通公交车。

特色街巷

吕公堂街 370812-A01-L01
[Lǚgōngtáng Jiē]

在龙桥街道东部。长1.7千米，宽13.9米，沥青路面。明鲁敬王妃何氏建吕公堂，在城西北隅、王府西侧，本街因此庙宇而得名。1999年原吕公堂街扩建成西御桥路，2009年11月为保留历史地名，将西护城路向北延修路段命名为吕公堂街。通公交车。

考棚街 370812-A02-L01
[Kǎopéng Jiē]

在鼓楼街道西部。长0.8千米，宽10米，混凝土路面。兖州郡城西北旧有试院，考棚即科举时代考秀才的士子居住的地方，因此称考棚街。原考棚街已扩修成西御桥路，为保留历史文化地名，2005年12月将息马地市场内南北道路重新命名为考棚街。街区穿过息马地市场中心，连接市场内步行街，两侧是息马地市场商铺。不通公交车。

桥梁、立交桥

泗河大桥 370812-N01
[Sìhé Dàqiáo]

在兖州城区东南部。桥长304米，桥面宽8米，最大跨度30米，桥下净高5.3米。明万历三十七年（1609）修建，康熙五十一年（1712）修复，乾隆四十三年（1778）因水决修复，1926年因洪水修复，1966年大修。因跨越泗河而得名。为中型河道桥梁，结构型式为石砌孔桥。为方便通车，在同位置建设新桥。最大载重量30吨。不通公交车。

东御桥 370812-N02
[Dōngyù Qiáo]

在兖州城区东部。桥长18.7米，桥面宽14米，最大跨度5.7米，桥下净高3米。明代鲁王建，1965年改建，1991年维修。明鲁王建桥三座，正对王府门者为中御桥，此桥在东，名为东御桥。为小型河道桥梁，结构型式为单孔石拱桥。担负城区道路干道交通任务，最大载重量10吨。通公交车。

西御桥　370812-N03
[Xīyù Qiáo]

在兖州城区东部。桥长 25 米，桥面宽 25 米，最大跨度 12.8 米，桥下净高 3 米。明代鲁王建，1999 年改建。明鲁王建桥三座，正对王府门者为中御桥，此桥在西，故名。为小型河道桥梁，结构型式为单孔石拱桥。担负城区道路干道交通任务，最大载重量 10 吨。通公交车。

中御桥　370812-N04
[Zhōngyù Qiáo]

在兖州城区东部。桥长 30 米，桥面宽 36.7 米，最大跨度 8 米，桥下净高 8.0 米。明代鲁王建，1988 年翻建，1988 年扩宽修建。鲁王建有鲁王府，门前府河建桥三座，此桥正对王府门，故名中御桥。中型河道桥梁，结构型式为单孔石拱桥。担负城区道路干道交通任务，最大载重量 10 吨。通公交车。

牛旺立交桥　370812-P01
[Niúwàng Lìjiāoqiáo]

在城区南部。占地面积 1.5 万平方米，有三层互不交叉的不同方向的城市道路在此立体相交，最高层离地面 10 米。1905 年动工，1986 年扩建，2008 年再次扩建。因地处牛旺社区，故得名牛旺立交桥。为小型、分离式结构型式立交桥。日交通流量为 30 000，担负城区道路主干道交通任务。

车站

兖州站　370812-R01
[Yǎnzhōu Zhàn]

一等火车站。在兖州区东部，地处京沪、新石两大干线交会处。1909 年开工，

1911 年建成使用。共有线路 5 条，站台 3 座，固定旅客列车 107 趟。承担济宁地区 12 县市及临沂、泰安、菏泽、日照地区所属部分县市旅客发送中转业务。

兖州北站　370812-R02
[Yǎnzhōu Běizhàn]

一等火车站。在兖州区北部，地处京沪、新石线交会处。建于 1978 年，为兖州站改造扩建一期工程。后经多次改造，现为双向二级五场混合式。站内设南北西三个信号楼，站场南北延长 5 千米，下辖运转、货运、设备、货检四个车间。日均接发旅客列车 78 对、货物列车 270 对，始发列车 117 列，终到列车 121 列。主要办理济南、徐州、菏泽、日照四个方向货物列车的列车编组、解体、改编等作业，以及客运、货运、军运、装卸和列车到发、会让等工作，在鲁西南铁路交通中起着重要作用。

兖州汽车站　370812-S01
[Yǎnzhōu Qìchē Zhàn]

二级客运站。在兖州区东部。成立于 1948 年 10 月建成，1989 年 5 月重建，1990 年底竣工。经营管理 24 条客运线路，其中省际 2 条、市际 14 条、县际 8 条，日发 362 个客运班次。是兖州区唯一一个汽车站，对人民群众的出行、物流运输起着重要作用。

曲阜市

城市道路

孔子大道　370881-K01
[Kǒngzǐ Dàdào]

在市区南部。东起孔子文化广场，西

至和圣路。沿线与曲尼公路、合德路、大成路、轩辕路、文昌路、文宣路、玉兰路、至圣路、和圣路相交。长 6.1 千米，宽 40 米，沥青路面。2010 年开工，2011 年建成。为展示孔子"有朋自远方来，不亦乐乎"思想，故名。是市区主要道路和文化中心。两侧有孝养城养老院、市党校、市博物馆、市体育馆、政德教育基地等。是连接京沪高铁曲阜东站的主干路，通公交车。

大成路 370881-K02
[Dàchéng Lù]

在市区南部。南起孔子大道，北至静轩中路。沿线与舞雩台路、春秋中路、静轩中路相交。长 3.5 千米，宽 40 米，沥青路面。1988 年修建北段静轩中路至舞雩台路段，2009 年修建南段从舞雩台路至孔子大道段。取《孟子·万章下》"孔子之谓集大成"句名之。南首为孔子博物馆，北首直通孔庙。两侧有会展中心、孔子研究院、孔子文化园、杏坛剧场等。是连接曲阜新城区与老城区的主干道，通公交车。

桧柏路 370881-K03
[Guìbǎi Lù]

在市区中部。东起书院转盘，西至金兰路。沿线与木铎路、迎宾大街、天健路、曲宁路、金兰路相交。长 6.1 千米，宽 30.1 米，沥青路面。2001 年开工。因道路临近孔林，里面桧柏常绿而得名。两侧有书院转盘、书院街道中心小学、孔林。通公交车。

迎宾大街 370881-K04
[Yíngbīn Dàjiē]

在市区中部。南起秉礼北路，北至书院泗河大桥。沿线与延恩东路、长春中路、林门路、笃行路、笃信路、桧柏路相交。长 3.7 千米，宽 30.5 米，沥青路面。1958 年开工，1959 年建成。因路北有雕像"齐鲁迎宾曲"，故得名迎宾大街。两侧有孔林、书院街道办事处、书院派出所、书院工商所。通公交车。

杏坛东路 370881-K05
[Xìngtán Dōnglù]

在市区西南部。东起东宏路，西至文昌路。沿线与东宏路、文盛路、文昌路、杏坛路相交。长 1.8 千米，宽 32.3 米，沥青路面。2003 年开工，2005 年建成，2006 年扩建。此路在济宁学院门前向东延伸之路段，孔子当年于杏坛设教传授六艺，命名为杏坛路。因学校东延伸路段，故名杏坛东路。是连接陵城镇与小雪街道及城区的主要道路之一，通公交车。

博学路 370881-K06
[Bóxué Lù]

在市区西南部。东起轩辕路，西至何家村。沿线与文盛路、文昌路、文宣路、玉兰路相交。长 4.2 千米，宽 20 米，沥青路面。2003 年开工，2005 年建成。此路在济宁学院后面，希望学生们博学多才，有所作为，故名博学路。两侧有济宁学院。是连接陵城镇与小雪街道及城区的主要道路之一，通公交车。

裕隆路 370881-K07
[Yùlóng Lù]

在市区中部。东起五福路北首，西至金兰路。沿线与静轩中路、五福路、归德南路、大学东路、苗孔大街、大学西路、贵仁街相交。长 3.4 千米，宽 55 米，沥青路面。原为连云港菏泽公路过曲阜城区的一段，因龙头企业曲阜市裕隆集团名称得名。两侧有裕隆大厦、孔府家集团、曲阜师范大学、曲阜师范大学附属中学、曲阜市职业中等专业学校、曲阜汽车站等。通公交车。

长春西路 370881-K08

[Chángchūn Xīlù]

在市区西部。东起礼宾路，西至金兰路。沿线与礼宾路、金兰路相交。长 3.4 千米，宽 40.2 米，沥青路面。2007 年开工，2013 年建成。因在"万古长春"牌坊前，是向西延伸之路段，故名。通公交车。

长春东路 370881-K09

[Chángchūn Dōnglù]

在市区中部。东起仙源路，西至迎宾大街。沿线与仙源路、迎宾大街相交。长 3.1 千米，宽 18.6 米，沥青路面。2007 年开工，同年建成。因在"万古长春"牌坊前，是向东延伸之路段，故名。两侧有北关派出所。通公交车。

静轩东路 370881-K10

[Jìngxuān Dōnglù]

在市区东部。东起京台高速公路涵洞，西至静轩中路。沿线与舜作路、金皇街、电缆路、远大路、风云街、建设路、静轩中路相交。长 4.3 千米，宽 62.1 米，沥青路面。此路原为连云港菏泽公路过曲阜辖区的一段。此路西原有静轩亭，因在静轩亭东，故名。沿街多为商店、酒店。通公交车。

春秋西路 370881-K11

[Chūnqiū Xīlù]

在市区中部。东起仓庚路，西至时庄街道张庄南。沿线与春秋中路、五福路、轩辕路、天华路、苗孔大街、贵仁街、金兰路、工业一路相交。长 5.2 千米，宽 40 米，沥青路面。2001 年开工，2003 年扩建。因道路系春秋中路向西延伸之路段，故名。通公交车。

春秋东路 370881-K12

[Chūnqiū Dōnglù]

在市区中部。东起创业大道，西至弘道路。沿线与两观台路、滨湖路、弘道路、国老街、大同路、大成路、春秋中路相交。长 5.7 千米，宽 40.1 米，沥青路面。2011 年开工，2012 年建成。因道路系春秋中路向东延伸之路段，故名。该路是贯通东西的一条主要道路，通公交车。

滨河大道 370881-K13

[Bīnhé Dàdào]

在市区东南部。东起曲尼路，西至合德路。沿线与合德路、崇信路、曲尼公路相交。长 21.9 千米，宽 12 米，沥青路面。2012 年开工，2014 年建成。因临沂河南岸，故名滨河大道。通公交车。

天博路 370881-K14

[Tiānbó Lù]

在市区中部。东起创业大道，西至金普花园。沿线与创业大道、京台高速公路线、金皇街、化工街、电缆路、远大路相交。长 3.5 千米，宽 12~20 米，沥青路面。1993 年开工，2004 年建成。因道路北侧曲阜天博汽车零部件制造有限公司得名天博路。两侧有天博工业园、曲阜市尔福农药厂、鲁强地纬新型建材有限公司、天博汽车零部件制造有限公司、曲阜经济开发区管理委员会等。通公交车。

明德路 370881-K15

[Míngdé Lù]

在市区西南部。东起北京福州公路，西至粉店桥。沿线与北京福州公路、京沪高铁曲阜东站至兖州连接线公路相交。长 11.8 千米，宽 12 米，沥青路面。1964 年开工，1967 年、1976 年、1995 年、2000 年、

2008 年多次维修。取自《大学》"大学之道，在明明德"，得名明德路。两侧有小雪公路站、康利源面粉有限公司、陵城镇政府、陵城镇派出所、陵城镇卫生院。通公交车。

崇信路 370881-K16

[Chóngxìn Lù]

在市区东南部。南起孔子大道，北至息陬沂河大桥。沿线与孔子大道相交。长 1.8 千米，宽 45 米，沥青路面。2012 年开工，2014 年建成。取崇尚信义之寓意命名。两侧有息陬窑址、孔子文化广场。通公交车。

仰圣大道 370881-K17

[Yǎngshèng Dàdào]

在市区北部。南起书院泗河大桥，北至曲阜宁阳交界处。沿线与迎宾大道、姚王路、孟庄李庄公路、星吴路相交。长 21 千米，宽 26 米，沥青路面。1958 年开工，同年建成。因吉祥嘉言得名。两侧有曲阜市圣天精细化工厂、王庄法庭。通公交车。

特色街巷

后作街 370881-A01-L01

[Hòuzuò Jiē]

在鲁城街道中部。长 0.4 千米，宽 15 米，石板路面。明、清时，此地为孔府酿造作坊，群众习称后作，故名。明正德年间开工，1990 年拆除北侧房舍，扩宽路面，建仿古式楼阁，现为仿古一条街，是孔府后门一条主要旅游通道。通公交车。

天官第街 370881-A01-L02

[Tiānguāndì Jiē]

在鲁城街道中部。长 0.6 千米，宽 16 米，石板路面。清康熙年间，此街有颜伯璟宅。璟次子光敏，官至吏部考功司郎中，旧时吏部亦称天官，故世人称颜伯璟家的住宅为天官第，街称天官第街。此路设计体现明清时代曲阜建筑格调，是一条综合性商业街道。街东首为孔庙，两侧有曲阜市社会福利院、曲阜市人民医院、曲阜市食品药品监督管理局等单位。通公交车。

五马祠街 370881-A01-L03

[Wǔmǎcí Jiē]

在鲁城街道中部。长 0.6 千米，宽 17 米，石板路面。街中段路北原有明后期修建孔氏祠堂，名五马家祠，故名。明后期成路，街两侧建仿古店铺，为城区规模最大的商业街。1994 年，该商业街荣获国家建设部授予的建筑设计银质奖。通公交车。

阙里街 370881-A01-L04

[Quēlǐ Jiē]

在鲁城街道中部。长 0.7 千米，宽 13 米。石板路面。街中有坊，此坊建于元代，皆木质结构，重檐斗拱，四柱三楹，每楹三层，上雕云龙透花板，中间横匾上刻"阙里"两个大字，街以此得名。春秋时成路，元代扩宽。沿街有孔庙、孔府等重要旅游景点，街两侧为特色旅游商店。是曲阜最具特色的历史文化名街和重要的商业街。通公交车。

陋巷街 370881-A01-L05

[Lòuxiàng Jiē]

在鲁城街道中部。长 0.2 千米，宽 5 米，石板路面。取《论语·雍也》"贤哉回也，一箪食，一瓢饮，在陋巷，人不堪其忧，回也不改其乐"句名之。春秋时期为小巷，明清形成古店铺。街北颜庙内有陋巷井和陋巷故址，北首有明万历二十三年（1595）巡按御史连标所建的四栋三楹"陋巷"石坊，曲阜旅游热点街巷。通公交车。

颜庙街 370881-A01-L06
[Yánmiào Jiē]

在鲁城街道中部。长 0.6 千米，宽 10.1 米，石板路面。街西首路北即复圣庙，邑人习称为颜庙，故以庙名街。两侧有颜庙、曲阜市机关幼儿园、万成公食品厂等。通公交车。

神道路 370881-A01-L07
[Shéndào Lù]

在鲁城街道中部。长 0.3 千米，宽 30.2 米，沥青路面。原为至圣庙路，习称神道，故名神道路。两侧有曲阜市水利局，是游客参观孔庙的主要通道。通公交车。

约礼街 370881-A01-L08
[Yuēlǐ Jiē]

在鲁城街道东北部。长 0.8 千米，宽 12.3 米，沥青路面。取自《论语》"君子博学于文，约之以礼"，即以礼规范和约束言行，故命名约礼街。是参观周公庙的必经之路。通公交车。

弘道路 370881-A01-L09
[Hóngdào Lù]

在鲁城街道东南部。长 2.2 千米，宽 26.2 米，沥青路面。因其路既长又宽，故取《论语·卫灵公》"人能弘道，非道弘人"之语意而得名。两侧有百意超市、体育公园、孔子故里园、妇幼保健院、市政工程管理局、曲阜市公路局等。通公交车。

舞雩台路 370881-A01-L10
[Wǔyútái Lù]

在鲁城街道南部。长 1.3 千米，宽 32.2 米，沥青路面。因所邻地理实体而得名。两侧有曲阜市公安局、曲阜市检察院、曲阜市审计局、曲阜市人民法院、曲阜市住建局、曲阜市房产局等。通公交车。

大同路 370881-A01-L11
[Dàtóng Lù]

在鲁城街道南部。长 1.8 千米，宽 42.2 米，沥青路面。取《礼记礼运》"大道之行也，天下为公……是谓大同"之意得名。两侧有大同桥、曲阜市环保局、香格里拉酒店、曲阜市财政局、曲阜市经信局。通公交车。

仓庚路 370881-A01-L12
[Cānggēng Lù]

在鲁城街道南部。长 1.4 千米，宽 18.3 米，沥青路面。取《诗·豳风·七日》"春日载阳，有鸣仓庚"之句命名。两侧有曲阜市中医院、曲阜市税务局、曲阜市政府、儒家花园酒店等。通公交车。

南门大街 370881-A01-L13
[Nánmén Dàjiē]

在鲁城街道中部。长 0.5 千米，宽 10.5 米，石板路面。此街原为南门大街和南关大街，1978 年拆掉城门，1986 年注销南关大街，统称南门大街。两侧有五马祠街、明古城墙、文化馆。通公交车。

五福路 370881-A01-L14
[Wǔfú Lù]

在鲁城街道西南部。长 1.3 千米，宽 20.1 米，沥青路面。取《尚书》中"五福"而得名。两侧有曲阜市城乡客运公司、五福广场等。通公交车。

观志街 370881-A01-L15
[Guānzhì Jiē]

在鲁城街道南部。长 0.4 千米，宽 14 米，沥青路面。取自《论语·先进》篇，子路、曾皙等待坐，孔子命各言其志，不要受拘束，反映孔子循循善诱、因材施教的教育方法，故名。通公交车。

国老街 370881-A01-L16
[Guólǎo Jiē]

在鲁城街道南部。长 0.4 千米，宽 20 米，沥青路面。孔子在鲁国被尊称为国老，并在杏坛讲学，此街在杏坛学校西邻，故名。两侧有舞雩坛小学、杏坛中学等。通公交车。

跑泉街 370881-A01-L17
[Pǎoquán Jiē]

在鲁城街道东南部。长 0.6 千米，宽 8.4 米，沥青路面。此街在马刨泉之南，故得名。西侧有曲阜市体育公园。通公交车。

浴沂路 370881-A01-L18
[Yùyí Lù]

在鲁城街道南部。长 2.3 千米，宽 20 米，沥青路面。取自《论语》"浴乎沂，风乎舞雩"之句，故名。两侧有曲阜市嘉诚水质净化有限公司、曲阜市看守所、曲阜市自来水公司水厂等。通公交车。

逵泉路 370881-A01-L19
[Kuíquán Lù]

在鲁城街道南部。长 4.2 千米，宽 20.2 米，沥青路面。因路旁有逵泉，故名。两侧有火车站、田家炳小学、体育公园、孔子文化园、孔子研究院、东方儒家酒店等。通公交车。

校场路 370881-A01-L20
[Jiàochǎng Lù]

在鲁城街道西北部。长 2.1 千米，宽 10.3 米，沥青路面。此地为古校场，故名。两侧有曲阜中医药学校、燕京啤酒曲阜有限公司等。通公交车。

钟楼街 370881-A01-L21
[Zhōnglóu Jiē]

在鲁城街道中部。长 0.2 千米，宽 10.5 米，石板路面。因邻近建筑物而得名。两侧有钟楼、孔庙、孔府、阙里宾舍。通公交车。

新文化街 370881-A01-L22
[Xīnwénhuà Jiē]

在鲁城街道中部。长 0.2 千米，宽 13.1 米，石板路面。古时每逢试期，街上设有考棚，故名考棚街。清末废科举后于旧址建山东省曲阜师范学校，成为鲁中南传播文化的中心，故更名为新文化街。两侧有曲阜市图书馆、长城宾馆。通公交车。

半壁街 370881-A01-L23
[Bànbì Jiē]

在鲁城街道中部。长 1.1 千米，宽 13 米，石板路面。因道路东为墙壁，故名。街东为孔庙西墙，两侧有曲阜电影院、曲阜三孔工商所。通公交车。

桥梁

书院泗河大桥 370881-N01
[Shūyuàn Sìhé Dàqiáo]

在曲阜城区北部。桥长 261.2 米，桥面宽 27.2 米，最大跨度 38 米，桥下净高 6.5 米。1963 年在张阳河口以东建漫水桥，1964 年建成，1980 年在其东建造新桥，1981 年 12 月建成。大桥在书院街道北的泗河上，故名。为大型河道桥梁，上部结构为新型钢架拱形，钢筋混凝土制栏杆；下部为石砌重力式墩台。是京福公路上的重要桥梁，最大载重量 55 吨。通公交车。

新大成桥 370881-N02
[Xīndàchéng Qiáo]

在曲阜城区南部。桥长 240 米，桥面宽 43 米，最大跨度 50 米，桥下净高 8 米。2008 年开工，同年建成。因在大成路上，且北有大成桥，故名新大成桥。为大型河道桥梁，结构型式为钢筋混凝土桥。担负城区干道交通任务，最大载重量30吨。通公交车。

尼山景观大桥 370881-N03
[Níshān Jǐngguān Dàqiáo]

在曲阜城区东南部。桥长265米，桥面宽29米，最大跨度35米，桥下净高10米。2013年开工，2014年建成。因地理实体得名。结构型式为9孔曲形连续梁桥。是集交通功能和旅游景观于一体的标志性建筑，最大载重量70吨，通公交车。

姜家村大桥 370881-N04
[Jiāngjiācūn Dàqiáo]

在曲阜城区南部。桥长756米，桥面宽43米，最大跨度30米，桥下净高13米。2010年开工，2011年建成。因所在地理位置得名。为大型桥梁，结构型式为预应力混凝土箱梁桥。最大载重量55吨，通公交车。

车站

曲阜站 370881-R01
[Qūfù Zhàn]

铁路三等站。在市境南部，曲阜市政府东4.5千米。1983年开工，1986年建成。因所在政区得名。占地面积23 400平方米，为客货运混合站，年客运量35万人，年货运量5万吨。车站内设有候车室、售票房、行车室、货运室。对兖矿煤炭运输，北京、日照等地的客运，以及旅游业大有裨益。

曲阜东站 370881-R02
[Qūfù Dōngzhàn]

二级铁路站。在曲阜市东南部。2010年开工，2011年建成。因在曲阜市东部，故名。占地面积9 996平方米，年客运量265万人。曲阜东站的开通，大大缩短了曲阜到北京、曲阜到上海的距离，及客运旅游的便利，促进了曲阜旅游的发展。

曲阜汽车站 370881-S01
[Qūfù Qìchē Zhàn]

一级汽车客运站。在市境西部。2008年开工，2009年建成。占地面积4 080平方米，总建筑面积17 107平方米，年客运量100万人。集客运服务、物流配载、汽车维修、商业、餐饮、办公等功能于一体。有多条通往省内省外线路。

邹城市

城市道路

太平路 370883-K01
[Tàipíng Lù]

在市区中部。东起西苇水库，西至火车站立交桥。沿线与城前东路、金山大道、峄山路、岗山路、铁山路、邾国大道相交。长6.7千米，宽32米，沥青路面。1976年建成峄山路至火车站西段，1979年全线建成。因太平镇命名。沿途以商铺、单位为主。两侧有贵和购物广场、百货大楼、文化广场、油龙大厦、广电大厦等。是城区主要交通干道，通公交车。

峄山路 370883-K02
[Yìshān Lù]

在市区中部。北起国宏大道，南至野店大桥。沿线与公园路、太平路、平阳路相交。长10.5千米，宽35米，沥青路面。1960年建成平阳路至大沙河中段，1973年后建成国宏大道至平阳东路北段，1980年全面建成。因境内历史文化名山峄山命名。沿途以商铺、单位为主。两侧有博物馆、义乌商贸城等。为城区南北主干道，通公交车。

特色街巷

过街棚街 370883-A01-L01
[Guòjiēpéng Jiē]

在千泉街道中部。长0.5千米，宽8.5米，沥青路面。因街西端过街棚而得名。清道光二十年（1840）建成。不通公交车。

南坛街 370883-A01-L02
[Nántán Jiē]

在千泉街道南部。长0.5千米，宽5米，混凝土路面。因邻神祇坛（俗称南坛）而得名。不通公交车。

西门里大街 370883-A02-L01
[Xīménlǐ Dàjiē]

在钢山街道西部。长0.4千米，宽16米，沥青路面。因在县城西门以里而得名。旧时为县城文教圣地，商业繁盛。街道两旁以商铺、单位为主，有宝仁堂大药房、文化馆等。通公交车。

郑国大街 370883-A02-L02
[Zhūguó Dàjiē]

在钢山街道西部。长0.4千米，宽25米，沥青路面。因邹城市乃春秋时邾国而得名。道路两旁主要是商铺、单位，有曙光医院、邹城火车站、"双圣"碑亭，内立孔子诞生圣地碑和孟子诞生圣地碑。通公交车。

北门里大街 370883-A02-L03
[Běiménlǐ Dàjiē]

在钢山街道西部。长0.4千米，宽7米，柏油路面。因位于老县城北门以里而得名。道路两旁主要是商铺、单位和住宅区，有百货商店等，街西重兴塔为全国重点文物保护单位。不通公交车。

三迁大街 370883-A03-L01
[Sānqiān Dàjiē]

在凫山街道西部。长1.1千米，宽12米，混凝土路面。因街北孟母三迁祠而得名。两侧有三迁公园等。不通公交车。

车站

邹城站 370883-R01
[Zōuchéng Zhàn]

二等火车站。在市区西部。1911年开工，1912年津浦铁路通车时使用。车站主要建筑有售票处、候车大厅。下设运转、货运、客运、装卸室，共有到发线9条、货运线6条、牵出线2条、专用线2条。车站为客货运混合，年客运量88.58万人次，年货运量1 100万吨。是邹城主要的煤炭运输和货运周转中心，为推动本地对外经济发展、人文交流起了重要作用。

邹城汽车站 370883-S01
[Zōuchéng Qìchē Zhàn]

二级长途汽车站。在邹城市区西南部。1957年建成运行。2013年4月自老站迁建于此。占地面积97 270.91平方米，建筑面积16 000平方米，站房面积8 000平方米，停车位224个，经营跨省班线10条，日发420个班次，年发送旅客162万人次。是具有长途客运、旅游客运、城乡公交、车辆维修等综合性服务功能的客运站。

微山县

城市道路

奎文路 370826-K01
[Kuíwén Lù]

在县城中部。西起老运河奎文桥，东至小新河桥。沿线与戚城街、磨担街、镇中街、谢桥街、文化街、新河街相交。长2.1千米，宽22~32米，沥青路面。原为广戚县城东西大街，始于秦代，1958年向东延至小新河桥，1971年扩建。以路中段的奎星楼（古戚城东门）和建于明天启年间的滕文公祠得名。是微山政治、经济、文化中心。两侧有县委、县政府、文化宫、电影院、文化局、运河文化广场、供销大厦、微山湖宾馆等。是城区主要交通干道，通公交车。

微山湖大道 370826-K02
[Wēishānhú Dàdào]

在县城东部。北起104国道，南至微山湖国家湿地公园。沿线与夏阳路、建设路、城后路、奎文路、东风路、金源路、青山路、济南—微山省道、昭阳湖路、独山湖路、南阳湖路、白鹭湖路相交。长8.3千米，宽80米，沥青路面。1978年开工，2012年改建。因直通微山湖国家湿地公园，故名。沿途多企事业单位和住宅区。两侧有微山湖医院、微山湖国家湿地公园、县交通局、第二实验中学、邮政局等。是城区南北主干道，与城区多条干道相连通，通公交车。

微矿路 370826-K03
[Wēikuàng Lù]

在县城中部。西起戚城北街，东至微山湖大道。沿线与戚城北街、镇中北街、新河北街、商业北街、微山湖大道相交。长2.5千米，宽30米，沥青路面。2012年开工，同年建成。以微山湖矿业集团名字命名。两侧有中国供销微山农商物流园、叙福堂药业集团。为城区主干道，通公交车。

微矿西路 370826-K04
[Wēikuàng Xīlù]

在县城中部。东起戚城北街，西至滨湖路。沿线与滨湖路、部城北街、戚城北街相交。长2.9千米，宽30米，沥青路面。2012年开工，同年建成。以微山湖矿业集团名字命名。两侧有微山酒厂。是城区主干道，通公交车。

夏阳路 370826-K05
[Xiàyáng Lù]

在县城中部。西起戚城北街，东至微山湖大道。沿线与戚城北街、镇中北街、新河北街、商业北街、微山湖大道相交。长2.4千米，宽42米，沥青路面。1995年开工，同年建成。由夏镇古名夏阳得名。两侧有建材城、昊福制药厂、微矿热电、中国供销微山农商物流园。为城区主干道，通公交车。

夏阳西路 370826-K06
[Xiàyáng Xīlù]

在县城中部。东起戚城北街，西至滨湖路。沿线与滨湖路、部城北街、戚城北街相交。长2.9千米，宽42米，沥青路面。1995年开工，同年建成。由夏镇古名夏阳而得名，是夏阳路向西的延伸段，故名。两侧有微山酒厂、夏镇一中西校等。通公交车。

夏阳东路 370826-K07

[Xiàyáng Dōnglù]

在县城中部。西起微山湖大道，东至104国道。沿线与微山湖大道、泰康北街、104国道相交。长1.6千米，宽30米，沥青路面。1995年开工，2012年建成。由夏镇古名夏阳得名，是夏阳路向东的延伸段，故名。两侧有坤宏汽贸等。为城区主干道，通公交车。

建设西路 370826-K08

[Jiànshè Xīlù]

在县城中部。东起戚城北街，西至滨湖路。沿线与滨湖路、部城北街、戚城北街相交。长2.8千米，宽30米，沥青路面。2007年开工，同年建成。是建设路向西延伸段，故名。两侧有社会福利中心。为城区主干道，通公交车。

建设路 370826-K09

[Jiànshè Lù]

在区境中部。西起戚城北街，东至微山湖大道。沿线与戚城北街、镇中北街、新河北街、商业北街、微山湖大道相交。长2.4千米，宽30米，沥青路面。2007年开工，同年建成。是一条新建设的道路，故名。两侧有银座商城、消防中队。

建设东路 370826-K10

[Jiànshè Dōnglù]

在县城中部。西起微山湖大道，东至104国道。沿线与微山湖大道、泰康北街、104国道相交。长1.6千米，宽30米，沥青路面。2007年开工，2012年建成。因是建设路向东延伸段而得名。两侧有稀土工业园、联众包装等。为城区主干道，通公交车。

城后西路 370826-K11

[Chénghòu Xīlù]

在县城中部。东起戚城街，西至滨湖路。沿线与滨湖路、部城北街相交。长2.8千米，宽26米，沥青路面。1982年开工，1999年建成。因是城后路向西延伸段得名。两侧有广播电视台。为城区主干道，通公交车。

城后路 370826-K12

[Chénghòu Lù]

在县城中部。西起戚城街，东至新河街。沿线与戚城街、磨担街、镇中街、谢桥街、文化街、新河街相交。长1.2千米，宽22米，沥青路面。1982年开工，同年建成。因在秦代广戚县城北得名。两侧有粮食和物价局、环保局、夏镇中心小学等。为城区主干道，通公交车。

城后东路 370826-K13

[Chénghòu Dōnglù]

在县城中部。西起新河街，东至泰康街。沿线与商业北街、微山湖大道、泰康街相交。长1.9千米，宽22米，沥青路面。1982年开工，1999年建成。因是城后路向东延伸段而得名。两侧有质监局、皮防站、四季青商贸城、民生广场。为城区主干道，通公交车。

奎文西路 370826-K14

[Kuíwén Xīlù]

在县城中部。东起奎文桥，西至滨湖路。沿线与滨湖路、部城北街相交。长3.2千米，宽39米，沥青路面。1982年开工，同年建成。因奎文村得名，是奎文路向西延伸段，故名。为城区主干道，通公交车。

奎文东路 370826-K15

[Kuíwén Dōnglù]

在县城中部。西起小新河桥，东至新

薛河东侧微山、薛城交界处。沿线与商业北街、微山湖大道、泰康街、104 国道相交。长 4.7 千米，宽 40 米，沥青路面。1989 年开工，同年建成。因奎文村得名。两侧有微山县公安局、微山县民政局、润峰集团、开发区管委会、微山汽车站。为城区东西主干道，通公交车。

东风西路 370826-K16
[Dōngfēng Xīlù]

在县城中部。东起东风桥，西至微山湖英烈园。沿线与滨湖路、部城街、戚城街相交。长 3.2 千米，宽 39 米，沥青路面。2008 年开工，同年建成。因东风桥得名，是东风路向西延伸段，故名。两侧有运河文化广场、金源煤矿、微山湖抗日英烈纪念园。为城区主干道，通公交车。

东风路 370826-K17
[Dōngfēng Lù]

在县城中部。西起老运河东风桥，东至小新河。沿线与镇中街、新河街相交。长 0.8 千米，宽 22 米，沥青路面。1980 年开工，1982 年建成。因老运河东风桥得名。两侧有夏镇医院、实验小学、机关幼儿园。为城区次干道，通公交车。

东风东路 370826-K18
[Dōngfēng Dōnglù]

在县城中部。西起小新河，东至洛房村。沿线与商业南街、微山湖大道、泰康街、104 国道相交。长 3.3 千米，宽 23 米，沥青路面。1989 年开工，2009 年建成。因是东风路向东延伸段而得名。两侧有国泰宾馆、微山县国土局、圣天源大酒店、新城医院、微山县工商局、高新技术产业园等。为城区次干道，通公交车。

留城路 370826-K19
[Liúchéng Lù]

在县城中部。西起小新河，东至微山湖大道。沿线与商业南街、微山湖大道相交。长 1.2 千米，宽 15 米。西段为水泥路面，东段为沥青路面。1999 年开工，2000 年建成。此地古为留城通往薛城的大道，故名。为城区支路，通公交车。

金源路 370826-K20
[Jīnyuán Lù]

在县城中部。西起部城街，东至微山湖大道。沿线与镇中南街、新河南街、商业南街、微山湖大道相交。长 2.1 千米，宽 54 米，沥青路面。2002 年开工，同年建成。此路经过金源小区，且为金源煤矿冠名，故名。两侧有城市广场。为城区主干道，通公交车。

金源西路 370826-K21
[Jīnyuán Xīlù]

在县城中部。东起部城街，西至滨湖路。沿线与滨湖路、部城街相交。长 1.9 千米，宽 12 米，沥青路面。2003 年开工，同年建成。因是金源路向西延伸段而得名。两侧有金源煤矿。为城区主干道，通公交车。

金源东路 370826-K22
[Jīnyuán Dōnglù]

在县城中部。西起微山湖大道，东至新薛河堤。沿线与微山湖大道、红菱街、泰康街、104 国道相交。长 2.3 千米，宽 54 米，沥青路面。2012 年开工，同年建成。因是金源路向东延伸段而得名。两侧有创达科技园、霞光集团、霓虹王电子科技公司、微山湖电子科技公司、力控矿山设备有限公司、奥德燃气公司。为城区主干道，通公交车。

青山西路 370826-K23

[Qīngshān Xīlù]

在县城中部。东起戚城南街，西至湖东堤。沿线与滨湖路、部城街、戚城南街相交。长 1.9 千米，宽 50 米，沥青路面。2005 年开工，同年建成。因是青山路向西延伸段而得名。两侧有污水处理厂。为城区主干道，通公交车。

青山路 370826-K24

[Qīngshān Lù]

在县城中部。西起戚城南街，东至微山湖大道。沿线与镇中南街、新河南街、商业南街、微山湖大道相交。长 2.1 千米，宽 50 米，沥青路面。2005 年开工，同年建成。因此路经过青山村得名。两侧有微山县实验中学等。为城区主干道，通公交车。

青山东路 370826-K25

[Qīngshān Dōnglù]

在县城中部。西起微山湖大道，东至 104 国道。沿线与微山湖大道、红菱街、泰康街、104 国道相交。长 1.6 千米，宽 50 米，沥青路面。2012 年开工，同年建成。因是青山路向东延伸段得名。两侧有对外贸易皮蛋厂、霞光集团（总部）、山东嘉艺木业公司等。为城区主干道，通公交车。

红荷路 370826-K26

[Hónghé Lù]

在县城中部。西起滨湖路，东至 104 国道。沿线与部城南街、镇中南街、新河南街、商业南街、微山湖大道、红菱街、泰康南街、104 国道相交。长 5.3 千米，宽 30 米，沥青路面。1999 年开工，同年建成。荷花为微山湖最具特色的水生植物之一，多为红色，取此名为突出地域特色。两侧有微山一中、昭阳街道办事处。为城区主干道，通公交车。

南阳湖路 370826-K27

[Nányánghú Lù]

在县城中部。西起新河南街，东至泰康南街。沿线与新河南街、商业南街、微山湖大道、泰康南街相交。长 2.1 千米，宽 30 米，沥青路面。2012 年开工，同年建成。以南阳湖命名。两侧有微山一中。为城区主干道，通公交车。

独山湖路 370826-K28

[Dúshānhú Lù]

在县城中部。西起新河南街，东至泰康南街。沿线与新河南街、商业南街、微山湖大道、泰康南街相交。长 1.9 千米，宽 40 米，沥青路面。2012 年开工，同年建成。以独山湖命名。两侧有微山县体育馆、微山县体育场、清华实验学校等。为城区主干道，通公交车。

昭阳湖路 370826-K29

[Zhāoyánghú Lù]

在县城中部。西起新河南街，东至泰康南街。沿线与新河南街、商业南街、微山湖大道、泰康南街相交。长 1.6 千米，宽 46 米，沥青路面。2012 年开工，同年建成。以昭阳湖命名。两侧有微山县体育馆、微山县体育场、微山县质监局。为城区主干道，通公交车。

滨湖路 370826-K30

[Bīnhú Lù]

在县城中部。北起微矿西路，南至红荷路。沿线与红荷路、青山西路、金源西路、东风西路、奎文西路、建设西路、夏阳西路、微矿西路相交。长 4.1 千米，宽 30 米，沥青路面。1999 年开工，同年建成。因紧靠微山湖而得名。为城区主干道，通公交车。

特色街巷

部城北街 370826-A01-L01

[Bùchéng Běijiē]

在夏镇街道西北部。长 2.7 千米，宽 36 米，沥青路面。因是部城街向北延伸段而得名。通公交车。

部城街 370826-A01-L02

[Bùchéng Jiē]

在夏镇街道西部。长 1.3 千米，宽 36 米，沥青路面。因两侧有部城得名。通公交车。

部城南街 370826-A01-L03

[Bùchéng Nánjiē]

在夏镇街道西南部。长 0.4 千米，宽 36 米，沥青路面。因部城得名，是部城街向南延伸段。通公交车。

戚城北街 370826-A01-L04

[Qīchéng Běijiē]

在夏镇街道西北部。长 1.7 千米，宽 35 米，沥青路面。因秦代广戚城得名，为向北延伸段。两侧有玉鑫居饭庄、荷韵大酒店等。通公交车。

戚城街 370826-A01-L05

[Qīchéng Jiē]

在夏镇街道西部。长 1.1 千米，宽 35 米，沥青路面。因秦代广戚城而得名。两侧有运河文化广场等。通公交车。

磨担街 370826-A01-L06

[Módàn Jiē]

在夏镇街道西部。长 0.5 千米，宽 8 米，混凝土路面。梁氏于明洪武九年（1376）自山西洪洞县迁此，以磨面、挑担为业，故名磨担街。1985 年拓宽后，发展成为商业街，街道两侧均为商铺，批发零售日用百货。通公交车。

镇中北街 370826-A01-L07

[Zhènzhōng Běijiē]

在夏镇街道北部。长 1.8 千米，宽 28 米，沥青路面。因是镇中街向北延伸段而得名。两侧有红星家具城、银座商城、微山湖建材城、夏阳广场。通公交车。

镇中街 370826-A01-L08

[Zhènzhōng Jiē]

在夏镇街道中部。长 1 千米，宽 18 米，沥青路面。因在原夏镇的中心位置得名。两侧有尚都购物广场、苏果超市、微山湖宾馆、红星家具城。通公交车。

镇中南街 370826-A01-L09

[Zhènzhōng Nánjiē]

在夏镇街道南部。长 2.1 千米，宽 20 米，沥青路面。因是镇中街向南延伸段而得名。通公交车。

谢桥街 370826-A01-L10

[Xièqiáo Jiē]

在夏镇街道中部。长 0.6 千米，宽 9 米，水泥路面。因在谢桥村得名。两侧有爱国小学。通公交车。

文化街 370826-A01-L11

[Wénhuà Jiē]

在夏镇街道中部。长 0.7 千米，宽 22 米，沥青路面。因原微山一中和教体局在道路两侧得名。两侧有微山县教体局等。通公交车。

新河北街 370826-A01-L12

[Xīnhé Běijiē]

在夏镇街道北部。长 2 千米，宽 30 米，沥青路面。因紧靠小新河，是新河街向北延伸段，故名。通公交车。

新河街 370826-A01-L13
[Xīnhé Jiē]

在夏镇街道中部。长3.8千米，宽22米，沥青路面。因是新河街向南延伸段而得名。两侧有运正大厦、嘉盛商贸城、微山一中等。通公交车。

新河南街 370826-A01-L14
[Xīnhé Nánjiē]

在夏镇街道南部。长3.8千米，宽22米，沥青路面。因是新河街向南延伸段而得名。两侧有运正大厦、嘉盛商贸城、微山一中等。通公交车。

商业北街 370826-A01-L15
[Shāngyè Běijiē]

在夏镇街道北部。长2.7千米，宽40米，沥青路面。因道路两侧商业店铺聚集得名。两侧有璎轩幼儿园、微山湖美食城、农商物流园等。通公交车。

商业南街 370826-A01-L16
[Shāngyè Nánjiē]

在夏镇街道南部。长3.6千米，宽40米，沥青路面。因道路两侧商业店铺聚集得名。两侧有微山湖文化广场等。通公交车。

红菱街 370826-A01-L17
[Hónglíng Jiē]

在夏镇街道东南部。长1.7千米，宽20米，沥青路面。因微山湖植物红菱得名。两侧有对外贸易皮蛋厂、传奇贝贝儿童用品公司等。通公交车。

泰康北街 370826-A01-L18
[Tàikāng Běijiē]

在夏镇街道东北部。长1.7千米，宽60米，沥青路面。因是泰康街向北延伸段而得名。通公交车。

泰康街 370826-A01-L19
[Tàikāng Jiē]

在夏镇街道东部。长2.5千米，宽60米，沥青路面。由吉祥嘉言得名，取"国泰民安，百姓安康"之意。两侧有新目标纺织厂、润峰集团等。通公交车。

泰康南街 370826-A01-L20
[Tàikāng Nánjiē]

在夏镇街道东南部。长2.5千米，宽60米，沥青路面。因是泰康街向南延伸段而得名。两侧有容商集团、霞光集团、清华实验学校等。通公交车。

桥梁

奎文桥 370826-N01
[Kuíwén Qiáo]

在县城西部。桥长60米，桥面宽25米，最大跨度20米，桥下净高5.8米。1974年开工，2009年拆除重建，2010年建成。因在奎文路上而得名。为小型河道桥梁，结构型式为混凝土空心板桥。担负城区干道交通任务。通公交车。

新薛河大桥 370826-N02
[Xīnxuēhé Dàqiáo]

在县城南部。桥长266米，桥面宽12米，最大跨度20.1米，桥下净高3.6米。1984年建成，2012年拆除重建，2013年建成。因横跨新薛河得名。为小型河道桥梁，结构型式为空心板梁桥。是连接鲁、苏重要交通设施，最大载重量 55 吨。通公交车。

潘家渡大桥 370826-N03
[Pānjiādù Dàqiáo]

在县城南部。桥长 734 米，桥面宽 25 米，最大跨度 65.2 米，桥下净高 5.8 米。1984 年建成，2010 年拆除重建，2011 年建成。因横跨潘庄河得名。为中型河道桥梁，结构型式为连续箱梁桥。是连接鲁、苏重要交通设施，最大载重量 55 吨。通公交车。

韩庄老运河大桥 370826-N04
[Hánzhuāng Lǎoyùnhé Dàqiáo]

在县城东南部。桥长 248.8 米，桥面宽 18.8 米，最大跨度 80.8 米，桥下净高 4.3 米。1976 年建成，2011 年拆除重建，2012 年建成。因横跨韩庄老运河得名。为中型河道桥梁，结构型式为系拉杆拱桥。是连接鲁、苏重要交通设施，最大载重量 30 吨。通公交车。

韩庄节制闸桥 370826-N05
[Hánzhuāng Jiézhìzhá Qiáo]

在县城东南部。桥长 436 米，桥面宽 17.5 米，最大跨度 12.2 米，桥下净高 5.3 米。1960 年建成，2004 年拆除重建，2005 年建成。因横跨韩庄运河得名。为小型河道桥梁，结构型式为 T 型梁板桥。是连接鲁、苏重要交通设施，最大载重量 20 吨。通公交车。

漷河桥 370826-N06
[Kuòhé Qiáo]

在县城北部。桥长 667.1 米，桥面宽 13.5 米，最大跨度 20.2 米，桥下净高 8.2 米。1976 年建成，2007 年拆除重建，2008 年建成。因横跨城漷河得名。为中型河道桥梁，结构型式为空心板梁桥。是微山县城至留庄镇重要交通设施，最大载重量 55 吨。通公交车。

第四节制闸桥 370826-N07
[Dìsì Jiézhìzhá Qiáo]

在县城西部。桥长 943 米，桥面宽 7 米，最大跨度 20.3 米，桥下净高 10 米。1975 年建成。因横跨微山湖得名。为小型河道桥梁，结构型式为空心板梁桥。是连接鲁、苏重要交通设施，最大载重量 20 吨。通公交车。

车站

微山汽车站 370826-S01
[Wēishān Qìchē Zhàn]

二级长途汽车站。在微山县城东部。1958 年 12 月开工，1965 年西迁至戚城街西 200 米处，1989 年东迁至小新河之东，2010 年东迁 2.5 千米至奎文东路南侧。占地面积 52 000 平方米，建筑面积 8 000 平方米。主要建筑有候车大厅、售票大厅、停发车场、站前广场、行包寄存处等。日发 410 余班次，年客运量 20 余万人次。

鱼台县

城市道路

湖陵一路 370827-K01
[Húlíng 1 Lù]

在县城东部。北起西支河南岸，南至南环路。沿线与建设路、鱼新一路、鱼新二路、鱼新三路相交。长 2.6 千米，宽 36 米，柏油路面。1965 年建成北段，1970 年建成南段。因鱼台县秦时称湖陵，以古县名加序数命名。两侧有山东孔府宴酒厂、鱼台县卫校、县妇幼保健院、鱼台县人民医院等。通公交车。

湖陵二路 370827-K02
[Húlíng 2 Lù]

在县城中部。北起北环路,南至南环路。沿线与建设路、鱼新一路、鱼新二路、鱼新三路相交。长 8.5 千米,宽 50 米,柏油路面。1965 年建成北大桥至县体委路段,1986 年建成县体委至县体育场路段,1993 年建成北大桥至北环城路路段,1994 年秋建成体育场至山东孔府宴酒厂路段,2008 年建成北环城路至滨湖大道段,2013 年建成鱼台第一中学至南环路段。因鱼台县秦时称湖陵,以古县名加序数命名。两侧有鱼台县第一中学、孝贤文化广场等。通公交车。

湖陵三路 370827-K03
[Húlíng 3 Lù]

在县城中部。北起北环路,南至南环路。沿线与建设路、鱼新一路、鱼新二路、鱼新三路相交。长 5.1 千米,宽 50 米,沥青路面。1982 年开工,1983 年建成,2003 年拓宽路面,2013 年扩建。因鱼台县秦时称湖陵,以古县名加序数命名。两侧有鱼台县民政局、明珠大酒店等。是城市南北向主要交通道路,通公交车。

湖陵四路 370827-K04
[Húlíng 4 Lù]

在县城西部。南起鱼新三路,北至北外环。沿线与建设路、鱼新一路、鱼新二路、鱼新三路相交。长 4 千米,宽 42 米,柏油路面。2013 年北延,2014 年建成。因鱼台县秦时称湖陵,以古县名加序数命名。沿途多为居民小区。通公交车。

鱼新一路 370827-K05
[Yúxīn 1 Lù]

在县城中部。西起西支河谭庄大桥,东至谷亭街道医院。沿线与湖陵一路、湖陵二路、湖陵三路、湖陵四路相交。长 3 千米,宽 42 米,柏油路面。1965 年建成,1967 年扩建,1968 年、1985 年、2013 年多次改建。以纪念事件命名。沿途多为大型超市。两侧有佳客多购物广场、供销大厦、飞跃时代广场、银都购物广场等。通公交车。

鱼新二路 370827-K06
[Yúxīn 2 Lù]

在县城中部。东起古亭路,西至振兴路。沿线与湖陵一路、湖陵二路、湖陵三路、湖陵四路相交。长 3.1 千米,宽 36 米,柏油路面。1983 年修建西段,1987 年修建东段。以纪念事件命名。沿途多为商铺。两侧有工会礼堂等。通公交车。

鱼新三路 370827-K07
[Yúxīn 3 Lù]

在县城南部。西起工业路,东至古亭一路。沿线与湖陵一路、湖陵二路、湖陵三路、湖陵四路相交。长 4.3 千米,宽 50 米,柏油路面。1996 年建成湖陵一路至湖陵三路段,2009 年西延至工业路,2014 年东延至古亭一路。以纪念事件命名。两侧有鱼台县交通局、鱼台县技术监督局、鱼台县实验中学等。通公交车。

文昌路 370827-K08
[Wénchāng Lù]

在县城东部。北起北二环路,南至花园路。沿线与建设路、鱼新一路、鱼新二路、鱼新三路相交。长 3 千米,宽 36 米,柏油路面。2010 年建成,2013 年改扩建。以地物名称命名。两侧有滨湖中学。通公交车。

北环路 370827-K09
[Béihuán Lù]

在县城北部。西起中达商贸城,东至

东外环。沿线与湖陵二路、湖陵三路、湖陵四路相交。长 5.5 千米，宽 50 米，柏油路面。1993 年建成，2013 年改造。以位置命名。两侧有鱼台县公路局、鱼台县第二实验小学等。是县城北部一条贯穿东西的交通要道。通公交车。

北一环路 370827-K10
[Běi 1 Huán Lù]

在县城北部。东起东外环，西至湖陵四路。沿线与湖陵二路、湖陵三路、湖陵四路相交。长 4.7 千米，宽 36 米，柏油路面。2008 年建成，2012 年东延，2013 年西延。以位置命名。两侧有滨湖中学等。通公交车。

北二环路 370827-K11
[Běi 2 Huán Lù]

在县城北部。东起古亭一路，西至振兴路。沿线与湖陵一路、湖陵二路、湖陵三路相交。长 3.1 千米，宽 36 米，柏油路面。2013 年开工。以位置命名。两侧有新鱼台一中等。通公交车。

南环路 370827-K12
[Nánhuán Lù]

在县城南部。东起东环路，西至枣曹公路。沿线与湖陵一路、湖陵二路、湖陵三路相交。长 3.1 千米，宽 36 米，柏油路面。2010 年建成，2013 年改建。以位置命名。两侧有二郎庙等。是县城南部贯穿东西的一条要道。通公交车。

桥梁

张埝桥 370827-N01
[Zhāngniàn Qiáo]

在县城东南部。桥长 226 米，桥面宽 11.5 米，最大跨度 20 米，桥下净高 4.5 米。

1954 年动工，1956 年建成，1964 年扩建，1968 年再次扩建。因坐落在张埝附近，故名。为大型河道桥梁，结构型式为梁式桥。担负城区道路干道交通任务，最大载重量 30 吨。通公交车。

边河桥 370827-N02
[Biānhé Qiáo]

在县城东南部。桥长 64 米，桥面宽 11.5 米，最大跨度 16 米，桥下净高 3.2 米。1966 年动工，1987 年改建。因坐落在苏鲁边界，故名边河桥。为中型河道桥梁，结构型式为梁式桥。担负城区干道交通任务，最大载重量 20 吨。通公交车。

车站

鱼台县长途汽车站 370827-S01
[Yútái Xiàn Chángtúqìchē Zhàn]

二级汽车站。在县城西北部。是 1954 年 5 月在谷亭镇设立的代办站，1962 年改为售票处，1965 年 1 月改为鱼台谷亭汽车站，同年 5 月改称鱼台汽车站。1973 年扩建站房，1995 年改建站房。有候车厅、售票厅、发车区、停车场，小件寄存处等设施。有跨省市经营一类线路近 40 条，日发车辆 110 余个班次，旅客发送量日均近 0.4 万人次。为旅客出行提供良好的服务。

金乡县

城市道路

文峰路 370828-K01
[Wénfēng Lù]

在县城中部。东起山阳路，西至西外环。

沿线与山阳路、青年路、滨河路、文化路、奎星路、清真街、西关大街、金曼克大道等相交。长5.1千米，宽50.1米，沥青路面。1988年开工，1989年建成，2006年改扩建。因县城星湖公园内文峰塔得名。两侧有金乡县第二中学、百世中学、诚信超市商业圈、体育广场等。为城市东西向的主干道之一，通公交车。

奎星路 370828-K02
[Kuíxīng Lù]

在县城中部。北起诚信大道，南至凯盛大道。沿线与惠民路、崇文大道、金珠路、文峰路、中心街、金城路相交。长4.6千米，宽50米，沥青路面。1992年开工，1993年建成，2009年改扩建。原名金司路，因为从金乡通往司马镇的道路得名。2009年因西靠星湖公园，以公园内魁星楼谐音更名奎星路。两侧有金乡县人民医院、星湖公园、奎星中学等。是城市南北走向的主干道之一，通公交车。

金城路 370828-K03
[Jīnchéng Lù]

在县城中部。东起山阳路，西至金兴路。沿线与金山街、奎星路、文化路、青年路、山阳路、南店子街、新华路、金兴路、金曼克大道相交。长5.2千米，宽50.6米，沥青路面。因在老环城路南，故名金城路。两侧有金乡县地税局、金乡县人民医院等。通公交车。

中心街 370828-K04
[Zhōngxīn Jiē]

在县城中部。东起山阳路，西至金兴路。沿线与山阳路、青年路、春秋路、滨河路、文化路、奎星路、金山街、清真街、新华路、金曼克大道、金兴路相交。长5.1千米，宽22.4米，沥青路面。因在金乡县中部得名。

两侧有济宁教育学院、王杰中学、奎星湖公园、国贸商城、新华书店、图书馆等。通公交车。

诚信大道 370828-K05
[Chéngxìn Dàdào]

在县城北部。西起金源大道，东至金丰大道。沿线与金兴路、金曼克大道、新华路、金山街、迎宾大道、奎星路、文化路、环城滨河路、春秋路、青年路、山阳路、奥体大道、高平路、金丰大道相交。长4.9千米，宽21~23米，沥青路面。2001年开工，同年建成，2006年改（扩）建。2012年金乡县获传统文化促进会颁发的"诚信之乡"称号，故名。沿途多为企业、居民小区、村庄等。不通公交车。

金珠路 370828-K06
[Jīnzhū Lù]

在县城北部。东起奥体大道，西至大沙河东岸。沿线与山阳路、青年路、春秋路、滨河路、文化路、奎星路、金山街、新华路、金曼克大道、金兴路等相交。长5千米，宽32米，沥青路面。2009年建成。因该路穿过金珠社区得名。两侧有金乡一中、宏大医院等。是贯穿城区内的东西要道，不通公交车。

开元大道 370828-K07
[Kāiyuán Dàdào]

在县城东部。西起山阳路，东至金丰线。沿线与山阳路、奥体大道、金丰大道等相交。长2.9千米，宽60米，沥青路面。2014年建成。因此路通向境内首条济徐高速公路，故名开元大道。两侧有亿九孵化中心等。通公交车。

王杰路 370828-K08
[Wángjié Lù]

在县城北部。东起东环路，西至金兴路。沿线与环城滨河、迎宾大道、文化路、新华路、金曼克大道相交。长5.9千米，宽84.4米，沥青路面。因在英雄烈士王杰的故居王杰村南侧，故名。沿途企业众多。不通公交车。

惠民路 370828-K09
[Huìmín Lù]

在县城北部。东起山阳路，西至金兴路。沿线与山阳路、青年路、春秋路、滨河路、文化路、奎星路、金山街、新华路、金曼克大道、金水路、金兴路等相交。长4.8千米，宽30.1米，沥青路面。2011年开工，同年建成。因该路穿过时代花园小区，该小区是县委、县政府在新农村建设中规范的第一个环境优美、益于居住的农村社区，是一项惠民工程，故命名惠民路。两侧有金山公园、嘉欣市场、真武庙等。不通公交车。

金山街 370828-K10
[Jīnshān Jiē]

在县城中部。北起王杰路，南至凯盛大道。沿线与王杰路、惠民路、崇文大道、金珠路、文峰路、中心路、金城路、缙城路、凯盛大道等相交。长4.6千米，宽40米，沥青路面。1994年开工。因金乡山得名。是全县政治、经济、文化、宣传、金融、休闲、娱乐中心，商贸餐饮服务一条街。两侧有国贸商场、光明商厦、天兴大厦、王杰广场等。通公交车。

金兴路 370828-K11
[Jīnxīng Lù]

在县城西部。北起王杰路，南至南环路。沿线与缙城路、金城路、南外环、中心街、文峰路、金珠路、崇文大道、惠民路、诚信大道相交。长4.4千米，宽84.8米，沥青路面。2001年开工，同年建成。取金乡兴旺之意，故名金兴路。沿途多为汽车修理及汽车美容等商铺。是县城西环城道路运输要道，不通公交车。

山阳路 370828-K12
[Shānyáng Lù]

在县城东部。北起金桥路，南至凯盛大道。沿线与金桥路、中华路、诚信大道、惠民路、崇文大道、金珠路、文峰路、中心街、金城路、缙城路、南外环相交。长6.2千米，宽84.7米，沥青路面。2006年开工，同年建成，2011年改（扩）建。东汉建武年间金乡属山阳郡，为延续历史，故将该路命名为山阳路。两侧有金乡县水利局、金乡县供电局、金乡一中、红星美凯龙、金山公园等。是贯穿县城东部南北的交通要道。不通公交车。

金曼克大道 370828-K13
[Jīnmànkè Dàdào]

在县城西北部。北起中华路，南至中心街。沿线与南外环、金城路、缙城路、中心街、文峰路、金珠路、崇文大道、惠民路、诚信大道、王杰路、北外环相交。长4.9千米，宽60.5米，沥青路面。2006年建成。以著名企业金曼克集团命名。两侧有金乡开发区、宏大医院、金乡二中、金兴经济园、金兴商贸城等。不通公交车。

清真街 370828-K14
[Qīngzhēn Jiē]

在县城中部。北起文峰路，南至中心街。沿线与文峰路、步行街、中心街、滨河路、金城路等相交。长1.3千米，宽13米，沥青路面。因清朝修有清真寺得名。是居住、商贸一体的主要道路。不通公交车。

文化路 370828-K15

[Wénhuà Lù]

在县城中部。北起王杰路,南至滨河路。沿线与王杰路、崇文路、金珠路、文峰路、中心街、金城路、滨河路相交。长3.7千米,宽12~17米,沥青路面。该街因东靠济宁教育学院,西靠王杰中学,文化气息浓厚,故名文化路。两侧有王杰中学、济宁教育学院、星星河幼儿园、书香幼儿园、翰林幼儿园、中国农业发展银行金乡支行、新汽车站、东城医院等。不通公交车。

新华路 370828-K16

[Xīnhuá Lù]

在区境西南部。北起王杰路,南至凯盛大道。沿线与王杰路、诚信大道、惠民路、崇文大道、金珠路、文峰路、中心街、金城路、缑城路、凯盛大道等相交。长2.8千米,宽60.6米,沥青路面。2008年开工,2009年建成。以吉祥嘉言命名。通公交车。

奥体大道 370828-K17

[Àotǐ Dàdào]

在县城东部。北起诚信大道,南至高河街道。沿线与奥体大道、金城路、荷香路、开元大道、光明路、金珠路、北兴路、崇文大道、惠民路、诚信大道相交。长5千米,宽60.5米,沥青路面。2013年建成。因在奥体中心西邻,得名奥体大道。两侧有奥体中心等。不通公交车。

青年路 370828-K18

[Qīngnián Lù]

在县城中部。北起王杰路,南至凯盛大道。沿线与凯盛大道、缑城路、金珠路、中心街、文峰路、光明路、金珠路、崇文大道、惠民路、诚信大道相交。长4.5千米,宽60.8米,沥青路面。取共青团员、青年义务劳动之意,命名青年路。两侧有金乡县规划局、金乡县妇幼保健院、智慧产业园等。不通公交车。

迎宾大道 370828-K19

[Yíngbīn Dàdào]

在县城北部。北起十里铺,南至王杰路。沿线与诚信大道、中华路、王杰路、锦绣路、北外环、金桥路相交。长1.6千米,宽84.7米,沥青路面。2005年改(扩)建。因此路很长一段时间是由北进县城的必经之路,故名迎宾大道。两侧有红星商贸广场、申科汽车城、经济开发区等。不通公交车。

桥梁

金济河桥 370828-N01

[Jīnjǐhé Qiáo]

在县城东部。桥长60.3米,桥面宽20.3米。2007年建成。以所在河流命名。最大载重量10吨。不通公交车。

开元桥 370828-N02

[Kāiyuán Qiáo]

在县城东部。桥长500米。2014年动工。以所在地理位置命名。最大载重量20吨。通公交车。

崇文桥 370828-N03

[Chóngwén Qiáo]

在县城西北部。桥长60.5米,桥面宽25.2米。2010年动工。因崇文大道得名。不通公交车。

十里铺桥 370828-N04

[Shílǐpù Qiáo]

在县城北部。桥长30.2米,桥面宽10.4米,最大跨度20.3米,桥下净高8.6米。

2005 年建成。因此桥修建在十里铺村附近，故名。为中型河道桥梁，结构型式为混凝土简支桥。最大载重量 55 吨，通公交车。

车站

金乡县汽车站 370828-S01
[Jīnxiāng Xiàn Qìchē Zhàn]

二级客运站。在金乡县新城区文化路西侧，王杰路北侧。1958 年建设新站，2013 年迁址。占地面积 78 738 平方米，建筑面积 8 002 平方米。经营管理 25 条客运线路，其中省际 7 条、市际 10 条、县际 8 条。日发 142 个客运班次，年平均旅客日发量 2800 人次，年客运量 102 万人。

嘉祥县

城市道路

呈祥大道 370829-K01
[Chéngxiáng Dàdào]

在县境中部。东起嘉新路，西至西外环。沿线与建设路、迎凤路、萌山路、机场路相交。长 12.5 千米，宽 80 米，柏油路面。1990 年建成，2003 年拓宽，2010—2012 年改造。以吉祥嘉言命令名。两侧有银座商厦、联通大厦、嘉祥大酒店、嘉祥县体育馆、嘉祥石雕艺术公园等。是县城内最主要的交通干道之一，通公交车。

迎凤路 370829-K02
[Yíngfèng Lù]

在县城中部。南起古城街，北至曾子大道。沿线与昌盛街、呈祥大道、吉祥路相交。长 2 千米，宽 40 米，柏油路面。

1983 年开工，1984 年建成，1989—1990 年拓宽取直，2003 年对县医院至曾子大道路段进行拓宽改造。因原县城北门名凤城而得名。沿途多为商铺，商业繁荣。两侧有嘉祥县人民医院、嘉祥县防疫站等。为城区南北向交通干道，通公交车。

萌山路 370829-K03
[Méngshān Lù]

在县城东部。南起兖兰路，北至拥军路。沿线与中心街、呈祥大道、曾子大道相交。长 3.2 千米，宽 40 米，柏油路面。1988 年开工，1996 年、2012 年 2 次改扩建。因穿越萌山而得名。两侧有萌山公园、嘉祥县公安局、嘉祥县第一中学洪山校区、嘉祥石雕艺术公园等。是城区交通主要道路，通公交车。

洪山路 370829-K04
[Hóngshān Lù]

在县城东部。南起兖兰路，北至曾子大道。沿线与呈祥大道、吉祥路相交。长 2.5 千米，宽 70 米，柏油路面。1994 年开工，1997 年、2012 年进行拓宽改造。因依洪山而建得名。沿途多为酒店、饭庄，商业繁荣。两侧有嘉祥大酒店、祥城中学等。为城区南北向重要交通干道，通公交车。

曾子大道 370829-K05
[Zēngzǐ Dàdào]

在县城东北部。西起护山桥，东至徐庄桥。沿线与西外环、建设路、迎凤路、萌山路、洪山路、机场路相交。长 4 千米，宽 58 米，沥青路面。原是 338 省道的一部分，为纪念宗圣曾子而命名。两侧有曾子像、鲁祥驾校、嘉祥县水务局、五星家具城、三力集团、石雕产业园等。是城区的一条主干道，通公交车。

西外环 370829-K06
[Xī Wàihuán]

在县城西部。南起县坡桥，北至护山桥。沿线与兖兰路、麒麟街、昌盛街、呈祥大道相交。长 7.3 千米，宽 58 米，沥青路面。19 世纪 70 年代开工，后多次修缮，2012 年、2013 年分别加宽改造。因在县城西部而得名。两侧有嘉祥科技园、中联混凝土有限公司、创业孵化园、护山批发市场等。通公交车。

中心街 370829-K07
[Zhōngxīn Jiē]

在县城中部。西起横山路，东至顺河路。沿线与顺河路、建设路、演武路、迎凤路、横山路相交。长 2.4 千米，宽 18 米，沥青路面。1971 年开辟街道并向西延伸，1973 年铺设柏油路面，2013 年升级改造，2014 年重新铺设柏油路面。因居县城中心而得名。两侧有嘉祥县房管局、嘉祥县卫生局、嘉祥县教育局、嘉祥县邮政局等。通公交车。

麒麟街 370829-K08
[Qílín Jiē]

在县城中部。西起西外环，东至迎凤路。沿线与 252 省道、建设路、演武路、迎凤路相交。长 1.8 千米，宽 26 米，沥青路面。1985 年开工。因起自旧城西门获麟门而得名。两侧有嘉祥县住建局、嘉祥县自来水公司、花园健身广场、曾子中英文学校等。通公交车。

机场路 370829-K09
[Jīchǎng Lù]

在县城东部。南起城南街，北至曾子大道。沿线与兖兰路、呈祥大道、252 省道、嘉北路相交。长 3.6 千米，宽 70 米，沥青混凝土路面。2006 年改建，同年建成。因通至机场而得名。两侧有银座佳悦酒店、复大生物工程研究所、石雕产业园、老赵王河湿地公园等。通公交车。

建设路 370829-K10
[Jiànshè Lù]

在县境中部。南起嘉冠油厂，北至北外环。沿线与城南路、兖兰路、中心街、麒麟街、昌盛街、呈祥大道、曾子大道、北外环相交。长 8.4 千米，宽 40 米，沥青路面。1972 年建成。取以经济建设为中心之意命名。两侧有嘉祥县交通局、华联超市、嘉祥县国土局、汽车站等。通公交车。

昌盛街 370829-K11
[Chāngshèng Jiē]

在县境中部。西起西外环，东至石雕广场。沿线与 252 省道、建设路、演武路、迎凤路相交。长 3.3 千米，宽 18 米，沥青路面。1982 年开工，1990 年部分路段铺设柏油路面。因起于嘉祥县人民医院，故取名康复街，2002 年改称昌盛街。两侧有嘉祥县人民法院、健身广场等。通公交车。

兖兰路 370829-K12
[Yǎnlán Lù]

在县城南部。西起西外环，东至机场路。沿线与嘉金路、顺河路、建设路、迎凤路、萌山路、洪山路、机场路相交。长 6.5 千米，宽 40 米，沥青路面。1982 年开工，同年建成。因是兖兰公路的一段而得名。两侧有嘉祥县农机局、嘉祥宾馆、嘉祥镇政府等。通公交车。

古城街 370829-K13
[Gǔchéng Jiē]

在县城东南部。西起演武路，东至文化路。沿线与演武路、迎凤路、文化路相交。长 0.9 千米，宽 16 米，沥青路面。中华人民共和国成立后拓宽，1972 年、1990 年、2005 年多次改建。因为这条街是嘉祥县最古老的一条街，以此而命名。两侧有曾子中英文学校、唐宁街美食城、华联超市等。通公交车。

拥军路 370829-K14
[Yōngjūn Lù]

在县城北部。西起建设路，东至赵王河路。沿线与建设路、演武路、萌山路、机场路相交。长 4.1 千米，宽 18 米，土石路面。2000 年建成。为纪念嘉祥县为全国双拥模范县而命名。两侧有蓝翔驾校、嘉祥县特殊教育学校、嘉祥县气象局等。通公交车。

演武路 370829-K15
[Yǎnwǔ Lù]

在县城中部。南起中心街，北至拥军路。沿线与中心街、麒麟街、昌盛街、呈祥大道、曾子大道、嘉北路相交。长 2.1 千米，宽 18 米，沥青路面。1983 年古城街以南一段拓宽、铺设柏油路面，1999 年中心街至麒麟街铺设柏油，2003 年沿麒麟街拓宽取直昌盛街，铺设柏油。旧时附近有演武厅，因此而命名。两侧有嘉祥县信访局等。通公交车。

青年路 370829-K16
[Qīngnián Lù]

在县城南部。南起兖兰路，北至中心街。沿线与兖兰路、中心街相交。长 0.2 千米，宽 40 米，沥青路面。1958 年开工，1972 年铺设柏油路面，1978 年拓宽。因县团委组织青年义务劳动，在一片沟洼地上修建一条南北路，故名。街北端立有县标石雕麒麟。两侧有福相商贸城、百成汇等。通公交车。

车站

嘉祥站 370829-R01
[Jiāxiáng Zhàn]

三等铁路站。在济宁市嘉祥县嘉祥镇境内。1978 年开工，1980 年建成。以所处位置命名。建筑面积 7 000 平方米，设有运转车间、货运车间、客运车间等，共有线路 6 条，站台 2 座，有 17 趟旅客列车停靠。办理旅客乘降、行李托运、包裹托运等业务。

卧龙山火车站 370829-R02
[Wòlóngshān Huǒchē Zhàn]

四等铁路站。在济宁市嘉祥县卧龙山镇西侧邵官屯村南侧。1977 年开工，1979 年建成。以所处位置命名。建筑面积 2 300 多平方米。主要办理旅客列车、军用列车、货物列车和路用列车的接发及货物列车的摘挂作业。

机场

济宁机场 370829-30-K01
[Jǐníng Jīchǎng]

在嘉祥县纸坊镇东 1.5 千米。1971 年 7 月开工建设，1986 年 6 月竣工。机场民航站区占地面积 344 亩，机坪设 6 个停机位，飞行区等级指标为 4C，机场航站楼面积 9 740 平方米，机坪面积 30 000 平方米。机场跑道长度 2 800 米，宽度 50 米。开通至北京、上海、广州、成都、沈阳、武汉、重庆、昆明、厦门、青岛、大连、西安等 10 余地市航线，初步构建起连通国内热点城市的航空网络。

汶上县

城市道路

圣泽大街 370830-K01
[Shèngzé Dàjiē]

在县城中部。东起二环东路，西至二环西路。沿线与普陀山路、中都大街、峨嵋山路相交。长5.6千米，宽23.0~28米，沥青路面。2001年建设中都大街至泉河路段，2002年建设泉河路至峨嵋山路段，2008年建设二环东路至普陀山路段。因汶上一中居其中段，取汶上原圣泽书院之名命名。两侧有宝相寺景区、汶上县供电局、总督府酒店、联润商场、阳光影城、银座商城、汶上一中等。是城区主要交通道路，通公交车。

中都大街 370830-K02
[Zhōngdū Dàjiē]

在县城中部。北起五台山路，南至二环南路。沿线与尚书路、圣泽大街、广场路、九华山路相交。长6.9千米，宽23.5~30米，沥青路面。2002年由北门大街、南门大街、凯旋路延伸后更名，2009年建设道路南段圣泽大街至金城路段。为纪念孔子宰中都而命名。两侧有联民商场、九龙家电、国美家电、亿维数码广场、喜客来酒店、维菲斯电影城等。是城区主要交通道路，通公交车。

宝相寺路 370830-K03
[Bǎoxiàngsì Lù]

在县城中部。南起广场路，北至前周庄。沿线与圣泽大街、圣泽商业街、花园路、尚书路、五台山路相交。长3.0千米，宽13~21米，沥青路面。1999年改建尚书路至五台山路段，2012年改建广场路至花园路路段。因在宝相寺东侧得名。两侧有宝相寺景区、中都广场等。是城区主要交通道路，通公交车。

尚书路 370830-K04
[Shàngshū Lù]

在县城北部。东起二环东路，西至峨眉山路。沿线与峨眉山路、泉河路、宝相寺路、中都大街、普陀山路相交。长4.4千米，宽26~30米，沥青路面。2008年建设二环东路至普陀山路，2012年建设泉河路至光荣路段，2014年建设东一环至泉河路段。明朝汶上县曾出过户部尚书王杲、兵部尚书路迎、工部尚书郭朝宾、吏部尚书吴岳等四大尚书，汶上人引以为豪，起此路名作纪念。中段为县城传统商业密集区，沿路凸显佛教文化、道教文化、儒家文化。两侧有宝相寺景区、关帝庙、汶上县第二人民医院、文庙等。为城区主要交通道路，通公交车。

广场路 370830-K05
[Guǎngchǎng Lù]

在县城中部。东起二环东路，西至二环西路。沿线与峨眉山路、宝相寺路、中都大街、明星路、普陀山路等相交。长5.5千米，宽22.5~34米，沥青路面。2001年、2004年两次修建东段，2010年、2012年分两次修建西段。因中都广场在路北侧而得名。两侧有汶上县第一中学、中都广场等。是城区主要交通道路，通公交车。

泉河路 370830-K06
[Quánhé Lù]

在县城西部。南起圣泽大街，北至二环北路。沿线与圣泽大街、尚书路、五台山路相交。长3千米，宽30~34米，沥青路面。2000年建设圣泽大街至五台山路段，

2007年建设五台山路至北二环路段。因在泉河西侧而得名。中部为单面街，水文化明显。两侧有烈士陵园、汶上县人民医院、汶上县人社局等。为城区主要交通道路，通公交车。

峨眉山路 370830-K07
[Éméishān Lù]

在县城西部。南起九华山，北至五台山。沿线与尚书路、圣泽大街、广场路相交。长3.5千米，宽29.5~40米，沥青路面。2009年建设圣泽大街至五台山路段，2012年建设圣泽大街至九华山路段。原为环城西路，为打造汶上佛都文化品牌，以四大佛教名山之一峨眉山命名。两侧有万隆商城等。是城市交通要道，通公交车。

九华山路 370830-K08
[Jiǔhuáshān Lù]

在县城南部。东起二环东路，西至二环西路。沿线与万寿路、宁民路、中都大街、明星路、普陀山路相交。长5.4千米，宽40米，沥青路面。2011年建设普陀山路至峨眉山路段，2013年建设二环东路至普陀山路，2014年建设峨眉山路至二环西路。原名为环城南路，为打造汶上佛都文化品牌，以四大佛教名山之一九华山命名。两侧有巨威机械、汶上县污水处理厂、济宁四和热力汶上分公司等。是城市交通要道，通公交车。

普陀山路 370830-K09
[Pǔtuóshān Lù]

在县城东部。南起九华山路，北至五台山路。沿线与尚书路、宝塔路、花园路、圣泽大街、广场路、政和路、市政路相交。长5.3千米，宽42~43米，沥青路面，2011年改（扩）建。原名环城东路，为打造汶

上佛都文化品牌，以四大佛教名山之一普陀山命名。两侧有汶上县圣泽中学、汶上县畜牧局、汶上一中、汶上县地税局等。是城市交通要道，通公交车。

五台山路 370830-K10
[Wǔtáishān Lù]

在县城北部。东起二环东路，西至峨眉山路。沿线与中都大街、宝相寺路、泉河路相交。长4.2千米，宽29.5米，沥青路面。2009年建设转盘桥至峨眉山路段。原为环城北路，为打造汶上佛都文化品牌，以四大佛教名山之一五台山命名。两侧有宏顺驾校、北门小学、宝相寺景区、汶上汽车站等。是城市交通要道，通公交车。

政和路 370830-K11
[Zhènghé Lù]

在县城南部。东起普陀山路，西至宁民路。沿线与中都大街、明星路相交。长1.6千米，宽18~28米，沥青路面。2011年开工，2013年建成。道路中段北邻为县委、县政府，取政通人和之意命名。两侧有创业大厦、开元大厦、国防大厦。为城区主要交通道路，通公交车。

明星路 370830-K12
[Míngxīng Lù]

在县城东部。南起二环南路，北至圣泽大街。沿线与广场路、政和路、市政路、九华山路相交。长3.4千米，宽28~29米，沥青路面。2011年开工，2014年建成。因该路段北为汶上镇第四棉厂，为私人企业，当时像颗明星为私人办厂引路，故名。两侧有汶上一中西校区、汶上县卫生局、开元大厦、国防大厦等。为城区主要交通道路，通公交车。

宝塔路 370830-K13
[Bǎotǎ Lù]

在县城北部。东起普陀山路，西至宝相寺路。沿线与宝相寺路、中都大街、明星路、普陀山路相交。长1.4千米，宽16米，沥青路面。1997年改建，2003年建成。因正对宝相寺塔而得名。通公交车。

花园路 370830-K14
[Huāyuán Lù]

在县城中部。东起普陀山路，西至泉河东岸。沿线与宝相寺路、铁路口街、中都大街、南市街相交。长2.5千米，宽18米，沥青路面。2008年改建，2009年建成。因为花园路所处位置曾是明代王、路、郭三尚书建花园的旧址，故名。沿途教育文化氛围浓厚。两侧有汶上县实验小学等。为县城区传统道路，通公交车。

南市街 370830-K15
[Nánshì Jiē]

在县城东部。南起圣泽大街，北至尚书路。沿线与花园路相交。长1.4千米，宽10米，沥青路面。2008年改（扩）建。因在古汶上城的东南部，人们在此进行民间交易已成习俗，故名。沿途教育文化氛围浓厚。通公交车。

德惠路 370830-K16
[Déhuì Lù]

在县城西部。东起泉河路，西至胜利路。沿线与光荣路相交。长1千米，宽16米，沥青路面。1956年建设。该路在汶上县人民医院门前（南），医务人员救死扶伤不辞辛苦，故以德泽恩惠之意命名。两侧有汶上县人民医院、西门小学等。是通往县人民医院的重要道路，通公交车。

特色街巷

马厂街 370830-A01-L01
[Mǎchǎng Jiē]

在中都街道中部。长1千米，宽6米，沥青路面。因南有马神庙，故名。明朝即有此路，后长期设有集市，自马厂街与铁路口街交接处往东至中都大街段，又称小隅首。东段有县水利局。东西两端通公交车。

铁路口街 370830-A01-L02
[Tiělùkǒu Jiē]

在中都街道中部。长0.5千米，宽6米，水泥路面。原称铁炉口，因众多的铁匠炉都聚集在该街道上打卖刀具、农具、生活用具、钉马蹄掌等而得名，后演为铁路口。道路形成较早。南段有实验小学，原称书院小学，为原圣泽书院旧址。通公交车。

关后街 370830-A02-L01
[Guānhòu Jiē]

在汶上街道南部。长0.5千米，宽5米，沥青路面。因在关帝庙后而得名。1949年前东段被誉为小隅首。是贸易市场集散地，有面食作坊、粥铺、盐店等。西段建有商会馆、慈善机构、宝相寺钟楼。南侧有关帝庙、仁义胡同、路氏家祠。北侧有医药公司仓库。西部通宝相寺景区，东部与中都大街相接。通公交车。

仁义胡同 370830-A02-L02
[Rényì Hútòng]

在汶上街道中部。长0.1千米，宽2~4米。始成于明朝。据清末马焕奎《三续汶上县志·杂志》载：明尚书路北村任兵部尚书于南京，家居与邻各欲筑墙，界址久不决，家中禀尚书，欲其函告邑令，力争之。公乃书一绝云：千里遗书为一墙，相让一墙有何妨。长城万里依然在，不见当年秦始皇。家人遵训让于邻，邻亦相让不居，遂成巷。称仁义胡同。路东为关帝庙。胡同很短，较窄，紧贴关帝庙。通公交车。

桥梁

坝口桥　370830-N01
[Bàkǒu Qiáo]

在县城西部。桥长 100 米，桥面宽 28 米，最大跨度 120 米，桥下净高 8 米。2010 年开工。因在原坝口之上而得名。为中型河道桥梁，结构型式为梁式桥。担负城区道路干道交通任务，最大载重量 15 吨。通公交车。

车站

汶上汽车站　370830-S01
[Wènshàng Qìchē Zhàn]

二级客运站。在汶上县城西北。1951 年 4 月开工，1953 年迁址至东门郭尚书府旧址并建立 1 处简易站房，1977 年迁址县城南门外，2006 年 3 月移至今址。以所在县名命名。总建筑面积 10 333 平方米，包括候车大厅、东西辅楼、南北辅楼、旅行社、货物快递、车辆维修车间、车辆例检站、调度室、站前广场公交调度室等建筑。进站营运班车 172 辆，运营线路 40 条，日发送班车 267 班次，过路班车 61 班次。是汶上县唯一的旅客集散中心。

泗水县

城市道路

泉源大道　370831-K01
[Quányuán Dàdào]

在县城中部。西起圣昭路，东至东外环。沿线与圣昭路、圣和路、圣源大道、圣华路、圣德路、圣安路、圣哲路、中兴路、泗河路、光明路、人民路、健康路、珍珠泉路、东外环路相交。长 8.8 千米，宽 40 米，沥青路面。1991 年开工，1992 年建成，2003 年改扩建。以"中国泉乡，圣源泗水"得名。两侧有泗水长途汽车站、泗水县检察院、圣源酒店、三发商业街、泗水二中、泗水商贸城、华联超市、济河植物园等。是贯穿县城东西要道，通公交车。

泉兴路　370831-K02
[Quánxīng Lù]

在县城中部。西起圣金路，东至中兴路。沿线与圣金路、圣昭路、圣和路、圣诚路、圣源大道、圣华路、圣德路、圣安路、圣哲路、中兴路相交。长 7.1 千米，宽 44 米，沥青路面。2001 年开工，2002 年建成，后又扩建。为突出"中国泉乡、圣源泗水"，县城西开发区东西走向的道路以泉字开头命名，取"兴"字寓意兴旺发达，故名泉兴路。两侧有山东凯特纸业有限公司、永春堂生物科技公司、圣源湖、文化公园等。是东西向主干道，也是一条景观大道。通公交车。

圣华路　370831-K03
[Shènghuá Lù]

在县城中部。北起滨河北路，南至泉丰路。沿线与泉通路、泉福路、泉兴路、泉源大道、泉丰路、南外环路相交。长 4.2

千米，宽 45 米，沥青路面。2013 年改造。为突出"中国泉乡、圣源泗水"，县城西开发区南北走向的道路以圣字开头，取"华"字寓意物华天宝、人杰地灵，故名圣华路。两侧有泗水县文广新局、永春堂生物科技等。通公交车。

中兴路 370831-K04
[Zhōngxīng Lù]

在县城中部。北起星吴公路，南至火车站。沿线与泉通路、泉福路、泉兴路、泉源大道、泉丰路、南外环路相交。长 8 千米，宽 32 米，沥青路面。1995 年开工，1997 年建成，2012 年对泉通路至中兴大桥段改建。此路是新老县城分割线、泗水县城市总体规划的中轴线，以其中轴线作用及兴旺发达之意取名中兴路。两侧有泗水一中、文化公园、泗水县国土局等。通公交车。

健康路 370831-K05
[Jiànkāng Lù]

在区境东部。北起幸福村，南至建设路。沿线与古城路、泉源大道、青年路、南外环路相交。长 3 千米，宽 24 米，沥青路面。1958 年建成，1970 年拓宽南段，1983 年拓宽北段，2001 年对中段进行罩油，2012 年 9 月对健康路全幅罩油。因此路两端有县医院、泗河街道卫生院，中段有药材公司，故名健康路。两侧有老邮电局、泗水县人民医院等。通公交车。

桥梁

中兴大桥 370831-N01
[Zhōngxīng Dàqiáo]

在县城北部。桥长 540 米，桥面宽 24 米，最大跨度 20 米，桥下净高 5 米。1996 年动工，

1997 年建成。因所在道路得名。为大型河道桥梁，结构型式为公路板桥。担负城区干道交通任务，最大载重量 20 吨。通公交车。

官园桥 370831-N02
[Guānyuán Qiáo]

在县城西部。桥长 252.3 米，桥面宽 10 米，最大跨度 13 米，桥下净高 3 米。1984 年动工，1985 年建成，2008 年改建。因在泗水县金庄镇官园村，跨泗河上，故名官园桥。大型公路桥，结构型式为空心板桥。是杨柳镇通往县城的重要道路，最大载重量 15 吨。通公交车。

车站

泗水站 370831-R01
[Sìshuǐ Zhàn]

三级铁路站。在泗水县中兴路南端。1981 年开工，1985 年建成。以泗水县城得名。共有线路 8 条、站台 2 座，年货运量 4 万吨。该站紧靠县南外环，交通便利，利于群众出行及货物周转，是泗水县对外连接的重要交通枢纽。

泗水汽车站 370831-S01
[Sìshuǐ Qìchē Zhàn]

二级客运站。位于泗水新县城西部。2010 年开工，2012 年建成。总占地面积 98 667 平方米，总建筑面积 11 000 平方米，日发送班次达 600 趟。便于客货集散，带动县域经济的发展，是泗水县对外连接的重要交通枢纽。

梁山县

城市道路

公明大道 370832-K01
[Gōngmíng Dàdào]

在县城中部。东起运河路,西至京九火车站。沿线与安民山路、天罡路、水浒街、水泊大街、西环路、220国道等相交。长18千米,宽22米,沥青路面。由1955年建人民北路、1995年建公明路合并而成,后几经改造、扩建。以梁山108将头领人物宋公明命名,同时取公生明、廉生威和公正、光明之意。两侧有生态观光园、妇幼保健院、龙城广场、凤凰公园、水浒商贸城、经济开发区、现代高级中学等。为横贯县城最长的一条主干道,通公交车。

水泊大街 370832-K02
[Shuǐpō Dàjiē]

在县城中部。北起梁山港,南至水浒大道。沿线与北环路、公明大道、人民中路、文化路、青龙山路、独山路、济水路等相交。长8.8千米,宽22米,沥青路面。由水泊中路、水泊北路、水泊新路合并而成,1955年、1983年、2013年分段建成,是城区建设最早、改造次数最多的道路。以地处水泊梁山县城中心得名。两侧有水泊宾馆、百货大楼、新华书店、梁山一中、伦达广场、梁山汽车站等。是县城中心纵贯南北的主干道,通公交车。

水浒大道 370832-K03
[Shuǐhǔ Dàdào]

在县城南部。东起梁济运河,西至西环路。沿线与安民山路、天罡路、水泊大街相交。长4.7千米,宽45米,沥青路面。2012年开工,2014年建成。因"水浒"为名著《水浒传》的简称,故以此命名。沿途文化氛围浓厚。两侧有文化馆、图书馆、博物馆、科技馆、大剧院、文化宫、儿童乐园、曲师大梁山附中、江苏师大梁山实验学校等。是城市主干道,通公交车。

天罡路 370832-K04
[Tiāngāng Lù]

在县城东部。南起南环路,北至北环路。沿线与公明大道、水浒大道相交。长11.3千米,宽42米,沥青路面。1976年开工。以《水浒传》三十六天罡七十二地煞中的卢俊义的星宿号命名。两侧有天佑河、莲花味精厂等。为城区主干道,通公交车。

西环路 370832-K05
[Xīhuán Lù]

在县城西部。北起国道日凤路,南至水浒大道。沿线与青龙山路、迎宾路、交通路、文化路、公明大道相交。长6.2千米,宽18米,沥青路面。1994年开工,1995年建成。因在城区西部而得名。构建了山在城中、水在城中的城市山水文化和交通、居住、生活休闲于一体的氛围。两侧有公交公司、第三实验小学、第八实验小学等。为县城西部主干道,通公交车。

安民山路 370832-K06
[Ānmínshān Lù]

在县城东部。北起公明大道,南至迎宾大道。沿线与公明大道、杏花村路、汶水路、泰山路、忠义路、水浒大道相交。长5.9千米,宽45米,沥青路面。2012年开工,2013年建成。据古籍记载,安民山在济水之上,流民赖以安,以其名命名。道路构建了文化、教育、卫生、商住于一体,公共设施完善、生态宜居的现代化城市社会文化氛围。两侧有县政务中心、县文化中心、梁山第一中学、曲阜师大梁山附中、梁山县中医院、梁山县融媒体中心、梁山公路局、金榜苑科技大楼等。通公交车。

独山路 370832-K07

[Dúshān Lù]

在县城南部。东起水泊南路，西至西环路。沿线与西环路、水泊大街、水泊南路相交。长 1.0 千米，宽 40 米，沥青路面。2013 年开工，同年建成。因独山为梁山支脉，抗战时期曾在此发生独山抗日歼灭战，故名。两侧有如意酒家、浙江商城、第三实验小学。该路为县城次干道，通公交车。

青龙山路 370832-K08

[Qīnglóngshān Lù]

在县城南部。东起水浒街，西至西环路。沿线与水泊大街、水泊西路、凤园路、西环路相交。长 5 千米，宽 27 米，沥青路面。由越山南路和金城路组成。越山路 1977 年开工，1978 年建成。金城路 1984 年开工，1985 年建成。2014 年将两条道路统一命名为青龙山路。青龙山为梁山支脉，此路在青龙山下，故名。呈现出深厚的革命历史文化、传统水浒文化、现代生活文化。两侧有梁山烈士陵园、水浒文化广场、麒麟公园、梁山泊武校、金榜苑集团、水浒大酒店、三元大酒店、水泊商场等。为城区次干道，通公交车。

水泊东路 370832-K09

[Shuǐpō Dōnglù]

在县城中部。南起水泊南路，北至龟山河路。沿线与文化路、人民南路、人民中路、青年路、工人路、公明大道相交。长 1.8 千米，宽 20 米，混凝土路面。1955 年开工，1956 年建成，1985 年重修部分路段，1989 年向北延伸改造，2008 年分路段进行混凝土路面改造，2012 年向南进行路面改造。因道路在水泊中路以东，且与水泊中路平行，故名。沿街商业店铺较多，呈现较为浓厚的商业文化气息。两侧有龙城广场、水泊商场、商业集团等。为城区次干道，通公交车。

水泊南路 370832-K10

[Shuǐpō Nánlù]

在县城南部。北起水泊大街，南至水浒大道。沿线与青龙山路、独山路、济水路相交。长 2.4 千米，宽 42 米，混凝土路面。1972 年开工，1974 年建成。因道路在水泊中路以南，故名。具有较浓厚的商业文化、现代城市生活气息，彰显出水浒文化与时代文化完美结合的城市社会文化。两侧有麒麟公园、独山三角绿地、梁山泊广场绿地、水泊商场、快活林酒楼、如意酒家、杏花村大酒店、富源国际大酒店、梁山县人民医院等。为城市次干道，通公交车。

北环路 370832-K11

[Běihuán Lù]

在县城北部。东起天罡路，西至西外环。沿线与天罡路、水泊大街、西环路相交。长 2.7 千米，宽 18 米，沥青路面。1991 年开工，1993 年建成。因在城区北部，故名。沿途工业、交通、教育等社会文化氛围浓厚。两侧有行知中学、酿酒总厂、食品工业园等。为县城北部主干道，通公交车。

银山路 370832-K12

[Yínshān Lù]

在县城西部。南起公明大道，北至蒙馆公路。沿线与公明大道、龟山河路、工人路、蒙馆公路相交。长 2 千米，宽 22 米，混凝土路面。1993 年开工，1995 年建成。因境内原有银山，故名。两侧有水浒商贸城、食品工业园。为县城北部次干道，通公交车。

凤园路 370832-K13

[Fèngyuán Lù]

在县城西部。南起青龙山路，北至人民中路。沿线与青龙山路、迎宾路、交通路、文化路、人民南路、人民中路相交。长 1.9 千米，宽 17 米，混凝土路面。1987 年开工，1995 年建成，1995 年、1998 年、2000 年、2007 年多次改造。因毗邻凤凰山，位于凤凰山脚下，故名。沿途有农村小城味道，又充满乡村文化气息。两侧有梁山街道中学等。通公交车。

工人路 370832-K14

[Gōngrén Lù]

在县城北部。东起天罡路，西至龟山河路。沿线与龟山河路、水泊大街、水浒街、天罡路相交。长 3.1 千米，宽 20 米，混凝土路面。1979 年开工，1980 年建成。因处于工人活动区，故名。沿途既保留着乡村文化气息，又呈现出现代化城市风味。两侧有龟山公园等。通公交车。

济水路 370832-K15

[Jǐshuǐ Lù]

在县城南部。东起水泊南路，西至西环路。沿线与凤凰山路相交。长 1.9 千米，宽 45 米，沥青路面。2012 年开工，2013 年建成。古济水流经梁山地区，通大野泽，三隐三现，百折入海。济阴、济阳、济南、济宁均以此水得名，为纪念这条今已不存的古老河流，故名。两侧有梁山汽车站、公交公司、富源大酒店。为县城次干道，通公交车。

交通路 370832-K16

[Jiāotōng Lù]

在县城南部。东起水泊大街，西至凤园路。沿线与水泊大街、水泊西路、凤园路相交。长 0.5 千米，宽 22 米，混凝土路面。1971 年开工，1972 年建成，1992 年向西延伸至凤园路，1979 年、1981 年、1992 年、2002 年、2007 年多次延伸扩宽改造。因道路两侧多是驻设的交通部门及其下属单位，故名。是城区一般道路，通公交车。

青年路 370832-K17

[Qīngnián Lù]

在县城中部。东起天罡路，西至水泊大街。沿线与水泊大街、水泊东路、水浒大街、天罡路相交。长 2.1 千米，宽 22 米。混凝土路面。1958 年开工，1958 年建成，1985 年、1987 年、2005 年多次改建。因系组织青年义务劳动修筑，故名。沿途工业、商业、文化氛围浓厚。是城市次干道，通公交车。

人民南路 370832-K18

[Rénmín Nánlù]

在县城中部。东起水泊东路，西至凤园路。沿线与水泊东路、水泊大街、水泊西路、凤园路相交。长 0.9 千米，宽 20 米，混凝土路面。1955 年开工，1956 年建成，1972 年、1979 年、2002 年多次改造。因处于居民区南部，故名。是城市次干道，通公交车。

人民中路 370832-K19

[Rénmín Zhōnglù]

在县城中部。东起水泊东路，西至凤园路。沿线与水泊东路、水泊大街、水泊西路、凤园路相交。长 0.9 千米，宽 24 米，混凝土路面。1955 年开工，1956 年建成，1972 年、1979 年、2002 年多次改造。因处于居民区中部，故名。两侧有百货大楼、水泊商场、经贸大楼、梁山大厦等。是城市次干道，通公交车。

水泊西路 370832-K20

[Shuǐpō Xīlù]

在县城西部。南起青龙山路，北至公明大道。沿线与青龙山路、迎宾路、交通路、文化路、人民南路、人民中路、公明大道相交。长 2.1 千米，宽 24 米，混凝土路面。1976 年开工，1978 年建成。因在水泊中路以西，且与原水泊中路（现水泊大街）平行，故名。两侧有凤凰公园、县委党校、县检察院、县财政局等。是城市次干道，通公交车。

水浒街 370832-K21

[Shuǐhǔ Jiē]

在县城东部。南起聚义湖，北至工人路。沿线与青年路、公明大道、工人路相交。长 2.1 千米，宽 20 米，混凝土、青石板路面。由建设一路和越山北路组成。越山路 1977 年开工，1978 年建成；建设一路 1984 年开工。2014 年将两条道路统一命名为水浒街，因水浒天下知名，故名。街道呈现出较为浓厚的水浒文化旅游氛围。两侧有第九实验小学。是城市次干道，通公交车。

文化路 370832-K22

[Wénhuà Lù]

在县城中部。东起水泊东路，西至西环路。沿线与水泊东路、水泊大街、水泊西路、凤园路、西环路相交。长 1.8 千米，宽 24 米，混凝土路面。1955 年开工，1956 年建成。因处于文化区，故名。沿途教育、法制、商业文化氛围浓厚。两侧有县人民法院、原梁山一中、实验中学、梁山广播电视台等。是城市次干道，通公交车。

迎宾路 370832-K23

[Yíngbīn Lù]

在县城南部。东起水泊大街，西至西环路。沿线与水泊大街、水泊西路、凤园路、西环路相交。长 2 千米，宽 24 米，混凝土路面。1984 年开工，1985 年建成，1995 年、1996 年、2000 年、2007 年多次改造。因地处梁山南大门，盛情迎宾，故名。两侧有梁山街道中学、南关小学等。通公交车。

车站

梁山站 370832-R01

[Liángshān Zhàn]

京九铁路三等铁路客货运站。在梁山县杨营镇。1992 年开工，1995 年建成。因火车站坐落于梁山县境内而得名。占地面积 21.2 公顷，建筑面积 11 080 平方米，共有站台 2 座，站舍 1 532 平方米，有候车室、售票处、行李房等。有线路 5 条。年客运量 33 万多人次，停靠旅客列车 24 趟，日均发送旅客 0.08 万余人。极大地方便了群众的出行和货物的进出，促进了梁山旅游、经济文化的发展。

梁山北站 370832-R02

[Liángshān Běizhàn]

瓦日铁路三等铁路客货运站。在梁山县大路口乡。2010 年开工，2014 年建成。因火车站坐落于梁山县境内，以方位命名为梁山北站。占地面积 13 500 平方米。有两层综合楼，建筑面积 6 000 平方米，站台两座，线路 6 条，到发线 4 条，正发线 2 条，日接发车辆 61 对。主要办理货物列车和路用列车的接发，主要运输煤炭，是梁山县重要的交通枢纽之一。

四　自然地理实体

济宁市

山

九龙山 370800-21-E01
[Jiǔlóng Shān]

在市境南部。南北走向。山势连绵起伏，宛如九龙盘踞，故名。一般海拔 100~300 米，最高海拔 215 米。山多野生灌丛等。山北段南侧有 5 座西汉鲁国诸王墓，山南段半腰有唐代佛教摩崖造像石刻 6 龛。有公路经此。

尼山 370800-21-E02
[Ní Shān]

在市境东南部。西北—东南走向。据《史记·孔子世家》：叔梁纥与颜氏女"祷于尼丘得孔子"，后为避孔子讳易名尼山。一般海拔 100~400 米，最高海拔 344.6 米。主峰尼山。主峰东麓有至圣庙、尼山书院及毓圣侯祠。五老峰、鲁源林、智源溪、坤灵洞、观川亭、中和壑、文德林、白云洞合称"尼山八景"。属暖温带季风大陆性气候。山区沟壑纵横，土层瘠薄。棕壤土，适种林果和树木。建有尼山林场，野生植物有松树、柏树、黄杨树等，野生动物有山鸡、野兔、斑鸠等。有公路经此。

昌平山 370800-21-E03
[Chāngpíng Shān]

在省境西南部，市境东南部。北隔沂河与尼山对峙。西北—东南走向。相传，薛刚反唐时，他的将士曾在此山屯兵，因山阴脚下有昌平亭，故名昌平山。一般海拔 100~500 米，最高海拔 406 米。有玉皇庙、观音堂、华佗庙、灵官庙等古建筑及围寨遗迹，并有岩洞和泉水分布其间。昌平山山势险峻，东、北、西三面是悬崖峭壁。山林主要有榆、杨、刺槐等。野生动物有狐、鹰、山鸡、红嘴乌鸦等。产远志、翻白草、全蝎、野菊花等中药材。有公路经此。

西凫山 370800-21-G01
[Xī Fúshān]

属凫山山系。在市境东南部。因山群峰连绵起伏，远望好像水上的群凫，故名凫山，因有东西相对峙的两座凫山，此山居西，故称西凫山。海拔 224.5 米。山体为石灰岩。多植被，以松柏为主。有公路经此。

琵琶山 370800-21-G02
[Pípa Shān]

在市境中部。因传说每到月圆之夜，此山就发出呜咽的琵琶之声而得名。海拔 284.0 米。山体为花岗岩，植被茂盛，以松柏、刺槐、灌木为主。有公路经此。

青龙山 370800-21-G03
[Qīnglóng Shān]

属昌平山系。在市境中部。因该山形似曲折盘卧的长龙，又因西有盘龙山、九龙山，东有乌龙山，故取名青龙山。海拔 306.0 米。山体为花岗岩，山势逶迤起伏，呈横 "V" 字形。有公路经此。

马山 370800-21-G04

［Mǎ Shān］

在市境东部。因山体形态而得名。海拔 471 米。灰岩山体，植被多为刺槐、松柏树，有山鸡、野兔和小刺猬等动物。有公路经此。

尖山 370800-21-G05

［Jiān Shān］

在市境东北部。此山呈圆锥形，因山体形状而得名。海拔 241 米，属灰岩山体，山上有少量的槐树和松树，动物有山鸡、野兔和小刺猬等。有公路经此。

水牛山 370800-21-G06

［Shuǐniú Shān］

在市境西南部。因山崖上有水牛图像，至今仍清晰可辨，故名水牛山。海拔 142 米。植被以松柏为主。有公路经此。

黄山 370800-21-G07

［Huáng Shān］

在市境东部。此山岩石为黄沙岩，又长满黄草，故得名黄山。海拔 432.4 米。为花岗岩、变质岩山体，建有国营黄山林场，山上主要有松树、柏树、野兔、山鸡等动植物。有公路经此。

龟山 370800-21-G08

［Guī Shān］

在市境西北部。该山南连凤凰山，北坡突出一巨石，酷似乌龟上爬，栩栩如生，故名。海拔 119 米。山顶和南坡剥蚀严重而山石裸露。植被为暖温带落叶阔叶林带，主要以人工侧柏林、落叶阔叶树种以及草本植物为主。野生动物有黄鼬、獾等。有公路经此。

小安山 370800-21-G09

［Xiǎo'ān Shān］

在市境西北部。据传因《水浒传》中宋江在此安民而得名。小安山原名安民山，后为区别于运河畔的安山镇，遂把安山改名为大安山，而安民山则易名为小安山。海拔 157.4 米。山体中上部无植被。有公路经此。

河流

泗河 370800-22-A-a01

［Sì Hé］

外流河。在市境东部。泗水源在泗水县东陪尾山，四泉同发，故谓之泗水。发源于今山东省泗水县东部山区蒙山腹地新泰南部太平顶西麓，流经曲阜市、兖州市，于济宁市东南微山县鲁桥镇注入京杭大运河。长 163 千米，宽 150~450 米，流域面积 2 357 平方千米。径流量 3 652 立方米/秒。具有 4 级通航能力以及防洪除涝、灌溉等功能。主要支流有石漏河、柘沟河、高峪河、鲍村河、芦城河。

小沂河 370800-22-A-a02

［Xiǎoyí Hé］

沂河支流。在市境东北部。因是沂河主要支流，故名小沂河。发源于凤凰山北麓，流经田黄镇的高桥、厂里等 11 个自然村，于下鲍村西南出境入曲阜市尼山水库。长 52 千米，宽 35 米，流域面积 169.2 平方千米。径流量 697 立方米/秒。具有防洪除涝、灌溉的功能。主要支流有拐子河、十八趟河、罗头河、烧峪河、辽河等。

辽河 370800-22-A-a03

［Liáo Hé］

外流河。在市境东北部。因河边蓼科花草茂盛而名蓼河，亦称辽河。发源于邹城市北部，流经大束镇，汇入小沂河，古为泞水。长 30 千米，宽 35 米，流域面积 155 平方千米。径流量 0.84 立方米 / 秒。具有防洪除涝、灌溉的功能。

老赵王河 370800-22-A-a04
[Lǎozhàowáng Hé]

外流河，济水支流。在市境西部。北宋神宗年间开挖，因宋帝为赵姓，后人取名为赵王河。1959 年冬赵王河改道，为区别改道后的新赵王河而称老赵王河。发源于马村楚营西南，流经马村镇、嘉祥街道、马集镇、疃里镇等，于任城棒李村入洙水河。长 44 千米，宽 30 米，流域面积 94.5 平方千米。具有防洪除涝、灌溉的功能。

新赵王河 370811-22-A-a05
[Xīnzhàowáng Hé]

外流河。在市境西部。1959 年冬，赵王河改道，为区别老赵王河而命名为新赵王河，简称赵王河。发源于山东巨野县沙土集，流经嘉祥县，于任城区长沟镇水牛陈村入梁济运河。长 29.3 千米，宽 45 米，流域面积 424 平方千米。具有防洪除涝、灌溉的功能。

小汶河 370800-22-A-a06
[Xiǎo Wènhé]

人工水道。在市境西北部。因是汶河分道南流的一端，故名小汶河。发源于宁阳泗皋东北，流经汶上县、嘉祥县、泰安市，于南旺十里闸西北入梁济运河。长 95 千米，宽 28~98.5 米，流域面积 294 平方千米。设计防洪流量 290~370 立方米 / 秒。河流泥沙含量大。具有防洪除涝、灌溉的功能。主要支流有姜沟、大庄沟、马踏湖沟。

京杭大运河 370800-22-A-a07
[Jīngháng Dàyùnhé]

人工水道。在省境北部，市境西部。因起止点而得名。发源于北京通州，流经北京、河北、天津、山东、江苏和浙江，最终流入钱塘江。全长 1 797 千米，通航里程 1 442 千米，其中全年通航里程 877 千米。山东境内长 643 千米，宽 70~90 米。可分为通惠河、北运河、南运河、鲁运河、中运河、里运河、江南运河七段。

韩庄运河 370826-22-A-a08
[Hánzhuāng Yùnhé]

人工水道。在市境东南部。发源于微山湖出口韩庄节制闸，流经滕州、微山，与江苏省中运河相接。全长 42.5 千米，境内长 3 千米，境内宽 200 米，总流域面积 33 528 平方千米。流量 2 500 立方米 / 秒。河流泥沙含量大。沿岸有铁道游击队故乡、薛国故城、台儿庄战役等。具有 3 级通航能力以及防洪除涝、灌溉等功能。主要支流有韩庄老运河。

济河 370800-22-A-a09
[Jì Hé]

外流河。在市境东部。济河古称急水，因源于高山，落差大，水流湍急而得名，后演变为济河。发源于邹城尚河区北部的张庄南岭，先后流经张家庄、桃园、石龙嘴、张庄、牛庄、尚庄、王庄、汉舒、安德、龙湾套、彭家庄、五里庙、礼泉、泗水城，至立石村流入泗河。长 36 千米，流域面积 183 平方千米。具有防洪除涝、灌溉的功能。主要支流有青界河、蒲玉河、邢家庄河、安得河、石汪河、圣水河。

洙赵新河 370800-22-A-b01
[Zhūzhào Xīnhé]

内陆河。在市境西南部。因是赵王河

和洙水河改道开挖的一条新河，故名洙赵新河。发源于菏泽市东明县穆庄西，流经东明、定陶、牡丹、郓城、巨野、嘉祥、任城等地，于任城区的刘官屯东北入南阳湖。长140.7千米，宽190千米，流域面积4 206平方千米。河流泥沙含量大。具有防洪除涝、灌溉的功能。主要支流有郓巨大河、洙水河。

梁济运河 370800-22-A-b02
[Liángjǐ yùnhé]

城内陆河。在市境中部。因处梁山县和济宁城之间而得名。发源于北宋金河入口，流经梁山县、汶上县、嘉祥县、任城区，最终流入南四湖。长91千米，宽43~102米，流域面积3 306平方千米。沿岸为济宁市重要工农业和城市发展区。是集防洪、排涝、承泄东平湖滞洪、下泄洪水、引黄补湖、灌溉、航运及国家南水北调输水等大型综合利用的河道。主要支流有宋金河、金马河、龟山河等。

白马河 370800-22-A-b03
[Báimǎ hé]

内陆河。在市境东北部。因发源于白马泉而得名。发源于邹城市北部白马泉，流经曲阜、兖州、邹城、微山，在鲁桥镇九孔桥村南入独山湖。长58千米，宽50米，流域面积1 099平方千米。二十年一遇防洪流量1 280立方米/秒。河流泥沙含量大。具有5级通航能力。主要支流有大沙河、望云河、石墙河、石里沟、七里沟、幸福河、秦河。

洸府河 370800-22-A-b04
[Guāngfǔ Hé]

内陆河。在市境北部。因干流洸府河是古有洸水，又纳入府河，故名洸府河。发源于宁阳县大汶河左岸堽城屯，全河流经宁阳县、兖州市、高新区、任城区、微山县，在济宁任城区石佛村东入南阳湖。长82千米，宽8~35米，流域面积1 331平方千米。具有防洪除涝、灌溉的功能。支流有月牙河、赵王河、汉马河、中源沟、北跃进沟、杨家河、蓼沟河。

北沙河 370800-22-A-b05
[Běi Shāhé]

内陆河。在市境东南部。因此河在沙河（古称漷水）以北且汛期洪水含沙量大，故名北沙河。发源于邹城市张庄乡黄山北，流经滕州、微山，在后留庄村西入独山湖。长61千米，宽375米，流域面积563.2平方千米。二十年一遇防洪流量1 280立方米/秒。河流泥沙含量大。具有防洪除涝、灌溉的功能。主要支流有小黑河。

新薛河 370800-22-A-b06
[Xīn Xuēhé]

内陆河。在市境东南部。为减轻汛期薛沙河的洪水压力，1957年新开挖的河道截取薛沙河上游水堤量的60%以上洪水入湖，故名新薛河。发源于枣庄市山亭区石沟峪，流经昭阳街道，于微山县昭阳街道流入南微山湖。长89.6千米，宽130米，流域面积789.5平方千米。流量200立方米/秒。河流泥沙含量大。具有防洪除涝、灌溉的功能。主要支流有小泥河。

蔡河 370800-22-A-b07
[Cài Hé]

内陆河。在市境西南部。传说为清凉寺僧人从河道运菜而开挖，故名菜河，后演为蔡河。发源于嘉祥县黄庞庄，流经嘉祥县、金乡县、任城区，于任城区大王村东南入南阳湖。长42千米，宽40米，流域面积332平方千米。具有防洪、排涝、灌溉的功能。主要支流有北大溜。

洙水河 370800-22-A-b08

[Zhūshuǐ Hé]

内陆河。在市境西南部。原名潴水河，1932 年浚治时改潴水河为洙水河。发源于菏泽佃户屯，流经巨野县、嘉祥县，于任城区的路口村入南阳湖。长 18 千米，宽 20 米，流域面积 38 平方千米。径流量 0.24 立方米 / 秒。沿岸为重要的工农业和经济发展区。具有防洪除涝、灌溉、提供旅游及城市景观用水的功能。主要支流有小王河、前进河。

大沙河 370800-22-A-b09

[Dà Shāhé]

内陆河。白马河支流。在市境南部。因河道内有大量河沙而得名。发源于邹城市张庄镇徐岭村南，流经张庄、大束、千泉、凫山、北宿、太平五个镇街，入白马河。长 36 千米，宽 40 米，流域面积 172.6 平方千米。设计二十年一遇防洪泄流量 1 360 立方米 / 秒。河流泥沙含量大。沿岸为重要工农业和城市发展区。具有防洪除涝、灌溉的功能。主要支流有截辽引河。

新万福河 370800-22-A-b10

[Xīn Wànfúhé]

内陆河。在市境西南部。新万福河是将原万福河刘堂以上段纳入原南大溜并进行裁弯取直治理后命名的。发源于定陶县大薛庄，流经定陶县、成武县、巨野县、金乡县、鱼台县，于任城区喻屯镇大周村流入南阳湖。长 77.4 千米，宽 45.82 米，流域面积 1 283 平方千米。具有防洪除涝、灌溉的功能。主要支流有为彭河、友谊沟、吴河、老西沟、大沙河、金城河。

老万福河 370800-22-A-b11

[Lǎo Wànfúhé]

内陆河。在市境南部。原名柳林河，后以古诗词"宜防塞兮，万福来"之句更名万福河，开挖新万福河后更名为老万福河。发源于定陶县大薛庄，流经定陶县、成武县、巨野县、金乡县、鱼台县，于任城区喻屯镇大周村流入南阳湖。长 33 千米，宽 80 米，流域面积 563 平方千米。流量 965 立方米 / 秒。有通航能力。主要支流有鱼清河、白马河。

东鱼河 370800-22-A-b12

[Dōngyú Hé]

人工水道。在市境西南部。因发源于东明，止于鱼台县而得名。发源于东昭县刘楼村，经菏泽、曹县、定陶、城武、单县、金乡、鱼台、至微山县李埝村入昭阳湖。长 172.1 千米，宽 210~169 米，流域面积 5 923 平方千米。河流泥沙含量大。具有防洪除涝、灌溉的功能。主要支流有胜利河、北支、南支等。

惠河 370800-22-A-b13

[Huì Hé]

内陆河。在市境东南部。原为无堤顺水沟，后挖掘成河，以吉祥寓意取名惠河。发源于山东省单县境内，流经单县、丰县、金乡县、鱼台县，于霄云镇核桃园村入东鱼河。长 41.65 千米，宽 37.09 米，流域面积 283 平方千米。流量 141 立方米 / 秒。具防洪除涝、灌溉等功能。

任城区

河流

黄狼沟 370811-22-A-a01
[Huángláng Gōu]

外流河。在区境北部。根据古代"黄粱一梦"的故事，故称此沟为黄粱沟，后讹音为黄狼沟。发源于宁阳县大孟村附近，流经兖州区，于任城区郑庄村西南汇入北跃进沟。长2 060千米，宽度35米，流域面积89平方千米。具有防洪除涝、灌溉的功能。

南跃进沟 370811-22-A-a02
[Nán Yuèjìn Gōu]

外流河。在区境北部。因历史时期而得名。发源于李营街道林屯东，流经任城区，于南张街道军王村西汇入梁济运河。长17.2千米，宽25~200米，流域面积110.5平方千米。具有防洪除涝、灌溉的功能。

龙拱河 370811-22-A-b01
[Lónggǒng Hé]

内陆河。在区境南部。因历史典故而得名。发源于安居镇薛屯，流经大辛庄、沿唐口、安居镇，入南阳湖。长15千米，宽13~53米，流域面积75平方千米。具有防洪除涝、灌溉的功能。

北大溜河 370811-22-A-b02
[Běidàliù Hé]

内陆河。在区境南部。因依自然流势冲流而成的一条河沟，故得名大溜，后对此河进行了人工治理，以方位演变为北大溜。发源于金乡县羊山镇官帝村东，流经卜集镇，于喻屯镇大王楼村南流入蔡河。

长26.5千米，宽55米，流域面积399.7平方千米。具有防洪除涝、灌溉的功能。主要支流有蔡河。

小新河 370811-22-A-b03
[Xiǎo Xīnhé]

内陆河。在区境东部。属新开挖河道，故名。发源于康驿乡谭庄，流经任城区，于长沟西入梁济运河。长10.5千米，宽35米，流域面积21平方千米。流量810立方米。具有防洪除涝、灌溉的功能。主要支流有肖家洼沟、康南洼沟。

小王河 370811-22-A-b04
[Xiǎowáng Hé]

内陆河。在区境西北部。名称来历不可考。发源于金屯镇茹庄村东，流经喻屯镇，于兴福集西入蔡河。长6.6千米，宽15米，流域面积33.5平方千米。具有防洪除涝、灌溉的功能。

北跃进沟 370811-22-A-b05
[Běi Yuèjìn Gōu]

内陆河。在区境北部。因历史时期而得名。发源于蜀山湖北岸，流经二十里铺镇，至李营街道汪庄村北汇入梁济运河。长25千米，宽35米，流域面积154平方千米。具有防洪除涝、灌溉的功能。

幸福河 370811-22-A-b06
[Xìngfú Hé]

内陆河。在区境东南部。以吉祥嘉言得名。发源于后李村东，流经石桥镇，于新闸、辛店村之间汇入南阳湖。长15千米，宽6~30米，流域面积75平方千米。流量1 010立方米。具有防洪除涝、灌溉的功能。

泥沟河 370811-22-A-b07
[Nígōu Hé]

内陆河。在区境中部。因河小常年淤泥不断,故名。发源于高新区柳行街道塔口铺村,流经柳行街道、接庄街道,于小郝村汇入廖沟河。长3.4千米,宽35米,流域面积1 331平方千米。具有防洪除涝、灌溉的功能。

曲阜市

山

九山 370881-21-E01
[Jiǔ Shān]

在省境西南部,曲阜市吴村镇与宁阳县界山。东西走向。因其山有九峰,故名。最高海拔460米。有玉皇阁、观音堂及碧霞元君殿等古迹。由太古代泰山群太平顶组黑云长片麻岩及各类混合岩构成。有人工林及野生灌丛,有丹参、葛根等中药材资源,磷矿石和石英石等矿产资源。有公路经此。

石门山 370881-21-E02
[Shímén Shān]

在省境西南部,市境东北部。东西走向。因石峰对峙如门,故名。最高海拔406米。主峰老虎窝顶。山势东陡西缓,西坡有石门寺林场,山中泉洞纵横,洞壑深幽。有公路经此。

芦山 370881-21-E03
[Lú Shān]

在省境西南部,市境东南部。东西走向。传说,古时山顶上有太上老君炼丹炉,遂名炉山,后谐音为芦山。一般海拔287.3米,最高海拔339.4米。有公路经此。

河流

险河 370881-22-A-a01
[Xiǎn Hé]

外流河。在市境北部。古称崄水,因其溪涧险隘,又"险""崄"相通,故亦名险河。险河东支流发源于泰安宁阳县梧桐峪,流经宁阳县南驿镇、曲阜市石门山镇、王庄镇;西支流发源于吴村镇凤凰山,流经宁阳县饮乡、曲阜市吴村镇、王庄镇,东、西分支合于王庄镇后王村,流经孙家道沟汇入泗河。长19千米,宽45米。径流量1.33立方米/秒。沿岸多有自然风光、名胜古迹。具有防洪除涝、灌溉、提供旅游及城市景观用水的功能。主要支流有衡庙河、石门山河。

沂河 370881-22-A-a02
[Yí Hé]

外流河。在市境南部。河流名称历史悠久不可考证。发源于邹城市城前镇的凤凰山北麓,流经尼山镇、防山镇、息陬镇、小雪街道、陵城镇、时庄街道,于金口坝汇入泗河。长39千米,宽220米,流域面积365.6平方千米。径流量1.77立方米/秒。具有防洪除涝、灌溉、提供旅游及城市景观用水的功能。主要支流有蓼河、蒋沟河、四清河。

衡庙河 370881-22-A-a03
[Héngmiào Hé]

外流河。在市境北部。此河因流经石门山镇衡庙村,得名衡庙河。发源于石门山镇韦寨水库东,流经石门山镇、王庄镇,于王庄东南流入险河。长7.2千米,流域面积3.9平方千米。具有防洪除涝、灌溉的功能。

郭泗河 370881-22-A-a04
[Guōsì Hé]

外流河。在市境东北部。因发源于郭家沟，入于泗河，故得名郭泗河。发源于石门山镇郭家沟，流经石门山镇和王庄镇，于东、西白石桥之间入泗河。长 10 千米，宽 60 米，流域面积 22 平方千米。径流量 0.14 立方米 / 秒。具有防洪除涝、灌溉的功能。

纸坊河 370881-22-A-a05
[Zhǐfáng Hé]

外流河。在市境北部。因流经纸坊村而得名。发源于吴村镇杨家院，流经吴村镇、王庄镇，于宋南庄汇入泗河。长 11 千米，宽 60 米。流域面积 45 平方千米。径流量 0.29 立方米 / 秒。具有防洪除涝、灌溉的功能。

邹城市

山

峄山山脉 370883-21-E01
[Yíshān Shānmài]

在区境南部。南望郭村，北接牙山，东邻留家庄，西至沈家庄。东南—西北走向。名称意为积石相连，络绎如丝。最高海拔 582.8 米。主峰五华峰。山南坡有邾国故城遗址，山上有峄山刻石、白云宫等文物遗迹，是国内著名的历史文化名山。花岗岩质，受多次造山运动及海蚀、冰川等地质作用影响，山多怪石、洞穴，植物资源丰富。全年平均降水 771.7 毫米。春夏秋冬，四季分明，干湿鲜明。土壤以瘠薄的花岗岩风化土为主。植被面积 5 491 亩，主要树木有侧柏、赤松、刺槐、麻栎、黑杨等。有公路经此。

连青山 370883-21-E02
[Liánqīng Shān]

在省境南部，市境东部。东南—西北走向。以山势连绵、青松翠柏郁郁苍苍而得名。最高海拔 635.7 米。主峰摩天岭。山体为花岗岩。山势险峻，景色秀美。植被茂密，以松柏、刺槐、灌木为主。野生资源十分丰富，植被覆盖率达 95%，有松、柏、栎、乌柏、黄檀、刺槐、合欢、黄连、山榆、黄芩、何首乌、葛根、益母草、灵芝草、石蚕、人参、天麻、透骨草、避风草、旁风、荆芥、灵芝草等植物。有公路经此。

卧虎山 370883-21-E03
[Wòhǔ Shān]

在省境南部，市境北部。南北走向。山形像伏卧的虎，故名卧虎山。最高海拔 199.4 米。在卧虎山南坡，有明鲁王之子墓及墓碑一座。山体为花岗片麻岩，植被茂密。有乔木、灌木、蕨类等植被。有公路经此。

铁山 370883-21-G01
[Tiě Shān]

属峄山山系。在区境北部。山南坡有一巨大的似脚印的山窝，据传为八仙之一的铁拐李踩踏而成，因而得名。海拔 146 米。山体为花岗岩，多植被，以松柏、灌木为主。有公路经此。

护驾山 370883-21-G02
[Hùjià Shān]

在区境南部。传说隋唐之际，唐王李世民在此遇敌，有山突起挡住敌兵，李世民因此获救，于是赐山名为"护驾山"。海拔 215.7 米。山体为花岗岩，多植被，以松柏、灌木为主。有公路经此。

龙山 370883-21-G03

[Lóng Shān]

　　属峄山山系。在区境南部。因山势蜿蜒如龙而得名。海拔 411.5 千米。山体为花岗岩，多植被，以松柏、灌木为主。有公路经此。

五宝庵山 370883-21-G04

[Wǔbǎo'ān Shān]

　　属凤凰山山系。在区境东南部。传说古时候山中曾出现过五件宝贝，即金钟、银钟、宝锄、金棒槌、聚宝盆，因而得名，又名五宝鞍山。海拔 445.0 米，山体为花岗岩，多植被，以松柏、刺槐、灌木等为主。有公路经此。

十八盘山 370883-21-G05

[Shíbāpán Shān]

　　属尼山山系。在区境东北部。山势绵延，道路崎岖，随山势盘旋上升，有十八层盘台，因而得名十八盘山。海拔 537.0 米。山体由变质岩构成，石质为石英石和少量重晶石。多植被，以松柏、刺槐等为主，产葛根、金银花、黄芪等 10 多种药材，有狐狸、狼、山鹰等野生动物。建有十八盘林场。有公路经此。

东凫山 370883-21-G06

[Dōng Fúshān]

　　属凫山山系。在区境西南部。因山群峰连绵起伏，远望好像水上的群凫，故名凫山，有东西相对峙的两座凫山，此山居东，称东凫山。海拔 233.9 米。山体为石灰岩。多植被，以松柏、刺槐为主。有公路经此。

柯楼山 370883-21-G07

[Kēlóu Shān]

　　属昌平山系。在区境东南部。因从山北看山形似翻放的柯楼，取名柯楼山。海拔 298 米。山体为花岗岩。植被茂盛，以松柏、刺槐、灌木为主。有公路经此。

狼屋山 370883-21-G08

[Lángwū Shān]

　　属连青山系。在区境东部。因山内经常有狼出没，得名狼屋山。海拔 463.0 米。山体植被较好，林木资源丰富，植被覆盖率达 85%。有公路经此。

越峰山 370883-21-G09

[Yuèfēng Shān]

　　属连青山系。在区境东部。因山下有越峰村而得名。海拔 473.6 米。山体植被较好，林木资源丰富。有公路经此。

金斗山 370883-21-G10

[Jīndǒu Shān]

　　属凫山山系。在区境南部。因山形像斗，故称金斗山。海拔 195.5 米。山体为青石灰岩，植被丰茂。

牙山 370883-21-G11

[Yá Shān]

　　属峄山山系。在区境南部。因山势险要多悬崖峭壁，得名崖山，又称牙山。海拔 374.6 米。山上有巨石成奇棚状，名曰赫石。山体为花岗岩，植被较稀疏。有公路经此。

金山 370883-21-G12

[Jīn Shān]

　　属峄山山系。在区境南部。因传说山中有金子而得名。海拔 157.3 米。山体为花岗岩。植被丰茂，适宜樱桃种植。

泉

圣泉 370883-22-I01
[Shèng Quán]

冷泉。在邹城市郭里镇朝西村西北。传说孔子周游列国时在此休息饮此泉水，因而得名。最高水位 17 米，最低水位 3 米，日出水量 2 立方米，涌水高度 5 米，水质良好。现正在进行旅游开发。有公路经此。

凤凰山泉 370883-22-I02
[Fènghuángshān Quán]

冷泉。在邹城市张庄镇驻地东北方向。因位于凤凰山一处山坳处而得名。源出山中小溪，汇聚成泉。水质良好。现正在进行旅游开发。有公路经此。

微山县

山

郗山 370826-21-G01
[Chī Shān]

在县境北部。因山西坡"东晋兖州刺史郗鉴墓"得名。海拔 63 米。野生动物有黄鼬、野兔、刺猬、蝙蝠、田鼠、小家鼠、灰山鸡、斑鸠、喜鹊、乌鸦、啄木鸟、云雀、家燕。104 国道经此。

大白山 370826-21-G02
[Dàbái Shān]

在县境北部。因山上岩石裸露风化成白色而得名大白山。海拔 308 米。野生动植物有獾、狐、狸、黄鼬、野兔、刺猬、蝙蝠、田鼠、小家鼠、侧柏、灰山鸡、野鸡、山雀、山鹪、斑鸠、喜鹊、乌鸦、啄木鸟、云雀、家燕，刺柏、梧桐、山菊花等。104 省道经此。

大顶山 370826-21-G03
[Dàdǐng Shān]

在县境北部。因山顶圆大而得名大顶山。海拔 136 米。野生动植物有獾、狐、狸、黄鼬、野兔、刺猬、蝙蝠、田鼠、小家鼠、灰山鸡、野鸡、山雀、山鹪、斑鸠、喜鹊、乌鸦、啄木鸟、云雀、家燕，侧柏、刺柏、梧桐、山菊花等。104 省道经此。

大顶子山 370826-21-G04
[Dàdǐngzi Shān]

在县境北部。因此峰向西、北、东南、东北分支延伸，铺展面大，俗称顶子大，故名大顶子山。海拔 318.8 米。野生动植物有獾、狐、狸、黄鼬、野兔、刺猬、蝙蝠、田鼠、小家鼠、灰山鸡、野鸡、山雀、山鹪、斑鸠、喜鹊、乌鸦、啄木鸟、云雀、家燕，侧柏、刺柏、梧桐、山菊花等。104 省道经此。

老磨台 370826-21-G05
[Lǎomò Tái]

在县境北部。因山顶大而平似磨台得名。海拔 321 米。野生动植物有獾、狐、狸、黄鼬、野兔、刺猬、蝙蝠、田鼠、小家鼠、灰山鸡、野鸡、山雀、山鹪、斑鸠、喜鹊、乌鸦、啄木鸟、云雀、家燕，侧柏、刺柏、梧桐、山菊花等。104 省道经此。

红山 370826-21-G06
[Hóng Shān]

在县境北部。因山体有紫红色页岩裸露而得名红山。海拔 230 米。野生动植物有獾、狐、狸、黄鼬、野兔、刺猬、蝙蝠、田鼠、小家鼠、灰山鸡、野鸡、山雀、山鹪、斑鸠、喜鹊、乌鸦、啄木鸟、云雀、家燕，侧柏、刺柏、梧桐、山菊花等。104 省道经此。

白马山　370826-21-G07

[Báimǎ Shān]

在县境北部。传说，因是荒山，颜色发白，形状如马，又说，山脚伸向白马河，故名白马山。海拔180米。野生动植物有獾、狐、狸、黄鼬、野兔、刺猬、蝙蝠、田鼠、小家鼠、灰山鸡、野鸡、山雀、山鹧、斑鸠、喜鹊、乌鸦、啄木鸟、云雀、家燕，侧柏、刺柏、梧桐、山菊花等。104省道经此。

长岭山　370826-21-G08

[Chánglǐng shān]

在县境北部。因山岭斜长得名。海拔281米。野生动植物有獾、狐、狸、黄鼬、野兔、刺猬、蝙蝠、田鼠、小家鼠、灰山鸡、野鸡、山雀、山鹧、斑鸠、喜鹊、乌鸦、啄木鸟、云雀、家燕，侧柏、刺柏、梧桐、山菊花等。104省道经此。

九峪山　370826-21-G09

[Jiǔyù Shān]

在县境北部。因连九个山谷而得名，古称高平山。海拔322米。野生动植物有獾、狐、狸、黄鼬、野兔、刺猬、蝙蝠、田鼠、小家鼠、灰山鸡、野鸡、山雀、山鹧、斑鸠、喜鹊、乌鸦、啄木鸟、云雀、家燕，侧柏、刺柏、梧桐、山菊花等。104省道经此。

桃花山　370826-21-G10

[Táohuā Shān]

在县境北部。山南坡有桃花洞，山由洞得名。海拔319米。104省道经此。

东庙山　370826-21-G11

[Dōng Miàoshān]

在县境北部。因山上山神庙得名。海拔214米。野生动植物有獾、狐、狸、黄鼬、野兔、刺猬、蝙蝠、田鼠、小家鼠、灰山鸡、野鸡、山雀、山鹧、斑鸠、喜鹊、乌鸦、啄木鸟、云雀、家燕，侧柏、刺柏、梧桐、山菊花等。104省道经此。

西庙山　370826-21-G12

[Xī Miàoshān]

在县境北部。因东、西庙山之间山神庙得名。海拔208米。野生动植物有獾、狐、狸、黄鼬、野兔、刺猬、蝙蝠、田鼠、小家鼠、灰山鸡、野鸡、山雀、山鹧、斑鸠、喜鹊、乌鸦、啄木鸟、云雀、家燕，侧柏、刺柏、梧桐、山菊花等。104省道经此。

苗家山　370826-21-G13

[Miáojiā Shān]

在县境北部。明初苗氏迁山前定居后，称苗家山。海拔163米。野生动植物有獾、狐、狸、黄鼬、野兔、刺猬、蝙蝠、田鼠、小家鼠、灰山鸡、野鸡、山雀、山鹧、斑鸠、喜鹊、乌鸦、啄木鸟、云雀、家燕，侧柏、刺柏、梧桐、山菊花等。104省道经此。

山口

东风口　370826-21-H01

[Dōngfēng Kǒu]

在县境北部。原名黑风口，1966年因黑风口名称不雅，更名为东风口。海拔110米。南北长600米，东西宽7米，东、西靠两城山区，南临独山湖，北接两城村。有山水水泥厂，两城镇政府等。属暖温带季风大陆性气候，四季分明。土壤属褐土类，两侧山高40米。古为任城通往湖陵城、沛城之南北大道的关隘。通公交车。

河流

老薛河 370826-22-A-a01
[Lǎoxuē Hé]

外流河。在县境中部。老薛河原名薛水或薛王河，因流经古薛国得名，后与新薛河对应得名老薛河。发源于滕州市东邵桥村，流经年庄南、大官口村、石坝村，最终汇入老运河。长14.66千米，宽225米，流域面积166平方千米。流量2 336立方米/秒。河流泥沙量大。具有防洪除涝、灌溉的功能。主要支流有小苏河、三八河、袁楼河。

薛沙河 370826-22-A-a02
[Xuēshā Hé]

外流河。在县境东部。因流经今薛城，而有薛城大沙河之称，简称薛沙河。发源于枣庄市柏山的蟠龙河，流经韩庄、台儿庄至邳州直河口入旧渠。长41.9千米，宽205米，流域面积296平方千米。流量200立方米/秒。河流泥沙量大。具有防洪除涝、灌溉的功能。主要支流有蟠龙河。

伊家河 370826-22-A-a03
[Yījiā Hé]

外流河。在县境西部。因流经伊家村得名。发源于微山湖，流经枣庄市台儿庄区，在台儿庄镇南汇入韩庄运河。长34千米，宽20米，流域面积327平方千米。流量526立方米/秒。河流泥沙量大。沿岸有铁道游击队故乡、薛国故城、台儿庄战役纪念地等历史遗迹。具有防洪除涝、灌溉的功能，达到航运Ⅵ级航道标准，可通行500吨级船舶。

城漷河 370826-22-A-b01
[Chéngkuò Hé]

内陆河。在县境北部。因城河、漷河并流得名。发源于临沂市平邑县界牌沟，流经平邑、山亭、滕州、微山四县（市、区），于微山县留庄镇沙堤村汇入昭阳湖。长81千米，宽750米，流域面积916平方千米。径流量3 340立方米/秒。河流泥沙量大。具有防洪除涝、灌溉、养殖的功能。主要支流有漷河。

房庄河 370826-22-A-b02
[Fángzhuāng Hé]

内陆河。在县境中部。因流经欢城镇房庄村得名。发源于滕州市鲍沟镇邢寨，流经尹洼村、房庄，在常口入老运河通过夏刘庄河入湖。长16千米，宽60米，流域面积112平方千米。流量1 000立方米/秒。河流泥沙量大。沿岸有大汶口文化尹洼遗址。具有防洪除涝、灌溉的功能。

湖泊

南四湖 370826-22-D-a01
[Nánsì Hú]

内陆湖。在县境南部。是南阳、独山、昭阳、微山4个彼此相连的湖泊总称。面积1 266平方千米。平均深度4.28米，最大深度6米。蓄水量18.82亿立方米。上级湖水面面积26 394平方千米，集水面积600平方千米，下级湖水面面积3 519平方千米，集水面积585平方千米。湖产资源丰富，主要经济鱼类有鲫、鲤、鳊、乌鳢、龙虾等，水生植物有苇、菰、莲、菱、芡等。具有调蓄、灌溉、水产、航运、旅游等功能。

微山湖 370826-22-D-a02

[Wēishān Hú]

内陆湖。在县境南部。因湖内微山岛得名。面积545平方千米。平均深度2.5米，最大深度6米。蓄水量16.98亿立方米。集水面积520平方千米。湖产资源丰富，水产品以微山湖大闸蟹、南美白对虾、小龙虾闻名。

昭阳湖 370826-22-D-a03

[Zhāoyáng Hú]

内陆湖。在县境南部。原名刁阳湖，因湖畔刁阳里得名，后以谐音演变为昭阳湖。面积1 266平方千米。平均深度2米，最大深度4.7米。蓄水量10.27亿立方米。集水面积283.6平方千米。湖产资源丰富，主要有湖苇、菰、莲藕、芡实、菱角等水生植物74种，鲫鱼、鲤鱼等鱼类78种。

独山湖 370826-22-D-a04

[Dúshān Hú]

内陆湖。在县境南部。因独山岛得名。面积149平方千米。平均深度2米，最大深度5米。蓄水量11.22亿立方米。集水面积290.4平方千米。具有水产养殖、旅游等功能。

南阳湖 370826-22-D-a05

[Nányáng Hú]

内陆湖。在县境南部。因南阳岛得名。南面积226平方千米。平均深度1.5米，最大深度2米。蓄水量8.26亿立方米。集水面积378.5平方千米。湖产资源丰富，水产品有四鼻孔鲤鱼、中华鳖、中华圆田螺，水生植物有芦苇、菰、莲藕、菱米、芡实。具有调蓄、灌溉、水产养殖、航运、旅游等功能。

陆地岛屿

微山岛 370826-22-E-b01

[Wēishān Dǎo]

在县境南部，微山湖中。面积9.6平方千米。因微山湖形成之后，始成为岛屿，故称微山岛。气候为温带季风气候，年最高气温36℃，最低气温−12℃，年平均气温15℃。年平均降水量750毫米。地质为寒武系灰岩，结构松散。森林覆盖率46%。岛上旅游资源丰富，1988年，经国务院批准设立微山湖省级风景名胜区，先后修复兴建了微子墓景区、目夷园景区、微山湖文化园、张良祠、普渡寺、微山湖抗日英烈纪念园暨铁道游击队纪念碑等。土特产为松花蛋、咸鸭蛋。通公交车。

南阳岛 370826-22-E-b02

[Nányáng Dǎo]

在县境北部，南阳湖中。面积0.7平方千米。因南阳古镇得名。气候为温带季风气候，年最高气温37℃，最低气温−11℃，年平均气温15℃。年平均降水量850毫米。森林覆盖率66%。岛上旅游资源丰富。土特产为松花蛋、咸鸭蛋。通公交车。

独山岛 370826-22-E-b03

[Dúshān Dǎo]

在县境北部，独山湖内。面积约0.8平方千米。因岛上独山而得名。气候为温带季风气候，年最高气温37℃，最低气温−11℃，年平均气温15℃，年平均降水量850毫米。植被有苦江草、荷叶、苇草。岛上旅游资源丰富，有汉墓群、朝阳洞、华祖洞、夫子楼等名胜古迹。土特产为松花蛋、咸鸭蛋。通公交车。

泉

圣母池泉 370826-22-I01
[Shèngmǔchí Quán]

冷泉。在县境北部。因泉流经女娲殿旁得名。开挖连成长 60 米、宽 58 米、深 3.5 米，可蓄水 7 200 立方米的泉池，更名圣母池泉。设计自流灌溉面积 1.33 平方千米。已作为饮用水进行开发。通公交车。

羲凤泉 370826-22-I02
[Xīfèng Quán]

温泉。在县境北部。因靠近伏羲庙和凤凰山得名。长宽各 60 米，深 4 米，面积 3 600 平方米，一般流量 0.1 立方米 / 秒。四季恒温。已作为灌溉用水开发。通公交车。

珍珠泉 370826-22-I03
[Zhēnzhū Quán]

冷泉。在县境北部。由泉出珍珠山西而得名。1973 年 4 月，村民将众泉开挖成渠，建提水站 1 座，安装 30 千瓦电动机，提水流量 0.3 立方米 / 秒，控制灌溉面积 0.47 平方千米。已作为灌溉用水开发。通公交车。

芦沟泉 370826-22-I04
[Lúgōu Quán]

冷泉。在县境北部。因位于白露头山西取谐音而得名。芦沟泉平地流出，长年不断。已作为灌溉用水开发。通公交车。

黄良泉 370826-22-I05
[Huángliáng Quán]

冷泉。在县境北部。因位于黄山之西得名。1972 年建提水站 1 座，安装 30 千瓦电动机 1 台，提水流量 0.25 立方米 / 秒，控制灌溉面积 0.27 平方千米。已作为灌溉用水开发。通公交车。

刘庄北泉 370826-22-I06
[Liúzhuāngběi Quán]

冷泉。在县境北部。因位于刘庄北得名。该泉源于天然，原系当地群众的吃水泉，1977 年 4 月将其扩大，安装 50 马力柴油机 1 台，建提水站，提水流量 0.1 立方米 / 秒，控制灌溉面积 0.13 平方千米。已作为灌溉用水开发。通公交车。

鱼台县

河流

复新河 370827-22-A-b01
[Fùxīn Hé]

内陆河。在县境东南部。复新河上游原名玉带河，1934 年改名为复兴河，1958 年更名为复新河。发源于安徽省砀山县玄帝苗村西，流经江苏省丰县、支本县、鱼台县，于双楼村入昭阳湖。长 54 千米，县境内长 8.3 千米，平均宽 160 米。总流域面积 1 812 平方千米，县境内 38 平方千米。具有防洪除涝、灌溉、养殖的功能。

苏鲁边河 370827-22-A-b02
[Sūlǔbiān Hé]

人工河道。在县境南部。因此河为江苏、山东（鲁）两省的边界河道，故名苏鲁边河。发源于鱼城镇杨楼，流经王庙镇、唐马镇，于老砦镇西城村东南汇入姚楼河。境内长 30.9 千米，宽 30 米，总流域面积 86 平方千米，县境内 13.34 平方千米。具有防洪除涝、灌溉、养殖的功能。

姚楼河 370827-22-A-b03
[Yáolóu Hé]

人工河道。在县境东南部。因河流经

老砦的姚楼村，故名。发源于沛县大沙河东段西岸郭口村，流经闵堤口等地，于沛县新刘庄北入鱼台县，于南田入昭阳湖。长 33.5 千米，县境内长 8.5 千米，宽 30 米。总流域面积 113 平方千米，县境内 13.23 平方千米。具有防洪除涝、灌溉、养殖的功能。

嘉祥县

山

泼山 370829-21-G01
[Pō Shān]

在县城南部。相传古时有人从洙水河中往岸上泼水，带上一石块，落地遂成此山，故名泼山。海拔 65.4 米。植被以松柏为主。有公路经此。

羊鹿山 370829-21-G02
[Yánglù Shān]

在县城南部。据传此山远看，形状如羊，有人说如鹿，因此命名羊鹿山。海拔 106 米。植被以松柏为主。有公路经此。

来山 370829-21-G03
[Lái Shān]

在县城南部。有来氏居住山下，以姓氏取名来山。海拔 128.7 米。植被以松柏为主。有公路经此。

北凤凰山 370829-21-G04
[Běifènghuáng Shān]

在县境中部。传说山上落过凤凰，又因坐落在县城之北，故曰北凤凰山。海拔 141 米。植被以松柏为主。有公路经此。

萌山 370829-21-G05
[Méng Shān]

在县境中部。因古柏苍翠，峰峦秀拔，石如萌芽，故名萌山。海拔 115.6 米。植被为针叶林，山上多为柏树。有公路经此。

簸箕山 370829-21-G06
[Bòji Shān]

在县境中部。山体两边高而中间低洼，形如簸箕，故名簸箕山。海拔 103 米。植被以松柏为主。有公路经此。

寨山 370829-21-G07
[Zhài Shān]

在县境中部。金正隆年间，乡民结寨其上，以避寇，故名寨山。海拔 137 米。植被以松柏为主。有公路经此。

板山 370829-21-G08
[Bǎn Shān]

在县境中部。山上部为页岩，能制作石板用于建筑，故名板山。海拔 90 米。植被以松柏为主。有公路经此。

章山 370829-21-G09
[Zhāng Shān]

在县境西北部。元朝中叶，章氏家族从江西迁此定居，以姓氏取村名章山，山同村名，故名章山。海拔 66 米。植被以松柏为主。有公路经此。

柏山 370829-21-G10
[Bǎi Shān]

在县境中部。此山以盛长柏树著称，南麓尚存古柏一株，群众称之为"龙头柏"，故名柏山。海拔 75.8 米。植被以松柏为主。有公路经此。

澹台山 370829-21-G11

[Tántái Shān]

在县城南部。此地注水长流，低山如台，古为澹台里，以地名山，故名澹台山。海拔 58.3 米。植被以松柏为主。有公路经此。

护山 370829-21-G12

[Hù Shān]

在县境中部。该山之北为章山，形如兔；西南有西凤凰山（又名鹰山）形如展翅捕兔之鹰，传说因其间有此山相隔，兔才免遭不幸，故名护山。海拔 54.5 米。植被以松柏为主。有公路经此。

横山 370829-21-G13

[Héng Shān]

在县境中部。因此山横亘四五里，故名横山。海拔 98.3 米。植被以松柏为主。有公路经此。

枣山 370829-21-G14

[Zǎo Shān]

在县境中部。昔日满山酸枣树丛生，故名枣山。海拔 43 米。植被以松柏为主。有公路经此。

昨落山 370829-21-G15

[Wǔluò Shān]

在县境中部。相传宋初有 5 位老人云游各地，晚年流落在此山之阳隐居，故名五落村（今五老洼），山亦因此而得名五落山，后演变为昨落山。海拔 100 米。植被以松柏为主。有公路经此。

独座山 370829-21-G16

[Dúzuò Shān]

在县境中部。此山孤独一峰，屹立于萌山之东南，故名独座山。海拔 81 米。植被以松柏为主。有公路经此。

西卧龙山 370829-21-G17

[Xīwòlóng Shān]

在县境西北部。因山形像一条头尾朝西、腰腹朝东的卧龙，又位居县城之西，故名西卧龙山。海拔 109.6 米。植被以松柏为主。有公路经此。

西凤凰山 370829-21-G18

[Xīfènghuáng Shān]

在县境西北部。人们心目中凤凰是吉祥的象征，又因此山坐落在县城之西，故名西凤凰山。海拔 116.8 米。植被以松柏为主。有公路经此。

兑南山 370829-21-G19

[Duìnán Shān]

在县境西部。山北有兑粮店村，故称兑南山。海拔 64 米。植被以松柏为主。有公路经此。

马鞍山 370829-21-G20

[Mǎ'ān Shān]

在县境西部。山形两头高中间低，形如马鞍，故名马鞍山。海拔 68.1 米。植被以松柏为主。有公路经此。

坨山 370829-21-G21

[Tuó Shān]

在县境西北部。因山体较小，故名坨山。海拔 54.6 米。植被以松柏为主。有公路经此。

舟船山 370829-21-G22

[Zhōuchuán Shān]

在县境西部。此山活像一只翻扣的大船，故称舟船山。海拔 65 米。植被以松柏为主。有公路经此。

丹凤山 370829-21-G23
[Dānfèng Shān]

在县境西部。为与山后双凤村名称对称，故以"单"同音字"丹"命名为丹凤山。海拔 92.5 米。植被以松柏为主。有公路经此。

骷髅山 370829-21-G24
[Kūlóu Shān]

在县境西部。山体较小，不生草木，像一具骷髅，故名骷髅山。海拔 103 米。植被以松柏为主。有公路经此。

小青山 370829-21-G25
[Xiǎo Qīngshān]

在县境西部。因山清水秀，遥与青山对峙且比青山小，故名小青山。海拔 117.4 米。植被以松柏为主。有公路经此。

社山 370829-21-G26
[Shè Shān]

在县境西南部。明末清初，青山庙会鼎盛时期，过往香客多集结此山，如赶社会，故名。海拔 129 米。植被以松柏为主。有公路经此。

栲栲山 370829-21-G27
[Kǎokǎo Shān]

在县境南部。相传，古时此山盛长栲栲树，故名栲栲山。海拔 96 米。植被以松柏为主。

老牛愁山 370829-21-G28
[Lǎoniúchóu Shān]

在县境南部。因形势险要，山高路陡，攀爬艰难，故称老牛愁山。海拔 137.5 米。植被以松柏为主。有公路经此。

柏景山 370829-21-G29
[Bǎijǐng Shān]

在县境南部。站在栲栲山上柏树层中向下俯视，山中的村子三面靠山如同天井，故以谐音称柏景山。海拔 146 米。植被以松柏为主。有公路经此。

钓鱼山 370829-21-G30
[Diàoyú Shān]

在县境南部。山巅列石如钓鱼台，山上有巨人迹，传为姜太公钓鱼处，故名钓鱼山。海拔 203 米。有重要名胜古迹晁错墓。植被以松柏为主。有公路经此。

钻石山 370829-21-G31
[Zuànshí Shān]

在县境南部。相传古时曾出产过钻石，故名。海拔 140.7 米。植被以松柏为主。有公路经此。

属山 370829-21-G32
[Shǔ Shān]

在县境南部。相传，此山东侧有一湖泊曰属湖，山以湖得名属山，现讹传为许山。海拔 119 米。植被以松柏为主。有公路经此。

富山 370829-21-G33
[Fù Shān]

在县境南部。与小金山相对，故名富山。海拔 121.5 米。植被以松柏为主。有公路经此。

龙泉寺山 370829-21-G34
[Lóngquánsì Shān]

在县境南部。因山上有龙泉寺而得名。海拔 137.6 米。植被以松柏为主。有公路经此。

青山 370829-21-G35

[Qīng Shān]

在县境南部。四隅均岩秀泉甘，林深木茂，可谓山清水秀，故名青山。海拔 168 米。植被以松柏为主。有公路经此。

九顶山 370829-21-G36

[Jiǔdǐng Shān]

在县境南部。该山共有九个小山头，故名九顶山。海拔 187.3 米。植被以松柏为主。有公路经此。

老史山 370829-21-G37

[Lǎoshǐ Shān]

在县境南部。明宣德年间，史老修道其上，故名老史山。海拔 193.6 米。植被以松柏为主。有公路经此。

挟山 370829-21-G38

[Jiā Shān]

在县境南部。北有焦氏山，南有钻石山，此山居中，故名挟山。海拔 151 米。植被以松柏为主。有公路经此。

南卧龙山 370829-21-G39

[Nánwòlóng Shān]

在县境南部。山上有洞为卧龙洞，故名卧龙山，因位处城南，故名南卧龙山。海拔 169.7 米。植被以松柏为主。有公路经此。

焦氏山 370829-21-G40

[Jiāoshì Shān]

在县境南部。是古代焦氏族居住地和紧邻周代焦国故城，故名焦氏山。海拔 164.8 米。植被以松柏为主。有公路经此。

武翟山 370829-21-G41

[Wǔzhái Shān]

在县境南部。为汉代武氏家族驻地，山阴有武氏墓群，故名武宅山，后演变为武翟山。海拔 86.1 米。植被以松柏为主。有公路经此。

范山 370829-21-G42

[Fàn Shān]

在县境南部。山下为汉庐江太守范巨卿故里，得名范山。海拔 200 米。重要名胜古迹有洪福院、伏羲庙、范巨卿祠、翁翁庙。植被以松柏为主。有公路经此。

商村山 370829-21-G43

[Shāngcūn Shān]

在县境南部。山下有商村社，以此得名。海拔 93 米。植被以松柏为主。有公路经此。

大鼎山 370829-21-G44

[Dàdǐng Shān]

在县境南部。因其形如鼎，故名大鼎山。海拔 193.8 米。植被以松柏为主。有公路经此。

紫云山 370829-21-G45

[Zǐyún Shān]

在县境南部。山阳有昭庆院，昔日旱情严重时，人们去昭庆院祈雨偶尔山上出云呈紫色，故名紫云山。海拔 90 米。重要名胜古迹有昭庆寺。植被以松柏为主。有公路经此。

南寨山 370829-21-G46

[Nánzhài Shān]

在县境西南部。山有石寨，故名寨山。板山之南，羊鹿山之西有一寨山，为区别起见，故名南寨山。海拔 163.3 米。植被以松柏为主。有公路经此。

秃尾山 370829-21-G47

[Tūwěi Shān]

在县境南部。峫山为首，此山为尾，故名秃尾山。海拔 139 米。植被以松柏为主。有公路经此。

孟良山 370829-21-G48

[Mèngliáng Shān]

在县境南部。"孟"第一之意，"良"即好，"邑境九十九山，此山最高"，石质又好，故名孟良。海拔 243.1 米。植被以松柏为主。有公路经此。

跌坡山 370829-21-G49

[Diēpō Shān]

在县境西南部。山水激流直入河中，势如跌坡，故名跌坡山。海拔 54.5 米。植被以松柏为主。有公路经此。

齐山 370829-21-G50

[Qí Shān]

在县境东南部。海拔 98 米。昔日为南武山之东山头，现称齐山。植被以松柏为主。有公路经此。

黄路山 370829-21-G51

[Huánglù Shān]

在县境东南部。相传，明朝初年，黄氏修路于其上，故名黄路山。海拔 71 米。植被以松柏为主。有公路经此。

佛耳山 370829-21-G52

[Fó'ěr Shān]

在县境东南部。山形如佛耳，故名佛耳山。海拔 117 米。植被以松柏为主。有公路经此。

狼山 370829-21-G53

[Láng Shān]

在县境西南部。春秋鲁国公筑台于郎、昭公筑郎囿于此，故名朗山，后演变为狼山。海拔 72 米。植被以松柏为主。有公路经此。

遂山 370829-21-G54

[Suì Shān]

在县境南部。以村名遂山（今满硐）谓之，故名遂山。海拔 136 米。植被以松柏为主。有公路经此。

玄武山 370829-21-G55

[Xuánwǔ Shān]

在县境南部。传说，子游为武城宰，孔子来武城，在此以弦竹歌相迎，故名玄舞山，后演变为玄武山。海拔 150 米。植被以松柏为主。有公路经此。

七日山 370829-21-G56

[Qīrì Shān]

在县境南部。传有七日雕石成佛像之说，故名七日山。海拔 215 米。植被以松柏为主。有公路经此。

韭山 370829-21-G57

[Jiǔ Shān]

在县境南部。相传，宋时居人于此山中韭，南迁后，根尚在，雨后则遍山青青，采之可食，故名韭山。海拔 137.2 米。植被以松柏为主。有公路经此。

南武山 370829-21-G58

[Nánwǔ Shān]

在县境南部。因位于古南武城西北，故名。海拔 210 米。植被以松柏为主。有公路经此。

平山 370829-21-G59
[Píng Shān]

在县境南部。山巅四平如掌，泉甘土肥，可以耕稼，故名平山。海拔 60.6 米。植被以松柏为主。有公路经此。

芜荑山 370829-21-G60
[Wúyú Shān]

在县境南部。因此山昔日多芜荑，故名。海拔 110 米。植被以松柏为主。有公路经此。

鹰山 370829-21-G61
[Yīng Shān]

在县境南部。磨山与红土山分别位于此山左右，如同两个翅膀，状如雄鹰展翅，故名鹰山。海拔 90.5 米。植被以松柏为主。有公路经此。

小金山 370829-21-G62
[Xiǎojīn shān]

在县境南部。因山石质地坚硬如金，故名小金山。海拔 182.4 米。各治理区内人类开采活动后的基岩裸露区植被稀少，仅在渣土堆存区发育少量杨树、榆树、低矮灌木及草本植物，部分积水区边缘发育喜水的芦苇、菖蒲等；原始山体未受破坏区多发育柏树、松树等常绿乔木、低矮灌木以及岩石缝隙中的草本植物，植被以松柏为主。有公路经此。

华林山 370829-21-G63
[Huālín shān]

在县境东南部。因位于花林村北，俗称花林山，演为华林山。海拔 169.6 米。治理区内人类开采活动后的基岩裸露区植被稀少，仅在渣土堆存区发育少量杨树、低矮灌木及草本植物，部分积水区边缘发育喜水的芦苇、菖蒲等，植被以松柏为主。有公路经此。

灯台山 370829-21-G64
[Dēngtái shān]

在县境东南部。因山西有晋太尉郗鉴墓，墓前二石台高约二丈，顶镂花卉，斗拱工细，鳞瓦参差，砌石城门而中断其半，望之如灯檠，故名灯台山。海拔 125.5 米。植被主要有苹果树、桃树、梨树、杏树和核桃树。有公路经此。

东磨山 370829-21-G65
[Dōngmò shān]

在县境东南部。东磨山山形如圆磨，故名磨山，后因县境内还有一个磨山，此山居东，故称东磨山。海拔 85.5 米。植被以松柏为主。有公路经此。

礼山 370829-21-G66
[Lǐ shān]

在县境东南部。名称来历不可考。海拔 71.2 米。植被以松柏为主。有公路经此。

河流

红旗河 370829-22-A-a01
[Hóngqí Hé]

外流河。在县境北部。以嘉言命名。发源于黄垓乡金庄村北，流经黄垓乡、梁宝寺镇、大张楼镇、马村镇、万张镇，于万张镇狄楼村北入赵王河。长 21.1 千米，宽 72 米，流域面积 143 平方千米。为居民提供赖以生存的淡水资源，具有防洪除涝、灌溉的功能。

梁宝寺引河 370829-22-A-a02
[Liángbǎosì Yǐnhé]

外流河。在县境北部。因原西起点在梁宝寺镇新建村而得名。发源于梁宝寺镇新建村，从引河村中间穿过，向东汇入京杭大运河。长 6.42 千米，宽 30 米，流域面积 17.2 平方千米。为居民提供赖以生存的淡水资源，具有防洪除涝、灌溉的功能。

袁庄河 370829-22-A-a03
[Yuánzhuāng Hé]

外流河。在县境西北部。因于袁庄村东入嘉祥境而得名。发源于郓城县黄堆集乡杨庄，流经老僧堂镇，于孟姑集镇赵垓桥西约 1.5 千米处入新赵王河。长 12.9 千米，宽 6 米，流域面积 77 平方千米。为居民提供赖以生存的淡水资源，具有防洪除涝、灌溉的功能。

袁庄沟 370829-22-A-a04
[Yuánzhuāng Gōu]

外流河。在县境西北部。因近于袁庄而得名。发源于郓城新河，流经黄垓镇，最终汇入红旗河。长 4.275 千米，宽 5~8 米，流域面积 14.7 平方千米。为居民提供赖以生存的淡水资源，具有防洪除涝、灌溉的功能。

导流河 370829-22-A-b01
[Dǎoliú Hé]

内陆河。在县境南部。因是为梁山闸施工导流所开挖的河道而得名。发源于洙赵新河王庙桥东，流经纸坊镇于庄村、李花园村、辛庄等村，于巨野县核桃园镇流入蔡河。长 4.7 千米，宽 20 米，流域面积 9.8 平方千米。流量 10 立方米 / 秒。为居民提供赖以生存的淡水资源，具有防洪除涝、灌溉的功能。

友谊河 370829-22-A-b02
[Yǒuyì Hé]

内陆河。在县境西南部。以吉祥嘉言命名。发源于嘉祥县纸坊镇后商村西南，

流经纸坊镇、仲山镇，南入洙赵新河。长 5.7 千米，宽 15 米，流域面积 16.1 平方千米。为居民提供赖以生存的淡水资源，具有防洪除涝、灌溉的功能。

牛官屯河 370829-22-A-b03
[Niúguāntún Hé]

内陆河。在县境西部。因靠近卧龙山街道前、后牛官屯村而得名。发源于孟姑集镇阁楼村南，流经孟姑集镇、卧龙山街道，于卧龙山街道苏营村西入洙水河。长 12 千米，宽 9 米，流域面积 49 平方千米。设计五年一遇排涝流量 41.60 立方米 / 秒。为居民提供赖以生存的淡水资源，具有防洪除涝、灌溉的功能。

前进河 370829-22-A-b04
[Qiánjìn Hé]

内陆河。在县境西北部。以吉祥嘉言命名。发源于马村镇曾店村西北，流经梁海、护山，于县城西南汇入洙水河。长 16 千米，流域面积 59.5 平方千米。为居民提供赖以生存的淡水资源，具有防洪除涝、灌溉的功能。

小王河改道 370829-22-A-b05
[Xiǎowáng Hé gǎidào]

内陆河。在县境南部。名称来历不可考。发源于纸坊镇，流经纸坊镇、金屯镇，于金屯镇徐村入洙水河。长 8 千米，宽 20 米，流域面积 22.5 平方千米。设计五年一遇排涝流量 8.29 立方米 / 秒。为居民提供赖以生存的淡水资源，具有防洪除涝、灌溉的功能。

护山河 370829-22-A-b06
[Hùshān Hé]

内陆河。在县境北部。因西起点护山村而得名护山河。发源于护山社区，流经

嘉祥街道,于疃里镇南王庄村西入洙水河。长6千米,宽20米,流域面积21平方千米。设计流量38.5立方米/秒,为居民提供赖以生存的淡水资源,具有防洪除涝、灌溉的功能。

薛公汊河 370829-22-A-b07
[Xuēgōng Chàhé]

内陆河。在县境西北部。因该河系巨野知县薛同述决策开挖,故取名薛公新河,后演为薛公汊河。发源于巨野县麒麟镇姚桥村西,流经仲山镇、纸坊镇、卧龙山街道,于卧龙山街道南马官屯村入洙水河。长19.5千米,宽15米。沿岸居民以种植业为主。对流域范围内的气候具有一定的调节作用,为居民提供赖以生存的淡水资源,具有防洪除涝、灌溉的功能。

汶上县

山

彩山 370830-21-G01
[Cǎi Shān]

在县境北部。旧传山上花木如彩,故名。海拔137米。山上多柏树,有低矮灌木。有公路经此。

昙山 370830-21-G02
[Tán Shān]

在县境北部。山西隅原有古庙,相传为明王坦先生读书处,并有所书"天下第一山"碑,故名坦山,演为昙山。又传因旧时山上有"祷雨坛",当地农民也呼为"坛山",演为昙山。海拔177.4米,山上有低矮灌木,山脚有核桃树,山南有茶园。有公路经此。

河流

泉河 370800-22-A-a01
[Quán Hé]

外流河。在县境中部。因历史上是以泉水为主要水源,故名。发源于汶上县杨店镇曹营,流经杨店镇、白石镇、苑庄镇、汶上街道、中都街道、南站镇、次邱镇、刘楼镇、南旺镇,南至汶上南旺大店子村西南入梁济运河。长42.47千米,宽40~70米,流域面积626平方千米。按照五年一遇排涝标准,二十年一遇防洪标准,流量为40~328立方米/秒。沿河两岸土地肥沃,灌溉便利。为汶上历史上农业、酿造业主要水源。主要支流有红沙河、郭洼沟、大寨沟等。

泗水县

山

夹山 370831-21-G01
[Jiā Shān]

在县境南部。因此山位于踞龙山和磨山之间,当地人俗称之为夹山。海拔374米。属灰岩山体。山上有少量的槐树和松树,动物有山鸡、野兔和小刺猬等。有公路经此。

陪尾山 370831-21-G02
[Péiwěi Shān]

在县境东南部。该山古时即称陪尾山,沿用至今。海拔160米。铁砂岩山体。山上栽植少量柏树。有公路经此。

卧牛山 370831-21-G03
[Wòniú Shān]

在县境东南部。在山西侧远观此山，像一头卧着的牛，故名卧牛山。海拔276.8米。山体表面为石灰石，灰岩山体。山上栽植柏树，山下栽植核桃，山上有山鸡、刺猬、鸽子、野兔等动物。有公路经此。

葫芦崖 370831-21-G04
[Húlu Yá]

在县境西北部。该山顶部山崖呈圆锥形，上尖下阔，四周坡度均匀，形似葫芦，故又得名葫芦崖。海拔498.9米。花岗岩、片麻岩山体。植被以松树、柏树、刺槐为主，魏庄河、尚庄河发源于山南麓，滕家洼河发源于山西麓。有公路经此。

镜山 370831-21-G05
[Jìng Shān]

在县境西北部。此山西部山崖陡平，夕阳照射，如同一面镜子，闪闪发光，故得名镜山。海拔562米。花岗岩、片麻岩山体。植被以松树、柏树、刺槐为主，柘沟河发源于山南麓。有公路经此。

戈山 370831-21-G06
[Gē Shān]

在县境西南部。因其山形如同一大锅扣在地上，当地人俗称为郭山，后演变为戈山。海拔366.6米。灰岩山体。植被多为柏树。有公路经此。

西鲸山 370831-21-G07
[Xī Jīngshān]

在县境东南部。此山与东鲸山两峰相对，高耸入云，势如两根擎天柱，故以方位得名西擎山，又因山形似鲸鱼，民国时期演变为西鲸山。海拔435米。灰岩山体。山上栽植少量柏树，山上有山鸡、刺猬、鸽子、野兔等动物。有公路经此。

东老寨 370831-21-G08
[Dōng Lǎozhài]

在县境东南部。因和西边的商寨山故为屯兵之地，民国时期以方位改称东老寨。海拔516.5米。灰岩山体。山上栽植少量柏树，有山鸡、刺猬、鸽子、野兔等动物。有公路经此。

东鲸山 370831-21-G09
[Dōng Jīngshān]

在县境东南部。此山与西鲸山两峰相对，高耸入云，势如两根擎天柱，故以方位得名东擎山，又因山形似鲸鱼，民国时期演变为东鲸山。海拔478.8米。灰岩山体。山上栽植少量柏树，山上有山鸡、刺猬、鸽子、野兔等动物。有公路经此。

西老寨 370831-21-G10
[Xī Lǎozhài]

在县境东南部。因和东边的商寨山故为屯兵之地。民国时期以方位改称西老寨。海拔460.9米。灰岩山体。山上栽植少量柏树，山上有山鸡、刺猬、鸽子、野兔等动物。有公路经此。

西二龙山 370831-21-G11
[Xī Èrlóngshān]

在县境东南部。东临查山，北连西鲸山。此山有两条狭长的山脉，形若二龙戏珠，故得名二龙山。因重名，后加方位更名为西二龙山。海拔340.7米。灰岩山体。山上主要有松树、柏树、野兔、山鸡等动植物。有公路经此。

能山 370831-21-G12
[Néng Shān]

在泗水县城东北部。因"能者"孙悟空得名。海拔402米。灰岩山体。主要种植松树、柏树、小片果园等，有野兔、山鸡等动物。有公路经此。

毛山 370831-21-G13
[Máo Shān]

在县境东南部。山体如猫爬地，故得名猫山，后简化为毛山。海拔411米。灰岩山体。主要种植松树、柏树等，有野兔、山鸡等动物。枣徐公路从山东麓通过。

茯苓山 370831-21-G14
[Fúlíng Shān]

在县境西北部。早年山上多松树，其根部生长很多茯苓，人们常常采集入药，故得名茯苓山。海拔477米。花岗岩、片麻岩山体。植被以松树、柏树、刺槐为主，动物有野兔、山鸡等。石桥河发源于山南麓。有公路经此。

葛山 370831-21-G15
[Gé Shān]

在县境北部。此山早年盛产葛草，附近村民常到山上采集葛藤制绳，挖葛根入药，故得名葛山。海拔517米。花岗岩、片麻岩山体。植被以松树、柏树、刺槐为主，动物有野兔、山鸡等。中册河发源于山南麓。有公路经此。

玉皇山 370831-21-G16
[Yùhuáng Shān]

在县境东南部。明清时期，山上建有玉皇庙，山以古庙得名。海拔495米。灰岩、变质岩山体。主要有山鸡、刺猬、鸽子、野兔等动物。有公路经此。

查山 370831-21-G17
[Chá Shān]

在县境东南部。早年因山上茶树甚多，得名茶山，后演变为查山。海拔481米。灰岩山体。有山鸡、野兔和小刺猬等动物，植被多松柏树。有公路经此。

老猫洞山 370831-21-G18
[Lǎomāodòng Shān]

在县境东南部。山南侧有山洞，名曰老猫洞，此山因老猫洞而得名。海拔444米。花岗岩、变质岩山体。植被多松柏、刺槐。有公路经此。

红顶山 370831-21-G19
[Hóngdǐng Shān]

在县境东南部。因此山顶部岩石裸露，呈红色，故名。海拔441米。花岗岩山体。主要植被为松柏树，此山所产花岗岩石材，质地坚硬，色泽呈紫红。有公路经此。

安山 370831-21-G20
[Ān Shān]

在县境东南部。此山两端高、中间低，形似马鞍，得名鞍山，后演变为安山。海拔371米。灰岩山体。植被多松柏树，有山鸡、野兔和小刺猬等动物。有公路经此。

老猫山 370831-21-G21
[Lǎomāo Shān]

在县境东南部。因山体像猫而得名。海拔524.5米。花岗岩、变质岩山体。动植物有山鸡、野兔、小刺猬和松柏树等。有公路经此。

普救山 370831-21-G22
[Pǔjiù Shān]

在县境东南部。古时山上建有寺庙名

普救寺，以古庙得名普救山。海拔 442 米。灰岩山体。有山鸡、野兔和小刺猬等动物，植被多松柏树。有公路经此。

柯楼崮 370831-21-G23
[Kēlóu Gù]

在县境东南部。此山有十几个山头，形如众多倒扣的柯楼，俗称柯楼崮。海拔 445 米。花岗岩、变质岩山体。济河发源于南山麓，青界河、三岔河发源于北山麓。有公路经此。

圣公山 370831-21-G24
[Shènggōng Shān]

在县境东南部。春秋时期，孔子曾住在此山写书，为纪念孔圣人，附近村民捐资在山上建庙一座，取名圣公庙，山因古庙得名。海拔 529 米。灰岩、变质岩山体。山上主要种植松树、柏树等植被，并有野兔、山鸡等动物。有公路经此。

天门山 370831-21-G25
[Tiānmén Shān]

在县境东南部。此山两峰相对，高耸入云，形若上天之云，故得名天门山。海拔 423 米。灰岩山体。山上主要栽植松柏树，主要有山鸡、刺猬、鸽子、野兔等动物。有公路经此。

颜母山 370831-21-G26
[Yánmǔ Shān]

在县境南部。相传此山是孔子出生地，孔子母亲姓颜，后人为纪念，称此山为颜母山。海拔 339 米。灰岩山体。山上栽植少量柏树，有山鸡、刺猬、鸽子、野兔等动物。有公路经此。

东韭菜顶 370831-21-G27
[Dōng Jiǔcàidǐng]

在县境东南部。因山上野韭菜甚多，民国时期，九奇山一支脉称西韭菜顶，此山改称东韭菜顶。海拔 401 米。灰岩山体。山上栽植少量柏树，有山鸡、刺猬、鸽子、野兔等动物。有公路经此。

棠梨山 370831-21-G28
[Tánglí Shān]

在县境东南部。因早年山上盛产棠梨得名。海拔 523.5 米。灰岩、变质岩山体。山上主要有松树、柏树、野兔、山鸡等动植物。有公路经此。

长峰峪 370831-21-G29
[Chángfēng Yù]

在县境东南部。因山势颇长，故得名长峰峪。海拔 574.3 米。花岗岩、变质岩山体。有公路经此。

二旗山 370831-21-G30
[Èrqí Shān]

在县境南部。此山由主峰向东北和西北两个方向延伸，故得名二岐山，后演变为二旗山。海拔 484.6 米。灰岩山体。有公路经此。

西桃花山 370831-21-G31
[Xī Táohuāshān]

在县境东南部。因山上植被及方位而得名。海拔 439.4 米。灰岩、片麻岩山体。山上主要有桃树，动物有山鸡、野兔、刺猬等。有公路经此。

西韭菜顶 370831-21-G32
[Xī Jiǔcàidǐng]

在县境东南部。因山上野韭菜甚多，

习惯称之为韭菜顶，民国时期为区别于东韭菜顶，此山改称西韭菜顶。海拔327米。灰岩山体。山上主要有松树、柏树、野兔、山鸡等动植物。有公路经此。

长青山 370831-21-G33
[Chángqīng Shān]

在县境东北部。因山上植被长青而得名。海拔326米。花岗岩山体。山上主要植被以松柏为主，有野兔、山鸡等动植物。丑村河发源于此山麓。有公路经此。

贼山 370831-21-G34
[Zéi Shān]

在县境东北部。因早年山上生长一种叫贼蒜的植物，称此山为贼蒜山，后来演变为贼山。海拔255米。花岗岩山体。山上主要有松树、柏树、野兔、山鸡等动植物。有公路经此。

望母山 370831-21-G35
[Wàngmǔ Shān]

在县境东北部。早年山上建有圣母庙，塑有王母娘娘神像，故得名王母山，后演变为望母山。海拔372米。花岗岩山体。山上主要植被以毛白杨刺槐为主，有野兔、山鸡等动植物。有公路经此。

尧山 370831-21-G36
[Yáo Shān]

在县境东北部。在山西南方有座山墓，世传为尧王之墓，故名。海拔347.7米。花岗岩山体。山上主要有松树、柏树、野兔、山鸡等动植物。有公路经此。

凤仙山 370831-21-G37
[Fèngxiān Shān]

在县境西北部。相传穆桂英手下大将黄凤仙曾在此战斗过，故山名凤仙山。海拔608米。植被以松树、柏树、刺槐为主，动物以野兔、山鸡等野生动物为主。有公路经此。

龙门山 370831-21-G38
[Lóngmén Shān]

在县境西北部。此山峰峦叠嶂，恰似九条巨龙蜿蜒交错，形成一个庞大的C形山地，呈九龙戏珠之势，故称龙门山。海拔576.6米。山上主要有松树、柏树、野兔、山鸡等动植物。有公路经此。

洞穴

石古洞 370831-21-N01
[Shígǔ Dòng]

灰岩洞穴。在县城东部。此洞顶平壁直，宽敞明亮，如人工雕琢而成的大石屋，故得名石屋洞，后演变成石古洞。在二龙山主峰南侧悬崖，洞口向西南，洞口宽23米，高6米，洞深20米，海拔约470米，容量2 760立方米。有一定开发条件。有公路经此。

朝阳洞 370831-21-N02
[Cháoyáng Dòng]

花岗岩洞穴。在县城西北部。因洞口向阳而得名。洞口呈东南向，洞口宽4米，高2米，洞深至10米处被一巨石堵住，再深入需爬行，继续深入为岩石缝。海拔约580米，容量200立方米。有一定开发条件，所在山体已作为旅游景点开发。有公路经此。

孙老爷洞 370831-21-N03
[Sūnlǎoyé Dòng]

灰岩洞穴。在县城东南部。该洞内有孙悟空雕像，加之人们对他的崇拜，古称此洞为孙老爷洞。洞口向西，洞口宽6米，高 4 米, 洞深 86 米, 海拔 382 米, 容量为 1 432 立方米。有一定开发条件。有公路经此。

王母娘子洞 370831-21-N04
[Wángmǔniángzǐ Dòng]

灰岩洞穴。在县城东南部。早年洞内塑有王母娘娘神像, 故得名王母娘子洞。洞口向东, 洞宽 6 米, 高 4 米, 洞深 30 米, 海拔约 510 米, 容量 720 立方米。有一定开发条件。有公路经此。

罗汉洞 370831-21-N05
[Luóhàn Dòng]

花岗岩洞穴。在县城东南部。因洞内塑有十八罗汉像而得名。洞口向南及西南, 最大的洞宽 5 米, 高 4 米, 深 20 米, 海拔约 440 米, 6 洞总容量约为 1 000 立方米。有一定开发条件。有公路经此。

孙老洞 370831-21-N06
[Sūnlǎo Dòng]

灰岩洞穴。在县城东南部。因神话传说人物而得名。该洞内有唐僧、孙悟空、猪八戒、沙僧雕像, 因入洞首先看到孙悟空雕像, 加之人们对其形象的崇拜, 古称此洞为孙老洞, 沿用至今。洞口向西南, 洞口宽 5 米, 高 3 米, 洞深 100 米, 海拔约 510 米, 容量 1 500 立方米, 土岩类型为灰岩。有一定开发条件。有公路经此。

老猫洞 370831-21-N07
[Lǎomāo Dòng]

变质岩洞穴。在县城东南部。据说此山洞口像猫头, 故名老猫洞。洞口向东, 洞口宽 2 米, 高 3 米, 洞深 50 米, 海拔约 530 米, 容量 350 立方米, 有一定开发条件。有公路经此。

山尖洞 370831-21-N08
[Shānjiān Dòng]

变质岩洞穴。在县城东南部。该洞位于长峰峪山顶, 故名山尖洞。洞口向西, 洞口宽 1.5 米, 高 2 米, 洞深 35 米, 容量 350 立方米。有一定开发条件。有公路经此。

河流

黄阴河 370831-22-A-a01
[Huángyīn Hé]

外流河。在县境东南部。因流经苗馆镇黄阴集村, 故得名黄阴河。发源于泗张镇南 5 千米红头山北麓, 流经泉林镇的村庄上焦坡、司家庄、高庄、杨园、下焦坡、小周家峪、天齐庙、太平庄、北陈村、辛庄、苟家岭、李家寨、柳河峪、李家庙, 于黄阴集村北汇入泗河, 长 33 千米, 宽 30 米, 流域面积 159.5 平方千米。具有防洪除涝、灌溉的功能。主要支流有三岔河、陈村河、石漏河。

泉

珍珠泉 370831-22-I01
[Zhēnzhū Quán]

冷泉。在县城东南部。因此泉从泉底冒出的气泡水花犹如串串珍珠而得名。流量为 0.065 立方米/秒, 昼夜总流量为 5 592 立方米。有一定开发条件。有公路经此。

红石泉 370831-22-I02
[Hóngshí Quán]

冷泉。在县城东南部。此泉因从水底喷出红砂, 经太阳光照折射, 满池皆红, 故名。泉池面积 30 平方米。有一定开发条件。有公路经此。

黑虎泉 370831-22-I03
[Hēihǔ Quán]

冷泉。在县城东南部。因该泉大如虎口,从黑洞中喷出,若物之奔腾、虎之怒吼,水势滔滔,声震千林,故名。泉池55平方米,流量最大1.365立方米/秒。有一定开发条件。有公路经此。

梁山县

山

梁山 370832-21-E01
[Liáng Shān]

在县境中部。东至杏花村,西至郝山头村,南至前集村,北至后集村。西北—东南走向。梁山古称良山,《史记》载,汉文帝次子"梁孝王北猎良山、病热六月卒",死后葬于山麓,故易名梁山。一般海拔160米,最高海拔197.9米。主峰虎头峰、雪山峰、青龙山、郝山峰。有前寨、后寨、左军寨、右军寨、宋江寨墙、宋江马道、练武场、晒粮场等遗址,山脚下有问礼堂、莲台寺、法兴寺、西竺禅师墓碑等名胜遗迹。地处暖温带半湿润地区,属大陆性季风气候。山顶南坡剥蚀严重而山石裸露,北坡为厚黄土层,山体主要植被为柏林、落叶阔叶树种以及草本植物。野生动物有黄鼬、獾等。有公路经此。

独山 370832-21-G01
[Dú Shān]

在县境东南部。因系独立的山峰而得名。海拔83.5米。山石中含有氧化铁,外观看去,山体呈红褐色。植被为暖温带落叶阔叶林带。有公路经此。

虎头峰 370832-21-G02
[Hǔtóu Fēng]

属泰山山系。在县境东南部,梁山山体南部。因山峰深崖绝壁,壮如虎首,故名虎头峰。海拔197.9米。虎头峰山势呈三角形,向东、西、北三个方向呈岭状延伸,东、西、南为陡峭山崖,难以攀登。动物有黄鼬、獾等,植物有蜀桧、侧柏、赤松、刺槐、椿树、桃、杏、花椒等。有公路经此。

雪山峰 370832-21-G03
[Xuěshān Fēng]

属泰山山系。在县境东南部,梁山山体东南部。因山峰形态似雪山而得名。海拔177.5米。山石裸露,为剥蚀地貌。动物有黄鼬、獾等,植物有蜀桧、侧柏、赤松、刺槐、椿树、桃、杏、花椒等。有公路经此。

关隘

一关 370832-21-I01
[Yī Guān]

在县境中部。因是位于梁山前第一道关隘而得名。海拔128米。长40米,高9米,宽20米。单体总建筑面积404平方米,寨门为二层,由两个镝楼和四个炮台组成,两个镝楼为木质结构,四个炮台为全石结构,森严壁垒,雄浑壮观,尽显粗犷豪放的山寨特色。为军事要塞。有公路经此。

二关 370832-21-I02
[Èr Guān]

在县境中部。因是位于梁山前第二道关隘而得名。海拔147米。占地面积200多平方米,长40余米,高8米,宽3.5米。建筑为边关哨卡式建筑,全石结构,关上为木质寨哨。两侧皆为悬崖峭壁,卡谷而立,壁垒森严。为军事要塞。有公路经此。

洞穴

雪山峰溶洞 370832-21-N01
[Xuěshānfēng Róngdòng]

溶洞。在县境中部。因位于雪山峰半山腰处而得名。洞口呈长方形，长约 1.8 米，宽 1.1 米，洞内石钟乳等发育在寒武系张夏组下灰岩段中洞穴堆积物发育，其险在垂深 34.1 米。洞壁有较多凹痕，潮湿润滑，洞体曲折弯转，高低不平，总体向西延伸。溶洞共有三个洞室：1 号洞，长 41 米，宽 9.5 米，高 2.5 米；二号洞，长 6.5 米，高 4.8 米；三号洞，长 21 米，宽 1.5 米，最宽处 2 米，高 3 米。近期暂无开发条件。有公路经此。

凤凰山溶洞 370832-21-N02
[Fènghuángshān Róngdòng]

溶洞。在县城西部。因位于凤凰山而得名。内有三个溶洞，面积 1 130 平方米。凤凰山南端有若干幽深曲泽的溶洞，由溶蚀和崩塌作用在凤凰山中部岩层面发育形成。按高度分为两大部分，海拔 60 米处发育的溶洞面积较小，海拔 70 米处发育的溶洞面积较大，为厅堂式溶洞。大的溶洞从南向北共有 4 个，1 号洞面积 210 平方米，2 号洞面积 1 130 平方米，3 号洞面积 505 平方米，4 号洞面积 250 平方米，共 2 095 平方米。1、2、3 号洞的高度均在 7 米左右，3 号洞为一开口倾斜向上的冷洞，冷空气下沉洞底凝结成雾，故洞内常年淡雾弥漫，滴水不断。近期暂无开发条件。有公路经此。

河流

林庄沟 370832-22-A-a01
[Línzhuāng Gōu]

外流河。在县境南部。因经过林庄附近而命名为林庄沟。发源于拳铺镇褚庄，流经拳铺镇、韩垓镇，最终流入梁济运河。长 14.57 千米，宽 6~8 米，流域面积 51.6 平方千米。流量 30.6 立方米 / 秒。流经梁山县重要的工农业发展区。具有防洪除涝、灌溉的功能。

北宋金河 370832-22-A-a02
[Běi Sòngjīnhé]

外流河。在县境西部。因位于大路口乡政府北，为老宋金河的北段，故得名。发源于花李村，流经小路口镇，最终流入梁济运河。长 6.3 千米，宽 6.5~8 米，流域面积 51.2 平方千米。径流量 36.93 立方米 / 秒。流经梁山县重要的工农业发展区。具有防洪除涝、灌溉的功能。

湖泊

聚义湖 370832-22-D-a01
[Jùyì Hú]

淡水湖。在县境东南部。因位于梁山脚下，为了充分体现梁山文化特色而得名聚义湖。平均深度 2 米，最大深度 2.5 米。蓄水量 666 000 立方米。集水面积 330 000 平方米。为当地重要饮用水源。

梁山泊 370832-22-D-a02
[Liángshān Pō]

淡水湖。在县境东南部。因位于梁山脚下，由水浒故事里梁山泊得名。平均深度 4.5 米，最大深度 5 米。蓄水量 6 772 600

立方米。集水面积 1 330 000 平方米。现已成为当地重要旅游资源。

滩

梁山县黄河滩区　370832-22-F01
[Liángshān Xiàn Huánghé Tānqū]

在县境西北部。面积 43.43 平方千米。因位于梁山县境内黄河滩而得名。地处暖温带半湿润地区，属大陆性季风气候。土特产有西瓜。通公交车。

五 名胜古迹、纪念地和旅游地

任城区

重点文物保护单位

崇觉寺铁塔 370811-50-B-a01
[Chóngjuésì Tiětǎ]

在区境中部。寺内原无塔，北宋崇宁四年（1105）徐永安之妻常氏为还夫愿，在崇觉寺内铸造了七级铁塔，故名。北宋建筑。2011 年对寺院进行整修。整个铁塔的构件均为仿木结构形式的雕模铸制，反映了宋代木构建筑的形制，体现了宋代铸造技术的高超水平。1988 年 1 月被批准为国家级文物保护单位。通公交车。

济宁东大寺 370811-50-B-a02
[Jǐníng Dōngdàsì]

在区境南部。因寺门临古大运河西岸，大殿坐西朝东而得名。明清建筑。占地面积 7 200 平方米，建筑面积 4 134 平方米。是一座"龙首"式样的中国宫殿式伊斯兰教建筑群。主要建筑沿东西轴线排列，依次为序寺、大殿、邦克楼、望月楼、经坛、碑廊、水房等。2006 年 5 月被批准为国家级文物保护单位。通公交车。

慈孝兼完坊 370811-50-B-a03
[Cíxiàojiānwán Fáng]

在区境中部。因上层正中悬有镂空滚龙镶边上刻"圣旨"的竖匾一块，匾下为高浮雕二龙戏珠图案条石，下为"慈孝兼完"四个大字，故名。清代遗迹。现留存面积 21.6 平方米。该牌坊整体为三楹四柱，面阔八米，进深 2.7 米，高 7 米，正中一层飞檐，两侧楹各为二层飞檐。2013 年 5 月被批准为国家级文物保护单位。通公交车。

萧王庄墓群 370811-50-B-a04
[Xiāowángzhuāng Mùqún]

在区境北部。因所在地得名。汉代墓葬。墓主人是东汉第一代任城国王刘尚，下葬时着"银镂玉衣"，墓葬结构使用"梓棺、便房、黄肠题凑、外藏椁"葬制，正符合汉代诸侯王陵寝制度。墓室内共出土陶器、石器、铜器、玉器等近 200 件，其中 3 件玉器为国家一级文物，并发现了近 800 块石的汉代题记刻石约 4 000 个单字，是我国至今所知汉代石刻中的重大发现。2006 年 5 月被批准为国家级文物保护单位。通公交车。

京杭大运河会通河南旺枢纽任城段
370811-50-B-a05
[Jīngháng Dàyùnhé Huìtōnghé Nánwàngshūniǔ Rènchéngduàn]

在区境西北部。因所在位置得名。元代遗址。经考证，元至元十九年（1282）开挖济州河，元至元二十六年（1289）开挖会通河，济州河与会通河合为一体，统称会通河。明永乐九年（1411）修筑南旺分水枢纽工程，从此至漕运停止 500 余年的时间保持了京杭大运河畅通。现总长度约3.3千米。遗产区东界和西界以河道遗址中心线向东西两侧各外扩30米为界，留存面积198 000平方米。具有重要的考古价值。2006年5月被批准为国家级文物保护单位。通公交车。

济宁太白楼 370811-50-B-b01
[Jǐníng Tàbái Lóu]

在区境中部。因李白曾在此居住得名。唐代建筑，重建于1952年。太白楼原是唐代贺兰氏经营的酒楼，唐开元二十四年（736），大诗人李白偕夫人许氏及女儿平阳从湖北安陆迁居任城（济宁），明洪武二十四年（1391），济宁左卫指挥使狄崇在重建"太白酒楼"时，以"谪仙"寓意，依原楼样式，移迁于南城墙上，并将"酒"字去掉，名为"太白楼"，后于明、清、民国间进行了数十次较大的重修。1952年重建太白楼，共占地4 000平方米，楼体为两层，重檐歇山式样，砖木结构。二层檐下正中悬扇形"太白楼"楷书阴刻匾额。2013年10月被批准为省级文物保护单位。通公交车。

潘家大楼 370811-50-B-b02
[Pānjiā Dàlóu]

在区境中部。以潘洪钧所建私邸得名。民国时期建筑。潘家大楼是20世纪20年代济宁规模最大的私人住宅，大军阀潘鸿钧的私邸。1921年建设。1925年潘死后潘家大楼由各个时期的军政要员轮番占驻。现在的潘家大楼只余当时的主楼，作为济宁市地标性百年老宅，该楼占地面积3 985平方米，建筑群体楼堂房舍180余间。对研究典型民居建筑具有重要意义。2006年12月被批准为省级文物保护单位。通公交车。

吕家宅院 370811-50-B-b03
[Lǚjiā Zháiyuàn]

在区境中部。以吕静之私邸而得名。清代建筑。占地面积30 000平方米，建筑面积1401.6平方米。对研究典型民居建筑具有重要意义。2006年12月被批准为省级文物保护单位。通公交车。

亢父故城遗址 370811-50-B-b04
[Kàngfù Gùchéng Yízhǐ]

在区境西南部。因遗址原名而得名。秦汉遗址。遗址为正方形，东西、南北均约长1 200米。城墙系夯土层，四面共有城门六座。南西两面各二门，正南门居中，小门偏左。大西门偏南，小西门微北。北、东两面各正门一座。城外护城河及各城门遗址，都较城内外地表呈显凹状，但差距不大。其文化层高地表以下1.5米至2米，地面可见零星板瓦、盆片、罐口沿及残碎陶瓷品。同时，傍故城遗址略偏西北方向约1.5千米处，还有一处类似小城的遗址，占地200亩，地表比周围呈凸状，传说为驸马府。具有重要的考古价值。1992年6月被批准为省级文物保护单位。通公交车。

牌坊街礼拜堂 370811-50-B-b05
[Páifāngjiē Lǐbàitáng]

在区境南部。因在牌坊街而得名。建于1914年。堂内镶有英汉对照的石刻一幢，教士楼为传教士居住的地方，坐西面东，楼为二层，楼上前面设木护栏，楼顶饰小瓦，中西式结合建筑风格。从清朝中后期开始至民国年间，众多的西方传教士进入济宁传教。礼拜堂（含教士楼）就是西方传教士遗留下来的为数不多的建筑，是研究这一时期宗教史和中西结合建筑的实物资料。现已经过重修，成为基督教徒做礼拜讲课的地方。是研究当地民俗宗教与地方史的重要实物资料。2006 年 12 月被批准为省级文物保护单位。通公交车。

济州城墙遗址 370811-50-B-b06
[Jìzhōu Chéngqiáng Yízhǐ]

在区境西部。因所在古迹而得名。金代遗址。金天德二年（1150）建城。明洪武三年（1370）重修，易土为砖。明清两代历经五次重修，城为八卦形制，四门八洞。该处曾为部队打靶场，清末以后因战乱、城建扩张和各种自然环境的破坏剥蚀，现仅存 120 余米，留存面积 2 394 平方米。为济宁历史文化名城显著标志。2013 年 10 月被批准为省级文物保护单位。通公交车。

黄家街基督教堂 370811-50-B-b07
[Huángjiājiē Jīdū Jiàotáng]

在区境西部。因在黄家街而得名。1925 年始建，1985 年 12 月修复后，1986 年 6 月正式开放。为古堡式建筑，在教堂院内南侧建有集培训、会议、办公、住宿、车库为一体的综合教牧楼，楼高三层半，建筑面积 1 150 平方米。目前新老建筑浑然一体，可同时容纳千余人做礼拜，成为济宁一带基督教义的布道中心和爱国爱教的宣传教育阵地。是研究当地民俗宗教与地方史的重要实物资料。2013 年 10 月被批准为省级文物保护单位。通公交车。

浣笔泉 370811-50-B-b08
[Huànbǐ Quán]

在区境中部。相传唐代大诗人李白于开元年间寓居任城（济宁）时，曾在此泉浣笔，故名。建于明嘉靖五年（1526），明万历六年（1578）在池旁立一碑，上书"浣笔泉"三字。明万历二十六年（1598），增建北堂三楹，西池用石栏环绕，浚泉凿池并构方亭于泉上，名"墨华亭"。清乾隆五十六年（1791）又建"二贤祠"，塑

李白、贺知章像。1938 年，日军侵占济宁后均遭破坏。1981 年，济宁市人民政府拨款修复，现留存面积 1 838.71 平方米，具有重要的考古价值。2013 年 10 月被批准为省级文物保护单位。通公交车。

漕井桥 370811-50-B-b09
[Cáojǐng Qiáo]

在区境西部。因其功用而得名。始建于清代，顺治五年（1648）、康熙十五年（1676）重修。桥边有两处记述重修此桥的碑刻，原为七孔，今残存两孔，基本完整。两孔之间有一龙，北龙头、南龙尾。现留存残桥长 10 米、宽 4.4 米、高 2 米，青石垒砌，桥面因多年弃用，部分损坏。具有重要的考古价值。2013 年 10 月被批准为省级文物保护单位。通公交车。

天井闸遗址 370811-50-B-b10
[Tiānjǐngzhá Yízhǐ]

在区境西南部。因在天井闸得名。建于唐武德七年（624），至元三十一年（1294）重修，至治元年（1321）改建。以调节泗水、汶水通过洸河、府河济运的水势，启闭通放舟楫，从而为整个元朝大运河的通航以至明清时期漕运通畅起到了关键作用。该闸基保存基本完整，西北端雁翅约 80 米，东南端雁翅约 20 米，现有面积 1 600 平方米。具有重要的考古价值。2013 年 10 月被批准为省级文物保护单位。通公交车。

戴庄天主教堂 370811-50-B-b11
[Dàizhuāng Tiānzhǔ Jiàotáng]

在区境北部。原为明末清初著名画家戴鉴的别墅，故得名戴庄。建于 1879 年，1908 年扩建为戴庄教堂，至 1926 年拥有房舍 1 000 余间，拥有土地数百亩。仅教会宅基地占 120 余亩。20 世纪 30 年代筑起 3~4 米的高大围墙，分东、西两院，东为修女院，

西为修道院。是研究当地民俗宗教与地方史的重要实物资料。1992 年 6 月被批准为省级文物保护单位。通公交车。

凤凰台遗址 370811-50-B-b12
[Fènghuángtái Yízhǐ]

在区境西北部。因原建筑形状得名。商代遗址。整个遗址为台形高地。北宋时，开凿赵王河时，该地正处河道转弯处，又复基高。因台三面环水，荇蓼野花丛生，命名"风花台"。至南宋时有道士在此建寺居住，常有珍禽异鸟栖息林中，疑为凤凰，改名凤凰台。至明清时大兴土木，修葺有序，总体建筑似展翅欲飞的祥凤。具有重要的考古价值。2006 年 12 月被批准为省级文物保护单位。通公交车。

大石桥 370811-50-B-b13
[Dà Shíqiáo]

在区境东北部。因该桥为全石结构的单孔拱形桥，故名。明代建筑。桥宽 8 米，长 20 米，高 5 米。大石桥作为洸河上重要水工设施之一，是大运河济宁段桥梁中最具代表性的一座，桥身体量、比例适中，券体结构紧密，外形美观，古风淳朴，具有使用上的功能和优美的观赏效果，充分展现了明代杰出的工艺水平，是古代运河工程的重要代表。具有重要的考古价值。2006 年 12 月被批准为省级文物保护单位。通公交车。

夏桥 370811-50-B-b14
[Xià Qiáo]

在区境西部。为造福当地百姓并满足夏氏家族每年扫墓祭祖需要，夏氏出资在小洸河上建桥，故以姓氏而得名夏桥。明代建筑。桥面宽 6 米，长 16 米，为拱形三孔石桥，桥面两侧各有栏杆 13 个，桥身两侧分别有两龙头、两凤尾，龙头朝南，凤尾朝北。具有重要的考古价值。2013 年 10 月被批准为省级文物保护单位。通公交车。

赵王堂汉墓群 370811-50-B-b15
[Zhàowángtáng Hànmùqún]

在区境西北部。因所在地得名。汉代墓葬。现留存约 30 000 平方米的面积。由于人为盗掘，盗洞较多，导致该墓群破坏严重。具有重要的考古价值。2013 年 10 月被批准为省级文物保护单位。通公交车。

天宝寺张氏家族墓 370811-50-B-b16
[Tiānbǎosì Zhāngshì Jiāzú Mù]

在区境西北部。因墓葬氏族而得名。元代墓葬。现留存面积 150 平方米，南北走向，由于人为挖沙取土，造成墓群部分被破坏。北部地表隆起约 1 米，并有家族立碑，篆额"张氏先茔之铭"，碑身施以云雷纹，石质为青石，碑身正面字迹不清；背面有"张氏宗派之图"，文字已不易辨认。碑身底部埋于地下约 1 米，仅存上半部分暴露出地表。具有重要的考古价值。2013 年 10 月被批准为省级文物保护单位。通公交车。

葛亭遗址 370811-50-B-b17
[Gětíng Yízhǐ]

在区境西北部。因所在地得名。东周—汉代遗址。现整体留存面积 10 000 平方米，文化堆积厚度约为 1.5 米。采集的标本有：板筒瓦、罐、豆、杯、壶等。具有重要的考古价值。2013 年 10 月被批准为省级文物保护单位。通公交车。

毛泽东思想胜利万岁展览馆
370811-50-B-b18
[Máozédōngsīxiǎng Shènglì Wànsuì Zhǎnlǎnguǎn]

在区境中部。因展览人物主题而得名。建于 1968 年。建筑面积 2 940.98 平方米，砖混结构，主体二层，局部三层，东西长57米，南北宽19.37米，高15.72米，楼前的毛泽东主席塑像同年落成，为当时济宁市最高规模最大的标志性建筑。为广大群众缅怀革命前辈丰功伟绩，接受革命传统教育和爱国主义教育的场所。2013年10月被批准为省级文物保护单位。通公交车。

琵琶山遗址 370811-50-B-c01
[Pípashān Yízhǐ]

在区境东部，济宁烈士陵园北部，车轮厂宿舍院内。因地形似琵琶，民国初期称琵琶山。因山得名。该遗址属于新石器时代高台遗址，采集标本有石铲、石锥、骨针、骨棒、蚌、细砂红陶、彩陶和灰陶等。1990年随着城区改扩建，逐步将高台遗址周围挖掘平整，现留存有约2 000平方米的面积在车轮厂宿舍院内。2001年3月公布为市级文物保护单位。通公交车。

柳行东寺 370811-50-B-c02
[Liǔháng Dōngsì]

在区境南部。因所在地得名。明朝建筑。该清真东寺建于明万历年间，清康熙三年（1664）重修扩建，成为今日之规模。乾隆、道光年间曾进行维修。后因战乱破坏严重，曾五次维护，现整个古寺基本恢复原貌。占地面积5 600平方米，建筑面积3 800平方米，现存建筑有大门、南北讲堂、水房、大殿等。大殿由前、中、后三殿组成。前殿歇山式建筑，灰色陶瓦覆顶、脊饰大吻，垂脊各饰飞瓦覆顶，两端各伸厦檐，后同中殿相连为一体。中殿为清真寺的主体建筑。梁椽木架均设重彩，绘画艺术存有伊斯兰民族特色。绘画技法具中华传统特点，图案保持明代早期特色，是研究当地民俗宗教与地方史的重要实物资料。2006年12月被批准为市级文物保护单位。通公交车。

通济闸遗址 370811-50-B-c03
[Tōngjìzhá Yízhǐ]

在区境西部。古运河共有十三个闸口，这个闸口在中间通往济宁，因此得名。建于明万历十六年（1588），光绪年间改为木桥，1917年改建石桥，1966年重修桥面。现为单孔石拱桥，闸槽清晰可见，青石垒砌，石板桥面，石质栏杆。长9.45米，拱高4.45米，通高5.2米，宽7.6米。该闸基础设施保护完好，南侧雁翅长约100米，北侧雁翅长约15米。2013年3月被批准为市级文物保护单位。

灌婴墓 370811-50-B-c04
[Guànyīng Mù]

在区境东部。因墓主人得名。汉代墓葬。灌婴，汉初大臣，汉朝刘邦称帝时，任车骑将军，封颍阴侯。后与陈平、周勃共同平定吕氏叛乱，迎立文帝，任太尉，不久为丞相。故于任城，卒于谥懿。原墓封土高大，经若数亩，墓前有碑或享堂，松柏葱茂。至元代为墓扩地增土，种柏筑垣，设享殿十二楹，置石鼎几各1个。具有重要的考古价值。1985年7月被批准为市级文物保护单位。

孙家宅院 370811-50-B-c05
[Sūnjiā Zháiyuàn]

在区境西北部。孙氏家族祖代居住，以姓氏得名。清代建筑。现留存面积400平方米。共有堂屋1楹两层6间，坐北朝南，长约11.10米，宽约5.20米，高约6.50米；偏房1楹两层4间，坐东朝西，长约8.40米，宽约4.50米，高约4.20米。门楼1座，皆为砖木结构硬山式建筑，院落保存较好，是一处难得的文化古迹。2012年12月被批准为市级文物保护单位。通公交车。

重要景点和一般名胜古迹

太白湖景区 370811-50-D-a01

［Tàibáihú Jǐngqū］

在区境南部。唐代大文豪李白曾寓居济宁23年，诗留百篇，为纪念这位伟大的诗人，特将此湖命名为太白湖。景区地处苏、鲁、豫、皖四省交界处，南临烟波浩渺的微山湖，北依五岳之尊的泰山，东连孔子故里曲阜，西临水泊梁山。太白湖景区在太白湖北部，东西长2 200米，南北宽550米，沿湖岸线长2 800米，总面积约为1.5平方千米。水域面积8.9平方千米，为淡水湖。据其景观特点和功能，分为广场区与湿地景观区两部分。广场区面积0.5平方千米，由太白湖阁广场景观区、西山景观区、鼎湖公园景观区以及沿湖大草坪景观区四部分组成。湿地景观区面积约1平方千米，设置五色草塘、芦汀莲渚、荷塘花香、苇荡、菱港柿野、市郊桃林等景点。景区设计体现了儒家文化、佛教文化、运河文化等重要文化元素，体现了自然、文化、休闲的景观氛围，给市民提供了丰富的场所和活动空间。2013年被评为国家AAAA级旅游景区。通公交车。

南池景区 370811-50-D-c01

［Nánchí Jǐngqū］

在区境南部。南池指王母阁。建于唐代开元、天宝年间。分为南北景区，结合济宁历史上济宁八景和王母阁，将北侧定位为历史文化景区，内有济宁古八景、走廊、亭子、杜甫茶舍、诗碑、牌坊、少陵祠、乔羽展示馆等景点，重建王母阁、晚凉亭等历史景观。南部景区突出生态环保的绿色理念，营造树木园、花卉园区，形成"群芳探幽"的花谷，区内设计透水环保砂石路面，既符合生态环保的理念，又形成富有特色、人性化的铺装。景区集观光旅游、休闲娱乐于一体，为济宁城标志性园林景观。通公交车。

兖州区

纪念地

兖州烈士陵园 370812-50-A-b01

［Yǎnzhōu Lièshì Língyuán］

在区境东南部。因所在政区而得名。建于1953年。东西稍长，南北稍狭，呈长方形。连同林荫道约占地30亩。门南向，砖墙环绕，内苍柏翠竹下烈士墓排列整齐，共埋为人民解放事业而壮烈牺牲的英骨1 400余具。其中除大部是解放兖州战役中牺牲者外，也埋有本县革命志士、人民，在对敌斗争中，或奋战捐躯或不屈就义的烈士遗体。每年清明节日，党政军民及学校师生集体来此瞻仰悼念先烈，讲述英雄事迹，是向人民群众及少年儿童进行革命传统教育的场所。1998年3月被批准为省级重点烈士纪念建筑物保护单位。通公交车。

重点文物保护单位

金口坝 370812-50-B-a01

［Jīnkǒu Bà］

在区境南部。因石与石之间均以金属（铁）扣接，故名金口坝。东魏天平二年（535）初建，1966年以前泗河工农兵大桥未建成时，此坝为兖州至曲阜的必经之路。后又数次维修，迄至今貌，使这座千年石坝继续发挥着调节水势、防止水患、灌溉农田的积极作用。2013年5月被批准为国家级文物保护单位。

兴隆塔 370812-50-B-a02
[Xīnglóng Tǎ]

在区境东北部。因该地原有古刹兴隆寺而得名。建于隋代仁寿二年（602）。初为木塔，北宋年间改建为砖塔，此后各代都曾有过修葺，现塔内尚有北宋及清代重修的碑记数块。兴隆塔为八角十三层楼阁式空心砖塔。通体区分两截，上下叠加，呈母子相托状，这种"塔上塔"的形式在国内极为罕见。下七层粗大深厚，内设台阶式砖梯踏步，层间设回廊。上六层骤缩细小。两截之间形成两米多宽的阳台，台周设有石雕围栏。塔顶有琉璃瓦制成的塔刹。2008 年兴隆塔地宫出土了石函、鎏金银棺、金瓶、"安葬舍利"碑刻、圆形琉璃瓶等佛教圣物。2013 年 5 月被批准为国家级文物保护单位。通公交车。

兖州天主教堂 370812-50-B-a03
[Yǎnzhōu Tiānzhǔ Jiàotáng]

在区境东南部。因所在政区而得名。1897 年开工，1899 年建成。德国哥特式建筑，南北长 386 米，高 21 米，东西宽 216.7 米，总面积 83 646.2 平方米。教堂现存有主教楼、大小修道院、藏书楼、印刷厂、育德小学、马房等附属建筑，共 300 余间。对研究宗教发展历程具有重要意义。2013 年 5 月被批准为国家级文物保护单位。通公交车。

西吴寺遗址 370812-50-B-a04
[Xīwúsì Yízhǐ]

在济宁市兖州区小孟镇西吴寺村。因所在地得名。新石器时代遗址。发现于1957 年。遗址高出地面 1.5~2 米，面积 60 平方千米。以龙山文化遗存和周代文化遗存为主。其中龙山文化的遗迹有：灰坑、房址、水井、墓葬。遗物主要有陶器和少量的石、骨、角、牙、蚌器等。属周代文化的遗迹主要有灰坑，还有兽忌坑、灰坑、房址、灶、陶窑、隧道等，绝大多数是陶器，还有铜、石、骨、角器等。对研究龙山文化和周代文化有重要意义。2013 年 5 月被批准为国家级文物保护单位。

兖州区博物馆 370812-50-B-b01
[Yǎnzhōu Qū Bówùguǎn]

在区境东北部。因所在政区而得名。1984 年 8 月建馆，1999 年 8 月改扩建，2002 年 9 月落成新馆，2008 年 1 月免费开放。占地面积 20 000 平方米，建筑面积 7 800 平方米，由主展楼、端信广场、兴隆塔三部分组成。是一座融陈列展览、文化娱乐、休闲观赏等为一体的现代化综合博物馆。通公交车。

郑氏庄园 370812-50-B-b02
[Zhèngshì Zhuāngyuán]

在区境西部。郑氏乃嵫山一带豪门望族，明末清初时富甲一方，后建庄园，故而得名。清代建筑。围墙高 6.6 米，南北边长 280 米，东西边长 140 米。庄园院内原有房屋 300 余间，多在 20 世纪 70 年代被改建或拆除，后院尚有殿房 20 间，属典型的明清建筑。原有 3 处大型庄园，现仅存嵫山、后邴村 2 处。后邴郑氏庄园系郑氏 3 处庄园中保存较完好的庄园。现存中轴二院、东轴三院，房屋 70 余间。房屋全为砖木结构，青砖板瓦兽脊，跨廊美观典雅。2006 年 12 月被批准为省级文物保护单位。通公交车。

东顿村遗址 370812-50-B-b03
[Dōngdùncūn Yízhǐ]

在兖州区新驿镇东顿村。因所在地得名。战国—汉遗址。又称瑕丘故城遗址，面积约 1 200 平方米，文化堆积厚约 4 米，暴露有夯土、殿层，采集的战国陶器有泥质灰陶罐、豆、盆等，汉代陶器有泥质灰陶罐、豆、盆、瓦等。因年代久远，破坏比较严重。对研究战国、汉文化有重要意义。1992 年 6 月被批准为省级文物保护单位。通公交车。

西桑园遗址 370812-50-B-b04
[Xīsāngyuán Yízhǐ]

在兖州区小孟镇西桑园村。因所在地得名。新时期时代遗址。遗址南北长 200 米，东西宽 200 米，面积 40 000 平方米。为北辛文化遗址。文化堆积厚约 2.5 米，出土遗物主要是陶器。器物以泥质红陶和夹砂红陶为主，器型主要有鼎、钵、小口鼓腹壶、支座等。对研究北辛文化意义重大。1992 年 6 月被批准为省级文物保护单位。通公交车。

观象台 370812-50-B-c01
[Guānxiàng Tái]

在区境东北部。因其功能而得名。1938 年建成。台为楼房，三层，南北向，面阔三间长 8.8 米，东西宽 5.5 米，台底为库房，台北侧为楼梯间至台顶，木质楼梯，多已腐朽，不堪重负，墙皮多已脱落。一、二层顶棚已塌落，顶为平面。其他配房 10 余间。观象台是日本人为飞机场建的配套建筑设施之一，也是日本人侵华的重要佐证。2012 年 12 月被批准为市级文物保护单位。通公交车。

贾凫西墓 370812-50-B-c02
[Jiǎfúxī Mù]

在区境北部。因历史人物得名。清代墓葬。贾凫西墓占地 30 平方米，是由曲艺行的艺人以及热爱他说唱艺术的人们为他募捐修建的，墓前曾置有石狮、石羊、金山、墓坊等石仪。对研究文化有重要意义。2001 年 3 月被批准为市级文物保护单位。通公交车。

重要景点和一般名胜古迹

兴隆文化园 370812-50-D-c01
[Xīnglóng Wénhuà Yuán]

在区境东北部。因园内兴隆塔而得名。园区是以兖州历史文化资源为基础穿插生态、水景、园林、建筑和文化景观五大元素而建设的大型文化旅游景区，西区主体建筑以出土文物为原型建设，内部展示了中国传统的雕刻、绘画、文化等元素；东区主体建筑为体验楼，让游客参与其中，给游客带来"祥和、安定、愉悦、向善"的互动体验。通公交车。

曲阜市

纪念地

曲阜市革命烈士陵园 370881-50-A-c01
[Qūfù Shì Gémìnglièshì Língyuán]

在市驻地西北方向 21.5 千米。因所在政区而得名。建于 1970 年，2005 年迁往吴村镇簸箕掌村西北处黑虎山前面中段，2006 年 4 月落成使用。主要建筑有革命历史展览馆、革命烈士纪念碑、广场、台阶、烈士墓区、停车场等，占地面积 37 329.6 平方米。2012 年 12 月被批准为市级文物保护单位。

重点文物保护单位

孔府 370881-50-B-a01
[Kǒng Fǔ]

在市驻地北方向 1.8 千米。孔府，是孔子嫡长孙居住的府第，故名。始建于金代。孔府内共有厅、堂、楼、房等建筑 560 间，三路布局，九进院落。孔府的主体部分在中路，分前后两大部分，前为衙署，后为内宅，最后是花园。孔府内保存了大量的珍贵文物、资料，藏品达 10 万余件。孔府大门为明代建筑，正中上悬蓝底金字"圣府"竖匾；重光门为孔府屏门，门上悬挂"恩赐重光"竖匾，是为感谢明孝宗重建被焚孔庙和扩建孔府命名的，属明代垂花门的上乘之作；大堂是衍圣公迎接圣旨、接见文武官员、审理重大案件、举行重大节日仪式的场所，是整个孔府权力的象征和宗法统治的中心。孔府内景点众多，其中孔府后花园在孔府中轴线最后端，由家学或后堂楼均可入园，明弘治十六年（1503）由李东阳监工设计而建，园内其中一株 400 岁的"五柏抱槐"，一柏五枝，中生槐树，尤为人称道，亦称"五君子柏"，为园内一奇。西南角辟园门，园门设西洋山水画照壁。孔府内有很多厅堂，忠恕堂为清代建筑，西学的主房，是衍圣公学诗学礼、会客场所；报本堂为明代建筑，即孔府家庙，是奉祀衍圣公上五代祖先的祠宇；慕恩堂为清道光初年建，在家庙之西，是祭祀七十二代衍圣公孔宪培及妻于氏的专祠。对研究我国封建社会中官衙与住宅合一的典型贵族庄园有重要价值。1961 年 3 月被批准为国家级文物保护单位。有公路经此。

孔庙 370881-50-B-a02
[Kǒng Miào]

在市驻地北方向 1.8 千米。因是祭祀孔子的主要场所，故名。始建于宋天禧二年（1018）。孔庙内主要景点有大成殿、杏坛、璧水桥、先师手植桧、东西两庑等。大成殿是孔庙的正殿，也是孔庙的核心，为祭祀孔子的中心场所。大成殿为九脊重檐，黄瓦覆顶，雕梁画栋，八斗藻井，饰以金龙和玺彩图，双重飞檐，正中竖匾，为清

雍正皇帝御书"大成殿"，殿前有 28 根雕龙石柱，内有孔子塑像神龛，四配十二哲塑像神龛。杏坛为宋天禧二年（1018）增修孔庙时，"移大殿于后，因以讲堂旧基，筑石为坛，环植以杏，取杏坛之名"，现存杏坛为明代隆庆时期遗构。璧水桥在圣时门与弘道门之间，环水有雕刻精美的石栏。先师手植桧相传为孔子亲手所植，被看作是孔子思想的象征。东西两庑在大成殿两侧，始建于唐代，现存为清代的建筑。两庑各 88 间，连廊带门整整 100 余间。两庑内供奉着历代先贤先儒，代表着儒家道统的正宗。是缅怀至圣先师、发扬儒家文化的重要场所。1961 年 3 月被批准为国家级文物保护单位。有公路经此。

孔林 370881-50-B-a03
[Kǒng Lín]

在市驻地北方向 4.4 千米。因为埋葬孔子及其后裔的家族墓地而得名。始建于东周。占地面积约 2 平方千米。从汉以后，历代统治者对孔林修建 15 次，扩充林地 3 次成今状。现林区内有古树名木 10 万余株，明清古建筑近百间，石碑石刻 5 000 余块。孔林建成于春秋时期，其中大林门又称至圣林门，为孔林的第一道大门；二林门是第二道大门；万古长春坊是孔林神道上的重要建筑；于氏坊是纪念 72 代衍圣公孔宪培夫人的建筑；子贡庐墓处是孔子弟子子贡为孔子守墓的地方；洙水桥是通往孔子墓的必经之处，桥南建有石牌坊，上刻有"洙水桥"三字，过坊即上此桥。孔林内墓地众多，孔子墓是孔子去世后所葬墓地；明墓群是明代衍圣公的集中墓地；清墓群是清代衍圣公的集中墓地。中兴祖墓是孔子四十三代孙中兴祖孔仁玉的墓地；孔尚任墓是清代著名文学家孔尚任的墓地。是我国现存唯一的规模最大、持续时间最长、

保存最完整的一座氏族墓群和人造园林。1961年3月被批准为国家级文物保护单位。有公路经此。

鲁国故城 370881-50-B-a04
[Lǔguó Gùchéng]

在市驻地东北方向3.0千米。以遗址原有古国而得名。周至汉代遗址。面积10.45平方千米。曲阜鲁国故城，简称鲁故城，是中国两周时期鲁国的国都，是当时东部地区的一大城镇，今明故城在西南部旧址上。古鲁城始建于西周初年，后逐渐形成，鲁国历经34代至鲁顷公二十四年（前249）为楚所灭，共870余年，国都均建于此。城垣周长约11.7千米，东西约3 500米，南北约2 500米，遗存内容包括周代至汉代的城垣与城壕、城门遗址、大型建筑基址、道路与排水系统遗迹、手工业作坊址、居住址、墓地等。为研究以礼仪之邦著称于世的鲁都和冶炼、手工技艺水平提供了有力佐证。1961年3月被批准为国家级文物保护单位。有公路经此。

颜庙 370881-50-B-a05
[Yán Miào]

在市驻地北方向2.5千米。是祭祀孔子的弟子、以"安贫乐道"著称的颜回所设立的庙宇，故名。多次大修、扩建，明万历二十二年（1594）即为现存规模。复圣殿为颜庙的主体建筑，也是祭祀颜子的主要场所，大殿面阔7间，进深4间，重檐。现殿高17.48米，阔32.02米，深17.27米，重檐绿瓦歇山顶，明清两代曾多次重修。殿东西两庑各7间。乐亭始建于北宋熙宁年间，为孔子四十六代孙孔宗翰建，当时乐亭不在今处，明正德二年（1507）修庙时移于今处，后经多次重修。陋巷井是外围以八角露天井亭，井北有明嘉靖三十年（1551）立的"陋巷井"石碑，明万历六

年（1578）在井南又立有"陋巷故址"石碑。庙内有碑碣60余块。颜庙是为纪念颜回"一箪食，一瓢饮，居陋巷"的好学精神而建。2001年6月被批准为国家级文物保护单位。通公交车。

周公庙 370881-50-B-a06
[Zhōugōng Miào]

在市驻地东北方向2.8千米。为祭祀西周初期政治家周公姬旦的祠庙，故名。明清遗址。周公庙的第一道大门，原为石砌牌坊，清乾隆年间改为木构，清代重修，1953年又重修。元圣殿即正殿，是周公庙的主体建筑，面阔5间，进深3间，殿正中有木雕神龛，内祀周公塑像，上悬盖有"乾隆御笔"大印的"明德勤施"巨幅匾额，周围透雕云龙戏珠。周公庙内主要景点有《辇路》碑、"经天纬地"坊与"制礼作乐"坊、康熙御碑亭等。是周公姬姓、周姓、东野姓后人进行祭祀和怀念的重要场所。2013年5月被批准为国家级文物保护单位。

尼山孔庙和书院 370881-50-B-a07
[Níshān Kǒngmiào Hé Shūyuàn]

在市驻地东南方向29千米。因所在自然实体而得名。始建于五代时期，现存主要为明清时期建筑群。占地面积10.01万平方米。为纪念孔子在此诞生，五代后周显德年间在尼山建庙。宋庆历三年（1043），在孔子出生地设尼山书院。尼山山上有五老峰、鲁源林、智源溪、坤灵洞、观川亭、中和壑、文德林、白云洞，号称"尼山八景"。尼山孔庙主要建筑物有棂星门和大成殿，其中棂星门为尼山孔庙第一道大门，大成殿为尼山孔庙主体建筑，是祭祀孔子的主要场所。大成殿始建于宋庆历三年（1043），金、元、明、清多次重修，现存为清道光年间重修。尼山孔庙里面的景点有讲堂、

土地祠、毓圣侯祠、启圣王殿、启圣王寝殿等，其中讲堂原是用来讲授经典的地方，现改为祭祀孔子前做准备用的斋所；土地祠是用来祭祀尼山土地神的地方，毓圣侯祠为祭祀尼山神的地方，启圣王殿、启圣王寝殿分别是用来祭祀孔子父亲及母亲的殿堂。尼山书院有大门1座，正房面阔三间，灰瓦硬山顶，前有廊。2006年5月被批准为国家级文物保护单位。通公交车。

孟母林墓群　370881-50-B-a08
[Mèngmǔlín Mùqún]

在市驻地南方向12.0千米。孟母林墓群是亚圣孟轲父母及部分后裔的家族墓地，故名。东周至清代墓葬。孟母林内有众多建筑，其中孟母林享殿为祭祀孟母所建，始建于北宋景祐年间，清乾隆九年（1744）博士孟衍泰重建。享殿后有清代乾隆年间神位碑，碑前有石制供桌、香炉等，享殿西为孟子父母合葬墓，墓前有石鼎炉、石烛台、石供案等。2013年5月被批准为国家级文物保护单位。通公交车。

防山墓群　370881-50-B-a09
[Fángshān Mùqún]

在市驻地东方向8.0千米。因所在自然地理实体而得名。周—汉代墓群。防山墓群分布在长约1千米的防山系的顶部，原有25个封土堆，现有墓冢10座，墓室情况不详。1964年、1981年曾进行考古调查，发现地面散落方格印纹的方砖、空心砖等建筑构件。据县志记载为鲁诸公墓，墓群整体保存一般，基本都有明显盗洞，其中3号墓北部由于取土采石封土塌陷。2013年5月被批准为国家级文物保护单位。有公路经此。

汉鲁王墓　370881-50-B-a10
[Hànlǔwáng Mù]

在市驻地南方向10.0千米。因墓主人得名。汉代墓葬。占地面积30 000平方米。墓依山阳凿洞，东西并列共7座，墓内有随葬车12辆、马48匹，皆为"驷马驾车"。随葬品共1 900余件，有铜器、陶器、金银器、料器、漆器等，其中铜、铁陶器占多数。墓室由墓道、两侧车马室、墓门、甬道、左右耳室、左右侧室、后室等诸部分组成。在3号墓的随葬品中发现有"宫中行乐钱""王未央"和"庆忌"字样的铜钱、银缕玉衣残片及刻有"王陵塞石广四尺"字样的封门石。2001年被批准为国家级文物保护单位。通公交车。

朱总司令召开军事会议会址
370881-50-B-b01
[Zhūzǒngsīlìng Zhàokāi Jūnshìhuìyì Huìzhǐ]

在市驻地北方向4.4千米。因1950年朱总司令在此作了抗美援朝动员报告，故名。会议会址占地面积367平方米，朱总司令召开军事会议会址在孔林享殿，享殿面阔5间，进深3间，前出廊，黄琉璃歇山顶。孔林享殿始建于明代，清雍正十年（1732）重修，是旧时祭祀孔子墓的主要场所。1977年12月被批准为省级文物保护单位。

曲阜师范学院旧址　370881-50-B-b02
[Qūfù Shīfàn Xuéyuàn Jiùzhǐ]

在市驻地北方向2.4千米。因旧址原单位而得名。建于20世纪50年代。曲阜师范学院旧址主要建筑物有图书办公楼、文史楼、西联教室、生化楼各1座。曲阜师范学院旧址是曲阜师范大学内的近现代重要史迹及代表性建筑，其中文史楼建于1956年，两层的长方形单体建筑，大檐坡屋顶，砖混结构；西联教室在文史楼北侧，建于 1956 年，坐北朝南，一层单体建筑，砖石结构；生化楼在西联教室北侧，建于 1960 年，三层单体建筑，砖混结构；图书办公楼在曲阜师范大学中轴线的中部，建于 1958 年，1972 年重新修建，三层长方形单体建筑，砖混结构。2013 年 10 月被批准为省级文物保护单位。有公路经此。

少昊陵 370881-50-B-b03
[Shàohào Líng]

市驻地东北方向 7.1 千米。是三皇五帝之一少昊的陵墓，为后代祭奠少昊的地方，故名。宋—清代墓葬。少昊陵主要建筑物有石坊、大门、享殿、配房、万石山。陵墓用石块砌成塔形，呈覆斗状，俗称"万石山"。陵上建方形小庙内供圆雕汉白玉坐像一尊，院内有石碑 22 块，古树名木 500 余株，整个陵墓保存完好。金、元、明、清时期，少昊陵由曲阜知县奉旨致祭并负责维修管理，一直受到很好的保护。少昊陵神道以南 50 米处，有宋代为少昊之父轩辕黄帝而建的景灵宫遗址、"万人愁"石碑。少昊陵因其特殊的陵墓形制，有"东方金字塔"之称，这在中国古代帝王陵寝中别具一格，实为罕见。1977 年 12 月被批准为省级文物保护单位。通公交车。

梁公林墓群 370881-50-B-b04
[Liánggōnglín Mùqún]

在市驻地东北方向 13 千米。梁公林墓群为孔子父叔梁纥、母颜征在、兄孟皮的陵园，故名。周—汉代墓葬。主要建筑有大门、享殿，内有孔子父母合葬墓、孟皮墓。梁公林墓群四周建有围墙，有神道、大门、甬道及石刻、享殿、披门，享殿后为孔子父母合葬墓。墓前有石碑、石供桌、石鼎、石瓶。石碑一通上刻"圣考启圣王墓"，另一通碑上刻"圣考齐国公墓"。此墓东

南 5 米处是孔子同父异母的哥哥孟皮坟墓，有"圣兄伯尼墓"碑。梁公林的历史价值因与孔子的渊源而受到后世帝王及儒家的景仰、重视。1992 年 6 月被批准为省级文物保护单位。通公交车。

四基山观音庙 370881-50-B-b05
[Sìjīshān Guānyīn Miào]

在市境东南部。因所在自然地理实体而得名。明代建筑。占地面积 500 平方米，建筑面积 161 平方米。建成于明代，清代多次进行维修，现存为清代建筑。建筑小巧精致，庙院坐北面南，前后三进院落。现存庙址布局十分清晰，大部分房屋顶部塌掉，但墙体尚好。是研究当地民俗宗教与地方史的重要实物资料。2006 年 12 月被批准为省级文物保护单位。通公交车。

石门寺 370881-50-B-b06
[Shímén Sì]

在市驻地北方向 29 千米。因所在自然地理实体而得名。始建于金泰和年间。因老子在此讲学"道生万物、德养万物"，故宋、元时期为全真观，是峄山道场的下院。元至正十年（1350）重修。明景泰七年（1456）全真教派转移，道观始属僧家所有。是研究当地民俗宗教与地方史的重要实物资料。2006 年 12 月被批准为省级文物保护单位。通公交车。

重要景点和一般名胜古迹

沂河水利风景区 370881-50-D-a01
[Yìhé Shuǐlì Fēngjǐngqū]

在市驻地南方向 4.0 千米。因在沂水河两岸而得名。以沂河和蓼河为中心，涵盖环河景观湿地保护区、湿地公园及河堤外休闲娱乐广场，其中水域面积 1.312 平方千

米。以人文景观和亲水设施为主要内容，属于人文、自然资源相融合的景区，景区段的沂河、蓼河水体上下游两端相连，沂河建有亲水栈桥、亲水平台、游船码头等滨水构筑物。是"孔子故里、东方圣城"最靓丽的绿色生态水系景观。2014 年 9 月被评为国家水利风景区。通公交车。

曲阜市尼山国家森林公园 370881-50-D-c01
[Qūfù Shì Níshān Guójiā Sēnlín Gōngyuán]

在区境东南部。尼山本名尼丘山，孔子父母"祷于尼丘得孔子"，所以孔子名丘字仲尼，后人避孔子讳称为尼山。公园因所在自然地理实体而得名。主要建筑物包括尼山书院建筑群、孔子巨人像、千佛殿、藏经阁等，景区内启用明清时代的古式建筑风格，其中穿插各式优美园林植被。东麓有孔子出生的山洞夫子洞和孔子感叹"逝者如斯夫"的观川亭。为纪念孔子，北魏时建庙奉祀，历代重修，现存尼山书院占地 25 亩，周围数百亩古柏，景色优美。公园人文、自然资源相融合，弘扬孔子儒家思想，对区域生态环境保护和生态平衡具有重要作用。有公路经此。

邹城市

纪念地

邹城市烈士陵园 370883-50-A-c01
[Zōuchéng Shì Lièshì Língyuán]

在邹城市北兴路。因所在政区而得名。1955 年始建。陵园坐落在岗山东首，与峄山南北对峙，东临 104 国道，南临体育公园，占地 164 亩，采取了民族式中轴线对称布局，内设直径 80 米半圆形绿茵草坪。园内有烈士纪念碑、烈士墓区、烈士纪念馆。烈士纪念碑是陵园三大主体建筑之一，此碑立在陵园最高点，碑身碑座为正方形，象征着革命烈士的赤胆忠心，碑身高 23.4 米，南北十里可仰观，碑帽用花岗石雕刻而成，碑身、碑座通体为将军红花岗石贴面，碑身正面镌刻着宋平同志亲笔题写的"革命烈士永垂不朽"八个镏金大字，背面镌刻着市委、市政府题写的 231 字的碑文，记载着邹城人民在党领导下的革命斗争史，纪念碑座四周镶有 6 米长、1.4 米高的汉白玉浮雕，全组浮雕共长 24 米，画面气势宏大，人物众多，雕刻精细。双层须弥台座共长 144 米，高 1.5 米，上设 1.3 米高汉白玉栏杆，整个碑体红白相间。从广场至碑基高差 33 米，整个纪念碑凌空而起，庄严肃穆。纪念馆展出了早期邹城党组织建设和抗日战争时期、解放战争时期及和平建设时期，为国捐躯先烈的动人事迹，是开展爱国主义教育、革命理想教育、乡土历史教育的重要场所。展馆图文并茂，共展图画 78 幅，烈士遗物 200 余件。2006 年 7 月被批准为市级爱国主义教育基地。

尼山抗日烈士纪念碑 370883-50-B-c02
[Níshān Kàngrìlièshì Jìniàn Bēi]

在邹城市城前镇渠家庄村南。为纪念在战争中以身殉国的革命烈士，故名。建于 1943 年。碑呈梯形方柱体，顶部为覆斗状，花岗石束腰方座。碑高 2.4 米，上边宽 0.4 米，下边宽 0.55 米。碑阳刻"尼山区抗日烈士纪念碑"。碑阴刻碑文 7 行，计 357 字，记载了尼山抗日根据地的开辟经过，左右两侧面刻有为国捐躯的 166 位烈士姓名。为省内罕见的珍贵碑刻，对研究抗日战争史具有重要的史料价值，是重要的爱国主义、革命理想教育基地。1985 年 4 月被批准为市级文物保护单位。

重点文物保护单位

孟庙 370883-50-B-a01
[Mèng Miào]

在市境南部。是历代祭祀孟子的祠庙，故名。明清建筑。始建于北宋景祐四年（1037），宣和三年（1121）迁建于现址，历代重修扩建。为长方形五进院落。占地4.22 公顷，周环红墙。在以"亚圣殿"为中心的南北中轴线两侧，左右作对称配列。前部为 3 个大院，后部分左、中、右 3 路。重要建筑有棂星门、石坊、仪门、养气门、知言门、启贤门、承圣门、致敬门、亚圣殿、东西两庑、启圣殿、寝殿、桃主祠等。主建筑亚圣殿高 17 米，宽 27.7 米，深 20.48 米，绿瓦重檐，金碧辉煌。庙内现存汉、晋、唐、宋、元、明、清各代碑刻、画像石共 275 块，其中以新天凤三年（16）石刻最早。孟庙规模仅次于孔庙，为山东省内现存历史最久远、保存最完整的古建筑群之一，是国内稀存的宋元至明清时期的古建筑代表作品。孟庙碑林为研究中国古代文字沿革变化和历代政治、经济、军事、文化、社会及书法艺术发展变化的珍贵资料，是中国除西安碑林、曲阜孔庙碑林之外的又一大型碑林。1988 年 1 月被批准为国家级文物保护单位。有公路经此。

孟府 370883-50-B-a02
[Mèng Fǔ]

在市境南部。是历代孟子嫡裔居住的地方，故名。元至顺二年（1331）封孟子为"邹国亚圣公"，孟府亦称亚圣府。始建年代不详，据推测为金元时期所建，几经重修扩建。其平面为南北长方形，南北长 226 米，东西宽 99 米，占地 4 公顷多。四进院落，前后分官衙、内眷住宅、花园三部分，共有楼、堂、殿、室 100 多间。院内遍植各种柏、桧、松、竹、花卉。南北中轴线建有仪门、大堂、世恩堂、赐书楼、延禄楼、花园等。主建筑为大堂，是孟氏嫡裔世袭"翰林院五经博士"迎接诏旨、会见文武官员、申饬族规家法之所。大堂中间有木制暖阁，内设公案，桌上有签筒、印盒，两旁陈列有"肃静""回避"等各种仪仗牌。堂前露台东南角设有"日晷"，西南角设有"嘉量"。堂前东西厢房是祀田、庶务、礼生、乐生、司书等执事机构。大堂左侧是孟氏家庙五代祠，右侧为一曲尺形建筑，名曰见山堂，是宴请宾客之所，其对面月门外太湖石上刻有清代金石学家阮元和书法家孔继涑的手书诗词。大堂后是孟子嫡裔"翰博"住宅，名曰世恩堂。府内收藏有圣旨、诰封、服饰、珍宝玉玩、古籍、字画、宗族档案等文物。孟府是国内规模宏大、保存较为完整、较为典型的官衙与内宅合一的古建筑群和封建地主庄园之一。1988 年 1 月被批准为国家级文物保护单位。有公路经此。

铁山摩崖石刻 370883-50-B-a03
[Tiěshān Móyá Shíkè]

在市境北部。因所在自然地理实体而得名。周代遗迹。南北长 66.2 米，东西宽16.2 米，面积 1 085 平方米。刻石的内容可分为经文、石颂、颂文和题名四部分。刻经内容为佛教《大集经 · 穿菩提品》，经文字大如斗，字径一般在 45~60 厘米。字体以隶为主，篆楷意味浓厚，被誉为"通隶楷、备方圆，为大字鼻祖，榜书之宗"。颂文刻于佛经右侧，字径 22 厘米左右，隶书为主。题名在刻经的下部，记载了经主及佛经书写者姓名。铁山摩崖刻经是我国古代书法艺术的瑰宝、珍贵的佛教经典。1988 年 1 月被批准为国家级文物保护单位。

野店遗址 370883-50-B-a04
[Yědiàn Yízhǐ]

在邹城市峄山镇野店村。因所在政区而得名。新石器时代遗址。东西宽约700米，南北长约800米，总面积约56万平方米。遗址发现于1965年，后经山东省博物馆和邹城文物部门多次调查，在遗址中发现大汶口文化和龙山文化的双叠层，清理大汶口文化墓葬100余座、灰坑17个、房址6座、陶窑2座；龙山文化的房址1座、灰坑6个。出土有生活用具、生产工具和装饰品等1 000余件文物。生活用具为陶器，品类繁多、制作精细，采用镂孔、刻花、拧花等工艺。彩陶器用白、赭、红、黑色等，组成网状、星形、圆圈和植物纹图案，有较高的艺术价值。生产用具是磨制精细、洁度较高的石器。装饰品多是玉簪、玉环、玉璜等玉器。对研究山东地区新石器时期的生产、生活和社会结构提供了实物资料。2013年5月被批准为国家级文物保护单位。104国道经此。

邾国故城遗址 370883-50-B-a05
[Zhūguó Gùchéng Yízhǐ]

在市境东南部。因原为邾国国都而得名。周—汉代遗址。遗址周长9 200多米，东西横宽2 530米，南北纵长2 500米。残存土筑或石砌城墙一般高2~3米，最高处达7米，墙基一般宽3~4米。故城内大致可分为邾国贵族墓地区、宫殿区、手工业作坊区，出土遗迹包括灰坑270余个、沟渠10条、水井4眼，还有房址、窑炉等。出土和发现了铜礼器、铜兵器、陶器、铁器、印玺等400余件文物。出土大批遗物，其中陶器有鬲、盂、豆、罐、盆、瓦、瓦当、砖等，铜器有新莽铜器8件，以及钱币、印章等。遗存的年代多数属于春秋、战国、汉代，另有少量北朝至隋唐时期遗存，在山东境内古国史研究中占有重要地位，对研究我国古代社会发展史也具有重要的价值。2006年5月被批准为国家级文物保护单位。

凫山羲皇庙遗址 370883-50-B-b01
[Fúshān Xīhuángmiào Yízhǐ]

在邹城市郭里镇庙东村东。因在凫山脚下，为供奉祭祀伏羲、女娲的宗教性场所而得名。元代遗址。平面呈长方形，南北长约150米，东西宽约120米，占地18 000平方米。其建筑依山势而建，错落有致，布局严谨。遗址内现有碑刻4幢。始建于唐末五代时期，此后历代皆有重修。1929年被济宁军阀梁冠英部纵火烧毁。1968年再遭破坏，现仅存5根5米多高的八棱石柱和羲皇殿、玉皇殿的石墙地基。对研究中国上古历史和民间信仰有较大价值。2006年12月被批准为省级文物保护单位。通公交车。

孟林 370883-50-B-b02
[Mèng Lín]

在市境东北部。为孟子及其后裔的家族墓地，故名。始建于战国时期。现有林地面积915亩，生长有宋、金、元、明、清各代所植柏、桧、柞、榆、杨、楸、枫、槐等各种树木10 000余株。存有孟子墓、享殿等建筑。有历代碑刻10余方，多数保存在孟子墓前、享殿内外，是研究孟子林、孟庙历史变迁的重要资料。1992年6月被批准为省级文物保护单位。通公交车。

重兴塔 370883-50-B-b03
[Chóngxīng Tǎ]

在市境中部。因所在寺院而得名。宋代建筑。现存塔身为明代重修，为八角形楼阁式建筑，九层十檐，通高27.4米。最下层为木回廊，基座正北辟门，东、南、西三面置方形龛室。每层檐下系砖雕斗拱，二层为重檐，挑檐斗拱为雕砖仿木结构，华拱出双抄。三至九层为单檐下砖雕仰莲承托，层层紧缩，每层转角部位有砖砌半圆倚柱。四正面辟门，一至三层为圆券门，四至九层为尖券门。一、二层四侧面没有盲窗，窗格有水波、龟背锦方格和四簇毯纹格眼等形式。塔顶冠以铜铸镀金覆体莲纹宝刹，塔身佛龛内原有佛像。重兴塔是研究宋代建筑、社会习俗、宗教传播的重要历史遗迹和实物资料。2013 年 10 月被批准为省级文物保护单位。

凤凰山石窟造像 370883-50-B-b04
[Fènghuángshān Shíkū Zàoxiàng]

在邹城市张庄镇凤凰山景区。因所在景区而得名。唐代遗址。唐开元年间，当地百姓为祈雨保民，在凤凰山上开凿佛造像，后世称之为凤凰山石窟造像，又称凤凰山大佛。佛造像高 4.2 米，其面如满月，双耳垂肩，线条流畅，雕刻精美，是盛唐时期石刻艺术珍品。佛像前原有一处禅寺，名为距峄山开元禅寺，又称朗公禅寺，已毁。凤凰山石窟为研究唐代佛教石刻艺术和当时鲁南地区的思想信仰、宗教文化情况提供了珍贵的实证资料。2006 年 12 月被批准为省级文物保护单位。有公路经此。

孔孟诞生圣地碑 370883-50-B-b05
[Kǒngmèng Dànshēngshèngdì Bēi]

在市境西部。因两碑内容分别为"孔子诞生圣地""孟子诞生圣地"而得名。1912 年，津浦铁路建成，设邹县站，时任邹县教育会长张丕矩以邹县是孔子、孟子两圣人出生地，需彰显胜迹为由，筹划在火车站前广场立碑，历经坎坷，至 1924 年方成。碑文由兖州王景禧书写。双圣碑是邹城作为孔孟桑梓、儒学原乡的重要见证。1987 年建碑亭。2013 年 10 月被批准为省级文物保护单位。

巷里清真寺 370883-50-B-b06
[Xiànglǐ Qīngzhēn Sì]

在邹城市凫山街道巷里村内。因所在地得名。明朝建筑。东西长 50 米，南北宽 40 米，主体建筑为大殿，坐西向东，长 11.4 米，宽 7.8 米，三楹硬山建筑，双卷棚顶，前卷棚顶上起脊，有木柱 8 根，石柱 2 根。大殿前侧廊下有两碑。是研究明清建筑的重要历史遗迹，也是回族和伊斯兰教历史、回汉民族交流的重要历史见证。2013 年 10 月被批准为省级文物保护单位。

孟母三迁祠 370883-50-B-b07
[Mèngmǔsānqiān Cí]

在邹城市凫山街道庙户营村内。因传说庙户营为孟母三迁所经之地，此建筑为供奉孟母、纪念孟母三迁事迹的纪念性建筑，故名。清代建筑。始建于康熙五十二年（1713），由孟氏城西户后裔集资兴建，1994 年筹资重修。孟母三迁祠是孟母文化的重要载体，对研究和弘扬孟母文化有重要价值。2006 年 12 月被批准为省级文物保护单位。通公交车。

龙山玉皇殿 370883-50-B-c01
[Lóngshān Yùhuáng Diàn]

在市境东南部。因所在自然地理实体而得名。明代建筑。龙山上原有规模宏大的玉皇庙建筑群，因年久失修、倒塌，现仅存玉皇殿。此建筑坐北向南，东西长 8 米，南北宽 5 米，高 5.1 米。为全石结构，前有廊，由两根八棱方柱支撑，檐下有石刻雀替板，东西间有方形石窗，窗棂透雕圆钱图案，弧券顶，雕有瓦垄、瓦当和滴水。对研究明代建筑工艺及民间习俗有一定价值。2001 年 3 月被批准为市级文物保护单位。

凤翥文昌阁 370883-50-B-c02
[Fèngzhù Wénchāng Gé]

在邹城市大束镇西北。因所在地得名。明清建筑。为单檐硬山式建筑，砖石结构，高约 10 米，宽约 9 米，纵深约 7 米，下部为宽约 4 米的过街石拱券门。门上方南北各镶一块石碑，南面刻"督理文教"，北面刻"地接宫墙"。上部为三楹阁台，筒子瓦覆顶。整体形象浑然高大，器宇轩昂，是研究鲁南地区明清建筑样式、乡村教育状况的历史物证。

重要景点和一般名胜古迹

铁山公园 370883-50-D-a01
[Tiěshān Gōngyuán]

在市境西北部。因景区内有铁山而得名。景区围绕铁山而建，占地面积 0.387 平方千米，兼具自然和人文景观资源。园内铁山南坡有北朝铁山摩崖刻经，又遍植各种花草树木，是一处独具特色、物种丰富的植物园。铁山公园对保护人文遗产、改善城区生态环境、便利城市居民休闲健身娱乐起到了重要作用。2014 年被评为国家 AAAA 级旅游景区。有公路经此。

护驾山旅游景区 370883-50-D-a02
[Hùjiàshān Lǚyóu Jǐngqū]

在市境南部。因景区内有护驾山而得名。景区绕护驾山而建，面积约 1 平方千米，具有较为独特的花岗岩地质景观，山体圆浑、奇石多姿，山顶有一堆巨石天然形成老妪拉风箱的形象。景区内建有植物园。北麓半山腰花岗岩石棚内曾有刻经，约 8 行，行 10 余字，已毁。护驾山景区的建设，有利于保护本地的花岗岩地质景观、改善城市生态环境、丰富城乡居民的休闲生活。

2013 年被评为国家 AAA 级旅游景区。有公路经此。

五宝庵风景区 370883-50-D-a03
[Wǔbǎo'ān Fēngjǐngqū]

在市境东南部。因景区以五宝庵山为主体而得名。景区面积约 25 平方千米，兼具自然和人文景观资源。具有较为独特的花岗岩地质景观，自然风光秀美，峰峦起伏，洞穴相连，清泉长流，古木参天，物种丰富，森林覆盖率达 95%，被誉为"天然氧吧"。山上文化遗存众多，石洞、石棚、残垣、古墙、古旧新碑皆有。其前身为五宝庵山林场。五宝庵林场对保护当地动植物资源、改善城乡生态环境、涵养水源起到了重要作用。2013 年被评为国家 AAA 级旅游景区。有公路经此。

蓝陵桃花源旅游景区 370883-50-D-a04
[Lánlíng Táohuāyuán Lǚyóu Jǐngqū]

在市境东部。传说此地在历史上曾有蓝陵古国，又多种桃花而得名。景区是以观光农业为主的旅游度假区，面积约 13.3 平方千米，包括蓝陵桃花源、蓝陵湿地、蓝陵公园、蓝陵古城四个部分，以及游客服务中心、驿站、美食街等配套设施。景区的建设对保护湿地生态、改善环境、丰富居民休闲娱乐生活起到积极作用。2014 年 12 月被评为国家 AAA 级旅游景区。有公路经此。

中心草莓观光生态园 370883-50-D-a05
[Zhōngxīn Cǎoméi Guānguāng Shēngtàiyuán]

在市境北部。因处于中心店镇境内，以草莓种植和采摘为主而得名。景区是以观光农业为主的旅游区，园区内有龙山迎河草莓园、宜禾农业观光园、启木源蓝莓庄园和皇家国际香草庄园，拥有各类温室草莓大棚 2 000 余个。是集生态采摘、观光游乐于一体的现代综合旅游景点，改善了村庄产业结构，提高了村民收入，丰富了居民休闲生活。2014 年被评为国家 AAA 级旅游景区。有公路经此。

上九山村旅游景区 370883-50-D-a06
[Shàngjiǔshāncūn Lǚyóu Jǐngqū]

在市境南部。因所在地得名。景区山清水秀，景色宜人，已有 1 000 多年的历史，拥有悠久的人文历史景观，村内至今有保存完整的玄帝庙、老古井等古迹，现存传统建筑面积 15 600 平方米，三条明清时期的石头建成的街巷和 240 余座石头建成的住宅院落，集中反映出明清时代鲁西南民居的建筑风格和工艺水平，具有很高的观赏价值和历史研究价值，被誉为"古村落发展建筑史书""民俗文化的博物馆"。2013 年被评为国家 AAA 级旅游景区。有公路经此。

自然保护区

山东邹城太平国家湿地公园
370883-50-E-a01
[Shāndōng Zōuchéng Tàipíng Guójiā Shīdì Gōngyuán]

在市区西部。西至泗河，南至孟子大道，西至白马河，北至后鲍村原址。面积 11.436 平方千米。因所在政区而得名。湿地率 42.75%。具有河流、湖泊、沼泽和库塘多种湿地形态。公园内生物资源丰富，具有典型的北方湿地特征，有"鸟类中的大熊猫"之称的震旦鸦雀和世界极危鸟类青头潜鸭。2013 年被批准为国家级湿地公园。有公路经此。

香城省级湿地公园 370883-50-E-b01
[Xiāngchéng Shěngjí Shīdì Gōngyuán]

在市区东部。西至东独都山，北至西刘庄，南至北齐村，东至前刘庄。面积 4 平方千米。因在香城镇境内而得名。公园依托农田、林地、水体等自然资源，形成了集湿地植物、乔木、湖泊、溪流、栖息鸟类、鱼类为一体的生机勃勃的湿地景观。2009 年被批准为省级湿地公园。有公路经此。

蓝陵省级湿地公园 370883-50-E-b02
[Lánlíng Shěngjí Shīdì Gōngyuán]

在市区东部。南起越峰湖，北至单庄水库，东始漷河张园村东段，西至单庄村。面积 6.705 平方千米。因所在地据传为蓝陵古国遗址而得名。湿地公园全长 5 千米，水域内遍生挺水植物、浮水植物、沉水植物，岸边有乔木、灌木、草地，形成了完整丰富的生态群落。公园内公共服务设施齐全，景点众多，与蓝陵生态园形成碧水灵动、山水相依的风光。2014 年被批准为省级湿地公园。有公路经此。

北宿省级湿地公园 370883-50-E-b03
[Běixiǔ Shěngjí Shīdì Gōngyuán]

在市区西部。北至二十里铺，南至大沙河，东至东故下，西至白马河。面积 1.2 万平方千米。因所在地得名。原为南屯煤矿片区，20 世纪 80 年代初，因采煤形成塌陷水面。1999 年经治理后，建成北宿公园、湿地游憩园、水上观光等人文景观。2009 年被批准为省级湿地公园。有公路经此。

微山县

纪念地

微山湖铁道游击队纪念园　370826-50-A-c01
[Wēishānhú Tiědàoyóujīduì Jìniànyuán]

在县境南部。因纪念微山湖铁道游击队得名。1994 年 3 月开工，1995 年 8 月建成。主要分为纪念碑和纪念馆两部分，占地面积 0.038 平方千米，建筑面积 1 800 平方米，碑体由帆船、人物雕塑组成，纪念碑高 37.77 米，象征的是 1937 年的"七七事变"，帆高 30 米，船长 20 米，钢筋混凝土结构，红白花岗石贴面。运用生动、朴实的艺术语言，采取全景式壁画、大型雕塑、革命文物、图片资料、现代数码，声、光、电造型艺术相结合的表现手法，全方位、广角度地再现了当年的场景，使观众切身了解众多感人的斗争场面。1997 年 3 月被批准为市级爱国主义教育基地。有公路经此。

房庄村革命英雄纪念碑　370826-50-A-c02
[Fángzhuāngcūn Gémìngyīngxióng Jìniànbēi]

在县境中部。因所在地得名。2001 年开工，2002 年建成。由房庄村民捐资，为纪念本村抗日战争、解放战争、抗美援朝战争中牺牲的 19 位革命烈士而建。矗立在村西侧，碑体为方形，主体高 3 米，为大理石碑体。上刻"革命烈士纪念碑"7 个金光大字，碑顶立红五星。碑立在陵园高台上，台四周立石栏杆。为广大群众缅怀革命前辈丰功伟绩、接受革命传统教育和爱国主义教育的场所。通公交车。

重点文物保护单位

微子墓　370826-50-B-b01
[Wēizǐ Mù]

在县境南部。因墓主人而得名。墓呈圆形，高 10 米，底径 7.5 米。墓前有石碑 4 幢，中间主碑为汉丞相匡衡题："殷微子墓"。南昌尉梅福题篆额："仁参箕比"。1977 年 12 月被批准为省级文物保护单位。有公路经此。

张良墓　370826-50-B-b02
[Zhāngliáng Mù]

在县境南部。因墓主人而得名。汉代墓葬。墓形下方上圆，红黄黏土加鹅卵石块筑成，夯土层次清晰，高 10 米，底径 60 米，上圆下方。墓前有清乾隆二年（1737）所立石碑，高 1.7 米，宽 0.9 米，厚 0.16 米。1977 年 12 月被批准为省级文物保护单位。有公路经此。

新河神庙遗址　370826-50-B-b03
[Xīnhéshénmiào Yízhǐ]

在县境西部。因所在自然地理实体而得名。明代建筑。明隆庆元年（1567）为避黄泛淤积，工部尚书朱衡主持开挖南阳新河（漕运新渠），使京杭运河改道东行。次年，济宁知州景一元建新河神庙，纪念朱衡开河之功。1954 年新河神庙改建为南阳中学，今庙宇不存，仅有明清石碑 3 块，均为赑屃座，赑屃重约 10 吨。2013 年 10 月被批准为省级文物保护单位。通公交车。

泰山庙　370826-50-B-c01
[Tàishān Miào]

在县境南部。因供奉泰山碧霞元君得名。始建于明天启年间，明末毁于战乱，清康熙四十五年（1706）重修，1967 年拆除。

2003年重建并登记开放。占地面积1 200平方米，坐北朝南，面向古老的京杭大运河，单门独院，大殿3间，供奉碧霞元君神像。东西有厢房，院内放1米高的焚香炉，大门廊道两旁塑有神像，庄严肃穆。是研究当地民俗宗教与地方史的重要实物资料。通公交车。

多义基督教堂 370826-50-B-c02
[Duōyì Jīdū Jiàotáng]

在县境东部。因所在地得名。建于1916年。由韩庄镇多义村基督教信徒捐资兴建，原占地4 000平方米，房屋50余间，有礼堂、小礼堂、客房等。1989年在教堂原址重建礼堂5间，占地面积300平方米。通公交车。

关帝庙 370826-50-B-c03
[Guāndì Miào]

在县境西部。因供奉关公得名。清代建筑，后毁于战乱，1995年在原址重建。该庙在南阳岛上，南与新河神庙相邻。有大殿3间，厢房8间，院内有戏楼、钟鼓楼，占地面积800平方米。是研究当地民俗宗教与地方史的重要实物资料。

南阳清真寺 370826-50-B-c04
[Nányáng Qīngzhēn Sì]

在县境西部。因所在政区而得名。始建于明末，清光绪年间大修，1967年遭破坏，2005年重修。占地面积1 865平方米。寺内有南北讲堂、大殿、望月楼等建筑，其中大殿9间，飞檐斗拱，蔚为壮观。是南阳一带伊斯兰教举行宗教仪式、传授宗教知识的场所。

湖陵寺 370826-50-B-c05
[Húlíng Sì]

在县境西北部。因湖陵城得名。始建

于隋代。唐武宗时占地2公顷，2002年在原址重建主殿及耳房等。是研究当地民俗宗教与地方史的重要实物资料。

风景名胜区

微山湖风景名胜区 370826-50-C-b01
[Wēishānhú Fēngjǐng Míngshèngqū]

在县境中部。北连济宁市任城区，东接邹城市、滕州市、枣庄市薛城区、峄城区，南抵江苏省徐州市铜山区，西靠鱼台县、江苏省沛县。面积1 200平方千米。因微山湖得名。1987年，经山东省政府批准为省级风景名胜区。微山湖由南阳、独山、昭阳、微山4湖组成，通称微山湖，为中国第六大淡水湖，也是中国北方最大的淡水湖。湖内水生动植物资源丰富。湖中微山岛上古迹丰富，有微子墓，为殷商古迹。岛东部山头上有目夷墓，岛西麓有张良墓。岛上有铁道游击队指挥部旧址和铁道游击队纪念碑、纪念馆、陈列馆等红色教育设施。另有红荷景区、渔家生活体验、捕鱼表演等区域。建有游客接待中心、候船长廊、荷花池、停车场等。环岛公路和东环湖路、北环湖路总长5 370米，交通十分方便。另外还开通了环岛和环湖航道，游客可尽览微山湖的无限风光。为南水北调东线输水工程的水源及水质提供生态保障，更好地保护和改善生物栖息环境，保护和恢复生物多样性，充分发挥净化污染物、控制侵蚀、稳定湖岸、休闲娱乐和文化科研等功能。通公交车。

重要景点和一般名胜古迹

南阳古镇 370826-50-D-a01
[Nányáng Gǔzhèn]

在县境西部。元至元十九年（1282）、明嘉靖二十九年（1550）重修南阳正觉寺碑，称南阳镇。占地面积 19.5 平方千米。主要景点为钱庄、清真寺、皇帝下榻处、新河神庙遗址、御宴房、王苏白生态村等。2012 年 7 月被评为中国文化名镇。

自然保护区

微山湖国家湿地公园 370826-50-E-a01
[Wēishānhú Guójiā Shīdì Gōngyuán]

在县境南部。北起湖东大堤，南到原始生态保护区和猛进渔村，西至旺湖路、爱湖码头（含爱湖三角地带），东至蒋集河。面积 100 平方千米。因微山湖得名。土壤属褐土类。属暖温带季风大陆性气候，年平均温度 14.4 ℃，年降水量 774 毫米，年无霜期 217 天。湿地水质富营养化较高，水质藻类较多。2011 年 12 月，经国家林业局批准建立微山湖国家湿地公园。有高等植物 74 种、鱼类 80 种、鸟类 205 种、兽类 18 种、两栖爬行类 18 种，其中《国际贸易公约》濒危动植物 31 种，国家一、二级保护动植物 26 种，省重点保护动物 43 种。生境独特，水生动植物丰富，是众多珍稀濒危鸟类及雁鸭类的重要栖息繁殖地，是春秋季节候鸟重要的迁徙必经地和停歇地。微山湖湿地是城市生态系统的重要组成部分，在维系生态安全、提升城市文化品位、改善人居环境、支撑城乡经济发展等方面具有十分重要的战略意义。通公交车。

南四湖自然保护区 370826-50-E-b01
[Nánsìhú Zìránbǎohùqū]

在市境南部。北连济宁市任城区，东接邹城市、滕州市、枣庄市薛城区、峄城区，南抵江苏省徐州市铜山区，西靠鱼台县、江苏省沛县。面积 1 275.5 平方千米，其中核心区 451.8 平方千米，缓冲区 403.6 平方千米，实验区 420.1 平方千米。因南四湖得名。整个保护区由湖泊湿地、岛屿、相邻水田及山林组成。2003 年，经山东省人民政府批准为省级南四湖自然保护区。有国家一、二级保护植物 6 种，各种脊椎动物 321 种，其中鱼类 80 种，两栖类 7 种，爬行类 11 种，鸟类 205 种，兽类 18 种。脊椎动物中有国家一级保护鸟类大鸨、白鹳 2 种，二级保护鸟类大天鹅、白枕鹤、灰鹤、鸳鸯、长耳鸮等 24 种。南四湖自然保护区是以保护湖泊湿地生态系统为宗旨，集生物多样性保护、科学研究、宣传教育、生态环境建设和资源可持续利用为一体的生态系统类湿地类型自然保护区。104 国道、104 省道经此。

鱼台县

重要景点和一般名胜古迹

太公庙景区 370827-50-D-a01
[Tàigōngmiào Jǐngqū]

在县境西部。因姜太公得名。分南、北两部分，北部为姜太公庙遗址，南部为栖霞堌堆遗址。姜太公庙大殿五间二层，为清代歇山式建筑，殿内配有十八罗汉及多尊泥塑神像，双龙盘柱，蔚为壮观。另有碑亭两处，内存古碑七通，清雍正十一年（1733）《创建天地阁碑》《创建天地阁序碑》，雍正十二年《新立人组阁碑记》，乾隆五年（1740）《创建生生殿碑》，碑文字迹清晰。姜太公庙距今已有 1 300 多年的历史，虽经历代多次修葺，但大殿、配殿、山门仍毁于民国的兵患水灾。2013 年被评为国家 AAA 级旅游景区。有公路经此。

自然保护区

鹿洼湿地 370827-50-E-b01
[Lùwā Shīdì]

在县境西北部。东邻近张黄镇强家，西邻近巩庄村前张，南邻近老万福河，北邻近大程村。面积 400 公顷。因临近鹿洼煤矿，故名。鹿洼湿地原貌为村庄，2004 年因采煤而塌陷，成为新生湿地。气候类型为暖温带季风大陆性气候。年均气温 13.6℃，年降水量 727.1 毫米，年无霜期 213 天。有 10 类动植物。2013 年被批准为省级湿地公园。有公路经此。

金乡县

纪念地

羊山战斗纪念地 370828-50-A-b01
[Yángshānzhàndòu Jìniàndì]

在县境西北部。因羊山战斗而得名。建于 1952 年。有鲁西南战役纪念馆、革命烈士纪念塔、纪念亭、革命烈士公墓、草坪烈士墓群、百米碑廊等建筑。在陵园的纪念馆内陈列着许多珍贵的历史照片、电文、书信等革命文物，其中有毛泽东主席给刘、邓首长的亲笔电文，刘伯承、邓小平同志过黄河后的合影、挺进大别山途中的照片和参加鲁西南战役的陈锡联、李德生等 50 余位老将军、老领导的亲笔题词，以及有关鲁西南战役的书籍、影集、录音、

录像等历史资料。对传承金乡优秀历史文化，加强文物保护、促进红色文化研究等工作具有十分重要的意义。1992 年 6 月被批准为省级文物保护单位。通公交车。

王杰纪念馆 370828-50-A-c01
[Wángjié Jìniànguǎn]

在县境北部。因纪念英雄烈士王杰而得名。建于 1968 年。纪念馆建筑呈"工"字形，馆标"王杰纪念馆"为鎏金大字。中间大厅里，陈放着王杰烈士的半身石膏雕像，高 2.5 米，塑像周围放着花圈、花篮；大厅东西墙壁上镌刻着毛泽东主席"为人民而死，虽死犹荣"和"人民永垂不朽"的语录。大厅东间，是王杰事迹展览前言部分，有毛泽东、周恩来、朱德、董必武等老一辈革命家的题词。馆内共 100 多幅画面和十几件实物，其中，有王杰烈士牺牲时被炸损坏的衬衣和钢笔。对培育和弘扬社会主义核心价值观，倡导文明新风，提升社会道德水平，引导人们做中华民族传统美德的传承者、社会主义道德规范的实践者具有十分重要的意义。通公交车。

重点文物保护单位

光善寺塔 370828-50-B-a01
[Guāngshànsì Tǎ]

在金乡县魁星湖公园。因为纪念一名叫光善的和尚而建，故名光善寺塔。明朝时期，百姓为祈求当地文运昌盛，兼又取名为文峰塔。唐代建筑。共 9 层，高 49 米。光善寺塔历经千年，除了成为群众纪念光善和尚和祈求文运外，同时也成为凝聚金乡人民团结一致、奋发向上的精神象征。是研究当地民俗宗教与地方史的重要实物资料。2013 年 5 月被批准为国家级文物保护单位。

缗城堌堆遗址　370828-50-B-b01
[Mínchéng Gùduī Yízhǐ]

在金乡县卜集镇下庄村。因汉世祖封冯异子冯璋为东缗侯而得名。商周遗址。遗址长200米，宽150米，面积30 000平方米。文化层堆积6米，西北部严重破坏形成一断崖，断崖4米以下，是夯土层，厚30公分，夯实窝直径12公分。暴露和出土的遗物有汉代灰色陶鼎、陶壶、石凿、鬲足、绳纹陶片等，遗址上有一座清代二层破旧楼庙，为明天启年间修建，名金典寺。该遗址对研究汉代文化有较大的价值。1992年6月被批准为省级文物保护单位。通公交车。

鱼山堌堆遗址　370828-50-B-b02
[Yúshān Gùduī Yízhǐ]

在县境西部。因所在政区而得名。商—汉代遗址。遗址面积约3 000平方米，文化层厚约8米。上层出土了鼎、盒、钫、壶、盘、俑等青灰质陶器组合，属于汉代文化，器型规整、器壁均匀，表面和底部常有规律的轮旋纹和同心圆切割痕迹；纹饰精美，彩绘鲜艳，极具艺术性。下层出土了鬲、瓮、盆、杯等灰陶器和铜制兵器。具有重要的考古价值。1992年6月被批准为省级文物保护单位。通公交车。

羊山汉墓群　370828-50-B-b03
[Yángshān Hànmùqún]

在金乡县羊山镇。因所在政区而得名。汉代墓葬。是迄今为止发现的山东省内较为庞大的汉代墓群之一。除山北面发现的10间连体大型墓葬外，大多数为小型单石室及双石室墓，多数墓葬较为集中，近则一两米，远则三五米，埋葬于山前山后。羊山汉墓群以出土汉代彩绘陶器闻名于世，尤其是出土的陶俑、陶马造型细致、逼真、大气，艺术性强，充分体现了羊山在汉代时的生产力发展水平。有精美壁画和文物出土，反映了上层社会富裕的生活水平。具有重要的考古价值。2013年10月被批准为省级文物保护单位。通公交车。

魁星楼　370828-50-B-b04
[Kuíxīng Lóu]

在金乡县星湖公园。因上层供奉魁星神像而得名。明代建筑，后经多次重修。共三层，上层供奉魁星神像，中间和下层明窗四敞，楼前架凌云桥于魁星湖之上，和陆岸相连。康熙四十四年（1705）魁星楼倾圮，凌云桥木朽烂，知县沈渊首先捐俸倡导，募捐者济济，魁星楼得以修复一新，并重建凌云桥；以石为墩，上架大木为梁，铺以厚板，共三孔。咸丰四年（1854），魁星楼毁于残乱。至光绪十二年（1886），知县程方德劝募得制钱重建魁星楼，台基沿其旧制，"又复缭以周垣"，护以栅栏，金碧辉煌，丹垩一新；对凌云桥则危扶缺补，东西侧设石栏，前面砌成石道。1983年，魁星楼桥修葺一新，并在魁星楼的北面修建九曲桥。目前，魁星楼雄踞水中，再现当年风姿。2013年10月被批准为省级文物保护单位。通公交车。

重要景点和一般名胜古迹

金水湖湿地公园　370828-50-D-a01
[Jīnshuǐhú Shīdì Gōngyuán]

在金乡县经济开发区中部。因自然地理实体而得名。金水湖原为废弃的窑坑，为了充分利用宝贵的水资源，改善金乡生态环境，合理规划，因地制宜，拓宽湖面，梳理自然驳岸，融入古缗文化。建盖后无变更。金水湖湿地公园为城市创造独特的环境景观，为居民提供休闲娱乐场所，形成"人水亲和、城水相依"的城市特色，打造集休闲旅游、商务办公、文化娱乐、生活居住于一体的环境优美的多功能综合区域。湿地生态系统对维护周边区域的生态安全具有重要作用，体现了独特的民俗风情和现代自然风貌。2014年被评为国家AAA级旅游景区。通公交车。

嘉祥县

重点文物保护单位

武翟山武氏墓群 370829-50-B-a01
[Wǔzháishān Wǔshì Mùqún]

在嘉祥县纸坊镇武翟山村。以其地理位置和墓葬家族命名。东汉墓葬。是东汉时期豪强地主武氏家族的墓地，共有已发现的墓葬16座。武氏墓群为研究汉代嘉祥地区的墓葬文化提供了翔实的实物资料。1961年3月被批准为国家级文物保护单位。有公路经此。

汤山玉皇庙 370829-50-B-b01
[Tāngshān Yùhuángmiào]

在纸坊镇汤山村。因在汤山村，供奉玉皇大帝而得名。建于1646年，后多次修缮。面阔三间，砖石木结构，门厅南北4.4米，东西1.9米，院内有清乾隆三十一年（1766）碑刻一通，1942年碑刻1通。其碑刻，是研究历史的重要佐证。2013年10月被批准为省级文物保护单位。通公交车。

曹垓曹氏家祠 370829-50-B-b02
[Cáohǎi Cáoshì Jiācí]

在嘉祥县梁宝寺镇曹垓村。为纪念曹氏宗亲而得名。建于1623年，后多次修复。现存大门、二门、东西配殿、大殿、拜亭。其中，大门三间，东西9.8米，南北7.6米，高6.5米；东西配殿各三间，南北9.95米，东西5.6米，高6米；大殿三间，东西12.23米，宽8.7米，高7米，以上建筑皆为硬山式建筑，青砖，灰瓦覆顶。四角拜亭边长4.65米，院内保存明、清碑刻三通，墓志铭一盒，记载着曹氏族人的迁居历史和族规族训。对研究历史有一定的价值。2006年12月被批准为省级文物保护单位。有公路经此。

曹北曹氏家祠 370829-50-B-b03
[Cáoběi Cáoshì Jiācí]

在嘉祥县曹北村。为纪念曹氏宗亲而得名。建于1623年，后多次修缮。现存大门、二门、大殿、偏殿。其中，大门三间，东西9.5米，南北5米；二门一间，东西3.5米，南北3.8米，高5米；大殿三间，东西11米，南北7米，高7米；偏殿三间，以上建筑皆为硬山式建筑，灰瓦覆顶。大殿前月台东西4米，南北3.5米，高0.5米，青砖砌成。院内保存清嘉庆元年（1796）、乾隆五十年（1785）等碑刻。对研究历史有一定的价值。2006年12月被批准为省级文物保护单位。有公路经此。

韩垓韩氏家祠 370829-50-B-b04
[Hánhǎi Hánshì Jiācí]

在嘉祥县梁宝寺镇韩垓村。为纪念韩氏宗亲而得名。建于1636年，后多次修缮。坐北朝南，南北长52.4米，东西25米。现存大门、大殿、卷棚、后殿。其中，大门东西4.5米，南北2.7米；卷棚三间，东西9.45米，南北4.15米；大殿三间，东西10.16米，南北6.2米，起脊，饰有吻兽；后殿五间，东西17.9米，南北8.4米，以上建筑皆为硬山式建筑，青砖，灰瓦覆顶。其建筑物、匾额、楹联、祭物都是当时经济、文化的反映，对研究历史有一定的价值。2013年10月被批准为省级文物保护单位。有公路经此。

张垓张氏家祠　370829-50-B-b05

[Zhānghǎi Zhāngshì Jiācí]

在嘉祥县纸坊镇汤山村。为纪念张氏宗亲而得名。始建于清初，约 1626 年，后经多次维修。大门三间，东西 7 米，南北 4.2 米，前后有廊，墙体用水泥粉刷；门东有偏门一座；过厅三间，东西 7.82 米，南北 5.6 米，前后有廊；东西配殿各三间，南北 9.5 米，东西 4.5 米，东配殿为红砖新建；大殿三间，东西 11.4 米，南北 8.16 米，前有廊，以上建筑均为硬山式建筑，青砖，灰瓦覆顶。张氏家祠的正殿，大殿正中神龛的上方悬挂着金字匾额"敦宗睦族"四个大字。对研究当地历史文化有重要的参考价值。2013 年 10 月被批准为省级文物保护单位。有公路经此。

岳氏家祠　370829-50-B-b06

[Yuèshì Jiācí]

在孟姑集镇岳楼村。为纪念岳氏宗亲而得名。清康熙二十五年（1686）始建，后又多次修缮。中部坐北向南，南北长 87 米，东西宽 45 米。由大门、二门、大殿、东配殿、西配殿组成，共分两进院落，硬山式建筑，筒瓦覆顶，门楣上饰四只阀阅，上挂"精忠报国"匾额，大门两侧为八字墙。对研究当地历史文化有重要的参考价值。2006 年 12 月被批准为省级文物保护单位。有公路经此。

茅家堌堆墓群　370829-50-B-b07

[Máojiā Gùduī Mùqún]

在县境北部。以墓葬特点得名。汉代墓葬。东西长约 100 米，南北宽约 80 米。对研究当地历史文化有重要的参考价值。1992 年 6 月被批准为省级文物保护单位。有公路经此。

先贤高子祠　370829-50-B-b08

[Xiānxián Gāozǐ Cí]

在嘉祥县梁宝寺镇高庄。以所供奉先人命名。始建于清嘉庆十五年（1810）。占地面积 152.34 平方米，现仅存大门、大殿，南北排列。大门两侧各有一尊门枕石，各个面刻有麒麟、鹿等吉祥图案，形象逼真，栩栩如生。大门正上方悬挂由阙里孔令贻于清宣统元年（1909）题写的"先贤高子祠"匾；大殿三间，坐北朝南，东西长 11.08 米，南北宽 8.0 米，前设廊，廊宽 1.34 米，殿内悬挂孔令贻于清宣统元年（1909）题写的"古直可风"匾，塑高子像。整个家祠的建筑、匾额对研究当地历史文化具有一定价值。2013 年 10 月被批准为省级文物保护单位。有公路经此。

尖山崖墓　370829-50-B-b09

[Jiānshānyá Mù]

在嘉祥县仲山镇。因在尖山而得名。汉代墓葬。墓地封土占上半部整个山头，土为红褐色，均系人从山脚挑土堆积而成，占地约 10 000 平方米。墓南曾发现墓道痕迹。北山坡上凿有 86 个长方形石坑，长 0.7~1.4 米，宽约 0.5 米，深 0.4~0.7 米。可能用以储水，以供工程用水和工人饮用。对研究当地历史文化有重要的参考价值。1977 年 12 月被批准为省级文物保护单位。有公路经此。

曾子墓　370829-50-B-b10

[Zēngzǐ Mù]

在嘉祥县满硐镇南武山西村。以所葬人姓名命名。东周墓葬，明弘治十八年（1505）重修，2002 年 10 月至 2004 年 8 月重建林墙，加筑曾子墓，复原享殿，重铺甬路及林前广场，添置甬路两侧石仪。现存"宗圣墓"石坊一座，石羊、石马、石虎各一对，享殿三间，其余皆已倾圮。曾子墓坐北面南，整个院落南北长117米，东西宽60米，占地7 000余平方米，四周林墙高3米。曾子墓前现存石香炉、香案、翁仲和明嘉靖、清康熙年间曾子墓碑二座。对研究曾子思想以及儒家思想有重要意义。2006年12月被批准为省级文物保护单位。有公路经此。

冉子祠 370829-50-B-b11
[Rǎnzǐ Cí]

在县境西北部。以所供奉先贤命名。清代建筑。明万历二十五年（1597），当地曾出一断碑。明崇祯三年（1630），洛人郭子光辨此碑为唐贞观年间所立"冉子徐侯墓碑"，因此当地乡绅重修冉墓祠。冉子祠坐北朝南，东西长20.2米，南北宽19米，有大殿三间，东西9米，南北5米，高5.5米，建于0.5米的高台上，起脊，饰有二龙戏珠、吻兽，硬山式建筑；院内有古柏两棵，据载为唐柏。对研究当地历史文化有重要的参考价值。2013年10月被批准为省级文物保护单位。338省道经此。

焦国故城遗址 370829-50-B-b12
[Jiāoguó Gùchéng Yízhǐ]

在县境西南部。因是西周焦国故城而得名。周代遗址。遗址南北长467米，东西宽468米，占地面积218 556平方米。东南部城墙残迹尚可辨认，周围暴露许多红、灰素面及绳纹陶片、瓦片，并曾发现少量陶纺轮、铜镞、网坠等，遗址保存现状尚可。北部为村落占压，西部嘉金公路通过。从城内文化堆积看，该城从商一直使用到战国，后废弃。对研究西周历史有重要意义。2006年12月被批准为省级文物保护单位。通公交车。

郗鉴墓 370829-50-B-b13
[Chījiàn Mù]

在嘉祥县马集乡上店子村南灯台山西麓。因墓葬主人得名。晋代墓葬。郗鉴墓坐北向南，现存墓冢三座，呈西南—东北向排列，西南土冢较大，直径30余米，中间土冢略低，东北土冢直径约10米，高约3米。其中一座墓冢为郗鉴墓，其余两座土冢应为郗氏家族墓葬。对研究晋朝历史有重要意义。1992年6月被批准为省级文物保护单位。有公路经此。

普兴寺 370829-50-B-c01
[Pǔxīng Sì]

在纸坊镇青山南侧。为纪念明故普兴禅师祖而取名普兴寺。始建于元代。由大殿和门厅组成。大殿坐北向南，面阔三间，东西长11.56米，南北宽8.17米，硬山式，起脊，脊有龙纹，筒瓦覆顶，前设廊，立两八边形廊柱，廊宽1.67米；门厅坐北向南，硬山式，东西长9.5米，南北宽4.62米；有明万历七年（1579）"明故普兴禅师祖天墓表"碑1通，元泰定三年（1326）"普兴禅师功德之碑"1通。对研究当地历史文化有重要的参考价值。2012年12月被批准为市级文物保护单位。有公路经此。

龙泉寺 370829-50-B-c02
[Lóngquán Sì]

在纸坊镇龙泉寺山南。因寺内有龙泉而得名。始建于元代。寺内原有两进院落，古建筑仅存西配殿三间，南北长6.44米，东西宽4.44米，硬山式，起脊，筒瓦覆顶，其余建筑为现代修建；碑刻15通，其中明正德二年（1507）"重修龙泉寺记"碑刻1通，明万历十五年（1587）"并建龙泉寺天王殿碑记"1通，其他多为清代碑刻。对研究当地历史文化有重要的参考价值。2012年12月被批准为市级文物保护单位。有公路经此。

孙氏家祠　370829-50-B-c03
[Sūnshì Jiācí]

在嘉祥县梁宝寺镇孙垓村。为纪念孙氏宗亲而得名。建于 1762 年，后多次修缮。坐北朝南，南北 42.8 米，东西 22.6 米。现存大门、过厅、东西配殿、大殿。其中，过厅三间，东西 9.2 米，南北 6.4 米；东西配殿各三间，南北 9.8 米，东西 4.7 米；大殿三间，东西 11.8 米，南北 8 米，起脊，饰有吻兽，以上建筑皆为硬山式建筑，青砖、灰瓦覆顶。对研究当地历史文化具有一定的参考价值。2012 年 12 月被批准为市级文物保护单位。有公路经此。

梁街玉皇阁　370829-50-B-c04
[Liángjiē yùhuáng Gé]

在老僧堂镇梁街村。因在梁街村，供奉玉皇大帝而得名。始建于元代，当时为瓦房三间，明、清时期维修，清顺治十四年（1657）改建为阁，前有三官庙、东有华佗庙。玉皇阁大殿两层，东西 9 米，南北 5 米，高 8 米，木质楼板，墙壁绘有三英战吕布、青白蛇等 20 多个历史故事及神话故事画面。华佗庙房顶倒塌。以上建筑均为硬山式建筑，灰瓦覆顶，砖石木结构。三官庙前现存道光八年（1828）"三官庙记事碑" 1 通。玉皇阁二楼东墙外有高浮砖雕 "文王访子牙"，西墙外有高浮砖雕 "八仙过海"。对研究当地历史文化有重要的参考价值。2001 年 3 月被批准为市级文物保护单位。有公路经此。

贺氏家祠　370829-50-B-c05
[Hèshì Jiācí]

在老僧堂镇贺庄村中。为纪念贺氏宗亲而得名。始建于明崇祯年间。祠内供奉贺知章。现存大殿、大门，其中大门一间南北 4 米，东西 3 米；大殿三间，东西 10

米，南北 6 米，前有廊，以上建筑均为硬山式建筑，灰瓦覆顶，砖石木结构。该家祠对研究当地历史文化有重要的参考价值。2012 年 12 月被批准为市级文物保护单位。有公路经此。

靳氏家祠　370829-50-B-c06
[Jìnshì Jiācí]

在嘉祥县老僧堂镇大靳村。为纪念靳氏宗亲而得名。始建于清嘉庆五年（1800）年，1937 年重修，西配房 1942 年重修。由大殿、西配殿、过厅组成，占地面积 180.32 平方米。该家祠对研究当地历史文化有重要的参考价值。2012 年 12 月被批准为市级文物保护单位。有公路经此。

程氏家祠　370829-50-B-c07
[Chéngshì Jiācí]

在嘉祥县仲山镇程家庄。为纪念程氏宗亲而得名。建于 1788 年，后多次修缮。占地面积 197.06 平方米。砖石木结构，砖墙，硬山顶，板瓦墙，起脊，有脊兽，猫头滴水，祥云纹，前设廊，立两石柱，八角，前有对联，柱础为圆形。东西配房对称，均为三间硬山式建筑，面阔 11.34 米，进深 4.93 米，西配房顶已有红瓦。附属文物为候补县丞程老夫子德教碑、重修功德堂宗祠碑等碑刻 6 通。该家祠对研究当地历史文化有重要的参考价值。2012 年 12 月被批准为市级文物保护单位。有公路经此。

薛仁贵墓　370829-50-B-c08
[Xuērénguì Mù]

在县城东北萌山与横山交接的平山口之北。以墓主人得名。唐代墓葬。现东向而立，墓地已无坟堆，仅存石坊一座。石坊由三块整石建成，两边石柱为方形，柱顶各雕石狮一只，坊额为一条石横穿石柱，正面镌 "重修唐朝名臣薛仁贵之墓"，背面用小楷镌"山东兖州府济宁州嘉祥县奉巡兖西道并抚两院明文知县王怀德典史刘熙诏儒学教谕彭允芳训导曲迁梧张燕翼大明万历三十五年岁次丁未夏六月上旬吉日立"等字。对研究当地历史文化有重要的参考价值。1985年4月被批准为市级文物保护单位。有公路经此。

曾质粹墓 370829-50-B-c09
[Zēngzhìcuì Mù]

在嘉祥县卧龙山街道曹山村。以墓主人得名。明代墓葬。曾质粹墓（含曾承业墓）为明万历十六年（1588）墓，墓碑1通，上镌"宗圣五十九代中兴孙翰林院五经博士南武曾公□□"，碑长1.74米，宽0.85米，厚0.30米。对研究当地历史文化有重要的参考价值。2012年12月被批准为市级文物保护单位。有公路经此。

王氏墓群 370829-50-B-c10
[Wángshì Mùqún]

在嘉祥县纸坊镇石蜡屯村西。以所葬人姓氏命名。元代墓葬。坐西北朝东南，占地900平方米，墓葬5座，现墓已无封土。墓地前方立有"氏祖林之碑"，为济宁路儒学教授赵衡正于元至元二十四年（1287）所撰。碑高2.2米，款1.1米，圆首方趺；王四翁墓前有"故王四翁墓碣"，立于元元统三年（1335）碑刻，圆首方趺；王君墓前立一圆首龟趺碑，碑额题《故王君墓志铭》，碑阳风化严重，已无法辨认碑文内容，碑阴刻宗派图；元至元六年（1340），王翁墓前立有《故王翁墓志铭》碑一块，圆首方趺；父亲（母亲）王用墓前立有元至元三年（1337）碑刻1通，圆首，碑座缺失。对研究当地历史文化有重要的参考价值。2001年3月被批准为市级文物保护单位。有公路经此。

青山玉皇庙遗址 370829-50-B-c11
[Qīngshān Yùhuángmiào Yízhǐ]

在嘉祥县纸坊镇青山主峰顶。以其地理位置和供奉神位命名。明代建筑遗址，现存建筑为现代重建。遗址南北长19米，东西宽19.58米，占地面积370.5平方米，现存明天启七年（1627）创建玉皇庙碑记碑和清同治二年（1863）重修玉皇庙碑记序碑，两碑现保存较好。主要建筑物有大殿、东西配殿、山门。对研究当地历史文化有重要的参考价值。2012年12月被批准为市级文物保护单位。有公路经此。

曹氏墓群 370829-50-B-c12
[Cáoshì Mùqún]

在嘉祥县梁宝寺镇石林村西。因是梁宝寺镇曹氏祖茔，故名曹氏墓群。元代墓葬。墓地东西长69米，南北宽96米，占地约6 670平方米。两墓共出土随葬品23件，主要有金簪、金背梳子、铜镜玉牌等，出土文物均收藏于济宁市文物博物馆。对研究当地历史文化有重要的参考价值。1985年4月被批准为市级文物保护单位。有公路经此。

岳峰秀墓 370829-50-B-c13
[Yuèfēngxiù Mù]

在嘉祥县孟姑集镇岳楼村西南。因墓主人得名。清代墓葬。墓室全部由石材叠砌而成，全岳峰秀墓现墓已无封土，墓前有清康熙五十八年（1719）所立墓碑1通。岳峰秀墓等文化遗产保存现状都具有地方特色和历史价值。2012年12月被批准为市级文物保护单位。有公路经此。

南武城故址 370829-50-B-c14
[Nánwǔchéng Gùzhǐ]

在嘉祥县满硐镇南武山村。因所在地

得名。春秋时期遗址。城址现已被群众整地时铲平，暴露遗物有大量春秋至两汉时期的筒瓦、板瓦、鬲、豆、盂、罐等器物陶片。故址范围约2.5万平方米，残存的东城墙南北长约100米，宽约8米，高3~4米，夯土层夯土坚硬，夯层分明，夯土层上夯窝密集清晰，呈圆形圜底状，为周代筑城特征。该夯土层中包含少量西周晚期和春秋时期陶片，未有春秋以后时期包含物，遗址南500米现有阿城铺村，"阿""武"古音相近，阿城即武城。有较高的历史价值和文化价值，为研究周、汉时期的历史和文化提供了科学依据。2012年12月被批准为市级文物保护单位。有公路经此。

高斗光墓　370829-50-B-c15
[Gāodǒuguāng Mù]

在马集镇武街村西北1.5千米处。以所葬人姓名命名。明代墓葬。高斗光墓封土完好，高1.5米，直径5米，墓前有清康熙三十年（1691）墓碑1通，上镌刻"大清先考偏远巡抚兵部右侍郎高公之墓"，碑身高1.70米，宽0.67米，厚0.19米，碑座长0.93米，宽0.69米，高0.27米。对研究当时时代变更时期的政治、经济、文化有重要参考价值。2001年3月被批准为市级文物保护单位。有公路经此。

重点景点和一般名胜古迹

青山景区　370829-50-D-a01
[Qīngshān Jǐngqū]

在纸坊镇青山村。因在青山而得名。青山有"四寺、两庙、四泉，西有青山寺、普兴寺，东有法云寺、三官庙，南有龙泉寺，顶有玉皇庙"，山上有数千米古石墙石堡、数百亩柏林，山下有数十亩果园，风景秀丽，山清水秀，素有"小岱宗"之称。青山庙

会每年四次会期，保留了鲁西南地区以民间信仰为特点的传统民间文化。是研究鲁西南地区民众世界观和生活情况的重要依据。2000年被评为国家AAA级旅游景区。通公交车。

曾庙景区　370829-50-D-a02
[Zēngmiào Jǐngqū]

在满硐镇南武山村西。因著名景点曾庙得名。曾庙是供奉宗圣曾子的专庙，原名忠孝祠，又叫宗圣庙。坐北朝南，南北长276米，东西宽108米，占地面积29 808平方米，建筑布局沿中轴线分正、左、右三路，共五进院落，重要建筑物有大门、戟门、景圣门、育英门、咏归门、慎独门、宗圣殿、寝殿、莱芜侯祠、三省堂、斋宿所、马厩、万历碑亭、乾隆御碑亭等30余座，殿、庑、厅、堂80余楹。庙内碑碣林立，古柏参天，肃穆壮观。曾庙布局严谨，气势恢宏，是中国保存比较完整的明清古代建筑群之一。2011年12月被评为国家AAA级旅游景区。通公交车。

武氏祠景区　370829-50-D-a03
[Wǔshìcí Jǐngqū]

在纸坊镇武翟山村。因东汉武氏墓群石祠而得名。武氏祠是东汉贵族武氏家族的墓葬和祠堂，武氏祠汉画像石是全国规模最大、保存最完整的汉画像石群。通过武氏祠汉画像石所展示的中国古代文明的丰硕成果、孝悌节义等传统美德、修齐治平的治国理念三个方面，再现了中华民族的文化底蕴。2014年12月被评为国家AAA级旅游景区。有公路经此。

汶上县

重点文物保护单位

太子灵踪塔 370830-50-B-a01
[Tàizǐ Língzōng Tǎ]

在县境北部。塔宫发掘时发现铭文记载为"太子灵踪塔",故名。北宋建筑。高41.75米,8角13层楼阁式。每层砖砌斗拱,上有平座。东、西、南、北各砌一圆门洞。底层东、西、南各砌券门佛龛,北面设门,有螺旋台阶可登。塔刹呈圆葫芦形,为黄琉璃烧制。太子灵踪塔具有典型的宋代建筑风格,为研究宋代建筑提供了重要实证资料,具有重要的历史、艺术、科学价值。2013年5月被批准为国家级文物保护单位。通公交车。

贾柏遗址 370830-50-B-a02
[Jiǎbǎi Yízhǐ]

在汶上县中都街道东槚柏村。因所在地得名。新石器时代遗址。遗址东西长约3 000米,南北宽约50米,总面积约15 000平方米。发掘出土大量文物,是距今7 000~15 000年前的细石器。其中发掘出3枚骨针,距今7 300多年,经专家测量针孔直径只有0.2毫米,针身保存完好,是目前发现的北辛文化较早较完整的缝纫工具。骨针的发现证明新石器时代早期,原始氏族的人们已用骨针缝制衣物。贾柏遗址为研究北辛文化和细石器文化提供了重要的科学依据,具有重要的历史价值。2006年5月被批准为国家级文物保护单位。

汶上文庙 370830-50-B-b01
[Wènshàng Wénmiào]

在汶上县城尚书路东段。因所在政区而得名。始建于唐开元十三年(725),宋代李玠再葺,并刻御制"八行八刑"碑于其中。元代时权三葺之。明清二代不断仿曲阜文庙形式予以修葺、扩建,形成以大成殿为主体的庞大建筑群。占地面积20 000余平方米,庙内原有主要建筑棂星门、金声玉振坊、泮桥、戟门、大成殿、明伦堂、东西两庑、乡贤祠、烈女祠等。民国初年起在此兴办学校。1991—1993年对戟门、大成殿进行修缮,殿内重塑孔子及四配像,即孟子、颜子、曾子、子思彩塑像。2009年修明伦堂、棂星门、泮桥。具有重要的历史、艺术价值。汶上文庙多次举办以儒学和传统文化为内涵的体验活动,策划开展"德治""礼治""六艺"等方面的宣传教育和参与互动性活动,已成功打造成汶上县政德教育基地和传统文化体验基地,在传承中华优秀传统文化中培育和践行社会主义核心价值观。2006年12月被批准为省级文物保护单位。通公交车。

汶上关帝庙 370830-50-B-b02
[Wènshàng Guāndì Miào]

在汶上县尚书路中段。为纪念三国时蜀汉名将关羽而建,故名。元代建筑。坐北朝南,是一座典型的元代风格建筑群,主体建筑为正殿,原由庙门、正殿、两庑、寝殿、戏楼等组成,已有500多年的历史。从明代兵部尚书路迎开始,直到清同治年间,多次进行重修。具有重要的历史、艺术价值。2006年12月被批准为省级文物保护单位。通公交车。

水牛山摩崖石刻 370830-50-B-b03
[Shuǐniúshān Móyá Shíkè]

在汶上县白石镇小楼村处。因在水牛山得名。北齐遗址。山阳之石壁上凿有二佛洞,洞前原有寺院,曰清凉寺。东侧之洞仅剩半壁可辨,西侧之洞尚完好,摩崖石刻即立于西洞右侧。崖壁系天然而成，高2.3米，宽1.8米，刻佛经6行，每行9字，末行7字，计52字，字径0.25米。字体为隶变楷，用笔严谨，遒劲方正，浑厚端庄。水牛山摩崖石刻、文殊般若碑书法是北齐时期书法艺术的代表作。水牛山摩崖石刻以天地为背景，借山峦为材料，展现了大自然的空间，与自然景物融为一体，相得益彰，是人文书法和自然环境，艺术美和自然美的统一。它在北齐时首先树起了楷书之榜，为后世尤其是唐代楷书的发展起了先导作用，包含了丰富的历史、艺术内涵，是人们了解早期宗教传播和摩崖石刻艺术的重要场所。1992年6月被批准为省级文物保护单位。有公路经此。

蚩尤冢 370830-50-B-b04
[Chīyóu Zhǒng]

在汶上县南旺镇南旺村。因墓主人而得名。新石器时代遗址。蚩尤冢现存两幢石碑，石碑高2.3米，宽1.5米，厚0.3米，屹立于蚩尤冢前，石碑的下面刻有"蚩尤冢"三字。"蚩尤祠"碑刻现存放在汶上县博物馆内。具有重要的历史价值。2006年12月被批准为省级文物保护单位。有公路经此。

郭朝宾墓 370830-50-B-b05
[Guōcháobīn Mù]

在汶上县东北白石镇郭林村。因墓主人而得名。明代墓葬。墓旁原有墓表二柱、石狮一对、大小石牌坊各一座，神道两侧各有文武石雕像一座，石马、石羊、石猪、四不像各一具，御碑两座，林门一座，享堂三间，碑碣四幢，石案一座，石香炉一具。对研究明代墓葬规制具有重要的历史价值。2013年10月被批准为省级文物保护单位。有公路经此。

刘韵珂故居 370830-50-B-b06
[Liúyùnkē Gùjū]

在汶上县刘楼镇刘楼村。因人物得名。清代建筑。是清代闽浙总督刘韵珂的住所，原镇粮所曾设于此处。占地面积约360平方米，原有建筑物仅存7间后寝楼和4间西耳房。对研究清代鲁西南地区民居风格具有重要的参考价值。2013年10月被批准为省级文物保护单位。有公路经此。

崔家堂楼 370830-50-B-b07
[Cuījiā Tánglóu]

在汶上县城北部郭仓镇境内。因所属氏族而得名。明代建筑。崔家楼东南、西南原有东楼、西楼等建筑，至康熙年间，形成了包括堂楼、东楼、西楼以及门厅、东西客厅、过厅、门楼、旗杆场等在内占地20余亩、房屋上百间的建筑群。崔家楼从明代建成到1949年一直有崔氏族人居住。中华人民共和国成立后，崔家楼被改造为粮仓。20世纪80年代，东楼、西楼相继被拆除；90年代，门厅、东西客厅、过厅、门楼、旗杆场等亦被拆除。现仅剩堂楼一座。对研究鲁西南地区明清民居具有重要的历史参考价值。2013年10月被批准为省级文物保护单位。有公路经此。

阚城遗址 370830-50-B-c01
[Kànchéng Yízhǐ]

在汶上县南旺镇西北3.5千米。阚城为旧时汶上县境内古城之一，故名。是西周、春秋时代遗址，古阚城为鲁诸公墓所在地。具有重要的历史价值。1986年3月被批准为市级文物保护单位。有公路经此。

赵庙徐氏家祠 370830-50-B-c02
[Zhàomiào Xúshì Jiācí]

在汶上县城南南站镇赵庙。为纪念

徐氏宗亲而得名。始建于明朝初年，构建殿宇只有三楹，乾隆二年（1737），正殿后建敕书阁。道光五年（1825）第三次重修，改木坊为拜殿。现有明清建筑大门三间，大门前有石狮一对，旗杆座一对、前进院有拜殿三间，二进院有正殿三间，正殿前有明堂。为汶上县现存较早的家族祀祠，具有典型的明清两代建筑风格，对研究汶上县的家祠文化有着较大的参考价值。2012 年 12 月被批准为市级文物保护单位。有公路经此。

东尚庄遗址 370830-50-B-c03
[Dōngshàngzhuāng Yízhǐ]

在汶上县南站镇东尚庄东。因所在地得名。1983 年发现，属大汶口、商、周、汉时期多层文化遗址。文化堆积 2.2 米，总占地面积 6 000 平方米，地面暴露了大量灰坑和陶片。具有重要的历史价值。1986 年 3 月被批准为市级文物保护单位。有公路经此。

白店遗址 370830-50-B-c04
[Báidiàn Yízhǐ]

在汶上县义桥镇白店村东。因所在地得名。1981 年发现，属大汶口文化、岳石文化、龙山文化遗址。为平原遗址，文化堆积 2 米，海拔 49 米，占地面积 15 000 平方米。具有重要的历史价值。1986 年 3 月被批准为市级文物保护单位。有公路经此。

徐海遗址 370830-50-B-c05
[Xúhǎi Yízhǐ]

在汶上县康驿镇徐海子村北古河道南侧高地上。因所在地得名。1983 年发现，属大汶口文化遗址。为台地遗址，分布较广，长宽各约 150 米，海拔 38 米，文化堆积 2 米。遗址大部被烧窑毁掉，仅东南部保存尚好。具有重要的历史价值。1986 年 3 月被批准为市级文物保护单位。有公路经此。

轱轮地遗址 370830-50-B-c06
[Gūlúndì Yízhǐ]

在汶上县康驿镇前徐村东南。因周围低洼，故名轱轮地。1983 年发现，属大汶口、周、汉时期文化遗址。为台地遗址，占地面积 5 600 平方米，长宽各约 200 米，文化堆积 1.5 米。东部、北部紧靠古赵王河故道，处于河道转弯处内侧高地上。具有重要的历史价值。1986 年 3 月被批准为市级文物保护单位。有公路经此。

张楼张氏庄园 370830-50-B-c07
[Zhānglóu Zhāngshì Zhuāngyuán]

在汶上县城北部杨店镇张楼村。为纪念张氏宗亲而得名。清代建筑。原为张氏庄园，后为杨店镇粮所。是汶上县现存少数明清建筑群，现存建筑数量虽较原来大幅减少，但现存建筑特点明显，其整体建筑格局脉络清晰，建筑风格质朴，美观实用，具有重要的历史、艺术价值。1986 年 3 月被批准为市级文物保护单位。有公路经此。

汶上县城大遗址 370830-50-B-c08
[Wènshàng Xiànchéng Dàyízhǐ]

在汶上县城及城东南。因所在政区而得名。西周、春秋、隋唐、元文化遗址。占地面积 120 000 平方米，长 300 米，宽 400 米。汶上县城大遗址分布面积广，时代持续长，对研究汶上县历史变迁具有重要意义。2001 年 3 月被批准为市级文物保护单位。有公路经此。

高街遗址 370830-50-B-c09
[Gāojiē Yízhǐ]

在汶上县康驿镇高街村东。因所在地得名。1988 年发现，属大汶口时期文化遗址，文化堆积厚 1.5 米，土质褐色，地表暴露，陶片较多。遗址为台地遗址，海拔 36 米，中心在砖窑挖土坑处。具有重要的历史价值。2001年3月被批准为市级文物保护单位。有公路经此。

李街石刻群 370830-50-B-c10
[Lǐjiē Shíkèqún]

在汶上县南站镇李街村西南。因所在地得名。明代石刻。原有石羊、石兽、石狮各一对，碑三通，现仅存碑刻两块、碑座三个，在南湖南边。具有重要的历史价值。2001年3月公布为济宁市文物保护单位。有公路经此。

荣氏祠堂 370830-50-B-c11
[Róngshì Cítáng]

在汶上县苑庄镇西。为纪念荣氏宗亲而得名。清代建筑。占地面积510平方米，有正殿三楹，正殿内塑有孔子弟子荣祈的坐像。门前楹柱，有荣启期的三乐楹联，门楣有"三乐堂"横匾，谓荣氏家族的堂号。是汶上县境内现存保存完整、纪年明确、族续清晰的家族祠堂，对研究汶上县的家祠文化有着较大的参考价值。2008年3月被批准为市级文物保护单位。有公路经此。

荣子墓 370830-50-B-c12
[Róngzǐ Mù]

在汶上县白石镇昙山。因墓主人而得名。春秋时期墓葬。昙山之巅是孔子与荣氏鼻祖荣启期相见之处，并留下"三乐"和知足常乐的佳话。墓前有墓碑1通，墓后有三乐碑1通，墓穴保存完整，用石块堆积。具有重要的历史价值。2008年3月被批准为市级文物保护单位。有公路经此。

杨氏家祠 370830-50-B-c13
[Yángshì Jiācí]

在汶上县城南次邱镇河里杨村。为纪念杨氏宗亲而得名。祠内有碑记其事，祠堂建筑面积74.9平方米，占地面积680平方米。是汶上县境内现存保存完整、纪年明确、族续清晰的家族祠堂，对研究汶上县的家祠文化有着较大的参考价值。2012年12月被批准为市级文物保护单位。有公路经此。

向氏家祠 370830-50-B-c14
[Xiàngshì Jiācí]

在汶上县次邱镇河里向村。为纪念向氏宗亲而得名。清末民初建成。建筑面积69.5平方米。主要建筑为大殿三楹、大门一间。是汶上县境内现存保存完整、纪年明确、族续清晰的家族祠堂，对研究汶上县的家祠文化有着较大的参考价值。2012年12月被批准为市级文物保护单位。有公路经此。

孟林 370830-50-B-c15
[Mènglín]

在汶上县白石镇孟庄村西南。因是孟氏家族墓地而得名。南北长120米，东西长80米，原有碑刻上百通。现仅存墓碑10余通、牌坊一座，华表一对，保存较为完整。对研究孟氏家族在汶上县内的发展具有重要参考价值。2012年12月被批准为市级文物保护单位。有公路经此。

重要景点和一般名胜古迹

宝相寺景区 370830-50-D-a01
[Bǎoxiàngsì Jǐngqū]

在县境西北。因景区内宝相寺而得名。宝相寺内主要建筑有山门殿、钟楼、鼓楼、天王殿、文殊殿、普贤殿、大雄宝殿、太子灵踪塔院（含供奉殿、太子灵踪塔、碑廊）等。是我国著名的佛教文化旅游胜地。素有"北朝最初名胜，东土第一道场"之美誉。

2009 年 12 月被评为国家 AAAA 级旅游景区。有公路经此。

南旺枢纽考古遗址公园 370830-50-D-a02
[Nánwàng Shūniǔ Kǎogǔyízhǐ Gōngyuán]

在汶上县南旺镇。因大运河南旺枢纽得名。建有南旺枢纽博物馆。大运河南旺枢纽是为了解决大运河跨越水脊难题而建设的大型综合性水利水运枢纽，是大运河上最具科技价值的节点之一，代表了 17 世纪工业革命前世界土木工程技术的最高成就，凝聚了数代乃至数十代中国人民的智慧和力量。它以漕运为中心，因势造物，相继兴建了疏河济运、挖泉集流、设柜蓄水、建湖泄涨、防河保运及建闸节流等一系列结构缜密的工程，从而有效保证了大运河连续 500 余年畅通无阻。是以大运河南旺枢纽工程遗址及其背景环境为主体，具有全国性、特定性示范意义的国家级考古遗址公园。2012 年 12 月被评为国家 AAA 级旅游景区。有公路经此。

莲花湖湿地景区 370830-50-D-a03
[Liánhuāhú Shīdì Jǐngqū]

在县城北部，距宝相寺景区 3 千米处。因在莲花湖北得名。湿地有各类乔灌木和果树 200 余种，草坪和水生植物 46 万平方米，大小河道 8 000 余米，各式桥梁 30 余座，有游船、动感影院、休闲自行车、CS 对战基地、跑跑卡丁车等多种游乐设施。分植物观赏区、百果采摘区、游乐项目区、民俗文化区和休闲服务区等。有中都民俗展馆、二十四节气广场、莲花山溶洞、李白文化墙、鹊桥、群象献瑞、水花园、镜水莲台、碧波涟玉等景点。莲花山长 140 米、高 26 米，是莲花湖湿地景区的标志性景观。溶洞内上下三层，内外相通，游程约 1 200 余米。中都民俗展馆，在莲花湖湿地东部，占地 15 亩，建筑面积 2 500 余平方米，为

明清民间仿古建筑。展馆分喜庆民俗、文化艺术、生产生活三大展区、八个展厅，收藏实物展品 7 000 件，非实物展品 1 000 件，是鲁西南面积最大、展品最多、特色最鲜明的民俗文化专题展馆，被评为非物质文化遗产优秀博物馆。2011 年 12 月被评为国家 AAA 级旅游景区。有公路经此。

泗水县

纪念地

中共曲泗工作委员会旧址暨钱杰东烈士故居 370831-50-A-c01
[Zhōnggòng Qūsì Gōngzuòwěiyuánhuì Jiùzhǐ Jì Qiánjiédōnglièshì Gùjū]

在县境西部。为中共曲泗工委会址及钱杰东烈士故居，故名。民国时期建筑。占地面积为 1 554 平方米。为两进院落，门楼悬挂"中共曲泗工委旧址纪念馆"匾额，一进正房为党史展览室，二进正房处中共曲泗工委会址及钱杰东烈士故居。左右侧房各介绍烈士生平事迹，门对面立有"革命之家志"石碑。有公路经此。

重点文物保护单位

卞桥 370831-50-B-a01
[Biàn Qiáo]

在县境东部。此桥名称来历有二，其一因该桥相传为卞庄子创建，又临近卞城，故得名卞桥；其二因该桥跨泗河之上，因为泉林一带古为卞国，故名卞桥。唐—金代建筑。桥为东西走向，三孔联拱券砌石桥。桥身长 25 米，桥宽 7.15 米，桥高 5.65 米，两端各有引桥。桥面两边各有 14 根望柱和

13 块栏板。栏板上雕刻有人物、花卉、山水、鸟兽等各种图案。桥身两端各有一对石狮相向蹲踞于须弥莲花座上，券孔两侧顶上均镶有透雕龙首，拱脚处为莲花托石，桥墩下部为梭形迎水，中孔券顶刻有"卞桥镇重修石桥自大定二十一年八月一日至二十二年四月八日谨记"题记。桥下绿水长流，清波荡漾，旧为"泗水十景"之一。卞桥集数学、力学、美学于一体，造型美观，建造精工，石刻采用线雕、浮雕、透雕、整体雕等技法，集古代雕刻艺术之大成。该桥处在山东中南部由兖州、曲阜通往临沂的古代要道上，在古代交通运输中曾发挥过重要作用。2006 年 5 月被批准为国家级文物保护单位。有公路经此。

泗水仲庙 370831-50-B-b01
[Sìshuǐ Zhòngmiào]

在县境东部。仲庙又称仲子庙，是祭祀孔子弟子仲由的地方，故名。始建于明万历十九年（1591），清乾隆元年（1736）重修。占地面积 3 134 平方米，南北长 100 米，东西宽约 90 米，分前、中、后三个院落，呈左右对称格局，为传统的歇山式建筑。主体建筑高明殿的 24 根石柱均用整块青石制作，为乾隆年间原构，尤其是大殿雕龙石柱雕刻手法娴熟，工艺精湛，与曲阜孔庙石雕龙柱一脉相承。高明殿的平面布局和柱径尺寸以及用材比例方面均采用明清官式做法，同时又突出了石材与木结构的完美结合，并且形成了鲁中南地区官式建筑中特有建筑风格。具有较高的历史价值和科学价值。2013 年 10 月被批准为省级文物保护单位。有公路经此。

换新天渡槽 370831-50-B-b02
[Huànxīntiān Dùcáo]

在县境东部。该渡槽是本县人民以"敢叫日月换新天"的精神自行设计、自己建造的，命名换新天渡槽。1977 年建成。东西走向，占地面积 6 000 平方米，系泗水县北干渠的最大渡槽。该渡槽工程采用石砌拱券，总计 100 孔，全长 1 100 米，高 10 米，宽 5 米，渠深 2.3 米。2013 年 10 月被批准为省级文物保护单位。有公路经此。

尹家城遗址 370831-50-B-b03
[Yǐnjiāchéng Yízhǐ]

在县境西部。因所在政区而得名。自上而下分为八个大的文化层，依次叠压着龙山文化、岳石文化、商周两汉及唐宋时代的文化堆积。该遗址占地面积 12 612 平方米，为高出周围地表 10 余米的城堡式三层高台。遗存分布于最上一层，呈不规则椭圆形，面积约 1.2 万平方米。文化层下的生黄土中叠压有大汶口文化墓葬。该遗址内涵丰富，文化层堆积厚，尤以龙山文化时期的遗迹和遗物最为丰富，其中从早到晚涵盖了整个时期，发展演变序列清楚，而且具有比较明显的地方特色，被称为龙山文化的尹家城类型。对研究山东龙山文化的来源发展和去向，以及龙山文化的分期、断代和类型，都具有重要的地位和作用。2006 年 12 月被批准为省级文物保护单位。有公路经此。

苗馆桥 370831-50-B-b04
[Miáoguǎn Qiáo]

在泗水县苗馆镇苗馆村西部。因所在政区而得名。建于明代。原为交通要道，今为村民生产生活通道。石板桥，桥身为东西走向。桥为五孔石券，全长 40 米，宽 5.35 米，高 3.5 米。主桥长 18 米，东引桥长 8 米，西引桥长 14 米。正面券顶镶有两处石雕龙首，后有龙尾。2013 年 10 月被批准为省级文物保护单位。通公交车。

天齐庙遗址 370831-50-B-b05
[Tiānqímiào Yízhǐ]

在县境西南部。因所在地得名。大汶口文化、龙山文化、岳石文化及商周文化的古遗址。占地面积3 134平方米，属于高台遗址，高出周围地表1.5~5米。有不同时期的遗迹，而且具有连续性。经过正式发掘，文化内涵清楚，出土文物丰富。揭露出的从大汶口文化晚期到春秋末期这样一个长时期内，基本没有缺环的多层次堆积，为研究鲁西南地区先秦时期考古学文化的编年，提供了一个比较完整、系统的纵向坐标。2006年12月被批准为省级文物保护单位。有公路经此。

明鲁惠王鲁端王鲁恭王墓
370831-50-B-b06
[Míng Lǔhuìwáng Lǔduānwáng Lǔgōngwáng Mù]

在县境南部。因系明代鲁惠王、鲁端王、鲁恭王三个藩王的陵墓而得名。明代墓葬。鲁恭王墓封土边长14米，高4米，原建有陵园、享殿、神道、石桥及牌坊。陵园现仅存少量遗迹，为石砌墙体。鲁端王墓在鲁恭王墓东约400米处。封土边长约10米，高3米，墓前散见大量琉璃瓦及灰色砖瓦残片，当为享殿建筑。鲁惠王墓在鲁端王墓东约100米处，现已基本夷为平地。该墓葬为研究明代藩王墓葬形制提供了参考资料。1992年6月被批准为省级文物保护单位。有公路经此。

泉林 370831-50-B-b07
[Quánlín]

在县境东部。以名泉荟萃、泉多如林而得名。明清遗迹。占地面积82 277平方米。泉林泉群地处泰沂低山丘陵边缘，东、南、北三面环山，龟蒙山纵横东北，弥山、毛山、鼓山分列西南，山麓、盆地相接处，众泉汇聚，形成泉群奇观。2013年10月被批准为省级文物保护单位。有公路经此。

愚公渡槽 370831-50-B-c01
[Yúgōng Dùcáo]

在县境东部。该渡槽是本县人民发扬愚公移山的精神自行设计、自己建造的，故名愚公渡槽。1976年9月兴建。占地面积700平方米，渡槽由一个主孔六个辅孔组成，东西走向，长207米，宽3.5米，高8.7米。主孔为石砌券孔建筑，券孔跨径80.7米，券高5.8米；主孔两端肩部各有3个由小到大依次排列的敞肩型券孔建筑；主孔上面，渡槽中间镌刻着"愚公渡槽"四个遒劲大字，东、西两侧槽墩上，分别镶嵌着"水利是农业的命脉"，"自力更生，艰苦奋斗"的行书字体，西侧为6个由大到小的石券辅孔。2012年12月被批准为市级文物保护单位。有公路经此。

卞城遗址 370831-50-B-c02
[Biànchéng Yízhǐ]

在县境东部。因为夏商周时代的卞明国及其后的卞邑城址而得名。周—汉代遗址。该故城平面呈不甚规则的长方形，总面积约60万平方米。现明显的遗址仅存西北城角及部分北城墙。城址内采集有东周时期夹砂灰陶绳纹鬲口、罐口、陶拍、陶甗，泥质灰陶绳纹盆口、豆盘、豆柄、板瓦、筒瓦、同心圆纹及其兽纹半瓦当残片，汉代泥质灰陶罐口、陶瓮、盆口、筒瓦、板瓦残片及铁剑、五铢钱等。对研究卞国故城有重大的价值，填补了春秋时期卞国资料的考古的部分空白，特别对卞国时间段内的文化及历史研究有重要意义。1986年3月被批准为市级文物保护单位。有公路经此。

重要景点和一般名胜古迹

万紫千红生态养生旅游度假区

370831-50-D-a01

[Wànzǐqiānhóng Shēngtàiyǎngshēng Lǚyóu Dùjiàqū]

在县境南部。因南宋朱熹的《春日》中"万紫千红总是春"的诗句而得名。占地 9.99 平方千米,以 0.87 平方千米青界湖为中心,周边被群山环绕,地势起伏、植物茂盛,拥有北方地区极为少见的集湖水、缓坡、浅丘、山峦、密林于一体的湖光山色自然景观。是泗水旅游一张靓丽的名片,极大地提升了泗水县旅游品质和知名度。2012 年 8 月被评为国家 AAAA 级旅游景区。有公路经此。

圣地桃源王家庄民俗村 370831-50-D-a02

[Shèngdìtáoyuán Wángjiāzhuāng Mínsúcūn]

在县境南部。因该风景区在泗张镇王家庄村,处于圣地桃园的腹心地带,故名。占地面积 7 平方千米。主要景观景点包括圣地桃园、石院人家、篱笆墙石板路、磨盘路、观瀑台、拴马石、洗衣台、竹林、迷宫、山里人茶庄、垂钓区、桃园人家、农事体验园、认植园等。围绕乡村生态旅游产业,发展了特色民居接待典型户、民俗餐饮农家乐、采摘体验园、手工煎饼坊、剪纸人家、手工刺绣坊等旅游产品等,初步形成了山青、水秀、花浓、果香、民俗、情暖的乡村旅游特色村。2013 年 12 月被评为国家 AA 级旅游景区。有公路经此。

泗水县安山寺风景区 370831-50-D-a03

[Sìshuǐ Xiàn Ānshānsì Fēngjǐngqū]

在县境南部。因该景区地处安山寺得名。安山寺始建于唐贞观二十三年(649),距今已有 1 300 多年历史,为东鲁佛教圣地。院内有涌泉常年不涸,寺前有千年银杏树两棵,传为当年孔子所植。寺东涌珠泉,久旱不枯。2007 年被评为国家 AA 级旅游景区。有公路经此。

自然保护区

山东泉林国家森林公园 370831-50-E-a01

[Shāndōng Quánlín Guójiā Sēnlín Gōngyuán]

横跨县境北部、中部及南部。面积 47.80 平方千米。因所在政区得名。属大陆季风气候。年均温度 13.4℃,年降水量 729 毫米,年无霜期 202 天。植被类型为落叶阔叶林、针阔混交林、针叶林和灌草。2014 年 2 月 11 日被批准为国家级森林公园。植物主要包含黄连木、山合欢、白蜡、杨类、刺槐和紫藤、软枣、酸枣、黄荆、丝棉木、山菊花等;主要动物有国家一级保护动物、二级保护动物金雕、黄嘴白鹭、白额雁、蜂鹰、鹊鹞等。是古代东夷部落聚居地,也是儒家文化发源地,儒家五圣以及墨子、仲子等都生长、活动在这里。园内还保存有自周、汉以来的小城子遗址和仲庙遗址等。泉林泉群是泗河的发源地。该森林公园能够有效地通过对温度、湿度、气压的影响调节气候条件,具有重要的社会意义。有公路经此。

青龙山省级森林公园 370831-50-E-b01

[Qīnglóngshān Shěngjí Sēnlín Gōngyuán]

在县境东部。面积 8.44 平方千米。因青龙山得名。平均海拔 448 米。属大陆季风气候。年均温度 13.4℃,年降水量 693 毫米,年无霜期 197 天。泗河从公园南侧流过。植被类型有落叶阔叶林、针阔混交林、针叶林和灌草。2012 年被批准为省级森林公园。保护区内植物有侧柏、苦楝、榆、臭椿、黄连木、白蜡、枰柳、毛白杨等,有国家二级保护鸟类 25 种。森林公园内古迹遗址、史实传说等人文景观特别丰富。能够有力地促进生态环境和生物多样性的保护，同时也可以极大地带动当地旅游业和经济社会的发展。有公路经此。

梁山县

纪念地

梁山烈士陵园 370832-50-A-b01
[Liángshān Lièshì Língyuán]

在县城南部。因所在政区得名。1955年始建，1977年陆续建成。占地面积42亩，陵园内主要建有革命烈士纪念塔、革命烈士纪念馆、梁山战斗纪念碑等烈士纪念设施。安葬烈士1 526人，著名的有杨静斋、田子珍、赵云德等革命烈士。陵园内建有杨静斋烈士纪念碑，碑高6.3米，正面由徐达本同志题词，两侧有万里、杨勇等领导人题写的挽词。革命烈士纪念塔建于陵园的中心，塔高25.5米，塔顶镶嵌直径0.9米的五角星。为广大群众缅怀革命前辈丰功伟绩、接受革命传统教育和爱国主义教育的场所。1990年6月被批准为省级重点烈士纪念建筑物保护单位。通公交车。

梁山战斗纪念馆 370832-50-A-c01
[Liángshān Zhàndòu Jìniànguǎn]

在县城区南部。因所在政区而得名。2012年始建，2013年建成。梁山战斗纪念馆在梁山歼灭战原址建设完成，占地约7 500平方米，由半包围的主体场馆和中央标志塔组成，标志塔共三层、高20米，底层为纪念馆的特殊展厅，上面两层为高科技多媒体展厅。标志塔采用强调竖直方向的构件围绕圆形塔楼的方式构成，单纯的形体体现出强烈的纪念性，竖向构件的形态象征着战士们用来保卫国家和人民的武器——长枪，同时也是为国捐躯的将士们的化身，他们簇拥成一团，紧紧团结在一起抵御外敌。主题圆形碉楼主要展示的是日伪军暴行以及八路军115师东进山东的情形。对群众提供爱国主义教育，有助于增强国家观、民族观。通公交车。

独山抗日歼灭战遗址 370832-50-A-c02
[Dúshān Kàngrìjiānmièzhàn Yízhǐ]

在县城西南部。以八路军在独山歼灭日军战役得名。对纪念抗战胜利、缅怀先烈有纪念意义。2001年3月被批准为市级文物保护单位。有公路经此。

重点文物保护单位

青堌堆遗址 370832-50-B-a01
[Qīnggùduī Yízhǐ]

在县境东北部。因具有独特地域特征的一种龙山文化类型被称为"龙山文化青堌堆类型"或"青堌堆文化"，故名。新石器时代—汉代遗址。东西800米，南北400米。其上建有庙宇（现已无存），1958年东平湖蓄洪时，由于雨水的冲刷及人为的破坏，堌堆面积大大缩小，现仅存地面以上东西61米、南北40米、高约3米的缓坡堌堆。通过发掘，遗址共分七层，一至三层为商中期文化层，四至六层为商早期文化层，七层为原始社会晚期文化层。出土文物有黑陶、网坠、石镰、石斧、骨器、铁器等。它对山东龙山文化和河南龙山文化的研究具有重要价值，被考古界称为新石器时代"青堌堆类型"龙山文化。2013年5月被批准为国家级文物保护单位。有公路经此。

贾堌堆遗址 370832-50-B-b01
[Jiǎgùduī Yízhǐ]

在县境西北部。因所在地得名。龙山文化时期—周代遗址。面积 1 900 平方米，为土堌堆，现存南北 50 米，东西 38 米，封土高 3 米。出土文物有陶器残片及少量细石器，在灰坑中发现少量的蚌片及鹿角。对山东龙山文化和河南龙山文化的研究具有较高的文物价值和历史价值。2013 年 10 月被批准为省级文物保护单位。333 省道经此。

法兴寺遗址 370832-50-B-b02
[Fǎxīngsì Yízhǐ]

在县境中部。因法兴寺得名。初建于唐朝，重修于清朝。现庙宇建筑已不复存在，仅存大殿、厢房遗址、钟架，明万历二十四年（1596）和清乾隆二十一年（1756）的重修碑记两通，清嘉庆十二年（1807）法兴寺碑记一通，抗倭英雄东鲁西竺禅师墓塔、墓碑等遗迹。是中国佛教文化在梁山盛极一时的见证。2006 年 12 月被批准为省级文物保护单位。有公路经此。

大元新开会通河记碑 370832-50-B-b03
[Dàyuán Xīnkāi Huìtōnghé Jìbēi]

在县境北部。因大元新开会事件而得名。元至元二十六年（1289）冬十一月立。占地面积 2 平方米。碑为青石质，现存碑身和碑座。碑文共 28 行，满行 71 字。该碑通高 5 米有余，其中碑身高 2.68 米，宽 1.24 米，厚 0.42 米。部分碑身和碑座埋于地下。2013 年 10 月被批准为省级文物保护单位。220 国道经此。

张氏家祠 370832-50-B-b04
[Zhāngshì Jiācí]

在县境东南部。为纪念张氏宗亲而得名。始建于清雍正十年（1732）。占地面积 770 平方米。前后院结构，大门朝西，院内布局充分体现了中国古代中轴对称的思想。进入大门为迎壁碑刻，上书"奉赠前明世袭武毅将军张公祠"和"崇恩荣幽"四个大字。前院面阔 9.92 米，进深 4.45 米，正堂为过厅。前院有家谱碑刻七通。其中四通在过厅前部，三通在过厅以西。后院有正堂和东西厢房，面阔 10.45 米，进深 9.3 米。体现了中国崇祖重孝的传统文化。2013 年 10 月被批准为省级文物保护单位。有公路经此。

刘氏家祠 370832-50-B-c01
[Liúshì Jiācí]

在县境西北部。为纪念刘氏宗亲而得名。建于清道光二十二年（1842）。整个院落占地面积 410 平方米，东西长 25.5 米，南北长 16.1 米，建筑面积 71 平方米。建筑为砖木结构，现存祠堂三间、门楼、影壁，四周垒砌了院墙。对研究封建社会生活具有重要的历史价值。2012 年 12 月被批准为市级文物保护单位。有公路经此。

拳铺岳家大院 370832-50-B-c02
[Quánpù Yuèjiā Dàyuàn]

在县境南部。因是岳氏家族宅院，故名。明成化年间始建，清乾隆年间扩建。占地面积约 10 000 平方米，原有地主庄园及作坊区十几座。目前，仅存原岳家大院两座二层堂楼、砖瓦结构的三间正房、一个过厅和一株皂角古树。对研究明清时期地主庄园建筑具有重大的实物价值。2012 年 12 月被批准为市级文物保护单位。220 国道经此。

薛垓汉墓群 370832-50-B-c03
[Xuēhǎi Hànmùqún]

在县境东南部。因所在政区而得名。汉—北宋墓葬。墓群占地面积 140 000 平方米，砖石结构，南北约长 700 米，东西约长 200 米。有汉代墓葬 94 座，北宋墓葬 54 座，时代不明墓葬 19 座，发现陶、瓷、青铜、铁、玉等各类文化遗物 200 余件。2012 年 12 月被批准为市级文物保护单位。337 省道经此。

王氏墓群 370832-50-B-c04
[Wángshì Mùqún]

在县境西北部。因所葬为王氏后人而得名。明代墓葬。占地面积 20 余亩，墓为砖石结构。该墓群计有 9 座，神道两旁石像生俱全，植柏树百棵，诰命碑和圣旨碑立于林前。石像生和碑记等后被毁。2012 年 12 月被批准为市级文物保护单位。254 省道经此。

张氏宗祠 370832-50-B-c05
[Zhāngshì Zōngcí]

在县境东南部。为纪念张氏宗亲而得名。1914 年建成，2001 年按原样进行了维修。占地面积 70 平方米，建筑为砖木结构。大门和厢房现已无存，只保留大殿三间，面阔 10.2 米，进深 6.5 米。体现了中国崇祖重孝的传统文化。2012 年 12 月被批准为市级文物保护单位。220 国道经此。

陆庄汉墓群 370832-50-B-c06
[Lùzhuāng Hànmùqún]

在县境南部。因所在地得名。汉代墓葬。占地面积约 138 平方米，墓为砖石结构。根据考古发掘得知，大部为汉代石室墓葬，并出土大量陶器如罐、壶、灶等及钱币、铁器、画像石等随葬品。对研究汉代人类生产生活及两汉文化发展具有重要科学价值和历史价值。2012 年 12 月被批准为市级文物保护单位。有公路经此。

韩堂韩氏家祠 370832-50-B-c07
[Hántáng Hánshì Jiācí]

在县境东南部。为纪念韩氏宗亲而得名。始建于明代，清代多次修建，1993 年进行重修。占地面积 538 平方米，砖木结构，硬山式建筑风格。现存过厅和祠堂三间，家族谱碑立于后院两侧。建筑面积 120 平方米，四周垒砌了院墙。体现了中国崇祖重孝的传统文化。2012 年 12 月被批准为市级文物保护单位。京广高速经此。

周氏家祠 370832-50-B-c08
[Zhōushì Jiācí]

在县境南部。为纪念周氏宗亲而得名。始建于明代，重修于清代。南北长 27 米，东西长 22.8 米，占地面积 600 余平方米。建筑为砖木结构，大殿三间，面阔 11.2 米，进深 7 米，前檐 1.16 米。院内有青石质龙门香炉和石供桌各一个，另处立有周氏宗派碑和圣师文主碑各一通。该家祠既宏伟壮观，又古典文雅，具有重要的历史价值。2003 年 6 月被批准为县文物保护单位。有公路经此。

风景名胜区

水泊梁山风景名胜区 370832-50-C-b01
[Shuǐpō Liángshān Fēngjǐng Míngshèngqū]

在梁山县城区南部。面积 4.6 平方千米。梁山，本名良山，西汉时期这里是梁王的封地，所以改称梁山。1985 年经省政府批准为省级风景名胜区。风景区内主要景点有宋江大寨、左右军寨、一关二关、忠义堂、断金亭、黑风亭、黑风口、号令台、疏财台、摩崖石刻、莲台寺、问礼堂等。宋江大寨是水浒寨的主体建筑，为单檐歇山式建筑，左右两侧为规模较小的厅堂。据考证，宋江寨墙高丈余、宽七尺，围墙分内外两道，全部用荒石垒砌，北侧有两重扭头门，固若金汤，易守难攻。右军寨在黑风口东 400 多米，是一个军营式建筑，由大棚屋和辕门组成，建筑面积 233 平方米。左军寨建在黑风口西约 200 米的狗头山梁中段、疏财台西邻，建筑面积 280 平方米，是一个屯兵的大棚式建筑，院子外设辕门棚栏，与右军寨组成保卫梁山的军事屏障。一关在梁山小黄山与鸭嘴滩山谷之中，城门为二层、由两个镝楼和四个炮台组成，长度 40 米，高 9 米，宽 20 米，单体总建筑面积 404 平方米。二关为边关哨卡式建筑，寨墙和大门为全石结构，占地面积 200 多平方米，长 40 余米，高 8 米，宽 3.5 米。忠义堂院落里，中央是一根朱红色的旗杆，上面悬挂着一面杏黄旗，写有"替天行道"四个黑色大字。忠义堂前的平台两侧，又有两杆粉色的大旗，东面的旗帜上是"山东呼保义"，西边悬挂的是"河北玉麒麟"。断金亭在梁山支脉狗头山，西临悬崖巨壑。现已修复断金亭，并在亭下修建 108 级登山石阶。黑风口在虎头峰与骑三山相连的山凹处，两侧悬崖峭壁、谷幽涧深，有"一夫当关，万夫莫开"之势。号令台占地面积 238.38 平方米，建筑面积 329.88 平方米，总高度 13 米，由四部分组成，主台为三层，用栈桥与周围三个望台相连接，东台为巨锣亭，西台为大鼓亭，南台为望台，设信号灯、标志旗、响箭。疏财台传为宋江等好汉"论称分金银"的地方。摩崖石刻通高 7 米、长 14 米，距地面 10 余米。建有三进院落，供奉千手千眼佛和莲台石佛。院门口设南无阿弥陀佛黄色影壁，后为二根经幢石柱。莲台寺大雄宝殿，正中为金色释迦牟尼佛像，高 2.5 米，重 8 吨。问礼堂传为孔子问礼于老子处，又称老君堂，始建于北宋，内立石雕老子、孔子坐像两尊，孔子正恭敬向老子请教周礼。石窟西面刻有：鸟吾知其能飞，鱼吾知其能游，兽吾知其能走。走者可以为罔，游者可以为纶，飞者可以为矰。至于龙吾不能知，其乘风云而上天。吾今日见老子，其犹龙邪。石窟保存较好，一石像头部遭到破坏，但仍不失艺术价值。丰富了市民的休闲娱乐生活。有公路经此。

六　农业和水利

任城区

农场

南阳湖农场　370811-60-A01

[Nányánghú Nóngchǎng]

国有农场。在城区东南部。面积 13.4 平方千米。因农场在南阳湖内，故名。1955 年始建。农场内部地成方，渠成网，地面自然坡度小于 1/3000，排灌条件好，农田基础设施完备，技术力量雄厚，土地肥沃，适宜种植苗木花卉、牧草、蔬菜等。农场大力实施可持续发展战略，积极转变发展方式，推行生态循环农业发展新模式。形成了集良种繁育、园林园艺、绿色蔬菜、生态养殖、建筑建材、观光农业六大产业于一体的多元化现代农业体系。通公交车。

曲阜市

水利枢纽

尼山水库溢洪闸　370881-60-E01

[Níshān Shuǐkù Yìhóngzhá]

在市境东南部。因所在地理实体及主要职能而得名。1966 年始建，1997 年改建。溢洪闸全长 56 米，顶宽 44.5 米，高 4.7 米。直升式溢洪闸 4 孔，净宽 40 米，堰顶高程 118.59 米，泄洪量 2 000 立方米 / 秒。溢洪道宽 70 米，堰顶高程 124.59 米，最大泄洪量 2 935 立方米 / 秒。该工程对解决东南部地区的防洪、灌溉问题发挥了巨大作用。通公交车。

陈寨闸　370881-60-E02

[Chénzhài Zhá]

在市境西北部，陈家寨东南泗河上。因位置得名。1978 年始建，1983 年竣工。陈寨闸长 230 米，顶宽 6.1 米，高 62.3 米。该闸为姚村镇东部、东南部的大面积农田灌溉发挥了重要作用。曲阜—宁阳公路经此。

泗沂三角带洪区　370881-60-E03

[Sìyí Sānjiǎodài Hóngqū]

在市境西部。因所在河流及形状而得名。此滞洪区是自然形成，承接泗河及沂河水。为小型滞洪区。主要水源有泗河、沂河，面积 907 平方千米，最大进 / 泄洪流量 1 730 立方米 / 秒，蓄洪水位 58.4 米。具有抗险能力。通公交车。

泗河橡胶坝　370881-60-E04

[Sìhé Xiàngjiāobà]

在市境中北部。因河流名称和功能而得名。2011 年开工建设，2012 年竣工。长 160 米，顶宽 4 米，高 5.5 米。为拦截泗河上游来水，为书院街道周围村庄农田灌溉提供水源。104 国道途经坝东。

灌区

尼山水库灌区 370881-60-F01
[Níshān Shuǐkù Guànqū]

在市境东南部。因用水发源地而得名。1965 年始建。灌区设计灌溉面积 65.33 平方千米，有效灌溉面积 50.66 平方千米。为中型灌区，基本由南北干渠、中干渠、桑庄干渠和所属支渠、斗渠组成。解决了尼山水库下游地区的农田灌溉用水问题。通公交车。

渠道

红旗闸南干渠 370881-60-G01
[Hóngqízhá Nángànqú]

在市境东部。起点为红旗闸南进水闸，止点为八宝山岭。1971 年始建，1972 年竣工。长 6 300 米，宽 3.5 米，平均流量 5 立方米/秒，最大水深 1.5 米。基础构造是浆砌石开敞式渠道，部分为土渠，干渠为自流式引水方式。建成初期，为防山镇、书院街道的农业生产发挥了巨大作用。通公交车。

红旗闸北干渠 370881-60-G02
[Hóngqízhá Běigànqú]

在市境东部。起点为红旗闸，止点为姚村汗马河。1973 年始建，1975 年建成，1982—1983 年扩建。北干渠长 11 700 米，宽 2.5 米，平均流量 5.54 立方米/秒，最大水深 2.5 米，设计灌溉面积 2 266.4 万平方米，实际受益面积 1 533.2 万平方米，大部分为提水灌溉。北干渠设节制闸 7 座、进水闸 2 孔、桥梁 26 座、砌石竖井 30 座。基础构造为浆砌石矩形渠槽。具有灌溉功能，方便沿岸农田灌溉。通公交车。

梁公林渡槽 370881-60-G03
[Liánggōnglín Dùcáo]

在市境东部。起点在梁公林村东 300 米，止点在梁公林村东南 500 米。1975 年动工，1977 年建成。全长 0.8 千米，宽 2 米，深 1 米。渡槽基础构造为一级站引渠长 600 米，渡槽长 500 米，净跨 10 米双拱渡槽 45 孔，净跨 5 米砌石渡槽 5 孔，总扬程 25 米；二级站引渠长 80 米，渡槽长 300 米，净跨 10 米双拱渡槽 16 孔，净跨 5 米砌石渡槽 16 孔，砌石干渠 2 100 米，总扬程 20 米。解决了梁公林农田灌溉问题。兖石铁路从北侧经过。

邹城市

林场

邹城市国有五宝庵林场 370883-60-C01
[Zōuchéng Shì Guóyǒu Wǔbǎo'ān Línchǎng]

国有林场。在市区东南部。面积 2.5 平方千米。因林场所在地为五宝庵山而得名。始建于 1952 年。森林覆盖率高达 96%，属生态公益型林场。林场现有黄连木、皂角、黄檀等维管束植物 600 余种，且分布有天然次生林 100 余亩。有公路经此。

邹城市国有十八盘林场 370883-60-C02
[Zōuchéng Shì Guóyǒu Shíbāpán Línchǎng]

国有林场。在市区东北部。面积 2.69 平方千米。因林场所在地为十八盘山而得名。始建于 1959 年。场内地形复杂，沟壑交错，山势陡峭。有公路经此。

水库

西苇水库 370883-60-F01

[Xīwěi Shuǐkù]

在邹城市城东约 6 千米，白马河支流大沙河中段。因临近西苇村而得名。1959 年始建，1960 年建成。现状防洪标准为千年一遇，为大（2）型水库，总库容 1.02 亿立方米，兴利库容 0.41 亿立方米，死库容 0.08 亿立方米，流域面积 3.06 平方千米，设计灌溉面积 7.74 万亩，现有灌溉面积 2.8 万亩。以防洪灌溉为主，兼顾小水力发电及渔副业生产。有公路经此。

微山县

林场

鲁山林场 370826-60-C01

[Lǔshān Línchǎng]

在微山县北部。面积 5.2 平方千米。因其地理位置得名。1960 年始建，1961 年建成。南北长 5 千米，东西宽 2.5 千米，是济宁市最大的纯侧柏林区。有活立木 150 万株，树龄均在 40 年以上，2003 年列入南四湖自然保护区范围。以旅游休闲、农业种植为主。104 国道经此。

水利枢纽

二级坝水利枢纽 370826-60-E01

[Èrjíbà Shuǐlì Shūniǔ]

在微山县西部。因把南四湖分为上级湖和下级湖得名。1958 年始建，1975 年第四节制闸建成，2004 年兴建东线船闸，2006 年兴建南水北调第十级泵站，形成现状规模。全长 3 960 米。拦湖大坝为均质土坝，坝顶高程 39.0 米，平均坝高 6.5 米，坝顶宽 10 米。坝顶铺设沥青路面，宽 7~10 米，沟通了湖东、湖西陆路交通。主要作用是调蓄水资源、公路交通、船舶运输、水产养殖、生态环境、南水北调等。通公交车。

韩庄水利枢纽 370826-60-E02

[Hánzhuāng Shuǐlì Shūniǔ]

在微山县东部。因在韩庄镇政府驻地得名。1956 年始建，1997 年老运河节制闸竣工，主体工程基本完成，2000 年增建韩庄船闸，2012 年建南水北调韩庄泵站，形成现状规模。由韩庄运河节制闸、伊家河节制闸、老运河节制闸、胜利渠首闸、韩庄船闸和伊家河船闸、南水北调韩庄泵站及其各闸站附设的公路桥组成。泄洪能力 2 500 立方米 / 秒。船闸年通航能力 2 600 万吨。是南四湖洪水主要出口控制工程，是一座蓄水、泄洪、航运、灌溉、南水北调和公路交通综合利用的大型水利工程。104 国道经此。

堤防

湖东堤 370826-60-G01

[Húdōng Dī]

在微山县西部。北起任城区石佛村老运河东堤，南止微山县郗山村。1958 年开始培筑石佛至青山段湖东堤，长 31.4 千米；1966 年开始筑两城至韩庄段生产埝，长约 90 千米；1999—2010 年在湖东生产埝的基础上，按 50 年一遇防洪标准，培修石佛至郗山段湖东堤。全长 104.75 千米。堤顶高程 39.51 米，顶宽 6 米，高度 5.4~6.5 米。主要作用是保护湖东城区、工矿区、城乡人口及耕地安全。104 省道经此。

湖西堤　370826-60-G02
［Húxī Dī］

在微山县西部。北起石佛,南止蔺家坝。1950 年开始修筑湖西堤;1958 年结合开挖湖西航道,培修湖西堤,堤顶高程 39.5 米;1998—2012 年分段对湖西大堤培修加固,使其全部达到防御 1957 年洪水的设计标准。全长 127.1 千米,顶宽 8~10 米,高度 6~8 米。保护微山湖西侧 480 余万人民生命安全,防范 3 313 平方千米耕地遭遇水灾。有公路经此。

鱼台县

灌区

谷亭灌区　370827-60-F01
［Gǔtíng Guànqū］

在鱼台县滨湖街道。因位置得名。1964 年建成。总灌溉面积 7.2 平方千米,其中耕地有效灌溉面积 7.1 平方千米,园林草地等有效灌溉面积 0.1 平方千米。设计流量 1.5 立方米 / 秒,实际流量 1.2 立方米 / 秒。渠系建筑物水闸 2 座,渠系建筑物渡槽 7 座,渠系建筑物农桥 4 座。总干渠 1 条,长 3.1 千米,衬砌长度 0.3 千米。为周围农作物提供灌溉用水,为农作物的丰产、丰收打下坚实的基础。有公路经此。

米滩灌区　370827-60-F02
［Mǐtān Guànqū］

在鱼台县滨湖街道。因位置得名。1970 年建成。总灌溉面积 4.15 平方千米,其中耕地有效灌溉面积 4.05 平方千米,园林草地等有效灌溉面积 0.1 平方千米。设计流量 2 立方米 / 秒,实际流量 1.5 立方米 / 秒。渠系建筑物水闸 11 座,渠系建筑物渡槽 3

座,渠系建筑物跌水陡坡 1 座,渠系建筑物农桥 20 座。干渠 2 条,长 3.6 千米;支渠 4 条,长 4.4 千米。为周围农作物提供灌溉用水,为农作物的丰产、丰收打下坚实的基础。有公路经此。

八里湾灌区　370827-60-F03
［Bālǐwān Guànqū］

在鱼台县滨湖街道。因位置得名。1968 年建成。总灌溉面积 3.17 平方千米,其中耕地有效灌溉面积 3.12 平方千米,园林草地等有效灌溉面积 0.5 平方千米。设计流量 2.5 立方米 / 秒,实际流量 1.3 立方米 / 秒。渠系建筑物水闸 12 座,渠系建筑物渡槽 5 座,渠系建筑物涵洞 6 座,渠系建筑物农桥 15 座。干渠 2 条,长 4.5 千米;支渠 9 条,长 6.8 千米。为周围农作物提供灌溉用水,为农作物的丰产、丰收打下坚实的基础。有公路经此。

缪集灌区　370827-60-F04
［Miàojí Guànqū］

在鱼台县滨湖街道。因位置得名。1970 年建成。总灌溉面积 7.7 平方千米,其中耕地有效灌溉面积 7.5 平方千米,园林草地等有效灌溉面积 0.2 平方千米。设计流量 3 立方米 / 秒,实际流量 2.4 立方米 / 秒。渠系建筑物水闸 17 座,渠系建筑物涵洞 3 座,渠系建筑物农桥 11 座。干渠 4 条,长 10.9 千米;支渠 9 条,长 7.3 千米。为农作物的丰产、丰收打下坚实的基础。有公路经此。

袁家灌区　370827-60-F05
［Yuánjiā Guànqū］

在鱼台县清河镇。因位置得名。1986 年建成。总灌溉面积 5.89 平方千米,其中耕地有效灌溉面积 5.81 平方千米,园林草地等有效灌溉面积 0.08 平方千米。设计流量 2.8 立方米 / 秒，实际流量 2.5 立方米 / 秒。渠系建筑物水闸 25 座，渠系建筑物渡槽 11 座，渠系建筑物涵洞 12 座，渠系建筑物农桥 46 座。干渠 2 条，长 7.8 千米；支渠 21 条，长 10.7 千米。为周围农作物提供灌溉用水，为农作物的丰产、丰收打下坚实的基础。有公路经此。

李桥灌区 370827-60-F06
[Lǐqiáo Guànqū]

在鱼台县清河镇。因位置得名。1964 年建成。总灌溉面积 3.68 平方千米，其中耕地有效灌溉面积 3.38 平方千米，园林草地等有效灌溉面积 0.3 平方千米。设计流量 2 立方米 / 秒，实际流量 1.5 立方米 / 秒。渠系建筑物水闸 23 座，渠系建筑物农桥 41 座。干渠 2 条，长 5.8 千米；支渠 16 条，长 17.6 千米。为周围农作物提供灌溉用水，为农作物的丰产、丰收打下坚实的基础。有公路经此。

鹿洼灌区 370827-60-F07
[Lùwā Guànqū]

在鱼台县清河镇。因位置得名。1963 年建成。总灌溉面积 4.18 平方千米，其中耕地有效灌溉面积 3.78 平方千米，园林草地等有效灌溉面积 0.4 平方千米。设计流量 2.5 立方米 / 秒，实际流量 2.2 立方米 / 秒。渠系建筑物水闸 14 座，渠系建筑物农桥 28 座。干渠 1 条，长 6.2 千米；支渠 12 条，长 8.6 千米。为周围农作物提供灌溉用水，为农作物的丰产、丰收打下坚实的基础。有公路经此。

盛洼灌区 370827-60-F08
[Shèngwā Guànqū]

在鱼台县清河镇。因位置得名。1963 年建成。总灌溉面积 4.13 平方千米，其中耕地有效灌溉面积 4.1 平方千米，园林草地

等有效灌溉面积 0.03 平方千米。设计流量 2.8 立方米 / 秒，实际流量 2.5 立方米 / 秒。渠系建筑物水闸 23 座，渠系建筑物渡槽 2 座，渠系建筑物农桥 26 座。干渠 2 条，长 3.4 千米；支渠 11 条，长 12.1 千米。为周围农作物提供灌溉用水，为农作物的丰产、丰收打下坚实的基础。有公路经此。

王台灌区 370827-60-F09
[Wángtái Guànqū]

在鱼台县清河镇。因位置得名。1976 年建成。总灌溉面积 5.09 平方千米，其中耕地有效灌溉面积 5 平方千米，园林草地等有效灌溉面积 0.09 平方千米。设计流量 2.5 立方米 / 秒，实际流量 2.2 立方米 / 秒。渠系建筑物水闸 7 座，渠系建筑物渡槽 1 座，渠系建筑物农桥 21 座。干渠 1 条，长 4.5 千米；支渠 5 条，长 6.9 千米。为周围农作物提供灌溉用水，为农作物的丰产、丰收打下坚实的基础。有公路经此。

肖庄灌区 370827-60-F10
[Xiāozhuāng Guànqū]

在鱼台县清河镇。因位置得名。1980 年建成。总灌溉面积 3.08 平方千米，其中耕地有效灌溉面积 2.95 平方千米，园林草地等有效灌溉面积 0.13 平方千米。设计流量 2 立方米 / 秒，实际流量 1.5 立方米 / 秒。渠系建筑物水闸 11 座，渠系建筑物渡槽 2 座，渠系建筑物涵洞 1 座，渠系建筑物农桥 15 座。干渠 1 条，长 6 千米；支渠 7 条，长 9.8 千米。为周围农作物提供灌溉用水，为农作物的丰产、丰收打下坚实的基础。有公路经此。

于屯灌区 370827-60-F11
[Yútún Guànqū]

在鱼台县清河镇。因位置得名。2010 年建成。总灌溉面积 3.96 平方千米，其中

耕地有效灌溉面积 3.85 平方千米，园林草地等有效灌溉面积 0.11 平方千米。设计流量 2.5 立方米 / 秒，实际流量 2 立方米 / 秒。渠系建筑物水闸 16 座，渠系建筑物农桥 22 座。干渠 1 条，长 3.3 千米；支渠 5 条，7.1 千米。为周围农作物提供灌溉用水，为农作物的丰产、丰收打下坚实的基础。有公路经此。

林庄灌区　370827-60-F12
［Línzhuāng Guànqū］

在鱼台县鱼城镇。因位置得名。1971 年建成。总灌溉面积 3.57 平方千米，其中耕地有效灌溉面积为 3.51 平方千米，园林草地等有效灌溉面积 0.06 平方千米。设计流量 2.5 立方米 / 秒，实际流量 2 立方米 / 秒。渠系建筑物水闸 6 座，渠系建筑物农桥 17 座。干渠 2 条，长 9.2 千米；支渠 8 条，长 5 千米。为周围农作物提供灌溉用水，为农作物的丰产、丰收打下坚实的基础。有公路经此。

乔庄灌区　370827-60-F13
［Qiáozhuāng Guànqū］

在鱼台县鱼城镇。因位置得名。1976 年建成。总灌溉面积 3.38 平方千米，其中耕地有效灌溉面积 3.31 平方千米，园林草地等有效灌溉面积 0.07 平方千米。设计流量 2.5 立方米 / 秒，实际流量 2 立方米 / 秒。渠系建筑物水闸 10 座，渠系建筑物涵洞 3 座，渠系建筑物农桥 17 座。总干渠 1 条，长 3 千米；支渠 7 条，长 11.8 千米。提供周围农作物的生长用水的需求。

田集灌区　370827-60-F14
［Tiánjí Guànqū］

在鱼台县鱼城镇。因位置得名。1970 年建成。总灌溉面积 4.3 平方千米，其中耕地有效灌溉面积 3.85 平方千米，园林草地

等有效灌溉面积 0.45 平方千米。设计流量 2 立方米 / 秒，实际流量 1.8 立方米 / 秒。渠系建筑物水闸 3 座，渠系建筑物涵洞 2 座，渠系建筑物农桥 21 座。干渠 1 条，长 1.1 千米；支渠 2 条，长 4.3 千米。为周围农作物提供灌溉用水，为农作物的丰产、丰收打下坚实的基础。有公路经此。

湾里灌区　370827-60-F15
［Wānlǐ Guànqū］

在鱼台县鱼城镇。因位置得名。1964 年建成。总灌溉面积 5.43 平方千米，其中耕地有效灌溉面积 5.40 平方千米，园林草地等有效灌溉面积 0.03 平方千米。设计流量 3 立方米 / 秒，实际流量 2.4 立方米 / 秒。渠系建筑物水闸 31 座，渠系建筑物涵洞 6 座，渠系建筑物农桥 25 座。干渠 2 条；长 6.1 千米，支渠 5 条，长 5 千米。为周围农作物提供灌溉用水，为农作物的丰产、丰收打下坚实的基础。有公路经此。

夏庄灌区　370827-60-F16
［Xiàzhuāng Guànqū］

在鱼台县鱼城镇。因位置得名。1970 年建成。总灌溉面积 3.38 平方千米，其中耕地有效灌溉面积 3.32 平方千米，园林草地等有效灌溉面积 0.06 平方千米。设计流量 2.5 立方米 / 秒，实际流量 2.2 立方米 / 秒。渠系建筑物水闸 15 座，渠系建筑物涵洞 1 座，渠系建筑物农桥 14 座。总干渠 1 条，长 1.5 千米；支渠 4 条，长 4.2 千米。为周围农作物提供灌溉用水，为农作物的丰产、丰收打下坚实的基础。有公路经此。

杨邵灌区　370827-60-F17
［Yángsháo Guànqū］

在鱼台县鱼城镇。因位置得名。1966 年建成。总灌溉面积 4.15 平方千米，其中耕地有效灌溉面积 4.05 平方千米，园林草

地等有效灌溉面积 0.1 平方千米。设计流量 2 立方米／秒，实际流量 1.8 立方米／秒。渠系建筑物水闸 8 座，渠系建筑物涵洞 4 座，渠系建筑物农桥 16 座。总干渠 1 条，长 3.6 千米；支渠 6 条，长 4.4 千米。为周围农作物提供灌溉用水，为农作物的丰产、丰收打下坚实的基础。有公路经此。

陈年灌区 370827-60-F18
[Chénnián Guànqū]

在鱼台县王鲁镇。因位置得名。1956 年建成。总灌溉面积 9.89 平方千米，其中耕地有效灌溉面积 9.67 平方千米，园林草地等有效灌溉面积 0.22 平方千米。设计流量 2.8 立方米／秒，实际流量 2.5 立方米／秒。渠系建筑物水闸 16 座，渠系建筑物农桥 37 座。干渠 3 条，长 11.9 千米；支渠 9 条，长 9.3 千米。为周围农作物提供灌溉用水，为农作物的丰产、丰收打下坚实的基础。有公路经此。

陈湾灌区 370827-60-F19
[Chénwān Guànqū]

在鱼台县王鲁镇。因位置得名。1956 年建成。总灌溉面积 9.01 平方千米，其中耕地有效灌溉面积 8.6 平方千米，园林草地等有效灌溉面积 0.41 平方千米。设计流量 2.8 立方米／秒，实际流量 3.2 立方米／秒。渠系建筑物水闸 22 座，渠系建筑物涵洞 2 座，渠系建筑物农桥 46 座。干渠 4 条，长 8.6 千米；支渠 9 条，长 10.2 千米。为周围农作物提供灌溉用水，为农作物的丰产、丰收打下坚实的基础。有公路经此。

王鲁灌区 370827-60-F20
[Wánglǔ Guànqū]

在鱼台县王鲁镇。因位置得名。1965 年建成。总灌溉面积 7.17 平方千米，其中耕地有效灌溉面积 7.04 平方千米，园林草

地等有效灌溉面积 0.13 平方千米。设计流量 2.5 立方米／秒，实际流量 2 立方米／秒。渠系建筑物水闸 13 座，渠系建筑物涵洞 2 座，渠系建筑物农桥 30 座。干渠 2 条，长 5.8 千米；支渠 8 条，长 11.3 千米。为周围农作物提供灌溉用水，为农作物的丰产、丰收打下坚实的基础。有公路经此。

小黄灌区 370827-60-F21
[Xiǎohuáng Guànqū]

在鱼台县王鲁镇。因位置得名。1965 年建成。总灌溉面积 7.55 平方千米，其中耕地有效灌溉面积 7.37 平方千米，园林草地等有效灌溉面积 0.18 平方千米。设计流量 2.5 立方米／秒，实际流量 2.2 立方米／秒。渠系建筑物水闸 21 座，渠系建筑物农桥 44 座。干渠 3 条，长 7.9 千米；支渠 12 条，长 9.9 千米。为周围农作物提供灌溉用水，为农作物的丰产、丰收打下坚实的基础。有公路经此。

白庙灌区 370827-60-F22
[Báimiào Guànqū]

在鱼台县张黄镇。因位置得名。1970 年建成。总灌溉面积 4.45 平方千米，其中耕地有效灌溉面积 4.36 平方千米，园林草地等有效灌溉面积 0.09 平方千米。设计流量 3 立方米／秒，实际流量 2.5 立方米／秒。渠系建筑物水闸 30 座，渠系建筑物渡槽 12 座，渠系建筑物涵洞 12 座，渠系建筑物农桥 21 座。总干渠 1 条，长 3 千米；支渠 5 条，长 3.2 千米。为周围农作物提供灌溉用水，为农作物的丰产、丰收打下坚实的基础。有公路经此。

常柳行灌区 370827-60-F23
[Chángliǔháng Guànqū]

在鱼台县张黄镇。因位置得名。1970 年建成。总灌溉面积 3.85 平方千米，其中

耕地有效灌溉面积 3.71 平方千米，园林草地等有效灌溉面积 0.14 平方千米。设计流量 2.8 立方米 / 秒，实际流量 2.5 立方米 / 秒。渠系建筑物水闸 33 座，渠系建筑物渡槽 14 座，渠系建筑物涵洞 15 座，渠系建筑物农桥 32 座。总干渠 1 条，长 0.5 千米；干渠 2 条，长 3.7 千米，支渠 5 条，长 4.9 千米。为周围农作物提供灌溉用水，为农作物的丰产、丰收打下坚实的基础。有公路经此。

陈店灌区　370827-60-F24
[Chéndiàn Guànqū]

在鱼台县张黄镇。因位置得名。1967 年建成。总灌溉面积 5.3 平方千米，其中耕地有效灌溉面积 5.26 平方千米，园林草地等有效灌溉面积 0.04 平方千米。设计流量 2.5 立方米 / 秒，实际流量 2.2 立方米 / 秒。渠系建筑物水闸 18 座，渠系建筑物渡槽 6 座，渠系建筑物涵洞 12 座，渠系建筑物农桥 10 座。总干渠 1 条，长 2.1 千米；支渠 3 条，长 3.7 千米。为周围农作物提供灌溉用水，为农作物的丰产、丰收打下坚实的基础。有公路经此。

崔武灌区　370827-60-F25
[Cuīwǔ Guànqū]

在鱼台县张黄镇。因位置得名。1964 年建成。总灌溉面积 3.56 平方千米，其中耕地有效灌溉面积 3.46 平方千米，园林草地等有效灌溉面积 0.1 平方千米。设计流量 2.5 立方米 / 秒，实际流量 2 立方米 / 秒。渠系建筑物水闸 28 座，渠系建筑物渡槽 5 座，渠系建筑物涵洞 16 座，渠系建筑物农桥 28 座。总干渠 1 条，长 1.2 千米；支渠 5 条，长 5.5 千米。为周围农作物提供灌溉用水，为农作物的丰产、丰收打下坚实的基础。有公路经此。

南陈灌区　370827-60-F26
[Nánchén Guànqū]

在鱼台县张黄镇。因位置得名。1958 年建成。总灌溉面积 8.34 平方千米，其中耕地有效灌溉面积 7.95 平方千米，园林草地等有效灌溉面积 0.39 平方千米。设计流量 2.5 立方米 / 秒，实际流量 2.4 立方米 / 秒。渠系建筑物水闸 39 座，渠系建筑物渡槽 13 座，渠系建筑物涵洞 10 座，渠系建筑物农桥 30 座。干渠 3 条，长 4.7 千米；支渠 5 条，长 5.5 千米。为周围农作物提供灌溉用水，为农作物的丰产、丰收打下坚实的基础。有公路经此。

齐楼灌区　370827-60-F27
[Qílóu Guànqū]

在鱼台县张黄镇。因位置得名。1976 年建成。总灌溉面积 8.64 平方千米，其中耕地有效灌溉面积 8.33 平方千米，园林草地等有效灌溉面积 0.31 平方千米。设计流量 3 立方米 / 秒，实际流量 2.9 立方米 / 秒。渠系建筑物水闸 47 座，渠系建筑物渡槽 12 座，渠系建筑物涵洞 21 座，渠系建筑物农桥 36 座。干渠 4 条，长 9.4 千米；支渠 4 条，长 2.8 千米。为周围农作物提供灌溉用水，为农作物的丰产、丰收打下坚实的基础。有公路经此。

仁祖庙灌区　370827-60-F28
[Rénzǔmiào Guànqū]

在鱼台县张黄镇。因位置得名。1973 年建成。总灌溉面积 3.63 平方千米，其中耕地有效灌溉面积 3.47 平方千米，园林草地等有效灌溉面积 0.16 平方千米。设计流量 1.5 立方米 / 秒，实际流量 1 立方米 / 秒。渠系建筑物水闸 15 座，渠系建筑物渡槽 2 座，渠系建筑物涵洞 7 座，渠系建筑物农桥 11 座。干渠 2 条，长 4.6 千米。为周围农作物提供灌溉用水，为农作物的丰产、丰收打下坚实的基础。有公路经此。

西王灌区 370827-60-F29
[Xīwáng Guànqū]

在鱼台县张黄镇。因位置得名。1974年建成。总灌溉面积 3.49 平方千米，其中耕地有效灌溉面积 3.47 平方千米，园林草地等有效灌溉面积 0.02 平方千米。设计流量 2.5 立方米 / 秒，实际流量 2.4 立方米 / 秒。渠系建筑物水闸 22 座，渠系建筑物渡槽 4 座，渠系建筑物涵洞 6 座，渠系建筑物农桥 17 座。总干渠 1 条，长 1.9 千米；支渠 3 条，长 3.2 千米。为周围农作物提供灌溉用水，为农作物的丰产、丰收打下坚实的基础。有公路经此。

小吴灌区 370827-60-F30
[Xiǎowú Guànqū]

在鱼台县张黄镇。因位置得名。1964年建成。总灌溉面积 6.81 平方千米，其中耕地有效灌溉面积 6.71 平方千米，园林草地等有效灌溉面积 0.1 平方千米。设计流量 2.5 立方米 / 秒，实际流量 2 立方米 / 秒。渠系建筑物水闸 40 座，渠系建筑物渡槽 5 座，渠系建筑物涵洞 11 座，渠系建筑物农桥 34 座。总干渠 1 条，长 2.3 千米；支渠 5 条，长 8.1 千米。为周围农作物提供灌溉用水，为农作物的丰产、丰收打下坚实的基础。有公路经此。

陈庙灌区 370827-60-F31
[Chénmiào Guànqū]

在鱼台县王庙镇。因位置得名。1970年建成。总灌溉面积 4.05 平方千米，其中耕地有效灌溉面积 3.96 平方千米，园林草地等有效灌溉面积 0.09 平方千米。设计流量 2.5 立方米 / 秒，实际流量 2.2 立方米 / 秒。渠系建筑物水闸 31 座，渠系建筑物农桥 30

座。干渠 1 条，长 1.7 千米；支渠 6 条，长 7.8 千米。为周围农作物提供灌溉用水，为农作物的丰产、丰收打下坚实的基础。有公路经此。

梁海灌区 370827-60-F32
[Liánghǎi Guànqū]

在鱼台县王庙镇。因位置得名。1970年建成。总灌溉面积 5.1 平方千米，其中耕地有效灌溉面积 4.98 平方千米，园林草地等有效灌溉面积 0.12 平方千米。设计流量 2.8 立方米 / 秒，实际流量 2.2 立方米 / 秒。渠系建筑物水闸 18 座，渠系建筑物涵洞 1 座，渠系建筑物农桥 26 座。干渠 3 条，长 6.5 千米；支渠 8 条，长 7.9 千米。为周围农作物提供灌溉用水，为农作物的丰产、丰收打下坚实的基础。有公路经此。

马庄灌区 370827-60-F33
[Mǎzhuāng Guànqū]

在鱼台县王庙镇。因位置得名。1988年建成。总灌溉面积 3.06 平方千米，其中耕地有效灌溉面积 2.95 平方千米，园林草地等有效灌溉面积 0.11 平方千米。设计流量 2 立方米 / 秒，实际流量 1.8 立方米 / 秒。渠系建筑物水闸 21 座，渠系建筑物涵洞 2 座，渠系建筑物农桥 11 座。干渠 3 条，长 5.1 千米；支渠 8 条，长 4.6 千米。为周围农作物提供灌溉用水，为农作物的丰产、丰收打下坚实的基础。有公路经此。

树李灌区 370827-60-F34
[Shùlǐ Guànqū]

在鱼台县王庙镇。因位置得名。1988年建成。总灌溉面积 4.77 平方千米，耕地有效灌溉面积 4.66 平方千米，其中园林草地等有效灌溉面积 0.11 平方千米。设计流量 2.8 立方米 / 秒，实际流量 2.5 立方米 / 秒。渠系建筑物水闸 22 座，渠系建筑物渡槽 5

座，渠系建筑物涵洞 6 座，渠系建筑物农桥 38 座。干渠 3 条，长 6 千米；支渠 11 条，长 5.9 千米。为周围农作物提供灌溉用水，为农作物的丰产、丰收打下坚实的基础。有公路经此。

苏店灌区 370827-60-F35
[Sūdiàn Guànqū]

在鱼台县王庙镇。因位置得名。1966 年建成。总灌溉面积 4.3 平方千米，其中耕地有效灌溉面积 4.01 平方千米，园林草地等有效灌溉面积 0.29 平方千米。设计流量 2 立方米 / 秒，实际流量 1.8 立方米 / 秒。渠系建筑物水闸 11 座，渠系建筑物农桥 14 座。干渠 2 条，长 2.4 千米；支渠 5 条，长 4.2 千米。为周围农作物提供灌溉用水，为农作物的丰产、丰收打下坚实的基础。有公路经此。

张玉灌区 370827-60-F36
[Zhāngyù Guànqū]

在鱼台县王庙镇。因位置得名。2000 年建成。总灌溉面积 7.17 平方千米，其中耕地有效灌溉面积 7.02 平方千米，园林草地等有效灌溉面积 0.15 平方千米。设计流量 2.5 立方米 / 秒，实际流量 2.2 立方米 / 秒。渠系建筑物水闸 27 座，渠系建筑物农桥 31 座。干渠 2 条，长 6.7 千米；支渠 10 条，长 11.1 千米。为周围农作物提供灌溉用水，为农作物的丰产、丰收打下坚实的基础。有公路经此。

董庄灌区 370827-60-F37
[Dǒngzhuāng Guànqū]

在鱼台县李阁镇。因位置得名。1976 年建成。总灌溉面积 3.26 平方千米，其中耕地有效灌溉面积 3.21 平方千米，园林草地等有效灌溉面积 0.05 平方千米。设计流量 2.2 立方米 / 秒，实际流量 1.8 立方米 / 秒。

渠系建筑物水闸 7 座，渠系建筑物农桥 18 座。干渠 2 条，长 4.2 千米；支渠 7 条，长 5.5 千米。为周围农作物提供灌溉用水，为农作物的丰产、丰收打下坚实的基础。有公路经此。

胡楼灌区 370827-60-F38
[Húlóu Guànqū]

在鱼台县李阁镇。因位置得名。1976 年建成。总灌溉面积 5.22 平方千米，其中耕地有效灌溉面积 5.2 平方千米，园林草地等有效灌溉面积 0.02 平方千米。设计流量 2 立方米 / 秒，实际流量 1.7 立方米 / 秒。渠系建筑物水闸 9 座，渠系建筑物农桥 25 座。干渠 2 条，长 4.8 千米；支渠 9 条，长 8 千米。周围农作物提供灌溉用水，为农作物的丰产、丰收打下坚实的基础。有公路经此。

李集灌区 370827-60-F39
[Lǐjí Guànqū]

在鱼台县李阁镇。因位置得名。1965 年建成。总灌溉面积 5.87 平方千米，其中耕地有效灌溉面积 5.72 平方千米，园林草地等有效灌溉面积 0.15 平方千米。设计流量 2 立方米 / 秒，实际流量 1.8 立方米 / 秒。渠系建筑物水闸 9 座，渠系建筑物农桥 16 座。干渠 1 条，长 2.8 千米；支渠 9 条，长 5.3 千米。为周围农作物提供灌溉用水，为农作物的丰产、丰收打下坚实的基础。有公路经此。

尚庄灌区 370827-60-F40
[Shàngzhuāng Guànqū]

在鱼台县李阁镇。因位置得名。1967 年建成。总灌溉面积 5.05 平方千米，其中耕地有效灌溉面积 4.96 平方千米，园林草地等有效灌溉面积 0.09 平方千米。设计流量 2 立方米 / 秒，实际流量 1.8 立方米 / 秒。

渠系建筑物水闸 9 座，渠系建筑物农桥 22 座。干渠 2 条，长 5.3 千米；支渠 8 条，长 6.9 千米。为周围农作物提供灌溉用水，为农作物的丰产、丰收打下坚实的基础。有公路经此。

史庙灌区 370827-60-F41
[Shǐmiào Guànqū]

在鱼台县李阁镇。因位置得名。1965 年建成。总灌溉面积 6.18 平方千米，其中耕地有效灌溉面积 6.09 平方千米，园林草地等有效灌溉面积 0.09 平方千米。设计流量 2.8 立方米 / 秒，实际流量 2.5 立方米 / 秒。渠系建筑物水闸 14 座，渠系建筑物农桥 32 座。干渠 2 条，长 4.8 千米；支渠 13 条，长 15.5 千米。为周围农作物提供灌溉用水，为农作物的丰产、丰收打下坚实的基础。有公路经此。

张寨灌区 370827-60-F42
[Zhāngzhài Guànqū]

在鱼台县李阁镇。因位置得名。1966 年建成。总灌溉面积 3.56 平方千米，其中耕地有效灌溉面积 3.53 平方千米，园林草地等有效灌溉面积 0.03 平方千米。设计流量 2.8 立方米 / 秒，实际流量 2.5 立方米 / 秒。渠系建筑物水闸 15 座，渠系建筑物农桥 23 座。干渠 2 条，长 6.2 千米；支渠 14 条，长 13.8 千米。为周围农作物提供灌溉用水，为农作物的丰产、丰收打下坚实的基础。有公路经此。

付小楼灌区 370827-60-F43
[Fùxiǎolóu Guànqū]

在鱼台县唐马镇。因位置得名。1978 年建成。总灌溉面积 4.02 平方千米，其中耕地有效灌溉面积 3.86 平方千米，园林草地等有效灌溉面积 0.16 平方千米。设计流量 2 立方米 / 秒，实际流量 1.5 立方米 / 秒。

渠系建筑物水闸 6 座，渠系建筑物农桥 16 座。干渠 1 条，长 1.9 千米；支渠 5 条，长 4.9 千米。为周围农作物提供灌溉用水，为农作物的丰产、丰收打下坚实的基础。有公路经此。

马庄灌区 370827-60-F44
[Mǎzhuāng Guànqū]

在鱼台县唐马镇。因位置得名。1966 年建成。总灌溉面积 4.97 平方千米，其中耕地有效灌溉面积 4.87 平方千米，园林草地等有效灌溉面积 0.1 平方千米。设计流量 2.8 立方米 / 秒，实际流量 2.5 立方米 / 秒。渠系建筑物水闸 11 座，渠系建筑物渡槽 7 座，渠系建筑物农桥 32 座。干渠 2 条，长 4.5 千米；支渠 9 条，长 8.1 千米。为周围农作物提供灌溉用水，为农作物的丰产、丰收打下坚实的基础。有公路经此。

盛庙灌区 370827-60-F45
[Shèngmiào Guànqū]

在鱼台县唐马镇。因位置得名。1986 年建成。总灌溉面积 3.99 平方千米，其中耕地有效灌溉面积 3.9 平方千米，园林草地等有效灌溉面积 0.09 平方千米。设计流量 2.8 立方米 / 秒，实际流量 2.5 立方米 / 秒。渠系建筑物水闸 9 座，渠系建筑物渡槽 3 座，渠系建筑物涵洞 6 座，渠系建筑物农桥 20 座。干渠 2 条，长 5 千米；支渠 8 条，长 7.2 千米。为周围农作物提供灌溉用水，为农作物的丰产、丰收打下坚实的基础。有公路经此。

田庄灌区 370827-60-F46
[Tiánzhuāng Guànqū]

在鱼台县唐马镇。因位置得名。1964 年建成。总灌溉面积 3.02 平方千米，其中耕地有效灌溉面积 2.95 平方千米，园林草地等有效灌溉面积 0.07 平方千米。设计流量 2.5 立方米 / 秒，实际流量 2.4 立方米 / 秒。渠系建筑物水闸 5 座，渠系建筑物渡槽 1 座，渠系建筑物农桥 18 座。总干渠 1 条，长 2.4 千米；支渠 4 条，长 4.3 千米。为周围农作物提供灌溉用水，为农作物的丰产、丰收打下坚实的基础。有公路经此。

小寨灌区　370827-60-F47
[Xiǎozhài Guànqū]

在鱼台县老砦镇。因位置得名。2000 年建成。总灌溉面积 3.03 平方千米，其中耕地有效灌溉面积 3.02 平方千米，园林草地等有效灌溉面积 0.01 平方千米。设计流量 2 立方米 / 秒，实际流量 1.5 立方米 / 秒。渠系建筑物水闸 6 座，渠系建筑物隧洞 1 座，渠系建筑物涵洞 4 座，渠系建筑物农桥 28 座。干渠 1 条，长 2.5 千米；支渠 4 条，长 2.7 千米。为周围农作物提供灌溉用水，为农作物的丰产、丰收打下坚实的基础。有公路经此。

张埝灌区　370827-60-F48
[Zhāngniàn Guànqū]

在鱼台县老砦镇。因位置得名。1976 年建成。总灌溉面积 5.8 平方千米，其中耕地有效灌溉面积 5.75 平方千米，园林草地等有效灌溉面积 0.05 平方千米。设计流量 2.5 立方米 / 秒，实际流量 2 立方米 / 秒。渠系建筑物水闸 12 座，渠系建筑物渡槽 15 座，渠系建筑物涵洞 9 座，渠系建筑物农桥 27 座。干渠 1 条，长 3.9 千米；支渠 5 条，长 4.2 千米。为周围农作物提供灌溉用水，为农作物的丰产、丰收打下坚实的基础。有公路经此。

郭庄灌区　370827-60-F49
[Guōzhuāng Guànqū]

在鱼台县罗屯镇。因位置得名。1975 年建成。总灌溉面积 4.66 平方千米，其中耕地有效灌溉面积 4.61 平方千米，园林草地等有效灌溉面积 0.05 平方千米。设计流量 2.8 立方米 / 秒，实际流量 2.5 立方米 / 秒。渠系建筑物水闸 24 座，渠系建筑物农桥 134 座。干渠 2 条，长 7 千米；支渠 12 条，长 10.9 千米。为周围农作物提供灌溉用水，为农作物的丰产、丰收打下坚实的基础。有公路经此。

后军灌区　370827-60-F50
[Hòujūn Guànqū]

在鱼台县罗屯镇。因位置得名。1988 年建成。总灌溉面积 3.8 平方千米，其中耕地有效灌溉面积 3.75 平方千米，园林草地等有效灌溉面积 0.05 平方千米。设计流量 2.5 立方米 / 秒，实际流量 2 立方米 / 秒。渠系建筑物水闸 10 座，渠系建筑物渡槽 6 座，渠系建筑物涵洞 8 座，渠系建筑物农桥 24 座。干渠 2 条，长 5 千米；支渠 8 条，长 6.9 千米。为周围农作物提供灌溉用水，为农作物的丰产、丰收打下坚实的基础。有公路经此。

姜楼灌区　370827-60-F51
[Jiānglóu Guànqū]

在鱼台县罗屯镇。因位置得名。1999 年建成。总灌溉面积 3.7 平方千米，其中耕地有效灌溉面积 3.67 平方千米，园林草地等有效灌溉面积 0.03 平方千米。设计流量 1.5 立方米 / 秒，实际流量 1.3 立方米 / 秒。渠系建筑物水闸 3 座，渠系建筑物农桥 8 座。干渠 1 条，长 1.1 千米；支渠 3 条，长 3 千米。为周围农作物提供灌溉用水，为农作物的丰产、丰收打下坚实的基础。有公路经此。

军民灌区　370827-60-F52
[Jūnmín Guànqū]

在鱼台县罗屯镇。因位置得名。1996 年建成。总灌溉面积 3.72 平方千米，其中耕地有效灌溉面积 3.65 平方千米，园林草地等有效灌溉面积 0.07 平方千米。设计流量 2.5 立方米／秒，实际流量 2 立方米／秒。渠系建筑物水闸 15 座，渠系建筑物涵洞 4 座，渠系建筑物农桥 30 座。干渠 1 条，长 3.2 千米；支渠 13 条，长 9.7 千米。为周围农作物提供灌溉用水，为农作物的丰产、丰收打下坚实的基础。有公路经此。

罗屯灌区 370827-60-F53

[Luótún Guànqū]

在鱼台县罗屯镇。因位置得名。1988 年建成。总灌溉面积 5.96 平方千米，其中耕地有效灌溉面积 5.9 平方千米，园林草地等有效灌溉面积 0.06 平方千米。设计流量 2.5 立方米／秒，实际流量 2 立方米／秒。渠系建筑物水闸 28 座，渠系建筑物涵洞 20 座，渠系建筑物农桥 44 座。干渠 2 条，长 8.1 千米；支渠 18 条，长 15.1 千米。为周围农作物提供灌溉用水，为农作物的丰产、丰收打下坚实的基础。有公路经此。

孙桥灌区 370827-60-F54

[Sūnqiáo Guànqū]

在鱼台县罗屯镇。因位置得名。1999 年建成。总灌溉面积 3.14 平方千米，其中耕地有效灌溉面积 3.12 平方千米，园林草地等有效灌溉面积 0.02 平方千米。设计流量 2.5 立方米／秒，实际流量 2 立方米／秒。渠系建筑物水闸 13 座，渠系建筑物涵洞 9 座，渠系建筑物农桥 43 座。干渠 2 条，长 8.5 千米；支渠 11 条，长 9 千米。为周围农作物提供灌溉用水，为农作物的丰产、丰收打下坚实的基础。有公路经此。

金乡县

灌区

金南灌区 370828-60-F01

[Jīnnán Guànqū]

在金乡县南部。因灌溉金乡县南部而得名。1980 年开工建设，1993 年竣工。南北长 20 千米，东西宽 30 千米。建设了东鱼河曹庄橡胶坝枢纽工程，截留了黄河尾水。区内河道拦河闸坝 17 座，穿堤引排水涵洞 82 座，干支沟小型桥梁 118 座，支沟进水闸、尾水闸小型枢纽 470 座。灌溉引水方式以自流为主，结合提水。有效灌溉面积达到 438 120 亩，最大实浇面积达 450 万亩。作用为灌溉补给地下水。有公路经此。

堤防

金鱼河右岸堤防 370828-60-G01

[Jīnyúhé Yòu'àn Dīfáng]

在金鱼河。起于金乡街道东关村，终于化雨镇冯海村。1959 年 3 月建成。长 14 000 米，起点高程 37.1 米，终点高程 36.4 米，堤防高度（最大值）为 0.5 米，堤顶宽度（最大值）为 4 米，泵站数量为 4 处。堤防型式为土堤，堤防级别为 4 级。作用为防洪除涝。有公路经此。

莱河左堤防 370828-60-G02

[Láihé Zuǒdīfáng]

在莱河。南起鸡黍镇石佛村，北止高河街道周庄。1981 年 12 月建成。长 25.2 千米，起点高程 41.5 米，终点高程 39.8 米，堤防高度（最大值）为 3.8 米，堤顶宽度（最大值）为 8 米，水闸数量为 9 个，泵站数量为 12 处。

堤防型式为土堤，堤防级别为 4 级。作用为防洪除涝。有公路经此。

嘉祥县

水利枢纽

疃里引河节制闸 370829-60-E01
[Tuǎnlǐyǐnhé Jiézhìzhá]

在疃里镇旷山村北的疃里引河上。因在疃里引河与梁济运河的交界处而得名。建于 1966 年。总净宽 4 米，河水过闸流量 60 立方米 / 秒，水闸级别 4 级。是为防洪排涝、浇灌供水、通航养殖、生态保护等而设置的一项水利工程。有公路经此。

杨庄节制闸 370829-60-E02
[Yángzhuāng Jiézhìzhá]

在疃里镇杨庄北新赵王河上。因近疃里镇杨庄而得名。建于 1982 年。其结构型式为小跨度倒拱底板共 8 孔，闸室总宽度为 41.8 米，配有钢丝水泥平面闸门、双吊点螺杆式电动启闭机，其容量为 2×12 吨，水闸级别 3 级。是为防洪排涝、浇灌供水、通航养殖、生态保护等而设置的一项水利工程。有公路经此。

东秦节制闸 370829-60-E03
[Dōngqín Jiézhìzhá]

在马集镇东秦村南、老赵王河上。因近马集镇东秦村而得名。1983 年始建，1984 年建成。其结构型式为小跨度倒拱底板共 4 孔，闸室总宽度为 20.5 米，配有钢丝水泥平面闸门，双吊点螺杆式电动启闭机，其容量为 2×10 吨，水闸级别 3 级。是为防洪排涝、浇灌供水、通航养殖、生态保护等而设置的一项水利工程。有公路经此。

堤防

梁济运河左岸堤防 370829-60-G01
[Liángjǐyùnhé Zuǒ'àn Dīfáng]

在梁济运河左岸。起点在大张楼镇新狄村，终点在梁宝寺镇王场村。1967 年始建，1968 年建成，中间多次进行修缮、加固，2012 年进行大规模治理。长 12.5 千米，防洪级别 2 级，设计水位 35.5 米，堤防高度 3.5 米，宽度 4 米，堤防上有 4 泵站。是为防洪排涝、浇灌供水、通航养殖、生态保护等而设置的一项水利工程。有公路经此。

洙水河左岸堤防 370829-60-G02
[Zhūshuǐhé Zuǒ'àn Dīfáng]

在洙水河左岸。起点在卧龙山街道马庄，终点在马集镇薄店村。1968 年始建，中间多次进行修缮、加固。长 27 千米，防洪级别 5 级，设计水位 35.6 米，堤防高度 3.5 米，宽度 5 米，堤防上有 2 水闸、15 泵站。是为防洪排涝、浇灌供水、通航养殖、生态保护等而设置的一项水利工程。有公路经此。

洙水河右岸堤防 370829-60-G03
[Zhūshuǐhé Yòu'àn Dīfáng]

在洙水河右岸。起点在仲山镇孟楼村，终点在金屯镇赵屯村。1968 年始建，中间多次进行修缮、加固。长 34.8 千米，防洪级别 5 级，设计水位 35.6 米，堤防高度 3.5 米，宽度 5 米，堤防上有 2 水闸、27 泵站。是为防洪排涝、浇灌供水、通航养殖、生态保护等而设置的一项水利工程。有公路经此。

老赵王河左岸堤防 370829-60-G04
[Lǎozhàowánghé Zuǒ'àn Dīfáng]

在老赵王河左岸。起点在马村镇楚营

村，终点在马集镇东秦村。1973 年始建，1983 年建成。长度 44 千米，防洪级别 5 级，设计水位 35 米，堤防高度 3 米，宽度 4 米，堤防上有 1 水闸、1 泵站。是为防洪排涝、浇灌供水、通航养殖、生态保护等而设置的一项水利工程。有公路经此。

老赵王河右岸堤防 370829-60-G05
[Lǎozhàowánghé Yòu'àn Dīfáng]

在老赵王河右岸。起点在马村镇楚营村，终点在马集镇东秦村。1973 年始建，1983 年建成。长 43.8 千米，防洪级别 5 级，设计水位 35 米，堤防高度 3 米，宽度 4 米，堤防上有 1 泵站。是为防洪排涝、浇灌供水、通航养殖、生态保护等而设置的一项水利工程。有公路经此。

汶上县

水利枢纽

大汶河溢流坝 370830-60-E01
[Dàwènhé Yìliúbà]

在汶上县北部、军屯北杨庄东部。因位置和功能得名。1966 年修建大汶河截潜流工程，2001 年 8 月被洪水冲毁，2002 年至 2004 年进行重建。为钢筋混凝土溢流坝。总长度 803.2 米，其中，冲砂闸长 32.2 米，翻板闸长 240 米，溢流坝长 531 米。坝高 2 米。该工程在解决汶上县东北部地区的引、蓄水及两岸农田的地下水回灌问题中发挥了巨大的作用。有公路经此。

琵琶山引水闸 370830-60-E02
[Pípashān Yǐnshuǐzhá]

在汶上县县城北部、军屯北杨庄东部。因在琵琶山和自身功能得名。1959 年 11 月

始建，原为松山水库引水闸，水库废除后，改为引汶灌溉引水闸；2014 年 12 月重建。引水闸设计流量 30 立方米 / 秒，平面钢闸门，单孔净跨 6 米，高 3 米，总长 58.64 米。该闸具有防洪除涝、引汶补源作用。有公路经此。

堤防

大汶河堤防 370830-60-G01
[Dàwènhé Dīfáng]

在汶上县北部。起点琵琶山，终点戴村坝。1997 年，大汶河左堤汶上段全线复堤，后多次整修。长 15.3 米。设计洪水流量 7 000 立方米 / 秒，校核洪水流量 10 000 立方米 / 秒。复堤后堤顶总宽按 9.0 米控制，堤顶高程 67.2~58.8 米。提高了大汶河抵御洪水的能力，防洪保护范围涉及泰安、济宁两个市 8 个县市区，其中济宁市的保护面积 1 456 平方米。有公路经此。

东平湖围坝 370830-60-G02
[Dōngpínghú Wéibà]

在汶上县西部，东平湖围坝东坝段。因东平湖得名。经过 1950 年、1955 年、1958 年三次修筑而成，1960 年后按蓄水位 44 米的要求对险点、险段及薄弱堤段进行了不同程度的加固处理，2000 年对东平湖围坝段进行了两级后戗加固。长 5.6 千米。湖内总面积 3.5 平方千米。是黄河下游段防御大洪水唯一的重要蓄滞洪区，作用是分滞黄河、汶河洪水。有公路经此。

泗水县

水利枢纽

黄阴集大闸 370831-60-E01
[Huángyīnjí Dàzhá]

在泗水县东部，黄阴集村北。因所在地得名。1994 年 11 月始建，1995 年 7 月完工。控制流域面积 484.5 平方千米，最大蓄水量 64 万立方米。该枢纽工程由翻板闸、直升冲砂闸、溢流坝、交通桥、副坝和进水闸等部分组成。工程设计拦水高度 3 米，拦河总长度 176 米。该工程汛期起到一定的拦洪削峰作用，非汛期发挥蓄水作用。有公路经此。

泗河大闸 370831-60-E02
[Sìhé Dàzhá]

在泗水县城北部，故县村南部。因在故县村北泗河之上，故名。1983 年 3 月始建，1984 年完工，2014 年重建。控制流域面积 1 015.5 平方千米，承泄贺庄、华村、龙湾套 3 座中型水库及区间的下泄洪水，最大蓄水量 94 万立方米，是一座泗河干流上的大型节制闸。该枢纽工程由翻板闸、直升冲砂闸、溢流坝、进水闸、引水涵洞和副坝等工程组成。削峰作用比较明显，发挥较大的防洪效益。该闸除汛期将冲砂闸开启外，其余时间为设计情况下蓄水运行。有公路经此。

泗河橡胶坝 370831-60-E03
[Sìhé Xiàngjiāobà]

在泗水县城西部，中册镇东杨庄村南。因所在河流得名。2013 年 4 月始建，2014 年 6 月完工。枢纽工程上游流域面积 992 平方千米，蓄水位 91 米，回水长度 2.88 平方千米，水面面积 1.4 平方千米，拦蓄水量 504 万立方米。橡胶坝高 5 米，单孔净宽 49 米，共 6 孔，总宽 300 米。为附近村庄提供灌溉水源。有公路经此。

水库、灌区

龙湾套水库 370831-60-F01
[Lóngwāntào Shuǐkù]

在济宁市泗水县南部，济河街道境内泗河支流济河上游。因位置得名。1960 年 3 月竣工，2010 年进行了除险加固。正常蓄水位相应水面面积 4.79 平方千米，集水面积 143 平方千米，总库容 5 213.8 万立方米。水库有效灌溉面积 30 500 亩，年均城市供水量 500 万立方米。是一座以防洪、灌溉为主，兼顾供水和水产养殖等综合利用的中型水库。有公路经此。

贺庄水库 370831-60-F02
[Hèzhuāng Shuǐkù]

在泗水县东部，泉林镇境内北贺庄。因位置得名。1970 年 12 月始建，1976 年 10 月竣工，2003—2010 年进行除险加固。正常蓄水位相应水面面积 10 平方千米，集水面积 174 平方千米，总库容量 1.055 7 亿立方米。水库有效灌溉面积 0.5 万亩。是一座集防洪、灌溉为主，兼顾发电和水产养殖等综合利用的大型水库。有公路经此。

华村水库 370831-60-F03
[Huácūn Shuǐkù]

在泗水县东北部，大黄沟乡百家旺村北部。因位置得名。1960 年 5 月竣工，2010 年进行了除险加固。正常蓄水位相应水面面积 4.98 平方千米，集水面积 129 平方千米，总库容量 5 786 万立方米。水库有效灌溉面积 3.42 万亩。水库设计洪水标准为 100 年一遇，校核洪水标准为 2 000 年一遇。是一座集防洪、灌溉为主，兼顾发电和水产养殖等综合利用于一体的多年调节中型水库。有公路经此。

龙湾套灌区 370831-60-F04
[Lóngwāntào Guànqū]

在泗水县中南部。该灌区主要水源工程为龙湾套水库，故名。1959 年兴建，1984 年底建成东西北三条干渠，1989 年至 1998 年 6 月灌区配套完成。总控面积 57.94 平方千米。干渠 3 条，长 35.39 千米；支渠 25 条，斗渠 227 条，农渠 255 条，全长 375 千米；开挖各种排水沟 95 条，全长 57 千米；修建各种建筑物 911 座，实际灌溉面积达到 5 万亩。有公路经此。

贺庄灌区 370831-60-F05
[Hèzhuāng Guànqū]

在泗水县中东部。该灌区主要水源工程为贺庄水库，故名。1959 年冬兴建，1984 年底共建成东、西、北 3 条干渠，1989 年至 1998 年 6 月灌区配套完成。但因水库渗漏严重，限制蓄水，年均可用水量仅 1 226.5 万立方米，有效灌溉面积 1.5 万亩，年实灌面积 2 000 亩左右。有公路经此。

杨柳灌区 370831-60-F06
[Yángliǔ Guànqū]

在泗水县中北部，中册镇故县村泗河北岸。该灌区止点在泗水县杨柳镇，故名。1964 年 11 月开工，1984 年 6 月竣工。修总干渠 1 条，长 22.5 千米；之斗渠 41 条，长 62.5 千米；建筑物 360 座；提水站 10 处。为引河灌区，上游来水面积 1 008 平方千米。该灌区拦截泗河上游 7 条大河与华村、龙湾套等 10 余座水库的泄水尾水，可扩大杨柳、中册、柘沟 3 处乡镇 3.2 万亩农田的自留和提灌，根治灌区内万余亩涝洼地。有公路经此。

华村灌区 370831-60-F07
[Huácūn Guànqū]

在泗水县中东部。该灌区主要水源工程为华村水库，故名。1964 年兴建，1964 年至 1965 年、1972 年至 1973 年连续施工，完成全部配套工程。灌区内共有灌渠 2 条，总长 20.13 千米；支渠 12 条，总长 44.9 千米。华村灌区控制泉林、星村、高峪 3 个镇，控制面积 71.7 平方千米，实际灌溉面积 5.47 万亩。有公路经此。

渠道

龙湾套水库西干渠 370831-60-G01
[Lóngwāntào Shuǐkù Xīgànqú]

在泗水县中南部。起于龙湾套水库，止于金庄镇尹城水库。1972 年始建，历经三期工程，至 1983 年 5 月完工。总长 13.6 千米，最大水深 1 米，渠道平均流量 1.5 立方米／秒。干渠渠系建筑物有 4 座水闸、3 座渡槽、93 处跌水陡坡、1 座倒虹吸、30 座农桥。可灌溉农田面积 12 000 亩。有公路经此。

贺庄水库干渠 370831-60-G02
[Hèzhuāng Shuǐkù Gànqú]

在县城东部。起点贺庄水库，止点百家旺村。1975 年 10 月动工兴建，后经二期、三期、四期工程续建，1979 年完工。长 30 千米，最大水深 1.5 米，渠道设计过水量 10 立方米／秒。干渠渠系建筑物有 2 座水闸、4 座渡槽、6 座涵洞、52 座农桥、跌水陡坡 12 处。因贺庄水库蓄水不足，有效灌溉面积 1.5 万亩，年实灌面积 2 000 亩左右。有公路经此。

华村水库干渠 370831-60-G03

[Huácūn Shuǐkù Gànqú]

在泗水县中东部。起于华村水库，止于高峪镇杨家桥村。1964 年始建，历经三期工程，至 1973 年完工。总长 18.3 千米，最大水深 1.7 米，渠道平均流量 1.7 立方米 / 秒。干渠渠系建筑物有 2 座水闸、6 座渡槽、9 座涵洞、34 座农桥、跌水陡坡 12 处、倒虹吸 5 座。可灌溉农田 5.47 万亩。现在因渠系老化损坏较重，灌溉面积下降达不到设计灌溉面积的要求。有公路经此。

杨柳干渠 370831-60-G04

[Yángliǔ Gànqú]

在泗水县中北部。起于故县村泗河北岸，止于杨柳镇核桃园村。1986 年 4 月始建，历经三期工程，至 1988 年 12 月完工。总长 22.5 千米，最大水深 1.7 米，渠道平均流量 1.9 立方米 / 秒。干渠渠系建筑物有 11 座水闸、3 座渡槽、10 处跌水陡坡、3 座倒虹吸、12 座涵洞、45 座农桥、13 座泵站。杨柳干渠配套后，可灌溉面积 4.5 万亩。该工程是以泗河大桥为枢纽，拦截全县泗河上游 7 条大河与华村、龙湾套等 10 余座水库的泄水尾水，用于中册、柘沟、杨柳三个镇的农田灌溉。有公路经此。

梁山县

水利枢纽

石洼进湖闸 370832-60-E01

[Shíwā Jìnhúzhá]

在梁山县北部。因在原代庙石洼附近，故名。1967 年始建，1969 年建成，1976 年进行了改建。为一级建筑物，是黄河向东平湖新湖区分洪的唯一进湖闸，改建后该闸型式为桩基开敞式，共 49 孔，孔口尺寸宽 6 米，高 4 米，闸身总宽 19 米，总长 370 米。作用为分洪入东平湖，削减黄河洪水流量，确保下游防洪安全。通公交车。

灌区

国那里引黄灌区 370832-60-F01

[Guónàlǐ Yǐnhuáng Guànqū]

在梁山县东部。该灌区以引黄灌溉为目的，渠首在国那里村附近，故名。1966 年始建，1967 年建成。为大型灌区，面积 366 平方千米，灌区耕地面积 259.27 平方千米，设计灌溉面积 206.67 平方千米；灌溉渠道主要有总干渠、干渠等各级渠道；排水沟主要有干沟等各级排水沟道。灌区经过几十年的发展形成了较为完善的引黄工程体系，自流区工程实行灌排分设，提水区工程实行沟网送水补源，灌排合一。为梁山县农业灌溉及济宁市滨湖地区工农业生产和生态补水等方面做出了巨大贡献。通公交车。

陈垓引黄灌区 370832-60-F02

[Chéngǎi Yǐnhuáng Guànqū]

在梁山县西部。该灌区以引黄灌溉为目的，渠首在陈垓村附近，故名。1959 年始建，1960 年建成。为大型灌区，面积 544.2 平方千米，灌区总控制面积 544.2 平方千米，设计灌溉面积 281.4 平方千米。灌区现有支级以上渠道 208 条，长 475.531 千米，其中，总干渠 4 条，长 43.471 千米；干渠 15 条，长 112.06 千米；支渠 189 条，长 320.2 千米。灌区经过几十年的发展形成了较为完善的引黄工程体系，主自流区工程实行灌排分设，提水区工程实行沟网送水补源，灌排合一。为梁山县农业灌溉及济宁市滨湖地区工农业生产和生态补水等方面做出了巨大贡献。通公交车。

渠道

国那里灌区输沙总干渠 370832-60-G01

[Guónàlǐ Guànqū Shūshā Zǒnggànqú]

在梁山县南北部。起自小路口孙楼进水闸，止于韩垓镇郭仓干沟。1989年始建，1994年建成。长15.2千米，宽28.28米，水源地为黄河，平均流量45立方米/秒，最大水深2.94米。基础构造为混凝土，是国那里灌区灌溉及济宁引黄补湖主要渠道，承担国那里灌区206.67平方千米土地灌溉及引黄补湖任务。通公交车。

国那里灌区输水总干渠 370832-60-G02

[Guónàlǐ Guànqū Shūshuǐ Zǒnggànqú]

在梁山县中部。起点是输沙渠，止点是郭仓干沟。2009年始建，2011年建成。长41千米，宽20.2米，水源地为黄河，平均流量27.3立方米/秒，最大水深2.64米。沿途有总干渠进水闸1座，节制闸6座，支渠进水闸56座；生产桥66座，公路桥3座；渡槽2座；倒虹吸1处，穿堤涵洞1座。承担国那里灌区206.67平方千米土地灌溉任务，将黄河水送入沿线各干渠及提水区灌排两用干沟。通公交车。

陈垓灌区输沙总干渠 370832-60-G03

[Chénhǎi Guànqū Shūshā Zǒnggànqú]

在梁山县西北部。西起黄河陈垓引黄闸，东至孙佃言枢纽。1990年始建，1995年12月建成。长7.7千米。水源地为黄河，基础构造是混凝土，西四干渠渠系建筑物有干渠生产桥4座，干渠节制闸2座，支渠进水闸21座。承担着全灌区281.4平方千米土地的灌溉任务。通公交车。

陈垓灌区送水总干渠 370832-60-G04

[Chénhǎi Guànqū Sòngshuǐ Zǒnggànqú]

在梁山县西部至西南方向。起点孙佃言枢纽，止点金城路桥。2000年始建，2002年6月建成。长度18.3千米，宽度16米，水源地为黄河，基础构造为土质，呈南北走向。西四干渠渠系建筑物有干渠生产桥4座，干渠节制闸2座，支渠进水闸24座。承担着灌区南部提水区104.67平方千米土地的灌溉任务。通公交车。

词目拼音音序索引